义宁陈氏文献史料丛书

陈寅恪家族史料整理研究

CHEN YIN KE JIA ZU SHI LIAO ZHENG LI YAN JIU

上

刘经富 编著

上海古籍出版社

图书在版编目(CIP)数据

陈寅恪家族史料整理研究 / 刘经富编著. —上海：上海古籍出版社，2019.11
ISBN 978-7-5325-9373-6

Ⅰ.①陈… Ⅱ.①刘… Ⅲ.①陈寅恪(1890-1969)—家族—史料—研究 Ⅳ.①K820.9

中国版本图书馆 CIP 数据核字(2019)第 232306 号

义宁陈氏文献史料丛书
陈寅恪家族史料整理研究
（全二册）
刘经富 编著
上海古籍出版社出版、发行
（上海瑞金二路 272 号 邮政编码 200020）
（1）网址：www.guji.com.cn
（2）E-mail：guji1@guji.com.cn
（3）易文网网址：www.ewen.co
上海丽佳制版印刷有限公司印刷
开本 787×1092 1/16 印张 66.75 插页 8 字数 1,380,000
2019 年 11 月第 1 版 2019 年 11 月第 1 次印刷
ISBN 978-7-5325-9373-6
K·2715 定价：598.00 元

谨以此书纪念陈寅恪先生逝世五十周年

本书为国家社会科学基金项目（项目批准号：15BZS010）

本书为南昌大学哲学社会科学精品培育项目

凡　例

一、本书《目录》中的各件文献题目系编者根据该文献的人物姓名、内容、体裁等重拟，与该文献图片上方的标示一致。

二、本书对《宗谱》《祠志》中的序、传、碑、铭等文体，以及《分家文书》《朱卷》等予以校录、释读，按规范予以标点、分段，简体横排，图文对应。对文章中涉及的典故、人物、背景本事不作笺注，对一些本身为图或文字较少的图片及宗谱《世系册》，不出释文。

三、原文献缺字或无法辨识的文字，本书以“□”标示。

四、原文献中衍、误而当删、改的文字，本书加圆括号，排小字；校正或增入的文字，加六角括号，以正文相同的字号排出。

五、本书收录的序、铭、传、记，有的在不同的文献中出现，此或为主事者强调重视此事而重刊。为保持文献原貌，仍旧照录。

六、本书对于内容相关的文献史料，在后出的文献末尾注明“参见某页”字样。

七、本书收录的图片，根据原文献状况，有的遵照原件迻录，有的予以拼接成图。

目　录

上　编

光绪二十一年四修宗谱

下　　编

上　编

道光八年二修宗谱

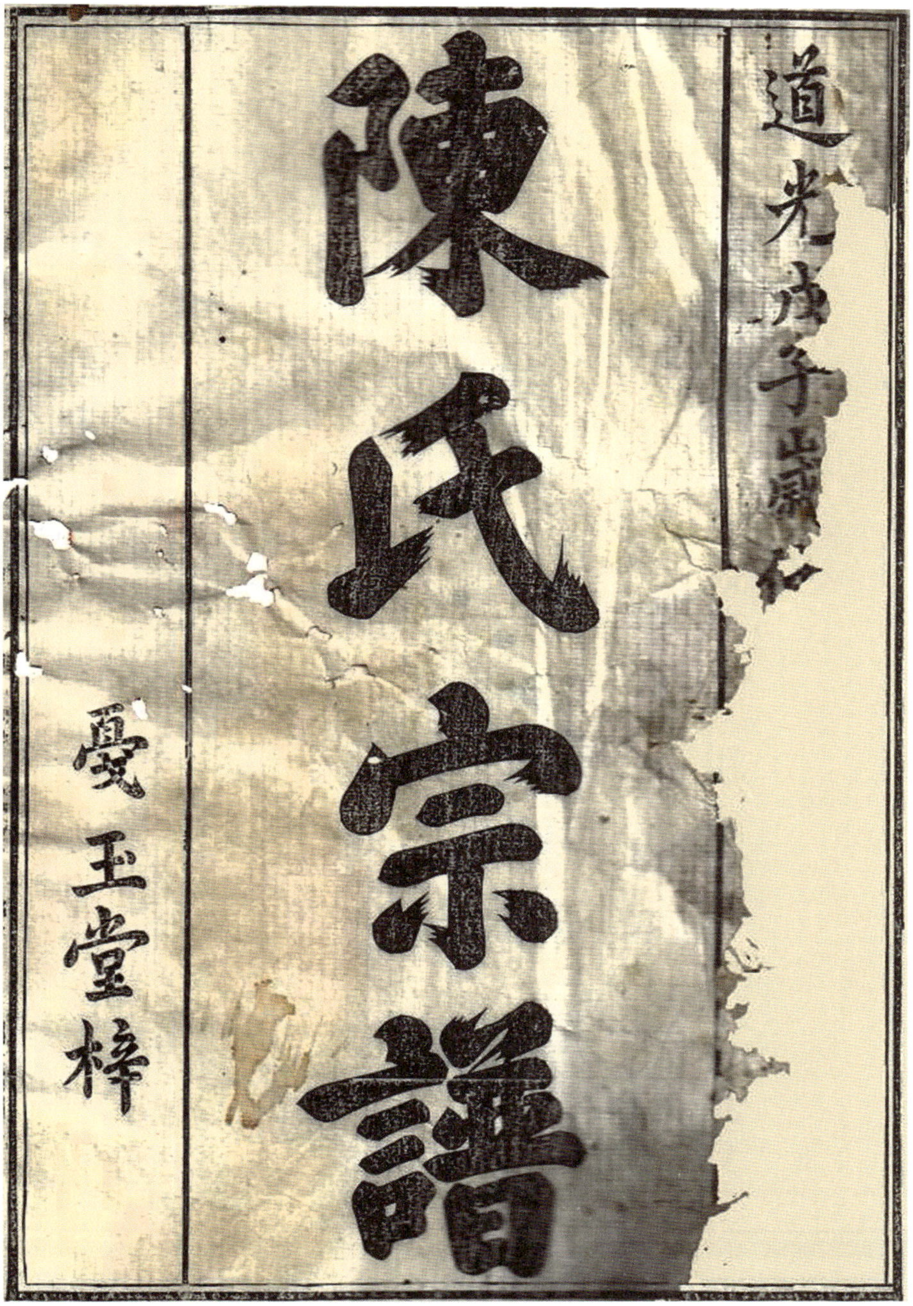

复修宗谱序

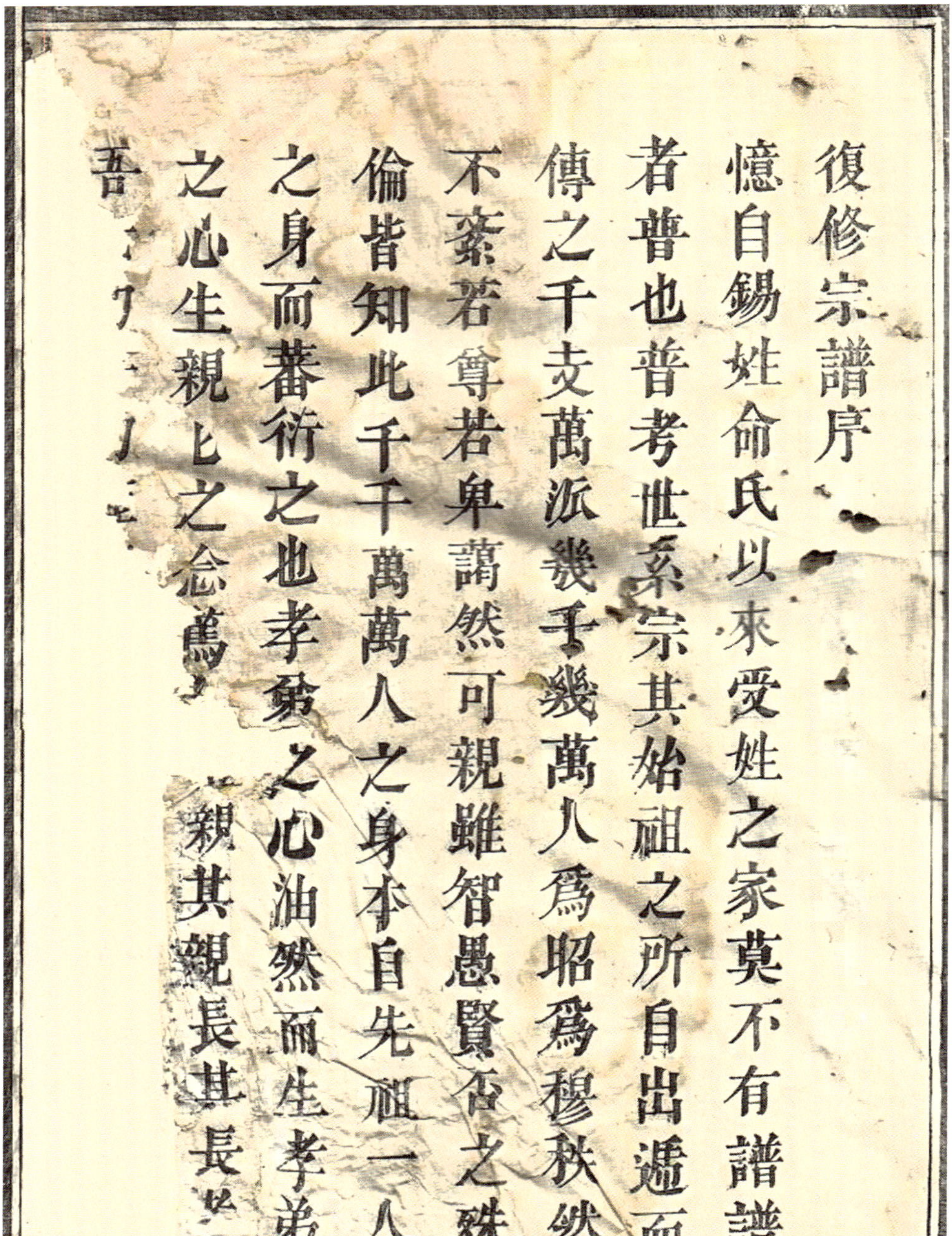
復修宗譜序
憶自錫姓命氏以來受姓之家莫不有譜譜
者普也普考世系宗其始祖之所自出遞而
傳之千支萬派幾千幾萬人爲昭爲穆秩然
不紊若尊若卑藹然可親雖智愚賢否之殊
倫皆知此千千萬萬人之身本自先祖一人
之身而蕃衍之也孝弟之心油然而生孝弟
之心生親親之念焉 [illegible] 親其親長其長 [illegible]
吾 [illegible]

①

也家[illegible]世[illegible]於是世

譜之修所以亟亟也也　修譜牒人將私其

身家之務傳世久而本源忘不知其尊之當

敬不知當敬則以一本九族之人或視若塗

人如秦越人之不相關者比比矣然不明譜

義人又將誇耀貴顯繁稱遠引不知其親之

當愛不知當愛則以誣先非孝飾附忘親之

義貿然不知所講求者往往矣又何貴乎修

之也哉惟知其義者法而修之苟爲所宗者

雖彼貧賤我富貴其先人之身與我先人之
身同出一人之身也親也親則不可以貧賤
而棄之紛必排難必解急必周貧必濟扶危
救困使各得其分願分願得而彝倫叙彝倫
叙而仁讓興向也以一人之身傳而分爲千
萬人之身今也以千萬人之身推而本於一
人之身如人之血氣常流行貫通於四肢毫
無壅塞以遺一身之害癢美何如之苟非所
宗者雖之富貴者其先世與我先世

③

徵不信也不信不□非敢薄待宗族也
義所在不得不爾耳吾陳氏初傳本自胡公
閩浙江州孰非胡公之裔潁川義門悉屬嬀
汭之遺遷徙之多幾遍天下宗譜之修遠近
皆然茲入君義寧族屬於各支先修之餘復
有宗譜之修予觀其譜制世系支派親疏長
幼倫序昭穆生歿塟徙井然有條燦然可觀
何庸贅一辭承諸宗長大人命予督其修爰
畧陳譜義爲列宗長敬瀆之俾世世子孫不

以宗譜視譜由是相親相愛人皆父父子子兄兄弟弟夫夫婦婦瓜緜瓞衍福祥駢集有以光大乎門閭顯揚乎祖宗垂裕後昆永其傳於無窮也云爾

時 八年 1828

道光戊子年小春月　穀旦

胡公一百一十四世

扶桑公十九世

鋧日峰氏拜撰

⑤

校录

复修宗谱序

忆自锡姓命氏以来，受姓之家莫不有谱。谱者普也，普考世系，宗其始祖之所自出，递而传之，千支万派，几千几万人，为昭为穆，秩然不紊，若尊若卑，蔼然可亲。虽智愚贤否之殊伦，皆知此千千万万人之身，本自先祖一人之身而蕃衍之也，孝弟之心油然而生。孝弟之心生，亲亲之念笃，□□亲其亲，长其长，孝吾□□□□生□□□□□□□□□□□□，□□□□也，亲即□敦也。□□□□□□敦大于是，此宗谱之修所以亟亟也。如不修谱牒，人将私其身家之务，传世久而本源忘，不知其尊之当敬。不知当敬，则以一本九族之人，或视若途人，如秦越人之不相关者比比矣。然不明谱义，人又将夸耀贵显，繁称远引，不知其亲之当爱。不知当爱，则以诬先非孝，饰附忘亲之义，贸然不知所讲求者往往矣。又何贵乎修之也哉？

惟知其义者法而修之，苟为所宗者，虽彼贫贱我富贵，其先人之身与我先人之身同出一人之身也，亲也。亲则不可以贫贱而弃之，纷必排，难必解，急必周，贫必济，扶危救困，使各得其分愿，分愿得而彝伦叙，彝伦叙而仁让兴。向也以一人之身传而分为千万人之身，今也以千万人之身推而本于一人之身，如人之血气常流行贯通于四肢，毫无壅塞，以遗一身之痛痒，美何如之。苟非所宗者，虽彼富贵我贫贱，其先世与我先世□征不信也。不信不□□，非敢薄待宗族，□□义所在，不得不尔耳。

我陈氏初传本自胡公。闽浙江州，孰非胡公之裔；颍川义门，悉属妫汭之遗。迁徙之多，几遍天下。宗谱之修，远近皆然。兹久居义宁族属，于各支先修之余，复有宗谱之修。予观其谱制，世系、支派、亲疏、长幼、伦序、昭穆、生殁、迁徙，井然有条，粲然可观，何庸赘一辞。承诸宗长大人命予督其修，爰略陈谱义，为列宗长敬渎之，俾世世子孙，不以宗谱视谱，由是相亲相爱，人皆父父子子、兄兄弟弟、夫夫妇妇，瓜绵瓞衍，福祥骈集，有以光大乎门闾，显扬乎祖宗，垂裕后昆，承其传于无穷也云尔。

时道光戊子年小春月　谷旦，胡公一百一十四世、扶桑公十九世规鋧日峰氏拜撰

联辑陈氏宗谱序

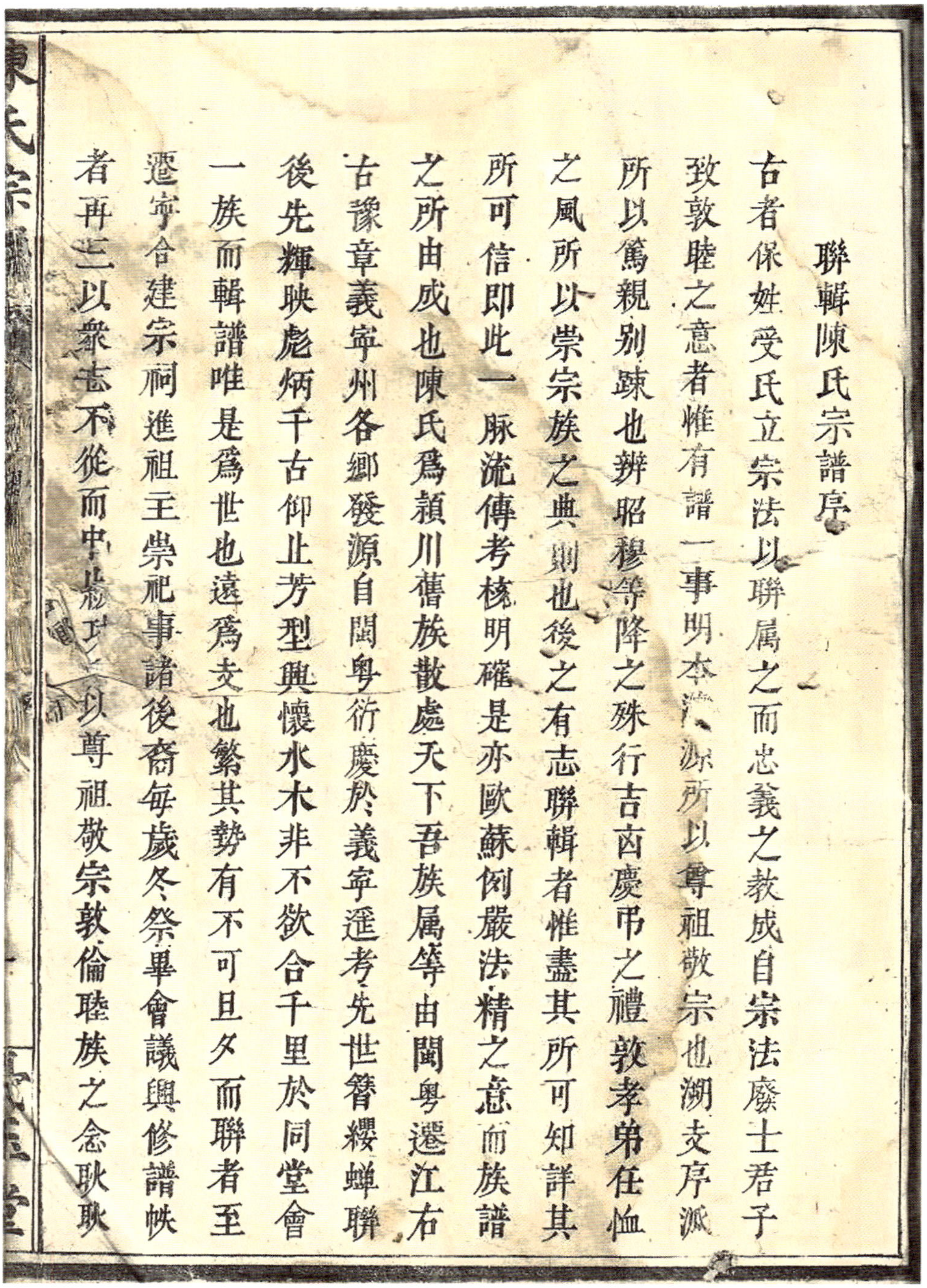

聯輯陳氏宗譜序

古者保姓受氏立宗法以聯屬之而忠義之教成自宗法廢士君子致敦睦之意者惟有譜一事明本[illegible]源所以尊祖敬宗也溯支序派所以篤親別踈也辨昭穆等降之殊行吉凶慶弔之禮敦孝弟任恤之風所以崇宗族之典則也後之有志聯輯者惟盡其所可知詳其所可信即此一脉流傳考核明確是亦歐蘇例嚴法精之意而族譜之所由成也陳氏為潁川舊族散處天下吾族屬等由閩粵遷江右古豫章義寧州各鄉發源自閩粵衍慶於義寧遥考先世簪纓蟬聯後先輝映彪炳千古仰止芳型興懷水木非不欲合千里於同堂會一族而輯譜唯是為世也遠為支也繁其勢有不可旦夕而聯者至遷寧合建宗祠進祖主崇祀事諸後裔每歲冬祭畢會議興修譜帙者再三以衆志不從而中止[illegible]以尊祖敬宗敦倫睦族之念耿耿

①

難忘道光壬午夏就居寧邑[illegible]族屬輯修宗譜皆忻允踴躍襄事擇吉設局興工將各書付底本稽核精詳倣照歐蘇成法其自錫姓以起載始祖本其所自生也詮遷徙明其所由分也別親疏歸行第紀爵秩錄卒葬示其所聯合也不以同宗而或遺不以異姓而濫入前可信後可守也工竣譜成綱舉目張編閱之下毫無紊淆今而後尊卑有等長幼有序揖讓會合有其節冠婚喪祭有其儀雖不敢自謂仁人孝子之用心而厥心亦良苦矣伏冀我聯譜各支衆裔等緬高曾之規訓益思作忠作孝光大宗聲達紹前徽繩繩繼繼歷千古百世而未有艾也實光厥宗譜彙未竣筆而爲之序

剪公一百一十三世

扶桑公一十八世　裔孫克調五圖氏薰沐頓首拜譔

道光八年戊子歲小春月　穀旦重梓

校录

联辑陈氏宗谱序

古者保姓受氏，立宗法以联属之，而忠义之教成。自宗法废，士君子致敦睦之意者，惟有谱一事。明本溯源，所以尊祖敬宗也；溯支序派，所以笃亲别疏也。辨昭穆等降之殊，行吉凶庆吊之礼，敦孝弟任恤之风，所以崇宗族之典则也。后之有志联辑者，惟尽其所可知，详其所可信。即此一脉流传，考核明确，是亦欧、苏例严法精之意，而族谱之所由成也。

陈氏为颍川旧族，散处天下。吾族属等由闽粤迁江右古豫章义宁州各乡，发源自闽粤，衍庆于义宁。遥考先世，簪缨蝉联，后先辉映，彪炳千古。仰止芳型，兴怀水木，非不欲合千里于同堂，会一族而辑谱，唯是为世也远，为支也繁，其势有不可旦夕而联者。至迁宁，合建宗祠，进祖主，崇祀事，诸后裔每岁冬祭毕，会议兴修谱帙者再三，以众志不从而中止。予每以尊祖敬宗、敦伦睦族之念，耿耿难忘。道光壬午夏，就居宁各乡族属辑修宗谱，皆忻忻踊跃襄事，择吉设局兴工，将各书付底本，稽核精详。仿照欧苏成法，其自锡姓以起，载始祖，本其所自生也；注迁徙，明其所由分也；别亲疏、归行第、纪爵秩、录卒葬，示其所联合也。不以同宗而或遗，不以异姓而滥入，前可信，后可守也。

工竣谱成，纲举目张。编阅之下，毫无紊淆，今而后尊卑有等，长幼有序，揖让会合有其节，冠婚丧祭有其仪。虽不敢自谓仁人孝子之用心，而厥心亦良苦矣。伏冀我联谱各支众裔等，缅高曾之规训，益思作忠作孝，光大家声，远绍前徽，绳绳继继，历千古百世而未有艾也。寅述联辑宗谱巅末，援笔而为之序。

胡公一百一十三世、扶桑公一十八世裔孙克调五园氏薰沐顿首拜撰，道光八年戊子岁小春月　谷旦重梓

陈克调屋图(竹锜居)

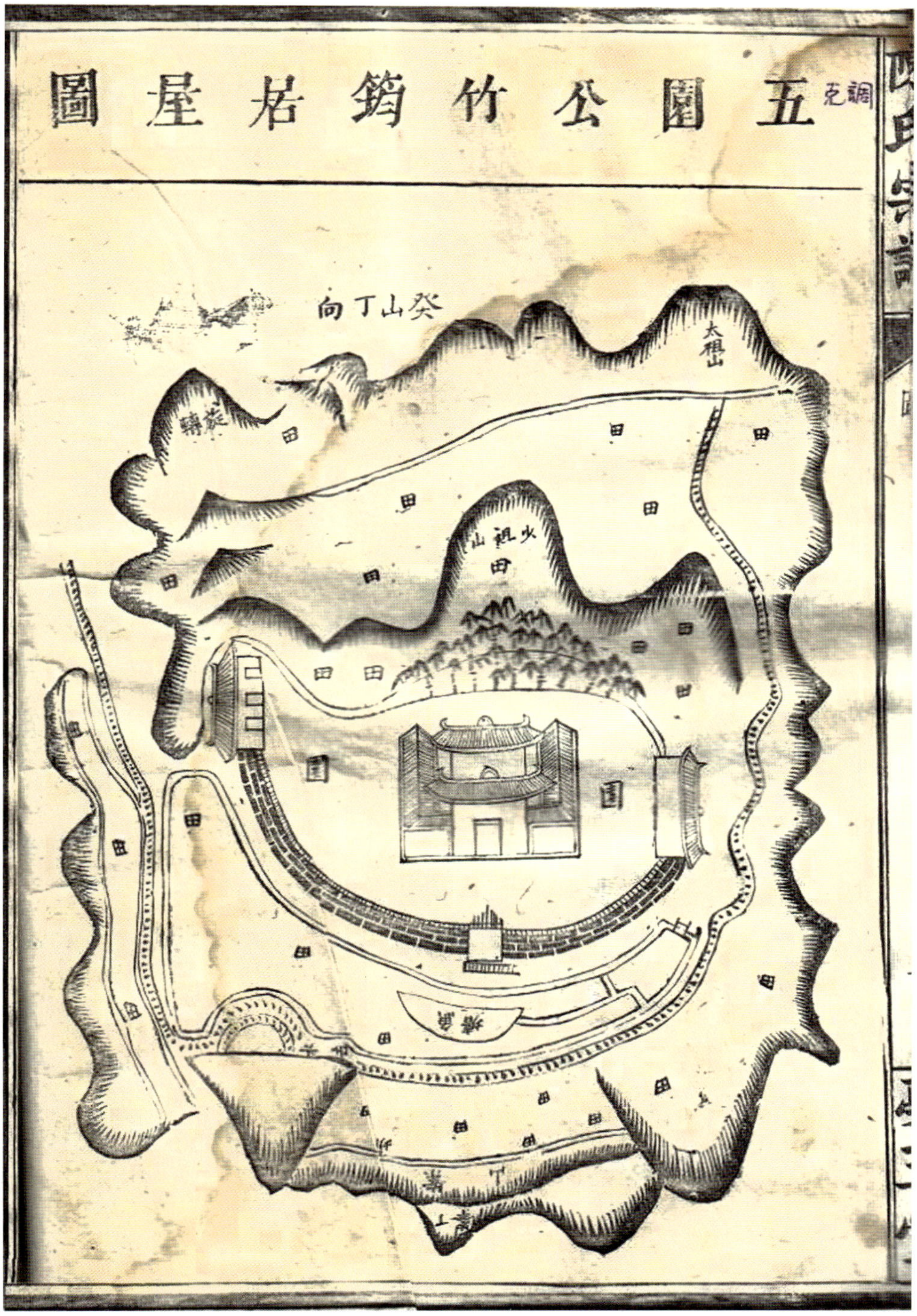

陈克藻屋图

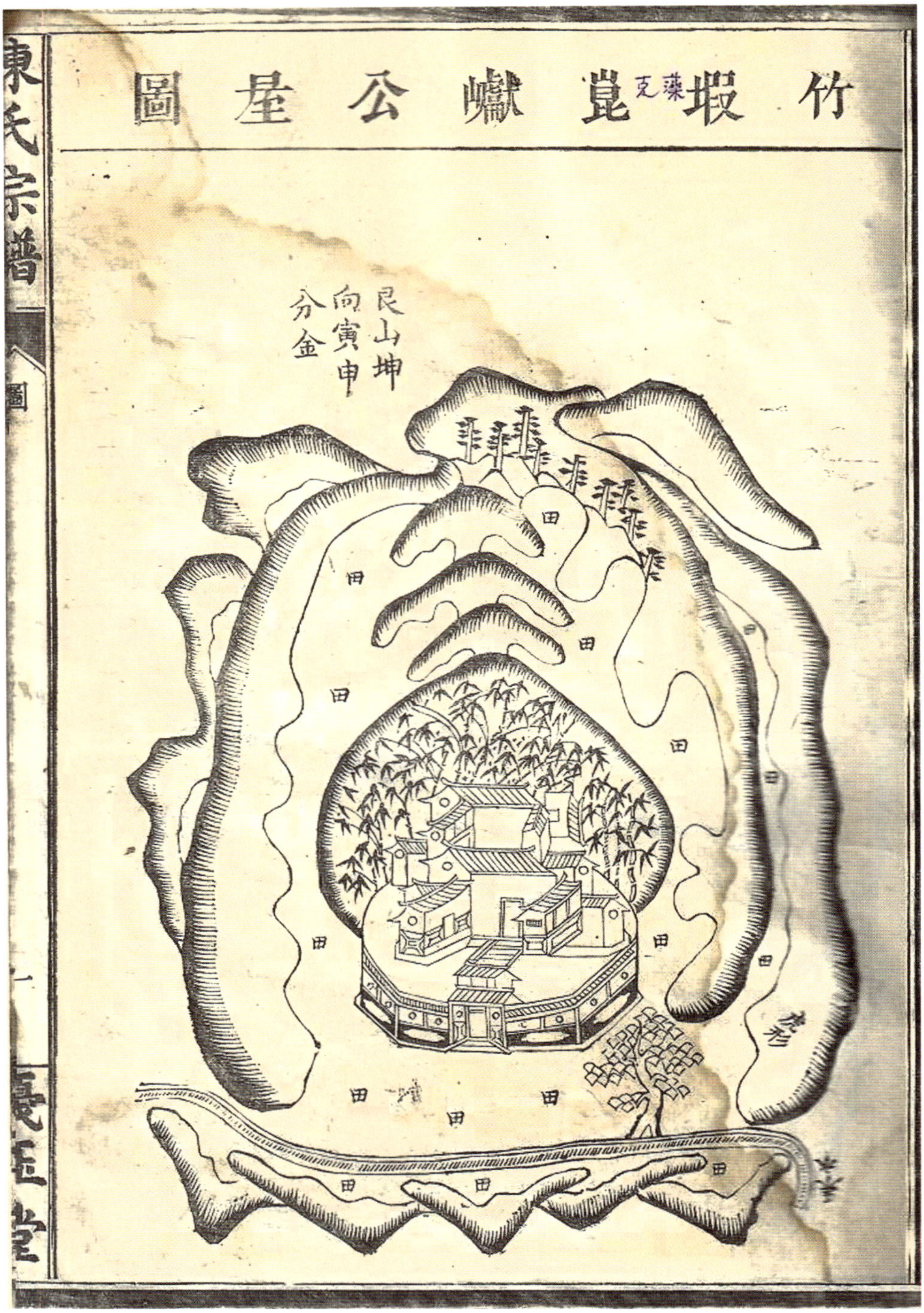

凤竹堂屋图(陈家大屋)

凤竹堂屋诗

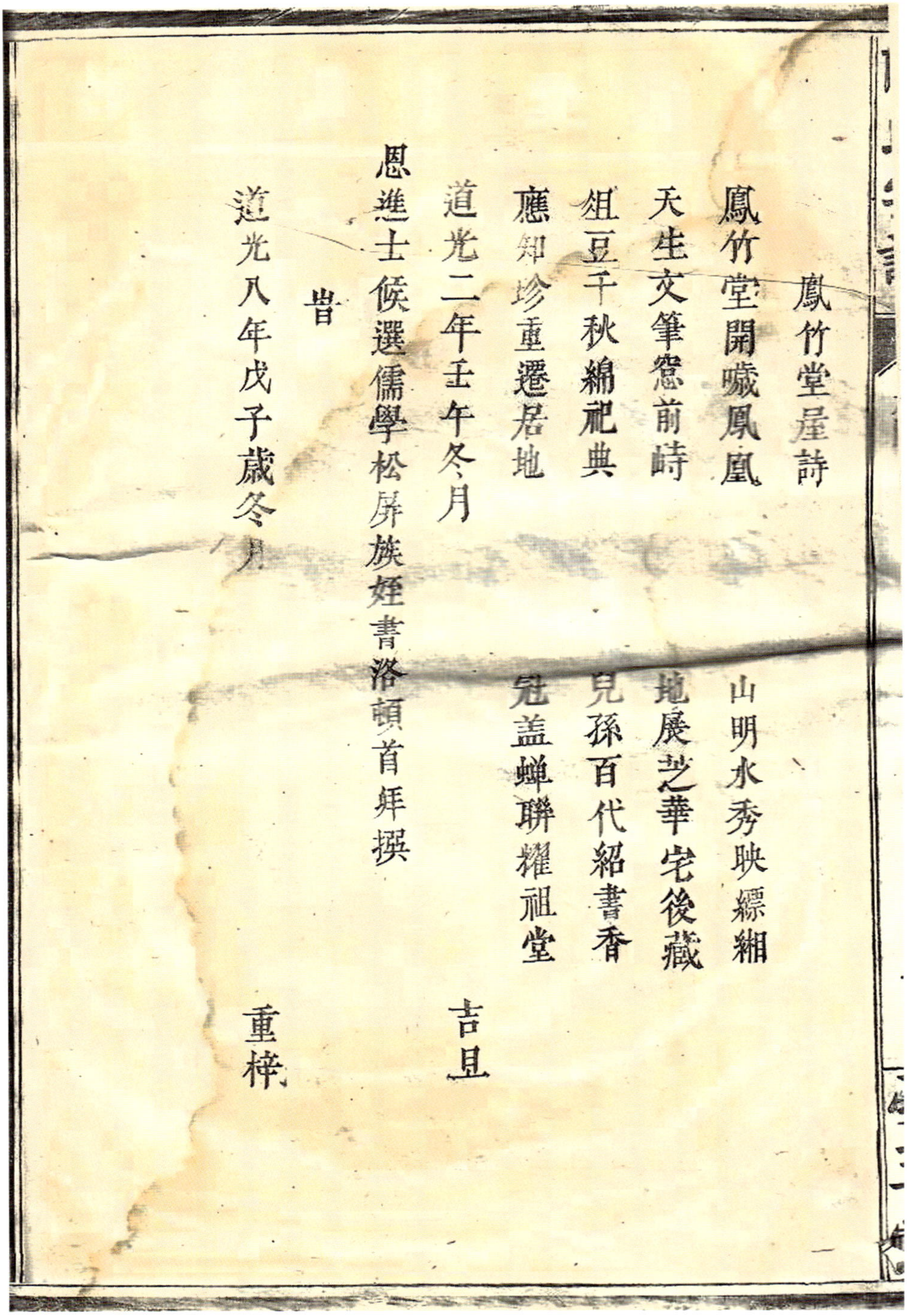

鳳竹堂屋詩

鳳竹堂開毓鳳凰　山明水秀映縹緗

天生文筆窓前峙　地展芝華宅後藏

俎豆千秋綿祀典　兒孫百代紹書香

應知珍重遷居地　冠蓋蟬聯耀祖堂

道光二年壬午冬月　吉旦

恩進士候選儒學松屏族姪書洛頓首拜撰

旹

道光八年戊子歲冬月　重梓

凤竹堂屋记

鳳竹堂屋記

鳳竹堂建自乾隆壬子年十一月十三日磚瓦木石俱一時措辦盖因此基地僅售一半及是歲秋九月始買就何一買就即如此之速建也緣鯤池公壯歲遷寧始擇居於護仙源雖川源秀麗在崇山峻嶺之間且基址狹隘之所其屋僅堪容膝時公年八十有三嘗語諸子曰吾少壯來寧歷四十年之辛勤雖精神不衰今蒼然爲八十餘之老翁矣惜未建一堂屋上以安先靈下以聚兒孫爾曹識之邇時紹亭兄弟遵公命遂擇吉於是冬經營材料僱倩工匠每日以百計少亦數十越次年五月工始告竣至六月迎養公於新室公至一觀心甚忻喜曰今幸堂屋既成祖宗得有憑依矣兒孫得有棲息矣吾亦得有優游杖履矣雖少壯勤勞暮年創此一屋願亦慰矣因其堂曰鳳竹盖鳳非梧桐不棲非竹實不食鳳有仁德之徵竹有君子之

節後之子孫必有仁居義由昌大平門閭者公居三年精神矍鑠鶴髮神顔至八十六無疾而逝臨終囑子孫曰祖宗墳塋祖宗香火二者皆先人之根本後人所當世守擴充恢宏庶不失先人遺志縱有家計空乏不得妄執有虧房分之說強分強賣倘萌此念者即屬不孝吾於九原含恨矣嗣至嘉慶己未年老母何孺人年已六旬有九會請族叔光縉書遺囑以示紹亭兄弟子孫鳳竹堂屋宇永不得分析變賣倘有後徙別任者應向本家領取半價日後原價取贖後紹亭兄弟凜遵至戊寅年拆變亦將鳳竹堂屋宇仍歸四房公管永不得變賣今修輯族譜故記之

②

校录

凤竹堂屋记

凤竹堂建自乾隆壬子年十一月十三日，砖瓦木石，俱一时措办。盖因此基地仅售一半，及是岁秋九月始买就。何一买就即如此之速建也？缘鲲池公壮岁迁宁，始择居于护仙源，虽川源秀丽，在崇山峻岭之间。且基址狭隘之所，其屋仅堪容膝，时公年已八十有三，尝语诸子曰：“吾少壮来宁，历四十年之辛勤，虽精神不衰，今苍然为八十余之老翁矣。惜未建一堂屋，上以安先灵，下以聚儿孙。尔曹识之。”

迩时绍亭兄弟遵公命，遂择吉于是冬经营材料，雇倩工匠每日以百计，少亦数十。越次年五月工始告竣，至六月迎养公于新室。公至一观，心甚忭喜，曰：“今幸堂屋即成，祖宗得有凭依矣，儿孙得有栖息矣，吾亦得以优游杖履矣。虽少壮勤劳，暮年创此一屋，愿亦慰矣。”因〔颜〕其堂曰“凤竹”，盖凤非梧桐不栖，非竹实不食；凤有仁德之征，竹有君子之节。后之子孙，必有仁居义由，昌大乎门闾者。公居三年，精神矍铄，鹤发神颜，至八十六岁无疾而逝。临终嘱子孙曰：“祖宗坟茔，祖宗香火，二者皆先人之根本，后人所当世守，扩充恢宏，庶不失先人遗志。纵有家计空乏，不得妄执有亏房分之说，强分强卖。倘萌此念者，即属不孝，吾于九原含恨矣。”

嗣至嘉庆己未年，老母何孺人年已六旬有九，曾请族叔光缙书遗嘱以示绍亭兄弟子孙：“凤竹堂屋宇永不得分析变卖，倘有移徙别住者，应向本家领取半价，日后原价取赎。”后绍亭兄弟凛遵，至戊寅年拆爨，亦将凤竹堂屋宇仍归四房公管，永不得变卖。今修辑族谱，故记之。

陈文光夫妇墓图

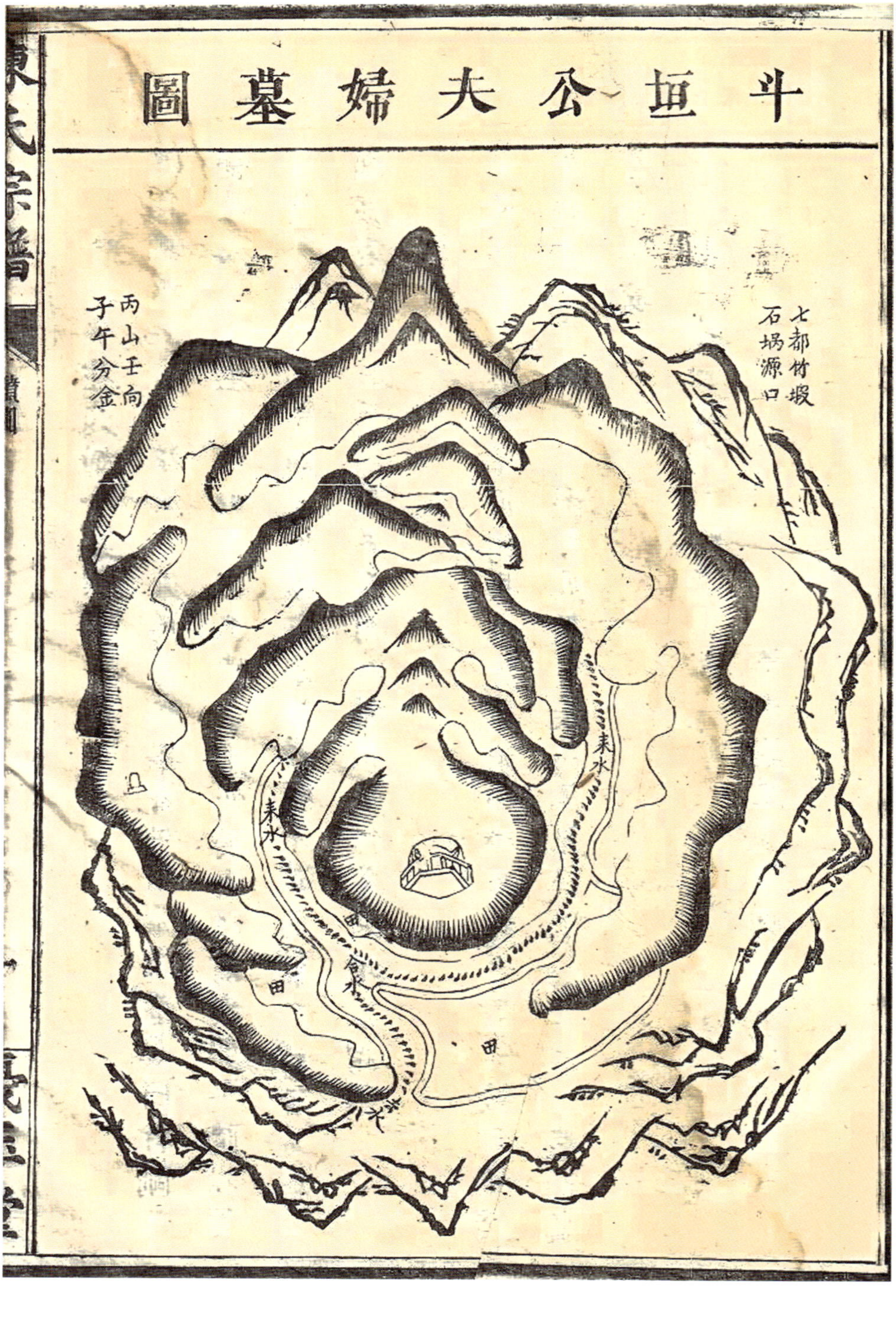

陈文光夫妇合墓案语

斗垣先生夫婦合墓案語

祖山聳拔脈自貪狼發來天馬高騰峯當午垣作立龍眞曰幹剛中變柔穴正而生粗中出秀左水繞之元朝於太旺前案叫笋障拱而有情左廻右抱賓趨主迎雖有小節之疵不減眞龍之福書云祖宗聳拔者子孫必貴天馬峯居南離世出公侯其斯墳之謂歟

又七律一章

脉發高峯氣象雄羣山朝拱水流東形如飛鳳騰青漢穴接眞龍點碧空卜定牛眠徵合德修成馬鬣羨同風兒孫應作鰲頭客疊向焚黃掃棘叢

嘉慶丙子歲一陽月上浣之三日

楚北廩膳生海嶼弟徐冏拜稿

校录

斗垣先生夫妇合墓案语

祖山耸拔，脉自贪狼发来；天马高腾，峰当午垣作立。龙真曰干，刚中变柔；穴正而生，粗中出秀。左水绕之，元朝于大旺；前案开平，障拱而有情。左回右抱，宾趋主迎。虽有小节之疵，不减真龙之福。书云“祖宗耸拔者，子孙必贵”，“天马峰居南离，世出公侯”，其斯坟之谓欤？

又七律诗一章

脉发高峰气象雄，群山朝拱水流东。形如飞凤腾青汉，穴接真龙点碧空。卜定牛眠征合德，修成马鬣羡同风。儿孙应作鳌头客，叠向焚黄扫棘丛。

嘉庆丙子岁一阳月上浣之三日，楚北廪膳生海屿弟徐阀拜稿

陈鲲池墓图

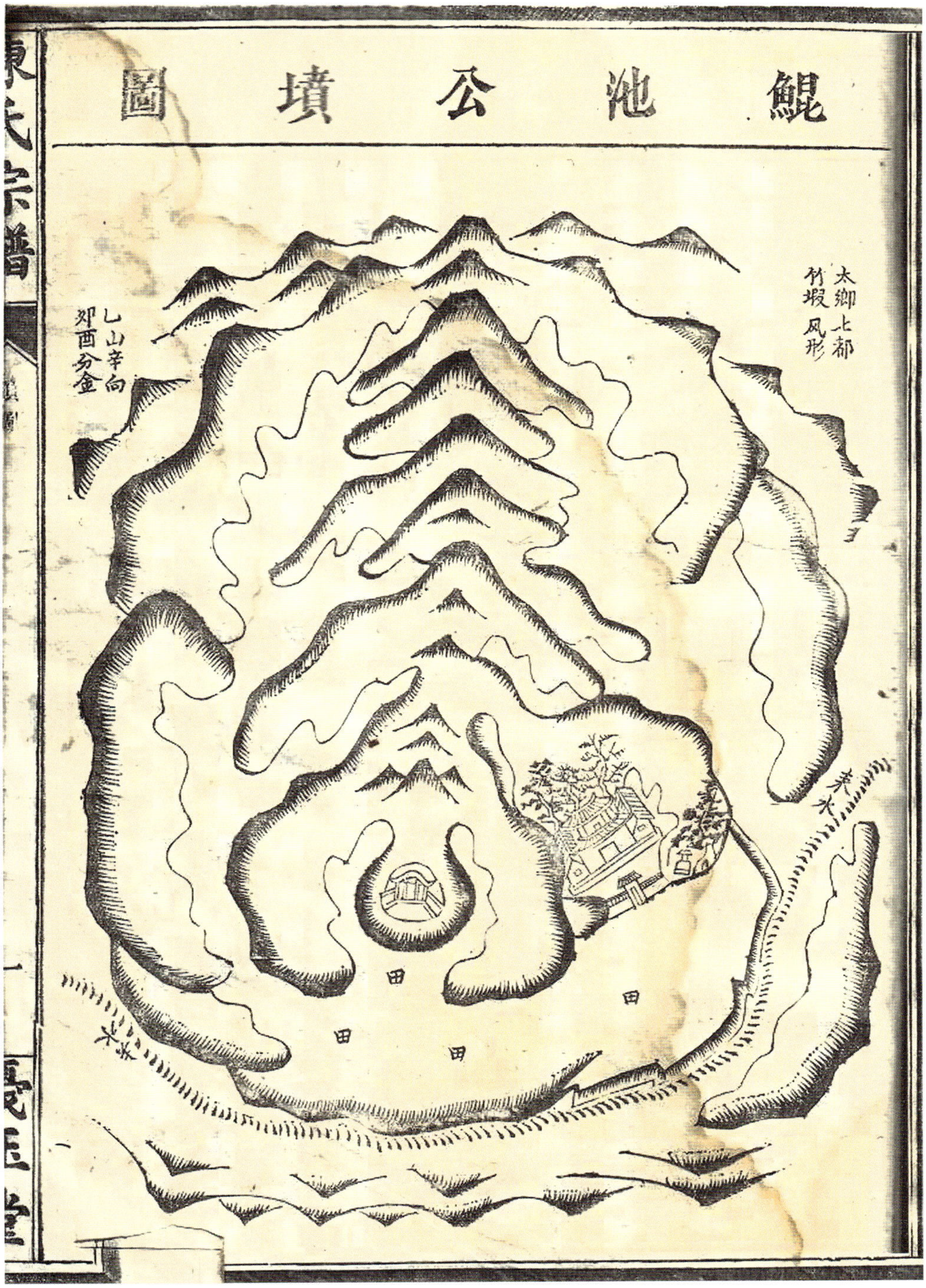

陈鲲池墓图案语

鯤池公墳圖佳城案語

天池目眉揚汪來龍行十里過脉從大崙轉出山叢千層聳於前而前有呼迎於後而後有應左有輔々外峯高右有弼々上峯迴水城喜其灣環朝案嫌其畧近惟愛脉成連珠穴扦乳突四眞畢具萬象森羅楊公云伸手摸着案稅錢千萬貫陶氏雲印浮水面定知世出魁元此地印案庶乎不差

又七律一章

高塚巍然壓泰鄉命名馬子勢飛黃眉山脉發千層秀源水流清五色光惟羨古人扦福地欣瞻武曲對文昌彬々後起登雲路世襲簪纓拜墓堂

嘉慶戊辰歲小春月復塟鯤池公

州庠生丙垣弟光縉相紳甫拜撰

校录

鲲池公坟图佳城案语

天池目眉扬注，来龙行十里过脉，从大崙转出。山护千层，耸于前而前有呼，迎于后而后有应。左有辅，辅外峰高；右有弼，弼上峰回。水城喜其湾环，朝案嫌其略近。惟爱脉成连珠，穴扦乳突，四真毕具，万象森罗。杨公云：“伸手摸着案，税钱千万贯。”陶氏云：“印浮水面，定知世出魁元。”此地印案，庶乎不差。

又七律一章

高冢巍然压泰乡，命名马子势飞黄。眉山脉发千层秀，源水流清五色光。惟羡古人扦福地，欣瞻武曲对文昌。彬彬后起登云路，世袭簪缨拜墓堂。

嘉庆戊辰岁小春月复葬鲲池公。州庠生丙垣弟光缙相绅甫拜撰

何孺人墓图

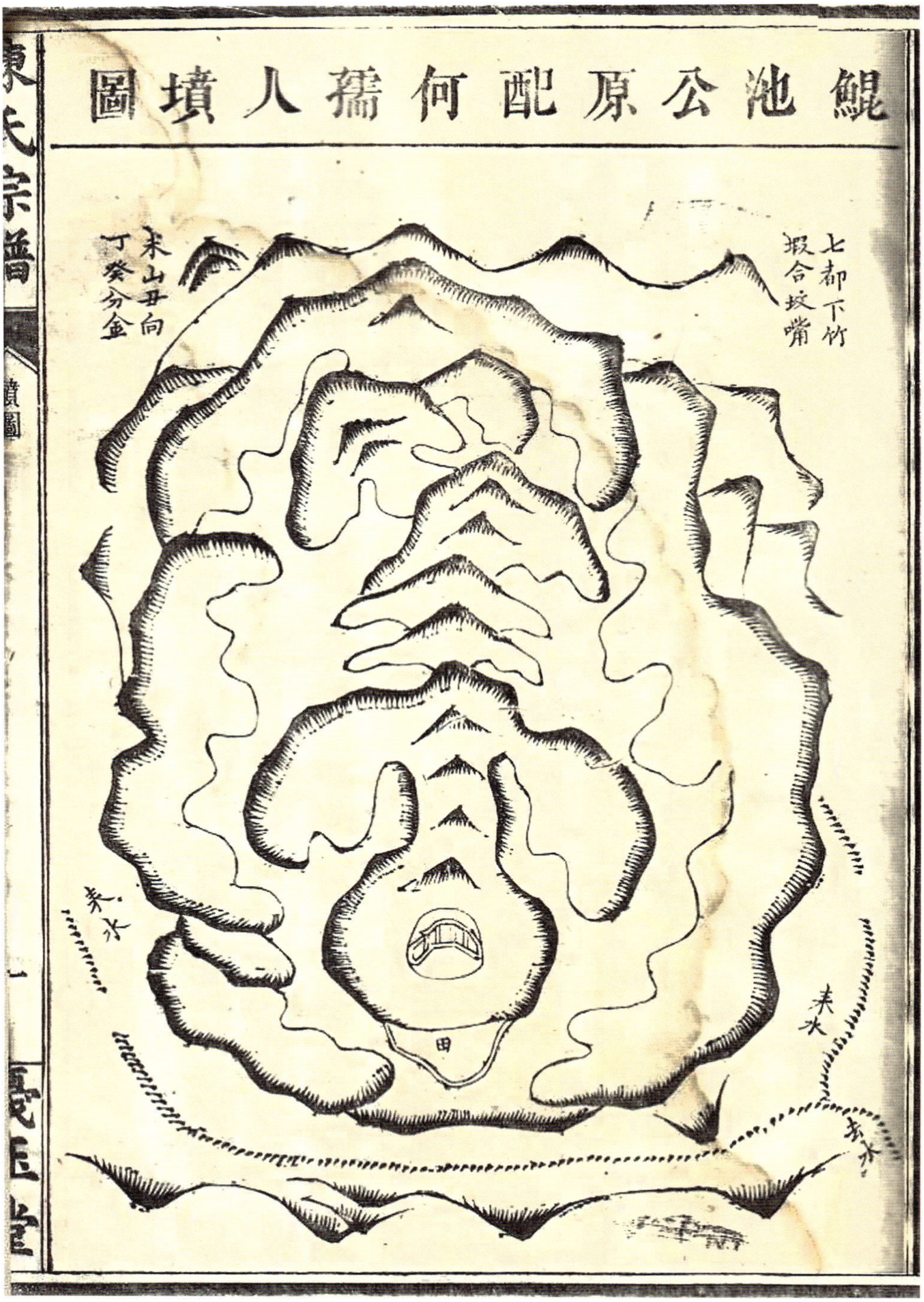

何孺人墓案语

鯤池公原配何孺人兆域案語

武曲居祖宗之巔峯廻胍秀金星化文曲之體元透闗通起伏迎送節節相生移步換形層層護衛特結閨中一穴水秀砂明遠對天外數峯雲蒸霞蔚更喜生水朝堂螽斯慶衍格定庫合斗牛氣納庚丁詩曰迢迢西兑入天皇巽水朝來誇文章則巍賦云禽星獸星居水口身處翰林抑何相生相合有如此夫

又七律一章

孺人卜築倚高崗千里龍來脈絡長秀水縈波羅帶繞奇峯聳翠髻鬟颺滞林修竹鶯求友幾樹蒼梧鳳引凰天愛貞閨晉吉壤庇來嗣續發書香

豫寧國學生愚弟李心鑑拜稿

校 录

鲲池公原配何孺人兆域案语

武曲居祖宗之巅，峰回脉秀；金星化文曲之体，元透关通。起伏迎送，节节相生；移步换形，层层护卫。特结关中一穴，水秀砂明，远对天外数峰；云蒸霞蔚，更喜生水朝堂。螽斯庆衍格定，库合斗牛，气纳庚丁。诗曰："迢迢西兑入天皇，巽水朝来夸文章。"则魏赋云："禽星兽星居水口，身处翰林。"抑何相生相合有如此夫！

又七律一章

孺人卜筑倚高岗，千里龙来脉络长。秀水萦波罗带绕，奇峰耸翠髻鬟飏。满林修竹莺求友，几树苍梧凤引凰。天爱贞闺留吉壤，庇来嗣续发书香。

豫宁国学生愚弟李心鉴拜稿

列派引言暨新定合修各支派号

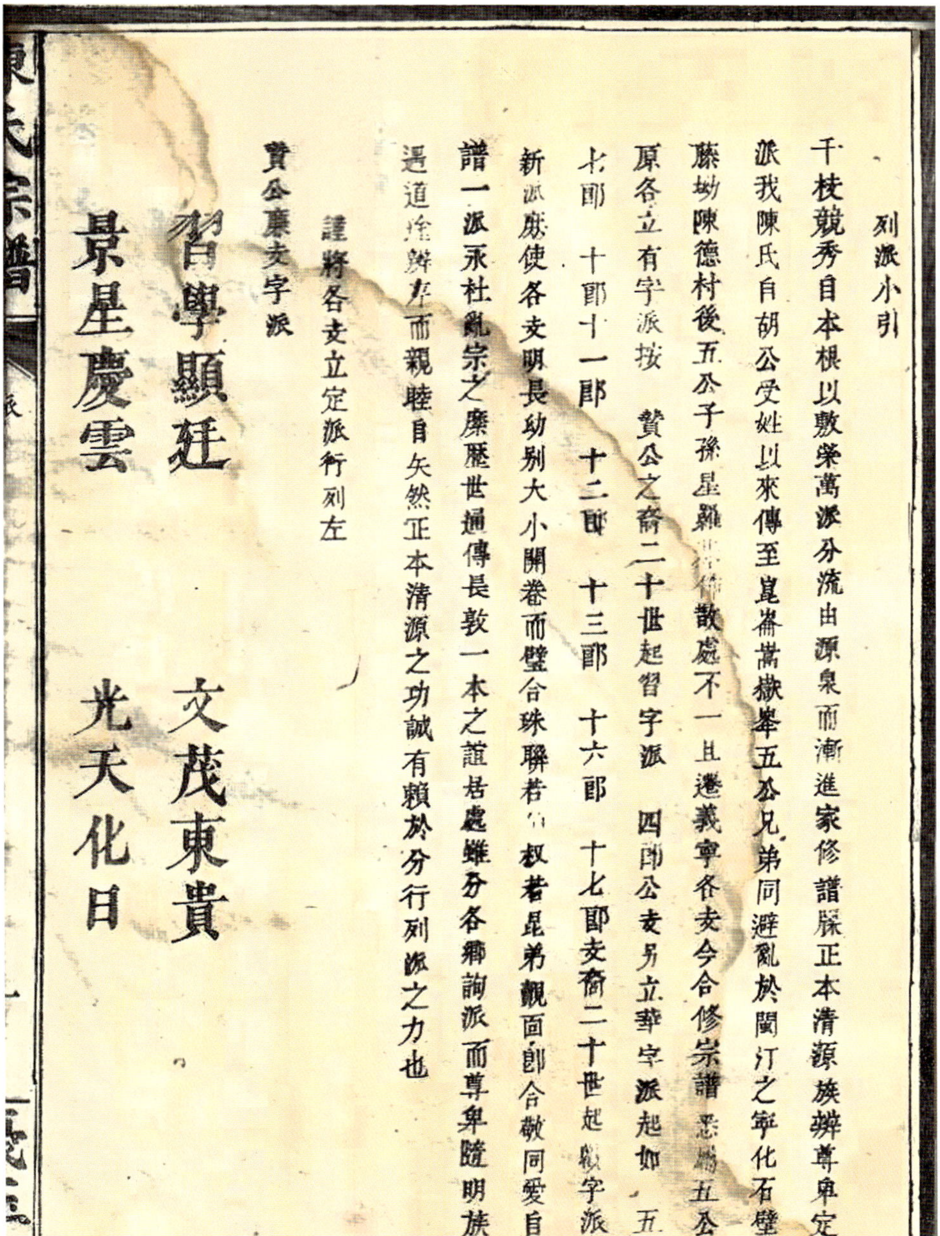

列派小引

千枝競秀自本根以敷衆萬派分流由源泉而漸進家修譜係正本清源族辨尊卑定列世派我陳氏自胡公受姓以來傳至崑崙嵩嶽峯五公兄弟同避亂於閩汀之寧化石壁寨葛藤坳陳德村後五公子孫星羅棊佈散處不一且遷義寧各支今合修宗譜悉緣五公之裔原各立有字派按 贊公之裔二十世起習字派 四郎公支另立華字派起如 五郎 七郎 十郎十一郎 十二郎 十三郎 十六郎 十七郎支裔二十世起顯字派均立新派俾各支明長幼別大小開卷而璧合珠聯若伯叔若昆弟覿面即合敬同愛自此同譜一派永杜亂宗之弊歷世遞傳長敦一本之誼居處雖分各鄉詢派而尊卑瞭明族屬偶遇道途辨序而親睦自矣然正本清源之功誠有賴於分行列派之力也

謹將各支立定派行列左

贊公康支字派

習學顯廷 文茂東貴

景星慶雲 光天化日

①

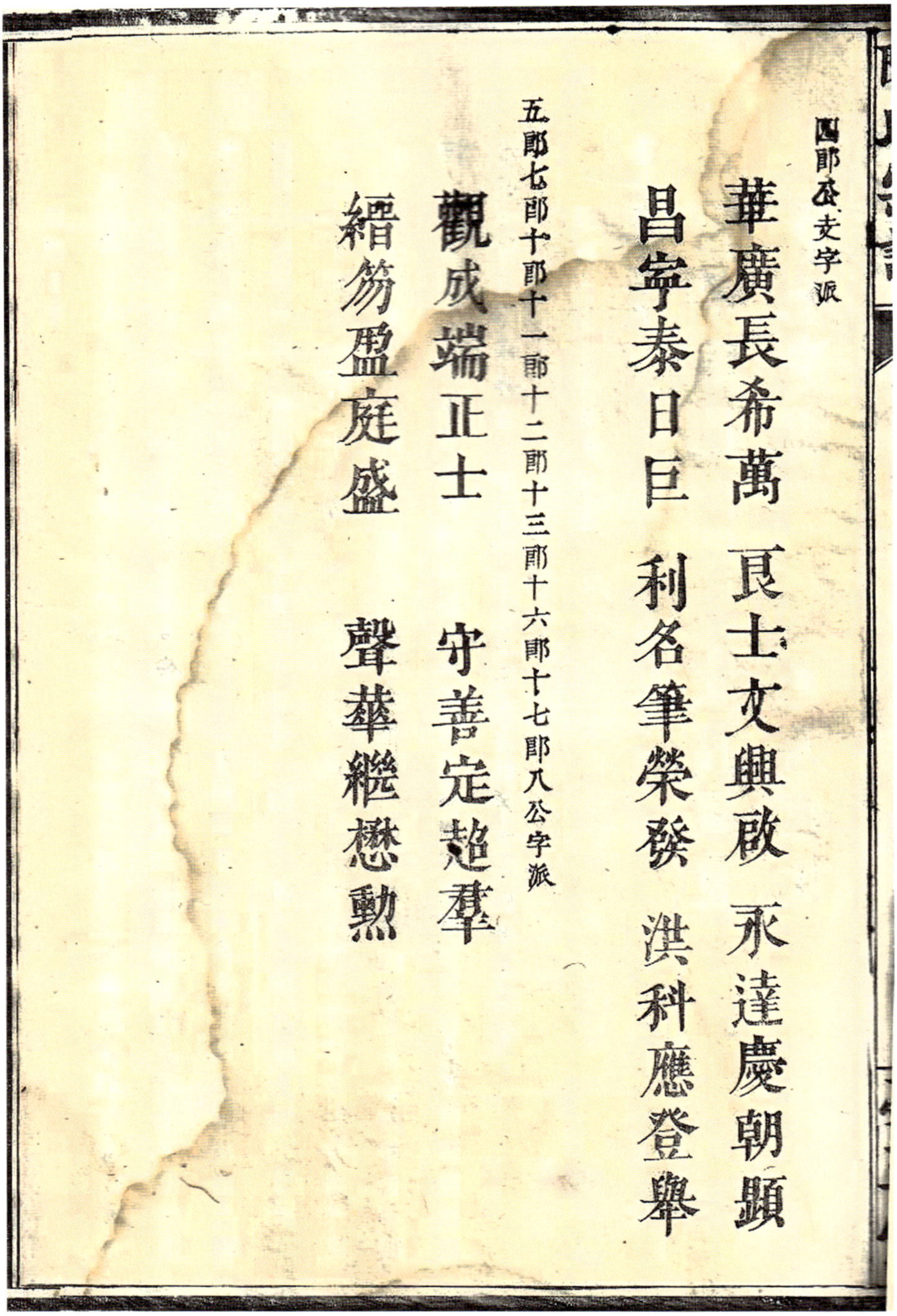

四郎公支字派

華廣長希萬　艮士文興啟　永達慶朝顯

昌寧泰日巨　利名肇榮發　淇科應登舉

五郎七郎十郎十一郎十二郎十三郎十六郎十七郎八公字派

觀成端正士　守善定超羣

縉笏盈庭盛　聲華繼懋勳

②

校录

列派小引

千枝竞秀，自本根以敷荣；万派分流，由源泉而渐进。家修谱牒，正本清源，族辨尊卑，定列世派。我陈氏自胡公受姓以来，传至崑、崙、嵩、岳、峰五公兄弟，同避乱于闽汀之宁化石壁寨葛藤坳陈德村。后五公子孙星罗棋布，散处不一，且迁义宁。各支今合修宗谱，悉属五公之裔，原各立有字派。按贽公之裔二十世起刁字派，四郎公支另立华字派起。如五郎、七郎、十郎、十一郎、十二郎、十三郎、十六郎、十七郎支裔二十世起观字派。均立新派，庶使各支明长幼、别大小，开卷而璧合珠联。若伯叔，若昆弟，觌面即合敬同爱。自此同谱一派，永杜乱宗之縻；历世通传，长敦一本之谊。居处虽分各乡，询派而尊卑随明；族属偶遇道途，辨序而亲睦自矢。然正本清源之功，诚有赖于分行列派之力也。

谨将各支立定派行列左：

贽公廉支字派：

习学显廷，文茂东贵，
景星庆云，光天化日。

四郎公支字派：

华广长希万，良士文兴启，永达庆朝显，
昌宁泰日巨，利名笔荣发，洪科应登举。

五、七、十、十一、十二、十三、十六、十七郎八公字派：

观成端正士，守善定超群。
缙笏盈庭盛，声华继懋勋。

陈东山夫妇合传

陳公東山老先生夫婦合傳

先生諱善生號東山鳳崗公之次子至廣公之孫也幼靈穎讀書一目數行十歲能文出警
句驚人文章詩古有大家風度光彩奕奕族黨甚器重之赴試凡得一題諸生草未成先生
已成篇矣才敏屢奪前矛咸謂取科第如拾芥無如文章憎命數困於有司竟不能博一矜
以展厥志遂棄舉子業恬退林泉花晨月夕時與騷人墨客酬唱往來一皆見志於詩其詩
寄傚高遠寓意幽深使人徘徊玩味不置諸子每推先生詩得青蓮神髓生平孝友性成事
尊人鳳崗公母何孺人暨繼母溫孺人冬則溫衾夏則扇枕怡色柔聲養體養志罔不克盡
處兄弟之間友恭備至從無誶語愠色德配何孺人繼配葉孺人俱名門女閫門整肅相敬
如賓知己往來先生即呼酒以佐詩歡二孺人亦能曲成其意絕不以瓶罍之罄爲吝色凡
周急濟困纖悉靡所不周橫逆之來毫不與校其胸懷磊落不與世浮沉晚年齒益繁家益
薄而布衣蔬食處之晏如雖蛛網滿簷苔草盈堦選韻賦詩未嘗少輟尤重師儒設家塾以
課諸子孫殷勤誥誡手不釋卷以致五郎君璪溪六郎君璟川兄弟並蜚聲庠序長令孫子
庭名標虎榜三令孫于階捷足南宮是皆先生積厚而流光也今六郎君璟川以子于階登
第來邑建坊備述先生行狀請一言以爲先生傳予鐸杭十載又與璟川兄弟交篤稔知先
生之庭訓有方是以後起之裔奮發無窮將見象笏盈床
紫誥頻頒先生拜而授之足可爲百世之榮又奚必余之傳爲耶

時

崇禎十年歲次丙子小春上澣

禮部進士例授文林郎截取知縣借補汀州府上杭縣儒學教諭晋安方樹業頓首拜撰

校录

陈公东山老先生夫妇合传

先生讳善生，号东山，凤岗公之次子，至广公之孙也。幼灵颖，读书一目数行。十岁能文，吐警句惊人，文章诗古，有大家风度，光彩奕奕，族党甚器重之。赴试凡得一题，诸生草未成，先生已成篇矣。才敏屡夺前矛，咸谓取科第如拾芥。无如文章憎命，数困于有司，竟不能博一矜以展厥志，遂弃举子业，恬退林泉，花晨月夕，时与骚人墨客酬唱往来，一皆见志于诗。其诗寄怀高远，寓意幽深，使人徘徊玩味不置。诸子每推先生诗得青莲神髓。

生平孝友性成，事尊人凤岗公、母何孺人暨继母温孺人，冬则温衾，夏则扇枕，怡色柔声，养体养志，罔不克尽。处兄弟之间，友恭备至，从无谇语愠色。德配何孺人，继配叶孺人，俱名门女，闺门整肃，相敬如宾。知己往来，先生即呼酒以佐诗欢，二孺人亦能曲成其意，绝不以瓶罍之罄为吝色。凡周急济困，纤悉靡所不周。横逆之来，毫不与校。其胸怀磊落，不与世浮沉。

晚年齿益繁，家益薄，而布衣蔬食，处之晏如。虽蛛网满檐，苔草盈阶，选韵赋诗，未尝少辍。尤重师儒，设家塾以课诸子孙，殷勤诰诫，手不释卷，以致五郎君环溪、六郎君环川兄弟，并蜚声庠序。长令孙于庭名标虎榜，三令孙于阶捷足南宫，是皆先生积厚而流光也。

今六郎君环川以子于阶登第，来邑建坊，备述先生行状，请一言以为先生传。予铎杭十载，又与环川兄弟交笃，稔知先生之庭训有方，是以后起之裔奋发无穷，将见象笏盈床，紫诰频颁。先生拜而授之，足可为百世之荣，又奚必余之传为耶?

崇祯十年岁次丙子小春上澣，礼部进士、例授文林郎、截取知县、借补汀州府上杭县儒学教谕晋安方树业顿首拜撰

陈环川传

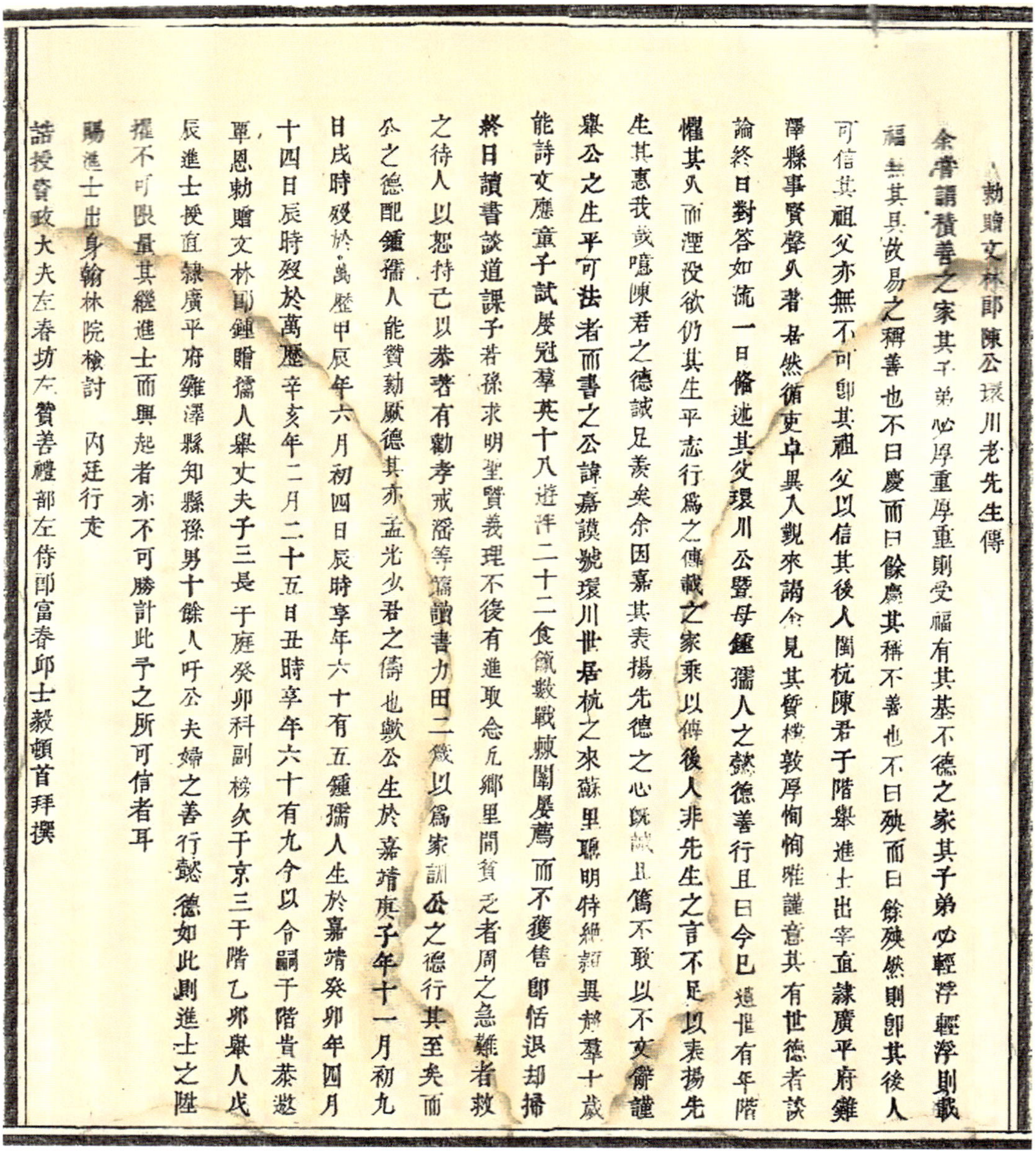

勅贈文林郎陳公環川老先生傳

余嘗謂積善之家其子弟必厚重厚重則受福有其基不德之家其子弟必輕浮輕浮則載福無其具故易之稱善也不曰慶而曰餘慶其稱不善也不曰殃而曰餘殃然則即其後人可信其祖父亦無不可即其祖父以信其後人闔杭陳君子階舉進士出宰直隸廣平府雞澤縣事賢聲久著居然循吏卓異入覲來謁余見其質樸敦厚恂恂雅謹意其有世德者談論終日對答如流一日脩述其父環川公暨母鍾孺人之懿德善行且曰今已逝世有年階懼其久而湮沒欲仍其生平志行爲之傳載之家乘以俾後人非先生之言不足以表揚先生其惠我哉噫陳君之德誠足羨矣余因嘉其表揚先德之心既誠且篤不敢以不文辭謹舉公之生平可法者而書之公諱嘉謨號環川世居杭之來蘇里聰明特絕穎異於羣十歲能詩文應童子試屢冠羣英十八遊泮二十二食餼數戰棘闈屢薦而不獲售即恬退却掃終日讀書談道課子若孫求明聖賢義理不復有進取念凡鄉里間貧乏者周之急難者救之待人以恕持己以恭著有勸孝戒淫等篇讀書力田二箴以爲家訓公之德行其至矣而公之德配鍾孺人能贊勷厥德其亦孟光少君之儔也歟公生於嘉靖庚子年十一月初九日戌時殁於萬歷甲辰年六月初四日辰時享年六十有五鍾孺人生於嘉靖癸卯年四月十四日辰時殁於萬歷辛亥年二月二十五日丑時享年六十有九今以令嗣子階貴恭遇覃恩勅贈文林郎鍾贈孺人舉丈夫子三長子庭癸卯科副榜次子京三子階乙卯舉人戊辰進士授直隸廣平府雞澤縣知縣孫男十餘人吁公夫婦之善行懿德如此則進士之陞擢不可限量其繼進士而興起者亦不可勝計此予之所可信者耳

賜進士出身翰林院檢討　内廷行走

誥授資政大夫左春坊左贊善禮部左侍郎富春邱士毅頓首拜撰

校录

敕赠文林郎陈公环川老先生传

余尝谓积善之家，其子弟必厚重，厚重则受福有其基；不德之家，其子弟必轻浮，轻浮则载福无其具。故《易》之称善也不曰庆，而曰余庆；其称不善也不曰殃，而曰余殃。然则即其后人可信其祖父，亦无不可即其祖父以信其后人。

闽杭陈君于阶举进士，出宰直隶广平府鸡泽县事，贤声久著，居然循吏卓异。入觐来谒，余见其质朴敦厚，恂恂唯谨，意其有世德者。谈论终日，对答如流。一日备述其父环川公暨母钟孺人之懿德善行，且曰："今已遗世有年，阶惧其久而淹没，欲仍其生平志行为之传，载之家乘，以传后人。非先生之言，不足以表扬，先生其惠我哉！"噫，陈君之德，诚足羡矣。余因嘉其表扬先德之心既诚且笃，不敢以不文辞，谨举公之生平可法者而书之。

公讳嘉谟，号环川，世居杭之来苏里。聪明特绝，颖异超群。十岁能诗文，应童子试，屡冠群英。十八游泮，二十二食饩，数战棘闱，屡荐而不获售。即恬退却扫，终日读书谈道，课子若孙。求明圣贤义理，不复有进取念。凡乡里间贫乏者周之，急难者救之，待人以恕，持己以恭。著有《劝孝》《戒淫》等篇、《读书》《力田》二箴，以为家训。公之德行其至矣，而公之德配钟孺人，能赞襄厥德，其亦孟光、少君之俦也欤？

公生于嘉靖庚子年十一月初九日戌时，殁于万历甲辰年六月初四日辰时，享年六十有五。钟孺人生于嘉靖癸卯年四月十四日辰时，殁于万历辛亥年二月二十五日丑时，享年六十有九。今以令嗣于阶贵，恭邀覃恩，敕赠文林郎，钟赠孺人。举丈夫子三：长于庭，癸卯科副榜；次于京；三于阶，乙卯举人，戊辰进士，授直隶广平府鸡泽县知县。孙男十余人。

吁！公夫妇之善行懿德如此，则进士之升擢不可限量，其继进士而兴起者亦不可胜计，此予之所可信者耳。

赐进士出身、翰林院检讨、内廷行走、诰授资政大夫、左春坊左赞善、礼部左侍郎富春邱士毅顿首拜撰

陈于庭传

副貢生于庭伯兄先生傳

兄名于庭字振宸號楓岑先大人生子三兄行一幼岐嶷長特達丰神蕭洒父母愛若掌珠
髫齡就傳翛翛出塵早具有鍵鶚凌雲之勢年二十補弟子員名冠諸生旋食餼王家數薦
棘闈不第乃才大而數奇年三十八始中副車同邑名英相爲惋惜兄處之裕如不以去取
爲榮辱於是年益強學益富潛心於聖經賢傳每以正心誠意修己治人之學誨門人遠近
咸仰爲泰山北斗兄之學問淵源醇正超庸流萬萬億余童子時少兄十歲從兄讀書於雲
峰別墅朝夕講辯諄諄以入孝出弟先人品而後學問諸大端勖余執經受業者十餘年蓋
兄弟而爲師友也予童試時恒不利於有司兄語余曰士之爲學患無可知不患人不知猶
之農患不力田不患不逢年且讀書只求窮理盡性功名特身外物耳余亦識之不忘年二
十一余博一衿隨亦補廩而兄稍慰懷兄年至四十淡意名場窮年閉戶日以著述爲事間
與二三知己尋名山大川登臨遊覽吟詩作賦酬唱往來或戲池魚種名花優游自適以樂
其天眞性至孝二大人常歡餐嬉笑於側親有疾湯藥必親奉呼天哀籲願以身代至於大
歸閒則又閒學藝靜好後人督以耕讀隣里族戚一以忠信相待毫無欺詐心年四十五之
八月誦南華經數篇神閒氣靜忽無疾以終門人數百皆哀慟哭泣弔者塡門兄於嘉靖丙
寅十月二十一日辰時生於萬歷庚戌八月十五日卯時歿葬閩杭石貴栗癸山丁向原配
池孺人繼配何孺人生子二長汝勉次鼎梅庠生孫男數人皆鐫之碑兄歿五年歲乙卯余
舉於鄉戊辰成進士出宰雖譽政事文章一遵兄修己治人之學而絃誦之聲遍於四野乎
所以得沾一命之榮者皆兄敎誨之功也今兄歿而余存無從迎養安得不撫衷抱恨肝腸
碎裂也耶爰滴泪和墨以叙兄之生平行誼及兄弟爲師友之深恩垂示後人

弟于階頓首拜撰

校录

副贡生于庭伯兄先生传

兄名于庭，字振宸，号枫岑。先大人生子三，兄行一。幼岐嶷，长特达，丰神潇洒，父母爱若掌珠。髫龄就傅，娇娇出尘，早具有健翮凌霄之势。年二十，补弟子员，名冠诸生，旋食饩王家，数荐棘闱不第，乃才大而数奇。年三十八，始中副车，同邑名英，相为惋惜。兄处之裕如，不以去取为荣辱。于是年益强，学益富，潜心于圣经贤传，每以正心诚意修己治人之学诲门人，远近咸仰为泰山北斗。

兄之学问渊源醇正，超庸流万万。忆余童子时，少兄十岁，从兄读书于云峰别墅。朝夕讲解，谆谆以入孝出弟、先人品而后学问诸大端勗余，执经授业者十余年，盖兄弟而为师友也。予童试时，恒不利于有司。兄语余曰："士之为学，患无可知，不患人不知，犹之农患不力田，不患不逢年。且读书只求穷理尽性，功名特身外之物耳。"余亦识之不忘。年二十一，余博一矜，遂亦补廪，而兄稍慰怀。

兄年至四十，淡意名场，穷年闭户，日以著述为事。间与二三知己寻名山大川，登临游览，吟诗作赋，酬唱往来。或戏池鱼、种名花，优游自适，以乐其天真。性至孝，二大人常劝餐嬉笑于侧。亲有疾，汤药必亲奉，呼天哀吁，愿以身代。至于夫妇间，则又闻琴瑟静好。后人督以耕读，邻里族戚一以忠信相待，毫无欺诈心。年四十五之八月，诵《南华经》数篇，神闲气静，忽无疾以终。门人数百皆哀恸哭泣，吊者填门。

兄于嘉靖丙寅十月二十一日辰时生，于万历庚戌八月十五日卯时歿，葬闽杭石贵里癸山丁向。原配池孺人，继配何孺人。生子二：长汝勉；次鼎梅，庠生。孙男数人，皆镌之碑。

兄歿五年，岁乙卯，余举于乡，戊辰成进士，出宰鸡泽。政事文章，一遵兄修己治人之学，而弦诵之声遍于四野。予所以得沾一命之荣者，皆兄教诲之功也。今兄歿而余存，无从迎养，安得不抚衷抱恨，肝肠碎裂也耶？爰滴泪和墨，以叙兄之生平行谊，及兄弟为师友之深恩，垂示后人。

弟于阶顿首拜撰

陈于阶传

明進士文林郎知直隸雞澤盧氏二縣事陳公于階先生傳

公諱于階字懋升號辰六生資靈穎氣宇軒昂讀書山房坐常達旦雖祁寒盛暑不輟稍長
從遊伯兄楓岑先生兄弟相爲師友出言即侃侃驚人其後通經史泛百家爲文章典贍有
法遂知名三山一日講古之學者爲已楓岑先生問曰汝知天下有若人乎若吾族白沙公
固其人也因得聞其緒論乃潛心體會講明心性之學每以忠孝諸大節自勉崇貞癸卯舉
於鄉戊辰成進士授直隸廣平府雞澤縣雞澤在府之東素稱難治山右流亡東土蓮妖所
在見告公至盡力籌畫餘黨解散躬勤吏事潔已率僚屬胥役不入村墟書吏不敢干政期
年大治凡輸納課稅以後時爲恥擇清靜之地立書院以課諸生教以先人品而後學問邑
之文風一時丕振其初任時訟者月以數百計公居三年一月數人而已事上官嘗求其
治縣條約爲屬吏之模式秩滿調繁盧氏去之日雞民數百沿塗泣送扳轅卧轍戀戀不舍
官民之情具有固結不可解者公亦爲之嗚咽及至盧氏舊有礦戶饋官之例公峻却之歲
課徙徙不登役里必驚盧人感恩不異雞人秩滿候補京職以養親致仕歸里捐貲置田供
祭膳丁建造文塔重修
文廟自少至老手不釋卷妻劉孺人舉丈夫子一字夔周庠生孫吾宗延平府尤溪訓導長曾孫
必昌廪生次必冀庠生三必泰監生行年八十有五著有尚書副墨四書增要行世接公生
於萬曆乙亥年十一月二十五日酉時塟來蘇中都爐坑裏載縣志更塟樂對門墩頭藝之
日四方來弔者塡門咸傷泰山其頹哲人其萎余與君交契甚密後令嗣出公行狀請傳以
紀公之文章政事誼不可辭謹錄實行以垂不朽云耳
明經筵講官文淵閣直閣事戶部尚書畢自嚴拜書

校录

明进士文林郎知直隶鸡泽卢氏二县事陈公于阶先生传

公讳于阶，字懋升，号扆六。生资灵颖，气宇轩昂。读书山房，坐常达旦，虽祁寒盛暑不辍。稍长，从游伯兄枫岑先生，兄弟相为师友，出言即侃侃惊人。其后通经史，泛百家，为文章典赡有法，遂知名三山。一日，讲古之学者为己，枫岑先生问曰："汝知天下有若人乎？若吾族白沙公固其人也。"因得闻其绪论，乃潜心体会讲明心性之学，每以忠孝诸大节自勉。

崇(贞)〔祯〕癸卯举于乡，戊辰成进士，授直隶广平府鸡泽县。鸡泽在府之东，素称难治。山右流亡，东土莲妖，所在见告。公至，尽力筹画，余党解散。躬勤吏事，洁己率僚属，胥役不入村墟，书吏不敢干政，期年大治。凡输纳课税，以后时为耻。择清静之地立书院，以课诸生，教以先人品而后学问，邑之文风，一时丕振。其初任时，讼者月以数百计，公居三年，一月数人而已。事〔闻〕，上官尝求其治县条约，为属吏之模式。秩满，调繁卢氏。去之日，鸡民数百，沿途泣送，拔辕卧辙，恋恋不舍，官民之情。真有固结不可解者，公亦为之呜咽。

及主卢氏，旧有矿户馈官之例，公峻却之。岁课往往不登，役里心惊，卢人感恩不异鸡人。秩满，候补京职，以葬亲致仕归里。捐资置田，供祭膳丁，建造文塔，重修文庙。自少至老，手不释卷。妻刘孺人，举丈夫子一，字梦周，庠生。孙吾宗，延平府尤溪训导。长曾孙必昌，廪生；次必冀，庠生；三必泰，监生。行年八十有五。著有《尚书副墨》《四书增要》行世。

按公生于万历乙亥年十一月二十五日酉时，葬来苏中都炉坑里，载县志。更葬寨对门墩头。葬之日，四方来吊者填门，咸伤泰山其颓，哲人其萎。余与君交契甚密，后令嗣出公行状请传，以纪公之文章政事。谊不可辞，谨录实行以垂不朽云耳。

明经筵讲官、文渊阁直阁事、户部尚书毕自严拜书

陈汝勉传

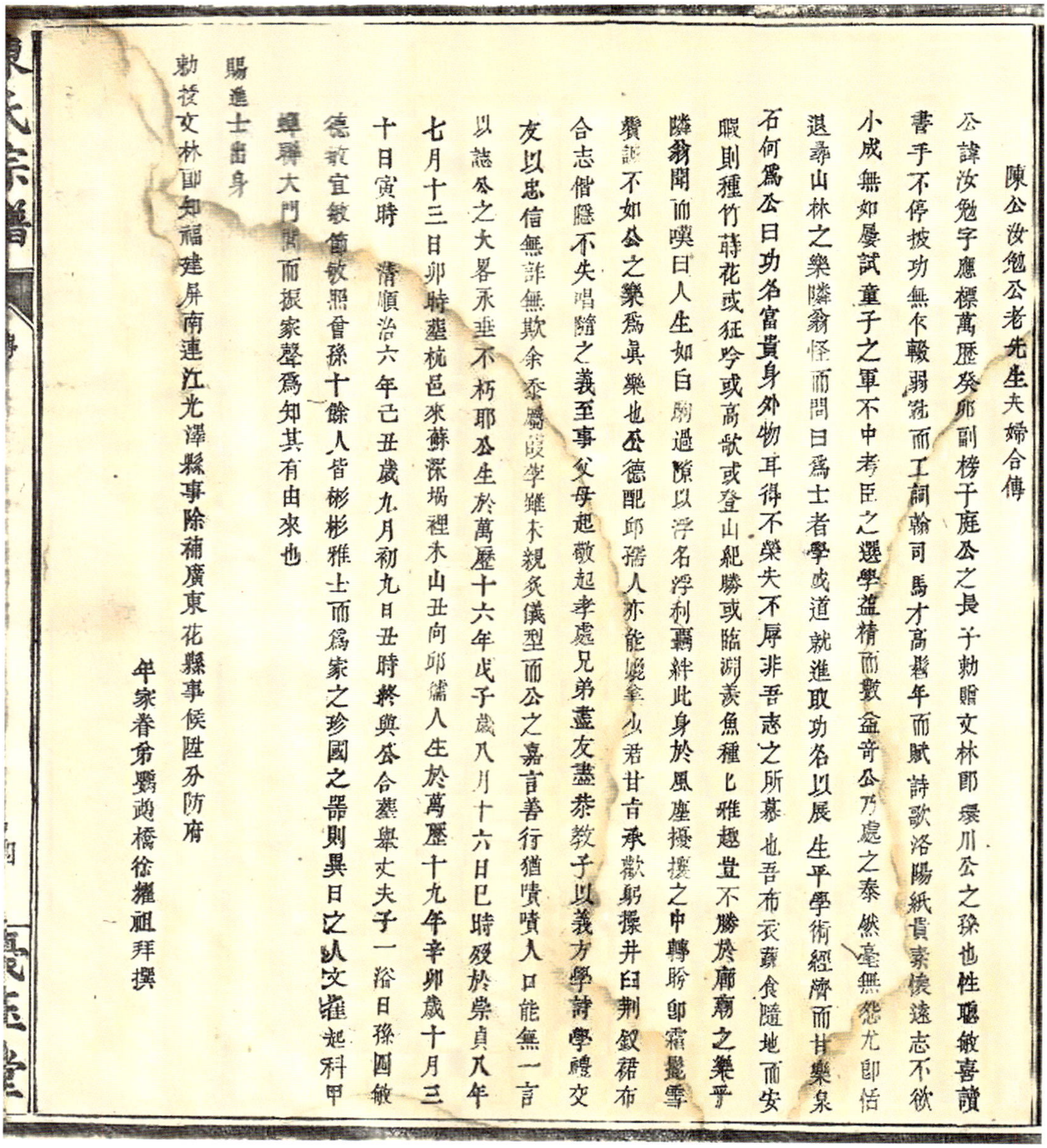

陳公汝勉公老先生夫婦合傳

公諱汝勉字應標萬歷癸卯副榜子庭公之長子勅贈文林郎彔川公之孫也性聰敏喜讀
書手不停披功無作輟弱冠而工詞翰司馬才高髫年而賦詩歌洛陽紙貴素懷遠志不欲
小成無如屢試童子之軍不中考臣之選學益精而數益奇公乃處之泰然毫無怨尤即恬
退尋山林之樂隣翁怪而問曰爲士者學成道就進取功名以展生平學術經濟而甘樂泉
石何爲公曰功名富貴身外物耳得不榮失不辱非吾志之所慕也吾布衣蔬食隨地而安
暇則種竹蒔花或狂吟或高歌或登山紀勝或臨淵羨魚種種雅趣豈不勝於廊廟之樂乎
隣翁聞而嘆曰人生如白駒過隙以浮名浮利羈絆此身於風塵擾攘之中轉盼即霜鬢雪
鬢誠不如公之樂爲真樂也公德配邱孺人亦能媲美少君甘苦承歡躬操井臼荆釵裙布
合志偕隱不失唱隨之義至事父母起敬起孝處兄弟盡友盡恭教子以義方學詩學禮交
友以忠信無詐無欺余忝屬後學雖未親炙儀型而公之嘉言善行猶嘖嘖人口能無一言
以誌公之大畧永垂不朽耶公生於萬歷十六年戊子歲八月十六日巳時歿於崇貞八年
七月十三日卯時塟杭邑來蘇深塢裡木山丑向邱孺人生於萬歷十九年辛卯歲十月三
十日寅時　清順治六年己丑歲九月初九日丑時終與公合塟舉丈夫子一裕日孫國敏
德敏宜敏節敏照曾孫十餘人皆彬彬雅士而爲家之珍國之器則異日之以文章起科甲
蟬聯大門閭而振家聲爲知其有由來也

賜進士出身

勅授文林郎知福建屏南連江光澤縣事除補廣東花縣事候陞分防府

年家眷弟鄭鵷橋徐耀祖拜撰

校录

陈公汝勉公老先生夫妇合传

公讳汝勉，字应标，万历癸卯副榜于庭公之长子，敕赠文林郎环川公之孙也。性聪敏，喜读书，手不停披，功无乍辍。弱冠而工词翰，司马才高；髫年而赋诗歌，洛阳纸贵。素怀远志，不欲小成。无如屡试童子之军，不中考臣之选。学益精而数益奇，公乃处之泰然，毫无怨尤。

即恬退，寻山林之乐。邻翁怪而问曰："为士者学成道就，进取功名，以展生平学术经济，而甘乐泉石何为？"公曰："功名富贵身外物耳，得不荣，失不辱，非吾志之所慕也。吾布衣蔬食，随地而安，暇则种竹莳花，或狂吟，或高歌，或登山纪胜，或临渊羡鱼。种种雅趣，岂不胜于廊庙之乐乎？"邻翁闻而叹曰："人生如白驹过隙，以浮名浮利羁绊此身于风尘扰攘之中，转盼即霜鬓雪鬓，诚不如公之乐为真乐也。"

公德配邱孺人，亦能媲美少君，甘旨承欢，躬操井臼，荆钗裙布，合志偕隐，不失唱随之义。至事父母，起敬起孝；处兄弟，尽友尽恭。教子以义方，学诗学礼；交友以忠信，无诈无欺。余忝属葭莩，虽未亲炙仪型，而公之嘉言善行，犹啧啧人口，能无一言以志公之大略，永垂不朽耶？

公生于万历十六年戊子岁八月十六日巳时，殁于崇祯八年七月十三日卯时，葬杭邑来苏深埚里，未山丑向。邱孺人生于万历十九年辛卯岁十月三十日寅时，清顺治六年己丑岁九月初九日丑时终，与公合葬。举丈夫子一，浴日。孙四：敏德、敏宜、敏节、敏照。曾孙十余人。皆彬彬雅士，而为家之珍、国之器，则异日之人文雀起，科甲蝉联，大门闾而振家声，为知其有由来也。

赐进士出身、敕授文林郎、知福建屏南连江光泽县事、除补广东花县事、候升分防府、年家眷弟鹦鹉桥徐耀祖拜撰

陈鼎梅传

鼎梅陳翁先生傳

翁諱鼎梅字夢說副貢生于庭公之次子幼讀書過人具遠志經集子史靡不窮究及試補弟子員艱於遇未獲登賢書翁性甚曠達不介懷於功名富貴肆志林泉瀟洒自適雅不樂與俗人伍而和平自持又能謙謙善下無驕矜態矧立心正直遇事果決善裁里黨中紛爭不平者片言折服此尤事之昭彰者至其審事勢明大體議論古今得失無不瞭如指掌若剖義理以引導後輩清談娓娓竟日夕不倦且處事多從容待人弗苛刻人有善常贊揚之有不善多方勸諭之真名教中賢君子哉妣鄭孺人婉娈明慧慈淑端莊助夫課子綽有古孟德曜風子一慎修器宇軒昂奇偉特達諸孫等類多英姿秀出穎異不羣其可以紹書香光門閭顯翁之德者正自有日也長君慎修出公行狀丐余傳爰撫其實歷傳諸來許云

賜進士出身

敕授中憲大夫同安黃其晟拜撰

校录

鼎梅陈翁先生传

翁讳鼎梅，字梦说，副贡生于庭公之次子。幼读书过人，具远志，经集子史，靡不穷究。及试，补弟子员，艰于遇，未获登贤书。

翁性甚旷达，不介怀于功名富贵，肆志林泉，潇洒自适。雅不乐与俗人伍，而和平自持，又能谦谦善下，无骄矜态。矧立心正直，遇事果决善裁，里党中纷争不平者，片言折服，此尤事之昭彰者。至其审事势，明大体，议论古今得失，无不了如指掌。若剖义理以引导后辈，清谈娓娓，竟日夕不倦，且处事多从容，待人弗苛刻。人有善，常赞扬之，有不善，多方劝谕之，真名教中贤君子哉！

妣郑孺人，婉姿明慧，慈淑端庄，助夫课子，绰有古孟德曜风。子一，慎修，气宇轩昂，奇伟特达。诸孙等类多英姿秀出，颖异不群。其可以绍书香、光门闾，显翁之德者，正自有日也。长君慎修，出公行状丐余传，爰抚其实历，传诸来许云。

赐进士出身、敕授中宪大夫同安黄其晟拜撰

陈浴日传

陳公浴日先生傳

自古有過人之行者必有過之過天之權存焉爾然過人之行非必震世駭俗以爲卓越不過五倫五事大節無虧而已過人之過亦非必權位赫奕功業爛然不過妻賢子肖孫枝蕃衍而已然此數者天不輕以畀人而人亦冀倖而不易得者也惟陳公諱浴日字殷銘者悉能備之公事父母先意承志以能孝聞溫凊定省由少而壯無少懈處兄弟克敦友愛鄉黨無間言偕伉儷如鼓瑟琴與朋友交不輕然諾視子姪督耕課讀教以義方他如動必以禮言笑不苟此敦五倫恭五事大節無虧者也過人之行孰大於是惟公有過人之行故天畀以過人之過公德配邱孺人賢淑素著終朝井臼克勤克儉舉丈夫子四長敏德次敏宜次敏節敏熙皆意氣豪邁和平敦厚誠克家之令器孫男十餘人悉行端品重如金在鎔玉在璞異日之紆青拖紫光大門閭誠不可以指數豈非人求之不可得而公獨得之耶公於萬曆壬子年十二月二十七日酉時生康熙庚午年正月二十日辰時歿孺人於萬曆乙卯年七月十二日戌時生康熙甲戌年十月二十二日巳時歿塟原籍烏石棟下坤山艮向兼申寅分金與公合塟吁古之君子樂道人之善而不輕譽者恐失其真也予與紹亭契好述公生平事跡因次公行畧書之是亦樂道公善之意也

敕授修職郎瀘溪縣儒學年家眷弟雲林胡秉銓拜撰

校录

陈公浴日先生传

自古有过人之行者，必有过〔人〕之遇，天之权存焉尔。然过人之行，非必震世骇俗，以为卓越，不过五伦五事，大节无亏而已。过人之遇，亦非必权位赫奕，功业烂然，不过妻贤子肖，孙枝蕃衍而已。然此数者，天不轻以畀人，而人亦冀倖而不易得者也。惟陈公讳浴日、字殷铭者，悉能备之。

公事父母，先意承志，以能孝闻。温凊定省，由少而壮，无少懈。处兄弟，克敦友爱，乡党无间言。偕伉俪，如鼓瑟琴，与朋友交，不轻然诺。视子侄，督耕课读，教以义方。他如动必以礼，言笑不苟，此敦五伦、恭五事，大节无亏者也。过人之行，孰大于是。惟公有过人之行，故天畀以过人之遇。

公德配邱孺人，贤淑素著，终朝井臼，克勤克俭。举丈夫子四：长敏德；次敏宜；次敏节；敏照。皆意气豪迈，和平敦厚，诚克家之令器。孙男十余人，悉行端品重，如金在镕，玉在璞，异日之纡青拖紫，光大门闾，诚不可以指数，岂非人求之不可得，而公独得之耶？

公于万历壬子年十二月二十七日酉时生，康熙庚午年正月二十日辰时殁。孺人于万历乙卯年七月十二日戌时生，康熙甲戌年十月二十二日巳时殁。葬原籍乌石楝下，坤山艮向，兼申寅分金，与公合葬。吁！古之君子，乐道人之善，而不轻誉者，恐失其真也。予与绍亭契好，述公生平事迹，因次公行略书之，是亦乐道公善之意也。

敕授修职郎、泸溪县儒学、年家眷弟云林胡秉铨拜撰

陈敏宜传

敏宜公傳

先生字敏宜號必義裕日公之次子也賦性平和居必仁厚可謂謙謙君子藹藹吉人事父
母克諧以孝待兄弟克盡友恭處鄉黨周急濟貧與人交忠信有主他如材識練達品高行
卓種種善行難以枚舉茀以先生之貽謀燕翼足以克昌厥後丕振箕裘者言之先生鍾秀
閩山派衍虞廷故於孝弟諸大端罔不克盡德配劉孺人繼配張孺人鍾孺人存正靜幽閒
齊斜輔德積累既著鄉邦熾昌斯衍諸繼嗣喆嗣名文光者幼傳敏智長益沉潛先生令之
就學延名師以課之勉其業精於勤而荒於嬉令嗣一遵嚴訓凜凜然無敢少怠編磨三傳
耽書或號爲淄肴核六經嗜左且名爲癖乃才高而數不偶屢試而志莫伸以故嘯歌自適
於閩杭之來蘇里然身雖未厠於廊廟而隱居林泉志潔行方亦卓卓乎有義門之流風餘
韻焉由是奕葉芳孫龍鱗自從雲逵到蜑階蘭玉鳳毛將破霧高騫猗歟休哉繼世之書香
人文蔚起綿遠之瓜瓞闊闊庠涯藉非先生與孺人之仁以植其根德以培其本曷克臻此
先生於崇貞辛巳年正月廿三日戌時生康熙五十六年丁酉三月十六日巳時歿原塟藉
深堝裡庚山甲向申寅分金原配劉孺人於崇貞壬午年九月初十日酉時生康熙五十七
年戊戌七月十三日申時歿公與劉張孺人三位合塟于雖未瞻其丰采風流而觀其苗裔
追思其仁德自有以致之益可信其積厚之徵也今令嗣裔紹亭修輯家乘備述先人之懿
德請一言以爲先生傳以招來許余忝依玉并嘉其不忘先世遺澤爰叙先生梗概以附諸
譜
恩歲進士候選儒學年家姻姪白舟張采儀拜撰

校录

敏宜公传

先生字敏宜，号必义，浴日公之次子也。赋性平和，居心仁厚，可谓谦谦君子，蔼蔼吉人。事父母克谐以孝，待兄弟克尽友恭，处乡党周急济贫，与人交忠信有主。他如材识练达，品高行卓，种种善行，难以枚举。第以先生之贻谋燕翼，足以克昌厥后，丕振箕裘者言之。

先生钟秀闽山，派衍虞廷，故于孝弟诸大端，罔不克尽。德配刘孺人、继配张孺人、钟孺人，胥正静幽闲，齐眉辅德，积累既著乡邦，炽昌斯衍诸继嗣。喆嗣名文光者，幼传敏智，长益沉潜，先生令之就学，延名师以课之，勉其业精于勤而荒于嬉。令嗣一遵严训，凛凛然无敢少怠。编磨三传，耽书或号为淫；肴核六经，嗜《左》且名为癖。乃才高而数不偶，屡试而志莫伸，以故啸歌自适于闽杭之来苏里。然身虽未厕于廊庙，而隐居林泉，志洁行方，亦卓卓乎有义门之流风余韵焉。由是奕叶芳孙，龙鳞自从云远到；盈阶兰玉，凤毛将破雾高骞。猗欤休哉！继世之书香，人文蔚起；绵远之瓜瓞，阀阅靡涯。藉非先生与孺人之仁以植其根，德以培其本，曷克臻此？

先生于崇(贞)〔祯〕辛巳年正月廿三曰戌时生，康熙五十六年丁酉三月十六曰巳时殁，葬原藉深坜里，庚山甲向，申寅分金。原配刘孺人于崇祯壬午年九月初十日酉时生，康熙五十七年戊戌七月十三曰申时殁，公与刘、张孺人三位合墓。予虽未瞻其文采风流，而观其苗裔，追思其仁德，自有以致之，益可信其积厚之征也。今令嗣裔绍亭修辑家乘，备述先人之懿德，请一言以为先生传，以招来许。余忝依玉井，嘉其不忘先世遗泽，爰叙先生梗概，以附诸谱。

恩岁进士、候选儒学、年家姻侄白舟张采仪拜撰

陈文光传

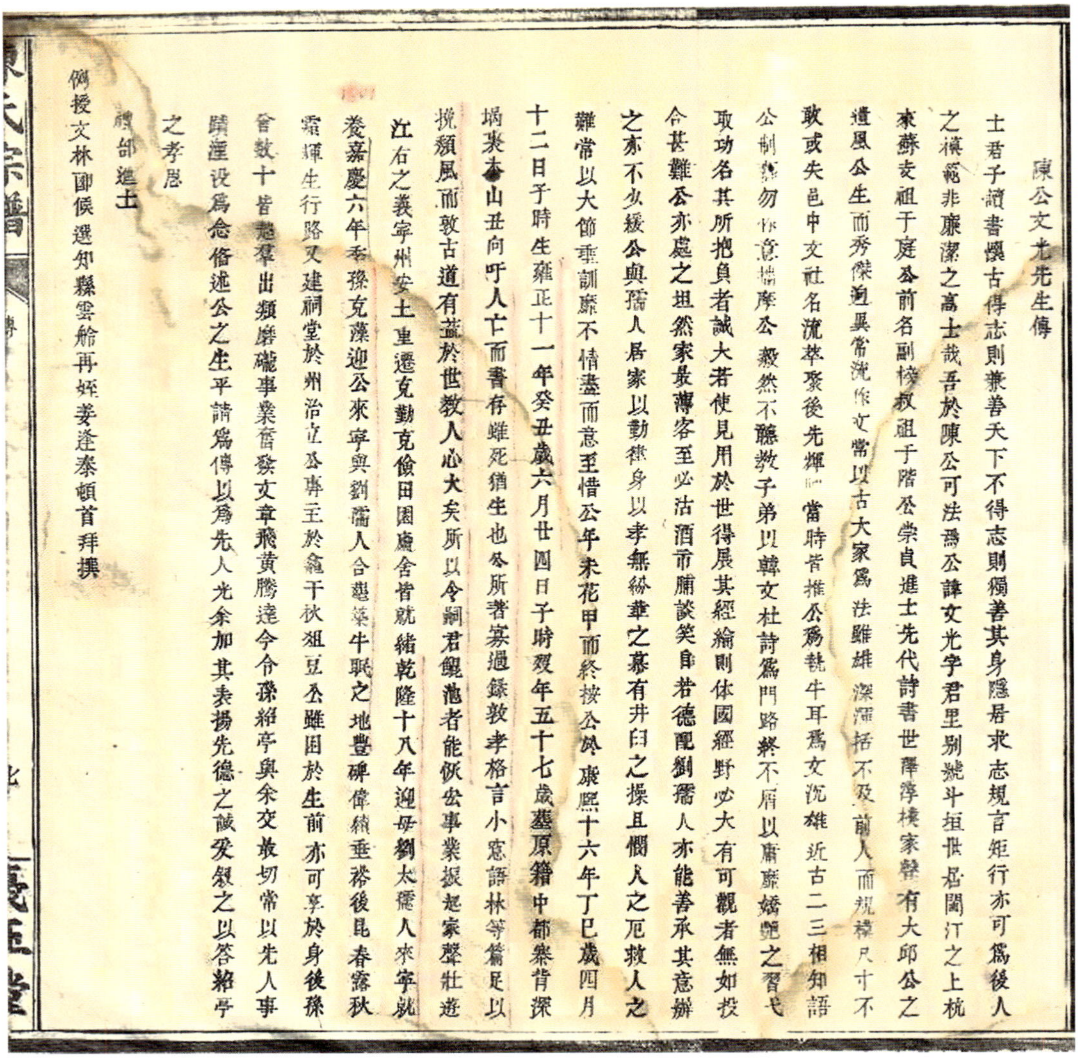

陳公文光先生傳

士君子讀書懷古得志則兼善天下不得志則獨善其身隱居求志規言矩行亦可爲後人之模範非廉潔之高士哉吾於陳公可法焉公諱文光字君里別號斗垣世居闔江之上杭來蘇支祖于庭公前名副校叔祖于階公崇貞進士先代詩書世澤淳樸家聲有大郎公之遺風公生而秀傑迥異常流作文常以古大家爲法雖雄深渾括不及前人而規模尺寸不敢或失邑中文社名流萃聚後先輝映當時皆推公爲執牛耳爲文沉雄近古二三相知語公制藝勿作意揣摩公毅然不聽教子弟以韓文杜詩爲門路終不屑以庸靡嬌艷之習弋取功名其所抱負者誠大若使見用於世得展其經綸則体國經野必大有可觀者無如投合甚難公亦處之坦然家甚薄客至必沽酒而誦談笑自若德配劉孺人亦能善承其意辦之亦不少緩公與孺人居家以勤律身以孝無紛華之慕有井臼之操且憫人之厄救人之難常以大節垂訓廉不惜盡而意至惜公年未花甲而終按公於康熙十六年丁巳歲四月十二日子時生雍正十一年癸丑歲六月廿四日子時歿年五十七歲塟原籍中都寨背探塥裘嶺山丑向吁人亡而書存雖死猶生也公所著寡過錄教孝格言小窗語林等篇足以挽頹風而敦古道有益於世教人心大矣所以令嗣君鯤池者能恢宏事業振起家聲壯遊江右之義寧州安土重遷克勤克儉田園廬舍皆就緒乾隆十八年迎母劉太孺人來寧就養嘉慶六年玄孫克藻迎公來寧與劉孺人合塟藥牛坵之地豐碑偉積垂裕後昆春露秋霜輝生行路又建祠堂於州治立公專主於龕千秋俎豆公雖困於生前亦可享於身後孫曾數十皆超羣出類磨礲事業奮發文章飛黃騰達今令孫紹亭與余交最切常以先人事蹟湮沒爲念備述公之生平請爲傳以爲先人光余加其表揚先德之誠爰叙之以答紹亭之孝思

禮部進士

例授文林郎候選知縣雲舲再姪婿逢泰頓首拜撰

校录

陈公文光先生传

士君子读书怀古，得志则兼善天下，不得志则独善其身，隐居求志，规言矩行，亦可为后人之模范，非廉洁之高士哉？吾于陈公可法焉。

公讳文光，字君里，别号斗垣，世居闽汀之上杭来苏。支祖于庭公，前名副榜，叔祖于阶公，崇祯进士。先代诗书世泽，淳朴家声，有太邱公之遗风。公生而秀杰，迥异常流，作文常以古大家为法，虽雄深浑括不及前人，而规模尺寸，不敢或失。邑中文社名流萃聚，后先辉映，当时皆推公为执牛耳。为文沉雄近古，二三相知语公，制艺勿作意揣摩。公毅然不听，教子弟以韩文杜诗为门路，终不屑以庸靡娇艳之习，弋取功名。其所抱负者诚大，若使见用于世，得展其经纶，则体国经野，必大有可观者。无如投合甚难，公亦处之坦然。家最薄，客至必沽酒市脯，谈笑自若。德配刘孺人，亦能善承其意，办之亦不少缓。公与孺人居家以勤，律身以孝，无纷华之慕，有井臼之操。且悯人之厄，救人之难，常以大节垂训，靡不情尽而意至，惜公年未花甲而终。

按公于康熙十六年丁巳岁四月十二日子时生，雍正十一年癸丑岁六月廿四日子时殁，年五十七岁。葬原籍中都寨背深坰里，未山丑向。吁！人亡而书存，虽死犹生也。公所著《寡过录》《敦孝格言》《小窗语林》等篇，足以挽颓风而敦古道，有益于世教人心大矣。所以令嗣君鲲池者，能恢宏事业，振起家声，壮游江右之义宁州，安土重迁，克勤克俭，田园庐舍皆就绪。乾隆十八年迎母刘太孺人来宁就养，嘉庆六年季孙克藻迎公来宁，与刘孺人合葬，筑牛眠之地。丰碑伟绩，垂裕后昆；春露秋霜，辉生行路。又建祠堂于州治，立公专主于龛，千秋俎豆。公虽困于生前，亦可享于身后。孙曾数十，皆超群出类，磨砻事业，奋发文章，飞黄腾达。今令孙绍亭与余交最切，常以先人事迹湮没为念，备述公之生平，请为传，以为先人光。余嘉其表扬先德之诚，爰叙之以答绍亭之孝思。

礼部进士、例授文林郎、候选知县、云龄再侄姜逢泰顿首拜撰

刘孺人传(陈文光夫人)

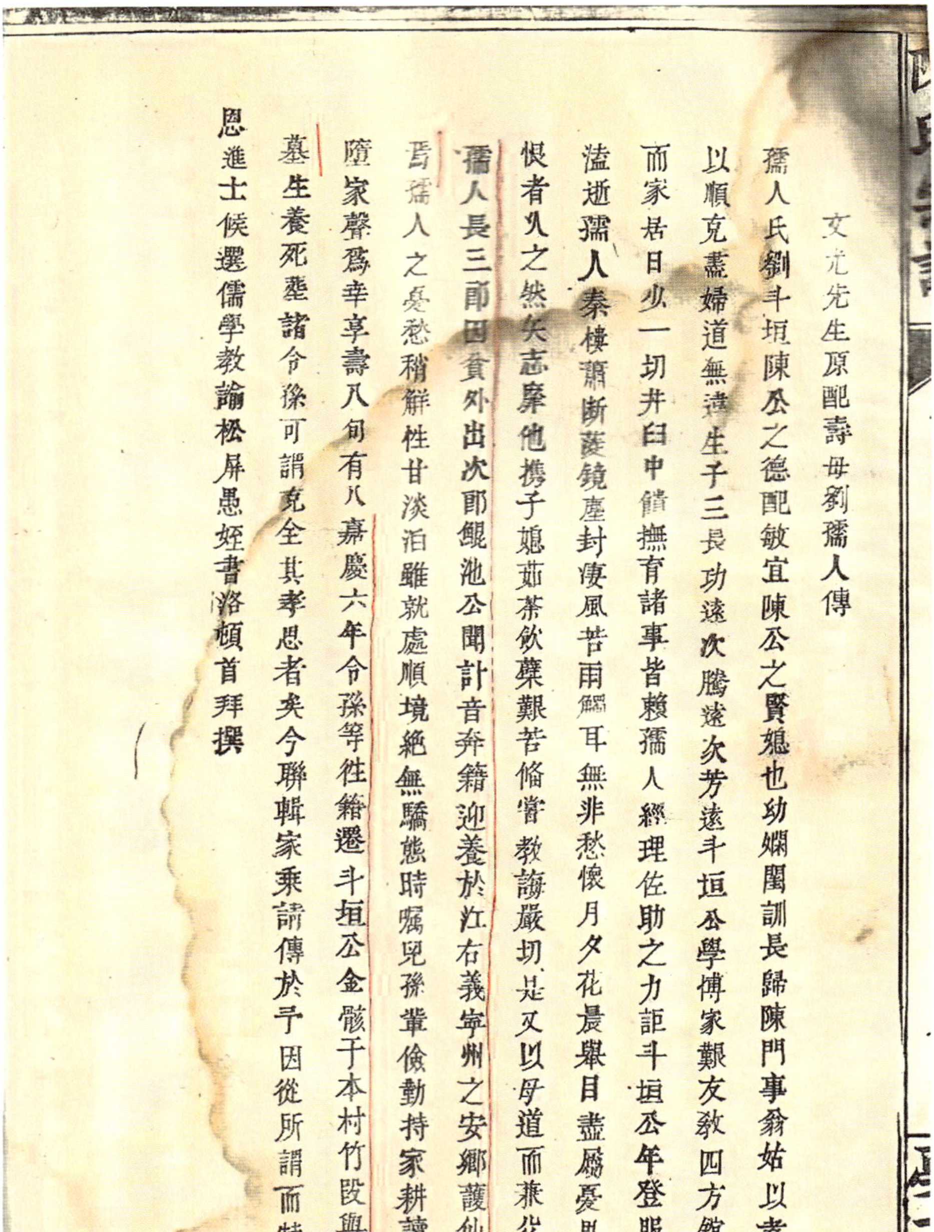

文光先生原配壽母劉孺人傳

孺人氏劉斗垣陳公之德配敏宜陳公之賢媳也幼嫻閨訓長歸陳門事翁姑以孝相夫君以順克盡婦道無違生子三長功遠次騰遠次芳遠斗垣公學博家鄰友敎四方館居日多而家居日少一切井臼中饋撫育諸事皆賴孺人經理佐助之力詎斗垣公年登服官淹然溘逝孺人秦樓簫斷菱鏡塵封淒風苦雨鰥耳無非愁懷月夕花晨舉目盡屬憂思抱未亡恨者久之然矢志靡他携子媳茹荼飲蘖艱苦備嘗教誨嚴切是又以母道而兼父道也嗣孺人長三郎因貧外出次郎鯤池公聞訃音奔籍迎養於江右義寧州之安鄉護仙源而居焉孺人之憂愁稍解性甘淡泊雖就處順境絕無驕態時囑兒孫輩儉勤持家耕讀是尚勿墮家聲爲幸享壽八旬有八嘉慶六年令孫等往籍遷斗垣公金骸于本村竹段與孺人合墓生養死塟諸令孫可謂克全其孝思者矣今聯輯家乘請傳於予因從所謂而特傳之

恩進士候選儒學教諭松屏愚姪書洛頓首拜撰

校录

文光先生原配寿母刘孺人传

孺人氏刘，斗垣陈公之德配，敏宜陈公之贤媳也。幼娴闺训，长归陈门，事翁姑以孝，相夫君以顺，克尽妇道无违。生子三：长功远，次腾远，次芳远。斗垣公学博家艰，友教四方，馆居日多，而家居日少，一切井臼中馈抚育诸事，皆赖孺人经理佐助之力。讵斗垣公年登服官，(淹)〔奄〕然溘逝。孺人秦楼箫断，菱镜尘封。凄风苦雨，触耳无非愁怀；月夕花晨，举目尽属忧思。抱未亡恨者久之，然矢志靡他，携子媳茹荼饮蘖，艰苦备尝，教诲严切，是又以母道而兼父道也。

嗣孺人长、三郎因贫外出，次郎鲲池公闻讣音奔籍，迎养于江右义宁州之安乡护仙源而居焉，孺人之忧愁稍解。性甘淡泊，虽就处顺境，绝无骄态。时嘱儿孙辈俭勤持家，耕读是尚，勿堕家声为幸。享寿八旬有八。嘉庆六年，令孙等往籍迁斗垣公金骸于本村竹塅，与孺人合墓。生养死葬，诸令孙谓克全其孝思者矣。今联辑家乘，请传于予，因从所谓而特传之。

恩进士、候选儒学教谕、松屏愚侄书洛顿首拜撰

陈文光夫妇墓志铭

族叔公文光先生暨德配劉孺人合墓誌銘

吾族叔斗垣大人所謂安貧樂道承先裕後之較著者先世業詩書多上達尊高祖子庭公兄弟掇巍科登仕版赫赫有廉吏聲綿綿繼繼奕葉流芳諸後嗣多英傑能文章擅吟咏瓜綿椒衍人文蔚起世之知公者第以美可彰盛可傳代有達人爲公羨而不知非公大力維持其間莫克臻此公性敏好學諸子百家書罔弗搜覽年未冠處貧窶就讀於家之淡然軒以古人功名事業自期許德配劉孺人挑燈佐讀紡聲書聲相唱和于五夜雞鳴時一飯一粥陶然也迄今誦其詩讀其文有漢唐風鄉先生嘗評曰惟公能貧而自樂故詩文愈工然数奇常誦歐陽六一詩念昔始從書力學希仕宦豈敢取聲名惟期脱貧賤之句以見志公愈貧而志愈堅終日惟順親教子至老不倦其慷慨有氣節行方遠俗任人目爲書呆詩癡而香爲不知吁不得如公其人於中間其奚其盛其書香不至没没乃爾豈理之所有歟公諱文光字君里號斗垣行二康熙丁巳年四月十二日子時生雍正癸丑年六月二十日子時殁先塋閩中杭之來蘇里孺人於康熙丁卯年十二月十三日未時生乾隆甲午年四月初七日申時殁享壽八十有八原塋豫章古艾之泰鄉竹段石堝源山内涓於嘉慶辛未年九月初六日寅時迎公與孺人合塟丙山壬向午子分金同穴相安舉國器子三長功逵善

①

士次騰遠太學生芳達鄉耆女一適何孫曾蕃衍序列碑前茲平赴禮部選自北來同年酉
山先生爲義字牧來訪得掘紹亭大兄芝宇閣公行述因次其承先裕後大畧又從而爲之
銘
銘曰
一杯黃壤南山之南靈鍾秀聚嶽峙淵涵哲人其萎雲樹交參魂兮偕遊和樂且耽峩瓌
六六徑繞三三佑啟我後德普恩覃望佳城之鬱鬱蔭蘭桂而森梗楠
時
皇清嘉慶十六年歲在辛未菊月上浣穀旦
禮部進士
例授文林郎揀選知縣愚姪渥川之駒頓首拜撰

校 录

族叔公文光先生暨德配刘孺人合墓志铭

吾族叔斗垣先生,所谓安贫乐道、承先裕后之较著者。先世业诗书,多上达。尊高祖于庭公兄弟掇巍科,登仕版,赫赫有廉吏声。绵绵继继,奕叶流芳,诸后嗣多英杰,能文章,擅吟咏。瓜绵椒衍,人文蔚起。世之知公者,第以美可彰,盛可传,代有达人为公羡,而不知非公大力维持其间,莫克臻此。

公性敏好学,诸子百家书罔弗搜览。年未冠,处贫窭,躭读于家之淡然轩,以古人功名事业自期许。德配刘孺人,挑灯佐读,纺声书声相唱和于五夜鸡鸣时,一饭一粥陶然也。迄今诵其诗读其文,有汉唐风。乡先生尝评曰:“惟公能贫而自乐,故诗文愈工。”然数奇,常诵欧阳六一诗“念昔始从书,力学希仕宦。岂敢取声名,惟期脱贫贱”之句以见志。公愈贫而志愈坚,终日惟顺亲教子,至老不倦。其慷慨有气节,行方远俗,任人目为书呆诗痴,而若为不知。吁!不得如公其人于中间,其美其盛其书香不至没没乃尔,岂理之所有欤?

公讳文光,字君里,号斗垣,行二。康熙丁巳年四月十二日子时生,雍正癸丑年六月二十日子时殁。先葬闽中〔汀〕杭之来苏里。孺人于康熙丁卯年十二月十三日未时生,乾隆甲午年四月初七日申时殁,享寿八十有八。原葬豫章古艾之泰乡竹段石埚源山内,涓于嘉庆辛未年九月初六日寅时,迎公与孺人合葬,丙山壬向,午子分金,同穴相安。举国器子三:长公远,善士;次腾远,太学生;芳远,乡耆。女一,适何。孙曾蕃衍,序列碑前。兹予赴礼部选,自北来,同年西山先生为义宁牧来访,得挹绍亭大兄芝宇,阅公行述,因次其承先裕后大略,又从而为之铭,铭曰:

一(杯)〔抔〕黄壤,南山之南。灵钟秀聚,岳峙渊涵。哲人其萎,云树交参。魂分偕游,和乐且耽。峰环六六,径绕三三。佑启我后,德普恩覃。望佳城之郁郁,荫兰桂而森梗楠。

时皇清嘉庆十六年岁官辛未菊月上浣谷旦,礼部进士、例授文林郎、拣选知县、愚侄渥川之驹顿首拜撰

陈鲲池行略

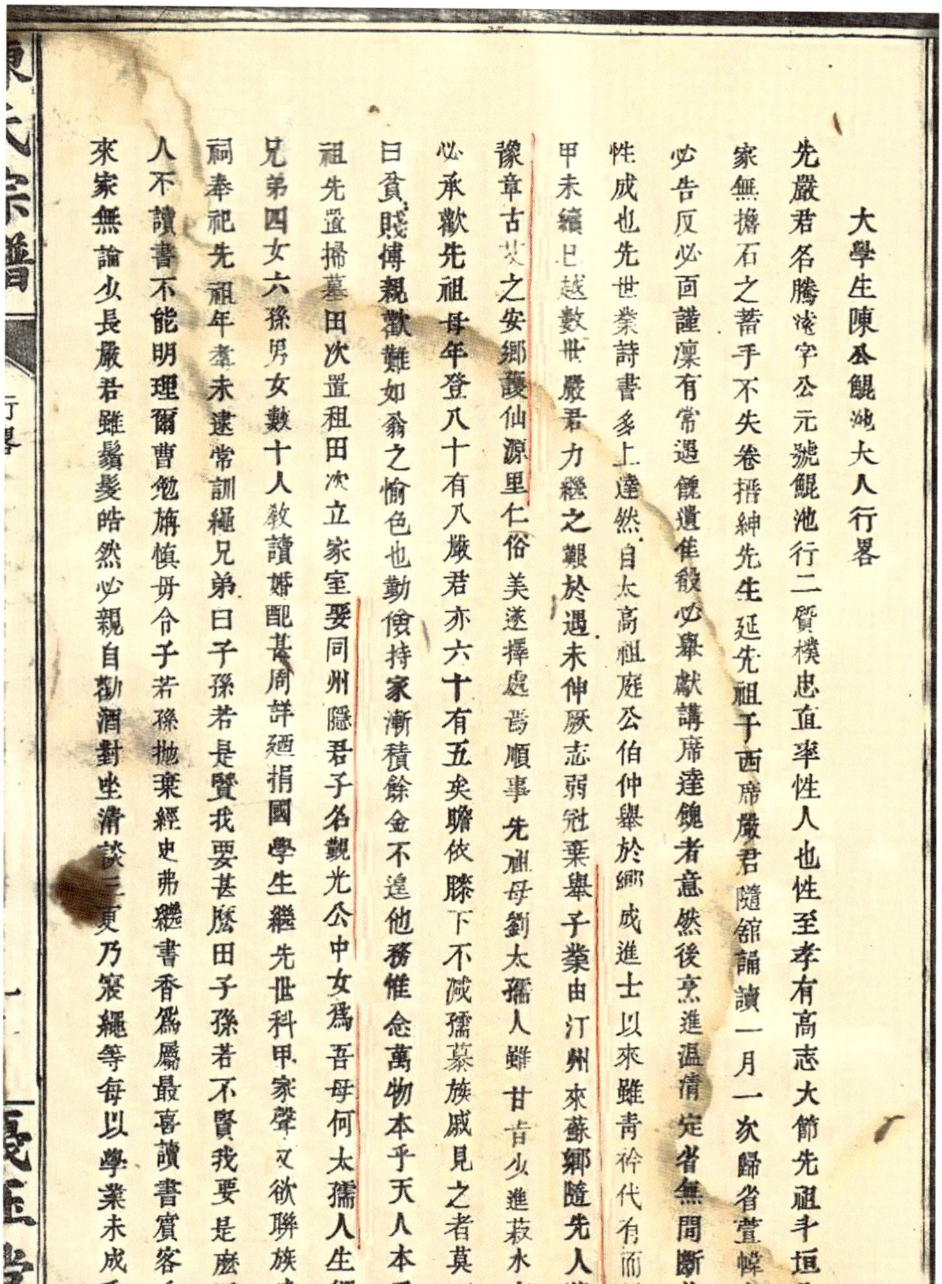

大學生陳公鯤池大人行畧

先嚴君名騰滄字公元號鯤池行二質樸忠直率性人也性至孝有高志大節先祖聿亘公家無擔石之蓄手不失卷搢紳先生延先祖于西席嚴君隨館誦讀一月一次歸省萱幃出必告反必面謹凜有常遇饋遺雀㲉必舉獻講席達餽者意然後烹進溫凊定省無間斷若性成也先世業詩書多上達然自太高祖庭公伯仲舉於鄉成進士以來雖青衿代有而科甲未續已越數世嚴君力繼之艱於遇未伸厥志弱冠棄舉子業由汀州來蘇鄉隨先人遊豫章古艾之安鄉蘐仙源里仁俗美遂擇處焉順事先祖母劉太孺人雖甘旨少進菽水亦必承歡先祖母年登八十有八歲君亦六十有五矣瞻依膝下不減孺慕族戚見之者莫不曰貧賤傅親歡難如翁之愉色也勤儉持家漸積餘金不違他務惟念萬物本乎天人本乎祖先置掃墓田次置租田次立家室娶同州隱君子名觀光公中女為吾母何太孺人生繩兄弟四女六孫男女數十人教讀婚配甚周詳迺捐國學生繼先世科甲家聲又欲聯族建祠奉祀先祖年耄未逮常訓繩兄弟曰子孫若是賢我要甚麼田子孫若不賢我要是麼田人不讀書不能明理爾曹勉旃慎毋令子若孫拋棄經史弗繼書香爲屬最喜讀書賓客凡來家無論少長嚴君雖鬚髮皓然必親自勸酒對坐清談三更乃寢繩等每以學業未成爲

①

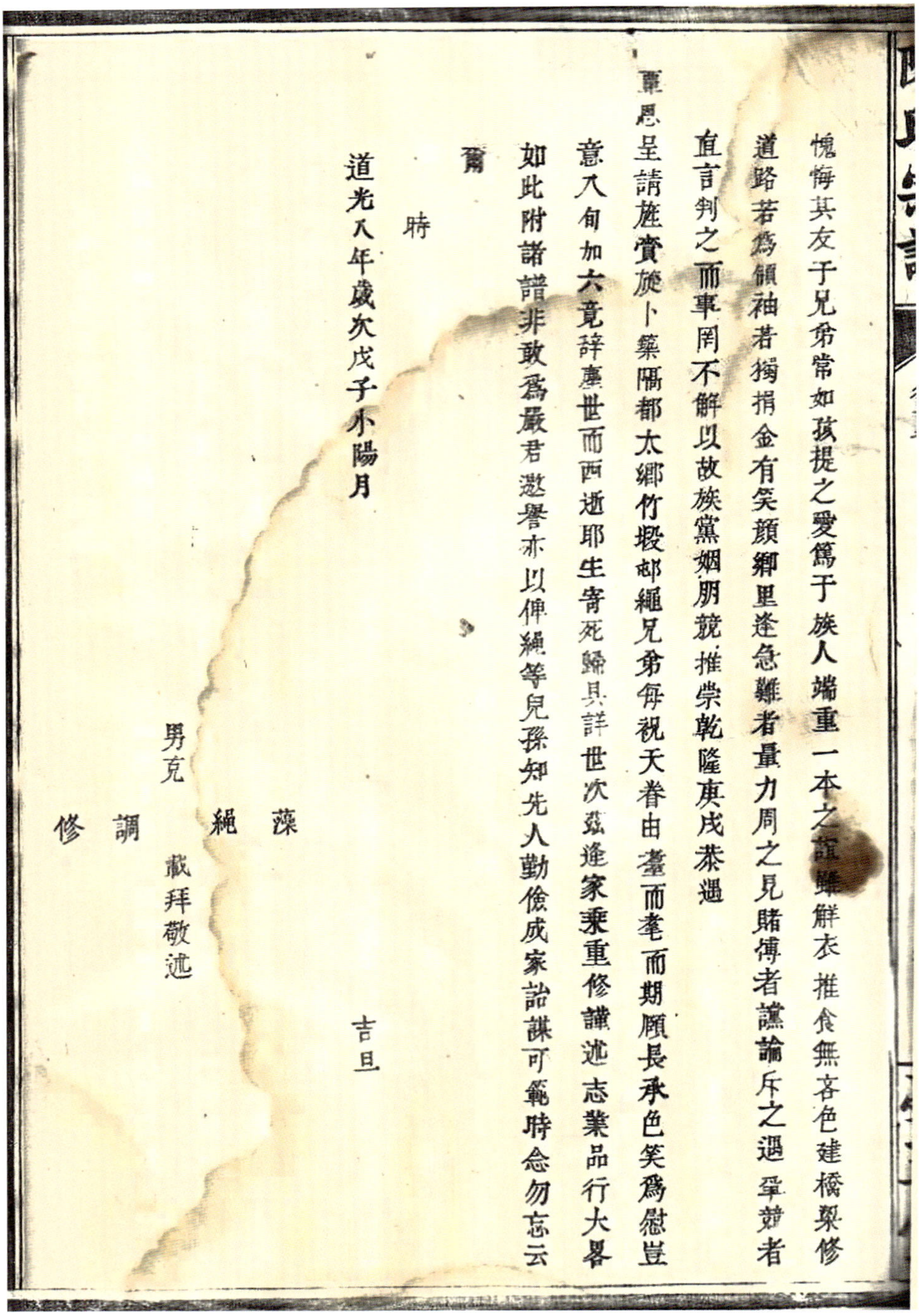

愧悔其友于兄弟常如孩提之愛篤于族人端重一本之誼雖解衣推食無吝色建橋梁修道路若爲領袖者獨捐金有笑顔鄉里逢急難者量力周之見賭博者讜論斥之遇爭競者直言判之而事罔不解以故族黨姻朋競推崇乾隆庚戌恭遇

覃恩呈請旌賞旋卜築隔都太鄉竹墩郝縄兄弟每視天眷由耋而耄而期頤長承色笑爲慰豈意八旬加六竟辞塵世而西逝耶生寄死歸具詳世次茲逢家乘重修譜述志業品行大畧如此附諸譜非敢爲嚴君邀譽亦以俾縄等兒孫知先人勤儉成家詒謀可範時念勿忘云爾

時

道光八年歲次戊子小陽月 吉旦

男克藻 克繩 克調 克修 載拜敬述

②

校录

太学生陈公鲲池大人行略

先严君名腾远，字公元，号鲲池，行二。质朴忠直，率性人也。性至孝，有高志大节。先祖斗垣公家无担石之蓄，手不失卷，缙绅先生延先祖于西席，严君随馆诵读，一月一次，归省萱帏，出必告，反必面，谨凛有常。遇馈遗佳肴，必举献讲席，达馈者意，然后烹进。温凊定省无间断，若性成也。

先世业诗书，多上达，然自太高祖〔于〕庭公伯仲举于乡成进士以来，虽青衿代有，而科甲未续，已越数世。严君力继之，艰于遇，未伸厥志。弱冠弃举子业，由汀州来苏乡随先人游豫章古艾之安乡护仙源，里仁俗美，遂择处焉。顺事先祖母刘太孺人，虽甘旨少进，菽水亦必承欢。先祖母年登八十有八，严君亦六十有五矣。瞻依膝下，不减孺慕，族戚见之者，莫不曰贫贱博亲欢，难如翁之愉色也。

勤俭持家，渐积余金，不遑他务，惟念万物本乎天，人本乎祖，先置扫墓田，次置租田，次立家室。娶同州隐君子名觐光公中女，为吾母何太孺人。生绳兄弟四，女六，孙男女数十人。教读婚配甚周详，乃捐国学生，继先世科甲家声。又欲联族建祠，奉祀先祖，年耄未逮。常训绳兄弟曰："子孙若是贤，我要甚么田；子孙若不贤，我要是么田。""人不读书，不能明理，尔曹勉旃"，"慎毋令子若孙抛弃经史，弗继书香"为属。最喜读书，宾客凡来家，无论少长，严君虽须发皓然，必亲自劝酒，对坐清谈，三更乃寝，绳等每以学业未成为愧悔。

其友于兄弟，常如孩提之爱，笃于族人，端重一本之谊，虽解衣推食无吝色。建桥梁，修道路，若为领袖，若独捐金，有笑颜。乡里逢急难者，量力周之。见赌博者，说论斥之。遇争竞者，直言判之，而事罔不解。以故族党姻朋竞推崇。

乾隆庚戌恭遇覃恩，呈请旌(赍)〔赉〕。旋卜筑隔都太乡竹墩邨。绳兄弟每祝天眷，由耋而耄而期颐，长承色笑为慰，岂意八旬加六竟辞尘世而西逝耶！生寄死归，具详世次。兹逢家乘重修，谨述志业品行大略如此，附诸谱，非敢为严君邀誉，亦以俾绳等儿孙知先人勤俭成家，诒谋可范，时念勿忘云尔。

时道光八年岁次戊子小阳月　吉旦，男克绳、克调、克藻、克修载拜敬述

陈鲲池墓志铭

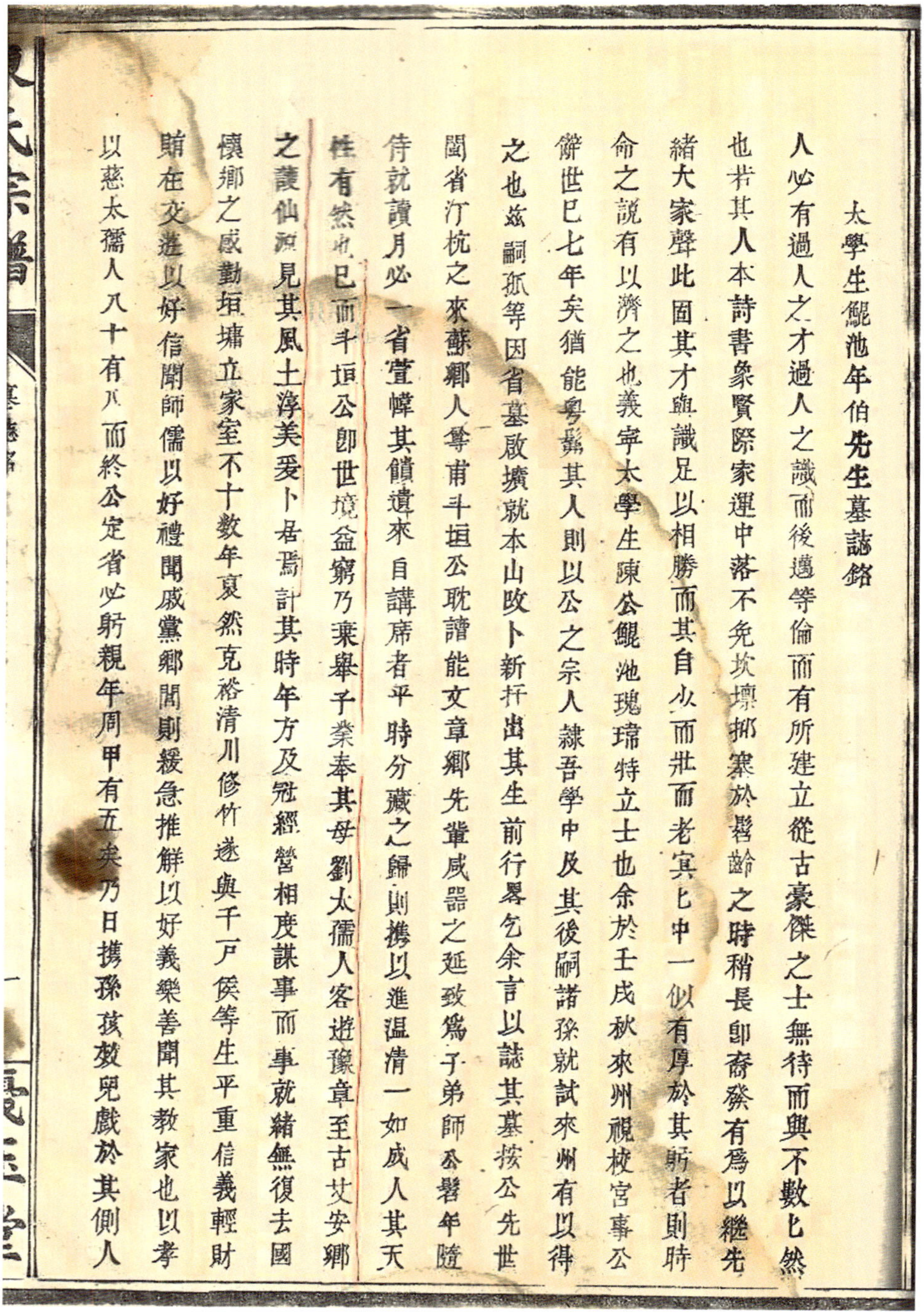

太學生鯤池年伯先生墓誌銘

人必有過人之才過人之識而後邁等倫而有所建立從古豪傑之士無待而興不數乚然
也若其人本詩書象賢際家運中落不免坎壈抑塞於髫齡之時稍長卽奮發有爲以繼先
緒大家聲此固其才與識足以相勝而其自少而壯而老寘乚中一似有厚於其所者則時
命之說有以濟之也義寧太學生陳公鯤池瑰瑋特立士也余於壬戌秋來州視校宮事公
辭世巳七年矣猶能髣髴其人則以公之宗人隸吾學中及其後嗣諸孫就試來州有以得
之也茲嗣孤等因省墓啟壙就本山改卜新阡出其生前行畧乞余言以誌其墓按公先世
閩省汀杭之來蘇鄉人尊甫斗垣公耽譜能文章鄉先輩咸器之延致爲子弟師公髫年隨
侍就讀月必一省萱幃其饋遺來自講席者平時分藏之歸則携以進溫凊一如成人其天
性有然也已而斗垣公卽世境益窮乃棄舉子業奉其母劉太孺人客遊豫章至古艾安鄉
之護仙源見其風土淳美爰卜居焉計其時年方及冠經營相度謀事而事就緒無復去國
懷鄉之感勤垣墉立家室不十數年裒然克裕清川修竹遂與千戶侯等生平重信義輕財
賄在交游以好信聞師儒以好禮聞戚黨鄉閭則緩急推解以好義樂善聞其教家也以孝
以慈太孺人八十有八而終公定省必躬親年周甲有五矣乃日携孫孩效兒戲於其側人

①

咸曰此老萊子之孝也精神康強家境益厚督耕外課讀雖勤食指以百計內外肅穆無間
言惟創立宗祠以不獲覩成為憾以其事屬諸後人公年逾七十循例入太學以繼先世科
甲家聲乾隆庚戌恭遇
覃恩呈請旌賞噫美矣回憶自打來寧無尺寸憑藉此數十年間遂能有此此固才與識足以相
勝而又非才識所及遂謂可操券而致者則甚哉公之福命有以交濟所謂冥冥中若有厚
於其躬者不其然歟公名騰遠字公元號鯤池行二於康熙庚寅年十二月廿五日巳時生
乾隆乙卯年正月十四日戌時壽終享壽八十有六娶同州隱君子何公覲光之中女舉丈
夫子四長克繩太學生次克調業儒次克藻次克修舉女子六孫男女數十餘人先是歷宅
右之鳳形山本年八月嗣孤等啟窆者覩百骸俱備色黃亮洵吉壤也以繒帛斂新櫬茲於
十月廿四日申時復塟本山之內乙山辛向兼卯酉分金余既次其行事乃載拜而銘以詞
銘曰護山之里鳳形之陽漆燈有待風水聚藏生寄歸順茲焉永藏何以云報詩書發祥
恩綸貽贈玉軸金章撫松楸而倚玉宜與閩山修水俱長
嘉慶十三年戊辰歲孟冬月中浣穀旦
例授文林郎挑選二等現任南昌府義寧州儒學學正臨川黃文棨頓首拜撰

校录

太学生鲲池年伯先生墓志铭

人必有过人之才，过人之识，而后迈等伦而有所建立。从古豪杰之士，无待而兴，不数数然也。若其人本诗书象贤，际家运中落，不免坎壈抑塞于髫龄之时，稍长即奋发有为，以继先绪、大家声，此固其才与识足以相胜，而其自少而壮而老，冥冥中一似有厚于其躬者，则时命之说，有以济之也。

义宁太学生陈公鲲池，瑰玮特立士也。余于壬戌秋来州视校宫事，公辞世已七年矣，犹能粤〔仿〕佛其人，则以公之宗人隶吾学中，及其后嗣诸孙就试来州，有以得之也。兹嗣孤等因省墓启圹，就本山改卜新扦，出其生前行略，乞余言以志其墓。

按公先世闽省汀杭之来苏乡人，尊甫斗垣公耽读，能文章，乡先辈咸器之，延致为子弟师。公髫年随侍就读，月必一省萱帏。其馈遗来自讲席者，平时分藏之，归则携以进。温凊一如成人，其天性有然也。已而斗垣公即世，境益穷。乃弃举子业，奉其母刘太孺人客游豫章，至古艾安乡之护仙源，见其风土淳美，爰卜居焉，计其时年方及冠。经营相度，谋事而事就绪，无复去国怀乡之感。勤垣墉，立家室，不十数年，裒然克裕。清川修竹，遂与千户侯等。

生平重信义，轻财贿，在交游以好信闻，师儒以好礼闻，戚党乡闾则缓急推解，以好义乐善闻。其教家也以孝以慈，太孺人八十有八而终。公定省必躬亲，年周甲有五矣，乃携孙孩效儿戏于其侧，人咸曰此老莱子之孝也。精神康强，家境益厚，督耕外课读维勤。食指以百计，内外肃穆无间言，惟创立宗祠以不获观成为憾，以其事属诸后人。

公年逾七十，循例入太学，以继先世科甲家声。乾隆庚戌恭遇覃恩，呈请旌赉。嘻，美矣！回忆自汀来宁，无尺寸凭藉，此数十年间，遂能有此。此固才与识足以相胜，而又非才识所及，遂谓可操券而致者则甚哉！公之福命有以交济，所谓冥冥中若有厚于其躬者，不其然欤？

公名腾远，字公元，号鲲池，行二。于康熙壬寅年十二月廿五日巳时生，乾隆乙卯年正月十四日戌时寿终，享寿八十有六。娶同州隐君子何公觐光之中女，举丈夫子四：长克绳，太学生；次克调，业儒；次克藻；次克修。举女子六。孙男女数十余人。先是，历〔葬〕宅右之凤形山。本年八月，嗣孤等启窆省视，百骸俱备，色黄亮，洵吉壤也。以绘帛敛新椁。兹于十月廿四日申时复葬本山之内，乙山辛向兼卯酉分金。余既次其行事，乃载拜而铭以词。铭曰：

护仙之里，凤形之阳。漆灯有待，风水聚藏。生寄归顺，兹焉永臧。何以云报，诗书发祥。恩纶貤赠，玉轴金章。抚松楸而倚玉，直与闽山修水俱长。

嘉庆十三年戊辰岁孟冬月中浣　谷旦，例授文林郎、挑选二等、现任南昌府义宁州儒学学正临川黄文棨顿首拜撰

陈鲲池像赞、八十寿诗

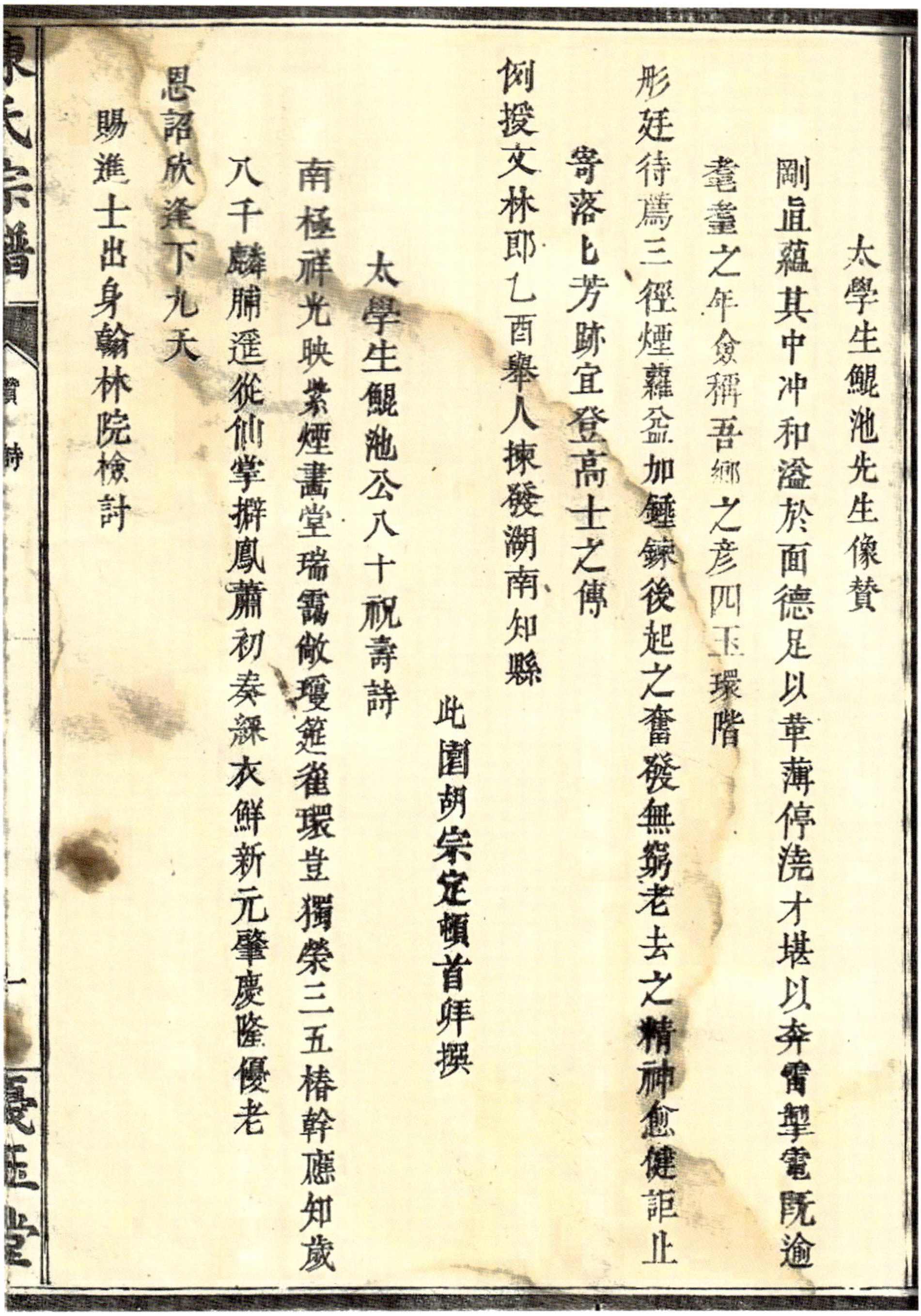
陳氏宗譜 贊詩

太學生鯤池先生像贊

剛直蘊其中冲和溢於面德足以華薄停澆才堪以奔雷掣電既逾
耄耋之年僉稱吾鄉之彥四玉環階
彤廷待薦三徑煙蘿盆加鍾鍊後起之奮發無窮老去之精神愈健詎止
寄落匕芳跡宜登高士之傳
例授文林郎乙酉舉人揀發湖南知縣
此園胡宗定頓首拜撰

太學生鯤池公八十祝壽詩

南極祥光映紫煙畫堂瑞靄徹瓊筵雀環豈獨榮三五椿幹應知歲
八千麟脯遥從仙掌擗鳳簫初奏綵衣鮮新元肇慶隆優老
恩詔欣逢下九天
賜進士出身翰林院檢討

①

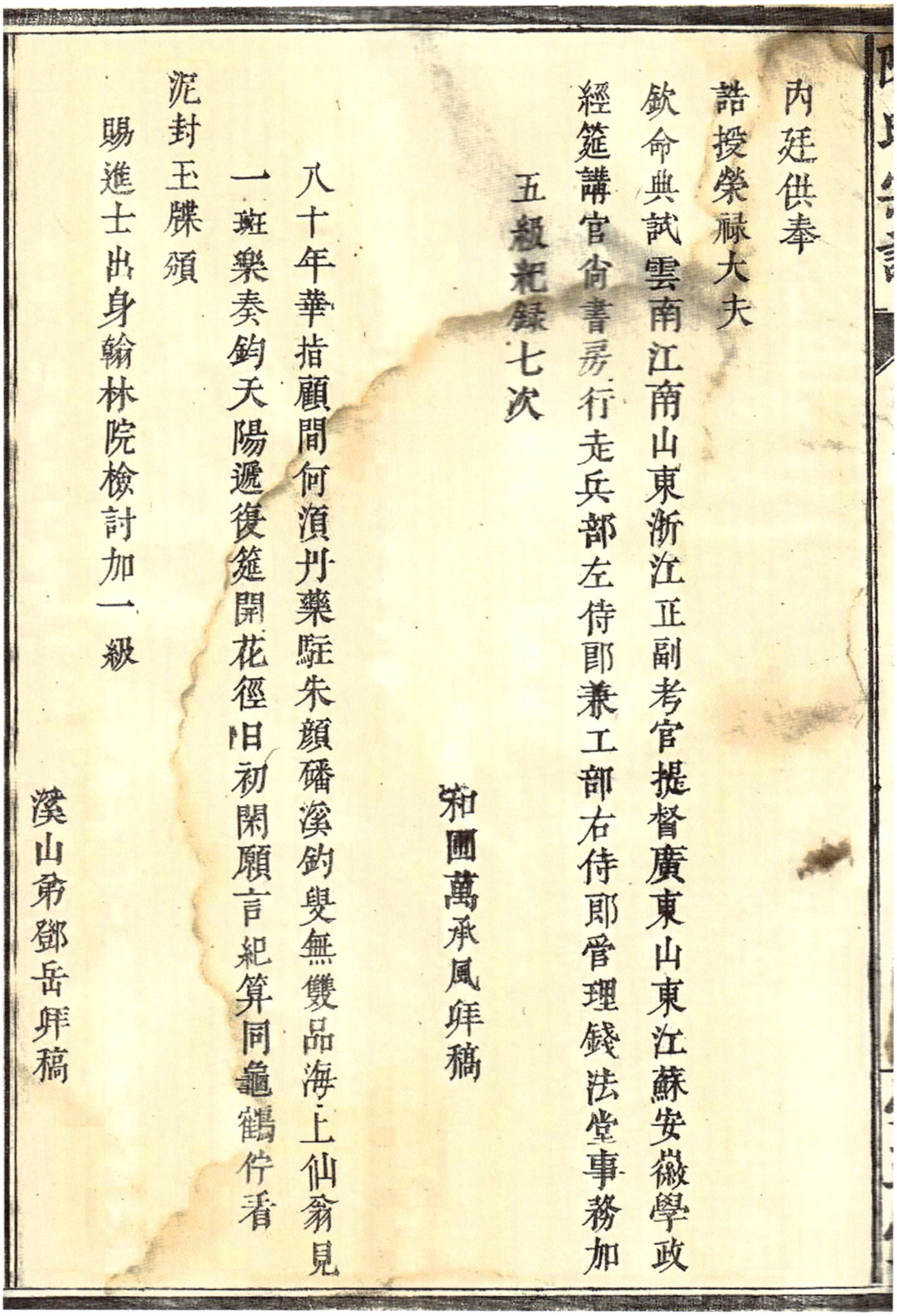
內廷供奉
誥授榮祿大夫
欽命典試雲南江南山東浙江正副考官提督廣東山東江蘇安徽學政
經筵講官尚書房行走兵部左侍郎兼工部右侍郎管理錢法堂事務加
五級紀錄七次
和圃萬承風拜稿

八十年華指顧間何須丹藥駐朱顏磻溪釣叟無雙品海上仙翁見
一斑樂奏鈞天陽遞復筵開花徑日初開願言紀算同龜鶴佇看
泥封玉牒頒
賜進士出身翰林院檢討加一級
溪山弟鄧岳拜稿

②

芝顏鶴髮老逾華八十仙翁健可誇富弼貴曾歸梓里宋纖毫豈愛官銜街前柱杖鳩銜玉花外清尊鶴踏砂久識丹臺著名字不須洞口問胡麻

修浦顧長紱拜稿

畫錦堂前壽域開冰桃雪藕晉新醅太邱一脉傳家學渭水前身續釣臺八十朱顏猶未老千年鶴算總如孩裁詩寄祝称多福竚看

丹書寵錫來

賜進士出身

勅授文林郎知貴州開泰縣事

魯磻翁榮錫楷拜稿

校 录

太学生鲲池先生像赞

刚直蕴其中，冲和溢于面。德足以革薄停浇，才堪以奔雷掣电。既逾耄耋之年，佥称吾乡之彦。四玉环阶，彤廷待荐；三径烟萝，益加锤炼。后起之奋发无穷，老去之精神愈健。讵止寄落落，芳迹宜登高士之传。

例授文林郎、乙酉举人、拣发湖南知县此园胡宗定顿首拜撰

太学生鲲池公八十祝寿诗

南极祥光映紫烟，书堂瑞霭敞琼筵。雀环岂独荣三五，椿干应知岁八千。麟脯遥从仙掌擗，凤萧初奏彩衣鲜。新元肇庆隆优老，恩诏欣逢下九天。

赐进士出身，翰林院检讨，内廷供奉，诰授荣禄大夫，钦命典试云南、江南、山东、浙江正副考官，提督广东、山东、江苏、安徽学政，经筵讲官，尚书房行走，兵部左侍郎兼工部右侍郎，管理钱法堂事务，加五级纪录七次，和圃万承风拜稿

八十年华指顾间，何须丹药驻朱颜。磻溪钓叟无双品，海上仙翁见一斑。乐奏钧天阳递复，筵开花径日初闲。愿言纪算同龟鹤，伫看泥封玉牒颁。

赐进士出身、翰林院检讨、加一级、溪山弟邓岳拜稿

芝颜鹤发老逾华，八十仙翁健可夸。富弼贵曾归梓里，宋纤耄岂爱官衙。街前柱杖鸠衔玉，花外清尊鹤踏砂。久识丹台著名字，不须洞口问胡麻。

修浦顾长绂拜稿

昼锦堂前寿域开，冰桃雪藕晋新醅。太邱一脉传家学，渭水前身续钓台。八十朱颜犹未老，千年鹤算总如孩。裁诗寄祝称多福，伫看丹书宠锡来。

赐进士出身、敕授文林郎、知贵州开泰县事鲁硚弟荣锡楷拜稿

何孺人传(陈鲲池夫人)

鯤池先生原配何孺人傳

鯤池公德配何孺人秉性端莊幼嫻內則隱君子覲光公中女父母愛若掌珠不輕許字年十四歸鯤池公維時家非素豐乃典粧前釵珥簪笄裹羅紈晨昏寒暑左右勵勤十餘年事無巨細皆就理家遂漸饒迎養劉太孺人事奉無或失歡始終罔弗盡禮固善得尊嫜之意鯤池公自喜得婦之賢孺人益自撫持布衣蔬食不改其常慈德仁心一如乎素貲益豐孝益篤鯤池公置買原籍奈田孺人喜而贊成之性樂施予里中有所求者輙遂所願以去其惠愷如此族黨鄉隣咸稱女中君子乃艱於子連生七女每產女時未免欝悒於懷常生氣疾歲必一二發十餘年不愈後近年四十連生四子心方欣慰疾竟霍然至老不一發訓諸子以義方稍長出外傳就名儒督課一切供膳備極豐潔擇名閨以完婚配殫厥辛勤諸子皆成立與鯤池公偕年登八十朝夕歡娛抒鳳竹新居或往或來優游自適孺人每命諸後人無或廢學以綿書香以繼先人志遠近聞之常頌孺人深遠之計不愧丈夫非惟閨閫中當師即鬚眉男子亦可取法焉歲丙子長君紹亭勷理考棚與余風雨聯床者三年每述孺人懿行請傳以紀之俾輯家乘示諸後人余故樂而為之傳

禮部進士

例授文林郎揀選知縣愚姪田津查望洋頓首拜撰

校 录

鲲池先生原配何孺人传

鲲池公德配何孺人，秉性端庄，幼娴内则，隐君子觐光公中女。父母爱若掌珠，不轻许字。年十四归鲲池公。维时家非素丰，乃典妆前钗珥，鬻笥里罗纨，晨昏寒暑，左右勷襄十余年。事无巨细皆就理，家遂渐饶。迎养刘太孺人，事奉无或失欢，始终罔弗尽礼，固善得尊嫜之意。

鲲池公自喜得妇之贤，孺人益自采持，布衣蔬食，不改其常。慈德仁心，一如平素。赀益丰，孝益笃，鲲池公置买原籍祭田，孺人喜而赞成之。性乐施予，里中有所求者，辄遂所愿以去，其惠恺如此。族党乡邻，咸称女中君子。乃艰于子，连生七女，每产女时，未免郁郁于怀，常生气疾，岁必一二发，十余年不愈。后近年四十，连生四子，心方欣慰，疾竟霍然，至老不一发。训诸子以义方，稍长出外傅，就名儒督课，一切供膳，备极丰洁。择名闺以完婚配，殚厥辛勤，诸子皆成立，与鲲池公具年登八十，朝夕欢娱。(扦)〔迁〕风竹新居，或往或来，悠游自适。孺人每命诸后人无或废学，以绵书香，以继先人志，远近闻之，常颂孺人深远之计，不愧丈夫，非惟闺阁中当师，即须眉男子，亦可取法焉。

岁丙子，长君绍亭襄理考棚，与余风雨联床者三年，每述孺人懿行，请传以纪之，俟辑家乘，示诸后人，余故乐而为之传。

礼部进士、例授文林郎、拣选知县、愚侄田津查望洋顿首拜撰

何孺人墓志

鯤池先生原配何孺人墓誌

孺人姓何氏親光公中女幼歸鯤池公相敬如賓事姑劉孺人孝養備至雖有妯娌不分任惟獨承性好潔飲食衣服色色俱精仁愛慈恕出於自然生平無疾言遽色儉以自奉留有餘以濟戚里之貧者荒歉之歲更脫簪珥以助之少辛勤老安逸生子四女六孫曾男女数十人壽見生婦克逮孺人願壽享八旬人以爲孝德之報其他懿行難更僕數雍正辛亥年十一月初五日寅時生嘉慶十五年十月十二日巳時歿擇本月二十一日午時塟泰鄉七都下竹塅彭源山未山丑向丁癸分金與鯤池公塟竹塅之鳳形乙山辛向相去不半里云

大清嘉慶十五年歲官庚午小春月下浣之吉旦

歲進士候選儒學族弟克軒光祖頓首拜撰

校 录

鲲池先生原配何孺人墓志

孺人姓何氏，觐光公中女。幼归鲲池公，相敬如宾，事姑刘孺人，孝养备至，虽有妯娌，不分任，惟独承。性好洁，饮食衣服，色色俱精，仁爱慈恕，出于自然。生平无疾言遽色，俭以自奉，留有余以济戚里之贫者。荒歉之岁，更脱簪珥以助之。少辛勤，老安逸。生子四，女六，孙曾男女数十人。佳儿佳妇，克遂孺人愿，寿享八旬，人以为孝德之报。其他懿行，难更仆数。雍正辛亥年十一月初五日寅时生，嘉庆十五年十月十二日巳时殁。择本月二十一日午时葬泰乡七都下竹堍彭源山，未山丑向，丁癸分金。与鲲池公葬竹堍之凤形乙山辛向，相去不半里云。

大清嘉庆十五年岁官庚午小春月下浣之吉旦，岁进士、候选儒学、族弟克轩光祖顿首拜撰

何孺人七十寿诗

鯢池公原配何孺人七十祝壽詩

鳳竹嘗名母儀壽古稀婺星高映帨辰輝蒼松鬱鬱青鸞舞丹桂雙雙

紫鳳飛蘭簇堦前依玉樹萱榮堂北絢斑衣咲看指日頒花

誥瑞藹春風列錦闈

賜進士出身翰林院檢討

內廷供奉

誥授榮祿大夫

欽命典試雲南江南山東浙江正副考官提督廣東山東江蘇安徽學政

經筵講官尚書房行走兵部左侍郎兼工部右侍郎管理錢法堂事務加

五級紀錄七次

和圃萬承風拜稿

①

孤嶼媚江心金光輝蓬戶青鳥舞朱闌蕙花呈麗藻姆訓同義方和丸不知老階前玉樹森風雲入懷抱葭管動飛灰競進期安棗筐歌澈琅璈繞梁三日早慈雲覆紫林歲歲春光好

敕授修職郎瀘溪縣儒學

雲林愚姪胡秉銓頓首拜稿

擬調錦堂春醉春風二闋

萱帳梅馨綺席星垣婺煥蘭閨滿堂珠履三千醉年華羨古稀閬圃雲璈錦瑟蓬山鹿脯麟臛爛然盤勝羣仙會萊舞就羅袿

玉樹蘭芽早拔輿頌郗掃慈母兼爲衆母呼好好好啖龜母桃啗安期棗眞堪絕倒彤管閑摛漢班書珍國寶莫對菱花嘯白頭老老老挹九醞觴佩金光草休哉壽考

禮部進士
例授文林郎揀選知縣
愚姪田津查望洋頓首拜稿

南陽酈縣有甘谷厥水甘美云其山有大菊水從山上流注得其滋液如中三十餘家不復汲井悉飲此水俱壽或至百二三十歲

禮部進士
例授文林郎揀發雲南知縣
舫蘆姪朱學宗頓首拜書

一家機杼織文章梓里爭推敬老姜書就荻灰飛且自截餘荆鬓短而黄絛氷斜掛千絲幔朱履競呈九醞觴笑指蓬萊青鳥使知隨西

母拜東王

禮部進士

例授文林郎候選知縣

愚姪胡涵酉頓首拜稿

西揖瑤池瑞靄連慈雲遍映義門先靈椿舊荷 東皇賜壽母新張

玳瑁筵开井晉春同膝下蘭堦種樹擁遲天勞他囊酒麻姑進紫氣

常看寶婺懸

禮部進士

例授文林郎候選知縣

石梁宗晚爾烈頓首拜稿

④

校 录

鲲池公原配何孺人七十祝寿诗

凤竹母仪寿古稀，婺星高映悦辰辉。苍松郁郁青鸾舞，丹桂双双紫凤飞。兰簇阶前依玉树，萱荣堂北绚斑衣。伫看指日颁花诰，瑞蔼春风列锦闱。

赐进士出身，翰林院检讨，内廷供奉，诰授荣禄大夫，钦命典试云南、江南、山东、浙江正副考官，提督广东、山东、江苏、安徽学政，经筵讲官，尚书房行走，兵部左侍郎兼工部右侍郎，管理钱法堂事务，加五级，纪录七次和圃万承风拜稿

孤屿媚江心，金光辉蓬岛。青鸟舞朱阑，萱花呈丽藻。姆训同义方，和丸不知老。阶前玉树森，风云入怀抱。葭管动飞灰，竞进期安枣。笙歌澈琅璈，绕梁三日早。慈云覆紫林，岁岁春光好。

敕授修职郎、泸溪县儒学、云林愚侄胡秉铨顿首拜稿

拟调锦堂春、醉春风二阕

萱帐梅馨绮席，星垣婺焕兰闺。蒲堂珠履三千醉，年华羡古稀。　　阆圃云璈锦瑟，蓬山鹿脯麟羹。烂然艳胜群仙会，莱舞就罗袿。

玉树兰芽早，拔舆频却扫。慈母兼为众母呼，好好好。啖龟母桃，啗安期枣，真堪绝倒。　　彤管闲摛藻，班书珍国宝。莫对菱花啸白头，老老老。挹九醖觞，佩金光草，休哉寿考。

礼部进士、例授文林郎、拣选知县、愚侄田津查望洋顿首拜稿

南阳郦县有甘谷，厥水甘美，云其山有大菊。水从山上流注，得其滋液如。中三十余家，不复汲井，悉饮此水俱寿，或至百二三十岁。

礼部进士、例授文林郎、拣发云南知县、舫芦侄朱学宗顿首拜书

一家机杼织文章，梓里争推敬老姜。书就荻灰飞且白，截余荆鬓短而黄。条冰斜挂千丝幔，朱履竞呈九醖觞。笑指蓬莱青鸟使，知随西母拜东王。

礼部进士、例授文林郎、候选知县、愚侄胡涵西顿首拜稿

西揖瑶池瑞霭连，慈云遍映义门先。灵椿旧荷东皇赐，寿母新张玳瑁筵。丹井留春回膝下，兰阶种树拥遥天。劳他囊酒麻姑进，紫气常看宝婺悬。

礼部进士、例授文林郎、候选知县、石梁宗晚尔烈顿首拜稿

陈克绳传

大學生紹亭先生傳

自末俗趨於浮薄實行不講求其淑身自好不騖外飾者吾見亦罕矣若陳公克繩字顯梓
號紹亭者醇正敦厚事必衷諸古行必合乎道是真拔俗千尋者公自幼聰穎邁倫及壯力
學為文淹博精通所養者裕艱於一衿因援例入太學應鄉試不録退而甘隱林泉事父母
定省溫凊色養數十年孺慕勿衰鯤池公年登八旬疾篤侍奉湯藥衣不解帶目患翳常以
舌舐之朝夕籲天禱神願以身代孝思感動延算六載而後沒既而妣卒公哀痛慘怛葬祭
一如禮諸弟幼教讀婚配悉諸全理家事一秉至公雖斗粟尺布不入私囊待師友即豐廉
餼情文兼備每逢試期携其弟與子與姪赴州及省垣觀場時即[illegible]試文決去取無毫[illegible]
爽乃者纂仙源書院命孫曾輩肄業其中發立[illegible]大[illegible]試費田[illegible]祭掃田原籍有祖
塋命季弟往修必堅固嘉慶壬戌州治北余家巷有官屋　所拾人[illegible]買其寬廣堪為祖祠
兼以其地連衙署未即許可公揭製然[illegible]任[illegible]集[illegible]照買之併[illegible]增其華美逾年工
竣各支進立主牌崇祀一堂凡此皆所以講明孝友尊祖而敬宗也[illegible]州[illegible]公
為倡遂鄉總理首事公勸捐數千金毎進出分毫不苟青雲門一渡及桐樹嶺路[illegible]
山川之險負載往來者日益艱勸修浮橋以免病涉一潤修石級以免顛危遠近爭頌至於
婚姻給孤獨與排紛解難各義舉尤其[illegible]者往歲遇妄人欺鯤池公年邁無端詐索由州
而府而司院暨制臺訟累四載審鞫不次公代父勞剖辯清晰究案非才識兼優產業幾遭
傾蕩而公之家道如故然亦從息退覽所及寄諸吟咏小齋無事拈韻不輟郡人士以詩學
與公相切劘[illegible]公詩有[illegible]風手著溪上吟仙源春曉小齋録等稿今年逾六十有三矣猶
日携孫兒[illegible]遊朗誦寫有對[illegible]課兒孫小照名[illegible]士題贈如林茲復聯集族譜眷修譜帙俾
後裔得所宗法傳曰為善人為能有後又曰不於其身必於其子孫公諸後嗣俱魁梧奇偉
轉盼騰雲路光門閭公之樂也當何如余與公夙契知公素行者真且久特從而傳其實

時

道光八年歲次戊子小春之吉

賜進士出身

欽點翰林院編修[illegible]愚弟程煥采頓首拜撰

校录

太学生绍亭先生传

自末俗趋于浮薄，实行不讲，求其淑身自好不骛外饰者，吾见亦罕矣。若陈公克绳，字显梓、号绍亭者，醇正敦厚，事必衷诸古，行必合乎道，是真拔俗千寻者。

公自幼聪颖迈伦，及壮，力学为文，淹博精通，所养者裕。艰于一衿，因援例入太学。应乡试不录，退而甘隐林泉。事父母，定省温凊，色养数十年，孺慕勿衰。鲲池公年登八旬，疾笃，侍奉汤药，衣不解带。目患翳，常以舌舐之。朝夕吁天祷神，愿以身代。孝思感动，延算六载而后没。既而妣卒，公哀痛惨怛，葬祭一如礼。诸弟幼，教读婚配悉诸全。理家事一秉至公，虽斗粟尺布，不入私囊。待师友即丰廪饩，情文兼备。每遇试期，携其弟与子与侄，赴州及省垣，出场时即促录试文，决去取，无毫发爽。乃者筑仙源书屋，命孙曹辈肄业其中，拨立膏火应试费田，兼立烝尝祭扫田。原籍有祖墓，命季弟往修，必坚固。嘉庆壬戌，州治北余家巷有官屋〔一〕所招人承买，其宽广堪为祖祠，众以其地连衙署，未即许可。公独毅然肩任垫费，集族给照买之，并督率增其华美。逾年工竣，各支进立主牌，崇祀一堂。凡此皆所以讲明孝友，尊祖而敬宗也。

嗣是州兴建考棚，举公为怀远乡总理首事。公劝捐数千金，每进出分毫不苟。青云门一渡及桐树岭路数里，以极山川之险，负载往来者日益夥，〔一〕襄修浮桥，以免病涉，一阔修石级，以免颠危，远近争颂。至于婚姻给孤独与排纷解难各义举，尤其小焉者。往岁遇妄人欺鲲池公年迈，无端诈索，由州而府而司院暨制台，讼累四载，审经不次。公代父劳剖辩清晰完案，非才识兼优，产业几遭倾荡，而公之家道如故，讼亦旋息。游览所及，寄诸吟咏，小斋无事，拈韵不辍，都人士以诗学与公相切磨，称公诗有盛唐风。手著《溪上吟》《仙源春晓》《小斋录》等篇。

今年逾六十有三矣，犹日携孙儿优游朗诵，写有对菊课儿孙小照，名下士题赠如林。兹复联辑族谊，督修谱帙，俾后裔得所宗法。传曰："为善人为能有后。"又曰："不于其身，必于其子孙。"公诸后嗣具魁梧奇伟，转盼腾云，(路)〔裕〕光门闾，公之乐也当何如？余与公夙契，知公素行者真且久，特从而传其实。

时道光八年岁次戊子小春之吉，赐进士出身、钦点翰林院编修切庵愚弟程焕采顿首拜撰

陈克绳传

太學生紹亭大人傳

陳紹亭先生名克繩字顯梓以太學生隱於䕶仙之溪或勸爲名高或𠇍爲厚實先生皆撑
頭不顧少敏聰慧年十五六時其父鍾燮之行則負之背坐則擁諸膝每謂人曰此吾之文
孩也汝輩其無嗤稍長肆力於詩古文辞欲以功名馳騁當世及塲屋屢蹶乃喟然歎曰士
亦觀素所樹立如何耳我苟能爲戴安道𠬝奚慕乎王北中郎哉性耽吟咏時往來溪畔溪
傍皆高山深林㢑谷有珍禽奇獸其水悉從高峰瀉下成瀑布聚滙一溪夾溪花卉四時爛
熳不絶水光山色相掩映魚蝦如遊繪繡之間先生顧而樂之曰此仙境也若遇謝康樂柳
子厚必不湮没至今乃作溪上吟十章聞至城市集其宗人建祖祠於余家巷工製巨靡與
其事者皆譆聹不敢前先生獨從容指揮不日告竣而經費悉如所素畫人以此服其能諸
子皆教之讀書嘗曰今之所謂名高者蠅營狗苟乃昔人之所羞也今之所謂厚實者奴顔
婢膝尤昔人之所惡也學者惟當仁義忠信樂善不倦而已豈必委蛇流俗哉吾雖不能爲
王坦之有負先人望而終老䕶仙之溪亦無慚於載逵矣汝輩勉之晚年嘗泛舟江湖與程
太史贊采輩相唱和故一時文人皆稱爲紹亭先生云彭子曰先生爲人魁梧奇傑鬚眉甚
美其子宜六從予遊故知其梗概是豈山中人哉然雄飛不如雌伏其用意亦深遠矣

州庠生葵門愚弟彭承恩頓首拜撰

校录

太学生绍亭大人传

陈绍亭先生名克绳，字显梓，以太学生隐于护仙之溪，或劝为名高，或讽为厚实，先生皆掉头不顾。少最聪慧，年十五六时，其父钟爱之，行则负之背，坐则拥诸膝。每谓人曰："此吾之文度也，汝辈其无嗤。"稍长，肆力于诗古文辞，欲以功名驰骋当世。及场屋屡蹶，乃喟然叹曰："士亦观素所树立如何耳，我苟能为戴安道，又奚慕于王北中郎哉？"性耽吟咏，时往来溪畔。溪傍皆高山深林巨谷，有珍禽奇兽，其水悉从高峰泻下成瀑布，聚汇一溪，夹溪花卉四时烂漫不绝，水光山色相掩映，鱼虾如游绘绣之间。先生顾而乐之曰："此仙境也，若遇谢康乐、柳子厚，必不湮没至今。"乃作《溪上吟》十章。间至城市，集其宗人建祖祠于余家巷。工制巨丽，与其事者皆趦趄不敢前。先生独从容指挥，不日告竣，而经费悉如所素画，人以此服其能。

诸子皆教之读书，尝曰："今之所谓名高者，蝇营狗苟，乃昔人之所羞也。今之所谓厚实者，奴颜婢膝，尤昔人之所恶也。学者惟当仁义忠信乐善不倦而已，岂必委蛇流俗哉？吾虽不能为王坦之，有负先人望而终老护仙之溪，亦无惭于戴逵矣。汝辈勉之。"晚年尝泛舟江湖，与程太史赞采辈相唱和，故一时文人皆称为绍亭先生云。

彭子曰：先生为人魁梧奇杰，须眉甚美。其子宣六从予游，故知其梗概，是岂山中人哉！然雄飞不如雌伏，其用意亦深远矣。

州廪生、葵门愚弟彭承恩顿首拜撰

陈克调记

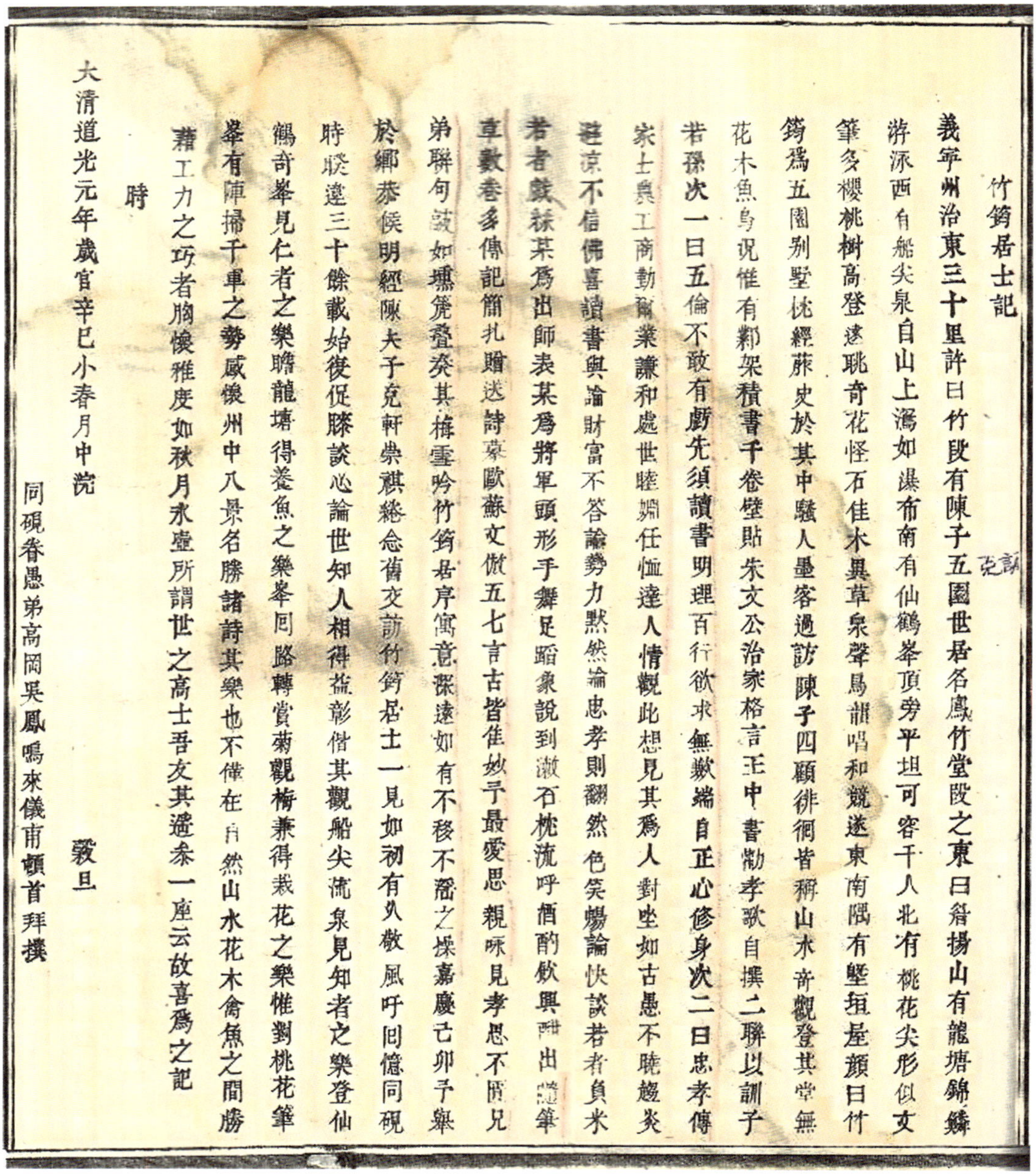

竹筠居士記

義寧州治東三十里許曰竹段有陳子五園世居名鳳竹堂段之東曰翁揚山有龍塘錦鱗
游泳西有船尖泉自山上瀉如瀑布南有仙鶴峯頂旁平坦可容千人北有桃花尖形似文
筆多櫻桃樹高登遠眺奇花怪石佳木異草泉聲鳥語唱和幾遂東南隅有壁垣屋顏曰竹
筠爲五園別墅恍經菻史於其中騷人墨客過訪陳子四顧徘徊皆稱山水奇觀登其堂無
花木魚鳥况惟有鄴架積書千卷壁貼朱文公治家格言王中書勸孝歌自撰二聯以訓子
若孫次一曰五倫不敢有虧先須讀書明理百行欲求無歉端自正心修身次二曰忠孝傳
家士農工商勤爾業謙和處世睦婣任恤達人情觀此想見其爲人對坐如古愚不曉趨炎
趁涼不信佛喜讀書與論財富不答論勢力默然論忠孝則翻然色笑暢論快談若者負米
若者戲綵某爲出師表某爲將軍頭形手舞足蹈象說到激石桃流呼酒酌飲興酣出隨筆
草數卷多傳記簡札贈送詩章歐蘇文倣五七言古皆佳妙予最愛思親咏見孝思不匱兄
弟聯句詠如塤篪叠奏其梅雪吟竹筠居序寓意深遠如有不移不磷之操嘉慶己卯予舉
於鄉恭候明經陳夫子克軒祟祺繼念舊交訪竹筠居士一見如初有久敬風吁回憶同硯
時睽違三十餘載始復促膝談心論世知人相得益彰偕其觀船尖流泉見知者之樂登仙
鶴奇峯見仁者之樂瞻龍塘得養魚之樂峯回路轉賞菊觀梅兼得栽花之樂惟對桃花筆
峯有陣掃千軍之勢咸儀州中八景名勝諸詩其樂也不僅在自然山水花木禽魚之間勝
藉工力之巧者胸懷雅度如秋月冰壺所謂世之高士吾友其遜桼一座云故喜爲之記

時

大清道光元年歲官辛巳小春月中浣　穀旦

同硯眷愚弟高岡吳鳳鳴來儀甫頓首拜撰

克調

校 录

竹筠居士记

义宁州治东三十里许曰竹塅，有陈子五园，世居名凤竹堂。塅之东曰眉扬山，有龙塘，锦鳞游泳。西有船〔禅〕尖，泉自山上泻如瀑布。南有仙鹤峰，顶旁平坦，可容千人。北有桃花尖，形似文笔，多樱桃树。高登远眺，奇花怪石，佳木异草，泉声鸟韵，唱和竞遂。东南隅有塈垣屋，颜曰竹筠，为五园别墅。枕经葄史于其中，骚人墨客过访陈子，四顾徘徊，皆称山水奇观。登其堂，无花木鱼鸟况，惟有邺架积书千卷，壁贴朱文公治家格言，王中书劝孝歌，自撰二联，以训子若孙。次一曰："五伦不敢有亏，先须读书明理；百行欲求无歉，端自正心修身。"次二曰："忠孝传家，士农工商勤尔业；谦和处世，睦媚任恤达人情。"观此想见其为人。对坐如古愚，不晓趋炎避凉，不信佛，喜读书。与论财富不答，论势力默然，论忠孝则翻然色笑。畅论快谈，若者负米，若者戏彩，某为出师表，某为将军头，形手舞足蹈象。说到漱石枕流，呼酒酌饮，兴酣出《随笔草》数卷，多传记、简札、赠送诗。摹欧苏文，仿五七言古皆佳妙。予最爱《思亲咏》，见孝思不匮。兄弟联句，敲如壎篪叠奏。其《梅雪吟》《竹筍居序》，寓意深远，如有不移不淫之操。

嘉庆己卯，予举于乡，恭候明经陈夫子克轩崇祺，绻念旧交，访竹筍居士，一见如初，有久敬风。吁！回忆同砚时，睽违三十余载，始复促膝谈心，论世知人，相得益彰。偕其观船尖流泉，见知者之乐。登仙鹤奇峰，见仁者之乐。瞻龙塘，得养鱼之乐。峰回路转，赏菊观梅，兼得栽花之乐。惟对桃花笔峰，有阵扫千军之势。感怀州中八景名胜诸诗，其乐也，不仅在自然山水、花木禽鱼之间，胜藉工力之巧者。胸怀雅度如秋月冰壶，所谓世之高士，吾友其遥参一座云。故喜为之记。

时大清道光元年岁官辛巳小春月中浣　谷旦，同砚眷愚弟高冈吴凤鸣来仪甫顿首拜撰

陈克调夫妇合记

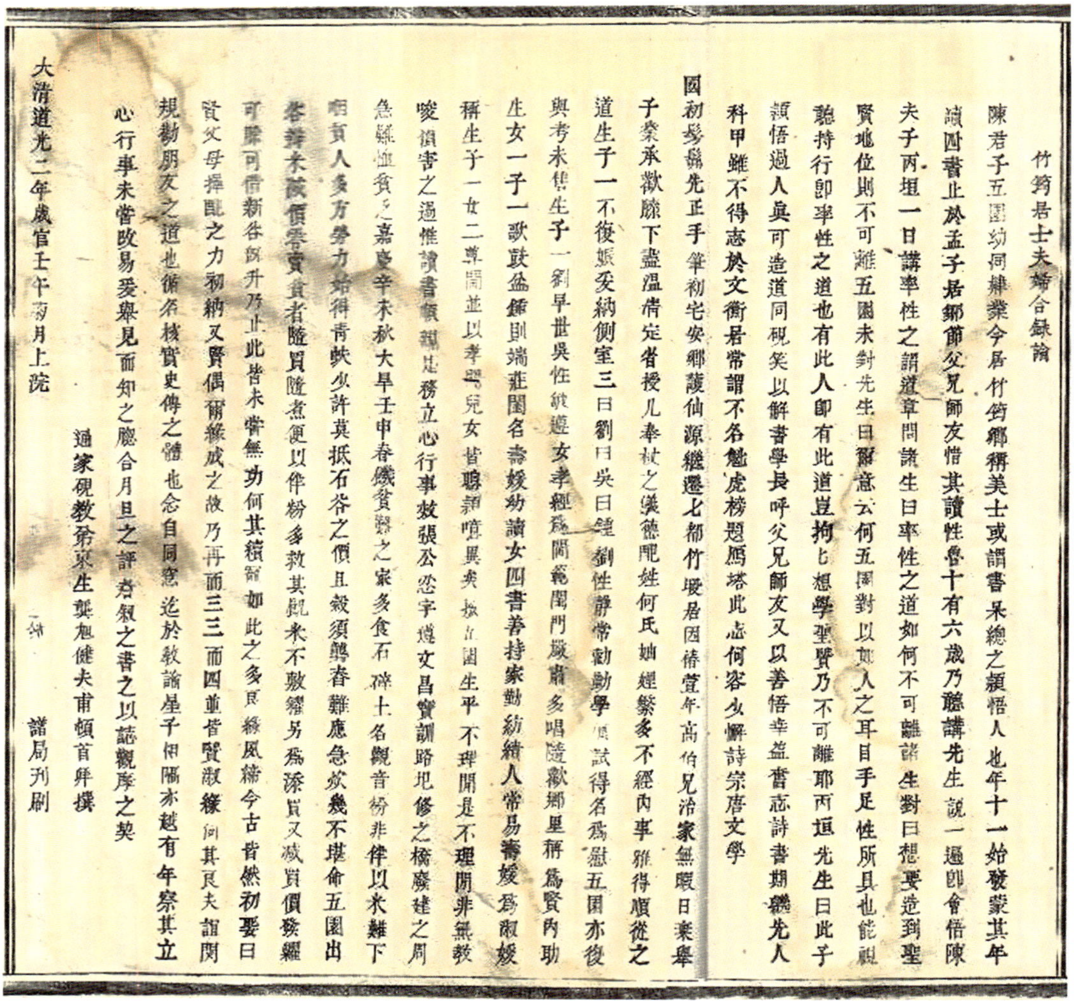
竹筠居士夫婦合録論

陳君子五園幼同肄業今居竹筠鄉稱美士或謂書呆總之穎悟人也年十一始發蒙其年讀四書止於孟子居鄒節父兄師友惜其讀性魯十有六歲乃聽講先生說一遍即會悟陳夫子丙垣一日講率性之謂道章問諸生曰率性之道如何不可離諸生對曰想要造到聖賢地位則不可離五園未對先生曰爾意云何五園對以如人之耳目手足性所具也能視聽持行即率性之道也有此人即有此道豈拘拘想學聖賢乃不可離耶丙垣先生曰此子穎悟過人與可造道同硯笑以解書學長呼父兄師友又以善悟幸益書志詩書期繼先人科甲雖不得志於文衡居常謂不名魁虎榜題鴈塔此志何容少懈詩宗唐文學

國初毅然先正手筆初宅安鄉護仙源繼遷七都竹筠居因堂年高伯兄治家無暇日秉舉子業承歡膝下盡溫凊定省授几奉杖之儀德配姓何氏妯娌繁多不經內事雅得順從之道生子一不復娠妾納側室三曰劉曰吳曰鍾劉性靜常勸勤學應試得名爲慰五園亦復與考未售生子一劉早世吳性純遵女孝經爲閨範閨門嚴肅多唱隨歡鄉里稱爲賢內助生女一子一歌鼓盆鍾則端莊閨名壽媛幼讀女四書善持家勤紡績人常易壽媛爲淑媛稱生子一女二尊聞並以孝聞兒女皆聰穎異矣拔立園生平不理閒是不理閒非無教唆損害之過惟讀書願補是務立心行事效張公忍字遵文昌寶訓路圯修之橋廢建之周急濟貧之嘉慶辛未秋大旱壬申春饑貧難之家多食石碎土名觀音粉非律以米難下咽貧人多方勞力始得青蚨少許莫抵石谷之價且穀須鬻舂難應急救幾不堪命五園出谷籌米議價零賣貧者隨買隨煮便以伴粉多救其飢米不敷糴另爲添買又減買價發糶可謂可借新谷既升乃止此皆未嘗無功何其積福如此之多良緣夙締今古皆然初要曰賢父母撮合之力初納又賢偶爾緣成之故乃再而三三而四並皆賢淑緣向其良夫誼關規勸朋友之道也備名核實史傳之體也念自同窗迄於教論星子相隔亦越有年察其立心行事未嘗改易愛舉見而知之聰合月旦之評君叙之書之以誌觀摩之契

通家硯教弟宋生龔旭健夫甫頓首拜撰

大清道光二年歲官壬午荷月上浣

一洲 諸局刊刷

校录

竹筠居士夫妇合录论

陈君子五园，幼同肄业，今居竹筠，乡称美士，或谓书呆，总之颖悟人也。年十一，始发蒙，其年读四书，止于孟子居邹节，父兄师友，惜其读性鲁。十有六岁，乃听讲，先生说一遍即会悟。陈夫子丙垣一日讲率性之谓道章，问诸生曰：“率性之道如何不可离？”诸生对曰：

“想要造到圣贤地位则不可离。”五园未对,先生曰:“尔意云何?”五园对以“如人之耳目手足,性所具也,能视听持行,即率性之道也。有此人,即有此道,岂拘拘想学圣贤乃不可离耶?”丙垣先生曰:“此子颖悟过人,真可造道。”同砚笑以解书学长呼,父兄师友又以善悟幸。益奋志诗书,期继先人科甲,虽不得志于文衡,居常谓不名魁虎榜、题雁塔,此志何容少懈。诗宗唐,文学国初,仿佛先正手笔。初宅安乡护仙源,继迁七都竹塅居。因椿萱年高,伯兄治家无暇日,弃举子业,承欢膝下,尽温清定省,授几奉杖之仪。

德配姓何氏,妯娌繁多,不经内事,雅得顺从之道。生子一,不复娠,爰纳侧室三:曰刘、曰吴、曰钟。刘性静,常劝勤学,应试得名为慰。五园亦复与考,未售。生子一。刘早世。吴性敏,遵《女孝经》为阃范,闺门严肃,多唱随欢,乡里称为贤内助。生女一、子一,歌鼓盆。钟则端庄,闺名寿媛。幼读女四书,善持家,勤纺绩。人常易寿媛为淑媛称。生子一、女二。尊阃并以孝闻,儿女皆聪颖。噫!异矣。

按五园生平不理闲是,不理闲非,无教唆损害之过,惟读书顺亲是务。立心行事,效张公忍字,遵文昌宝训。路圮修之,桥废建之,周急难,恤贫乏。嘉庆辛未秋大旱,壬申春饥,贫难之家,多食石碎土名观音粉,非伴以米,难下咽。贫人多方劳力,始得青蚨少许,莫抵石谷之价。且谷须砻舂,难应急炊,几不堪命。五园出谷办米减价零卖,贫者随买随煮,便以伴粉,多救其饥。米不敷粜,另为添买,又减买价发粜,可赊可借,新谷既升乃止。此皆未尝无功,何其续宠如此之多。良缘夙缔,今古皆然。初娶曰贤父母择配之力,初纳又贤,偶尔缘成之,故乃再而三、三而四,并皆贤淑,缘何其良。

夫谊关规劝朋友之道也,循名核实,史传之体也。念自同窗,迄于教谕星子,相隔亦越有年,察其立心行事,未尝改易,爰举见而知之吻合月旦之评者叙之书之,以志观摩之契。

通家砚教弟东生龚旭健夫甫顿首拜撰,大清道光二年岁官壬午菊月上浣,谱局刊刷

陈克调记

竹鑄茗士五園紀畧解
大易垂訓積善之家必有餘慶富貴貧賤積善同餘慶一也或者謂頗𡚁歸諸善惡懸殊餘
慶之言豈其然乎予曰近報自己遠報兒孫斯言何謂或乃默然默而憶之因述五園先生
之生平或遂暢其說曰我聞五園公沉静淵默言笑在重孿兒與嬉弱不好弄稍長就學日
誦千字不數年經書熟讀塾師試以聲偶出口成對曾記舞勺時中秋望月友儆成句云今
夜月華人盡望公隨聲應曰他年桂樹我先攀功日勤學日進爲文高視濶步不事趨時好
常自言文貴機杼一家奚取塗飾爲工然一家諸家文賞清眞屢試何以不售予曰□也非
文也時也命也亦嘗搜奇探秘上考周秦兩漢旁及諸子百家之書殫心研究食古而化見
春花爛熳秋月皎輝山色摇青水光涵碧還景咏懷工拙不計和酬唱者稱常盈儐席常滿
座非阿好也詩爲媒也今昔何以頓殊予曰彼一時也此一時也風氣然也然則先生之愉
色婉容不獨泣三年之血而且有終身之慕友于倍切不獨感荆樹之榮而且若姜被之共
閭里間有紛必排難必解德怨弗計不獨賡洽比之什而且慶仲連之生道路橋亭捐貲修
輯周急濟貧多行方便不獨廣推解之仁而且篤麥舟之睦里中有爲不軌者遥望避爲轍
自懟走且曰此人正直如令知之必面折如孀嫠餽遺友朋交際無李□之授恣平原之歡
任人稱道而許可漠然不介於懷來然歟否歟予曰然也善者好不善者惡鄉人可徵也舊
非然者先生之修書室延明師命諸子姪受業其中月必面課巧者獎拙者警諄諄訓以繼
紹書香今諸嗣蔚起瓜綿椒衍何以皆敏學能文咸謂轉盼間名揚臚唱拜迎
誥典光大門閭旋而積善之慶然歟否歟僉曰然然明德之後必有達人理固然也欣逢尊乘重
修爰紀而附諸梓以備採風者錄
旹
大清道光二年壬午之秋桂月上浣
年愚弟愼者徐守約乙震甫頓首拜撰

校录

竹筠居士五园记略解

《大易》垂训："积善之家必有余庆。"富贵贫贱，积善同，余庆一也。或者谓："颜夭跖寿，善恶悬殊，余庆之言，岂其然乎？"予曰："近报自己，远报儿孙，斯言何谓？"或乃默然。默而忆之，因述五园先生之生平，或遂畅其说曰："我闻五园公沉静渊默，言笑庄重，群儿与嬉，弱不好弄。稍长就学，日诵千字，不数年经书熟读。塾师试以声偶，出口成对。曾记舞勺时中秋望月，友仿成句云'今夜月华人尽望'，公随声应曰'他年桂树我先攀'。功日勤，学日进，为文高视阔步，不专趋时好。常自言'文贵机杼一家，奚取涂饰为工'。然一家诸家，文赏清真，屡试何不售？"予曰："是也非文也，时也，命也。""亦闻搜奇探秘，上考周秦两汉，旁及诸子百家之书，殚心研究，食古而化。见春花烂熳，秋月皎辉，山色摇青，水光涵碧，遇景咏怀，工拙不计，相酬唱者稿常盈箧，席常满座，非阿好也，诗为朋也，今昔何以顿殊？"予曰："彼一时也，此一时也，风气然也。""然则先生之愉色婉容，不独泣三年之血，而且有终身之慕。友于倍切，不独感荆树之荣，而且效姜被之共。闾里间有纷必排，难必解，德怨弗计，不独赓洽比之什，而且庆仲连之生。道路桥亭，捐赀修辑，周急济贫，多行方便，不独广推解之仁，而且笃麦舟之赠。里中有为不轨者，遥望冠舄，辄自惭走，且曰'此人正直，如令知之，必面折'。如姻娅馈遗，友朋交际，报李桃之投，恣平原之欢，任人称道，而许可漠然，不介于怀来，然欤否欤？"予曰："然也。善者好，不善者恶，乡人可征也。藉非然者，先生之修书室，延明师，命诸子侄受业其中，月必面课。巧者奖，拙者警，谆谆训以继绍书香。今诸嗣蔚起，瓜绵椒衍，何以皆敏学能文？咸谓转盼间名扬胪唱，拜迎诰典，光大门闾，竞颂积善之庆，然欤否欤？"佥曰："然，然。"明德之后，必有达人，理固然也。欣逢尊乘重修，爰纪而附诸梓，以备采风者录。

时大清道光二年壬午之秋桂月上浣，年愚弟慎者徐守约乙震甫顿首拜撰

陈克调竹筠居自序、题自写照

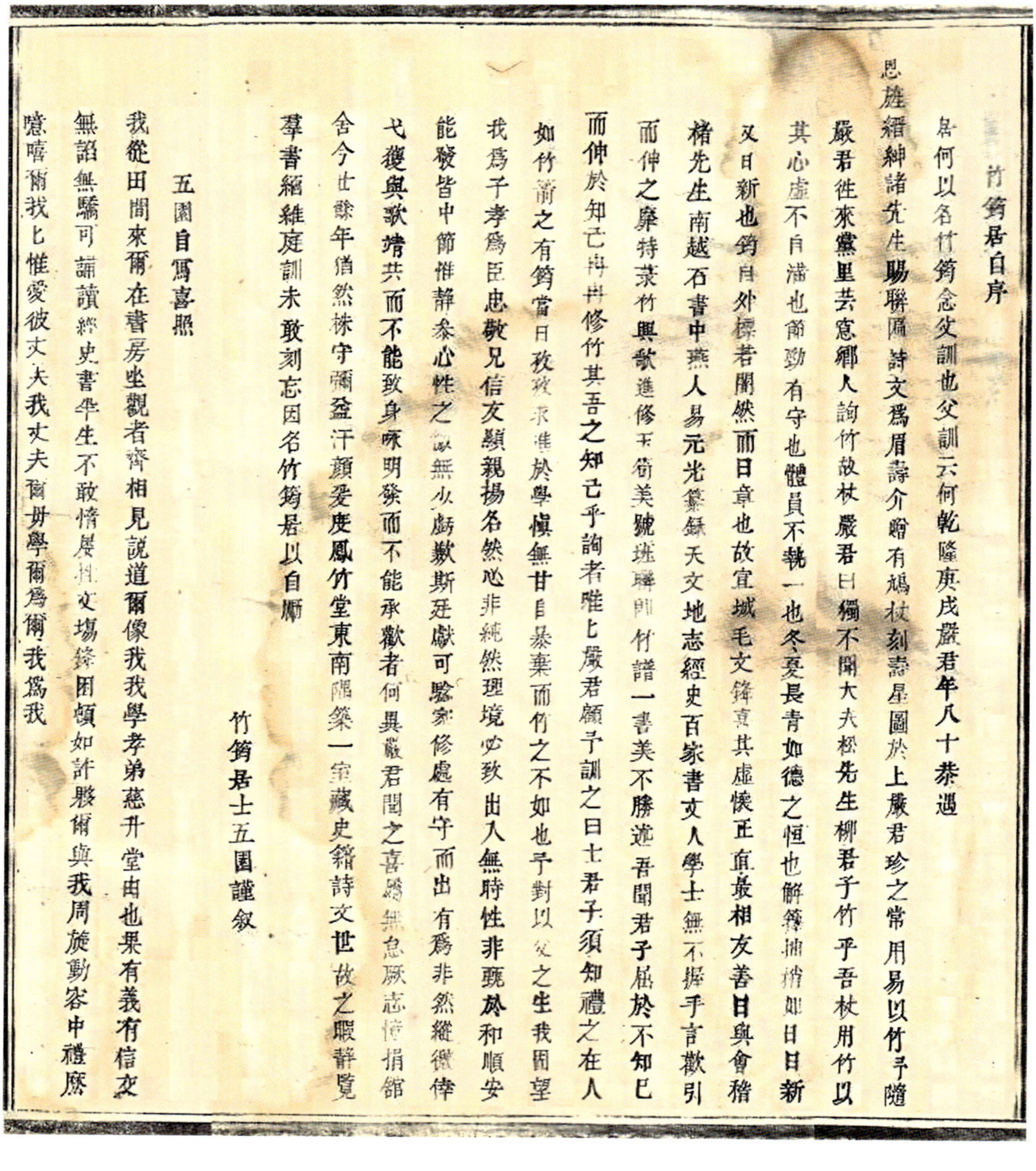

竹筠居自序

居何以名竹筠念父訓也父訓云何乾隆庚戌嚴君年八十恭遇
恩旌縉紳諸先生賜聯匾詩文爲眉壽介贈有鳩杖刻壽星圖於上嚴君珍之常用易以竹手隨
嚴君徃來黨里芸窓鄉人詢竹故杖嚴君曰獨不聞大夫松先生柳君子竹乎吾杖用竹以
其心虛不自滿也節勁有守也體員不執一也冬夏長青如德之恒也解籜抽梢如日日新
又日新也筠自外標若闇然而日章也故宜城毛文鋒京其虛懷正直最相友善日與會稽
楮先生南越石書中燕人易元光纂録天文地志經史百家書文人學士無不握手言歡引
而伸之靡特蔡竹興歌進修玉筍美號𤦲璘門竹譜一書美不勝述吾聞君子屈於不知已
而伸於知己冉冉修竹其吾之知己乎詢者唯唯嚴君顧予訓之曰士君子須知禮之在人
如竹箭之有筠當日孜孜求進於學愼無甘自暴棄而竹之不如也予對以父之生我罔望
我爲子孝爲臣忠敬兄信友顯親揚名然必非純然理境必致出入無時性非聰於和順安
能發皆中節惟靜養心性之微無少虧歉斯廷獻可驗家修處有守而出有爲非然縱傲倖
弋獲與歌靖共而不能致身咏明發而不能承歡者何異嚴君聞之喜曰無息厥志惜捐舘
舍今廿餘年悄然株守彌益汗顏爰度鳳竹堂東南隅築一室藏史籍詩文世故之暇静覧
羣書緬維庭訓未敢刻忘因名竹筠居以自厲

竹筠居士五園謹叙

五園自寫喜照

我從田間來爾在書房坐觀者齊相見説道爾像我我學孝弟慈升堂由也果有義有信友
無諂無驕可誦讀經史書半生不敢惰屢扫文場鋒困頓如許般爾與我周旋動容中禮厤
噫嘻爾我匕惟愛彼丈夫我丈夫爾毋學爾爲爾我爲我

校录

竹�居自序

居何以名竹筠,念父训也。父训云何?乾隆庚戌严君年八十,恭遇恩旌,缙绅诸先生赐联匾诗文,为眉寿介,赠有鸠杖,刻寿星图于上,严君珍之,常用易以竹。

予随严君往来党里芸窗,乡人询竹(故杖)〔杖故〕,严君曰:“独不闻大夫松、先生柳、君子竹乎?吾杖用竹,以其心虚不自满也,节劲有守也,体员不执一也。冬夏长青,如德之恒也,解箨抽梢,如日日新又日新也。筠自外标,若闇然而日章也。故宣城毛文锋喜其虚怀正直,最相友善,日与会稽褚先生、南越石书中、燕人易元光纂录天文地志经史百家书,文人学士,无不握手言欢。引而伸之,靡特菉竹兴歌,进修玉笋,美号班联,即《竹谱》一书,美不胜述。吾闻君子屈于不知己而伸于知己,冉冉修竹其吾之知己乎?”询者唯唯。严君顾予训之曰:“士君子须知礼之在人,如竹箭之有筠。当日孜孜求进于学,慎无甘自暴弃,而竹之不如也。”予对以“父之生我,固望我为子孝,为臣忠,敬兄信友,显亲扬名。然心非纯然理境,必致出入无时,性非甄于和顺,安能发皆中节?惟静参心性之微,无少亏歉,斯廷献可验,家修处有守,而出有为。非然,纵微倖弋获,与歌靖共而不能致身,咏明发而不能承欢者何异?”严君闻之喜,属无怠厥志。

忆捐馆舍,今廿余年,犹然株守,弥益汗颜。爰度风竹堂东南隅筑一室,藏史籍诗文。世故之暇,静览群书,缅维庭训,未敢刻忘,因名“竹筠居”以自励。

竹筠居士五园谨叙

五园自写喜照

我从田间来,尔在书房坐。观者齐相见,说道尔像我。我学孝弟慈,升堂由也果。有义有信交,无谄无骄可。诵读经史书,半生不敢惰。屡挫文场锋,困顿如许夥。尔与我周旋,动容中礼么?噫嘻尔我!我惟爱彼丈夫我丈夫,尔毋学尔为尔我为我。

陈克藻夫妇合传

陳君崑巘老先生夫婦合傳

先生名克藻字西玉號崑巘幼與弟從學其族叔明經克軒先生慷慨有氣節不以功名得
失計以伯兄綉亭先生疾棄舉業延醫調治幾盡心力始獲全愈輔理家政悉秉至公德配
劉孺人賢淑婦也凡往來酧酢奉酒醴一如先生意夫婦間琴瑟靜好先生才氣閎傅善堪
輿於黃帝指南河圖洛書精通變化與人造塋選課登山論水雖棲遲參之形却月覆舟之
勢一覽瞭如或稱爲黃石公或頌爲青烏子先生笑而不答歲辛酉金昆命往原籍省祖墓
先生聞之喜遂語諸劉孺人曰予今歸省先人墓薄辭我衣孺人亦欣然爲之潔衣服束行
裝於是至閩山拜祖塚竊吉與工監築隹城凡四代祖墳碑俱堅固歲戊寅卜築太鄉七都
下竹墩開四面田連阡陌有竹林豐草清新爽塏瀟洒宜人先生顧而樂之時而優游隴畔
聚田夫野老詢耕種事時而散步書房向白雨幽窓弄筆墨時辛巳梓秋先生過舘舍重晤
如初盤桓竟日留連不舍揖別後常欝欝於懷至仲冬予因過訪焉見其雅趣栩栩幾回留
之不能去云爰爲之傳

禮部進士

例授文林郎候選知縣硯教弟高岡吳鳳鳴來儀甫頓首拜撰

校录

陈君崑巘老先生夫妇合传

先生名克藻，字西玉，号崑巘，幼与予从学其族叔明经克轩先生。慷慨有气节，不以功名得失计，以伯兄绍亭先生疾，弃举业，延医调治，几尽心力，始获全愈。辅理家政，悉秉至公。德配刘孺人，贤淑妇也。凡往来酬酢奉酒醴，一如先生意，夫妇间琴瑟静好。先生才气闳博，善堪舆，于黄帝指南、河图洛书精通变化，与人造葬选课，登山论水，鸡栖连伞之形，却月覆舟之势，一览了如。或称为黄石公，或颂为青乌子，先生笑而不答。

岁辛酉，金昆仑往原籍省祖墓，先生闻之喜，遂语诸刘孺人曰："予今归省先人墓，薄浣我衣。"孺人亦欢然，为之洁衣服，束行装，于是至闽山拜祖冢，蠲吉兴工，监筑佳城，凡四代祖坟，碑俱坚固。

岁戊寅，卜筑太乡七都下竹塅，开四面田，连阡陌，有竹林丰草，清新爽麓，潇洒宜人。先生顾而乐之，时而优游陇畔，聚田夫野老，询耕种事。时而散步书房，向白雨幽窗弄笔墨。时辛巳桂秋，先生过馆舍，重晤如初，盘桓竟日，留连不舍，揖别后常郁郁于怀。至仲冬，予因过访焉。见其雅趣翻翻，几回留之不能去云。爰为之传。

礼部进士、例授文林郎、候选知县、砚教弟高冈吴凤鸣来仪甫顿首拜撰

陈克藻传

崑巘四兄先生傳

夫人有可紀而斯人亦同有可紀雖紀猶未紀也惟人有可紀而斯人不同有可紀雖欲不紀亦不得也吾友崑巘先生性聰敏勤讀書貫通淹博具遠大志數奇不獲售因投筆嘆曰我聞根深者枝茂源遠者流長大丈夫立志既不能如太上之立德其次之立功立言則當培根本以長枝葉溯遠源而覩通流奚必拘拘以功名計乃樂韜晦於護仙之源豹餞翳隱結英奇於鳳竹之屋鴻談座盈一時士君子往往累車笠之嫌歡與把臂晉接無俗客尤篤意倫常奉養父母隨昆季偕子姪生事葬祭一以禮嘉慶六年春往原籍獨任修理曾祖敏宜公妣氏劉張孺人暨十二三世祖子庭汝勉而公妣氏池何邱孺人等墓立碑鞏固監督辛勤扞迎祖父文光公金骸至義寧太鄉七都竹墈與祖母劉孺人合葬秋杪時回跋涉勞瘁越半載孝之徵也至友于兄弟和衷共濟商定行止猜忌之見弗起勉諸子姪日勤誦讀則經術日明親師友則道德日進務農桑則衣食有資諄諄訓誨愛之至也耿介自持非義之財不苟取遠親近鄰有急迫來告者勿論家之長物亦無不應其求仁之端也爾其術效計然南遊閩楚北走趙燕貲勝壽幽題咏寫懷別有佳致今公後嗣秀讀樸耕恪守素風克昌厥後公環顧一堂忻忻色喜樂何如乎慶何如乎豈非根深枝茂源遠流長之明徵歟

恩歲進士候選儒學年硯弟補堂温必榮光輔頓首拜撰

時

道光八年戊子歲小春月上浣之吉重梓

校录

崑巘四兄先生传

夫人有可纪而斯人亦同有可纪，虽纪犹未纪也。惟人有可纪而斯人不同有可纪，虽欲不纪，亦不得也。

吾友崑巘先生性聪敏，勤读书，贯通淹博，具远大志。数奇不获售，因投笔叹曰："我闻根深者枝茂，源远者流长。大丈夫立志，既不能如太上之立德，其次之立功立言，则当培根本以长枝叶，溯远源而观通流，奚必拘拘以功名计。"乃乐韬晦于护仙之源，豹钱雾隐，结英奇于凤竹之屋，鸿谈座盈，一时士君子往往略车笠之嫌，欢与把臂，晋接无俗客。尤笃意伦常，耄耋父母随昆季偕子侄，生事葬祭一以礼。嘉庆六年春，往原籍独任修理曾祖敏宜公、妣氏刘、张孺人暨十二三世祖于庭、汝勉两公、妣氏池、何、邱孺人等墓，立碑巩固，监督辛勤。扦迎祖父文光公金骸至义宁太乡七都竹墩，与祖母刘孺人合葬。秋杪时回，跋涉劳瘁越半载。孝之征也。至友于兄弟，和衷共济，商定行止，猜忌之见弗起。勉诸子侄曰："勤诵读则经术日明，亲师友则道德日进，务农桑则衣食有资。"谆谆训诲，爱之至也。耿介自持，非义之财不苟取，远亲近邻，有急迫来告者，勿论家之长物，亦无不应其求。仁之端也。尔其术效计然，南游闽楚，北走赵燕，览胜寻幽，题咏写怀，别有佳致。

今公后嗣秀读朴耕，恪守素风，克昌厥后。公环顾一堂，忻忻色喜，乐何如乎？庆何如乎？岂非根深枝茂、源远流长之明征欤？

恩岁进士、候选儒学、年砚弟补堂温必荣光辅顿首拜撰，时道光八年戊子岁小春月上浣之吉重梓

陈克修夫妇传

介田先生夫婦合傳

陳公諱克修字兼萬號介田太學生鯤池公四子世居安平鄉護仙源幼警敏言笑不苟有成人風張明經白舟見而奇之許其兄搏膺公娶以長女通葭莩之好焉先生讀書明大義敬養以親匕篤愛以長長比閭族黨之間謙尊有光皆以長者稱性仁厚慕善樂施與鄉之人困窘者賙貸之疾病者藥石之君子曰義也先生曰吾發乎情小人曰恩也先生曰吾循乎理甲戌歲歉先生憤懣于懐周遊道左遇餓者委頓於途先生顧而憐之歸謀諸張孺人曰今野有餓莩朝饔若有餘急與之孺人亟數應聲盡饔飧以食餓者饑者活拜而問姓名先生不答庚辰歲歉先生與孺人謀賑濟苦粟不給於是先生傾奩金孺人脱簪珥買粟以周戚里之貧遠近咸稱惠人閭里間有宿忿積怨難排解者先生至發一二語皆弭首蟄伏而去生子五以耕讀世其業凡姪輩能讀者佐以膏火能耕者給以籽種能商者與以資本一門之內家政肅然嗣君（規鈞）和璧受業於張一酉余與一酉交篤能道先生與孺人行事特書之以俟傳其書者採焉

禮部進士

例授文林郎揀選知縣田津弟查望洋頓首拜撰

校录

介田先生夫妇合传

陈公讳克修，字兼万，号介田，太学生鲲池公四子。世居安平乡护仙源。幼警敏，言笑不苟，有成人风。张明经白舟见而奇之，语其兄搏膺公，娶以长女，通葭莩之好焉。

先生读书明大义，敬养以亲亲，笃爱以长长。比闾族党之间，谦尊有光，皆以长者称。性仁厚，慕善乐施，与乡之人困窘者赒贷之，疾病者药石之。君子曰义也，先生曰吾发乎情；小人曰恩也，先生曰吾循乎理。甲戌岁歉，先生愤懑于怀，周游道左，遇饿者委顿于途，先生顾而怜之，归谋诸张孺人曰："今野有饿莩，朝餐若有余，急与之。"孺人亟数应声，尽饔飧以食饿者。饥者活，拜而问姓名，先生不答。庚辰岁歉，先生与孺人谋赈济，苦粟不给。于是先生倾囊金，孺人脱簪珥，买粟以周戚里之贫，远近咸称惠人。闾里间有宿忿积怨难排解者，先生至，发一二语，皆弭首蛰伏而去。生子五，以耕读世其业。凡侄辈能读者佐以膏火，能耕者给以籽种，能商者与以资本。一门之内，家政肃然。

嗣君和璧受业于张一西，余与一西交笃，能道先生与孺人行事，特书之，以俟传其旧者采焉。

礼部进士、例授文林郎、拣选知县田津弟查望洋顿首拜撰

同治二年三修宗谱

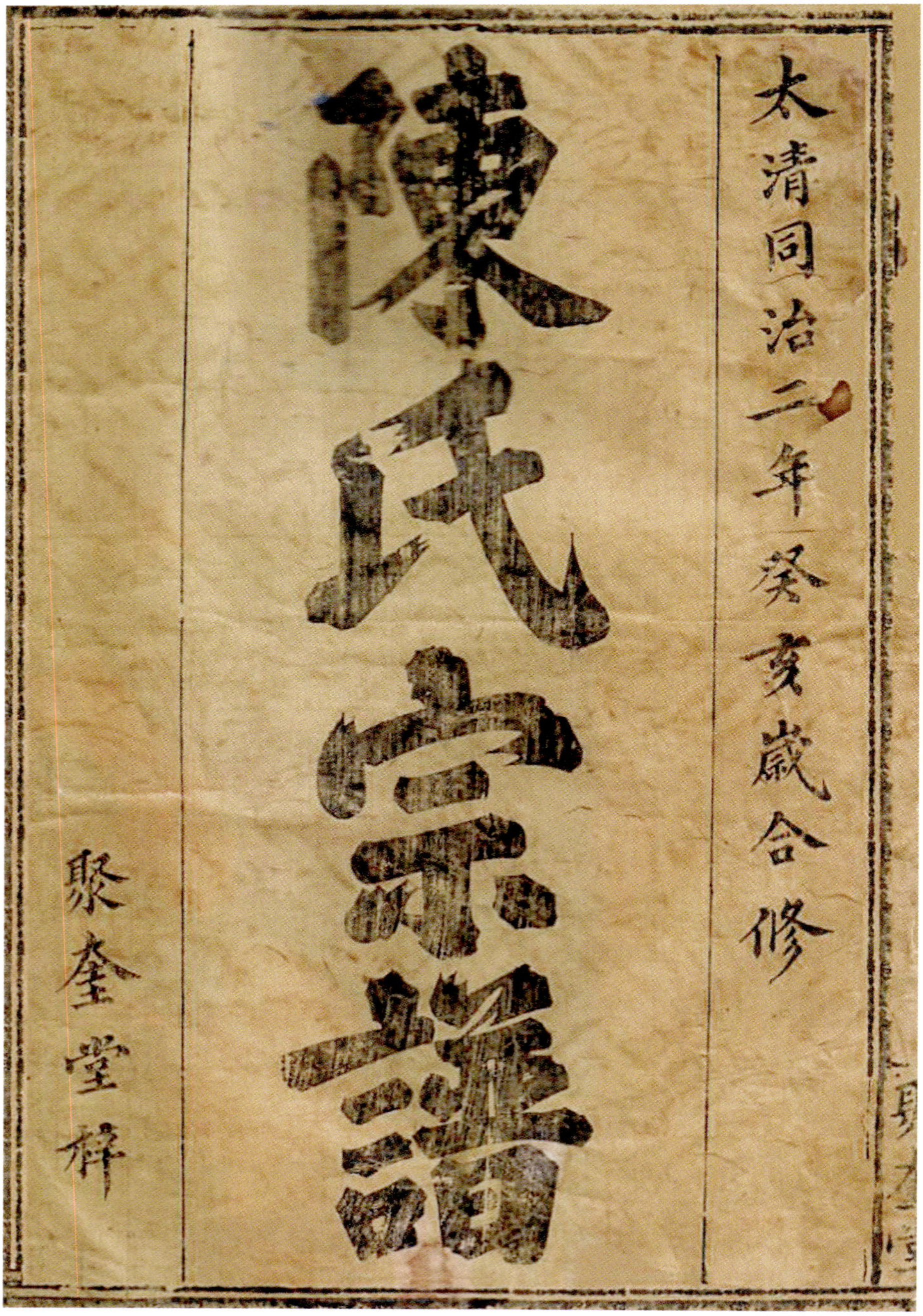

陈氏合修宗谱序

陳氏合修宗譜序

古者宗法著而世系明諸侯世國大夫世家其時無所謂譜也魏晉以降設為官譜而藏在有司更歷五季散亡無可考及唐李素宋歐陽廬陵諸人相繼創為家譜例嚴法精士大夫家多宗之故雖滄桑屢變轉徙流離而其子孫奉持唯謹歷千百歲而長存不至貿貿然也

吾陳氏

①

為大舜之後自滿公受姓代有達人
周秦漢晉載在史冊及陳氏世編者
彙如貫珠不必譜而視譜尤詳厥後
唐有天成譜宋有嘉祐譜開慶己未
譜元有至正譜明有宏治義門譜
國朝諸譜尤難枚舉有宗潁川者實公
為始祖以其封潁川郡也有宗義門
者旺公為始祖以其後同居十四世
表為義門也按實公為滿公四十二

②

世孫旺公又爲實公三十二世孫一脉相承初非支分派别不過所宗之遠近不同耳進而詳考系圖吾義門分遷祖宋進士魁公派參琉郎旺公九世孫義門長旭公之姪也其時共遵家法擬衍瓜綿積至三千九百餘口宋神宗朝奉使監護分析魁公挈眷九十七口入汀州庄比八閩之遷所由来也魁生崑崙嵩嶽峯五子峯

新序

生自強公為宰輔自強生子三肇基
公其季也公由進士官甯化遂自武
平而移家甯化陳德村又九傳至中
興公生子十八俱以郎行遷本省遷
粵遷楚遷豫遷吳者半天下吾甯與
武甯奉新萬載瀏陽接壤
國
初時招徠安輯十八公裔接踵而至
者纍纍轉徙他鄉恪遵家範農安耕
鑿士習詩書休養生息迄今二百餘

④

年族日益繁文日益蔚蓋前人之積累孔長也不有譜以紀之豈惟世次淆昭穆紊宗功祖德亦將久而就湮然而家譜之修亦數數矣自嘉慶甲戌雙溪明經克軒先生輯修後道光初年紹亭有萃玉堂譜以次德星戛玉星聚諸堂之譜後先繼起第所聯輯者卒皆中興二三支而已各自分編未由互為校核世次雖大略相同

新序 三

名派究參差不一允為吾族缺典況
越今垂四十稔生齒繁衍視昔為倍
其有待於續編者尤不容緩咸豐辛
亥鳳叨祖蔭與寶箴同舉於鄉諸宗
老益諄諄以是役屬乙卯春業偕寶
箴在祠設局編纂大同宗譜將成書
忽以城陷祠毀中輟忽忽數年方以
董葺宗祠為急落成後諸族尊復為
慫恿壬戌之夏諸賢達擇於甯武奉

⑥

三邑適中之地設局安鄉遍為採訪我十八公之裔踴躍趨事者二三邑中已得十有六支而贄公暨爵壽公裔亦皆聞風景附以共成令典鳳不敏乃與寶箴暨諸君子朝夕從事取閩粵吳楚吉贛及豫章各郡縣新舊分編諸譜而遍核之雖其中不無小異而世遠年湮無從考證亦祇付之闕疑之例惟義門最盛於宋當時賢

達豈竟數典而忘是以前代源流酌
其合嘉祐譜者從之各支世系悉仍
来藁間有據舊譜而訂定者不敢操
筆更張妄為取罪惟於制誥表奏序
文傳誌以及碑銘詩贊或字句違舛
或次第混淆則為釐正之蓋志慎也
譜成付諸梓人氏因思十八公裔碁
布星羅里居既曠志趣難齊藉非
列祖列宗默為降鑒何數百年未經合

聚奎堂

⑧

修之譜一旦起而倡之而雲集釐至翕然蒸然竟不疾而速不介而孚若此耶所願閱斯譜者凜義門之家法與先人之遺訓相與父教其子兄勉其弟孜孜於孝弟根本之地藉以養成德行道藝之全庶幾功名事業道德文章將有如歐蘇諸公者出則取斯譜而修飾之潤色之不更為家乘光乎是深有望於繼起者

卷首　新序　五

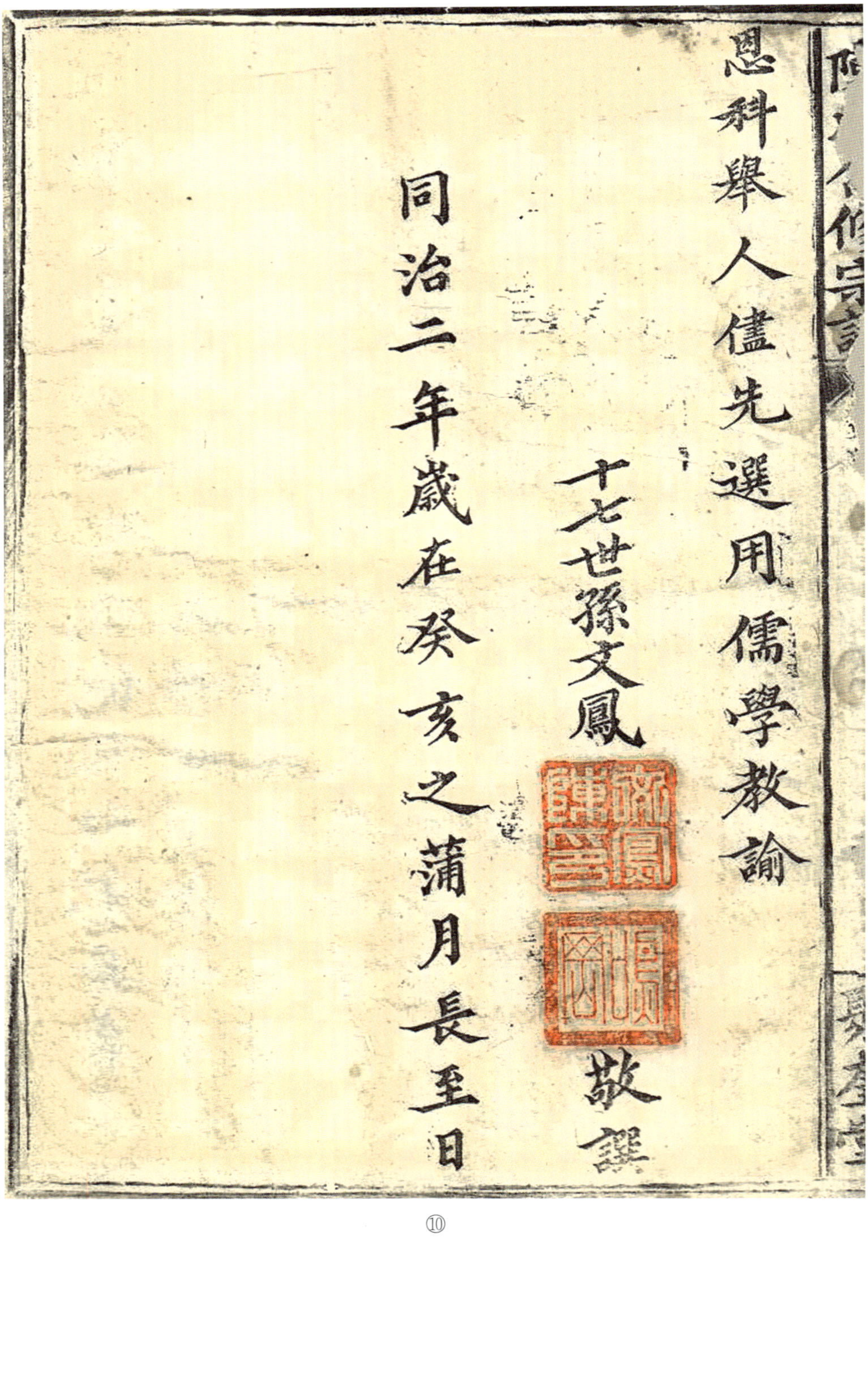
恩科舉人儘先選用儒學教諭
十七世孫文鳳敬撰
同治二年歲在癸亥之蒲月長至日

⑩

校录

陈氏合修宗谱序

古者宗法著而世系明，诸侯世国，大夫世家，其时无所谓谱也。魏晋以降，设为官谱而藏在有司，更历五季，散亡无可考。及唐李素、宋欧阳庐陵诸人，相继创为家谱，例严法精，士大家多宗之。故虽沧桑屡变，转徙流离，而其子孙奉持唯谨，历千百岁而长存，不至贸贸然昧其所自出。吾陈氏为大舜之后，自满公受姓，代有达人。周秦汉晋，载在史册。及陈氏世编者，累如贯珠，不必谱而视谱尤详。厥后唐有天成谱，宋有嘉祐谱，开庆己未谱，元有至正谱，明有弘治义门谱。

国朝诸谱尤难枚举，有宗颍川者，实公为始祖，以其封颍川郡也。有宗义门者，旺公为始祖，以其后同居十四世，表为义门也。按实公为满公四十二世孙，旺公又为实公三十二世孙，一脉相承，初非支分派别，不过所宗之远近不同耳。进而详考系图，吾义门分迁祖宋进士魁公，派参琉，即旺公九世孙，义门长旭公之侄也。其时共遵家法，椒衍瓜绵，积至三千九百余口。宋神宗朝奉使监护分析，魁公挈眷九十七口入汀州庄，此八闽之迁所由来也。魁生崑、嵛、嵩、岳、峰五子，峰生自强公，为宰辅。自强生子三，肇基公其季也。公由进士官宁化，遂自武平而移家宁化陈德村，又九传至中兴公，生子十八，俱以郎行，迁本省、迁粤、迁楚、迁豫、迁吴者半天下。

吾宁与武宁、奉新、万载、浏阳接壤。国初时招徕安辑，十八公裔接踵而至者累累，转徙他乡，恪遵家范，农安耕凿，士习诗书，休养生息，迄今二百余年。族日益繁，文日益蔚，盖前人之积累孔长也。不有谱以纪之，岂惟世次淆，昭穆紊，宗功祖德，亦将久而就湮，然而家谱之修，亦数数矣。自嘉庆甲戌双溪明经克轩先生辑修，后道光初年，绍亭有萃玉堂谱，以次德星、戛玉、星聚诸堂之谱，后先继起。第所联辑者，卒皆中兴二三支而已。各自分编，未由互为校核。世次虽大略相同，名派究参差不一，允为吾族缺典。况越今垂四十稔，生齿繁衍，视昔为倍，其有待于续编者，尤不容缓。

咸丰辛亥，凤叨祖荫，与宝箴同举于乡，诸宗老益谆谆以是役属。乙卯春，业偕宝箴在祠设局，编纂大同宗谱，将成书，忽以城陷祠毁中辍。忽忽数年，方以董葺宗祠为急，落成后诸族尊复为怂恿。壬戌之夏，诸贤达择于宁、武、奉三邑适中之地设局安乡，遍为采访。我十八公之裔，踊跃趋事者二三邑中已得十有六支，而贽公暨爵寿公裔亦皆闻风景附，以共成令典。凤不敏，乃与宝箴暨诸君子朝夕从事，取闽、粤、吴、楚、吉、赣及豫章各郡县新旧分编诸谱而遍核之，虽其中不无小异，而世远年湮，无从考证，亦祇付之阙疑之例。惟义门最盛于宋，当时贤达，岂竟数典而忘。是以前代源流，酌其合嘉祐谱者从之。各支世系，悉仍来稿。间有据旧谱而订定者，不敢操笔更张，妄为取罪。惟于制诰、表奏、序文、传志以及碑铭、诗赞，或字句违舛，或次第混淆，则为厘正之，盖志慎也。

谱成，付诸梓人氏，因思十八公裔棋布星罗，里居既旷，志趣难齐，藉非列祖列宗默为降鉴，何数百年未经合修之谱，一旦起而倡之，而云集麕至，翕然蒸然，竟不疾而速，不介而乎若此耶。所愿阅斯谱者，凛义门之家法，与先人之遗训，相与父教其子，兄勉其弟，孜孜于孝弟根本之地，藉以养成德行道艺之全。庶几功名事业道德文章，将有如欧苏诸公者出，则取斯谱而修饰之、润色之，不更为家乘光乎？是深有望于继起者。

恩科举人、俀先选用儒学教谕十七世孙文凤敬撰，同治二年，岁在癸亥之蒲月长至日

谱局成员名单

督修 纂修 編校 繕寫 對讀 總理 協理 務理

合修首事刻後

巧亭 文鳳 冠儒 茂榮 德瑶 宿梧 健邦 德懷 裕升 必彩 良鳳 耆坤 裕琳 茂山 傳典 明皆 定國 銘發

璐堂 寶箴 紹端 潤新 允元 惟盈 裕海 懋[illegible] 雲高 連發 爲寶 達祿 文彩 榮圖 範亮 世遠 良華 芳明

守堅 寅署 文波 惟須 富魁 勳田 蘭秋 茂松 慶評 耀奎 楚材 見賢 品左 端鄉 光際

翊九 蘆溪 憲南 德芳 香林 慶朋 茂盛 惟光 郁文 慕咸 觀發 裕蘭

陈文光夫妇墓志铭

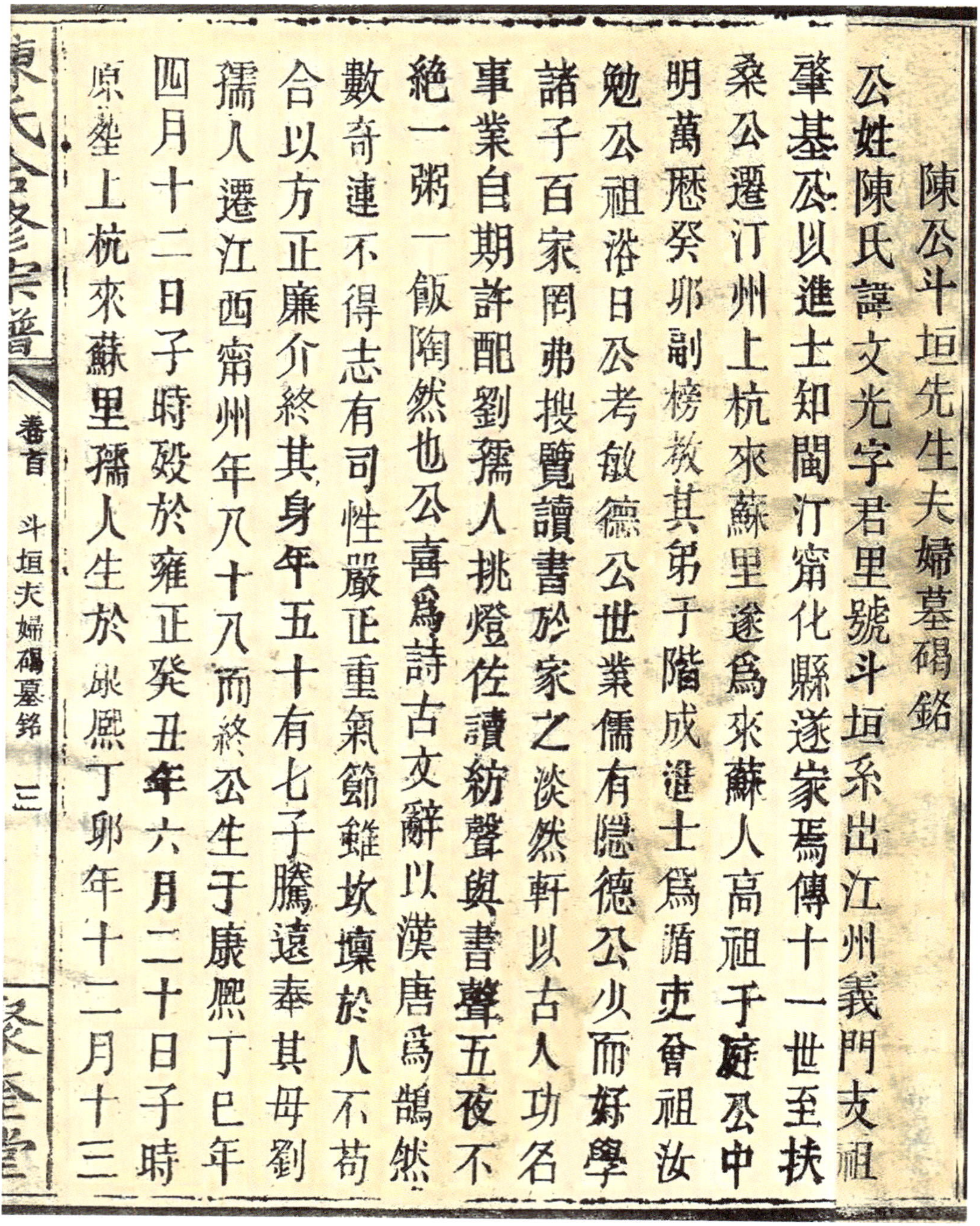

陳公斗垣先生夫婦墓碣銘

公姓陳氏諱文光字君里號斗垣系出江州義門支祖肇基公以進士知閩汀甯化縣遂家焉傳十一世至扶桑公遷汀州上杭來蘇里遂爲來蘇人高祖于庭公中明萬歷癸卯副榜教其弟于階成進士爲湄吏曾祖汝勉公祖滸日公考敏德公世業儒有隱德公少而好學諸子百家罔弗搜覽讀書於家之淡然軒以古人功名事業自期許配劉孺人挑燈佐讀紡聲與書聲五夜不絶一粥一飯陶然也公喜爲詩古文辭以漢唐爲鵠然數奇連不得志有司性嚴正重氣節雖坎壈於人不苟合以方正廉介終其身年五十有七子騰遠奉其母劉孺人遷江西甯州年八十八而終公生于康熙丁巳年四月十二日子時殁於雍正癸丑年六月二十日子時原塋上杭來蘇里孺人生於康熙丁卯年十二月十三

卷首　斗垣夫婦碣墓銘　三

①

日未時殁于乾隆甲午年四月初七日申時葬甯州泰鄉七都竹蝦石壋源於嘉慶辛未年九月初六日寅時迎公與孺人合壟丙山壬向午子分金子三長功逵次騰遠太學生次芳遠女一適何孫曾繁衍別鐫于碑予自都中南旋適同年友酉山爲州牧訪之獲晤公之孫絡亭先生名克繩者出公行狀屬爲之銘嗚呼公以讀書守正負志氣不獲伸于時其子孫席公遺澤遷徙異域卒以光大其家聲復其詩書閥閱之舊所謂不于其身必於其子孫者而孺人則於其身親見之其亦可以慰公於地下矣嗚呼是可銘也銘曰

公謀道不憂貧爲文辭肆而醕時不利志弗伸有萊婦偕隱淪席遺澤宜後人招公魂來自閩五父衢古所聞神必合氣歸眞南山碑屹嶙峋永苗裔宜振振

例授文林郎禮部進士揀選知縣族姪之騶拜撰

②

校 录

陈公斗垣先生夫妇墓碣铭

公姓陈氏，讳文光，字君里，号斗垣。系出江州义门，支祖肇基公，以进士知闽汀宁化县，遂家焉。传十一世至扶桑公，迁汀州上杭来苏里，遂为来苏人。高祖于庭公，中明万历癸卯副榜，教其弟于阶成进士，为循吏。曾祖汝勉公，祖浴日公，考敏宜公，世业儒，有隐德。

公少而好学，诸子百家罔弗搜览，读书于家之淡然轩，以古人功名事业自期许。配刘孺人，挑灯佐读，纺声与书声五夜不绝，一粥一饭陶然也。公喜为诗古文辞，以汉唐为鹄，然数奇，连不得志有司。性严正，重气节，虽坎壈，于人不苟合，以方正廉介终其身，年五十有七。子腾远，奉其母刘孺人迁江西宁州，年八十八而终。

公生于康熙丁巳年四月十二日子时，殁于雍正癸丑年六月二十日子时，原葬上杭来苏里。孺人生于丁卯年十二月十三日未时，殁于乾隆甲午年四月初七日申时，葬宁州泰乡七都竹墩石埚源。于嘉庆辛未年九月初六日寅时迎公与孺人合葬，丙山壬向，午子分金。子三：长功远；次腾远，太学生；次芳远。女一，适何。孙曾繁衍，别镌于碑。

予自都中南旋，适同年友酉山为州牧，访之，获晤公之孙绍亭先生名克绳者，出公行状，属为之铭。呜呼！公以读书守正，负志气，不获伸于时。其子孙席公遗泽，迁徙异域，卒以光大其家声，复其诗书阀阅之旧，所谓不于其身，必于其子孙者。而孺人则于其身见之，其亦可以慰公于地下矣。呜呼！是可铭也。铭曰：

公谋道，不忧贫。为文辞，肆而醇。时不利，志弗伸。有莱妇，偕隐沦。席遗泽，宜后人。招公魂，来自闽。五父衢，古所闻。神必合，气归真。南山碑，屹嶙峋。永苗裔，宜振振。

例授文林郎、礼部进士、拣选知县族侄之驹拜撰

陈鲲池夫妇墓志铭

太學生陳公鯤池夫婦墓志銘、

陳公諱騰遠字公元別字鯤池先世居閩之上杭來蘇鄉考斗垣公善屬文鄉先輩重其品學聘爲子弟師公年少隨讀一月必歸省母門人有饋遺於師輒分而庋藏之或怪問答曰吾以遺母也人歎其冲齡有穎封人之行無何斗垣公捐館舍家道中落遂棄舉業奉母劉孺人由閩來豫章沂修水至分甯安鄉蘐仙源愛其泉甘土肥風俗湻樸相陰陽而卜宅居之時公方弱冠力勤稼穡盡三農之苦閱十餘稔家日裕置田園新棟宇一復其先世詩書閥閱之舊德配何孺人爲何覲光公

①

仲女賢淑勤能事姑以敬養相夫子內主中饋井井有法度公性喜施濟孺人必極力贊成之故鄉里稱善人者必數公夫婦爲巨擘及太孺人年八十有八告終公年已六十有五號踊依然孺慕祭葬如禮年躋七十循例入太學乾隆庚戌遇　覃恩予八品職銜生子四長克繩太學生次克調次克藻次克修太學生女六孫曾元百餘人督耕課讀皆治以義門家法內外肅嚴嗟乎公自汀來寗不階尺寸肇興室家又得何孺人內助之賢繼長增高子孫繩繩彬彬焉衣冠文物懿乎盛哉公生於康熙庚寅年十二月二十五日巳時殁於乾隆乙卯正月十四日戌時年八十有六葬太鄉七都上竹塅馬子樹下鳳形何孺人生於雍正辛亥十一月初五日

②

寅時歿於嘉慶庚午年十月十二日巳時年八十初塟
竹蝦彭源山今卜道光甲辰十月二十六日午時改塟
鳳形與翁合墓乙山辛向兼卯酉分金諸嗣孫乞余志
而銘之昔孔子改父殯于五父衢與母合葬于防孟子
改葬母于四貧山與父公宜墓密邇今公後嗣學孔孟
學其汲汲合而志志而銘也宜哉銘曰重繭來甯兮自
閩杭孝思不匱兮母違將愛美俗兮護仙中耕沃土兮
篤蠶桑十年生聚兮稱富有宜其室家兮配孟光產四
子以講德毓諸孫而發祥奉板輿兮戲萊綵介眉壽兮
視霞觴樂天倫兮偕隱有道經畬課子兮蘭蕙騰芳扶
危濟困兮稱眾母睦姻任卹兮咸慈頁白眉齊案兮天
錫上壽藍橋馭鶴兮乘雲帝鄉佳城有壤牛眠有塲前
招三辰後引鳳凰昔也異室今也同堂神物必合干鏌
歸藏庇爾子孫兮永視此闔陰而闢陽
禮部進士例授文林郎揀選知縣原任贛州府長甯縣
教諭年家晚生查望洋漁濱拜譔

校录

太学生陈公鲲池夫妇墓志铭

陈公讳腾远，字公元，别字鲲池，先世居闽之上杭来苏乡。考斗垣公善属文，乡先辈重其品学，聘为子弟师。公年少随读，一月必归省母。门人有馈遗于师，辄分而庋藏之。或怪问，答曰："吾以遗母也。"人叹其冲龄有颍封人之行。无何，斗垣公捐馆舍，家道中落，遂弃举业，奉母刘孺人由闽来豫章，溯修水至分宁安乡护仙源，爱其泉甘土肥，风俗淳朴，相阴阳而卜宅居之，时公方弱冠。力勤稼穑，尽三农之苦。阅十余稔，家日裕，置田园，新栋宇，一复其先世诗书阀阅之旧德。

配何孺人，为何觐光公仲女，贤淑勤能，事姑以敬养，相夫子，内主中馈，井井有法度。公性喜施济，孺人必极力赞成之，故乡里称善人者必数公夫妇为巨擘。及太孺人年八十有八告终，公年已六十有五，号踊依然，孺慕祭葬如礼。年跻七十，循例入太学。乾隆庚戌遇覃恩，予八品职衔。生子四：长克绳，太学生；次克调；次克藻；次克修，太学生。女六。孙曾元百余人。督耕课读，皆治以义门家法，内外肃严。

嗟乎！公自汀来宁，不阶尺寸，肇兴室家，又得何孺人内助之贤，继长增高，子孙绳绳彬彬焉。衣冠文物，懿乎盛哉！公生于康熙庚寅年十二月二十五日巳时，殁于乾隆乙卯正月十四日戌时，年八十有六，葬太乡七都上竹塅马子树下凤形。何孺人生于雍正辛亥十一月初五日寅时，殁于嘉庆庚午年十月十二日巳时，年八十。初葬竹塅彭源山，今卜道光甲辰十月二十六日午时，改葬凤形，与翁合墓，乙山辛向，兼卯酉分金。诸嗣孙乞余志而铭之。

昔孔子改父殡于五父衢，与母合葬于防；孟子改葬母于四箕山，与父公宜墓密迩。今公后嗣学孔孟，学其汲汲，合而志，志而铭也，宜哉！铭曰：

重茧来宁兮自闽杭，孝思不匮兮母遑将。爱美俗兮护仙里，耕沃土兮笃蚕桑。十年生聚兮称富有，宜其室家兮配孟光。产四子以讲德，毓诸孙而发祥。奉板舆兮戏莱彩，介眉寿兮祝霞觞。乐天伦兮倡随有道，经畲课子兮兰蕙腾芳。扶危济困兮称众母，睦姻任恤兮感慈良。白眉齐案兮天锡上寿，蓝桥驭鹤兮乘云帝乡。佳城有壤，牛眠有场。前招三辰，后引凤凰。昔也异室，今也同堂。神物必合，干镆归藏。庇尔子孙兮永视此，阖阴而辟阳。

礼部进士、例授文林郎、拣选知县、原任赣州府长宁县教谕、年家晚生查望洋渔滨拜撰

陈克绳墓志铭

例贈文林郎太學生陳公紹亭墓碣銘
道光辛丑臘嘉平十日上舍陳紹亭先生告終于家予
四十年吟壇老友也先生酷愛予詩比於一字一縑十
載來足不出山無從樽酒細論不意竟以老耄而終天
年知己茫茫能無歔痛既沒之二載孝子琢如持狀來
乞予文聲諸幽宮用踐先人遺命死且不朽嗚呼予敢
不誌而銘之先生姓陳氏諱克繩字顯梓別字紹亭先
世自閩遷甯爲望族考鯤池公生子四惟先生聰穎過
人桃經蔴史學足三餘屢試不利乃循例入太學平生
重孝養鯤池公年八十餘病目翳先生日以舌舐之夜
則焚香籲天願以身代未幾兩目豁然奉母何孺人疾
痛疴癢而敬抑搔之及兩親下世喪葬如禮諸弟教讀
昏配互相師友有姜家大被之風理家政肅內嚴外合
義門之規延師課讀必親爲卅乙子姪諸孫皆知繩趨
矩步建仙源書屋撥立租田爲膏火應試卷資兼功烝
嘗祭祀原籍祖墓必間歲往修嘉慶壬戌州治北有荒
一區欲售率族衆相度可立祖祠先生毅然墊費請于
官給照擇吉倡修名各支進粟主崇祀堂皇記曰收族
故宗廟嚴信哉他如修考棚立義渡起浮橋及闢桐樹
嶺險峻靡不倡捐貲盈道光壬午聯族纂修譜牒延予

陳氏合修宗譜 卷首 紹亭墓碣銘 六

①

筆削閏月告竣先生稱歐文濬宕蘇文閎肆不是過焉
性躭山水遊覽多晛吟咏賓客唱酬玉屑繽紛著溪上
吟仙源春曉小齋錄等編繪對菊課兒孫圖名下士題
咏幾徧獨喜予老子傳家無別物一叢黃菊一書箱之
句謂能壓倒元白庚寅夏先生躋七旬之辰力辭介壽
及孟秋長孫觀禮入泮朋戚祝賀咸謂在泮飲酒永錫
難老之章又十年值八旬謝絕賓客惟召集子孫輩手
遺言一卷予之教以孝弟立身之要已而令奉觴爲壽
曰以爲吾餞越二年遂無疾終其生以乾隆庚辰年孟
夏朔三日寅時殁以道光辛丑臘朔十日酉時年八十
有二原配謝孺人生子二曰鏡曰鋐側室何氏亦生子
二曰鈁曰鎬孫曾繁衍別鐫于碑其葬卜窆於太鄉乜

②

都竹𡊮居宅後艮山坤向寅申分金嗚呼壽富好德康甯考終五福之最難全者而先生得之是可傳也斯可銘也銘曰

大邱道廣兮德星聚義門淯美兮鍾才畀竹倚々兮有斐勿諠山巍々兮牙琴寄志羨紹亭之頤養齡登八十有二惟孝友兮政有施立人道兮仁與義子孫繩繩兮壽而康睦姻任卹兮世澤長沈酣典籍兮力追古怡情風雅兮筆生香天不憖遺一老兮遽返白雲之鄉俾予效唐衢痛哭兮泣誦薛吟之章大故厥詞兮聲塤塤有來諦視兮視此名山之藏

禮部進士

例授文林郎揀選知縣原任贛州府長甯縣教諭愚弟

查望洋漁濱拜譔

校 录

例赠文林郎太学生陈公绍亭墓碣铭

道光辛丑腊嘉平十日上舍，陈绍亭先生告终于家，予四十年吟坛老友也。先生酷爱予诗，比于一字一缣。十载来足不出山，无从樽酒细论，不意竟以老耄而终天年，知己茫茫，能无饮痛？即没之二载，季子琢如持状来乞予文，声诸幽宫，用践先人遗命，死且不朽。呜呼！予敢不志而铭之。

先生姓陈氏，讳克绳，字显梓，别字绍亭。先世自闽迁宁，为望族。考鲲池公，生子四，惟先生聪颖过人，枕经葄史，学足三余。屡试不利，乃循例入太学。平生重孝养，鲲池公年八十余，病目翳，先生日以舌舐之，夜则焚香吁天，愿以身代，未几两目豁然。奉母何孺人，疾痛疴痒，而敬抑搔之。及两亲下世，祭葬如礼。诸弟教读昏配，互相师友，有姜家大被之风。理家政，肃内严外，合义门之规。延师课读，必亲为甲乙。子侄诸孙，皆知绳趋矩步。建仙源书屋，拨立租田为膏火应试卷资，兼助烝尝祭祀。原籍祖墓，必间岁往修。嘉庆壬戌，州治北有屋一区欲售，率族众相度，可立祖祠。先生毅然垫费，请于官给照。择吉倡修，召各支进栗主，崇祠堂皇。《记》曰："收族故宗庙严。"信哉！他如修考棚，立义渡，起浮桥，及辟桐树岭险峻，靡不倡捐贷益。道光壬午，联族纂修谱牒，延予笔削，阅月告竣。先生称欧文澹宕，苏文闳肆，不是过焉。

性耽山水，游览多见吟咏。宾客唱酬，玉屑缤纷，著《溪上吟》《仙源春晓》《小斋录》等编。绘《对菊课儿孙图》，名下士题咏几遍，独喜予"老子传家无别物，一丛黄菊一书箱"之句，谓能压倒元、白。庚寅夏，先生跻七旬之辰，力辞介寿。及孟秋，长孙观礼入泮，朋戚祝贺，咸诵"在泮饮酒，永锡难老"之章。又十年，值八旬，谢绝宾客，惟召集子孙辈，手遗言一卷予之，教以孝弟立身之要。已而令奉觞为寿，曰以为吾饯。越二年，遂无疾终。其生以乾隆庚辰年孟夏朔三日寅时，殁以道光辛丑腊朔十日酉时，年八十有二。原配谢孺人，生子二：曰镜，曰铉。侧室何氏，亦生子二：曰钫，曰镐。孙曾繁衍，别镌于碑。其葬卜窆于太乡七都竹塅居宅后，艮山坤向，寅申分金。呜呼！寿富好德，康宁考终，五福之最难全者，而先生得之，是可传也，斯可铭也。铭曰：

大邱道广兮德星聚，义门淳美兮锺才异。竹猗猗兮有斐匆諠，山峨峨兮牙琴寄志。羡绍亭之颐养，龄登八十有二。惟孝友兮政有施，立人道兮仁与义。子孙绳绳兮寿而康，睦姻任恤兮世泽长。沉酣典籍兮力追古，怡情风雅兮笔生香。天不(整)〔憖〕遗一老兮遽返白云之乡，俾予效唐衢痛哭兮泣诵醉吟之章。大放厥词兮声琅琅，有来谛视兮视此名山之藏。

礼部进士、例授文林郎、拣选知县、原任赣州府长宁县教谕愚弟查望洋渔滨拜撰

陈克藻夫妇墓志铭

例授登仕郎陳公崑巘夫婦墓誌銘

陳公諱克藻字西玉號崑巘先世自閶遷甯考鯤池公生四子公行三自少篤孝友讀書聰穎過人稍長究心河洛陰陽之術嘗奔馳數百里返原籍修葺祖塋必敬必備公爲人伉直坦易而待人甚恕鄉黨皆愛敬之尤樂培植後進于姪諸孫所以訓誨而期望之者甚至年八旬從孫寶箴舉于鄉聞之喜甚語之曰吾家先世以科甲顯吾兄弟四人甚望此繼志事今諸昆皆物故吾老矣猶及見此亦差强人意雖然科第之重人耶抑人之重科第耶願益勉之吾所期爾曹者尚不在是也其所見如此生平謹嗇欲好潔年八旬餘矍鑠如六十許

①

人配劉孺人先公卒娴姆教主中饋稱賢內助焉孺人
歿于嘉慶庚辰年十二月十三戌時生於乾隆乙未年
二月初十日戌時厝于太鄉七都竹瑕馬子樹下獅形
於道光二十四年七月廿三日安塟公生於乾隆辛卯
年二月十二日戌時歿於咸豐癸丑年三月初一日子
時年八十有三葬竹瑕獅形與孺人合墓子四規鋧規
鍹規銶規釪孫二觀潞觀雲予猶子爲公孫婿故知公
悉其嗣請爲銘雖不文不敢辭銘曰
祜以行篤壽以善基魄歸於地神託于箕擊缶何戚
契濶倡隨白雲依岫碧流繞溪岡陵不朽視此豐碑
例授文林郎禮部進士候選知縣婣愚侄邱必奎頓首
拜譔

校录

例授登士郎陈公崑巘夫妇墓志铭

陈公讳克藻，字西玉，号崑巘。先世自闽迁宁，考鲲池公，生四子，公行三。自少笃孝友，读书聪颖过人。稍长，究心河洛阴阳之术，尝奔驰数百里，返原籍修葺祖墓，必敬必备。

公为人伉直坦易，而待人甚恕，乡党皆爱敬之，尤乐培植后进。子侄诸孙，所以训诲而期望之者甚至。年八旬，从孙宝箴举于乡，闻之喜甚，语之曰："吾家先世以科甲显，吾兄弟四人甚望此继志事，今诸昆皆物故。吾老矣，犹及见此，亦差强人意。虽然，科第之重人耶？抑人之重科第耶？愿益勉之，吾所期尔曹者，尚不在是也。"其所见如此。

生平谨嗜欲，好洁。年八旬余，矍铄如六十许人。配刘孺人，先公卒。娴姆教，主中馈，称贤内助焉。孺人殁于嘉庆庚辰年十二月十三戌时，生于乾隆乙未年二月初十日戌时，厝于太乡七都竹塅马子树下狮形，于道光二十四年七月廿三日安葬。公生于乾隆辛卯年二月十二日戌时，殁于咸丰癸丑年三月初一日子时，年八十有三，葬竹塅狮形，与孺人合墓。子四：规鋴、规錞、规鈷、规釪。孙二：观潞、观云。予犹子为公孙婿，故知公悉，其嗣请为铭，虽不文，不敢辞。铭曰：

祜以行笃，寿以善基。魄归于地，神托于箕。击缶何戚，契阔倡随。白云依岫，碧流绕溪。冈陵不朽，视此丰碑。

例授文林郎、礼部进士、候选知县、姻愚侄邱必全顿首拜撰

陈规鈁夫妇传

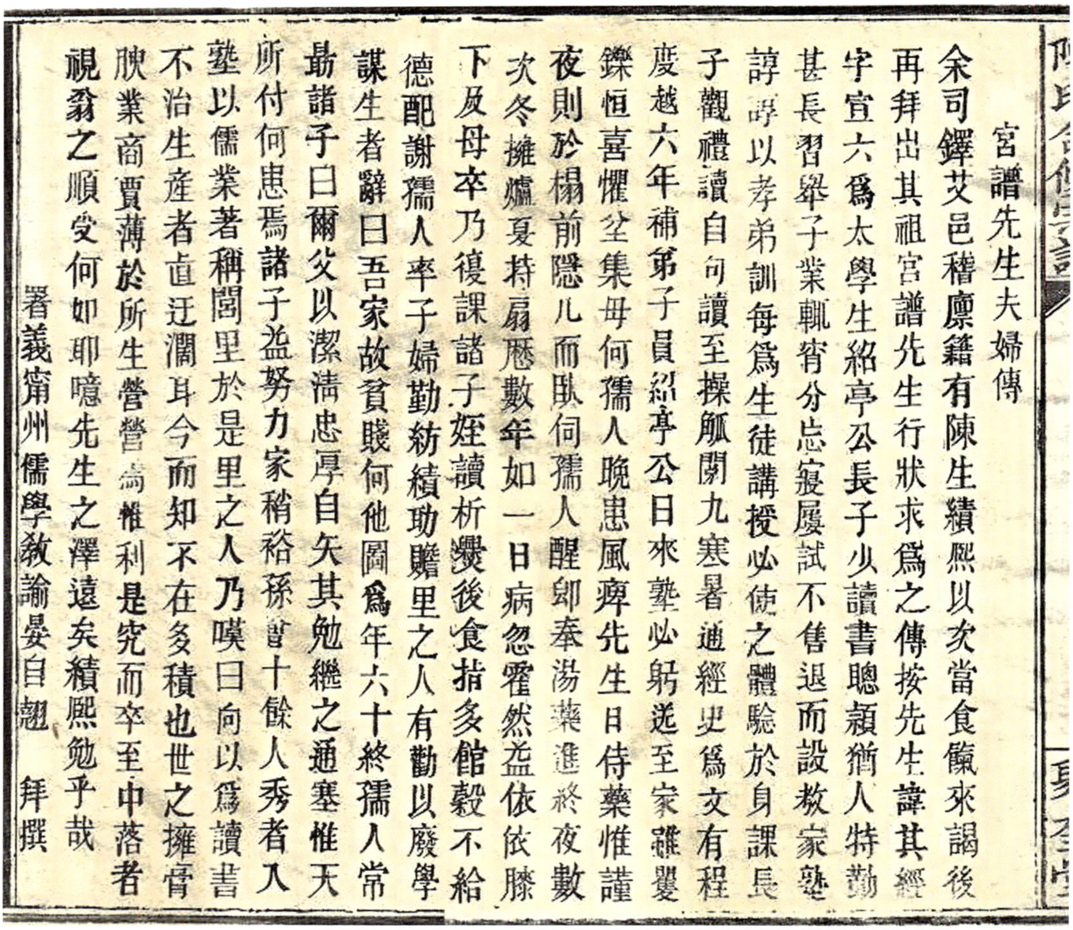

宮譜先生夫婦傳

余司鐸艾邑稽廩籍有陳生績熙以次當食餼來謁後再拜出其祖宮譜先生行狀求爲之傳按先生諱其經字宣六爲太學生紹亭公長子少讀書聰穎猶人特勤甚長習舉子業輒宵分忘寢屢試不售退而設教家塾諄諄以孝弟訓每爲生徒講授必使之體驗於身課長子觀禮讀自句讀至操觚閱九寒暑通經史爲文有程度越六年補弟子員紹亭公日來華必躬迓至家雖矍鑠恒喜懼並集每何孺人晚患風痺先生日侍藥惟謹夜則於榻前隱几而臥伺孺人醒即奉湯藥進終夜數次冬擁爐夏持扇歷數年如一日病忽霍然並依依膝下及母卒乃復課諸子姪讀析爨後食指多館穀不給德配謝孺人率子婦勤紡績功贍里之人有勸以廢學謀生者辭曰吾家故貧賤何他圖爲年六十終孺人常勖諸子曰爾父以潔清忠厚自矢其勉繼之通塞惟天所付何患焉諸子益努力家稍裕孫曾十餘人秀者入塾以儒業著稱閭里於是里之人乃嘆曰向以爲讀書不治生產者直迂濶耳今而知不在多積也世之擁膏腴業商賈薄於所生營營焉惟利是究而卒至中落者視翁之順受何如耶噫先生之澤遠矣績熙勉乎哉

署義甯州儒學教諭晏自翹　拜撰

校录

宫谱先生夫妇传

余司铎艾邑，稽廪籍，有陈生绩熙，以次当食饩，来谒。后再拜，出其祖宫谱先生行状，求为之传。

按：先生讳其经，字宣六，为太学生绍亭公长子。少读书聪颖犹人，特勤甚。长习举子业，辄宵分忘寝。屡试不售，退而设教家塾，谆谆以孝弟训。每为生徒讲授，必使之体验于身。课长子观礼读，自句读至操觚，阅九寒暑，通经史，为文有程度，越六年补弟子员。

绍亭公日来塾，必躬送至家，虽矍铄，恒喜惧坌集。母何孺人，晚患风痹。先生日侍药，终夜数次。冬拥炉，夏持扇，历数年如一日，病忽霍然，益依依膝下。及母卒，乃复课诸子侄读。析爨后食指多，馆谷不给，德配谢孺人率子妇勤纺绩助赡。里之人有劝以废学谋生者，辞曰："吾家故贫贱，何他图为？"年六十终。孺人常勖诸子曰："尔父以洁清忠厚自矢，其勉继之。通塞惟天，所付何患焉？"诸子益努力，家稍裕。孙曾十余人，秀者入塾，以儒业著称闾里。于是里之人乃叹曰："向以为读书不治生产者，直迂阔耳。今而知不在多积也。世之拥膏腴，业商贾，薄于所生，营营焉唯利是究，而卒至中落者，视翁之顺受何如耶？"噫！先生之泽远矣，绩熙勉乎哉！

署义宁州儒学教谕晏自翘拜撰

陈伟琳(子润)行述

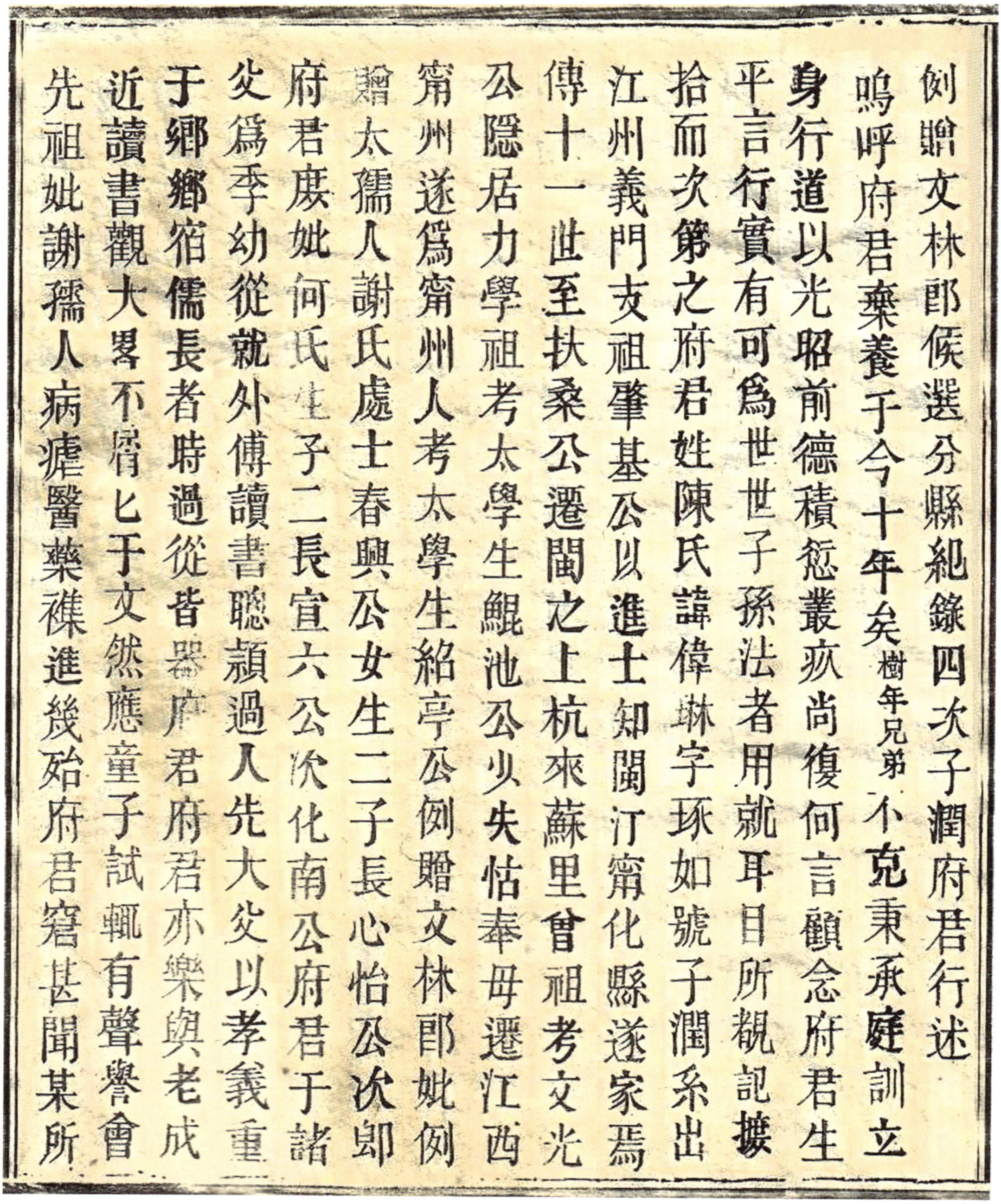
例贈文林郎候選分縣紀錄四次子潤府君行述
嗚呼府君棄養于今十年矣(樹年兄弟)不克秉承庭訓立
身行道以光昭前德積愆叢咎尚復何言顧念府君生
平言行實有可爲世世子孫法者用就耳目所覩記撮
拾而次第之府君姓陳氏諱偉琳字琢如號子潤系出
江州義門支祖肇基公以進士知閩汀甯化縣遂家焉
傳十一世至扶桑公遷閩之上杭來蘇里曾祖考文光
公隱居力學祖考太學生鯤池公少失怙奉母遷江西
甯州遂爲甯州人考太學生紹亭公例贈文林郎妣例
贈太孺人謝氏處士春興公女生二子長心怡公次即
府君庶妣何氏生子二長宣六公次化南公府君于諸
父爲季幼從就外傅讀書聰穎過人先大父以孝義重
于鄉鄉宿儒長者時過從皆器府君府君亦樂與老成
近讀書觀大畧不屑屑于文然應童子試輒有聲譽會
先祖妣謝孺人病瘧醫藥襍進幾殆府君籲甚聞某所

①

神最著夜半走二十餘里禱之比返孺人方寐府君撿閱架上書得喻嘉言愈瘧醫案切病情而未敢試孺人覺自言夢一喻姓叟授丸吞之覺少無苦府君喜如方爲丸以進遂瘳自是棄舉業究心靈素之書及先祖妣卒哀毀骨立而對先大父則强自抑忍先大父好客耽讀書家政一委府君府君服勞奉養無纖悉不盡慮先大父耄年氣虛艱于溲溺如厠尤患苦心急則氣逆上苦彌甚府君多方述鄉里瑣事談笑以悦之遂不覺及覺又要端焉其他溫凊視膳事率類是而吾母李孺人自年十七歸府君躬操井臼潔滫瀡能行府君意先大父卒府君慟屢絶祭葬如禮府君故慷慨有四方志以侍養不忍廢離及先大父卒後于是沂江淮越齊魯至

京師與賢士大夫遊所過風土井疆皆膚之于詩歸時積草成帙晚尤喜陽明子書謂殊塗同歸其于朱子實有補救之力在學者善取之而已若近日俗學支離附會于本心如隔秦越則陽明之書尤不可不讀也嘗數以語寶箴而寶箴方溺于科舉帖括不之省咸豐辛亥寶箴舉於鄉人咸慫恿赴禮部試府君不許曰昔人以少年得科第爲不幸汝胸中何所有令遂階進庸爲汝福乎汝方弱冠能力學未晚否則吾滋懼矣令謝客就別業讀歲癸丑粵賊樸省垣時張公芾以督學使者署巡撫事部署守禦有法而江忠烈公忠源以孝廉起治軍旅率師入城守卒破賊解圍去府君謂寶箴曰承平日久士大夫所習非所用今二公皆儒生乃能若是其

③

平日必有異人者願勉思之毋徒汩没流俗中也由是寶箴始稍稍知讀書激發志氣甲寅春賊犯州境府君結鄉人助粱口諸團禦賊屢破之嘗晝夜走暑溼中廢眠食遂于夏五月間積勞成疾時賊復屢犯境鄉人涂兩人孝廉就府君計事府君命樹年寶箴迭詣襄事樹年兄弟以侍藥不忍去則慨然曰丈夫子當爲忠義成吾志作兒女態奚爲卒令之詣府君平日常書先正格言自警粘坐壁幾編易簀前數日猶手書成德起自困窮敗身多因得志及將爲善思貽父母令名必果將爲不善思貽父母羞辱必不果等語示樹年兄弟又自書李二曲先生論學書極論死生之理遺言唯修德讀書四字無一語及他細故嗚呼痛哉府君貌豐碩白鬚如

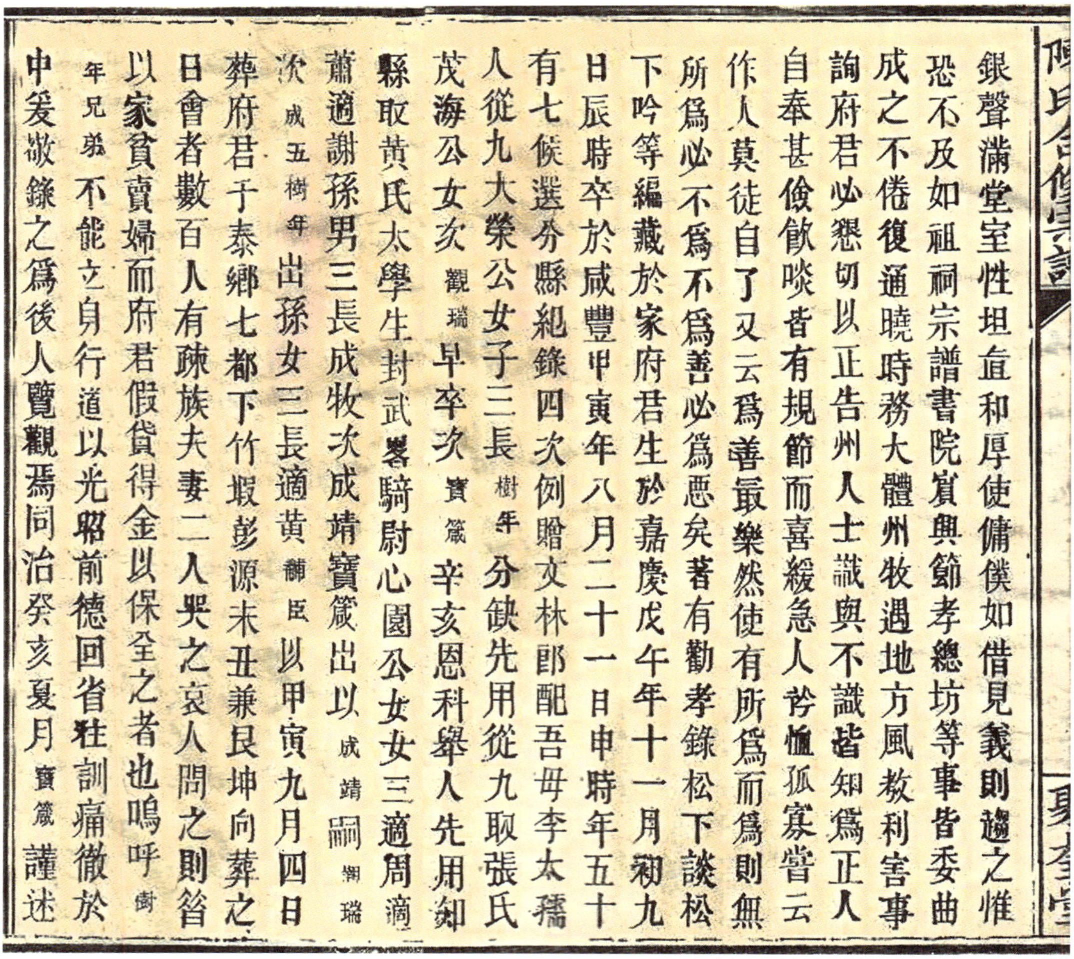
銀聲滿堂室性坦直和厚使傭僕如借見義則趨之惟恐不及如祖祠宗譜書院賓興節孝總坊等事皆委曲成之不倦復通曉時務大體州牧遇地方風教利害事詢府君必懇切以正告州人士識與不識皆知爲正人自奉甚儉飲啖皆有規節而喜緩急人矜恤孤寡嘗云作人莫徒自了又云爲善最樂然使有所爲而爲則無所爲必不爲不爲善必爲惡矣著有勸孝錄松下談松下吟等編藏於家府君生於嘉慶戊午年十一月初九日辰時卒於咸豐甲寅年八月二十一日申時年五十有七候選分縣紀錄四次例贈文林郎配吾母李太孺人從九大榮公女子三長樹年分缺先用從九職張氏茂海公女次觀瑞早卒次寶箴辛亥恩科舉人先用知縣取黃氏太學生封武畧騎尉心園公女女三適周適蕭適謝孫男三長成牧次成靖寶箴出以成靖嗣觀瑞次成五樹年出孫女三長適黃輔臣以甲寅九月四日葬府君于泰鄉七都下竹堰彭源未丑兼艮坤向葬之日會者數百人有疏族夫妻二人哭之哀人問之則昔以家貧賣婦而府君假貸得金以保全之者也嗚呼樹年兄弟不能立身行道以光昭前德回省庭訓痛徹於中爰敬錄之爲後人覽觀焉同治癸亥夏月寶箴謹述

⑤

校录

例赠文林郎候选分县纪录四次子润府君行述

呜呼！府君弃养，于今十年矣。树年兄弟不克禀承庭训，立身行道，以光昭前德，积愆丛疚，尚复何言。顾念府君生平言行，实有可为世世子孙法者，用就耳目所睹记，摭拾而次第之。

府君姓陈氏，讳伟琳，字琢如，号子润，系出江州义门。支祖肇基公以进士知闽汀宁化县，遂家焉。传十一世至扶桑公，迁闽之上杭来苏里。曾祖考文光公，隐居力学。祖考太学生鲲池公，少失怙，奉母迁江西宁州，遂为宁州人。考太学生绍亭公，例赠文林郎，妣例赠太孺人，谢氏处士春兴公女，生二子：长心怡公；次即府君。庶妣何氏，生子二：长宣六公；次化南公。

府君于诸父为季，幼从就外傅读书，聪颖过人。先大父以孝义重于乡，乡宿儒长者时过从，皆器府君，府君亦乐与老成近。读书观大略，不屑屑于文，然应童子试，辄有声誉。会先祖妣谢孺人病疟，医药杂进，几殆。府君窘甚，闻某所神最著，夜半走二十余里祷之，比返，孺人方寐。府君捡阅架上书，得喻嘉言《愈疟医案》，切病情而未敢试。孺人觉，自言梦一喻姓叟，授丸吞之，觉少无苦。府君喜，如方为丸以进，遂瘳。自是弃举业，究心灵素之书。及先祖妣卒，哀毁骨立，而对先大父则强自抑忍。先大父好客，耽读书，家政一委府君，府君服劳奉养，无纤悉不尽虑。先大父耄年气虚，艰于溲溺，如厕尤患苦，心急则气逆上，苦弥甚。府君多方述乡里琐事，谈笑以悦之，遂不觉，及觉又更端焉，其他温清视膳事率类是。而吾母李孺人自年十七归府君，躬操井臼，洁滫瀡，能行府君意。先大父卒，府君恸屡绝，祭葬如礼。

府君故慷慨，有四方志，以侍养不忍废离。及先大父卒后，于是溯江淮，越齐鲁，至京师，与贤士大夫游。所过风土井疆，皆寓之于诗，归时积草成帙。晚尤喜阳明子书，谓殊途同归，其于朱子，实有补救之力，在学者善取之而已，若近日俗学，支离附会，于本心如隔秦越，则阳明之书，尤不可不读也。尝数以语宝箴，而宝箴方溺于科举帖括，不之省。咸丰辛亥，宝箴举于乡，人咸怂恿赴礼部试。府君不许，曰："昔人以少年得科第为不幸，汝胸中何所有？令遂阶进，庸为汝福乎？汝方弱冠，能力学未晚，否则吾滋惧矣。"令谢客就别业读。

岁癸丑，粤贼扑省垣，时张公芾以督学使者署巡抚事，部署守御有法。而江忠烈公忠源以孝廉起治军旅，率师入城守，卒破贼解围去。府君谓宝箴曰："承平日久，士大夫所习非所用。今二公皆儒生，乃能若是，其平日必有异人者，愿勉思之，毋徒汩没流俗中也。"由是宝箴始稍稍知读书，激发志气。甲寅春，贼犯州境，府君结乡人助梁口诸团御贼，屡破之。尝昼夜走暑湿中，废眠食，遂于夏五月间积劳成疾。时贼复屡犯境，乡人涂雨人孝廉就府君计事。府君命树年、宝箴迭往襄事，树年兄弟以侍药不忍去，则慨然曰："丈夫子当为忠义成吾志，作儿女态奚为？"卒令之往。

府君平日常书先正格言自警，粘坐壁几遍。易箦前数日，犹手书"成德起自困穷，败身多因得志"及"将为善，思贻父母令名，必果；将为不善，思贻父母羞辱，必不果"等语示树年兄弟。又自书李二曲先生论学书，极论死生之理。遗言唯"修德读书"四字，无一语及他细故。呜呼痛哉！

府君貌丰硕，白须如银，声满堂室。性坦直和厚，使佣仆如借，见义则趋之惟恐不及，如祖祠、宗谱、书院、宾兴、节孝、总坊等事，皆委曲成之不倦。复通晓时务大体，州牧遇地方风教利害事询府君，必恳切以正告。州人士识与不识，皆知为正人。自奉甚俭，饮啖皆有规节，而喜缓急人，矜恤孤寡，尝云："作人莫徒自了。"又云："为善最乐。然使有所为而为，则无所为；必不为，不为善必为恶矣。"著有《劝孝录》《松下谈》《松下吟》等编，藏于家。

府君生于嘉庆戊午年十一月初九日辰时，卒于咸丰甲寅年八月二十一日申时，年五十有七。候选分县，纪录四次，例赠文林郎。配吾母李太孺人，从九大荣公女。子三：长树年，分缺先用从九，取张氏茂海公女；次观瑞，早卒；次宝箴，辛亥恩科举人，先用知县，娶黄氏太学生封武略骑尉心园公女。女三，适周、适萧、适谢。孙男三：长成牧，次成靖，宝箴出，以成靖嗣观瑞。次成五，树年出。孙女三，长适黄黼臣。以甲寅九月四日葬府君于泰乡七都下竹墩彭源，未丑兼艮坤向。葬之日，会者数百人，有疏族夫妻二人，哭之哀。人问之，则答以家贫卖妇，而府君假贷得金以保全之者也。呜呼！树年兄弟不能立身行道以光昭前德，回省往训，痛彻于中。爰敬录之，为后人览观焉。

同治癸亥夏月宝箴谨述

光远祠屋图

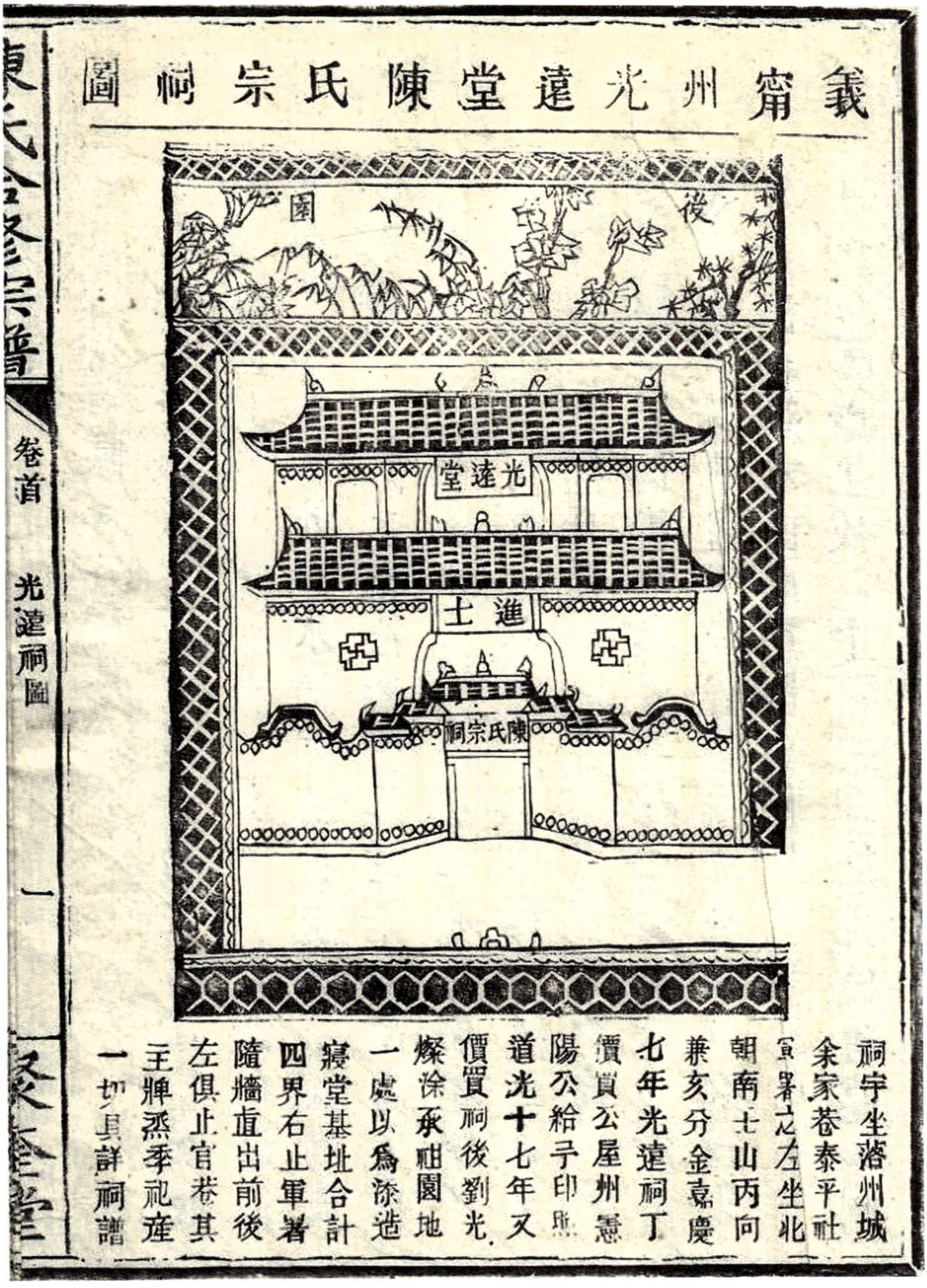

義甯州光遠堂陳氏宗祠圖

祠宇坐落州城余家巷泰平社宜署之左坐北朝南壬山丙向兼亥分金嘉慶七年光遠祠丁價買公屋州憲陽公給予印照道光十七年又價買祠後劉光燦陳承祖園地一處以爲添造寢堂基址合計四界右止軍署隨牆直出前後左俱止官巷其主牌烝嘗祀產一切具詳祠譜

光远祠序

陳氏合修宗譜 聚奎堂

義甯州陳氏宗祠序

從來物本乎天人本乎祖尊祖故敬宗敬宗故收族聖王之所以仁孝治天下天下之所以仁讓成風俗胥由此道也觀水源木本世遠難追派別支分情疎莫合矧其離故鄉遷異地卜居渙散人自爲家者乎此宗祠之建所爲安祖考序昭穆聯子姓明人倫萃一代之渙而使之相親相愛其義至深且切也我陳氏系出於虞歷代明公之裔多蕃衍於閩粵因而析處移居所在皆是即如江右之義甯州自閩來者不知凡幾自粵來者又不知凡幾碁布星羅未由序其世而聯其誼乃自乾隆辛丑以訖嘉慶壬戌二十年來合族先後會議公同

①

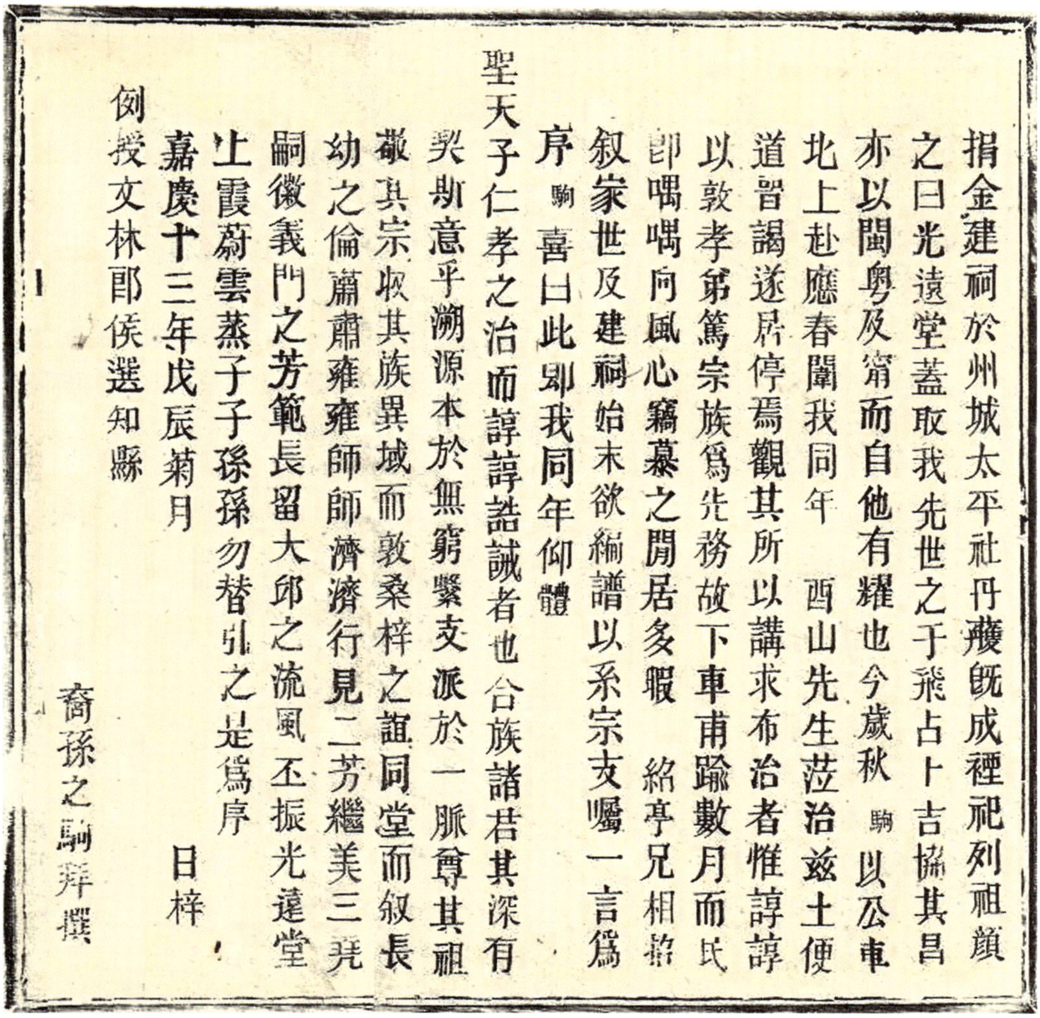
捐金建祠於州城太平社丹蘋既成禋祀列祖顏
之曰光遠堂蓋取我先世之于飛占卜吉協其昌
亦以閩粵及甯而自他有耀也今歲秋 駒 以公車
北上赴應春闈我同年 西山先生莅治茲土便
道習謁遂居停焉觀其所以講求布治者惟諄諄
以敦孝弟篤宗族爲先務故下車甫踰數月而民
即喁喁向風心竊慕之閒居多暇 紹亭兄相諮
叙宗世及建祠始末欲編譜以系宗支囑一言爲
序 駒 喜曰此即我同年仰體
聖天子仁孝之治而諄諄誥誡者也合族諸君其深有
契斯意乎溯源本於無窮繫支派於一脈尊其祖
敬其宗收其族異域而敦桑梓之誼同堂而叙長
幼之倫肅肅雍雍師師濟濟行見二芳繼美三凫
嗣徽義門之芳範長留太邱之流風丕振光遠堂
上霞蔚雲蒸子子孫孫勿替引之是爲序
嘉慶十三年戊辰菊月 日梓
例授文林郎候選知縣 裔孫之駒拜撰

②

校录

义宁州陈氏宗祠序

从来物本乎天，人本乎祖，尊祖故敬宗，敬宗故收族。圣王之所以仁孝治天下，天下之所以仁让成风俗，胥由此道也。顾水源木本，世远难追；派别支分，情疏莫合。矧其离故乡，迁异地，卜居涣散，人自为家者乎？此宗祠之建所为安祖考，序昭穆，联子姓，明人伦，萃一代之涣而使之相亲相爱，其义至深且切也。

我陈氏系出于虞，历代明公之裔，多蕃衍于闽粤。因而析处移居，所在皆是。即如江右之义宁州，自闽来者不知凡几，自粤来者又不知凡几，棋布星罗，末由序其世而联其谊。乃自乾隆辛丑以讫嘉庆壬戌，二十年来，合族先后会议，公同捐金建祠于州城之太平社。丹雘既成，禋祀列祖，颜之曰“光远堂”，盖取我先世之于飞占卜，吉协其昌，亦以闽粤及宁，而自他有耀也。

今岁秋，驹以公车北上，赴应春闱，我同年酉山先生莅治兹土，便道晋谒，遂居停焉。观其所以讲求布治者，惟谆谆以敦孝悌、笃宗族为先务，故下车甫逾数月，而民即喁喁向风，心窃慕之。闲居多暇，绍亭兄相招，叙家世及建祠始末，欲编谱以系宗支，嘱一言为序。驹喜曰，此即我同年仰体圣天子仁孝之治，而谆谆诰诫者也，合族诸君其深有契斯意乎？溯源本于无穷，系支派于一脉，尊其祖，敬其宗，收其族。异域而敦桑梓之谊，同堂而叙长幼之伦。肃肃雍雍，师师济济，行见二芳继美，三尧嗣徽。义门之芳范长留，大邱之流风丕振。光远堂上霞蔚云蒸，子子孙孙，勿替引之。是为序。

嘉庆十三年戊辰岁菊月　日梓，例授文林郎、候选知县裔孙之驹拜撰

凤竹堂屋图(陈家大屋)

四觉草堂图

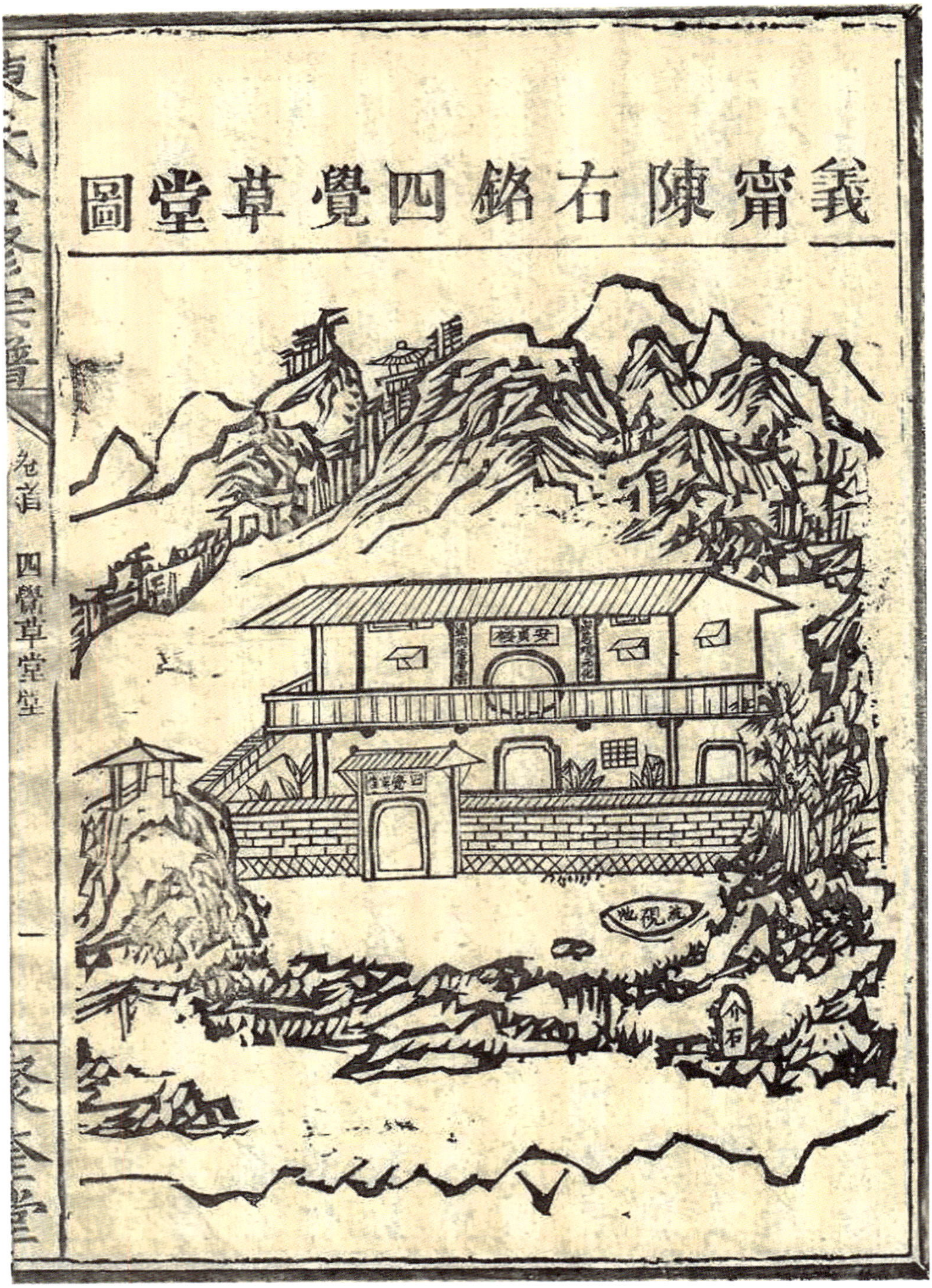

四觉草堂记

四覺草堂記

分甯於江右山水爲最望而深山窮谷與衍盤屈之處類足音之所不至而其至者亦不過農畊編戶耕鑿以自活而爲搢紳士大夫之所弃不取自黃魯直以其所得聞於世而亦不可多見則是造物之奇山川之靈秘扶輿鬱積抱其所有能以得於人者蓋寡矣而人亦卒莫幸而得之癸亥之歲二月余與陳子右銘抱書入四覺草堂草堂去陳子居五里許皆逆足上平坦路什不二三陳子以去秋於此剷茅刊木拓基址運甎瓦築斯堂以爲讀書計者也堂踞山東西霨彌王之峯正當其背峯左行曲折一二里而右折凹處爲堂焉右小凸如曲肱狀高不及堂將歷其上則凡大山環抱十數里谿

①

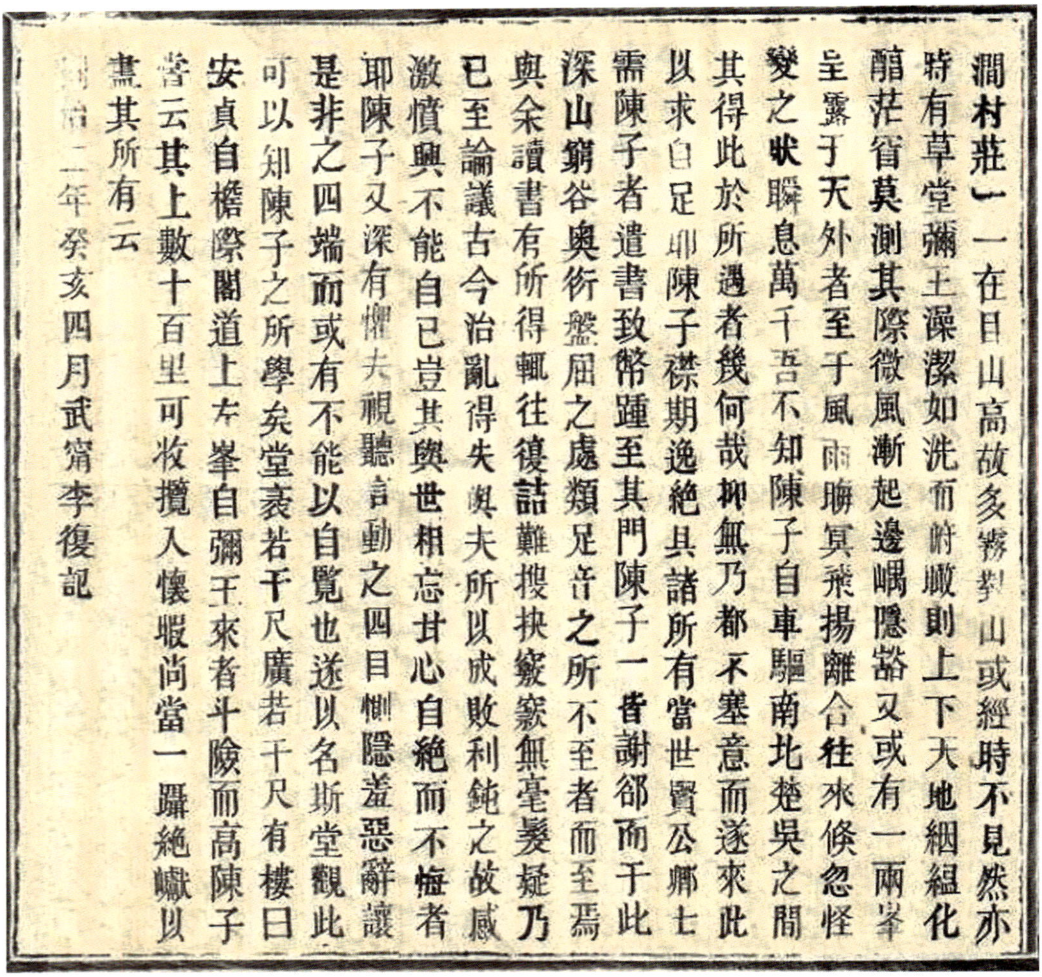

澗村莊一一在目山高故多霧對山或經時不見然亦
時有草堂彌王澡潔如洗而峙𡽱則上下天地絪緼化
醕茫窅莫測其際微風漸起邊嵎隱豁又或有一兩峯
呈露于天外者至于風雨晦冥飛揚離合往來倏忽怪
變之狀瞬息萬千吾不知陳子自車驅南北楚吳之間
其得此於所遇者幾何哉抑無乃都不塞意而遂來此
以求自足耶陳子襟期逸絕具諸所有當世賢公卿士
需陳子者遺書致幣踵至其門陳子一皆謝卻而于此
深山窮谷奥衍盤屈之處類足音之所不至者而至焉
與余讀書有所得輒往復詰難搜抉竅窾無毫髮疑乃
已至論議古今治亂得失與夫所以成敗利鈍之故感
激憤與不能自已豈其與世相忘甘心自絕而不悔者
耶陳子又深有懼夫視聽言動之四目惻隱羞惡辭讓
是非之四端而或有不能以自覺也遂以名斯堂觀此
可以知陳子之所學矣堂袤若干尺廣若干尺有樓曰
安貞自櫓際闇道上左峯自彌王來者斗險而高陳子
嘗云其上數十百里可收攬入懷暇尚當一躡絕巘以
盡其所有云
同治二年癸亥四月武甯李復記

②

校录

四觉草堂记

分宁于江右山水为最望，而深山穷谷、奥衍盘屈之处，类足音之所不至。而其至者，亦不过农甿编户耕凿以自活，而为缙绅士大夫之所弃不取。自黄鲁直以其所得闻于世，而亦不可多见，则是造物之奇，山川之灵秘，扶舆郁积，抱其所有，能以得于人者，盖寡矣，而人亦卒莫幸而得之。

癸亥之岁二月，余与陈子右铭抱书入四觉草堂。草堂去陈子居五里许，皆逆足上，平坦路什不二三，陈子以去秋于此铲茅刊木，拓基址、运陶瓦，筑斯堂以为读书计者也。堂踞山东西向，弥王之峰正当其背，峰左行曲折一二里而右折凹处为堂焉。右小凸如曲肱状，高不及堂。时历其上，则凡大山环抱，十数里溪涧村庄，一一在目。山高故多雾，对山或经时不见，然亦时有草堂、弥王澡洁如洗。而俯瞰则上下天地，絪缊化醇，茫窅莫测其际。微风渐起，边嵎隐豁，又或有一两峰呈露于天外者。至于风雨晦冥，飞扬离合，往来倏忽，怪变之状，瞬息万千。吾不知陈子自车驱南北楚吴之间，其得此于所遇者几何哉？抑无乃都不塞意，而遂来此以求自足耶？

陈子襟期逸绝，具诸所有，当世贤公卿士需陈子者，遣书致币，踵至其门，陈子一皆谢却。而于此深山穷谷、奥衍盘屈之处，类足音之所不至者而至焉。与余读书有所得，则往复诘难，搜抉窍窾，无毫发疑乃已。至论议古今治乱得失，与夫所以成败利钝之故，感激愤兴不能自已，岂其与世相忘，甘心自绝而不悔者耶？陈子又深有惧夫视、听、言、动之四目，恻隐、羞恶、辞让、是非之四端，而或有不能以自览也，遂以名斯堂。观此可以知陈子之所学矣！

堂袤若干尺，广若干尺，有楼曰“安贞”。自檐际阁道上左峰，自弥王来者，斗险而高。陈子尝云：其上数百里可收揽入怀。暇尚当一蹑绝巘，以尽其所有云。

同治二年癸亥四月武宁李复记

东山公、环川公纪略

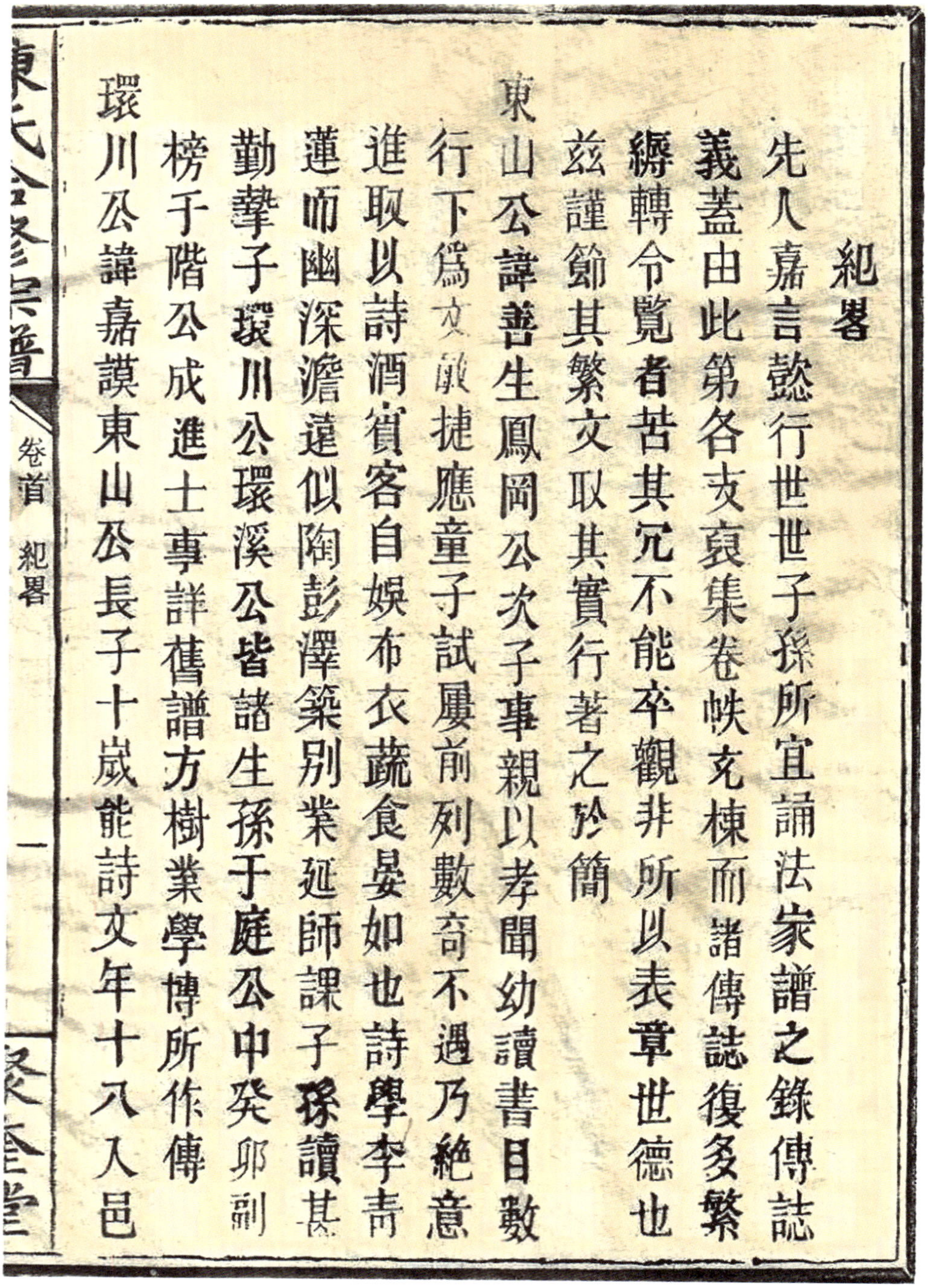

紀畧

先人嘉言懿行世世子孫所宜誦法家譜之錄傳誌義蓋由此第各支裒集卷帙充棟而諸傳誌復多繁縟轉令覽者苦其冗不能卒觀非所以表章世德也茲謹節其繁文取其實行著之於簡

東山公諱善生鳳岡公次子事親以孝聞幼讀書目數行下爲文敏捷應童子試屢前列數奇不遇乃絶意進取以詩酒賓客自娛布衣蔬食晏如也詩學李青蓮而幽深澹遠似陶彭澤築別業延師課子孫讀甚勤摯子環川公環溪公皆諸生孫于庭公中癸卯副榜于階公成進士事詳舊譜方樹業學博所作傳

環川公諱嘉謨東山公長子十歲能詩文年十八入邑

卷首　紀畧　一

①

汝勉公纪略

庠二十二食餼試棘闈屢薦不售退處林泉讀書講學教子孫必以躬行爲務持身嚴謹而待人甚恕喜施予著有勸孝戒淫篇讀書力田二箴爲家訓子于廷于階相繼取科第人以爲厚德之報以子于階貴勅封文林郎如其官事詳舊譜禮部侍郎邱公士毅所作傳

汝勉公字應標于庭公長子讀書手不釋卷弱冠文名藉甚每一藝出老生宿儒皆折服屢試不售無毫髮介意好山水花竹至老不厭以孝弟忠信見重于時配邱孺人有桓少君之風公嘗曰人生如輕塵弱草耳吾家有萊婦須富貴何爲事詳舊譜徐司馬耀祖所作傳

②

鼎梅公、五园公纪略

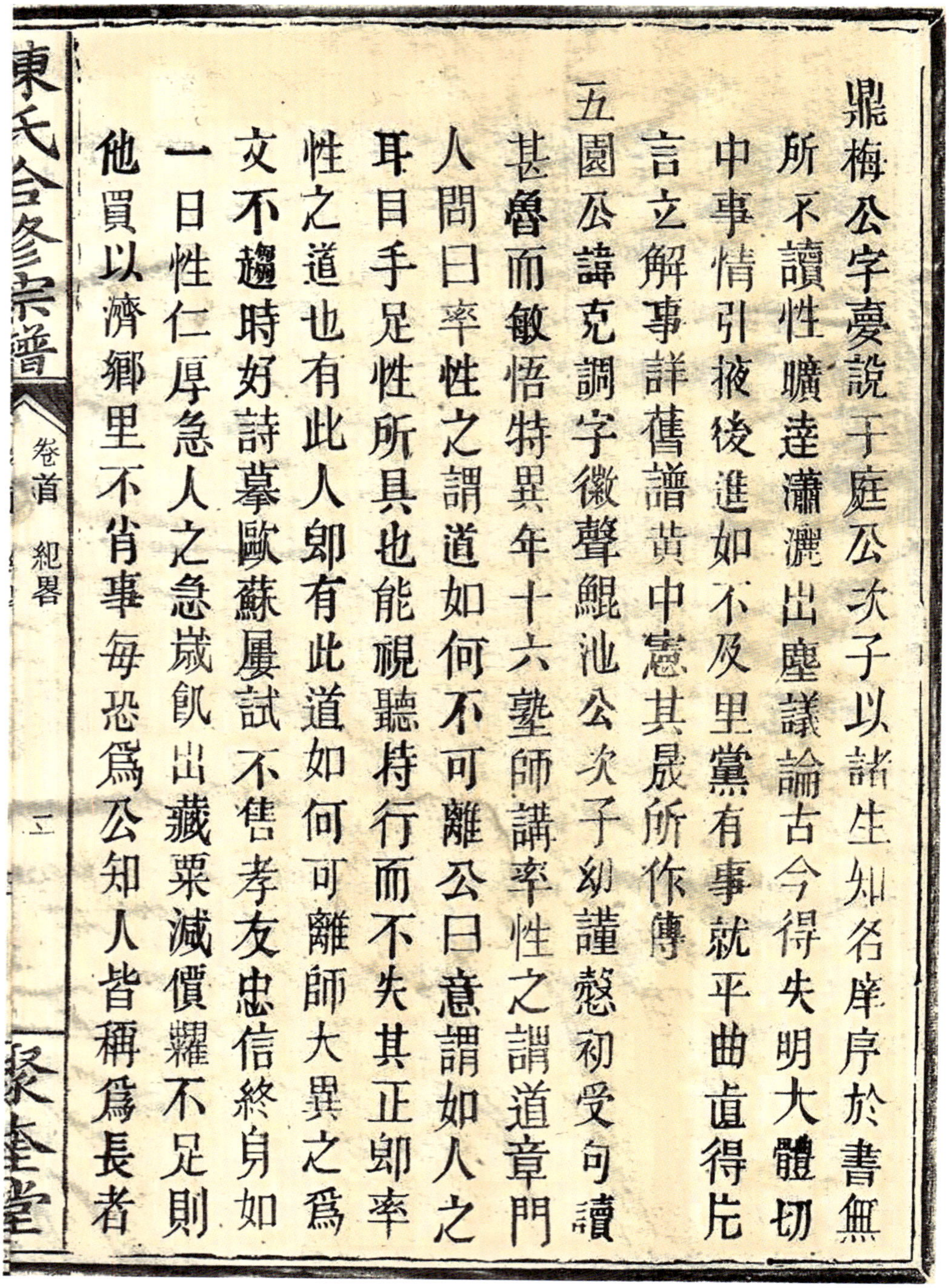

鼎梅公字夔説于庭公次子以諸生知名庠序於書無所不讀性曠達瀟灑出塵議論古今得失明大體切中事情引掖後進如不及里黨有事就平曲直得片言立解事詳舊譜黄中憲其晟所作傳

五園公諱克調字徵聲鯤池公次子幼謹慤初受句讀甚魯而敏悟特異年十六塾師講率性之謂道章門人問曰率性之謂道如何不可離公曰意謂如人之耳目手足性所具也能視聽持行而不失其正即率性之道也有此人即有此道如何可離師大異之爲文不趨時好詩摹歐蘇屢試不售孝友忠信終身如一日性仁厚急人之急歲飢出藏粟減價糶不足則他買以濟鄉里不肖事每恐爲公知人皆稱爲長者

陳氏合修宗譜 卷首 紀畧 三 聚奎堂

③

介田公、心怡公纪略

事詳舊譜竹筠居士記

介田公諱克修字兼萬鯤池公四子好善樂施歲饑餓者委頓于道公與配張孺人具饘粥沿途食之問姓名不答而去復出金買粟以賙給戚里張孺人脫簪珥以助之事詳舊譜查孝廉望洋所作傳

心怡公諱規鏡號醒吾紹亭公次子幼敏慧讀書過目成誦稍長灑落出塵多才藝以詩畫書法知名一時有鄭虔三絕之譽于瑣事不介意而事親有至性定省之暇每依膝下談說部傳奇以供笑樂年四十餘卒人皆惜之

陈规镐(化南)、陈观华(规钫次子)纪略

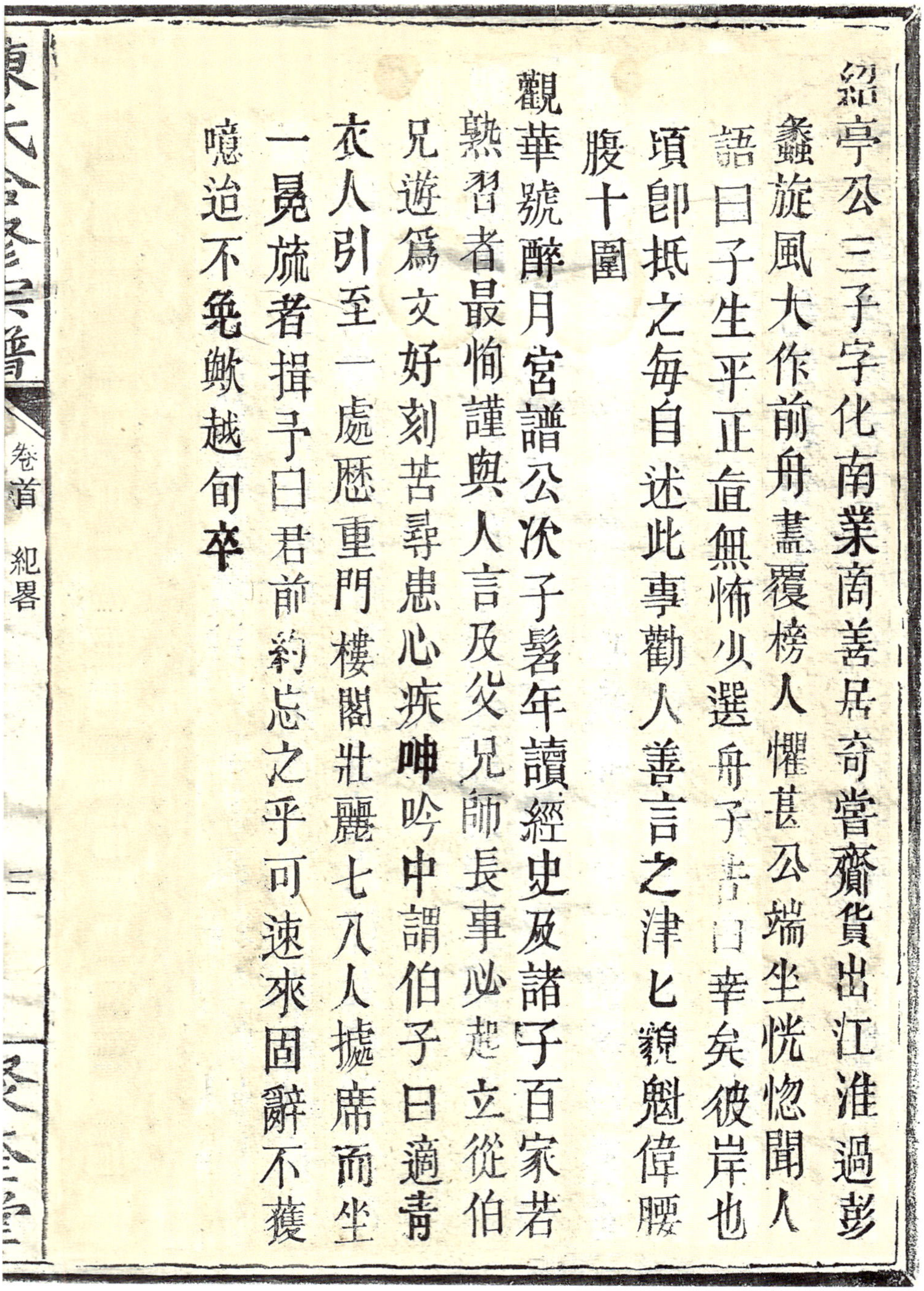

紹亭公三子字化南業商善居奇嘗齎貨出江淮過彭
蠡旋風大作前舟盡覆榜人懼甚公端坐恍惚聞人
語曰子生平正直無怖少選舟子吿曰幸矣彼岸也
頃即抵之每自述此事勸人善言之津津親魁偉腰
腹十圍
觀華號醉月宮譜公次子髫年讀經史及諸子百家若
熟習者最恂謹與人言及父兄師長事必起立從伯
兄遊爲文好刻苦尋患心疾呻吟中謂伯子曰適青
衣人引至一處歷重門樓閣壯麗七八人據席而坐
一冕旒者揖予曰君前約忘之乎可速來固辭不獲
噫迨不免歟越旬卒

卷首 紀畧 三

⑤

校录

陈氏家族人物纪略

先人嘉言懿行，世世子孙所宜诵法，家谱之录传志，义盖由此。第各支裒集，卷帙充栋，而诸传志复多繁缛，转令览者苦其冗，不能卒观，非所以表章世德也。兹谨节其繁文，取其实行，著之于简。

东山公讳善生，凤冈公次子。事亲以孝闻。幼读书，目数行下。为文敏捷，应童子试，屡前列。数奇不遇，乃绝意进取，以诗酒宾客自娱。布衣蔬食，晏如也。诗学李青莲，而幽深澹远似陶彭泽。筑别业，延师课子孙，读甚勤挚。子环川公、环溪公，皆诸生。孙于庭公，中癸卯副榜，于阶公成进士。事详旧谱方树业学博所作传。（见本书第 32 页《东山公传》）

环川公讳嘉谟，东山公长子。十岁能诗文，年十八入邑庠，二十二食饩。试棘闱屡荐不售，退处林泉，读书讲学。教子孙必以躬行为务，持身严谨，而待人甚恕，喜施予。著有劝孝戒淫篇、读书力田二箴为家训。子于庭、于阶相继取科第，人以为厚德之报。以子于阶贵，敕封文林郎，如其官。事详旧谱礼部侍郎邱公士毅所作传。（见本书第 34 页《环川公传》）

汝勉公字应标，于庭公长子。读书手不释卷，弱冠文名藉甚，每一艺出，老生宿儒皆折服。屡试不售，无毫发介意。好山水花竹，至老不厌。以孝弟忠信见重于时。配邱孺人，有桓少君之风。公尝曰："人生如轻尘翳弱草耳！吾家有莱妇，须富贵何为？"事详旧谱徐司马耀祖所作传。（见本书第 40 页《汝勉公传》）

鼎梅公字梦说，于庭公次子。以诸生知名庠序，于书无所不读。性旷达，潇洒出尘。议论古今得失，明大体，切中事情。引掖后进如不及。里党有事，就平曲直，得片言立解。事详旧谱黄中宪其晟所作传。（见本书第 42 页《鼎梅公传》）

五园公讳克调，字徽声，鲲池公次子。幼谨悫，初受句读甚鲁，而敏悟特异。年十六，塾师讲"率性之谓道"章，门人问曰："率性之谓道，如何不可离。"公曰："意谓如人之耳目手足，性所具也。能视听持行而不失其正，即率性之道也。有此人即有此道，如何可离？"师大异之。为文不趋时好，诗摹欧苏。屡试不售。孝友忠信，终身如一日。性仁厚，急人之急。岁饥，出藏粟减价，粜不足，则他买以济。乡里不肖事，每恐为公知，人皆称为长者。事详旧谱《竹筠居士记》。（见本书第 78—85 页"陈克调事略"）

介田公讳克修，字兼万，鲲池公四子。好善乐施。岁饥饿者，委顿于道，公与配张孺人具饘粥，沿途食之。问姓名，不答而去。复出金买粟，以赒给戚里，张孺人脱簪珥以助之。事详旧谱查孝廉望洋所作传。（见本书第 90 页《陈克修传》）

心怡公讳规镜，号醒吾，绍亭公次子。幼敏慧，读书过目成诵。稍长，洒落出尘，多才艺，以诗、书法知名一时，有郑虔三绝之誉。于琐事不介意，而事亲有至性。定省之暇，每依膝下谈说部传奇，以供笑乐。年四十余卒，人皆惜之。

绍亭公三子字化南。业商，善居奇。尝齐赍货出江淮，过彭蠡，旋风大作，前舟尽覆，榜人惧甚。公端坐，恍惚闻人语曰："子生平正直，无怖。"少选，舟子告曰："幸矣，彼岸也，顷即抵之。"每自述此事，劝人善，言之津津。貌魁伟，腰腹十围。

观华号醉月，宫谱公次子，髫年读经史及诸子百家，若熟习者。最恂谨，与人言及父兄师长事，必起立。从伯兄游。为文好刻苦，寻患心疾，呻吟中谓伯子曰："适青衣人引至一处，历重门，楼阁壮丽，七八人据席而坐，一冕旒者揖予曰：'君前约忘之乎？可速来。'固辞不获。"噫，迨不免欤！越旬卒。

新定谱派引言

譜所以序昭穆辨尊卑也而其要莫先於定世次而立行派陳氏世次胡公居先其繼有以實公爲一世者有以旺公爲一世者甯化陳德村之後始以肇基公爲一世遞傳至中興公十八子子姓蕃衍轉遷各屬他省所至成族遂又各宗爲分遷之始祖前萃玉旻玉星聚諸堂分編之譜皆以十八郎爲一世而行派則各不相謀以未經合修故也此次合修司編校者又以世系不可更易遂仍各支譜系來稿付梓予愧從事也晚世系等於成事謹撰行派二十字以歸畫一庶昭穆尊卑一問而知其以二十一世起派者從譜內所列世次也他年合修宜遵克軒舊譜仍尊肇基公爲一世方足以統貫諸支而不失朱子宗圖遺意附誌之以質來者文鳳記

新立派号

同治二年聚奎堂立

新定行派　二十一世起三字

三上恪下封上虞下後上

良下家上重下海上邦下

鳳上飛下占上遠下耀上

振下采上復下西上江下

校录

新定行派引

谱所以序昭穆、辨尊卑也，而其要莫先于定世次而立行派。陈氏世次，胡公居先，其继有以实公为一世者，有以旺公为一世者。宁化陈德村之后，始以肇基公为一世。递传至中兴公十八子，子姓蕃衍，转迁各属他省，所至成族，遂又各宗为分迁之始祖。前萃玉、戛玉、星聚诸堂分编之谱，皆以十八郎为一世，而行派则各不相谋，以未经合修故也。此次合修，司编校者又以世系不可更易，遂仍各支谱系来稿付梓。予愧从事也晚，世系等于成事，谨撰行派二十字，以归画一，庶昭穆尊卑，一问而知。其以二十一世起派者，从谱内所列世次也。他年合修，宜遵克轩旧谱，仍尊肇基公为一世，方足以统贯诸支，而不失朱子宗图遗意。附志之，以质来者。文凤记。

新定行派二十一世起三字

三恪封虞后，良家重海邦。
凤飞占远耀，振采复西江。

合修宗谱跋

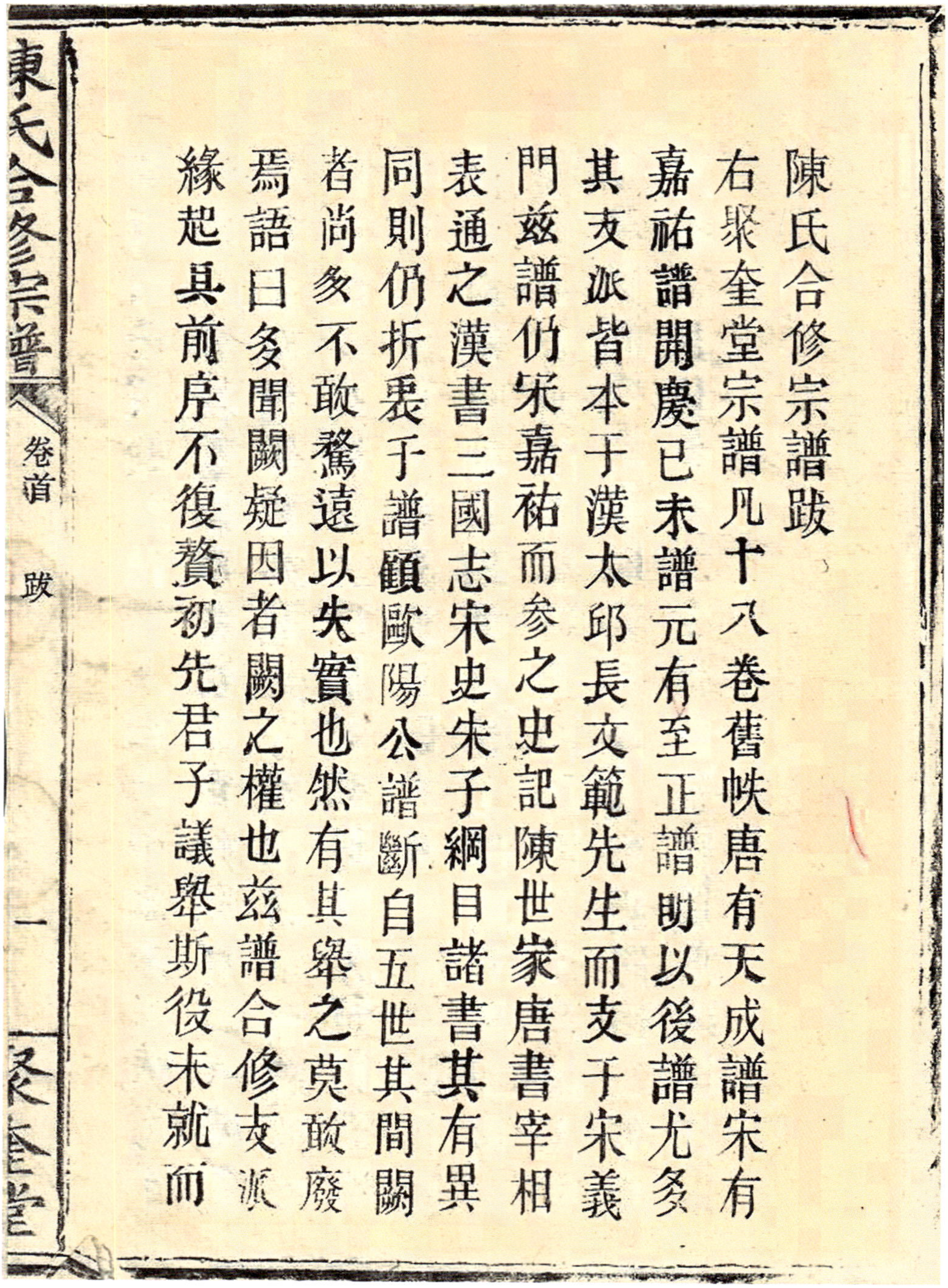

陳氏合修宗譜跋

右聚奎堂宗譜凡十八卷舊帙唐有天成譜宋有嘉祐譜開慶已未譜元有至正譜明以後譜尤多其支派皆本于漢太邱長文範先生而支于宋義門茲譜仍宋嘉祐而參之史記陳世家唐書宰相表通之漢書三國志宋史朱子綱目諸書其有異同則仍折衷于譜顧歐陽公譜斷自五世其間闕者尚多不敢騖遠以失實也然有其舉之莫敢廢焉語曰多聞闕疑因者闕之權也茲譜合修支派緣起具前序不復贅初先君子議舉斯役未就而

陳氏合修宗譜　卷首　跋　一　聚奎堂

①

卒同治壬戌始因諸族人始其事越癸亥秋凡十一閱月告竣董斯事者江西甯州則有巧亭璿堂林章惠南冠儒蘆谿健邦守堅潤新紹端績熙惟政裕升雲高勳田上珍惟翰德勳德芳楚材雲衢奉新則有郁文範亮武甯則有慕咸分宜則有鳳達湖南瀏陽則有珀華福建上杭則有朗園規成順昌則有明江盍賢陝西洵陽則有光蔚諸人至于筆墨潤色之事則文鳳及寶箴與焉同治二年癸亥秋七月扶桑支二十世裔孫寶箴熏沐敬跋

②

校录

陈氏合修宗谱跋

右聚奎堂宗谱凡十八卷。旧帙唐有天成谱，宋有嘉祐谱、开庆己未谱，元有至正谱，明以后谱尤多。其支派皆本于汉太丘长文范先生，而支于宋义门。兹谱仍宋嘉祐，而参之《史记·陈世家》《唐书·宰相表》，通之《汉书》《三国志》《宋史》《朱子纲目》诸书。其有异同，则仍折衷于谱。顾欧阳公谱断自五世，其间阙者尚多，不敢骛远，以失实也。然有其举之，莫敢废焉。语曰"多闻阙疑"，因者阙之权也。

兹谱合修，支派缘起具前序，不复赘。初先君子议举斯役，未就而卒。同治壬戌，始因诸族人始其事。越癸亥秋，凡十一阅月告竣。董斯事者，江西宁州则有巧亭、瑺堂、林章、惠南、冠儒、芦溪、健邦、守坚、润新、绍瑞、绩熙、惟政、裕升、云高、勋田、上珍、惟翰、德勋、德芳、楚材、云衢；奉新则有郁文、范亮；武宁则有慕咸；分宜则有凤达；湖南浏阳则有珀华；福建上杭则有朗园、规成；顺昌则有明江、益贤；陕西洵阳则有光蔚诸人。至于笔墨润色之事，则文凤及宝箴与焉。

同治二年癸亥秋七月，扶桑支二十世裔孙宝箴薰沐敬跋

谱局通知

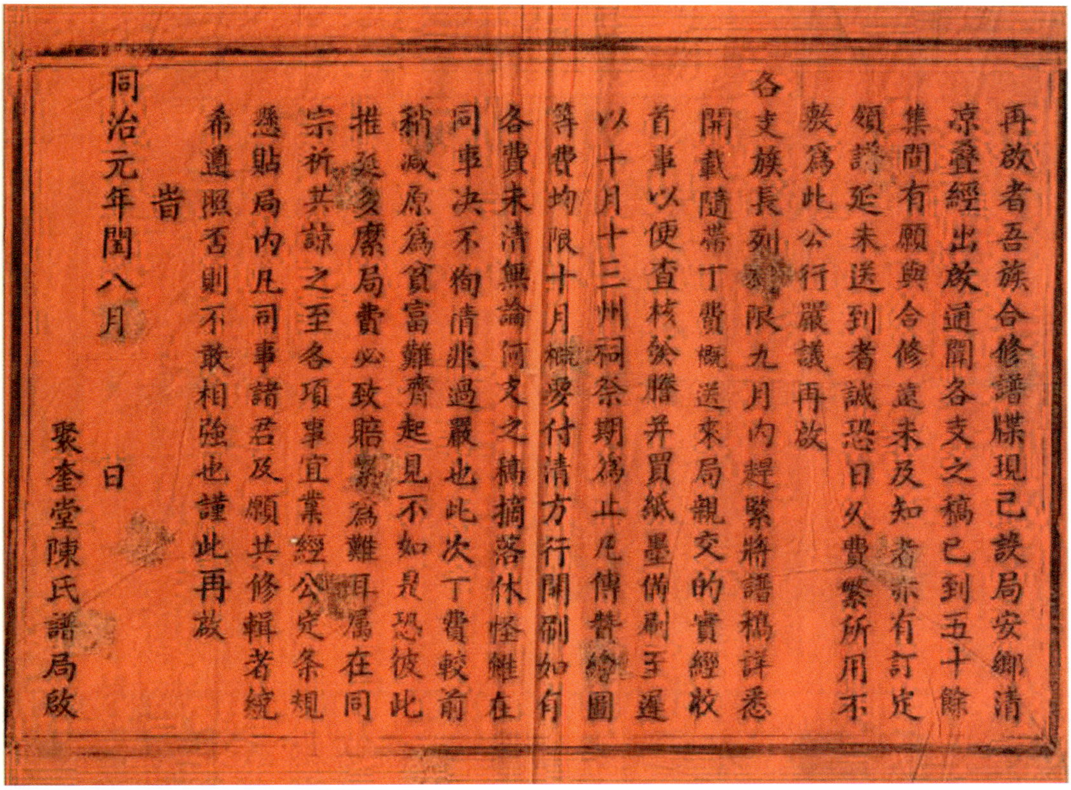
再啟者吾族合修譜牒現已設局安鄉清凉叠經出啟通聞各支之稿已到五十餘集間有願與合修遠未及知者亦有訂定領譜延未送到者誠恐日久費繁所用不敷爲此公行嚴議再啟

各支族長列限九月内趕緊將譜稿詳悉開載隨帶丁費概送來局親交的實經收首事以便查核發眷并買紙墨備刷至遲以十月十三州祠祭期爲止凡傳贊繪圖等費均限十月概要付清方行開刷如有各費未清無論何支之稿摘落休怪雖在同事决不徇情非過嚴也此次丁費較前稍減原爲貧富難齊起見不如是恐彼此推延多縻局費必致賠累爲難再屬在同宗祈共諒之至各項事宜業經公定条規憑貼局内凡司事譜君及願共修輯者統希遵照否則不敢相強也謹此再啟

旹

同治元年閏八月　日

聚奎堂陳氏譜局啟

①

校录

谱局通知(一)

再启者：吾族合修谱牒，现已设局安乡清凉。叠经出启通闻各支之稿，已到五十余集。间有愿与合修，远未及知者，亦有订定领谱，延未送到者，诚恐日久费繁，所用不敷。为此公行严议，再启各支族长，列限九月内，赶紧将谱稿详悉开载，随带丁费概送来局，亲交的实，经收首事，以便查核发眷，并买纸墨备刷，至迟以十月十三州祠祭期为止。凡传赞绘图等费，均限十月概要付清，方行开刷。如有各费未清，无论何支之稿，摘落休怪。虽在同事，绝不徇情，非过严也。此次丁费较前稍减，原为贫富难齐起见，不如是恐彼此推延，多糜局费，必致赔累为难耳。属在同宗，祈共谅之。至各项事宜，业经公定条规悬贴局内，凡司事诸君及愿共修辑者，统希遵照，否则不敢相强也。谨此再启。

同治元年闰八月　日，聚奎堂陈氏谱局启

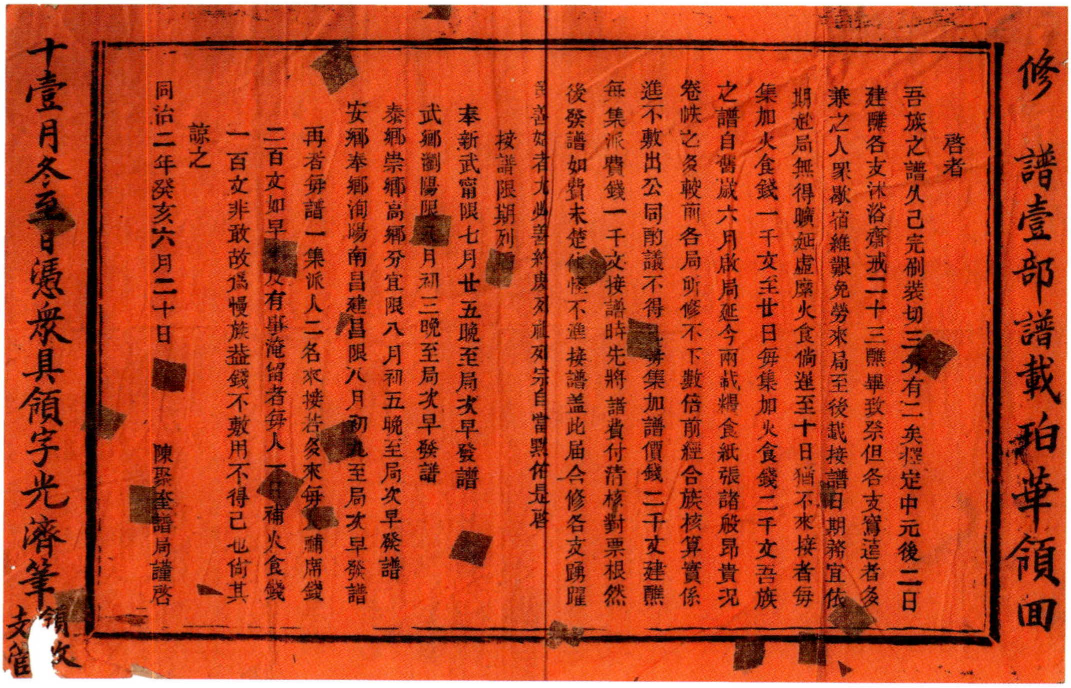
修譜壹部譜載珀華領回

啓者

吾族之譜久已完刷裝切三分有二矣擇定中元後二日建醮各支沐浴齋戒二十三醮畢致祭但各支竄遠者多兼之人衆歇宿維艱免勞來局至後載接譜日期務宜依期赴局無得曠延虚糜火食倘遲至十日猶不來接者每集加火食錢一千文至廿日每集加火食錢二千文吾族之譜自舊歲六月啟局延今兩載糧食紙張諸般昂貴況卷帙之多較前各局所修不下數倍前經合族核算實係進不敷出公同酌議不得已每集加譜價錢二千文建醮每集派費錢一千文接譜時先將諸費付清核對票根然後發譜如費未楚休怪不准接譜蓋此届合修各支踴躍第善始者尤必善終度列祖列宗自當默佑是啓

接譜限期列

奉新武甯限七月廿五晚至局次早發譜

武鄉瀏陽限七月初三晚至局次早發譜

泰鄉崇鄉高鄉分宜限八月初五晚至局次早發譜

安鄉奉鄉瀏陽南昌建昌限八月初九至局次早發譜

再者每譜一集派人二名來接若多來每人補席錢二百文如早來及有事淹留者每人一日補火食錢一百文非敢故爲慢族盖錢不敷用不得已也倘其諒之

同治二年癸亥六月二十日　陳聚奎譜局謹啓

十壹月冬至日憑衆具領字光濟筆

②

校录

谱局通知(二)

启者：吾族之谱，久已完刷装切三分有二矣。择定中元后二日建醮，各支沐浴斋戒，二十三醮毕致祭。但各支竄远者多，兼之人众，歇宿维艰，免劳来局。至后载接谱日期，务宜依期赴局，无得旷延，虚縻火食。倘迟至十日犹不来接者，每集加火食钱一千文，至廿日每集加火食钱二千文。吾族之谱，自旧岁六月启局，延今两载，粮食纸张诸般昂贵，况卷帙之多，较前各局所修不下数倍。前经合族核算，实系进不敷出，公同酌议，不得已每集加谱价钱二千文，建醮每集派费钱一千文。接谱时先将诸费付清，核对票根，然后发谱。如费未楚，休怪不准接谱。盖此届合修，各支踊跃，第善始者尤必善终，度列祖列宗自当默佑。

是启。

接谱限期列后：

奉新、武宁限七月廿五晚至局，次早发谱。

武乡、浏阳限八月初三晚至局，次早发谱。

泰乡、崇乡、高乡、分宜，限八月初五晚至局，次早发谱。

安乡、奉乡、洵阳、南昌、建昌，限八月初九至局，次早发谱。

再者，每谱一集，派人二名来接，若多来，每人补席钱二百文。如早来及有事淹留者，每人一补火食钱一百文。非敢故为慢族，盖钱不敷用，不得已也，尚其谅之。

同治二年癸亥六月二十日，陈聚奎谱局谨启

世系(欧式)

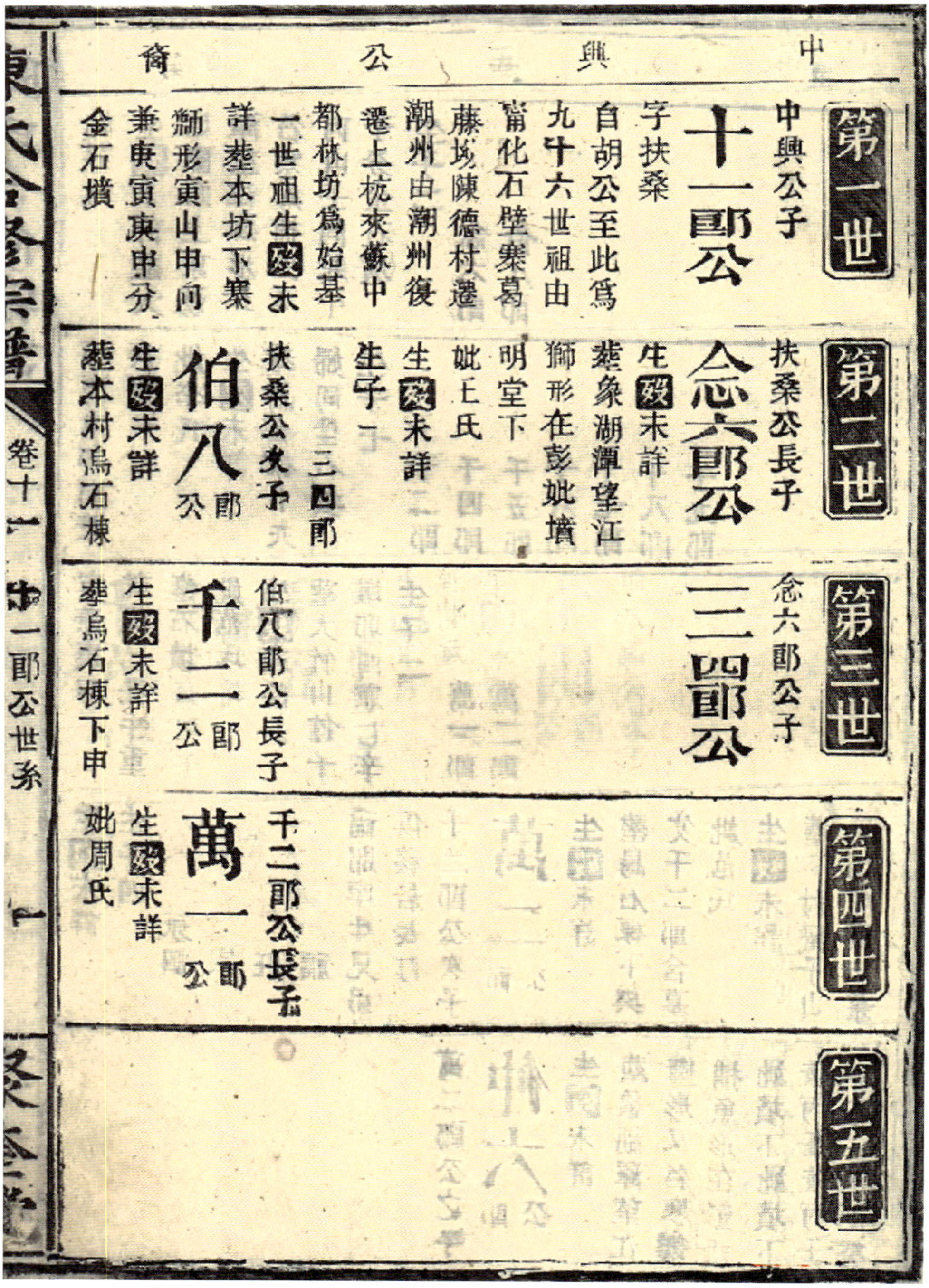

中興公裔

陳氏合修宗譜 卷十一 十一郎公世系

第一世

十一郎公

中興公子字扶桑自胡公至此爲九十六世祖由甯化石壁寨葛藤坑陳德村遷潮州由潮州復遷上杭來蘇中都林坊爲始基一世祖生殁未詳葬本坊下寨獅形寅山申向兼庚寅庚申分金石墳

第二世

念六郎公

扶桑公長子生殁未詳葬象湖潭望江獅形在彭妣墳明堂下妣王氏生殁未詳生子一三四郎

伯八郎公

扶桑公次子生殁未詳葬本村鳥石棟

第三世

三四郎公

念六郎公子

千二郎公

伯八郎公長子生殁未詳葬烏石棟下申

第四世

萬一郎公

千二郎公長子生殁未詳妣周氏

第五世

①

第 一 至

妣彭氏
生歿未詳葬大
姑灘面上象湖
潭望江獅形又
名寒獺捕魚形
丙山壬向兼午
子分金石墳
生子二
念六郎
伯八郎

下酉山卯向兼
庚甲
妣李氏
生歿未詳
葬烏石棟下大
婦同塋石墳
生子七
千二郎
千四郎
千五郎
千六郎
千七郎
千八郎
千九郎

寅兼庚甲
乾隆己丑年重
修石墳
妣范氏
生歿未詳
葬大竹山竹子
墩卯酉兼乙辛
生子二
萬一郎
萬二郎

生歿未詳
生子四
永泗
宗
旺
福
福郎庠生兄弟
俱移居長汀
千二郎公次子

萬二郎公

生歿未詳
葬烏石棟下與
父千二郎合墓
妣范氏
生歿未詳
葬本村鑾子山
深塘裡寅申兼

萬二郎公之子

仲六郎公

生歿未詳
葬象湖潭望江
獅形又名寒獺
捕魚形在彭祖
妣墳下首午子
兼丙壬外丙壬
兼午子萬歷癸

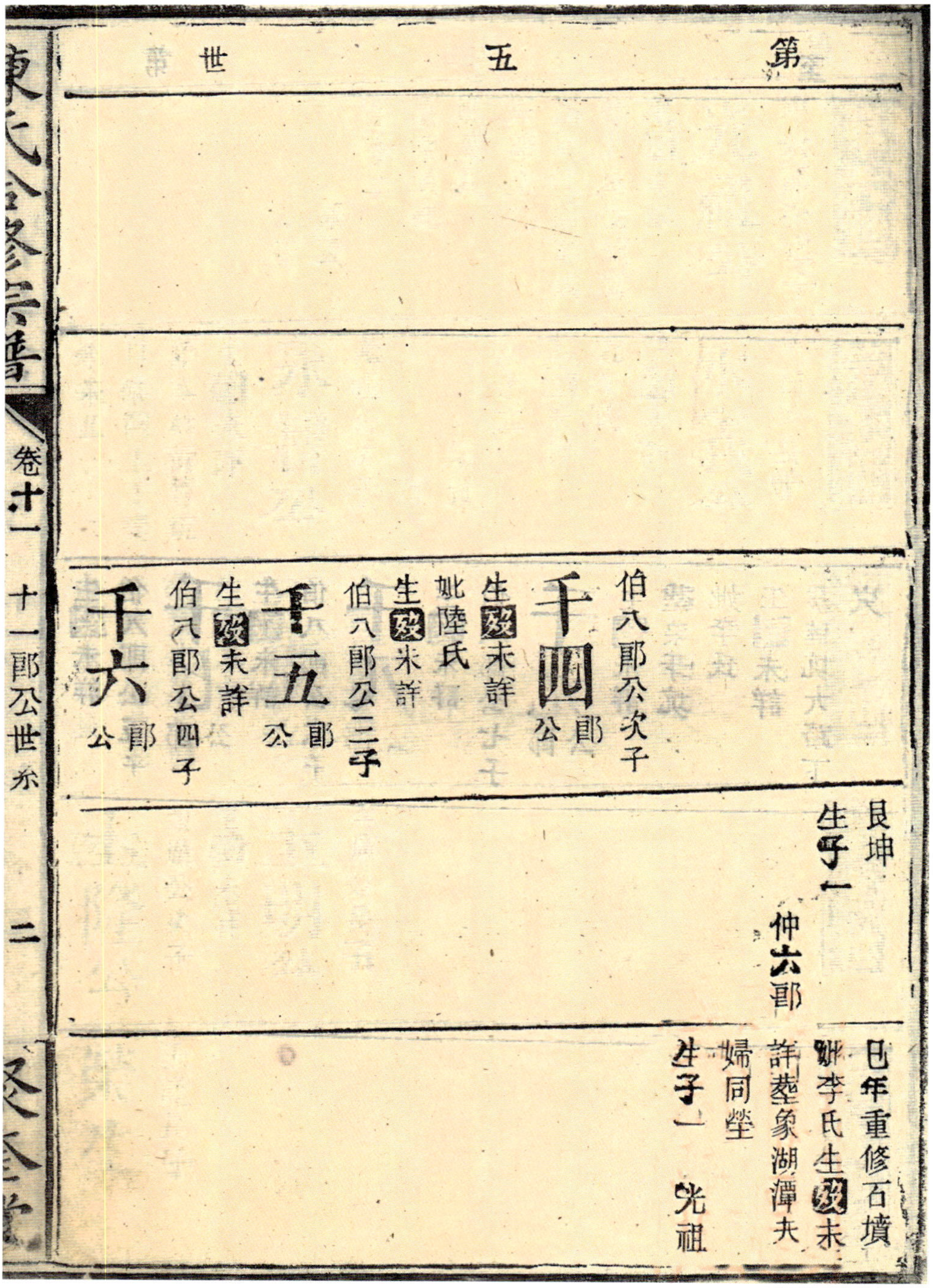

第五世

伯八郎公次子
千四郎公
生歿未詳
妣陸氏
生歿未詳

伯八郎公三子
千五郎公
生歿未詳

伯八郎公四子
千六郎公
生歿未詳

艮坤
生子一
仲六郎

巳年重修石墳
妣李氏生歿未
詳葬象湖潭夬
婦同塋
生子一　光祖

陳氏合修宗譜　卷十一　十一郎公世系　二

③

第一至

生殁未詳
伯八郎公五子
千七郎公
生殁未詳
伯八郎公六子
千八郎公
生殁未詳
伯八郎公七子
千九郎公
生殁未詳
葬象牙坑
妣李氏
生殁未詳
葬璉坑大路下
穴

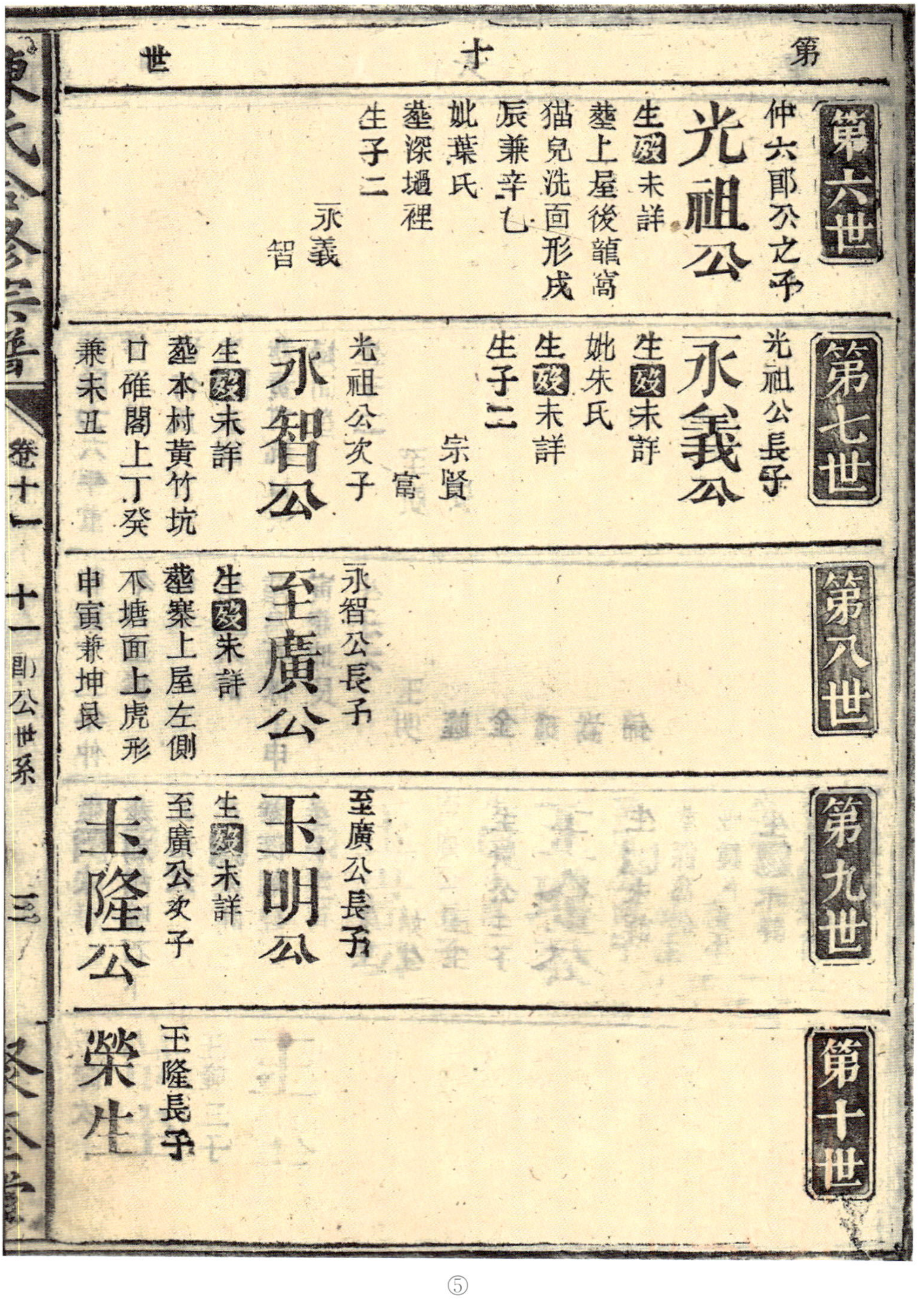

第十世

第六世

仲六郎公之子

光祖公

生殁未詳

塟上屋後龍窩

猫兒洗面形戌

辰兼辛乙

妣葉氏

塟深塆裡

生子二

永義

智

第七世

光祖公長子

永義公

生殁未詳

妣朱氏

生殁未詳

生子二

宗賢

富

光祖公次子

永智公

生殁未詳

塟本村黃竹坑

口碓閣上丁癸

兼未丑

第八世

永智公長子

至廣公

生殁未詳

塟寨上屋左側

不塘面上虎形

申寅兼坤艮

第九世

至廣公長子

玉明公

生殁未詳

至廣公次子

玉隆公

第十世

玉隆長子

榮生

卷十一 十一郎公世系 三

⑤

第 六 世

乾隆十六年重
修石墳
妣何氏
生歿未詳
塟黃竹坑口夫
婦同塋
生子二
至廣
安

乾隆十三年仲
冬月重修
妣王
生歿未詳
塟烏石棟下申
寅兼坤艮
生子六
玉明
隆
金
瓊
嵩
錦

生歿未詳
塟鷓鴣啼石下
妣范氏
生歿未詳
塟深堝裡
生子三
榮生
始生
玉生

至廣公三子
玉金公
生歿未詳
塟深窩裡
妣鍾氏
生歿未詳
塟牛屎窩
又葉氏

玉隆次子
始生

玉隆三子
玉生

第 十 冊

生歿未詳
葬石頭塘面上
生子二 福生 祿生

至廣公四子
玉瓊公
生歿未詳

至廣公五子
玉嵩公
生歿未詳
妣許氏
又朱氏
生歿未詳
生歿未詳
生子四

陳元公[illegible]宗譜 卷十一 十三郎公世系 四

⑦

第 六 至

貴生
浩生
喜生
奈生

至廣公六子

玉錦公

號鳳崗
生歿未詳
享壽九十有六
葬牛屎窩虎形
辛乙兼酉卯修
有石墳
妣何氏
生歿未詳
葬烏石棟下坤
艮兼未丑
又溫氏

玉錦公長子

日生公

生歿未詳
妣劉氏
生歿未詳
又鍾氏
生歿未詳
生子四

偉 俊 傑 儉

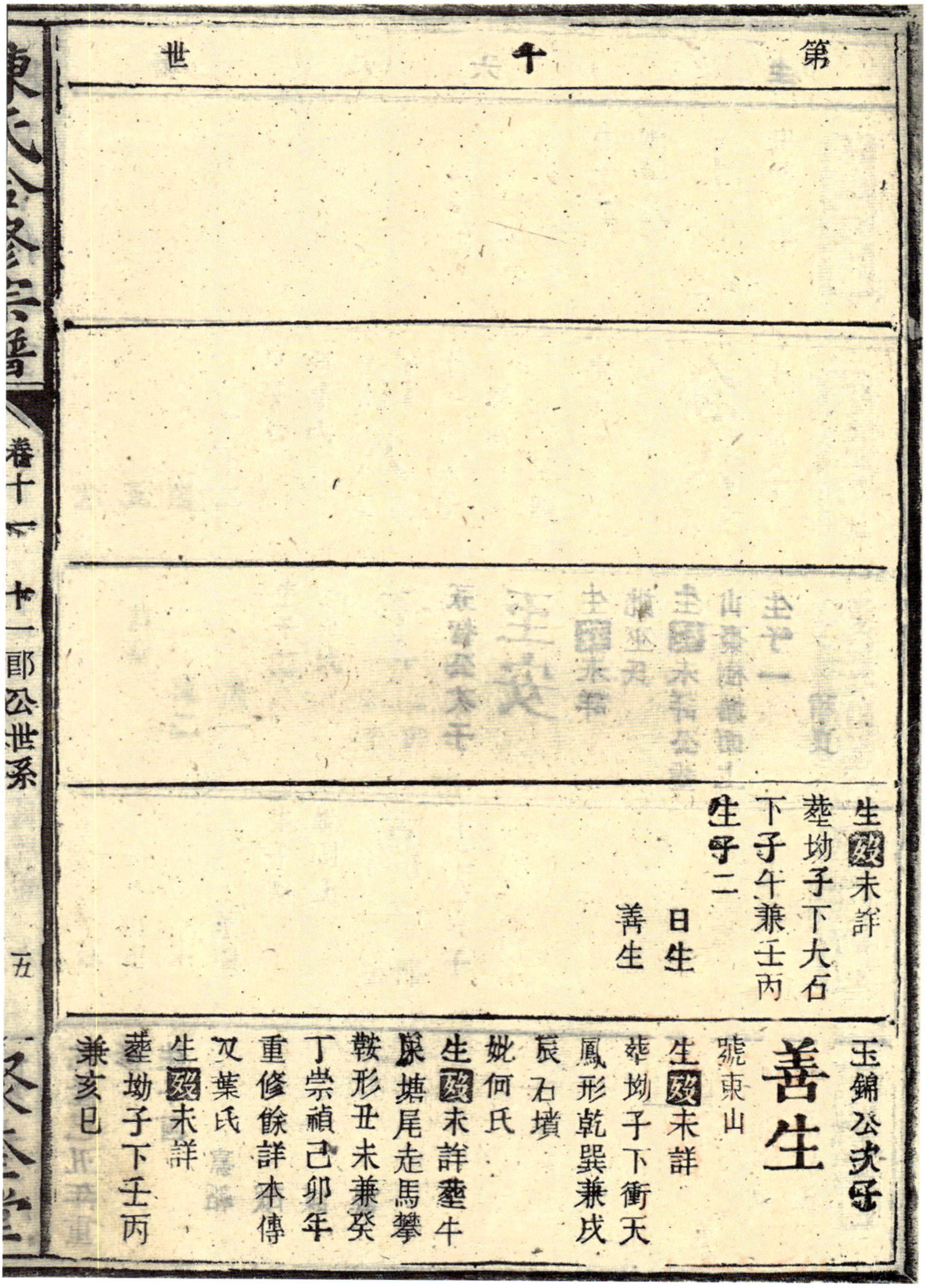
陳氏合修宗譜　卷十七　十一郎公世系　五
第十世
生殁未詳
塟坳子下大石
下子午兼壬丙
生子二　日生
善生
玉錦公次子
善生
號東山
生殁未詳
塟坳子下衝天
鳳形乾巽兼戌
辰石墳
妣何氏
生殁未詳塟牛
欄塘尾走馬攀
鞍形丑未兼癸
丁崇禎己卯年
重修餘詳本傳
又葉氏
生殁未詳
塟坳子下壬丙
兼亥巳

⑨

陳氏合修宗譜 聚奎堂

第 六 至

永智公次子

至安

生歿未詳
妣巫氏
生歿未詳公塟
山棗樹塘面上
生子一
積良

乾隆己丑年重
修
生子四
嘉韶
猷
謀
謨

十五世

十一世

東山公四子
嘉謨公
號環川
廩生
明崇禎戊辰年
勅贈文林郎
生於嘉靖庚子
年十一月初九
日戌時
歿於萬歷三十
二年甲辰六月
初四日辰時
享壽六十有五
葬學堂坪又名
墩擎窩戌辰兼

十二世

嘉謨公長子
于庭公
字振宸
號楓岑
萬歷癸卯科副
榜
生於嘉靖丙寅
年十月廿一日
辰時
歿於萬歷庚戌
年十月十五日
辰時葬杭邑來
蘇石貴裡癸丁
兼子午
嘉慶六年辛酉

十三世

于庭公長子
汝勉公
字應標
生於萬歷十六
年戊子八月十
六日巳時
歿於崇禎八年
七月十三日卯
時葬來蘇深塥
裡未丑兼丁癸
嘉慶六年辛酉
五月廿七日
重修餘詳本傳
妣邱氏
生於萬歷十九

十四世

汝勉公子
浴日公
字殷銘
生於萬歷四十
年壬子十二月
二十七日酉時
歿於康熙庚午
年正月廿日辰
時葬來蘇烏石
棟下坤艮兼申
寅餘詳本傳
妣邱氏
生於萬歷乙卯
年七月十二日
戌時

十五世

浴日公長子
敏德公
字必仁
生於崇禎壬申
年七月十五日
丑時
歿於康熙戊午
年八月初五日
午時
葬來蘇牛屎塘
邑岡頭兎子形
妣饒氏
葬吉安府安福
縣北鄉六十五
都式圖六甲木

⑪

十　一　至

乾巽塋有墓道
碑餘詳本傳
妣鍾氏
崇禎戊辰年
敕贈孺人
生於嘉靖癸卯
年四月十四日
申時
歿於萬歷三十
九年辛亥二月
二十五日丑時
葬烏石棟下坤
山艮向
康熙癸巳年六
月初八日辰時
重修石墳
生子三
于庭

四月十八日
重修石墳餘詳
本傳
妣池氏
生於隆慶三年
己巳五月廿九
日辰時
歿於萬歷四十
八年庚申九月
初十日巳時
葬來蘇象牙坑
牛欄弦
嘉慶六年辛酉
五月初三日更
葬戌辰兼乾巽
石墳
又何氏
生於隆慶六年

年辛卯十月三
十日寅時
歿於順治己丑
年九月初九日
丑時
葬深窩夫婦同
塋
生子一
浴日

歿於康熙甲戌
年十月廿二日
巳時
葬烏石棟下夫
婦同塋
生子五
敏德　宜　節　照　敦

源螺坑有墓碑
生子二
恭先　敬先　儉先
移居袁州府分
宜縣露口毆山
砒頭三處
浴日公次子

敏宜

字必義
生於崇禎辛巳
年正月二十三
日戌時
歿於康熙五十
六年丁酉三月
十六日巳時

二十世

京階

壬申正月十七日戌時殁於天啟六年十二月初十日子時塟賴出嘉慶六年辛酉五月十五更塟丙壬兼午子石壙

生子二

應標

夢説

享壽七十有七塟深窩裡庚甲兼申寅嘉慶六年辛酉四月十五日重修餘詳本傳

妣劉氏

生於崇禎壬午年九月初十日酉時殁於康熙五十七年戊戌七月十三日申時塟深窩裡夫婦同塋

又張氏

生殁未詳塟與劉妣夫婦三位同塋

⑬

十　六

又鍾氏
生殁未詳
生子一
文光劉出

浴日公三子
敏節公
字必禮
生於崇正乙酉
年五月二十三
日戌時
殁未詳
妣何氏
生於崇正乙酉
年六月二十三
日辰時殁未詳

浴日公四子

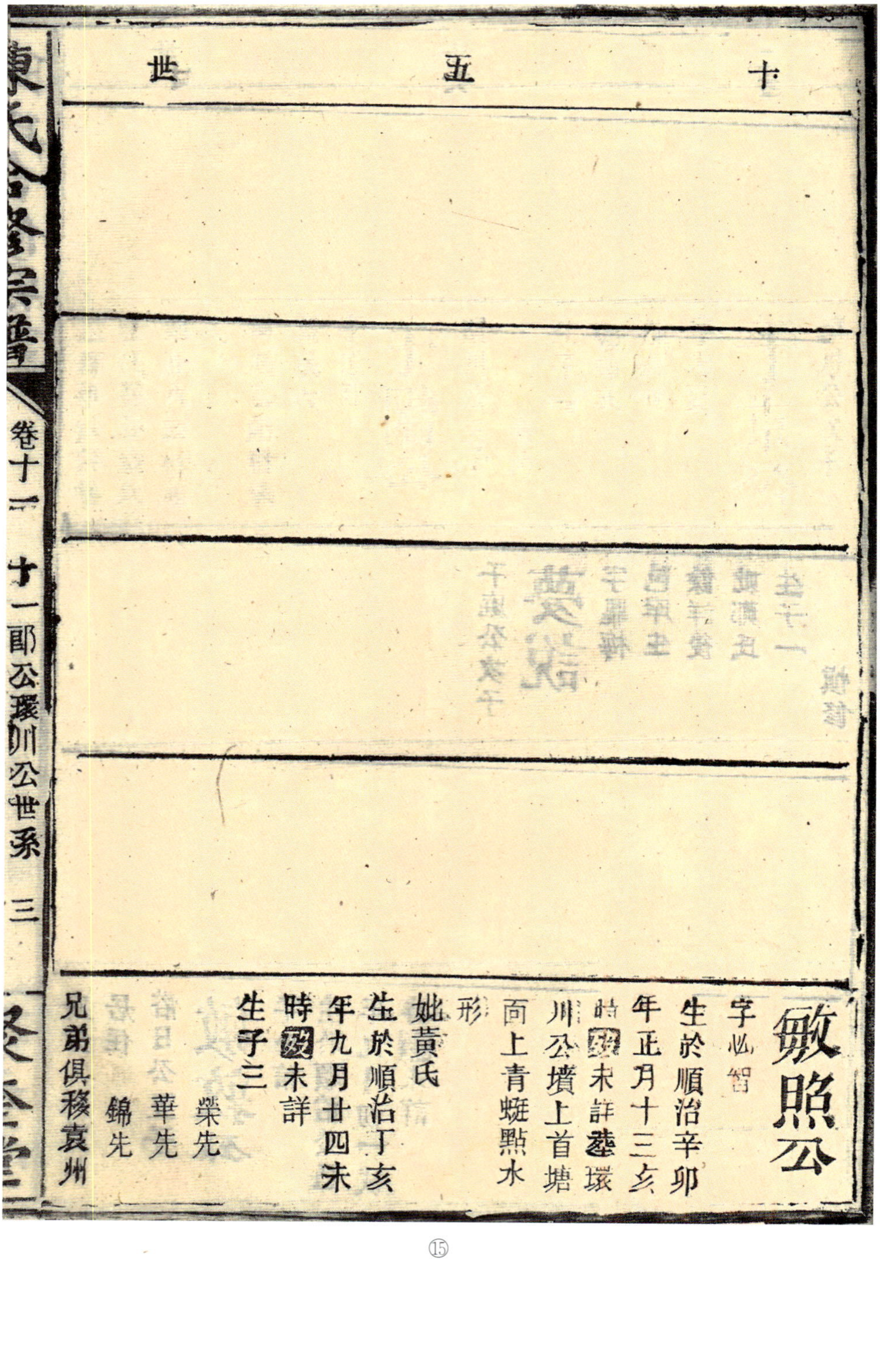

陳氏合修宗譜　卷十二　十一郎公瓌川公世系　三

十五世

敏照公

字必智

生於順治辛卯年正月十三亥時殁未詳葬瓌川公墳上首塘面上青蜓點水形

妣黃氏

生於順治丁亥年九月廿四未時殁未詳

生子三

榮先

華先

錦先

兄弟俱移袁州

⑮

府分宜縣露口居住
浴日公五子
敏敦公
字必信
生於順治癸巳年九月初一戌時歿未詳

于庭公次子
夢說
字鼎梅
邑庠生
餘詳後
妣鄭氏
生子一
愼修

二十世

環川公次子
于京公
字光宸
餘詳後
妣鍾氏
生子一
應聘

環川公三子
于階公
字懋升
號宸六
萬歷乙卯科舉
人
崇正戊辰科進
士任鷄澤盧氏
二縣事餘詳後

陳氏合修宗譜 卷十一 十一郎公環川世系 四 聚奎堂

十　六　至

妣劉氏
又何氏
又温氏
又朱氏
餘詳後
生子一　券夔

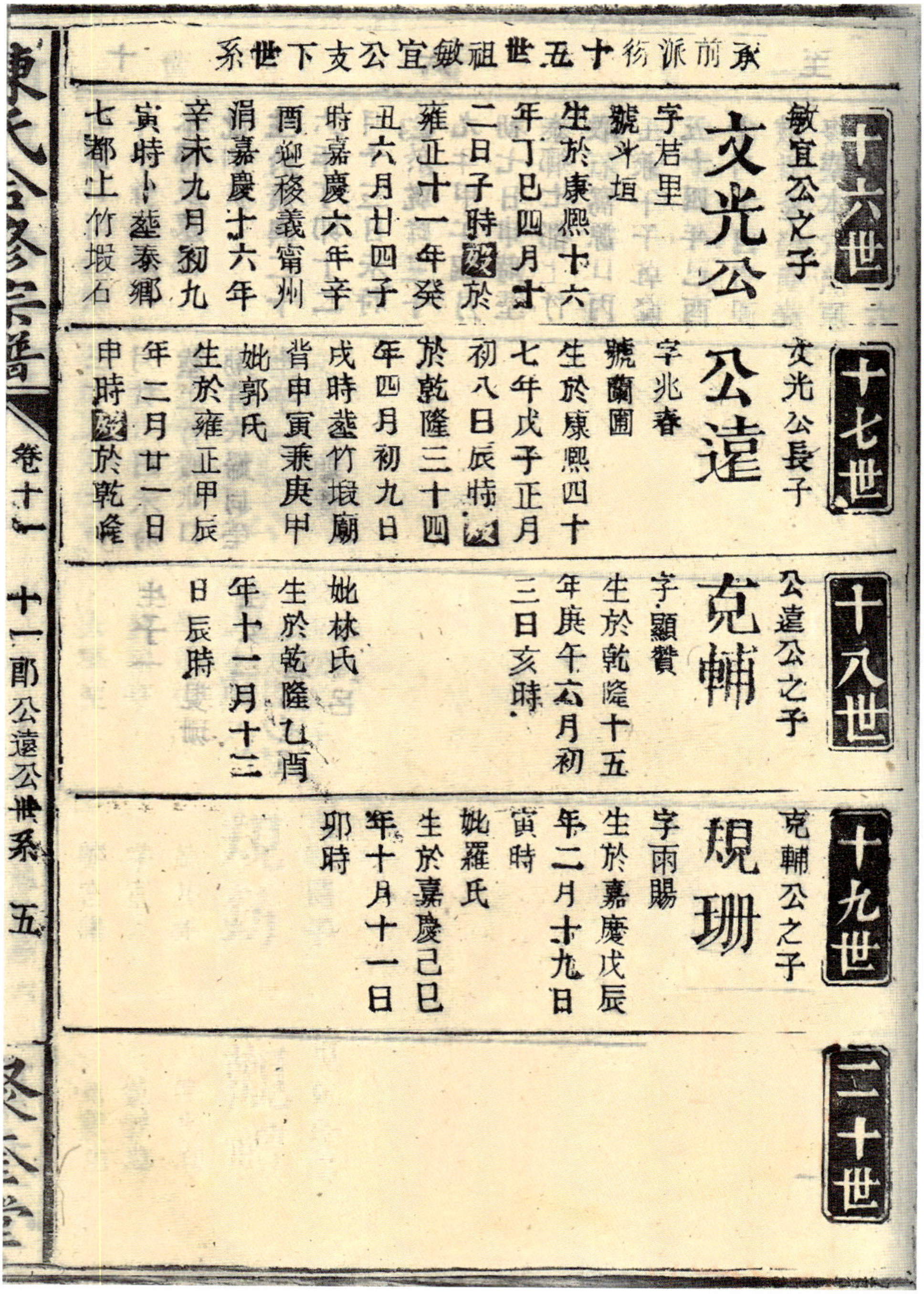

承前派衍十五世祖敏宜公支下世系

十六世

敏宜公之子
文光公
字君里
號斗垣
生於康熙十六年丁巳四月十二日子時歿於雍正十一年癸丑六月廿四子時嘉慶六年辛酉迎移義甯州涓嘉慶十六年辛未九月初九寅時卜葬泰鄉七都上竹堀石

十七世

文光公長子
公遠
字兆春
號蘭圃
生於康熙四十七年戊子正月初八日辰時歿於乾隆三十四年四月初九日戌時葬竹塅廟背申寅兼庚甲
妣郭氏
生於雍正甲辰年二月廿一日申時歿於乾隆

十八世

公遠公之子
克輔
字顯贊
生於乾隆十五年庚午六月初三日亥時
妣林氏
生於乾隆乙酉年十一月十三日辰時

十九世

克輔公之子
規珊
字雨暘
生於嘉慶戊辰年二月廿九日寅時
妣羅氏
生於嘉慶己巳年十月十一日卯時

二十世

陳氏合修宗譜 卷十一 十一郎公遠公世系 五 聚奎堂

十六至

高源口丙壬兼
午子餘詳老譜
本傳及墓誌
妣劉氏
生於康熙二十
六年丁卯十二
月十三日未時
殁於乾隆三十
九年甲午四月
初七日申時葬
泰鄉七都上竹
堺石窩源口丙
壬兼午子乾隆
五十四年己酉
十月十四省視
骸骨全偹黄亮
復葬本穴照原
山向嘉慶十六

三十八年十一
月廿六日未時
葬上竹堺水口
廟背夫婦同塋
生子一
顯贊

生子一
規珊
生女二長適鄧匡輝
次適呂

陳氏合修宗譜 卷十一 十一郎公于庭公鯤池世系六

二十世

年九月迎文光
公與妣同塋合
壟照原山向妣
幼居上杭中年
迎養義甯亭壽
八十有八餘詳
老譜本傳
生子三
公遠
元
陞

文光公次子
公元公
諱騰達
號鯤池
生於康熙四十

公元公長子
克繩公
字顯梓
號紹亭
太學生

克繩長子
規鈁
諱其經
字宣六
號宮諧

規鈁長子
觀禮
字用初
號秩卿
州庠生

十六世

九年庚寅十二
月廿五日巳時
歿於乾隆六十
年乙卯正月十
四戌時
享壽八十有六
塟泰鄉七都上
竹塅馬子樹下
鳳形乙辛兼酉
卯公於乾隆庚
子年入太學生
庚戌年以耆壽
蒙
賜八品冠帶
爲遷甯之始祖
餘詳墓誌
妣何氏覲光公
女生於雍正九

例贈文林郎
生於乾隆廿五
年庚辰四月初
三日寅時
歿於道光辛丑
年十二月初十
日酉時享壽八
十有二塟太鄉
七都上竹塅宅
後艮坤兼寅申
事詳墓誌
妣謝氏春典公
女
例贈太孺人
生於乾隆廿三
年戊寅二月廿
八日卯時歿於
道光十四年甲

生於乾隆五十
一年丙午閏七
月廿一日巳時
歿於道光二十
年庚子九月廿
七亥時塟上竹
塅古庄山內

生於嘉慶十四
年己巳十二月
廿一日寅時
娶潘氏
洪義公長女
生於嘉慶十七
年壬申十月初
十日子時

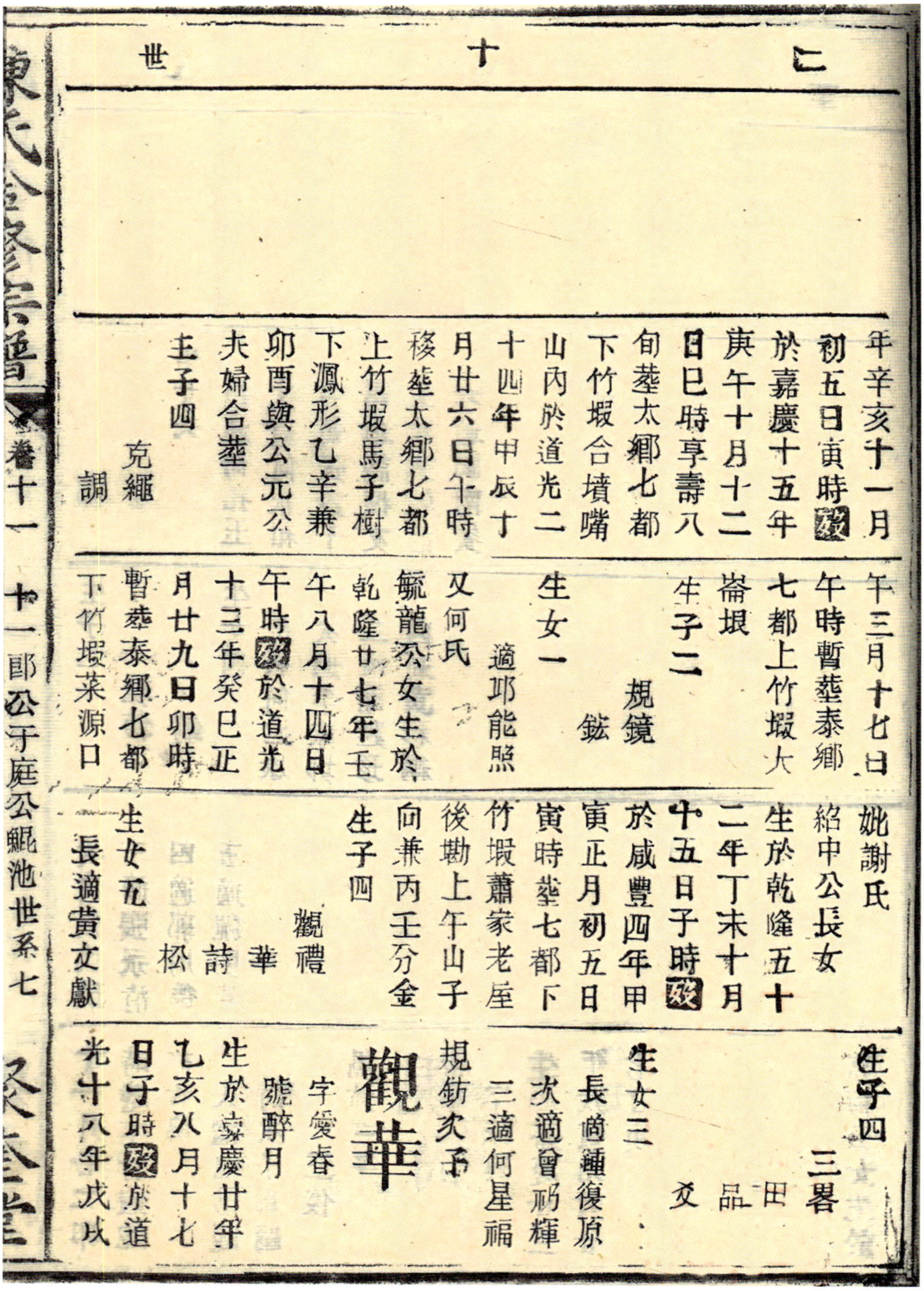

二十世

年辛亥十一月初五日寅時歿於嘉慶十五年庚午十月十二日巳時享壽八旬葬太鄉七都下竹堀合墳嘴山丙於道光二十四年甲辰十月廿六日午時移葬太鄉七都上竹堀馬子樹下瀝形乙辛兼卯酉與公元公夫婦合葬
生子四
克繩
調

午三月十七日午時暫葬泰鄉七都上竹堀大嵛垠
生子二
規鏡
鉉
生女一
適邱能照
又何氏
毓龍公女生於乾隆廿七年壬午八月十四日午時歿於道光十三年癸巳正月廿九日卯時暫葬泰鄉七都下竹堀菜源口

妣謝氏
紹中公長女生於乾隆五十二年丁未十月十五日子時歿於咸豐四年甲寅正月初五日寅時葬七都下竹堀蕭家老屋後勘上午山子向兼丙壬分金
生子四
觀禮
華
詩
松
生女五
長適黄文獻

生子四
三署
田
品
文
生女三
長適鍾復原
次適曾耏輝
三適何星福

觀華
規鈁次子
字愛春
號醉月
生於嘉慶廿年乙亥八月十七日子時歿於道光十八年戊戌

陳氏合修宗譜 卷十一 十一郎公子庭公鯤池世系七

㉓

十 六 至

藻
修
生女六
長適何孔玉
次適何永和
三適張景干
四適謝振文
五適劉朝潘
六適闕南賓

生子二
規鈁
鎬
生女四
長適何迪康
次適李家邦
三適謝延珍
四適黃彩綱

次適張代琨
三適張永清
四適郭用德
五適魏明芳

十一月廿二卯
時塟下竹塅蛇
形右邊
入繼胞弟觀
詩次子爲嗣
三俊

規鈁三子
觀詩
字咏興
生於嘉慶廿三
年戊寅九月廿
七日寅時
娶葉氏二
高梅公女生於

陳氏合修宗譜　卷十一　十一郎公子庭公鯤池世系八

二十世

道光八年戊子
七月廿四日亥
時
生子
三宅
俊立
繼與胞兄觀
華爲嗣
庚
甲
生女
張適劉以言

十六至

規鈁四子
觀松
字韻冬
號梅鄰
生於道光六年
丙戌六月三十
日午時

娶　氏

陳氏合修宗譜　卷十一　十一郎公子庭公鯤池世系九

二十世

克繩次子
規鏡公
字心怡
號醒吾
生於乾隆五十一年丙午十二月初八日卯時
歿於道光十一年辛卯八月廿八日寅時
葬泰鄉七都上竹塅石窩源尾漗形丁癸兼未丑外兼午子有志銘碑
妣張氏
孝麟公長女

規鏡長子
觀泗
字聖居
號杏圃
生於嘉慶七年壬戌十二月十二日寅時
歿於嘉慶十九年甲戌四月初九日戌時
葬上竹塅乾窩崑乙辛兼卯酉立碑
嗣子一
三埼立
繼胞弟觀瀾第四子

㉗

十六至

生於乾隆四十
九年甲辰十二
月初三日亥時
殁於咸豐五年
乙卯三月廿二
日亥時
葬上竹塅石崙
艮丑未兼艮坤
生子四
觀泗
泮殤
涓殤
瀾
嗣子一　觀海入
繼胞弟規鎬
第五子
生女五

規鏡四子
觀瀾
名寶銓
字印波
號蘆溪
例授修職郎候
選分縣
生於嘉慶二十
三年戊寅六月
三十日子時
娶劉氏
象韜公長女
生於道光元年
辛巳六月初一
日酉時
生子六
三嗣

陳氏合修宗譜　卷十一　十一郎公于庭公鯤池世系十

二十世

長適廖兼化
次適黃文烈
三適黃奏勲
四適莊永文
五適葉承栁

垣
嘰
堉
繼與胞侄觀
泗爲嗣
三綺
坮
生女三
長聘林聘華
次適黃禮和
三適何靄春
規鏡嗣子
觀海
字有容
生於道光六年
丙戌七月十九
日戌時

陳氏合修宗譜

十　六　至

充繩公三子
規鎬
名牖薰
字化南
號沭軒
例授修職郎
生於乾隆五十

娶張氏
代煥公長女
生於道光八年
戊子三月十五
日寅時
生子
三柳
蘇
生女
適張

規鎬長子
觀琦
字耀堂
號仙籽
生於嘉慶二十
年乙亥二月初
十日亥時

聚奎堂

陳氏合修宗譜　卷十一　十一郎于庭公鯤池世系　十一

二十世

九年甲寅八月二十日巳時
妣鍾氏
文友公女
生於乾隆六十年乙卯十一月初三日酉時
歿於道光二年壬午十月十七日午時
葬泰鄉七都下竹塅葉源尾巽乾兼巳亥
生子二
觀琦
觀球
生女一
適謝成茂

娶葉氏
昌魁公女
生於道光三年癸未五月廿七日酉時
生子
三杰
三畬
生女
長適池勇泰
次適李際春
三適蕭德千

規鎬次子
觀球
字亭東
號頡圖
生於嘉慶二十

十　六　世

繼妣劉氏
鵬吉公女
生於嘉慶八年
癸亥正月二十
日子時
生子四
觀琟
海出
繼與胞兄規
鏡爲嗣
觀珠殤
璠
生女二
長適李蘭芬
次適黃恩春

四年己卯十一
月初九日卯時

規鎬三子
觀瑤
字佳瓊
號樸泉
太學生
生於道光四年
甲申九月十二
日申時
娶淩氏
祿高公女
生於道光十七

陳氏合修宗譜　卷十一　十一郎子庭公鯤池世系十二　[illegible]

二十世

年丁酉七月初
八卯時
生子
三聘
規鎬六子

觀璠
名寶訓
字映霞
號烈臣
生於道光十七
年丁酉十月初
一日子時
娶黃氏
勝堂公女
生於道光十六
年丙申二月二
十六日子時

㉝

十　　六　　至

規鋐公

克繩四子

諱偉琳　字琢如　號十潤

候選分縣紀錄四次

例贈文林郎

生於嘉慶三年戊午十一月初九日申時

殁於咸豐四年

觀瑚

規鋐長子

名樹年　字六殷　號滋圃

分缺先用從九

生於道光三年癸未正月初四日寅時

娶張氏　萬海公女

生於道光十年

生子三　異

生女　待字

二十六世

甲寅八月二十
一日申時
葬泰鄉七都下
竹塅彭源蛇形
未丑兼艮坤
事詳行述
妣李氏
大榮公女
例封太孺人
生於嘉慶四年
己未正月初五
日未時
生子三
觀瑚
瑞
善
生女三
長適周福著

庚寅十月十三
日巳時
生子
三厚
生女二
長適黃黼臣
次待字
規鋐次子

觀瑞
字書雲
號五奎
生於道光五年
乙酉十一月廿
五日子時
殁於道光七年
丁亥九月廿八
日酉時

陳氏合修宗譜　卷十一　十一郎子庭公鯤池世系十三　聚堂

十 六 至

次適蕭德修
三適謝亦光

葬泰鄉七都上
竹塅石崙㟁巽
山乾向
嗣子一 三畏立
繼胞弟觀善
第二子承嗣
覌鋐三子
觀善
名寶箴
字相真
號右銘
道光庚戌入州
學中咸豐辛亥
恩科舉人先
用知縣
生於道光十一

陳氏合修宗譜 卷十一 玄一郎于庭公毓池世系 廿四 堂

二十世

年辛卯正月十八日申時
配黃氏
入學生應亭公女
生於道光十二年壬辰六月初五日寅時
生子三英 三畏立繼與胞兄觀瑞爲嗣
生女石齡

㊲

十 六 至

克調公

元公次子

一名少東

字旭升

號五園

生於乾隆三十年乙酉十一月廿七日子時

殁於道光廿年庚子二月十一日寅時

葬泰鄉七都上竹塅

妣何氏

鄉耆雲陞公女

生於乾隆三十年乙酉十月十

規鈞

克調長子

字式衡

號平齋

生於乾隆四十九年甲辰八月十五日戌時

殁於嘉慶八年癸亥十二月十一日戌時

葬七都上竹塅社後廟背山內坤艮兼申寅

妣林氏

國學生玉相公長女

生於乾隆四十

觀漣

規鈞之子

二　十　世

四日辰時
歿於道光六年
丙戌七月十六
日戌時瘞泰鄉
七都窖良裡坐
南向北
又劉氏
候選典史劉忠
公長女貴州籍
生於乾隆四十
五年庚子四月
初八日辰時
歿於嘉慶六年
辛酉八月十六
日亥時
瘞泰鄉七都上
竹塅油源壠側
大樹山內申寅

九年甲辰七月
廿九日午時
生子一　觀漣
生女一
適鄧匡[illegible]
克調次子
規鑑
字子詠
號可亭
生於嘉慶六年
辛酉七月廿一
日未時
歿於嘉慶廿五
年庚辰三月廿
三日未時
瘞泰鄉七都上

觀淇　規鑑之子

十 六 圣

兼坤艮
再妣吳氏
禮循公女
生於乾隆五十
三年戊申十月
十八日戌時
歿於嘉慶廿三
年戊寅七月十
一寅時
葬泰鄉七都上
竹塅油源壠側
大樹山申寅兼
坤艮
又再鍾氏
列五公女
生於乾隆五十
九年甲寅七月
廿九日子時

竹塅油源壠側
大樹山丙申寅
兼坤艮
妣黃氏
大學生學仁公
女
生於嘉慶八年
癸亥四月廿九
日卯時
生子
觀淇

克調三子
規鈔
字炳英
生於道光四年
甲申十月十四
日辰時

陳氏合修宗譜 卷十四 十一郎子庭公鯤池世系 十六 叙全堂

二十世

生子六
規鈞 鑑 鈖 銖 錕 鋙
生女一
長適李華春

歿於道光十八年戊戌九月十五日子時

規銖
克調四子
字致中
生於道光七年丁亥正月初十日亥時
歿於咸豐八年戊午十月初七日巳時
葬太鄉七都

規錕
克調五子

㊶

十六世

規鋙

字先金
號雲塢
太學生
生於道光九年
己丑正月十三
日卯時
娶曾氏
生於道光十年
庚寅十一月初
八日寅時
殁於同治二年
癸亥三月十七
日巳時
葬義甯州南門
温家塘
克調六子

觀五

規鋙長子

陳氏合修宗譜 卷十一、十一郎于庭公毗池世系十七 聚奎堂

公元三子
克藻公
字西玉
號崑巘
例授登仕郎

字建山
號弋峰
生於道光廿一
年辛卯四月初
四卯時
娶張氏
生於道光十四
年甲午三月十
七巳時
生子一
觀五

克藻長子
規鋧
名希九
字鳴諧
號日峰

一字光福
生於咸豐八年
戊午十二月初
六日辰時

規鋧之子
觀瀾
字賓洛
號者圃
生於嘉慶二十

㊸

十　六　至

生於乾隆三十
六年辛卯二月
十二日戌時
殁於咸豐三年
癸丑三月初一
日子時
塟泰鄉七都上
竹堨馬子樹下
獅形癸丁兼子
午
妣劉氏
耀山公女
生於乾隆四十
年乙未二月初
十日戌時
殁於嘉慶廿五
年庚辰十二月
十三日戌時

生於乾隆六十
年乙卯八月初
十日辰時
妣張氏
彥勝公長女生
於嘉慶元年丙
辰四月廿六日
酉時
殁於嘉慶十八
年癸酉五月十
五日巳時
續妣張氏
維鹿公長女
生於嘉慶四年
己未三月初十
日亥時
殁於道光十八
年戊戌又四月

三年戊寅二月
初十日戌時
殁於咸豐五年
乙卯七月廿日
午時
塟泰鄉七都上
竹堨歐家膽甲
庚兼卯酉
妣張氏勝華公
女
生於道光三年
癸未四月廿七
日申時
殁於道光
年　月
日　時
塟泰鄉五都宋
家坳坐東向酉

陳氏合修宗譜　卷十一　十一郎子庭公錕池世系　十八

二十世

葬與夫合墓
生子六
規鋧
鏄
鋕
釪
鎰殤
錸殤
生女四
長適周福祈
次適彭騰昌
三適蕭華山
四適鄧忠艮

二十三日亥時
二妣合葬泰鄉
七都大崙艮乾
田窩甲庚兼卯
酉
生子一
觀潞
生女一
適游
克藻次子
規鏄
字淑陶
生於嘉慶四年
己未四月初二
未時
殁於嘉慶二十
年乙亥四月初

逆朝
生子
生女一
適洪開興
規鏄之子
觀淮

㊺

上　六　至

九日辰時塟泰鄉七都上竹段乾窩垠之紫樹窩田內山垠丁癸兼午子四界俱址田為界

妣謝氏艮翰公女生於嘉慶六年辛酉八月二十日戌時

生子一 觀淮

規鋕

克藻三子

字書簡

觀雲

規鋕之子

字漢秋

號倣溪
生於嘉慶十四
年己巳十一月
十二日戌時
妣邱氏
酉峯公長女
生於嘉慶二十
年乙亥七月十
六日子時
歿於咸豐五年
乙卯五月初七
日寅時葬泰鄉
七都大崙垅乾
田窩寅申兼艮
坤
生子一
觀雲
生女二

號桂樵
生於道光十七
年丁酉三月初
七日亥時
歿於咸豐七年
丁巳九月廿九
日申時葬泰鄉
七都上竹堠乾
壋垅紫樹壋田
內山丁癸兼未
丑
妣劉氏
生於道光十五
年乙未三月十
四日午時
生子一
三壽

十六至

長適黃文四
次適邱宗誠
續娶張氏
生於道光七年
丁亥四月初七
日申時
充藻四子

規釬

字韻奎
號依堂
生於嘉慶二十
年乙亥十月十
一日未時
殁於咸豐九年
乙卯十一月廿
一日申時葬泰
鄉七都上竹塅

二十世

廟背丑未兼艮
坤
妣余氏

公元四子
克修公
字兼萬
號介田
生於乾隆四十一年丙申二月初一日丑時
歿於道光廿三年癸卯四月十八日辰時
葬泰鄉七都下

克修長子
規鈖
字和璧
號荊山
生於嘉慶三年戊午十一月初四日丑時
娶葉氏春青公長女
生於嘉慶四年己未十二月十

規鈖長子
觀曦
字昱宸
生於道光八年戊子二月十八日丑時

十　六　至

竹瑕售石裔艮
坤兼丑未
妣張氏搏膺公
長女
生於乾隆四十
二年丁酉六月
初八日午時
生子五
規紛
鑰
鍺
鑄
錫
生女四
長適吳達與
次適鍾化觀
三適黃彩茁
四適高攀桂

九日辰時
生子四
觀曦
繹
墀
彥

規紛亥子
觀繹
字續音
生於道光十一
年辛卯七月二
十日子時
娶謝氏
生於道光十三
年癸巳正月二
十日未時
生子
三峰

規紛三子
觀墀
字楓林
生於道光十八

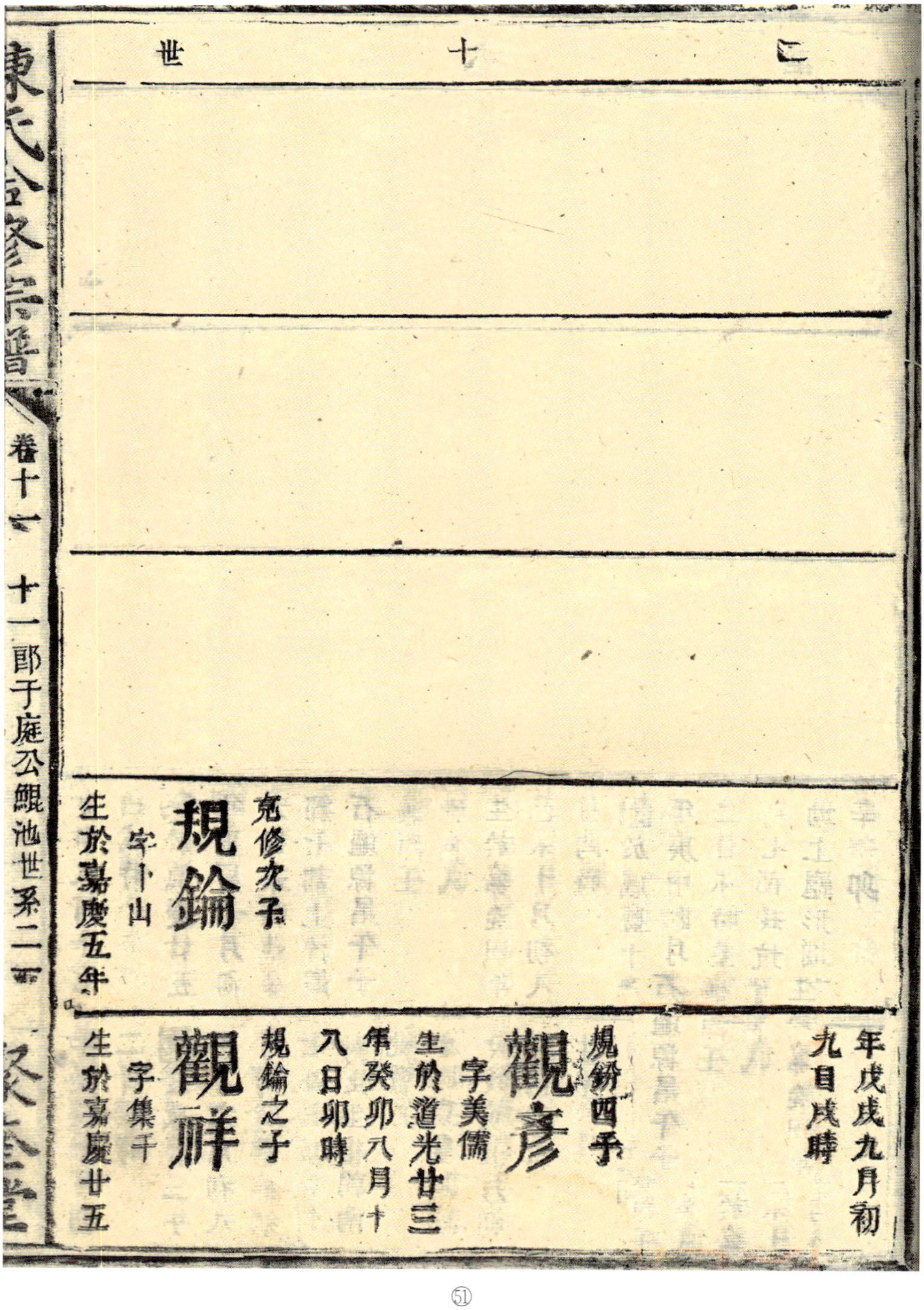

陳氏合修宗譜 卷十一 十一郎子庭公鯤池世系二一 叙倫堂

二十世

竟修次子
規鑰
字卜山
生於嘉慶五年

年戊戌九月初
九日戌時

規鈖四子
觀彥
字美儒
生於道光廿三
年癸卯八月十
八日卯時

規鑰之子
觀祥
字集千
生於嘉慶廿五

十 六 至

庚申八月十七
日戌時
殁於嘉慶廿五
年庚辰七月初
六日未時葬泰
鄉七都上竹塅
石壚源尾午子
兼丙壬
妣何氏
生於嘉慶四年
己未十月初八
日酉時
殁於咸豐十一
年庚申四月初
二日未時葬泰
鄉七都長坑嶺
坳上龜形墻乙
辛兼卯

年庚辰十月初
二日辰時
殁於咸豐三年
癸丑六月初八
日酉時葬泰鄉
七都長坑嶺竹
樹崀坐北朝南
妣曾氏
生於嘉慶廿三
年戊寅正月初
三日子時
生子
三圖

二 十 卅

事許節婦傳
生子一
覲祥

克修三子
規鎔
字耕經
生於嘉慶七年
壬戌八月初四
日戌時
妣謝氏
生於嘉慶七年
壬戌十月初七
午時
歿於道光廿二
年壬寅十月廿
八辰時葬泰鄉
七都下竹塅售

規鎔長子
覲嵐
字冬佳
號見南
生於道光九年
己丑三月廿九
卯時

規鎔次子
覲展
字雄才
生於道光十六

陳氏合修宗譜 卷十七 十七郎子庭公覲池世系 二二 叙叅堂

十　六　卆

石窩卯山酉向
兼甲庚
生子三
觀嵐
展
章
續妣謝氏
生於嘉慶三年
戊午十月十九
日午時
殁於道光三十
年庚戌八月十
九子時葬安鄉
十三都護仙源
長坑丙壬兼午
子
克修四子

年丙申五月初
二日子時
規鎔三子
觀章
字斐然
生於道光二十
年庚子八月初
九日巳時
規鑄長子

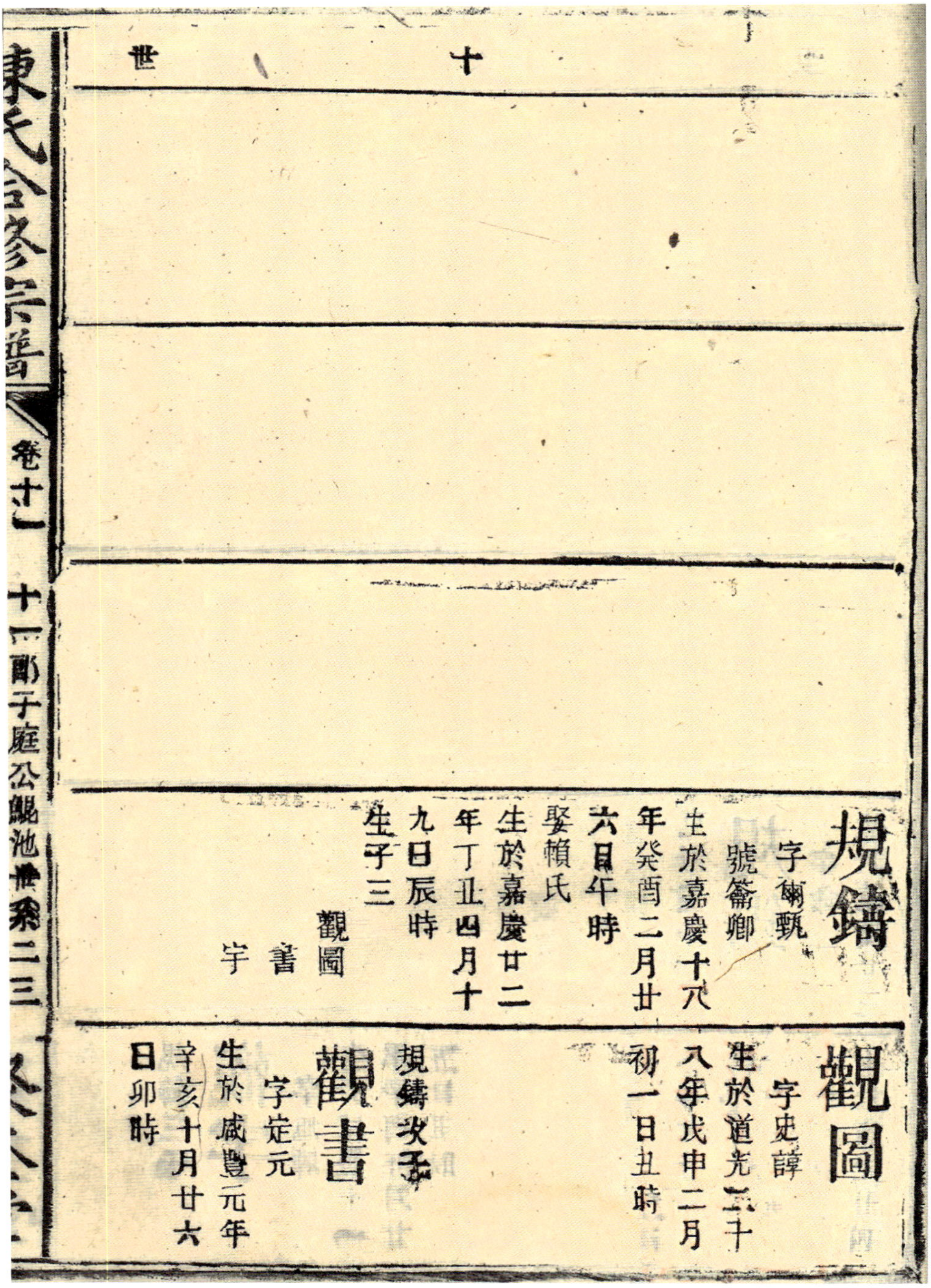

陳氏合修宗譜 卷十二 十一世鄖子庭公鯤池世系 二三

十 世

規鑄 字陶甄 號籥卿 生於嘉慶十八年癸酉二月廿六日午時 娶賴氏 生於嘉慶廿二年丁丑四月十九日辰時 生子三 觀圖 書 宇

觀圖 字史諄 生於道光二十八年戊申二月初一日丑時

規鑄次子 觀書 字定元 生於咸豐元年辛亥十月廿六日卯時

十　六　至

克修五子
規錫
字命三
生於嘉慶廿三

規鑄三子
觀宇
字旭暉
生於咸豐十一
年辛酉正月廿
五日丑時

規錫長子
觀爔
字象緯
生於道光廿四

[illegible]氏合修宗譜　聚奎堂

陳氏合修宗譜　卷十二　十二郎子庭公鯤池世系　二四

二十世

年戊寅八月廿七日申時
娶任氏
生於嘉慶廿三年戊寅八月初二日辰時
生子　觀樊

年甲辰九月初一日丑時
娶任氏
生於道光廿九年己酉十一月初二日亥時

二　一　至

二十一世

觀禮長子
三略
名績熙
字家修
號寅署
州庠生
生於道光十五年乙未九月廿五日卯時
娶邛氏
代光公長女
生於道光十八年戊戌五月初五日辰時
生子

二十二世

三畧長子
偲恪
字直宜
號静友
生於咸豐五年乙卯十月初八日亥時

三畧次子
儉恪

二十三世

二十四世

二十五世

陳氏合修宗譜　卷十一　十一郎子庭公鯤池世系　二五　堂

二　一　至

偲恪　儉恪　俁恪

生女　適李心水

生於咸豐八年己未四月十八日巳時　歿於咸豐十一年辛酉十一月十九日戌時

三峪三子

僎恪　字慶升　生於同治元年壬戌九月廿九日戌時

二　五　世

觀禮次子

三田

字沃疇

生於道光廿二年壬寅九月三十日酉時

娶　氏

娶　氏

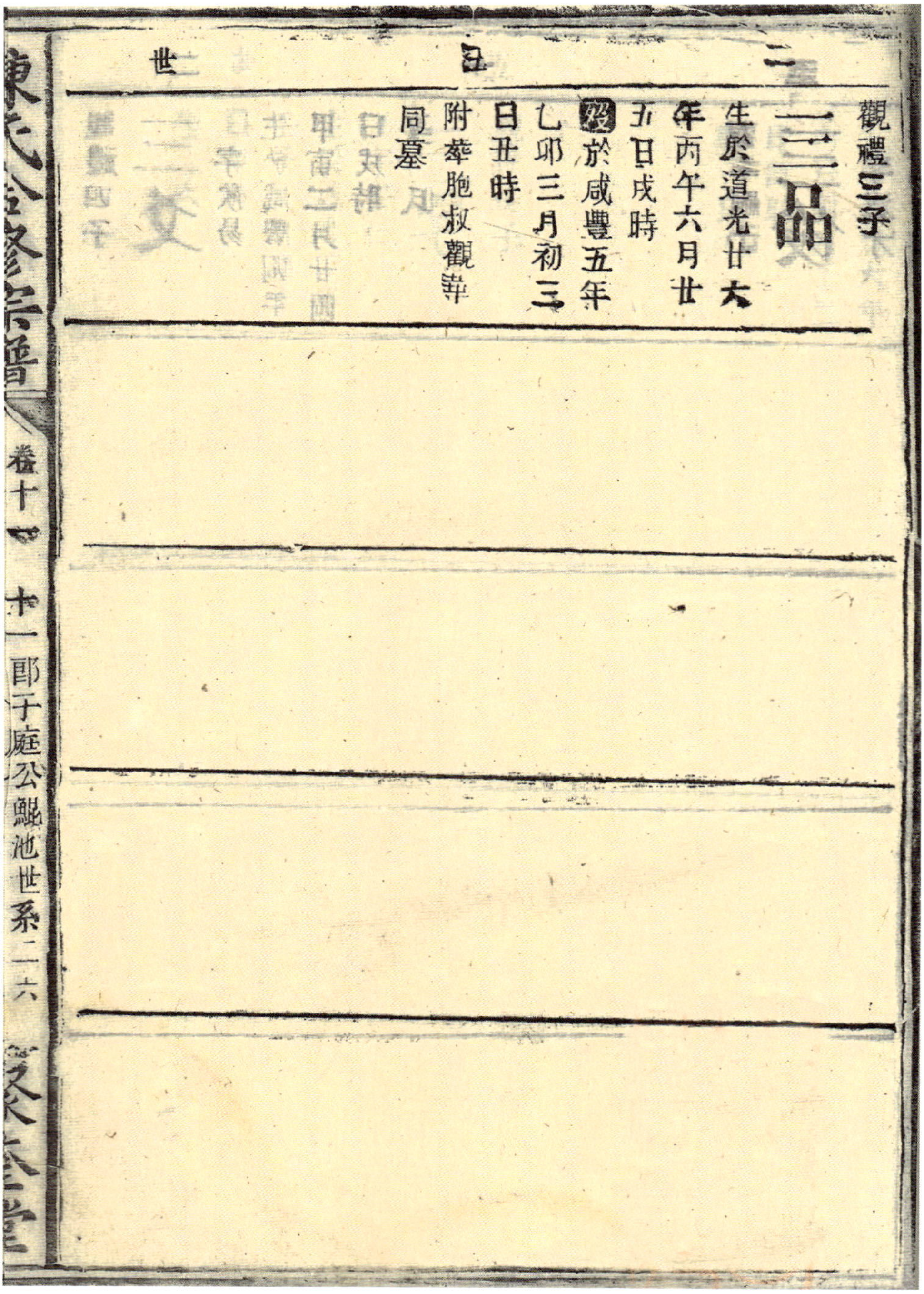
二　五　世

觀禮三子
三品
生於道光廿六
年丙午六月廿
五日戌時
歿於咸豐五年
乙卯三月初三
日丑時
附葬胞叔觀彝
同墓

陳氏宗譜　卷十
十一郎子庭公鯤池世系　二六

61

二

觀禮四子
三爻
字歆易
生於咸豐四年
甲寅二月廿四
日戌時
娶 氏

一

觀華嗣子
三俊
字遷才

二　五　廿

生於咸豐六年丙辰四月十二日酉時
娶　氏

觀詩長子
三宅　字安仁
生於咸豐二年壬子正月初十日申時
娶　氏

二　一　至

觀詩三子
三庚
字正白
生於咸豐十一年辛酉九月初四日辰時
娶　氏

觀詩四子
三甲
字奏雲

二　一　世

覲泗嗣子

三堉

字穀林

生於咸豐六年丙辰十二月初三日辰時

娶　氏

陳氏合修宗譜　卷十二　十一郎子庭公鯤池世系　二八

二　五　至

觀瀾長子
三桐
字賦秋
號金生
生於道光廿四年甲辰正月廿六日辰時
娶　氏

觀瀾次子
三垣

二　五　世

字鳳樓
號綸閣
生於道光三十年庚戌八月廿一日戌時
娶　氏

觀瀾三子
三曦
字鳳笙
號晉儀
生於咸豐四年

陳氏合修宗譜　卷十一　中一郎子庭公鯤池世系二九　聚奎堂

二　一　至

甲寅十一月初六酉時
娶　氏

觀瀾五子
三綺
字絢雲
生於咸豐九年己未四月十四日子時
殁於咸豐十一年辛酉七月十一日午時

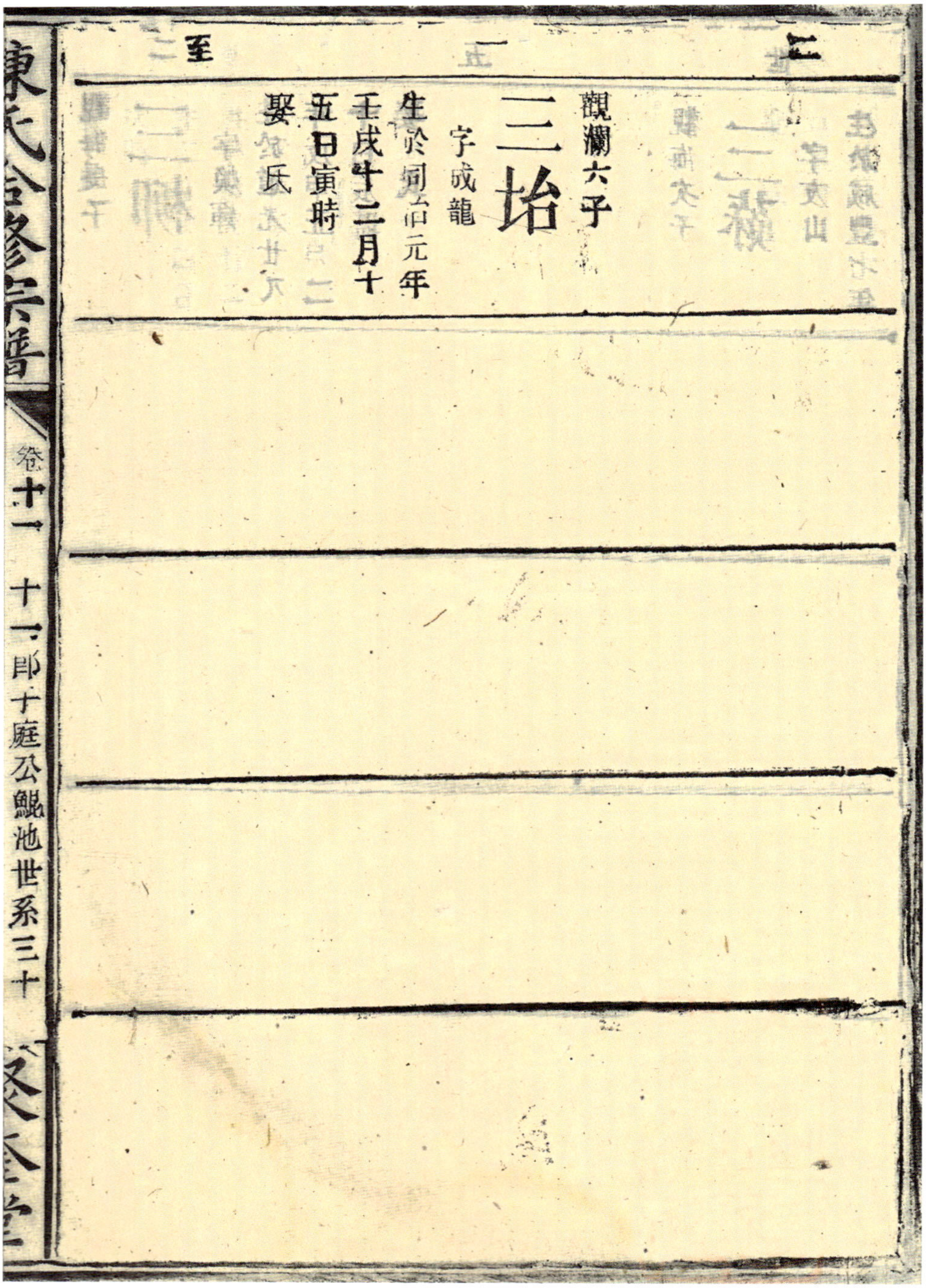
陳氏合修宗譜 卷十一 十一郎十庭公鯤池世系三十

二　一　至

觀瀾六子

三怡

字成龍

生於同治元年壬戌十二月十五日寅時

娶　氏

69

二 五 世

觀海長子
二柳
字煥輝
生於道光廿八年戊申正月二十日辰時
娶 氏

觀海次子
二蘇
字友山
生於咸豐七年

二 五 世

丁巳八月十八
日寅時
娶 氏

觀琦長子
三杰
字有謨
生於道光廿二
年二月廿四日
戌時
娶 氏

二　一　至

珉琦次子

三畬

字乃畬

生於咸豐七年
丁巳九月廿八
日申時
娶唐氏
顯明公女
生於咸豐十一
年辛酉五月初
六日酉時

二　五　世

觀瓏長子 三聘 字帛來

觀璠長子 三巽 字治年

陳氏合修宗譜　卷十一　十一郎子庭公鯤池世系　三二　[illegible]堂

二 一 至

觀瑚長子
二厚
字
生於咸豐八年
戊午八月廿九
日卯時
娶 氏

觀瑞嗣子
二畏

二　一　世

字

生於咸豐六年

丙辰五月廿二

日申時

娶　氏

觀善長子

三英

字

生於咸豐三年

癸丑九月廿一

日午時

陳氏合修宗譜　卷十二　十一郎千庭公鯤池世系　三三　[illegible]全堂

四　　　　五　　　　六

娶　氏

觀雲之子

三熹

字德基

生於咸豐六年丙辰九月初四日酉時

娶　氏

陳氏合修宗譜　卷十一　十一郎于庭公鯤池世系　三四　[illegible]

觀繹長子

二三 毅

字養賢

生於咸豐七年丁巳十二月初七日酉時

娶葉氏

生於咸豐八年戊午八月廿五日未時

五世

觀祥之子

三翰

字義生

生於道光廿四年甲辰十二月十九日亥時

十六世

十七世

文光三子

公陞

字芳遠

生於康熙五十五年丙申二月初二日巳時

歿於乾隆四十五年庚子七月初六日寅時葬安鄉十三都護仙坑尾長坑嶺坳上乙辛兼辰戌

妣謝氏

倫仲公女

十八世

公陞長子

德寬

生於乾隆十一年丙寅十二月初三日酉時

歿於嘉慶十六年辛未閏三月初十日亥時

葬泰鄉七都下竹塅茶山裡屋側蛇形丁癸兼午子

妣邱氏

生於乾隆九年甲子十一月初

十九世

德寬之子

規鍠

字竭華

生於乾隆三十九年甲午九月十八日戌時

歿於道光十二年壬辰閏九月初六日酉時葬泰鄉七都下竹塅茶山裡屋側虎形丁癸兼午子

妣何氏

秀榮公女

二十世

規鍠長子

觀美

字彥儒

生於嘉慶十六年辛未閏三月初四日申時

歿於道光十四年甲午九月初二日巳時葬泰鄉七都下竹塅茶山裡宅後艮上獅形

妣凌氏

道榮公女

生於道光十五

十 廿 至

生於雍正九年
辛亥三月初六
日辰時
歿於嘉慶十四
年己巳正月二
十日寅時葬與
夫合墓
生子四
德寬
常
濟
廣
生女六
長適張子玉
次適許達三
三適蕭茂蘭
四適邱提芹
五適黃添珮

六日子時
歿於嘉慶二十
年乙亥正月十
一日酉時葬安
鄉十三都蘐仙
坑尾長坑嶺塋
背田壠尾溝上
瀏形除塋之外
上下左右各三
丈
生子一
規鍠
生女二
長適吳發珍
次適曹煥亮
公陞次子

生於乾隆四十
七年壬寅十二
月初二日未時
歿於咸豐十一
年辛酉十一月
十六日卯時葬
泰鄉七都下竹
𢯱茶山裡屋側
庚甲兼酉卯
生子二
觀美
觀沚
生女三
長適鍾遠龍
次適饒惟華
三適周習昭
德常長子

年庚午正月十
五日酉時
規鍠次子
觀沚
字靜秋
號應三
生於道光三年
癸未三月初一
日未時
配謝氏
振東公女
生於道光十年
庚寅五月初十
日卯時

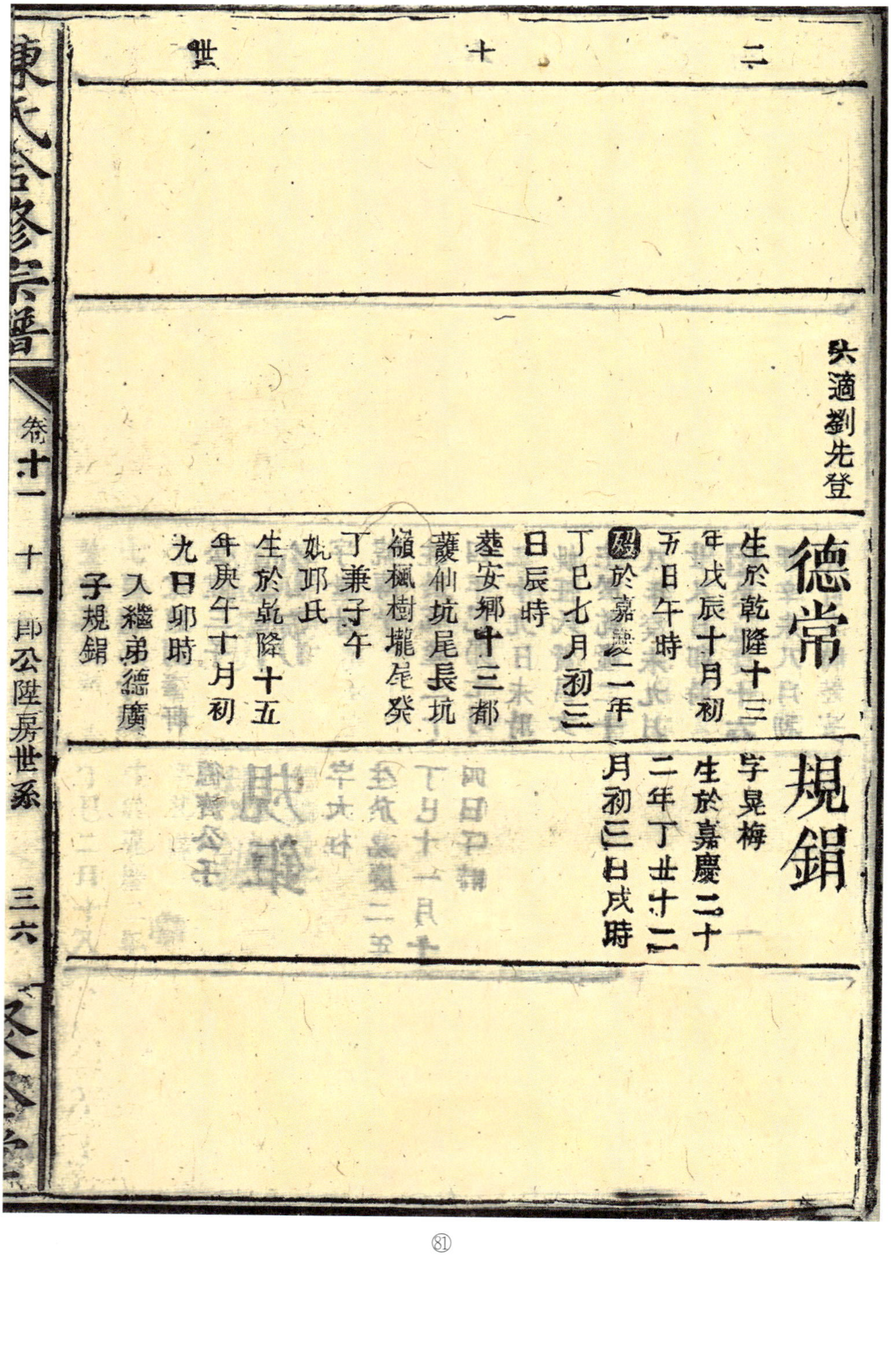

二十世

女適劉先登

德常

生於乾隆十三年戊辰十月初五日午時歿於嘉慶二年丁巳七月初三日辰時塟安鄉十三都蘐仙坑尾長坑嶺楓樹壠尾癸丁兼子午

妣鄧氏

生於乾隆十五年庚午十一月初九日卯時

入繼弟德廣子規錫

規錫

字晃梅

生於嘉慶二十二年丁丑十二月初三日戌時

陳氏合修宗譜　卷十一　十一郎公陞房世系　三六

⑧1

十六

生女二
長適鄒奇振
次適劉肇軒

公陞三子
德濟
字世才
號博亭
生於乾隆二十
四年己卯七月
二十九日未時
妣任氏賢昌女
生於乾隆二十
八年癸未九月
廿八日卯時
歿於嘉慶十六
年辛未八月初
九日亥時葬安

德濟公子
規鉅
字大柱
生於嘉慶二年
丁巳十一月十
四日午時

二十世

鄉十三部護仙
坑上蓬屋對門
丁癸兼午子
又淩氏度衡女
生於乾隆四十
五年九月二十
七日未時
生子
規鉅
生女二
長適黃有明
次適游本立

癸附四子
德廣
生於乾隆三十
七年壬辰五月
廿二日辰時

德廣長子
規鐮
字其感
生於嘉慶二年
丁巳二月十八

陳氏合修宗譜 卷十一 十一郎公陞房世系 三七 ……堂

十 六 至

妣何氏紹珂女
生於乾隆四十
三年戊戌十月
十三日子時
生子四
規鏕
銓 鎮 鋗
出繼兄德常
為嗣
生女三
長適鍾振麟
次適徐建轍
三適黃文瀾

日卯時
德廣次子

規銓

字殿臣
生於嘉慶八年
癸亥二月初一
日申時
妣謝氏振德女
生於嘉慶八年
癸亥四月初三
日戌時
德廣公三子

規鎮

字敦九
生於嘉慶十年
乙丑五月初七

按　语

义宁怀远陈姓合修宗谱首修于嘉庆十九年(1814),主持其事者为义宁怀远陈姓最早获得贡生功名的陈光祖及其家族“双溪陈家”。这次联宗的范围较小,只有属于十八郎公系统的三四支(义宁怀远陈姓的族源出自于闽粤赣客家陈姓的始祖魁公。魁公生育五子:崑、崙、嵩、岳、峰,后人称“五山”。峰公传十二世有中兴公,生子十八,称十八郎公),由于嘉庆谱迄今没有发现,故无竹塅陈家的世系资料。

道光二年(1822),竹塅陈家主导了第二次联宗修谱,至道光八年完成,共印大型谱式58部。但存世极少,只发现卷首一册和世系一两册,未发现竹塅陈家世系册。二修谱所联络的宗亲仍以十八郎公系统为主体,共十支。

咸、同之际,竹塅陈家和令公洞陈家(陈文凤家族)主导了第三次联宗修谱。三修谱吸纳的分支仍以峰公名下十八郎公系统为主,旁及嵩公名下几支,共二十四支,突破了峰公支裔的范围。三修谱共印120部,存世稍多,且有全套。因此本书所录陈寅恪家族世系史料,只能从同治二年三修谱开始。

民间常见的宗谱世系册体例样式,多为欧式(欧阳修)和苏式(苏轼)。欧式的特点是直系父子,横联兄弟,每页分五栏即五代,民间称为“五世同堂谱”。由于这种谱式是以“房”为标志来连缀本族成员的,所以不熟悉这个宗族房支情况的人要查找自己所需要的人物资料非常困难,茫无头绪。由于要把一房成员的上五代载录完再载录下五代,当这一房的第三、四、五代的人数较多时,第一、二、三代即第一、二、三栏就会出现大量空格,因此,欧式谱颇浪费纸张。

义宁怀远陈姓三修谱世系即采用欧式,光绪二十一年四修谱发现了欧式谱的问题,改为欧式、苏式相结合。关于苏式谱世系的优点,在民国九年五修谱世系册中再介绍。

本书所录同治二修谱、民国九年五修谱、民国三十二年六修谱的陈寅恪家族世系史料,本来只需录用同治、民国三十二年一头一尾的世系即可,但民国三十二年世系册缺失了陈克绳三个儿子陈规鈁、陈规镜、陈规镐的世系成员情况,只录四子陈规鋐(伟琳)一房的成员,为世系完整起见,故将民国九年的世系册一并录入。

光绪二十一年四修宗谱

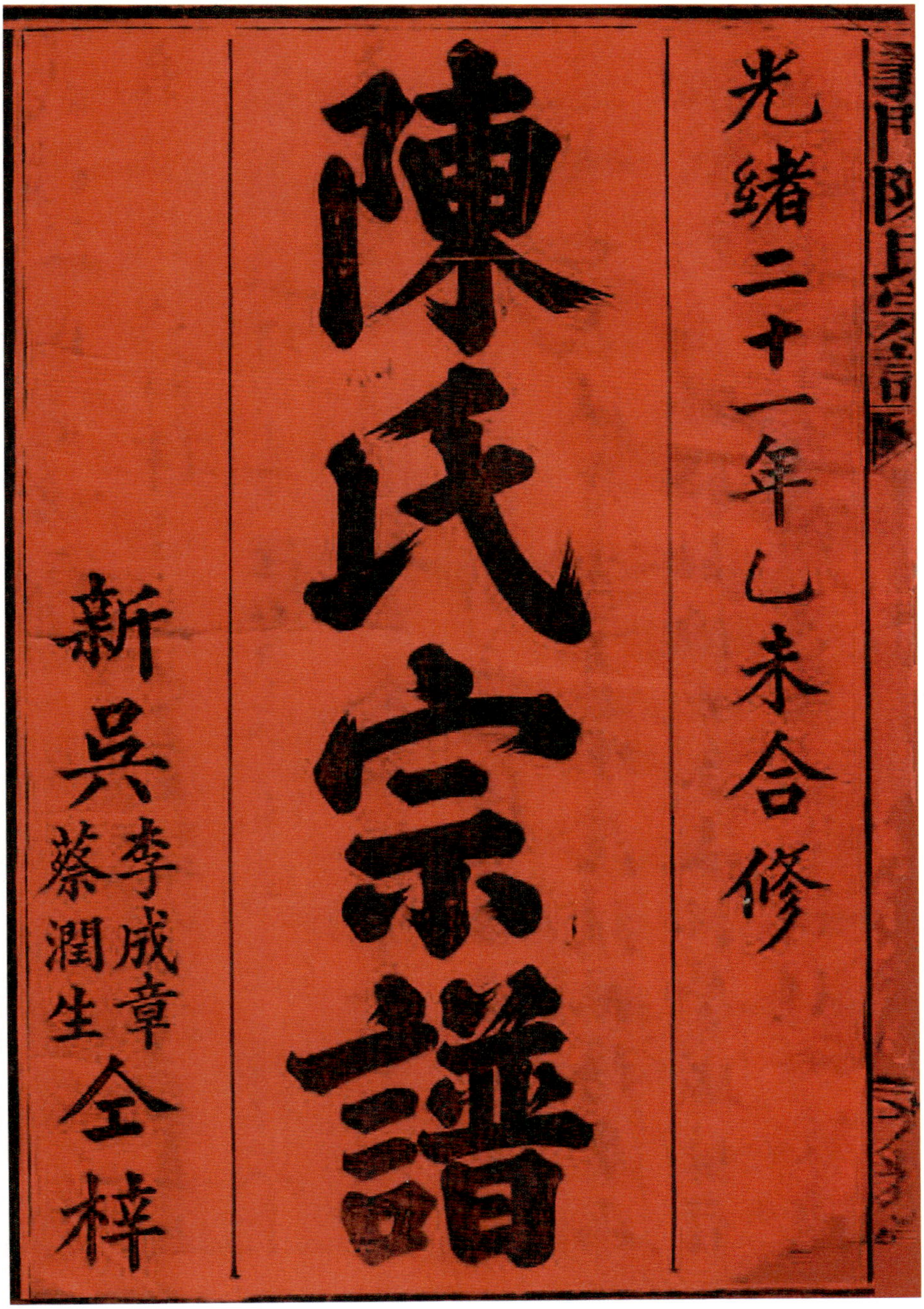
光緒二十一年乙未合修

陳氏宗譜

新吳李成章
蔡潤生仝梓

义门陈氏宗谱序

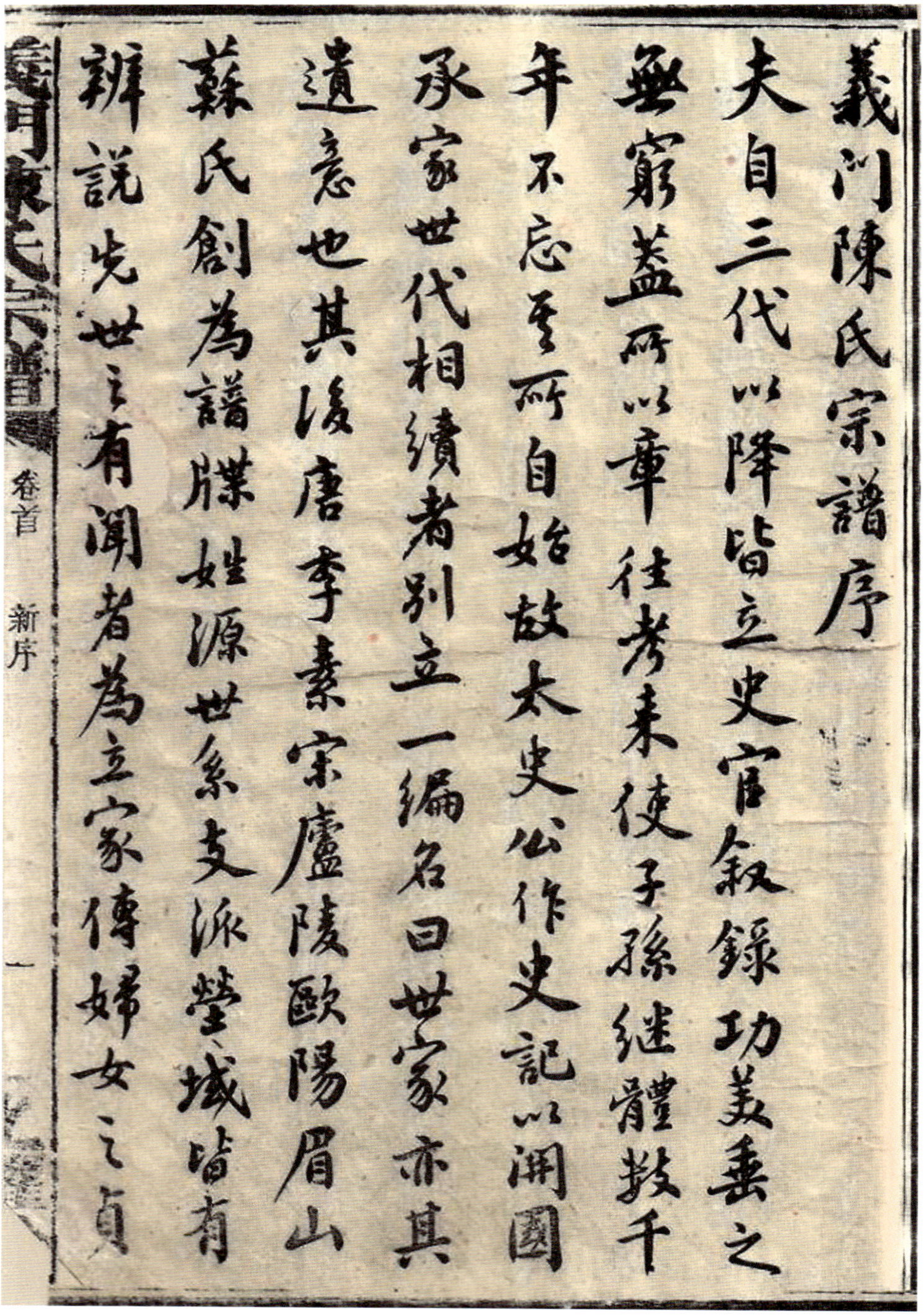

義門陳氏宗譜序

夫自三代以降皆立史官敘錄功美垂之無窮蓋所以章往考來使子孫繼體數千年不忘至所自始故太史公作史記以開國承家世代相續者別立一編名曰世家亦其遺意也其後唐李素宋廬陵歐陽眉山蘇氏創為譜牒姓源世系支派塋域皆有辨說先世之有聞者為立家傳婦女之貞

義門陳氏宗譜　卷首　新序　一

①

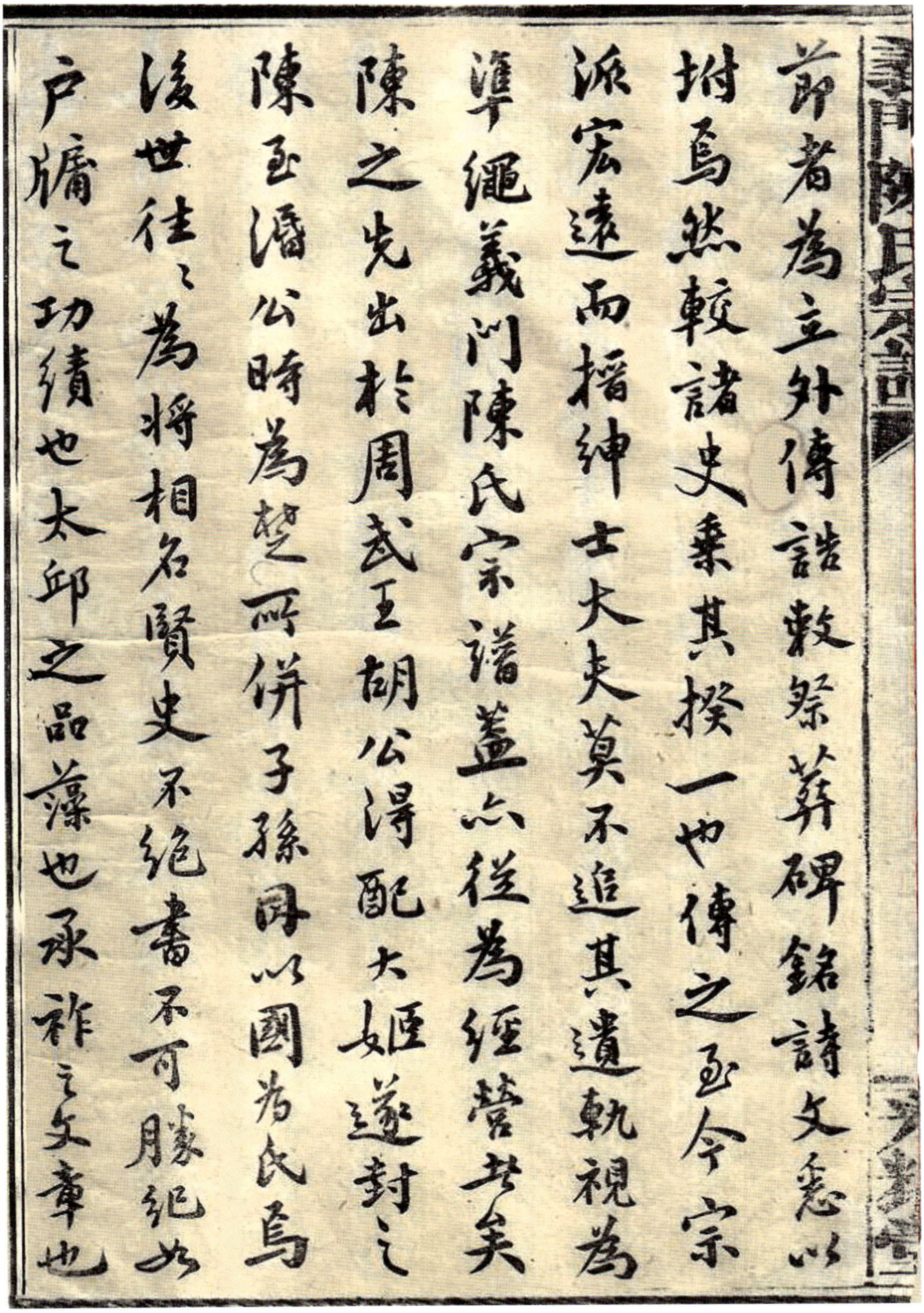

前者為立外傳誥敕祭葬碑銘詩文悉以
附焉然較諸史乘其揆一也傳之至今宗
派宏遠而搢紳士大夫莫不追其遺軌視為
準繩義門陳氏宗譜蓋亦從為經營者矣
陳之先出於周武王胡公滿配大姬遂封之
陳至湣公時為楚所併子孫因以國為氏焉
後世往往為將相名賢史不絕書不可勝紀如
户牖之功績也太邱之品藻也承祚之文章也

②

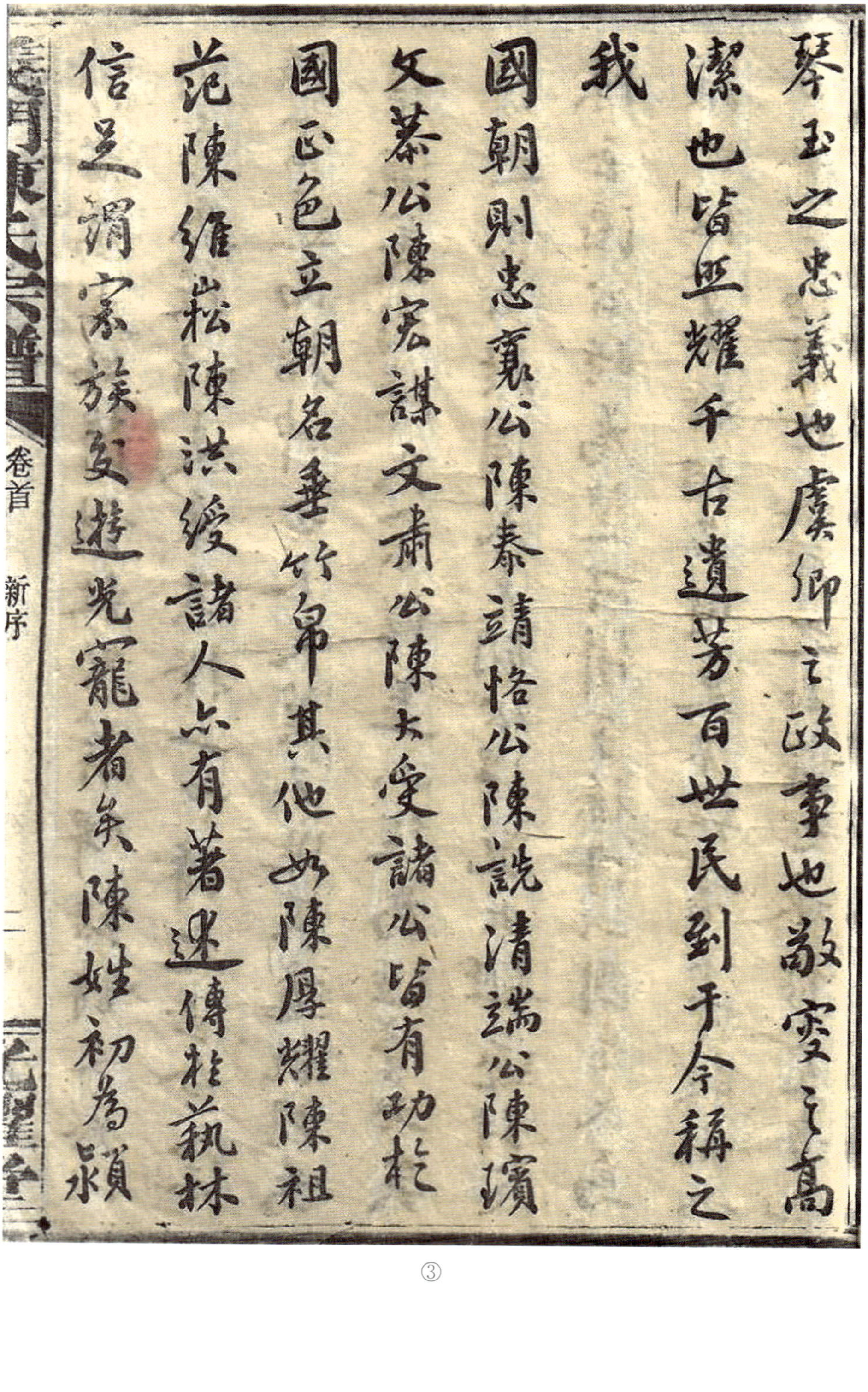

琴玉之忠義也虞卿之政事也敬變之高
潔也皆照耀千古遺芳百世民到于今稱之
我
國朝則忠襄公陳泰靖恪公陳詵清端公陳璸
文恭公陳宏謀文肅公陳大受諸公皆有勛於
國正色立朝名垂竹帛其他如陳厚耀陳祖
范陳維崧陳洪綬諸人亦有著述傳於藝林
信足謂家族變遷光寵者矣陳姓初爲潁

卷首 新序

③

川人後居德安宗有魁公者乃遷於汀州其子
嵩峯復遷于粵于楚于江右至
國朝始遷于江右之甯州遂以家焉其三十世
孫　鳴岡明府以名進士宦遊閩省卓有政聲
後致仕歸遂不復出咸豐辛亥嘗与右銘
方伯修定家譜因亂散佚越數載復廣搜
博訪得其本末相率為編至同治癸亥方有
成書迄今又三十餘年矣宗支繁興散於

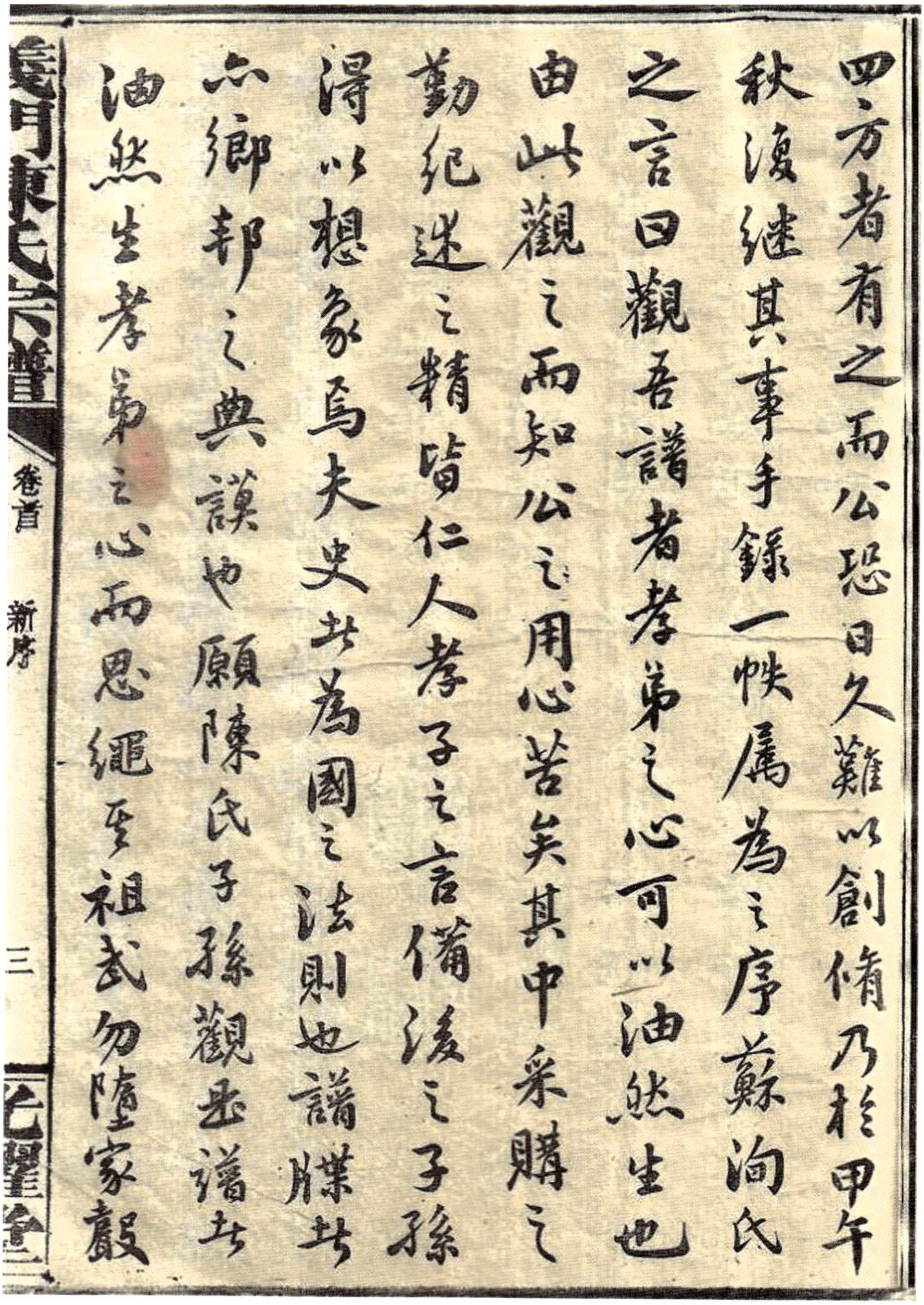
四方者有之而公恐日久難以創脩乃於甲午
秋復繼其事手錄一帙屬為之序蘇洵氏
之言曰觀吾譜者孝弟之心可以油然生也
由此觀之而知公之用心苦矣其中采購之
勤紀述之精皆仁人孝子之言備後之子孫
得以想象焉夫史者為國之法則也譜牒者
亦鄉邦之典謨也願陳氏子孫觀斯譜者
油然生孝弟之心而思繩其祖武勿墮家聲

義寧陳氏宗譜　卷首　新序　三　光裕堂

⑤

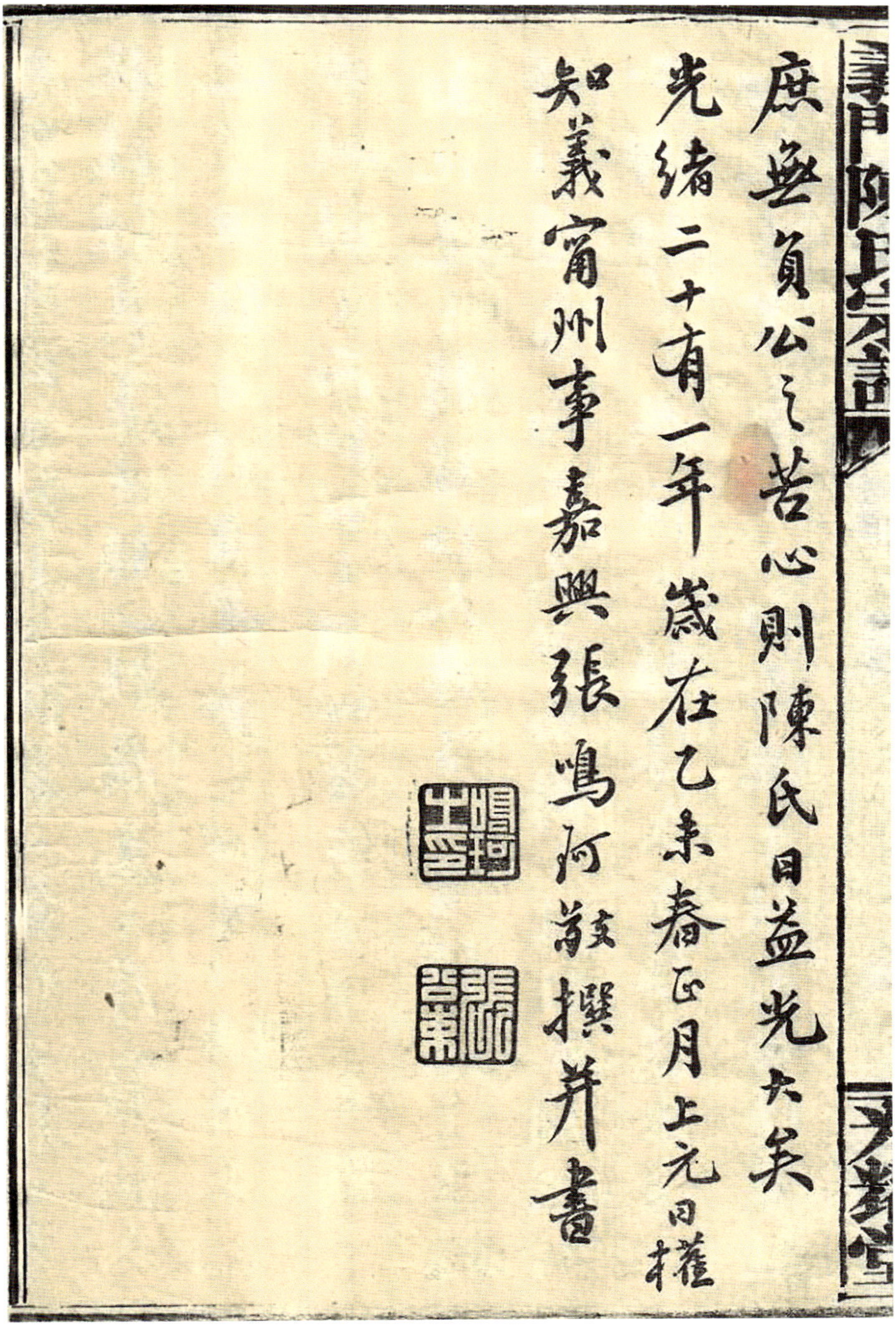
庶無負公之苦心則陳氏日益光大矣
光緒二十有一年歲在乙未春正月上元日權
知義甯州事嘉興張鳴珂敬撰并書

⑥

校 录

义门陈氏宗谱序

夫自三代以降，皆立史官，叙录功美，垂之无穷。盖所以章往考来，使子孙继体数千年，不忘其所自始。故太史公作《史记》，以开国承家，世代相续者别立一编，名曰世家，亦其遗意也。其后唐李素、宋庐陵欧阳、眉山苏氏创为谱牒，姓源、世系、支派、茔域皆有辨说。先世之有闻者为立家传，妇女之贞节者为立外传。诰敕、祭葬、碑铭、诗文，悉以附焉，然较诸史乘，其揆一也。传之至今，宗派宏远，而缙绅士大夫，莫不追其遗轨，视为准绳。义门陈氏宗谱，盖亦从为经营者矣。

陈之先，出于周武王胡公，得配太姬，遂封之陈。至滑公时，为楚所并，子孙因以国为氏焉。后世往往为将相名贤，史不绝书，不可胜纪。如户牖之功绩也，太丘之品藻也，承祚之文章也，琴玉之忠义也，虞卿之政事也，敬叟之高洁也，皆照耀千古，遗芳百世，民到于今称之。我国朝则忠襄公陈泰、靖恪公陈诜、清端公陈瑸、文恭公陈宏谋、文肃公陈大受诸公，皆有功于国，正色立朝，名垂竹帛。其他如陈厚耀、陈祖范、陈维崧、陈洪绶诸人，亦有著述传于艺林，信足谓宗族交游光宠者矣。

陈姓初为颍川人，后居德安。宋有魁公者，乃迁于汀州，其子嵩、峰复迁于粤、于楚、于江右。至国朝始迁于江右之宁州，遂以家焉。其三十世孙鸣冈明府，以名进士官游闽省，卓有政声，后致仕归，遂不复出。咸丰辛亥，曾与右铭方伯修定家谱，因乱散佚。越数载复广搜博访，得其本末，相率为编，至同治癸亥方有成书，迄今又三十余年矣。宗支繁兴，散于四方者有之。而公恐日久难以创修，乃于甲午秋复继其事，手录一帙，属为之序。苏洵氏之言曰："观吾谱者，孝弟之心可以油然生也。"由此观之，而知公之用心苦矣。其中采购之勤，纪述之精，皆仁人孝子之言，备后之子孙得以想象焉。

夫史者为国之法则也，谱牒者亦乡邦之典谟也。愿陈氏子孙观是谱者，油然生孝弟之心，而思绳其祖武，勿堕家声，庶无负公之苦心，则陈氏日益光大矣。

光绪二十有一年岁在乙未春正月　上元日，权知义宁州事、嘉兴张鸣珂敬撰并书

义门陈氏宗谱叙

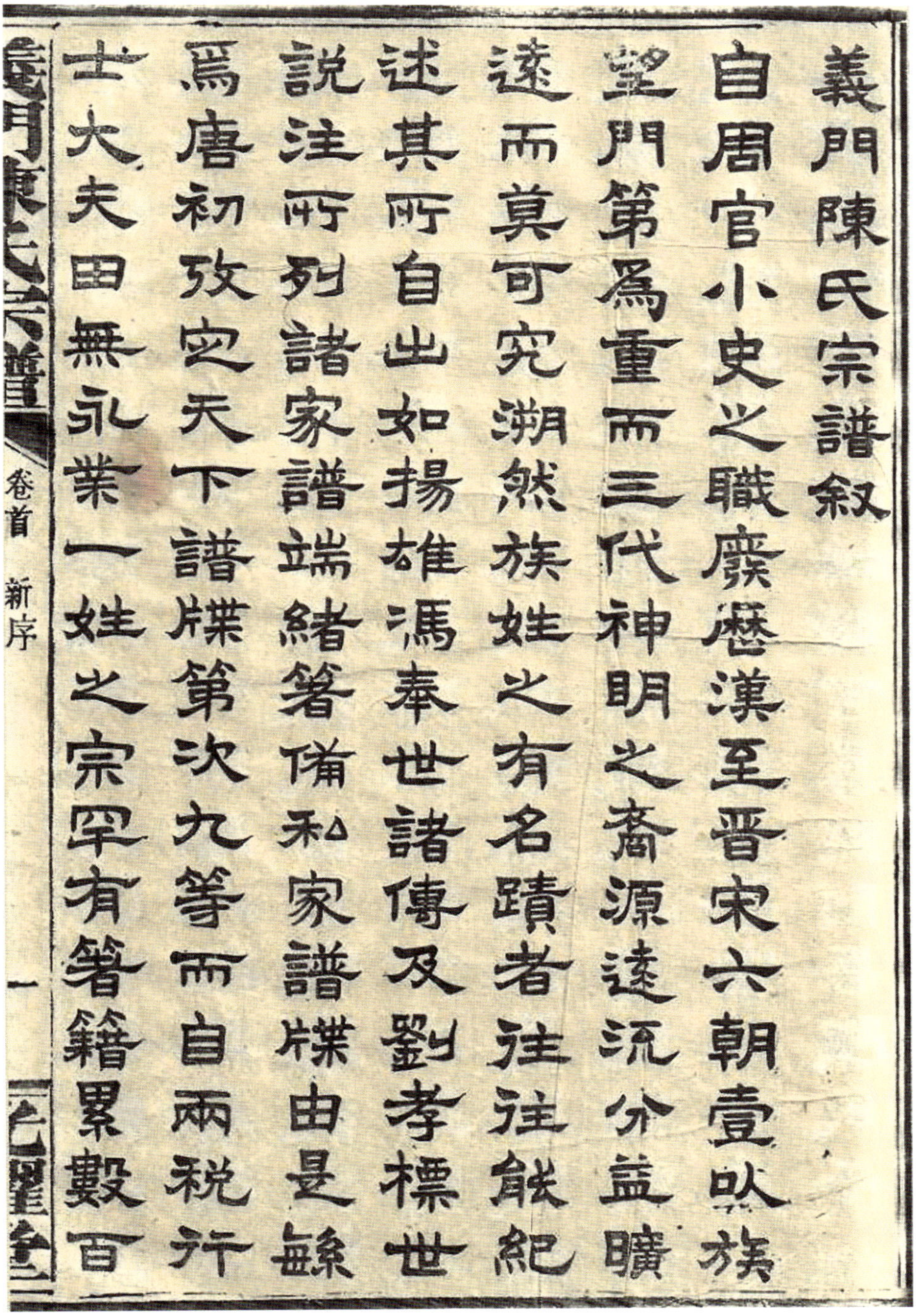

義門陳氏宗譜叙

自周官小史之職廢歷漢至晉宋六朝壹以族望門第爲重而三代神明之裔源遠流分益曠遠而莫可究溯然族姓之有名蹟者往往能紀述其所自出如揚雄馮奉世諸傳及劉孝標世説注所列諸家譜端緒箸備私家譜牒由是緐爲唐初攷定天下譜牒第次九等而自兩稅行士大夫田無永業一姓之宗罕有箸籍累數百

義門陳氏宗譜　卷首　新序　一

①

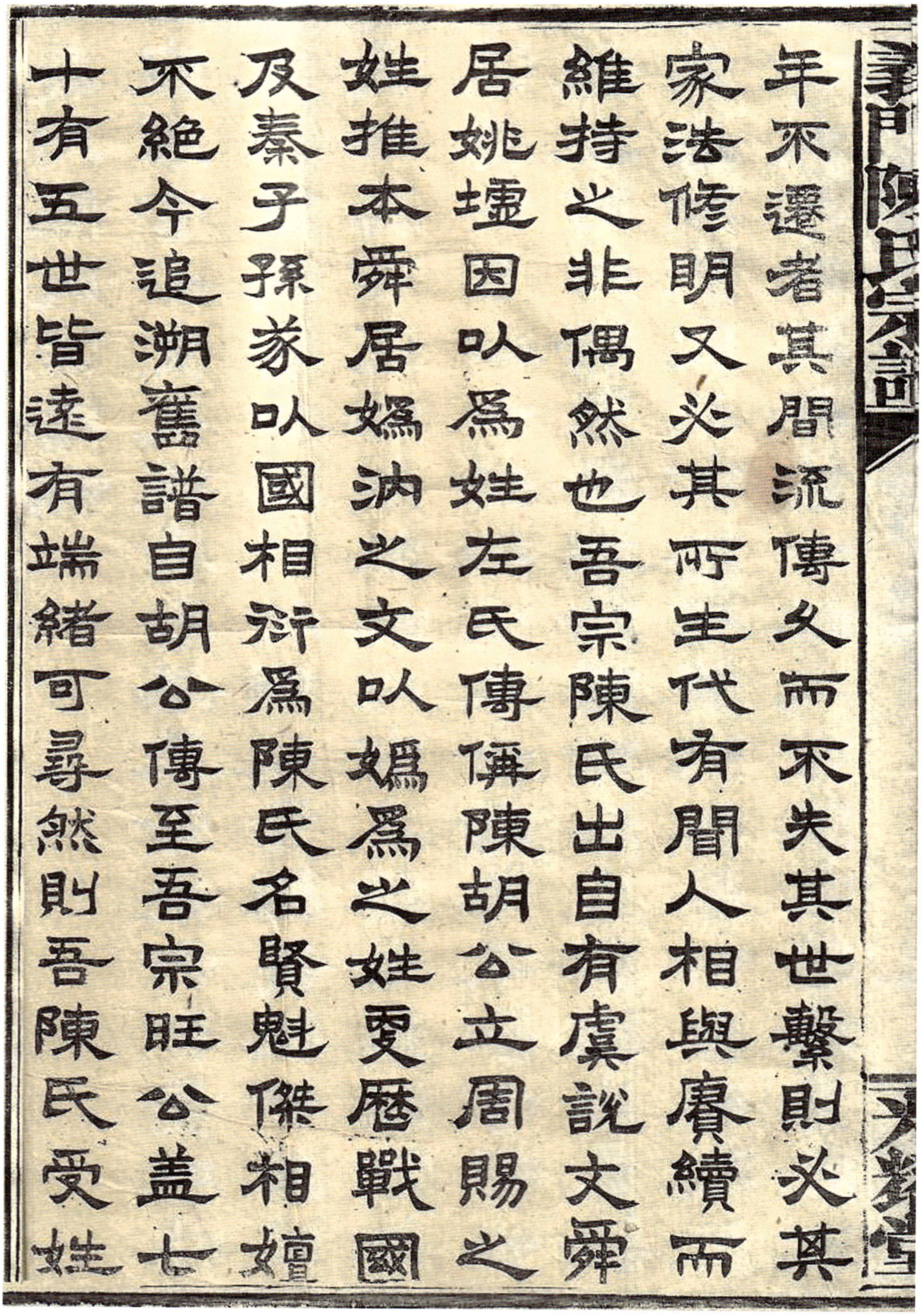

義門陳氏宗譜

年不遷者其間流傳久而不失其世繫則必其家法修明又必其所生代有聞人相與賡續而維持之非偶然也吾宗陳氏出自有虞說文舜居姚墟因以爲姓左氏傳稱陳胡公立周賜之姓推本舜居嬀汭之文以嬀爲之姓更歷戰國及秦子孫豢以國相衍爲陳氏名賢魁傑相嬗不絶今追溯舊譜自胡公傳至吾宗旺公蓋七十有五世皆遠有端緒可尋然則吾陳氏受姓

②

之由其源流固尤遠哉始陳氏在漢居潁川至文範先生而世益顯由是以潁川爲族望叟三十有二世至旺公箸籍江州即所稱義門陳氏也傳十世至宋進士曰魁公者實始挈眷九十七人自江州徙汀州爲入閩之始遷祖魁公子五人傳十一世乃復由閩播遷散處粵東江右楚南諸郡縣冢各以近代遷祖起一世吾義甯之宗十八郎公之後居多則魁公第五子峯公

③

裔也入　國朝嘉慶甲戌肇修譜牒至咸豐乙
卯三次纂修吾宗之長前福建安溪知縣文鳳
與寶箴實與其役迺合子姓之居義甯武甯奉
新三邑者證以宋時嘉祐譜條列而編輯之會
更寇亂至同治癸亥始竟厥緒迄今歲甲午距
前次編纂之期已三十餘載諸宗老復議續修
寶箴覊宦武昌安溪君宦成而歸以高年碩德
復總其成於是義門諸宗分處南昌奉新武甯

④

新昌及湖南瀏陽者各奉厥籍咸詣州祠相就
纂錄其於敬宗收族之誼推而益遠可謂盛矣
先是癸亥之役綜錄義芒奉三邑出于十八郎
公者還得十有六支他如贊公爵壽公暨魁公
第三子嵩公之裔如萬三郎者皆各詳所自始
分箸於編至是匯聚益衆支系益繁安溪君乃
慨然曰周禮小史掌邦國之志以定世繫辨昭
穆今雖合數邑子姓而為譜其始固皆魁公一

卷首 新序 三

人之身也而各據所遷祖爲宗將使昭穆莫辨於世次何繫焉於是參稽族屬遠近聯其紛而理其緒壹奉魁公義門初遷爲始祖各詳世次於表而後列縣之派別始犁然各得其序譜成郵書寶嚴屬敘其端維三代王者盡其心于民事至詳也二千餘年漸滅以盡獨存所謂宗法者雖傳世久遠猶得循之以聯屬其族姓然余攬近世諸家譜牒世次訖及明以前者則口分

⑥

永業之制廢四民流散失職一更亂轉徙莫能紀者尤眾也吾宗垂二千年子姓猶有所據依以討論世派謂非義門之澤遠耶由今日上溯先人垂裕之艱思所以承之出不易禮曰宗以族得民得民者農工商及士大夫各盡其職以効其能而天下理也今其制雖不盡存則惟競競世守士農之業脩孝弟崇禮讓施之有序而推之無窮秀者蔚為亢宗之彥次亦奉當世之

法令不辱其先庶幾其有當也若徒以生聚之蕃衍侈其族之大其猶未足以延世澤㦲爰書以諗族之人

誥授光祿大夫

賞戴花翎頭品頂戴直隸布政使司布政使義門江州莊三十三世裔孫寶箴謹譔

光緒二十年冬月山陰族裔治敬書

⑧

校录

义门陈氏宗谱叙

自《周官》小史之职废，历汉至晋宋六朝，壹以族望门第为重。而三代神明之裔，源远流分，益旷远而莫可究溯。然族姓之有名迹者，往往能纪述其所自出，如《扬雄》、《冯奉世》诸传及刘孝标《世说注》所列诸家谱，端绪著备，私家谱牒由是繁焉。唐初考定天下谱牒，第次九等。而自两税行，士大夫田无永业，一姓之宗，罕有著籍累数百年不迁者。其间流传久而不失其世系，则必其家法修明，又必其所生代有闻人，相与赓续而维持之，非偶然也。

吾宗陈氏，出自有虞。《说文》："舜居姚墟，因以为姓。"《左氏传》称：陈胡公立，周赐之姓。推本舜居妫汭之文，以妫为之姓。更历战国及秦，子孙遂以国相衍为陈氏，名贤魁杰，相嬗不绝。今追溯旧谱，自胡公传至吾宗旺公，盖七十有五世，皆远有端绪可寻。然则吾陈氏受姓之由，其源流固尤远哉！始陈氏在汉居颍川，至文范先生而世益显，由是以颍川为族望。更三十有二世至旺公，著籍江州，即所称义门陈氏也。传十世至宋进士曰魁公者，实始挈眷九十七人，自江州徙汀州，为入闽之始迁祖。魁公子五人，传十一世，乃复由闽播迁，散处粤东、江右、楚南诸郡县，遂各以近代迁祖起一世。

吾义宁之宗十八郎公之后居多，则魁公第五子峰公裔也。入国朝，嘉庆甲戌肇修谱牒，至咸丰乙卯三次纂修。吾宗之长，前福建安溪知县文凤与宝箴实与其役。乃合子姓之居义宁、武宁、奉新三邑者，证以宋时嘉祐谱条列而编辑之。会更寇乱，至同治癸亥，始竟厥绪。迄今岁甲午，距前次编纂之期已三十余载，诸宗老复议续修。宝箴羁宦武昌，安溪君宦成而归，以高年硕德复总其成。于是义门诸宗，分处南昌、奉新、武宁、新昌及湖南浏阳者，各奉厥籍，咸诣州祠，相就纂录。其于敬宗收族之谊，推而益远，可谓盛矣！

先是癸亥之役，综录义、武、奉三邑出于十八郎公者，还得十有六支。他如贽公、爵寿公暨魁公第三子嵩公之裔如万三郎者，皆各详所自，始分著于编。至是汇聚益众，子孙益繁。安溪君乃慨然曰："《周礼》，小史掌邦国之志，以定世系，辨昭穆。今虽合数邑子姓而为谱，其始固皆魁公一人之身也。而各据所迁祖为宗，将使昭穆莫辨，于世次何系焉？"于是参稽族属远近，整其纷而理其绪，壹奉魁公义门初迁为始祖，各详世次于表。而后列县之派别，始犁然各得其序。谱成，邮书宝箴，属叙其端。

维三代王者尽其心于民事至详也。二千余年澌灭以尽，独存所谓宗法者，虽传世久远，犹得循之以联属其族姓。然余揽近世诸家谱牒，世次匙及明以前者，则口分永业之制废，四民流散失职一，更乱转徙，莫能纪者尤众也。吾宗垂二千年，子姓犹有所据依以讨论世派，谓非义门之泽远耶？由今日上溯先人垂裕之艰，思所以承之之不易。《礼》曰："宗以族得民。”得民者，农工商及士大夫各尽其职，以效其能，而天下理也。今其制虽不尽存，则惟兢兢世守受士农之业，修孝弟，崇礼让，施之有序而推之无穷。秀者蔚为亢宗之彦，次亦奉当世之法，令不辱其先，庶几其有当也。若徒以生聚蕃衍侈其族之大，其犹未足以延世泽哉！爰书以谂族之人。

诰授光禄大夫、赏戴花翎、头品顶戴、直隶布政使司布政使、义门汀州庄三十三世裔孙宝箴谨撰，光绪二十年冬月山阴族裔治敬书

义门陈氏宗谱跋

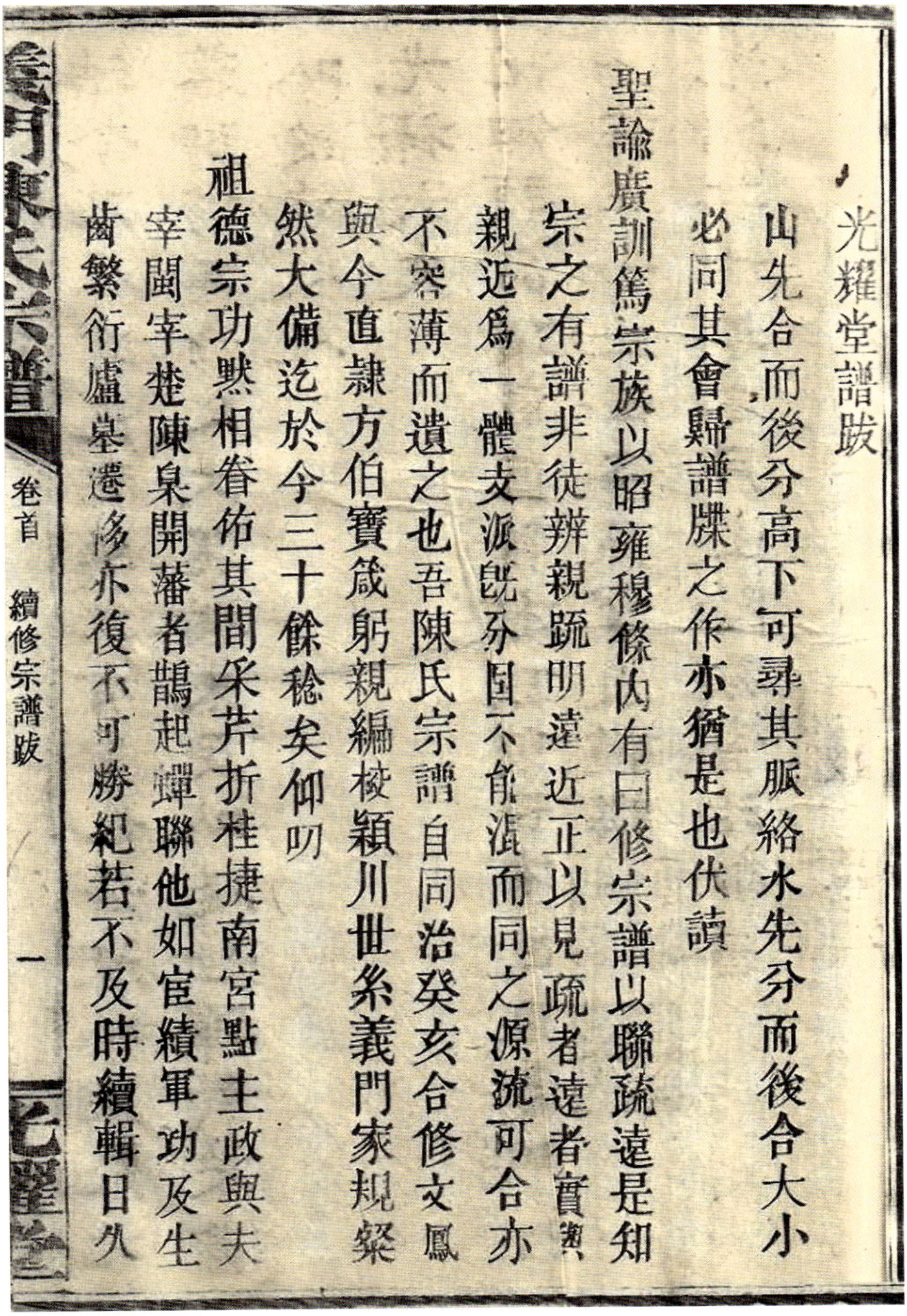

光耀堂譜跋

山先合而後分高下可尋其脈絡水先分而後合大小必同其會歸譜牒之作亦猶是也伏讀

聖諭廣訓篤宗族以昭雍穆條内有曰修宗譜以聯疏遠是知宗之有譜非徒辨親疏明遠近正以見疏者遠者實與親近爲一體支派既分固不能泯而同之源流可合亦不容薄而遺之也吾陳氏宗譜自同治癸亥合修文鳳與今直隸方伯寶箴躬親編校穎川世系義門家規粲然大備迄於今三十餘稔矣仰叨

祖德宗功黙相眷佑其間采芹折桂捷南宮黜主政與夫宰閫宰楚陳臬開藩者鵲起蟬聯他如宦績軍功及生齒繁衍廬墓遷移亦復不可勝紀若不及時續輯日久

義門陳氏宗譜　卷首　續修宗譜跋　一　光耀堂

①

遺忘勢將茫然而莫從稽考韓子曰莫爲之前雖美弗
彰莫爲之後雖盛弗傳此物此志也光緒壬辰冬烝之
期合族父老雲集議將譜牒重修詢謀僉同於是梓單
傳佈設局州祠顏曰光耀堂蓋取光遠而有耀也凡義
門諸宗散處吾州八鄉及接壤之奉新武甯南昌新昌
瀏陽者各持譜藁來州就正查各譜所編爲一世者或
始梅山或始萬三郎或始贇公而中興公十八子則又
不始於中興而各始其子十八郎起世之先後不同支
派之尊卑迥異其奚以明世系辨昭穆乎前此聚奎堂
譜中議俟重修更正茲偕編校諸君沿流溯源梅山與
萬三郎皆嵩公裔贇公與十八郎皆峯公裔嵩峯二公
則宋進士魁公之子也魁以義門分莊挈眷入閩今進

②

第一世正合先賢所謂初遷爲始祖以告於
神咨於衆商之　方伯胥以爲然蓋準諸朱子宗圖遺意
也譜式向從歐體宜序父子橫列兄弟非不脈絡分明
究不若参合蘇體前圖世系以詳支派後編世次以備
紀載視前譜尤簡而明其按支分圖依圖分載者以族
衆支繁丁餘六千卷帙三十總圖總編難於披覽也至
各支故牒間有殘失脈絡不貫者姑且闕疑以俟異日
考證謹據來藁編其近代世系分附於後斷不敢謬爲
綴合致蹈誣祖之戾嘗慨世之爲譜者錄親近而遺疎
遠譜或數乘數十乘僅及其一家一鄉而止一旦罹兵
革遭水火或致轉徙他鄉逃亡散佚往往有問其高曾
祖考而不能舉其名者至祖宗之生沒配葬里居邱壟

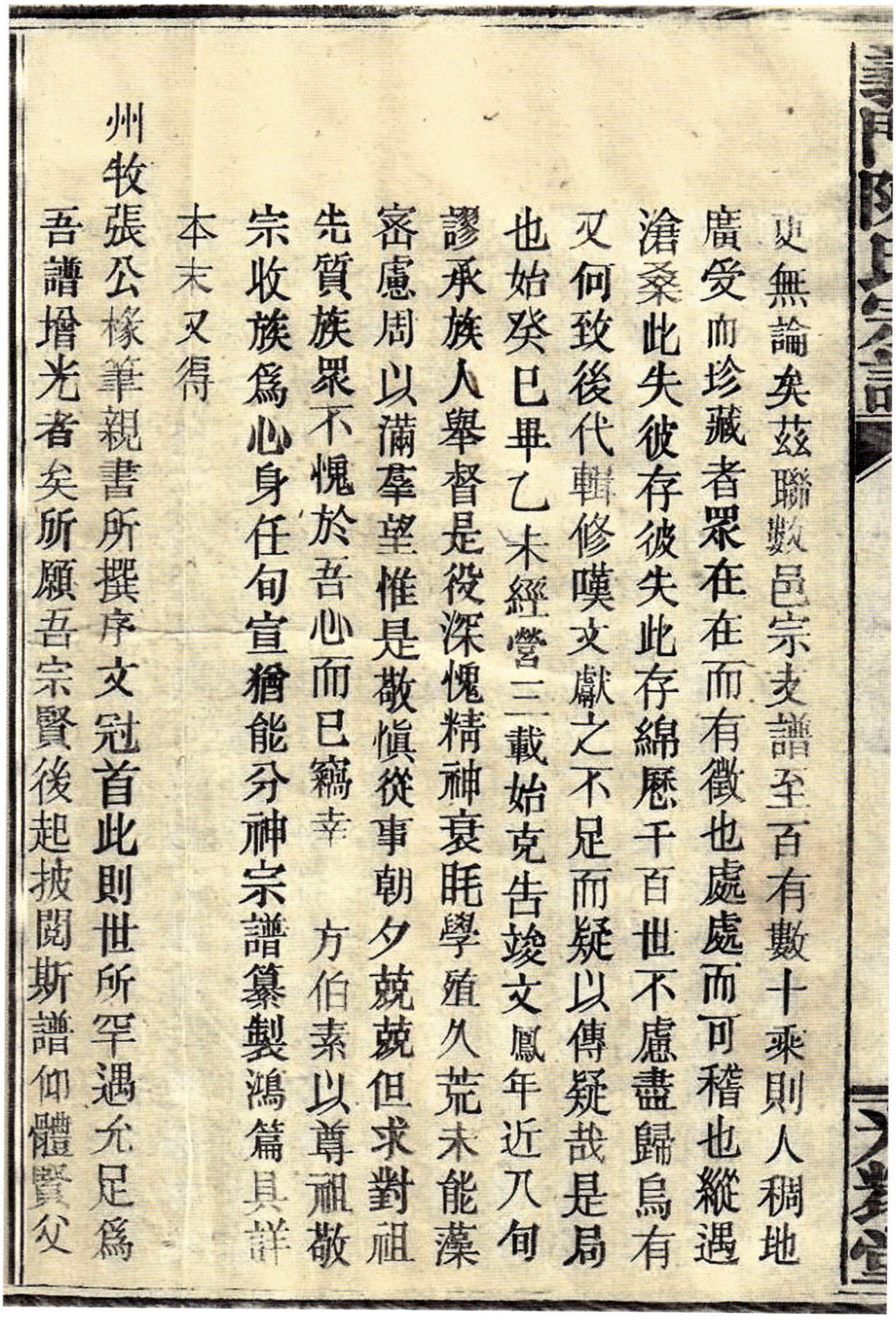
支無論矣茲聯數邑宗支譜至百有數十乘則人稱地
廣愛而珍藏者眾在在而有徵也處處而可稽也縱遇
滄桑此失彼存彼失此存綿歷千百世不慮盡歸烏有
又何致後代輯修嘆文獻之不足而疑以傳疑哉是局
也始癸巳畢乙未經營三載始克告竣文鳳年近八旬
謬承族人舉督是役深愧精神衰耗學殖久荒未能藻
密慮周以滿羣望惟是敬慎從事朝夕兢兢但求對祖
先質族眾不愧於吾心而已竊幸　方伯素以尊祖敬
宗收族爲心身任旬宣猶能分神宗譜纂製鴻篇具詳
本末又得
州牧張公椽筆親書所撰序文冠首此則世所罕遇允足爲
吾譜增光者矣所願吾宗賢後起披閱斯譜仰體賢父

④

母雖望守義門之令範而修已以敬修禮以耕修其孝
弟忠信以爲黼黻文章行見修之家者獻之廷天之申
祐於光遠堂者方興未艾然則所以亢宗光族丕振義
門家聲者豈惟是譜牒之修云爾哉至於編修監修校
對書錄提調分理以及經理出入諸君子與有勤勞具
列芳名於簡端茲不復贅

光緒二十一年歲次乙未中夏

賜進士出身
誥授朝議大夫陞用清軍府歷任福建松溪安溪等縣知縣
加五級記大功二次庚午科福建鄉試同考試官

魁公三十世嗣孫文鳳薰沐敬跋

校 录

光耀堂谱跋

山先合而后分，高下可寻其脉络；水先分而后合，大小必同其会归。谱谍之作，亦犹是也。伏读《圣谕广训》“笃宗族以昭雍穆”条内有曰：“修宗谱以联疏远。”是知宗之有谱，非徒辨亲疏、明远近，正以见疏者、远者实与亲、近为一体。支派既分，固不能混而同之；源流可合，亦不容薄而遗之也。

吾陈氏宗谱，自同治癸亥合修，文凤与今直隶方伯宝箴躬亲编校，颍川世系、义门家规，粲然大备，迄于今三十余稔矣。仰叨祖德宗功默相眷佑，其间采芹折桂、捷南宫、点主政与夫宰闽、宰楚、陈臬开藩者，鹊起蝉联；他如宦绩军功及生齿繁衍、庐墓迁移，亦复不可胜纪。若不及时续辑，日久遗忘，势将茫然而莫从稽考。韩子曰：“莫为之前，虽美弗彰；莫为之后，虽盛弗传。”此物此志也。光绪壬辰冬烝之期，合族父老云集，议将谱牒重修，询谋佥同。于是梓单传布，设局州祠，颜曰“光耀堂”，盖取“光远而有耀”也。凡义门诸宗散处吾州八乡及接壤之奉新、武宁、南昌、新昌、浏阳者，各持谱稿来州就正。

查各谱所编为一世者，或始梅山，或始万三郎，或始贽公，而中兴公十八子则又不始于中兴，而各始其子十八郎。起世之先后不同，共派之尊卑迥异，其奚以奠世系、辨昭穆乎？前此聚奎堂谱中议俟重修更正，兹偕编校诸君沿流溯源：梅山与万三郎皆嵩公裔，贽公与十八郎皆峰公裔，嵩、峰二公则宋进士魁公之子也。魁以义门分庄，挈眷入闽，今进第一世，正合先贤所谓“初迁为始祖”。以告于神，咨于众，商之方伯，胥以为然。盖准诸《朱子宗图》遗意也。

谱式向从欧体，直序父子，横列兄弟，非不脉络分明，究不若参合苏体，前图世系，以详支派，后编世次，以备纪载，视前谱尤简而明。其按支分图、依图分载者，以族众支繁，丁余六千，卷余三十，总图总编，难于披览也。至各支故牒，间有残失、脉络不贯者，姑且阙疑，以俟异日考证；谨据来稿编其近代世系，分附于后，断不敢谬为缀合，至蹈诬祖之戾。

尝慨世之为谱者，录亲近而遗疏远，谱或数乘、数十乘，仅及其一家一乡而止，一旦罹兵革、遭水火，或致转徙他乡，逃亡散佚，往往有问其高曾祖考而不能举其名者。至祖宗之生没配葬、里居邱垄，更无论矣。兹联数邑宗支，谱至百有数十乘，则人稠地广，受而珍藏者众，在在而有征也，处处而可稽也。纵遇沧桑，此失彼存，彼失此存，绵历千百世，不虑尽归乌有，又何致后代辑修，叹文献之不足，而疑以传疑哉？

是局也，始癸巳，毕乙未，经营三载，始克告竣。文凤年近八旬，谬承族人举督是役，深愧精神衰眊、学殖久荒，未能藻密虑周，以满群望。惟是敬慎从事，朝夕兢兢，但求对祖先、质族众，不愧于吾心而已。窃幸方伯素以尊祖敬宗收族为心，身任旬宣，犹能分神宗谱，纂制鸿篇，具详本末。又得州牧张公椽笔亲书，所撰序文冠首，此则世所罕遇，允足为吾谱增光者矣。所愿吾宗贤后起披阅斯谱，仰体贤父母雅望，守义门之令范，而修己以敬，修礼以耕，修其孝弟忠信以为黼黻文章。行见修之家者献之廷，天之申祐于光远堂者方兴未艾，然则所以亢宗光族、丕振义门家声者，岂惟是谱牒之修云尔哉？

至于编修、监修、校对、书录、提调、分理以及经理出入诸君子，与有勤劳，具列芳名于简端，兹不复赘。

光绪二十一年岁次乙未中夏，赐进士出身，诰授朝议大夫，升用清军府，历任福建松溪、安溪等县知县，加五级，记大功二次，庚午科福建乡试同考试官，魁公三十世嗣孙文凤薰沐敬跋

陈鲲池夫妇诰敕

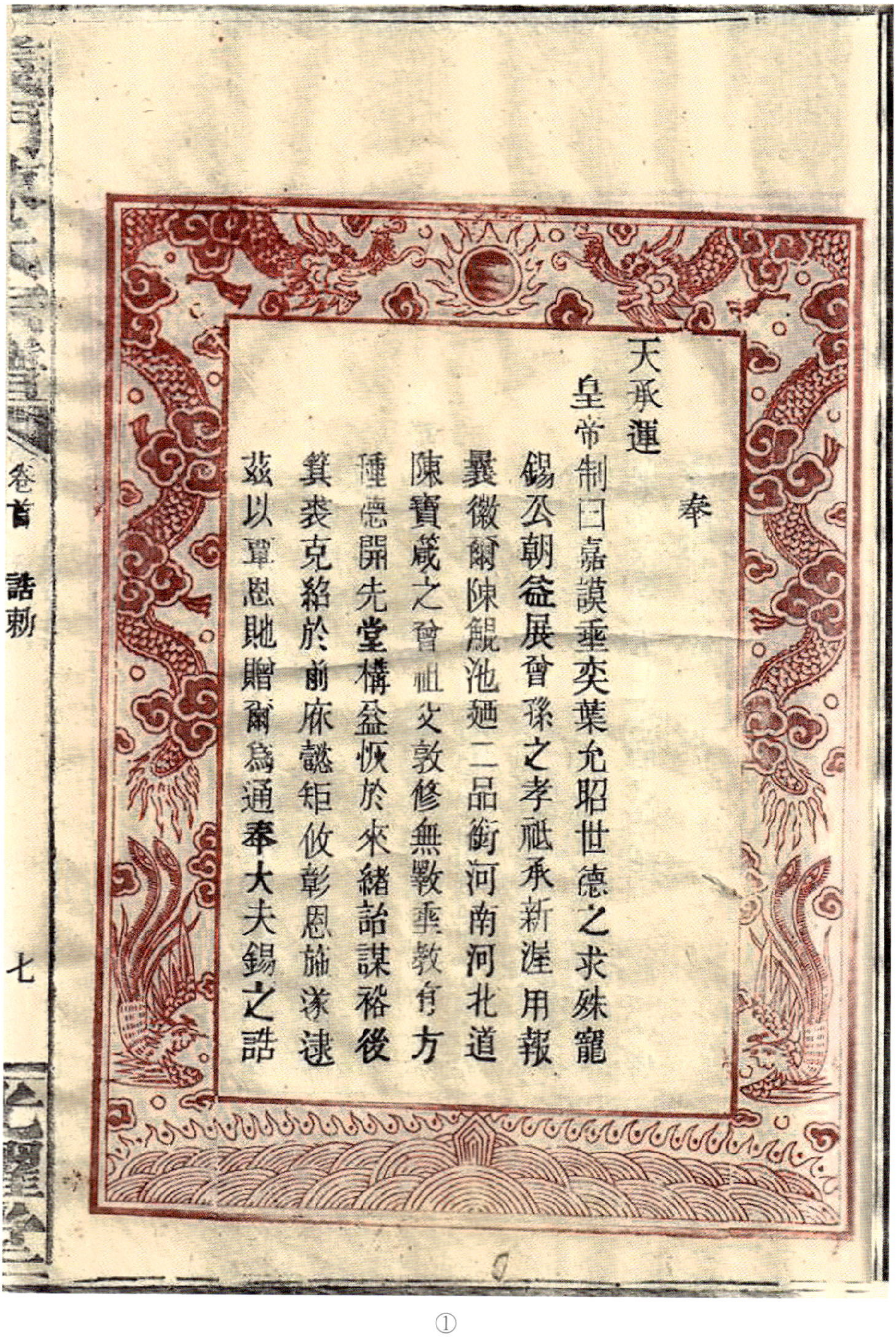

奉
天承運
皇帝制曰嘉謨垂奕葉允昭世德之求殊寵
錫公朝益展曾孫之孝祗承新渥用報
曩徽爾陳鯤池廼二品銜河南河北道
陳寶箴之曾祖父敦修無斁垂教有方
種德開先堂構益恢於來緒詒謀裕後
箕裘克紹於前庥懿矩攸彰恩施遂逮
茲以覃恩貤贈爾為通奉大夫錫之誥

卷首 誥勅 七

①

命於戲兩世其昌久聚德星之慶九原
可作永承褒命之榮國典洊膺家風益
振
制曰綏柔佐治寵既被於外僚貞順垂庥恩
聿推於母德特敷惠澤用播徽音爾何
氏廼二品銜河南河北道陳寶箴之曾
祖母肅雍可範令善堪模樹慈訓於後
昆爰著鍾祥之德傳素風於奕葉式彰
詒穀之謀允作母儀庸昭國典茲以覃

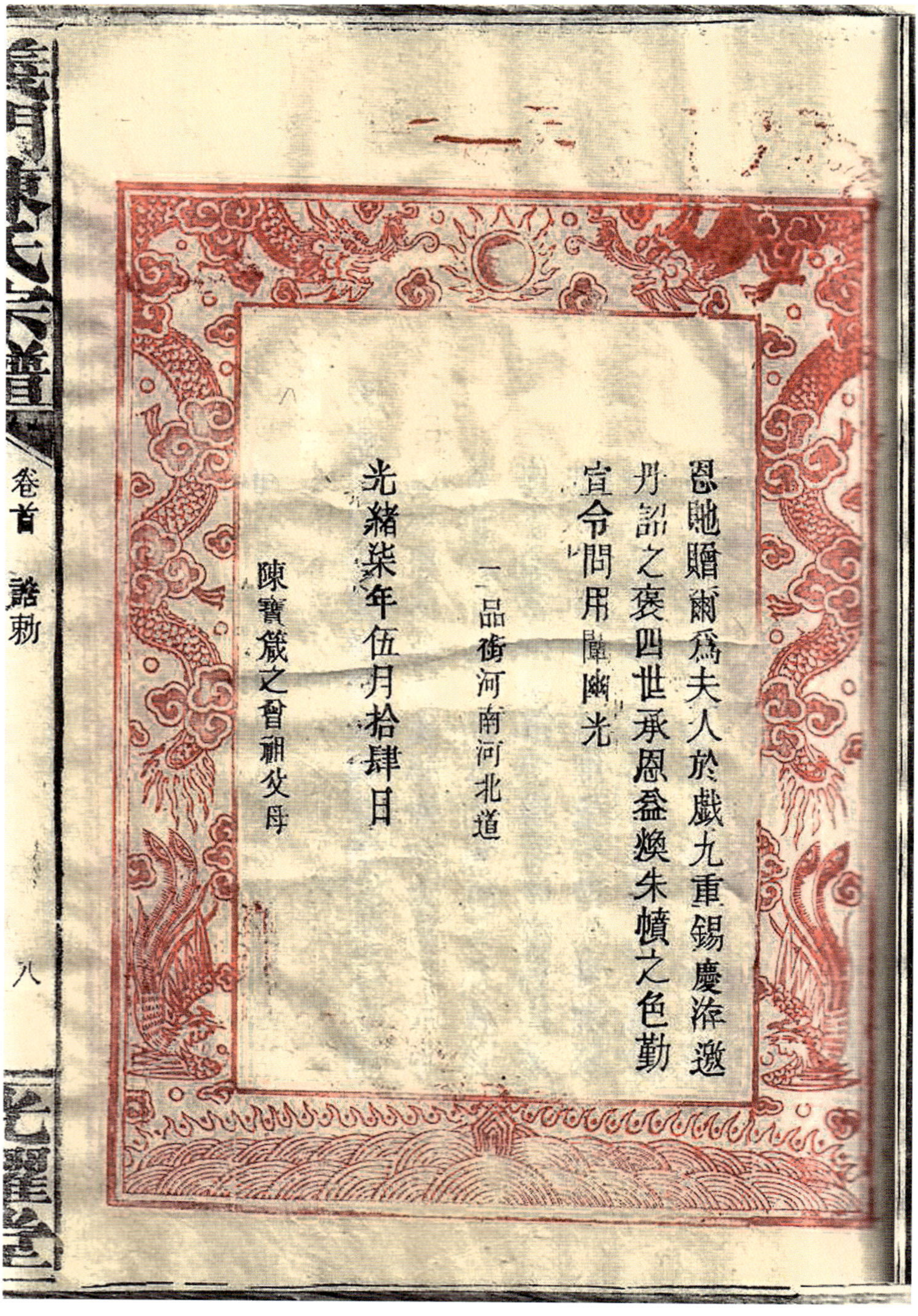

恩貤贈爾爲夫人於戲九重錫慶洊邀
丹詔之褒四世承恩益煥朱幩之色勤
宜令問用闡幽光
一品銜河南河北道
光緒柒年伍月拾肆日
陳寶箴之曾祖父母

③

校录

陈鲲池夫妇诰敕

奉天承运，皇帝制曰：嘉谟垂奕叶，允昭世德之求；殊宠锡公朝，益展曾孙之孝。祗承新渥，用报囊徽。尔陈鲲池乃二品衔河南河北道陈宝箴之曾祖父，敦修无斁，垂教有方。种德开先，堂构益恢于来绪；诒谋裕后，箕裘克绍于前庥。懿矩攸彰，恩施遂逮。兹以覃恩，貤赠尔为通奉大夫，锡之诰命。於戏！四世其昌，久聚德星之庆；九原可作，永承褒命之荣。国典荐膺，家风益振。

制曰：绥柔佐治，宠既被于外僚；贞顺垂庥，恩聿推于母德。特敷惠泽，用播徽音。尔何氏乃二品衔河南河北道陈宝箴之曾祖母，肃雍可范，令善堪模。树慈训于后昆，爰著钟祥之德；传素风于奕叶，式彰诒谷之谋。允作母仪，庸昭国典。兹以覃恩，貤赠尔为夫人。於戏！九重锡庆，荐邀丹诏之褒；四世承恩，益焕朱幩之色。勤宣令问，用阐幽光。

二品衔河南河北道陈宝箴之曾祖父母

光绪七年五月十四日

陈克绳夫妇诰敕

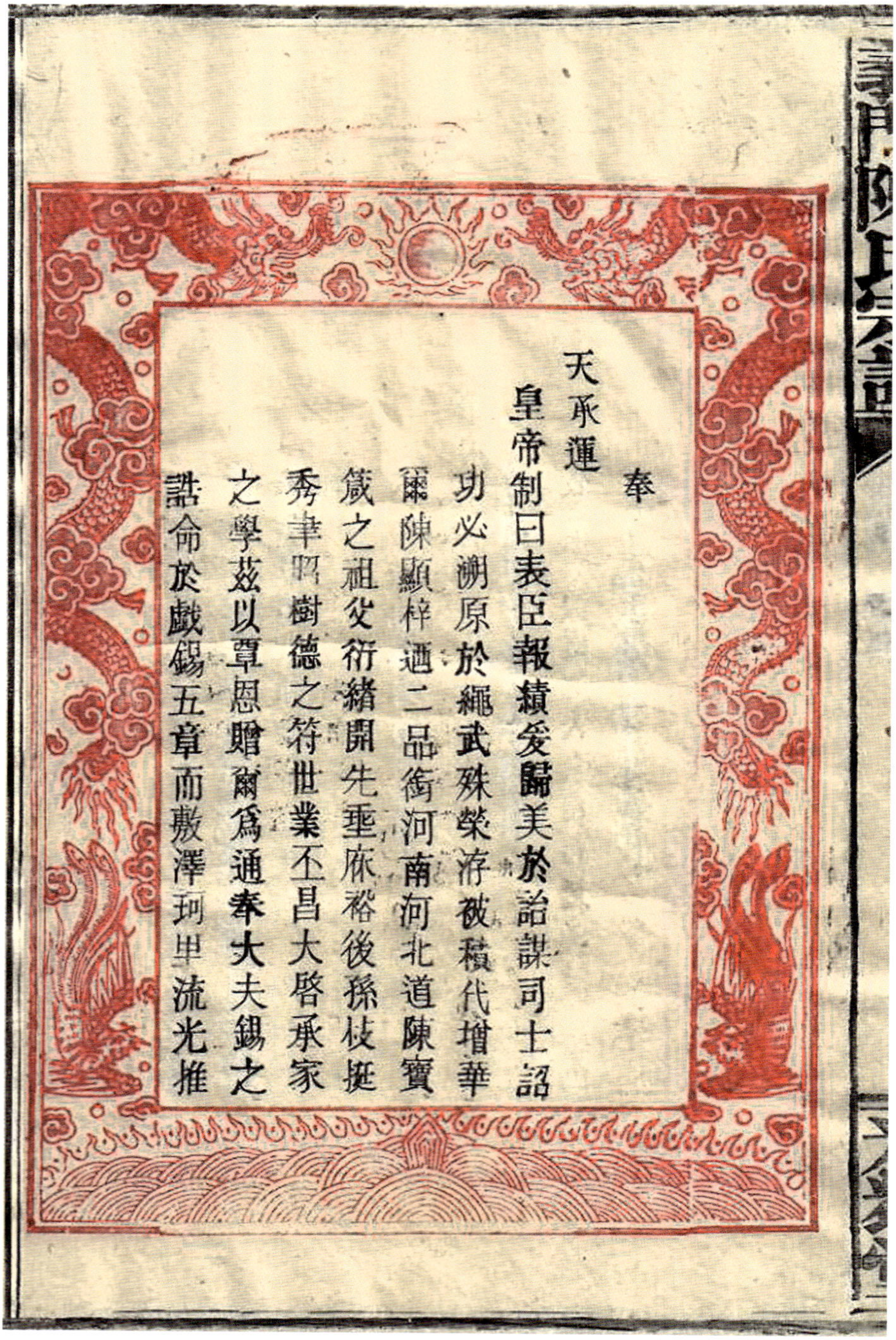

奉
天承運
皇帝制曰表臣報績爰歸美於詒謀司士詔
功必溯原於繩武殊榮洊被積代增華
爾陳顯梓通二品銜河南河北道陳寶
箴之祖父衍緒開先垂庥裕後孫枝挺
秀聿昭樹德之符世業丕昌大啓承家
之學茲以覃恩贈爾爲通奉大夫錫之
誥命於戲錫五章而敷澤珂里流光推

①

三葉以承恩德門襲慶祗膺茂典長荷
寵綏
制曰鴻恩錫類聿昭貽穀之庥令範宜家益
著含飴之繳式逢慶典爰沛殊施爾儲
氏廼二品銜河南河北道陳寶箴之祖
母度叶珩璜訓嫻圖史心莊體順著壺
範於中閨善積慶餘表母儀於奕世茲
以覃恩贈爾為夫人於戲播蘭陔之芳
澤寵被重闈揚芝檢之徽音光流華胄

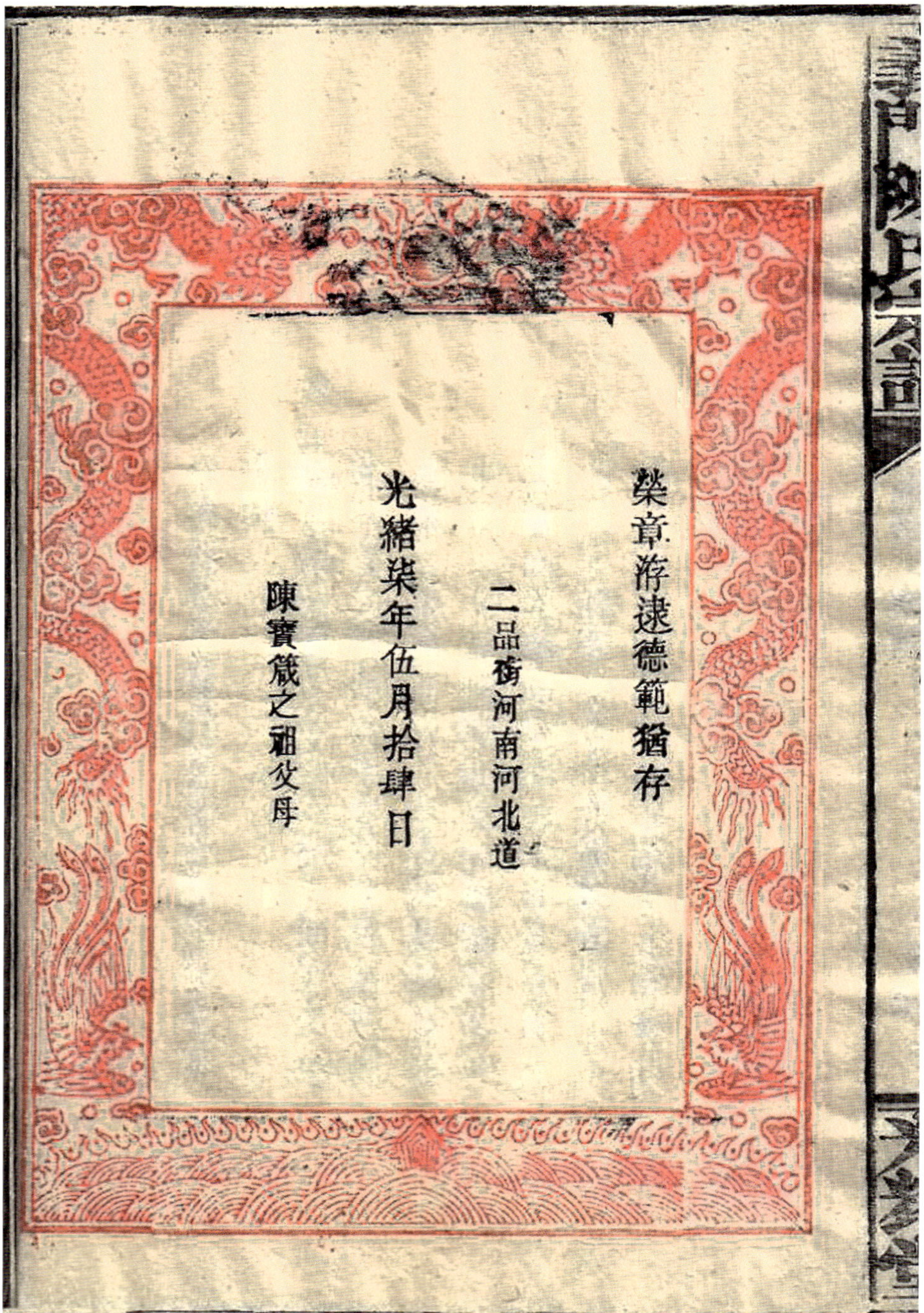
榮章洊逮德範猶存
二品銜河南河北道
光緒柒年伍月拾肆日
陳寶箴之祖父母

③

校录

陈克绳夫妇诰敕

奉天承运，皇帝制曰：表臣报绩，爰归美于诒谋；司士诏功，必溯原于绳武。殊荣荐被，积代增华。尔陈显梓乃二品衔河南河北道陈宝箴之祖父，衍绪开先，垂庥裕后。孙枝挺秀，聿昭树德之符；世业丕昌，大启承家之学。兹以覃恩，赠尔为通奉大夫，锡之诰命。於戏！锡五章而敷泽，珂里流光；推三叶以承恩，德门衮庆。祗膺茂典，长荷宠绥。

制曰：鸿恩锡类，聿昭贻谷之庥；令范宜家，益著含饴之爓。式逢庆典，爰沛殊施。尔何、谢氏乃二品衔河南河北道陈宝箴之祖母，度叶珩璜，训娴图史。心庄体顺，著壶范于中闺；善积庆余，表母仪于奕世。兹以覃恩，赠尔为夫人。於戏！播兰陔之芳泽，宠被重闱；扬芝检之徽音，光流华胄。荣章荐逮，德范犹存。

二品衔河南河北道陈宝箴之祖父母

光绪七年五月十四日

陈伟琳夫妇诰敕

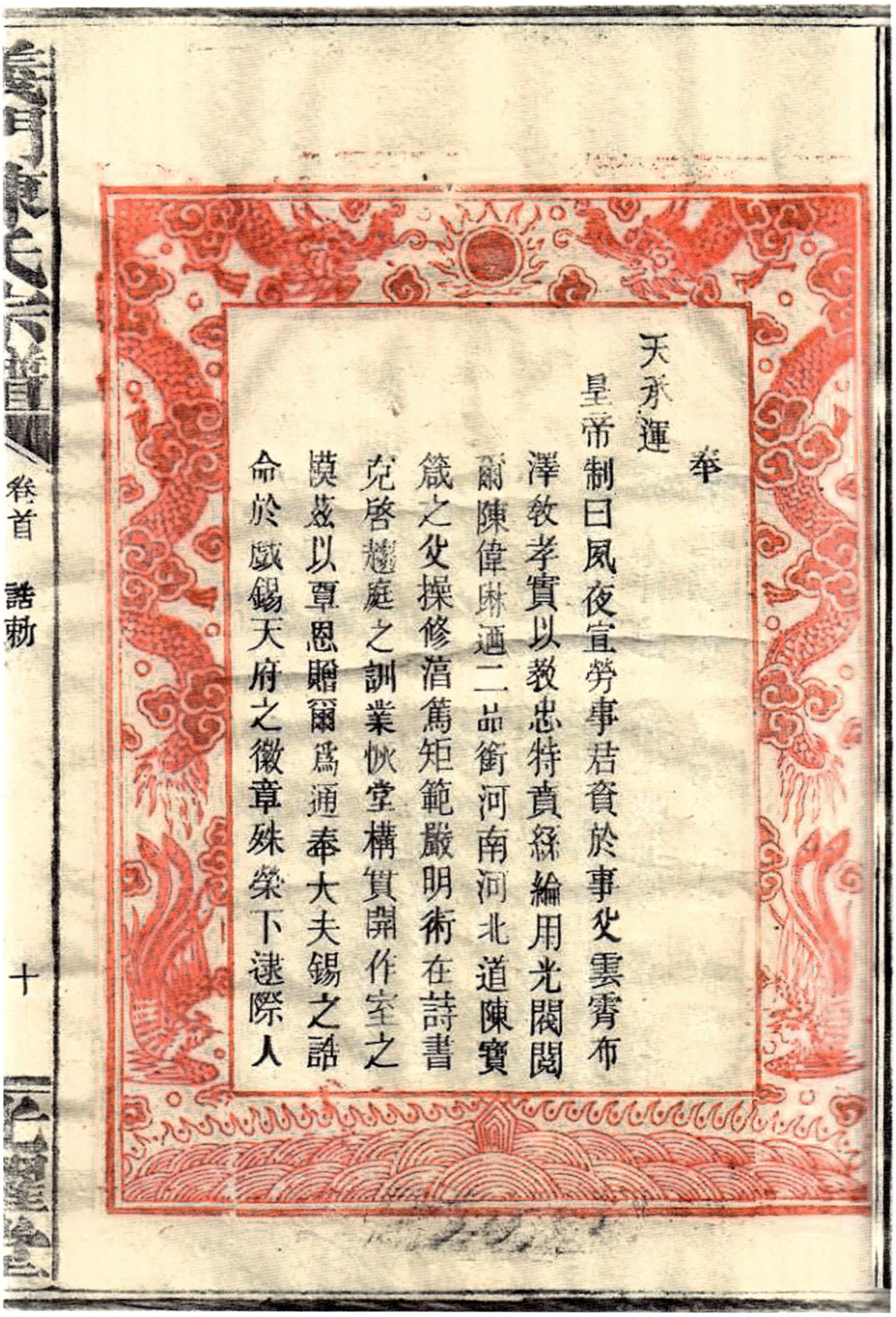

奉
天承運
皇帝制曰夙夜宣勞事君資於事父雲霄布
澤教孝實以教忠特賁絲綸用光閥閱
爾陳偉琳通二品銜河南河北道陳寶
箴之父操修湻篤矩範嚴明術在詩書
克啓趨庭之訓業恢堂構貫開作室之
謨茲以覃恩贈爾爲通奉大夫錫之誥
命於戲錫天府之徽章殊榮下逮際人

卷首 誥勅 十

①

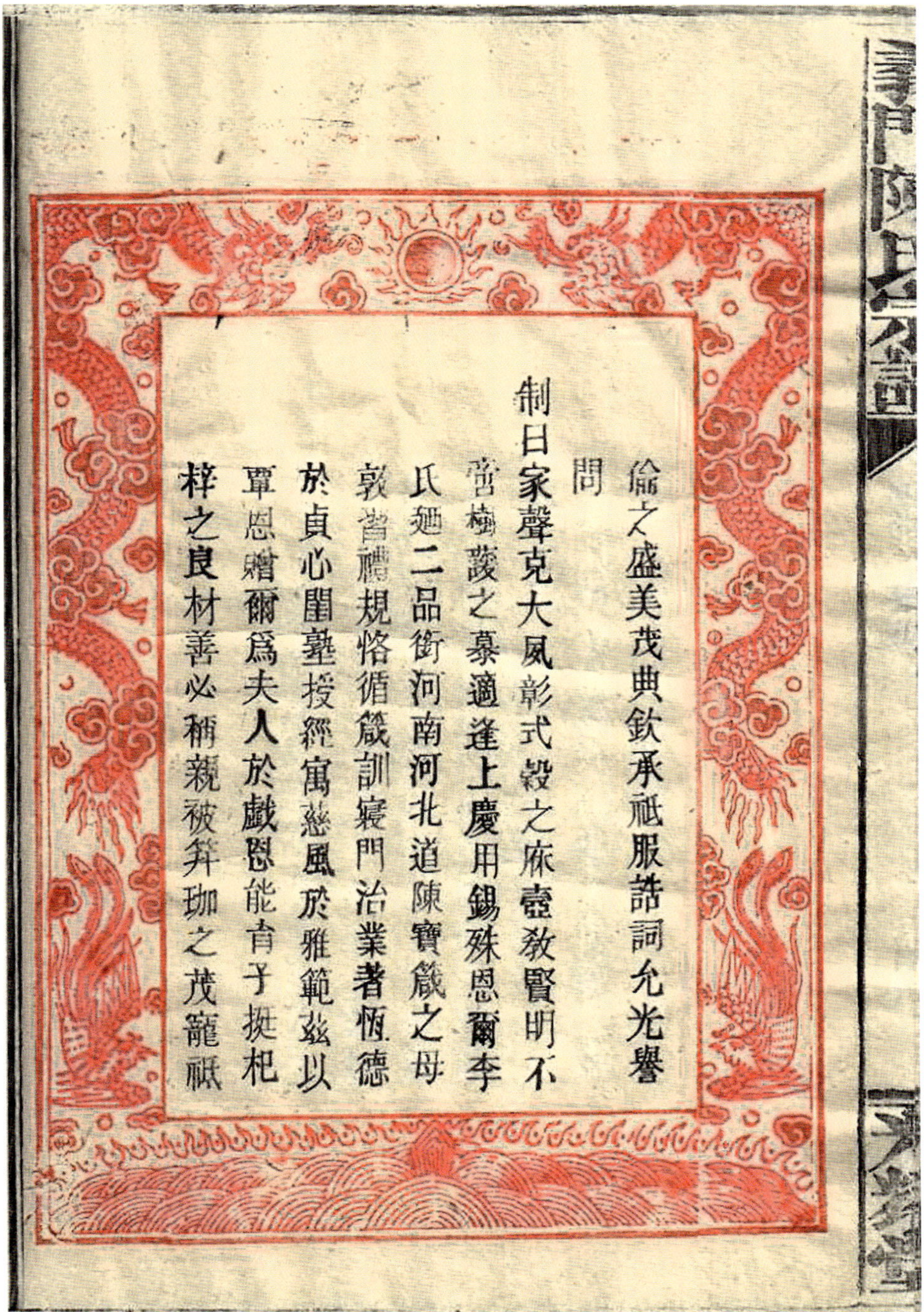
綸之盛美茂典欽承祗服誥詞允光譽
問
制曰家聲克大夙彰式穀之庥壼教賢明不
啻樛薆之慕適逢上慶用錫殊恩爾李
氏廼二品銜河南河北道陳寶箴之母
敦習禮規恪循箴訓寢門治業著恆德
於貞心闈塾授經寓慈風於雅範茲以
覃恩贈爾爲夫人於戲恩能育子挺杞
梓之良材善必稱親被笄珈之茂寵祗

②

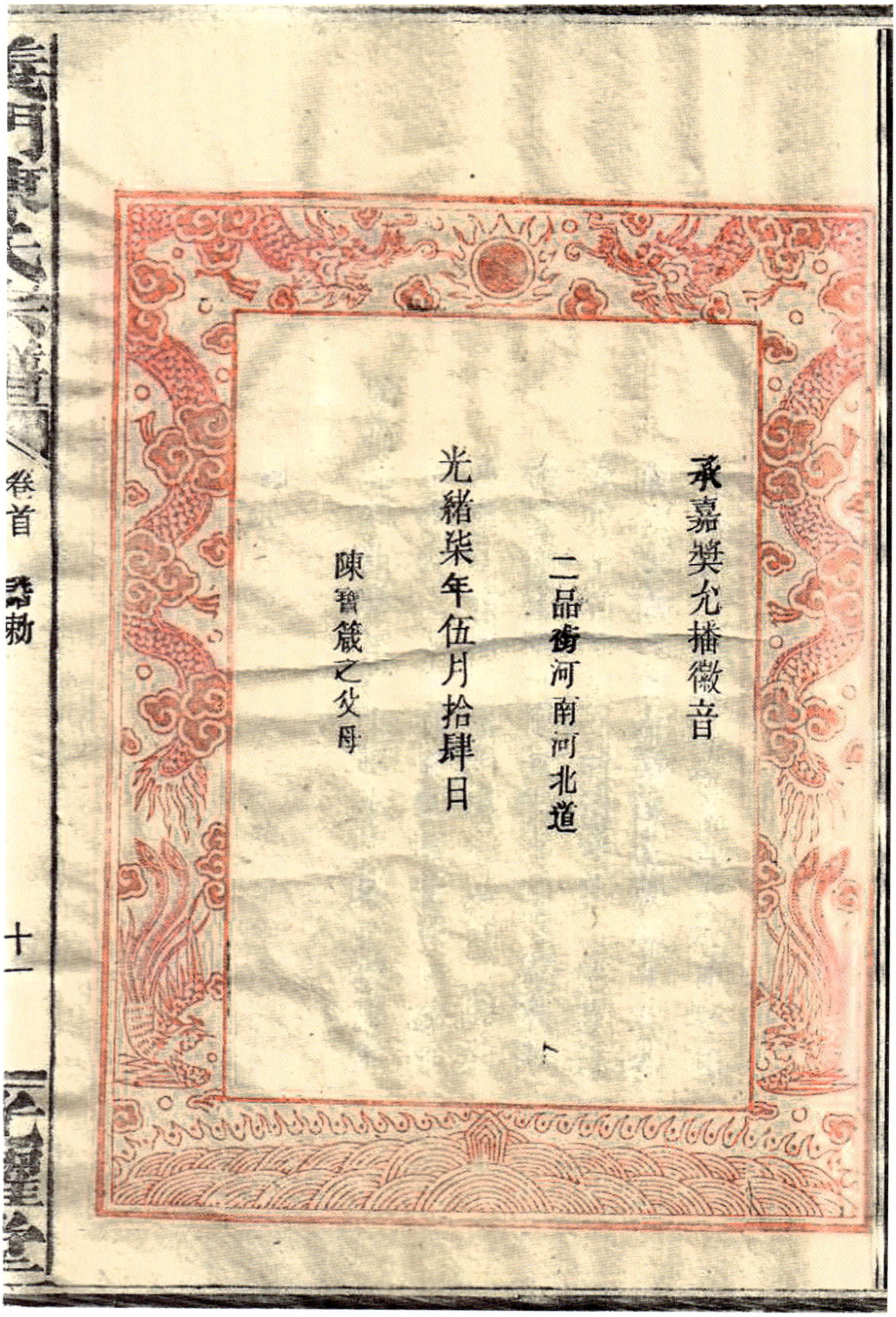

承嘉奬允播徽音
二品銜河南河北道
光緒柒年伍月拾肆日
陳寶箴之父母

卷首　誥勅　十一

③

校录

陈伟琳夫妇诰敕

奉天承运，皇帝制曰：夙夜宣劳，事君资于事父；云霄布泽，教孝实以教忠。特贲丝纶，用光阀阅。尔陈伟琳乃二品衔河南河北道陈宝箴之父，操修淳笃，矩范严明。术在诗书，克启趋庭之训；业恢堂构，实开作室之模。兹以覃恩，赠尔为通奉大夫，锡之诰命。於戏！锡天府之徽章，殊荣下逮；际人伦之盛美，茂典钦承。祗服诰词，允光誉问。

制曰：家声克大，夙彰式谷之庥；壶教贤明，不啻树萲之慕。适逢上庆，用锡殊恩，尔李氏乃二品衔河南河北道陈宝箴之母，敦习礼规，恪循箴训。寝门治业，著恒德于贞心；闺塾授经，寓慈风于雅范。兹以覃恩，赠尔为夫人。於戏！恩能育子，挺杞梓之良材；善必称亲，被笄珈之茂宠。祗承嘉奖，允播徽音。

二品衔河南河北道陈宝箴之父母

光绪七年五月十四日

谱局成员名单

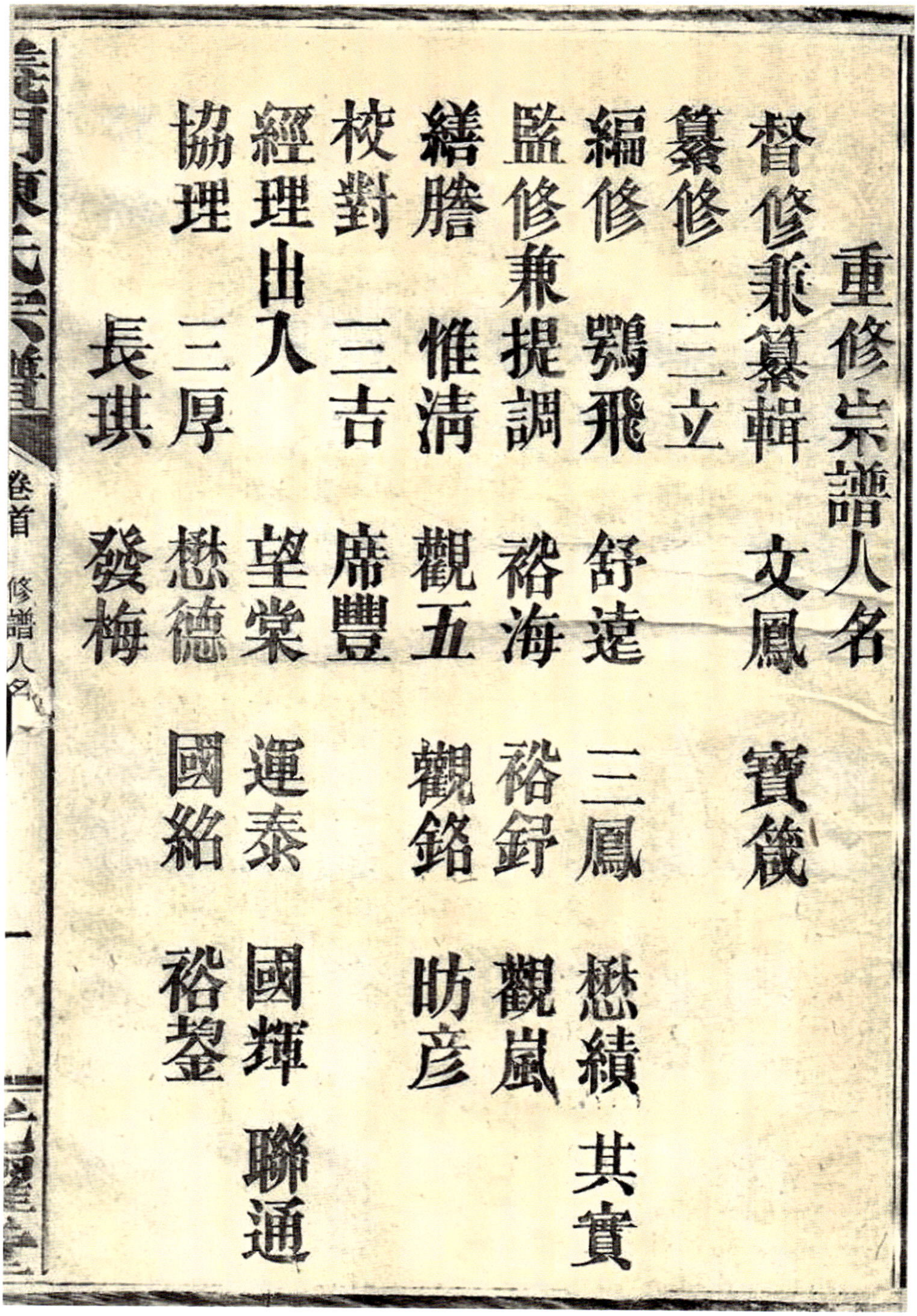

重修宗譜人名

督修兼纂輯 文鳳 寶儀

纂修 三立

編修 鸚飛 舒遠 三鳳 懋績 其實

監修兼提調 裕海 裕釪 觀嵐

繕謄 惟清 觀五 觀銘 昉彥

校對 三吉 席豐

經理出入 望棠 運泰 國輝 聯通

協理 三厚 懋德 國紹 裕鋆 長琪 發梅

卷首 修譜人名

重刻凤竹堂屋记

重刻鳳竹堂屋記

鳳竹堂建自乾隆壬子年十一月十三日磚瓦木石俱一時措辦蓋因此基地僅售一半及是歲秋九月方始買就何一買就卽欲如此之速建也緣　䚡池公壯歲遷甯始擇居於護仙源雖川源秀麗係在崇山峻嶺之間且基址狹隘其屋僅堪容膝時　公年已八十有三嘗語諸子曰吾少壯來甯歷數十年之辛勤雖精神不衰今耄然爲八十餘之老翁矣惜未建一堂屋上以妥先靈下以聚兒孫爾曹識之爾時　紹亭遵　公之言遂擇吉於是冬一切材料獨自經營凡工匠人夫每日以百計少亦數十人越次年五月工始告竣至六月迎養　公於新室　公至一觀心甚忻喜曰今幸堂屋既成　祖宗得有憑依矣兒孫得有棲息矣吾亦得以優悠杖履矣雖少壯勤勞暮年創此一屋願亦慰矣因顔其堂曰鳳竹蓋鳳非梧桐不棲非竹實不食鳳有仁德之徵竹有君子之節後之子孫必有仁居義由昌大乎門閭者　公居三年精神矍鑠鶴髮童顔至八十六歲無疾而逝臨終囑子孫曰　祖宗墳塋祖宗香火二者皆先人之根本後人所當世守擴充恢宏庶不失先人遺志縱有家計空乏不得妄執有虧房分之說強分強賣倘萌此念者卽屬不孝吾於九原含恨矣後紹亭兄弟咸凜遵斯言至戊寅年析爨亦將鳳竹堂屋宇香火堂壹間仍歸四房公管永爲四房香火子孫永不得變賣已載鬮書房房遵行今值修輯族譜請余記之余誼屬一本不敢辭謹述所由告之鳳竹後人紀年道光壬午歲冬月

歲進士候選儒學克軒愚叔光祖謹譔

校录

重刻凤竹堂屋记①

凤竹堂建自乾隆壬子年十一月十三日，砖瓦木石，俱一时措办。盖因此基地仅售一半，及是岁秋九月方始买就。何一买就即欲如此之速建也？缘鲲池公壮岁迁宁，始择居于护仙源，虽川源秀丽，系在崇山峻岭之间。且基址狭隘，其屋仅堪容膝，时公年已八十有三，尝语诸子曰："吾少壮来宁，历数十年之辛勤，虽精神不衰，今苍然为八十余之老翁矣。惜未建一堂屋，上以妥先灵，下以聚儿孙。尔曹识之。"尔时绍亭遵公之言，遂择吉于是冬，一切材料独自经营，凡工匠人夫每日以百计，少亦数十人。越次年五月工始告竣，至六月迎养公于新室。公至一观，心甚忭喜，曰："今幸堂屋即成，祖宗得有凭依矣，儿孙得有栖息矣，吾亦得以优游杖履矣。虽少壮勤劳，暮年创此一屋，愿亦慰矣。"因颜其堂曰"凤竹"，盖凤非梧桐不栖，非竹实不食，凤有仁德之征，竹有君子之节。后之子孙，必有仁居义由，昌大乎门闾者。公居三年，精神矍铄，鹤发神颜，至八十六岁无疾而逝。临终嘱子孙曰："祖宗坟茔，祖宗香火，二者皆先人之根本，后人所当世守，扩充恢宏，庶不失先人遗志。纵有家计空乏，不得妄执有亏房分之说，强分强卖。倘萌此念者，即属不孝，吾于九原含恨矣。"后绍亭兄弟咸凛遵斯言，至戊寅年析爨，亦将凤竹堂屋宇香火堂壹间，仍归四房公管，永为四房香火，子孙永不得变卖，已载关书，房房遵行。今值修辑族谱，请余记之。余谊属一本，不敢辞，谨述所由，告之凤竹后人。

纪年道光壬午岁冬月，岁进士候选儒学克轩愚叔光祖谨撰

重刻凤竹堂屋诗②

凤竹堂开哕凤凰，山明水秀映缥缃。
天生文笔窗前峙，地展芝华宅后藏。
俎豆千秋绵祀典，儿孙百代绍书香。
应知珍重迁居处，冠盖蝉联耀祖堂。

时道光二年壬午冬月之吉，恩进士候选儒学松屏侄书洛拜题

---

① 参见本书第 19 页同题记文。
② 参见本书第 16 页同题图片。

陈伟琳(子润)墓志铭

誥贈光祿大夫陳琢如先生墓碑銘

賜進士出身

誥授光祿大夫禮部左侍郎前署廣東巡撫加七級湘陰郭嵩燾拜譔

江以西有隱君子曰陳琢如先生諱偉琳號子潤系出江州世所稱義門陳氏者也先世有仕閩者遂爲閩人祖鯤池由閩遷江西之義甯州再傳而生先生考紹亭以孝義稱有子四人先生其季也始六七年授章句已能通曉聖賢大旨端重簡默有成人之風及長得陽明王氏書讀之開發警敏窮探默證有如夙契曰爲學當如是矣奔馳夫富貴泛濫夫詞章今人之學自賊其心者也惟陽明氏有發聾振聵之功於是刮去一切功名利達之見抗心古賢者追而躡之久之充然有以自得於心一試有司不應選決然舍去務以德化其鄉

義門陳氏宗譜　卷首　琢如先生墓碑銘　五

①

人尤相獎以孝友其事父母竱心壹志承順顏色不言而曲盡其意母謝太夫人病亟夜馳二十里外禱於神比反大夫人寐方覺言神餌我以藥疾以霍然先生以大夫人體羸多病究心醫家言窮極靈樞素問之精蘊遂以能醫名疾者踵門求治望色切脈施診無倦自言無功德於鄉里而推吾母之施以及人亦吾所以自盡也生平爲學不求仕與名獨慷慨懷經世志嘗一涉江攬金陵之勝東歷淮徐略齊豫北至京師所至考覽山川校其戶口扼塞險易以推知古今因革之宜與其戰守得失之數方是時承平久天下晏然無兵甲之憂而亂機牙孽隱伏潛滋先生獨心憂之求所以銷弭之術欲陰以識天下奇士人莫闚其涯際也及歸喟然曰士失教久矣自天下莫不然獨義甯也歟哉誠欲興起人才必自學始於倡建義甯書院爲賓興會資之赴舉曰非養無以成教凡有利濟無弗舉也有興創焉無弗先也已而粵寇陷武昌踞有江南數擾江西先生率鄉人團練擊賊比有功暇輒與講求忠孝人皆喜自奮義甯以一城扼江楚之

②

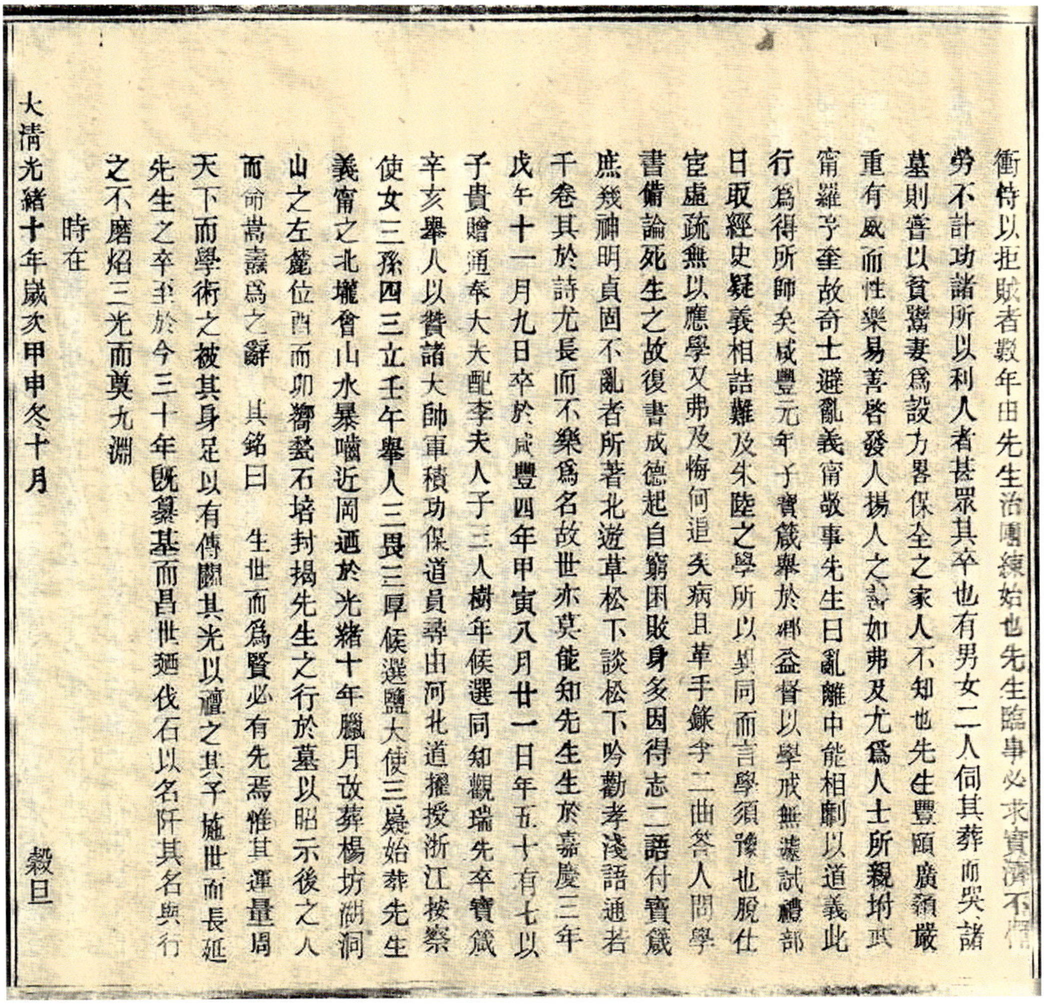

衝恃以拒賊者數年由先生治團練始也先生臨事必求實濟不偕
勞不計功諸所以利人者甚衆其卒也有男女二人伺其葬而哭諸
墓則嘗以貧醫妻爲設方畧保全之家人不知也先生豐頤廣顙巖
重有威而性樂易善啓發人揚人之善如弗及尤爲人士所親切其
甯羅亨奎故奇士避亂義甯敬事先生曰亂離中能相劘以道義此
行爲得所師矣咸豐元年子寶箴舉於鄉益督以學戒無據試禮部
日取經史疑義相詰難及朱陸之學所以異同而言學須豫也脫仕
宦虛疏無以應學又弗及悔何追矣病且革手錄李二曲答人問學
書備論死生之故復書成德起自窮困敗身多因得志二語付寶箴
庶幾神明貞固不亂者所著北遊草松下談松下吟勸孝淺語通若
干卷其於詩尤長而不樂爲名故世亦莫能知先生生於嘉慶三年
戊午十一月九日卒於咸豐四年甲寅八月廿一日年五十有七以
子貴贈通奉大夫配李夫人子三人樹年候選同知觀瑞先卒寶箴
辛亥舉人以贊諸大帥軍積功保道員尋由河北道擢授浙江按察
使女三孫四三立壬午舉人三畏三厚候選鹽大使三燾始葬先生
義甯之北壠會山水暴嚙近岡迺於光緒十年臘月改葬楊坊湖洞
山之左麓位酉而卯嚮甃石培封揭先生之行於墓以昭示後之人
而命嵩燾爲之辭　其銘曰　生世而爲賢必有先焉惟其運量周
天下而學術之被其身足以有傳闡其光以禮之其子施世而長延
先生之卒至於今三十年既纂基而昌世迺伐石以名阡其名與行
之不磨炤三光而奠九淵
時在
大清光緒十年歲次甲申冬十月　穀旦

③

校 录

诰赠光禄大夫陈琢如先生墓碑铭①

江以西有隐君子，曰陈琢如先生，讳伟琳，号子润。系出江州，世所称义门陈氏者也。先世有仕闽者，遂为闽人。祖鲲池，由闽迁江西之义宁州。再传而生先生。考绍亭，以孝义称，生子四人，先生其季也。始六七年，授章句，已能通晓圣贤大旨。端重简默，有成人之风。及

① 参见本书第126页陈宝箴撰《府君行述》录文。

长，得阳明王氏书读之，开发警敏，穷探默证，有如夙契，曰："为学当如是矣！奔驰夫富贵，泛滥夫词章，今人之学者，自贼其心者也。惟阳明氏有发聋振聩之功。"于是刮去一切功名利达之见，抗心古贤者，追而蹑之。久之，充然有以自得于心。一试有司，不应选，决然舍去，务以德化其乡人，尤相奖以孝友。其事父母，跂心壹志，承顺颜色，不言而曲尽其意。母谢太夫人病亟，夜驰二十里外祷于神。比反，太夫人寐方觉，言神饵我以药，疾以霍然。先生以太夫人体羸多病，究心医家言，穷极《灵枢》《素问》之精蕴，遂以能医名。病者踵门求治，望色切脉，施诊无倦。自言"无功德于乡里，而推吾母之施以及人，亦吾所以自尽也"。

生平为学，不求仕与名，独慷慨怀经世志。尝一涉江，揽金陵之胜。东历淮、徐，略齐、豫，北至京师，所至考览山川，校其户口，扼塞险易，以推知古今因革之宜，与其战守得失之数。方是时，承平久，天下晏然，无兵革之忧，而乱机牙孽，隐伏潜滋。先生独心忧之，求所以消弭之术，欲阴以识天下奇士，人莫窥其涯际也。及归，喟然曰："士失教久矣，自天下莫不然，独义宁也欤哉！诚欲兴起人才，必自学始。"于倡建义宁书院，为宾兴会，资之赴举，曰："非养无以成教。"凡有利济，无弗举也；有兴创焉，无弗先也。

已而粤寇陷武昌，踞有江南，数扰江西，先生率乡人团练击贼，比有功。暇辄与讲求忠孝，人皆喜自奋。义宁以一城扼江楚之冲，恃以拒贼者数年，由先生治团练始也。

先生临事必求实济，不惮劳，不计功，诸所以利人者甚众。其卒也，有男女二人伺其葬而哭诸墓，则尝以贫鬻妻，为设方略保全之，家人不知也。先生丰颐广颡，严重有威，而性乐易，善启发人；扬人之善如弗及，尤为人士所亲附。武宁罗亨奎，故奇士，避乱义宁，敬事先生，曰："乱离中能相劘以道义，此行为得所师矣。"咸丰元年，子宝箴举于乡，益督以学，戒无遽试礼部。日取经史疑义相诘难，及朱、陆之学所以异同，而言："学须豫也。脱仕宦，虚疏无以应，学又弗及，悔何追矣。"病且革，手录李二曲《答人问学书》，备论死生之故，复书"成德起自困穷，败身多因得志"二语付宝箴，庶几神明贞固不乱者。所著《北游草》《松下谈》《松下吟》《劝孝浅语》通若干卷。其于诗尤长，而不乐为名，故世亦莫能知。

先生生于嘉庆三年戊午十一月九日，卒于咸丰四年甲寅八月廿一日，年五十有七。以子贵，赠通奉大夫。配李夫人。子三人：树年，候选同知；观瑞，先卒；宝箴，辛亥举人，以赞诸大帅军积功保道员，寻由河北道擢授浙江按察使。女三。孙四：三立，壬午举人；三畏；三厚，候选盐大使；三嶷。始葬先生义宁之北垄，会山水暴啮近冈，乃于光绪十年腊月改葬杨坊湖洞山之左麓，位酉而卯向。甃石培封，揭先生之行于墓，以昭示后之人，而命嵩焘为之辞。其铭曰：

生世而为贤，必有先焉。惟其运量周天下，而学术之被其身，足以有传。閟其光以禫之其子，施世而长延。先生之卒，至于今三十年。既纂基而昌世，乃伐石以名阡。其名与行之不磨，炤三光而奠九渊。

时在大清光绪十年岁次甲申冬十月　谷旦，赐进士出身、诰授光禄大夫、礼部左侍郎、前署广东巡抚、加七级、湘阴郭嵩焘拜撰

李太夫人墓志铭

皇清誥封太夫人陳母李太夫人墓碑銘

誥授光祿大夫 賞戴花翎前雲南按察使浙江布政使色爾固楞巴圖

魯平江李元度撰文

誥授奉政大夫同知銜癸酉科拔貢 朝考一等湖南試用知縣贛縣羅

溆芬書丹

光緒二年秋九月戊午朔越七日甲子陳母李太夫人壽終湖南行省之寓邸享年七十有八越明年四月望日庚子葬義甯接壤平江縣屬之金坪癸首丁趾又二年十月庚申立碑隧道長子樹升季子寶箴具狀屬元度爲之銘按狀太夫人姓李氏義甯州人處士諱大彬之女年未笄歸 贈光祿大夫諱偉琳事舅姑能緥其意姑先卒事舅最久贈公遇有故當外出恆依依不忍去太公則慰諭之曰第去無慮家有孝婦不至憂晨夕也太夫人訓子嚴非聖之書不使寓目待娣姒曲有恩誼贈公嘗從容語其子女曰聖人之言曰終身可行其恕乎汝母殆近之矣咸豐元年寶箴舉於鄉會粵亂未即與計偕而贈公以團結義勇衛鄉里積勞成疾卒太夫人命二子出繼志事治軍旅勖以忠義累書止其歸卒以是顯聞當世家僅中人產居恆儉而自制歲常得羨餘推以周貧乏潤及三黨而治先壟修祀事必恪必豐性不喜被紈綺聽音樂當七十初度諸子擬稱觴爲壽不許命節所費爲里中創社倉積粟平糶迄今利賴之寶箴以守巡道

①

需次湖南迎養來湘每歲生辰輒命謝客以百金市褚衣施會城丐
者歲以爲常光緒初元寶箴備兵辰沅治在鳳凰廳爲楚邊重鎮地
險瘠而民貧沱江水遶城下爲灘石所齧弗利舟行百物翔貴大夫
人命竭廉俸疏鑿之七閱月工竣烏虖古稱婦德之懿孝於親慈於
子姓誠敬於祭祀已爾太夫人獨能勗其子興擧畺百世之利古女
士所未聞也先是曾文正公薨於位太夫人聞之垂涕纍欷不懌者
數日及居長沙聞
穆宗皇帝哀詔哭至失聲率家人縞素如禮此可謂能見其大者已
子三人樹年候選同知次觀瑞早世寶箴舉人歷今官加二品銜
賜戴孔雀翎女三人適周適蕭適謝孫四人三立三畏三厚三嶷曾
孫師曾銘曰
昔宋歐陽母夫人鄭氣節文章甄于荻訓瀧岡之表餘八百年惟陳
母李殆庶幾焉母生右族曰嬪于陳異以翊夫恪以愉親有偉者識
能見其鉅粵盜陸梁家興義旅夫也執殳勤事以死有子而才世稱

②

李太夫人墓志铭

國士國有相傒長城是依母軫其七咨齎涕洟鼎湖　龍去薄海攀
號母也哭臨憂心忉乚凡茲大誼匪期巾幗天質特優是爲粹德季
子持節隷楚苗疆城河噎石莫駛舸航毋括私錢命加釃鑿千艘銜
尾頌聲丕作歌衆母母嚾噂祝延遐不黄耇棄養而仙𡼏彼道巖兮
甯接壞樂哉斯邱穹碑十丈我銘維實傳萬億年以彰懿德以繼瀧
阡　　　　　　　　　　　　　　　　　　　　　　　　　　　穀旦
光緒五年己卯嘉平月
誥封太夫人陳母李太夫人墓誌銘
賜進士出身
誥授光祿大夫前兵部左侍郎湘陰郭嵩燾撰文
誥授朝議大夫湖南候補知府陽湖莊賡良敬書
大夫人李氏處士大嶸女世爲義甯州人年十七婦於陳氏及事舅
與姑而舅年最高承事最久舅心安之語贈公汝有孝婦無以我爲
慮贈公亦常語人聖人之言曰終身可行其恕乎吾婦其近之矣以

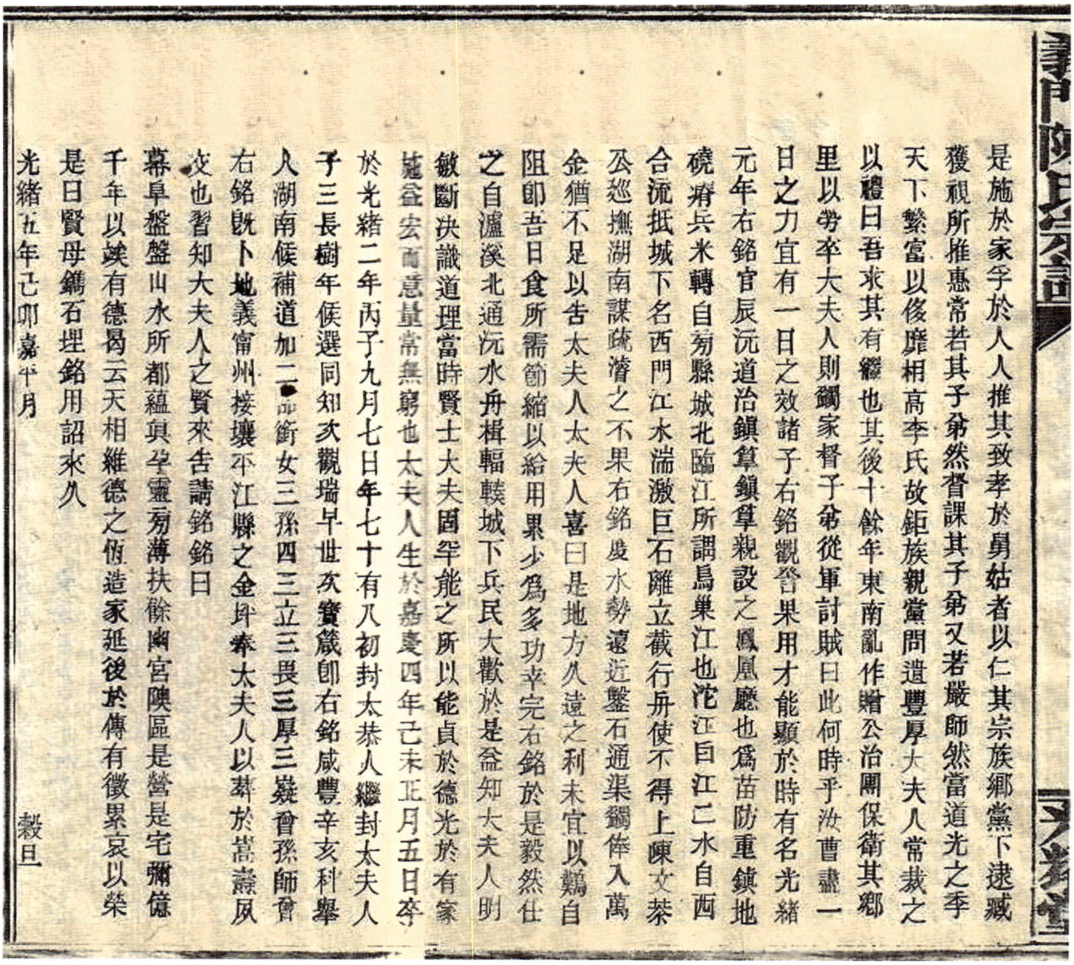
是施於家孚於人人推其致孝於舅姑者以仁其宗族鄉黨下逮臧
獲視所推惠常若其子弟然督課其子弟又若嚴師然當道光之季
天下繁富以後靡相高李氏故鉅族親黨問遺豐厚太夫人常裁之
以禮曰吾求其有繼也其後十餘年東南亂作贈公治團保衛其鄉
里以勞卒太夫人則獨家督子弟從軍討賊曰此何時乎汝曹盡一
日之力宜有一日之效諸子右銘觀察果用才能顯於時有名光緒
元年右銘官辰沅道治鎮筸鎮筸親設之鳳凰廳也爲苗防重鎮地
磽瘠兵米轉自旁縣城北臨江所謂烏巢江也沱江曰江二水自西
合流抵城下名西門江水湍激巨石離立截行舟使不得上陳文恭
公巡撫湖南謀疏濬之不果右銘度水勢遠近鑿石通渠獨倖入萬
金猶不足以告太夫人太夫人喜曰是地方久遠之利未宜以鬻自
阻即吾日食所需節縮以給用累少爲多功幸完右銘於是毅然任
之自瀘溪北通沅水舟楫輻輳城下兵民大歡於是益知太夫人明
敏斷決識道理當時賢士大夫固罕能之所以能貞於德光於有家
施益宏而意量常無窮也太夫人生於嘉慶四年己未正月五日卒
於光緒二年丙子九月七日年七十有八初封太恭人繼封太夫人
子三長樹年候選同知次觀瑞早世次寶箴即右銘咸豐辛亥科舉
人湖南候補道加二品銜女三孫四三立三畏三厚三嶷曾孫師曾
右銘既卜地義甯州接壤平江縣之金坪奉太夫人以葬於嵩壽夙
夜也習知太夫人之賢來告請銘銘曰
幕阜盤盤山水所都蘊眞孕靈旁薄扶輿幽宮陝區是營是宅彌億
千年以燠有德曷云天相維德之佽造家延後於傳有徵累哀以榮
是日賢母鐫石埋銘用詔來久
光緒五年己卯嘉平月 穀旦

④

校录

皇清诰封太夫人陈母李太夫人墓碑铭

光绪二年秋九月戊午朔，越七日甲子，陈母李太夫人寿终湖南行省之寓邸，享年七十有八。越明年四月望日庚子，葬义宁接壤平江县属之金坪，癸首丁趾。又二年十月庚申，立碑隧道，长子树年、季子宝箴具状，属元度为之铭。

按状：太夫人姓李氏，义宁州人，处士讳大嵘之女。年未笄，归赠光禄大夫讳伟琳。事舅姑能勰其意。姑先卒，事舅最久。赠公遇有故当外出，恒依依不忍去，太公则慰谕之曰："第去无虑，家有孝妇，不至忧晨夕也。"

太夫人训子严，非圣之书不使寓目。待婢媪曲有恩谊。赠公尝从容语其子女曰："圣人之言曰'终身可行其恕乎'，汝母殆近之矣。"咸丰元年宝箴举于乡，会寇乱，未即与计偕。而赠公以团结义勇卫乡里，积劳成疾卒。太夫人命二子出继志事，治军旅，勖以忠义，累书止其归，卒以是显闻当世。

家仅中人产，居恒俭而有制。岁常得羡余，推以周贫乏，润及三党。而治先垄修祀事，必恪必丰。性不喜被纨绮，听音乐。当七十初度，诸子拟称觞为寿，不许，命节所费为里中创社仓积粟平粜，迄今利赖之。宝箴以守巡道需次湖南，迎养来湘。每岁生辰，辄命谢客，以百金市褚衣，施会城丐者，岁以为常。

光绪初元，宝箴备兵辰沅，治在凤凰厅，为楚边重镇，地险瘠而民贫。沱江水绕城下，为滩石所龁，弗利舟行，百物翔贵。太夫人命竭廉俸疏凿之，七阅月工竣。乌虖！古称妇德之懋，孝于亲，慈于子姓，诚敬于祭祀已尔。太夫人独能勖其子兴岩疆百世之利，古女士所未闻也。

先是曾文正公薨于位，太夫人闻之垂涕衆欷，不怿者数日。及居长沙，闻穆宗皇帝哀诏，哭至失声，率家人缟素如礼，此可谓能见其大者已。

子三人：树年，候选同知；次观瑞，早世；宝箴，繇举人历今官，加二品衔，赐戴孔雀翎。女三人，适周、适萧、适谢。孙四人：三立、三畏、三厚、三嶷。曾孙师曾。铭曰：

昔宋欧阳，母夫人郑。气节文章，甄于荻训。泷冈之表，余八百年。惟陈母李，殆庶几焉。母生右族，曰嫔于陈。巽以翊夫，恪以愉亲。有伟者识，能见其巨。粤盗陆梁，家兴义旅。夫也执殳，勤事以死。有子而才，世称国士。国有相侯，长城是依。母轸其亡，咨赍涕洟。鼎湖龙去，薄海攀号。母也哭临，忧心忉忉。凡兹大谊，匪期巾帼。天质特优，是为粹德。季子持节，隶楚苗疆。城河噎石，莫驶舠航。毋括私钱，命加酾凿。千艘衔尾，颂声丕作。歌众母母，欢呼祝延。遐不黄耇，弃养而仙。嶕彼道岩，分宁接壤。乐哉斯邱，穹碑十丈，我铭维实，传万亿年。以彰懿德，以继泷阡。

光绪五年己卯嘉平月　谷旦，诰授光禄大夫、赏戴花翎、前云南按察使、浙江布政使、色尔固楞巴图鲁、平江李元度撰文，诰授奉政大夫、同知衔癸酉科拔贡、朝考一等、湖南试用知县、赣县罗潋芬书丹

李太夫人墓志铭

太夫人李氏，处士大嵘女，世为义宁州人。年十七，归于陈氏，及事舅与姑。而舅年最高，承事最久。舅心安之，语赠公："汝有孝妇，无以我为虑。"赠公亦尝语人："圣人之言曰：终身可行其恕乎？吾妇其近之矣。"以是施于家，孚于人人，推其致孝于舅姑者，以仁其宗族乡党，下逮臧获。视所推惠，常若其子弟然；督课其子弟，又若严师然。当道光之季，天下繁富，以侈靡相高。李氏故巨族，亲党问遗丰厚，太夫人常裁之以礼，曰："吾求其有继也。"

其后十余年，东南乱作。赠公治团保卫其乡里，以劳卒。太夫人则蠲家督子弟从军讨贼，曰："此何时乎！汝曹尽一日之力，宜有一日之效。"诸子右铭观察，果用才能显于时，有名。

光绪元年，右铭官辰沅道，治镇筸。镇筸，亲设之凤凰厅也，为苗防重镇，地硗瘠，兵米转自旁县。城北临江，所谓乌巢江也。沱江、白江二水自西合流，抵城下，名西门江。水湍激，巨石离立，截行舟，使不得上。陈文恭公巡抚湖南，谋疏浚之，不果。右铭度水势远近，凿石通渠，蠲俸入万金，犹不足，以告太夫人。太夫人喜曰："是地方久远之利，未宜以难自阻。即吾日食所需，节缩以给用，累少为多，功幸完。"右铭于是毅然任之。自泸溪北通沅水，舟楫辐辏城下，兵民大欢，于是而知太夫人明敏断决，识道理，当时贤士大夫固罕能之。所以能贞于德，光于有家，施益宏而意量常无穷也。

太夫人生于嘉庆四年己未正月五日，卒于光绪二年丙子九月七日，年七十有八，初封太恭人，继封太夫人。子三：长树年，候选同知；次观瑞，早世；次宝箴，即右铭，咸丰辛亥科举人，湖南候补道，加二品衔。女三。孙四：三立、三畏、三厚、三嶷。曾孙师曾。右铭既卜地义宁州接壤平江县之金坪，奉太夫人以葬，于嵩焘夙交也，习知太夫人之贤，来告请铭。铭曰：

幕阜盘盘，山水所都。蕴真孕灵，旁薄扶余。幽宫隩区，是营是宅。弥亿千年，以俟有德。曷云天相？维德之恒。造家延后，于传有征。累哀以荣，是曰贤母。镌石埋铭，用诏来久。

光绪五年己卯嘉平月　谷旦，赐进士出身、诰授光禄大夫、前兵部左侍郎、湘阴郭嵩焘撰文，诰授朝议大夫、湖南候补知府、阳湖庄赓良敬书

陈树年墓表

誥授奉政大夫陳公滋圃墓表
嗚呼始吾　伯兄歿於平江金坪吾　母李太夫人之墓廬遂厝於
東岡是時寶箴官河北不獲臨穴視窆越三年自浙江罷歸始哭其
墓省其兆吉明年迺培土甃石加封以葬蓋距其歿五年矣方寶箴
自湘中之官河北　伯兄欲自送之官所家人以其數病尼之不可
日水陸道數千里劬弱纍纍如此吾意不自戢也遂行比至居數月
而歸洎抵平江省吾　母墓依戀不忍去而疾作遂以光緒七年十
一月之二十日歿於邑阿墓廬其生以道光三年正月四日春秋五
十有九伯兄諱樹年字六殷別字曰滋圃軍功　賞戴藍翎以同知
選用少時不樂爲儒去而習賈又不喜瑣屑會計箎擾義甯　先考
通奉公倡爲團練衛鄉里以勞卒於是伯兄糾健兒擊賊屢瀕於厄
咸同中吾友羅君亨奎易君佩紳率飢軍搏賊川陝間伯兄與同患
難者數歲逮寶箴佐軍事東南伯兄遂不復出晨夕奉　母以終其
身初吾　父病凡藥餌食飲裀枕牏廁之屬　伯兄必一一手自撿
勑靡不帖妥喪葬亦如之治塚墓尤精遠近多取則焉事吾　母如
事　父當葬金坪每力疾坐草土中寒冰暑雨凜冽蒸鑠朝夕督視
不倦抔土片石至易寘數四然後即安三改歲而始訖事寶箴每至
墓常大息曰嚮非吾兄則遺憾多矣吾兄愛弟逾於自愛其身愛弟

①

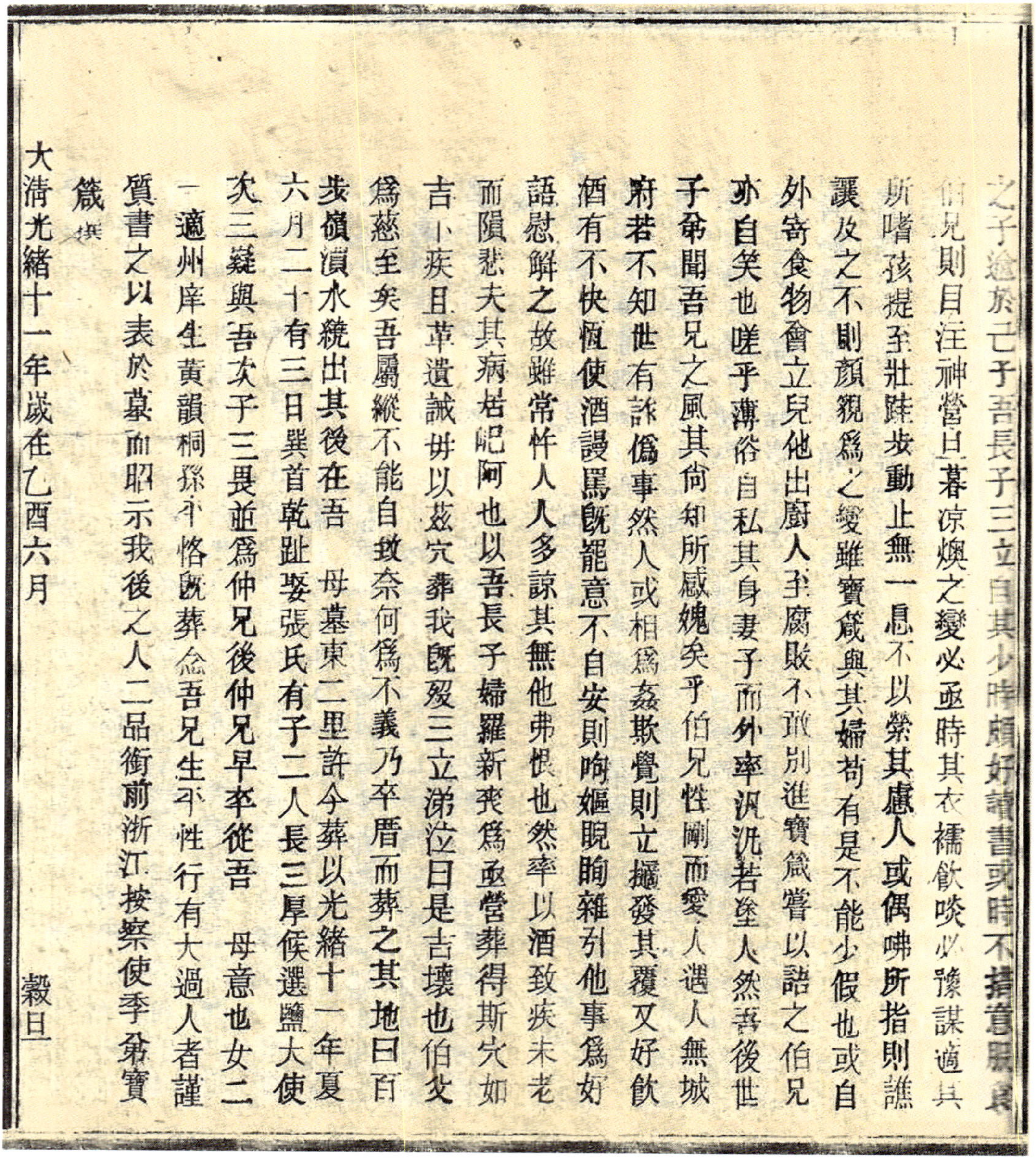

之子適於己予吾長子三立自其少時頗好讀書或時不措意服食
伯兄則目注神營旦暮涼燠之變必亟時其衣襦飲啖必豫謀適其
所嗜孩提至壯跬步動止無一息不以縈其慮人或偶咈所指則譙
讓及之不則顏貌爲之變雖寶箴與其婦苟有是不能少假也或自
外寄食物會立兒他出廚人至腐敗不敢別進寶箴嘗以語之伯兄
亦自笑也嗟乎薄俗自私其身妻子而外率泯泯若塗人然吾後世
子弟聞吾兄之風其尚知所感媿矣乎伯兄性剛而愛人遇人無城
府若不知世有詐僞事然人或相爲姦欺覺則立擿發其覆又好飲
酒有不快恆使酒謾罵既罷意不自安則㖃嫗睍眴雜引他事爲好
語慰解之故雖常忤人人多諒其無他弗恨也然卒以酒致疾未老
而隕悲夫其病居[illegible]阿也以吾長子婦羅新喪爲亟營葬得斯穴如
吉卜疾且革遺誡毋以茲穴葬我既歿三立涕泣曰是吉壤也伯父
爲慈至矣吾屬縱不能自致奈何爲不義乃卒厝而葬之其地曰百
步嶺潰水繞出其後在吾　母墓東二里許今葬以光緒十一年夏
六月二十有三日巽首乾趾娶張氏有子二人長三厚候選鹽大使
次三疑與吾次子三畏並爲仲兄後仲兄早卒從吾　母意也女二
一適州庠生黃韻桐孫子恪既葬僉吾兄生平性行有大過人者謹
質書之以表於墓而昭示我後之人二品銜前浙江按察使季弟寶
箴撰
大淸光緒十一年歲在乙酉六月　　穀旦

②

校录

诰授奉政大夫陈公滋圃墓表

呜呼！始吾伯兄殁于平江金坪吾母李太夫人之墓庐，遂厝于东冈，是时宝箴官河北，不获临穴视窆。越三年，自浙江罢归，始哭其墓，省其兆吉。明年，乃培土甃石，加封以葬，盖距其殁五年矣。方宝箴自湘中之官河北，伯兄欲自送之官所，家人以其数病尼之，不可，曰："水陆道数千里，幼弱累累如此，吾意不自戢也。"遂行。比至，居数月而归。洎抵平江，省吾母墓，依恋不忍去，而疾作，遂以光绪七年十一月之二十日殁于屺阿墓庐。其生以道光三年正月四日，春秋五十有九。

伯兄讳树年，字六殷，别字曰滋圃，军功赏戴蓝翎，以同知选用。少时不乐为儒，去而习贾，又不喜琐屑会计。寇扰义宁，先考通奉公倡为团练卫乡里，以劳卒。于是伯兄纠健儿击贼，屡濒于厄。咸、同中，吾友罗君亨奎、易君佩绅率饥军搏贼川陕间，伯兄与同患难者数岁，逮宝箴佐军事东南，伯兄遂不复出，晨夕奉母以终其身。

初吾父病，凡药饵、食饮、裀枕、牏厕之属，伯兄必一一手自捡敕，靡不帖妥，丧葬亦如之。治冢墓尤精，远近多取则焉。事吾母如事父，当葬金坪，每力疾坐草土中，寒冰暑雨，凛洌蒸铄，朝夕督视不倦，抔土片石，至易置数四，然后即安，三改岁而始讫事。宝箴每至墓，常大息曰："向非吾兄，则遗憾多矣！"

吾兄爱弟逾于自爱其身，爱弟之子逾于己子。吾长子三立，自其少时颇好读书，或时不措意服食，伯兄则目注神营，旦暮凉燠之变必亟时其衣襦，饮啖必预谋适其所嗜。孩提至壮，跬步动止，无一息不以萦其虑。人或偶咈所指，则谯让及之，不则颜貌为之变，虽宝箴与其妇苟有是，不能少假也。或自外寄食物，会立儿他出，厨人至腐败不敢别进。宝箴尝以语之，伯兄亦自笑也。嗟乎！薄俗自私其身，妻子而外，率泛泛若途人。然吾后世子弟闻吾兄之风，其尚知所感愧矣乎！

伯兄性刚而爱人，遇人无城府，若不知世有诈伪事。然人或相为奸欺，觉则立擿发其覆。又好饮酒，有不快，恒使酒谩骂。既罢，意不自安，则呴妪睨眴，杂引他事，为好语慰解之。故虽常忤人，人多谅其无他，弗恨也。然率以酒致疾，未老而陨，悲夫！

其病居屺阿也，以吾长子妇罗新丧，为亟营葬，得斯穴，如吉卜，疾且革，遗诫："毋以兹穴葬我。"既殁，三立涕泣曰："是吉壤也。伯父为慈至矣！吾属纵不能自致，奈何为不义？"乃卒厝而葬之。其地曰百步岭，渎水绕出其后，在吾母墓东二里许。今葬以光绪十一年夏六月二十有三日，巽首乾趾。娶张氏，有子二人：长三厚，候选盐大使；次三嶷，与吾次子三畏并为仲兄后，仲兄早卒，从吾母意也。女二，一适州庠生黄韵桐。孙平恪。

既葬，念吾兄生平性行有大过人者，谨质书之，以表于墓而昭示我后之人。

二品衔前浙江按察使季弟宝箴撰，光绪十一年岁在乙酉六月　谷旦

陈观礼传

誥贈奉政大夫陳公秩卿先生傳

歲癸巳予自江右南安解組歸里明年甲午春義甯陳子策六往武
昌臬署道經富川得晤予於客邸挑燈夜話不覺漏下三更忽策六
正色端坐而言曰家族聯合族譜盍請先生爲先嚴傳之予聞言不
禁駭然於心曰異矣子謬矣夫傳之爲言傳也傳其人之生平所行
與事也予於　先生之生平所行與事不能悉知奚以傳頌之策六
曰我家先世居閩杭自高祖始遷義甯之護仙源數傳而先嚴生由
是生齒日繁又卜宅於泰鄉七都之上竹墩先嚴之生也幼頗聰穎
八齡時授章句即能領畧經書大旨言笑不苟有成人之風時家中
讀書子侄少曾祖及王父遂篤志以勵先嚴學及弱冠補博士弟子
員是年即以先慈潘氏歸後食餼廩此吾家科第實昉自先嚴也家
極貧先慈旣歸勤儉持家一切飲食衣服半以給於女紅先嚴因不
以貧累益奮志努力求慰先人望每臨場先一二月必默誦四書五

①

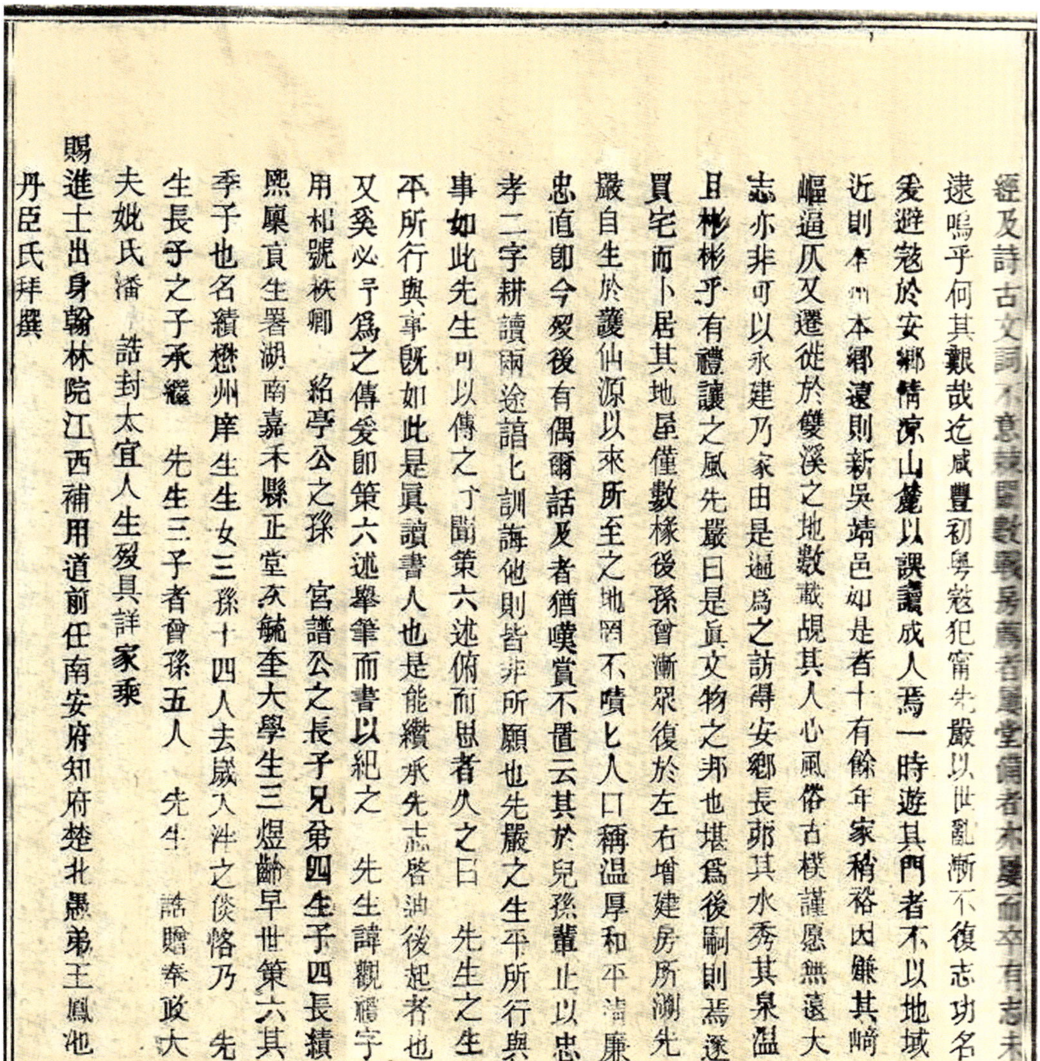
經及詩古文詞不意叢冒數載易爲者冀堂備者未屢而卒有志未
逮嗚乎何其艱哉迄咸豐初粵寇犯甯先嚴以世亂漸不復志功名
爰避寇於安鄉情涼山麓以課讀成人爲一時遊其門者不以地域
近則本州本鄉遠則新吳靖邑如是者十有餘年家稍裕因鮮其崎
嶇逼仄又遷徙於雙溪之地數載覘其人心風俗古樸謹愿無遠大
志亦非可以永建乃家由是遍爲之訪得安鄉長郍其水秀其泉溫
且彬彬乎有禮讓之風先嚴曰是眞文物之邦也堪爲後嗣則焉遂
買宅而卜居其地屋僅數椽後孫曾漸衆復於左右增建房所溯先
嚴自生於護仙源以來所至之地罔不嘖嘖人口稱溫厚和平淸廉
忠直即今歿後有偶爾話及者猶嘆賞不置云其於兒孫輩止以忠
孝二字耕讀兩途諄諄訓誨他則皆非所願也先嚴之生平所行與
事如此先生可以傳之乎闇策六述俯而思者久之曰　先生之生
平所行與事既如此是眞讀書人也是能纘承先志啓迪後起者也
又奚必予爲之傳爰即策六述舉筆而書以紀之　先生諱觀禮字
用松號秩卿　紹亭公之孫　宮譜公之長子兄弟四生子四長績
熙廪貢生署湖南嘉禾縣正堂次毓奎大學生三煜齡早世策六其
季子也名續燃州庠生生女三孫十四人去歲入泮之儁皓乃　先
生長子之子承繼　先生三子者曾孫五人　先生　誥贈奉政大
夫妣氏潘　誥封太宜人生歿具詳家乘
賜進士出身翰林院江西補用道前任南安府知府楚北愚弟王鳳池
丹臣氏拜撰

②

校录

诰赠奉政大夫陈公秩卿先生传

岁癸巳，予自江右南安解组归里。明年甲午春，义宁陈子策六往武昌臬署，道经富川，得晤予于客邸，挑灯夜话，不觉漏下三更。忽策六正色端坐而言曰："家族联合族谱，盍请先生为先严传之。"予闻言不禁骇然于心，曰："异矣，子谬矣。夫传之为言传也，传其人之生平所行与事也。予于先生之生平，所行与事，不能悉知，奚以传？”

顷之，策六曰：“我家先世居闽杭，自高祖始迁义宁之护仙源，数传而先严生。由是生齿日繁，又卜宅于泰乡七都之上竹墩。先严之生也，幼颇聪颖，八龄时授章句，即能领略经书大旨。言笑不苟，有成人之风。时家中读书子尚少，曾祖及王父遂笃志以厉先严学。及弱冠，补博士弟子员，是年即以先慈潘氏归。后食饩廪，此吾家科第实昉自先严也。家极贫，先慈既归，勤俭持家，一切饮食衣服，半取给于女红。先严因不以贫累，益奋志努力，求慰先人望。每临场先一二月，必默诵四书五经，及诗古文词。不意棘闱数战，房荐者屡，堂备者亦屡，而卒有志未逮。呜乎！何其艰哉？迄咸丰初，粤寇犯宁，先严以世乱，渐不复志功名，爰避寇于安乡情凉山麓，以课读成人焉。一时游其门者，不以地域，近则本州本乡，远则新吴、靖邑，如是者十有余年。家稍裕，因兼其崎岖逼仄，又迁徒于双溪之地数载，觇其人心风俗古朴谨愿，无远大志，亦非可以永建乃家，由是遍为之访，得安乡长茆，其水秀，其泉温，且彬彬乎有礼让之风。先严曰：‘是真文物之邦也，堪为后嗣则焉。’遂买宅而卜居其地。屋仅数椽，后孙曾渐众，复于左右增建房所。溯先严自生于护仙源以来，所至之地，罔不啧啧人口，称温厚和平，清廉忠直。即今殁后，有偶尔话及者，犹叹赏不置云。其于儿孙辈，止以忠孝二字、耕读两途谆谆训诲，他则皆非所愿也。先严之生平所行与事如此，先生可以传之。”

予闻策六述，俯而思者久之，曰：“先生之生平所行与事既如此，是真读书人也，是能缵承先志，启迪后起者也，又奚必予为之传？”爰即策六述，举笔而书以纪之。

先生讳观礼，字用和，号秩卿，绍亭公之孙，宫谱公之长子。兄弟四。生子四：长绩熙，廪贡生，署湖南嘉禾县正堂；次毓奎，大学生；三煜龄，早世；策六其季子也，名绩懋，州庠生。生女三，孙十四人。去岁入泮之倓恪，乃先生长子之子，承继先生三子者。曾孙五人。先生诰赠奉政大夫，妣氏潘诰封太宜人，生殁具详家乘。

赐进士出身、翰林院、江西补用道、前任南安府知府、楚北愚弟王凤池丹臣氏拜撰

罗宜人墓表（陈三立原配）

吏部主事考功司行走陳君故妻羅宜人墓表

宜人姓羅氏武甯人父官四川雅州知府諱亨奎世所稱惺四先生者也母方恭人歸義甯陳氏爲浙江按察使名寶箴之冢婦吏部主事三立之妻始惺四先生與按察公講學山中粵寇之亂同起舉鄉兵擊賊楚蜀間同治十二年惺四先生知酉陽州于時宜人年十九贅吏部于官舍既歸四年生子衡恪又三年生子不育明年子同亮生後宜人二歲殤生同亮之年按察公自湖南遷官河北宜人已病家人欲留養疾宜人曰烏有舅姑遠行而婦不從者遂行舟次潁州卒年二十有六光緒六年十月五日也宜人性端淑習禮儀中嚴黑白曉事理而外務斂抑不使表襮歸陳氏八年內外疏戚無間言嘖劉向列女傳諷誦不去口於吏部婉孌愛敬規過未形盡輔益之誼歿既久而翁姑念之不置是不可謂賢矣乎宜人歿之明年歸厝于平江金坪祖姑塋旁又數年吏部成進士引例　封宜人光緒十六年四月丙寅改葬宜人邵陽盤龍山之原而以狀屬友人羅正鈞表其墓嗟三代後婦教衰而陰禮廢然世家大族其子女嫺習儀度克守家法出入被服固多適于禮者自後之傳列女以雅才節烈相矜尙世或炫其名而以忘庸行之實甯所謂知德者乎宜人生長世族才識德行皆中禮法而所遇之淑尤有出尋常富勢之外者而竟以早亡其尤足悲也已宜人之子衡恪年十五矣勤學有異稟又今吏部繼妻所出子二曰隆恪寅恪皆頭角嶄然庶幾足以追榮宜人者余故推論婦德之修在此不在彼以表宜人之阡俾後有所興感焉

湘潭羅正鈞撰

光緒十六年夏六月　　穀旦

校录

吏部主事考功司行走陈君故妻罗宜人墓表

宜人姓罗氏，武宁人。父官四川雅州知府，讳亨奎，世所称惺四先生者也。母方恭人。归义宁陈氏，为浙江按察使名宝箴之冢妇，吏部主事三立之妻。

始惺四先生与按察公讲学山中，粤寇之乱，同起举乡兵击贼楚蜀间。同治十二年，惺四先生知酉阳州，于时宜人年十九，赘吏部于官舍。既归四年，生子衡恪；又三年，生子不育。明年，子同亮生，后宜人二岁殇。生同亮之年，按察公自湖南迻官河北。宜人已病，家人欲留养疾。宜人曰："乌有舅姑远行而妇不从者？"遂行，舟次颍州，卒，年二十有六，光绪六年十月五日也。

宜人性端淑，习礼仪，中严黑白，晓事理，而外务敛抑，不使表襮。归陈氏八年，内外疏戚无间言。嗜刘向《列女传》，讽诵不去口。于吏部婉娈爱敬，规过未形，尽辅益之谊。没既久，而翁姑念之不置，是不可谓贤矣乎？

宜人殁之明年，归厝于平江金坪祖姑茔旁。又数年，吏部成进士，引例封宜人。光绪十六年四月丙寅，改葬宜人邵阳盘龙山之原，而以状属友人罗正钧表其墓。维三代后妇教衰而阴礼废，然世家大族，其子女娴习仪度，克守家法，出入被服，固多适于礼者。自后之传列女，以雅才节烈相矜尚，世或炫其名而以忘庸行之实，宁所谓知德者乎？宜人生长世族，才识德行皆中礼法，而所遇之淑，尤有出寻常富势之外者。而竟以早亡，其尤足悲也已。宜人之子衡恪年十五矣，勤学有异禀。又今吏部继妻所出子二：曰隆恪、寅恪，皆头角崭然，庶足以追荣宜人者。余故推论妇德之修，在此不在彼，以表宜人之阡，俾后有所兴感焉。

湘潭罗正钧撰，光绪十六年夏六月　谷旦

陈三略传

誥授奉政大夫同知銜原任湖南桂陽直隸州嘉禾縣知縣廩貢生陳

公耘恕府君事述

府君諱續熙派三略字家修號耘恕家世貧少有大志隨侍讀書親

有疾不敢離左右藥必躬嘗愼交遊非其人不能一接言話處兄弟

怡怡如也年力舞勺操筆爲文即娓娓千言往應童子試屢前列因

髪逆亂停試二十八歲始補博學弟子員本年歲試即以超等食餼

平生篤志向上不爲貧困所移應鄉試數次皆薦而不售適苗民煽

亂府君投筆從戎于某縣攻克黃孝嶺及湘平四房牛得保訓導又于

攻克排羊等處及克復丹江凱里各城免選訓導以知縣分省補用

復以苗疆肅清　賞加同知銜戊寅北上　引見時　先太宜人年

已六十有七嘗以籤分遠省不便迎養爲憂及分發湖南始欣然也

平居介然自守謂凡事皆有命存凡事尤當以義行需次時有語以

稍事趨承以求悅于上台者　府君輒心鄙其人嘗舉以告不孝曰

赫赫如某亦出此等無志之言人品之日下也眞可嘆矣然上台亦

因之器重如讞獄及諸要務多所委任壬午秋委署嘉禾其地本俗

悍民貧案多藉命勒索　府君到任後即嚴行禁止每逢朔望宣講

聖諭鄉民環聽因而感化者不少半年後三八控詞僅二三人而已曩官

卷首　耘恕府君事述　十二

①

斯土者縣試皆鬻案首名彌補考費癸未歲試有以此爲　府君言
者　府君曰考之需費固也若藉口以圖賄是以名場爲利藪將使
富于文者不得伸富于貧者反居上其何以質衾影對士庶乎吾雖
貧不爲也其餘書院常平保甲各公務罔不大加整頓去之日民有
泣下者在任年餘兩袖清風而已卸篆後益形短絀至典衣物以爲
炊而　府君泊然也時傒恪隨侍在湘公餘輒教以詩古文詞娓娓
不勸傒恪于學始稍知用力故傒恪之學得自　庭訓者居多上台
見　府君清廉自守復委以資江釐務且面諭之曰斯時苦無位置
以此屈爾日後自有調劑孰知不越一年竟棄不孝等而長逝乎時
光緒十三年秋八月二十日未時也嗚呼痛哉享年五十有三吾祖
州廩生秩卿公祖母潘太宜人以　府君貴封贈如例配吾母邱宜
人先　府君十有二年卒庶妣王氏兹族中修譜傒恪等不孝不能
立身揚名乞一字于當今之先生大人謹就所知者百中述記一二
誌之譜端以爲世世子孫法焉昊天罔極援筆嗚咽不孝降服男傒恪
泣述

誥授朝議大夫歷任福建松溪安溪等縣知縣乙丑科進士文鳳鳴阿
氏填諱

②

校录

诰授奉政大夫同知衔原任湖南桂阳直隶州嘉禾县知县廪贡生陈公耘恕府君事述

府君讳绩熙，派三略，字家修，号耘恕。家世贫，少有大志，随侍读书，亲有疾，不敢离左右，药必躬尝。慎交游，非其人不能一接言话。处兄弟怡怡如也。年方舞勺，操笔为文，即娓娓千言。往应童子试，屡前列，因发逆乱停试。二十八岁始补博学弟子员，本年岁试，即以超等食饩。平生笃志向上，不为贫困所移。应乡试数次，皆荐而不售。适苗民煽乱，乃投笔从戎，于某县攻克黄茅岭及荡平四脚牛，得保训导。又于攻克排羊等处，及克复丹江凯里各城，免选训导，以知县分省补用。复以苗疆肃清，赏加同知衔，戊寅北上引见。时先太宜人年已六十有七，尝以签分远省，不便迎养为忧，及分发湖南，始欣然也。

平居介然自守，谓凡事皆有命存，凡事尤当以义行，需次时有语以稍事趋承，以求悦于上台者，府君辄心鄙其人。尝举以告不孝曰："赫赫如某，亦出此等无志之言，人品之日下也，真可叹矣！"然上台亦因之器重，如谳狱及诸要务，多所委任。壬午秋委署嘉禾，其地本俗悍民贫案多，藉命勒索。府君到任后，即严行禁止。每逢朔望，宣讲圣谕，乡民环听，因而感化者不少，半年后三八控词，仅二三人而已。曩官斯土者，县试皆鬻案首名，弥补考费。癸未岁试，有以此为府君言者。府君曰："考之需费固也，若藉口以图贿，是以名场为利薮，将使富于文者不得伸，富于资者反居其上，其何以质衾影对士庶乎？吾虽贫，不为也。"其余书院、常平、保甲各公务，罔不大加整顿。去之日，民有泣下者。在任年余，两袖清风而已。卸篆后，益形短绌，至典衣物以为炊，而府君泊然也。时僎恪随侍在湘，公余辄教以诗古文词，娓娓不倦。僎恪于学，始稍知用力，故僎恪之学，得自庭训者居多。

上台见府君清廉自守，复委以资江厘务，且面谕之曰："斯时苦无位置，以此屈尔，日后自有调剂。"孰知不越一年，竟弃不孝等而长逝乎！时光绪十三年秋八月二十日未时也。呜呼痛哉！享年五十有三。吾祖州廪生秩卿公，祖母潘太宜人，以府君贵封赠如例。配吾母邱宜人，先府君十有二年卒。庶妣王氏。

兹族中修谱，僎恪等不孝，不能立身扬名，乞一字于当今之先生大人，谨就所知者百中述记一二，志之谱端，以为世世子孙法焉。昊天罔极，投笔呜咽。

不孝降服男僎恪泣述，诰授朝议大夫、历任福建松溪安溪等县知县、乙丑科进士文凤鸣冈氏填讳

光远祠屋图

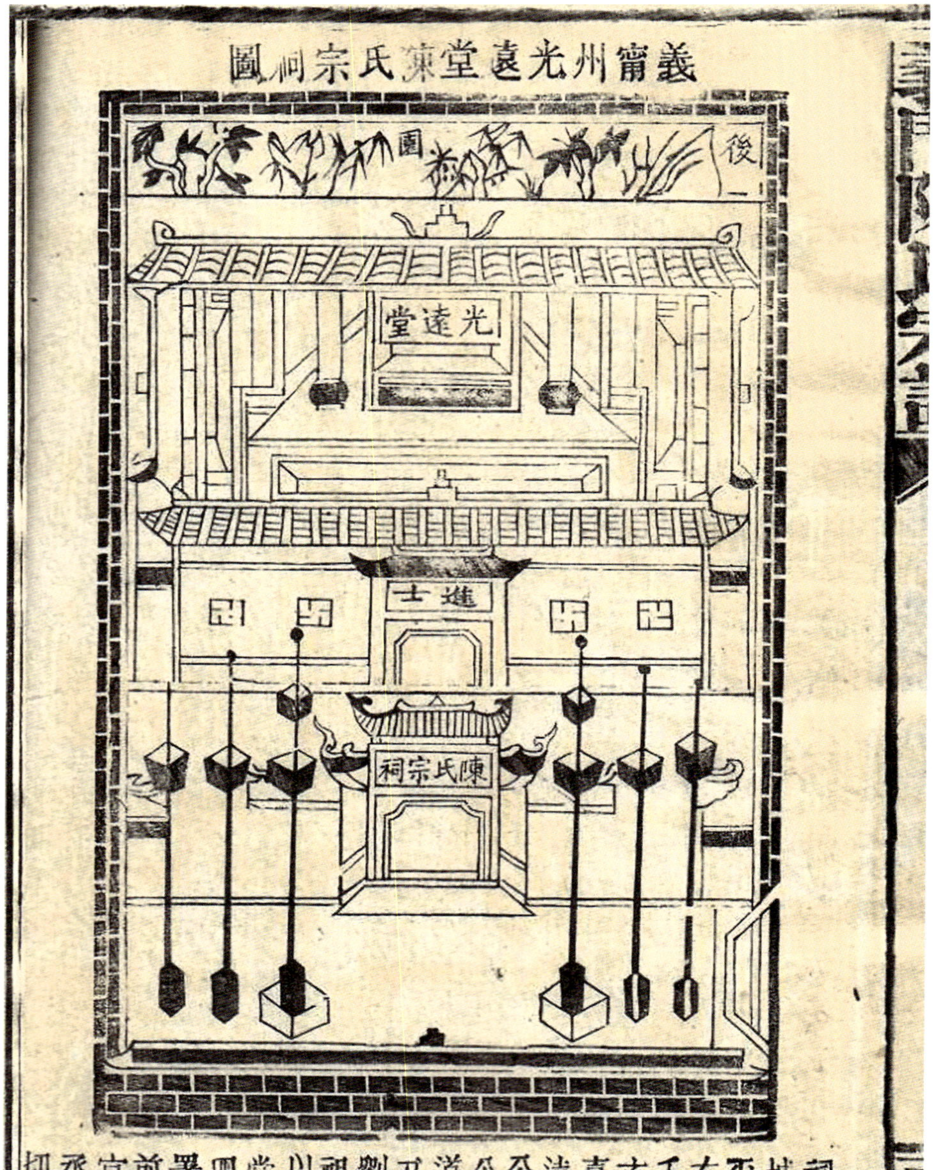

祠宇坐落州城余家巷泰平社軍署之左坐北朝南壬山丙向兼亥巳分金嘉慶七年光遠祠丁價買公屋州憲陽公給予印照道光十七年又價買祠後劉光爍涂承祖園地一處以爲添造寢堂基址合計四界右止軍署隨墻直出前後左俱止官巷其主牌烝季祀產一切具詳祠譜

陈于庭墓图

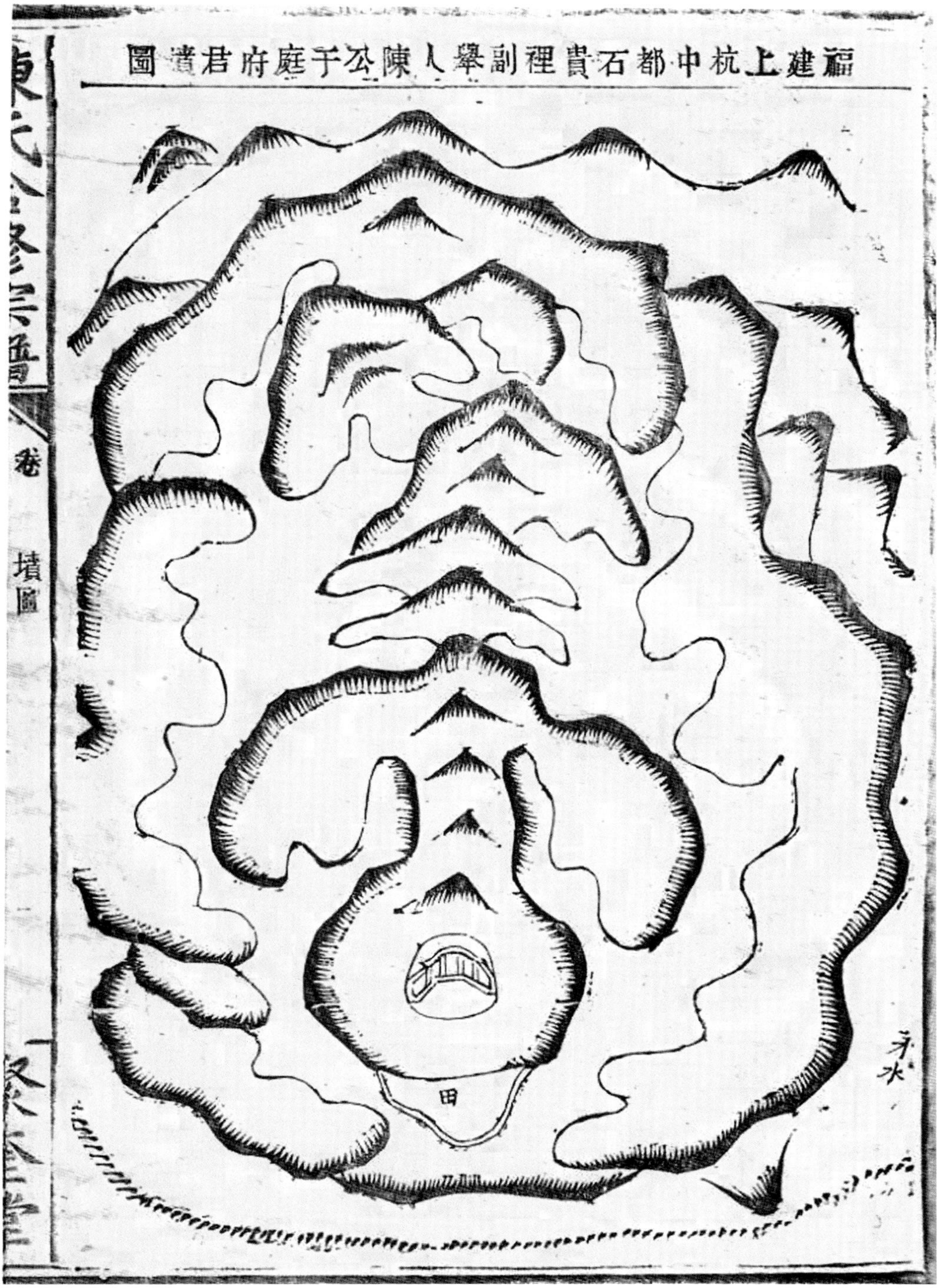

陈文光墓图

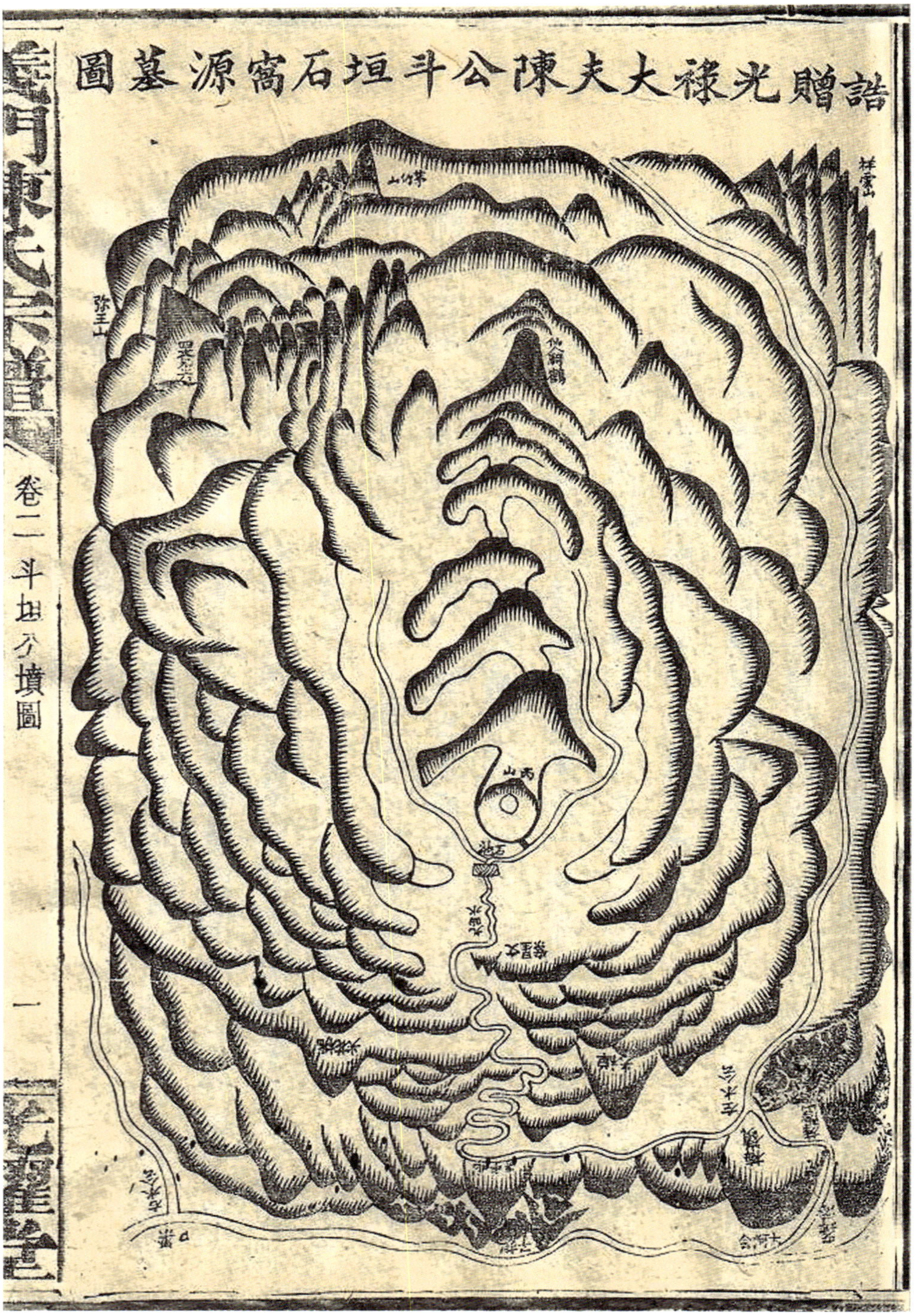

陈文光墓图说

誥贈光祿大夫陳公斗垣墓圖說
龍自祥雲山廉貞起祖山頂池水大旱不涸至茅竹山開大帳橫亘
百十里帳中連轟數尖貪作大宗此破軍貪狼也自是辭樓下殿穿
帳重重斷而復斷若硃砂坳安居坳馬嶺嶺斜龍塘皆過峽也凡過
峽均有泉塘夾隨為養蔭其左水之朗用長茅李邨右水之硃砂畈
十都九都均係關城前後帳角交會各起破祿大星奇形異狀鎮守
關口至彌王山開帳成局高數百丈磅礴鬱積雄據一方上有天池
廣十數畮四時不涸正脈出處名四覺尖仍現貪狼本象為應星左
右侍星簇匕夾護此下連頓廿餘峯如一林春筍名天梯龍即出陣
貪狼也入局復跌斷為大轉折起平貪如臥蠶似武曲斜輔降勢又
起尖貪為主峯秀挺特達矗之如鶴立雲霄故名仙人騎鶴跌下半
岡抽出水木蘆鞭秀且活連串輔星結乳頭穴星體渾厚精華內斂
四應分明前有石池澄瀩清澈形如扇而深不可測蓋祖山天池之
應也內堂水流九曲龍虎交牙外青龍帶出一字文星案靈光閃鑠

①

案頭石曜卓立如笏如圭位置天然自成邱壑中堂大堂重疊交鎖
如排班唱喏然土記云七都山内一盤歛盡極言關闌纏護橈棹之
多也自獅王山開帳環繞數十里爲内羅城帳角聳起二峯左曰禪
尖右曰桃花尖爲前應以作捍門所謂天乙太乙明堂照也右帳外
逆水拖出一枝曰北峯爲朝山貴人左右秀峯簇簇如旗鼓劍戟天
馬誥詔等形朝内之水縈紆環抱將大轉折處兩岸卓立二峯爲二
關由此逆出西流二十餘里至走馬崗與左隨龍水會又北折至安
坪港出口與大河會左旋踰山右梅嶺高卓兩邊爲捍門與内堂中
堂恰成三對蓋上有三台六府爲祖前後相應如此又有神石外峙
故大河抱城屈曲流去門外抱子石從右帳背後逆水拖出卓立水
中石骨嶙峋蓋廉貞起祖貪狼行龍始有此羅星此外仍有三關直
至梁口爲外堂與右隨龍水會是地格大勢雄堂寬局濶未易檢點
葆忠嬴糧躡屩陟巘涉巔閱旬日乃得其大概真百里幹龍正結也
詩曰維嶽降神生甫及申夫非以扶輿蜿蟺之氣實應運而產偉人
與光緒十年甲申夏五月穀旦吳葆忠謹識於四覺堂之西窗

②

校录

诰赠光禄大夫陈公斗垣墓图说①

龙自祥云山廉贞起祖，山顶池水大旱不涸。至茅竹山开大帐，横亘百十里。帐中连轰数尖，贪作大宗，此破军贪狼也。自是辞楼下殿，穿帐重重，断而复断，若朱砂坳、安居坳、马岭、岭斜、龙塘，皆过峡也。凡过峡均有泉塘夹随，为养荫。其左水之朗田、长茅、李郇，右水之朱砂塅、十都、九都，均系关城。前后帐角交会，各起破禄。大星奇形异状，镇守关口，至弥王山，开帐成局。高数百丈，磅礴郁积，雄据一方。上有天池，广十数亩，四时不涸。正脉出处，名四觉尖，仍现贪狼本象，为应星。左右侍星簇簇，夹护此下，连顿廿余峰，如一林春笋，名天梯，龙即出阵，贪狼也入局。复跌断为大转折，起平贪如卧蚕，似武曲剥辅降势。又起尖贪为主峰，秀挺特达，望之如鹤立云霄，故名仙人骑鹤。跌下平冈，抽出水木芦鞭，秀且活。连串辅星，结乳头穴，星体浑厚，精华内敛，四应分明。前有石池，澄凝清澈，形如扇面，深不可测，盖祖山天池之应也。内堂水流九曲，龙虎交牙；外青龙带出一字文星案，灵光闪烁。案头石曜卓立，如笏如圭，位置天然，自成丘壑。中堂大堂，重叠交锁，如排班唱喏然。《土记》云“七都山内一盘鳅”，盖极言关阑缠护桡棹之多也。

自弥王山开帐，环绕数十里，为内罗城，帐角耸起二峰，左曰禅尖，右曰桃花尖，为前应，以作捍门，所谓天乙太乙，明堂照也。右帐外逆水拖出一枝曰北峰，为朝山贵人。左右秀峰簇簇，如旗鼓剑戟，天马诰诏等形。朝内之水萦纡环抱，将大转折处，两岸卓立二峰，为二关。由此逆出西流二十余里，至走马岗，与左随龙水会。又北折至安坪港出口，与大河会。左旌阳山，右梅岭，高卓两边，为捍门，与内堂中堂恰成三对。盖上有三台六府为祖，前后相应如此。又有神石外峙，故大河抱城，屈曲流去。门外抱子石从右帐背后逆水拖出，卓立水中，石骨嶙峋。盖廉贞起祖，贪狼行龙，始有此罗星。此外仍有三关，直至梁口，为外堂，与右随龙水会。

是地格大势雄，堂宽局阔，未易检点。葆忠赢粮蹑屩，陟巘涉巅，阅旬日乃得其大概，真百里干龙正结也。诗曰：“维岳降神，生甫及申。”夫非以扶舆蜿蟺之气，实应运而产伟人与？

光绪十年甲申夏五月　谷旦，吴葆忠谨识于四觉堂之西窗

---

① 参见本书第21页《斗垣先生夫妇合墓案语》。

陈鲲池夫妇墓图

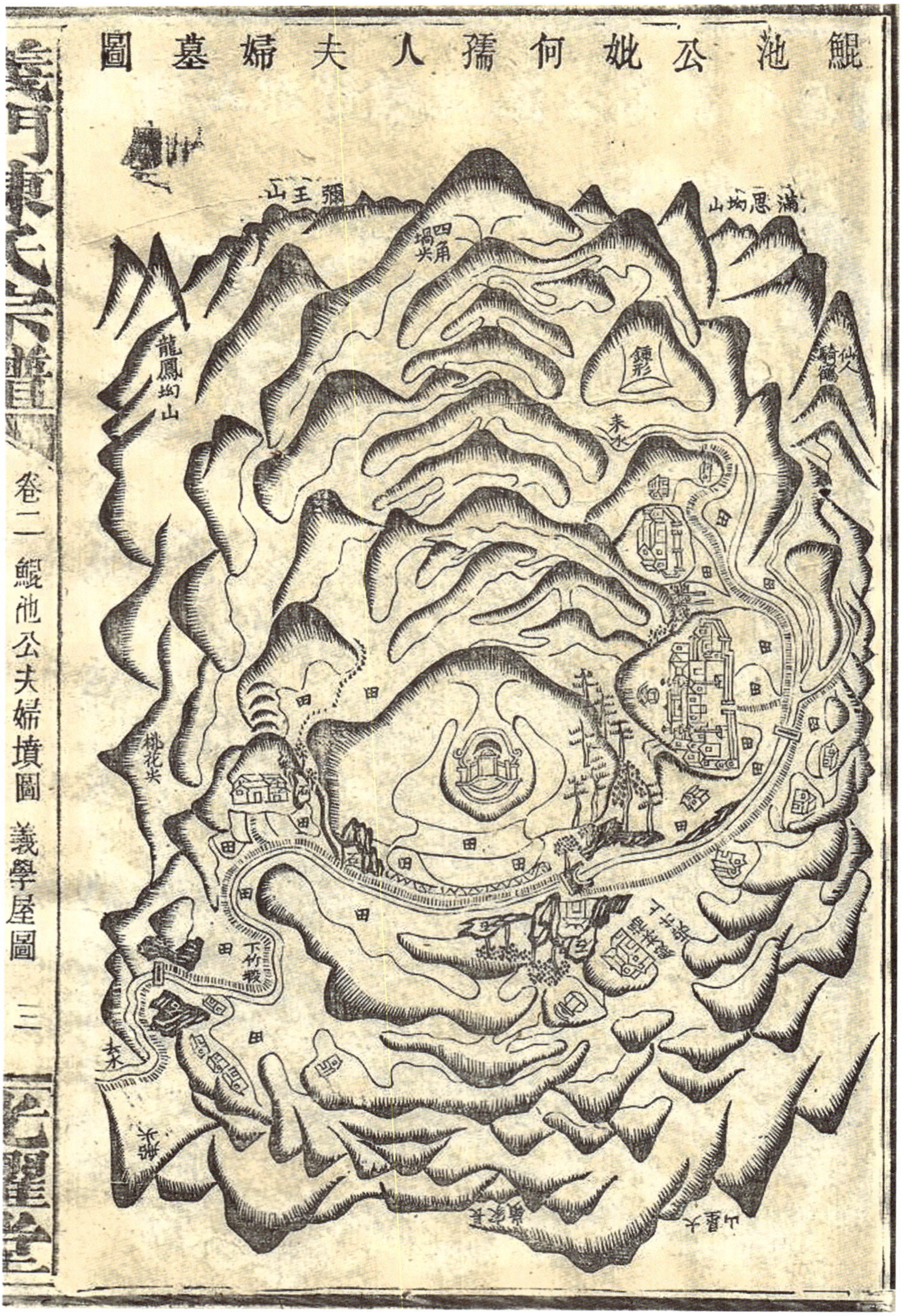
鯤池公妣何孺人夫婦墓圖
卷二 鯤池公夫婦墳圖 義學屋圖 三
彌王山
滿恩坳山
四角塌尖
龍鳳坳山
鍾形
仙人騎鶴
來水
桃花尖
下竹嶺

凤竹堂屋图暨陈克绳墓图

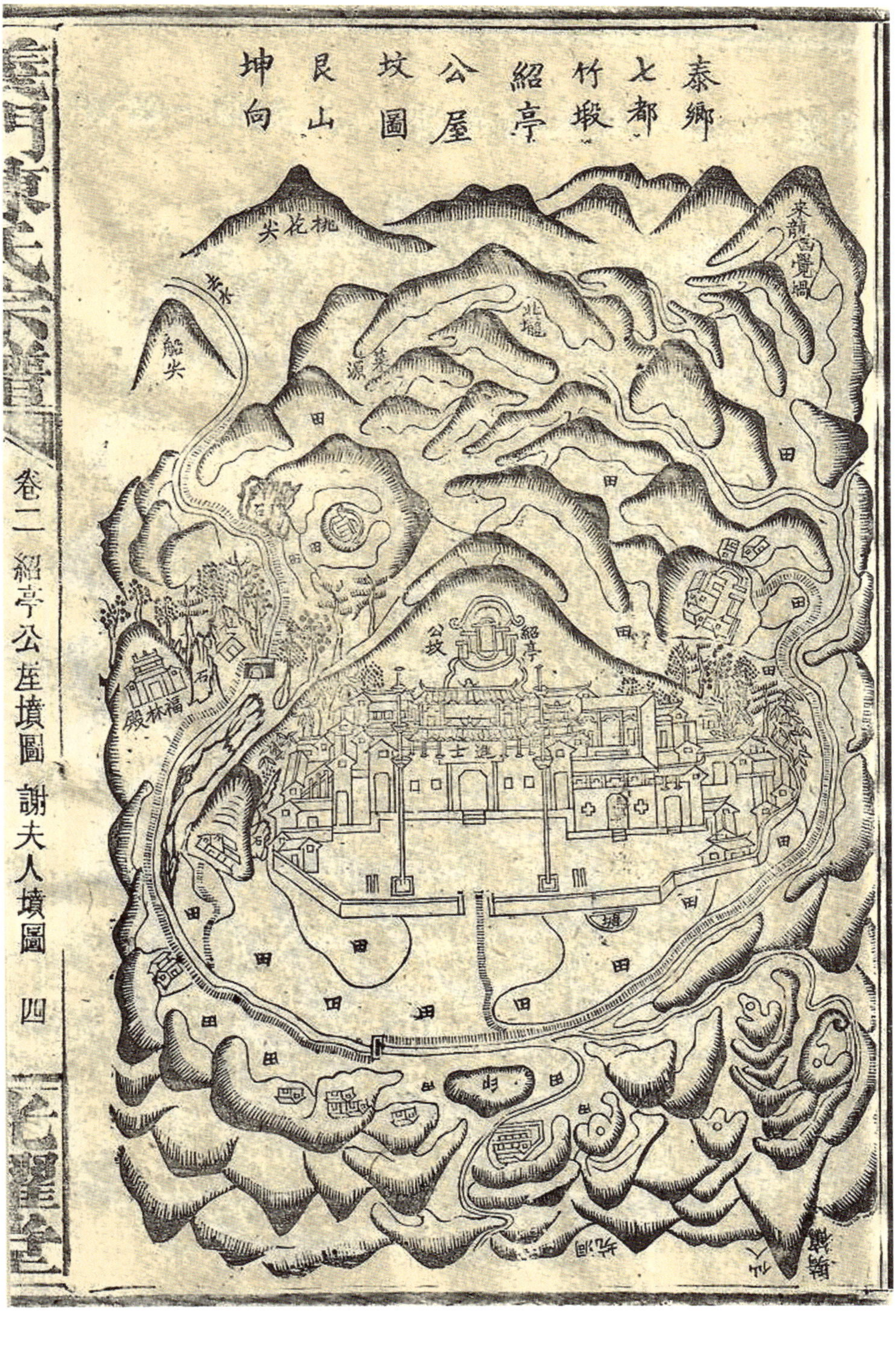

谢太夫人墓图（陈克绳原配）

谢太夫人墓图说

誥贈一品太夫人陳母謝太夫人墓圖說

正龍特結贈資政公楊坊地此其於羅坪坳大斷過峽後剝出平貪爲閭星即以平貪爲宗也逶迤數節開帳聳立貪狼爲應星正脈閃出護帶重重結咽束氣又出平貪剝輔落穴穴結乳頭俗呼上山鳳形舊傳司馬頭陀記有荷葉罩金龜之句形亦肖甚龍雖不遠而獨立門戶城垣完固穴星特達水秀砂明生氣團聚內堂平如掌心外堂可容萬馬流神之元屈曲關鑠重疊近案一字文星靈光閃鑠遠朝御屏卓立坎位龍虎三重環抱有情外陽秀峰羅列大河橫遶如帶誠美局也歲乙酉春我　師命從鳳樓兄爲　祖太夫人覓遷葬所數閱月遊甯武殆遍無入選者請人卜所往方屬離象吉明日出州南城門過浮橋迂道捌往見是處別開生面疑不虛設及登高踏逐果龍與穴符後數日我　師往觀心甚愜遂購得之此殆造物畱之以福善人也昔喎母穴卜牛眠於茲益信時光緒十二年丙戌春月吳葆忠謹識

校录

诰赠一品太夫人陈母谢太夫人墓图说

正龙特结，赠资政公杨坊地。此其于罗坪坳大断过峡后，剥出平贪，为间星，即以平贪为宗也。逶迤数节，开帐耸立，贪狼为应星。正脉闪出，护带重重，结咽束气。又出平贪，剥辅落穴，穴结乳头，俗呼上山凤形。旧传司马头陀记有“荷叶罩金龟”之句。形亦肖甚龙，虽不远，而独立门户，城垣完固，穴星特达，水秀砂明，生气团聚。内堂平如掌心，外堂可容万马。流神之元屈曲，关锁重叠，近案一字文星，灵光闪铄。远朝御屏卓立，坎位龙虎，三重环抱有情。外阳秀峰罗列，大河横绕如带，诚美局也。

岁乙酉，奉我师命，从凤楼兄为祖太夫人觅迁葬所数阅月，游宁、武殆遍，无入选者。请人卜所往方，属离象吉。明日出州南城门，过浮桥，迂道别往见是处，别开生面，疑不虚设。及登高踏逐，果龙与穴符。后数日，我师往观，心甚惬，遂购得之，此殆造物留之以福善人也。昔陶母穴卜牛眠，于兹益信。

时光绪十二年丙戌春月，吴葆忠谨识

何孺人墓图（陈克绳侧室）

护仙源崇福堂屋图

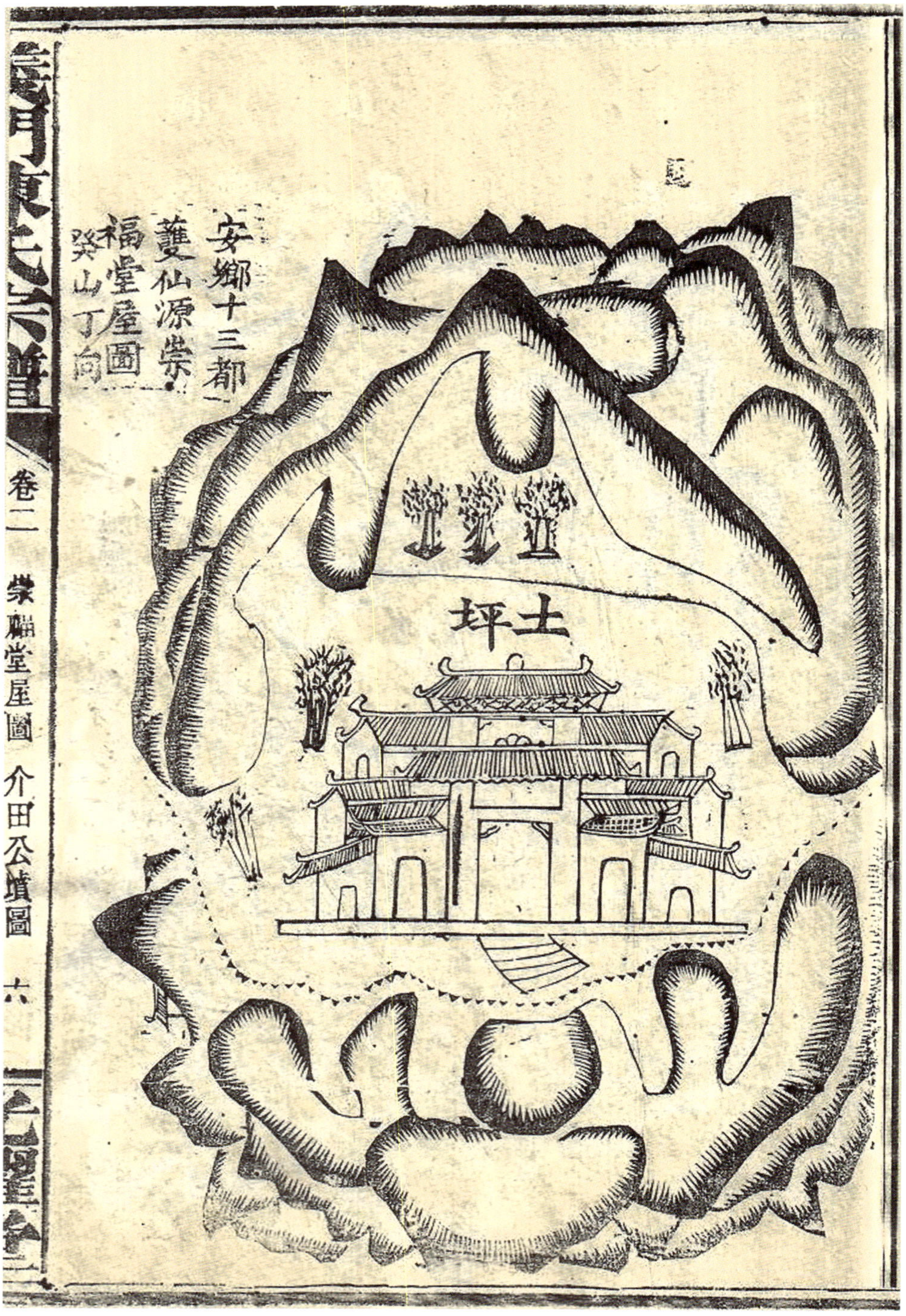

陈克修墓图

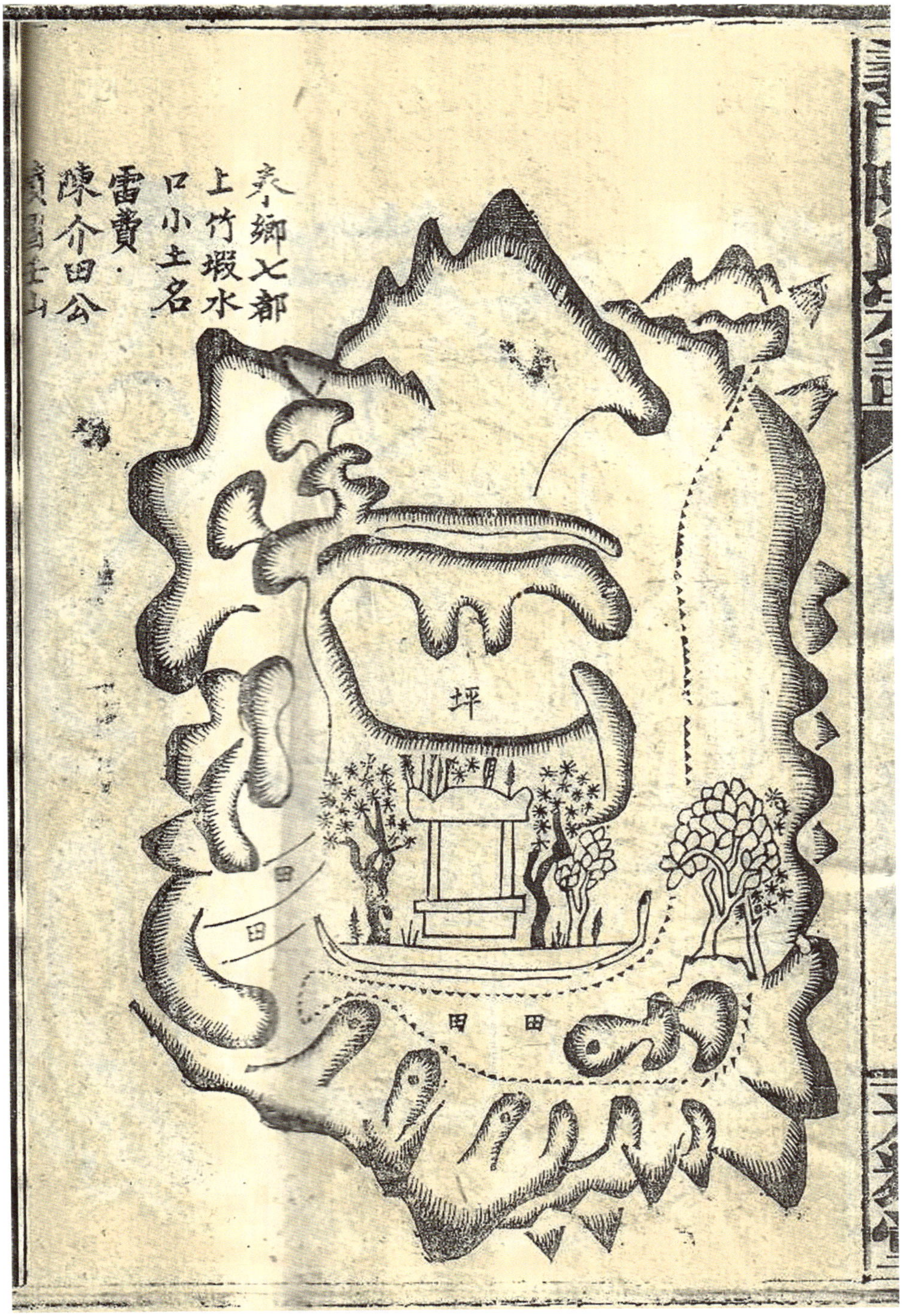

张孺人坟图（陈克修夫人）

陈规镜坟图

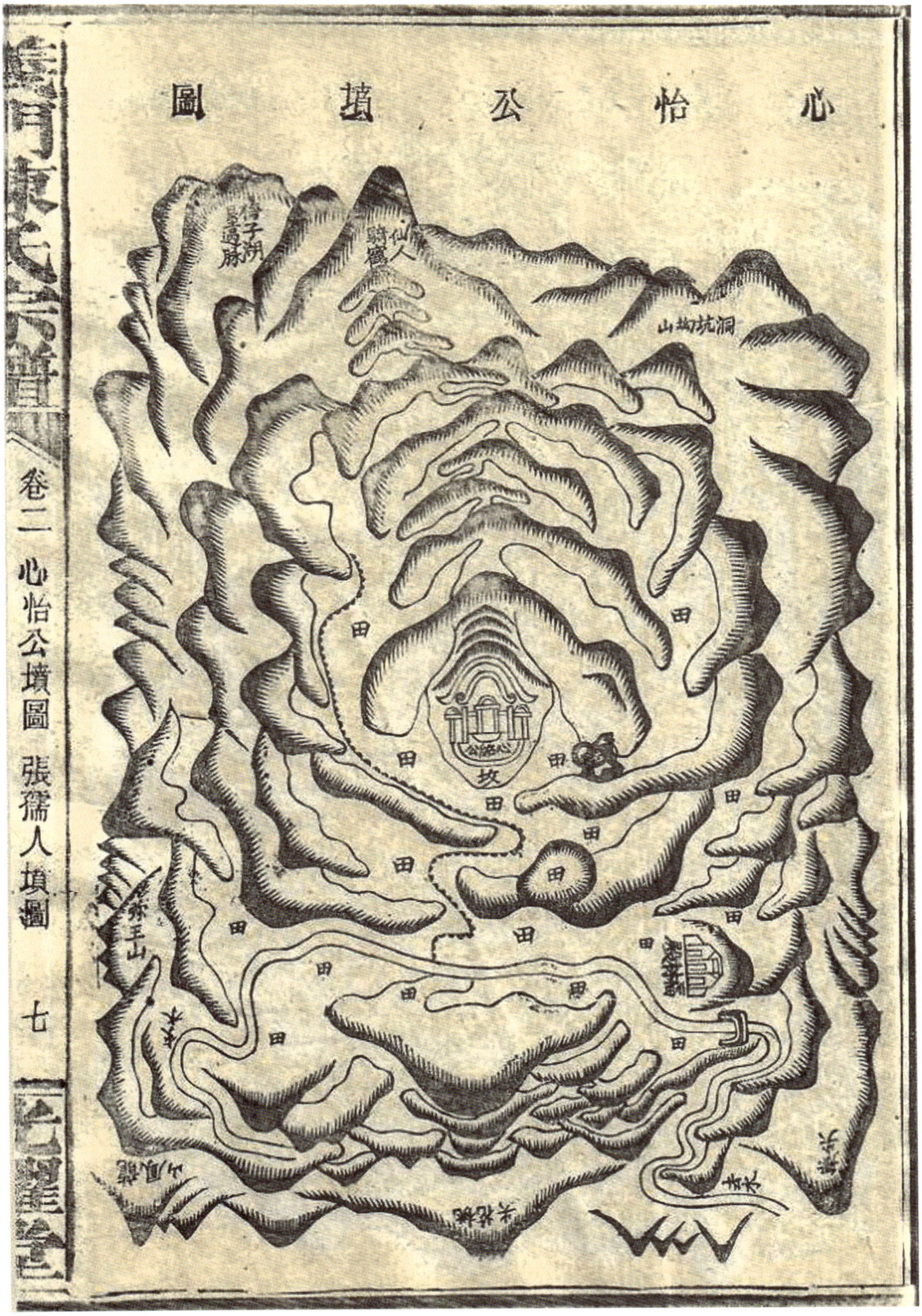

陈伟琳(子润)墓图

陈伟琳墓图说

誥贈光祿大夫陳公子潤墓圖說

此輔星龍燕巢穴由自祥雲山廉貞起祖出帳成幞頭正形爲大宗透迤百餘里大頓小伏穿帳重重中間清涼山大板尖湖洞山仍現本象爲應星石坳大龍坳吳坑羅坪坳等處穿田過峽前後帳角及隔江纏送均起大星成旗鼓獅象倉庫等形爲護衛左水經郭城何家鴦田鋪赤江右水過沙窩高里艾村湘竹爲兩邊關城入局橫展大帳上抵梁塘下至旌陽山相去二十餘里正脈中出成帳裏貴人秀峯簇匕夾照氣象森嚴由是穿田者三入首龜蛇護峽山頭異石磊磊成梅花形穴星尊秀特達成將軍大座格穴場隈藏穴暈湧突穿山脈隱隱隆隆備極精巧前山直朝貴人拜伏溪水九曲朝堂左右陳列旗鼓案外羣馬列伏遠朝大貴人端聳雲霄外陽龍樓鳳閣鼓角梅花寶劍金鎗飛紹展誥掛榜襆道御屏凡厥貴砂名難悉數內水曲折流去龜蛇守口外局華表捍門大河挾高崇仁西四鄉之水橫遶於左安奉二一鄉之水隨龍夾送至將入局處會上泰鄉之水

及武鄕之水一暗褁朱雀一暗纏元武而先後同滙於修水水會則山會是以內外城垣恢廓完密毫無鈌陷此百里幹龍特結鼎甲宰輔發祥之區也司馬公記曰楊坊一穴地墩頭墩尾跂東邊有頓鼓西邊有卓旗頭頂華蓋山鄉踏文曲水老蛤當頭坐黃蛇尾拖泥有人扦得着雙雙喝道狀元歸夫所謂墩頭尾跂者穴星立體居上下墩之間也所謂東西旗鼓者旗鼓擺左右左右卽東西也頭頂華蓋鄉踏文曲者左輔開兩肩衘名華蓋水纏外靑龍曲折流去也老蛤當頭黃蛇拖尾者穴前卽老蛤橋外砂垂曜地名蛇嵜也合之梅花龍雲霄筆異日鍾靈應運瓌才猋起定有田鼎元起家建旄仗鉞寄專閫膺茅社而補天浴日者司馬公豈欺我哉記語雖近鄙俚無一不與是地相符自司馬公數百餘年後一旦以無意得之是殆造物者有心留待以福善人也人何力之有焉光緒卅一年乙酉夏四月穀旦古羅樵者吳葆忠謹識

②

校录

诰赠光禄大夫陈公子润墓图说

此辅星龙燕巢穴也。自祥云山廉贞起祖，出帐成幞头正形，为大宗。逶迤百余里，大顿小伏，穿帐重重，中间清凉山、大板尖、湖洞山，仍现本象，为应星。石坳、大龙坳、吴坑、罗坪等处，穿田过峡，前后帐角及隔江缠送，均起大星，成旗鼓、狮象、仓库等形，为护卫。左水经郭城、何家鞘、田铺、赤江；右水过沙窝、高里、艾村、湘竹，为两边关城。入局横展大帐，上抵梁塘，下至旌阳山，相去二十余里。正脉中出，成帐里贵人。秀峰簇簇夹照，气象森严，由是穿田者三。入首龟蛇护峡，山头异石磊磊，成梅花形。穴星尊秀特达，成将军大座格。穴场隈藏，穴晕涌突，穿山脉隐隐隆隆，备极精巧。前山直朝贵人拜伏，溪水九曲。朝堂左右陈列旗鼓，案外群马列伏，远朝大贵人，端耸云霄。外阳龙楼、凤阁、鼓角、梅花、宝剑、金枪，飞绍〔诏〕展诰，挂榜复道御屏。凡厥贵砂，名难悉数，

内水曲折流去，龟蛇守口。外局华表捍门，大河挟高崇仁西四乡之水，横绕于左，安奉二乡之水，随龙夹送至将入局处，会上泰乡之水，及武乡之水，一暗环朱雀，一暗缠玄武，而先后同汇于修水。水会则山会，是以内外城垣，恢廓完密，毫无缺陷。此百里干龙，特结鼎甲宰辅发祥之区也。司马公《记》曰："杨坊一穴地，塅头塅尾跂。东边有顿鼓，西边有卓旗。头顶华盖山，脚踏文曲水。老蛤当头坐，黄蛇尾拖泥。有人扦得着，双双喝道状元归。"

夫所谓塅头尾跂者，穴星立体居上下塅之间也。所谓东西旗鼓者，旗鼓摆左右，左右即东西也。头顶华盖脚踏文曲者，左辅开两肩，术名华盖水缠，外青龙曲折流去也。老蛤当头黄蛇拖尾者，穴前即老蛤桥，外砂垂曜，地名蛇鞘也。合之梅花、龙云、霄笔，异日钟灵应运，瑰才焱起，定有田鼎元起家，建旄仗钺，寄专阃，膺茅社，而补天浴日者。司马公岂欺我哉！《记》语虽近鄙俚，无一不与是地相符。自司马公数百余年后，一旦以无意得之，是殆造物者有心，留待以福善人也，人何力之有焉。

光绪十一年乙酉夏四月　谷旦，古罗樵者吴葆忠谨识

李太夫人墓图(陈伟琳夫人)

李太夫人墓图说

誥封一品太夫人陳母李太夫人墓圖說

幹龍自大圍山至望三鄉歧爲三枝入平江之境左枝至連雲山盡於湘陰右枝盡於義甯中枝由山棗嶺至土龍山北折而太平嶺又東折而金峰山至黃龍山起廉貞作祖巍然爲兩湖之望其北枝盡於彭蠡之廬山此其南枝也自茅源小坳過峽爲幕阜山層嵐叠嶂白石齒齒見廉貞面目澴水繞其前昌江環其後山巔有天池郎古沛沙池廣數百丈左黃龍山右鳳凰相望數十里樓閣重重自此辭樓下殿聳起貪狼爲大宗左右天乙太乙夾照行平岡三十餘里突起五里高之水平尖峴本象爲應星横開大帳二十餘里左桃花右黃沙兩尖遙遙相對爲帳角旗槍左水之虹橋洞口右水之長慶桃花洞兩關城處各有華表獅象旗鼓龜蛇等格把口由是行高岡二十餘里節節大梧桐左木瓜右横江爲關城至大尖劍左輔其下仍現貪狼爲帳裏貴人侍星簇簇帳角左抵美子嶺右抵黃陽山相去三十餘里自平坳跌落平岡穿田過峽者七若木梓銅盆葉家艾家

峽石等坳是也其護峽星皆成貴人日月籍印倉庫諸形及至七坳之韓家寨展開枝條八九正脈中行當脊石池二四時不涸不溢此後輔而爲大橋者三爲華蓋者再與上合氣夾珠拋梭走馬玉尺聯珠等峽皆貴格也其脚上卓立五峯爲侍從爲滿床牙笏轉身處有特樂到局落平岡穿田作陽峽蹤跡棲閃奇甚隱甚入首作平乳穴天心落靨鋪氈展褥橈棹橫排貪狼正結也前朝高低二峯爲魁星三台爲近朝後坐御屏貴砂羅列如印如節如敕文馬鞍詔誥閣內堂中正如掌心龍虎交牙青龍帶笏攔堂關內氣左邊隨龍水至瀆灘會瀆水纏繞如環至鐘鼓潭與右隨龍小水會東石牛寨西鐘鼓灣俱成禽獸人物等形爲侍衛黃龍北聳爲天門連雲南峙作應龍以鎮地戶水口各捶石曜如筍爲貪羅由是重關疊鎖至坳頭山爲一大折山勢巉巖峭壁如糾糾武夫之捍禦逶迤至將軍山西流百餘里昌瀆二水交會仍是貪狼破軍作捍門羅城百餘里眞幹龍大結也夫幕阜爲自古名山氣勢雄渾所不待言奔馳而下巨浪重七

②

大起大落盤礴鬱積奇崛變化不可方物枝葉繚繞護從森羅忽而卸落平岡脫老出嫩易石爲土端凝渾厚瞻視肅然山環水回城局完固葬書曰土地之山若伏若連其原自天若水之波若馬之馳其來若奔其止若尸若懷萬寶而燕息若具萬膳而潔齊又曰天光發新朝海拱辰四勢端明五害不侵以况斯域蓋惟肖矣葆忠生長茲土性近山水頗得門徑登高臨下全是始盡得其氣脈精神之所蘊著蔡之協殆非偶然也光緒十年甲申春三月穀旦里人吴葆忠謹識

校录

诰封一品太夫人陈母李太夫人墓图说

干龙自大围山至望三乡，歧为三枝。入平江之境，左枝至连云山，尽于湘阴。右枝尽于义宁，中枝由山枣岭至土龙山，北折而太平岭，又东折而金峰山，至黄龙山起廉贞作祖，巍然为两湖之望。其北枝尽于彭蠡之庐山，此其南枝也。自茅源、小坳过峡为幕阜山，层岚叠嶂，白石齿齿，见廉贞面目。渭水经其前，昌江环其后，山巅有天池，即古沛沙池，广数百丈。左黄龙山，右凤凰，相望数十里，楼阁重重。自此辞楼下殿，耸起贪狼，为大宗。左右天乙、太乙夹照，行平冈三十余里，突起五里高之水平尖，现本象，为应星。横开大帐二十余里，左桃花，右黄沙，两尖遥遥相对，为帐角旗枪。左水之虹桥洞口，右水之长庆桃花洞，两关城处，各有华表、狮象、旗鼓、龟蛇等格把口，由是行高冈二十余里，节节大梧桐。左木瓜，右横江，为关城。至大尖，剥左辅，其下仍现贪狼，为帐里贵人侍星，簇簇帐角，左抵美子岭，右抵黄阳山，相去三十余里。自平坳跌落平冈，穿田过峡者七：若木梓铜盆叶家、艾家、峡石等嶓是也。其护峡星皆成贵人，日月、箱印、仓库诸形，及至七坳之韩家寨，展开枝条八九。正脉中行，当脊石池二，四时不涸不溢，此后辅而为天桥者三，为华盖者再，与上合气。夹珠抛梭，走马、玉尺、联珠等峡，皆贵格也。其脚上卓立五峰，为侍从，为满床牙笏。转身处有特乐，到局落平冈，穿田作阳峡，踪迹栖闪，奇甚隐甚。入首作平乳穴，天心落靥，铺毡展褥，桡棹横排，贪狼正结也。前朝高低二峰，为应星。三台为近。朝后坐御屏，贵砂罗列，如印、如节、如赦、文马鞍、诏诰阁。内堂平正如掌心，龙虎交牙，青龙带笏，拦堂关内气。左边随龙水至渭滩，会渭水缠绕如环，至钟鼓潭与右随龙小水会。东石牛寨，西钟鼓湾，俱成禽兽、人物等形，为侍卫。黄龙北耸为天门，连云南峙，作应龙，以镇地户。水口各插石曜如笋，为贪罗。由是重关叠锁，至坳头山为一大折，山势巉岩峭壁，如纠纠武夫之捍御，逶迤至将军山，西流百余里。昌、渭二水交会，仍是贪狼破军作捍门，罗城百余里，真干龙大结也。

夫幕阜为自古名山，气势雄浑，所不待言。奔驰而下，巨浪重重，大起大落，盘礴郁积，奇崛变化，不可方物。枝叶缭绕，护从森罗，忽而卸落平冈，脱老出嫩，易石为土，端凝浑厚，瞻视肃然。山环水回，城局完固。《葬书》曰："上地之山，若伏若连，其原自天。若水之波，若马之驰，其来若奔，其止若尸。若怀万宝而燕息，若具万膳洁齐。"又曰："天光发新，朝海拱辰，四势端明，五害不侵。"以况斯域，盖惟肖矣。

葆忠生长兹土，性近山水，颇得门径，登高临下，至是始尽得其气脉精神之所蕴。蓍蔡之协，殆非偶然也。

光绪十年甲申春三月　谷旦，里人吴葆忠谨识

陈树年墓图

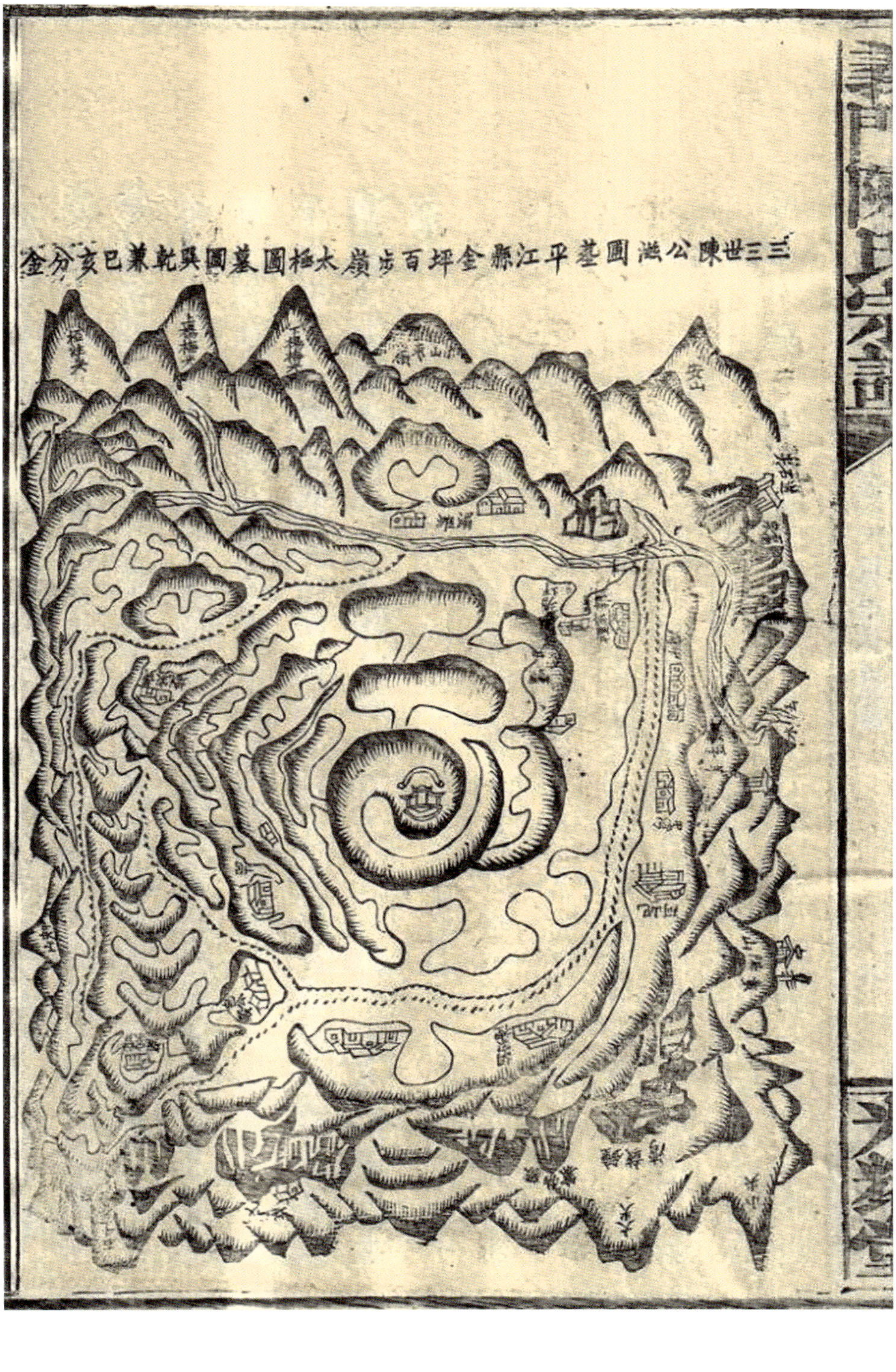

张夫人生茔图（陈树年夫人）

罗宜人墓图（陈三立原配）

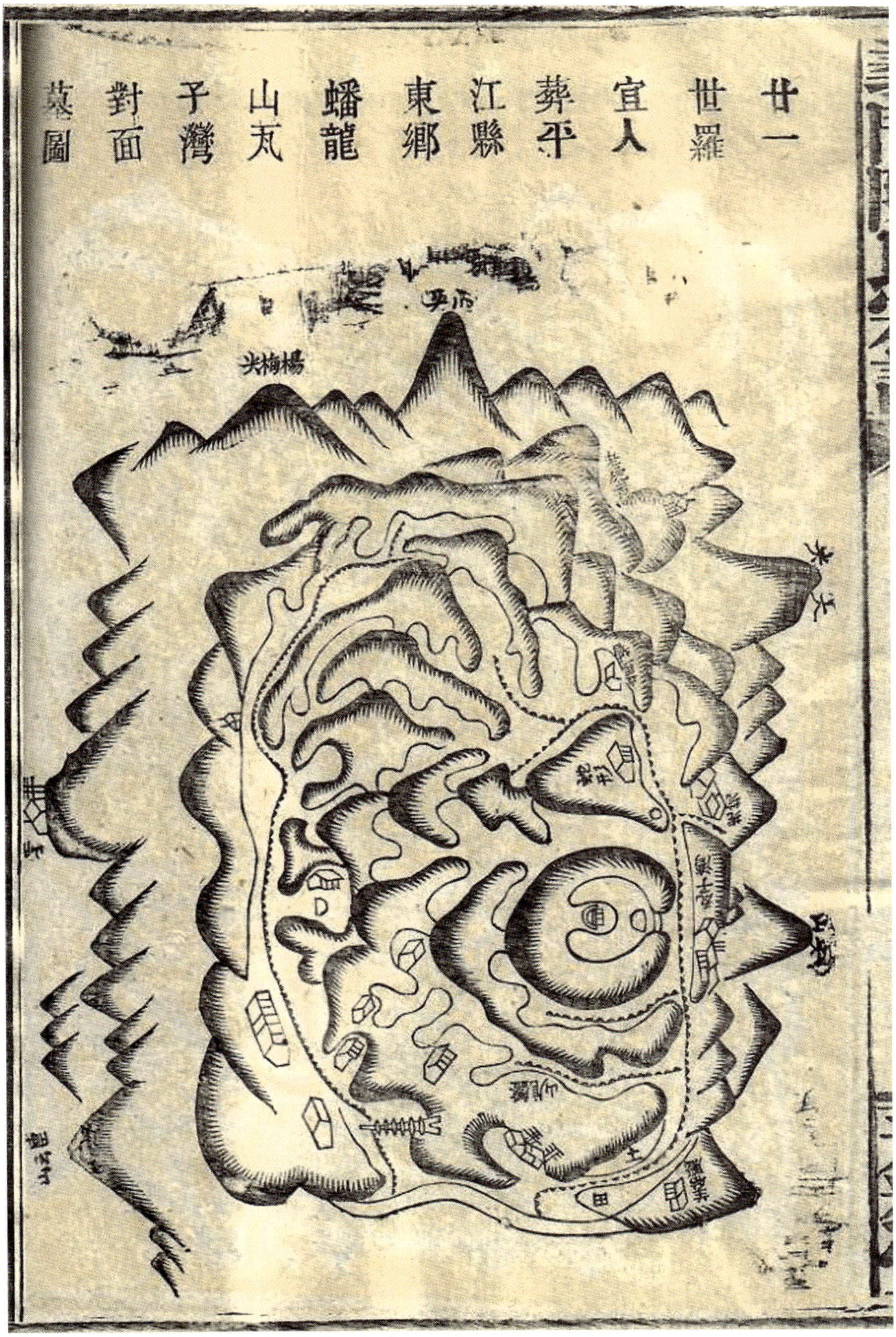

民国九年五修宗谱

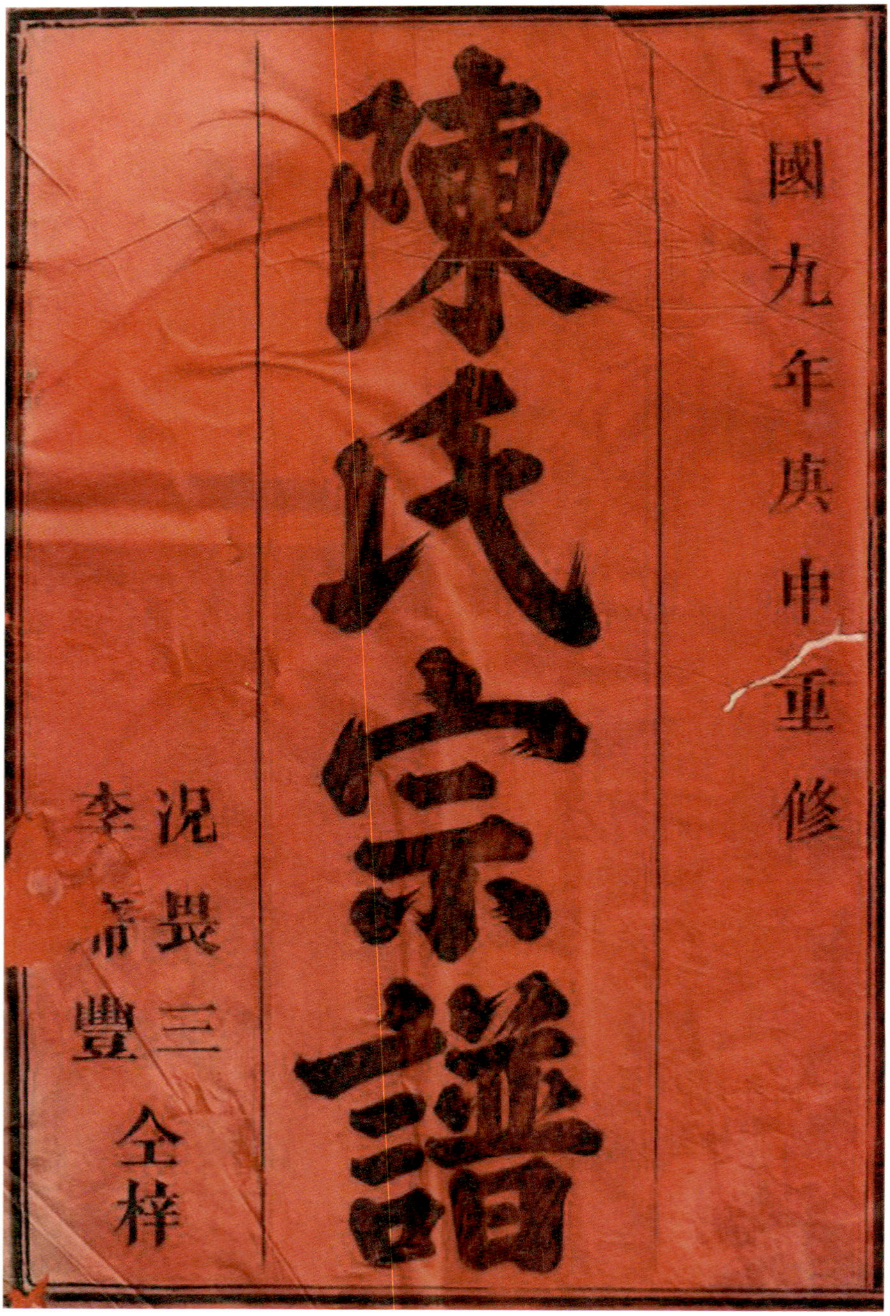

重修宗谱序

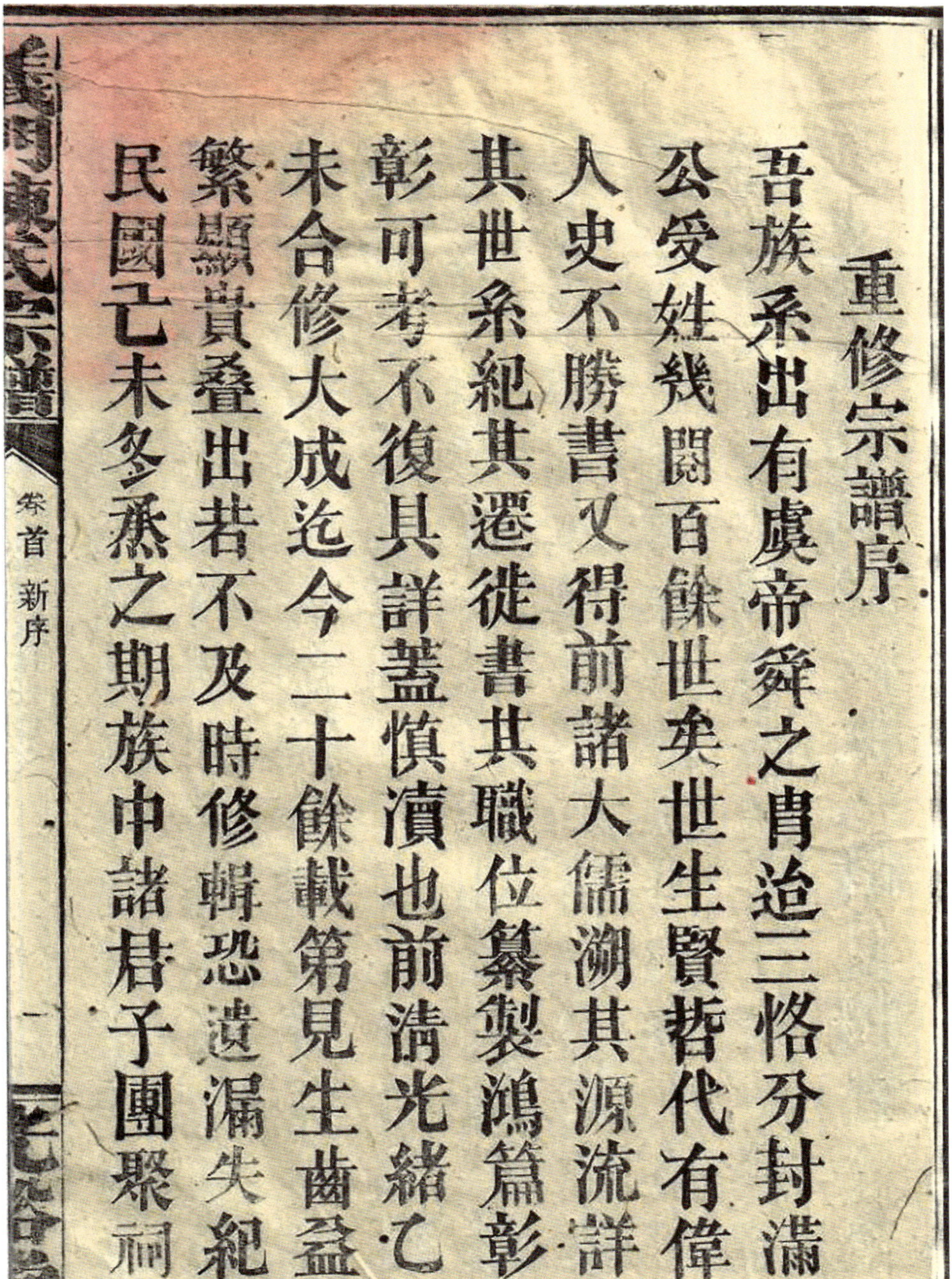

重修宗譜序

吾族系出有虞帝舜之冑迨三恪分封濡公受姓幾閱百餘世矣世生賢哲代有偉人史不勝書又得前諸大儒溯其源流詳其世系紀其遷徙書其職位纂製鴻篇彰彰可考不復具詳蓋慎瀆也前清光緒乙未合修大成迄今二十餘載第見生齒益繁顯貴疊出若不及時修輯恐遺漏失紀民國己未冬烝之期族中諸君子團聚祠

長河陳氏宗譜　卷首　新序　一

①

民國九年庚申重修

宇皆以重修爲要討論公决卽付梓覃遠
近親疏一體佈告但事關譜牒重典尤賴
士紳尊長熱心公益同兹贊理俾底于成
庚申春二月局設州祠顏曰光裕堂盖取
其義有光於前而裕於後也凡我義門諸
族悉據本根承流世次凡有勳勞於國家
名高望重者備詳履歷以爲撰修大成宗
譜之要領彙齊稿底送局呈覽余關懷族
誼爰訂宗盟躬親校核不敢自暇自逸查

②

前次合修義門大成宗譜聯輯郡縣共一百三十餘乘取諸卷而遍閱之皆尊宋進士魁公爲一世祖係前清福建安溪令鳴岡先生校正成書世次既無參差行派允歸畫一先生撰製譜跋闡發詳明而其更動之由夫固可一覽而知矣譜式仍參合歐蘇前圖世系後編世次按支分圖依圖分載秩序井然至各支間有故帙殘缺又有遺忘失紀者一時無可稽查或採諸

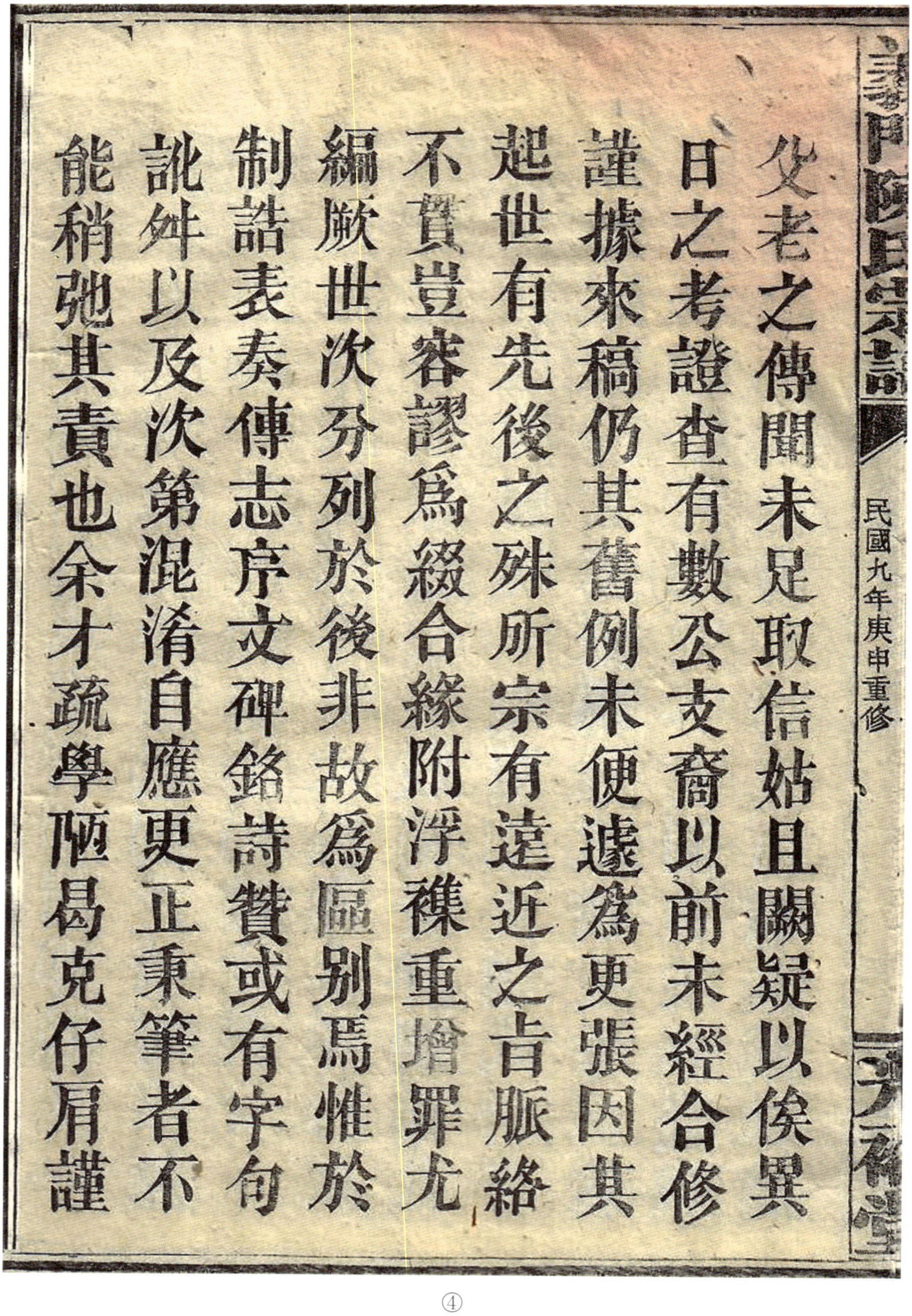

義門陳氏宗譜　民國九年庚申重修　光裕堂

父老之傳聞未足取信姑且闕疑以俟異日之考證查有數公支裔以前未經合修謹據來稿仍其舊例未便遽爲更張因其起世有先後之殊所宗有遠近之旨脈絡不貫豈容謬爲綴合緣附浮襍重增罪尤編厥世次分列於後非故爲區别焉惟於制誥表奏傳志序文碑銘詩贊或有字句訛舛以及次第混淆自應更正秉筆者不能稍弛其責也余才疏學陋曷克仔肩謹

④

承合族宗長命總是役豈敢負祖先降鑒之靈辜族衆委任之重余雖不敏乃與諸君朝夕從事共勷合典合贊嘉猷循行有序組織成編舊有者重而新之未有者增而表之具詳本末舉無錯襍遺漏之弊按籍以稽燦然其大備矣玆附前清　侍郎譜序安溪合譜跋梓諸卷首允爲家乘增榮今譜牒告成使覽之者油然而生孝弟之心尊其所尊親其所親景仰前徽承穎

川之世派翹瞻後啓振義門之家聲此合族期望之所由厚焉余偕同局監修校對提調以及經理出入者相與有成具列鴻名垂諸簡端以留紀念而誌不忘云

裔孫　三達養賢氏薰沐謹撰

民國九年歲次庚申小陽月　穀旦

⑥

校录

重修宗谱序

吾族系出有虞帝舜之胄，迨三恪分封，满公受姓，几阅百余世矣。世生贤哲，代有伟人，史不胜书。又得前诸大儒溯其源流，详其世系，纪其迁徙，书其职位，纂制鸿篇，彰彰可考，不复具详，盖慎渎也。

前清光绪乙未合修大成，迄今二十余载。第见生齿益繁，显贵叠出，若不及时修辑，恐遗漏失纪。民国己未冬烝之期，族中诸君子团聚祠宇，皆以重修为要。讨论公决，即付梓单，远近亲疏，一体布告。但事关谱牒重典，尤赖士绅尊长热心公益，同兹赞理，俾底于成。庚申春二月局设州祠，颜曰"光裕堂"，盖取其义有光于前而裕于后也。凡我义门诸族，悉据本根承流世次，凡有勋劳于国家，名高望重者，备详履历，以为撰修大成宗谱之要领。汇齐稿底，送局呈览。余关怀族谊，爰订宗盟，躬亲校核，不敢自暇自逸。

查前次合修义门大成宗谱，联辑郡县，共一百三十余乘。取诸卷而遍阅之，皆尊宋进士魁公为一世祖，系前清福建安溪令鸣冈先生校正成书。世次既无参差，行派允归画一。先生撰制谱跋，阐发详明，而其更动之由，夫固可一览而知矣。谱式仍参合欧苏，前图世系，后编世次，按支分图，依图分载，秩序井然。至各支间有故帙残缺，又有遗忘失纪者，一时无可稽查，或采诸父老之传闻，未足取信，姑且阙疑，以俟异日之考证。查有数公支裔以前未经合修，谨据来稿，仍其旧例，未便遽为更张。因其起世有先后之殊，所宗有远近之旨，脉络不贯，岂容谬为缀合，缘附浮杂，重增罪尤，编厥世次，分列于后，非故为区别焉。惟于制诰、表奏、传志、序文、碑铭、诗赞，或有字句讹舛，以及次第混淆，自应更正，秉笔者不能稍弛其责也。

余才疏学陋，曷克仔肩，谨承合族宗长命总是役，岂敢负祖先降鉴之灵，辜族众委任之重。余虽不敏，乃与诸君朝夕从事，共襄令典，合赞嘉猷，循行有序，组织成编。旧有者重而新之，未有者增而表之，具详本末，举无错杂遗漏之弊。按籍以稽，灿然其大备矣。兹附前清侍郎谱序、安溪令谱跋，梓诸卷首，允为家乘增荣。今谱牒告成，使览之者油然而生孝弟之心，尊其所尊，亲其所亲。景仰前徽，承颍川之世派；翘瞻后启，振义门之家声。此合族期望之所由厚焉。余偕同局监修、校对、提调以及经理出入者，相与有成，具列鸿名，垂诸简端，以留纪念而志不忘云。

裔孙三达养贤氏薰沐谨撰，民国九年岁次庚申小阳月　谷旦

重修宗谱序

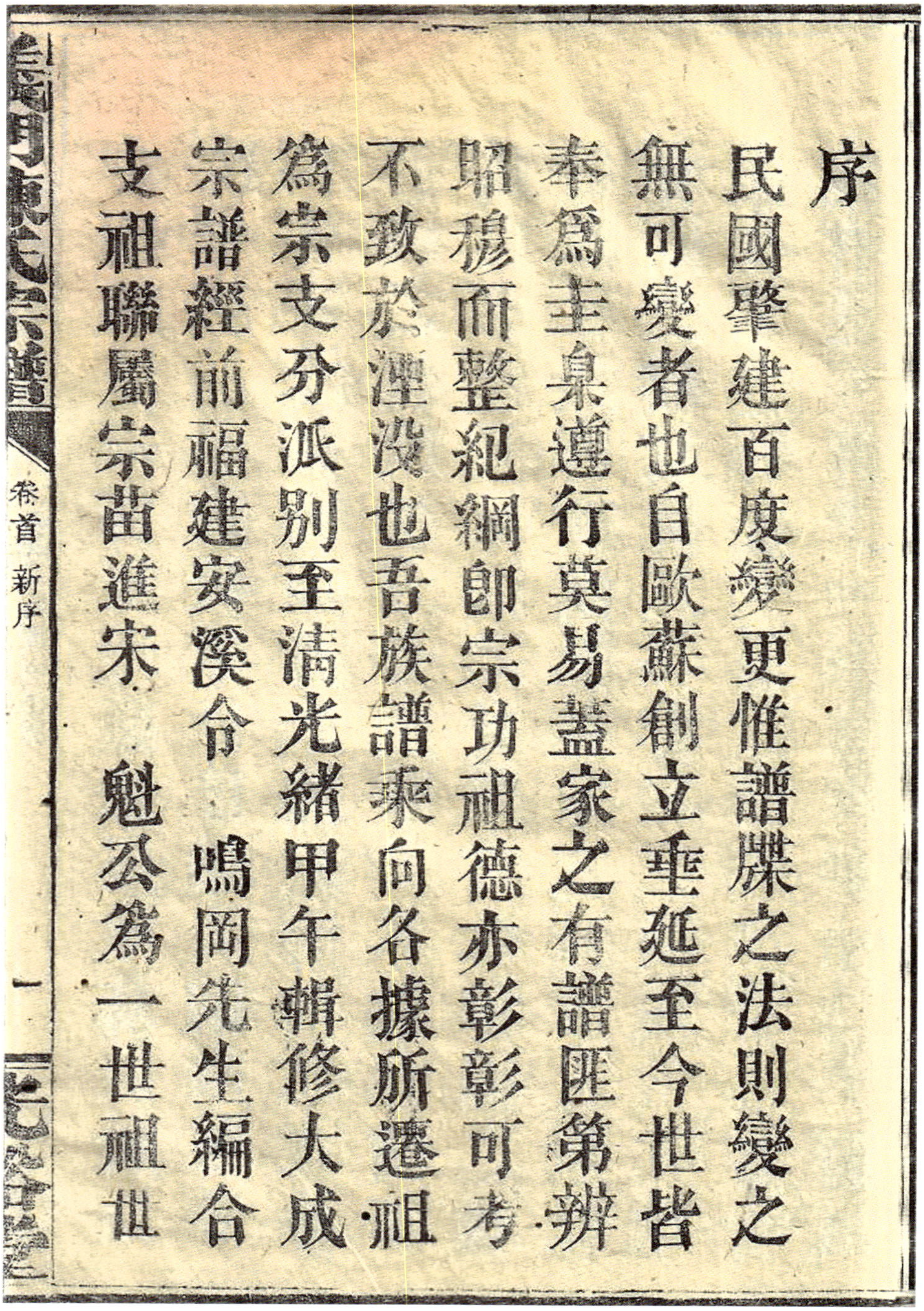

序

民國肇建百度變更惟譜牒之法則變之無可變者也自歐蘇創立垂延至今世皆奉爲圭臬遵行莫易蓋家之有譜匯第辨昭穆而整紀綱即宗功祖德亦彰彰可考不致於湮沒也吾族譜乘向各據所遷祖爲宗支分派別至清光緒甲午輯修大成宗譜經前福建安溪合　鳴岡先生編合支祖聯屬宗苗進宋　魁公爲一世祖世

卷首　新序　一

①

民國九年庚申重修

系始歸統一自嘉慶肇修以來莫艮於斯迄今越二十餘載丁口日繁文明漸達若不及時續修勢必遺忘無紀將何以保存吾姓之種族乎方今競爭世界保存種族爲自强之基欲國之自强當保存國之種族欲家之自强當保存家之種族且欲保存國之種族當以保存家之種族爲先欲保存家之種族尤當以修輯譜牒爲要合族有見及此去秋間謀復修宗譜於縣城

②

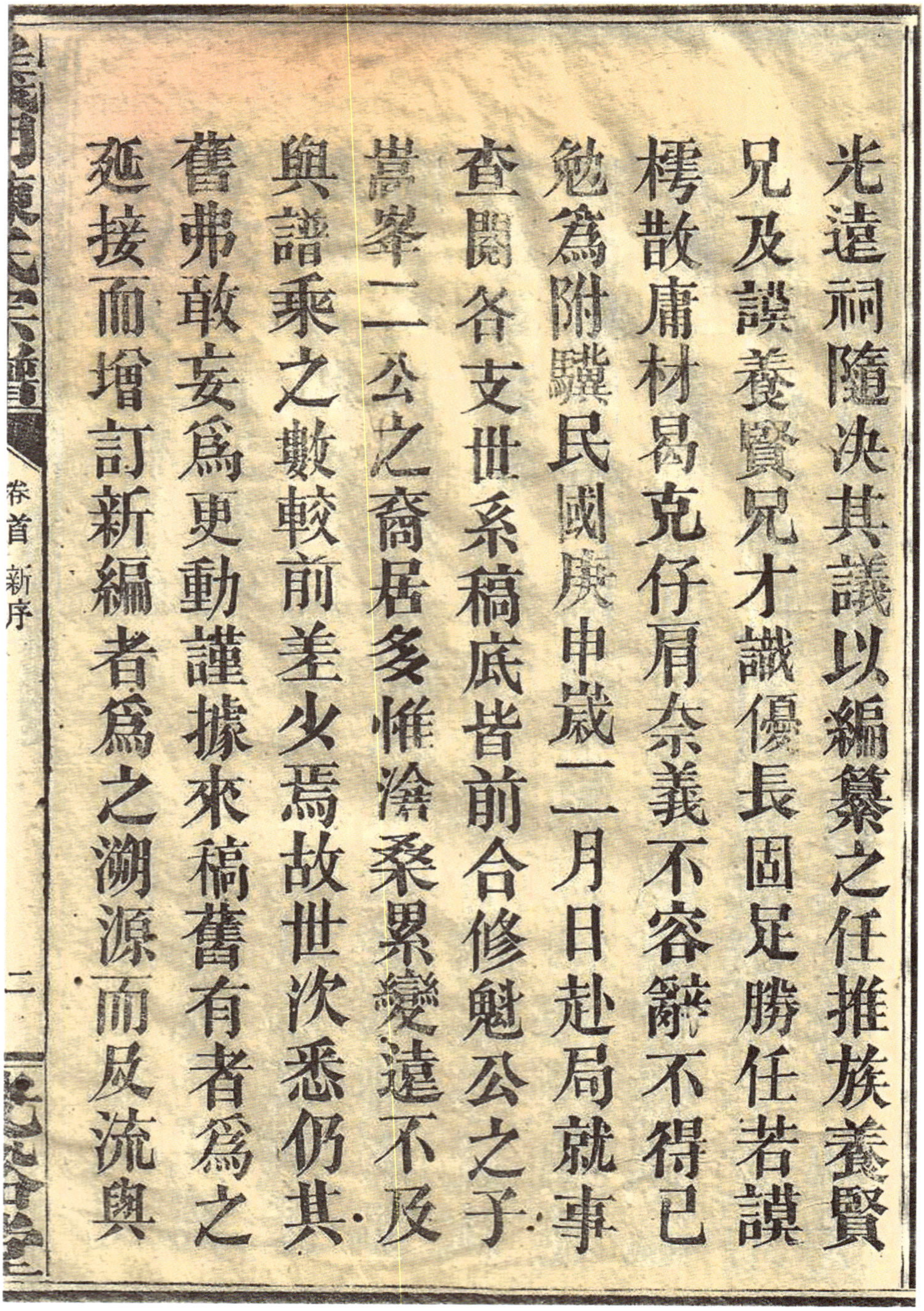

光遠祠隨決其議以編纂之任推族養賢
兄及謨養賢兄才識優長固足勝任若謨
樗散庸材曷克仔肩奈義不容辭不得已
勉爲附驥民國庚申歲二月日赴局就事
查閱各支世系稿底皆前合修魁公之子
崇峯二公之裔居多惟滄桑累變遠不及
與譜乘之數較前差少焉故世次悉仍其
舊弗敢妄爲更動謹據來稿舊有者爲之
延接而增訂新編者爲之溯源而及流與

卷首　新序　二

③

養賢兄互相校核詳加披閱雖未能成完全之玉牒以慰合族之雅望然或字畫訛錯次序顛倒均已悉心更正以盡其責至間有世次懸殊脈絡不貫殘缺不齊者亦已分别紀載局開辦於春告竣於冬此次復修値時局之艱諸費用視前修相倍蓰乃閱一歲而畢此皆同事諸君賢能熱心辦理不憚辛勤以相與有成謨何力之有焉不過敬慎從事盡厥乃心求對　祖先

無愧云兹當族譜告成幸得族望　伯嚴
先生身居異地猶能分神譜事大筆揮成
冠首序文洵足以光家乘者矣深冀後之
覽斯譜者恪守義門令範勿爲天演所役
殆庶幾家聲丕振世澤綿延以成望族耳
裔孫偉謨海陵氏敬譔
民國九年歲次庚申小陽月　穀旦

卷首　新序　三

⑤

校录

重修宗谱序

民国肇建，百度变更，惟谱牒之法，则变之无可变者也。自欧苏创立，垂延至今，世皆奉为圭臬，遵行莫易。盖家之有谱，匪第辨昭穆而整纪纲，即宗功祖德，亦彰彰可考，不致于湮没也。

吾族谱乘，向各据所迁祖为宗，支分派别。至清光绪甲午辑修大成宗谱，经前福建安溪令鸣冈先生编合支祖，联属宗苗，进宋魁公为一世祖，世系始归统一。自嘉庆肇修以来，莫良于斯。迄今越二十余载，丁口日繁，文明渐达，若不及时续修，势必遗忘无纪，将何以保存吾姓之种族乎？方今竞争世界，保存种族为自强之基，欲国之自强，当保存国之种族，欲家之自强，当保存家之种族。且欲保存国之种族，当以保存家之种族为先，欲保存家之种族，尤当以修辑谱牒为要。合族有见及此，去秋间谋复修宗谱于县城光远祠，随决其议，以编纂之任推族养贤兄及谟。养贤兄才识优长，固足胜任，若谟樗散庸材，曷克仔肩？奈义不容辞，不得已勉为附骥。民国庚申岁二月日赴局就事，查阅各支世系稿底，皆前合修魁公之子嵩、峰二公之裔居多。惟沧桑累变，远不及与，谱乘之数，较前差少焉。故世次悉仍其旧，弗敢妄为更动，谨据来稿，旧有者为之延接，而增订新编者为之溯源而及流。与养贤兄互相校核，详加披阅。虽未能成完全之玉牒，以慰合族之雅望，然或字画讹错，次序颠倒，均已悉心更正，以尽其责。至间有世次悬殊、脉络不贯、残缺不齐者，亦已分别纪载。局开办于春，告竣于冬。此次复修，值时局之艰，诸费用视前修相倍蓰，乃阅一岁而毕。此皆同事诸君贤能热心办理，不惮辛勤，以相与有成，谟何力之有焉。不过敬慎从事，尽厥乃心，求对祖先无愧云。

兹当族谱告成，幸得族望伯严先生身居异地，犹能分神谱事，大笔挥成冠首序文，洵足以光家乘者矣。深冀后之览斯谱者，恪守义门令范，勿为天演所侵迫，庶几家声丕振，世泽绵延，以成望族耳。

裔孙伟谟海陵氏敬撰，民国九年岁次庚申小阳月谷旦

重修宗谱序

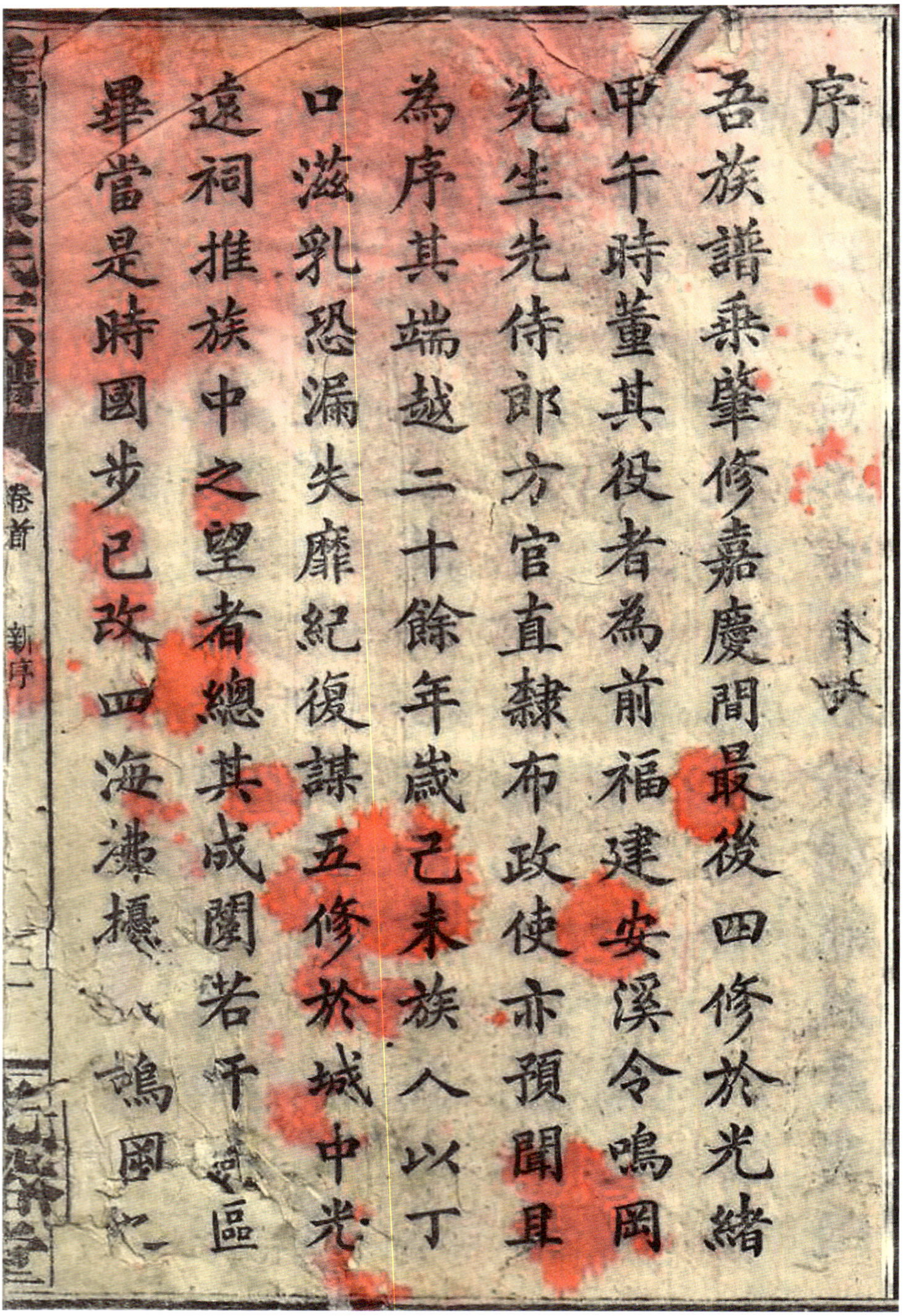

序

吾族譜秉肇修嘉慶間最後四修於光緒甲午時董其役者為前福建安溪令鳴岡先生先侍郎方官直隸布政使亦預聞且為序其端越二十餘年歲己未族人以丁口滋乳恐漏失靡紀復謀五修於城中光遠祠推族中之望者總其成闔若干區畢當是時國步已改四海沸撼以鳴岡亡

卷首 新序

①

生所居之銅鼓既別為縣遂用小宗別譜他支族隸瀏陽萬載諸縣亦類格[illegible]不及與以視前四修時優游太平不可同年而語矣 三立竊為吾族保聚於茲土遠者數百年近或百餘年大抵託於農畝者衆耳為士為商工差少焉方今世變之大匯徒士游於校務通萬方之略以成其材即為農為商工亦有賴於捐故技受要道

②

否則資生狹隘智竅能索將無以爭存於物競之世勢之所趨無如何也若夫曰勤曰儉為存人類之基孝弟謹信為立人道之本及祖若宗遞傳親睦之風敦龐之俗雖潮激波蕩必求固守勿失有不容少變者蓋不變其所當變與變其所不當變其害皆不可勝言所謂保種保國驗之區區一族而有可推焉者也馬端臨氏謂古之

③

戶口少而皆才智之人後世生齒繁而多
窳惰之輩於是民之多寡不足為國之盛
衰嗚呼可不念哉三立久轉徙於外不獲
歸嘗族譜之成猥感亘古奇變敢擺落常
論孤杼私臆冀族之父老訓導子弟俾知
所擇庶後此苗裔蕃衍咸免為不材之民
不受天演之侵迫則所以踵烈緜澤維繫
而光大之者其道固有在矣至系望之由

占籍之故支派之別列於前載見諸先侍
郎所為序不復具云
民國九年歲次庚申二月戳穀
清賜進士出身
欽點吏部主政考功司行走裔孫三立謹撰

卷首 新序 三

⑤

校录

重修宗谱序

吾族谱乘，肇修嘉庆间，最后四修于光绪甲午。时董其役者，为前福建安溪令鸣冈先生。先侍郎方官直隶布政使，亦预闻，且为序其端。

越二十余年，岁己未，族人以丁口滋乳，恐漏失靡纪，复谋五修于城中光远祠。推族中之望者总其成，阅若干月而毕。当是时，国步已改，四海沸扰。鸣冈先生所居之铜鼓既别为县，遂用小宗别为谱。他支族隶浏阳、万载诸县，亦类格兵祸不及与，以视前四修时优游太平，不可同年而语矣。

三立窃为吾族保聚于兹土，远者数百年，近或百余年，大抵托于农亩者众耳，为士为商工差少焉。方今世变之大，匪徒士游于校，务通万方之略，以成其材。即为农为商工，亦有赖于捐故技，受要道，否则资生狭隘，智穷能索，将无以争存于物竞之世。势之所趋，无如何也。若夫曰勤曰俭，为存人类之基；孝弟谨信，为立人道之本。及祖若宗，递传亲睦之风，敦庞之俗，虽潮激波荡，必求固守勿失，有不容少变者。盖不变其所当变，与变其所不当变，其害皆不可胜言。所谓保种保国，验之区区一族，而有可推焉者也。马端临氏谓古之户口少而皆才智之人；后世生齿繁而多窳惰之辈。于是民之多寡不足为国之盛衰。呜呼，可不念哉！

三立久转徙于外，不获归。当族谱之成，猥感亘古奇变，敢摆落常论，孤抒私臆。冀族之父老，训导子弟，俾知所择。庶后此苗裔蕃衍，咸免为不材之民，不受天演之侵迫，则所以踵烈绵泽，维系而光大之者，其道固有在矣。至系望之由，占籍之故，支派之别，列于前载，见诸先侍郎所为序，不复具云。

民国九年岁次庚申二月　戬谷，清赐进士出身、钦点吏部主政考功司行走、裔孙三立谨撰

谱局主要成员名单

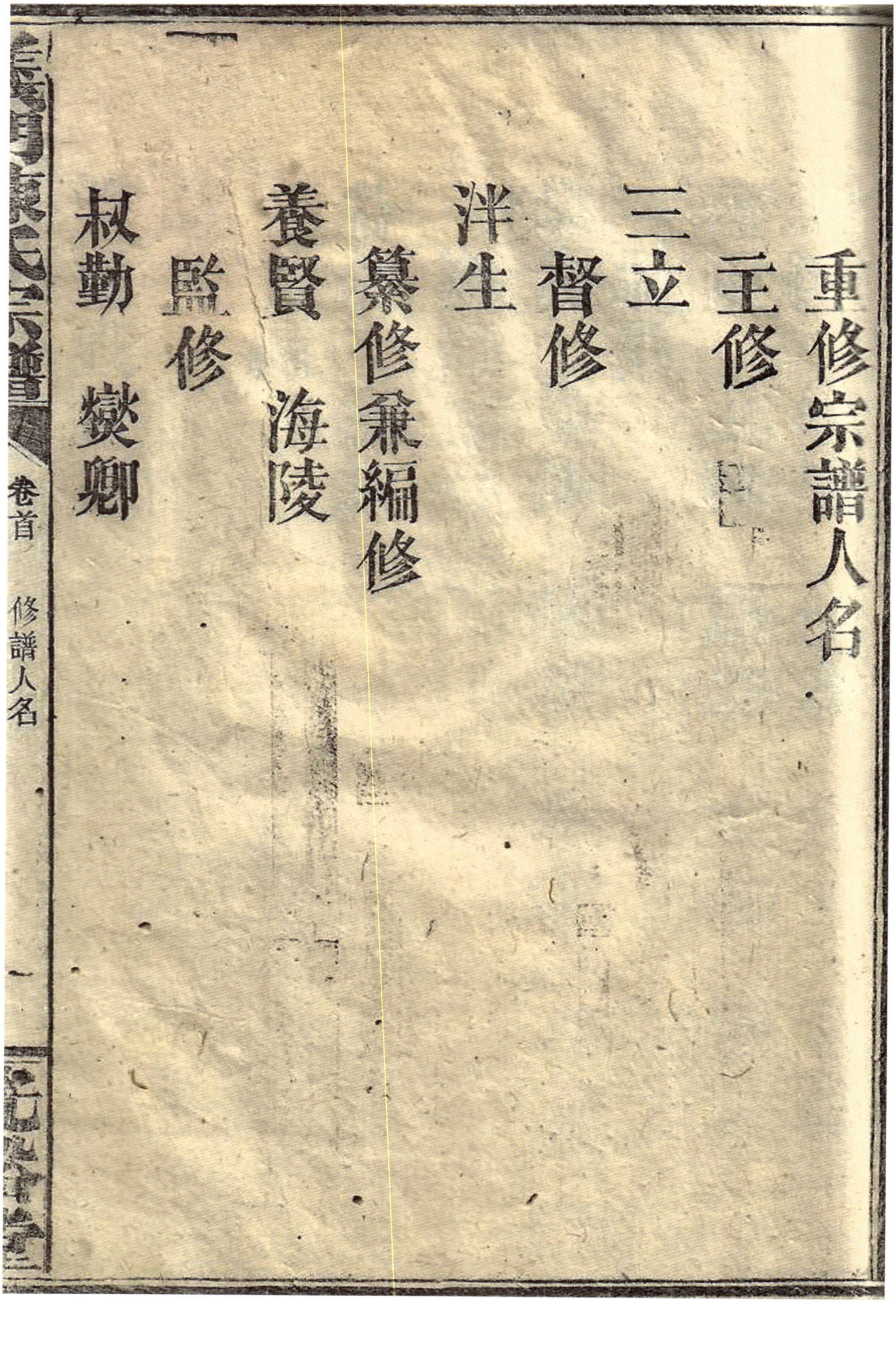
重修宗譜人名

主修

三立

督修

泮生

纂修兼編修

養賢

海陵

監修

叔勳

燮卿

卷首 修譜人名

义学屋图

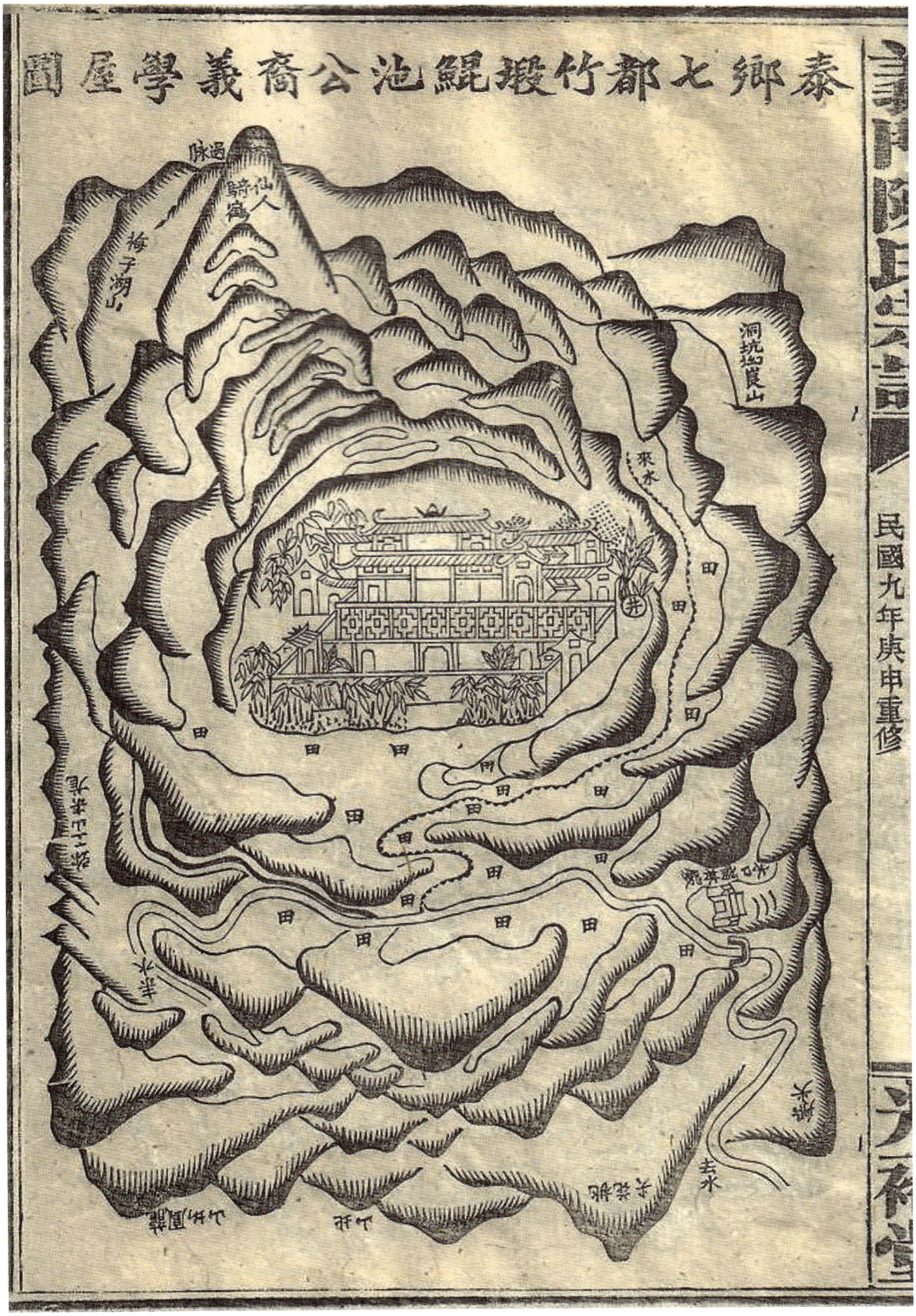

义学田山拨约

民國九年庚申重修

覲池裔義學田山撥約
立撥帖人寶箴率男姪三立三畏三厚三嶷等緣竹墩石塢源爲我
高祖文光公　高祖妣劉太夫人合葬之所其墓所附近田山向因
分產轉售賴姓吾　父子潤公嘗慨謂寶箴曰汝他日如能自立成
名當買還此田撥爲文光公子孫義學庶不致再售可爲護墳之用
寶箴兄弟等謹誌不敢忘同治間寶箴與先長兄滋圃公稟商吾母
李大夫人遵父遺命將此田山買回清光緒十一年宦歸始得出貲
創建義學於臚源即於是年遵將買得賴姓田租伍拾石正暨契內
山土等一概撥歸義學以爲每歲延師開館之用所有界址悉照得
買賴姓契內爲憑其田租永歸義學收用山場永爲長蓄護墳各房
子孫永不得異議及典賣貿換開墾私自砍伐薪木等情自撥之後
寸土寸木片石一概歸公我子潤公子孫亦永不得異議其田山內
除以前舊有墳塋外公議自後各房子孫永遠不得進葬致礙先
塋以上各情如敢有違許各房老少人等無論輩分俱卽執此帖鳴
官治以不孝之罪特立撥帖四紙交掛合同交　覲池公後四房各
執壹紙爲據
再者買賴姓田租向本五十二石因先仲兄觀瑞公護墳除去田租
兩石此後永遠除留護墳長蓄草木永遠不得耕墾合并聲明合同
爲據
清光緒十二年丙戌歲春二月穀旦　寶箴　敬書

校录

鲲池裔义学田山拨约

立拨帖人宝箴率男侄三立、三畏、三厚、三嶷等：

缘竹塅石埚源为我高祖文光公、高祖妣刘太夫人合葬之所。其墓所附近田山，向因分产转售赖姓。吾父子润公尝慨谓宝箴曰："汝他日如能自立成名，当买还此田，拨为文光公子孙义学，庶不致再售，可为护坟之用。"宝箴兄弟等谨志不敢忘。同治间，宝箴与先长兄滋圃公禀商吾母李太夫人，遵父遗命将此田山买回。清光绪十一年宦归，始得出赀创建义学于(胪)〔卢〕源。即于是年遵将买得赖姓田租伍拾石正，暨契内山土等一概拨归义学，以为每岁延师开馆之用。所有界址，悉照得买赖姓契内为凭。其田租永归义学收用，山场永为长蓄护坟，各房子孙永不得异议及典卖贸换开垦，私自砍伐薪木等情。自拨之后，寸土寸木片石，一概归公。我子润公子孙亦永不得异议。其田山内除以前旧有坟茔外，公议自后各房子孙永远不得进葬，致碍先茔。以上各情，如敢有违，许各房老少人等无论辈分，俱即执此帖鸣官，治以不孝之罪。特立拨帖四纸，交挂合同交鲲池公后四房各执壹纸为据。

再者，买赖姓田租向本五十二石，因先仲兄观瑞公护坟，除去田租两石。此后永远除留护坟，长蓄草木，永远不得耕垦。合并声明，合同为据。

清光绪十二年丙戌岁春二月　谷旦，宝箴敬书

文光公、鲲池公坟山封禁约

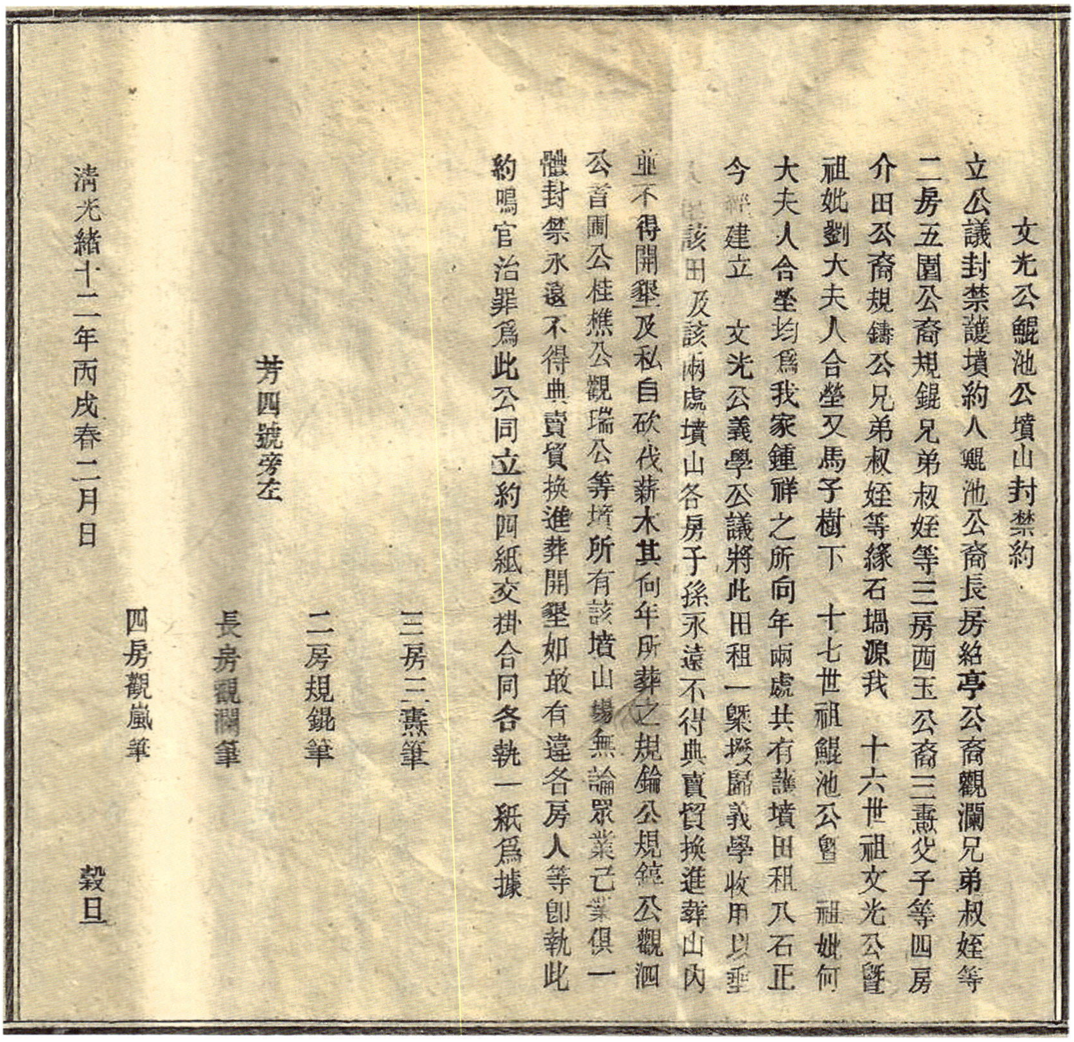

文光公鯤池公墳山封禁約

立公議封禁護墳約人鯤池公裔長房紹亭公裔觀瀾兄弟叔姪等二房五園公裔規錕兄弟叔姪等三房西玉公裔三燾父子等四房介田公裔規鑄公兄弟叔姪等緣石塥源我　十六世祖文光公暨　祖妣劉大夫人合塋又馬子樹下　十七世祖鯤池公暨　祖妣何大夫人合塋均爲我家鍾祥之所向年兩處共有護墳田租八石正今經建立　文光公義學公議將此田租一槩撥歸義學收用以垂久遠該田及該兩處墳山各房子孫永遠不得典賣貿換進葬山內並不得開壓及私自砍伐薪木其向年所葬之規鑰公規鐃公觀泗公首圃公桂樵公觀瑞公等墳所有該墳山場無論眾業己業俱一體封禁永遠不得典賣貿換進葬開壓如敢有違各房人等即執此約鳴官治罪爲此公同立約四紙交掛合同各執一紙爲據

三房三燾筆

二房規錕筆

芳四號旁左

長房觀瀾筆

四房觀嵐筆

清光緒十二年丙戌春二月日　穀旦

校 录

文光公鲲池公坟山封禁约

立公议封禁护坟约人鲲池公裔长房绍亭公裔观澜兄弟叔侄等、二房五园公裔规锟兄弟叔侄等、三房西玉公裔三焘父子等、四房介田公裔规铸公兄弟叔侄等：缘石塥源我十六世祖文光公暨祖妣刘大夫人合茔，又马子树下十七世祖鲲池公暨祖妣何大夫人合茔，均为我家钟祥之所。向年两处共有护坟田租八石正，今经建立文光公义学，公议将此田租一概拨归义学收用，以垂久远。该田及该两处坟山，各房子孙永远不得典卖、贸换、进葬，山内并不得开垦及私自砍伐薪木。其向年所葬之规鑰公、规錞公、观泗公、耆圃公、桂樵公、观瑞公等坟，所有该坟山场，无论众业己业，俱一体封禁，永远不得典卖、贸换、进葬、开垦，如敢有违，各房人等即执此约鸣官治罪。为此公同立约四纸，交挂合同，各执一纸为据。

芳四号旁左

长房观澜笔　二房规锟笔　三房三焘笔　四房观岚笔，清光绪十二年丙戌春二月日谷旦

义学屋及田租记

義學屋及田租記

清誥贈光祿大夫陳公諱公元字騰遠號鯤池其號也由閩省遷江西義寧護仙之源德配何太夫人生子四長曰紹亭次曰五園三曰西玉四曰介田前侍郎由湖南巡撫印寶箴號右銘子潤公之子紹亭公之孫鯤池公之曾孫也舉于鄉光緒十一年宦歸謹遵子潤公遺命兄弟商議率男姪等將己分得買賴姓之出租五十石正四界契內載明暨四房衆嘗田租八石正一概撥歸義學收用以爲每歲延師開館之費親書撥約四紙交掛合同各執一紙永遠存據即于是年出資創建義學于廬源用費若干以爲藏修息游之地誠美舉也四房公議每年租穀照價出售除束修各款開銷外仍存贏餘或典或買租產益多經費益足凡我四房子孫永不得分拆變賣世守勿替庶不負先君子作育人材之至意茲譜牒告成將撥約及公議封禁護墳約附載簡端以留紀念而誌不忘云

民國九年歲次庚申十月　日　文光公裔　公立

校录

义学屋及田租记

清诰赠光禄大夫陈公讳公元，字腾远，鲲池其号也，由闽省迁江西义宁护仙之源，德配何太夫人，生子四：长曰绍亭；次曰五园；三曰西玉；四曰介田。前侍郎任湖南巡抚印宝箴号右铭，子润公之子、绍亭公之孙、鲲池公之曾孙也。举于乡，光绪十一年宦归，谨遵子润公遗命，兄弟商议，率男侄等将已分得买赖姓之田租五十石正，四界契内载明，暨四房众管田租八石正，一概拨归义学收用，以为每岁延师开馆之费，亲书拨约四纸，交挂合同，各执一纸，永远存据。即于是年出资创建义学于(胪)〔卢〕源，用费若干，以为藏修息游之地，诚美举也。四房公议每年租谷照价出售，除束修各款开销外，仍存赢余，或典或买，租产益多，经费益足。凡我四房子孙，永不得分拆变卖，世守勿替，庶不负先君子作育人材之至意。兹谱牒告成，将拨约及公议封禁护坟约附载简端，以留纪念而志不忘云。

民国九年岁次庚申十月　日，文光公裔公立

陈克调墓志铭

貤贈文林郎陳公五園府君墓碑銘

誥授光祿大夫 賞戴花翎頭品頂戴前湖南巡撫兼都察院右副

都御史兵部侍郎從孫寶箴撰

光緒二十五年冬從弟觀五循其故仲父錕遺命爲王考五園公改

卜墓地遷葬有日以其墓碑屬 公從孫寶箴爲之銘禮也謹按吾

曾王考鯤池公有子四人長吾 祖考紹亭公次即 從祖五園公也

五園公耄年寶箴方數歲今猶能髣髴憶其狀貌及生平行事之間

於諸父行者吾家先世自吾 祖以來始徙居州之泰鄉七都號竹

塅陳氏 公所居宅與吾 祖相距數壟許日扶杖數相過從非大

風雨不少間有時吾 祖方過公歸甫及門而公尋踵至吾 祖於

公亦如之里中時時見皤然二老彳亍在道至今猶稱述爲美談焉

始公卌歲時讀書去家六十里清涼山中殊依依惻不忍別吾 祖襆

被從之與偕食半歲廼還別時猶相與惘惘若適異域蓋友恭至性

然也公諱克調字徽聲五園其自號也貌嚴肅不苟言動好學老而

不倦所爲詩文多質厚近古童時州郡有聲尋絕意進取居常舉古

來忠孝節義事語人誠意懇摯里黨子弟有過惟恐 公知多媿悔

改行爲善人遇困急則周之婚喪則助之令其事獲濟乃已歉歲竭

貲與吾 祖運粟賑貸以爲常鄉中義舉諸所提倡規畫人自樂爲

循守非官吏教令督責以及手繕章程有存焉者咸肅然稱曰此吾

五園先生遺教也既歿數十年而遠近傳頌不替云記曰觀於鄉而

①

五園公耄年覽箴方數歲今猶能髣髴憶其狀貌及生平行事之間於諸父行者吾家先世自吾　祖以來始徙居州之泰鄉七都號竹塅陳氏　公所居宅與吾　祖相距數壆許日扶杖數相過從非大風雨不少間有時吾　祖方過公歸甫及門而公尋踵至吾　祖於公亦如之里中時時見皤然二老彳亍在道至今猶稱述爲美談焉始公卅歲時讀書去家六十里清凉山中殊依惻不忍別吾　祖禨被從之與偕食半歲迺還別時猶相與悁悁若適異域蓋友恭至性然也公諱克調字徽聲五園其自號也貌嚴肅不苟言動好學老而不倦所爲詩文多質厚近古章時州郡有聲尋絕意進取居常舉古來忠孝節義事語人誠意懇摯里黨子弟有過惟恐　公知多媿悔改行爲善人遇困急則周之婚喪則助之令其事獲濟乃已歉歲竭貲與吾　祖運粟賑貸以爲常鄉中義舉諸所提倡規畫人自樂爲循守非官吏教令督責以及手繕章程有存焉者咸肅然稱曰此吾五園先生遺教也既歿數十年而遠近傳頌不替云記曰觀於鄉而

知王道之易語曰言不忠信行不篤敬雖州里行乎哉不其諒與
公幼侍庭幃至性純一逮事未久年遠不可得詳惟審知 公致謹
先塋必備以恪原籍上杭諸 祖墓毋子弟時往省戢詩誡諄至咸
豐中原籍淋坊 祖祠圯於兵燹頃歲議以吾 祖曾孫三垣從
公孫觀五偕走千數百里往再建之工未竟三垣遘疾卒觀五子然
借歷諸艱險歲餘藏事而還亦差足繼 公志事矣夫 公以道光
二十年庚子二月十一日寅時歿距生於 乾隆三十年十一月二
十七日子時享年七十有六原配 何太孺人繼配 劉太孺人生
歿具詳家譜皆有懿行 先公卒所生子皆蚤夭又妻鍾太孺人生
子三長規銖次規錕季規鍔初公歿時三子皆稺葬 公居宅右之
蛇塥土脆多圯至是乃得遷葬於里中草坪之岡以何劉 二太孺
人祔焉坤首艮趾兼申寅既壘土甃石於是寶箴謹叙次 公生平
事略俾書之碑以告後嗣而為之銘曰
潛德永耀 弗聞於時 州閭式化 行為之師
哲人徂矣 典型在茲 後來攷德 視此豐碑

校录

貤赠文林郎陈公五园府君墓碑铭[①]

光绪二十五年冬，从弟观五循其故仲父锟遗命，为王考五园公改卜墓地，迁葬有日，以其墓碑属公从孙宝箴为之铭，礼也。谨按：

吾曾王考鲲池公有子四人，长吾祖考绍亭公，次即从祖五园公也。五园公耄年，宝箴方数岁，今犹能仿佛忆其状貌及生平行事之间于诸父行者。吾家先世自吾祖以来，始徙居州之泰乡七都，号"竹塅陈氏"。公所居宅，与吾祖相距数廛许，日扶杖数相过从，非大风雨不少间。有时吾祖方过公归，甫及门，而公寻踵至，吾祖于公亦如之。里中时时见皤然二老彳亍在道，至今犹称述为美谈焉。始公卅岁时，读书去家六十里清凉山中，殊依恻不忍别。吾祖幞被从之，与偕食半岁乃还，别时犹相与惘惘，若适异域，盖友恭至性然也。

公讳克调，字徽声，五园其自号也。貌严肃，不苟言动。好学，老而不倦。所为诗文，多质厚近古。童时州郡有声，寻绝意进取。居常举古来忠孝节义事语人，诚意恳挚。里党子弟有过，惟恐公知，多愧悔，改行为善。人遇困急则周之，婚丧则助之，令其事获济乃已。歉岁竭赀与吾祖运粟赈贷以为常。乡中义举，诸所提倡规画，人自乐为循守，非官吏教令督责以及。手缮章程有存焉者，咸肃然称曰："此吾五园先生遗教也。"既殁数十年，而远近传颂不替云。《记》曰："观于乡而知王道之易。"《语》曰："言不忠信，行不笃敬，虽州里行乎哉？"不其谅与？

公幼侍庭帏，至性纯一，逮事未久，年远不可得详，惟审知公致谨先茔，必备以恪。原籍上杭诸祖墓，每子弟时往省戢，诰诫谆至。咸丰中，原籍琳坊祖祠圮于兵燹，顷岁议以吾祖曾孙三垣从公孙观五偕走千数百里，往再建之。工未竟，三垣遘疾卒。观五孑然备历诸艰险，岁余蒇事而还，亦差足继公志事矣夫。

公以道光二十年庚子二月十一日寅时殁，距生于乾隆三十年十一月二十七日子时，享年七十有六。原配何太孺人，继配刘太孺人，生殁具详家谱，皆有懿行，先公卒。所生子皆早夭。又妻钟太孺人，生子三：长规铢，次规锟，季规铻。初公殁时，三子皆稚，葬公居宅右之塘埚，土脆多圮，至是乃得迁葬于里中草坪之冈，以何、刘二太孺人附焉。坤首艮趾兼申寅。既垒土瓮石，于是宝箴谨叙次公生平事略，俾书之碑，以告后嗣，而为之铭曰：

潜德永耀，弗闻于时。州闾式化，行为之师。哲人徂矣，典型在兹。后来考德，视此丰碑。

诰授光禄大夫、赏戴花翎头品顶戴、前湖南巡抚、兼都察院右副都御史、兵部侍郎、从孙宝箴撰

---

① 参见本书第 78—85 页"陈克调事略"。

谢太夫人墓志铭(陈宝箴祖母)

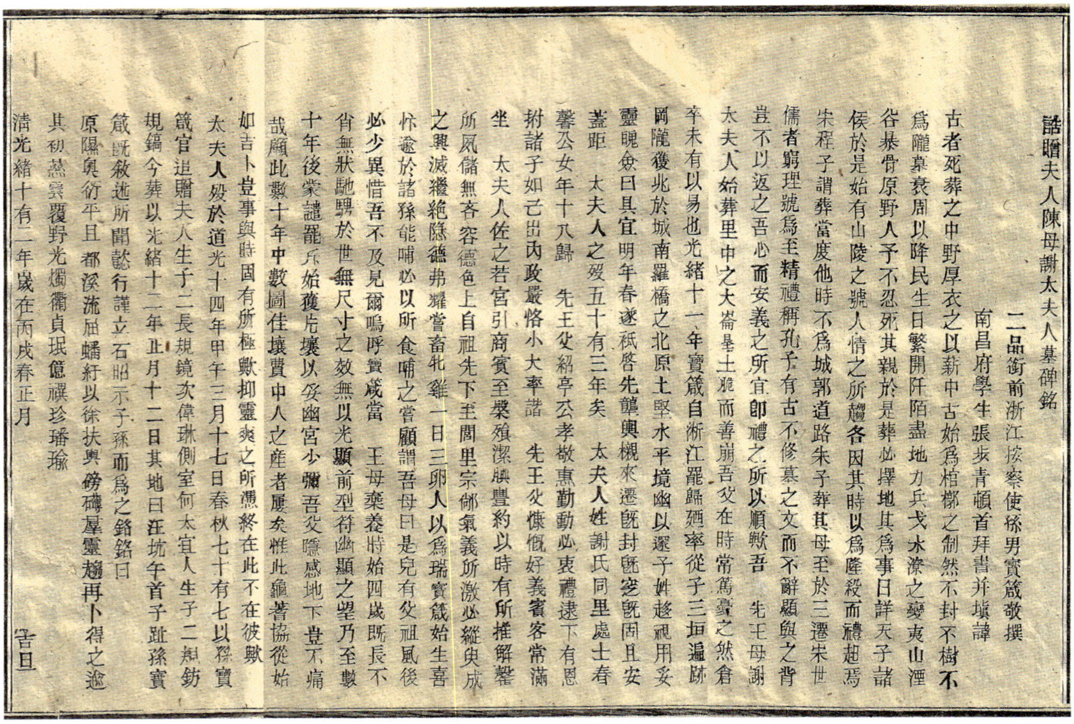

誥贈夫人陳母謝太夫人墓碑銘
二品銜前浙江按察使孫男寶箴敬撰
南昌府學生張步青頓首拜書并填諱
古者死葬之中野厚衣之以薪中古始爲棺槨之制然不封不樹不
爲隴墓衰周以降民生日繁開阡陌盡地力兵戈水潦之變夷山湮
谷暴骨原野人予不忍死其親於是葬必擇地其爲事日詳天子諸
侯於是始有山陵之號人情之所趨各因其時以爲隆殺而禮起焉
宋程子謂葬當度他時不爲城郭道路朱子葬其母至於三遷宋世
儒者窮理號爲至精禮稱孔子有古不修墓之文而不辭顯與之背
豈不以返之吾心而安義之所宜即禮之所以順歟吾　先王母謝
太夫人始葬里中之大崙埂土脆而善崩吾父在時常篤憂之然倉
卒未有以易也光緒十一年寶箴自浙江罷歸迺率從子三垣遍跡
岡隴獲兆於城南羅橋之北原土堅水平境幽以邃予姓趍視用妥
靈魄僉曰具宜明年春遂祇啓先韸輿櫬來遷既封既窆既固且安
蓋距　太夫人之殁五十有三年矣　太夫人姓謝氏同里處士春
馨公女年十八歸　先王父紹亭公孝敬惠勤動必衷禮逮下有恩
拊諸子如己出內政嚴恪小大率諾　先王父慷慨好義賓客常滿
坐　太夫人佐之若宮引商賓至樂殖潔腆豐約以時有所推解罄
所夙儲無吝容德色上自祖先下至閭里宗鄰氣義所激必縱臾成
之興滅繼絕隱德弗耀嘗畜牝雞一日三卵人以爲瑞寶箴始生喜
忭逾於諸孫能哺必以所食哺之嘗顧謂吾母曰是兒有父祖風後
必少異惜吾不及見爾嗚呼寶箴當　王母棄養時始四歲既長不
肖無狀馳騁於世無尺寸之效無以光顯前型符幽顯之望乃至數
十年後蒙譴罷斥始獲片壤以妥幽宮少彌吾父隱感地下豈不痛
哉顧此數十年中數圖佳壤貴中人之産者屢矣惟此龜著協從始
如吉卜豈事與時固有所極歟抑靈爽之所憑終在此不在彼歟
太夫人歿於道光十四年甲午三月十七日春秋七十有七以孫寶
箴官追贈夫人生子二長規鏡次偉琳側室何太宜人生子二規鈁
規鎬今葬以光緒十二年正月十二日其地曰汪坑午首子趾孫寶
箴既敘述所聞懿行謹立石昭示子孫而爲之銘銘曰
原隰奧衍平且都溪流屈蟠紆以徐扶輿磅礴羣靈趨再卜得之逾
其初蒸嘗覆燾光燭衢貞珉億祺珍璠璵
清光緒十有二年歲在丙戌春正月　吉旦

校录

诰赠夫人陈母谢太夫人墓碑铭①

古者死葬之中野，厚衣之以薪；中古始为棺椁之制，然不封不树，不为陇墓。衰周以降，民生日繁，开阡陌，尽地力；兵戈水潦之变，夷山湮谷，暴骨原野。人(予)〔子〕不忍死其亲，于是葬必择地。其为事日详，天子、诸侯于是始有山陵之号。人情之所趋，各因其时，以为隆杀，而礼起焉。宋程子谓“葬当度他时不为城郭道路”，朱子葬其母至于三迁。宋世儒者穷理号为至精，《礼》称孔子有“古不修墓”之文，而不辞显与之背，岂不以返之吾心而安，义之所宜，即礼之所以顺欤？

吾先王母谢太夫人，始葬里中之大仑垦〔埂〕，土脆而善崩，吾父在时常笃忧之，然仓卒未有以易也。光绪十一年，宝箴自浙江罢归，乃率从子三垣遍迹冈陇，获兆于城南罗桥之

---

① 参见本书第 309 页《谢太夫人墓图说》。

北原，土坚水平，境幽以邃，子姓趋视，用妥灵魄，佥曰具宜。明年春，遂祗启先垄，舆榇来迁，既封既窆，既固且安，盖距太夫人之殁五十有三年矣。

太夫人姓谢氏，同里处士春馨公女。年十八归先王父绍亭公，孝敬惠勤，动必衷礼，逮下有恩，拊诸子如己出。内政严恪，小大率谐。先王父慨慷好义，宾客常满坐，太夫人佐之，若宫引商，宾至盘飧，洁腆丰约，以时有所推解，罄所夙储，无吝容德色。上自祖先，下至闾里宗党，气义所激，必纵臾成之，兴灭继绝，隐德弗耀。尝畜牝鸡，一日三卵，人以为瑞。宝箴始生，喜忭逾于诸孙。能哺，必以所食哺之。尝顾谓吾母曰："是儿有父祖风，后必少异。惜吾不及见尔。"

呜呼！宝箴当王母弃养时，始四岁，既长，不肖无状，驰骋于世，无尺寸之效，无以光显前型，符幽显之望。乃至数十年后，蒙谴罢斥，始获片壤以妥幽宫，少弥吾父隐感地下，岂不痛哉！顾此数十年中，数图佳壤，费中人之产者屡矣。惟此龟蓍协从，始如吉卜，岂事与时固有所极欤？抑灵爽之所凭，终在此不在彼欤？

太夫人殁于道光十四年甲午三月十七日，春秋七十有七。以孙宝箴官，追赠夫人。生子二：长规镜，次伟琳。侧室何太宜人，生子二：规钫、规镐。今葬以光绪十二年正月十二日，其地曰汪坑，午首子趾。孙宝箴既叙述所闻懿行，谨立石昭示子孙，而为之铭。铭曰：

原隰奥衍平且都，溪流屈蟠纡以徐。扶舆磅礴群灵趋，再卜得之逾其初。慈云覆野光烛衢，贞珉亿禩珍璠瑜。

二品衔、前浙江按察使、孙男宝箴敬撰，清光绪十有二年岁在丙戌春正月　吉旦

世系（简化欧式）

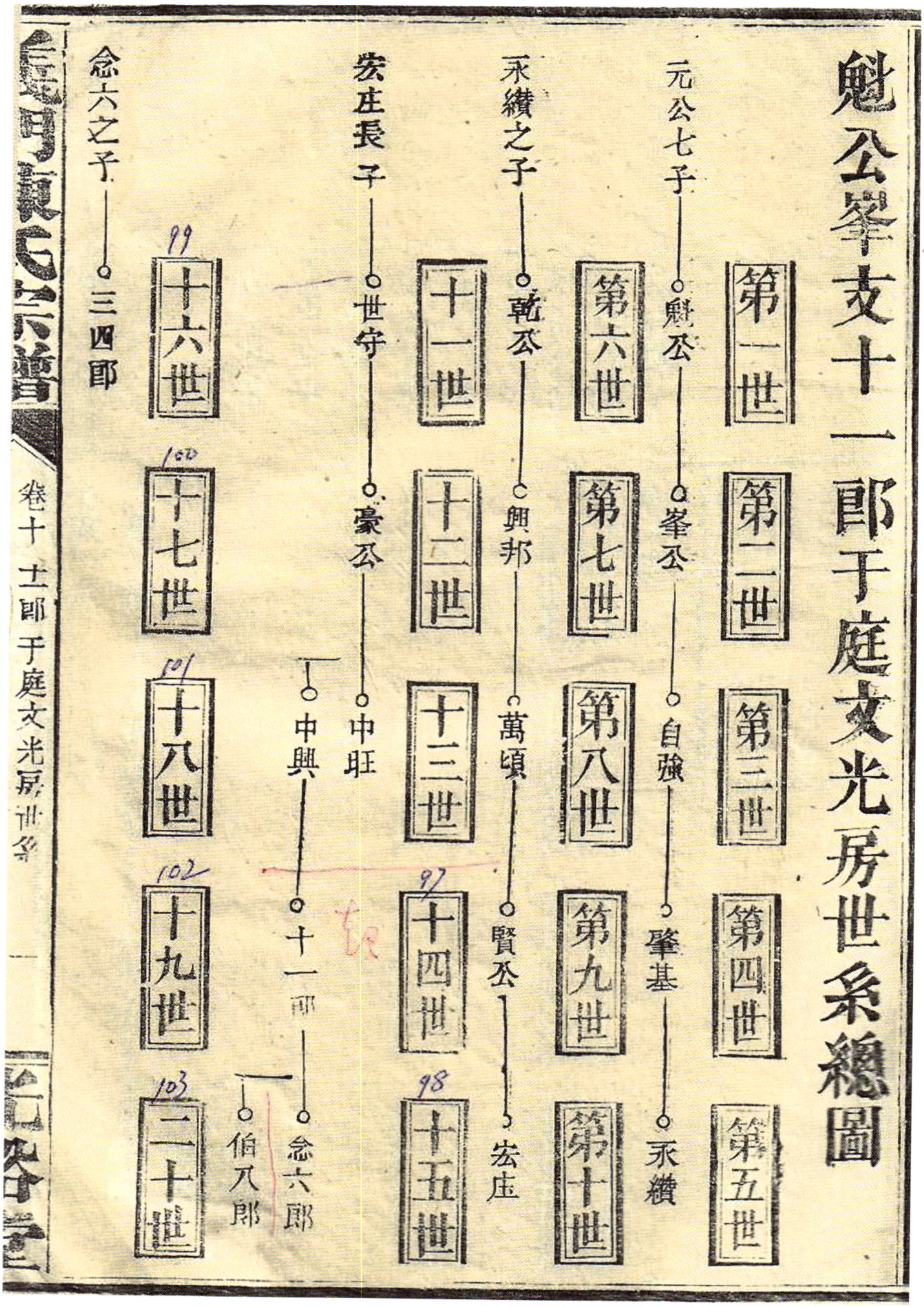
魁公峯支十一郎于庭文光房世系總圖

世				
第一世	第六世	十一世	十六世	
第二世	第七世	十二世	十七世	
第三世	第八世	十三世	十八世	
第四世	第九世	十四世	十九世	
第五世	第十世	十五世	二十世	

元公七子 — 魁公 — 峯公 — 自強 — 肇基 — 永纉

永纉之子 — 乾公 — 興邦 — 萬頃 — 賢公 — 宏庄

宏庄長子 — 世守 — 豪公 — 中旺

中興 — 十一郎 — 念六郎

伯八郎

念六之子 — 三四郎

義門陳氏宗譜 卷十 十一郎于庭文光房世系 一

①

伯八長子
千二郎
千四郎
千五郎
千六郎
千七郎
千八郎
千九郎

萬一郎
萬二郎
仲六郎
光祖
永義
永智

永智長子
至廣
玉明
玉隆
玉金
榮生
始生
玉生

104 廿一世
105 二十二世
106 廿三世
107 廿四世
108 二十五世

民國九年庚申重修

②

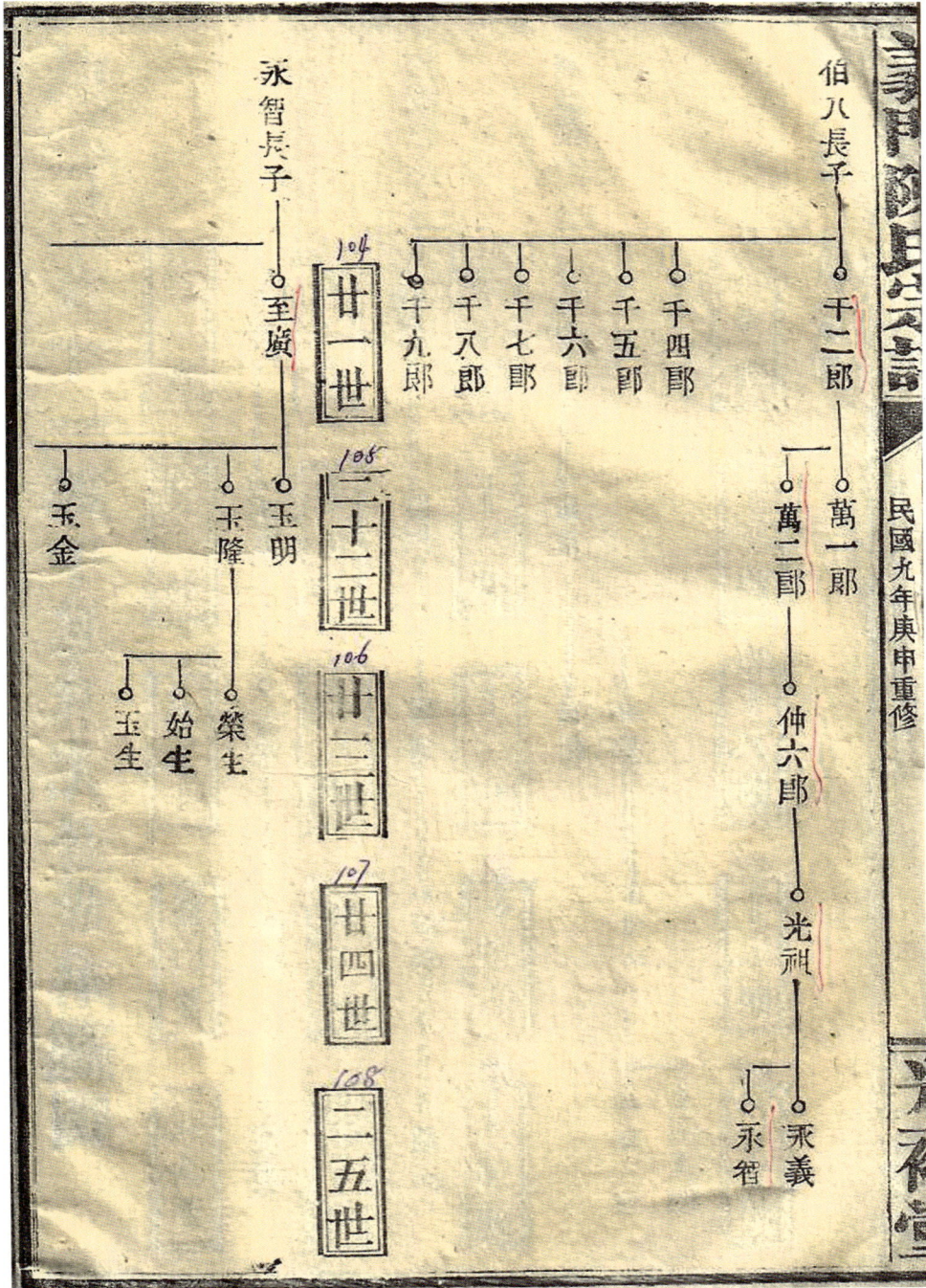

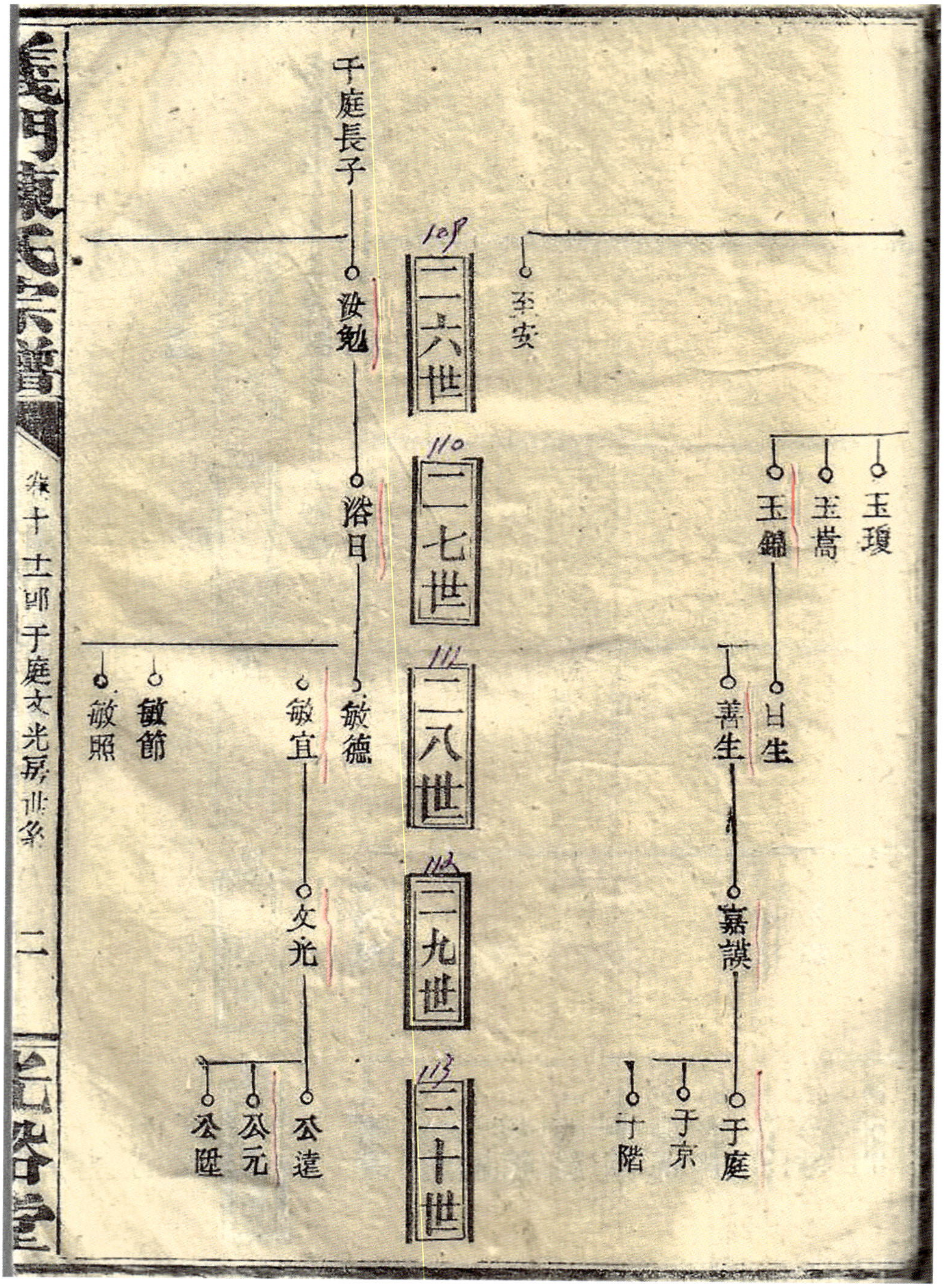

卷十 十一郎于庭文光房世系 二
二十六世
二十七世
二十八世
二十九世
三十世
至安
玉瑍
玉嵩
玉錦
日生
善生
嘉謨
于庭
于京
于階
于庭長子
汝勉
浴日
敏德
敏宜
敏節
敏照
文光
公達
公元
公陞

③

民國九年庚申重修

114 三十一世

115 三十二世

116 三三世

117 三四世

118 三五世

夢說

敏敦

公遠之子 克輔 規珊

公元長子 克繩 規飭 觀禮 纘業

德恪 倓恪 僎恪 儀恪 儒恪 儼恪 儲恪 伊恪

毓奎

仁恪 圖恪 仙恪

④

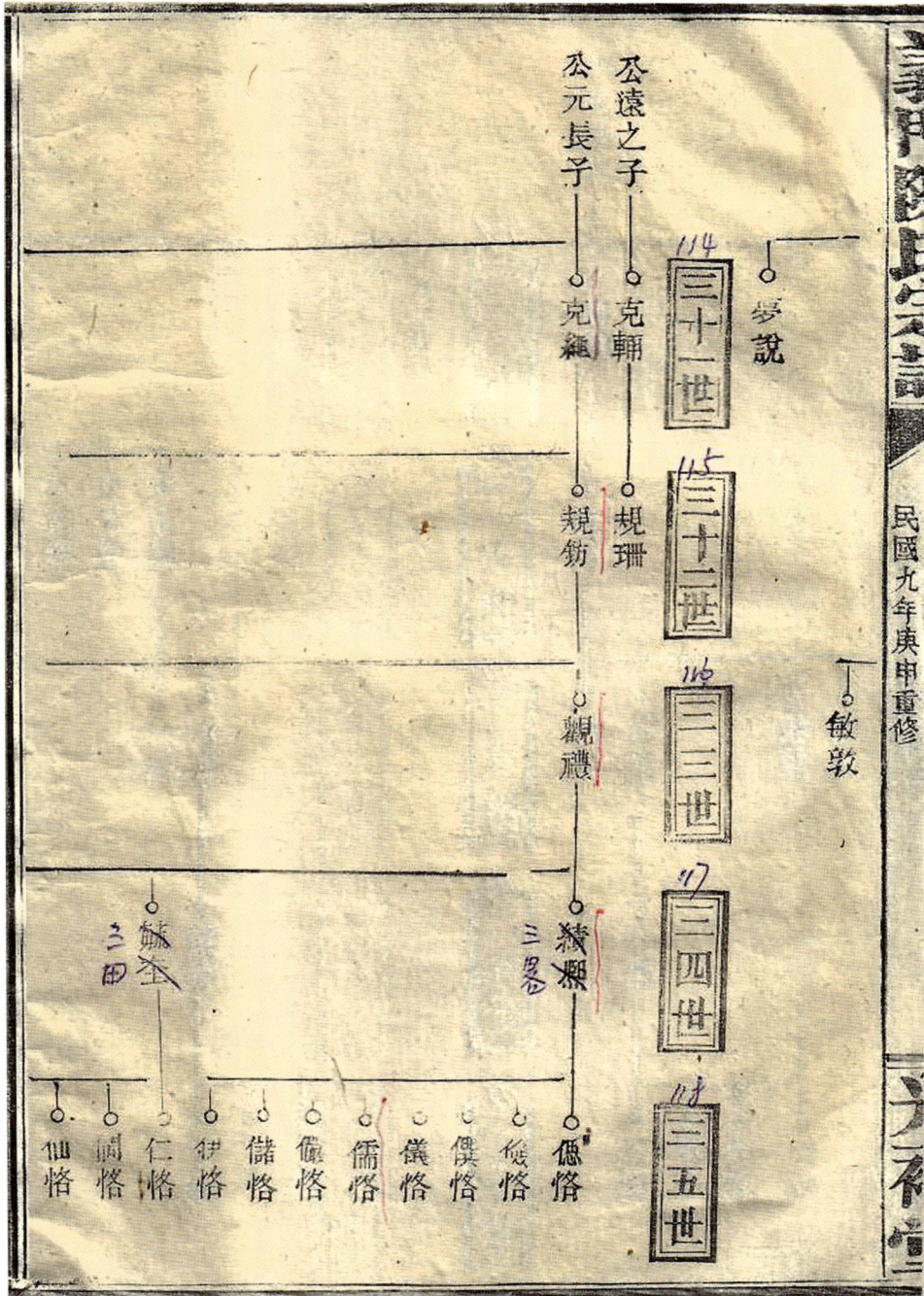

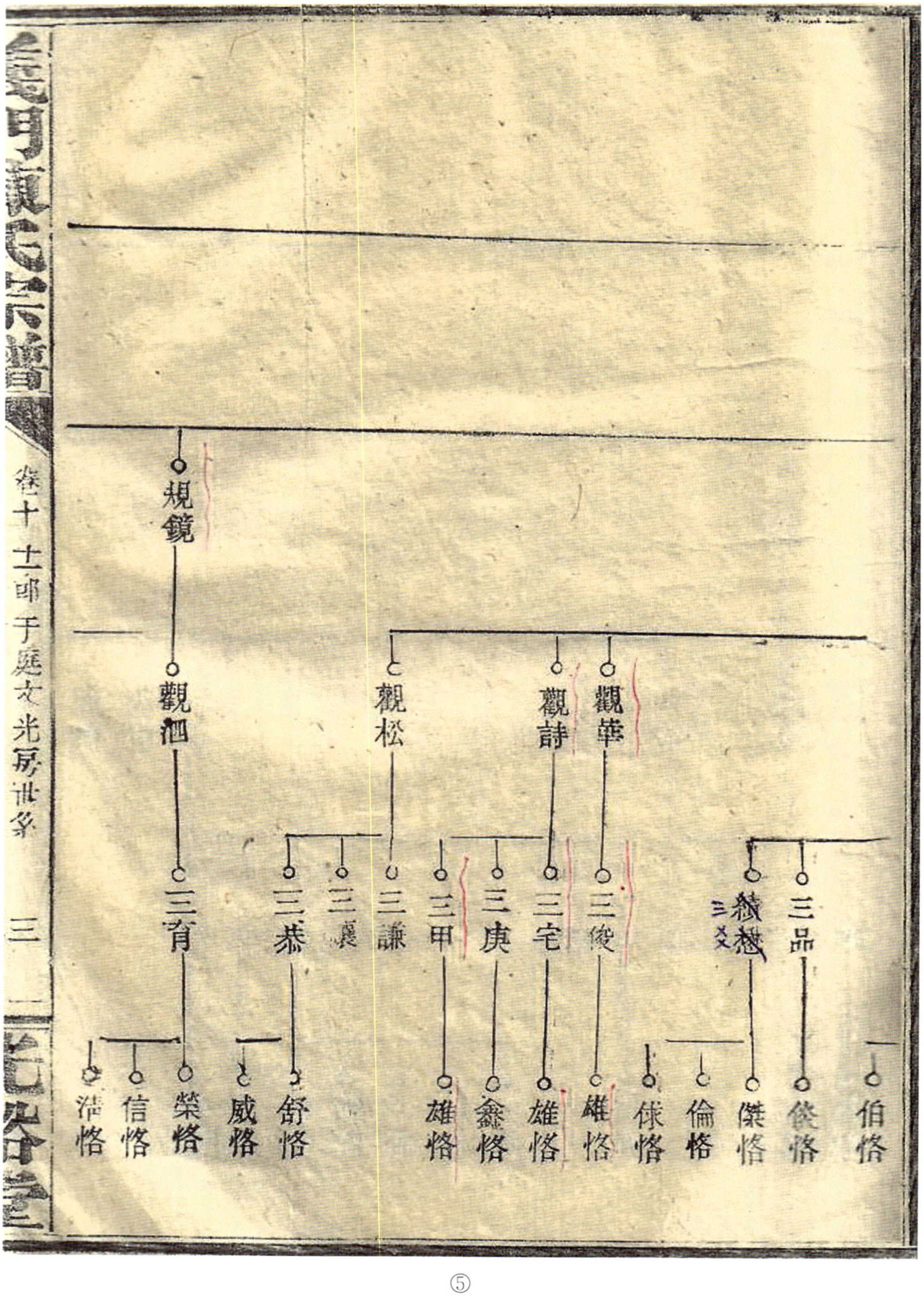

⑤

規鎬

觀泮 觀渭 觀灦 觀海 觀琦

三桐 三垣 三㘇 三綺 三培 三柳 三蘇 三杰 三畬

智恪 榮恪 寶恪 智恪 勇恪 立恪 芬恪 濤恪 華恪 寗恪

民國九年庚申重修

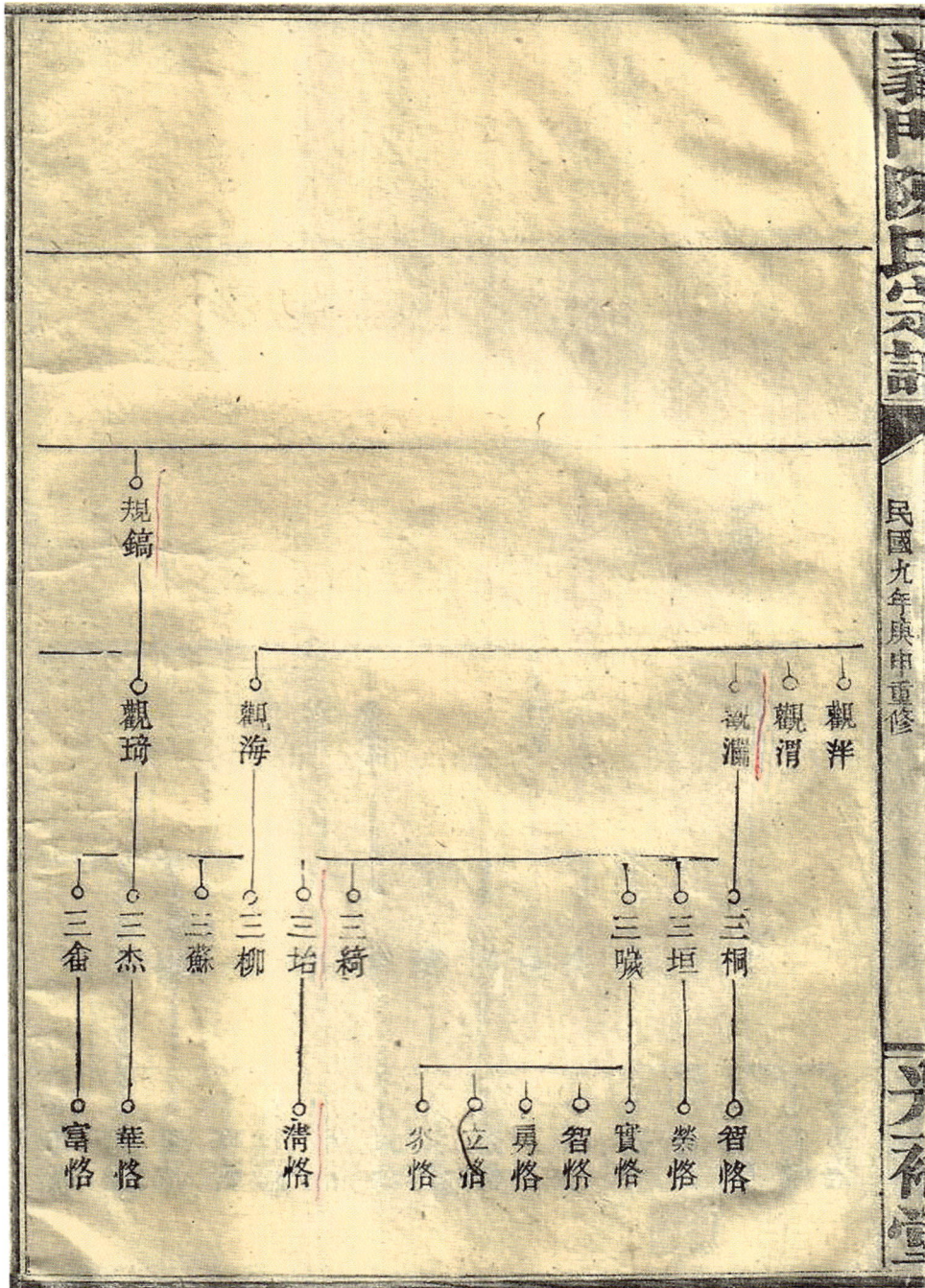

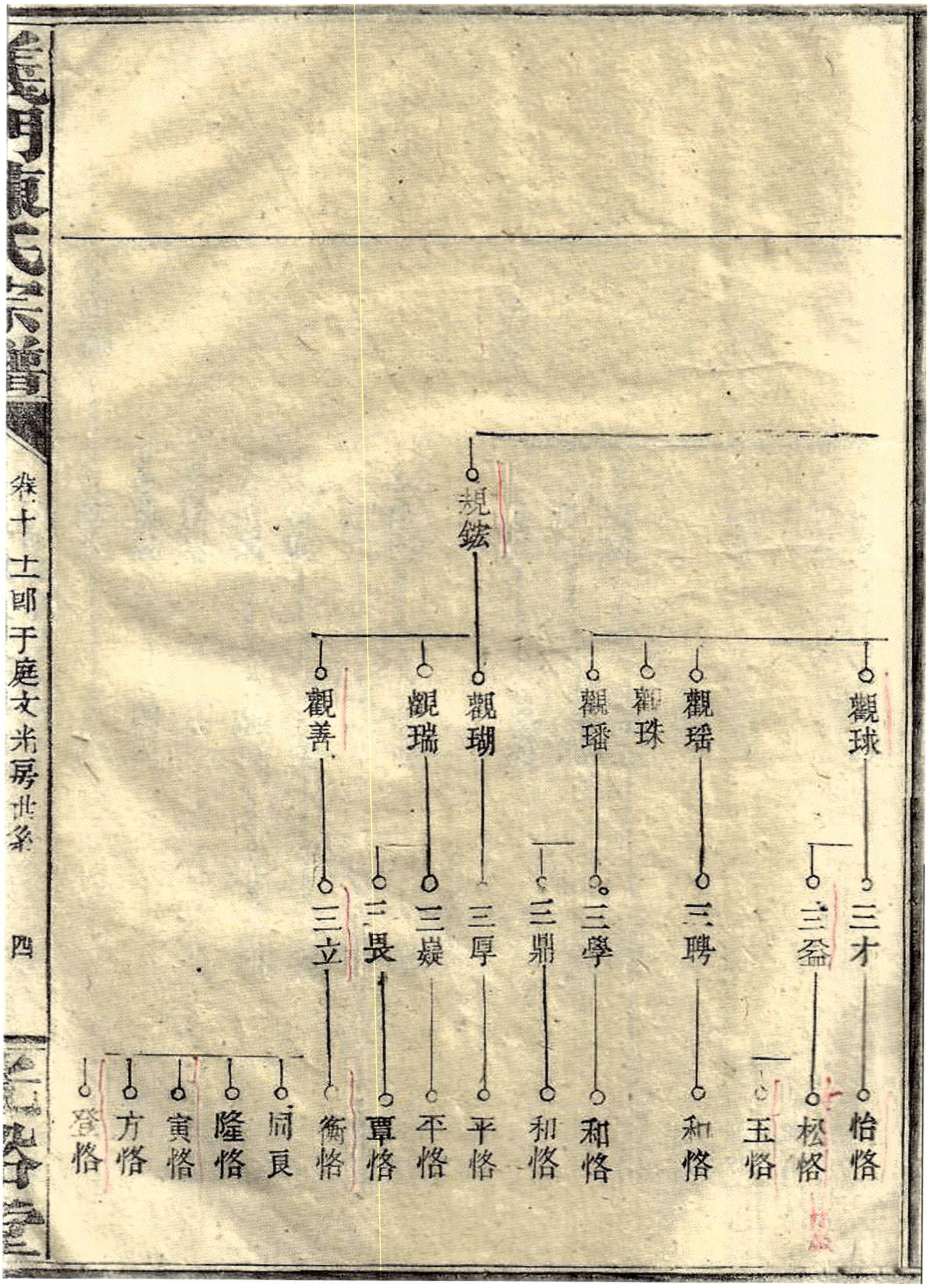

卷十 十一郎于庭文光房世系
四
規鋐
觀球
觀瑶
觀珠
觀璠
觀瑚
觀瑞
觀善
三才
三畬
三聘
三學
三鼎
三厚
三巘
三畏
三立
怡恪
松恪
玉恪
和恪
和恪
和恪
平恪
平恪
覃恪
衡恪
登恪
方恪
寅恪
隆恪

⑦

克調
- 規鈞 — 觀漣
- 規鑑 — 觀洪
- 規鈔
- 規銖 — 觀仁 — 三明
- 規鋸 — 觀喜
  - 三亮
  - 三桂 — 恢烙
- 規鋙 — 觀伍
  - 三綱
  - 三谷

克藻
- 規鏍 — 觀路
- 規錞 — 觀淮
- 規鐪 — 觀雲 — 三嘉
  - 正烙
  - 齊烙
  - 恭烙
  - 林烙
- 規釬 — 觀潞

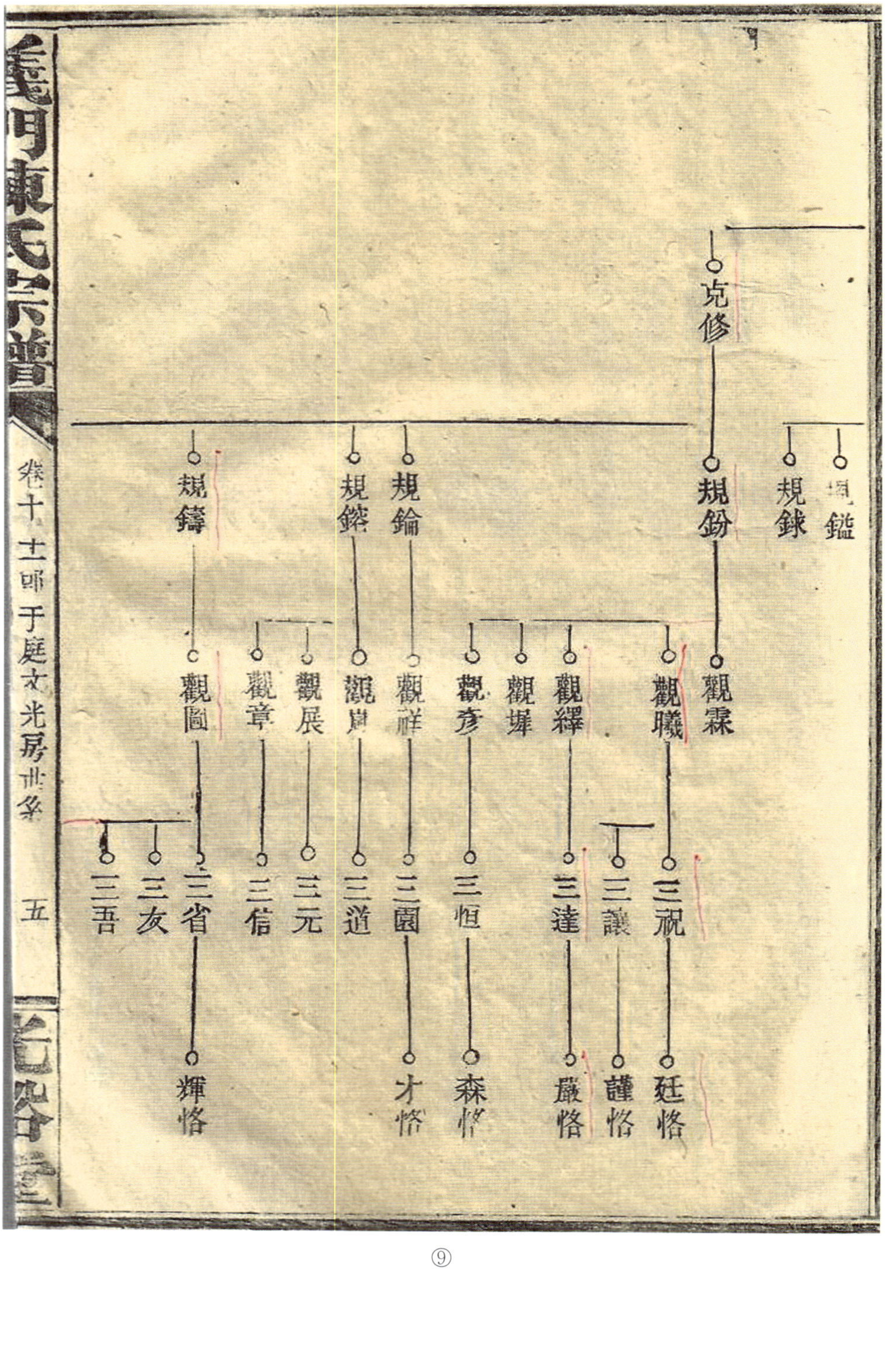
義門陳氏宗譜　卷十　十一郎　于庭　文光房世系　五

克修

鎰　規錄　規鈖　規錀　規鐩　規鑄

觀霖　觀曦　觀繹　觀墀　觀彥　觀祥　觀典　觀展　觀章　觀圖

三祝　三讓　三達　三恒　三園　三道　三元　三信　三省　三友　三吾

廷恪　謹恪　嚴恪　森恪　才恪　輝恪

⑨

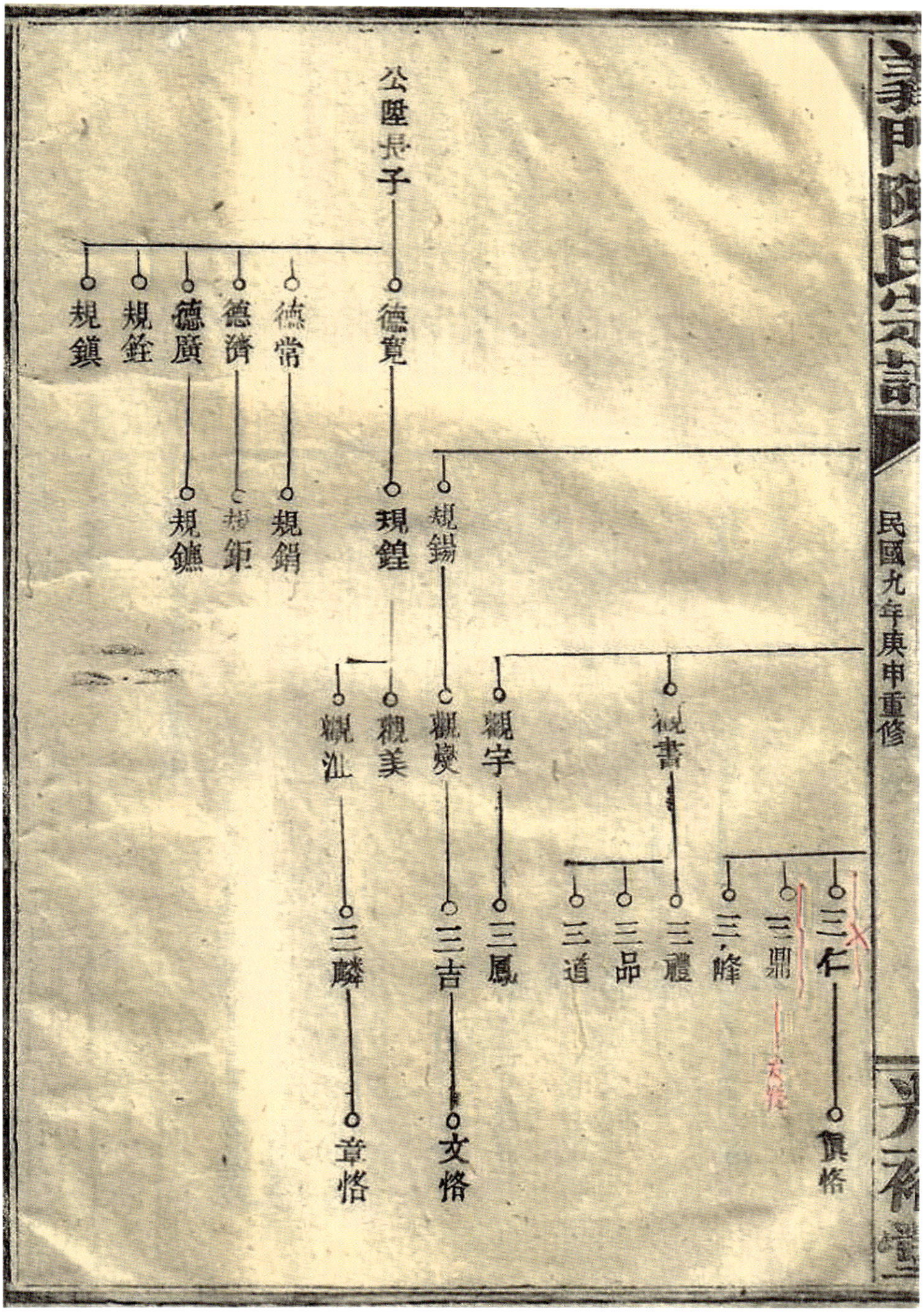
民國九年庚申重修
光裕堂
公陞長子
德寬
德常
德濟
德廣
規銓
規鎮
規鍹
規鉅
規鑣
規鍠
規錫
規書
規宇
規燮
規美
規沚
三仁
三鼎
三鋒
三禮
三品
三道
三鳳
三吉
三麟
貢熔
文熔
章熔

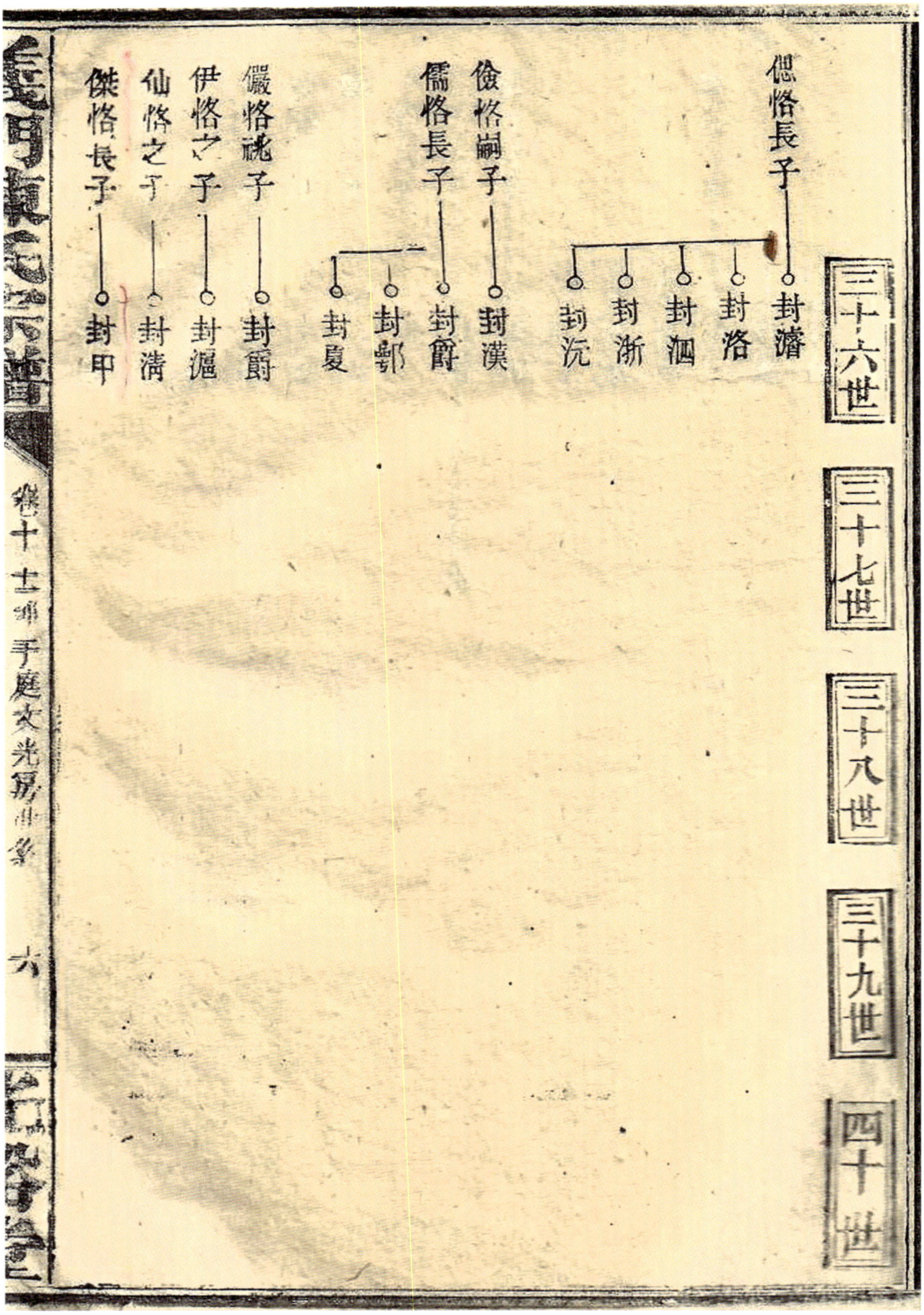
三十六世
三十七世
三十八世
三十九世
四十世
偲恪長子
封濬
封洛
封泗
封浙
封沅
儉恪嗣子
封漢
儒恪長子
封爵
封郜
封夏
儼恪祧子
封爵
伊恪之子
封滬
仙恪之子
封清
傑恪長子
封甲
卷十 十一世 手庭文光房世系
六

⑪

封丙

雄恪長子
- 封賞

封邦

僧恪長子
- 封林

榮恪長子
- 封衢

華恪之子
- 封郡

怡恪之子
- 封台

平恪長子
- 封藩
  - 上虞

覃恪長子
- 封修

崇和

封鱸

封政

衡恪長子
- 封可

封懷

封雄

封舉

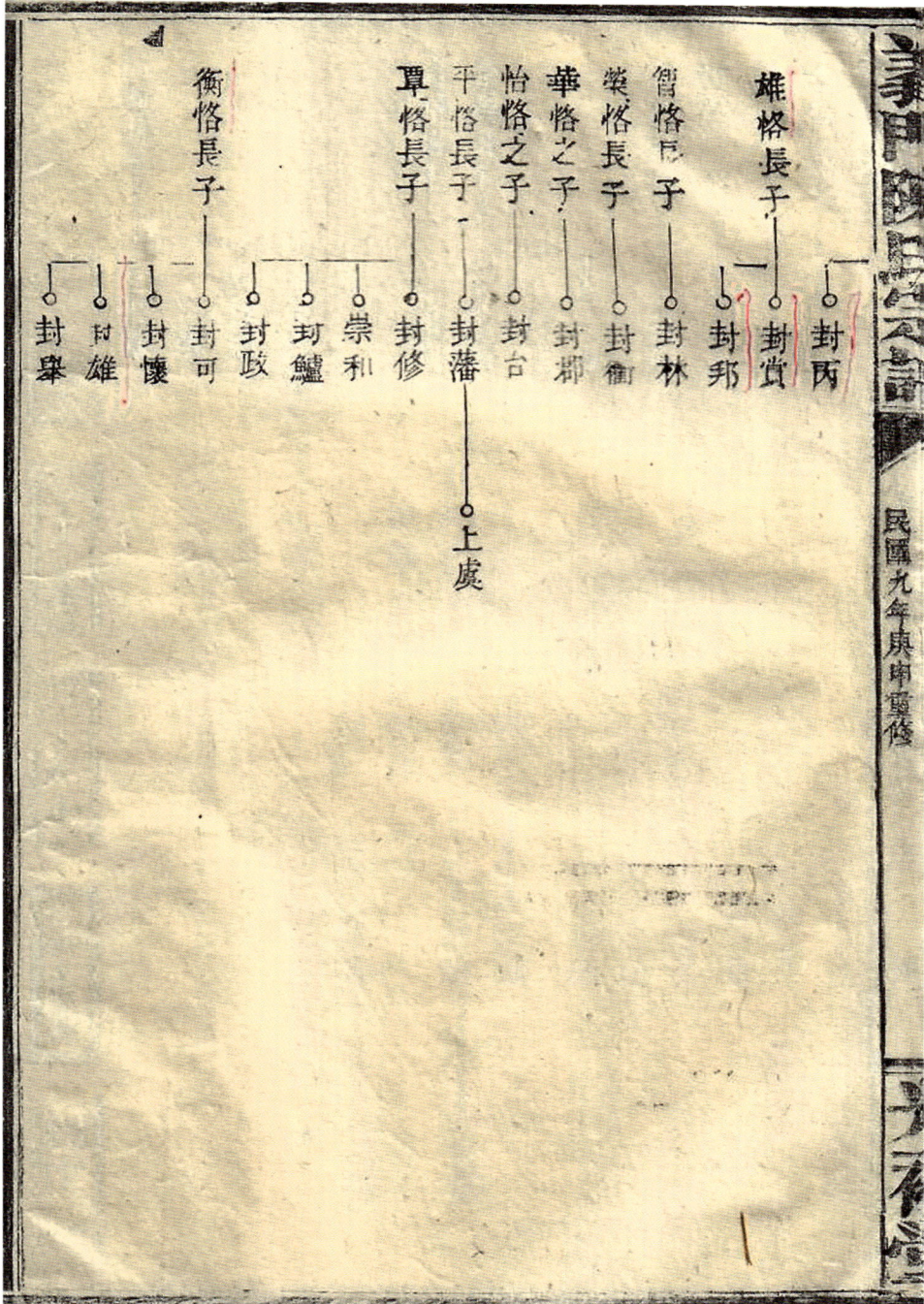

正恪長子
—封建

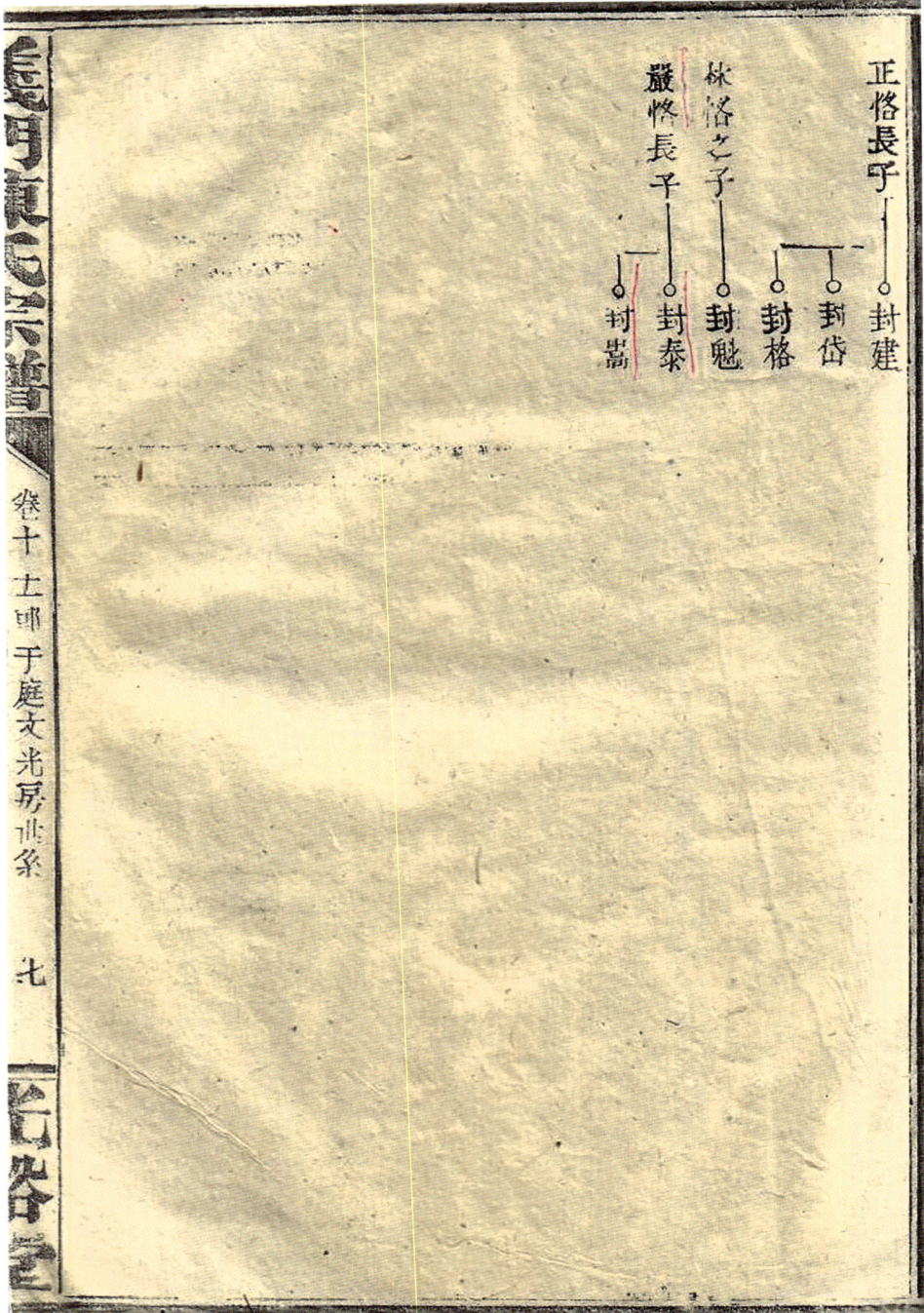

—封岱
—封格

林恪之子
—封魁

嚴恪長子
—封泰
—封嵩

世系(苏式)

魁公峯支十一郎于庭文光房世次總編

第一世

元公七子　魁公　宋進士　帶家口九十七人遷福建汀州府汀州莊　妣劉氏　生子五　昆　嵛　嵩　嶽　峯

第二世

魁公五子　峯公　宋時進士　妣王氏　生子一　自强

第三世

峯公長子　自强　宋甯宗時位至宰輔　妣唐氏　生子三　肇統　肇緒　肇基

第四世

①

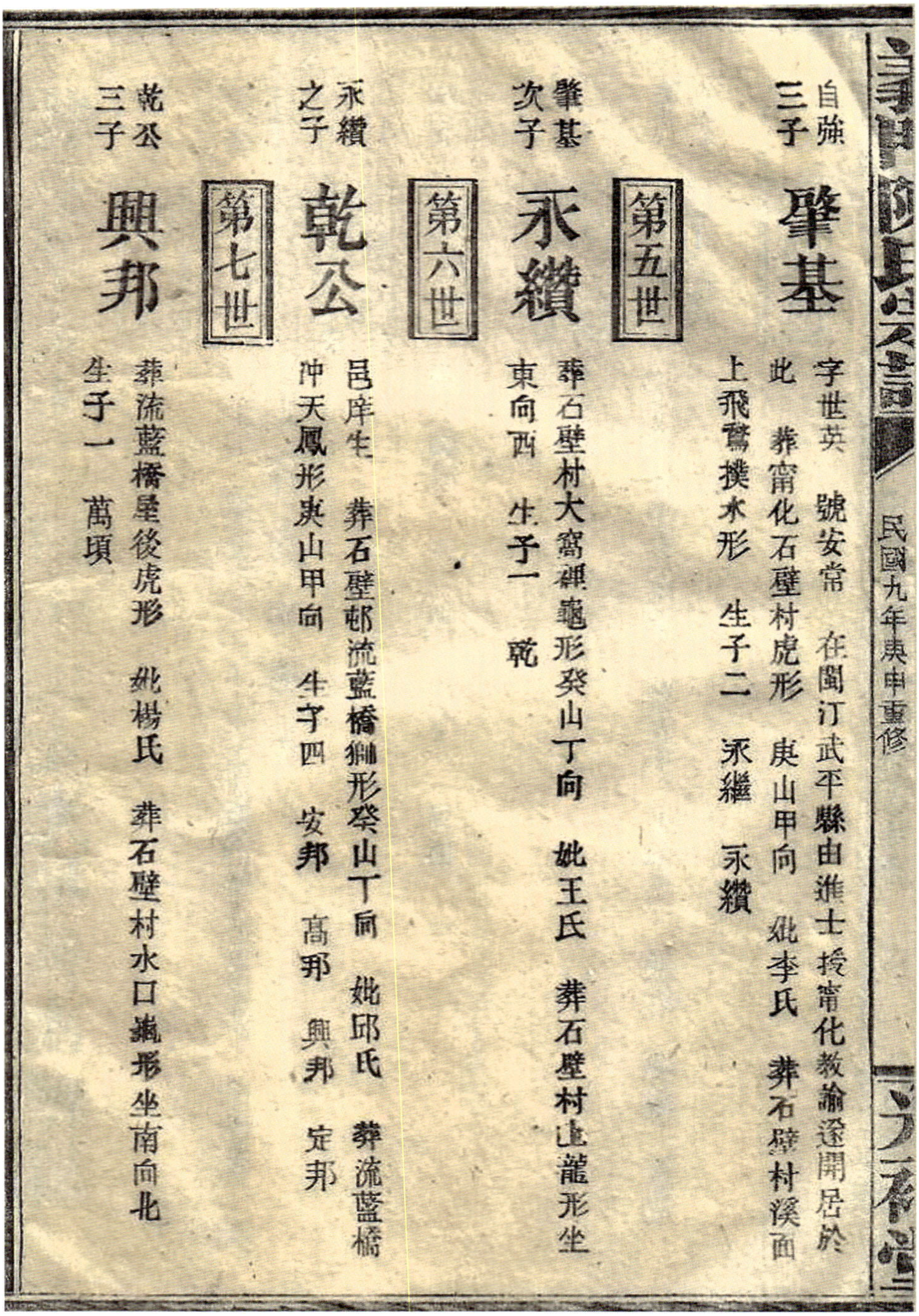

民國九年庚申重修

自強三子 肇基 字世英 號安常 在閩汀武平縣由進士授甯化教諭遂開居於此 葬甯化石壁村虎形 庚山甲向 妣李氏 葬石壁村溪面上飛鷺撲水形 生子二 永繼 永纘

第五世

肇基次子 永纘 葬石壁村大窩裡龜形癸山丁向 妣王氏 葬石壁村上龍形坐東向西 生子一 乾

第六世

永纘之子 乾公 邑庠生 葬石壁邨流藍橋獅形癸山丁向 妣邱氏 葬流藍橋沖天鳳形庚山甲向 生子四 安邦 高邦 興邦 定邦

第七世

乾公三子 興邦 葬流藍橋屋後虎形 妣楊氏 葬石壁村水口龜形坐南向北 生子一 萬頃

②

第八世

興邦之子 **萬頃**

葬流藍橋對門下山虎形　妣曾氏　葬石壁村黄蛇出洞形　生子二　聖　賢

第九世

萬頃次子 **賢公**

葬石壁村生蛇掛樹形　妣何氏　葬流藍橋大岌背牛形坐西向東　生子一　宏庄

第十世

賢公長子 **宏庄**

葬流藍橋屋側黄鷹晒翅形　妣錢氏　葬流藍橋下山象形　生子三　世守　世休　世偉

十一世

宏庄長子 **世守**

葬石壁村大社前下水象形　妣孫氏　葬流藍橋山背走馬扳鞍形、生子一　豪

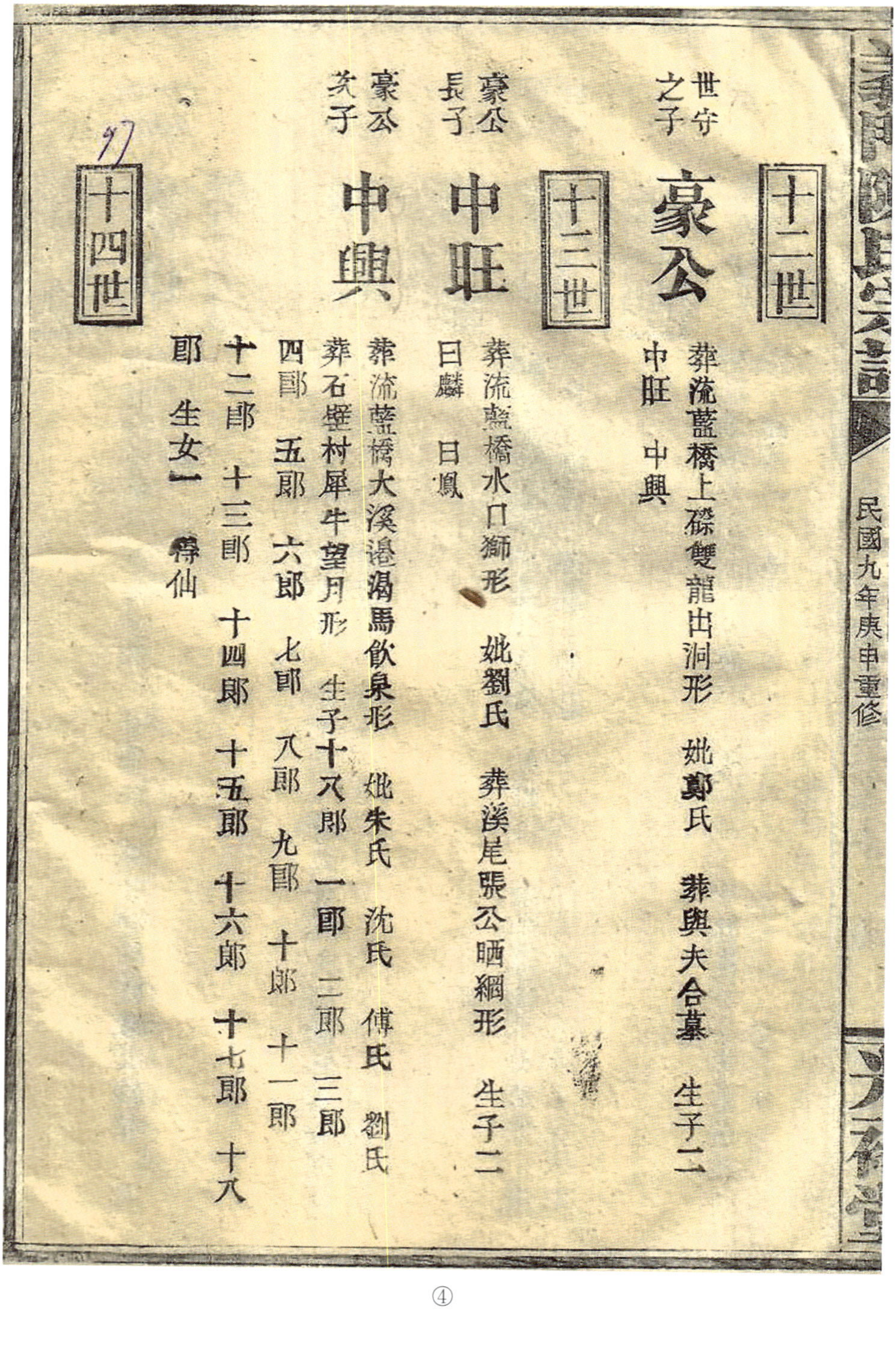

民國九年庚申重修

十二世

世守之子　豪公　葬流藍橋上磔雙龍出洞形　妣鄭氏　葬與夫合墓　生子二　中旺　中興

十三世

豪公長子　中旺　葬流藍橋水口獅形　妣劉氏　葬溪尾張公晒網形　生子二　日麟　日鳳

豪公次子　中興　葬流藍橋大溪邊渴馬飲泉形　妣朱氏　沈氏　傅氏　劉氏　葬石壁村犀牛望月形　生子十八　一郎　二郎　三郎　四郎　五郎　六郎　七郎　八郎　九郎　十郎　十一郎　十二郎　十三郎　十四郎　十五郎　十六郎　十七郎　十八郎　生女一　得仙

十四世

④

中興十一子 **十一郎** 字扶桑 由甯化石壁寨葛藤坳陳德村遷潮州由潮州復遷上杭來蘇中都林坊老譜爲始基一世祖 生歿未詳 葬本坊下寨獅形寅山申向石墳 妣彭氏 生歿未詳 葬大姑灘面上象湖潭望江獅形又名寒獺捕魚形丙山壬向兼午子石墳 生子二 念六郎 伯八郎

十五世

扶桑長子 **念六郎** 生歿未詳 附葬象湖潭望江獅形彭妣墳前明堂下 妣王氏 生歿闕 生子一 三四郎

扶桑次子 **伯八郎** 生歿未詳 妣李氏 生歿闕 夫婦合葬烏石棟下酉山卯向兼庚甲 生子七 千二郎 千四郎 千五郎 千六郎 千七郎 千八郎 千九郎

十六世

念六郎子 **三四郎**

十七世

千二長子 萬一郎 生歿未詳 妣周氏 生歿未詳 生子四 永泗 永宗 永旺
永福郡庠生 兄弟俱移居長汀

千二次子 萬二郎 生歿未詳 附葬烏石棟下 千二郎公墳右 妣范氏 生歿闕
葬本村鑾子山深窩裡寅申兼坤艮 生子一 仲六郎

十八世

萬二郎子 仲裔 生歿未詳 妣李氏 生歿未詳 夫婦合墓附葬象湖潭望江獅
形又名寒獺捕魚形彭祖妣墳下首午子兼丙壬 萬歷癸巳年重
修石墳 生子一 光祖

十九世

仲六郎子 光祖 生歿未詳 葬上屋背龍窩貓兒洗面形戌辰兼辛乙 妣葉氏
葬深窩裡 生子二 永義 永智

⑥

103

二十世

光祖長子　永義　生歿未詳　妣朱氏　生歿未詳　生子二　宗賢　宗富

光祖次子　永智　生歿未詳　妣何氏　生歿未詳　夫婦合葬本村黄竹坑口碓閣上丁癸兼未丑　清乾隆十六年重修石墳　生子二　至廣　至安

104

廿一世

永智長子　至廣　生歿未詳　葬寨上屋左側不塘面上虎形申寅兼坤艮　清乾隆十三年仲冬月重修　妣王氏　生歿未詳　葬烏石棟下申寅兼坤艮　生子六　玉明　玉隆　玉金　玉瓊　玉嵩　玉錦

永智次子　至安　生歿未詳　妣巫氏　生歿未詳　夫婦合葬山棗樹塘面上　生子一　積艮

105

二十二世

106

廿三世

至廣長子 **玉明** 生歿未詳

至廣次子 **玉隆** 生歿未詳 葬鷓鴣啼石下 妣范氏 生歿未詳 葬深塥裏 生子三 榮生 始生 玉生

至廣三子 **玉金** 生歿未詳 葬深塥裡 妣鍾氏 生歿未詳 葬牛屎塥 又妣葉氏 生歿未詳 葬石頭塘面上 生子二 福生 祿生

至廣四子 **玉瓊** 生歿未詳

至廣五子 **玉嵩** 生歿未詳 妣許氏 又妣朱氏 生歿葬俱未詳 生子四 貴生 浩生 壽生 奈生

至廣六子 **玉錦** 號鳳崗 生歿未詳 享壽九十有六 葬牛屎塥虎形辛乙兼酉卯石墓 妣何氏 生歿未詳 葬烏石棟下坤艮兼未丑 又妣溫氏 生歿未詳 葬坳下子丈石下子午兼壬丙 生子二 日生 善生

善生嗣子　嘉謨

號璞川　庠生　明崇禎戊辰年　勅贈文林郎　明嘉靖庚子年
十一月初九日戌時生　明萬歷三十二年甲辰六月初四日辰時
殁　享壽六十有五　葬學堂坪又名燈擎窩戌山兼乾巽有碑
餘詳本傳　妣鍾氏　明崇禎戊辰年　勅贈孺人　明嘉靖癸卯
年四月十四日申時生　明萬歷三十九年辛亥二月二十五日丑
時殁　葬烏石棟下坤山艮向　清康熙癸巳年六月初八日辰時
重修石墳　生子三　于庭　于京　于階

108

二五世

嘉謨長子　于庭

字振宸　號楓岑　明萬歷癸卯科副榜　明嘉靖丙寅年十月二
十一日辰時生　明萬歷庚戌年十月十五日辰時殁　葬杭邑來
蘇石貴碑癸丁兼子午　清嘉慶六年辛酉四月十八日重修石墳
餘詳本傳　妣池氏　明隆慶三年己巳五月二十九日辰時生
明萬歷四十八年庚申九月初十日巳時殁　葬來蘇象牙坑牛欄
弦　清嘉慶六年辛酉五月初三日更葬戌辰兼乾巽石墳　又妣
何氏　明隆慶六年壬申正月十七日戌時生　明天啟六年十二

月初十日子時歿　葬賴田　清嘉慶六年辛酉五月十五日更葬

丙壬兼午子石墳　生子二　汝勉　夢說

嘉謨次子　**于京**　字光宸　妣鍾氏　生子一　應騁　餘詳後

嘉謨三子　**于階**　字懋升　號晨六　明萬歷乙卯科舉人　明崇禎戊辰科進士

任雞澤盧氏二縣事詳後　妣劉氏　又妣何氏　又妣温氏　又

妣朱氏　餘詳後　生子一　夢夢

二十六世

于庭長子　**汝勉**　字應標　明萬歷十六年戊子八月十六日巳時生　明崇禎八年

七月十三日卯時歿　妣邱氏　明萬歷十九年辛卯十月三十日

寅時生　清順治己丑年九月初九日丑時歿　夫婦合葬來蘇深

堝裡未丑兼丁癸　清嘉慶六年辛酉五月二十七日重修　餘詳

本傳　生子一　浴日

于庭次子　**夢說**　字鼎梅　邑庠生　餘詳後　妣鄭氏　生子一　愼修

二七世

汫勉公子　浴日

字殷銘　明萬歷四十年壬子十二月二十七日酉時生　清康熙庚午年正月二十八日辰時歿　妣邱氏　明萬歷乙卯年七月十二日戌時生　清康熙甲戌年十月二十二日巳時歿　夫婦合葬來蘇烏石棟下坤艮兼申寅　餘詳本傳　生子五　敏德　敏宜　敏節　敏照　敏敦

二八世

浴日長子　敏德

字必仁　明崇禎壬申年七月十五日丑時生　清康熙戊午年八月初五日午時歿　葬來蘇牛屎塘尾回頭兎子形　妣饒氏　生歿闕　葬吉安府安福縣北鄉六十五都二圖六甲木源螺坑有碑　生子三　恭先　敬先　儉先

浴日次子　敏宜

字必義　明崇禎辛巳年正月二十三日戌時生　清康熙五十六年丁酉三月十六日巳時歿　享壽七十有七　清嘉慶六年辛酉四月十五日重修　餘詳本傳　妣劉氏　明崇禎壬午年九月初

民國九年庚申重修

十日酉時生 清康熙五十七年戊戌七月十三日申時殁 夫婦
合葬深堨裡庚甲兼申寅 又妣張氏 生殁未詳 葬與劉妣夫
婦三位同穴 又妣鍾氏 生殁未詳 生子一 文光

洛日三子 **敏節**

字必禮 明崇正乙酉年五月二十三日戌時生 殁闕 妣何氏
明崇正乙酉年六月二十三日辰時生 殁闕

洛日四子 **敏照**

字必智 清順治辛卯年正月十三日亥時生 殁闕 附葬環川
公墓上首坱面上蜻蜓點水形 妣黃氏 清順治丁亥年九月廿
四日未時生 殁闕 生子三 榮先 華先 錦先兄弟移居袁
州府分宜縣露口居住

洛日五子 **敏敦**

字必信 清順治癸巳年九月初一日戌時生 殁未詳

二九世

敏宜次子 **文光**

字君里 號斗垣 誥贈光祿大夫 清康熙十六年丁巳四月十
一日子時生 清雍正十一年癸丑六月二十四日子時殁 清
嘉慶六年辛酉迎移義寧州涓 清嘉慶十六年辛未九月初九日

⑫

寅時卜葬泰鄉七都上竹塅石塢源口丙壬兼午子 餘詳老譜本
傳及墓誌 妣劉氏 誥贈一品大夫人 清康熙二十六年丁卯
十二月十三日未時生 清乾隆三十九年甲午四月初七日申時
歿 葬上竹塅石塢源口丙壬兼午子 清乾隆五十四年己酉十
月十四日省視骸骨全備黃亮復葬本穴照原 清嘉慶十六年九
月迎文光公與妣合墓照原山向 妣幼居上杭中年迎養義甯 亭
壽八十有八歲餘詳老譜本傳 生子三 公遠 公元 公陞

三十世

文光長子 公遠

字兆春 號蘭圃 清康熙四十七年戊子正月初八日辰時生
清乾隆三十四年己丑四月初九日戌時歿 妣郭氏 清雍正二
年甲辰二月二十一日申時生 清乾隆三十八年癸巳十一月二
十六日未時歿 夫婦合葬上竹塅大嶺垠 生子一 顯賓

文光次子 公元

諱騰遠 號鯤池 誥贈光祿大夫 清康熙四十九年庚寅十二
月二十五日巳時生 清乾隆六十年乙卯正月十四日戌時歿
高壽八十有六歲 葬泰鄉七都上竹塅馬子樹下鳳形乙辛兼卯

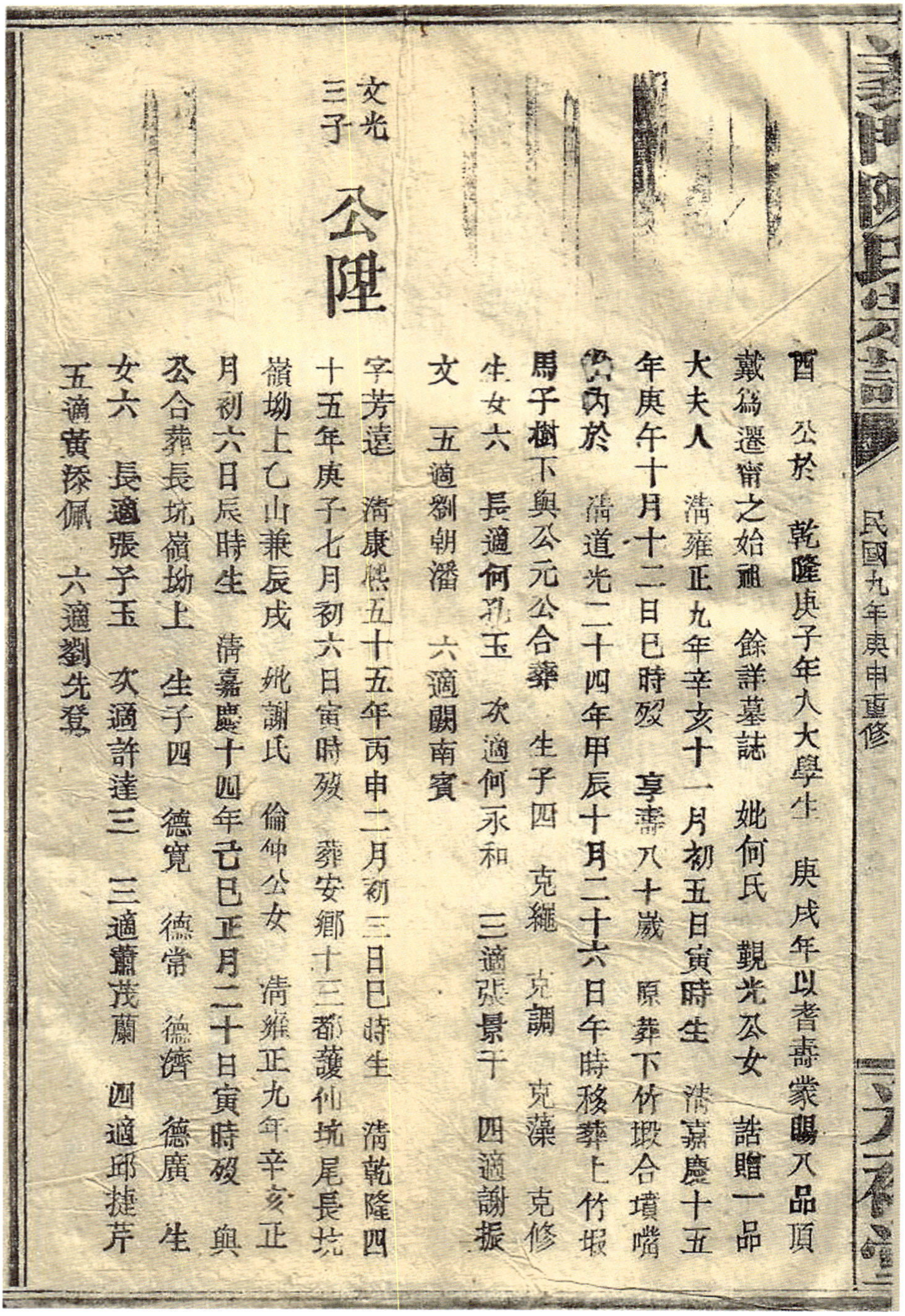

民國九年庚申重修

酉　公於　乾隆庚子年入大學生　庚戌年以耆壽蒙賜八品頂戴爲遷甯之始祖　餘詳墓誌　妣何氏　覲光公女　誥贈一品大夫人　清雍正九年辛亥十一月初五日寅時生　清嘉慶十五年庚午十月十二日巳時歿　享壽八十歲　原葬下竹塅合墳嘴[illegible]內於　清道光二十四年甲辰十月二十六日午時移葬上竹塅馬子樹下與公元公合葬　生子四　克繩　克調　克藻　克修　生女六　長適何兆玉　次適何永和　三適張景干　四適謝振文　五適劉朝潘　六適闕南賓

文光三子　公陞

字芳遠　清康熙五十五年丙申二月初三日巳時生　清乾隆四十五年庚子七月初六日寅時歿　葬安鄉十三都護仙坑尾長坑嶺坳上乙山兼辰戌　妣謝氏　倫仲公女　清雍正九年辛亥正月初六日辰時生　清嘉慶十四年己巳正月二十日寅時歿　與公合葬長坑嶺坳上　生子四　德寬　德常　德濟　德廣　生女六　長適張子玉　次適許達三　三適蕭茂蘭　四適邱捷芹　五適黃添佩　六適劉先登

⑭

三十一世

逵公之子　**克輔**

字顯贊　清乾隆十五年庚午六月初三日亥時生　妣林氏
清乾隆乙酉年十一月十二日辰時生　歿俱闕　夫婦合葬上竹
塅大嵛垠有碑　生子一　規珊　生女二　長適鄧　次適呂

元公長子　**克繩**

字顯梓　號紹亭　大學生　誥贈光祿大夫　清乾隆二十五年
庚辰四月初三日寅時生　清道光二十一年辛丑十二月初十日
酉時歿　享壽八十有二歲　葬泰鄉七都上竹塅宅後艮坤兼寅
申　事詳墓誌　妣謝氏　春興公女　誥贈一品大夫人
清乾隆二十三年戊寅二月二十八日卯時生　清道光十四年甲
午三月十七日午時歿　葬大嵛垠遷葬泰鄉七都石坑　生子二
規鐐　規鋐　生女一適邱能照　續妣何氏　毓龍公女　貤贈
夫人　清乾隆二十七年壬午八月十四日午時生　清道光十三
年癸巳正月二十九日卯時歿　葬下竹塅菜源口更葬上竹塅大
嵛垠謝祖妣壟穴　生子二　規鈁　規鎬　生女四　長適何廸
康　次適李家邦　三適謝延珍　四適黃彩綱

公元次子　克調

一名攸東　字旭升　號五園．大學生　清乾隆三十年乙酉十一月二十七日子時生　清道光二十年庚子二月十一日寅時殁　葬泰鄉七都上竹塅草坪　妣何氏　雲陞公女　清乾隆三十年乙酉十月十四日辰時生　清道光六年丙戌七月十六日戌時殁　與克調公合葬　次妣劉氏　清乾隆四十五年庚子四月初八日辰時生　清嘉慶六年辛酉八月十六日亥時殁　葬與夫合墓申寅兼坤艮　再妣吳氏　清乾隆五十三年戊申十月十八日戌時生　清嘉慶二十三年戊寅七月十一日寅時殁　葬上竹塅長堝壠燕巢穴申寅兼坤艮　生子三　規鈞　規鑑　規紾　續妣鍾氏　烈五公女　清乾隆五十九年甲寅七月二十九日子時生　清光緒九年癸未十月二十八日酉時殁　享壽九十歲　葬下竹塅蛇形坤艮兼未丑　生子三　規銖　規錕　規錇　生女二　長適邱　次適涂

公元三子　克藻

字西玉　號崑獻　例授修職郎　清乾隆三十六年辛卯二月十二月戌時生　清咸豐三年癸丑三月初一日子時殁　葬泰鄉七都下竹塅草坪申寅兼坤艮　妣劉氏　羅山公女　清乾隆四十

⑯

年乙未二月初十日戌時生　清嘉慶二十五年庚辰十二月十三
日戌時歿　葬泰鄉內七都上竹塅梓樹塢丁癸兼午子有碑
生子六　規鍉　規錞　規鈜　規釪　規鎰　規錸　生女四
長適周　次適彭　三適蕭　四適鄧

公元
四子

克修

字兼萬　號介田　清乾隆四十一年丙申二月初一日丑時生
清道光二十三年癸卯四月十八日辰時歿　葬泰鄉七都上竹塅
水口雷瀆壬山丙向　讚曰　莘野耕夫，嚴取與，於一介，和風柳下，
藐浮雲於三公，惟學勤於磨厲，斯品峻於華嵩，翯翯介田，穆外朗中，
入濟物利心，陶化工，雖勁節之凜凜，仍春風之融融，介也如石，石也
無鋒，嗟乎此所以名錚錚之鐵，佼佼之庸，　鄉進士南園弟劉斐章
拜撰　妣張氏　搏膺公女　清乾隆四十二年丁酉六月初八日
午時生　清同治二年癸亥十一月二十六日午時歿　葬安鄉十
三都長坑嶺坳上巽山乾向　讚曰　懷性貞靜，不尚繁華，中饋無
缺，淑德堪誇，事翁姑孝養備至，教子媳勤儉持家，媲美鍾郝，梓茁蘭
芽，　歲進士候選儒學松屏弟書洛拜題　生子五　規錙　規錀
規鎔　規鑄　規錫　生女四　長適吳達興　次適鍾化觀　三

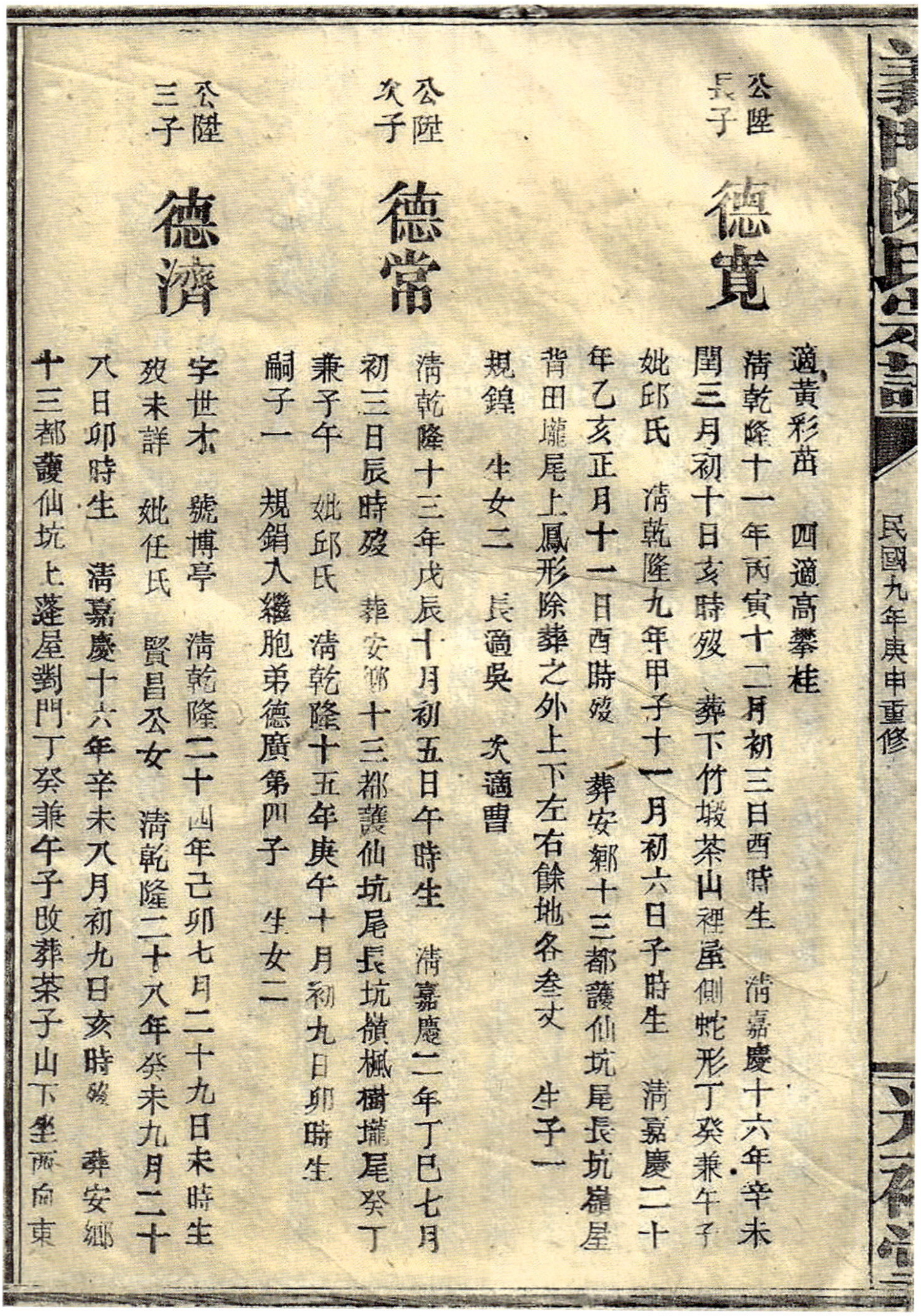

民國九年庚申重修

公陞長子 德寬

適黄彩苗　四適高攀桂

清乾隆十一年丙寅十二月初三日酉時生　清嘉慶十六年辛未閏三月初十日亥時歿　葬下竹墩茶山裡屋側蛇形丁癸兼午子

妣邱氏　清乾隆九年甲子十一月初六日子時生　清嘉慶二十年乙亥正月十一日酉時歿　葬安鄉十三都護仙坑尾長坑崩屋背田壠尾上鳳形除葬之外上下左右餘地各叁丈　生子一

規鍠　生女二　長適吳　次適曹

公陞次子 德常

清乾隆十三年戊辰十月初五日午時生　清嘉慶二年丁巳七月初三日辰時歿　葬安鄉十三都護仙坑尾長坑嶺楓樹壠尾癸丁兼子午

妣邱氏　清乾隆十五年庚午十月初九日卯時生

嗣子一　規鍓入繼胞弟德廣第四子　生女二

公陞三子 德濟

字世才　號博亭　清乾隆二十四年己卯七月二十九日未時生　歿未詳

妣任氏　賢昌公女　清乾隆二十八年癸未九月二十八日卯時生　清嘉慶十六年辛未八月初九日亥時歿　葬安鄉十三都護仙坑上蓬屋劉門丁癸兼午子改葬茶子山下坐西向東

⑱

又妣淩氏 清乾隆四十五年九月二十七日未時生 生子一
規鉔 生女二 長適黄 次適游

德廣 公陞四子

清乾隆三十七年壬辰五月十一日辰時生 歿未詳 妣何氏
紹珂女 清乾隆四十三年戊戌十月十三日子時生 生子四
規鏕 規銓 規鎮 規鋗出繼德常爲嗣 生女三 長適鍾
次適徐 三適黄

115

三十二世

規珊 克輔之子

字雨賜 清嘉慶戊辰年二月十九日寅時生 歿葬上正源
妣羅氏 清嘉慶己巳年十月十一日卯時生 歿葬未詳

規鈁 克縄長子

諱其經 字宜六 號宮譜 誥贈奉政大夫 清乾隆五十一年
丙午又七月二十一日巳時生 清道光二十年庚子九月二十七
月亥時歿 妣謝氏 紹中公長女 誥贈大宜人 清乾隆五十
二年丁未十月十五日子時生 清咸豐四年甲寅正月初五日寅
時歿 夫婦合葬下竹坡蕭家老屋後勘上午子兼丙壬 生子四
觀禮 觀華 觀詩 觀松 生女五 長適黄文絢 次適張代

克繩次子 **規鏡**

琨 三適張永清 四適郭用德 五適驛
字心怡 號醒吾 清乾隆五十一年丙午十二月初八日卯時生
清道光十一年辛卯八月二十八日寅時歿 葬上竹坡石堨源尾
鳳形丙丁癸兼午子有墓誌碑銘 妣張氏 孝麟公長女
清乾隆四十九年甲辰十二月初三日亥時生 清咸豐五年乙卯
三月二十二日亥時歿 葬上竹坡上山古存宅後巽乾兼辰戌
生子四 觀泗 觀泮殤 觀渭殤 觀瀾 嗣子一 觀海入繼
胞弟規鎬第五子 生女五 長適廖 次適黃 三適黃 四適
莊 五適葉

克繩三子 **規鎬**

名熺燕 字化南 號沐軒 例授修職郎 復辦團練軍功旌獎入
品頂戴 清乾隆五十九年甲寅八月廿日巳時生 清同治九年
庚午九月二十八日未時歿 葬泰鄉七都下竹坡燕巖尾乾巽兼
戌辰 妣鍾氏 文友公女 清乾隆六十年乙卯十一月初三日
酉時生 清道光二年壬午十月十七日午時歿 葬下竹坡茱源
尾巽乾兼巳亥 生子二 觀琪 觀球 生女一 適謝 又妣劉
氏 鵬岳女 清嘉慶八年癸亥正月二十日子時生 清光緒十

二年丙戌正月二十二日未時歿　生子四　觀信　觀吉出繼范兄
規鏡爲嗣　觀珠殤　觀璠　生女二　長適李蘭芬　次適黃恩
春

克紐四子　**規鉉**

諱偉琳　字琢如　號予潤　誥贈光祿大夫　清嘉慶三年戊午十一月初九日申時生　清咸豐四年甲寅八月二十一日申時歿　葬下竹墩蛇形遷葬泰鄉七都何家店下楊坊墩西山上酉山卯向
妣李氏　大榮女　誥贈一品大夫人　清嘉慶四年己未正月初五日未時生　清光緒二年丙子九月初七日申時歿　葬湖南平江縣東鄉金坪癸山丁向　生子三　觀瑚　觀瑞　觀善　生女三　長適周福著　次適蕭德修　三適謝亦光

克調長子　**規鈞**

字式衡　號平齋　清乾隆四十九年甲辰八月十五日戌時生　清嘉慶八年癸亥十二月十一日戌時歿　葬上竹墩草坪坤艮兼未丑與規鈴規銖並葬共碑　妣林氏　玉相公長女　夫故改醮
生子一　觀漣　生女一　適鄧

克調次子　**規鑑**

字子冰　號可亭　清嘉慶六年辛酉七月二十一日未時生
清嘉慶二十五年庚辰三月二十三日未時歿　葬上竹墩大樹山

卷十　十二郎孟庭文光房世次　十九

丙申寅兼坤艮　妣黃氏　夫故改醮　生子一　觀淇

克調三子　**規鈐**

字炳英　清道光四年甲申十月十四日辰時生　清道光十八年戊戌九月十五日子時歿與規鈞規銖並葬草坪共碑

克調四子　**規銖**

字致中　清道光七年丁亥正月初十日亥時生　清咸豐八年戊午十月初七日巳時歿與觀鈞觀鈐並葬草坪共碑　嗣子觀仁入繼胞弟規鋙次子

克調五子　**規錕**

字先金　號雲陽　大學生　清道光九年己丑正月十三日卯時生　清光緒二十一年乙未五月初五日午時歿　葬泰鄉七都上竹墩杉樹塌　妣曾氏　清道光十年庚寅十一月初八日寅時生　清同治二年癸亥三月十七日巳時歿　葬州南門温家塘更葬泰鄉七都上竹墩鳳竹堂青龍嘴上子午兼壬丙　又妣張氏　清道光十八年戊戌九月初九日卯時生　民國六年丁巳五月二十八日巳時歿　葬七都上竹墩灣裡乾壠　生子一　觀壽　生

女一　適朱

克調六子　**規鋙**

字建山　號弋峯　清道光十一年辛卯四月初四日卯時生　清同治九年庚午六月二十一日辰時歿　葬上竹墩箸壠坳上辰

戌兼巽乾　妣張氏　清道光十四年甲午三月十七日巳時生
夫故改醮　生子二　觀伍　觀仁出繼胞兄規錸爲嗣

克藻長子　規鋧

字鳴諧　名希九　號日客　例授修職郎　清乾隆六十年乙卯
八月初十日辰時生　清同治十三年甲戌七月二十九日午時歿
葬泰鄉七都下竹堺舊宅墈石垠裡乙辛兼卯酉　妣張氏　彥勝
公女　清嘉慶元年丙辰四月二十六日酉時生　清嘉慶　八年
癸酉五月十五日巳時歿　又妣張氏　維鹿公女　清嘉慶四年
己未三月初十日亥時生　清道光十八年戊戌又四月二十三日
亥時歿二妣合葬上竹堺乾田墈甲庚兼卯酉　生子一　觀潞兼
祧規釪爲嗣　生女一適游

克藻次子　規錧

字淑陶　清嘉慶四年己未四月初二日未時生　清嘉慶二十年
乙亥四月初九日辰時歿附葬母墳　妣謝氏　貝榆公女

克藻三子　規鋕

清嘉慶六年辛酉八月二十日戌時生　歿闕　生子一　觀淮
字書館　號儆溪　清嘉慶十四年己巳十一月十二日戌時生
清光緒四年戊寅十一月十四日丑時歿　妣邱氏　西峯公女
清嘉慶二十年乙亥七月十六日子時生　清咸豐五年乙卯五月

初七日寅時殁　夫婦合葬泰鄉內七都下竹塅舊宅塌石垠裡乙
辛兼卯酉　生子一　觀雲　生女二　長適黃　次適邱

克藻四子　**規釪**

字韻金　號依堂　清嘉慶二十年乙亥十月十一日未時生
清咸豐五年乙卯十一月二十一日申時殁　葬與長兄規鏡並墓
配余氏改醮　祧子　觀澔胞兄規鏡之子兼祧

克藻五子　**規鎰**

生殁未詳

克藻六子　**規錄**

生殁未詳

克修長子　**規鈖**

字和璧　號荆山　清嘉慶三年戊午十一月初四日丑時生
清光緒七年辛巳十月十二日酉時殁　葬安鄉十三都長坑嶺坳
上巽山乾向　妣葉氏　壽公長女　清嘉慶四年己未十二月
十九日辰時生　殁未詳　葬與夫合墓　生子五　觀霖殤
觀曦　觀繹　觀墀　觀彥　生女二　長適吳忠峯　次適林維
倓

克修次子 規鑰 字卜山 清嘉慶五年庚申八月十七日戌時生 清嘉慶二十五
年庚辰七月初六日未時歿 葬上竹嶺石窩源尾午子兼丙壬
讚曰 嗚乎卜山知亡知存窮大元之九九判易象之屯乜漢註唐
疏帛談潤論玉樓召托影寂音沉 州庠生愚弟文淵拜撰 妣何
氏 清嘉慶四年己未十月初八日酉時生 清咸豐十一年庚申
四月初二日未時歿 葬泰鄉七都長坑嶺坳上飄形乙辛兼卯酉
事詳節婦傳 生子一 觀祥

克修三子 規鎔 字耕經 號餘風 清嘉慶七年壬戌八月初四日戌時生 享壽
八十一歲 清光緒八年壬午九月初九日亥時歿 葬安鄉十三
都長坑嶺坳上龜腦裡乙山辛向 妣謝氏 清嘉慶七年壬戌十
月廿七日午時生 清道光二十二年壬寅十月二十八日辰時歿
葬泰鄉七都舊石窩卯酉兼甲庚 生子三 觀嵐 觀展 觀章
續妣謝氏 清嘉慶三年戊午十月十九日午時生 清道光三十
年庚戌八月十九日子時歿 葬安鄉十三都蘆仙源梅子塘蓬子
背金星壙壬山丙向

民國九年庚申重修

克修四子　規鑄

字爾甄　號籥卿　清嘉慶十八年癸酉二月二十六日午時生　清光緒十七年辛卯六月初三日戌時歿　葬安鄉十三都護仙源書屋後垠上寅山申向　妣賴氏　清嘉慶二十二年丁丑四月十九日辰時生　清光緒十二年丙戌二月二十九日子時歿　葬深源面垠上山向未詳　生子三　觀圖　觀書　觀宇

克修五子　規錫

字命三　清嘉慶二十三年戊寅八月二十七日申時生　清光緒十七年辛卯四月十七日辰時歿　妣任氏　清嘉慶二十三年戊寅八月初二日辰時生　清光緒十七年辛卯四月初二日戌時歿　夫婦合葬泰鄉七都下竹塅茶梓山下申寅兼庚甲　生子一　觀雪　生女二　長適何　次適韓

德寬之子　規鍠

字竭華　清乾隆三十九年甲午九月十八日戌時生　清道光十二年壬辰又九月初六日戌時歿　葬泰鄉七都下竹塅茶山裡屋側虎形丁癸兼壬子　妣何氏　秀榮公女　清乾隆四十七年壬寅十二月初二日未時生　清咸豐十一年辛酉十一月十六日卯時歿　葬下竹塅茶山裡屋側庚甲兼酉卯　生子二　觀美　觀沚　生女三　長適鍾　次適饒　三適周

㉖

德常嗣子 規鋗 字晃梅 清嘉慶二十二年丁丑十二月初三日戌時生 歿葬未詳

德濟之子 規鉅 字大枉 清嘉慶二年丁巳十一月十四日子時生 歿葬未詳

德廣長子 規鑣 字其盛 清嘉慶二年丁巳二月十八日卯時生 歿葬未詳

德廣次子 規銓 字殿臣 清嘉慶八年癸亥二月初一日申時生 妣謝氏 清嘉慶八年癸亥四月初三日戌時生 歿葬未詳

德廣三子 規鎮 字敦九 清嘉慶十年乙丑五月初七日子時生 歿葬未詳

三十三世

規鋤長子 觀禮 字用和 號栱卿 丁亥年科試入州學 己丑年歲試補廩候選訓導 誥贈奉政大夫 清嘉慶十四年己巳十二月二十一日寅時生 清同治十年辛未十一月十五日未時歿 葬長茅安居坳住宅後竹山墩 妣潘氏 洪義丞長女 誥封大宜人 清嘉慶

十七年壬申十月初十日子時生　清光緒十四年戊子六月三十日辰時歿　葬長茅窩坳內艮坤外寅申　生子四　績熙　號奎三品　績懋　生女三　長適鍾復原　次適曾初輝　三適謝象德

規鈁次子　**觀華**　字愛春　號醉月　清嘉慶二十年乙亥八月十七日子時生　清道光十八年戊戌十一月二十二日卯時歿　葬下竹壩蛇形右邊上截坐西向東　嗣子　三俊入繼胞弟觀詩次子

規鈁三子　**觀詩**　字咏興　清嘉慶二十三年戊寅九月一十七日寅時生　清光緒十六年庚寅七月初九日未時歿　葬下竹壩葵塆口辰戌兼乾巽　妣葉氏　高梅女　清道光八年戊子七月十四日亥時生　民國三年甲寅二月初五日亥時歿　葬舊石塥　生子四　三宅　三俊出繼胞兄觀華爲嗣　三庚　三甲　生女五　長適劉　次適賀　三適吳　四適袁　五適曾

規鈁四子　**觀松**　字韻冬　號梅友　從九品　清道光六年丙戌六月二十日午時生　清光緒九年癸未正月初一日寅時歿　葬下竹壩舊石窩乙山辛向　配蕭氏　孔勝女　清道光二十年庚子七月二十三日

觀泗 規鏡長子

酉時生 生子三 三謙 三諒 三恭 生女一適黃

字聖居 號杏園 清嘉慶七年壬戌十二月十二日寅時生

清嘉慶十九年甲戌四月初九日戌時歿 葬上竹塅乾坳埌乙辛

兼卯酉有碑 嗣子 三育入繼胞弟觀瀾第四子

觀洋 規鏡次子

生歿未詳

觀渭 規鏡三子

生歿未詳

寶荃 規鏡四子

派觀瀾 字印波 號蘆溪 例授修職郎 候選分縣 清嘉慶

二十三年戊寅六月二十日子時生 清光緒十二年丙戌四月初

四日酉時歿 葬下竹塅彭源午山子向有碑 妣劉氏 象緒女

清道光元年辛巳六月初一日酉時生 清光緒 年 月

日 時歿 葬泰鄉七都下竹塅草坪坤山艮向兼申寅 生子六

三桐 三垣 三曦 三育出繼與胞兄觀泗為嗣 三綺 三培

生女三 長適林 次適黃 三適何

規鏡嗣子 **觀海** 字有客 淸道光六年丙戌七月十九日戌時生 淸同治六年丁卯七月二十二日酉時歿 葬上竹塅古家宅後甲庚兼卯酉 妣張氏 代煥女 淸道光八年戊子三月十五日寅時生 淸光緒十六年庚寅二月初五日寅時歿 葬下竹塅茱源口坐東向西 生子二 三柳 三蘇 生女一適張

規鎬長子 **觀琦** 字耀堂 號崑山 從軍有功 賞七品頂戴 淸嘉慶二十年乙亥二月初十日亥時生 淸同治十二年癸酉三月十五日酉時歿 葬安鄉十三都下長坑陰片坪子裡宅後坤艮兼未丑 妣葉氏 昌魁女 淸道光三年癸未五月二十七日酉時生 淸光緒三十三年丁未七月初八日戌時歿 葬未詳 生子二 三杰 三畲 生女四 長適沖勇泰 次適李際生 三適蕭德千 四適韓昌奕

規鎬次子 **觀球** 字序東 號頌圖 淸嘉慶二十四年己卯十一月初九日卯時生 淸光緒二十四年戊戌正月二十二日申時歿 葬未詳 妣馬氏 瑞雲女 淸道光十三年癸巳十月二十日卯時生 淸光緒三十二年丙午正月十八日酉時歿 生子二 三才殤 三益 生女

二　長適黃坤達　次適蕭世富

觀瑶　規鎬三子

字佳瑗　號樸泉　清道光四年甲申九月十二日申時生
清同治三年甲子十月十八日丑時歿　從軍有功　賞戴藍翎
候選縣正堂　妣凌氏　清道光十七年丁酉七月初八日卯時生
歿闕　生子一　三聘

觀珠　規鎬五子

生歿未詳

子浩　規鎬六子

派觀璠　字映霞　號春沂　州庠生　候選分縣　清道光十七
年丁酉十月初一日子時生　清光緒十四年戊子正月初九日辰
時歿　妣黃氏　勝堂女　清道光十六年丙申十二月二十六日
子時生　民國二年癸丑七月二十三日戌時歿　生女一　適李
申馥　側室桂氏　清咸豐四年甲寅正月初九日未時生　歿未
詳　生子一　三學　生女一　適黃　嗣子　三鼎入繼本族之子

樹年　規鋐長子

派觀瑚　字六般　號滋圃　候選同知　賞戴藍翎　清道光三
年癸未正月初四日寅時生　清光緒七年辛巳十一月二十日亥
時歿　葬湖南岳州府平江縣東鄉金坪百步嶺大極圖形巽乾兼

一

己亥　妣張氏　茂海女　誥封宜人　清道光十年庚寅十月十
三日巳時生　民國二年癸丑九月二十二日亥時歿　葬七都上
竹堀窖堀裏癸丁兼未丑　生子二　三厚　三嶷出繼與胞弟觀
瑞爲嗣　生女二　長適州庠生黃韻桐　次適湖南湘潭兩淮候
補鹽運判黎　鵾

規鋐次子　**觀瑞**

字書雲　號五奎　清道光五年乙酉十一月二十五日子時生
清道光七年丁亥九月十八日酉時歿　葬上竹塅石崙堀巽山乾
向遷葬乾堝堀　嗣子二　三嶷入繼胞兄樹年次子　三畏入繼
胞弟寶箴次子

規鋐三子　**寶箴**

派觀善　字相眞　號右銘　清道光三十年庚戌入州學
清咸豐元年辛亥　恩科舉人　署湖南辰沅永靖兵備道　補授
河南河北道　浙江按察使　湖北按察使　署湖北布政使　補
授直隸布政使　歷任兵部侍郎都察院右副都御使　湖南巡撫
部院　欽派閱兵大臣　欽賜福字三次　欽賜壽字　清光緒丁
酉科文闈鄉試監臨部院　武闈鄉試大主考　欽加頭品頂戴
賞戴花翎　誥授光祿大夫　清道光十一年辛卯正月十八日申

時生　清光緒二十六年庚子六月二十六日酉時歿　妣黃氏
大學生　應亨女　誥封一品夫人　清道光十二年壬辰六月初
五日寅時生　清光緒二十三年丁酉十二月十八日丑時歿　卜
葬南昌府城西四十里日晴塘夫婦合墓　墓誌碑銘備詳本集
生子二　三立　三畏出繼與胞兄觀瑞爲嗣　生女二　長適湖
南東安侯選郎中席公寶田之子襲騎都尉世職庠生席曜衡
次殤

規鈞之子　**觀漣**　生歿未詳

規鑑之子　**觀淇**　生歿未詳

規銖嗣子　**觀仁**　字必吾　清同治三年甲子四月十八日辰時生　歿闕　葬塘埚
裡　嗣子　三明入繼觀喜之子爲嗣

規鋸之子　**觀喜**　字吉生　清同治三年甲子正月二十三日寅時生　清光緒十四
年戊子九月初四日午時歿　遷葬泰鄉七都上竹壢茅埔路下內
壬兼巳亥　妣李氏　夫故改醮　生子二　三明出繼觀仁爲嗣

規鍩長子 **觀伍**

三亮殤 嗣子一 三桂入繼族房縉茂第四子

字禹疇 號醉吾 清咸豐八年戊午十二月初六日辰時生

清光緒三十二年丙午七月初九日午時歿 葬上竹塅北壠宅後

妣徐氏 攺醮 生子 三綱 三谷 生女二 長適朱 次適黃

規鋧之子 **觀潞**

字賓洛 號耆圃 清嘉慶二十三年戊寅二月初十日戌時生

清咸豐五年乙卯七月二十日午時歿 葬泰鄉七都上竹塅梓樹塢丁癸兼午子 妣張氏 勝華女 清道光三年癸未四月二十七日申時生 清道光二十八年戊申九月二十六日未時歿 葬泰鄉五都宋家坳甲庚兼卯酉 生女一 適洪開興

規錞之子 **觀淮**

生歿未詳

規鉱之子 **觀雲**

字漢秋 號桂樵 清道光十七年丁酉三月初七日亥時生

清咸豐七年丁巳九月二十九日申時歿 葬上竹塅梓樹塢丁癸兼午子 配劉氏攺醮 生子一 三燾

規釺祧子 **觀濟** 生歿葬詳前

規鈖長子 **觀綵** 字春膏 號潤郇 清道光元年辛巳十一月初四日子時生 歿未詳

規鈖次子 **觀曦** 字昱宸 清道光八年戊子二月十八日子時生 清光緒二十八年壬寅八月初二日午時歿 葬下竹塅長坑子磨形墩 妣何氏 清道光三十年庚戌十一月初五日午時生 清光緒十年甲申月 日 時 歿葬未詳 生子三 三祝 三讓殤 三殤

規鈖三子 **觀繹** 字續音 號以成 清道光十一年辛卯七月二十日子時生 清光緒二十八年壬寅三月十五日亥時歿 葬秦鄉七都下竹塅長坑磨形墩庚山甲向兼卯酉 妣謝氏 清道光十三年癸巳正月二十日未時生 清光緒三十三年丁未六月十八日未時歿 葬安鄉十三都護仙源上蓬老屋劉門蝴形丁山癸向兼午子 生子一 三達

規鈖四子 **觀墀** 字楓林 清道光十八年戊戌九月初九日戌時生

民國九年庚申重修

規鉁五子　**觀彥**　字美儒　清道光二十三年癸卯八月十八日卯時生　清光緒二十二年丙申九月二十四日辰時歿　葬未詳　配黃氏　清咸豐元年辛亥四月十七日午時生　生子一　三恆　生女一　殤

規鑰之子　**觀祥**　字集千　號靄園　清嘉慶二十五年庚辰十月初二日辰時生　清咸豐三年癸丑六月初八日酉時歿　葬泰卿七都長坑嶺竹樹垇坐北向南　妣曾氏　改醮　生子一　三園

規鎔長子　**觀巘**　字見南　號錫嘉　清道光九年己丑三月十九日卯時生　讚曰　於休先生令德誰倫仰不愧天俯不怍人宅心長厚接物寬仁比介於石和神當春棲遲衡泌養素全真禮樂是說孝友是敦藹然其度懿哉其行庶乎彷彿無懷之民　甲午科舉人姻晚李養元拜譔　清光緒二十二年丙申九月二十六日歿　葬本里松樹垇坐東向酉　妣氏闕　生子一　三道

規鎔次子　**觀展**　字雄才　清道光十六年丙申五月初二日子時生　歿未詳　妣朱氏　生歿未詳　生子一　三元

規鎔三子　**觀章**　字斐然　清道光二十年庚子八月初九日巳時生　民國六年丁巳十二月二十二日戌時歿　葬本里長坑菜園　妣蔡氏　生子

二　三信寫　次寫　續曾氏　清同治十三年甲戌七月初九日子時生　生女三　長適謝　次適李　三待字

規鑄長子　**觀圖**

字史菖　號育懷　清道光二十八年戊申二月初一日丑時生
民國二年癸丑八月二十一日丑時歿　葬安鄉十三都護仙坑學堂坪庚山甲向　配葉氏　清同治六年丁卯十一月十五日戌時生　生子七　三省　三友　三吾　三仁　三鼎　三鳳出繼胞弟觀宇為嗣　三峰　生女三　長適葉財望　次適張崇生　三適池中清

規鑄次子　**觀書**

字定元　清咸豐元年辛亥十月二十六日卯時生　清宣統三年辛亥八月十三日子時歿　葬安鄉十三都長家嶺盃形長山戌向
配黃氏　清同治十一年癸酉二月初二日子時生　生子三
三禮　三品　三道　生女二　長適何繼求　次適謝生和

規鑄三子　**觀宇**

字旭暉　號宅心　清咸豐十一年辛酉正月二十五日丑時生
民國三年甲寅六月十七日卯時歿　葬本里老屋背學堂坪
嗣子一　三鳳入繼觀圖六子為嗣

117

三四世

規錫之子　觀爕

字家緯　清道光二十四年甲辰九月初一丑時生　民國六年丁巳五月十一日戌時歿　葬泰鄉七都下竹塅柳樹塅屋側　妣任氏　清道光二十九年己酉十一月初二日亥時生　清光緒二十八年壬寅二月十五日子時歿　葬泰鄉七都下竹塅茶梓山門首田龍石包下丙山兼巳亥　生子二　三吉　三麟出繼與觀沚爲嗣　生女二　長適謝　次適任

規鍠長子　觀美

字彥儒　清嘉慶十六年辛未又三月初四日申時生　清道光十四年甲午九月初二日巳時歿　葬下竹塅茶山裡宅後垠頂上獅形　妣淩氏　清道光十五年庚午正月十五日酉時生　歿葬未詳

規鍠次子　觀沚

字靜秋　號應三　清道光三年癸未三月初一日未時生　歿未詳　葬下竹塅茶山裡屋前右砂垠下　妣謝氏　清道光十年庚寅五月初十日卯時生　歿未詳　生子一　三聘　嗣子　三麟　入繼觀爕次子

適曾顯誥　五適甘嘉會　六適邱仲華　七適池星樹　八適池
慶樹　九適林立夫

觀禮三子　二一品

字煜齡　清道光二十六年丙午六月二十五日戌時生　清咸豐
五年乙卯三月初三日丑時殁　葬安居宅後竹山墩癸山丁向
嗣子　倓恪入繼胞兄三房三子爲嗣

觀禮四子　續懋

派三爻　字欽易　號策六　州庠生　清咸豐四年甲寅二月二
十四日戌時生　民國六年丁巳五月初六日未時殁　葬李村西
城周公祠屋側　讚曰　緬維我兄賦性犀靈功深砥礪鑄史鎔經
聲蜚文苑名噪藝林淵源家學藻潔芹馨　配邱氏　美軒次女
清咸豐六年丙辰正月二十日辰時生　生子三　傑恪　倫恪
倓恪　生女五　長適李芳苕　次適賀英忠　三適鍾日生　四
適劉介文　五殤

觀華嗣子　二一儉

字選才　清咸豐六年丙辰四月十二日酉時生　殁未詳
祧子　雄恪以三甲之子兼祧爲嗣

觀詩長子　二一宅

字安仁　清咸豐二年壬子正月初十日申時生　祧子　雄恪以
胞弟三甲之子兼祧爲嗣

觀詩三子　三庚　號懷白　清咸豐十一年辛酉九月初四日辰時生　歿未詳
配賀氏　啟熙　生子二　鑫恪　新恪出繼本族和章爲嗣　生
女　適廖道生

觀詩四子　三甲　字奏雲　清同治三年甲子七月二十二日卯時生　配袁氏　生
懷女　清同治十年辛未二月三十日辰時生　生子一　雄恪兼
祧兄三傍三宗爲嗣　生女一適吳

觀松長子　三謙　字受益　清同治九年庚午九月二十八日子時生　清宣統元年
己酉正月二十四日酉時歿　葬下竹塅草坪乾山兼亥巳　妣氏
闕

觀松次子　三讓　字至德　清同治十二年癸酉七月初五日戌時生　清光緒二十
三年丁酉正月初四日辰時歿　妣邱氏　生歿未詳　夫婦合葬
上竹塅彭源辛山乙向

觀松三子　三恭　字禮人　號載岳　清光緒二年丙子十二月二十九日申時生
配黃氏出　生子　舒恪殤　威恪

觀洒嗣子　三育　字谷林　號曉耆　清咸豐六年丙辰十二月初三日辰時生
讚曰　兄之素行忠厚居心不雕不琢璞玉渾金孝親敬長睦族和

鄉義方訓子畢竟成名賛襄譜牒不憚辛勤仰承先志垂裕後人
屏翁懷新拜撰　妣邱氏　子寬女　清咸豐八年戊午十月初五
日丑時生　清宣統二年庚戌六月初二日未時歿　生子三　榮
恪兼祧二兄三垣爲嗣　信恪　清恪兼祧三垣爲嗣　生女二
長適劉全發　次適邱玉賢

觀瀾長子　**三桐**

字賦秋　號崧生　清道光二十四年甲辰正月二十六日辰時生
清光緒二十九年癸卯十月十四日卯時歿　葬七都上竹壢北壢
高圳上乾巽兼亥巳　妣葉氏　清咸豐六年丙辰二月初五日午
時生　歿未詳　生子一　殤　生女二　長適張連顯　次適曾子
峯　祧子　智恪以三弟三嶶次子兼祧

觀瀾次子　**長齡**

派三垣　字鳳樓　號綸閣　歸部選用從九　清道光三十年庚
戌八月二十一日戌時生　殁未詳　葬草坪　妣李氏　未生女
生殁未詳　葬乾田堝坐東向西　續妣曾氏　可仁女　清同治
二年癸亥十月初二日卯時生　民國七年戊午三月初九日寅時
歿　祧子　榮恪入繼胞弟三育之子兼祧　生女五　長適羅碧
三　次適林潤初　三適黃還紀　四適邱加春　五適葉淵清

觀瀾三子　三巘　字鳳笙　號定祥　清咸豐四年甲寅十一月初六日酉時生　民國四年乙卯八月十八日巳時歿　妣巫氏　煥章女　清同治四年乙丑四月初六日亥時生　民國三年甲寅十二月二十五日卯時歿　生子五　賓恪　智恪兼祧長兄三桐爲嗣　勇恪　立恪　炎恪　生女三　長適李際亭　次適葉炳林　三適梁英福

觀瀾五子　三綺　字絅雲　清咸豐九年己未四月十四日子時生　清咸豐十一年辛酉七月十一日午時歿

觀瀾六子　三坮　字成龍　號星樞　清同治元年壬戌十二月十五日寅時生　清光緒八年壬午二月二十四日午時歿　葬上竹塅大崙塅井墈上巽乾兼巳亥　祧子　清恪以胞兄三育三子兼祧爲嗣

觀海長子　三柳　字煥輝　清道光二十八年戊申正月二十日辰時生　歿未詳

觀海次子　三蘇　字友山　清咸豐七年丁巳八月十八日寅時生　清光緒十八年壬辰九月二十三日丑時歿　葬下竹塅萊源口坐東向西

觀琦長子　三杰　字有讜　清道光二十二年壬寅二月二十四日戌時生　清光緒三十二年丙午八月十一日戌時歿　妣黃氏　清同治三年甲子

卷十　十二郎于庭文光房世次　三十四　光裕堂

㊷

八月初二日巳時生　清光緒二十九年癸卯二月十一日丑時殁
生子三　華愭　和愭出繼與族弟三蘭爲嗣　富愭出繼與胞弟
三畬爲嗣

觀琦次子　**三畬**

字家訓　號載堃　清咸豐七年丁巳九月二十八日申時生
民國四年乙卯十二月初六日未時殁　配唐氏　顯明女
清咸豐十一年辛酉五月初五日申時生　嗣子　富愭入繼胞兄
三杰三子爲嗣

觀球長子　**三才**

清同治十一年壬申六月十六日寅時生　清光緒九年癸未又六
月二十日未時殁　嗣子　怡愭入繼胞弟三益次子爲嗣

觀球次子　**三益**

字友仁　清同治十三年甲戌九月十一日午時生　配謝氏　學
林女　清光緒三年丁丑正月初九日辰時生　生子四　松愭
怡愭出繼胞兄三才爲嗣　乾愭出繼安鄉小河背萬三郎文禮次
玉愭　生女二　長適何紹吾　次待字

觀瑤次子　**三聘**

字甫來　生殁未詳　祧子　和愭以三鼎之子兼祧爲嗣

觀璠之子　三學　字藎臣　號輔怡　清同治十三年甲戌十二月二十五日戌時生　清光緒十九年癸巳十一月初六日卯時歿　妣黃氏　庠生佩秋女　生歿未詳　祧子　和恪以三鼎之子兼祧爲嗣

觀璠嗣子　三鼎　字立成　清光緒二年丙子十月二十二日酉時生　民國九年庚申五月十三日巳時歿　配謝氏　清光緒五年己卯十月十三日亥時生　生子一　和恪兼祧三聘三學二人　生女二　長適曾慶元　次適唐勝興

觀瑚長子　重威　派三厚　號叔勛　候選鹽大使　清咸豐八年戊午八月二十九日卯時生　配朱氏　候選同知棠圃公次女　清咸豐十年庚申六月十八日辰時生　生子一　平恪兼祧胞弟三巘爲嗣　副室楊氏　清光緒十九年癸巳九月二十一日吉時生　生女二　長殤　次待字

觀瑞嗣子　三巘　號季誠　清同治四年乙丑二月初九日辰時生　清光緒十二年丙戌三月二十四日巳時歿　妣黃氏　清同治九年庚午正月初八日子時生　清光緒十四年戊子十二月十九日戌時歿　夫婦合葬泰鄉七都上竹塅楓樹壠坤艮兼申寅　祧子　平恪以胞兄

陳氏宗譜　卷十　十一郎于庭文光房世次　三一

觀瑞嗣子 二畏

三房之子兼祧爲嗣
號仲寬 大學生 清咸豐六年丙辰五月二十二日申時生
清光緒十二年丙戌四月十七日午時歿 葬湖南平江縣東鄉鄭
墈未丑兼丁癸 妣張氏 江蘇嘉定縣翰林院編修 湖南永州
府知府 修府公女 清咸豐六年丙辰三月十五日吉時生
清光緒二十八年壬寅七月十七日未時歿 葬新建縣青山趙家
嘴 生子一 覃恪 副室尹氏 湖南長沙縣人 生女二 長
適同里朱甲生 次適江蘇無錫縣 孫挹英

觀善長子 三立

號伯嚴 清同治十年辛未入州學 清光緒壬午科舉人 丙戌
科進士 吏部主事考功司行走 清咸豐三年癸丑九月二十一
日子時生 原配武甯羅氏 清咸豐辛亥科舉人 四川雅州府
知府 亨奎公女 清咸豐五年乙卯十一月初二日吉時生
清光緒六年庚辰十月初五日午時歿 葬湖南平江縣東鄉蟠龍
山尾子灣對面坤艮兼未丑 生子二 衡恪 同良殤 續配俞
氏 浙江山陰縣 清咸豐辛亥科舉人 湖南候補知縣歷署興
甯東安縣事 文葆公女 清同治四年乙丑七月二十八日卯時

觀仁嗣子　三一明　生　生子四　隆恪　寅恪　方恪　登恪　生女三　長適安徽合肥縣　張宗義　次待字　三適四川興文縣　薛琛錫

字王石　清光緒十二年丙戌十二月十八日辰時生　歿未詳　葬上竹塅石堝裡

觀喜之子　三一亮　幼殤

觀喜嗣子　三一桂　名普洲　字月秋　號恕寰　清光緒五年己卯五月二十三日午時生　配張氏　友恭女　清光緒八年壬午十月初一日辰時生　歿葬未詳　生子一　恢恪

觀伍長子　三一綱　字石生　號師孟　清光緒二十一年乙未正月初六日亥時生　歿葬未詳

觀伍次子　三一谷　字竹孫　清光緒二十七年辛丑十一月十二日戌時生

觀雲之子　三一燾　字德基　號濬源　清咸豐六年丙辰九月初四日酉時生　妣葉氏　才珊女　清咸豐四年甲寅九月二十八日未時生　民國四年乙卯七月十九日戌時歿　葬泰鄉內七都上竹塅梓樹堝丁癸

義門陳氏宗譜　卷十　十一郎于庭文光房世次　三二一

觀曦長子 三祝

兼午子 生子四 正愘 睿愘 恭愘殤 林愘 生女四 長
適黃效咨 次適謝長清 三適黃奎金 四適洪梓觀
字華封 清光緒六年庚辰五月十三日吉時生 配葉氏
清光緒五年己卯九月十七日酉時生 生子一 廷愘 生女三
長適葉 次適黃 三殤

觀曦次子 三讓

字友恭 清光緒十二年丙戌六月二十四日丑時生 歿未詳
生子一 謹愘

觀繹之子 三達

字養賢 號孟疇 清咸豐七年丁巳十二月初七日酉時生 配
葉氏 才志女 清咸豐八年戊午八月二十五日未時生 生子
一 巖愘 生女二 長適武邑劉守道 次適賴裕金

觀彥長子 三恆

清光緒元年乙亥十二月二十五日卯時生 清光緒三十一年乙
巳八月十八日午時歿 葬學堂坪丑未兼艮坤 配黃氏
清光緒二年丙子三月十七日子時生 生子二 森愘 才愘出
繼與從兄三園爲嗣

觀祥之子 三園

字典謨 清道光二十四年甲辰十二月十九日亥時生 民國六
年丁巳十二月初八日卯時歿 葬長坑菜園裡 嗣子一 才愘

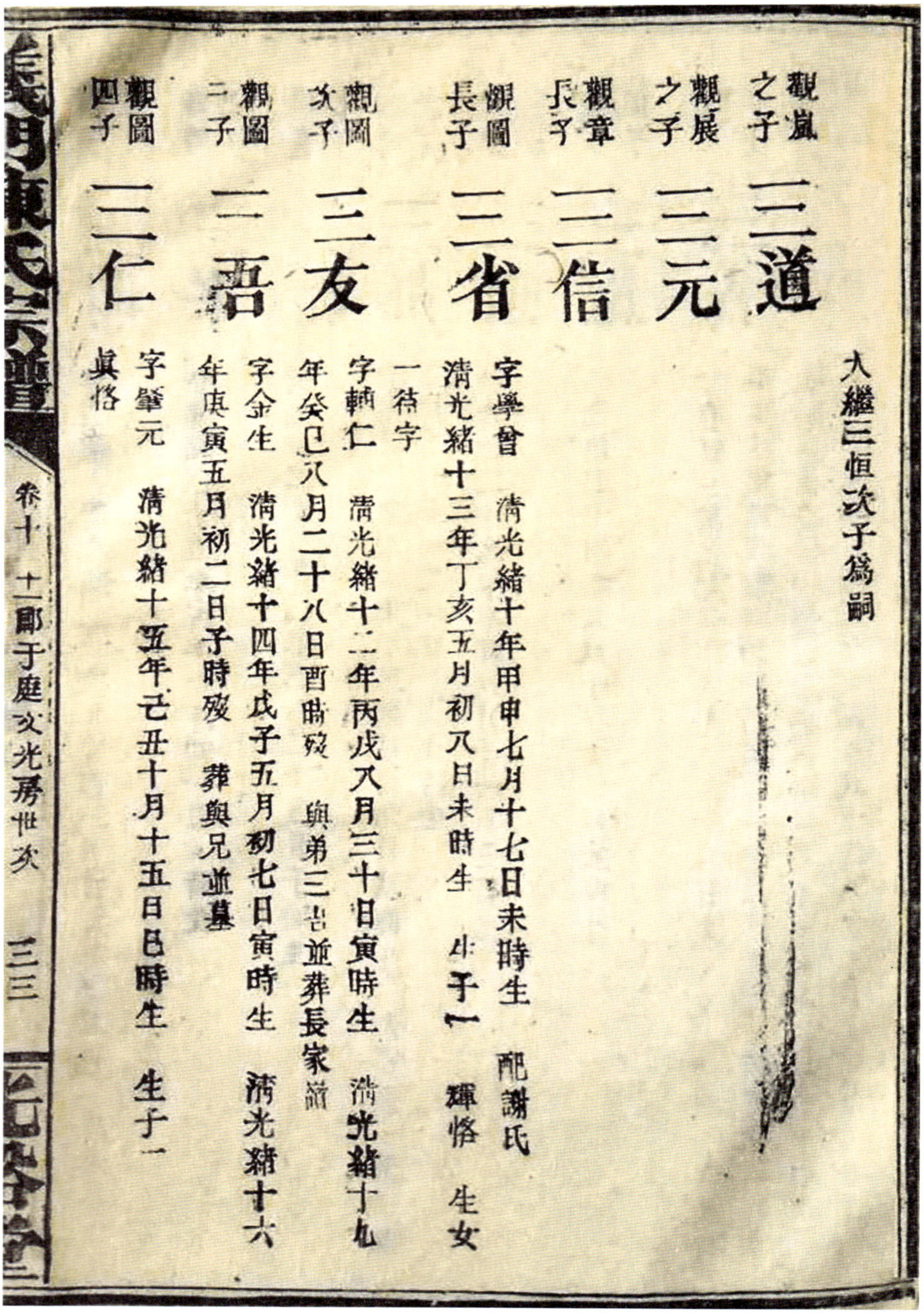

觀嵐之子 三道 入繼三恒次子爲嗣

觀展之子 三元

觀章長子 三信

觀圖長子 三省 字學曾 清光緒十年甲申七月十七日未時生 配謝氏 清光緒十三年丁亥五月初八日未時生 生子一 諱恪 生女一 待字

觀圖次子 三友 字輔仁 清光緒十二年丙戌八月三十日寅時生 清光緒十九年癸巳八月二十八日酉時殁 與弟三吾並葬長家嶺

觀圖三子 三吾 字金生 清光緒十四年戊子五月初七日寅時生 清光緒十六年庚寅五月初二日子時殁 葬與兄並墓

觀圖四子 三仁 字肇元 清光緒十五年己丑十月十五日巳時生 生子一 貞恪

義門陳氏宗譜 卷十 十一郎于庭公光房世次 三三

㊽

觀圖五子 三鼎 字玉盤 清光緒二十三年丁酉三月十三日亥時生

觀圖七子 三峯 清光緒三十二年丙午六月初一日亥時生

觀書長子 三禮 清光緒二十一年乙未正月二十五日子時生

觀書次子 三品 清光緒二十六年庚子又八月初六日戌時生 配黃氏 清光緒二十八年壬寅八月初十日戌時生

觀書三子 三道 清光緒二十九年癸卯八月廿一日丑時生

觀宇嗣子 三鳳 清光緒二十四年戊戌十月十 日寅時生

觀燮長子 三吉 字有聲 清光緒八年壬午九月十八日亥時生 贊曰 卓哉吾弟稟性堅剛披荊斬棘艱苦備嘗自創田產致美倉箱路逢險峻相地酌量兼金修理慷慨解囊口碑載道不磬揄揚力培心地遺澤孔長 配謝氏 清光緒十四年戊子六月十九日亥時生 生子一

觀沚嗣子　二麟　清光緒十三年丁亥七月十六日子時生　清光緒三十四年戊申二月初八日亥時歿　配賴氏　改醮　生子一　章恪祧子文恪

118

三五世

績熙長子　偲恪　字直宜　號評友　清咸豐五年乙卯十月初八日亥時生　清光緒十九年癸巳三月十七日未時歿　妣葉氏　養賢女　清咸豐七年丁巳八月三十日卯時生　清光緒三十四年戊申七月十七日亥時歿　夫婦合葬下竹墩菜源　生子六　封瀋　封洛　封漢　遵父命出繼胞弟儉恪爲嗣　封泗　封浙　封沅　生女三　長適邱　次適曾　三適葉

績熙次子　儉恪　清咸豐八年己未四月十八日巳時生　清咸豐十一年辛酉十一月十九日戌時歿　葬長茅宅後竹山墩乙山辛向　嗣子一　封漢入繼胞兄偲恪三子

績熙三子　僎恪　字慶升　清同治元年壬戌九月十九日戌時生　歿未詳　妣林氏　唐哉女　清咸豐十年庚申五月二十日申時生　清光緒十

五年己丑九月日時歿　葬長茅宅後竹山墩

續熙五子　**儀愘**

號嘯吾　字豫占　清同治六年丁卯十二月二十七日午時生

配孫氏　湖南長沙人

字聘珍　清同治十一年壬申十一月初九日戌時生　清光緒二十三年在兩淮鹽捐案內由監生捐巡檢分發湖北試用歷克武昌保甲漢口警察　三十一年在秦晋賑捐加捐知縣仍分發湖北試用　宣統元年克鄖陽府竹谿縣司選員　二年克京漢火車驗簽員　三年充荊州府江陵縣土稅局委員　民國二年克查禁安義奉新銅鼓武甯甯州等縣煙苗委員　四年克浙江富陽查驗所長

續熙六子　**儒愘**

原配田氏　月村女　生歿未詳　續武邑李氏　成南女　清光緒元年乙亥十一月十八日子時生　生子三　封爵兼祧胞弟儼愘為嗣　封鄂　封夏　生女二待字

續熙七子　**儼愘**

字若愚　清光緒元年乙亥十月初一日戌時生　歿未詳　配劉氏　四川華陽縣人　生女一待字　祧子　封爵以胞兄儒愘長子兼祧為嗣

續[illegible]八子　**儲恪**　字[illegible]才　清光緒五年己卯五月十七日辰時生　[illegible]
務局事歷二十餘年　配洪氏　[illegible]發女　清光緒十年甲申二月
初四日巳時生　副室席氏　湖南東安人

續熙九子　**伊恪**　字莘夫　印任　清光緒七年辛巳八月初九日卯時生　清光緒
二十六年考入湖北自强學堂肄業　二十八年轉學南洋陸師學
堂　三十年卒業以病不克從軍　翌年復考入南京三江師範學
堂肄業　三十二年由江西巡撫部院諮調送往日本留學　三
十三年入日本大坂高等預備學校　清宣統元年卒業復入日本
東京中央大學法律專科修業　光復時回國歷充江西省公立法
政學校農業學校各科教員並日文翻譯　民國元年由李都督委
署本省蓮花縣知事　二年由外交部江西交涉署調充外政科科
長　三年由省立第五中學校聘充監學兼教員　四年充滬海道
尹公署庶務長　六年由江西全省菸酒公賣局委充廣豐菸酒公
賣徵收局局長　配藏氏　傳書女　清光緒十四年戊子十一月
二十一日巳時生　續龍氏　本省永新縣孝廉　康斌公三女
生子一　封滬

毓奎長子 **仁恪** 清同治九年庚午二月初四日申時生 三月十八日寅時歿

毓奎次子 **僩恪** 字騁淇 清光緒七年辛巳六月二十七日辰時生 清宣統二年庚戌六月初五日巳時歿 葬任宅下首坤山艮向 配鄭氏 依仁女 清光緒九年癸未十月十三日戌時生

毓奎三子 **仙恪** 清光緒十八年壬辰二月十六日亥時生 配戴氏 清光緒二十八年壬寅正月二十日辰時生 生子一 封淸

毓奎四子 **佰恪** 清光緒二十三年丁酉二月初十日戌時生 清光緒三十一年乙巳四月二十七日卯時歿 葬穴立壬山丙向

三品嗣子 **僟恪** 字欽魯 號靜夫 州庠生 清同治四年乙丑八月十七日酉時生 歿未詳

積懋長子 **傑恪** 字逢先 清光緒五年己卯九月初八日未時生 配鍾氏 清光緒十年甲申九月初九日申時生 生子二 封甲 封丙 生女一

積懋次子 **倫恪** 字秉燮 號復艮 清光緒十年甲申七月十三日戌時生

君慈三子 俅恪 字[illegible] [illegible]緒二十一年乙未七月二十一日[illegible] [illegible]
清光緒二十二年丙申十一月十二日子時生 民國六年丁巳十
月初八日巳時歿 葬未詳

三俊祧子 雄恪 生配詳後

三宅祧子 雄恪 生配詳後

三庚長子 鑫恪

三甲之子 雄恪 字翼臣 清光緒二十一年乙未正月初二日未時生 配張氏
定魁女 清光緒二十一年乙未五月初五日午時生 生子二
封賞 封邦

三恭長子 舒恪 字克寬

三恭次子 威恪

三育長子 榮愘

字景琪　號莘成　清光緒七年辛巳九月十五日申時生　日本學校畢業辛亥回國　民國元年充江西全省禁烟公所所長　二年充二道口厘金局長　六年充北京菸酒銀行文書主任現充北京商業銀行文書主任　配劉氏　湖南衡山縣　某公之女　清光緒十三年丁亥八月十二日酉時生　生子一　封衢

三育次子 信愘

字竹初　號友謙　清光緒十四年戊子六月初十日卯時生　民國五年丙辰十一月二十九日丑時歿

三育三子 清愘

字鑑泉　清光緒二十三年丁酉九月十四日辰時生

三桐祧子 智愘

字春和　清光緒十九年癸巳正月二十五日午時生　配葉氏　慶生女　清光緒十八年壬辰六月初四日未時生　生子　封林

三垣祧子 榮愘

生配詳前

三巘長子 實愘

字炳章　清光緒九年癸未九月二十九日亥時生　清光緒十七年辛卯四月二十日巳時歿　葬上竹撒西山源井窩坐北向南

三□六子　智恪　[illegible]

三嘰三子　勇恪　字心田　清光緒二十一年乙未九月二十一日亥時生

三嘰四子　立恪　字有章　清光緒二十五年己亥六月初六日申時生

三嘰五子　炎恪　字星冬　清光緒二十七年辛丑十月初七日酉時生

三始祧子　清恪　生庚詳前

三杰長子　華恪　字月桂　清光緒二十一年乙未八月二十八日亥時生　生子一

封郡

三畬嗣子　富恪　字春雲　清光緒二十八年壬寅正月初五日寅時生　民國八年

己未又七月十五日午時殁

三才嗣子　怡恪　字永生　清光緒二十七年辛丑十月初二日辰時生　配謝氏

邏辰之女　清宣統元年己酉八月初二日辰時生　生子一

義門陳氏宗譜　卷十　十一郎子庭文光房世系　三七

三益長子 **松恪** 封台 字茂炎 清光緒二十五年己亥七月初四日未時生

三益四子 **玉恪** 字萬成 民國五年丙辰六月十六日卯時生

三聘祧子 **和恪** 生詳後

三學祧子 **和恪** 生詳後

三鼎之子 **和恪** 字用禮 民國三年甲寅六月十四日辰時生

三厚之子 **平恪** 字岵陰 清光緒七年辛巳又七月二十四日亥時生 清宣統三年辛亥九月十三日辰時歿 暫停上竹塅高坪 妣朱氏 武鄉漫江鳳丹女 清光緒九年癸未六月初一日子時生 清光緒三十三年丁未六月十八日丑時歿 葬泰鄉七都曹神下灣子對門丁癸兼子午 生子二 封藩 封華殤 繼邱氏 安鄉沙堝裡

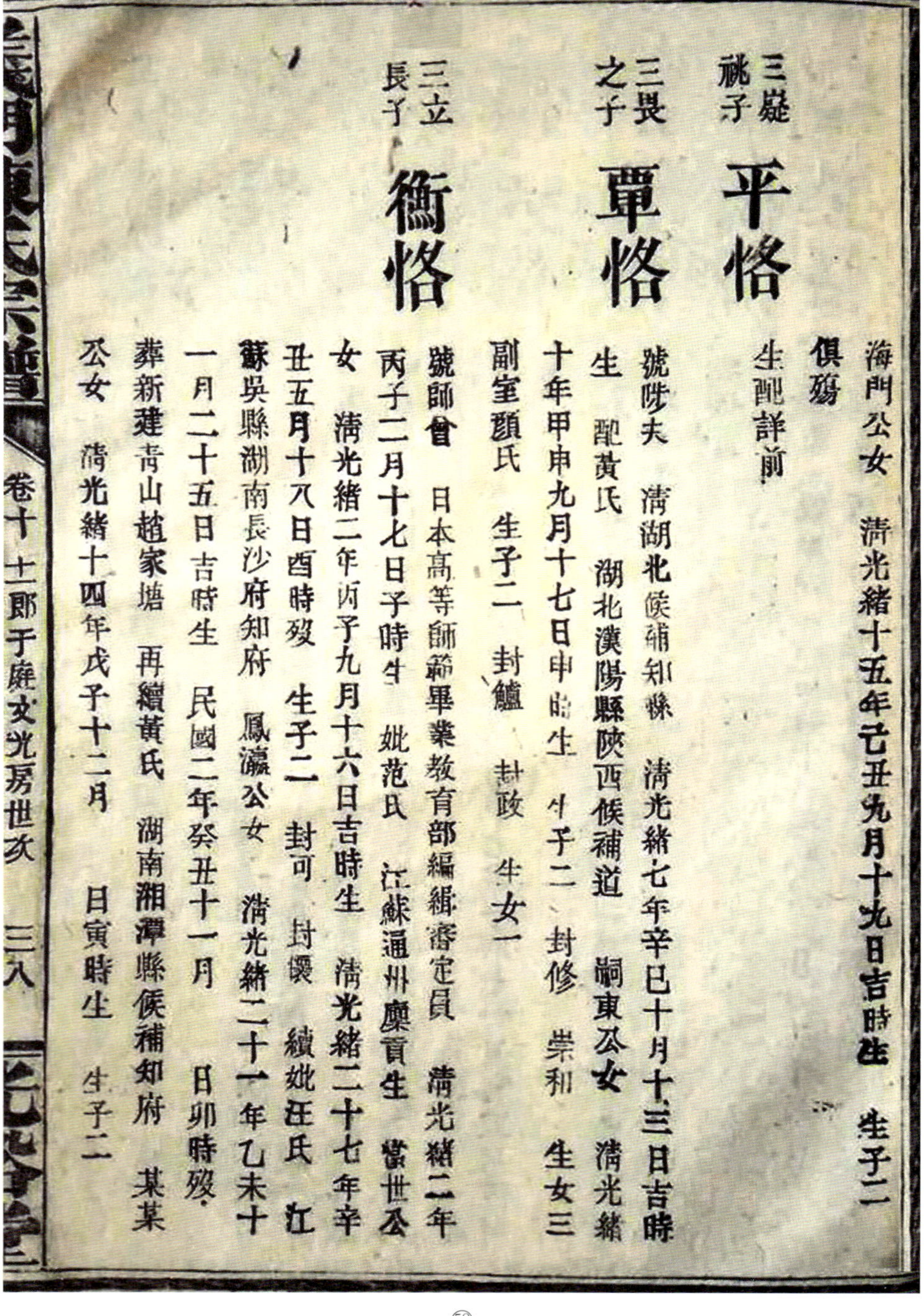

海門公女　清光緒十五年己丑九月十九日吉時生　生子二
俱殤
三凝祧子　平恪　生配詳前
三畏之子　覃恪　號陟夫　清湖北候補知縣　清光緒七年辛巳十月十三日吉時生　配黃氏　湖北漢陽縣陝西候補道　嗣東公女　清光緒十年甲申九月十七日申時生　生子二　封修　崇和　生女三
副室顏氏　生子二　封鑪　封政　生女一
三立長子　衡恪　號師曾　日本高等師範畢業教育部編纂審定員　清光緒二年丙子二月十七日子時生　妣范氏　江蘇通州廩貢生　當世公女　清光緒二年丙子九月十六日吉時生　清光緒二十七年辛丑五月十八日酉時歿　生子二　封可　封懷　繼妣汪氏　江蘇吳縣湖南長沙府知府　鳳瀛公女　清光緒二十一年乙未十一月二十五日吉時生　民國二年癸丑十一月　日卯時歿　葬新建青山趙家塘　再繼黃氏　湖南湘潭縣候補知府　某某公女　清光緒十四年戊子十二月　日寅時生　生子二

卷十　十二郎于庭文光房世次　三八

三立次子 同良 封雄 封舉
生歿未詳 葬湖南省平江縣金坪

三立三子 隆恪 號彥和 日本大學校畢業 清光緒十四年戊子正月初四日午時生 配喻氏 江西萍鄉縣翰林院庶吉士署浙江布政使甯紹台兵備道 兆蕃公女 清光緒十七年辛卯三月 日酉時生

三立四子 寅恪 號彥恭 德國大學校畢業 清光緒十六年庚寅五月十七日寅時生

三立五子 方恪 號彥通 參議院秘書 清光緒十七年辛卯十一月初五日亥時生

三立六子 登恪 號彥上 清光緒二十三年丁酉正月十一日巳時生 北京大學堂肄業生

三桂之子 ⿰忄𠂢恪 字敬齋

三燾長子 正恪 字整躬 號肇修 清同治十三年甲戌正月初三日亥時生 民國五年丙辰五月二十日申時歿 葬泰鄉內七都下竹椵廟背

民國九年庚申重修

坤艮兼寅申 配羅氏 來崇女 清光緒二年丙子五月十三日午時生 生子三 封建 封偕 封格 生女 適洪元全

三燾次子 **齊恪** 字平一 號禮儀 清光緒十年甲申十一月二十日丑時生 出繼規釪公爲曾孫

三燾三子 **恭恪** 字家讓 清光緒十四年戊子三月初二日酉時生 清光緒十四年四月二十七日未時歿 葬下竹塅塘塥裡辰戌兼乙辛 出繼規鋧公爲曾孫

三燾四子 **林恪** 字茂棠 號竹廷 清光緒十五年己丑六月十五日午時生 配賴氏 鳳文女 清光緒十九年癸巳八月二十四日午時生 生子一 封魁 生女一 待字

三祝之子 **廷恪** 字煥寅 民國元年壬子十一月十六日戌時生

三讓之子 **謹恪**

三達之子 **嚴恪** 字正娃 清光緒十六年庚寅十二月二十五日卯時生 配蔣氏 昌發女 清光緒二十三年丁酉七月二十三日子時生 生子二

三恆長子　森恪　封泰　封嵩　清光緒二十六年庚子五月初八日未時生

三園嗣子　才恪　清光緒二十九年癸卯二月初一日巳時生

三省長子　輝恪　清宣統二年庚戌十月二十二日丑時生

三仁之子　眞恪

三吉之子　文恪　字蔚然　民國九年庚申十月廿一午時生

三麟之子　章恪　字

119

三十六世

偲恪長子 **封濬** 字文哲 清光緒元年乙亥十二月初十日未時生 妣黃氏 友達女 清光緒十一年乙酉十月十六日辰時生 歿未詳 葬高安村前

偲恪次子 **封洛** 字邑周 清光緒五年己卯五月初五日卯時生 配劉氏 化生女 清光緒十四年戊子八月二十日子時生

偲恪四子 **封泗** 清光緒九年癸未九月十五日戌時生 清光緒十四年戊子十二月二十七日 時歿

偲恪五子 **封浙** 清光緒十二年丙戌八月初五日午時生

偲恪六子 **封沅** 清光緒十九年癸巳十一月十二日戌時生 民國九年庚申三月十五日午時歿 配葉氏 改醮

儉恪嗣子 **封漢** 字佩高 清光緒七年辛巳十二月二十日戌時生 歿未詳

儒恪長子 **封爵** 號強漢 清光緒二十五年己亥十一月二十六日丑時生 湖北高等小學校畢業 江西心遠學校肄業

義寧陳氏宗譜 卷十 十一郎于庭文光房世次 四十

儒恪次子 封鄂 號楚雄 清光緒三十二年丙午十一月初二日巳時生

儒恪三子 封夏 字世範 清宣統二年庚戌十二月初七日酉時生

儼恪祧子 封爵 生詳前

伊恪之子 封滬 民國六年丁巳正月二十四日巳時生

仙恪之子 封清 字澄淮

傑恪長子 封甲 字靖邦 清光緒二十九年癸卯七月初一日巳時生

傑恪次子 封丙 字光漢 民國八年己未九月十三日酉時生

雄恪長子 封賞 字功勳 民國六年丁巳四月初一日卯時生

雄恪次子 封邦 字必達 民國九年庚申三月初八日卯時生

束恪之子 封衢 字祝廷

智恪長子 封林 民國五年丙辰九月十五日丑時生

華恪之子 封郡 字定邦

怡恪之子 封台 字

平恪長子 封藩 字鐘爾 號守安 清光緒二十八年壬寅十月二十九日吉時生 配賴氏 高鄉吳坑貫十女 清光緒二十六年庚子十月十二日吉時生 生子 上虞

覃恪長子 封修 清光緒三十年甲辰九月初五日丑時生

卷十 十二郎子麻文光房世次 四一

單恪次子 崇和 生歿未詳

單恪三子 封鑑 清宣統三年辛亥八月十九日丑時生

單恪四子 封政 民國三年甲寅正月二十六日未時生

衡恪長子 封可 清光緒二十二年丙申二月十二日酉時生 日本高等學堂畱學生

衡恪次子 封懷 清光緒二十六年庚子四月十八日子時生 金陵大學肄業

衡恪三子 封雄 民國六年丁巳四月二十八日未時生

衡恪四子 封舉 民國七年戊午九月十一日丑時生

正恪 封建 字華祝 清光緒十八年壬辰十一月初九日戌時生

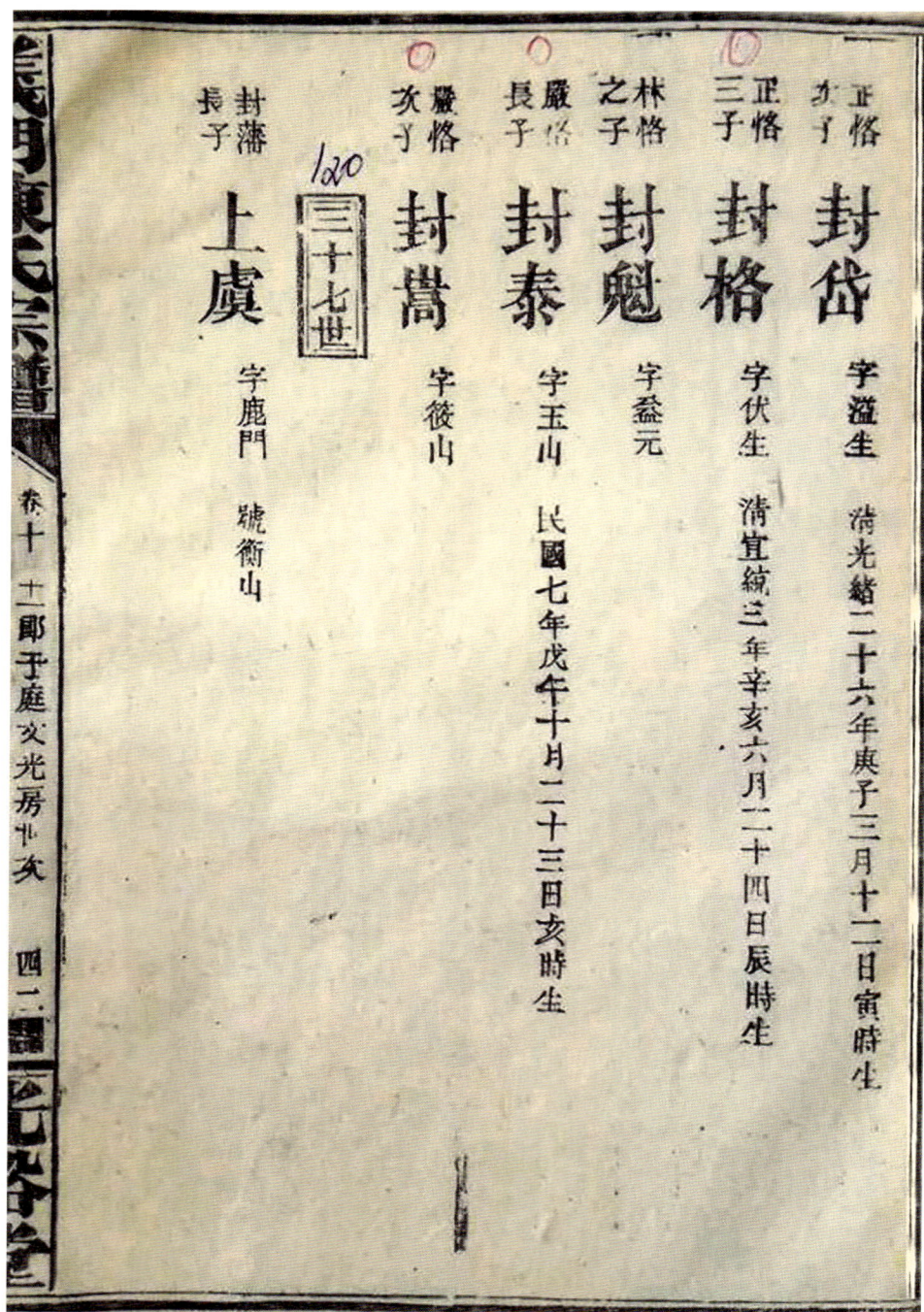

正格次子　封岱　字溢生　清光緒二十六年庚子三月十二日寅時生

正格三子　封格　字伏生　清宣統三年辛亥六月二十四日辰時生

林格之子　封魁　字益元

嚴格長子　封泰　字玉山　民國七年戊午十月二十三日亥時生

嚴格次子　封嵩　字筱山

120

三十七世

封藩長子　上虞　字鹿門　號衡山

66

按 语

民国九年五修谱的世系成员登录沿袭了上届谱世系册的处理方式，即综合欧式谱例和苏式谱例的特点，先对欧式谱例予以简化，直列直系五世成员人名，横列兄弟人名，省略其生庚、功名、葬地、婚配、子嗣等信息，像一个纵横排列的图表，民间形象地称之为“瓜藤吊”。再按苏式谱例将世系成员的生庚、功名、葬地、婚配、子嗣等信息录于每人名下。

苏式谱例的特点是按辈分依次排列登录本支成员资料，上联其父，下系子嗣。查找比欧式谱更方便，也节省纸张。每一辈成员形成一个独立的单元，民间称之为“仓板谱”，犹如过去常见的仓门、铺门，每块门板编好号，开门时按序号启下，关门时按序号装上。

民国三十二年六修宗谱

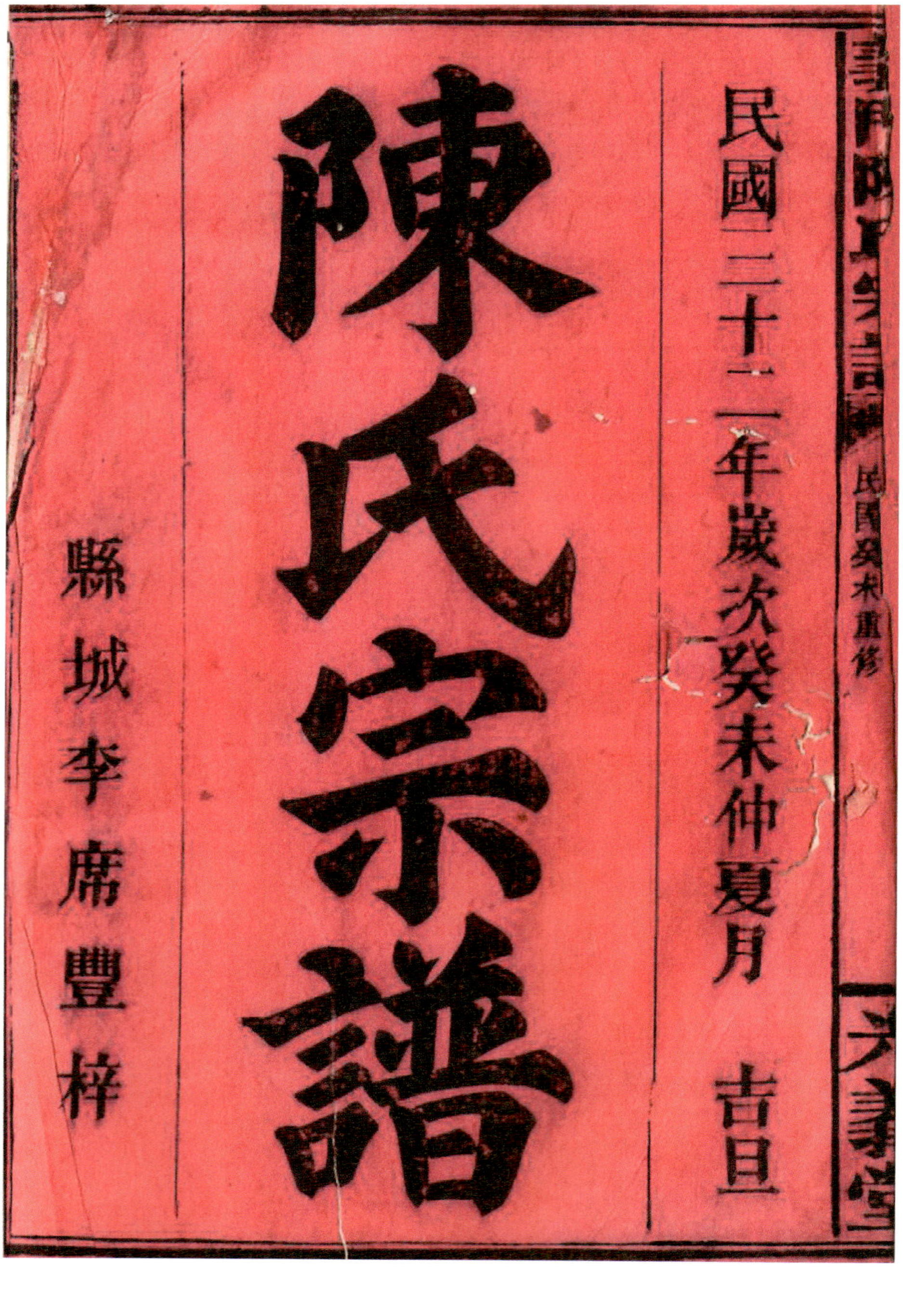
民國三十二年歲次癸未仲夏月　吉旦
陳氏宗譜
縣城李席豐梓
民國癸未重修

重修宗谱序

重修宗譜序

竊攷萬國之興圖閱世界之新史而知列強競爭能占其優勝者皆由於民族主義也第欲成立民族必須聯合宗族欲聯合宗族必須聯輯宗譜以團結人心而後可或者謂民族時代五族共和四萬萬均屬同胞何家族之有猶斤斤以家譜爲事得毋隘乎余曰不然夫譜者雖爲一姓之紀載實爲立國之根原故王道必本於齊家聖賢首重乎孝弟有身而後有家有家而後有國國者家之積家者國之本也昔唐李素宋歐陽廬陵眉山蘇氏相繼創爲家譜以聯宗

卷一 重修宗譜序 一

①

族始卽成立民族之前提也方今世變之大旣以民族主義爲立國本旨則聯輯宗苗以結合宗族團體尤關重要吾族譜乘自民國庚申復修迄今二十餘稔矣其間生歿配葬廬墓遷徙與夫學校畢業階級文武仕宦職別有待於續編者不可勝數近因中日戰爭干戈擾攘人民之逃避在在皆有以致所存譜牒諸多散失若不及時輯修恐世遠年湮而莫從稽考韓子愈曰莫爲之前雖美弗彰莫爲之後雖盛弗傳於是民國壬午夏族人同發敬宗收族之心議將譜牒重修一致贊成隨以纂修之任推謨謨以不敏

②

辭諸君子謂我族前修家乘和三王誌皆係子總其成烏可辭謏聞之而益愧因勉承族命以附驥尾局設安鄉湘竹深灣顏曰光義堂蓋取其光昭義族也凡義門諸宗散處修水各區鄉鎮及接壤之銅鼓奉新高安者雖山川遠隔莫不聞風景附持稿來局共勷令典查各譜所編爲一世者皆始宋進士魁公爲義門始祖旺公十世孫係清光緒甲午爲前福建安溪令嗚岡先生所校正也于時合修子姓固多出自魁公之後梅山郎萬三郎贇公與中興之子十八郎數支而已梅山郎與萬三郎皆嵩公裔贇公與十八郎

皆峯公裔嵩峯二公即宋進士魁公之子也魁以義門分莊絜眷入閩爲遷閩始祖故進爲第一世以合先賢所謂初遷爲始祖之義殊不知以遷祖爲宗有善有不善即孟子所云不揣其本而齊其末或始遠祖或始近祖起世之先後不同共派之尊卑適異世次混淆昭穆莫辨雖先賢之言何可奉爲圭臬且前進魁公爲一世其在魁公以下之子姓固可聯合若在魁公以上之子姓猶難統系如叔達公爲叔明公之弟亦非魁公裔支分派別是法遵魁公盡美而未盡善也兹改遵受姓大始祖满公爲第一世以質於

④

神論於衆裔之同事胥以爲然蓋以吾陳氏舉古今遍寰球無一非滿公苗裔也即世派之尊亦無大於滿公者遵滿公爲一世則合五洲同姓而修一大成亦非不可能之事一脈相承世系統一洵至當耳矧前丁丑歲復修主誌合修銅諸族公同議決已將縣城光遠祠主牌原訂世次概行廢除一律改遵滿公爲一世僉曰宗譜世系當與主誌相符主誌既改譜亦不得不隨而改之不改則世派仍不免有參差不齊之獘謨爰依主誌以編輯之有譜可查者照譜更正無譜可查者據稿修載悉心校核詳加披閱至間

民國癸未重修

有源流失攷脈絡不貫者仍以本支祖起世系附於後不敢操筆更張謬爲綴合致蹈誣祖之戾惟於制誥表奏序銘傳贊或有字跡訛舛勉爲修正以盡秉筆者之責譜式仍參合歐蘇前圖世系以詳支派後編世次以備紀載此次重修藉非

列祖列宗默爲降鑒向前分爲三局之譜一旦提而倡之仍復合爲一局而翕然相從若是耶但願吾宗賢後起覽斯譜者油然而生孝弟之心恪守義門令範永敦雍睦結合宗族團體有合羣思想有愛國肝腸由宗族擴大而結合成國族發揚民族精神恢復

⑥

民族地位庶幾對於內能成仁讓之風對於外能奏富強之效況中國幅員遼濶姓氏繁衍使不於宗族聯其情誼子弟敦其教訓其何以一人心而正風俗立紀綱而端趨向顧譜牒之修不僅直接有益於家庭而且間接有利於邦國也豈不懿歟局始壬午秋畢癸未夏僅閱數月聿觀厥成非同事諸君子努力相助曷克臻此具列芳名於簡端以留紀念而昭來許云

民國三十二年歲癸未仲夏月　穀旦

滿公一百一十七世裔孫偉謨海陵氏敬撰

校录

重修宗谱序

窃考万国之舆图，阅世界之新史，而知列强竞争，能占其优胜者，皆由于民族主义也。第欲成立民族，必须联合宗族。欲联合宗族，必须联辑宗谱，以团结人心而后可。或者谓民族时代，五族共和，四万万均属同胞，何家族之有？犹斤斤以家谱为事，得毋隘乎？余曰不然。夫谱者虽为一姓之纪载，实为立国之根原。故王道必本于齐家，圣贤首重乎孝弟，有身而后有家，有家而后有国。国者家之积，家者国之本也。昔唐李素，宋欧阳庐陵、眉山苏氏相继创为家谱，以联宗族，殆即成立民族之前提也。方今世变之大，即以民族主义为立国本旨，则联辑宗苗，以结合宗族团体，尤关重要。

吾族谱乘，自民国庚申复修，迄今二十余稔矣。其间生殁配葬，庐墓迁徙，与夫学校毕业阶级，文武仕宦职别，有待于续编者不可胜数。近因中日战争，干戈扰攘，人民之逃避，在在皆有，以致所存谱牒诸多散失，若不及时辑修，恐世远年湮，而莫从稽考。韩子愈曰："莫为之前，虽美弗彰；莫为之后，虽盛弗传。"于是民国壬午夏，族人同发敬宗收族之心，议将谱牒重修，一致赞成随以纂修之任推谟。谟以不敏辞，诸君子谓我族前修家乘和主志皆系子总其成，乌可辞？谟闻之而益愧，因勉承族命，以附骥尾。局设安乡湘竹深湾，颜曰光义堂，盖取其光昭义族也。

凡义门诸宗，散处修水各区乡镇及接壤之铜鼓、奉新、高安者，虽山川远隔，莫不闻风景附，持稿来局，共襄令典。查各谱所编为一世者，皆始宋进士魁公，为义门始祖旺公十世孙，系清光绪甲午为前福建安溪令鸣冈先生所校正也。于时合修子姓固多出自魁公之后，梅山郎、万三郎、贽公与中兴公之子十八郎数支而已。梅山郎与万三郎皆嵩公裔，贽公与十八郎皆峰公裔。嵩、峰二公即宋进士魁公之子也。魁以义门分庄挈眷入闽，为迁闽始祖，故进为第一世，以合先贤所谓初迁为始祖之义。殊不知以迁祖为宗，有善有不善，即《孟子》所云"不揣其本而齐其末"。或始远祖，或始近祖。起世之先后不同，共派之尊卑迥异。世次混淆，昭穆莫辨，虽先贤之言，何可奉为圭臬？且前进魁公为一世，其在魁公以下之子姓固可联合，若在魁公以上之子姓犹难统系。如叔达公为叔明公之弟，亦非魁公裔。支分派别，是法尊魁公为尽美而未尽善也。兹改受姓大始祖胡满公为第一世，以质于神，询于众，商之同事，胥以为然，盖以吾陈氏举古今遍寰球，无一非满公苗裔也。即世派之尊，亦无大于满公者。遵满公为一世，则合五洲同姓而修一大成，亦非不可能之事。一脉相承，世系统一，洵至当耳。矧前丁丑岁复修主志，合修、铜诸族公同议决，已将县城光远祠主牌原订世次概行废除，一律改遵满公为一世，佥曰"宗谱世系当与主志相符，主志即改，谱亦不得不随而改之，不改，则世派仍不免有参差不齐之樊"。谟爰依主志以编辑之，有谱可查者照谱更正，无谱可查者据稿修载悉心校核，详加披阅。至间有源流失考、脉络不贯者，仍以本支祖起世分附于后，不敢操笔更张，谬为缀合，致蹈诬祖之戾。惟于制诰表奏序铭传赞，或有字迹讹舛，勉为修正，以尽秉笔者之责。谱式仍参合欧、苏，前图世系，以详支派，后编世次，以备纪载。

此次重修，藉非列祖列宗默为降鉴，何前分为三局之谱，一旦提而倡之，仍复合为一局，而翕然相从若是耶？但愿吾宗贤后起览斯谱者，油然而生孝弟之心，恪守义门令范，永敦雍睦，结合宗族团体，有合群思想，有爱国肝肠。由宗族扩大而结合成国族，发扬民族精神，恢复民族地位，庶几对于内能成仁让之风，对于外能奏富强之效。况中国幅员辽阔，姓氏繁衍，使不于宗族联其情谊，子弟敦其教训，其何以一人心而正风俗，立纪纲而端趋向？顾谱牒之修，不仅直接有益于家庭，而且间接有利于邦国也，岂不懿欤？

局始壬午秋，毕癸未夏，仅阅数月，聿观厥成，非同事诸君子努力相助，曷克臻此？具列芳名于简端，以留纪念而昭来许云。

民国三十二年岁癸未仲夏月　谷旦，满公一百一十七世裔孙伟谟海陵氏敬撰

谱局成员名单

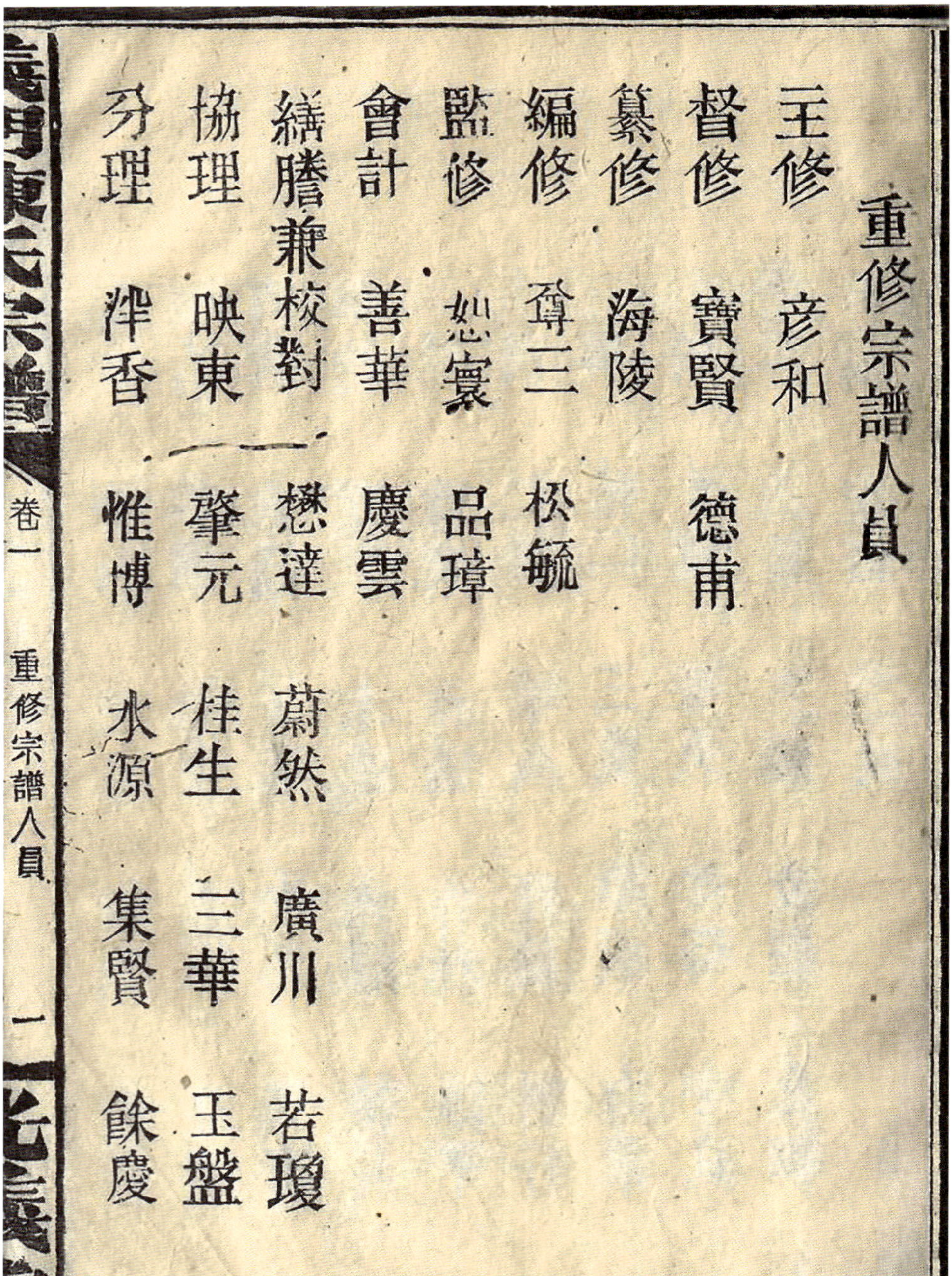

重修宗譜人員

主修 彥和

督修 寶賢 德甫

纂修 海陵

編修 尊三 松毓

監修 恕寰 品璋

會計 善華 慶雲

繕謄兼校對 懋達 蔚然 廣川 若瓊

協理 映東 肇元 桂生 三華 玉盤

分理 泮香 惟博 水源 集賢 餘慶

卷一 重修宗譜人員 一

新立谱派引言

行派說

宗譜編立行派所以明世次辨昭穆也查我陳氏以前諸譜所編世次者或始潁川實公為一世或始義門旺公為一世迨旺公十世孫魁公之後嵩峯兩支或以梅山為一世或以萬二公為一世或以贊公為一世或以中興十八郎為一世最後又進以魁公為一世他如叔達公裔或以匡直為一世或以舜舉為一世溯厥本源前後所宗之祖雖派別支分皆屬满公苗裔但起世之先後不同共派之尊卑逈異此次重修既一律改遵受姓大始祖满公為一世一脈相承世系統一世次既無参差行派應歸畫一爰將原刊

義門陳氏宗譜　卷一　訂派說　一

①

民國癸未重修

三恪封虞後等二十字大書於後凡我魁公之裔及叔達公後同經推改世系者概至滿公一百一十七世起列三字派或有未至一百十七世者宜暫仍用本支私派至附修以本支祖起世者須別自立派不可混同特誌於此以告後之命名者

滿公裔至一百一十七世起列此派

三上恪下封上虞下後上 良下家上重下海上邦下

鳳上飛下占上遠下耀上 振下釆上復下西上江下

各支達到一百三十七世者宜接用文明開景運等二十字以期行派久而統一

文上明下開上景下運上 卜下吉上世下蕃上昌下

聚上星下彰上厚下德上 紹下述上廸下前上光下

②

校录

行派说

宗谱编立行派，所以明世次、辩昭穆也，查我陈氏以前诸谱所编世次者，或始颍川寔公为一世，或始义门旺公为一世。迨旺公十世孙魁公之后嵩、峰两支，或以梅山为一世，或以万三为一世，或以挚公为一世，或以中兴十八郎为一世，最后又进以魁公为一世。他如叔达公裔，或以匡直为一世，或以舜举为一世。溯厥本源，前后所宗之祖，虽派别支分，皆属满公苗裔。但起世之先后不同，共派之尊卑迥异。此次重修，一律改遵受姓大始祖胡满公为一世。一脉相承，世系统一。世次既无参差，行派应归画一。爰将原刊“三恪封虞后”等二十字大书于后，凡我魁公之裔及叔达公后同经推改世系者，概至胡满公一百一十七世起列三字派。或有未至一百十七世者，宜暂仍用本支私派。至附修以本支祖起世者，须别自立派，不可混同。特志于此，以告后之命名者。

满公裔至一百一十七世起列此派：

三恪封虞后，良家重海邦。凤飞占远耀，振采复西江。

各支达到一百三十七世者，宜接用“文明开景运”等二十字派，以期行派久而统一：

文明开景运，卜吉世蕃昌。聚星彰厚德，绍述迪前光。

世系(欧式)

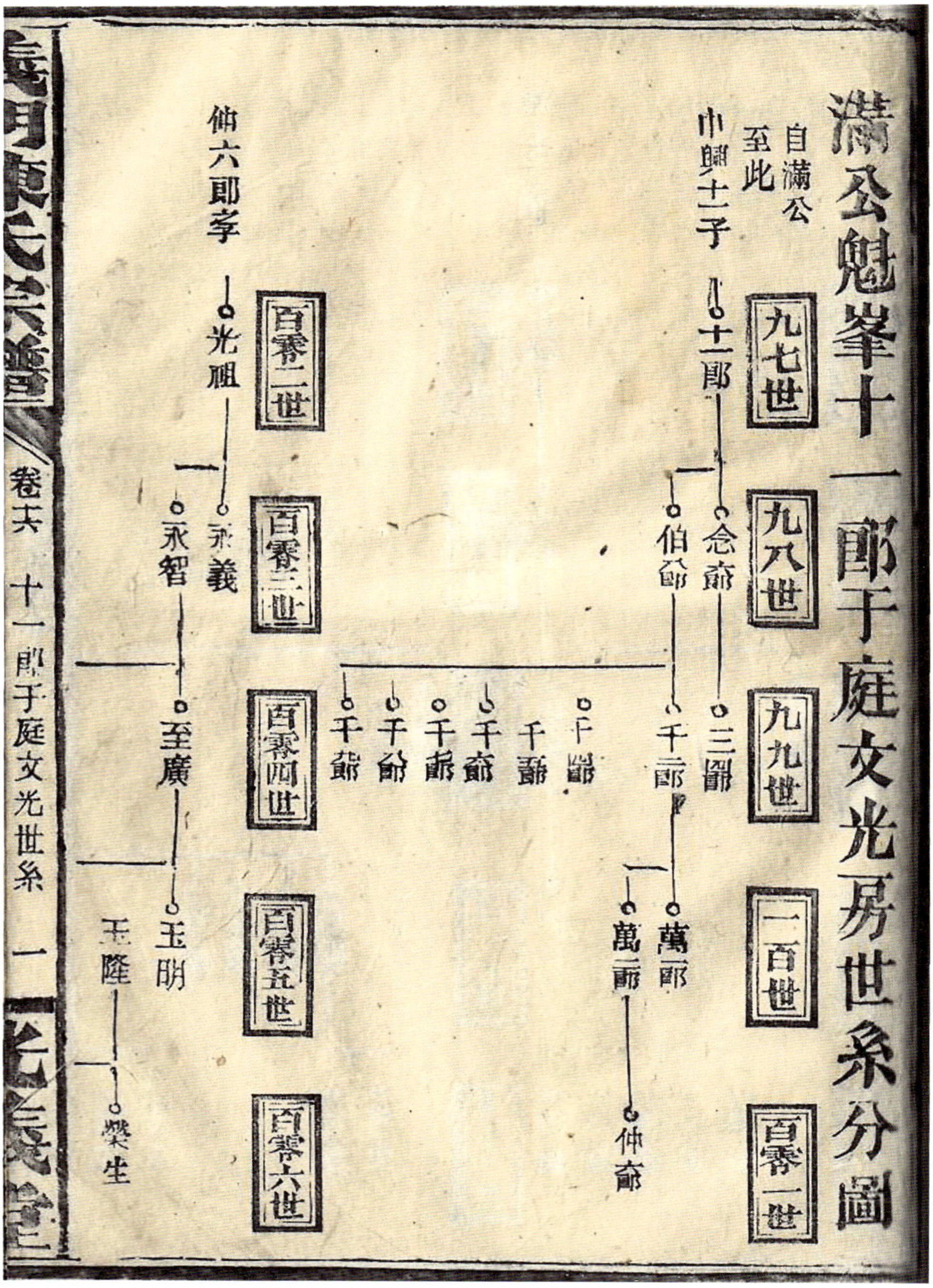
滿公魁峯十一郎于庭文光房世系分圖
自滿公至此
九七世
九八世
九九世
一百世
百零一世
百零二世
百零三世
百零四世
百零五世
百零六世
卷十六 十一郎于庭文光世系 一

①

郭陂王氏宗譜

民國癸未重修

玉金
玉環
玉嵩
玉錦

始生
玉生

日生
善生

善生之子

百零七世
嘉謨

百零八世
于庭

百零九世
汝勉
至安

百一十世
浴日

百十一世
敏德
敏宜
敏節
敏照
敏敦

百十二世

百十三世

百十四世
夢説

百十五世

百十六世

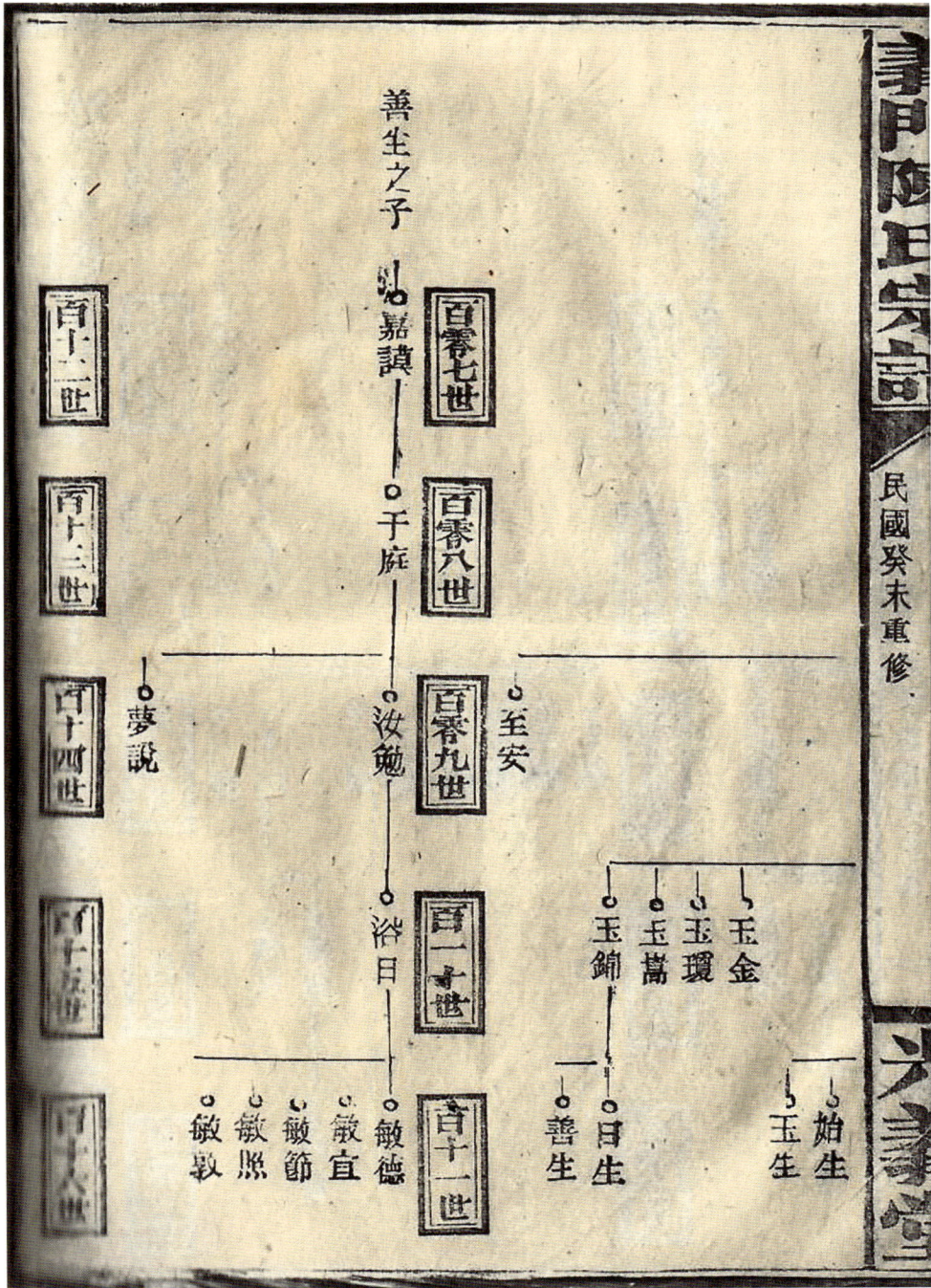

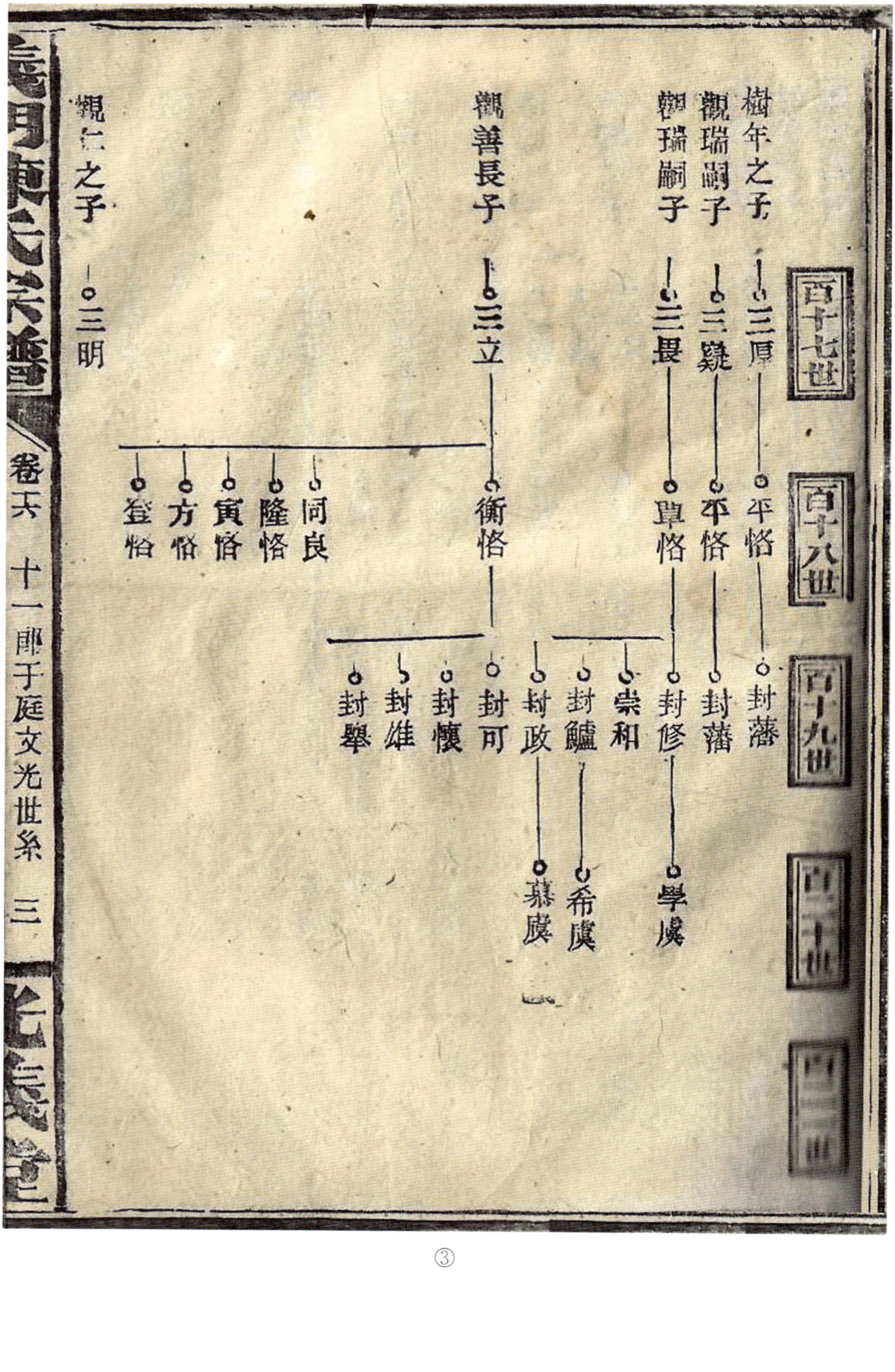
百十七世
百十八世
百十九世
百二十世
樹年之子 三厚 平恪 封藩
觀瑞嗣子 三疑 平恪 封藩
觀瑞嗣子 三畏 覃恪 封修 學虞
宗和
封鑪 希虞
封政 慕虞
觀善長子 三立 衡恪 封可
封懷
封雄
封舉
同良
隆恪
寅恪
方恪
登恪
觀仁之子 三明
卷六 十一郎子庭文光世系 三

③

觀仁長子 — 三[illegible]

三[illegible] — 恢格

[illegible]長子 — 三綱

三繼

三谷

觀潞祧子 — 三燾 — 齊格 — 封岱 — 繼[illegible]

恭格 — 封格 — 繼虞

觀雲之子 — 三燾 — 正格 — 封建 — 繼虞

林格 — 封格 — 繼虞

觀霖祧子 — 三浼 — 廷格 — 封嶽

觀曦長子 — 三浼 — 廷格 — 封嶽

三讓

觀繹之子 — 三達 — 嚴格 — 封泰

封嵩

封恆

觀墀祧子 — 三達 — 嚴格 — 封嵩

觀彥之子 — 三恆 — 森俗

觀祥之子 — 三園 — 才俗

④

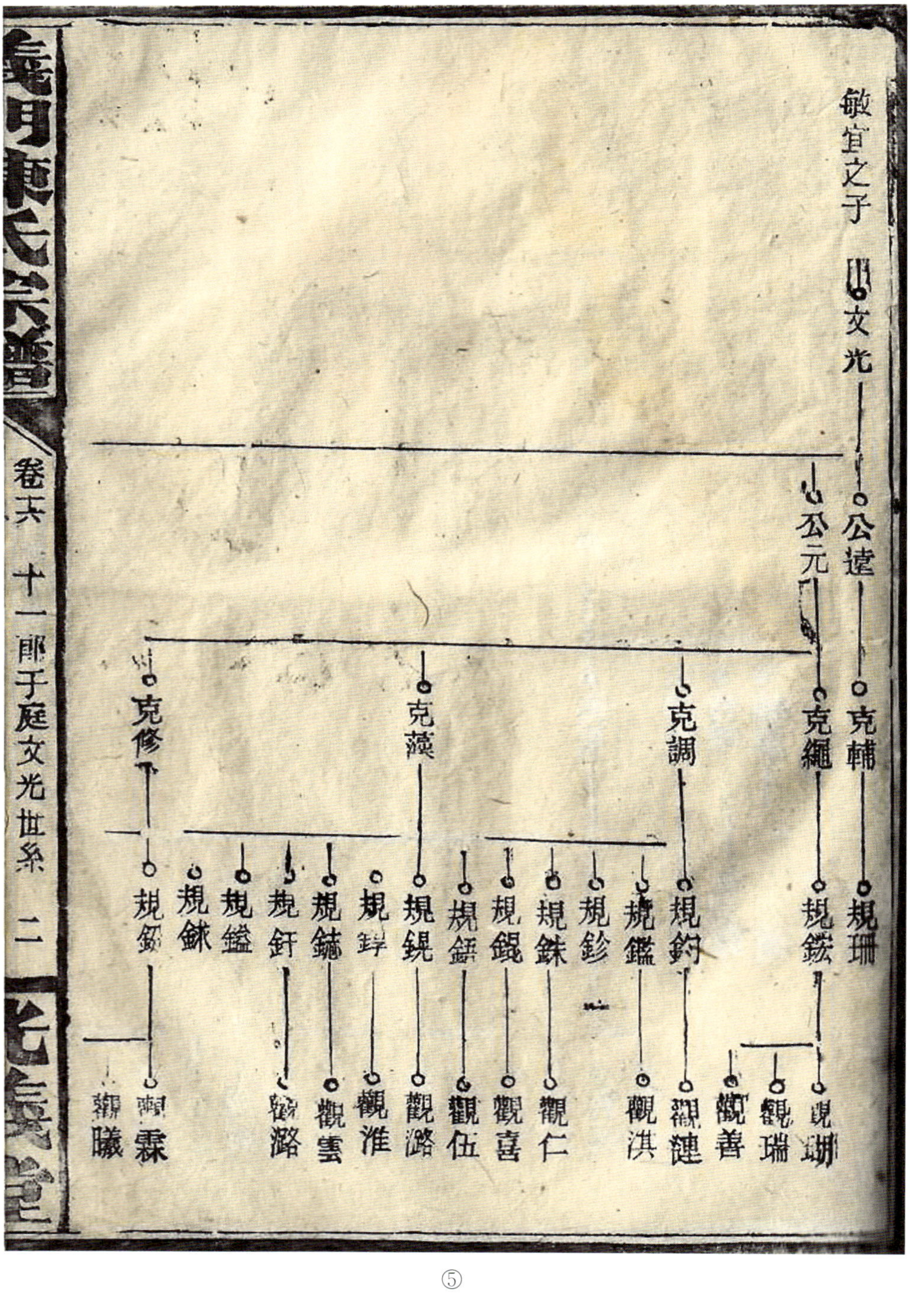
義寧陳氏宗譜　卷六　十一郎子庭文光世系　二　光裕堂

敏宜之子　文光

公遠
克輔
規珊

公元
克繩
規鉉
觀瑚　觀瑞　觀善

克調
規鈞　規鑑　規鈔　規銖　規鋁　規鋌
觀漣　觀洪　觀仁　觀喜　觀伍

克藻
規鋧　規錚　規鏞　規釬　規鎰　規鍁
觀潞　觀淮　觀雲　觀潞

克修
規鐩
觀霖　觀曦

⑤

民國癸未重修

公陞

德寬 德常 德濟 德廣

規鑰 規鎔 規鑄 規錫 規鍠 規鋗 規鉅 規鑣 規銓 規鎖

觀繹 觀塤 觀彥 觀祥 觀嵐 觀展 觀章 觀圖 觀喈 觀宇 觀燦 觀美 觀沚

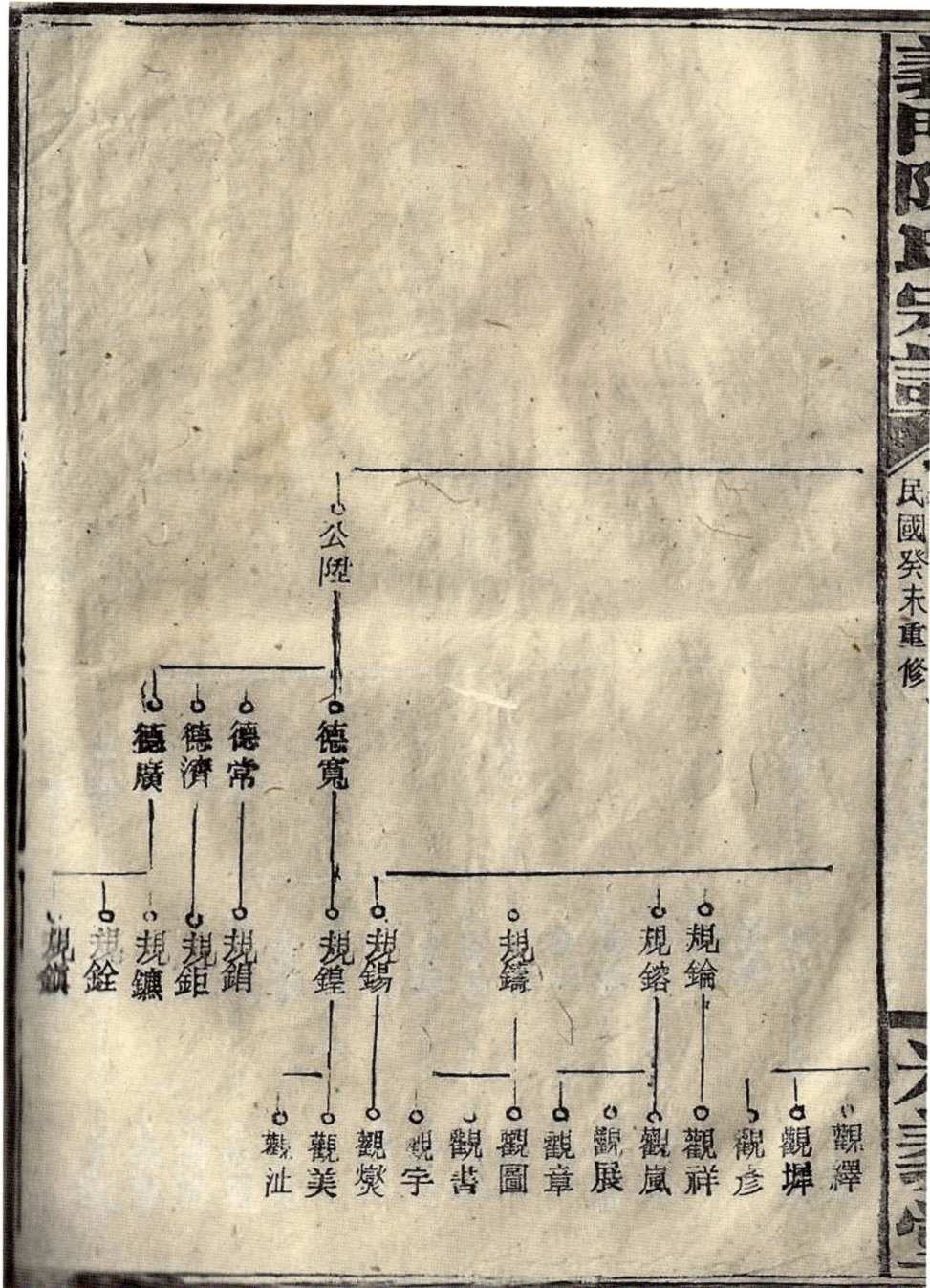

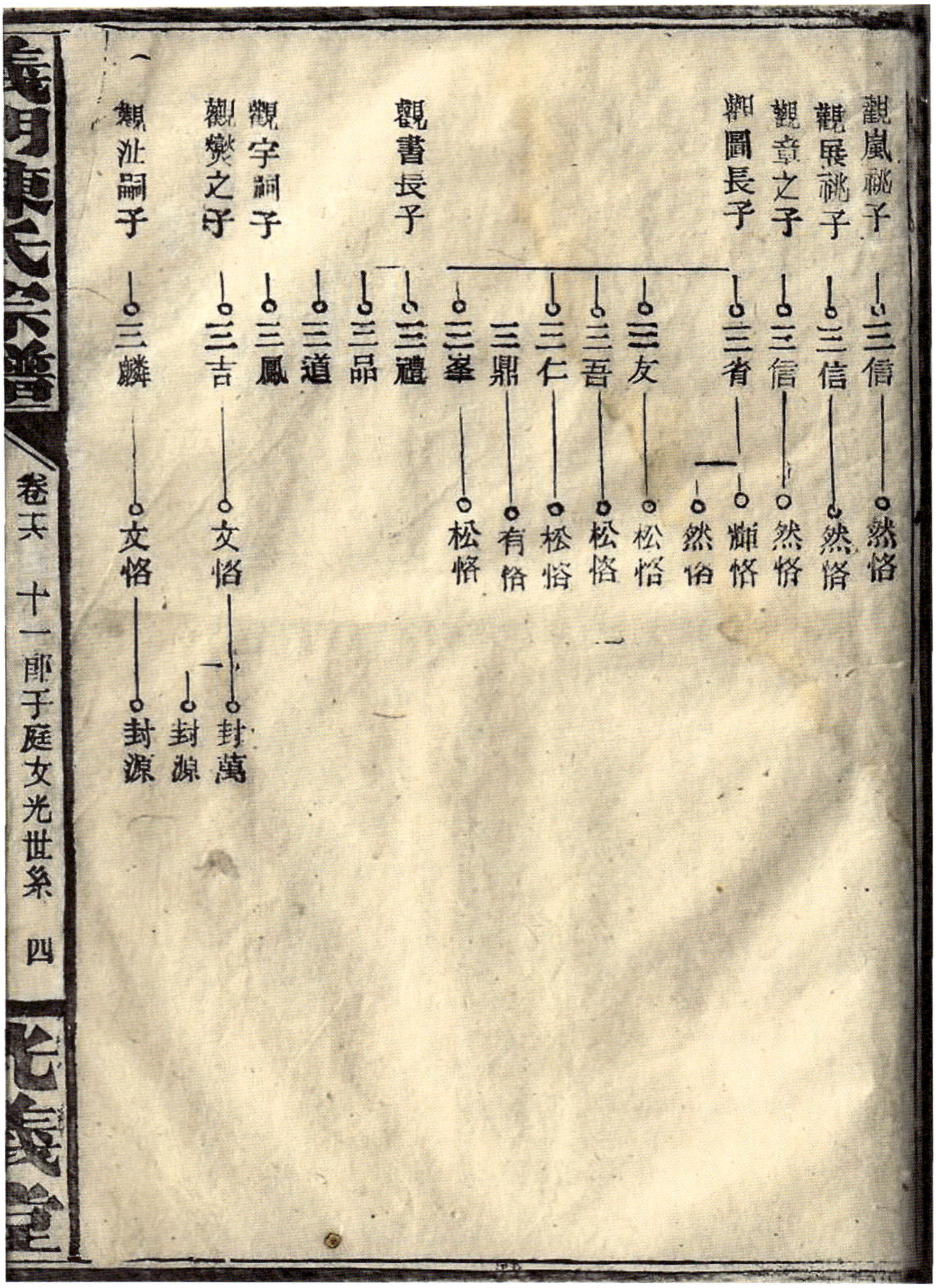

寧陳氏宗譜　卷天　十一郎子庭文光世系　四　氏堂

觀嵐祧子 —— 三信 —— 然恪
觀展祧子 —— 三信 —— 然恪
觀章之子 —— 三信 —— 然恪
卿圖長子 —— 三省 —— 鼎恪 / 然恪
三友 —— 松恪
三吾 —— 松恪
三仁 —— 松恪
三鼎 —— 有恪
三峯 —— 松恪
觀書長子 —— 三禮 / 三品 / 三道
觀宇嗣子 —— 三鳳
觀燮之子 —— 三吉 —— 文恪 —— 封萬 / 封源
觀沚嗣子 —— 三麟 —— 文恪 —— 封源

⑦

世系（苏式）

滿公魁支峯公十一郎于庭文光房世次

分編

自滿公至此 原編以魁公起世爲十四世 以上詳卷三

九七世

中興十一子 **十一郎** 字扶桑 由甯化石壁寨葛藤坳陳德村遷潮州由潮州復遷上杭來蘇中都林坊老譜爲始基一世祖 生歿未詳 葬本坊下寨獅形寅山申向石墳 妣彭氏 生歿未詳 葬大姑灘面上象湖潭望江獅形又名寒獺捕魚形丙山壬向兼午子石墳 生子二 念六郎 伯八郎

九八世

扶桑長子 **念六郎** 生歿未詳 附葬象湖潭望江獅形彭妣墳前明堂下 妣王氏 生子一 三四郎

扶桑次子 **伯八郎** 生歿未詳 妣李氏 生歿闕 夫婦合葬烏石棟下酉山卯向兼庚甲 生子七 千一郎 千四郎 千五郎 千六郎 千七郎 千八郎 千九郎

①

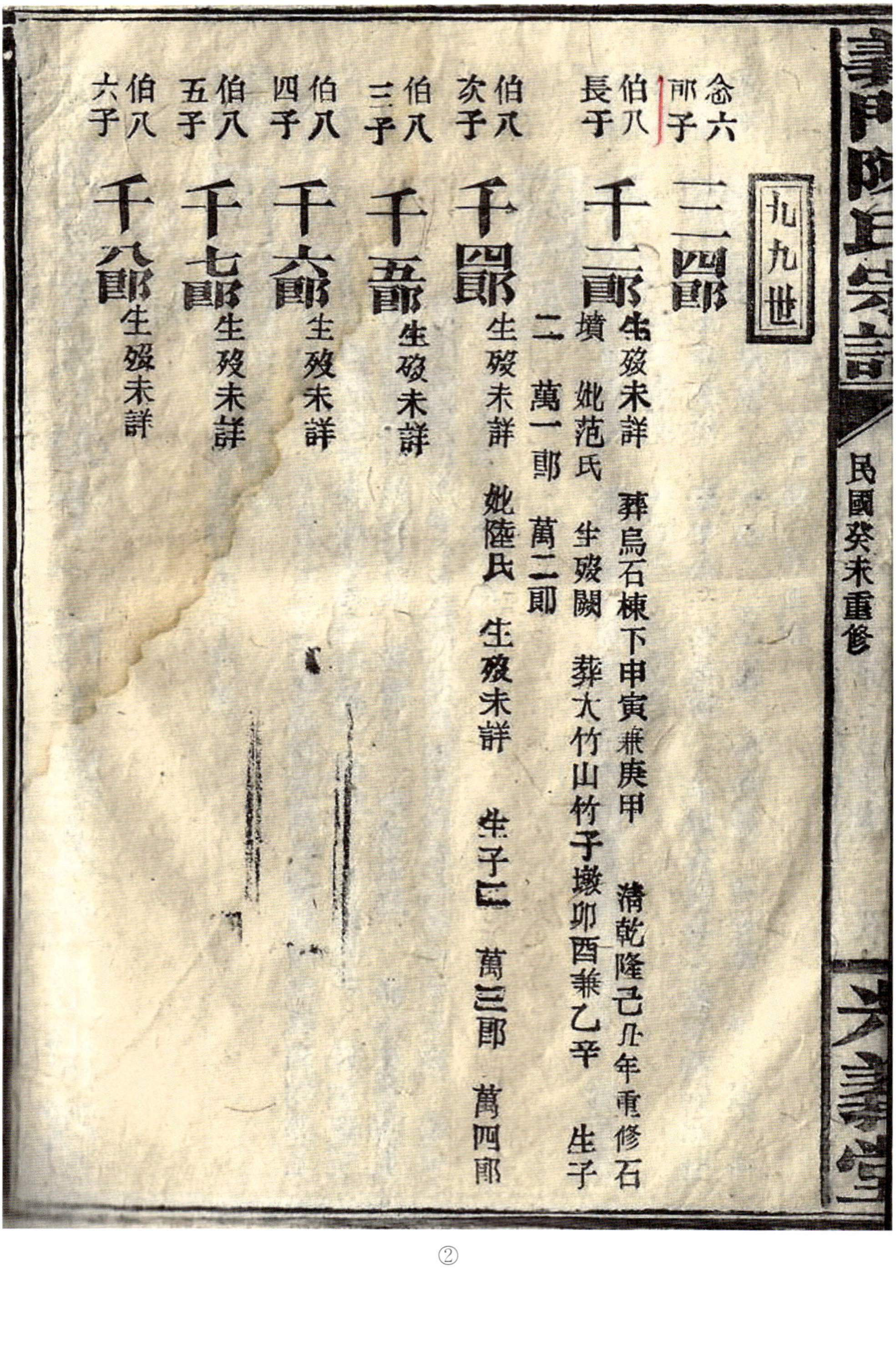

义門陳氏宗譜

民國癸未重修

九九世

念六郎子 三四郎

伯八長子 千二郎 生歿未詳 葬烏石棟下申寅兼庚甲 清乾隆己丑年重修石墳 妣范氏 生歿闕 葬大竹山竹子墩卯酉兼乙辛 生子二 萬一郎 萬二郎

伯八次子 千四郎 生歿未詳 妣陸氏 生歿未詳 生子二 萬三郎 萬四郎

伯八三子 千五郎 生歿未詳

伯八四子 千六郎 生歿未詳

伯八五子 千七郎 生歿未詳

伯八六子 千八郎 生歿未詳

②

伯八七子 **千九郎** 穴 生歿未詳 葬象牙坑 妣李氏 生歿未詳 葬璉坑大路下 生子一 萬十郎

二百世

千二長子 **萬一郎** 生歿失考 妣周氏 生歿失考 生子四 永泗 永宗 永旺 永福郡庠生 兄弟均移居長汀

千二次子 **萬二郎** 生歿失考 附葬烏石楝千一郎二公墳右 妣范氏 生歿闕 葬本材鐵子山深堝裡寅申兼坤艮 生子一 仲六郎

百零一世

萬二郎子 **仲六郎** 生歿未詳 妣李氏 生歿失考 夫婦合塋附葬象湖潭望江獅形又名寒獺捕魚形彭祖妣墳下首午子兼丙壬 萬歷癸巳年重修石墳 生子一 光祖

百零二世

仲六郎子 **光祖** 生歿失考 葬上屋背龍堝貓兒洗面形戌辰兼辛乙 妣葉氏 葬深堝裡 生子二 永義 永智

③

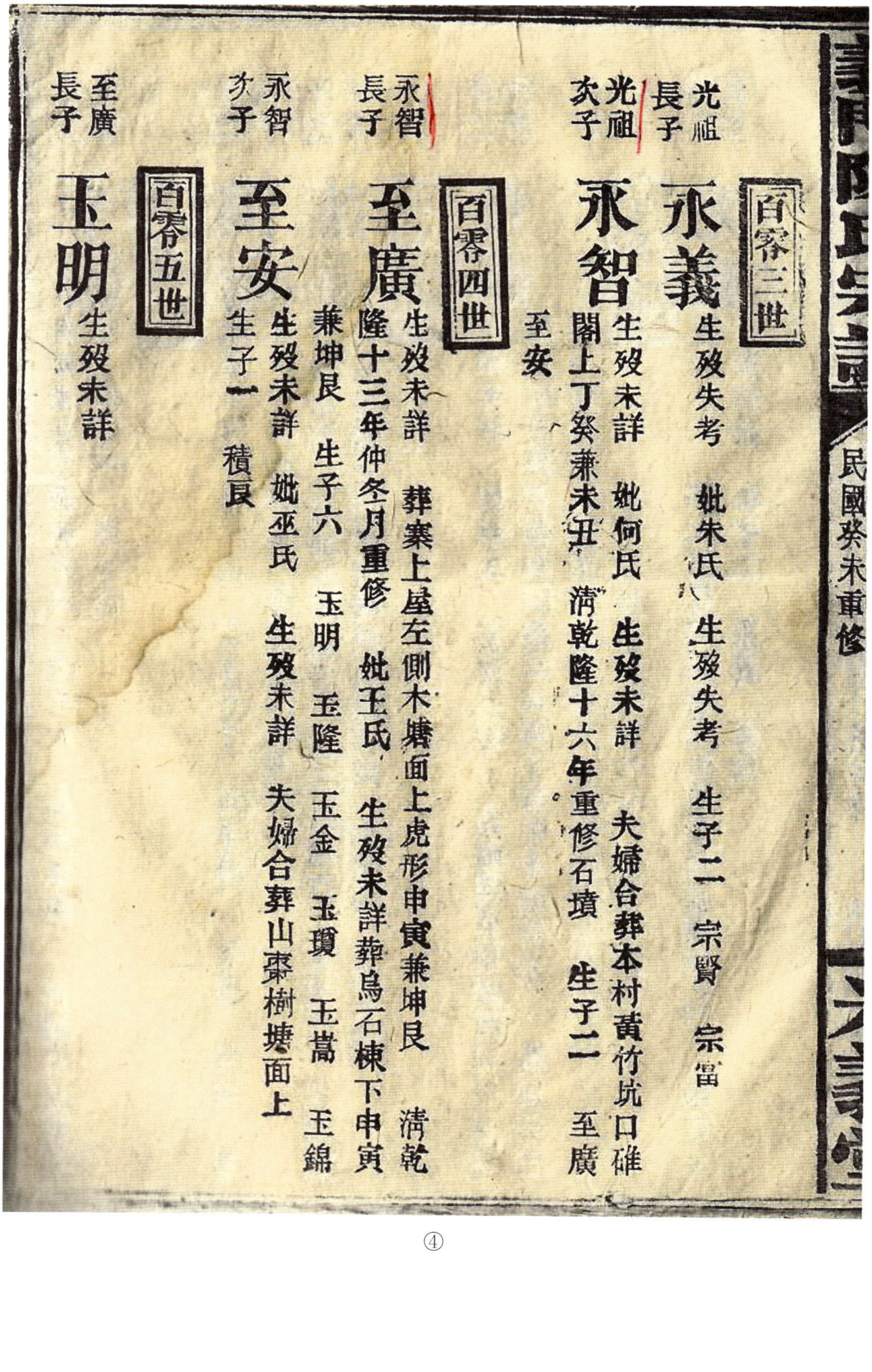

民國癸未重修

百零三世

光祖長子 永義 生歿失考 妣朱氏 生歿失考 生子二 宗賢 宗富

光祖次子 永智 生歿未詳 妣何氏 生歿未詳 夫婦合葬本村黃竹坑口碓閣上丁癸兼未丑 清乾隆十六年重修石墳 生子二 至廣 至安

百零四世

永智長子 至廣 生歿未詳 葬寨上屋左側木塘面上虎形申寅兼坤艮 清乾隆十三年仲冬月重修 妣王氏 生歿未詳葬烏石棟下申寅兼坤艮 生子六 玉明 玉隆 玉金 玉瓊 玉嵩 玉錦

永智次子 至安 生歿未詳 妣巫氏 生歿未詳 夫婦合葬山寮樹塘面上 生子一 積艮

百零五世

至廣長子 玉明 生歿未詳

④

至廣次子 玉隆 生歿失考 葬鷓鴣啼石下 妣范氏 生歿失考 葬深堨裡

生子三 榮生 始生 玉生

至廣三子 玉金 生歿失考 葬深堨裡 妣鍾氏 生歿未詳 葬牛屎堨 又

妣葉氏 生歿未詳 葬石頭塝面上 生子二 福生 祿生

至廣四子 玉瓊 生歿未詳

至廣五子 玉嵩 生歿未詳 妣許氏 又妣朱氏 生歿葬均未詳 生子四

貴生 浩生 喜生 柰生

至廣六子 玉錦 號鳳崗 生歿未詳 享壽九十有六 葬牛屎堨虎形辛乙兼

酉卯石墓 妣何氏 生歿未詳 葬烏石棟下坤艮兼未丑

又妣溫氏 生歿失考 葬坳下子大石下子午兼壬丙 生子三

日生 善生

百零六世

玉隆長子 榮生

玉隆次子 始生

民國癸未重修

玉隆三子　玉生　生歿失考　妣劉氏　又妣鍾氏　生歿葬均未詳　生子四
玉錦長子　日生　偉　俊　傑　儉
號東山　生歿未詳　葬㘭子下衛天鳳形乾巽兼戌辰石墳
玉錦次子　善生　妣何氏　生歿未詳　葬牛屎塘尾走馬攀鞍形丑未兼癸丁
明崇禎己卯年重修　餘詳本傳　又妣葉氏　生歿闕　葬坳
子下壬丙兼亥巳　清乾隆己丑年重修　生子四　嘉韜　嘉
猷　嘉謀　嘉謨

百零七世

善生四子　嘉謨　號環川　廩生　明崇禎戊辰年　勅贈文林郎　明嘉靖庚子
年十一月初九日戌時生　明萬歷三十二年甲辰六月初四日
辰時歿　享壽六十有五　葬學堂坪又名燈擎塥戌山兼乾巽
有碑　餘詳本傳　妣鍾氏　明崇禎戊辰年　勅贈孺人　明
嘉靖癸卯年四月十四日申時生　明萬歷三十九年辛亥二月
二十五日丑時歿　葬烏石棟下坤山艮向　清康熙癸巳年六
月初八日辰時重修石墳　生子三　于庭　于京　于階

⑥

百零八世

嘉謨長子 **于庭** 字振震 號楓岑 明萬歷癸卯科副榜 明嘉靖丙寅年十月二十一日辰時生 明萬歷庚戌年十月十五日辰時歿 葬杭邑來蘇石貴裡癸丁兼壬午 清嘉慶六年辛酉四月十八日重修石墳 餘詳本傳 妣池氏 明隆慶三年己巳五月二十九日辰時生 明萬歷四十八年庚申九月初十日巳時歿 葬來蘇象牙坑牛欄弦 清嘉慶六年辛酉五月初三日更葬戌辰兼乾巽石墳 又妣何氏 明隆慶六年壬申正月十七日戌時生 明天啟六年十二月初十日子時歿 葬賴田 清嘉慶六年辛酉五月十五日更葬丙壬兼午子石墳 生子二 汝勉 夢說

嘉謨次子 **于京** 字光宸 妣鍾氏 生子一 應聘 餘詳後

嘉謨三子 **于階** 字懋升 號辰六 明萬歷乙卯科舉人 明崇禎戊辰科進士 任雞澤盧氏二縣事詳後 妣劉氏 又妣何氏 又妣溫氏 又妣朱氏 餘詳後 生子一 券夢

百零九世

義門陳氏宗譜　民國癸未重修　光裕堂

于庭長子　**汝勉**　字應標　明萬歷十六年戊子八月十六日巳時生　明崇禎八年七月十三日卯時歿　妣邱氏　明萬歷十九年辛卯十月三十日寅時生　清順治己丑年九月初九日丑時歿　夫婦合葬來蘇深堝裡未丑兼丁癸　清嘉慶六年辛酉五月二十七日重修　餘詳本傳　生子一　浴日

于庭次子　**夢説**　字鼎梅　邑庠生　餘詳後　妣鄭氏　生子一　慎修

百一十世

汝勉之子　**浴日**　字殷銘　明萬歷四十年壬子十二月二十七日酉時生　清康熙庚午年正月二十八日辰時歿　妣邱氏　明萬歷乙卯年七月十二日戌時生　康熙甲戌年十月二十二日巳時歿　夫婦合葬來蘇烏石楝下坤艮兼申寅　餘詳本傳　生子五　敏倦　敏宜　敏節　敏照　敏敦

百十一世

浴日長子　**敏德**　字必仁　明崇禎壬申年七月十五日丑時生　清康熙戊午年八月初五日午時歿　葬來蘇牛屎塘尾回頭兎子形　妣饒氏

⑧

生歿闕　葬吉安府安福縣北鄉六十五都一圖六甲木源螺坑
有碑　生子三　恭先　敬先　儉先

浴日次子 **敏宜** 字必義　明崇禎辛巳年正月二十三日戌時生　清康熙五十六年丁酉三月十六日巳時歿　享壽七十有七　清嘉慶六年辛酉四月十五日重修　餘詳本傳　妣劉氏　明崇禎壬午年九月初十日酉時生　清康熙五十七年戊戌七月十三日申時歿夫婦合葬深塢裡庚甲兼申寅　又妣張氏　生歿未詳　葬與劉妣夫婦三位同塋　又妣鍾氏　生歿未詳　生子一　文光

浴日三子 **敏節** 字必禮　明崇正乙酉年五月二十三日戌時生　歿闕　妣何氏　明崇正乙酉年六月二十三日辰時生　歿闕

浴日四子 **敏照** 字必智　清順治辛卯年正月十三日亥時生　歿未詳　附葬環川公塋上首塘面上蜻蜓點水形　妣黃氏　順治丁亥年九月二十四日未時生　歿闕　生子三　榮先　華先　錦先兄弟移居袁州府分宜縣露口居住

浴日五子 **敏敦** 字必信　清順治癸巳年九月初一日戌時生　歿未詳

義門陳氏族譜　民國癸未重修

百十二世

敏宜公子

文光 字君里 號斗垣 誥贈光祿大夫 清康熙十六年丁巳四月十二日子時生 清雍正十一年癸丑六月二十四日子時歿 清嘉慶六年辛酉迎移義甯州涓 嘉慶十六年辛未九月初九日寅時卜葬泰鄉七都上竹塅石堝源口丙壬兼午子 餘詳老譜本傳及墓誌 妣劉氏 誥贈一品大夫人 清康熙二十六年丁卯十二月十三日未時生 清乾隆三十九年甲午四月初七日申時歿 葬上竹塅石堝源口丙壬兼午午子 清乾隆五十四年己酉十月十四日省視骸骨全備黃亮復葬本穴照原 清嘉慶十六年九月 迎文光公與妣合墓照原山向 妣幼居上杭 中年迎養義甯 享壽八十有八歲 餘詳老譜本傳 生子三 公達 公元 公陞

百十三世

文光長子

公達 字兆春 號蘭圃 清康熙四十七年戊子正月初八日辰時生 清乾隆三十四年己丑四月初九日戌時歿 妣郭氏 清雍正二年甲辰二月二十一日申時生 乾隆三十八年癸巳十一月

二十六日未時歿　夫婦合葬上竹堁大崙垻　生子一　顯贊

文光次子 公元 諱騰遠　號鯤池　誥贈光祿大夫　清康熙四十九年庚寅十二月二十五日巳時生　清乾隆六十年乙卯正月十四日戌時歿　享壽八十六歲　葬泰鄉七都上竹堁馬子樹下鳳形乙辛兼卯酉　公於　乾隆庚子年入大學生　庚戌年以耆壽蒙賜八品頂戴爲遷寧之始祖　餘詳墓誌　妣何氏　覲光公女　誥贈一品大夫人　清雍正九年辛亥十一月初五日寅時生　嘉慶十五年庚午十月十二日巳時歿　享壽八十歲　原葬下竹堁合壙嘴山內於　清道光二十四年甲辰十月二十六日午時移葬上竹堁馬子樹下與公元公合葬　生子四　克繩　克調　克藻　克修　生女六　長適何孔玉　次適何永和　三適張景千　四適謝振文　五適劉朝潘　六適闕南賓

文光三子 公陞 字芳遠　清康熙五十五年丙申二月初三日巳時生　清乾隆四十五年庚子七月初六日寅時歿　葬安鄉十三都蘿仙坑尾長坑嶺坳上乙山兼辰戌　妣謝氏　倫仲公女　清雍正九年辛亥正月初六日辰時生　嘉慶十四年己巳正月二十日寅時歿與公合葬長坑嶺坳上　生子四　德寬　德常　德濟　德廣

民國癸未重修

生女六　長適張子玉　次適許達三　三適蕭茂蘭　四適邱提芹　五適黃添佩　六適劉先登

百十四世

公達之子　**克輔**　字顯贊　清乾隆十五年庚午六月初三日亥時生　妣林氏乾隆乙酉年十一月十二日辰時生　歿俱闕　夫婦合葬上竹塅大崙垻有碑　生子一　規珊　生女二　長適鄧　次適呂

公元長子　**克繩**　字顯梓　號紹亭　大學生　誥贈光祿大夫　清乾隆二十五年庚辰四月初三日寅時生　清道光二十一年辛丑十二月初十日酉時歿　享壽八十有二歲　葬泰鄉七都上竹塅宅後艮坤兼寅申事詳墓誌　妣謝氏　春興公女　誥贈一品大夫人　清乾隆二十三年戊寅二月二十八日卯時生　清道光十四年甲午三月十七日午時歿　葬大崙埂遷葬泰鄉七都汪坑　生子二　規鏡　規鋐　生女一　適邱能照　又妣何氏　毓龍公女　貤贈夫人　乾隆二十七年壬午八月十四日午時生　清道光十三年癸巳正月二十九日卯時歿　葬下竹塅栥源口更葬上竹塅大崙垻謝祖妣廢穴　生子二　規鈁　規鏞　生女

⑫

公元亥子　**克調**

四　長適何廸康　次適李家邦　三適謝延珍　四適黄彩綱
一名少東　字旭升　號五園　大學生　清乾隆三十年乙酉
十一月二十七日子時生　清道光二十年庚子二月十一日寅
時歿　葬泰鄉七都上竹塅草坪　妣何氏　雲陛公女　乾隆三
十年乙酉十月十四日辰時生　道光六年丙戌七月十六日戌
時歿　與克調公合葬　次妣劉氏　清乾隆四十五年庚子四月
初八日辰時生　清嘉慶六年辛酉八月十六日亥時歿　葬與夫
合墓申寅兼坤艮　再妣吳氏　乾隆五十三年戊申十月十八日
戌時生　嘉慶二十三年戊寅七月十一日寅時歿　葬上竹塅
長塥壠燕巢穴申寅兼坤艮　生子三　規鈞　規鑑一　規鈴　續
妣鍾氏　烈五公女　乾隆五十九年甲寅七月二十九日子時
生　清光緒九年癸未十月二十八日酉時歿　享壽九十歲
葬下竹段蛇形坤艮兼未丑　生子三　規銖　規鋃　規語
生女二　長適邱　次適徐

公元三子　**克藻**

字西玉　號崑獻　例授修職郎　清乾隆三十六年辛卯二月
十二日戌時生　清咸豐三年癸丑三月初一日子時歿　葬泰
鄉七都下竹段草坪申寅兼坤艮　妣劉氏　耀山公女　清乾

隆四十年乙未二月初十日戌時生　清嘉慶二十五年庚辰十
二月十三日戌時歿　葬泰鄉内宅都上竹塅梓樹窩丁癸兼午
子有碑　生子六　規鋧　規鋍　規鈽　規釪　規鎰　規錸
生女四　長適周　次適彭　三適蕭　四適鄧

公元四子

克修

字兼萬　號介田　清乾隆四十一年丙申二月初一日丑時生
清道光二十三年癸卯四月十八日辰時歿　葬泰鄉七都上竹
塅水口雷濆壬山丙向　讚曰　華野耕夫嚴取與於一介和風
梛下窺浮雲於三公惟學勤於磨厲斯品竣於華嵩髦乚介田祿
外嘣中人濟物利心陶化工雖勁節之凜凜仍春風之融乚介也如
石石也無鋒嗟平此所以名錚乚之鐵佼乚之庸　鄉進士南園弟
劉斐章拜撰　妣張氏　搏膺女　乾隆四十二年丁酉六月初
八日午時生　清同治二年癸亥十一月廿六日子時歿　葬安
鄉十三都長坑嶺坳上巽山乾向　讚曰　懷性貞靜不尚繁華
中饋無缺淑德堪誇事翁姑孝養備至教子媳勤儉持家媲美鍾
郝桂茁蘭芽　歲進士候選儒學松屏弟書洛拜撰　生子五
規鈖　規錀　規鎔　規鑄　規錫　生女四　長適吳達興
次適鍾化觀　三適黃彩茁　四適高攀桂

公陞長子 **德寬** 清乾隆十一年丙寅十二月初三日酉時生 清嘉慶十六年辛未又三月初十日亥時歿 葬下竹堀茶山裡屋側蛇形丁癸兼午子 妣邱氏 乾隆九年甲子十一月初六日子時生 嘉慶二十年乙亥正月十一日酉時歿 葬安鄉十三都護仙坑尾長坑嶺屋背田墘尾土鳳形除葬之外上下左右餘地各三丈 生子一 規鍠 生女二 長適吳 次適曹

公陞次子 **德常** 清乾隆十三年戊辰十月初五日午時生 清嘉慶二年丁巳七月初三日辰時歿 葬安鄉十三都護仙坑尾長坑嶺楓樹墘尾癸丁兼子午 妣邢氏 乾隆十五年庚午十月初九日卯時生 歿未詳 嗣子一 規錫入繼胞弟德廣四子 生女二

公陞三子 **德濟** 字世才 號博亭 清乾隆二十四年己卯七月二十九日未時生 歿未詳 妣任氏 賢邑公女 乾隆二十八年癸未九月二十八日卯時生 清嘉慶十六年辛未八月初九日亥時歿 葬安鄉十三都護仙坑上蓬屋對門丁癸兼午子改葬茶子山下坐西向東 又妣淩氏 乾隆四十五年九月二十七日未時生 生子一 規鉅 生女二 長適黃 次適游

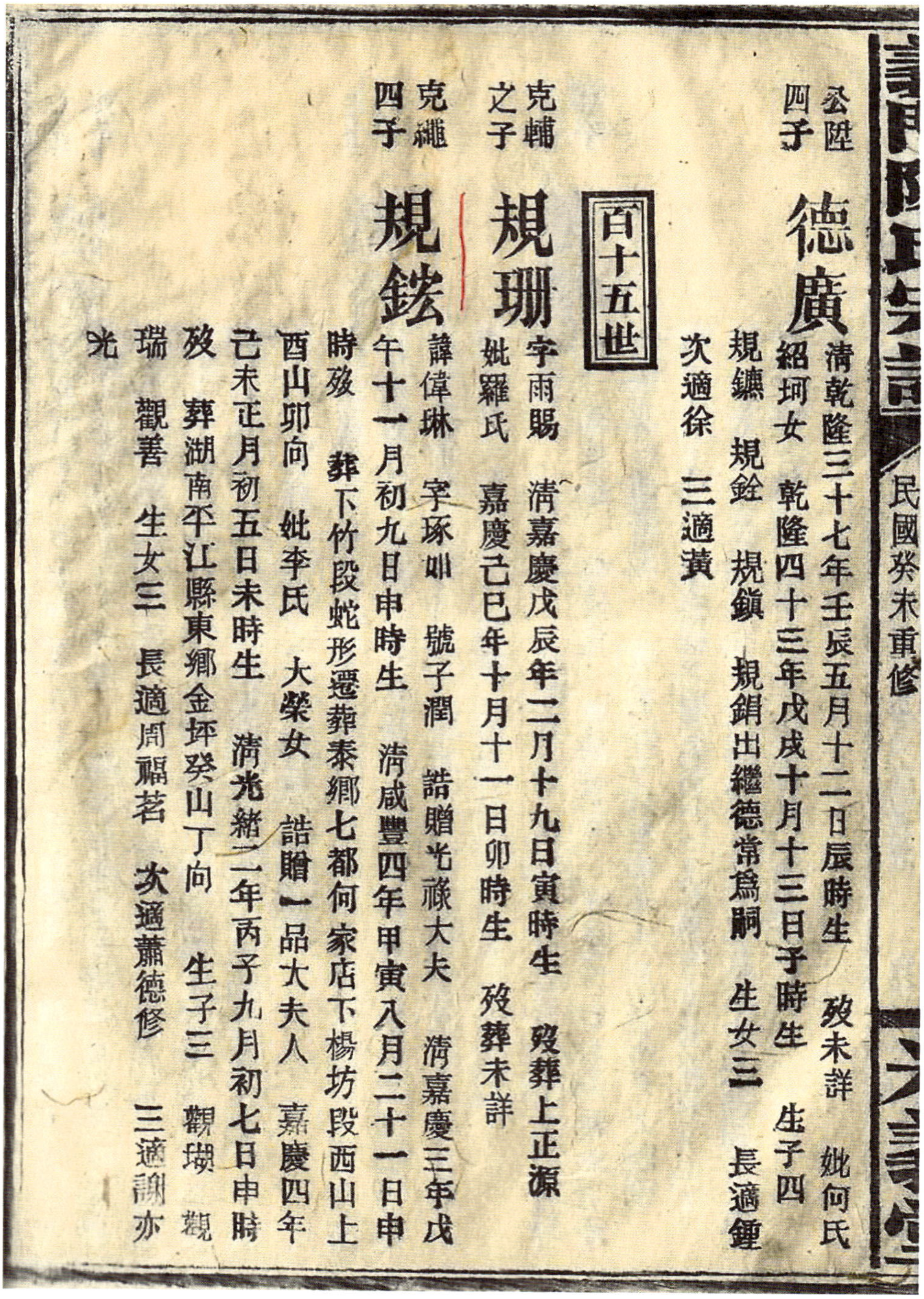

民國癸未重修

公陞四子 德廣 清乾隆三十七年壬辰五月十二日辰時生 歿未詳 妣何氏
紹珂女 乾隆四十三年戊戌十月十三日子時生 生子四
規鑣 規銓 規鎮 規銷出繼德常爲嗣 生女三 長適鍾
次適徐 三適黃

百十五世

克輔之子 規珊 字雨賜 清嘉慶戊辰年二月十九日寅時生 歿葬上正源
妣羅氏 嘉慶己巳年十月十一日卯時生 歿葬未詳

克繩四子 規鉉 諱偉琳 字琢卿 號子潤 誥贈光祿大夫 清嘉慶三年戊
午十一月初九日申時生 清咸豐四年甲寅八月二十一日申
時歿 葬下竹段蛇形遷葬泰鄉七都何家店下楊坊段西山上
酉山卯向 妣李氏 大榮女 誥贈一品大夫人 嘉慶四年
己未正月初五日未時生 清光緒二年丙子九月初七日申時
歿 葬湖南平江縣東鄉金坪癸山丁向 生子三 觀瑚 觀
瑞 觀善 生女三 長適周福若 次適蕭德修 三適謝亦
光

⑯

克調長子 規鈞 字式衡 號平齋 清乾隆四十九年甲辰八月十五日戌時生 清嘉慶八年癸亥十二月十一日戌時歿 葬上竹墩草坪坤艮兼未丑與規鉁規銖並葬共碑 妣林氏 玉相公長女 夫故改醮 生子一 觀漣 生女一適鄧

克調次子 規鑑 字予冰 號可亭 清嘉慶六年辛酉七月二十一日未時生 嘉慶二十五年庚辰三月二十三日未時歿 葬上竹墩長塢壠附母墳坐西向東 妣黃氏 改醮 生子一 觀淇

克調三子 規鉁 字炳英 清道光四年甲申十月十四日辰時生 道光十八年戊戌九月十五日子時歿 與規鈞規銖並葬草坪共碑

克調四子 規銖 字致中 道光七年丁亥正月初十日亥時生 清咸豐八年戊午十月初七日巳時歿 與規鈞規鉁並葬草坪共碑 嗣子觀仁入繼胞弟規錕次子

克調五子 規錕 字先金 號雲塢 大學生 清道光九年己丑正月十三日卯時生 光緒二十一年乙未五月初五日午時歿 葬泰鄉七都上竹墩碚壠嘴 妣曾氏 清道光十年庚寅十一月初八日寅時生 清同治二年癸亥三月十七日巳時歿 葬州南門溫家塘改葬泰鄉七都上竹段鳳竹堂青龍嘴上子午兼壬丙 又妣張氏 清道光十八年戊戌九月初九日卯時生 民國六年丁丑五月二

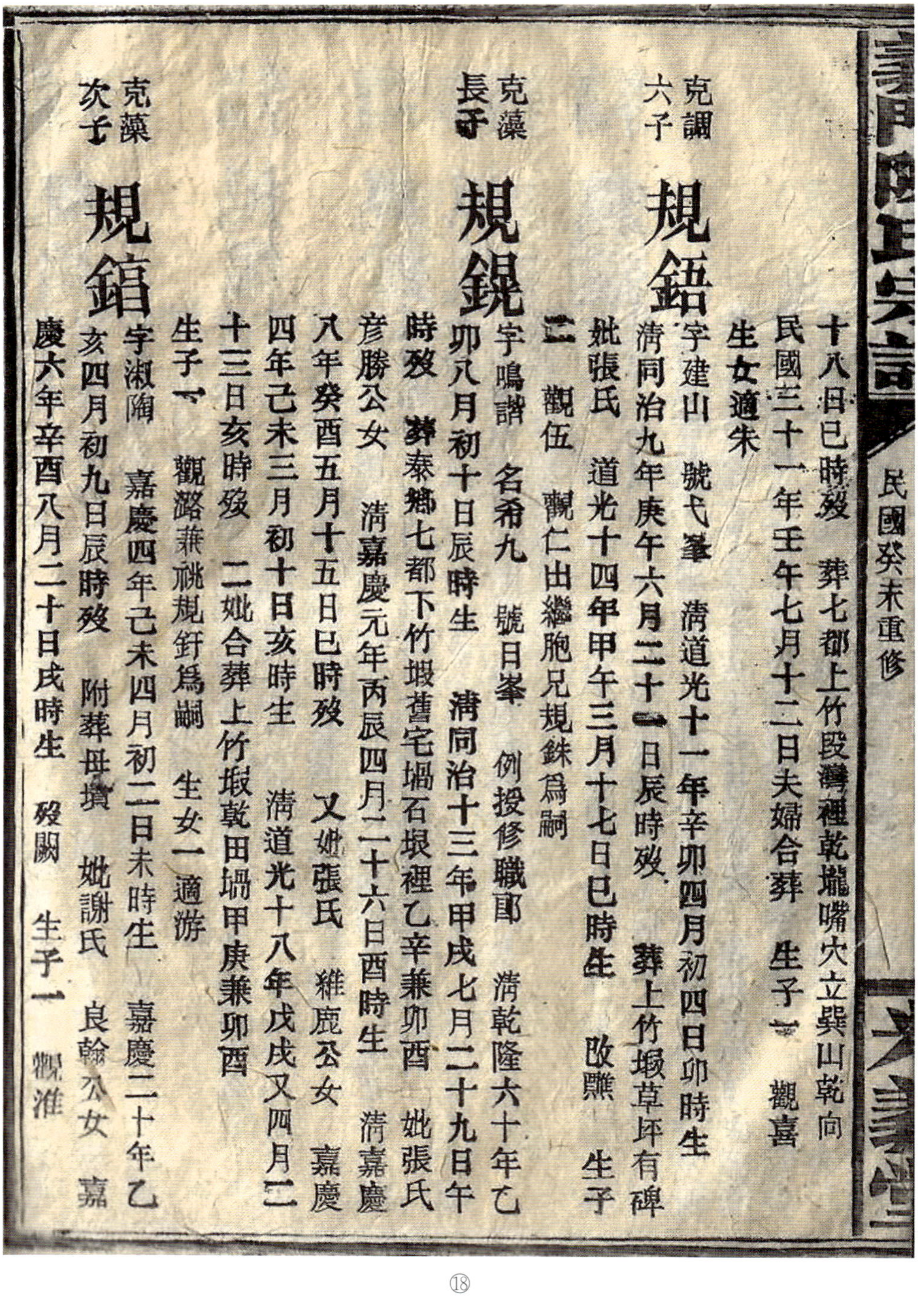

民國癸未重修

十八日巳時歿　葬七都上竹段灣裡乾壠嘴穴立巽山乾向
民國三十一年壬午七月十二日夫婦合葬　生子一　觀喜
生女適朱

克調六子　規鎔　字建山　號弋峯　清道光十一年辛卯四月初四日卯時生
清同治九年庚午六月二十一日辰時歿　葬上竹堰草坪有碑
妣張氏　道光十四年甲午三月十七日巳時生　改醮　生子
二　觀伍　觀仁出繼胞兄規銖爲嗣

克藻長子　規鋧　字鳴諧　名希九　號日峯　例授修職郎　清乾隆六十年乙
卯八月初十日辰時生　清同治十三年甲戌七月二十九日午
時歿　葬泰鄉七都下竹堰舊宅塌石埂裡乙辛兼卯酉　妣張氏
彥勝公女　清嘉慶元年丙辰四月二十六日酉時生　清嘉慶
八年癸酉五月十五日巳時歿　又妣張氏　維鹿公女　嘉慶
四年己未三月初十日亥時生　清道光十八年戊戌又四月二
十三日亥時歿　二妣合葬上竹堰乾田堨甲庚兼卯酉
生子一　觀潞兼祧規釪爲嗣　生女一適游

克藻次子　規錞　字淑陶　嘉慶四年己未四月初二日未時生　嘉慶二十年乙
亥四月初九日辰時歿　附葬母墳　妣謝氏　良翰公女　嘉
慶六年辛酉八月二十日戌時生　歿闕　生子一　觀淮

⑱

克藻三子　**規鋕**　字書簡　號做溪　清嘉慶十四年己巳十一月十二日戌時生　清光緒四年戊寅十一月十四日丑時歿　妣邱氏　西峯公女　清嘉慶二十年乙亥七月十六日子時生　清咸豐五年乙卯五月初七日寅時歿　夫婦合葬泰鄉內七都下竹堠舊宅塢石垻裡乙辛兼卯酉　生子一　觀雲　生女二　長適黃　次適邱

克藻四子　**規釬**　字韻金　號依堂　清嘉慶二十年乙亥十月十一日未時生　清咸豐五年乙卯十一月二十一日申時歿　葬與長兄規鋕並墓　配余氏　改醮　祧子　觀潞　以胞兄規鍚之子兼祧

克藻五子　**規鎰**　生歿未詳

克藻六子　**規錸**　生歿未詳

克修長子　**規鎓**　字和璧　號荊山　清嘉慶三年戊午十一月初四日丑時生　清光緒七年辛巳十月十二日酉時歿　葬安鄉十三都長坑嶺坳上巽山乾向　妣葉氏　春青公長女　嘉慶四年己未十二月十九日辰時生　歿未詳　葬與夫合墓　生子五　觀霖殤　觀曦　觀繹　觀犀　觀彥　生女二　長適吳忠峯　次適林維俊

克修次子 規錀 字卜山 清嘉慶五年庚申八月十七日戌時生 嘉慶二十五
年庚辰七月初六日未時歿 葬上竹塅石塥源尾午子兼丙壬
讚曰 嗚呼卜山知亡知存窮大元之九九判易象之屯乚藻註
唐疏高談闊論玉樓召托影寂音沉 州庠生愚弟友淵拜撰
妣何氏 嘉慶四年己未十月初八日酉時生 清咸豐十一年
庚申四月初二日未時歿 葬泰鄉七都長坑嶺坳上龜形乙辛
兼卯酉 事詳節婦傳 生子一 觀祥

克修三子 規鎔 字耕經 號餘圃 清嘉慶七年壬戌八月初四日戌時生 壽
八十一歲 清光緒八年壬午九月初九日亥時歿 葬安鄉十
三都長坑嶺坳上貔腦裡乙山辛向 妣謝氏 嘉慶七年壬戌十
月初七日午時生 清道光二十二年壬寅十月二十八日辰時
歿 葬泰鄉七都舊石塥卯酉兼甲庚 生子三 觀嵐 觀展
觀章 續妣謝氏 嘉慶三年戊午十月十九日午時生 清道
光三十年庚戌八月廿九日子時歿 葬安鄉十三都護仙源梅
子塥蓬子背金星塥壬山丙向

克修四子 規鑄 字爾甄 號籥卿 清嘉慶十八年癸酉二月二十六日午時生
清光緒十七年辛卯六月初三日戌時歿 葬安鄉十三都護仙
源書屋後垅上寅山申向有碑 妣賴氏 清嘉慶二十二年丁

⑳

丑四月十九日辰時生　清光緒十二年丙戌二月二十九日子時歿　葬深潭面垻上寅山申向　生子三　觀圖　觀書　觀字

克修五子　**規錫**　字命三　清嘉慶二十三年戊寅八月二十七日申時生　清光緒十七年辛卯四月十七日辰時歿　妣任氏　嘉慶二十三年戊寅八月初二日辰時生　清光緒十七年辛卯四月初二日戌時歿　夫婦合葬泰鄉七都下竹段茶梓山下申寅兼坤艮　生子一　觀燦　生女二　長適何　次適韓

德寬之子　**規鍠**　字焜華　清乾隆三十九年甲午九月十八日戌時生　清道光十二年壬辰又九月初六日戌時歿　葬泰鄉七都下竹塅茶山裡屋側虎形丁癸兼午子　妣何氏　秀榮公女　清乾隆四十七年壬寅十二月初二日未時生　清咸豐十一年辛酉十一月十六日卯時歿　葬下竹塅茶山裡屋側庚甲兼酉卯　生子二　觀美　觀沚　生女三　長適鍾　次適饒　三適周

德常嗣子　**規鋗**　字晃梅　未詳　清嘉慶二十二年丁丑十二月初三日戌時生　歿葬

德濟之子　**規鉅**　字大柱　清嘉慶二年丁巳十一月十四日子時生　歿葬未詳

民國癸未重修

謀廣長子 規鏕 字其盛 清嘉慶二年丁巳五月十八日卯時生 歿葬未詳
德廣次子 規銓 字殿臣 清嘉慶八年癸亥二月初一日申時生 妣謝氏 清
嘉慶八年癸亥四月初三日戌時生 夫婦歿葬未詳
德廣三子 規鎮 字敦九 清嘉慶十年乙丑五月初七日子時生 歿葬未詳

百十六世

規鋐長子 樹年 派觀瑚 字六殷 號滋圃 候選同知賞戴藍翎 清道光三
年癸未正月初四日寅時生 清光緒七年辛巳十一月二十日
亥時歿 葬湖南岳州府平江縣東鄉金坪百步嶺太極圖形
巽乾兼巳亥 妣張氏 茂海女 誥封宜人 清道光十年庚
寅十月廿三日巳時生 民國二年癸丑九月二十二日亥時歿
葬七都上竹塅窯塅裡癸丁兼未丑 生子二 三厚 三嶷出
繼與胞弟觀瑞爲嗣 生女二 長適州庠生黃韻桐 次適瀏
南湘潭兩淮候補鹽運黎 鯤

規鋐次子 觀瑞 字書雲 號五奎 清道光五年乙酉十一月二十五日子時生
清道光七年丁亥九月十八日酉時歿 葬上竹塅石嵛塅戟山

乾向遷葬乾塥垠　嗣子二　三巽入繼胞兄樹年次子　三畏入繼胞弟寶箴次子

覌菼三子　**寶箴**　派觀善　字相眞　號右銘　淸道光三十年庚戌入州學　淸咸豐元年辛亥恩科舉人　署湖南辰沅永靖兵備道　補授河南河北道　浙江按察使　湖北按察使　署湖北布政使　補授直隸布政使　陞任兵部侍郎都察院右副都御使　湖南巡撫部院　欽派閲兵大臣　欽賜福字三次　欽賜壽字　淸光緒丁酉科文闈鄉試監臨部院　武闈鄉試大主考　欽加頭品頂戴　賞戴花翎　誥授光禄大夫　淸道光十一年辛卯正月十八日申時生　淸光緒二十六年庚子六月二十六日酉時歿　妣黄氏　大學生應亨女　誥封一品夫人　淸道光十二年壬辰六月初五日寅時生　光緒二十三年丁酉十二月十八日丑時歿　卜葬南昌府城西四十里曰崝廬夫婦合墓墓誌碑銘備詳本集　生子二　三立　三畏出繼與胞兄觀瑞爲嗣　生女二　長適湖南東安候選郎中席公寶田之子襲騎都尉世職庠生席曜衡　次殤

覌鈞之子　**觀漣**　生歿未詳

義門陳氏宗譜 民國癸未重修 大宗堂

規鑑之子 觀淇 生歿未詳

規銖嗣子 觀仁 字少吾 清同治三年甲子四月十八日辰時生 歿闕 葬塅
寓裡 嗣子 三明八繼觀喜之子爲嗣

規鉱之子 觀喜 字吉生 清同治三年甲子正月二十三日寅時生 清光緒十
四年戊子九月初四日午時歿 遷葬泰鄉七都上竹塅北壠莊
姓壓背壬丙兼巳亥 妣李氏 改醮 生子二 三明出繼觀
仁爲嗣 三亮殤 嗣子一 三桂八繼族房緍茂第四子

規錤長子 觀伍 字禹疇 號醉吾 清咸豐八年戊午十二月初六日辰時生
清光緒三十二年丙午七月初九日午時歿 葬上竹段北壠宅
後 妣徐氏 改醮 生子四 三綱 三繼 三谷 友山隨
母出祧繼父葉承洪 生女二 長適朱 次適黃

規錕之子 觀潞 字賓洛 號耆圃 清嘉慶二十三年戊寅二月初十日戌時生
清咸豐五年乙卯七月二十日午時歿 葬泰鄉七都上竹塅梓
樹塌丁癸兼午子 妣張氏 勝華女 清道光三年癸未四月
二十七日申時生 道光二十八年戊申九月二十六日未時歿
葬泰鄉五都宋家坳甲庚兼卯酉 生女一 適洪開興 祧子
三壽以觀榮之子兼祧

㉔

規錞之子 觀淮 生歿未詳

規鋕之子 觀雲 字漢秋 號桂樵 清道光十七年丁酉三月初七日亥時生 清咸豐七年丁巳九月二十九日申時歿 葬上竹塅梓樹窩丁癸兼午子 配劉氏 改醮 生子一 三燾

規釬祧子 觀潞 生歿葬嗣詳前

規鉁長子 觀霖 字春膏 號潤郁 清道光元年辛巳十一月初四日子時生 歿葬未詳 祧子 三視以胞弟觀曦長子兼祧

規鉁次子 觀曦 字昱宸 清道光八年戊子二月十八日子時生 光緒二十八年壬寅八月初二日午時歿 葬下竹段長坑子磨形墩 妣何氏 道光三十年庚戌十一月初五日午時生 光緒十年甲申歿 葬未詳 生子三 三視兼祧胞兄觀霖 三讓殤 三殤

規鉁三子 觀繹 字續音 號以成 清道光十一年辛卯七月二十日子時生 清光緒二十八年壬寅三月十五日亥時歿 葬泰鄉七都下竹塅長坑梓對門磨形墩庚山甲向兼卯酉 妣謝氏 清道光十三年丁未六月十八日未時歿 葬泰鄉七都下竹塅長坑梓對門磨形墩 生子一 三達兼祧胞弟觀墀爲嗣

義門陳氏宗譜　民國癸未重修

規釾四子 觀墀 字楓林 清道光十八年戊戌九月初九日戌時生 民國十年辛酉四月初九日寅時歿 葬泰鄉七都下竹堀長坑梓磨形壙 祧子 三達以胞兄觀繹之子兼祧

規釾五子 觀彥 字美儒 清道光二十三年癸卯八月十八日卯時生 清光緒二十二年丙申九月二十四日辰時歿 葬未詳 妣黃氏 清咸豐元年辛亥四月十七日午時生 民國二十四年乙亥七月初十日巳時歿 生子一 三極 生女一殀

規鑰之子 觀祥 字集千 號靄園 清嘉慶二十五年庚辰十月初二日辰時生 清咸豐三年癸丑六月初八日酉時歿 葬泰鄉七都長坑嶺竹樹堀坐北向南 妣曾氏 改醮 生子一 三園

規鎔長子 觀嵐 字見南 號錫嘉 清道光九年己丑三月十九日卯時生 讚曰 於休先生令德誰倫仰不愧天府不怍人宅心長厚接物寬仁比介於石和神當春棲遲衡泌養素全眞禮樂是說孝友是敦藹然其度懿哉其行庶乎彷彿無懷之民 甲午科舉人姻晚李養元拜撰 清光緒二十二年丙申九月二十六日歿 葬本裡松樹堀坐東向西 妣氏闕 祧子 三信以胞弟觀章長子兼祧

規鎔次子　觀展　字雄才　清道光十六年丙申五月初二日子時生　妣朱氏
生歿葬未詳　祧子　三信以胞弟觀章長子兼祧

規鎔三子　觀章　字斐然　清道光二十年庚子八月初九日巳時生　民國六年
丁巳十二月二十二日戌時歿　葬本裡長坑茶園　妣蔡氏
生子二　三信　次錫　續配曾氏　清同治十三年甲戌七月
初九日子時生　生女三　長適謝　次適李　三適張

規鑄長子　觀圖　字史請　號有懷　清道光二十八年戊申二月初一日丑時生
民國二年癸丑八月二十一日丑時歿　葬泰鄉七都上竹段西
沙源丁癸兼子午向　妣葉氏　清同治六年丁卯十一月十五
日戌時生　民國十三年甲子七月初五日亥時歿　葬上竹塅
盧源義學屋背坤山艮兼申寅　生子七　三省　三友　三吾
三仁　三鼎　三鳳出繼胞弟觀宇為嗣　三峯　生女三　長適
葉財望　次適張崇生　三適池中清

規鑄次子　觀書　字定元　清咸豐元年辛亥十月二十六日卯時生　清宣統三
年辛亥八月十三日子時歿　葬泰鄉七都上竹段西沙源坐南
向北　妣黃氏　清同治十一年癸酉二月初二日子時生　民
國三十年辛巳七月二十三日酉時歿　生子三　三禮　三品

譚甲陳氏宗譜　民國癸未重修

三道　生女二　長適何繼求　次適謝生和

規鑄三子　**觀宇**　字旭暉　號宅心　清咸豐十一年辛酉正月二十五日丑時生
民國三年甲寅六月十七日卯時歿　葬泰鄉上竹塅西沙源上
首坤艮兼丑未　嗣子一　三鳳入繼觀圖六子爲嗣

規錫之子　**觀燮**　字象緯　清道光二十四年甲辰九月初一日丑時生　民國六
年丁巳五月十一日戌時歿　葬泰鄉七都下竹塅牛崗裡右側
禾坪未丑兼丁癸　妣任氏　道光二十九年己酉十一月初二
日亥時生　清光緒二十八年壬寅二月十五日子時歿　葬泰
鄉七都下竹塅圜壠乾巽兼巳亥　生子二　三吉　三麟出繼觀
沚爲嗣　生女二　長適謝　次適任

規鍠長子　**觀美**　字彥儒　清嘉慶十六年辛未又三月初四日申時生　清道光
十四年甲午九月初二日巳時歿　葬下竹塅茶山裡宅後埂頂
上獅形　妣凌氏　道光十五年庚午正月十五日酉時生　歿
葬未詳

規鍠次子　**觀沚**　字靜秋　號應三　清道光三年癸未三月初一日未時生　歿
未詳　葬下竹塅茶山裡屋前右沙垠下　妣謝氏　道光十年
庚寅五月初十日卯時生　歿葬未詳　生子一　三聘　嗣子

三麟入繼觀燮次子

百十七世

觀瑚長子 重威 派三厚 號叔勤 候選鹽大使 清咸豐八年戊午八月二十九日卯時生 歿未詳 妣朱氏 候選同知 棠圃公次子 清咸豐十年庚申六月十八日辰時生 歿未詳 生子一 平恪兼祧胞弟三鍱爲嗣 副室楊氏 清光緒十九年癸巳九月二十一日吉時生 生女二 長殤 次適

觀瑞嗣子 三鍱 號季誠 清同治四年乙丑二月初九日辰時生 清光緒十二年丙戌三月二十四日巳時歿 妣黃氏 清同治九年庚午正月初八日子時生 清光緒十四年戊子十二月十九日戌時歿 夫婦合葬泰鄉七都上竹塅楓樹壠坤艮兼申寅 祧子 平恪 以胞兄三厚之子兼祧爲嗣

觀瑞嗣子 三畏 號仲寬 大學生 清咸豐六年丙辰五月二十二日申時生 光緒十二年丙戌四月十七日午時歿 葬湖南平江縣袁鄉鄭段未丑兼丁癸 妣張氏 江蘇嘉定縣翰林院編修 湖南永州府知府 修府公女 清咸豐六年丙辰三月十五日吉時生 清光緒二十八年壬寅七月十七日未時歿 葬新建縣青山趙

家塘　生子一　覃恪　副室尹氏　湖南長沙縣人　生女二　長適同里朱甲生　次適江蘇無錫縣　孫揭英

觀善長子　三立　號伯嚴　清同治十年辛未入州學　清光緒壬午科舉人　丙戌科進士　吏部主事考功司行走　清咸豐三年癸丑九月二十一日子時生　民國二十六年丁丑八月初十日酉時歿　暫厝北平長椿寺　原配武甯羅氏　清咸豐辛亥科舉人　四川雅州府知府　亨奎公女　清咸豐五年乙卯十一月初二日吉時生　清光緒六年庚辰十月初五日午時歿　葬湖南平江縣東鄉蟠龍山瓦子灣對面坤艮兼未丑　生子一　衡恪　同良殤　繼配俞氏　浙江山陰縣　清咸豐辛亥科舉人　湖南補知縣歷署興甯東安縣事　文葆公女　清同治四年乙丑七月二十八日卯時生　生子四　隆恪　寅恪　方恪　登恪　生女三　長適安徽合肥縣張宗義　次待字　三適四川興文縣薛琛錫　妣俞氏民國十二年癸亥六月二十九日申時歿

觀仁嗣子　三明　字玉石　清光緒十二年丙戌十二月十八日辰時生　歿未詳　葬上竹塅石塥里

觀喜之子　三亮　殤

觀喜嗣子 三二桂 名普洲 字月秋 號恕賓 光緒五年己卯五月廿三日午時生 原配張氏 友恭女 清光緒八年壬午十月初一日辰時生 歿未詳 葬塲箬壠坳路下 生子一 恢烙 續配謝氏 光緒十年甲申九月二十一日酉時生 生女一 薌烙

觀伍長子 三二綱 字石生 號師孟 清光緒二十一年乙未正月初六日亥時生 清光緒二十七年辛丑七月十九日寅時歿 葬高圳里郭姓墳山後乾山巽向

觀伍次子 三二繼 清光緒二十五年八月初六日未時生 光緒辛丑年七月十六日戌時歿 葬未詳

觀五四子 三二谷 字竹蓀 清光緒二十七年辛丑十一月十二日戌時生 妣黃氏 生歿葬均未詳

觀路祧子 三二燾 生配嗣詳下

觀雲之子 三二燾 字德基 號濬源 清咸豐六年丙辰九月初四日酉時生 民國十七年戊辰十二月十一日戌時歿 妣葉氏 才珊女 清咸豐四年甲寅九月二十八日未時生 民國四年乙卯七月十九日戌時歿 葬泰鄉七都上竹壇梓樹塢丁癸兼午子 生子

義門陳氏宗譜　民國癸未重修　光裕堂

四　正恪　齊恪殀　恭恪　林恪　生女四　長適黃效谷
次適謝長清　三適黃奎金　四適洪華觀

覲森祧子　三祝　字華封　生歿嗣詳下

覲曦長子　三祝　字華封　清光緒六年庚辰五月十三日吉時生　妣葉氏　清
光緒五年己卯九月十七日酉時生　民國二十五年丙子五月
初七日巳時歿　生子一　廷恪　生女三　長適葉　次適黃

三殤

覲曦次子　三讓　字友恭　清光緒十二年丙戌六月二十四日丑時生　歿未詳

覲繹之子　三達　字養賢　號孟疇　清咸豐七年丁巳十二月初七日酉時生
民國十八年庚午二月初八日巳時歿　葬泰鄉七都下竹段長
坑子對門磨形墩　妣葉氏　才心女　清咸豐八年戊午八月
二十五日未時生　民國十六年戊辰十二月二十一日亥時歿
葬長坑子屋背　生子一　嚴恪　生女二　長適武邑劉守道
次適賴招金

覲墀祧子　三達　字養賢　號孟疇　生妣歿葬嗣詳上

㉜

觀彥之子 三恒 清光緒元年乙亥十二月二十五日卯時生 清光緒三十一年乙巳八月十八日午時歿 葬學堂坪丑未兼艮坤 妣黄氏清光緒二年丙子三月十七日子時生 民國十四年乙丑九月初四日寅時歿 生子二 森俗 才俗出繼與堂兄三園爲嗣

觀祥之子 三園 字典謨 清道光二十四年甲辰十二月十九日亥時生 民國六年丁巳十二月初八日卯時歿 葬長坑菜園里 嗣子一 才俗入繼三恒次子爲嗣

觀嵐祧子 三信 生歿嗣詳下

觀展祧子 三信 生歿嗣詳下

觀章長子 三信 民國元年壬子三月初九日亥時生 歿葬未詳 祧子 然俗 以親兄三省次子兼祧

觀圖長子 三省 字學增 清光緒十年甲申七月十七日未時生 配謝氏 清光緒十三年丁亥五月初八日未時生 生子二 輝俗 然俗 兼祧親弟三信爲嗣 生女二 長適劉運成 次適謝海山

觀圖次子 三友 字輔仁 清光緒十二年丙戌八月三十日寅時生 清光緒十九年癸巳八月二十八日酉時歿 與弟三吾並葬義學門首丑

民國癸未重修

未兼丁癸　祧子　松恪以胞弟三仁之子兼祧

觀圖三子　三吾　字金生　清光緒十四年戊子五月初七日寅時生　清光緒十六年庚寅五月初二日子時歿　葬與兄三友並墓　祧子　松恪以胞弟三仁之子兼祧

觀圖四子　三仁　字肇元　清光緒十五年己丑十月十五日巳時生　讚曰　兄之爲人秉性剛直有志成家勤耕種植勞瘁不辭光陰是惜崇儉抑奢褐衣蔬食創置田園購買居室譜牒重修贊勷努力　族弟偉謨敬題　配黃氏　清光緒三十一年乙巳九月十五日辰時生　生子　松恪兼祧胞兄三友三吾胞弟三峯三人爲嗣

觀圖五子　三鼎　字玉盤　清光二十三年丁酉三月十三日亥時生　讚曰　緬維族兄秉性堅剛持家勤儉處世精詳事關保政協助有常逢人糾葛排解多方創置田產購買華堂重修宗譜極力贊勷　族弟偉謨敬題　子一　有恪

觀圖七子　三峯　清光緒三十二年丙午六月初一日亥時生　祧子　松恪　以胞兄三仁之子兼祧

觀書長子　三禮　清光緒二十一年乙未正月二十五日子時生

㉞

觀書次子 三品 清光緒二十六年庚子又八月初六日戌時生 歿未詳 配黃氏 光緒二十八年壬寅八月初十日戌時生

觀書三子 三道 清光緒二十九年癸卯八月十一日丑時生

觀宇嗣子 三鳳 清光緒二十四年戊戌十月十六日寅時生 配邱氏 民國十年辛酉九月初九日卯時生

觀樊長子 三吉 字有聲 清光緒八年壬午九月十八日亥時生 讚曰 卓哉吾弟稟性堅剛披荆斬棘艱苦備嘗自創田產致美倉箱路逢險峻相地酌量兼金修理慷慨解囊口碑載道不磬揄揚力培心地遺澤孔長 娶謝氏 光緒十四年戊子六月十九日亥時生 民國三十年辛巳正月初二日寅時歿 暫葬本里 生子一 文恪兼祧胞弟三麟為嗣 生女四 長殤 次殤 三適謝殤 四適林淼泉 續配羅氏 清光緒十年甲申十一月初三日午時生

觀泩嗣子 三麟 清光緒十三年丁亥七月十六日子時生 光緒三十四年戊申三月初八日亥時歿 葬泰鄉七都下竹塅牛崗裡屋背未山丑向 配賴氏 改醮 祧子 文恪以胞兄三吉之子兼祧

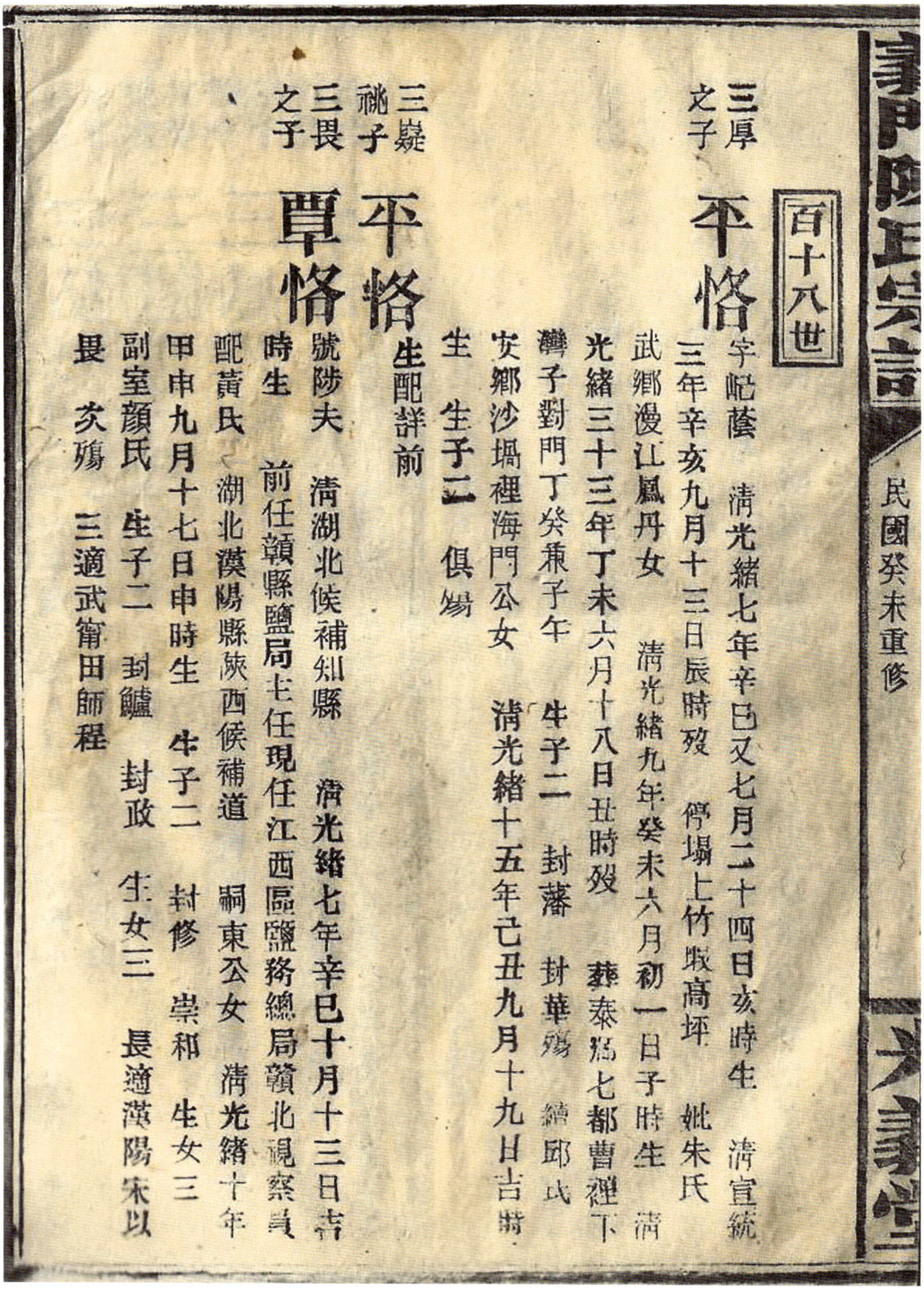

民國癸未重修

百十八世

三厚之子　平恪　字岵蔭　清光緒七年辛巳又七月二十四日亥時生　清宣統三年辛亥九月十三日辰時歿　停塌上竹塅高坪　妣朱氏　武鄉漫江鳳丹女　清光緒九年癸未六月初一日子時生　清光緒三十三年丁未六月十八日丑時歿　葬泰溪七都曹褆下灣子對門丁癸兼子午　生子二　封藩　封華殤　繼邱氏　安鄉沙堨裡海門公女　清光緒十五年己丑九月十九日吉時生　生子二　俱殤

三嶷祧子　平恪　生配詳前

三畏之子　覃恪　號陟夫　清湖北候補知縣　清光緒七年辛巳十月十三日吉時生　前任贛縣鹽局七任現任江西區鹽務總局贛北視察員　配黃氏　湖北漢陽縣陝西候補道嗣東公女　清光緒十年甲申九月十七日申時生　生子二　封修　崇和　生女三　副室顏氏　生子二　封驢　封政　生女三　長適漢陽朱以畏　亥殤　三適武甯田師程

三立長子 **衡恪** 號師曾 日本高等師範畢業教育部編緝審定員 清光緒二
年丙子二月十七日子時生 歿葬未詳 妣范氏 江蘇通州 清
廩貢生當世公女 清光緒二年丙子九月十六日吉時生 清
光緒二十七年辛丑五月十八日酉時歿 生子一 封可 封
懷 續妣汪氏 江蘇吳縣湖南長沙府知府鳳瀛公女 清光緒
二十一年乙未十一月二十五日吉時生 民國二年癸丑十一
月日卯時歿 葬新建青山搢家塘 再續黃氏 湖南湘潭縣
候補知府 某某公女 清光緒十四年戊子十二月 日寅
時生 生子二 封雄 封舉 封猷

三立次子 **同良** 生歿未詳 葬湖南省平江縣金坪

三立三子 **隆恪** 號彥和 日本大學校畢業 清光緒十四年戊子正月初四日
午時生 配喻氏 江西萍鄉縣翰林院庶吉士署浙江布政使甯
紹台兵備道 兆蕃公女 清光緒十七年辛卯三月 日酉
時生

三立四子 **寅恪** 號彥恭 德國大學校畢業 清光緒十六年庚寅五月十七日
寅時生 配唐氏 清光緒戊戌年五月初一日吉時生 生女三

三立五子 方恪 號彥通 時生 參議院秘書 清光緒十七年辛卯十一月初五日亥

三立六子 登恪 號彥上 學堂肄業生 配賀氏 清光緒二十三年丁酉正月十一日巳時生 北京大 清光緒戊申年二月初二吉時生 生子封烈

三桂長子 愾恪 字敬齋 生歿未詳

三桂次女 薌箴 字雪梅 山 民國十二年癸亥十二月初八日子時生 贅婿王春 民國十三年甲子正月二十日亥時生 日後生子兩姓各 半 生女一 封和

三畬長子 正恪 字整舫 號肇修 清同治十三年甲戌正月初三日亥時生 民國五年丙辰五月二十日申時歿 葬泰鄉七都下竹塅脈背 坤艮兼寅申 配羅氏 來崇女 清光緒二年丙子五月十三 日午時生 生子三 封建 封岱出繼胞弟齊恪 生女一 適 洪光全

三畬次子 齊恪 字平一 號禮儀 清光緒十年甲申十一月二十日丑時生 歿葬未詳 承頂規釪公 嗣子 封岱以胞兄正恪次子爲嗣

三燾三子 **恭恪** 字家讓 清光緒十四年戊子三月初三日酉時生 清光緒十四年戊子四月二十七日未時歿 葬下竹蝦塘堝裡辰戌兼乙辛 承頂規錕公祧子 封格以胞弟林恪之子兼祧

三燾四子 **林恪** 字茂棠 號竹廷 清光緒十五年己丑六月十五日午時生 歿未詳 妣賴氏 鳳文女 清光緒十九年癸巳八月二十四日午時生 歿葬未詳 生子一 封格兼祧胞兄恭恪 生女一 適黃方紀

三視之子 **廷恪** 字煥寅 號耀寰 民國元年壬子十一月十六日戌時生 妣黃氏 民國四年乙卯七月十九日丑時生 民國三十四年乙亥八月三十日亥時歿 續配韓氏 民國元年壬子二月十一日午時生 生子一 封嶽

三達之子 **嚴恪** 字正庭 清光緒十六年庚寅十二月二十五日卯時生 配范氏 昌發女 清光緒二十三年丁酉七月二十三日子時生 生子三 封泰 封嵩 封恆

三恆之子 **森恪** 清光緒二十六年庚子五月初八日未時生

三園嗣子 **才恪** 清光緒二十九年癸卯二月初一日巳時生

三信祧子　然恪　生庚詳下　此承頂觀風觀展觀章三人爲嗣

三省長子　輝恪　清宣統二年庚戌十月二十二日丑時生　民國二十九年庚辰十二月二十六日未時歿　暫葬本裡

三省次子　然恪　民國十二年癸亥五月二十八日丑時生

三友祧子　松恪　生庚詳下

三吾祧子　松恪　生庚詳下

三仁之子　松恪　民國十七年戊辰十月二十日子時生

三鼎之子　有恪　年月日時生

三峯祧子　松恪　生庚詳上

三吉之子　文恪　字蔚然　號光國　民國九年庚申十月二十一日子時生　修水縣立梯雲高小畢業　又江西私立一新中學肄業　譜曰

姪之賦性聰頴異常幼授句讀過目不忘畢業高小程度優良旋升中學有志自強適遭世變權作隱藏調持家道事事周詳結交友朋信義慇長重修譜牒努力贊勷　族叔偉謨敬撰　配何氏　繼寶女　民國五年丙辰十月初三日巳時生　生子二　封萬　封源

三麟祧子　**文恪**　字蔚然　號光國　生配詳前　生子　封源

百十九世

平恪長子　**封藩**　字鐘獨　號守安　清光緒二十八年壬寅十月二十九日吉時生　配賴氏改醮　生女一　鳳廣

覃恪長子　**封修**　清光緒三十年甲辰九月初五日丑時生　配　氏　年　月　日　時生　生子　效高　生女一

覃恪次子　**崇和**　生歿未詳

覃恪三子　**封鱸**　清宣統三年辛亥八月十九日丑時生　配　氏　年　月　日　時　生　生子一　平保

覃恪四子　**封政**　民國三年甲寅正月二十六日未時生　配　氏

義門陳氏宗譜　民國癸未重修

年　月　日　時生　生子　曉玉　生女一　曉美。

衡恪長子　封可　清光緒二十二年丙申二月十二日酉時生　前日本高等留學生
現德國留學

衡恪次子　封懷　清光緒二十六年庚子四月十八日子時生　金陵大學畢業英國
留學現任中正大學校教員　配張氏　湖南武岡人清宣統元年
二月十二日午時生　清華大學畢業　生子二　松虞　竹虞

衡恪三子　封雄　民國六年丁巳四月十八日未時生　燕京大學畢業　現任中央
銀行經濟研究處研究員

衡恪四子　封舉　民國七年戊午九月十一日丑時生　配　氏
年　月　日　時生

衡恪五子　封猷　字　民國十二年癸亥二月初八日吉時生　現輔仁大學肄業

登恪之子　封烈　字育武　民國二十五年丙子七月初七日吉時生

藩恪之女　封和　字親濤　民國二十九年庚辰四月初四日卯時生

正恪長子　封建　字華視　清光緒十八年壬辰十一月初九日戌時生　配謝氏　學
甫女　清光緒二十三年丁酉十一月二十日戌時生　祧子

㊷

繼虞以親弟封格之子兼祧

正格次子　封岱　字溢生　清光緒二十六年庚子三月十二日寅時生　民國二十四年乙亥八月初七日子時歿　祧子　繼虞以親弟封格之子兼祧

正格三子　封格　字伏生　清宣統三年辛亥六月二十四日辰時生　配謝氏
民國三年甲寅六月初六日卯時生　生子一　繼虞兼祧親兄
封建封岱二人爲嗣

廷格之子　封嶽　民國二十七年戊寅二月十二日子時生

嚴格長子　封泰　字玉山　民國七年戊午十月二十三日亥時生

嚴格次子　封嵩　字筱山　民國十四年乙丑五月十一日辰時生

嚴格三子　封恆　字朗山　民國十七年戊辰十月二十六日亥時生　配葉氏
民國二十年辛未三月初八日戌時生

文格長子　封萬　字希白　民國二十六年丁丑十月初四日辰時生　配葉氏
炳林女　民國二十三年甲戌二月十七日酉時生

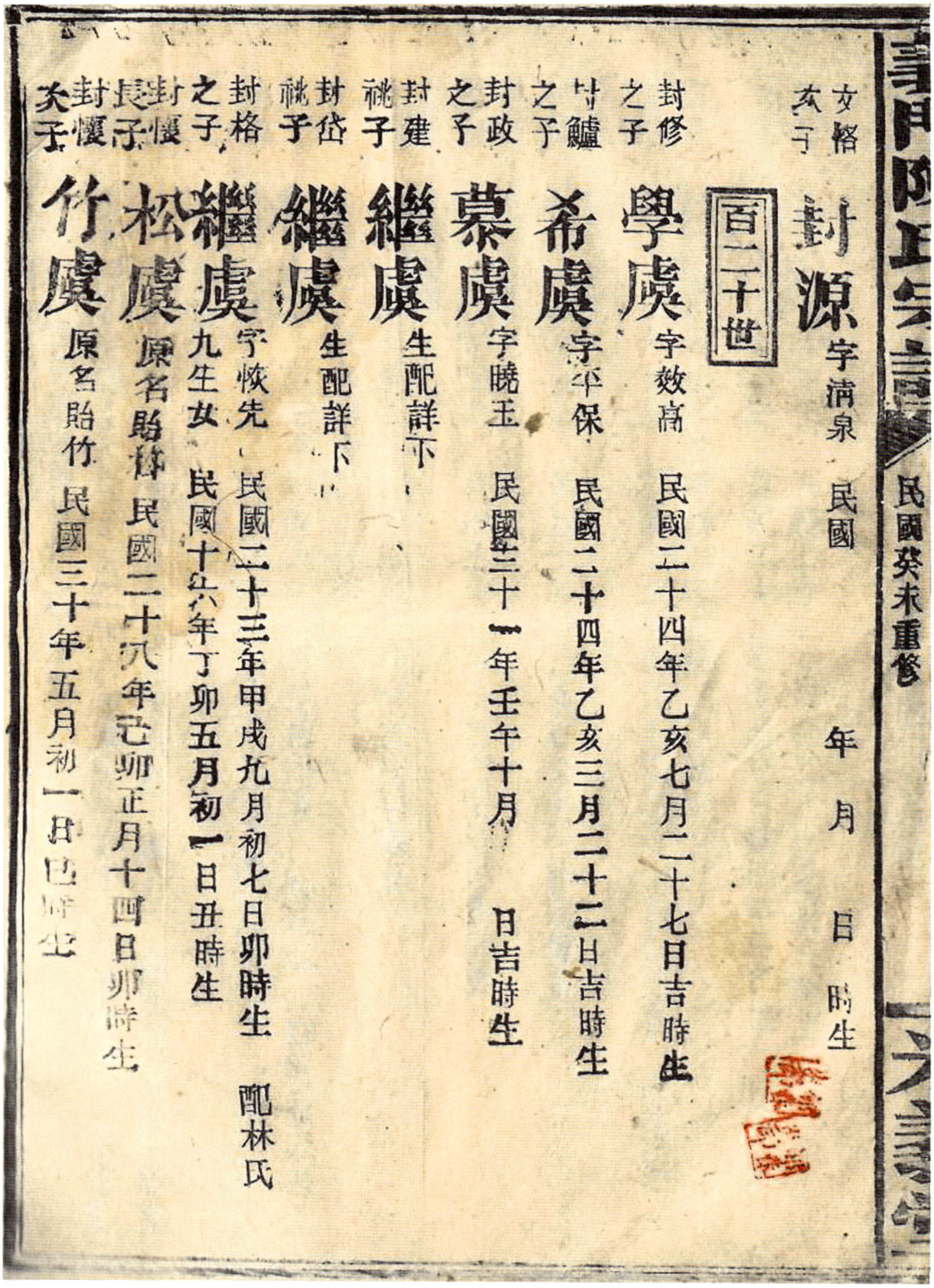
民國癸未重修

百二十世

文格次子 封源 字清泉 民國 年 月 日 時生

封修之子 學虞 字效高 民國二十四年乙亥七月二十七日吉時生

封鑪之子 希虞 字平保 民國二十四年乙亥三月二十二日吉時生

封政之子 慕虞 字曉玉 民國三十一年壬午十月 日吉時生

封建祧子 繼虞 生配詳下

封岱祧子 繼虞 生配詳下

封格之子 繼虞 字恢先 民國二十三年甲戌九月初七日卯時生 配林氏
九生女 民國十六年丁卯五月初一日丑時生

封懷長子 松虞 原名貽梓 民國二十八年己卯正月十四日卯時生

封懷次子 竹虞 原名貽竹 民國三十年五月初一日巳時生

㊹

- 克修
  - 观章 —— 三信(殇)
  - 规铸
    - 观图
      - 三省
        - 辉恪
        - 然恪
        - 女二
      - 三友 —— 松恪(兼祧)
      - 三吾 —— 松恪(兼祧)
      - 三仁
        - 真恪
        - 松恪
      - 三鼎 —— 明恪 —— 封荣(祧)
      - 三凤(出继)
      - 三峰
        - 松恪(兼祧)
      - 女三
    - 观书
      - 三礼
      - 三品
      - 三道
      - 女二
    - 观宇
      - 三凤(入继)
      - 女三
    - 规锡
      - 观燮
        - 三吉
          - 文恪
            - 封万(希白)
              - 放虞(利斌)
              - 效虞(陆斌)
              - 光虞(立斌)
              - 辉虞(益斌)
              - 女三
            - 封源
          - 女二
        - 三麟(出继)
        - 女二
      - 女二
    - 女二
- 公陛
  - 德宽
    - 规鍠
      - 观美
      - 观沚 — 三麟(入继) — 章恪
      - 女三
    - 女二
  - 德常
    - 规鋗(入继)
    - 女二
  - 德济
    - 规钜
    - 女二
  - 德广
    - 规德
    - 规铨
    - 规镇
    - 规鋗(出继)
    - 女三
  - 女六

① 注：此表依据民九(1920)五修谱、民三十二(1943)六修谱、1994年七修谱的世系册编制而成。

义宁陈氏文献史料丛书

陈寅恪家族史料整理研究

CHEN YIN KE JIA ZU SHI LIAO ZHENG LI YAN JIU

下

刘经富 编著

上海古籍出版社

嘉庆十三年首修祠志

嘉慶十三年冬月梓

光裕堂祠譜

延陵其祥

首修祠志目录

陳氏祠譜總目

祠照

祠記序

祠宇圖

祠規

祠儀附祭文贊禮

分胙

獎賞

大祖牌附進主年月日時山向分金

陳氏祠譜 總目

①

②

州府印照

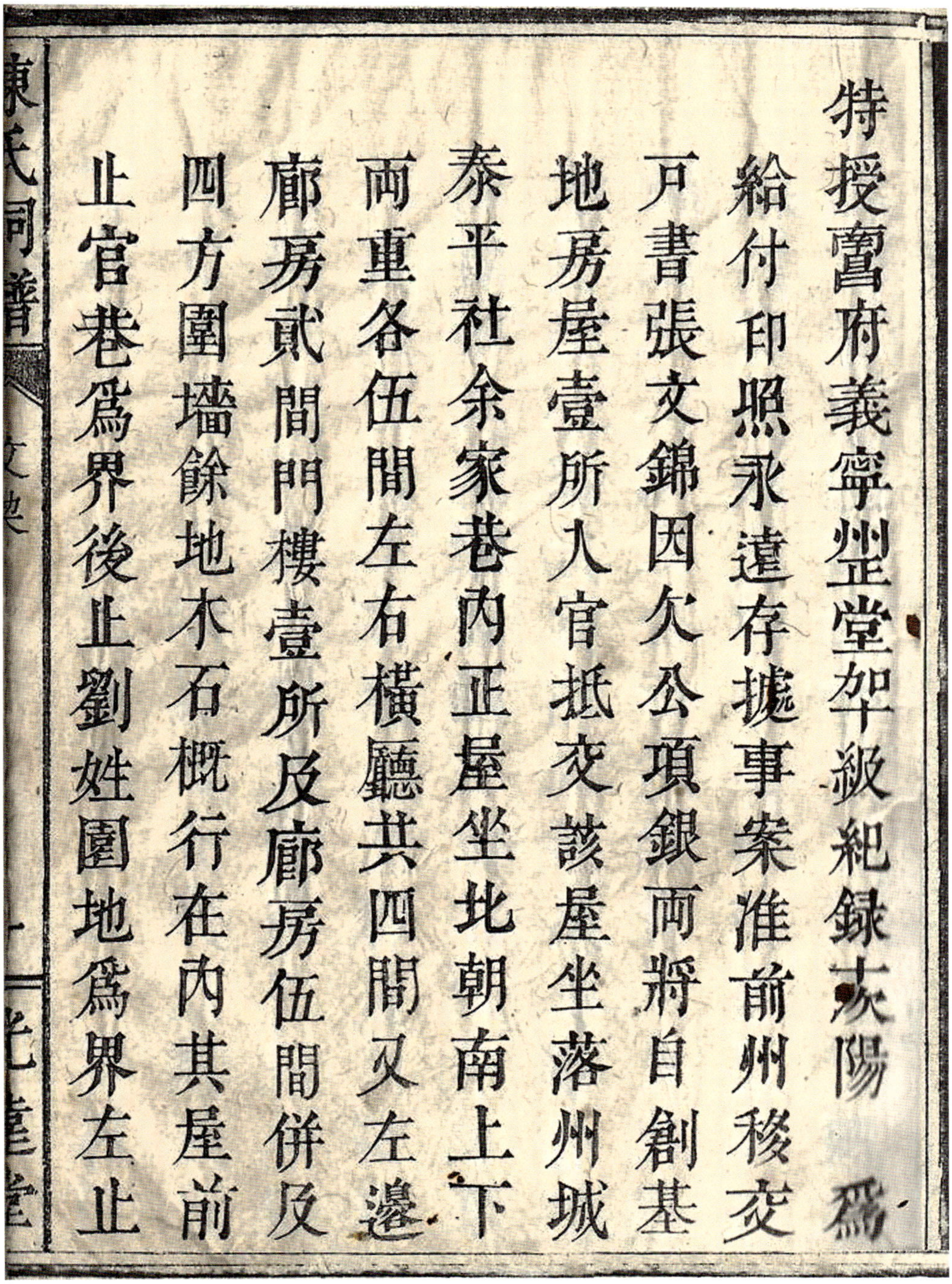
特授甯府義寧州正堂加級紀録太陽　爲
給付印照永遠存據事案准前州移交
戶書張文錦因欠公項銀兩將自創基
地房屋壹所入官抵交該屋坐落州城
泰平社余家巷內正屋坐北朝南上下
兩重各伍間左右橫廳共四間又左邊
廊房貳間門樓壹所及廊房伍間併及
四方圍墻餘地木石概行在內其屋前
止官巷爲界後止劉姓園地爲界左止

陳氏祠譜　文契　十　光裕堂

①

官巷爲界右止軍署隨墻直出爲界四
界清晰迭經出示召買在案玆據州民
陳遺經戶丁廪生陳光祖監生陳克繩
生員陳光縉監生陳玉文職員陳裕陳
利賓等具呈繳銀陸百伍拾兩整前來
承買爲祠據此除詞批示外其銀當經
照數兑收完足合行給照管業爲此照
給該業戶陳遺經等即將前項房屋基
地收管永遠爲祠管業在後任從陳姓

②

照界劃新葺舊如有地棍混行爭阻即
執照稟官究治此照
右給義寧州民陳遺經戶丁陳仲裔族衆等准此
運生
繖聲
嘉慶七年十月　十五　日給

③

校录

祠照

特援南昌府义宁州正堂加十级纪录十次阳为给付印照、永远存据事：案准前州移交户书张文锦，因欠公项银两，将自创基地房屋壹所入官抵交。该屋坐落州城泰平社余家巷内，正屋坐北朝南，上下两重各伍间，左右横厅共四间。又左边廊房二间，门楼壹所及廊房伍间，并及四方围墙余地木石概行在内。其屋前止官巷为界，后止刘姓园地为界，左止官巷为界，右止军署随墙直出为界。四界清晰，迭经出示召买在案。兹据州民陈遗经、户丁廪生陈光祖、监生陈克绳、生员陈光缙、监生陈玉文、职员陈裕、陈利宾等具呈，缴银陆百伍拾两整，前来承买为祠。据此除词批示外，其银当经照数兑收完足，合行给照管业。为此照给该业户陈遗经等，即将前项房屋基地收管，永远为祠管业。在后任从陈姓照界创新葺旧，如有地棍混行争阻，即执照禀官究治。此照

右给义宁州民陈遗经户丁陈仲裔、运生、徽声族众等准此，嘉庆七年十月十五日给

光远堂陈氏合修祠谱引言

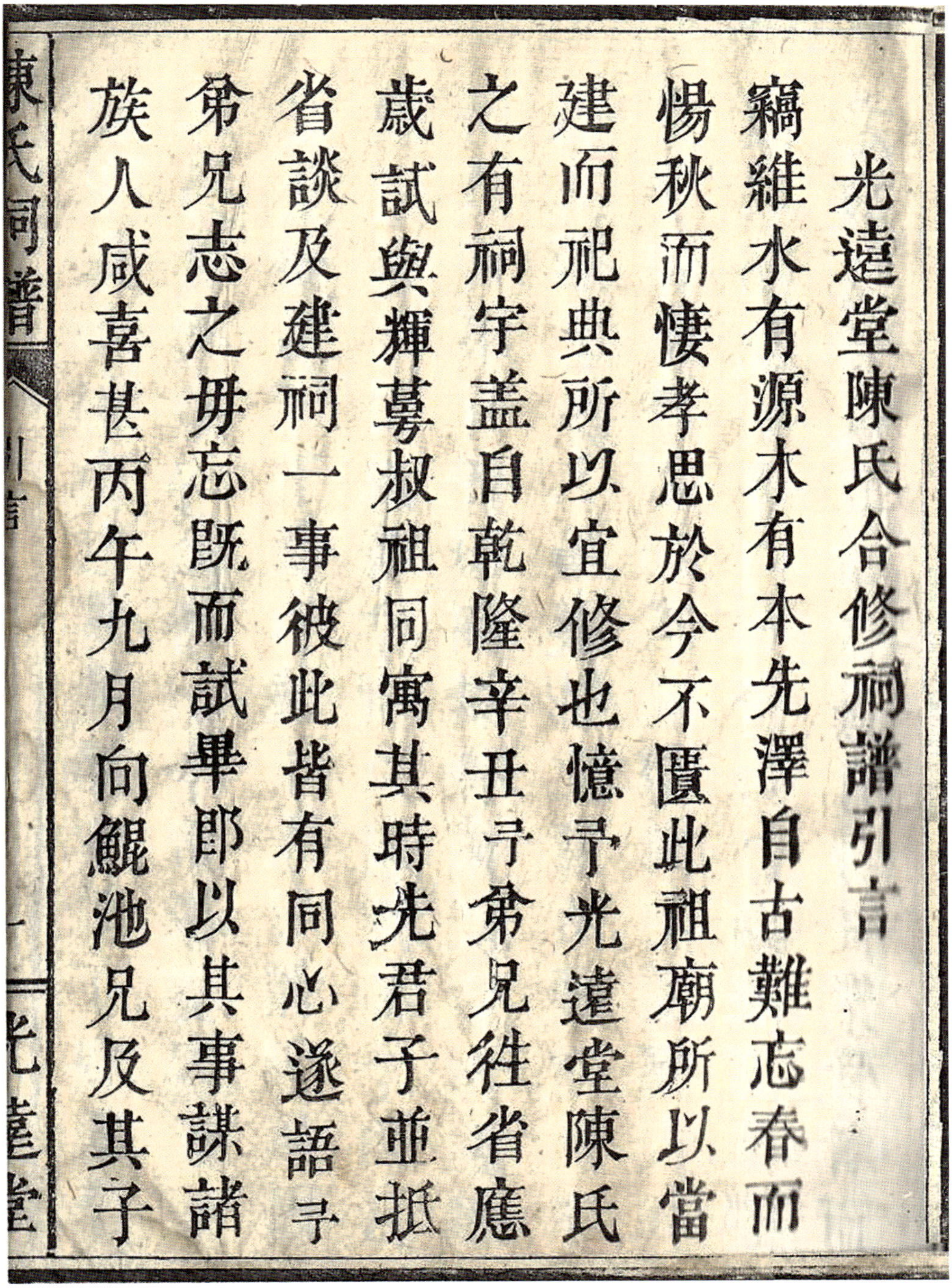
光遠堂陳氏合修祠譜引言

竊維水有源木有本先澤自古難忘春而惕秋而悽孝思於今不匱此祖廟所以當建而祀典所以宜修也憶予光遠堂陳氏之有祠宇蓋自乾隆辛丑予弟兄往省應歲試與輝萼叔祖同寓其時先君子並抵省談及建祠一事彼此皆有同心遂語予弟兄志之毋忘既而試畢即以其事謀諸族人咸喜甚丙午九月向鯤池兄及其子

陳氏祠譜　引言　一　光遠堂

①

紹亭昆季相商尤爲鼎諾當於丁粮派費
外另書樂助〻遂偕紹亭弟黻聲遍走各
支登樂助不下數百歲丁未〻館銅城因
便道付簿於輝蕚宗訓二叔祖顧〻而喜
俱以首事自任而銅城仲裔叔祖尤願總
領其鄉之族人事幾作之將有成矣迨辛
亥〻館崇勝宗訓叔祖諄諄於隨寫隨收
隨收隨放寄書叮嚀〻乃訂期設席延鄉
之族屬責成其事竟無有身任樂受者而

②

其事遂寢厥後辛酉六月先君徃探紹亭又與言及州城建祠事紹亭乃毅然曰天下事弗肩孰荷弗爲胡成此必邀運生叔祖方能玉成羨舉遂專人請至家編立各鄉首事於壬戌二月首以其事集州城會議無所適旣而四六八等月疊次胥宇然終莫決所從而紹亭獨注意於余家巷公屋與弓弟丙垣見相合喜衆志僉同無有歧議者爰是晉謁　州主陽公始請給示

繼立定紙經於十月十五日遂給印照此予光遠堂陳氏祠宇之所由成也獨是祠既成而修飾潤色之功動以年計誰與堪者幸紹亭念宗功體族力不惜淹羈祠內凡諸公件次第畢就因而聞風入祠者甚衆遂卜吉於癸亥年十一月初五日申時登　列祖之神主合各支之香火而祖廟之規模於是乎粗備矣至於祠之支用自興役以來俱紹亭董之一由一入毫無差

④

錯他如祠之存銀併添蒸費皆擇殷實生放行見權子計母積有多金意欲置產收租永無廢祀語云保世滋大諸首其共勉之後有賢能由是役而擴大焉不更有深望乎茲偕合修祠譜爰署紀其本末以弁諸首

嘉慶十三年歲次戊辰　重陽日

裔孫歲貢生光祖薰沐拜撰

校录

光远堂陈氏合修祠谱引言

窃维水有源、木有本，先泽自古难忘；春而惕，秋而凄，孝思于今不匮。此祖庙所以当建而祀典所以宜修也。忆予光远堂陈氏之有祠宇，盖自乾隆辛丑，予弟兄往省应岁试，与辉萼叔祖同寓。其时先君子并抵省，谈及建祠一事，彼此皆有同心，遂语予弟兄志之毋忘。既而试毕，即以其事谋诸族人，咸喜甚。丙午九月，向鲲池兄及其子绍亭昆季相商，尤为鼎诺，当于丁粮派费外另书乐助。余遂偕绍亭弟徽声遍走各支，登乐助不下数百。

岁丁未，余馆铜城，因便道付簿于辉萼、宗训二叔祖，顾予而喜，俱以首事自任。而铜城仲裔叔祖尤愿总领其乡之族人，事几作之，将有成矣。迨辛亥，余馆崇胜，宗训叔祖谆谆于随写随收、随收随放，寄书叮咛。予乃订期设席，延乡之族属，责成其事，竟无有身任乐受者，而其事遂寝。厥后辛酉六月，先君往探绍亭，又与言及州城建祠事。绍亭乃毅然曰："天下事弗肩孰荷，弗为胡成。此必邀运生叔祖方能玉成美举。"遂专人请至家，编立各乡首事。于壬戌二月首以其事集州城会议，无所适。既而四六八等月迭次胥宇，然终莫决所从。而绍亭独注意于余家巷公屋，与予弟丙垣见相合。喜众志佥同，无有歧议者。爰是晋谒州主阳公，始请给示继立定纸，终于十月十五日遂给印照。此予光远堂陈氏祠宇之所由成也。

独是祠既成，而修饰润色之功，动以年计，谁与堪者。幸绍亭念宗功、体族力，不惜淹羁祠内。凡诸公件，次第毕就，因而闻风入祠者甚众。遂卜吉于癸亥年十一月初五日申时登列祖之神主，合各支之香火，而祖庙之规模于是乎粗备矣。至于祠之支用，自兴役以来，俱绍亭董之。一出一入，毫无差错。他如祠之存银并添烝费，皆择殷实生放，行见权子计母，积有多金，意欲置产收租，永无废祀。语云"保世滋大"，诸首事其共勉之。后有贤能，由是役而扩大焉，不更有深望乎？兹值合修祠谱，爰略纪其本末以弁诸首。

嘉庆十三年岁次戊辰重阳日，裔孙岁贡生光祖薰沐拜撰

光远堂陈氏祠谱序

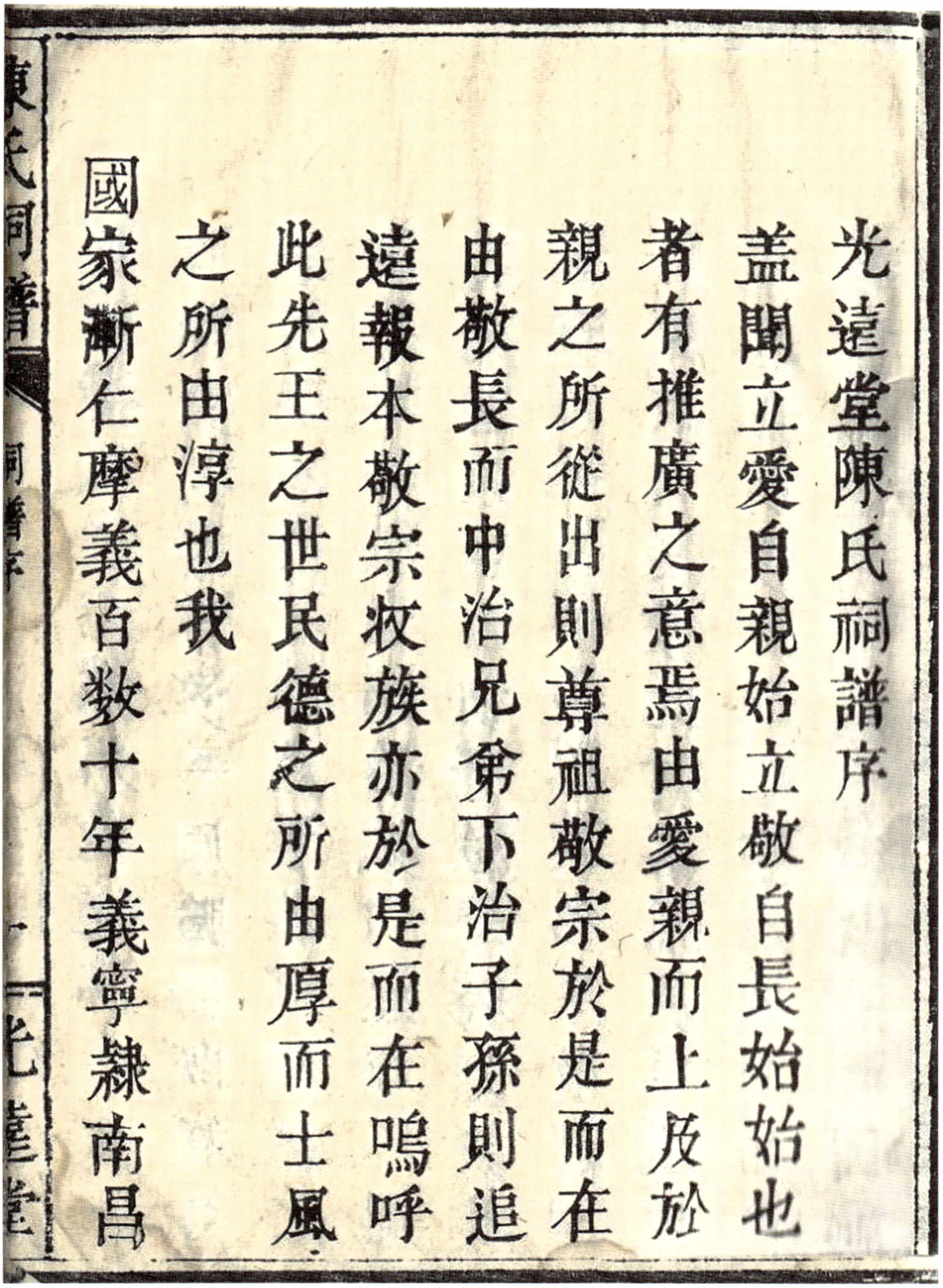
光遠堂陳氏祠譜序

盖聞立愛自親始立敬自長始始也者有推廣之意焉由愛親而上及於親之所從出則尊祖敬宗於是而在由敬長而中治兄弟下治子孫則追遠報本敬宗收族亦於是而在嗚呼此先王之世民德之所由厚而士風之所由淳也我

國家漸仁摩義百数十年義寧隸南昌

陳氏祠譜　祠譜序　一　光遠堂

①

首屬嚮風從先然州境遼濶多山戶
口稠繁其勢常涣平原曠野既稀名
宗鉅族不能不散處于各鄉都鄙之
間其地勢然也州治城内建祠以祀
其先者以百計初予涖學時頗訝其
多既而悉其情形以族多星散建祠
必在城而後彼此村落無所争道里
遠近無所較然則祠宇之盛尚足占
族誼風氣之古況乎祠既成而因祠

②

以致其孝享因祠以序其昭穆猶有親睦之遺規乎光遠堂陳氏于州城之余家巷建立祖祠屹然鉅麗觀也落成於嘉慶癸亥茲復有祠譜之役其宗長明經兖軒偕其族屬大學生紹亭玉文庠生丙垣職員敬貽及仲裔運生等詣講堂問序予爲詢其祠系與建祠滙修之由曰生等先世或由閩或由廣或由本省之外郡來居

是邦論其地遠近分也語其時先後
別也隸籍於茲遠者百餘年近亦七
八十年我子姓異派同源蕃衍日增
散處於各鄉者非祠無以昭其萃非
有祠而更聯以譜無以保其溯初則
費無所出既而丁粮兩派外復多方
會計以厚其藏今歷年既久貲亦稍
裕祠與譜後先告成散之則分處八
鄉合之則滙歸一本無濫無遺以展

④

親睦之誼斯則祠譜落成之衆志也
于闢而嘉之日祠以萃祖考之精神
譜以聯子孫之氣脉春秋霜露羣昭
羣穆咸在而不失其倫焉孝弟之心
可油然而生非敬宗收族之明效哉
吾觀陳氏諸子明經而外列吾學中
以及圜橋觀聽之士莫不具文章華
國望而其立身向學大致以務本重
實爲先茲祠譜成知所重本矣根之

沃者其枝茂將見人文蒼蔚拾巍科
高第爲斯牒增重者則庶幾光遠而
自他有耀也是爲序
嘉慶十三年戊辰歲菊月中浣穀旦
癸卯科鄉進士
例授文林郎挑選二等現任
南昌府義寧州學正即截取知縣加
一級臨川黃文粲拜譔

⑥

校录

光远堂陈氏祠谱序

盖闻立爱自亲始，立敬自长始。始也者，有推广之意焉。由爱亲而上及于亲之所从出，则尊祖敬宗于是而在；由敬长而中治兄弟，下治子孙，则追远报本敬宗收族亦于是而在。呜呼！此先王之世，民德之所由厚，而士风之所由淳也。

我国家渐仁摩义百数十年，义宁隶南昌首属，向风从先。然州境辽阔多山，户口称繁，其势常涣。平原旷野既稀，名宗巨族不能不散处于各乡都鄙之间，其地势然也。州治城内，建祠以祀其先者以百计。初，予莅学时，颇讶其多。既而悉其情形，以族多星散，建祠必在城，而后彼此村落无所争，道里远近无所较。然则祠宇之盛，尚足占族谊风气之古，况乎祠既成，而因祠以致其孝享，因祠以序其昭穆，犹有亲睦之遗规乎？

光远堂陈氏，于州城之余家巷建立祖祠，屹然巨丽观也。落成于嘉庆癸亥，兹复有祠谱之役。其宗长明经克轩偕其族属大学生绍亭、玉文、庠生丙垣、职员敬贻及仲裔、运生等诣讲堂问序。予为询其祠系与建祠汇修之由，曰"生等先世或由闽或由广或由本省之外郡来居是邦。论其地，远近分也；语其时，先后别也。隶籍于兹，远者百余年，近亦七八十年。我子姓异派同源，蕃衍日增，散处于各乡者，非祠无以昭其萃，非有祠而更联以谱，无以保其涣。初则费无所出，既而丁粮两派外，复多方会计，以厚其藏。今历年既久，赀亦稍裕，祠与谱后先告成。散之则分处八乡，合之则汇归一本。无滥无遗，以展亲睦之谊，斯则祠谱落成之众志也"。予闻而嘉之曰：祠以萃祖考之精神，谱以联子孙之气脉。春秋霜露，群昭群穆，咸在而不失其伦焉。孝弟之心，可油然而生，非敬宗收族之明效哉！吾观陈氏诸子，明经而外，列吾学中以及圜桥观听之士，莫不具文章华国望，而其立身向学，大致以务本重实为先。兹祠谱成，知所重本矣。根之沃者其枝茂，将见人文荟蔚，拾巍科高第为斯牒增重者，则庶几光远而自他有耀也。是为序。

嘉庆十三年戊辰岁菊月中浣　谷旦，癸卯科乡进士、例授文林郎、挑选二等、现任南昌府义宁州学正即截取知县加一级、临川黄文棨拜撰

光远堂陈氏祠谱记

光遠堂陳氏祠譜記
戴記稱君子將營宮室祖廟爲先廄庫
次之居室爲後古法庶人祭寢士以上
無不立廟唐王珪不作家廟致有司劾
知唐以前重家廟者尊而嚴祠廟以妥
祖靈必資譜牒以隆祖派譜牒者史之
別流也周官小史辨繫世奠昭穆法惟
舊晋摯虞始作族姓昭穆記後魏尤重
門第有四海大姓郡姓州姓縣姓之等

陳氏祠譜　祠譜記　一　光遠堂

①

隋書經籍志譜系篇諸州姓凡八江右得其四洪州諸姓譜九吉州諸姓譜八江州十一袁州又八盛矣哉詳莫如江右也江右風俗醇龐或聚居或散處靡不秩秩然有禮讓風故家廟之崇譜牒之修魏晉以來獨盛於天下分寧爲古艾邑隸南昌首稱風淳俗樸皆以祠譜爲重陳氏自胡公得姓以來稱著族州之東素閥閱州之西亦昌熾其挺然於

亥市之北名余家巷者則又光遠堂陳氏祠也鳩工庀材乃斵乃艧前堂後寢門廡階墀有嚴有翼甚覺斐然洵其由圖於始者明經君克軒策於終者大學生紹亭及其族之望仲裔運生而紹亭肩修潤績尤偉他如戮力同心先後贊襄諸君子指且不勝屈焉其臚之章條初一日祀主位以重淵源次二曰庋蒸祭以表孝思次三曰紀人丁以辨圖譜

③

次四曰别粮户以責飲助井匕然既公
既明子母相權法善前後皆宜可無弊
余以今歲試禮部南旋楗户歸養稔明
經克軒鐸於州圵不惜以丁粮核儲創
修祠譜屬爲記余惟保世滋大莫斯爲
先由祠譜之修上以祀宗祖明德而薦
馨香下以叙倫常一堂而敦族誼遠可
邇瀕可萃將來毓鳳山之秀咸奮發於
文章鍾修水之靈盃磨礱于事業其與

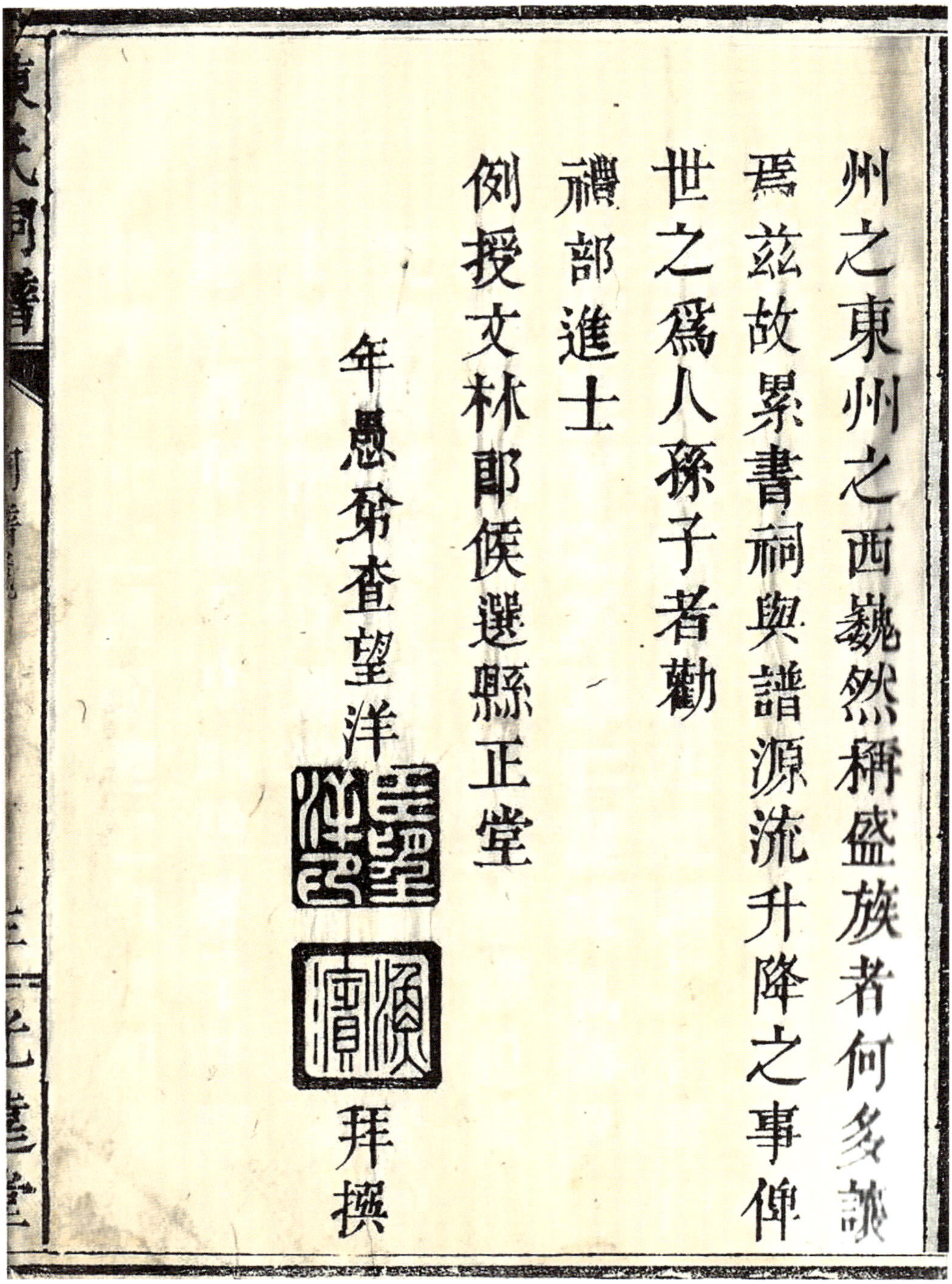
州之東州之西巍然稱盛族者何多讓
焉茲故纍書祠與譜源流升降之事俾
世之爲人孫子者勸
禮部進士
例授文林郎候選縣正堂
年愚弟查望洋拜撰

⑤

校录

光远堂陈氏祠谱记

《戴记》称："君子将营宫室，祖庙为先，厩库次之，居室为后。"古法：庶人祭寝，士以上无不立庙。唐王珪不作家庙，致有司劾，知唐以前重家庙者尊而严。祠庙以妥祖灵，必资谱牒以隆祖派。谱牒者，史之别流也。《周官·小史》"辨系世、奠昭穆"，法惟旧。晋挚虞始作《族姓昭穆记》，后魏尤重门第，有四海大姓郡姓州姓县姓之等。《隋书·经籍志·谱系篇》诸州姓凡八，江右得其四。洪州诸姓谱九，吉州诸姓谱八，江州十一，袁州又八，盛矣哉！详莫如江右也。江右风俗醇庞，或聚居、或散处，靡不秩秩然有礼让风。故家庙之崇，谱牒之修，魏晋以来，独盛于天下。

分宁为古艾邑，隶南昌首郡。风淳俗朴，皆以祠谱为重。陈氏自胡公得姓以来，称著族。州之东，素阀阅；州之西，亦昌炽。其挺然于亥市之北，名余家巷者，则又光远堂陈氏祠也。鸠工庀材，乃斫乃馥，前堂后寝，门庑阶墀，有严有翼，甚觉斐然。洵其由，图于始者明经君克轩，策于终者大学生绍亭及其族之望仲裔、运生，而绍亭肩修润绩尤伟。他如戮力同心，先后赞襄诸君子，指且不胜屈焉。其胪之章条，初一曰祀主位，以重渊源；次二曰虔蒸祭，以表孝思；次三曰纪人丁，以辨图谱；次四曰别粮户，以责资助。井井然既公既明，子母相权法善，前后皆宜，可无弊。

余以今岁试礼部南旋，楗户归养。稔明经克轩铎于州北，不惜以丁粮核储创修祠谱，属为记。余惟保世滋大，莫斯为先。由祠谱之修，上以祀宗祖，明德而荐馨香；下以叙伦常，一堂而敦族谊。远可迩，涣可萃。将来毓凤山之秀，咸奋发于文章；钟修水之灵，益磨砻于事业。其与州之东州之西巍然称盛族者，何多让焉。兹故累书祠与谱源流升降之事，俾世之为人孙子者劝。

礼部进士、例授文林郎、候选县正堂、年愚弟查望洋拜撰

陈氏祠谱序

陳氏祠譜　祠譜序　一

陳氏祠譜序

從來物本乎天人本乎祖尊祖故敬
宗敬宗故收族聖王之所以仁孝治
天下天下之所以仁讓成風俗胥由
此道也顧水源木本世遠難追派別
支分情跡莫合矧其離故鄉遷異地
卜居渙散人自爲家者乎此宗祠之
建所爲安祖考序昭穆聯子姓明人
倫萃一代之渙而使之相親相愛其

①

義至深且切也我陳氏系出於虞歷代名公之裔多蕃衍於閩粵因而拆處移居所在皆是即如江右之義寧州自閩來者不知凡幾自粵來者又不知凡幾碁布星羅未由序其世而聯其誼乃自乾隆辛丑以訖嘉慶壬戌二十年來合族先後會議公同捐金建祠於州城之太平社册蘉既成煙祀　列祖賴之曰光遠堂蓋取我

先世之于飛占卜吉協其昌亦以開
粵及寧而自他有耀也今歲秋駒以
公車北上赴應春闈我　同年酉山
先生蒞治茲土便道晉謁遂居停焉
觀其所以講求布治者惟諄諄以敦
孝弟篤宗族為先務故下車甫踰數
月而民即喁喁向風心竊慕之閱居
多暇　紹亭兄相招敘家世及建
祠始末欲編譜以系宗支囑一言為

陳氏祠譜　祠譜序

③

序駒喜曰此郎我同年仰體
聖天子仁孝之治而諄諄語誡者也　合
族諸君其深有契斯意乎溯源本於
無窮繫支派於一脉尊其祖敬其宗
收其族異域而敦桑梓之誼同堂而
叙長幼之倫肅肅雍雍師師濟濟行
見二方繼美三尭嗣徽義門之芳範
長留大郎之流風丕振光遠堂上霞
蔚雲蒸子子孫孫勿替引之是爲序

嘉慶十三年戊辰歲菊月　日梓

禮部進士

例授文林郎候選知縣裔孫之駒拜撰

陳氏祠譜　祠譜序　三　光[illegible]堂

⑤

校录

陈氏祠谱序

从来物本乎天，人本乎祖，尊祖故敬宗，敬宗故收族。圣王之所以仁孝治天下，天下之所以仁让成风俗，胥由此道也。顾水源木本，世远难追；派别支分，情疏莫合。矧其离故鄉，迁异地，卜居涣散，人自为家者乎？此宗祠之建所为安祖考，序昭穆，联子姓，明人伦，萃一代之涣而使之相亲相爱，其义至深且切也。

我陈氏系出于虞，历代名公之裔，多蕃衍于闽粤。因而析处移居，所在皆是。即如江右之义宁州，自闽来者不知凡几，自粤来者又不知凡几，碁布星罗，末由序其世而联其谊。乃自乾隆辛丑以讫嘉庆壬戌，二十年来，合族先后会议，公同捐金建祠于州城之太平社。丹雘既成，烟祀列祖，颜之曰“光远堂”，盖取我先世之于飞占卜，吉协其昌，亦以闽粤及宁，而自他有耀也。

今岁秋，驹以公车北上，赴应春闱，我同年酉山先生莅治兹土，便道晋谒，遂居停焉。观其所以讲求布治者，惟谆谆以敦孝悌、笃宗族为先务，故下车甫逾数月，而民即喁喁向风，心窃慕之。闲居多暇，绍亭兄相招，叙家世及建祠始末，欲编谱以系宗支，嘱一言为序。驹喜曰：“此即我同年仰体圣天子仁孝子之治，而谆谆诰诫者也，合族诸君其深有契斯意乎？”溯源本于无穷，系支派于一脉，尊其祖，敬其宗，收其族。异域而敦桑梓之谊，同堂而叙长幼之伦。肃肃雍雍，师师济济，行见二方继美，三尧嗣徽。义门之芳范长留，大邱之流风丕振。光远堂上霞蔚云蒸，子子孙孙，勿替引之。是为序。

嘉庆十三年戊辰岁菊月　日梓，礼部进士、例授文林郎、候选知县、裔孙之驹拜撰

光远堂陈氏祠记

光遠堂陳氏祠記

我陳氏祠光遠堂之名曷取乎爾取諸左傳紀陳敬仲光遠而自他有耀之語也竊維我陳氏自胡公封陳得姓受氏迨後敬仲奔齊而懿氏占其必昌且曰有嬀之後將育于姜蓋謂其由遷而保世滋大也兹我祠內子姓自康熙雍正以來或由閩由粵由本省外邑先後而遷寧邑者不下千百戶聚族于斯最爲

陳氏祠譜　祠記　一　光遠堂

①

蕃衍殆亦有敬仲之遺風焉乾隆辛丑歲克軒丙垣昆仲從其尊人健嵒宗長章城應試與輝萼宗長語及建祠一事皆有同心於是謀及銅城仲裔列宗長從謀及各鄉族衆從雖比經樂書數百金因未擇定善地而其銀未收故其事中止先君時常眷念不忘臨終猶諄諄囑（繩）必須與族人共成此舉直至辛酉歲健嵒宗長到予家復商及祠事爰與

運生列宗長商議章程逐添編各鄉宗
事編爲勸捐無不踴躍樂輸壬戌秋僉
州治之余家巷有入官屋宇一所出示
招買繩等見其地勢爽塏氣象崢嶸棟
宇墻垣俱屬樸素渾堅爰同族衆繳價
入官　州尊陽公給予印照執據而祠
宇遂定越癸亥春族人共商修葺之功
於是垣蓋之墮者墍茨之棟壁之舊者
丹雘之俄而潤澤豐美廟貌巍然改觀

③

矣擇吉是冬二陽月五日申時恭請祖
宗中主及各支牌位登座其在上者昭
穆嚴肅靈爽式憑其在下者少長恪恭
容止可觀爾時禮明樂舉幽明欣悅雍
雍肅肅濟濟蹌蹌甚盛舉也如是者數
年第思既有祠宇以妥先祖必有祠譜
以聯後人爰於今歲祠內復有修譜之
後舉克軒運生仲裔列宗長以董其事
緝亦承之襄理越數月而告成惟冀自

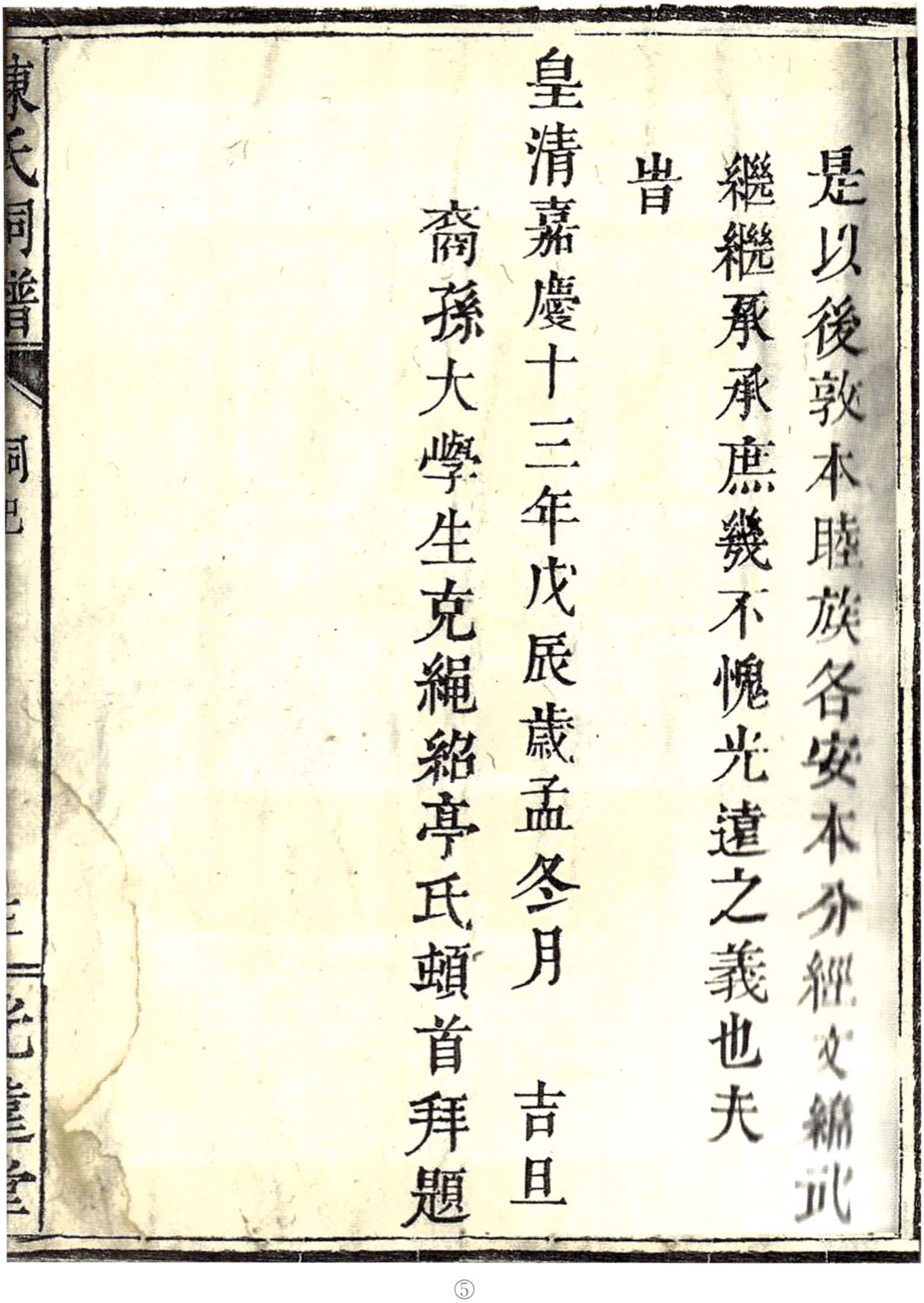

是以後敦本睦族各安本分經文緯武
繼繼承承庶幾不愧光遠之義也夫
旹
皇清嘉慶十三年戊辰歲孟冬月吉旦
裔孫大學生克繩紹亭氏頓首拜題

⑤

校录

光远堂陈氏祠记

我陈氏祠光远堂之名，曷取乎尔？取诸《左传》纪陈敬仲“光远而自他有耀”之语也。窃维我陈氏自胡公封陈得姓受氏，迨后敬仲奔齐，而懿氏占其必昌，且曰“有妫之后，将育于姜”，盖谓其由迁而保世滋大也。

兹我祠内子姓，自康熙、雍正以来，或由闽由粤由本省外邑，先后而迁宁邑者不下千百户。聚族于斯，最为蕃衍，殆亦有敬仲之遗风焉。乾隆辛丑岁，克轩、丙垣昆仲，从其尊人健岩宗长章城应试，与辉尊宗长语及建祠一事，皆有同心。于是谋及铜城仲裔，列宗长从；谋及各乡，族众从。虽比经乐书数百金，因未择定善地，而其银未收，故其事中止。先君时常眷念不忘，临终犹谆谆嘱绳，必须与族人共成此举。直至辛酉岁，健岩宗长到予家，复商及祠事。爰与运生列宗长商议章程，遂添编各乡首事，遍为劝捐，无不踊跃乐输。壬戌秋，会州治之余家巷有入官屋宇一所，出示招买。绳等见其地势爽垲，气象峥嵘，栋宇墙垣，俱属朴素浑坚。爰同族众缴价入官。州尊阳公给予印照执据，而祠宇遂定。

越癸亥春，族人共商修葺之功。于是垣盖之堕者塈茨之，栋壁之旧者丹雘之。俄而润泽丰美，庙貌巍然改观矣。择吉是冬二阳月五日申时，恭请祖宗中主及各支牌位登座。其在上者昭穆严肃，灵爽式凭；其在下者少长恪恭，容止可观。尔时礼明乐举，幽明欣悦，雍雍肃肃，济济跄跄，甚盛举也，如是者数年。第思既有祠宇以妥先祖，必有祠谱以联后人。爰于今岁祠内复有修谱之役举，克轩、运生、仲裔列宗长以董其事，绳亦承乏襄理，越数月而告成。惟冀自是以后，敦本睦族，各安本分，经文纬武，继继承承，庶几不愧光远之义也夫。

时皇清嘉庆十三年戊辰岁孟冬月　吉旦，裔孙大学生克绳绍亭氏顿首拜题

祠屋图

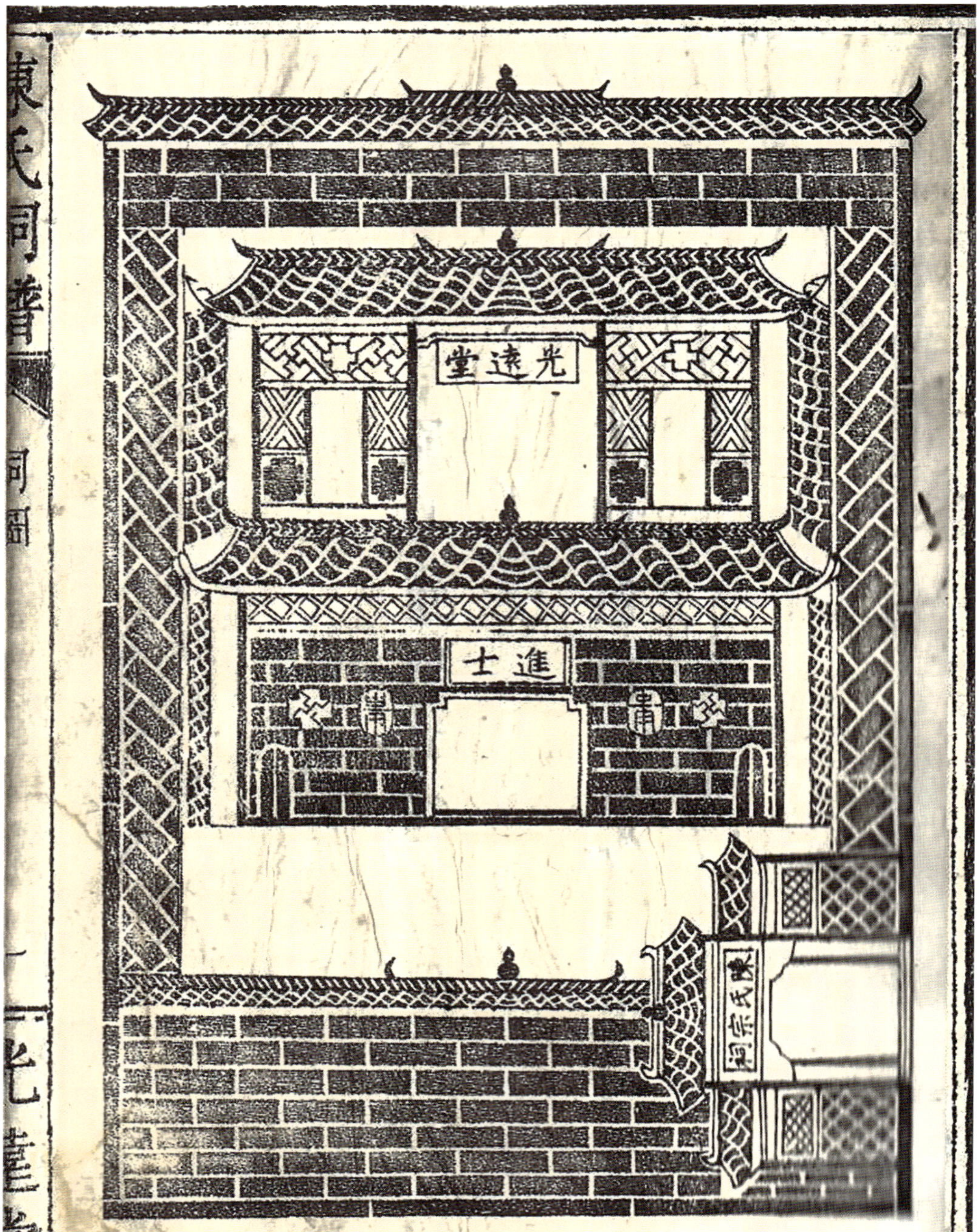

祠规

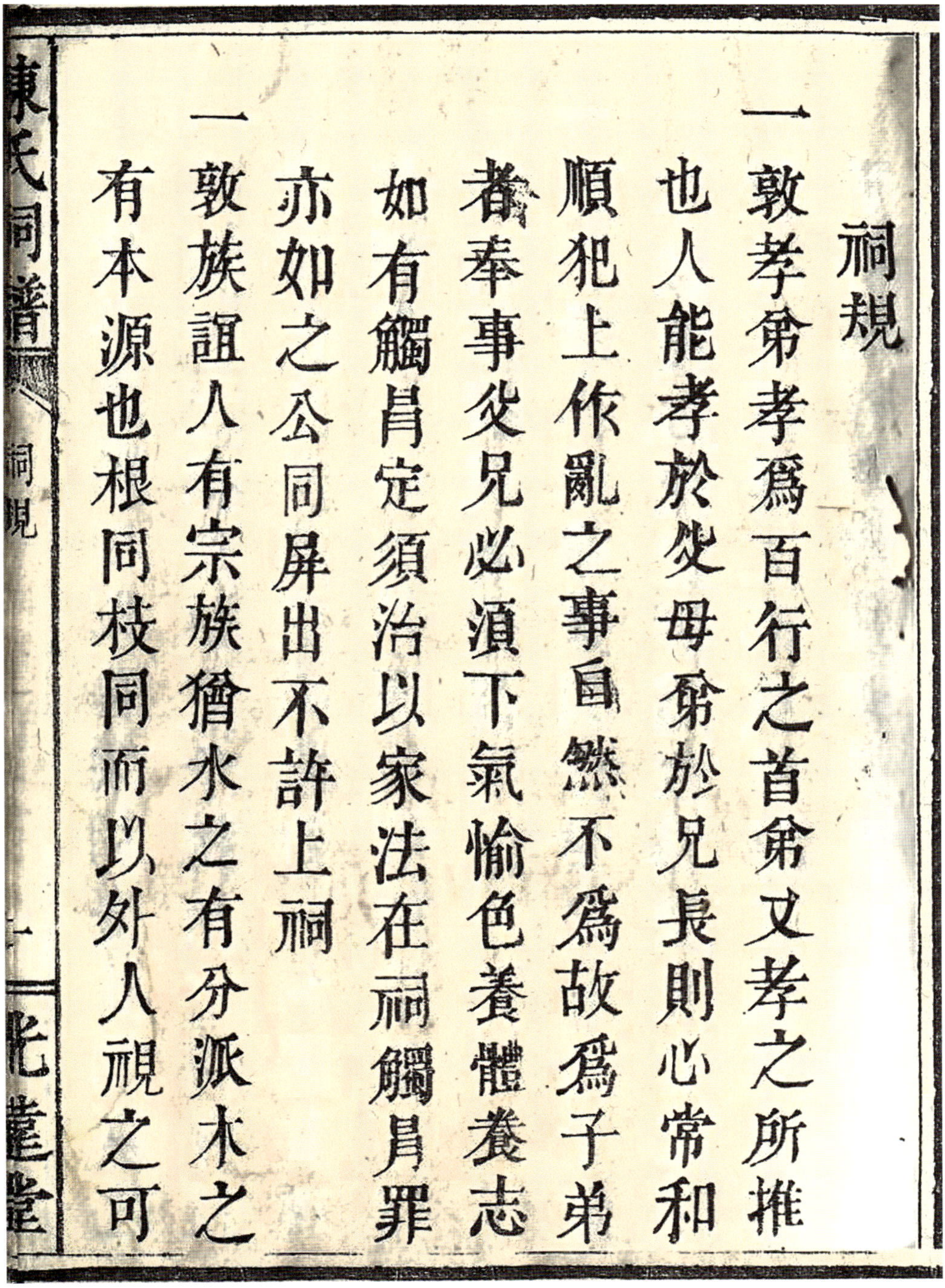

祠規

一敦孝弟孝爲百行之首弟又孝之所推也人能孝於父母弟於兄長則必常和順犯上作亂之事自然不爲故爲子弟者奉事父兄必須下氣愉色養體養志如有觸肙定須治以家法在祠觸肙罪亦如之公同屏出不許上祠

一敦族誼人有宗族猶水之有分派木之有本源也根同枝同而以外人視之可

陳氏祠譜　祠規　十一

①

乎故必患難相顧喜樂相慶賢能嘉之愚拙教之孤貧扶之爭競和之倘有忮求不化是非莫決必先到　祠憑族理判理判不公方許禀　官兩造俱不得在祠任宿違者公罰

一訓子弟人生事業自子弟之日始子弟不教後必流於匪爲故爲父兄者必須教以正道農工商賈各務其業無使游手好閑打牌賭錢如是者定須治以家

②

法至於聰慧之子弟惟必教以詩書斯學成而能利見有光於國有光於家亦即有光於宗祖如是者衆共議定另載獎賞規條

一謹帷薄男正位乎外女正位乎內正家而天下之理得大易之明訓也故須明微别嫌內外整肅倘有不修帷薄之政者不許上祠

一正婚配尊卑大小分不容逾倘有以妻

爲妾以妾爲妻及叔嫂轉爲配偶或無
故而棄妻者俱不許上祠
一正世系興滅繼絕古人不廢但須本房
本姓不許抱養異姓之子致亂宗支如
有此等後經查出其名字不得寫入祖
牌
一肅祠宇祖廟之修古人所重務宜整潔
無使嘈雜凡健訟之輩賭錢之人不許
囤留祠內如有在祠打牌及喧嘩震撼

④

者係族人經衆公酌係外人惟守祠人
是問重罰守祠之人
一重祀典每年十月十三致祭之期凡我
族人預日來祠務宜整肅衣冠以昭誠
敬之道毋得取便褻越先靈至於紳衿
務穿公服應試文童派作執事非真有
不得已之事不許一名不到其飲食係
衆供給不在派費之內年登七十以上
者與紳衿一體每名衆給夫役錢貳百

文餘皆十二晚起十四早止在祠飲食
以後各歸不歸者自辦惟管首多留二
日以便結賬

一綿祠費凡置買產業不拘大小每兩抽
銀壹分新添壹丁入錢壹百從前所寫
丁糧二費務照實數不許隱瞞如有隱
瞞管首未查罰管首本人不遵罰本人
倘有不遵將丁糧費扣除以後不許上
祠至于蒸會公同選舉殷實將印契過

⑥

押領放長年加壹伍算息不得推諉其
有未共蒸會者帮分金叁百文領簿登
席
一慎公舉嘗銀生放總簿公立十本別以
甲乙丙丁戊巳庚辛壬癸字様各支分
領首事各執一本每歲冬祭務宜各帶
入祠以便公同註明出入而執簿者亦
註明於底簿存祠庶免火后彷彿
一正公宇象建祖廟所以妥先靈并以便

私巳凡我族人應試完粮及有事來州
者俱許寓祠若欲於州城自尋生業亦
當於州城自尋寓所不許借寓祠內至
若外姓人等或有訟事雖係親屬亦不
得勾引入祠居止違者公罰不許上祠
一急公上古人云國課早完則家有餘樂
今祠宇寬敞有粮之家預日來祠將粮
米安頓如期輸納何等從容
一正首事凡總管值年辦理祠事各宜秉

⑧

公持正不得假公濟私因私廢公違者
公同屏出不許上祠
一修酒德祭畢而燕飲酒孔嘉但貴知節
無使過量至於號呶如是者罰於後永
不許預祠筵席
一正坐次祖廟之中昭穆原不容混坐次
亦不宜苟登席與燕必須少讓長卑讓
尊方成敬恭之道毋得僭踰貽人口實
一重公物祠內所置桌櫈器皿係值年管

首收貯加封至來年交遞下手不許私
借與人如有私借雖無損失亦係弊端
罰所借之物價三倍其有未經封貯者
守祠之人務宜珍重倘有損失照價賠
還

一慎祠據買祠印照印稿昔既公付克繩
收執族衆人繁不必輪領在收執者自
須矢公矢慎毋得有遺至一切底簿俱
存祠內

⑩

一祠譜共刋壹百捌拾本編列甲乙各支註名分領併記名于底簿存祠以杜混冐

巳上公議各件條規各支嗣裔務宜觸目警心凛遵恪遵毋違

校 录

祠 规

一敦孝弟。孝为百行之首，弟又孝之所推也。人能孝于父母，弟于兄长，则心常和顺，犯上作乱之事，自然不为。故为子弟者，奉事父兄，必须下气愉色，养体养志。如有触冒，定须治以家法。在祠触冒，罪亦如之。公同屏出，不许上祠。

一敦族谊。人有宗族，犹水之有分派，木之有本源也。根同枝同，而以外人视之可乎？故必患难相顾，喜乐相庆，贤能嘉之，愚拙教之，孤贫扶之，争竞和之。倘有忮求不化，是非莫决，必先到祠，凭祠理判。理判不公，方许禀官。两造俱不得在祠住宿，违者公罚。

一训子弟。人生事业，自子弟之日始。子弟不教，后必流为匪人。故为父兄者，必须教以正道。农工商贾各务其业，无使游手好闲，打牌赌钱，如是者定须治以家法。至于聪慧之子弟，必教以诗书，期学成而能利见，有光于国、有光于家，亦即有光于宗祖。如是者众共议定，另载奖赏规条。

一谨帷薄。男正位乎外，女正位乎内，正家而天下之理得，大《易》之明训也。故须明微别嫌，内外整肃。倘有不修帷薄之政者，不许上祠。

一正婚配。尊卑大小，分不容逾。倘有以妻为妾，以妾为妻，及叔嫂转为配偶，或无故而弃妻者，俱不许上祠。

一正世系。兴灭继绝，古人不废，但须本房本姓，不许抱养异姓之子，致乱宗支。如有此等，后经查出，其名字不得写入祖牌。

一肃祠宇。祖庙之修，古人所重，务宜整洁，无使嘈杂。凡健讼之辈，赌钱之人，不许囤留祠内。如有在祠打牌及喧哗震撼者，系族人，经众公罚；系外人，惟守祠人是问，重罚守祠之人。

一重祀典。每年十月十三致祭之期，凡轮值来祠赴席之人，务宜整肃衣冠，以昭诚敬之道。毋得取便，亵越先灵。至于绅衿，务穿公服。应试文童，派作执事，非真有不得已之事，不许一名不到。其饮食系众供给，不在派费之内。年登七十以上者，与绅衿一体，每名众给夫役钱贰百文。余皆十二晚起，十四早止，在祠饮食。以后各归，不归者自办。惟管首多留二日，以便结账。

一绵祠费。凡置买产业，不拘大小，每两抽银壹分。新添壹丁，入钱壹百。从前所写丁粮二费，务照实数，不许隐瞒。如有隐瞒，管首未查罚管首，本人不遵罚本人。倘有不遵，将丁粮费扣除，以后不许上祠。至于烝会，公同选举殷实，将印契过押领放，长年加壹伍算息，不得推诿。其有未共烝会者，帮分金叁百文，领筹登席。

一慎公举。尝银生放，总簿公立十本，别以甲乙丙丁戊己庚辛壬癸字样，各支分领首事各执一本。每岁冬祭，务宜各带入祠，以便公同注明出入，而执簿者亦注明于底簿存祠，庶免久后仿佛。

一正公宇。众建祖庙，所以妥先灵，非以便私己。凡我族人，应试完粮，及有事来州者，俱许寓祠。若欲于州城自寻生业，亦当于州城自寻寓所，不许借寓祠内。至若外姓人等，或有讼事，虽系亲属，亦不得勾引入祠居止。违者公罚，不许上祠。

一急公上。古人云国课早完则家有余乐。今祠宇宽敞，有粮之家，预日来祠，将粮米安顿，如期输纳，何等从容。

一正首事。凡总管值年办理祠事务，各宜秉公持正，不得假公济私，因私废公。违者公同屏出，不许上祠。

一修酒德。祭毕而燕，饮酒孔嘉。但贵知节，无使过量，至于号呶。如是者罚于后永不许预祠筵席。

一正坐次。祖庙之中，昭穆原不容混，坐次亦不宜苟。登席与燕，必须少让长，卑让尊，方成敬恭之道，毋得僭逾，贻人口实。

一重公物。祠内所置桌凳器皿，系值年管首收贮加封，至来年交递下手，不许私借与人。如有私借，虽无损失，亦系弊端，罚所借之物价三倍。其有未经封贮者，守祠之人务宜珍重，倘有损失，照价赔还。

一慎祠据。买祠印照印稿，昔既公付克绳收执，族众人繁，不必轮领。在收执者自须矢公矢慎，毋得有遗。至一切底簿，俱存祠内。

一祠谱共刊壹百捌拾本，编列甲乙，各支注名分领，并记名于底簿存祠，以杜混冒。

已上公议各件条规，各支嗣裔务宜触目警心，凛遵恪遵勿违。

祠仪

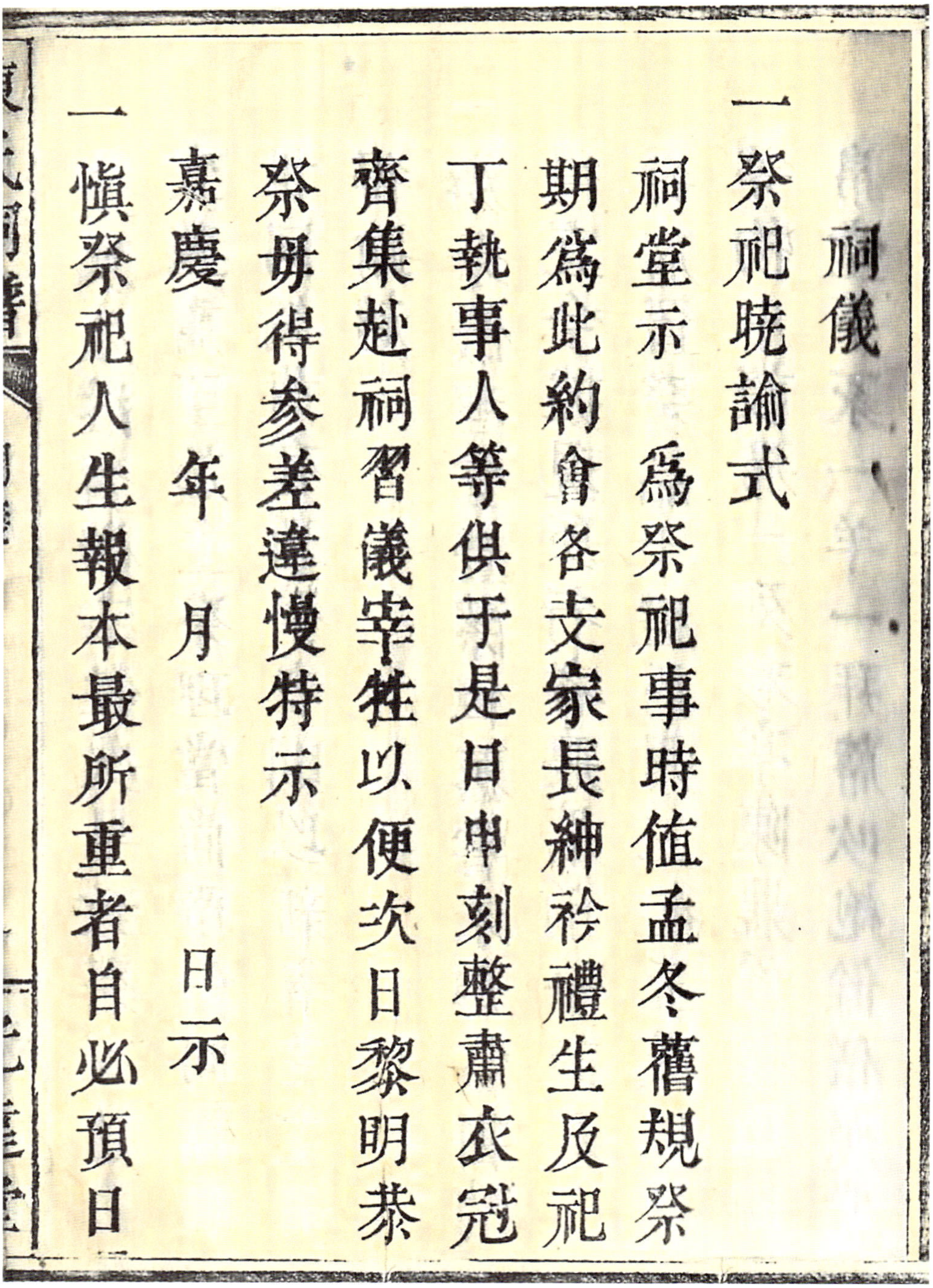

祠儀

一祭祀曉諭式

祠堂示　爲祭祀事時値孟冬舊規祭期爲此約會各支家長紳衿禮生及祀丁執事人等俱于是日申刻整肅衣冠齊集赴祠習儀宰牲以便次日黎明恭祭毋得參差違慢特示

嘉慶　年　月　日示

一愼祭祀人生報本最所重者自必預日

①

齋戒沐浴習儀宰牲次早致祭衣冠務宜整肅至於主祭理當尚爵爵同論世世同論齒有新發者則以新者主之毋得踰越

一辦祭儀理宜豐潔但蒸嘗未厚當斟酌得宜今據現所行者寢廟前平設席二每席置祭品十盤內用三牲五菓時食等物中設席一列彩亭陳鼎爵檀爐燭帛堂下豕一羊一拜席吹炮餘儀照常

②

一儀注

習儀 宰牲

通贊 擊鼓 就位 參神 鞠躬凡三

拜興凡四 平身 代祭者詣香案前

跪 以下皆跪凡三 進爵凡三 獻帛

凡三 告神引贊 維 嘉慶 年孟冬

月望二日敢昭告於陳氏堂上先遠祖

考妣神座前曰謹於明晨敬祀祖先豕

羊既具恭敬薦刀謹告 俯伏 興

陳氏祠譜 祠儀 二

③

通贊瘞宰牲詣宰牲所　作樂　宰牲

復位　拜興凡四　化財帛　禮畢

正祭

通贊鳴祭鼓　放炮　奏樂　執事者各

司其事　主祭嗣孫就位　與祭嗣孫

俱就位　宜戒詞宣者曰　祭祀祖宗孝

敬爲先故必有愛慕之誠恪恭之至斯

追遠之意可展而報本之情可伸苟或

離位自便欠身跛倚諸凡無容無儀悉

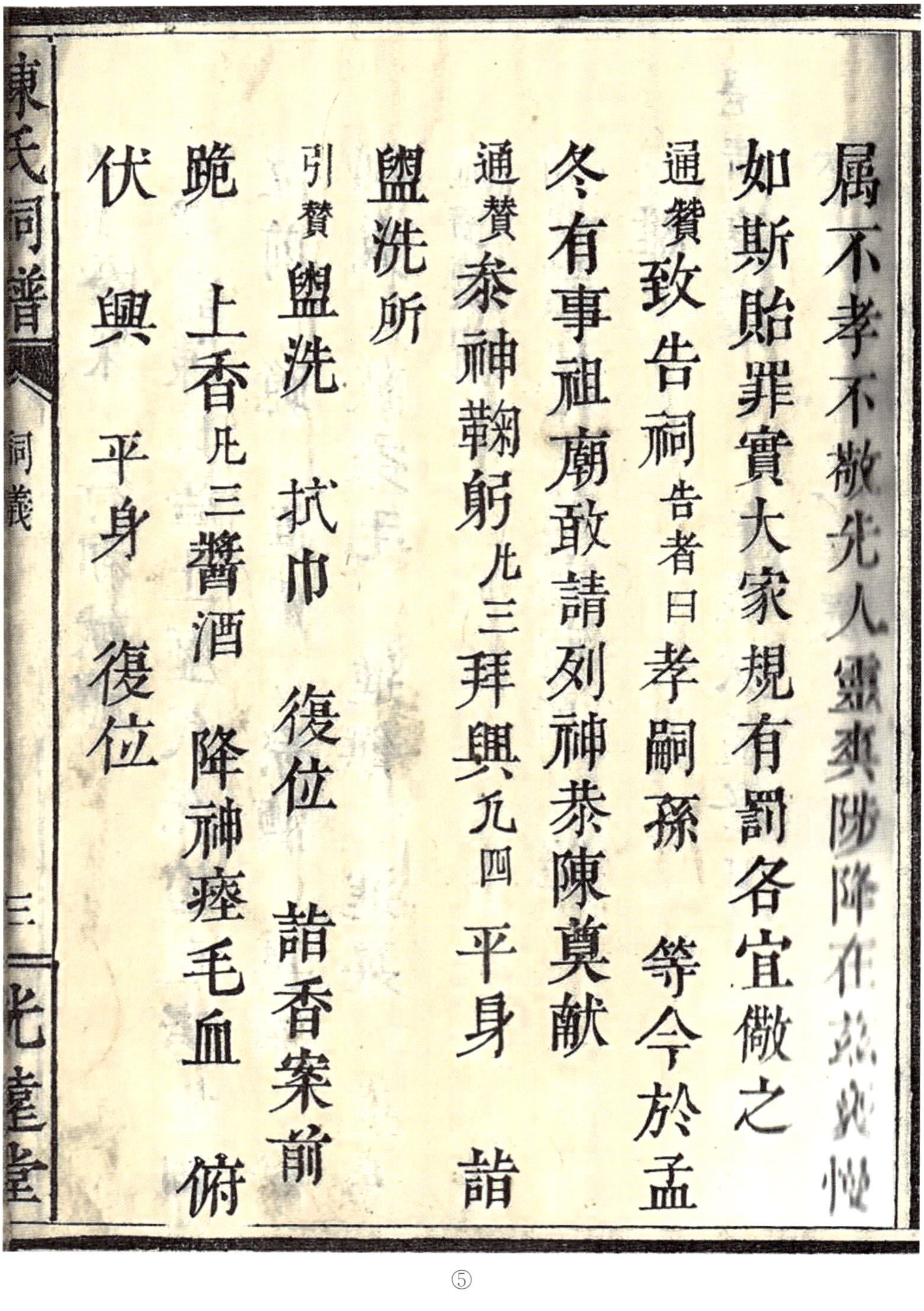
屬不孝不敬先人靈爽陟降在茲必殛
如斯貽罪實大家規有罰各宜儆之
通贊 致告祠 告者曰 孝嗣孫 等今於孟
冬有事祖廟敢請列神恭陳奠獻
通贊 參神鞠躬 凡三 拜興 凡四 平身 詣
盥洗所
引贊 盥洗 拭巾 復位 詣香案前
跪 上香 凡三 醬酒 降神瘞毛血 俯
伏 興 平身 復位

陳氏祠譜 祠儀 三 光塏堂

⑤

通贊奏樂　行初獻禮

引贊詣陳氏堂上歷代先遠祖考妣神

位前　跪　進爵　祭酒　奠酒　獻

剛鬣　獻柔毛　進饌　進菓　進帛

通贊讀祝文

引贊讀祝生詣讀祝所　跪

維

皇清嘉慶　年歲次孟冬月　朔越

祭日　之良辰

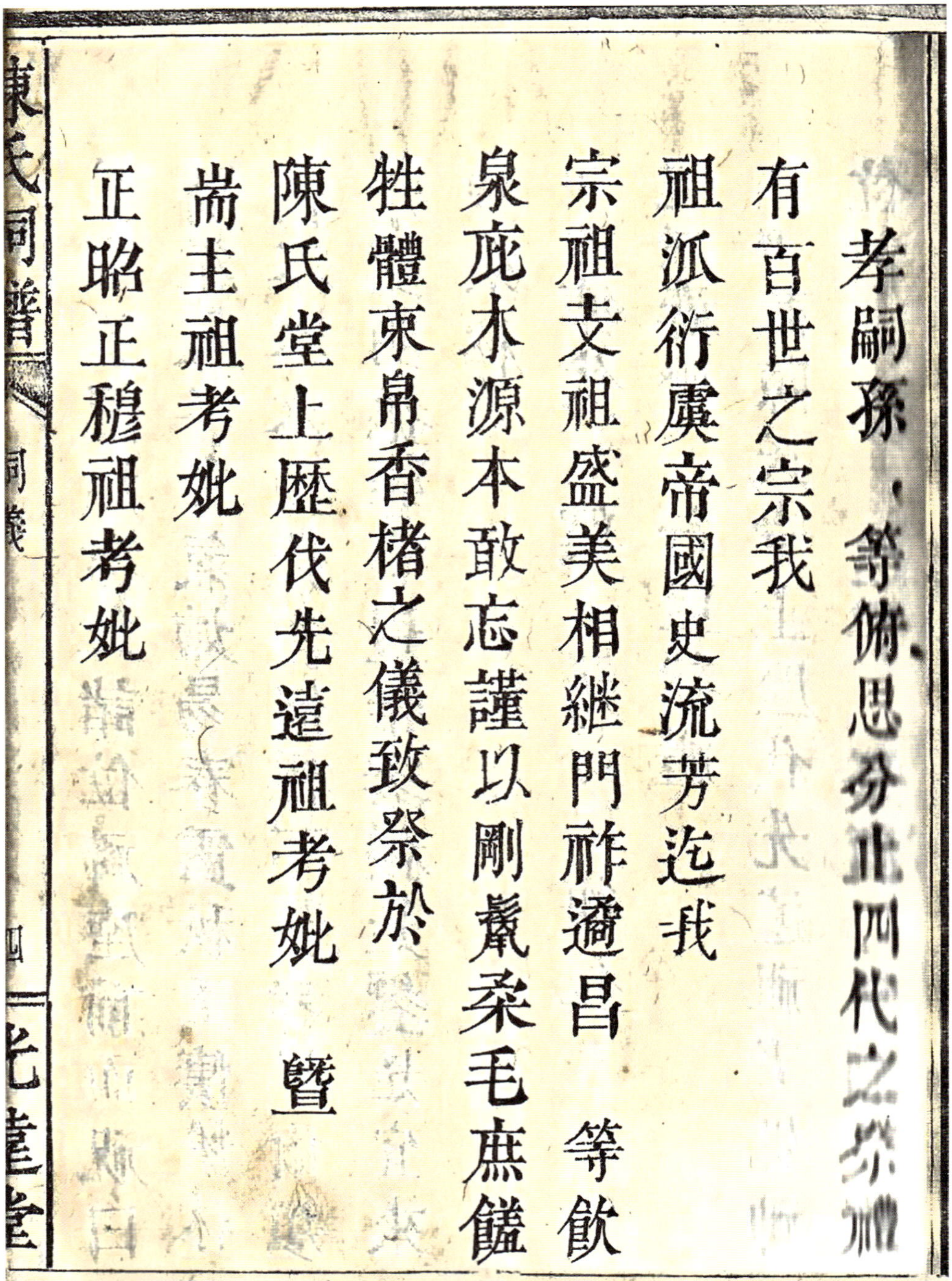

孝嗣孫、等俯思分止四代之祭禮
有百世之宗我
祖派衍虞帝國史流芳迄我
宗祖支祖盛美相繼門祚遹昌 等歆
泉庇木源本敢忘謹以剛鬣柔毛庶饈
牲體束帛香楮之儀致祭於
陳氏堂上歷伐先遠祖考妣 暨
嵩主祖考妣
正昭正穆祖考妣

陳氏同譜 同儀 四 光遠堂

⑦

昭配穆配祖考妣諸位神座前而祝曰

時維孟冬節氣嬗易春露秋霜悽愴怵

惕木本水源報答何極不匱孝思爾類

永錫明德馨香豈惟黍稷是饗是宜來

嘗來格

引贊 俯伏　興　平身　復位

通贊 奏樂　行亞獻禮

引贊 詣陳氏堂上歷代先遠祖考妣神

位前　跪　進爵　祭酒　奠酒　獻

饌　献菓　献飯　献羹　献帛　俯
伏　興　平身　復位
通贊 奏樂　行終献禮
引贊 詣陳氏堂上歷代先遠祖考妣神
位前跪　進爵　祭酒　奠酒　献
饌　献菓　献飯　献羹　獻茶　獻
帛　俯伏　興　平身　復位
通贊 奏樂　行侑食礼
引贊 侑食　叅神　拜　興

通贊　行飲福受胙禮

引贊　詣飲福位　跪　主人以下皆跪

飲福酒

通贊　歌嘏詞　歌者曰　祖考命工祝承致多福無疆宜爾孝孫賚爾孝孫使汝受祿於天宜稼於田眉壽永年子子孫孫勿替引之

引讚　受胙　俯伏　興　平身　復位

通讚　誦嘏詞　跪　主人以下皆跪

誦者曰祖宗家訓箴爾子孫小心敬聽

諭諄諄思爾先世勤勞砥礪樂善修身

乃能有濟男孝父母女順翁姑和鄰睦

族範彼典謨汝其聽受神其眷佑有子

有孫多福多壽惟願自今永正厥心起

居日用恒守是箴

引贊俯伏 興 拜 興 平身

通贊奏樂 化財帛 焚祝文 辭神

鞠躬凡三拜 興凡四禮畢 徹饌

⑪

校录

祠　仪

一祭祀晓谕式

祠堂示为祭祀事：时值孟冬旧规祭期，为此约会各支家长绅衿礼生及祀丁执事人等，俱于是日申刻，整肃衣冠，齐集赴祠，习仪宰牲，以便次日黎明恭祭。毋得参差违慢，特示。

嘉庆　　年　　月　　日示

一慎祭祀。人生报本，最所重者。自必预日斋戒沐浴，习仪宰牲，次早致祭。衣冠务宜整肃。至于主祭，理当尚爵，爵同论世，世同论齿。有新发者则以新者主之，毋得踰越。

一办祭仪理宜丰洁，但烝尝未厚，当斟酌得宜。今据现所行者，寝庙前平设席二，每席置祭品十盘，内用三牲五菓时食等物，中设席一，列彩亭，陈鼎爵檀炉烛帛，堂下豕一羊一，拜席吹炮，余仪照常。

一仪注。习仪　宰牲

通赞击鼓，就位，参神，鞠躬凡三，拜兴凡四　平身。代祭者诣香案前跪，以下皆跪凡三，进爵凡三，献帛凡三。告神引赞：维嘉庆　　年孟冬月望二日，敢昭告于陈氏堂上先远祖考妣神座前，曰谨于明晨敬祀祖先，豕羊既具，恭启鸾刀，谨告，俯伏，兴。

通赞莅宰牲，诣宰牲所，作乐，宰牲，复位，拜兴凡四，化财帛，礼毕，

正祭。通赞鸣祭鼓，放炮，奏乐。执事者各司其事，主祭嗣孙就位，与祭嗣孙俱就位，宣戒词，宣者曰：祭祀祖宗，孝敬为先。故必有爱慕之诚，恪恭之至，斯追远之意可展，而报本之情可伸。苟或离位、自便、欠身、跛倚诸凡无容无仪，悉属不孝不敬。先人灵爽陟降在兹，亵慢如斯，贻罪实大。家规有罚，各宜儆之。通赞致告祠。告者曰：孝嗣孙某等今于孟冬有事祖庙，敢请列神，恭陈奠献。

通赞参神，鞠躬凡三，拜兴凡四，平身，诣盥洗所。引赞盥洗，拭巾，复位，诣香案前跪，上香凡三，酹酒，降神瘗毛血，俯伏，兴，平身，复位。通赞奏乐，行初献礼。

引赞诣陈氏堂上历代先远祖考妣神位前跪，进爵，祭酒，奠酒，献刚鬣，献柔毛，进馔，进菓，进帛。通赞读祝文。引赞读祝生诣读祝所，跪。维皇清嘉庆某年岁次某孟冬月某朔越祭日某之良辰，孝嗣孙某等俯思，分止四代之祭，礼有百世之宗，我祖派衍虞帝，国史流芳。迄我宗祖支祖盛美相继，门祚遹昌，某等饮泉庇木，源本敢忘。谨以刚鬣柔毛、庶馐牲醴、束帛香楮之仪，致祭于陈氏堂上历代先远祖考妣暨专主祖考妣、正昭正穆祖考妣诸位神座前而祝曰：时维孟冬，节气嬗易。春露秋霜，凄怆怵惕。木本水源，报答何极。不匮孝思，尔类永锡。明德馨香，岂惟黍稷。是飨是宜，来尝来格。

引赞俯伏，兴，平身，复位。通赞奏乐，行亚献礼。

引赞诣陈氏堂上历代祖考妣神位前　跪，进爵，祭酒，奠酒，献馔，献菓，献饭，献羹，献帛。俯伏，兴，平身，复位。

通赞奏乐，行终献礼。

引赞诣陈氏堂上历代祖考妣神位前　跪，进爵，祭酒，奠酒，献馔，献菓，献饭，献羹，献茶，献帛。俯伏，兴，平身，复位。

通赞奏乐，行侑食礼。

引赞侑食，参神，拜，兴。

通赞行饮福受胙礼。

引赞诣饮福位，跪，与祭者皆跪，饮福酒。

通赞歌嘏词，歌者曰：祖考命工祝承致多福无疆，宜尔孝孙，赉尔孝孙，使汝受禄于天，宜稼于田，眉寿永年。子子孙孙，勿替引之。

引赞受胙，俯伏，兴，平身，复位。

通赞诵箴词，跪。主人以下皆跪，诵者曰：祖宗家训，箴尔子孙。小心翼翼，听谕谆谆。思尔先世勤劳，砥砺乐善修身，乃能有济。男孝父母，女顺翁姑。和邻睦族，范彼典谟。汝其听受，神其眷佑。有子有孙，多福多寿。惟愿自今，永正厥心。起居日用，恒守是箴。

引赞俯伏，兴，拜，兴，平身。

通赞奏乐，化财帛，焚祝文，辞神，鞠躬凡三，拜兴凡四，礼毕，撤馔。

一祭土神仪注(按：此仪注为光绪八年四修祠志添加，特附于后)

通赞鸣祭鼓，放炮，奏乐。执事者俱就位，参神，鞠躬，跪，叩首凡三，兴，跪，叩首凡三，兴，诣盥洗所。引赞盥洗，复位。

通赞诣香案前，跪，上香凡三，酹酒，降神，瘗毛血。俯伏，兴，平身，复位，奏乐，行初献礼。

引赞诣福德土地龙神位前，跪，进爵，初奠酒，进帛，进菓，献刚鬣，献柔毛，献著，献蔬，俯伏。

通赞读祝文：维光绪某年某月某日宜祭之辰，信绅某等谨以羊豕牲醴、楮帛之仪，敢昭告于本祠福德土地龙神位前而祝曰：惟此孟冬，岁功告毕。若时报事，敢有弗钦。苹藻虽微，庶将诚意。惟神监享，永垂覆佑。伏惟尚飨，兴，平身，复位。

通赞奏乐，行亚献礼，引赞诣福德土地龙神位前，跪，进爵，亚奠酒，献牲。俯伏，兴，平身，复位。通赞奏乐，行终献礼。

引赞诣福德土地龙神位前，跪，献饭，献羹，献茗。俯伏，兴，平身，复位。

通赞化财帛，焚祝文，奏乐，击鼓，放炮。望燎长揖凡三，复位辞神，鞠躬，跪，叩首凡三，兴，跪，叩首凡三，兴，礼毕。

分胙、奖赏

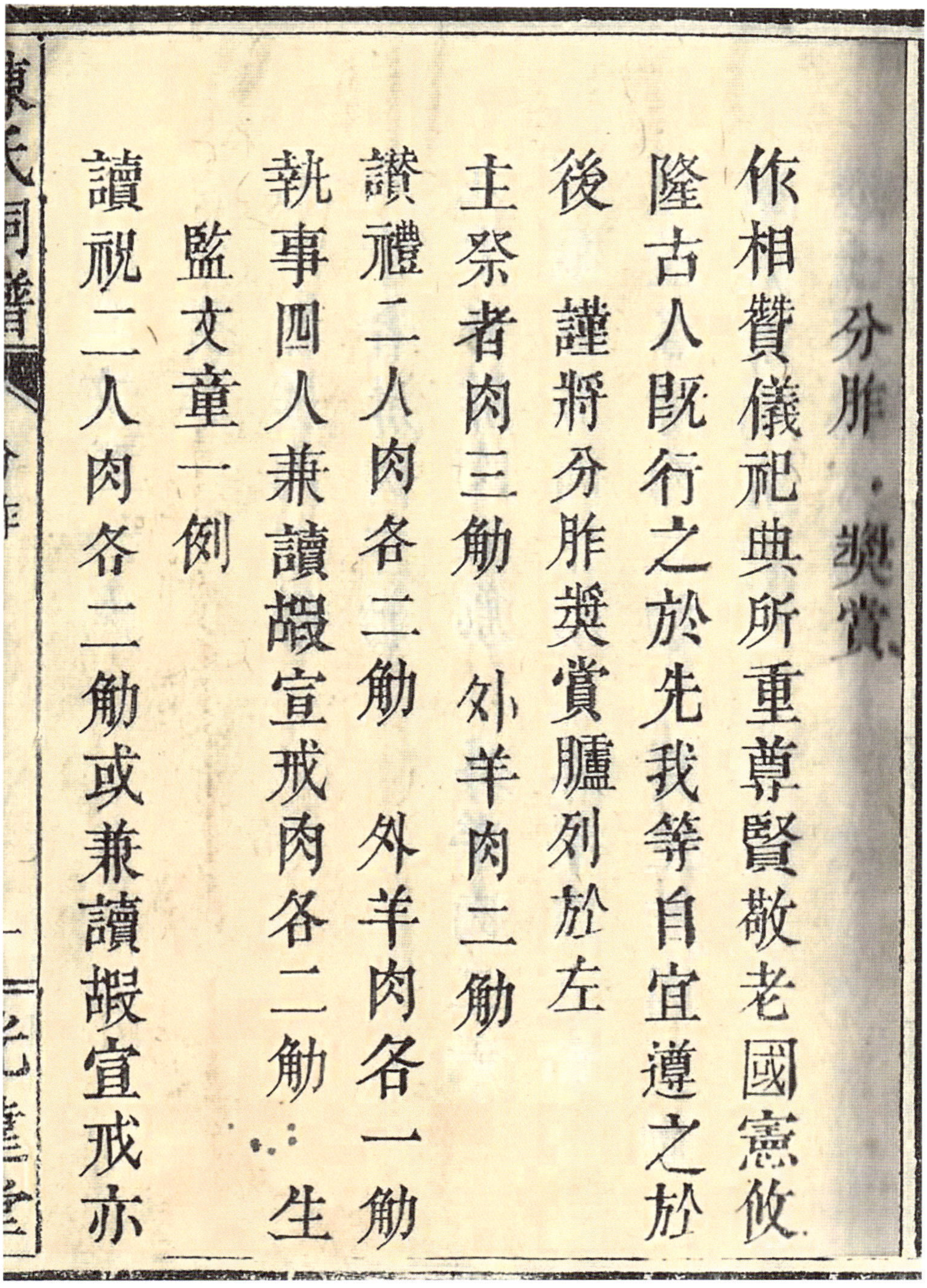

分胙・奬賞

作相贊儀祀典所重尊賢敬老國憲攸隆古人既行之於先我等自宜遵之於後 謹將分胙奬賞臚列於左

主祭者肉三觔 外羊肉二觔

讚禮二人肉各二觔 外羊肉各一觔

執事四人兼讀嘏宣戒肉各二觔 生監文童一例

讀祝二人肉各二觔或兼讀嘏宣戒亦

陳氏祠譜 分胙

①

生監文童一例

分胙

七十者胙肉二觔

八十者胙肉三觔

九十者胙肉五觔　外羊肉二觔

百歲者胙肉十觔　外羊肉五觔

生監各胙肉二觔　貢生胙肉三觔

舉人胙肉五觔

進士胙肉六觔

②

翰林胙肉十觔　各首事胙肉一觔

已上胙肉俱要來祠與祭者方許給發未與祭者免惟九十與百歲及舉人進士或在京或出仕則不在此論

胙肉每觔代錢六十文

獎賞

入泮補廩各賞花紅銀叁兩

武泮貳兩

捐監貳兩

出貢花紅銀叁兩　桅匾祠辦
舉人副元各花紅銀拾兩　桅匾祠辦
武榜減半
進士花紅銀貳拾兩　武亦減半
翰林花紅銀叁拾兩
赴鄉試者給盤費銀三兩二錢
赴會試者給盤費銀十六兩
文童至州在祠應試發卷貲銀五錢終
場倍之至應　府試到祠謁祖另給盤
費銀壹兩陸錢
喜報至　祠應給喜禮值年首事經辦

④

校录

分胙　奖赏

作相赞仪，祀典所重。尊贤敬老，国宪攸隆。古人即行之于先，我等自宜遵之于后。谨将分胙奖赏胪列于左：

主祭者胙肉三斤　　外羊肉二斤

赞礼二人肉各二斤　　外羊肉各一斤

执事四人兼读祝嘏宣戒肉各二斤，生监文童一例

读祝二人肉各二斤，或兼读嘏宣戒亦二斤，生监文童一例

分　　胙

七十者胙肉二斤

八十者胙肉三斤

九十者胙肉五斤

百岁者胙肉十斤　　外羊肉二斤

生监各胙肉二斤　贡生胙肉三斤

举人胙肉五斤

进士胙肉六斤

翰林胙肉十斤　　各首事胙肉一斤

已上胙肉，俱要来祠与祭者方许经发，未与祭者免。惟九十与百岁及举人进士或在京或出仕，则不在此论。胙肉每斤代钱六十文。

奖　　赏

入泮补廪各赏花红银叁两

武泮贰两

捐监贰两

出贡花红银叁两　　桅匾祠办

举人副元花红银拾两　　桅匾祠办

武榜减半

进士花红银贰拾两　　武亦减半

翰林花红银叁拾两

赴乡试者给盘费银三两二钱

赴会试者给盘费银十六两

文童至州在祠应试，发卷赀银五钱，终场倍之。至应府试到祠谒祖，另给盘费银壹两陆钱。

喜报至祠，应给喜礼，值年首事经办。

神主牌位

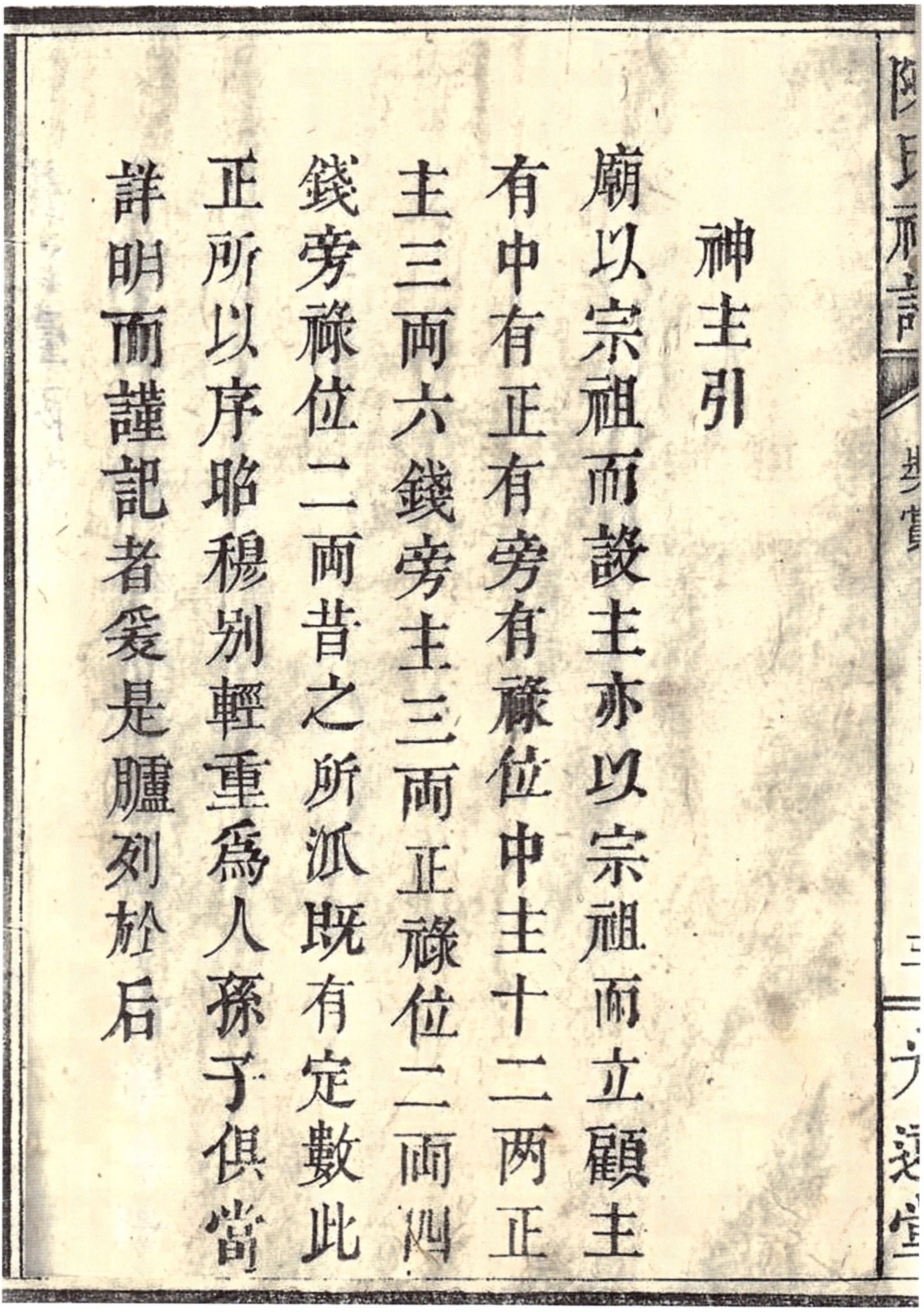
神主引
廟以宗祖而設主亦以宗祖而立顧主有中有正有旁有祿位中主十二两正主三两六錢旁主三两正祿位二两四錢旁祿位二两昔之所派既有定數此正所以序昭穆別輕重爲人孫子俱當詳明而謹記者爰是臚列於后

①

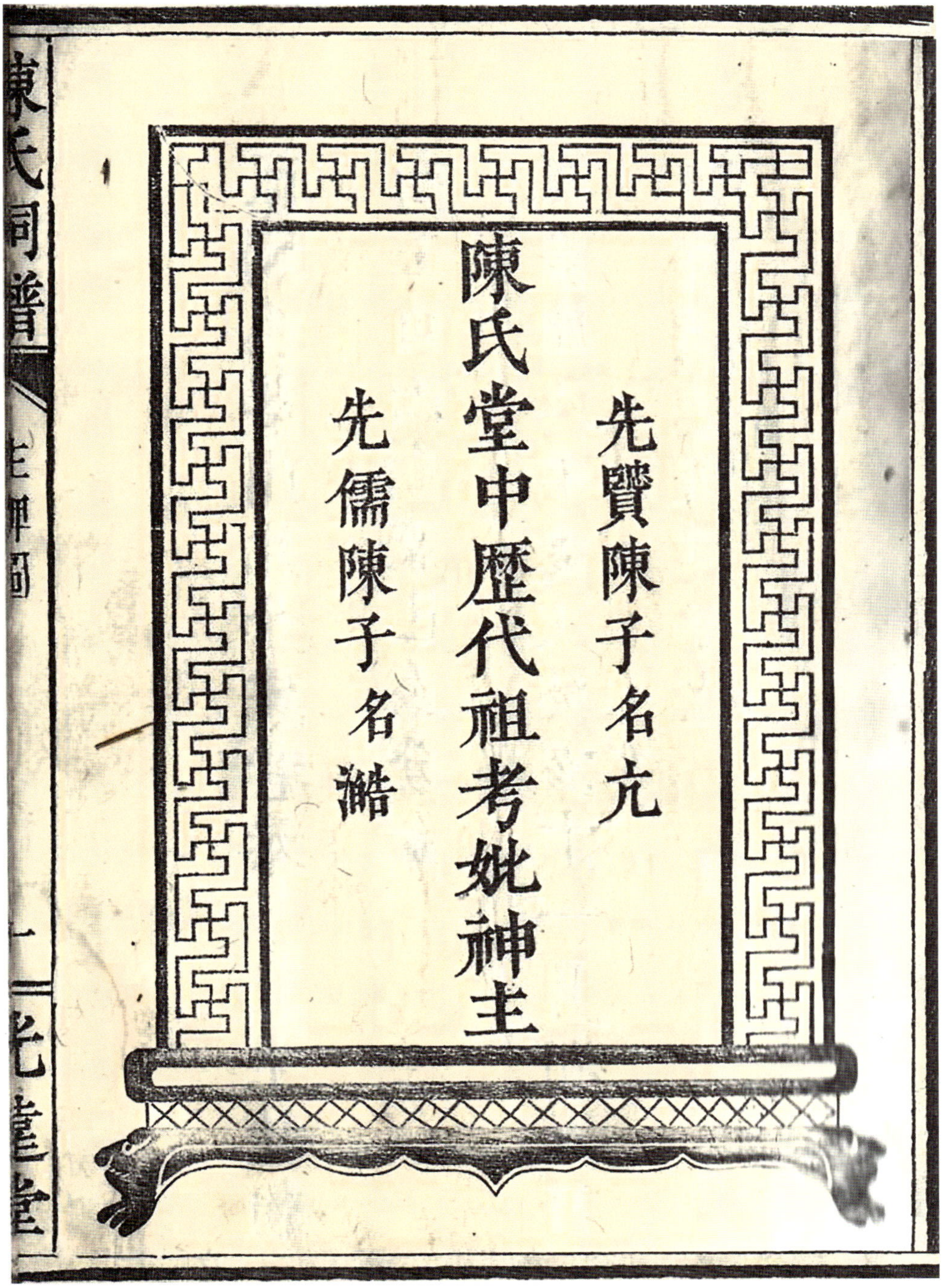

②

陳氏祠譜 三牌圖 光遠堂

祖祠坐落州北余家巷泰平社坐北朝

南壬山丙向兼巳亥分金

擇嘉慶八年歲次癸亥十一月初五日

子時請迎祖牌登位

③

陈于庭、陈文光、陈鲲池（腾远）牌位

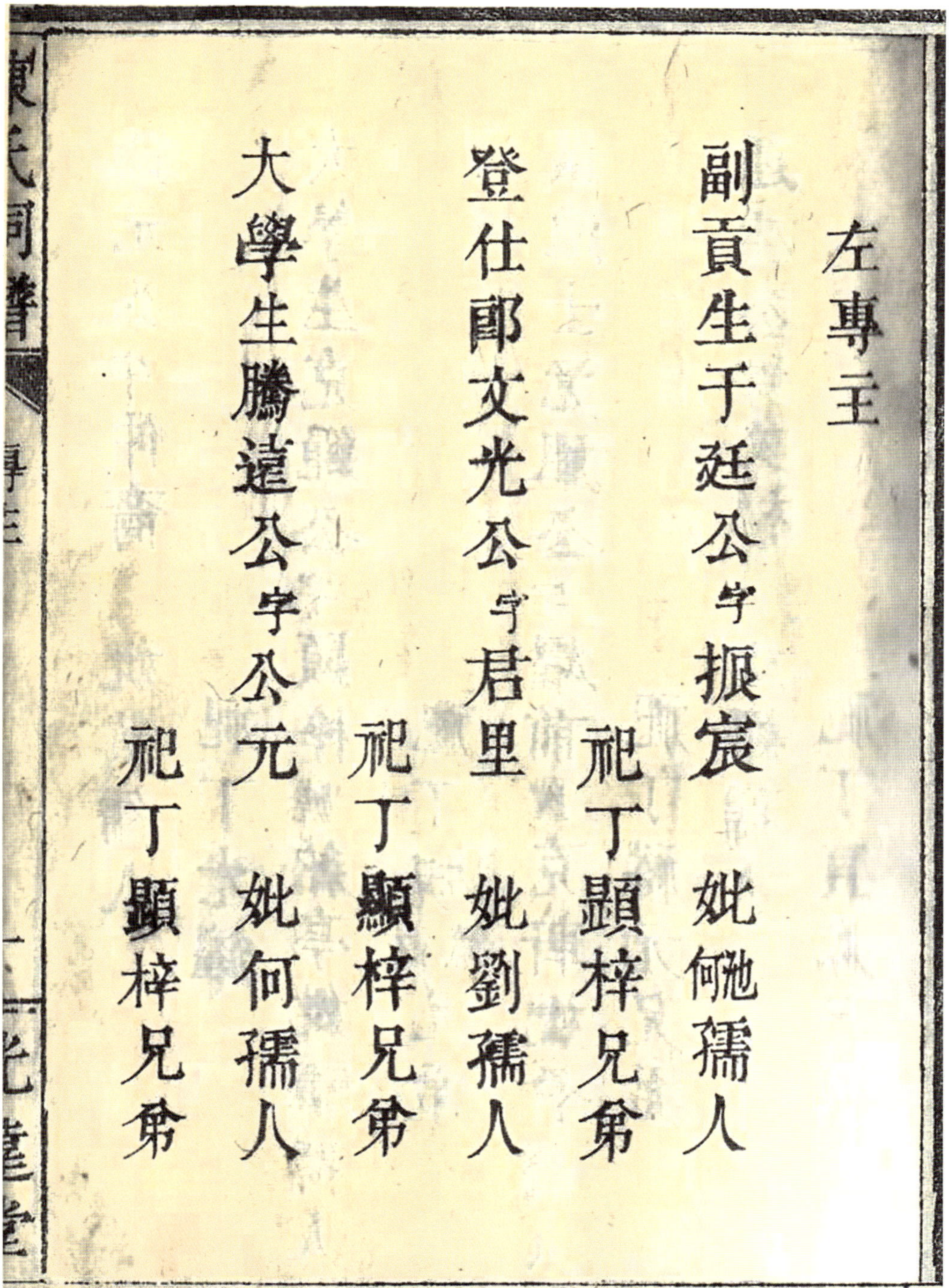

左專主

副貢生于廷公字振宸　妣何池孺人

祀丁顯梓兄弟

登仕郎文光公字君里　妣劉孺人

祀丁顯梓兄弟

大學生騰遠公字公元　妣何孺人

祀丁顯梓兄弟

陈克绳牌位

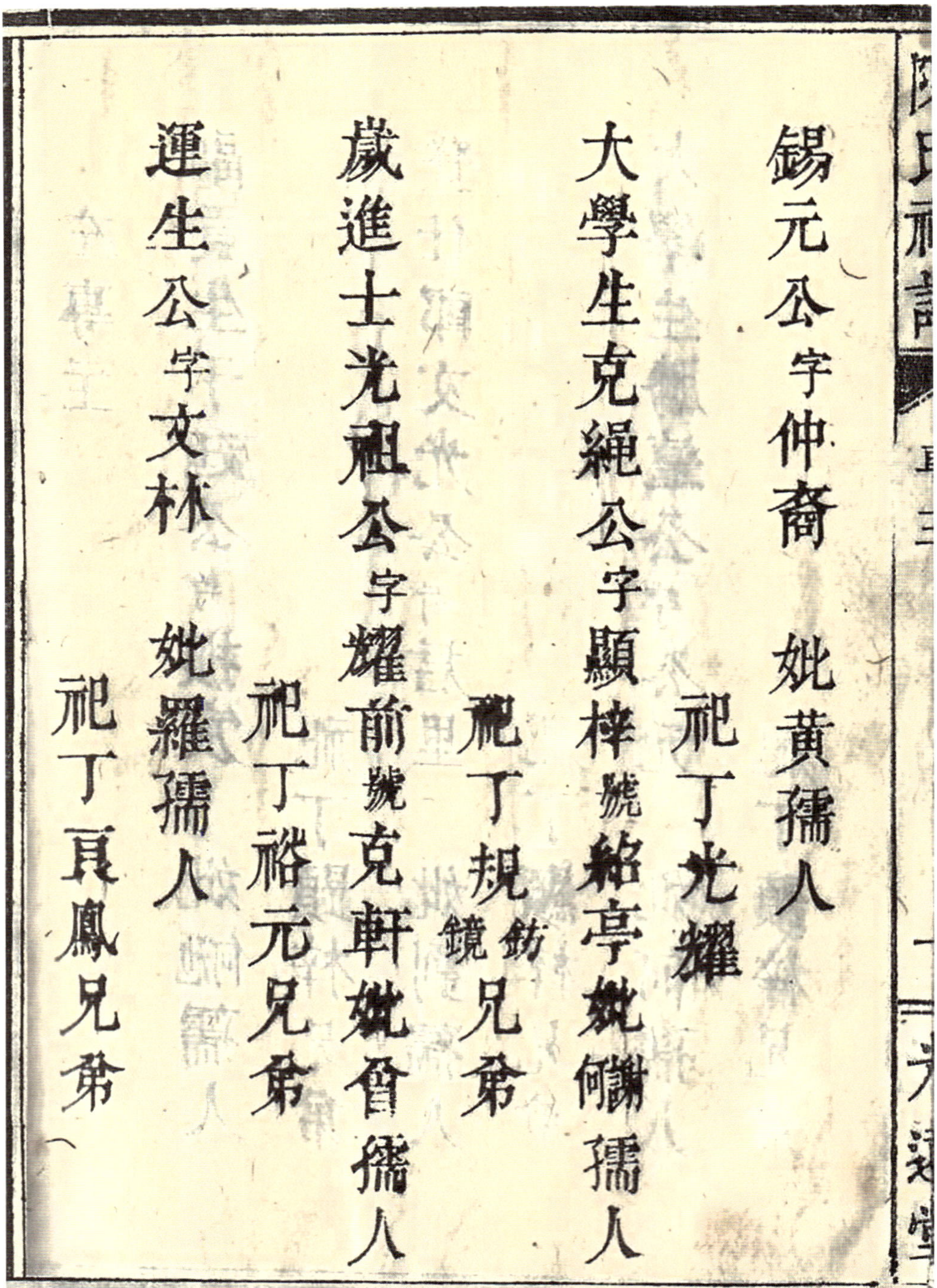

錫元公字仲裔 妣黃孺人

祀丁光耀

大學生克繩公字顯梓號紹亭妣何謝孺人

祀丁規鈁鏡兄弟

歲進士光祖公字耀前號克軒妣曾孺人

祀丁裕元兄弟

運生公字文林 妣羅孺人

祀丁貞鳳兄弟

丁粮登记收取引言

陳氏祠譜　丁糧

丁粮引

周禮秋官司民掌登萬民之數自生齒以上皆書於版司會掌國之官府郊野縣都之財賦凡在書契版圖者之貳誠以丁粮二者由來重且大也吾族陳氏居寧最久允稱土著先年欲建祠宇意蓋法是以爲捐寫故自乾隆辛丑以迄嘉慶壬戌二十年來編立首事俱議定每丁捐銀叁錢每粮石捐銀叁兩各鄉分寫隨寫隨收今特綜而計之註出原丁何名兄弟許多併及新丁逐一開列庶日後脉絡可查不至魚目混珠也

天字號首事育萬

校录

丁粮引

《周礼·秋官·司民》，掌登万民之数。自生齿以上，皆书于版。司会掌国之官府郊野县都之财赋，凡在书契版图者之贰，诚以丁粮二者，由来重且大也。吾族陈氏居宁最久，允称土著。先年欲建祠宇，意盖法是，以为捐写。故自乾隆辛丑以迄嘉庆壬戌，二十年来，编立首事，俱议定每丁捐银叁钱，每粮石捐银叁两。各乡分写，随写随收。今特综而计之，注出原丁何名，兄弟许多，并及新丁，逐一开列。庶日后脉络可查，不至鱼目混珠也。

丁粮登记首事（地字号首事陈克调、陈克藻）

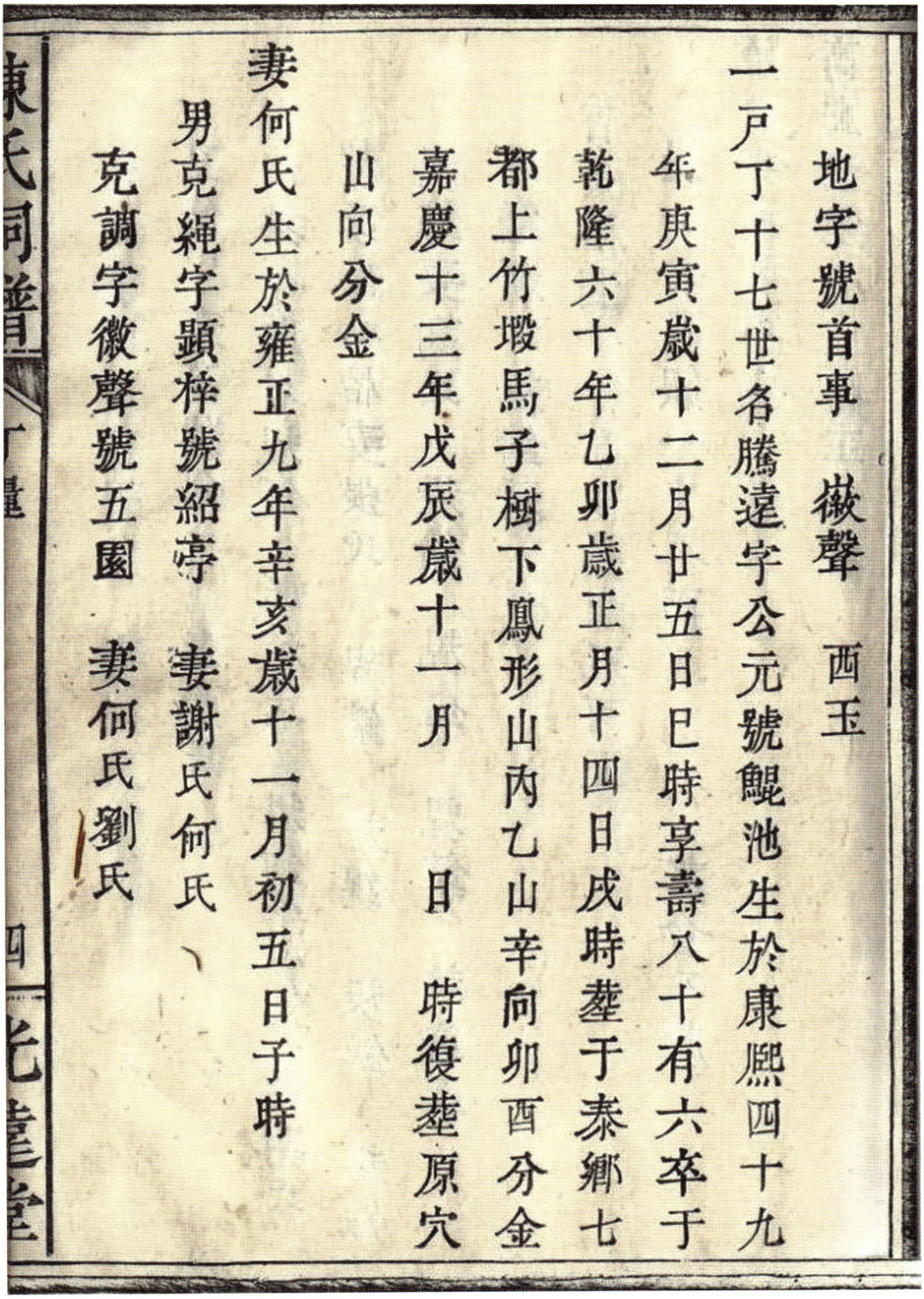

陳氏同譜　丁糧　四　光裕堂

地字號首事　徽聲　西玉

一戸丁十七世名騰遠字公元號鯤池生於康熙四十九年庚寅歲十二月廿五日巳時享壽八十有六卒于乾隆六十年乙卯歲正月十四日戌時葬于泰鄉七都上竹壋馬子樹下鳳形山內乙山辛向卯酉分金嘉慶十三年戊辰歲十一月　日　時復葬原穴山向分金

妻何氏生於雍正九年辛亥歲十一月初五日子時

男克繩字顯梓號紹亭　妻謝氏何氏、

克調字徵聲號五園　妻何氏劉氏

①

克藻字西玉號碧巖　妻劉氏

克修字兼萬號介田　妻張氏

孫規恭今改名規鈉　妻林氏　規鈁字宣六妻謝氏

規鏡字心怡妻張氏　規鎬　規錕　規鈖　規鋐

規鎛妻謝氏　規錀　規鑑　規鎔　規鋕新

規鑑新　規鑄新

曾孫楷泗　丁費銀五兩正

糧六石費銀一十八兩正　蒸嘗八股

始祖于庭公專主一名

高祖汝勉公正昭主一名

②

曾祖浴日公正穆主

祖敏宜公正昭主

父文光公專神主

大共出過費銀七十三兩八錢正

紹亭在祠篤修公衆酧賞

騰遠公妣氏何專主一名

克繩妻謝氏何氏專祿位一名

各首事提捐滿五十兩者公賞祿位一名地字經字

提寫銀四百餘兩祠賞

文斗公妣趙氏正穆主　公遠公妣郭氏旁主位

③

嶽聲妻何氏劉氏中禄位　西玉妻劉氏中祿位
兼萬妻張氏中祿位　規恭妻林氏中祿位
德常妻邱氏中祿位　顯贇妻林氏中祿位
一户丁十七世名連輝妻張氏　男文禎妻張氏
孫世春妻邱氏　世芬妻何氏　世芳　曾孫代新
丁銀一两八錢　糧銀三錢　蒸嘗一股三房共進
萬畧公尚科公旁主二名
一户丁十八世文侍妻黄氏　弟文佑妻謝氏
新丁男世高妻鍾氏　丁銀六錢　粮銀一两二錢
玉海公旁主位一名

④

一戸丁十七世遠祿妻孫氏　男科應妻劉氏　科達妻
周氏　科廷　丁銀一兩二錢
一戸丁十七世遠金妻馬氏　男科進妻管氏　科華妻
張氏　科秀　新丁科毓　甲清　丁銀一兩二錢
一戸丁十六世有德妻羅氏　弟有仁　新丁守艮
丁銀六錢正
祖啟光公旁主一名
一戸丁十八世文佩　弟文思　丁銀六錢正
父聖度公旁主一名　蒸嘗一股
一戸丁十八世德寬妻邱氏　男規鍠妻何氏

弟德濟妻任氏　德新妻何氏　姪規鑣　規鉅
新丁姪規銓妻謝氏　規鎮　丁銀一兩八錢正
粮銀三錢　蒸會一股
父公陞公中主一名
一戶丁十八世顯贊妻林氏　新丁男規錋　丁銀三錢
父公達公旁主一名移賞
一戶丁十八世顯圖　弟顯貴　丁銀六錢　蒸會一股
一戶丁十六世錫萬妻李氏　男興文　興武　弟錫項
妻邱氏　錫有妻曾氏　姪興粱妻范氏　興棟妻
張氏　興松　興柏妻謝氏　丁銀二兩七錢

陳氏同譜　丁糧　八　光裕堂

⑥

丁粮登记首事(经字号首事陈克修)

一戶丁十九世達榮妻范氏　男乃文　弟達華　達鳳
達貴　蒸會一股　丁銀一兩五錢
祖達陞公旁主一名
經字號首事兼萬
一戶丁十四世獻舒妻許氏　男英位妻曾氏　英信妻
張氏　英倫　英雄　丁銀一兩五錢
父朝璉公旁主一名
一戶丁十四世獻猷妻黃氏　男英通　英達
丁銀九錢正
祖上寬公中主一名

首事弁言

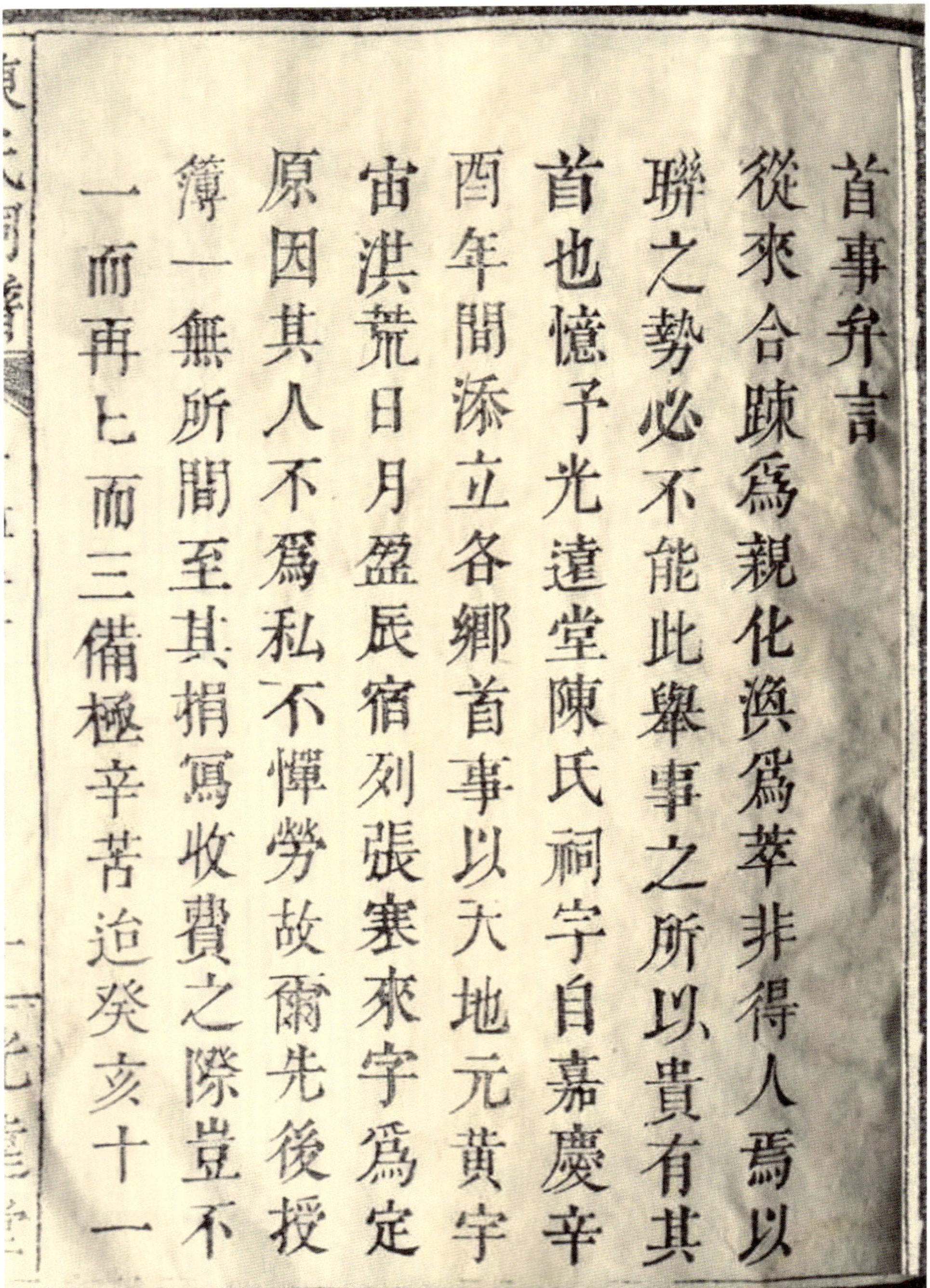

首事弁言

從來合蹟爲親化渙爲萃非得人焉以聯之勢必不能此舉事之所以貴有其首也憶予光遠堂陳氏祠宇自嘉慶辛酉年間添立各鄉首事以天地元黃宇宙洪荒日月盈昃宿列張寒來字爲定原因其人不爲私不憚勞故爾先後授簿一無所閒至其捐寫收費之際豈不一而再七而三備極辛苦迨癸亥十一

①

月進牌時於是各首事俱賞有祿位其差等處蓋由寫銀滿五十兩者則賞祿位一名有更多者聽其移賞此亦頗爲既酧首事之勞矣其有因修祠宇時自行來寫丁粮者另以經字別之盖取雖未經踐涉亦已以經營自任之意也玆值祠事粗就量度原日首事得間且間之外特舉不一人刋登祠譜每届治會於頭年祭祀日酌定原首事三人另公

舉昔非首事今堪作首事者三人一共
六人俱於初十日到祠辦理公件盖祖
宗公事凡爲孫子皆不得推諉至於分
胙新首事三人與原首事三人仝其餘
首事來祠者雖得與分胙然苟非值年
不妨借衆族人於十二來祠庶免耗費
倘日後祠息滋大另爲核奪是所望於
族之賢能者兹將公舉原日首事列左
祠内總理首事

③

顯梓　仲裔　運生　耀前

各鄉題捐首事

天字裔萬　地字徽聲　西玉　經字秉萬　元字深浦　黃字艮虎

文琇　光珊　宇字思贊　宙字艮訓　鳳靈　洪字敬貽　荒字祖

惠　日字朝璉　月字朝盛　仕蘭　仕智　朝文　顯揚　官富

官福　有奇　有富　起鳳　盈字盛才　辰字芳振　宿字達邦

列字佳郁　張字朝仕　寒字貴元　來字炳文　依才

④

校录

首事弁言

从来合疏为亲，化涣为萃，非得人焉以联之？势必不能。此举事之所以贵有其首也。忆予光远堂陈氏祠宇，自嘉庆辛酉年间添立各乡首事，以天地玄黄、宇宙洪荒、日月盈仄、辰宿列张、寒来字为定，原因其人不为私、不惮劳，故尔先后授簿，一无所间。至其捐写收费之际，岂不一而再，再而三，备极辛苦。迨癸亥十一月进牌时，于是各首事具赏有禄位，其差等处，盖由写银满五十两者则赏禄位一名，有更多者听其移赏。此亦颇为既酬首事之劳矣。其有因修祠宇时自行来写丁粮者，另以经字别之。盖取虽未经跋涉，亦已以经营自任之意也。兹值祠事粗就，量度原日首事，得间且间之外，特举不一人刊登祠谱。每届治会于头年祭祀日酌定原首事三人，另公举昔非首事今堪作首事者三人，一共六人，俱于初十日到祠办理公件。盖祖宗公事，凡为孙子，皆不得推诿。至于分胙新首事三人，与原首事三人，同其余首事来祠者，虽得与分胙，然苟非值年，不妨偕众族人于十二来祠，庶免耗费。倘日后祠息滋大，另为核夺，是所望于族之贤能者。兹将公举原日首事列左：

祠内总理首事：显梓　仲裔　运生　耀前

各乡题捐首事：（略）

建祠经费使用统计

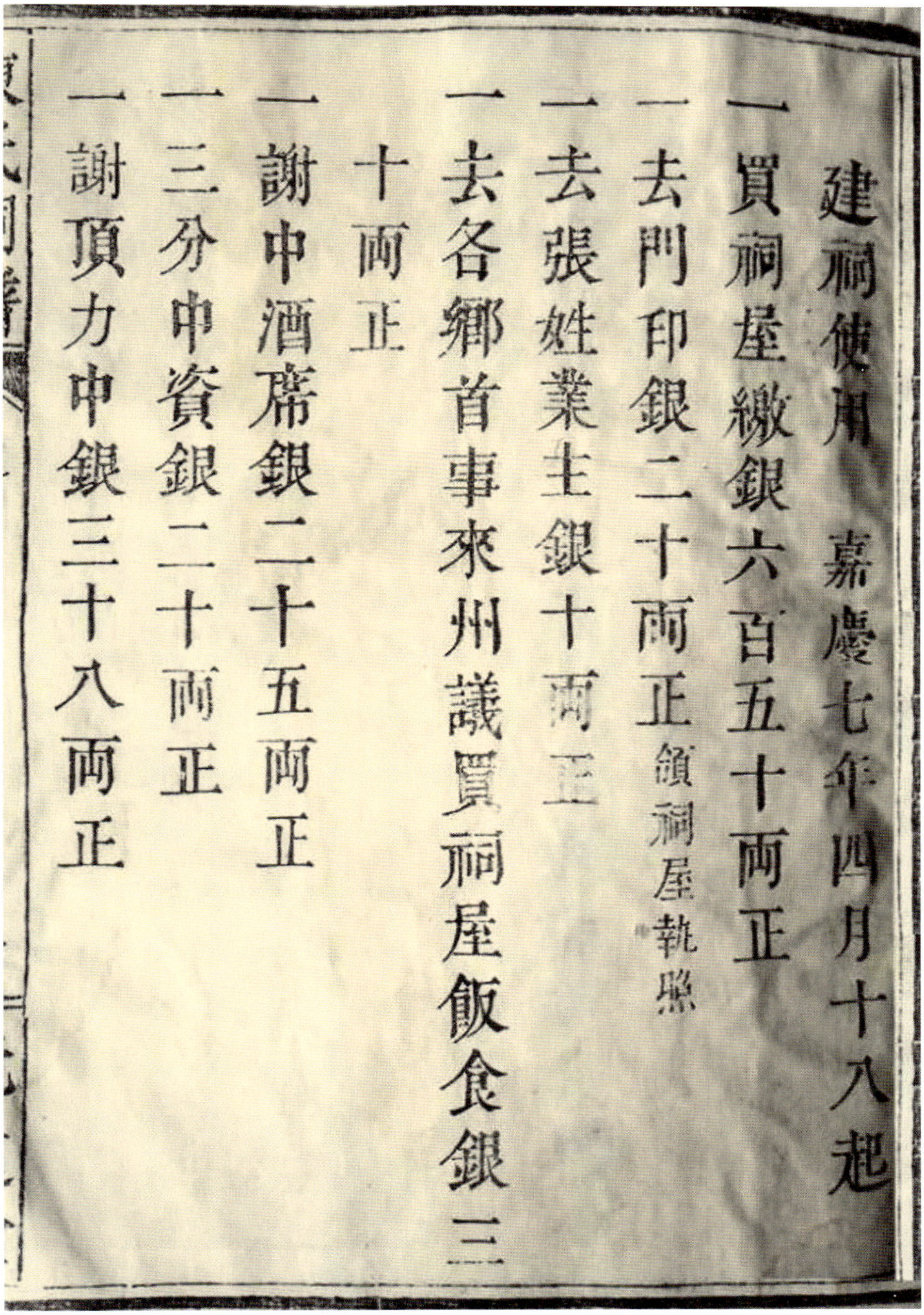

建祠使用 嘉慶七年四月十八起

一買祠屋繳銀六百五十兩正

一去門印銀二十兩正領祠屋執照

一去張姓業主銀十兩正

一去各鄉首事來州議買祠屋飯食銀三十兩正

一謝中酒席銀二十五兩正

一三分中資銀二十兩正

一謝頂力中銀三十八兩正

①

一買杉木銀三十兩正

一買樟木銀二十八兩正

一修門前坪地磚牆石脚併工食共銀二十五兩正

一買瓦銀八兩正

一裝造神龕神主匾額金硃油漆各匠工金食用共銀一百五十兩正

一置器皿銀五十兩正

一修整祠宇油漆木料工食雜用銀八十

②

八両五錢六分正

一進主祭祀請客併各　官代席共銀一

百四十両正

一篤修及各首事送費衆祠火食銀三十

両正

以上大共用銀壹千叁百肆拾貳両伍

錢陸分正

嘉慶八年十一月初十日經各首事面

結

③

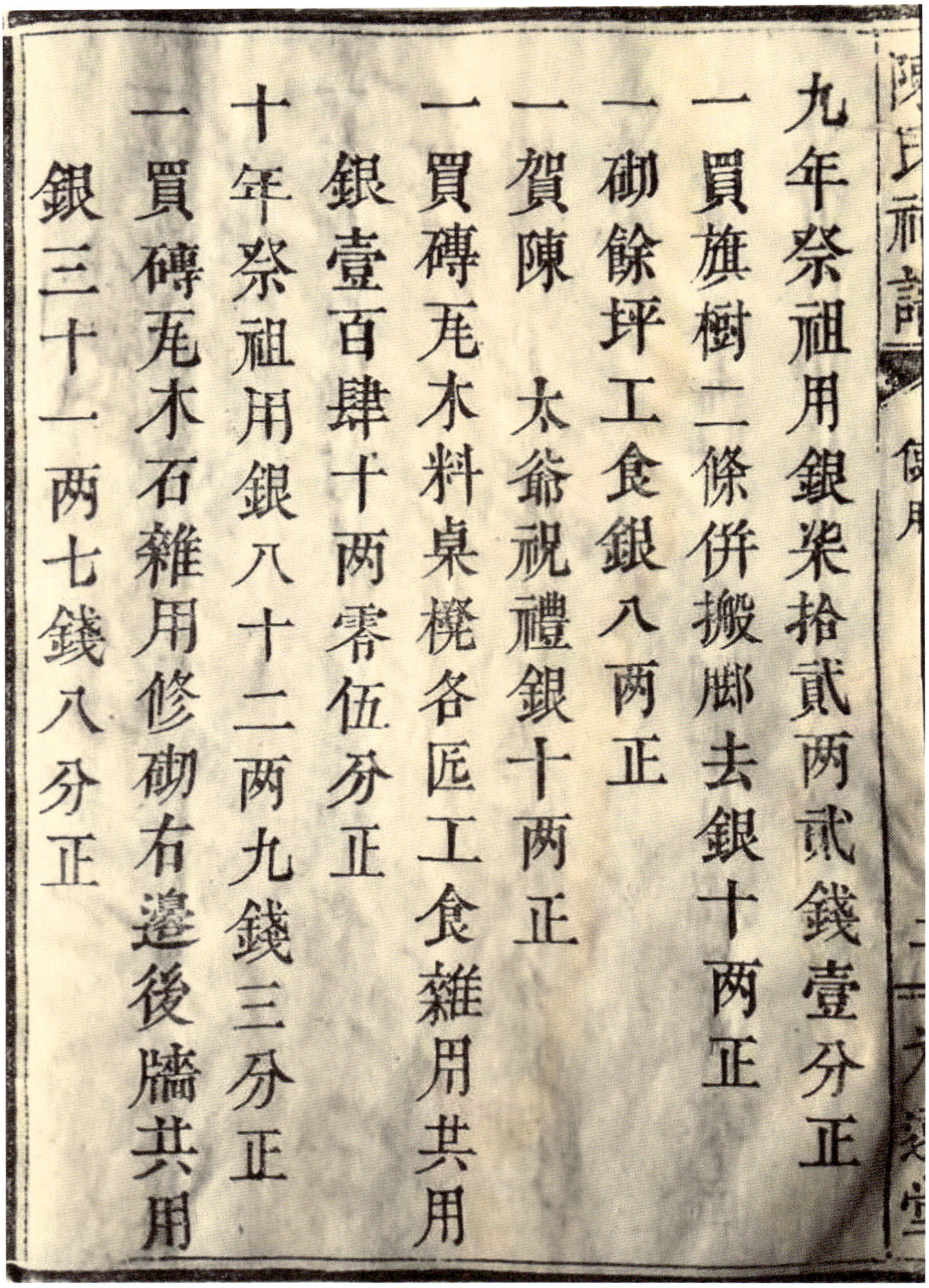

九年祭祖用銀柒拾貳兩貳錢壹分正
一買旗樹二條併搬脚去銀十兩正
一砌餘坪工食銀八兩正
一賀陳　太爺視禮銀十兩正
一買磚瓦木料桌櫈各匠工食雜用共用
銀壹百肆十兩零伍分正
十年祭祖用銀八十二兩九錢三分正
一買磚瓦木石雜用修砌右邊後牆共用
銀三十一两七錢八分正

④

一付之駒來祠拜祖花紅銀十六兩正當伊來代做匾金銀八兩正實只去銀八兩正

一各首事結賬用銀三兩正

十一年祭祖用銀九十七兩正

一復修門前磚牆併雜用共銀十六兩三錢正

十二年祭祖用銀八十三兩二錢五分正

一零星雜用銀十五兩二錢正

正
九年起至十二年止陸續收入新進祠
者併各年新丁厘頭屋租銀利共收過
銀五百三十五兩一錢七分正二大共
實存銀捌百五十五兩八錢九分正另
存生放簿註名領借

⑥

光远堂陈氏祠谱跋

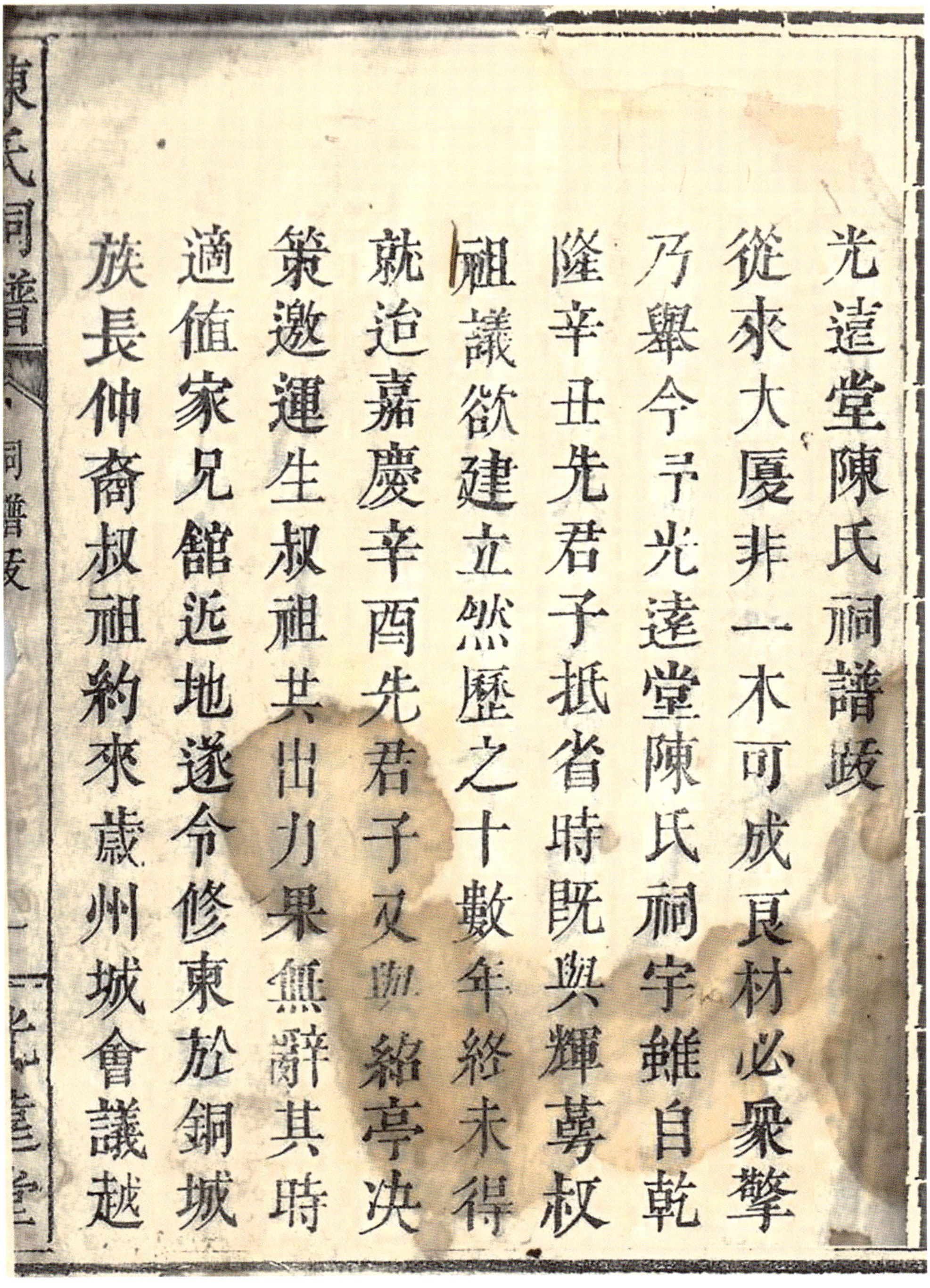

光遠堂陳氏祠譜跋

從來大廈非一木可成良材必衆擎乃舉今于光遠堂陳氏祠宇雖自乾隆辛丑先君子抵省時既與輝蕚叔祖議欲建立然歷之十數年終未得就迨嘉慶辛酉先君子又與絡亭決策邀運生叔祖共出力果無辭其時適値家兄館近地遂令修東於銅城族長仲喬叔祖約來歲州城會議越

陳氏祠譜　祠譜跋　一　光遠堂

①

壬戌各鄉首事俱應期而至如鳳靈
支琇敬貽斉萬宗璜奕珊朝璉朝夔
起蛟有奇官富文元鴻達列列皆與
紹亭同運生叔祖及予兄弟不次胥
宇後遂買定余家巷泰平社此屋爲
祠其有未親赴者如朝文朝盛起鳳
仕智仕蘭顯揚官福有富艮訓西玉
思贊深浦達邦炳文依才佳郁芳振
朝仕貴元盛才列列俱皆出力各處

②

捐寫此固莫爲之前雖美弗彰莫爲
之後雖盛弗傳所謂前與後之交相
需者也迄於今祠事既粗備矣爰將
祠據祠記祠圖祠規祠儀分胙獎賞
主位祿位蒸會丁粮器物併前所用
費數目一一條刊於譜以誌諸首事
之辛勤以昭豪族人之踴躍由是尊
祖故敬宗敬宗故收族敦禮讓叙倫
紀庶不失

③

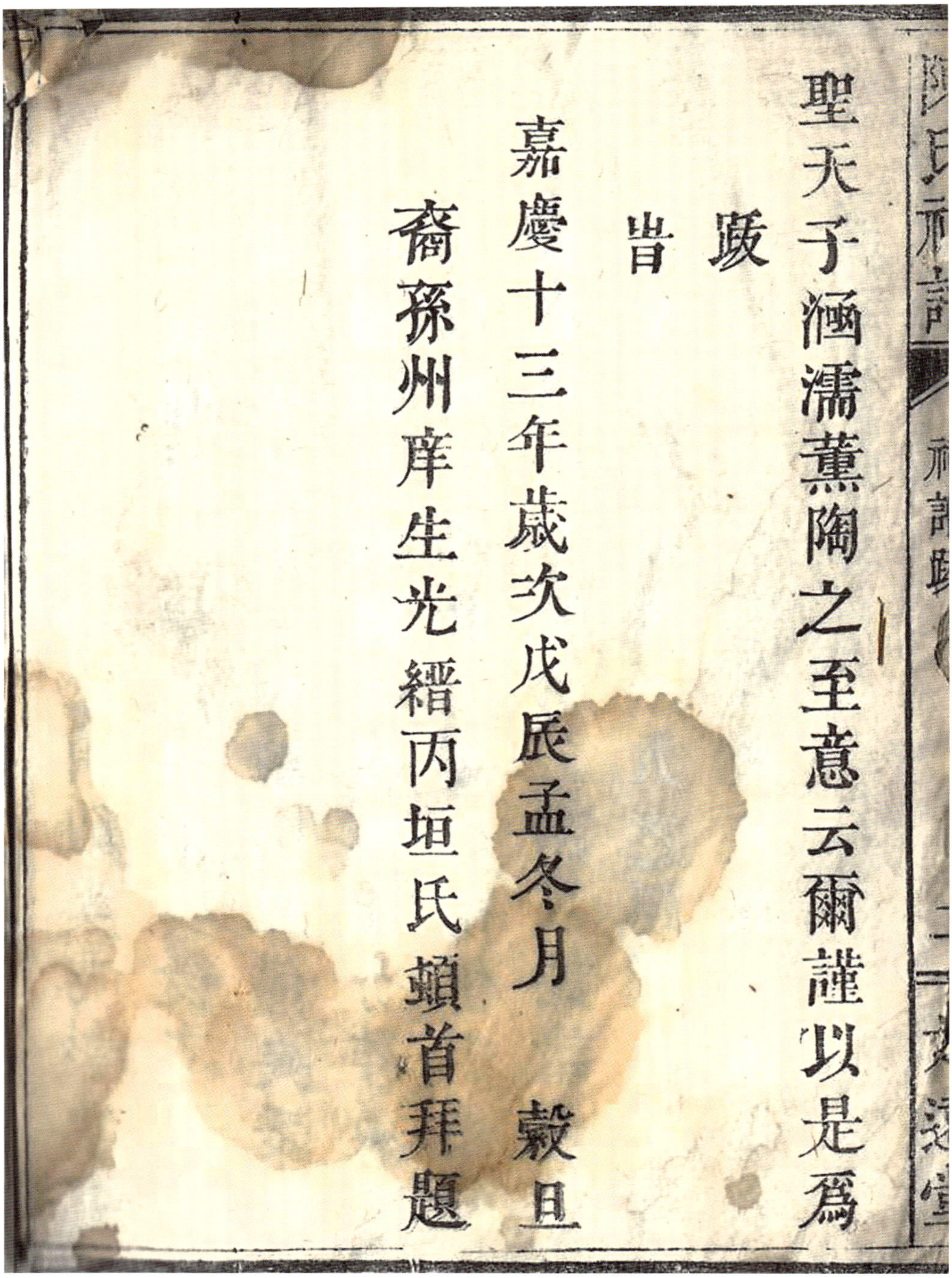

聖天子涵濡薰陶之至意云爾謹以是爲

跋

皆

嘉慶十三年歲次戊辰孟冬月 穀旦

裔孫州庠生光縉丙垣氏頓首拜題

④

校录

光远堂陈氏祠谱跋

从来大厦非一木可成，良材必众擎乃举。今予光远堂陈氏祠宇，虽自乾隆辛丑先君子抵省时，既与辉萼叔祖议欲建立，然历之十数年，终未得就。迨嘉庆辛酉，先君子又与绍亭决策，邀运生叔祖共出力，果无辞。其时适值家兄馆近地，遂令修柬于铜城族长仲裔叔祖，约来岁州城会议。越壬戌，各乡首事俱应期而至。如凤灵、文琇、敬贻、育万、宗璜、奕珊、朝琏、朝发、起蛟、有奇、官富、文元、鸿达，列列皆与。绍亭同运生叔祖及予兄弟不次胥宇，后遂买定余家巷泰平社此屋为祠。其有未亲赴者，如朝文、朝盛、起凤、仕智、仕兰、显扬、官福、有富、良训、西玉、思赞、深浦、达邦、炳文、依才、佳郁、芳振、朝仕、贵元、盛才，列列俱皆出力，各处捐写。此固"莫为之前，虽美弗彰；莫为之后，虽盛弗传"，所谓前与后之交相需者也。迄于今祠事既粗备矣，爰将祠据、祠记、祠图、祠规、祠仪、分胙、奖赏、主位、禄位、烝会、丁粮、器物，并前所用费数目，一一条刊于谱，以志诸首事之辛勤，以昭众族人之踊跃。由是尊祖故敬宗，敬宗故收族，敦礼让，叙伦纪，庶不失圣天子涵濡熏陶之至意云尔。谨以是为跋。

时嘉庆十三年岁次戊辰孟冬月　谷旦，裔孙州庠生光缙丙垣氏顿首拜题

道光十八年二修祠志

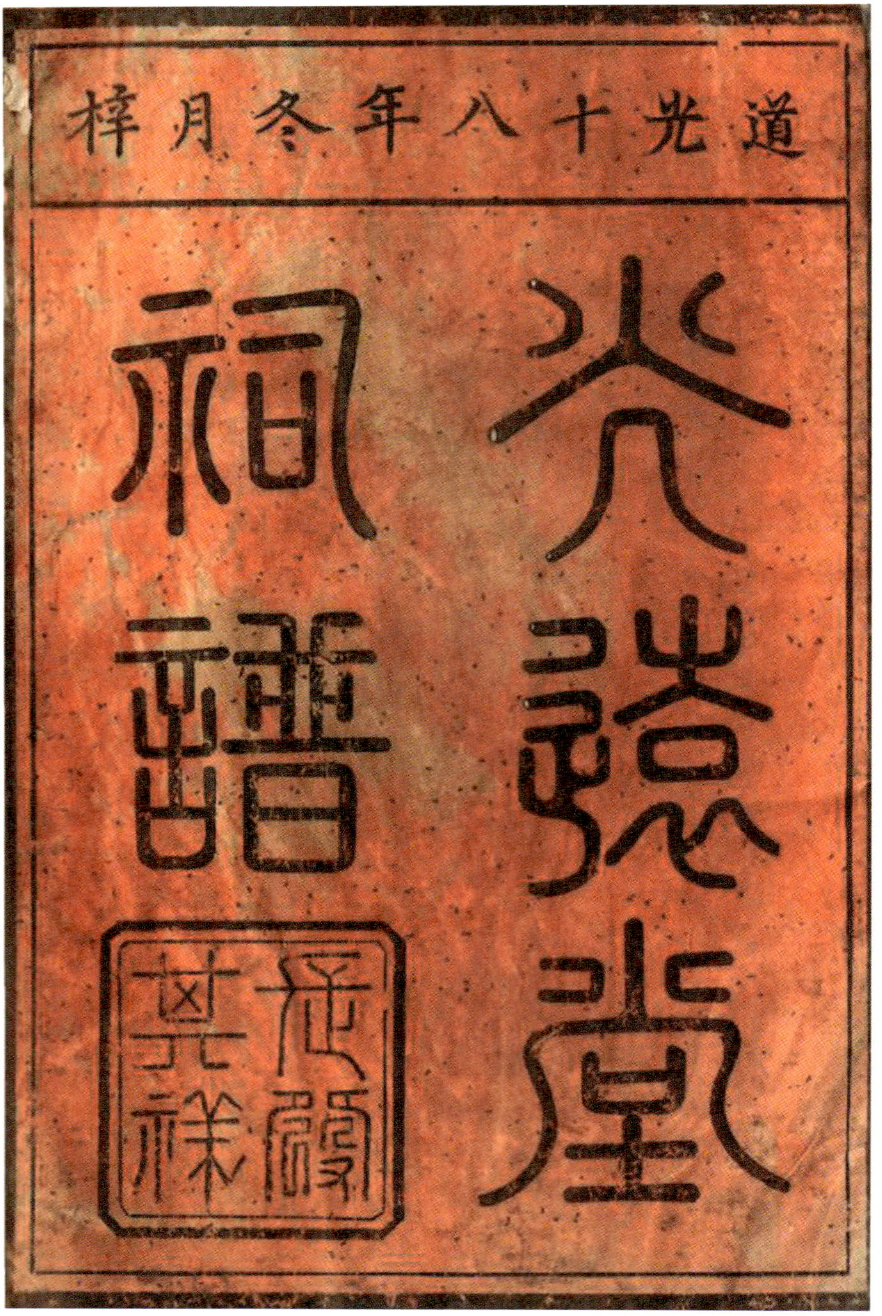

二修祠志目录

陳光遠祠堂重修祠譜總目

新序

老序

祠屋圖

祠規

存領各契據

分胙獎賞

祖牌

已加捐烝季分輪赴席

①

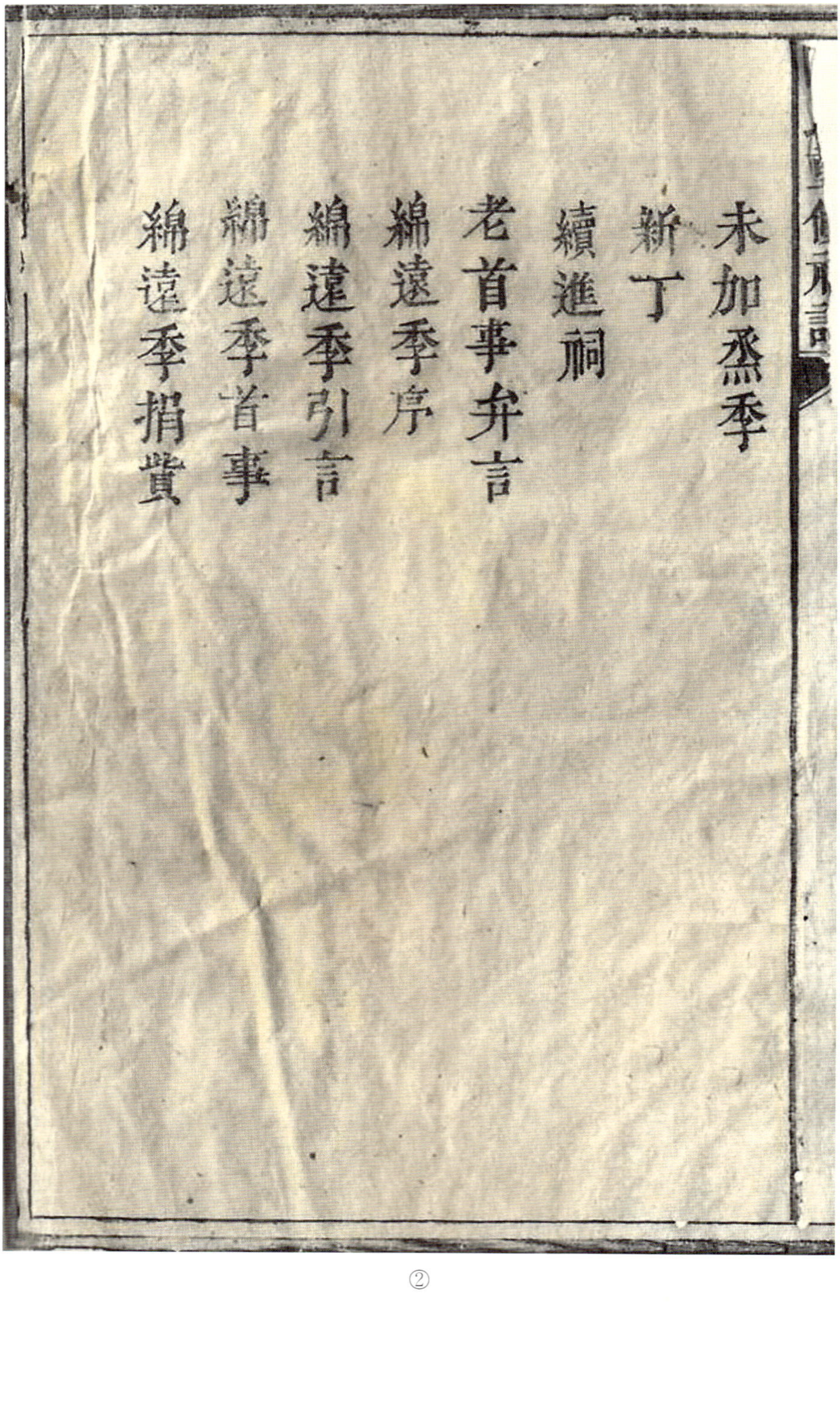
未加烝季
新丁
續進祠
老首事弁言
綿遠季序
綿遠季引言
綿遠季首事
綿遠季捐貲

②

光远堂陈氏二修祠谱序

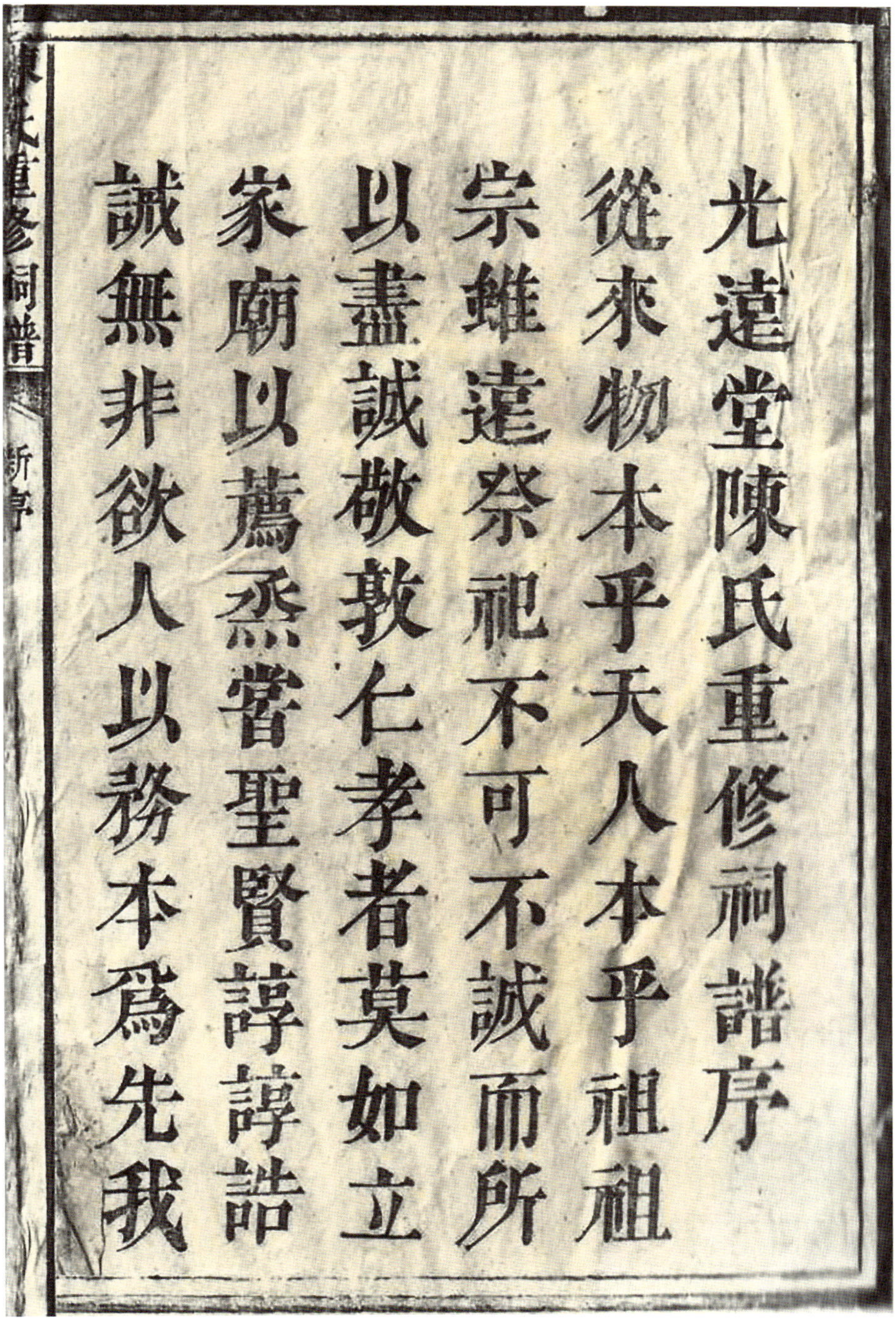

陳氏重修祠譜　新序

光遠堂陳氏重修祠譜序

從來物本乎天人本乎祖祖宗雖遠祭祀不可不誠而所以盡誠敬敦仁孝者莫如立家廟以薦烝嘗聖賢諄諄誥誠無非欲人以務本爲先我

①

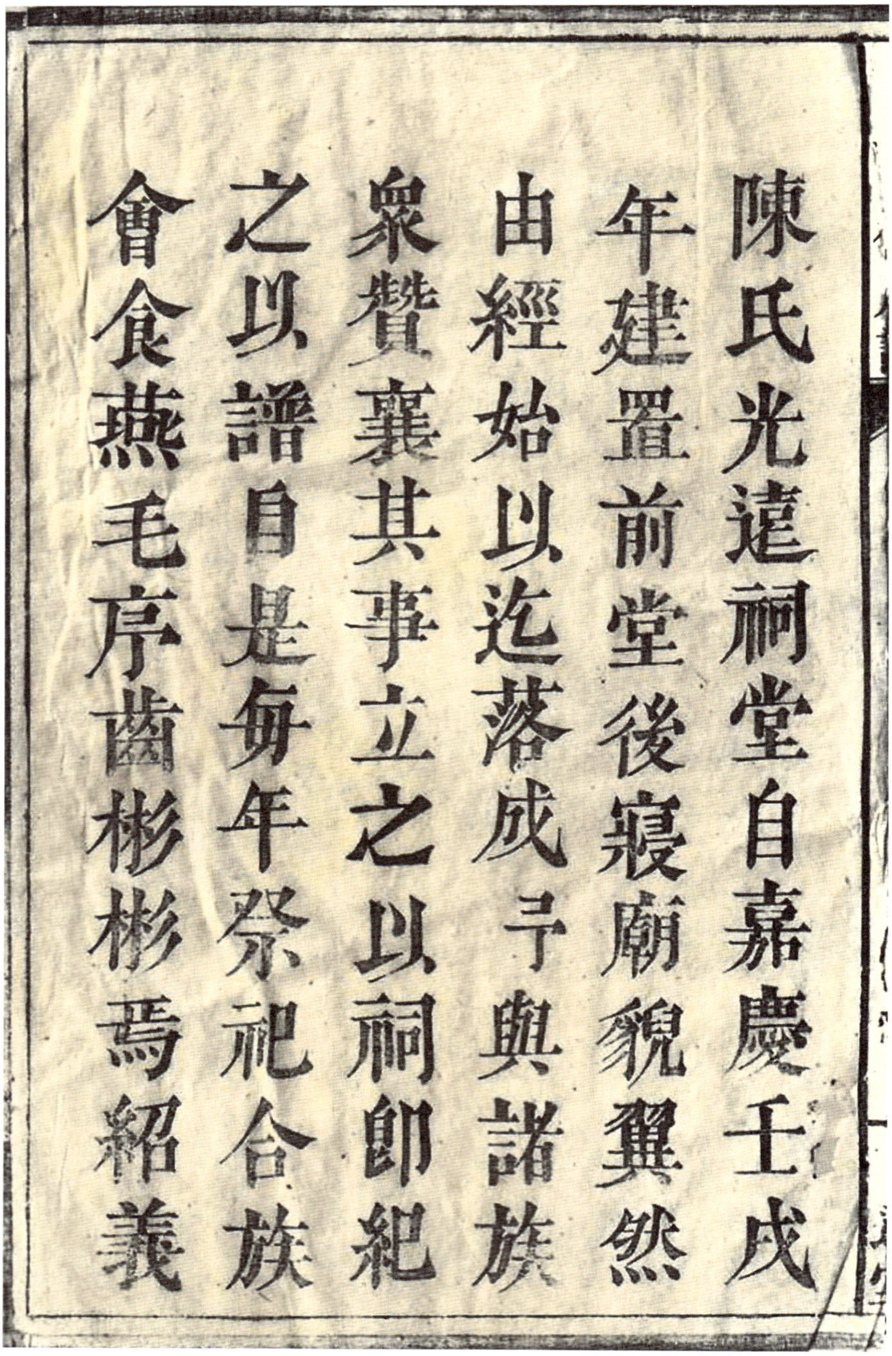

陳氏光遠祠堂自嘉慶壬戌
年建置前堂後寢廟貌翼然
由經始以迄落成寻與諸族
衆贊襄其事立之以祠即紀
之以譜自是每年祭祀合族
會食燕毛序齒彬彬焉紹義

②

門風而祠內經理之任出入
之司数十年來初不敢告勞
焉弟今年已八旬一切諸事
悉付　族長繡章應衡與吾
兒琢如及　列列族衆共相
代理去歲適修門樓之役鳩

③

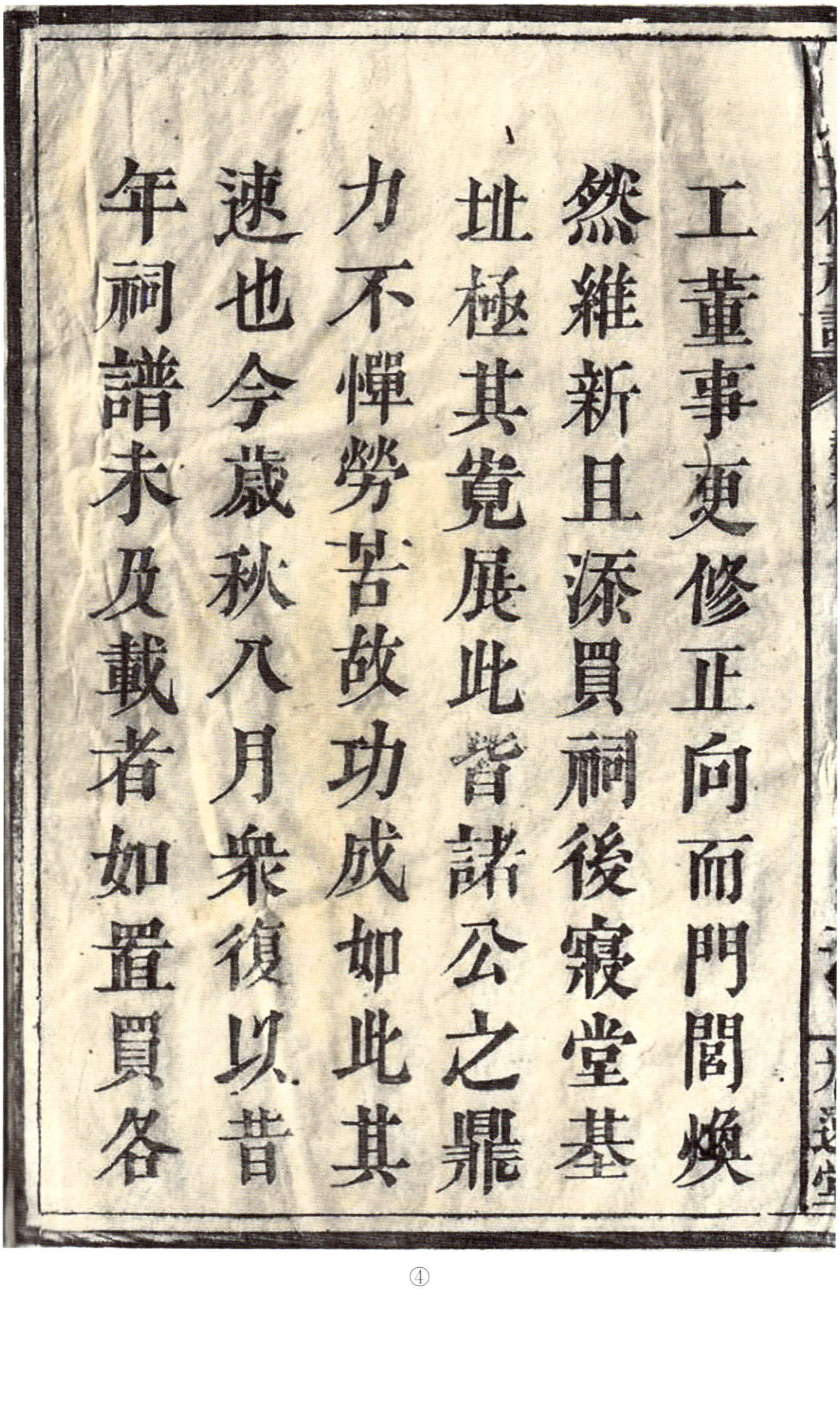

工董事更修正向而門閭煥
然維新且添買祠後寢堂基
址極其寬展此皆諸公之鼎
力不憚勞苦故功成如此其
速也今歲秋八月衆復以昔
年祠譜未及載者如置買各

④

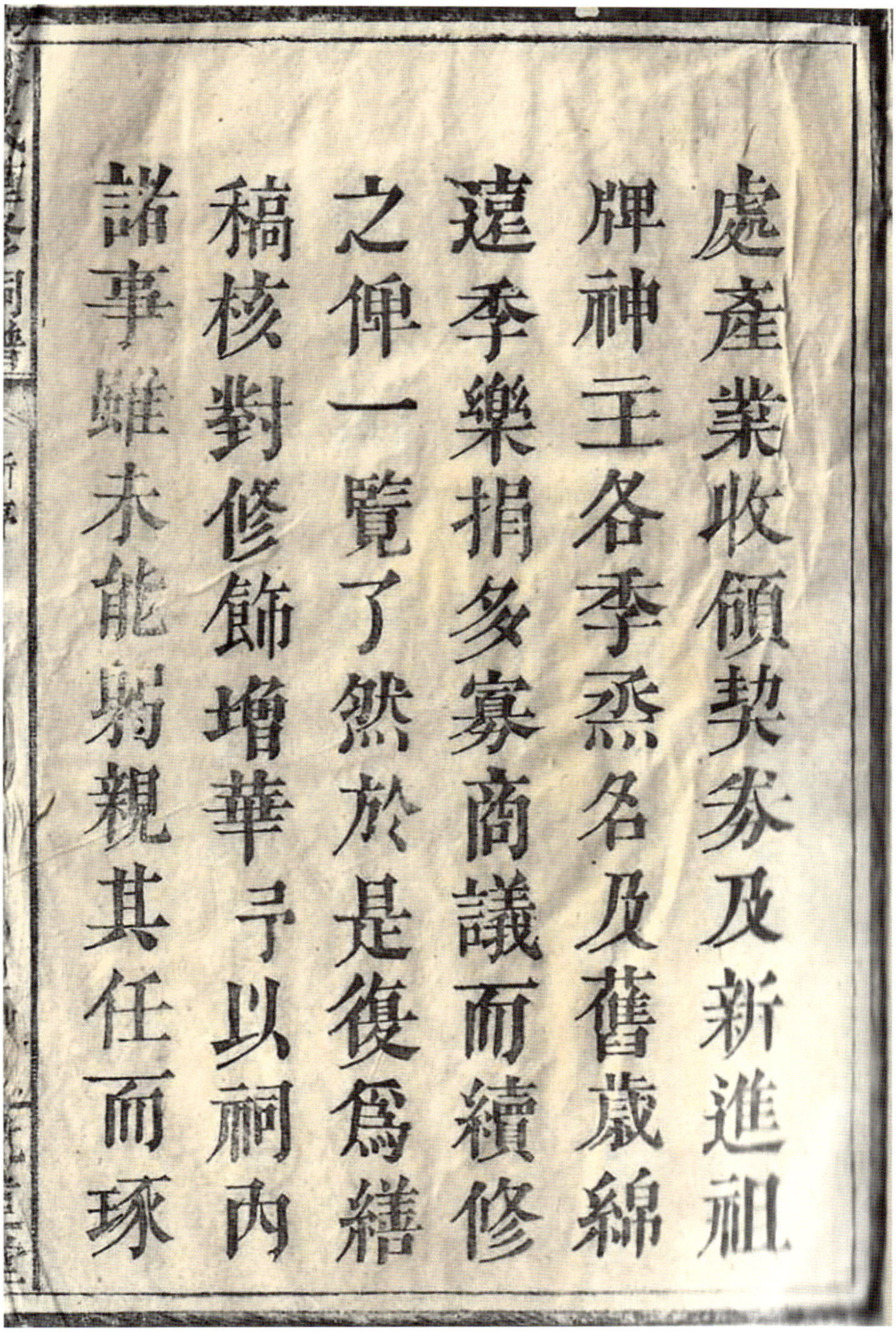

處產業收領契券及新進祖
牌神主各季烝名及舊歲綿
遠季樂捐多寡商議而續修
之俾一覽了然於是復爲繕
稿核對修飾增華弖以祠內
諸事雖未能躬親其任而瑑

⑤

如隨諸公等竭力代勞厥務
畢舉俾老夫得親見其盛事
焉斯固 祖宗之靈爽潛孚
而默佑也抑亦合族之務本
盡誠而盡孝也行見光遠堂
上人文蔚起科甲蟬聯子子

⑥

孫孫繼繼繩繩是爲序

道光十八年孟冬月　吉旦

裔孫大學生克繩拜撰

校录

光远堂陈氏重修祠谱序

从来物本乎天，人本乎祖。祖宗虽远，祭祀不可不诚。而所以尽诚敬敦仁孝者，莫如立家庙以荐烝尝。圣贤谆谆诰诫，无非欲人以务本为先。

我陈氏光远祠堂，自嘉庆壬戌年建置，前堂后寝，庙貌翼然。由经始以迄落成，予与诸族众赞襄其事，立之以祠，即纪之以谱。自是每年祭祀，合族会食，燕毛序齿，彬彬焉绍义门风。而祠内经理之任，出入之司，数十年来，初不敢告劳焉。第今年已八旬，一切诸事，悉付族长绣章、应衡与吾儿琢如及列列族众，共相代理。去岁适修门楼之役，鸠工董事，更修正向，而门闾焕然维新。且添买祠后寝堂基址，极其宽展。此皆诸公之鼎力，不惮劳苦，故功成如此其速也。

今岁秋八月，众复以昔年祠谱未及载者，如置买各处产业，收领契券及新进祖牌神主，各季烝名及旧岁绵远季乐捐多寡，商议而续修之，俾一览了然。于是复为缮稿核对，修饰增华。予以祠内诸事虽未能躬亲其任，而琢如随诸公竭力代劳，庶务毕举，俾老夫得亲见其盛事焉。斯固祖宗之灵爽潜孚而默佑也，抑亦合族之务本，尽诚而尽孝也？行见光远堂上，人文蔚起，科甲蝉联，子子孙孙，继继绳绳。是为序。

道光十八年孟冬月　吉旦，裔孙大学生克绳拜撰

祠屋图

分期分批祭祖赴席名单

祠內公用浩繁支應不及爰於今歲祭期共相議定所有已收加捐及新添烝季各各派作三輪來祠赴席依輪分派週而復始永遠照此章程不得多來混越若日後合祠後裔能增添季金或不分輪則有望於族之賢能者茲將派定輪數列左

一輪赴席

繡章

運生 規鈁 相眞 桂蘭 克軒

①

利富　英聲　相紳　永興　文琇
榮發　俊奕　其昌　洪珍　深浦
正希　文元　高鳳　永培　敬貽
大仁　尙位　賜興　貴元　振遠
懷珊　廷遠　燦邦　秀聯　仕進
生明　積善　起蛟　嶶聲　景元
聯達　顯揚　康文　任軒　秀發
盛芬　緒輝　復三

二輪赴席

②

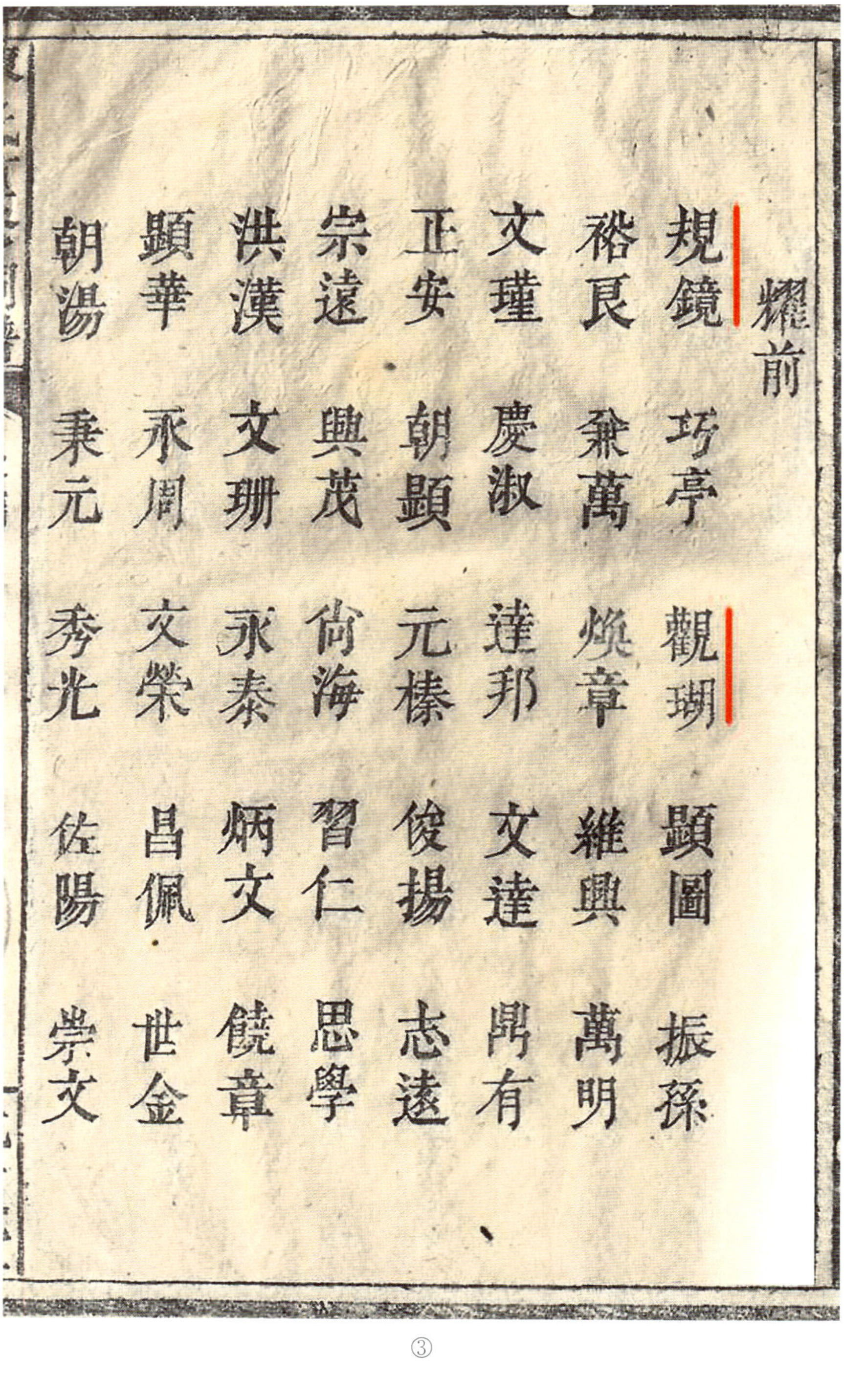

耀前

規鏡 巧亭 觀瑚 顯圖 振孫

裕艮 兼萬 煥章 維興 萬明

文瑾 慶淑 達邦 文達 昺有

正安 朝顯 元榛 俊揚 志遠

宗遠 興茂 尚海 習仁 思學

洪漢 文珊 永泰 炳文 饒章

顯華 永周 文榮 昌佩 世金

朝湯 秉元 秀光 佐陽 崇文

③

思發　元昌
三輪　赴席
琢如
光祖　艮虎　用和　敬魁　富孫
洪蘭　南興　錫有　開旺　繼祖
五園　思贊　應榮　開興　鳳靈
明聰　有麒　峰玉　開茂　朝勝
鳳標　榮秋　仕蘭　正恒　朝英
榮進　必盛　鳳雲　遠朝　[illegible]

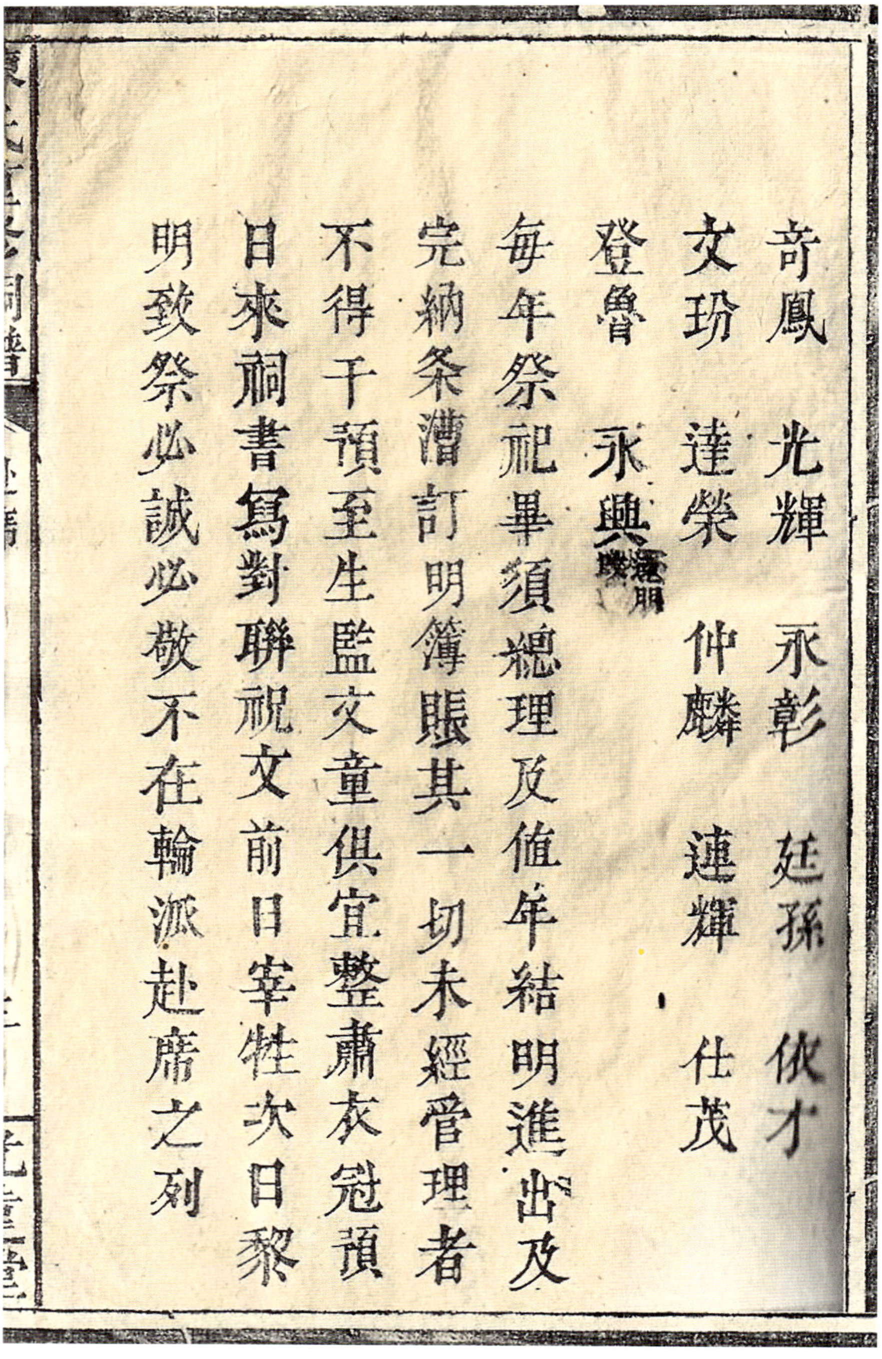

奇鳳 光輝 永彰 廷孫 依才

文玢 達榮 仲麟 連輝 仕茂

登魯 永興 [illegible]

每年祭祀畢須總理及值年結明進出及完納条漕訂明簿賬其一切未經管理者不得干預至生監文童俱宜整肅衣冠預日來祠書寫對聯祝文前日宰牲次日黎明致祭必誠必敬不在輪派赴席之列

⑤

绵远季合序

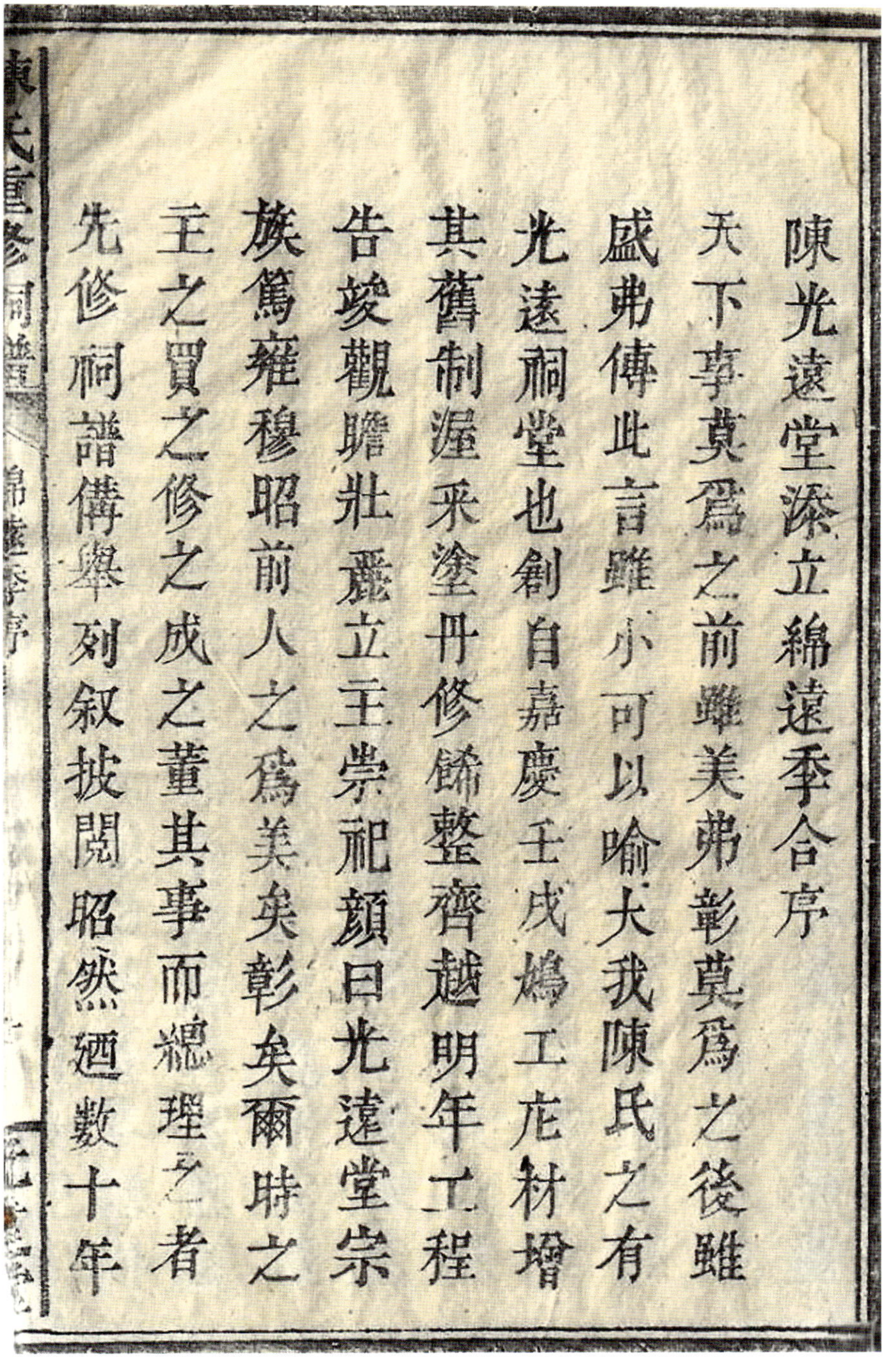
陳光遠堂添立綿遠季合序
天下事莫爲之前雖美弗彰莫爲之後雖
盛弗傳此言雖小可以喻大我陳氏之有
光遠祠堂也創自嘉慶壬戌鳩工庀材增
其舊制渥采塗丹修飾整齊越明年工程
告竣觀瞻壯麗立主崇祀顏曰光遠堂宗
族篤雍穆昭前人之爲美矣彰矣爾時之
主之買之修之成之董其事而總理之者
先修祠譜傳舉列叙披閱昭然迺數十年

陳氏重修祠譜　綿遠季序

①

來歲進士遊泮沼步圖橋選中鵠者雖代有人而科甲家聲未繼合族僉言安得慰望堪輿曰改建正向門樓人文蔚起必奪錦各支胥悅愛於道光丁酉竭吉修建易旁向爲正向不數月而告竣門閭光大煥然一新有會逢其適者祠宇後園多年不賣之業忽爾欲售族人曰不可不圖爲寢堂基答者曰善哉言乎費從何出同聲相應再勸樂捐另舉承買者輸金乃買就而

②

今而後寢堂有基卜築可施前後左右純全無憾此美舉也實各捐金之力也因名之曰綿遠季後人之爲盛矣傳矣吁盡美矣又盡善也堂名光遠人曰光遠有耀我云光前追遠季號綿遠人曰祀典綿長我云瓜綿久遠合而言之共咸遠大之爲奕世蕃遠雖有他季名相同而實不同名相同者一支之季實不同者通祠之季夫何間然爰次而序之附訂祠譜後之覽者毋忘斯言

道光十八年孟冬月　　穀旦

裔孫嶶聲是仁頓首拜撰

③

校录

陈光远堂添立绵远季合序

天下事"莫为之前,虽美弗彰;莫为之后,虽盛弗传"。此言虽小,可以喻大。我陈氏之有光远祠堂也,创自嘉庆壬戌。鸠工庀材,增其旧制;渥采涂丹,修饬整齐。越明年工程告竣,观瞻壮丽,立主崇祀,颜曰"光远堂"。宗族笃雍穆昭,前人之为美矣彰矣。尔时之主之买之修之成之董其事而总理之者,先修祠谱,备举列叙,披阅昭然。乃数十年来,岁进士游泮沼、步圜桥、选中鹄者,虽代有人,而科甲家声未继。合族备言,安得慰望。堪舆曰改建正向门楼,人文蔚起,必夺锦,各支胥悦。爰于道光丁酉,蠲吉修建,易旁向为正向,不数月而告竣。门闾光大,焕然一新。有会逢其适者,祠宇后园,多年不卖之业,忽尔欲售。族人曰"不可不图为寝堂基",答者曰"善哉言乎,费从何出?"同声相应,再劝乐捐,另季承买,喜输金乃买就。而今而后,寝堂有基,卜筑可施,前后左右,纯全无憾。此美举也,实各捐金之力也。因名之曰"绵远季"。后人之为盛矣传矣,吁!尽美矣,又尽善也。堂名光远,人曰光远有耀,我云光前追远;季号绵远,人曰祀典绵长,我云瓜绵久远。合而言之,共成远大之为奕世蕃远,虽有他季,名相同而实不同。名相同者,一支之季;实不同者,通祠之季,夫何间然?爰次而序之,附订祠谱,后之览者,毋忘斯言。

道光十八年孟冬月　谷旦,裔孙徽声、是仁顿首拜撰

绵远季引言

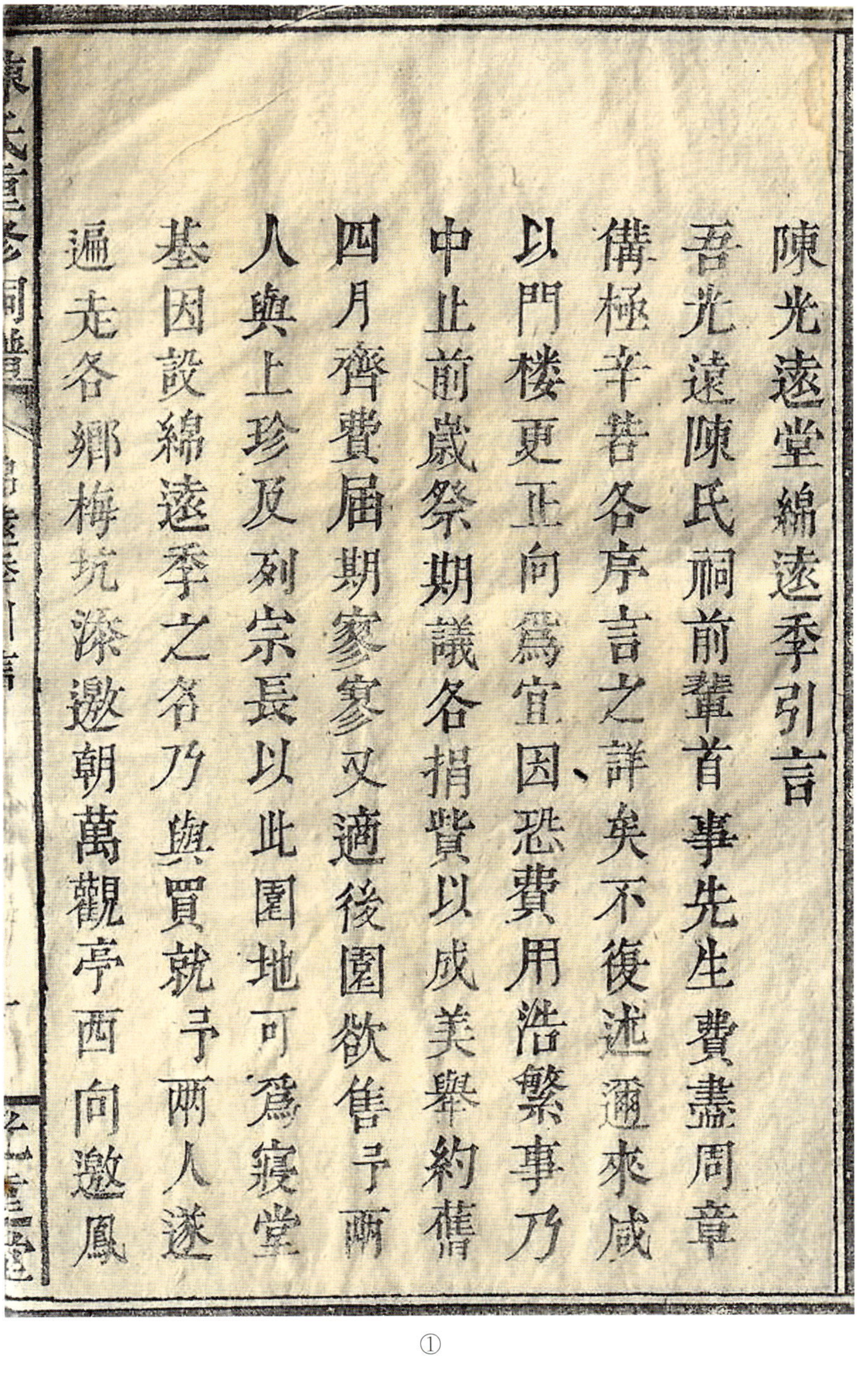

陳光遠堂綿遠季引言

吾光遠陳氏祠前輩首事先生費盡周章備極辛苦各序言之詳矣不復述邇來咸以門楼更正向爲宜因恐費用浩繁事乃中止前歲祭期議各捐貲以成美舉約舊四月齊費届期寥寥叉適後園欲售于兩人與上珍及列宗長以此園地可爲寢堂基因設綿遠季之名乃與買就于兩人遂遍走各鄉梅坑滌邀朝萬觀亭西向邀鳳

①

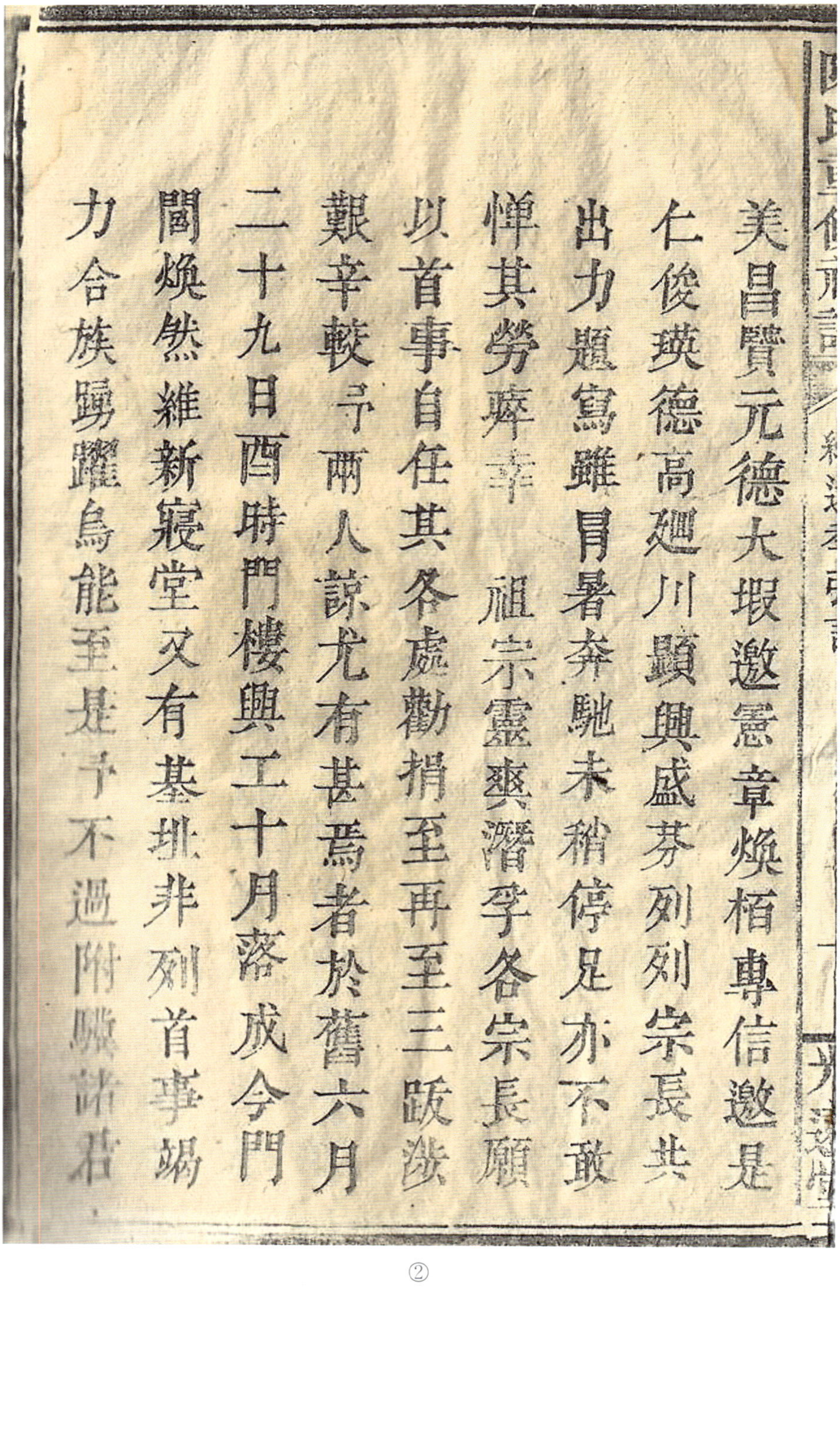
美昌賢元德大垠邀憲章煥栢專信邀是
仁俊瑛德高廻川顯興盛芬列列宗長共
出力題寫雖冒暑奔馳未稍停足亦不敢
憚其勞瘁幸　祖宗靈爽濬孚各宗長願
以首事自任其各處勸捐至再至三跋涉
艱辛較予兩人諒尤有甚焉者於舊六月
二十九日酉時門樓興工十月落成今門
閭煥然維新寢堂又有基址非列首事竭
力合族踴躍烏能至是予不過附驥諸君

②

子復何勞焉至督修及進出數目雖與是
仁宗長爲多亦恒憂力不勝任及舊祭
祖時各支雲集將進出核算幸無差錯於
心始安行見光遠堂上人文蔚起科甲蟬
聯合祠亦甚有榮焉兹值續修祠譜又濫
襄理其事爰備述本末附訂於譜以誌合
族踴躍及列首事辛勤并爲後來者勸
道光十八年孟冬月　穀旦
裔孫璘繡如璋頓首拜撰

③

校录

陈光远堂绵远季引言

吾光远陈氏祠，前辈首事先生，费尽周章，备极辛苦，各序言之详矣，不复述。迩来咸以门楼更正向为宜，因恐费用浩繁，事乃中止。前岁祭期，议各捐赀，以成美举。约旧四月齐费，届期寥寥。又适后园欲售，予两人与上珍及列宗长以此园地可为寝堂基，因设“绵远季”之名，乃与买就。予两人遂遍走各乡，梅坑添邀朝万、观亭，西向邀凤美、昌贤、元德，大塅邀宪章、焕柏。专信邀是仁、俊瑛、德高、回川、显兴、盛芬列列宗长，共出力题写。虽冒暑奔驰，未稍停足，亦不敢惮其劳瘁。幸祖宗灵爽潜孚，各宗长愿以首事自任，其各处劝捐，至再至三。跋涉艰辛，较予两人，谅尤有甚焉者。于旧六月二十九日酉时门楼兴工，十月落成。今门闾焕然维新，寝堂又有基址，非列首事竭力，合族踊跃，乌能至是。予不过附骥诸君子，复何劳焉。至督修及进出数目，虽与是仁宗长为多，亦恒忧力不胜任。及旧祭祖时，各支云集，将进出核算，幸无差错，于心始安。行见光远堂上，人文蔚起，科甲蝉联，合祠亦甚有荣焉。兹值续修祠谱，又滥襄理其事。爰备述本末，附订于谱，以志合族踊跃及列首事辛勤，并为后来者劝。

道光十八年孟冬月　谷旦，裔孙绣章、琢如顿首拜撰

同治五年三修祠志

三修祠志目录

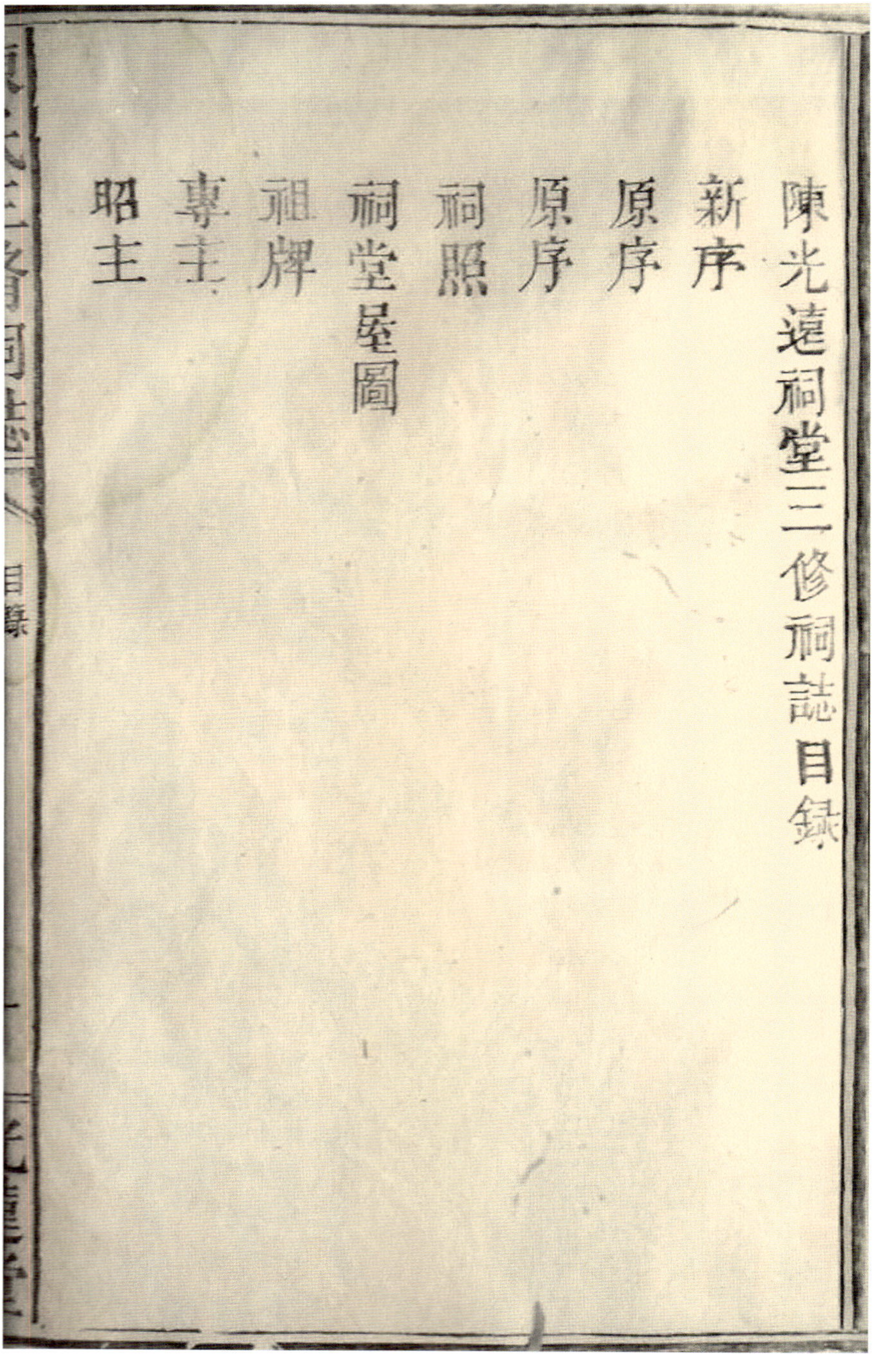
陳光遠祠堂三修祠誌目録

新序

原序

原序

祠照

祠堂畧圖

祖牌

專主

昭主

①

穆主

儀注附祝文報詞戒章

祠規

存領各契據

分胙獎賞

原歷首士弁言

新上祠者列後

新進烝季列後

修門樓題捐列後

②

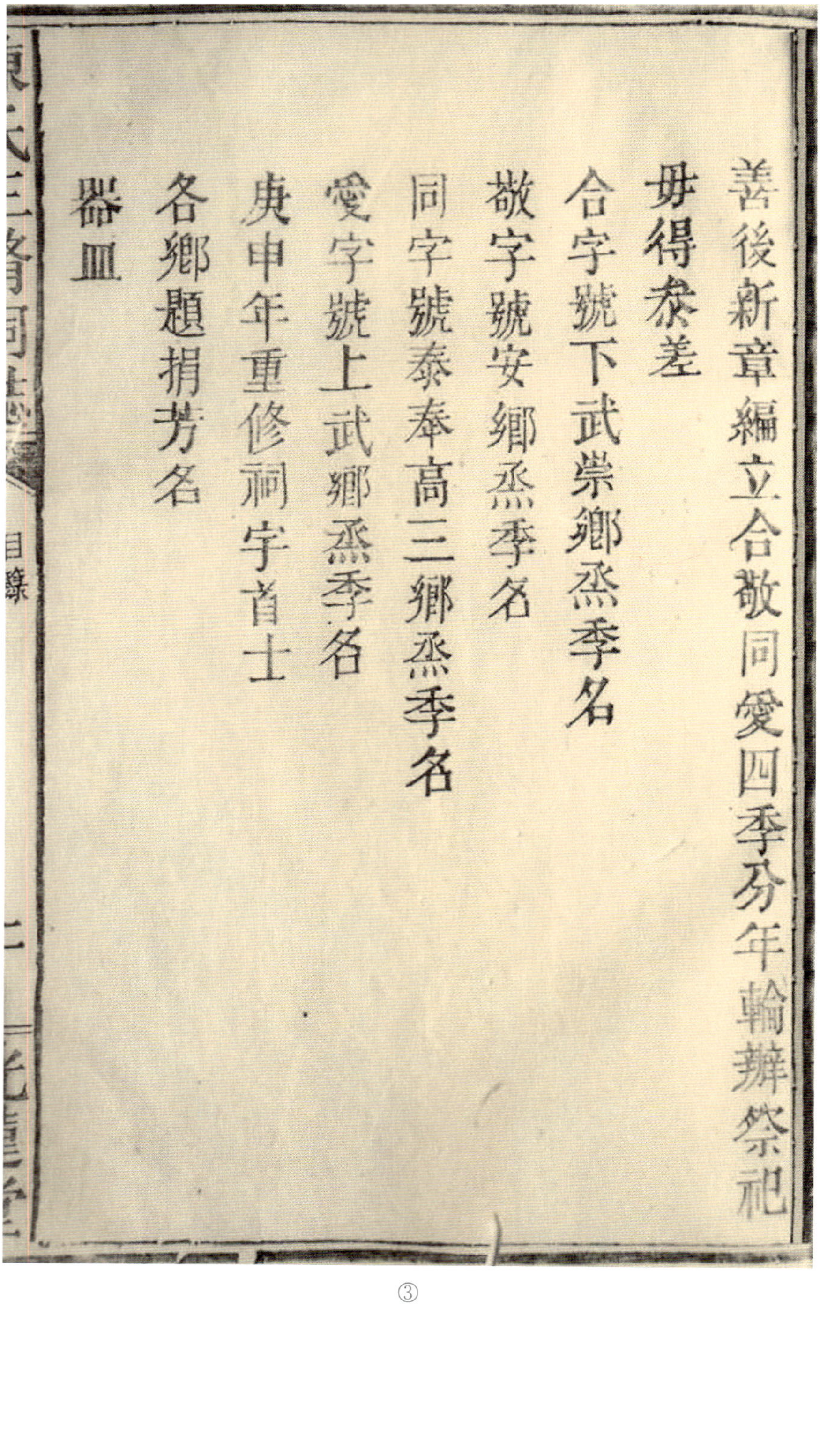

善後新章編立合敬同愛四季分年輪辦祭祀
毋得叅差
合字號下武崇鄉烝季名
敬字號安鄉烝季名
同字號泰奉高三鄉烝季名
愛字號上武鄉烝季名
庚申年重修祠宇首士
各鄉題捐芳名
器皿

③

光远祠三修祠志序

陳光遠祠三修祠志序

同治丙寅秋九月吾族光遠祠祠志告成諸君子以序爲屬寶箴維古者上自朝廷措施大政因革損益文獻之所在下至邦國郡縣山川人物貢賦風俗之所存莫不有志所以類物記事傳示萬世垂于無窮使覽者有所攷焉若祠之有志其至微耳雖然不可忽也記曰尊祖故敬宗敬宗故收族收族故宗廟嚴宗廟嚴旣嚴矣則不敢忘不敢忘則不敢以不志賈誼曰聖人之治天

①

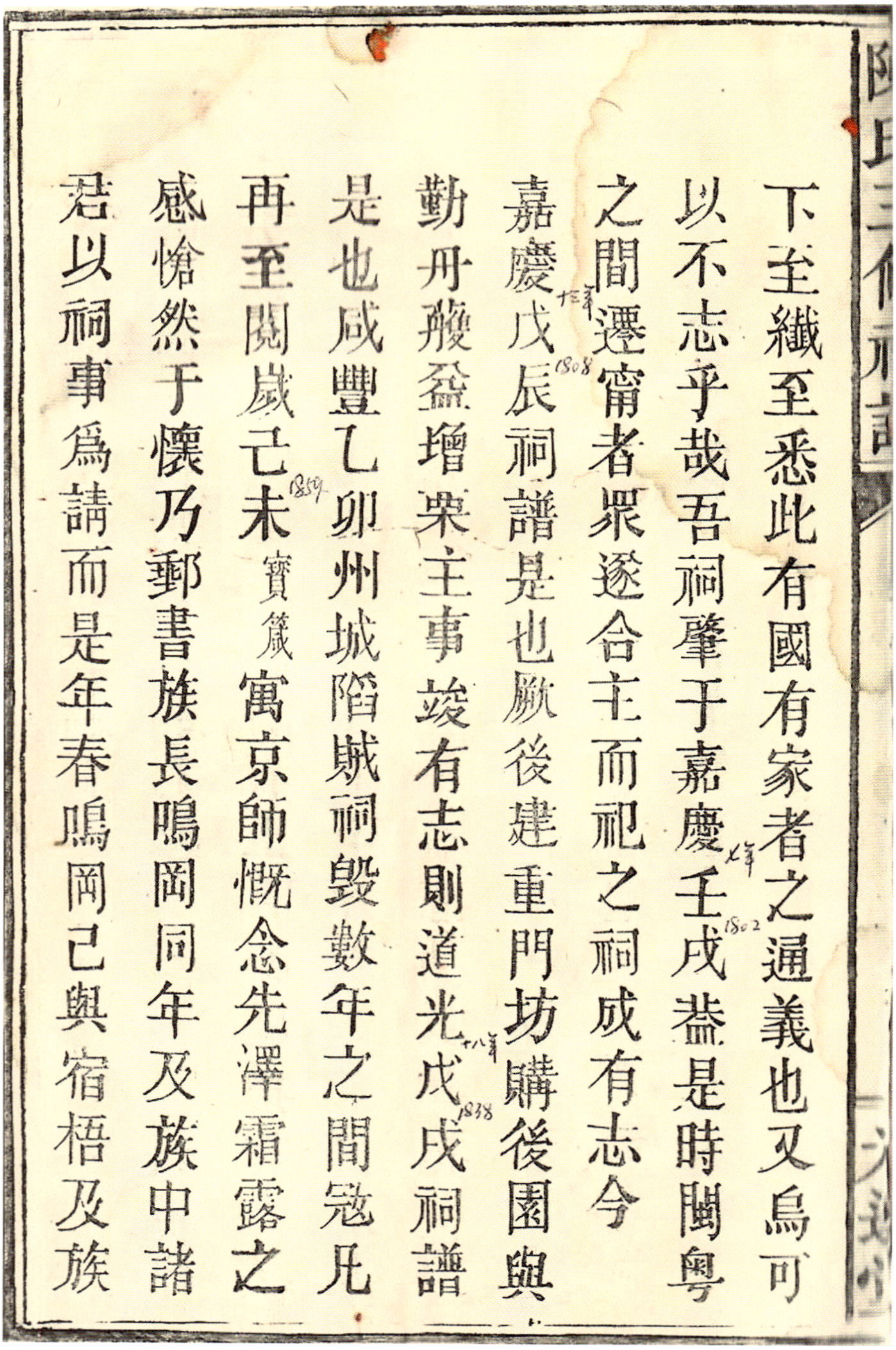

下至纖至悉此有國有家者之通義也又烏可以不志乎哉吾祠肇于嘉慶壬戌盖是時閩粵之間遷甯者衆遂合主而祀之祠成有志今嘉慶戊辰祠譜是也厥後建重門坊購後園與勤冊艘發增衆主事竣有志則道光戊戌祠譜是也咸豐乙卯州城陷賊祠毀數年之間蒐凡再至閩歲己未寶箴寓京師慨念先澤霜露之感愴然于懷乃郵書族長鳴岡同年及族中諸君以祠事爲請而是年春鳴岡已與宿梧及族

②

中諸長者醵貲鳩工舉其事數月告竣廸惟前
光祀事復粲然備矣辛酉1861賊復至祠又復毀
鳴岡諸君復庀治之而　寶箴于此數年中南北
奔走襄役戎馬之間壬戌1862同治元年歸自湘中晉謁祠廟
規模煥然幸祖宗之靈有所凴依而益嘆吾族
諸君所以尊祖敬宗孝思不匱也去年1865同治四年鳴岡成
進士以知縣簽發福建今年將之官乃與族人
及　寶箴重修祠志凡神主昭穆祀產與新定祠
規咸載焉溯自斯祠之興先大父與巧亭諸族

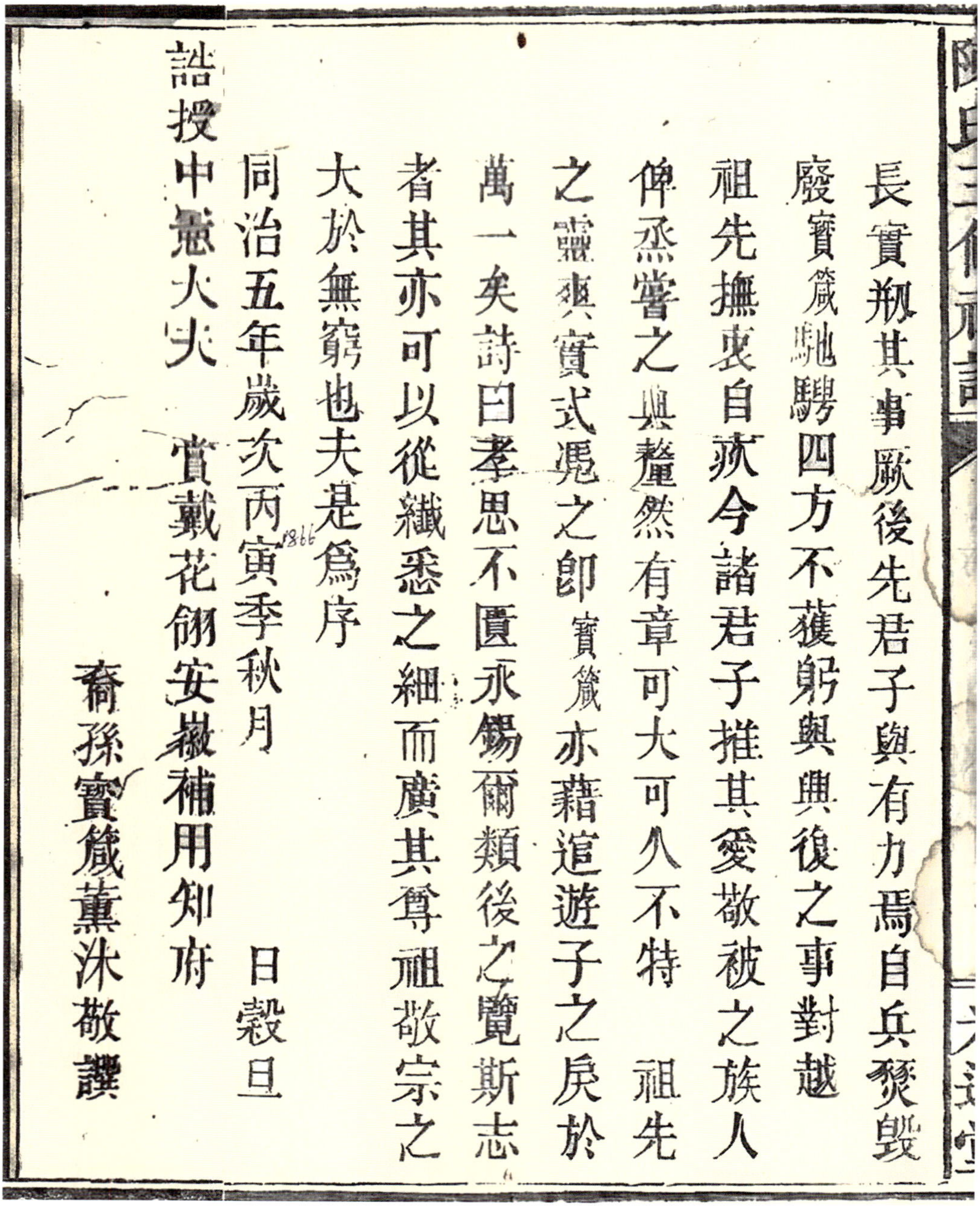

長實殉其事厥後先君子與有力焉自兵燹毀
廢寶箴馳驅四方不獲躬與典復之事對越
祖先撫衷自疚今諸君子推其愛敬被之族人
俾烝嘗之典犂然有章可大可久不特　祖先
之靈爽實式憑之即寶箴亦藉追遊子之戾於
萬一矣詩曰孝思不匱永錫爾類後之覽斯志
者其亦可以從纖悉之細而廣其尊祖敬宗之
大於無窮也夫是爲序
同治五年歲次丙寅季秋月　　日穀旦
誥授中憲大夫　賞戴花翎安徽補用知府
裔孫寶箴薰沐敬譔

④

校录

陈光远祠三修祠志序

同治丙寅秋九月，吾族光远祠《祠志》告成，诸君子以序为嘱宝箴。维古者上自朝廷措施大政因革损益文献之所在，下至邦国郡县山川人物贡赋风俗之所在，莫不有志。所以类物记事，传示万世，垂于无穷，使览者有所考焉。若祠之有志，其至微耳，虽然，不可忽也。《记》曰："尊祖故敬宗，敬宗故收族。"收族故宗庙严，既严矣则不敢忘，不敢忘则不敢以不志。贾谊曰："圣人之治天下，至纤至悉。"此有国有家者之通义也，又乌可以不志乎哉？

吾祠肇于嘉庆壬戌，盖是时闽粤之间迁宁者众，遂合主而祀之。祠成，有志，今嘉庆戊辰祠谱是也。厥后建重门坊，购后园与勤丹臒，益增栗主，事竣有志，则道光戊戌祠谱是也。咸丰乙卯，州城陷贼，祠毁。数年之间，寇凡再至。阅岁己未，宝箴寓京师，慨念先泽，霜露之感，怆然于怀，乃邮书族长鸣冈同年及族中诸君子，以祠事为请。而是年春鸣冈已与宿梧及族中诸长者醵赀鸠工举其事，数月告竣，迪惟前光，祀事复粲然备矣。辛酉贼复至，祠又复毁，鸣冈诸君复庀治之。而宝箴于此数年中，南北奔走，襄役戎马之间。壬戌归自湘中，晋谒祠庙，规模焕然，幸祖宗之灵有所凭依，而益叹吾族诸君所以尊祖敬宗孝思不匮也。去年鸣冈成进士，以知县签发福建，今年将之官，乃与族人及宝箴重修祠志，凡神主昭穆祀产与新定祠规咸载焉。

溯自斯祠之兴，先大父与巧亭诸族长实创其事，厥后先君子与有力焉。自兵燹毁废，宝箴驰骋四方，不复躬与兴复之事，对越祖先，抚衷自疚。今诸君子推其爱敬，被之族人，俾烝尝之典厘然有章，可大可久，不特祖先之灵爽实式凭之，即宝箴亦藉逭游子之戾于万一矣。《诗》曰："孝思不匮，永锡尔类。"后之览斯志者，其亦可以从纤悉之细，而广其尊祖敬宗之大于无穷也夫，是为序。

同治五年岁次丙寅季秋月　日　谷旦，诰授中宪大夫、赏戴花翎安徽补用知府、裔孙宝箴熏沐敬撰

陈光远祠三修序

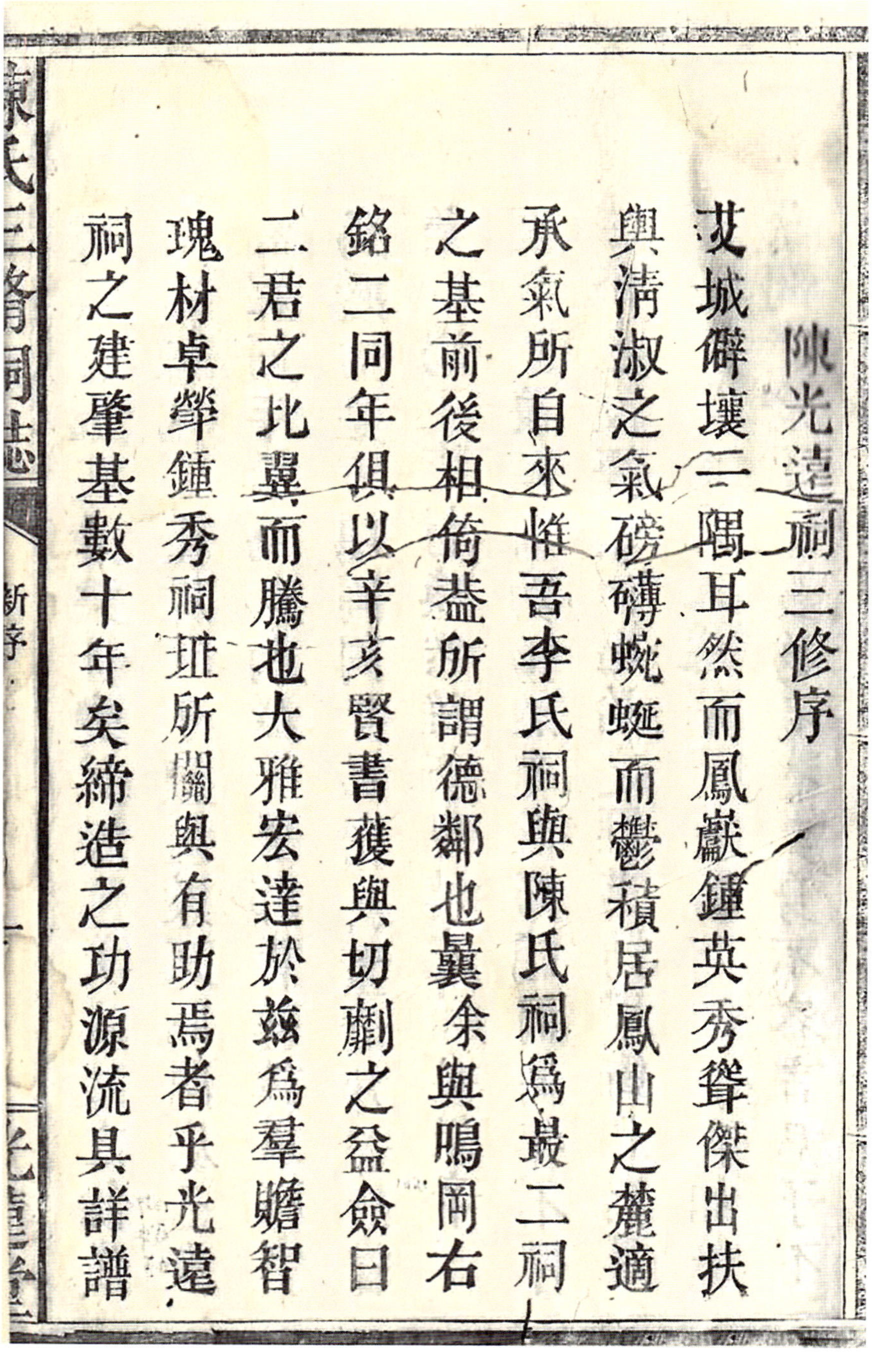
陳光遠祠三修序

艾城僻壤一隅耳然而鳳巘鍾英秀聳傑出扶輿清淑之氣磅礴蜿蜒而鬱積居鳳山之麓適承氣所自來惟吾李氏祠與陳氏祠爲最二祠之基前後相倚盍所謂德鄰也曩余與鳴岡右銘二同年俱以辛亥賢書獲與切劘之益僉曰二君之比翼而騰也大雅宏達於茲爲羣髦智瑰材卓犖鍾秀祠址所關與有助焉者乎光遠祠之建肇基數十年矣締造之功源流具詳譜

陳氏三修祠志　新序

①

牒咸豐五載滄桑世變兵燹罹災殘毀之餘幾
生荊棘見者僅辟睨于頽垣敗瓦間閲歲己未 1859 咸豐九年
右銘同年僑寓都門數千里郵書諄諄以祠宇
爲囑而是春鳴岡同年已偕紳董健邦等斂貲
集腋鳩工庀材煥然維新規模宏遠矣詎辛酉 1861
夏城垣復陷前功蕩然無餘乃鳴岡同年不憚
三修之役提挈而庀治之匪耑勤樸斲且勤丹
雘室苟完而道大適宗祖有靈呵護當何如哉
余聞之老子云與物苟者其身不容言君子不

可與物爲苟且是以叔孫昭子所到雖一日必葺其牆屋况家廟之地即是役也尊祖敬宗之念不僅一人一時矣諸君子斧藻宗功琢磨今緒贊勷協力者羣然識所尚遂使廟永十世之基家承百年之業士食舊德之名氏農服先疇之畎畝敬伸遺裔光遠而自他有耀如二同年者其于聯宗肅祖之義稔聞之而勇行之卽諸君子贊翊修葺之功胥勤勤懇懇于無已余於二同年榜誼既聯祠址又近凡祠之修而廢廢

③

而修又廢而又修不可不誌其顛末以爲守先
待後計也至於擘畫之細垂裕之宜如陶太傅
處事綜理微密尤有可紀者尤有不待紀者是
爲序

同治五年歲次丙寅季秋月　吉日

例授文林郎禮部進士李鏡華拜譔

校录

陈光远祠三修序

艾城僻壤一隅耳，然而凤巘钟英，秀耸杰出，扶舆清淑之气，磅礴蜿蜒而郁积。居凤山之麓，适承气所自来，惟吾李氏祠与陈氏祠为最。二祠之基，前后相倚，盖所谓德邻也。曩余与鸣冈、右铭二同年，俱以辛亥贤书，获与切劘之益。佥曰二君之比翼而腾也，大雅宏达，于兹为群，赡智瑰材，卓荦钟秀，祠址所关，与有助焉者乎？

光远祠之建，肇基数十年矣。缔造之功，源流具详谱牒。咸丰五载，沧桑世变，兵燹罹灾，残毁之余，几生荆棘，见者仅辟睨于颓垣败瓦间。阅岁己未，右铭同年侨寓都门，数千里邮书，谆谆以祠宇为嘱。而是春鸣冈同年已偕绅董健邦等敛赀集腋、鸠工庀材，焕然维新，规模宏远矣。讵辛酉夏，城垣复陷，前功荡然无余。乃鸣冈同年不惮三修之役，提絜而庀治之。匪第勤朴斫，且勤丹雘，室苟完而道大。适宗祖有灵，呵护当何如哉！

余闻之老子云"与物苟者其身不容"，言君子不可与物为苟且。是以叔孙昭子所到，虽一日必葺其墙屋，况家庙之地耶？是役也，尊祖敬宗之念，不仅一人一时矣。诸君子斧藻宗功，琢磨令绪，赞襄协力者，群然识所尚。遂使庙永十世之基，家承百年之业。士食旧德之名氏，农服先畴之畎亩。敬仲遗裔，光远而自他有耀，如二同年者。其于联宗肃祖之义，稔闻之而勇行之。即诸君子赞翊修葺之功，胥勤恳于无已。

余于二同年榜谊既联，祠址又近，凡祠之修而废、废而修，又废而又修，不可不志其巅末，以为守先待后计也。至于譬画之细，垂裕之宜，如陶太傅处事，综理微密，尤有可纪者，尤有不待纪者。是为序。

同治五年岁次丙寅季秋月　吉旦，例授文林即礼部进士、年愚弟李镜华拜撰

祠屋图

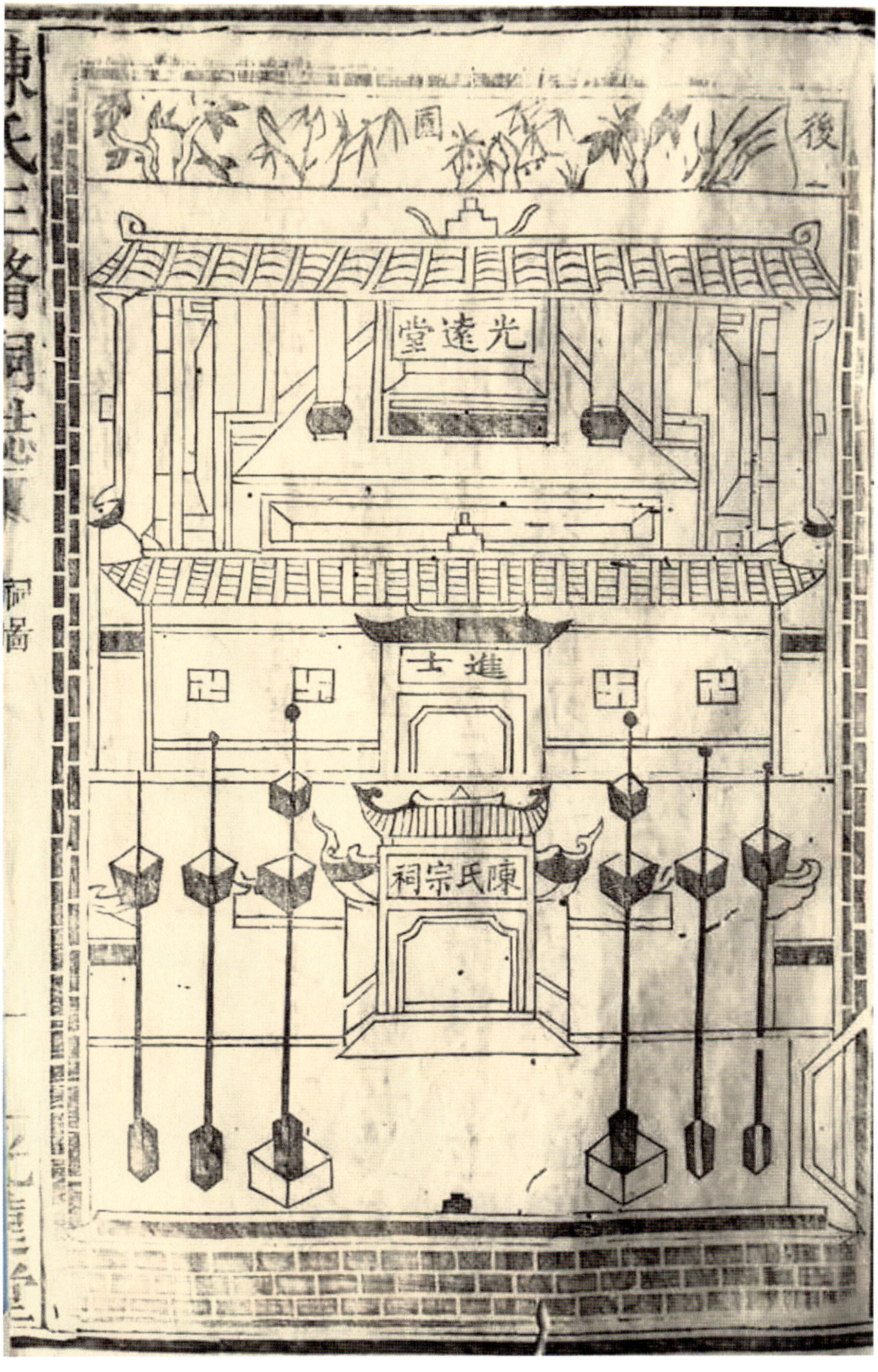

屋图说明

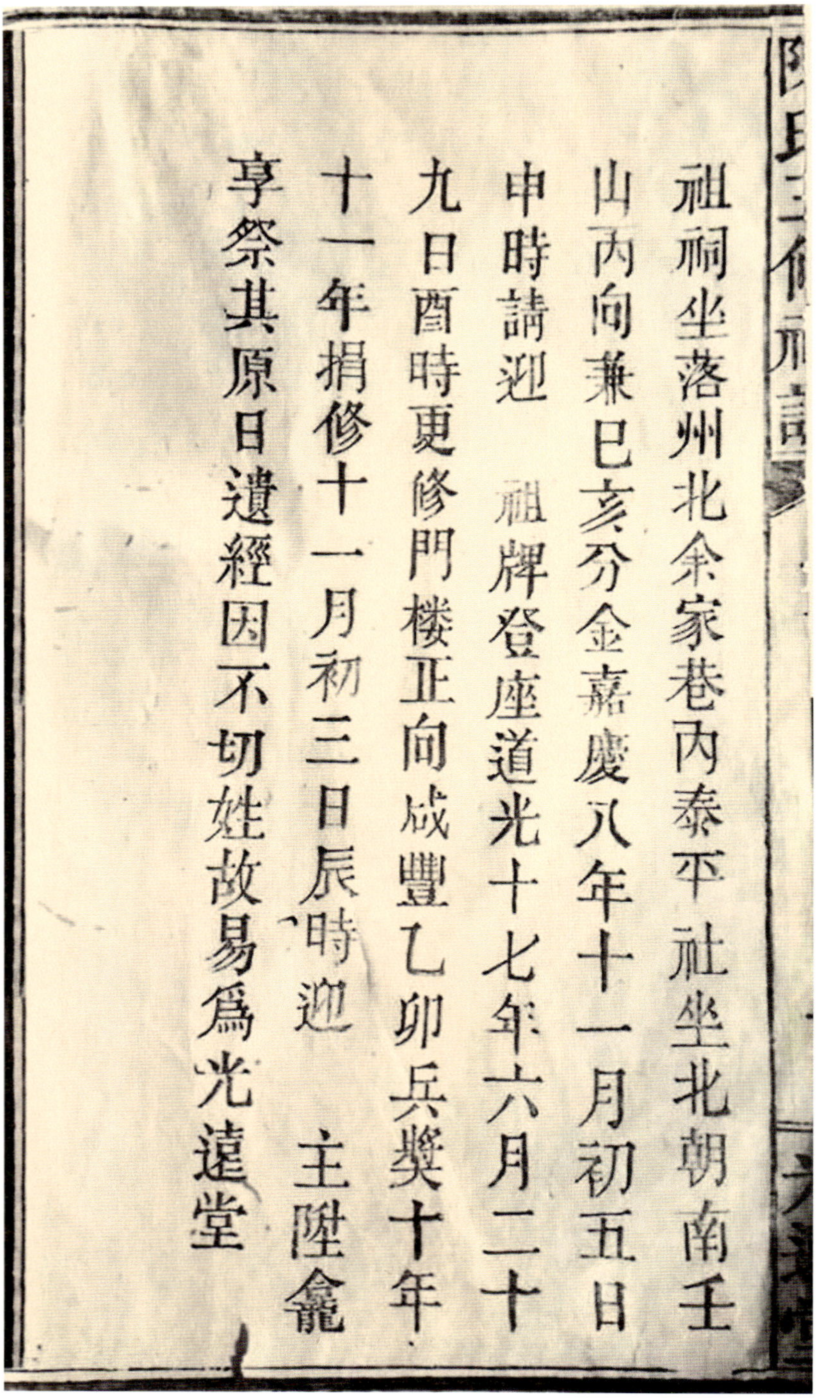
祖祠坐落州北余家巷內泰平社坐北朝南壬
山丙向兼巳亥分金嘉慶八年十一月初五日
申時請迎　祖牌登座道光十七年六月二十
九日酉時更修門樓正向咸豐乙卯兵燹十年
十一年捐修十一月初三日辰時迎　主陞龕
享祭其原日遺經因不切姓故易爲光遠堂

神主牌位

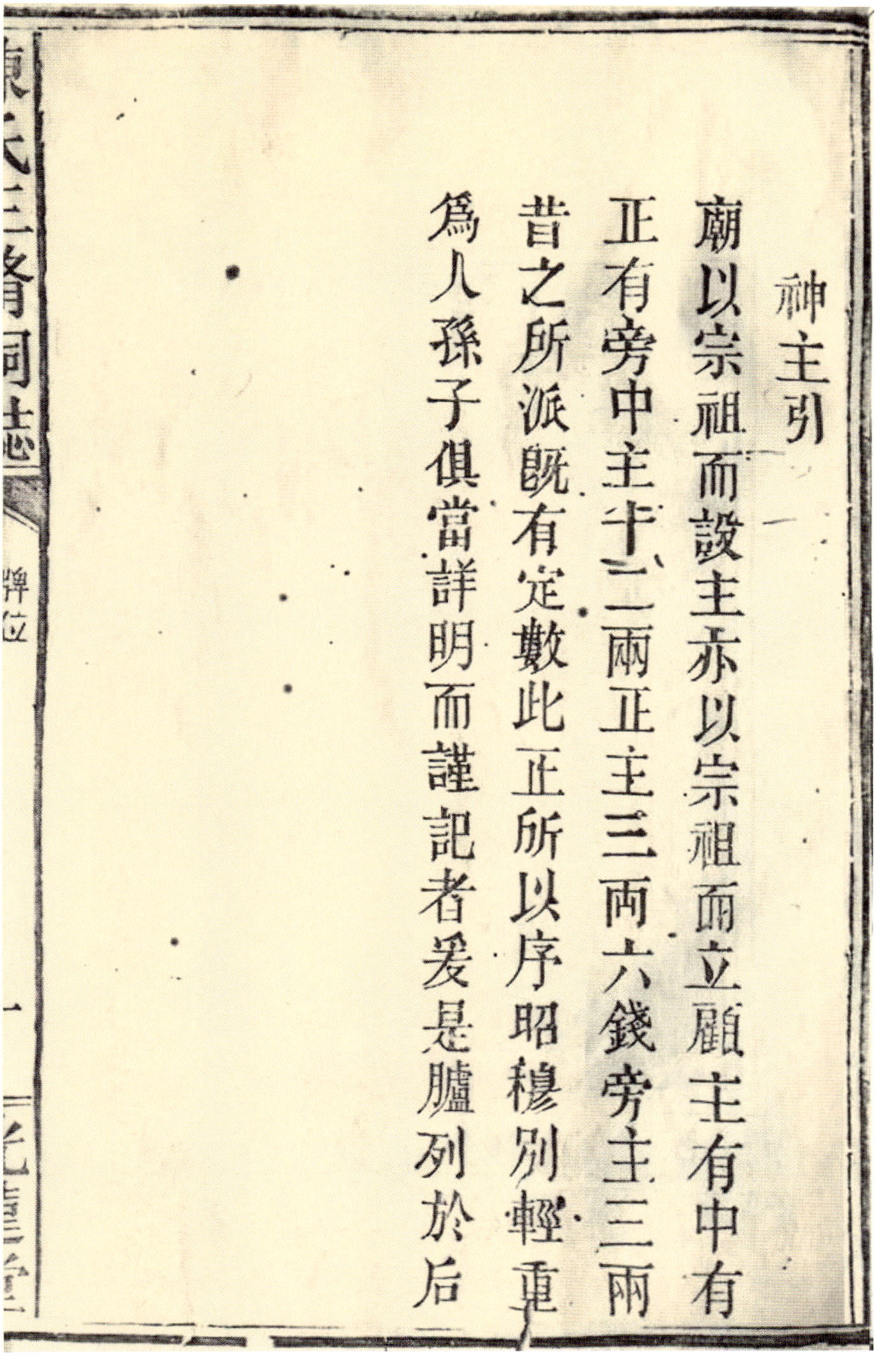

神主引

廟以宗祖而設主亦以宗祖而立廟主有中有正有旁中主十二兩正主三兩六錢旁主三兩昔之所派既有定數此正所以序昭穆別輕重爲人孫子俱當詳明而謹記者爰是臚列於后

①

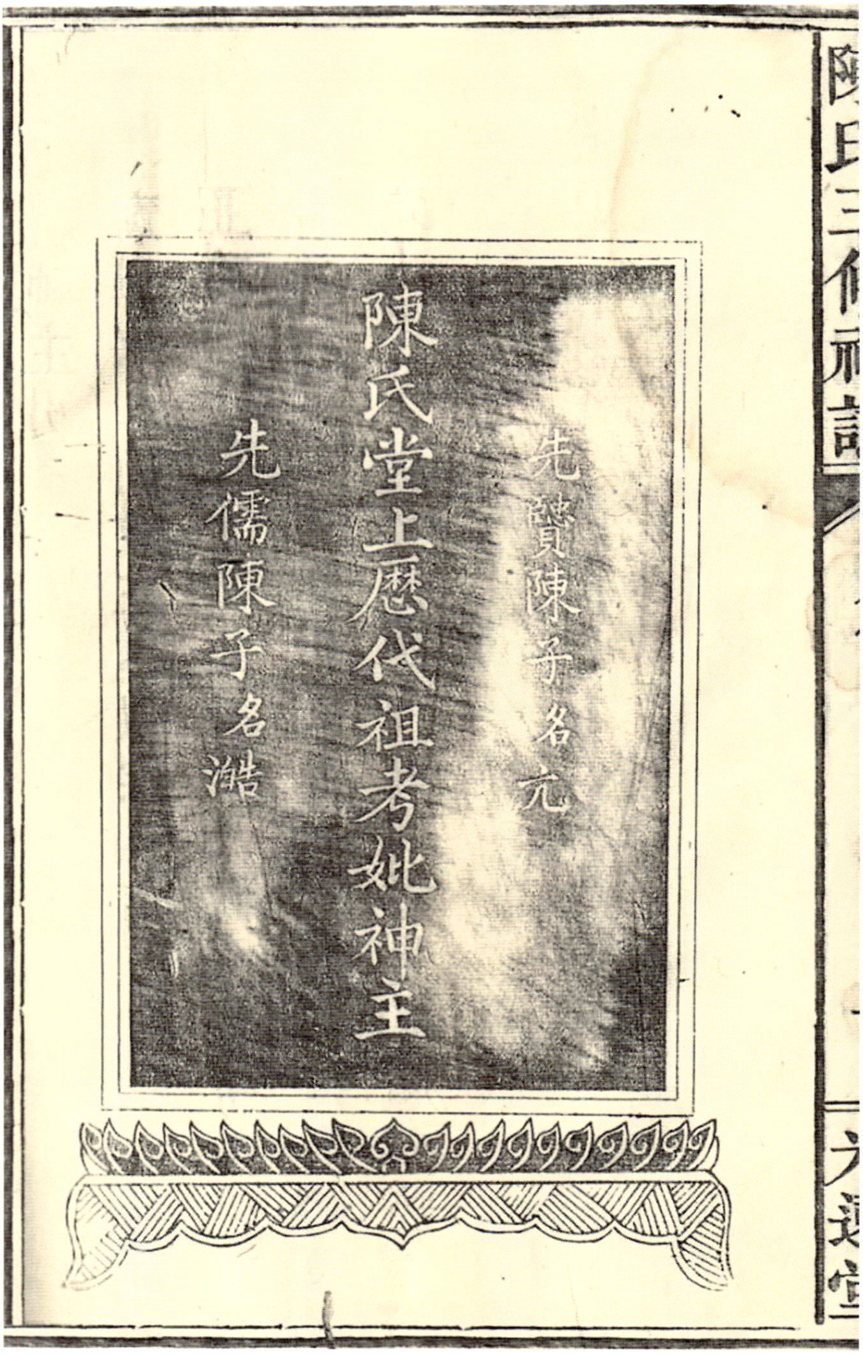

先賢陳子名亢

陳氏堂上歷代祖考妣神主

先儒陳子名澔

②

陈于庭牌位

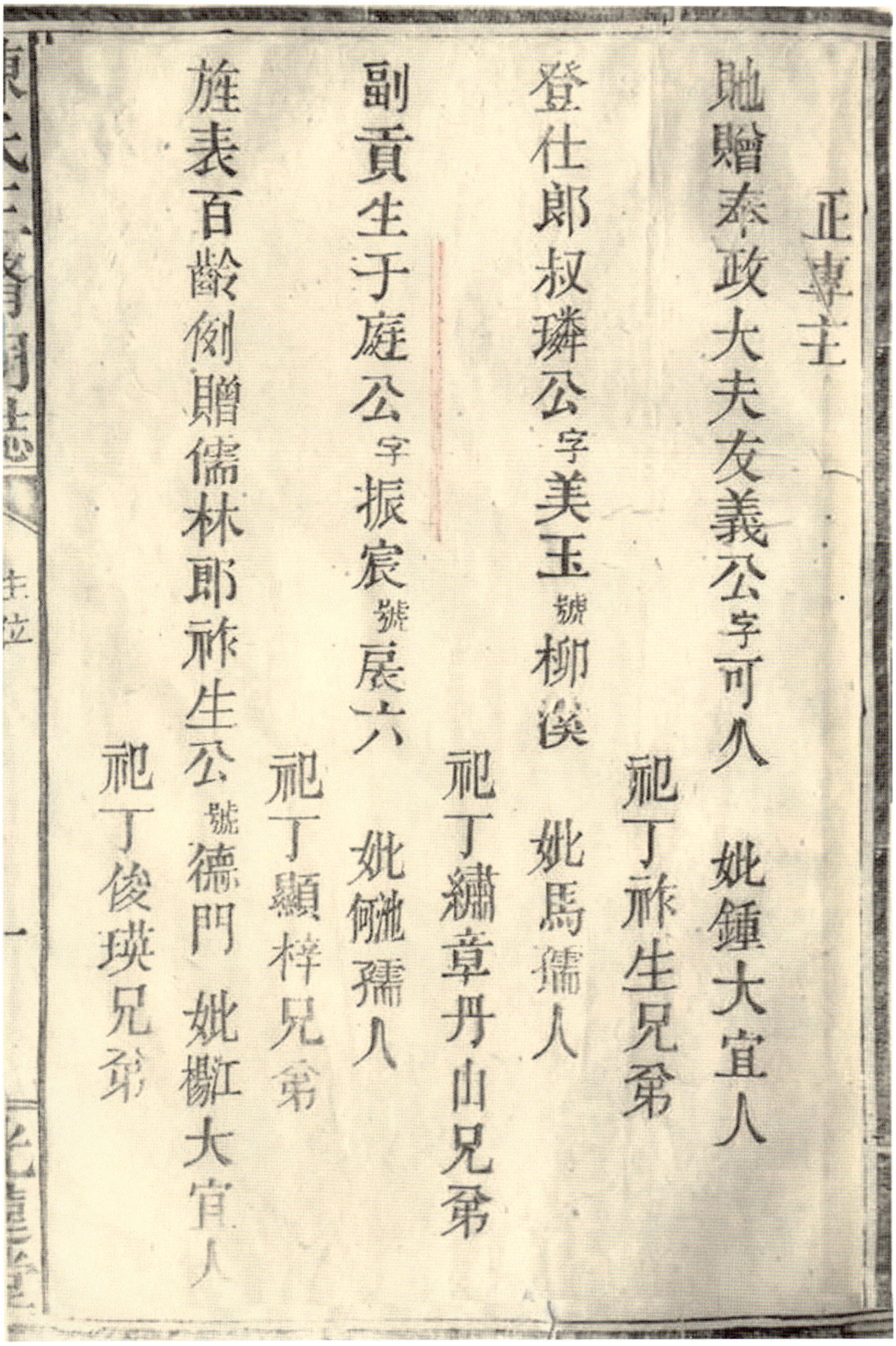
正主
貤贈奉政大夫友義公字可久　妣鍾大宜人
祀丁祚生兄弟
登仕郎叔璘公字美玉號柳溪　妣馬孺人
祀丁繡章丹山兄弟
副貢生于庭公字振宸號宸六　妣何池孺人
祀丁顯梓兄弟
旌表百齡例贈儒林郎祚生公號德門　妣樹大宜人
祀丁俊瑛兄弟

陈文光牌位

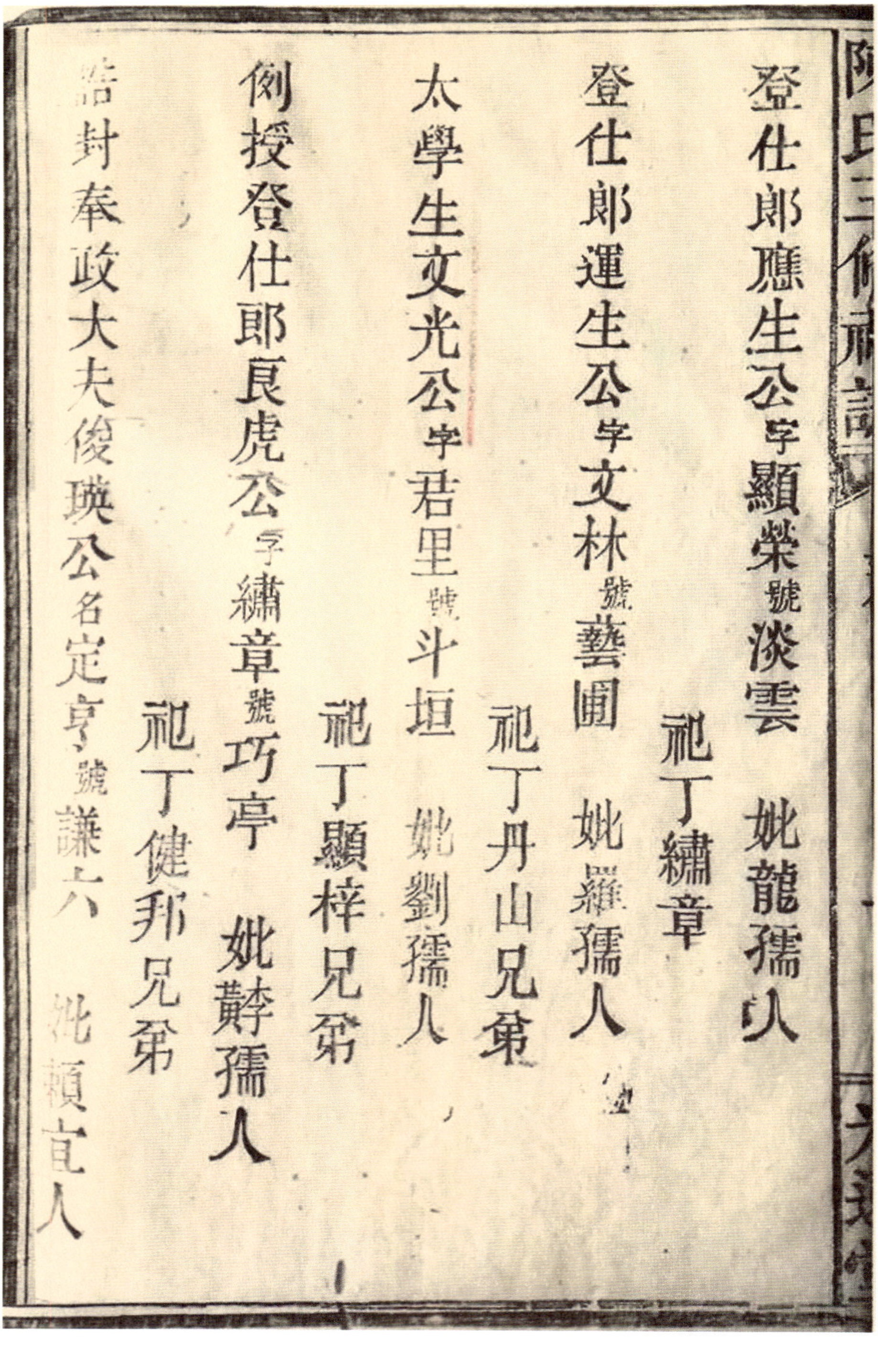

登仕郎應生公字顯榮號淡雲　妣龍孺人
祀丁繡章
登仕郎運生公字文林號藝圃　妣羅孺人
祀丁丹山兄弟
太學生文光公字君里號斗垣　妣劉孺人
祀丁顯梓兄弟
例授登仕郎良虎公字繡章號巧亭　妣蔣孺人
祀丁健邦兄弟
誥封奉政大夫俊瑛公名定亨號謙六　妣賴宜人

陈鲲池牌位

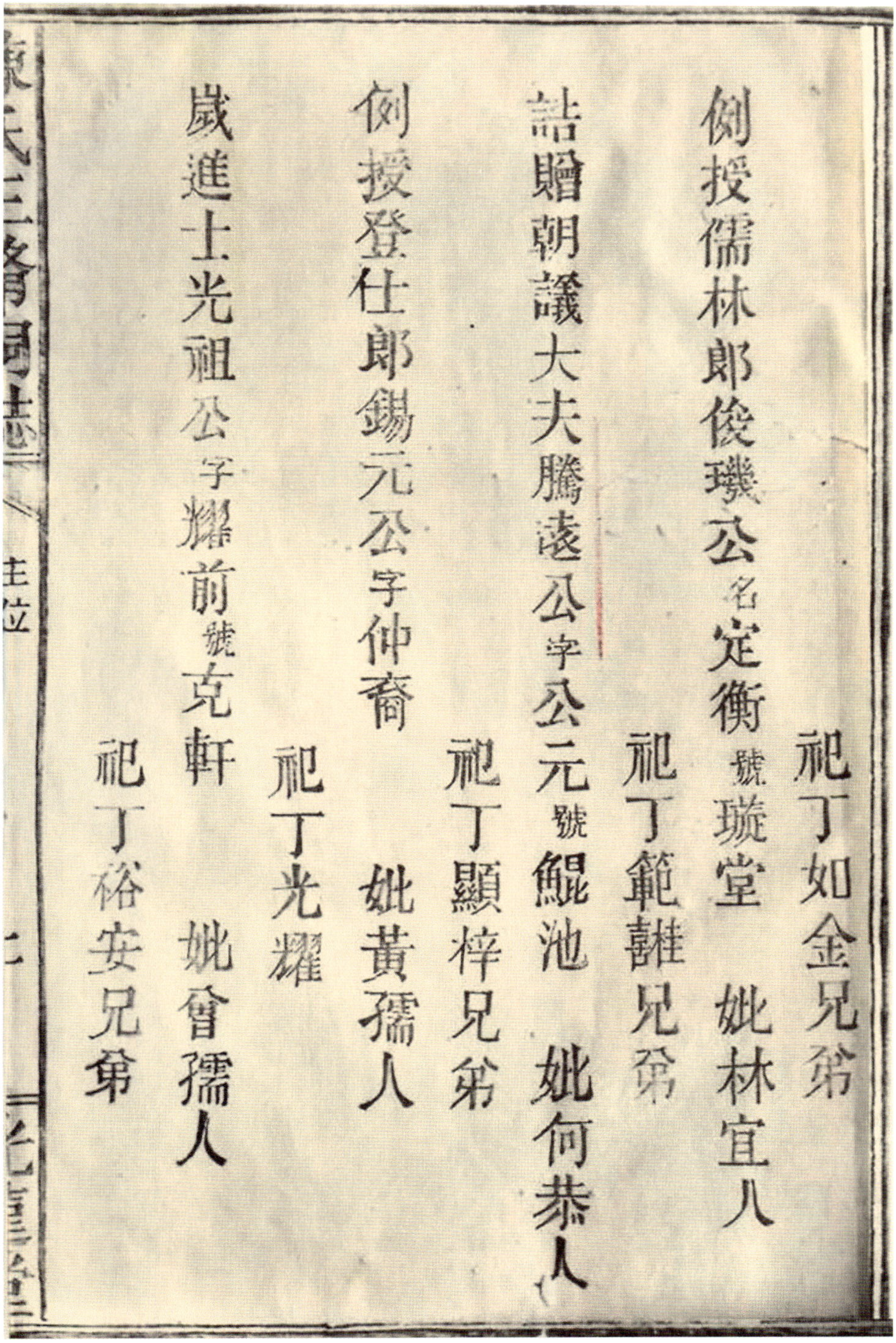

祀丁如金兄弟

例授儒林郎俊璣公名定衡號璇堂　妣林宜人

祀丁範雒兄弟

誥贈朝議大夫騰遠公字公元號鯤池　妣何恭人

祀丁顯梓兄弟

例授登仕郎錫元公字仲裔　妣黃孺人

祀丁光耀

歲進士光祖公字耀前號克軒　妣曾孺人

祀丁裕安兄弟

陈克绳、陈伟琳牌位

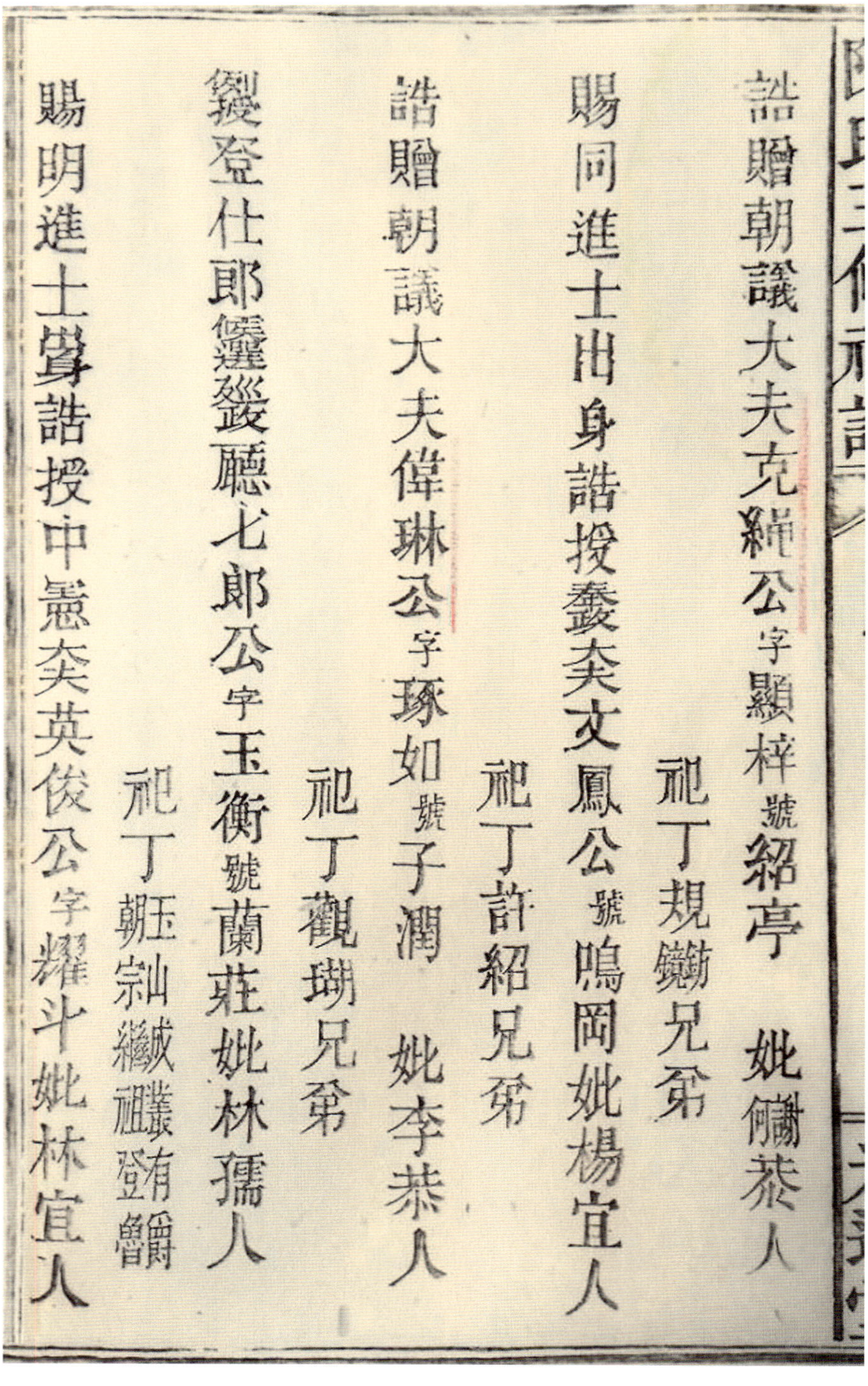

誥贈朝議大夫克繩公 字顯梓 號紹亭 妣儲恭人
祀丁規鑾兄弟
賜同進士出身誥授奉政大夫文鳳公 號鳴岡 妣楊宜人
祀丁許紹兄弟
誥贈朝議大夫偉琳公 字琢如 號子潤 妣李恭人
祀丁觀瑚兄弟
例授登仕郎候選發廳七郎公 字玉衡 號蘭莊 妣林孺人
祀丁朝玉宗山繼成祖業登有曾爵
賜明進士出身誥授中憲大夫英俊公 字耀斗 妣林宜人

劝捐首士名单

總理首士

顯梓琢如接理　仲裔

運生繡章接理　耀前應衡接理

各鄉題捐首事

育萬　嶽聲　西玉　兼萬　深浦　良虎

文琇　光珊　思贊　良訓　鳳靈　敬貽

祖惠　朝璉　朝彧　仕蘭　仕智　朝文

顯揚　官富　官福　有奇　有富　起鳳

彧才　芳振　達邦　佐郁　朝仕　貴元

印照凭据收存人名单

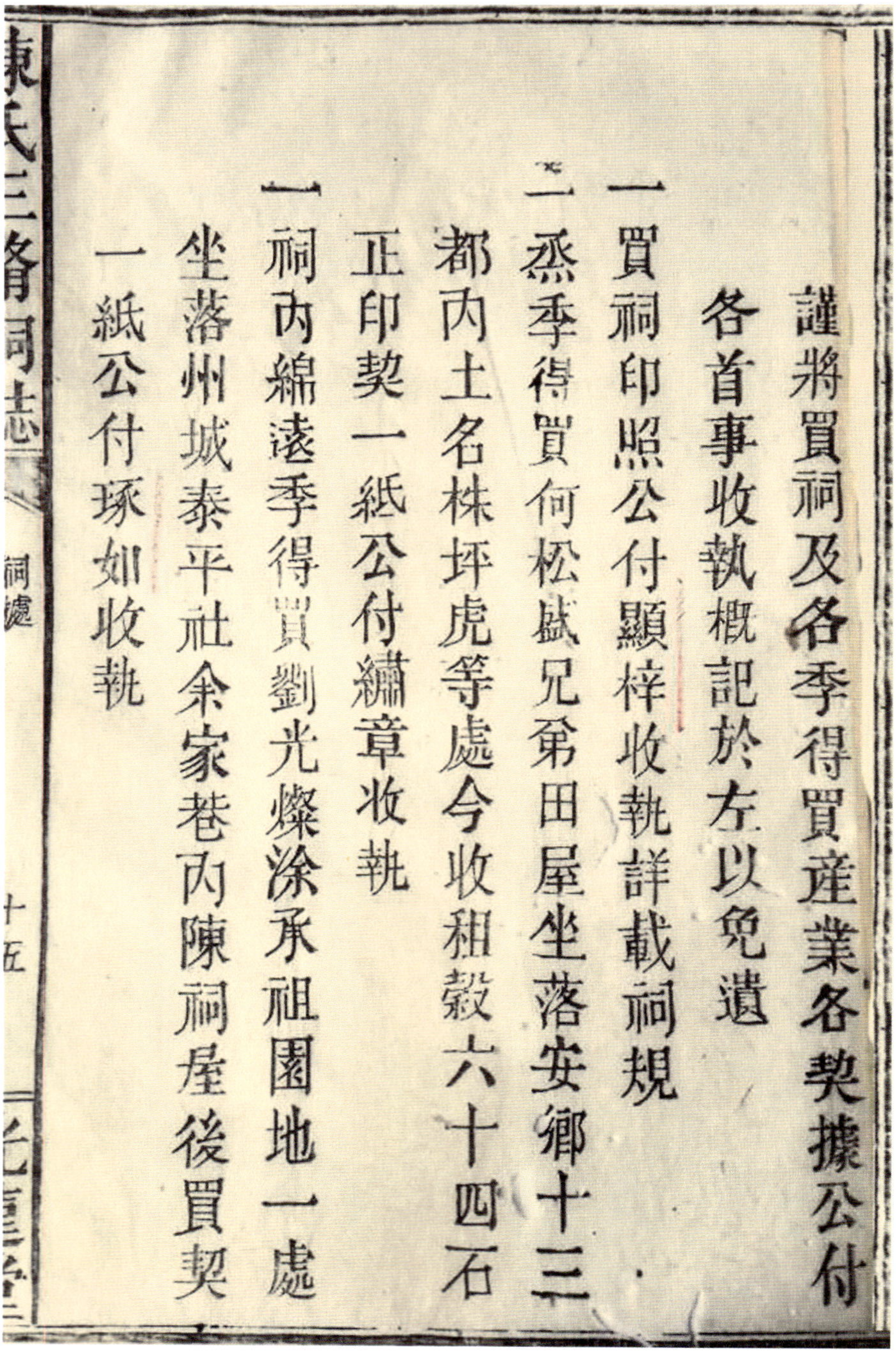
謹將買祠及各季得買產業各契據公付
各首事收執概記於左以免遺
一買祠印照公付顯梓收執詳載祠規
一烝季得買何松嶽兄弟田屋坐落安鄉十三
都內土名株坪虎等處今收租穀六十四石
正印契一紙公付繡章收執
一祠內綿遠季得買劉光燦涂承祖園地一處
坐落州城泰平社余家巷內陳祠屋後買契
一紙公付琢如收執

陳氏三脩祠志 祠據 十五 仁壽堂

①

一丁厘二季合買陳宜六兄弟田產坐落泰鄉七都內土名南山等處今收租穀二十五石三斗正丁季收一十一石七斗厘季收一十三石六斗買契一紙公付應衡收執

一六睦季得買陳克調田產坐落泰鄉七都內土名南山牛塘灣等處今收租穀九石七斗正買契一紙公付應衡收執又丁蓬六睦共有老契二紙亦付應衡收執

一烝季與丁季合買陳朝兄田產坐落奉鄉高

壟上名俞家源今收租穀六石正烝季丁季
各收三石買契一紙公付顯梓收執
一烝季丁季釐季六睦季得買陳宣六兄弟田
產坐落泰鄉七都內土名麥塢裡今收租穀
穀一十石正烝季收五石釐季收二石丁季
收二石六睦收一石賣者將印契一紙註載
付祠管業公付繡章收執
已上各季共有租一百一十六石正其各契
據俱係公衆付各首事收執務宜小心珍重
不得遺失

③

祠簿弁言

光遠堂祠簿弁言

葢聞善作者必善成可久者彌可大吾祠向因
公用不足烝嘗改作三輪嗣猶不足祠屋祀租
典去過半停祭者久矣迺遭兵燹摧殘所存者
僅柱破瓦而已舊乃公擇賢能徃鄉勸捐賴諸
公勤勞各支踴躍始將祠宇修復如初并贖回
典產藉與祭典頗吉無憾于 先人乃工方竣
而復毀兩度工修費遂不給且人文日蔚獎欵
日多原載祠簿舊章若不妥議變通量入爲出

①

則支絀堪虞欲接踵而再捐也不綦難乎月之
初三日恭迎　神主還龕會集各鄉首董公同
籌酌僉謂欲求善後須按昔日輪值之大畧倣
各祠分管之良規因而斟酌之庶幾節浮費而
敷正用綿祀事而杜侵漁詢謀僉同告之　列
祖列宗書立連環公約除安鄉石梘租拾捌碩
奉鄉高麗租四石伍斗每年抽爲香燈年節及
完餉守祠公用其餘祠管之租悉按烝會多寡
派給四會分收編立合敬同愛四字以爲輪年

②

次序比經祀　祖拈鬮永爲定議下武崇鄉共
計烝會伍拾捌股鬮得合字號壬丁值年祭祀
安鄉鬮得敬字號總計烝會伍拾捌股癸戊值
年辦祭泰奉高綂計烝伍拾捌股鬮得同字號
甲己值年辦祭上武鄉共計烝會五拾捌股鬮
得愛字號乙庚值年辦祭每逢丙辛之年四會
輪滿則合各鄉之烝會租息合祭一次昉五年
一舉之義也其非值年之鄉止許首士三人及
紳耆生童整肅衣冠來祠助祭餘者照輪赴席

③

不得混越公立總簿四本分給各會首士收領
每年祭期務須攜帶以便互相稽查所願各值
年首士戮力同心矢公矢慎則會雖分而志仍
合行見嘗貲日擴祀奉孔明
先靈不爽申錫無疆光遠之典不計日可待者
哉爰叙其緣起以冠諸首所議新章備列於後
咸豐十一年十一月初四日　穀旦立

④

校录

光远堂祠簿弁言

盖闻善作者必善成,可久者弥可大。吾祠向因公用不足,烝会改作三轮。嗣犹不足,祠屋祀租,典去过半,停祭者久矣。迩遭兵燹摧残,所存者敝柱破瓦而已。旧乃公择贤能往乡劝捐,赖诸公勤劳,各支踊跃。始将祠宇修复如初,并赎回典产,藉兴祭典,颇告无憾于先人。乃工方竣而复毁,两度工修费遂不给。且人文日蔚,奖款日多,原载祠簿旧章,若不妥议变通,量入为出,则支绌堪虞。欲接踵而再捐也,不綦难乎?

月之初三日,恭迎神主还龛,会集各乡首董,公同筹酌,佥谓欲求善后,须按昔日轮值之大略,仿各祠分管之良规。因而斟酌之,庶几节浮费而敷正用,绵祀事而杜侵渔。询谋佥同告之列祖列宗,书立连环公约。除安乡石枧租拾捌硕、奉乡高丽租四石伍斗,每年抽为香灯年节及完饷守祠公用,其余祠管之租,悉按烝会多寡,派给四会,分收编立合敬同爱四字,以为轮年次序。比经祝祖拈阄,永为定议。下武崇乡共计烝会陆拾捌股,阄得合字号,壬丁值年祭祀。安乡阄得敬字号,总计烝会陆拾捌股,癸戊值年办祭。泰奉高统计烝会陆拾捌股,阄得同字号,甲己值年办祭。上武乡共计烝会陆拾九股,阄得爱字号,乙庚值年办祭。每逢丙辛之年,四会轮满,则合各乡之烝会租息合祭一次,昉五年一举之义也。其非值年之乡,止许首士三人及绅耆生童整肃衣冠来祠助祭,余者照轮赴席,不得混越。公立总簿四本,分给各会首士收领,每年祭期,务须捡拾携带,以便互相稽查。所愿各值年首士,戮力同心,矢公矢慎,则会虽分而志仍合,行见尝赀日扩,祀事孔明,先灵不爽,申锡无疆。光远之兴,不计日可待者哉!爰叙其缘起,以冠诸首,所议新章备列于后。

咸丰十一年十一月初四日　谷旦立

竹塅陈家同字号烝尝会名单

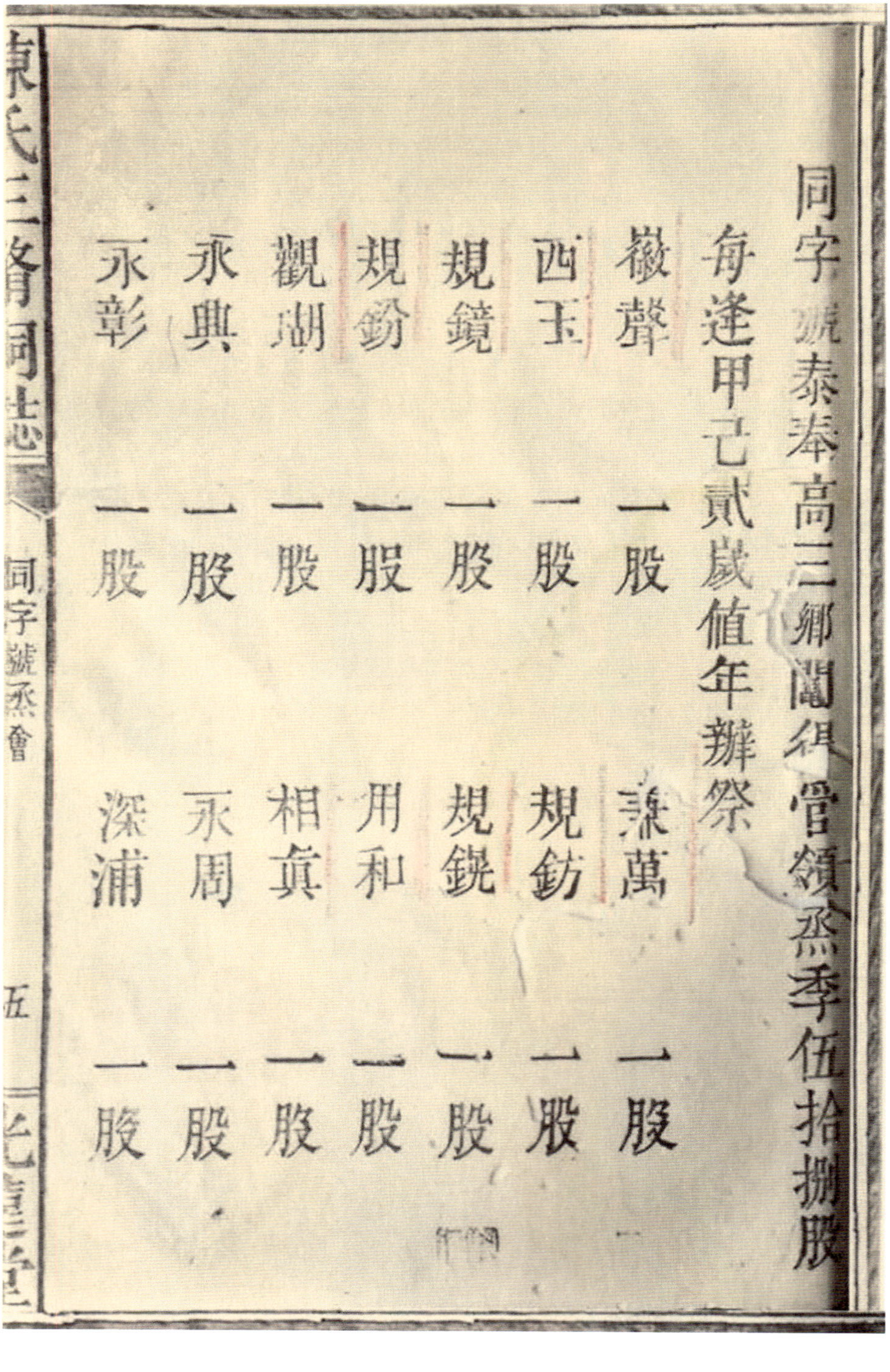

同字號泰奉高三鄉闔俱管領烝季伍拾捌股
每逢甲己貳歲值年辦祭

嶶聲 一股　滌萬 一股
西玉 一股　規鈁 一股
規鏡 一股　規銑 一股
規鈖 一股　用和 一股
觀湖 一股　相真 一股
永典 一股　永周 一股
永彰 一股　深浦 一股

同字號烝會　五

新定规章

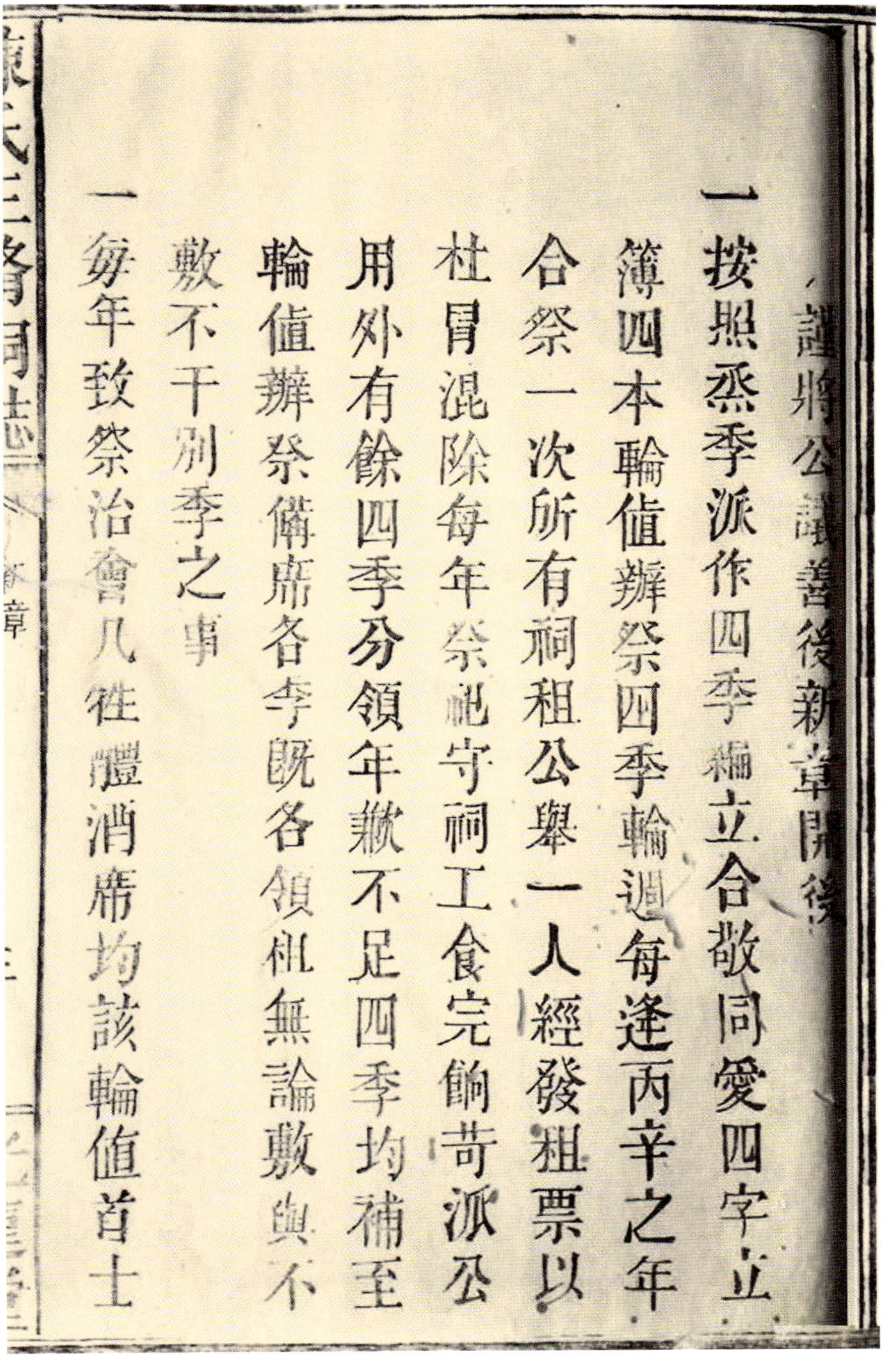

謹將公議善後新章開後

一按照烝季派作四季編立合敬同愛四字立簿四本輪值辦祭四季輪過每逢丙辛之年合祭一次所有祠租公舉一人經發租票以杜冒混除每年祭祀守祠工食完餉苛派公用外有餘四季分領年歛不足四季均補至輪值辦祭備席各季既各領租無論數與不數不干別季之事

一每年致祭治會凡牲醴酒席均該輪值首士

康氏三修祠志　新章　三

①

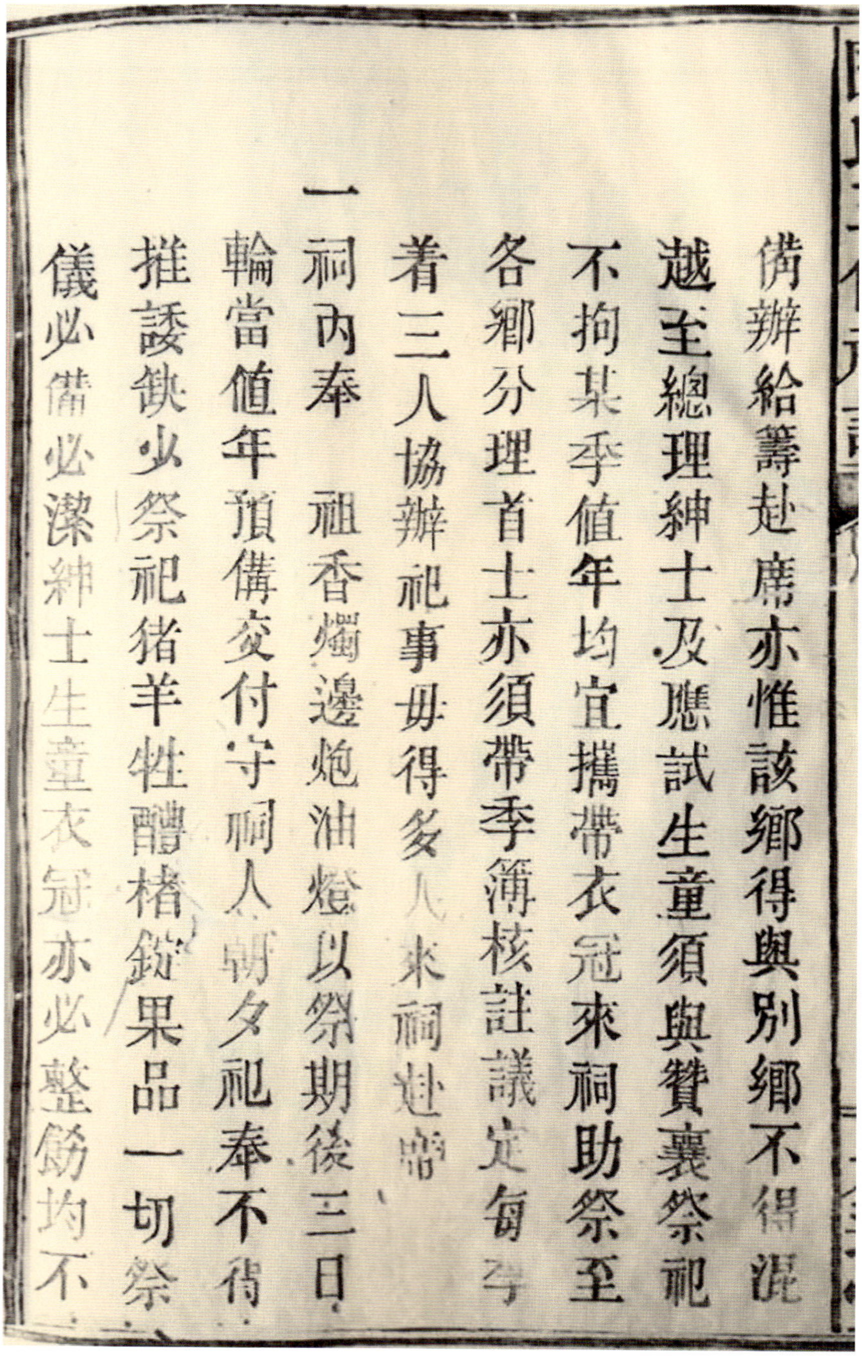
備辦給籌赴席亦惟該鄉得與別鄉不得混
越至總理紳士及應試生童須與贊襄祭祀
不拘某季值年均宜攜帶衣冠來祠助祭至
各鄉分理首士亦須帶季簿核註議定每季
着三人協辦祀事毋得多人來祠赴席
一祠內奉 祖香燭邊炮油燈以祭期後三日
輪當值年預備交付守祠人朝夕祀奉不得
推諉鈌少祭祀猪羊牲醴楮錠果品一切祭
儀必備必潔紳士生童衣冠亦必整飭均不

②

得草率庶幾不曠不數來格來嘗

一分胙奬賞花紅卷資路費等欵每年四季均派現在公用未敷學額加廣自壬戌年起減半給發俟有餘資再行酌量抑或照原至族來祠送匾及卷聯喜報均係四季酌減給發

一每歲冬祭後四季首士務將進出簿帳公同核算存有租錢公擇殷實領放長年加一五利四季簿內一樣訂載日後典買産業亦必知會總理首士同場立契必須書寫陳光遠

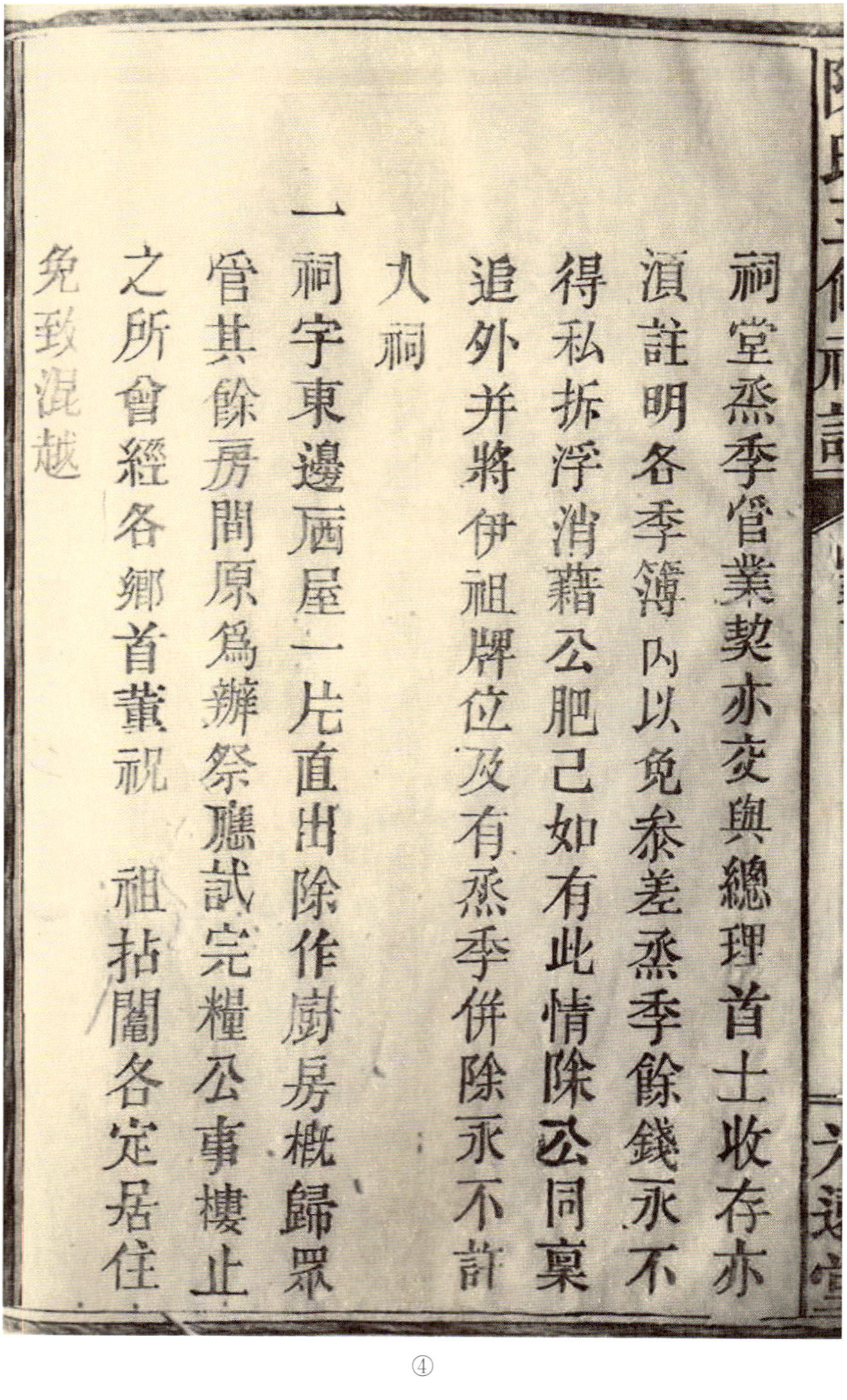

祠堂烝季管業契亦交與總理首士收存亦須註明各季簿內以免叅差烝季餘錢永不得私拆浮消藉公肥己如有此情除公同稟追外并將伊祖牌位及有烝季併除永不許入祠

一祠宇東邊廂屋一片直出除作廚房概歸衆管其餘房間原爲辦祭應試完糧公事棲止之所曾經各鄉首董視　祖拈鬮各定居住免致混越

④

一合字號下武與崇鄉拈得上重西廒房壹間

連西上廂房壹間并下重西正房壹間

一敬字號安鄉拈得上重東正房壹間并下重

東廒房壹間連東下廂房壹間

一同字號泰奉高三鄉拈得上重東廒房壹間

連東上廂房壹間並下重東正房壹間

一愛字號上武鄉拈得西正房壹間并下重西

廒房壹間連西下廂房壹間

公議上重間房永遠不批前重除一間守祠

人住餘皆批稇租歸衆收不得執言分定之

說

校录

新定规章

一按照烝季派作四季，编立合敬同爱四字，立簿四本，轮值办祭。四季轮周，每逢丙辛之年，合祭一次。所有祠租，公举一人，经发租票，以杜混冒。除每年祭祀守祠工食完饷苛派公用外，有余四季分领，年歉不足，四季均补至轮值。办祭备席，各季既各领租，无论敷与不敷，不干别季之事。

一每年致祭治会，凡牲醴酒席，均该轮值首士备办，给筹赴席，亦惟该乡得与，别乡不得混越。至总理绅士及应试生童，须与赞襄祭祀，不拘某季值年，均宜携带衣冠来祠助祭。至各乡分理首士，亦须带季簿核注，议定每季着三人协办祀事，毋得多人来祠赴席。

一祠内奉祖香烛、边炮、油灯，以祭期后三日，轮当值年预备交付守祠人朝夕祀奉，不得推诿缺少。祭祀猪羊牲醴楮锭果品，一切祭仪必备必洁，绅士生童衣冠亦必整饬，均不得草率。庶几不旷不数，来格来尝。

一分胙奖赏、花红卷资路费等款，每年四季均派。现在公用未敷，学额加广，自壬戌年起减半给发，俟有余资再行酌量抑或照原。至族来祠送匾及卷联喜报，均系四季酌减给发。

一每岁冬祭后，四季首士务将进出簿帐公同核算，存有租钱，公择殷实领放，长年加一五利。四季簿内一样订载，日后典买产业，亦必知会总理首士同场。立契必须书写陈光远祠烝会管业契，亦交与总理首士收存。亦须注明各季簿内，以免参差。烝季余钱，永不得私折浮消，藉公肥己。如有此情，除公同禀追外，并将伊祖牌位及有烝季并除，永不许入祠。

一祠宇东边厦屋一片直出，除作厨房，概归众管。其余房间，原为办祭应试完粮公事栖止之所。曾经各乡首董祝祖拈阄，各定居住，免至混越。

一合字号下武与崇乡拈得上重西厫房壹间，连西上厢房壹间，并下重西正房壹间。

一敬字号安乡拈得上重东正房壹间，并下重东厫房壹间，连东下厢房壹间。

一同字号泰奉高三乡共拈得上重东厫房壹间，连东上厢房壹间，并下重东正房壹间。

一爱字号上武乡拈得西正房壹间，并下重西厫房壹间，连西下厢房壹间。

公议上重间房永远不批，前重除一间守祠人住，余皆批租。租归众收，不得执言分定之说。

光绪八年四修祠志

四修祠志目录

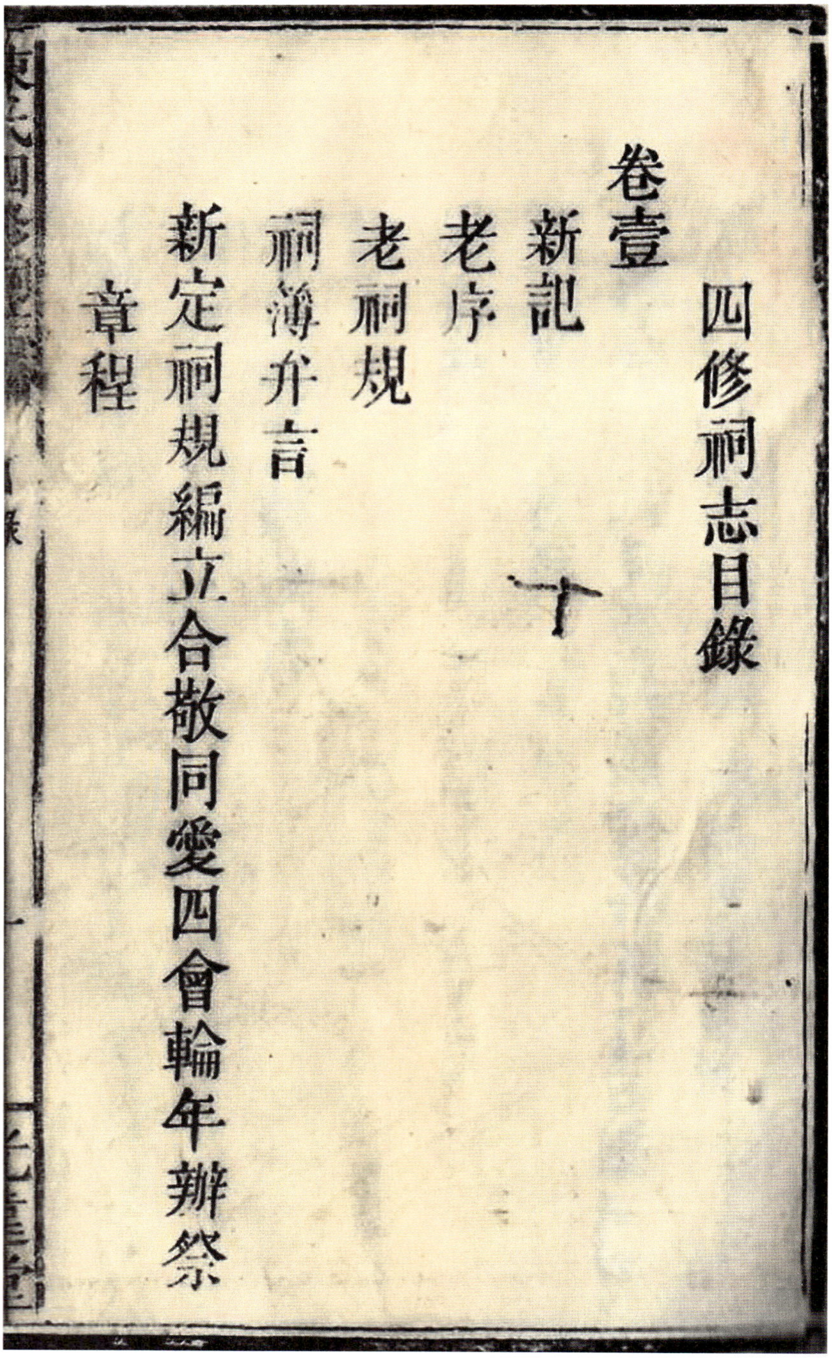
四修祠志目錄

卷壹

新記

老序

老祠規

祠簿弁言

新定祠規編立合敬同愛四會輪年辦祭章程

①

祭祀儀注

分胙獎賞

存領各契據芳名

祠照

各庄契據

歷次首士芳名

合字號下武及祟鄉烝會各名 丁壬二年值辦

敬字號安鄉烝會各名 戊癸二年值辦

②

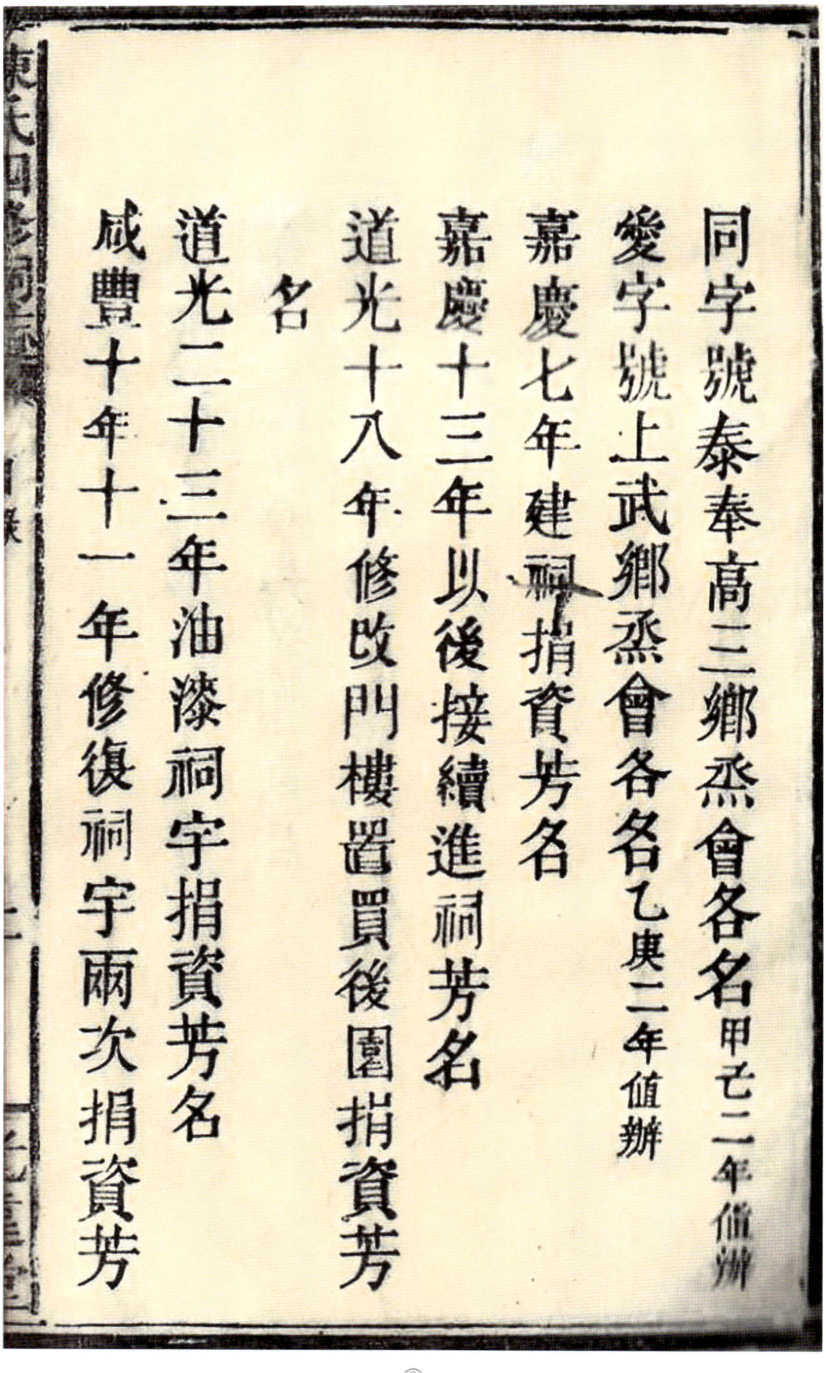

同字號泰奉高三鄉烝會各名甲乙二年值辦

燮字號上武鄉烝會各名乙庚二年值辦

嘉慶七年建祠捐資芳名

嘉慶十三年以後接續進祠芳名

道光十八年修改門樓置買後園捐資芳名

道光二十三年油漆祠宇捐資芳名

咸豐十年十一年修復祠宇兩次捐資芳

③

④

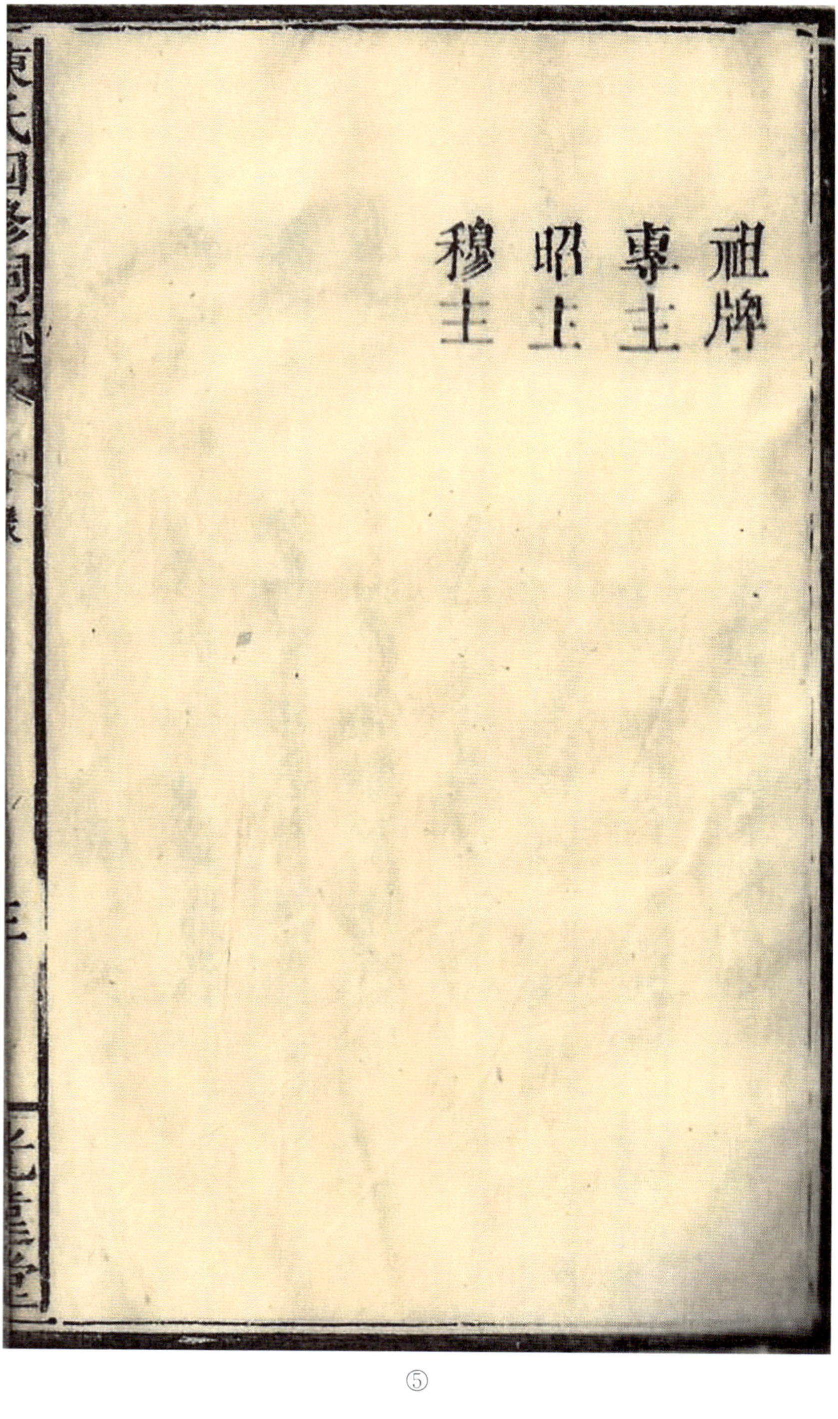
祖牌
專主
昭主
穆主

⑤

四修光远堂宗祠记

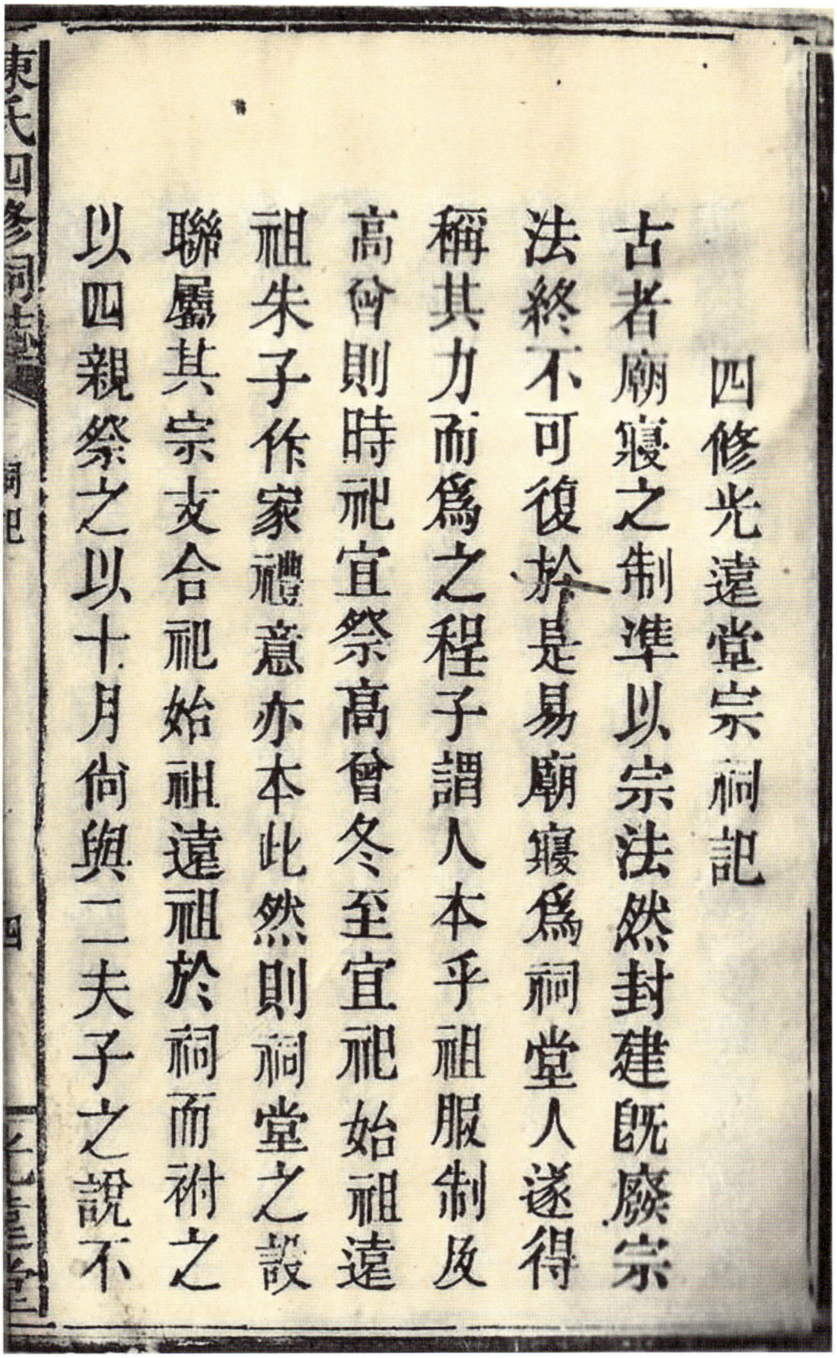

陳氏四修祠志 祠記 四

四修光遠堂宗祠記

古者廟寢之制準以宗法然封建既廢宗
法終不可復於是易廟寢為祠堂人遂得
稱其力而為之程子謂人本乎祖服制及
高曾則時祀宜祭高曾冬至宜祀始祖遠
祖朱子作家禮意亦本此然則祠堂之設
聯屬其宗支合祀始祖遠祖於祠而祔之
以四親祭之以十月倘與二夫子之說不

①

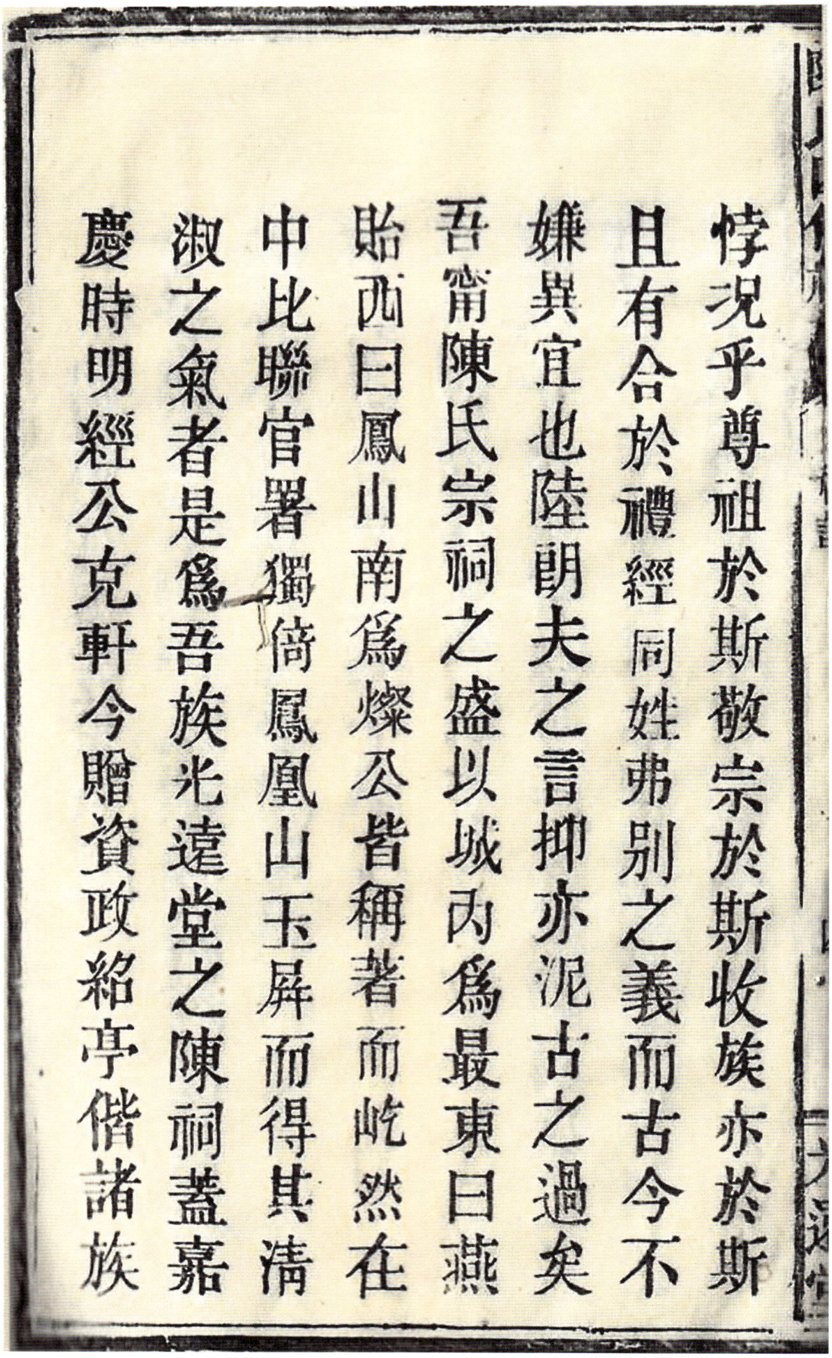
悖況乎尊祖於斯敬宗於斯收族亦於斯
且有合於禮經同姓弗別之義而古今不
嫌異宜也陸朗夫之言抑亦泥古之過矣
吾甯陳氏宗祠之盛以城內爲最東曰燕
貽西曰鳳山南爲燦公皆稱著而屹然在
中比聯官署獨倚鳳凰山玉屏而得其淸
淑之氣者是爲吾族光遠堂之陳祠蓋嘉
慶時明經公克軒今贈資政紹亭偕諸族

②

長胥宇之善而聯合族人以建之者也厥後豎門坊拓園地子潤諸公繼之祠制粲然備矣咸豐乙卯夏五賊踞城祠莽爲墟文鳳距城遠己未至祠祇見數椽搘拄於寒烟蔓草間惻然傷之亟招宿梧諸君謀醵金繕復時右銘計偕在都亦馳書以祠事是託賴族中不鄙拙誠踴躍贊襄不數月而還舊制逮辛酉壬戌中復毀而復修

不敢以干戈未靖諉爲緩圖者深懼夫神
失所棲等若敖之無祀耳先是祠用弗支
曠祭者亦有年自經修理以來節浮縻定
嚴規歲舉冬烝彌加鄭重羣得以次第展
報本追遠之虔歲乙丑文鳳捷南宮論者
以是爲祠地之吉先靈之彰自此入祠者
益衆計所入助貲及節存祠欵不下五百
餘金竊喜祠務日有起色而文鳳奉檄入

④

閩矣乃匆匆十載間輾轉消耗前貲殆盡族中人徒嘆息於襄理者之營私敗公而痛心疾首若惟待在天之靈默爲糾罰也者可勝慨哉（文燾）自奉諱回籍服闋來祠仰瞻堂宇駸駸乎有將傾之勢諸君子以再圖整飭請自愧疏慵補官不赴能復遠理祠事乎顧念祖廟爲根本重地若任其頽敗而不出與維持負

祖先眷佑之恩辜合族委重之望不孝莫
大乎是爰復不避嫌怨釐正祠規繼因葺
修孔亟經費蕩然節經會議籌捐擬爲補
苴計適右銘觀察至自楚駐祠匝月相與
審眎諮度謂前度再修廼於倥偬具具而
完今幸
昇平日久百廢具張必一律撤修方足昭嚴
翼凛觀瞻以功鉅費繁會商文鳳各捐百

⑥

金以引吭别擇亷能經理分司勸導以廣其貲遂遴匠程材諏吉興修始而堂寢廊廡次而兩廂重門繼而主座香几悉易其舊而新之並增闢左右旁龕用棲新主丹堊金碧煥然改觀經始於光緒巳卯越明年庚辰訖工旋報右銘榮被河南河北道

之

命合祠喜躍無不同聲稱賀議捐修而親臨倡

卒告落成而遂慶陞遷是殆由念不忘祖
克繼祖若父與祠舉祭之志冥冥中有默
爲佑啟者抑何感召之神會逢其適耶光
遠祠之有耀如日之升如月之恆胥於斯
兆之矣所望族中諸後賢入廟思敬油然
生孝弟之心鼎力搘持視祠事一如家事
先靈不爽赫赫明明知必有相繼而蒙庇
蔭者其拭目俟之鼎以赴官榕省三修祠

⑧

志弗獲親與編較之役茲屆四修謹以新舊祠規主位烝會券據捐貲都爲宗人而次第詳畧加審焉廻思二十餘年中祠凡三興廢矣此次經修計費九百金有奇庭楹煥彩俎豆增新視前修相倍蓰此皆族中賢能矢公矢慎不憚辛勤以相與有成文鳳何力之有焉惟是一修不已至於再至於三鼓舞合族祀典重光幸告無罪於

先人云爾今老矣志成告退因將祠制所
自始與夫今昔興廢修毀之由援筆而記
其巔末如此以詔後來其亦有所感而悚
然以興者乎
光緒八年歲在壬午暮春之初
賜進士出身
誥授朝議大夫四品銜陞用清軍府歷知松溪
安溪縣事福建庚午科鄉試同考試官

⑩

校录

四修光远堂宗祠记

古者庙寝之制，准以宗法。然封建既废，宗法终不可复。于是易庙寝为祠堂，人遂得称其力而为之。程子谓人本乎祖，服制及高曾，则时祀宜祭高曾，冬至宜祀始祖、远祖。朱子作《家礼》，意亦本此。然则祠堂之设，联属其宗支，合祀始祖、远祖于祠，而祔之以四亲，祭之以十月，尚与二夫子之说不悖。况乎尊祖于斯，敬宗于斯，收族亦于斯，且有合于《礼》经同姓弗别之义，而古今不嫌异，宜也。陆朗夫之言，抑亦泥古之过矣。

吾宁陈氏宗祠之盛，以城内为最：东曰燕贻，西曰凤山，南为灿公，皆称著。而屹然在中，比联官署，独倚凤凰山玉屏，而得其清淑之气者，是为吾族光远堂之陈祠。盖嘉庆时明经公克轩、今赠资政绍亭偕诸族长胥宇之善，而联合族人以建之者也。厥后竖门坊、拓园地，子润诸公继之，祠制粲然备矣。咸丰乙卯夏五，贼踞城，祠莽为墟。文凤距城远，己未至祠，只见数椽搘拄于寒烟蔓草间，恻然伤之。亟招宿梧诸君，谋醵金缮复。时右铭计偕在都，亦驰书以祠事是托。赖族中不鄙拙诚，踊跃赞襄，不数月而还旧制。逮辛酉壬戌中复毁而复修，不敢以干戈未靖，诿为缓图者。深惧夫神失所栖，等若敖之无祀耳。

先是祠用弗支，旷祭者亦有年。自经修理以来，节浮縻，定严规，岁举冬烝，弥加郑重，群得以次第展报本追远之虔。岁乙丑，文凤捷南宫，论者以是为祠地之吉，先灵之彰，自此入祠者益众，计所入助赀及节存祠款不下五百余金。窃喜祠务日有起色，而文凤奉檄入闽矣。乃匆匆十载间，辗转消耗，前赀殆尽。族中人徒叹息于袭理者之营私败公，而痛心疾首，若惟待在天之灵默为纠罚也者，可胜慨哉！

文凤自奉讳回籍，服阕来祠，仰瞻堂宇，骎骎乎有将倾之势。诸君子以再图整饬请，自愧疏慵，补官不赴，能复远理祠事乎？顾念祖庙为根本重地，若任其颓败而不出与维持，负祖先眷佑之恩，辜合族委重之望，不孝莫大乎是。爰复不避嫌怨，厘正祠规。继因葺修孔亟，经费荡然，节经会议筹捐，拟为补苴计。适右铭观察至自楚，驻祠匝月。相与审视谘度。谓前度再修，迫于倥偬，具具而完。今幸升平日久，百度具张，必一律撤修，方足昭严翼、凛观瞻。以功巨费艰，会商文凤，各捐百金以引吭。别择廉能经理，分司劝导，以广其资，遂遴匠程材，蠲吉兴修。始而堂寝廊庑，次而两厢重门，继而主座香几，悉易其旧而新之，并增辟左右旁龛，用栖新主。丹垩金碧，焕然改观。经始于光绪己卯，越明年庚辰讫工。旋报右铭荣被河南河北道之命，合祠喜跃，无不同声称贺。议捐修而亲临倡率，告落成而遂庆升迁，是殆由念不忘祖，克继祖若父兴祠举祭之志，冥冥中有默为佑启者，抑何感召之神，会逢其适耶？光远祠之有耀，如日之升，如月之恒，胥于斯兆之矣。所望族中诸后贤入庙思敬，油然生孝弟之心，鼎力搘持，视祠事一如家事，先灵不爽，赫赫明明。必有相继而蒙庇荫者,其拭目竢之。

曩以赴官榕省,三修祠志,弗获亲与编较之役。兹届四修,谨以新旧祠规主位烝会券据捐赀都为汇入,而次第详略加审焉。回思二十余年中,祠凡三兴废矣。此次经修,计费九百金有奇。庭楹焕彩,俎豆增新,视前修相倍蓰,此皆族中贤能,矢公矢慎,不惮辛勤以相与有成,文凤何力之有焉。惟是一修不已,至于再至于三,鼓舞合族,祀典重光,幸告无罪于先人云尔。今老矣,志成告退。因将祠制所自始与夫今昔兴废修毁之由,援笔而记其巅末如此,以诏后来,其亦有所感而悚然以兴者乎!

光绪八年岁在壬午暮春之初,赐进士出身,诰授朝议大夫四品衔升用清军府,历知松溪、安溪县事,福建庚午科乡试同考试官,裔孙文凤薰沐拜撰

分胙、奖赏

作相贊儀祀典所重尊賢敬老國憲攸隆
古人既行之於先我等宜遵之於後謹將
分胙獎賞臚列於左

分胙

主祭者胙肉三斤　外羊肉二斤
通贊二人胙肉各二斤　外羊肉各一斤
執事四人兼讀祝讀嘏宣戒各胙肉二斤
生監文童一例若生監文童除執事四人

①

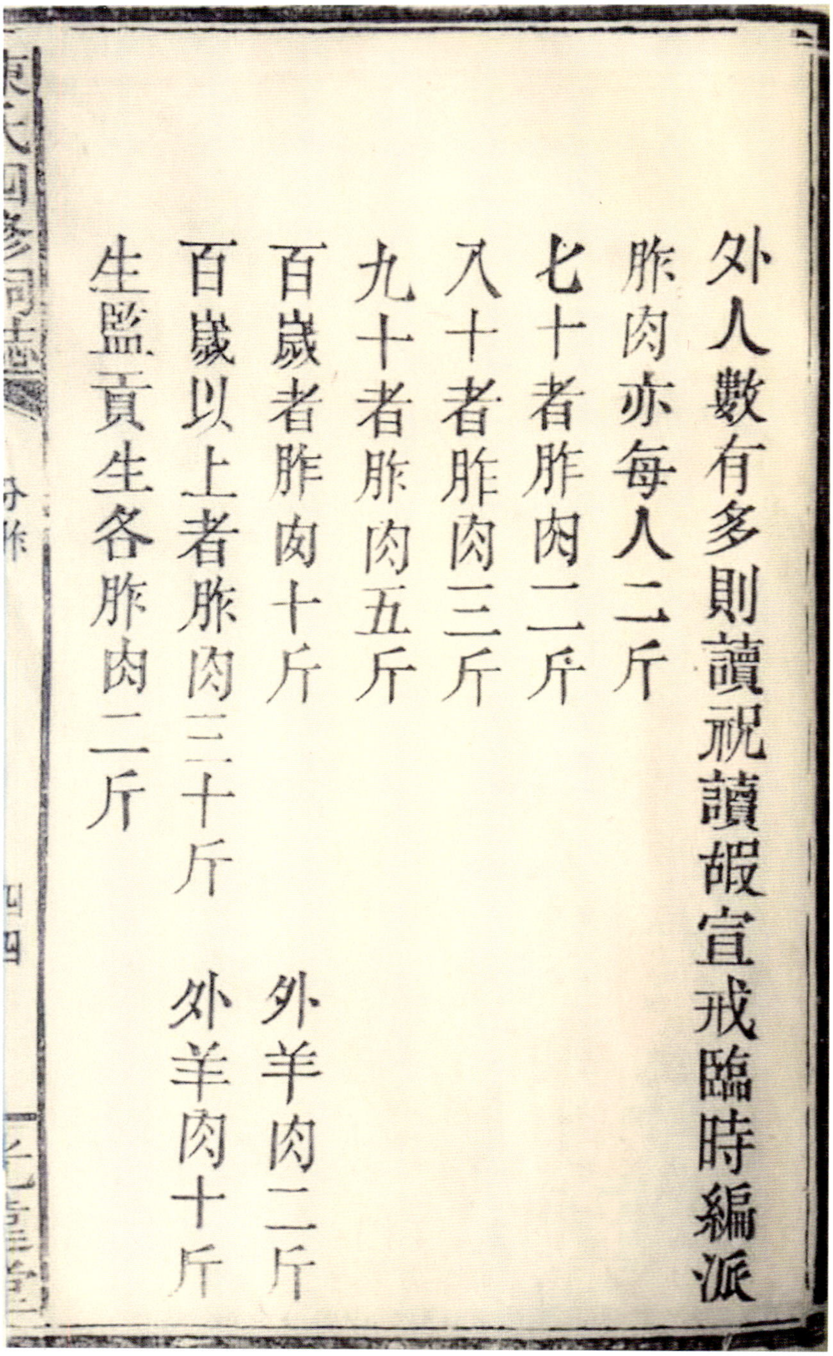

外人數有多則讀祝讀嘏宣戒臨時編派

胙肉亦每人二斤

七十者胙肉二斤

八十者胙肉三斤

九十者胙肉五斤

百歲者胙肉十斤　外羊肉二斤

百歲以上者胙肉三十斤　外羊肉十斤

生監貢生各胙肉二斤

②

舉人胙肉五斤
進士胙肉六斤
翰林胙肉十斤
已上胙肉俱要來祠與祭者方許給發未
與祭者免惟九十與百歲及舉人進士或
在京或出仕則不在此論凡胙肉每斤代
錢六十文
奬賞

③

入泮賞花紅錢拾千文　補廩肆千文

武泮貳千文　出貢叁千文　桅匾祠辦

舉人副元拾千文　武榜減半

進士貳拾千文　武亦減半

翰林叁拾千文　鼎甲加倍主事中書減半

赴鄉試者給盤費錢貳千捌百捌拾文

赴會試者給盤費錢壹拾貳千捌百文

文童至州在祠應試發卷費錢肆百文終

④

場者倍之但須在祠進場方有給發至應
府試到祠謁
祖另給盤費錢壹仟貳百八十文
已上奬賞俱至祭期須本人來祠領接或
舉人進士翰林在省在京倘未來祠則不
在此論喜報至祠應給喜禮首事經辦
以上各条係原章近因祠用不充仍議減
半給發科考之年卷資路費一概停給

校录

作相赞仪，祀典所重。尊贤敬老，国宪攸隆。古人既行之于先，我等宜遵之于后。谨将分胙奖赏胪列于左：

分　胙

主祭者胙肉三斤　外羊肉二斤

通赞二人胙肉各二斤　外羊肉各一斤

执事四人兼读祝嘏宣戒各胙肉二斤

生监文童一例，若生监文童除执事四人外人数有多，则读祝读嘏宣戒临时编派胙肉亦每人二斤

七十者胙肉二斤

八十者胙肉三斤

九十者胙肉五斤

百岁者胙肉十斤　外羊肉二斤

百岁以上胙肉三十斤　外羊肉十斤

生监贡生各胙肉二斤

举人胙肉五斤

进士胙肉六斤

翰林胙肉十斤

以上胙肉，俱要来祠与祭者方许给发，未与祭者免。惟九十与百岁及举人进士或在京或出仕，则不在此论。凡胙肉每斤代钱六十文。

奖　赏

入泮赏花红钱拾千文　补廪肆千文　武泮贰千文　出贡叁千文　桅匾祠办

举人副元拾千文　武榜减半

进士贰拾千文　武亦减半

翰林叁拾千文　鼎甲加倍　主事中书减半

赴乡试者给盘费钱贰千捌百捌拾文

赴会试者给盘费钱壹拾贰千捌百文

文童至州在祠应试，发卷赀钱肆百文，终场者倍之。但须在祠进场，方有给发。至应府试到祠谒祖，另给盘费钱壹仟贰百八十文。

以上奖赏，俱至祭期须本人来祠领接。或举人进士翰林在省在京，尚未来祠则不在此论。喜报至祠，应给喜礼，首事经办。

以上各条系原章，近因祠用不充，仍议减半给发。科考之年，卷资路费一概停给。

历届首士名单

今將建祠及歷屆經修首士芳名次第列後

嘉慶七年創建祠宇首士

在祠總理

顯梓 仲裔 運生 耀前

各鄉題捐

育萬 巖聲 西玉 秉萬 深浦 良虎

文綉 光珊 思贊 良訓 鳳靈 敬貽

祖惠 朝墀 朝盛 仕蘭 仕智 朝文

①

顯揚 官富 官福 有奇 有富 起鳳
盛才 芳振 達邦 佳郁 朝仕 貴元
炳文 依才
道光十八年修改門樓置買祠後園地首士
總理
顯梓 繡章 琢如 是仁
經理
上珍 鳳美 憲章 德高 謙六 昌賢

②

煥柏　元德　秩卿　朝萬　廻川　顯興

觀亭　盛芬

各鄉題捐

卿六　六般　本軒　應桂　澤山　禹軒

觀瀧　桂宜　觀有　文貴　觀銘

咸豐十年十一年兩次修復祠守首士

總理

璇堂　繡章　鳴岡　右銘　守堅

經理

有光 健邦 展芹 日峯 規錕 觀禮

滋圃 獻廷 盛林

各鄉題捐

榮魁 皆善 大選 上珍 茂榮 茂蘭

德芳 維庚 居紋 爲光 依琇 紹遠

裕海 可楷

④

光緒五年己卯歲大修祠宇首士芳名列後

總理

鳴岡　右銘

在祠經理

大選　富魁　雲嶋　夕佳　燮廷　祥雲

各鄉題捐

合字號　獻廷　祥雲　聯通　長琪

碧軒　煥柏　洪源

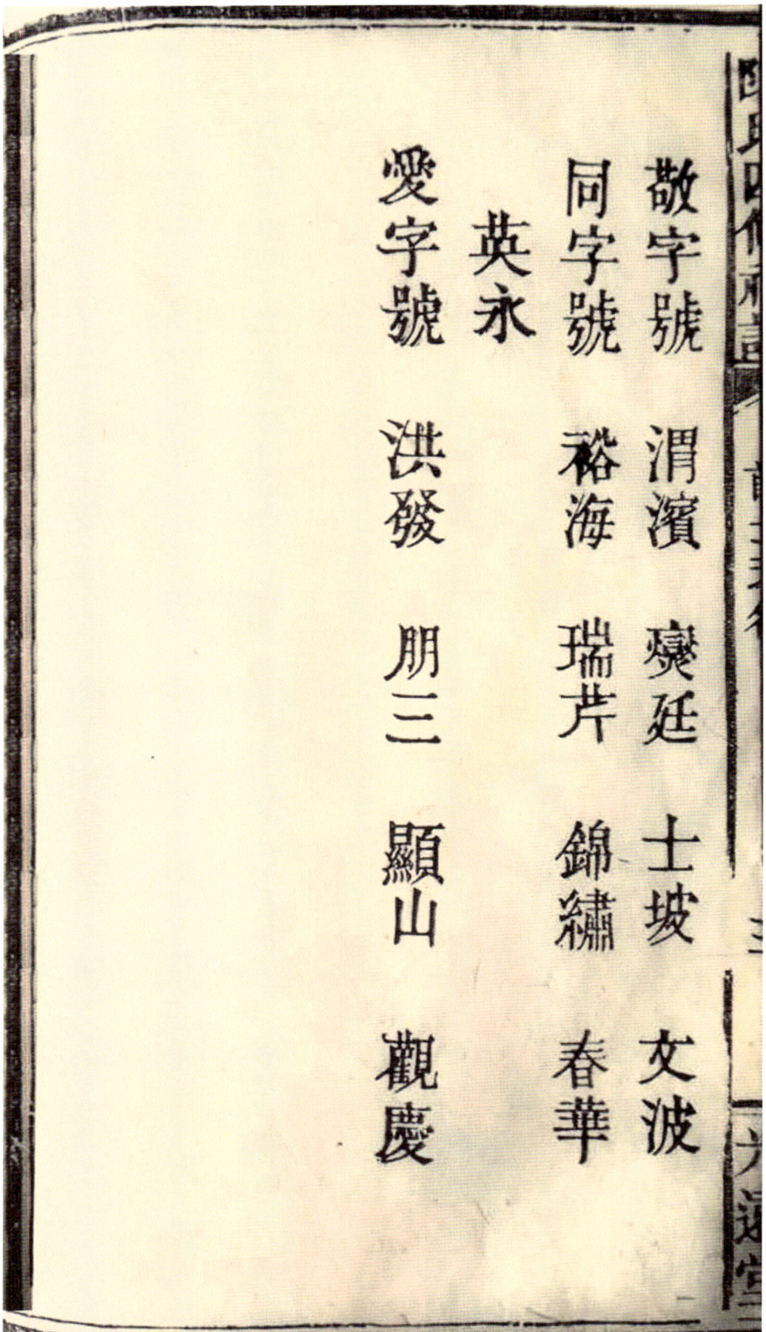

敬字號　渭濱　夔廷　士坡　文波

同字號　裕海　瑞芹　錦繡　春華

英永

愛字號　洪發　朋三　顯山　觀慶

⑥

护仙坑磜上合众分关

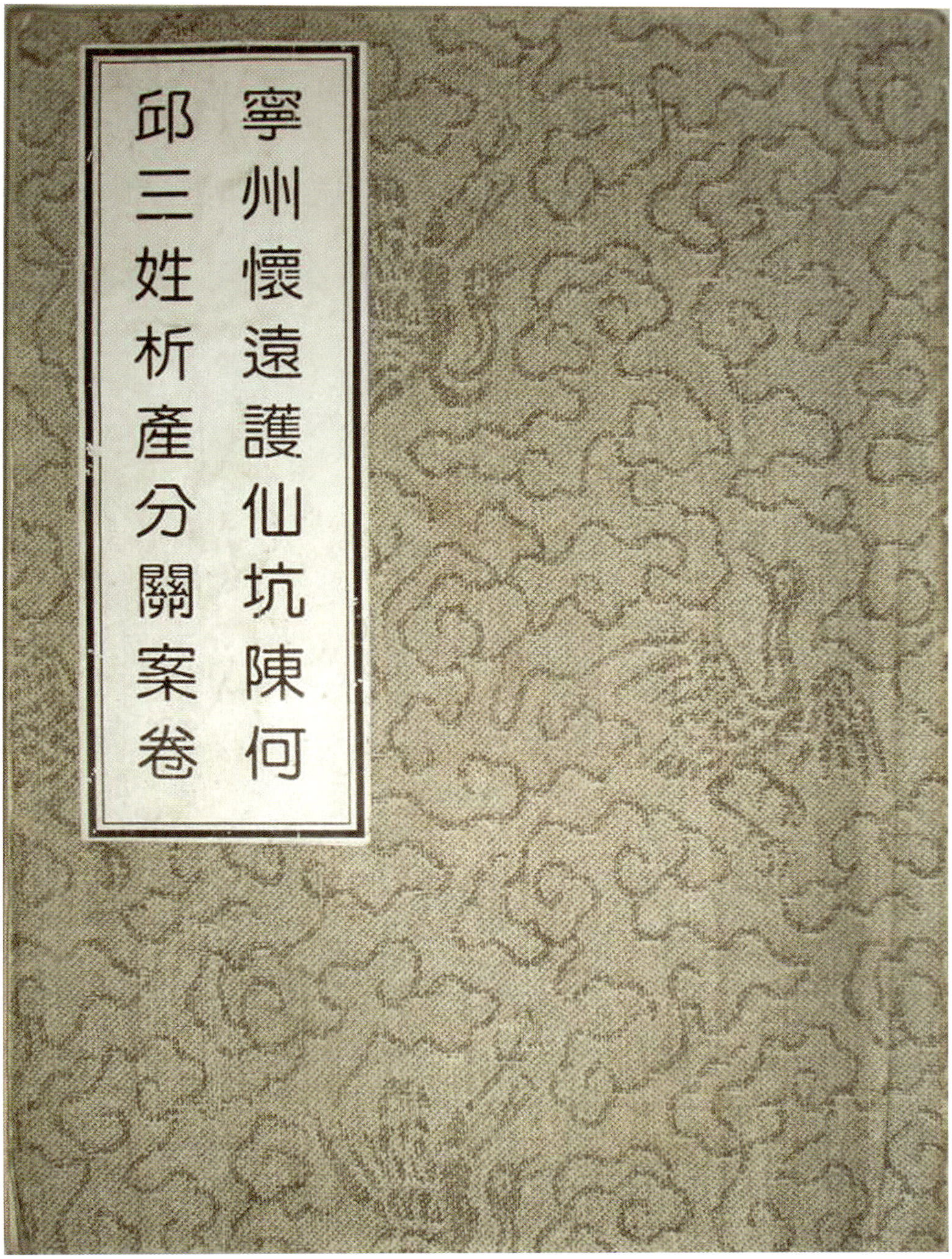

《分关》正文

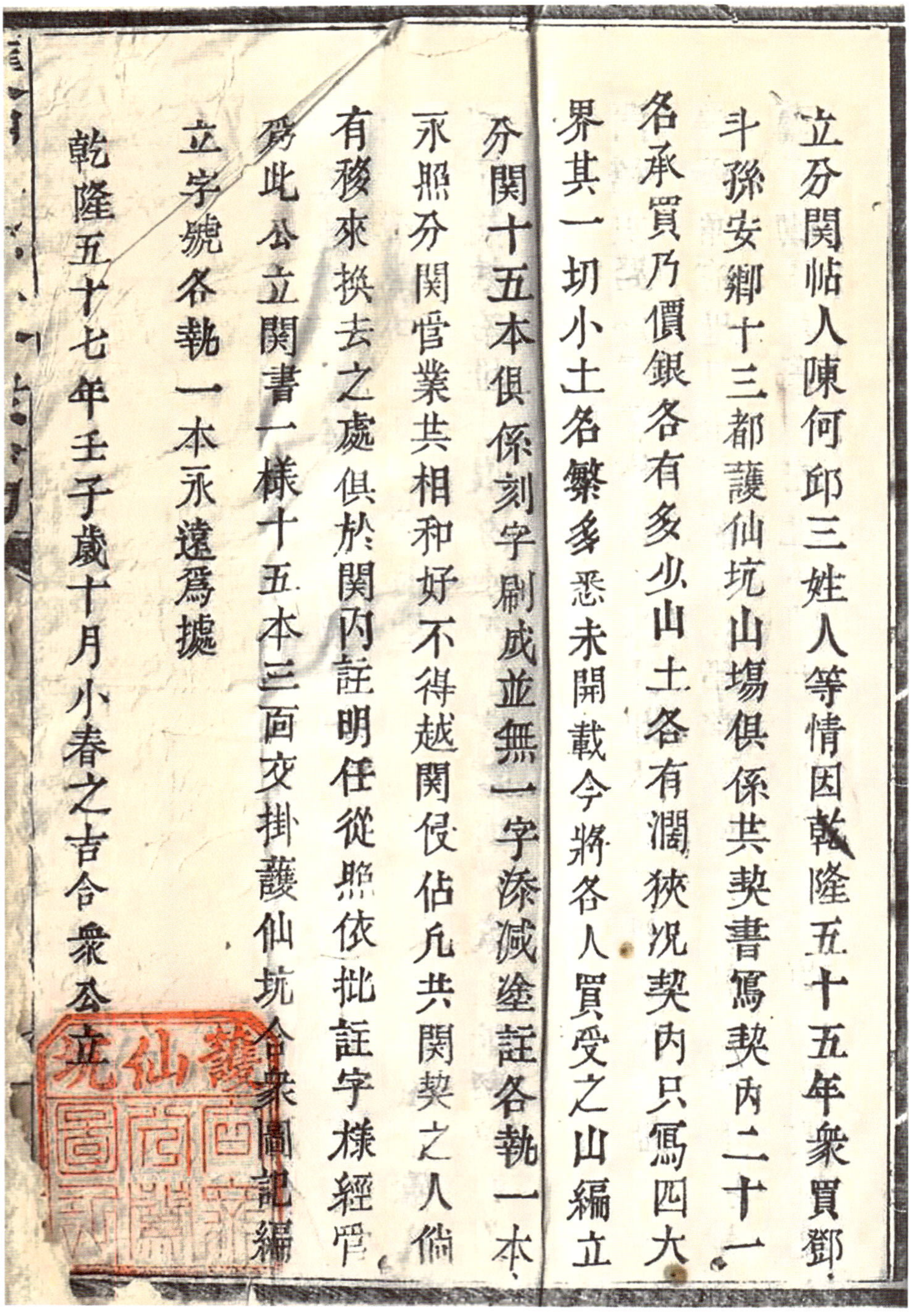

立分関帖人陳何邱三姓人等情因乾隆五十五年衆買鄧斗孫安鄉十三都護仙坑山場俱係共契書寫契内二十一各承買乃價銀各有多少山土各有濶狹况契内只寫四大界其一切小土名繁多悉未開載今將各人買受之山編立分関十五本俱係刻字刷成並無一字添減塗註各執一本永照分関管業共相和好不得越関侵佔凡共関契之人倘有移來换去之處俱於関内註明任從照依批註字様經管爲此公立関書一樣十五本三面交掛護仙坑合衆圖記編立字號各執一本永遠爲據

乾隆五十七年壬子歲十月小春之吉合衆公立

①

一衆買宫山塲水口蓄山　社官蓄山學堂基地餘坪公衆取
土及路會荒田等處開列於左
一磜上水口左邊蓄山一處上址往菴塲裏橫路下址磜下大
溪左址菴塲裏小垠分水及尭林十右址孔玉芳馨灰舍又
右邊水磜口蓄山一處上址大路下址磜下大溪左址磜上
孔玉靛塘右址小垠分水又社官蓄山一處上址顯梓兼蔄
山脚振墈下址溪左址尭林土右址君信顯梓土又社下對
門橋頭路邊長蓄樹山一處上址大路下址大溪左址大樹
邊灣角右址孔玉菜園土又學堂房屋一所計三間上址勝
蘭屋墈下址菜園左址勝蘭土右址坑及勝蘭墈又墳塥塅

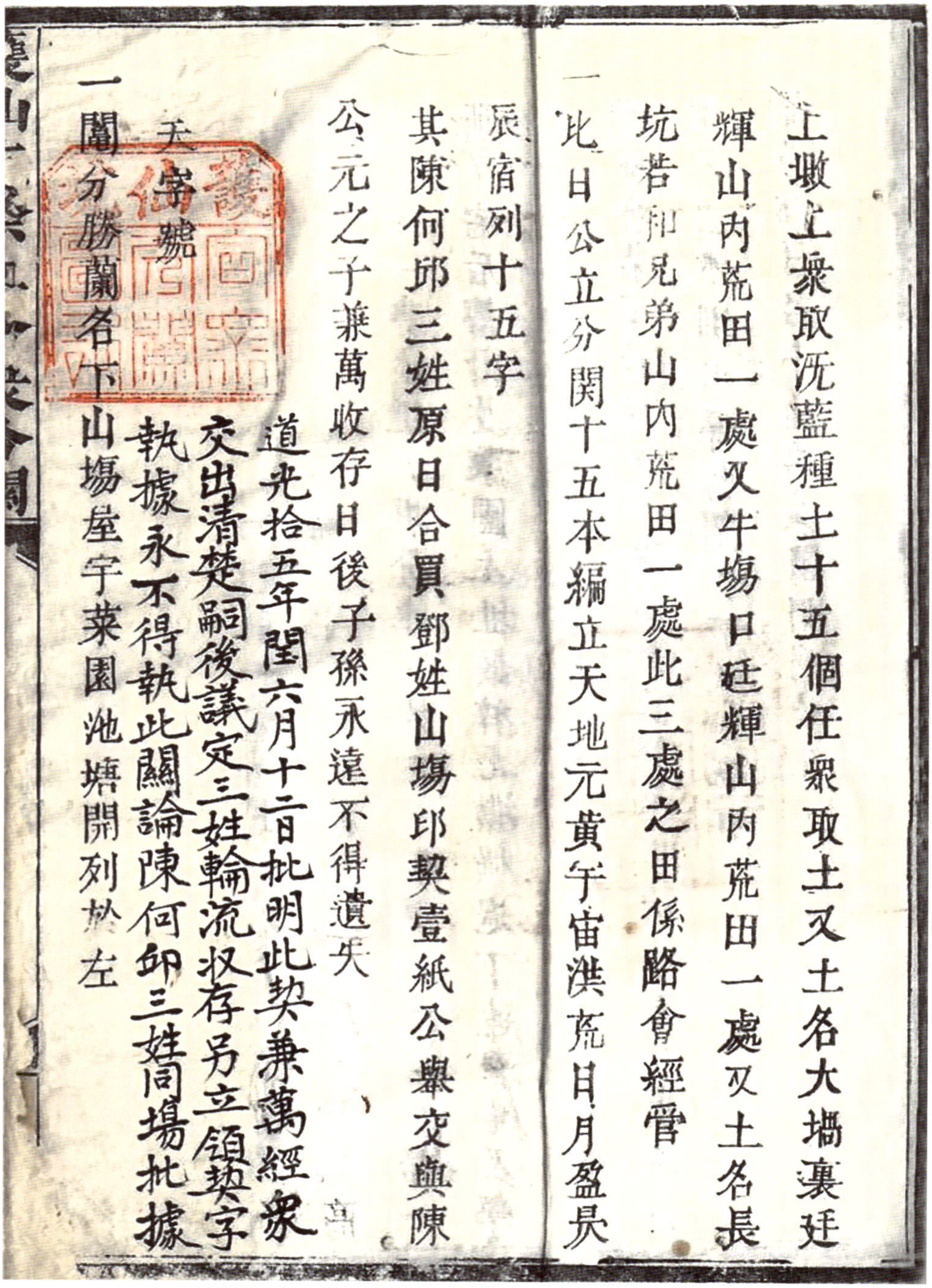

上墩上衆取沅藍種土十五個任衆取土又土名大墻裏廷
輝山內荒田一處又牛塲口廷輝山內荒田一處又土名長
坑昔仰兄弟山內荒田一處此三處之田係踏會經管
一批日公立分閧十五本編立天地元黃宇宙洪荒日月盈昃
辰宿列十五字
其陳何邱三姓原日合買鄧姓山塲邱契壹紙公舉交與陳
公元之子兼萬收存日後子孫永遠不得遺失
道光拾五年閏六月十二日批明此契兼萬經衆
交出清楚嗣後議定三姓輪流收存另立領契字
執據永不得執此關論陳何邱三姓同塲批據
天字號
一閹分勝蘭名下山塲屋宇菜園池塘開列於左

③

一土名護仙坑小土名長坑上石堨土一堨上址山頂下址坑
左址顯梓發元土右址水歸堨又到角裏坐墳山一處上下
除護墳包墳穿心四丈左除一丈五尺右址顯梓山分水又
上手左邊併腳土一處上左右址若謨土下址坑又長坑高
旗上土一處上址大垠分水下左右俱址騰華土又房屋一
所又宅后蓄山及菜園上址顯梓土坳橫過下連自宅及學
堂及坑左址德濟德廣土右址小垠分水及騰貴土并及猪
欄灰舍茅厠餘坪又上蓬社對面龍池塘大小五口藍坪灰
湖來去水圳俱係勝蘭名下承買管業
一閹分勝桂名下山場菜園開列於左

一土名護仙坑小土名墳塌湖土裏面上土一塌上址山頂分
水下址孔玉湖土左址分水歸塌右址垻分水及騰貴騰蘭
土又右邊石垻土一處上右下三址孔玉土左址自土又長
坑口大溪面上陽片菜園土一處上址德廣土下址大溪左
址騰華土右址勝栢土又墳塌牛角塌右邊垻上墳山一處
塋墳一穴上址二丈下址二丈左右址塌溝除爲護墳
已上山土俱係勝桂名下承買管業此山土付與勝蘭耕作
每年租息錢六百文存爲洗撿安塋祭掃之費

地字號

⑤

一閻分孔欽名下山場屋宇菜園開列於左

一土名護仙坑小土名梅子塢乍坑口茶梓墩山土一處上址

山頂下址坑左址勝栢生右址巨珍土山內自壟墳坐又深

坑裏大埌上坳子土上下連及二處上址山頂下左右址孔

玉土又下坳子土一處上下右址孔玉土左址顯梓土又竹

子塢頭對面土一處上右址孔玉土下址坑左址獻猷土又

口上菜園土一處上址路下址坑左址獻鴻土右址孔玉土

又房屋一所猪欄灰舍茅厠又長坑嶺碓下壠面上墳山一

處上址離墳五丈下址離墳三丈左右離墳三丈四址公元

山為界又長坑到角裏墳山一處上址離墳四丈下址離墳

三丈左址勝蘭爻墳右址離墳二丈已上俱係孔欽名下承
買管業又宅後餘山門前餘坪基地柴舍亦係此閹內管業
又下蓬老屋背墩垠堨土連及大路墈上蓄山墩山土共一
處上址德廣若書土下址大路及芳馨堯林屋左址騰球土
右址孔玉芳馨土此山土共一處係孔欽獻猷發元三人未
分發元一股獻謨名下項買獻猷名下一股與弟獻鴻獻謨
三人又平分
又長坑陰堨左邊墩上墳山一處上址離墳二丈下址離
墳一丈左右離墳一丈又磡子頭中垠上墳山一處上址離
墳二丈下址離墳一丈左右離墳一丈此墳山二處俱係

⑦

欽獻猷發乙三房兼管

一閹分公元名下山場開列於左

一土名護仙坑長坑嶺小土名麻土堝又土名上堝又土名頓

土堝又土名焦頭堝又土名竹堝又土名下堝又土名對門

壠對門墩坳上中垻及屋後松樹垻等處上址七都分水下

址水口伯公壇左右水歸長坑嶺爲界其界內有蕘林山二

處勝華山一處芳馨山一處德寬山四處又土名路下墩面

上及大堝裏合頸裏合頸口蘇土堝垻等處山場俱係公元

名下承買管業

一尭字號
一闔分顯杜名下山場屋宇靛塘池菜園等項開列於左
一土名護仙坑小土名大墹裏墹尾土四墹四址水歸墹又下
連併腳土三塊上址頂下址田及坑左址坑右址芳馨土又
土對門平上連及墩上土一處三址水歸土下址坑又聖啓
板連及尾刀塊土三處上址山頂下址坑左址德廣土右址
尭林土又大石邊土一處上址頂下址田左右水歸土又大
墹口土三處上址山頂下址田左右水歸土又牛塲口垠上
土一處上址山頂下右址若謨土左址勝栢土又牛塲裡土
二處上址頂下址若書德寬土左址獻猷土右址騰華土又

⑨

合頸裏土一堝上址巨蘭土下址坑左右水歸堝及獻謨坵
子又合頸口土一堝上址山頂下址坑左址獻謨土分水右
址永和土又深坑裏土一堝上址頂下址坑左右水歸土又
高旗上土一處連及右邊墩上上址頂下址孔玉土左址水
歸土右址本堝外墩孔玉土又田子裏併脚土四塊連及蘇
土堝上址山頂下址溪左址巨蘭土右址孔玉新屋邊騎崙
分水又田子裏對門荷包塊土一處上址巨蘭土下址溪左
址孔玉土右址巨蘭傍土又長坑磜堝土二堝上址頂下址
溪左址水歸土及若謨土右址騰球兼萬若謨土又長坑嶇
堝子起連及併脚又連及陰堝又連荒田共一處上址頂下

⑩

址溪左址分水歸堝及尭林若謨孔欽山右址勝蘭及騰球
傍土又勝蘭石堝子左邊墩上土一墩上址頂下右址勝蘭
土左址騰球傍土又長坑尾陰堝土一堝及乍堝上址頂下
址騰貴土左右水歸堝及若謨土又長坑磜下葉子土一處
又長坑口松杉蓄山一大垠下連茱土數處并及灰舍茅厕
上址山頂及巨珍嶶聲土下址大溪及巨珍灰舍柴舍茅厕
兼萬灰舍茅厕左址巨珍堝土右址長坑水溪及若書勝栢
書謨土又梅子堝平堝土一堝上左右水歸堝下址坑又學
堂背土一處上址頂下址勝蘭土左址德濟土右址騰貴土
又社對門墩上藍窖塲二處上址窖上一丈下址塝又若謨

⑪

烟舍背藍窖土一處上址頂下址烟舍左址若謨藍窖右連自土又社後竹山一墩上址頂下址社后山脚左址芳馨土右址兼萬土挖溝又對門松竹山一處上址兼萬土下左址騰貴土右址路又對門杉樹山一墩連併脚上址德濟騰球土下址勝栢土左址巨蘭土右址德濟勝栢土又對門上節土一堝上址頂下址勝栢土左右水歸堝又墳堝土一堝上址若書土下址坑左址分水直下至堝口騰貴山右址水歸堝又墳堝牛角堝連及乍堝杉樹墩又連併脚相連土三處上址山項下址坑左址勝栢孔玉土右址孔玉勝栢土又宅後山一處上址若謨高墈整下址山脚下平地衆土左址德

⑫

濟土窖石右址若謨垠山又屋對門菜園三處柴舍一間茅厠一間打柴坪一個又下蓬門前靛塘靛池十四口併及灰湖藍坪放靛坪靛圳水圳石灰舍一間又塘對門藍葉瓦屋一間前後餘地又學堂左邊茶子坪一處又上蓬瓦屋兩重與滿弟逢堂各一邊余得東邊又門前餘坪基地猪欄又門外東邊橫屋一間又碓舍一間左連基地一處上址騰華坪墈下址大溪左址路右址碓舍又宅後平土一處上址自山下址自宅左址德濟土右址若書土二各護宅不得損害又深潭面上土一處三址水歸土下址勝栢土自門前餘坪起至此與滿弟平分管業已上之業俱係顯梓承買管業

⑬

日字號

一鬮分公元次男徽聲名下山土靛塘開列於左

一土名護仙坑小土名梅子堝杉樹墩起連及陰塥又連併脚此併脚面上許巨蘭挖傍取土又連及月光塊又連中塥子又連併脚又連水打㵘茅頭塥相連共一處上址山頂分水下址溪左址縢球土右址平塥分水其月光塊上手勝栢有土一塊德廣有傍土一處又梅子堝尾上高堝土一堝三址水歸堝下址本堝脚又長坑馬鞍坳土一處形如馬鞍攀過墳塥其長坑一邊左右水歸塥下址孔玉土其墳堝一邊左右水歸土下址尭林土又對門塥子土一塥上址頂下址巨

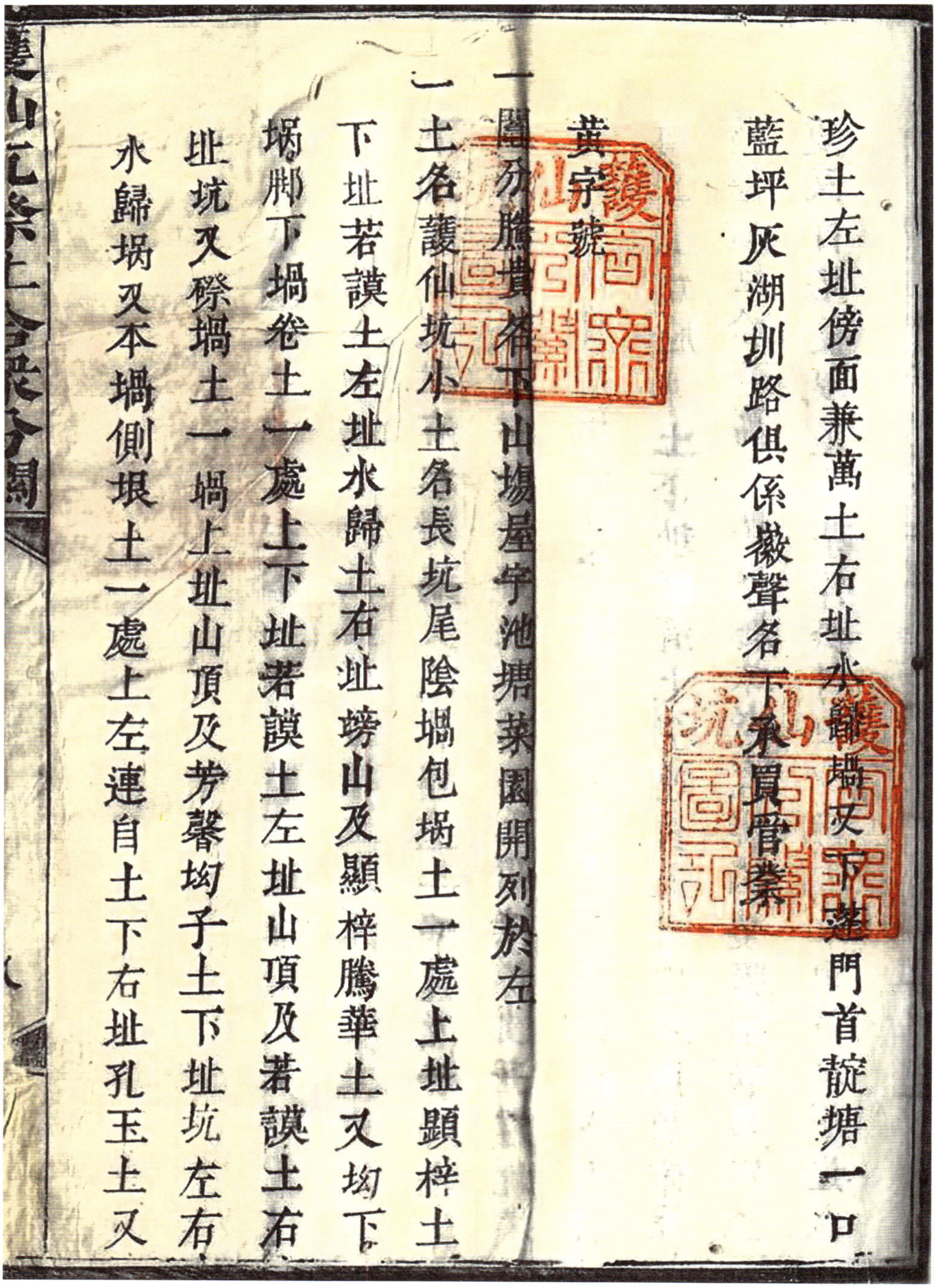

珍土左址傍面兼萬土右址水歸堨夾下達門首靛塘一口
藍坪灰湖圳路俱係繳聲名下承買管業

黃字號

一園分騰貴名下山場屋宇池塘菜園開列於左

一土名䕶仙坑小土名長坑尾陰堨包堨土一處上址顯梓土
下址若謨土左址水歸土右址塝山及顯梓騰華土又坳下
堨脚下堨卷土一處上下址若謨土左址山頂及若謨土右
址坑及發堨土一堨上址山頂及芳馨坳子土下址坑左右
水歸堨又本堨側垠土一處上左連自土下右址孔玉土又

⑮

蕨蓬塲對面荒田連及山土共一處上右址孔玉土下址坑
左址君謨土又長坑磜土路下土一處上右址孔玉土左址
坑下址顯梓土又長坑磜下荒田連石垠併脚土共一處上
右址巨珍土下址坑左址顯梓勝栢土又深坑堝土一處上
下址孔玉土左右水歸堝又蓬背堝土一堝連及併脚土上
址騰球土高壟下址坑左址水歸土及顯梓勝蘭土右址水
歸土山内自埜墳塋又本土脚下右邊并脚土二處連及菜
園土上址騰球土下址德濟土左連自土右址君謨顯梓德
濟德廣巨珍兼萬土界内騰球老藍窖二隻騰華老藍窖二
隻又自宅後垠頂上茶梓松竹山一墩上址頂下址垠邊及

巨珍巨蘭兼萬土左址芳馨土右址獻猷土山內自墊墳塋
又墳塥石垠墩土一處上下左址孔玉土右址顯梓土山內
自墊墳塋又房屋一所宅後傑山菜土門前餘坪基地菜土
灰舍茅厠碓舍豬欄上址顯梓土下址坑及顯梓土左址兼
萬土及社官蓄山右址德濟勝楠土及坑又下蓬門前龍塘
二口池一口干池灰湖藍坪來去圳路又墳塥尾小土名龍
船塥又嶇塥子又黃垅塥又靴腳塥又湖土裏併腳又墳塥
半坑左邊併腳又口上石窩共土七處其界四址水歸土巳
上山土俱係騰貴名下承買管業
又長坑大併腳坳子上秀光公墳山一處上址山頂下址墳

前餘地及騰球土左址若謨土右址若謨及騰球土及牛塲
裏墳山一處上址獻謨土下左址田右址德賞土此二處俱
係騰球兄弟業管
一闔分騰華名下山塲屋宇菜園開列於左
一土名護仙坑小土名長坑尾陰堝仔堝土上址勝蘭土下址
若謨土左址水歸土右址若謨土及穿風坳小坳土一處四
址水歸土又左側坳子土一處四址水歸土山內自葬墳塋
又牛塲裏土一堝上址山頂連及頂上坪土一塊下址騰球
土及坑左右水歸土又堝側坳子土一處上左連自土下右
址騰球土山內自葬墳塋又長坑嶺宅後併脚土一處上址

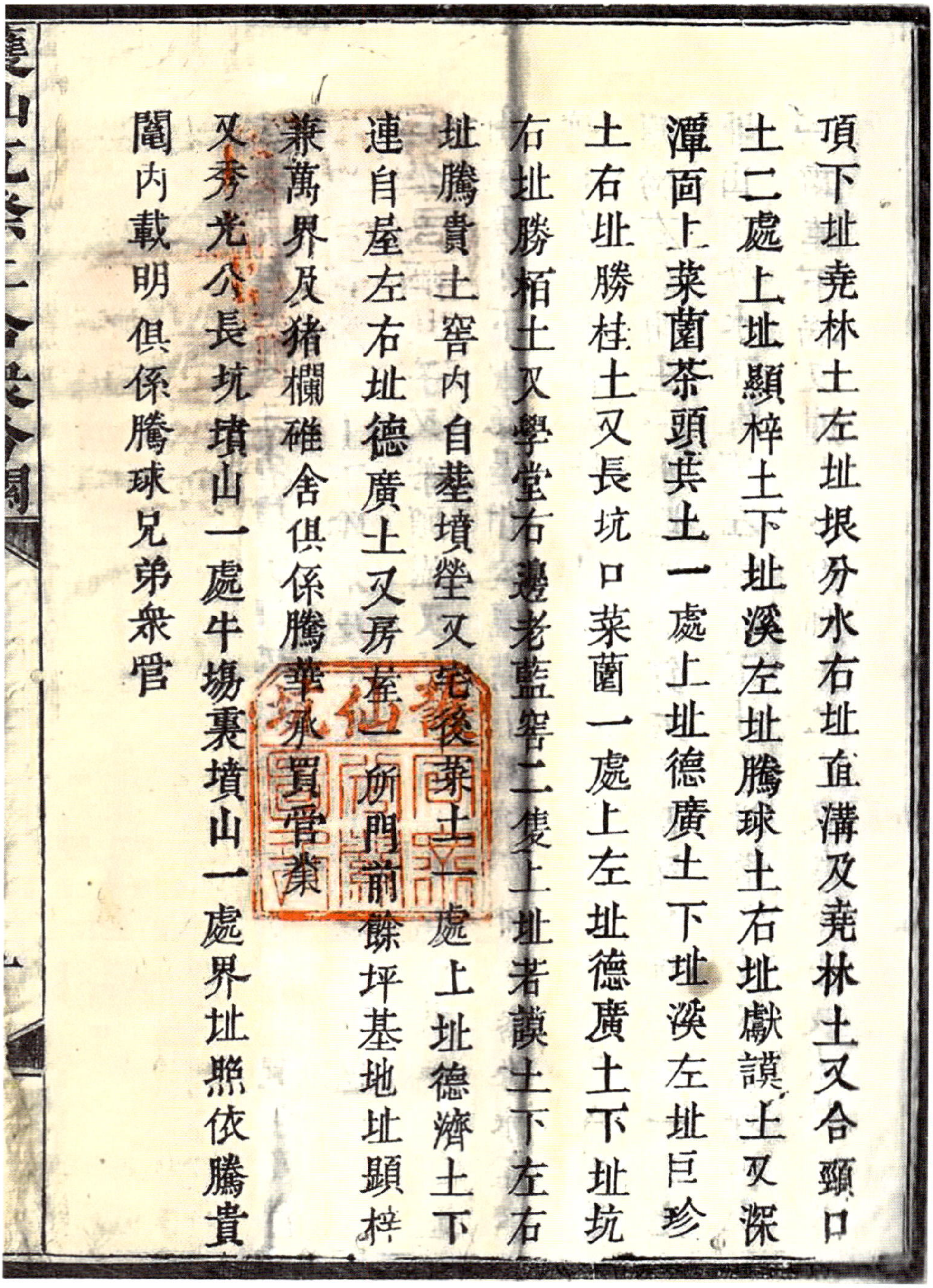

項下址堯林土左址垠分水右址直溝及堯林土又合頸口
土二處上址顯梓土下址溪左址騰球土右址獻謨土又深
潭面上菜園茶頭其土一處上址德廣土下址溪左址巨珍
土右址勝桂土又長坑口菜園一處上左址德廣土下址坑
右址勝栢土又學堂右邊老藍窖二隻上址耆謨土下左右
址騰貴土窖內自埜墳塋又宅後菜土一處上址德濟土下
連自屋左右址德廣土又房屋一所門前餘坪基地址顯梓
兼萬界及猪欄碓舍俱係騰華承買管業
又秀光公長坑墳山一處牛場裏墳山一處界址照依騰貴
閭內載明俱係騰球兄弟衆管

宇字號

一閹分巨珍名下山場屋宇池塘菜園開列於左

一土名護仙坑小土名梅子堝尾陰片乍坑子口上起連及青山墩及靴脚堝上下陰坜及乍堝又上高坜又下包坜又龍船堝又幅堝子又茶頭堝又伯公背山土相連共一處上址山頂分水下址右邊伯公壇嘴下及坑左址騎崙分水至乍坑口及孔欽山右址伯公壇中垠騎崙分水至頂其牛垠茶頭堝右邊墩土一小塊四址釘石爲界又乍坑口土一處上址山頂分水下址坑左址孔玉土右址勝栢土又大坪山土一處連下坜又連山下并脚土二處又食茶土又木梓土又

杉樹土上址山頂下址溪及獻猷土左址騰球孔玉顯梓土
右址孔玉土山內自耋墳塋外又壟有丙應墳一棺四址離
墳五尺不得開墾任從掛掃又大堝裏口上土一處上左址
若謨土下址溪右址顯梓土及溪又土名蕨土堝山土一處
又連及左邊土一處上址山頂下址溪左址德廣勝栢土右
址外水及騰華土又學堂對門上菜園土一處上址騰貴土
下址自土左址兼萬土右址德廣土又對門竹頭墈土一處
上址塅邊騰貴土下址路左址兼萬土挖溝右址巨蘭土挖
溝又屋宇上下兩重計九間餘坪天井基地猪欄其東邊廂
房一間連及上巷併及天井三股之一股兼萬名下一股管

㉑

業又上手溪邊碓舍屋一間又溪背灰舍屋一間茅厠一間
又柴舍一間又卜蓬門前龍塘三口龍池一口及灰湖干池
藍坪來去水圳巳上俱係巨珍名下承買管業
又對門堝土一處上址嶺壟土下址坑左址半墩及兼萬土
右址本土溝及顯梓蓄山又長坑茶梓墩〃山土一處上址山
頂下址坑及騰貴土左址顯梓土右址孔玉山又蓬背堝水
口大溪面上陽片菜園土一處上址騰球土下址溪左址勝
栢土右址坑又學堂對面菜園土一處上址自土下左址德
濟土及坑右址德廣土及路其對門堝子起此山土四處俱
係與弟巨蘭各半

宙字號

一闔分鄧翔林名下得買山場屋宇池塘菜園墳塋開列於左

一土名護仙坑心土名竹子塌口併腳連及菜園石垠共土一處上址山頂下址坑左址芳馨土右址獻猷土又坑背併腳土一處上址孔玉土下址坑左右址芳馨土又乍坑子蹬益湖墳山墩土共一處上址山頂分水下址坑左址獻猷土右址芳馨土又乍坑尾土三塊相連共一處上址山頂下址坑左址芳馨土右址騰球土又聖窖板土一處上址山頂下址坑左右水歸土又連及茶頭垠土一處併及荒田在內上右址自土下址坑左址芳馨土又聖窖板對門併腳及荒田墩

土共一處上址山頂下址坑左址芳馨土右址獻猷土又正
堝尾山土相連三堝上址山頂水歸堝下址坑左址獻猷土
右址孔玉土山內自⿱差土墳塋又乾云堝土一處上址孔玉土
下址芳馨土左右水歸土又大堝尾連及山土四塊上址山
頂分水下址坑左址顯梓土右址中垠及德濟土又對面垠
土一處上址德濟土下址坑左址德濟及自巳土右址顯梓
土山內自⿱差土墳塋又牛埸裏土一處上址水歸土及顯梓勝
栢土下址坑左址顯梓土右址若謨土又長坑嶺宅後山土
一處上址頂下址芳馨土左址顯梓土右址騰華土又倂腳
土一處上址騎崙下址溝左址騰華土右址顯梓土及田又

對門墩土一處上址頂下址溝左址顯梓土右址騰華土又
長坑到角裏土一處上址頂下址坑左址孔玉土直溝右址
顯梓及若謨田山內勝蘭燮墳一穴上下包墳川心除四丈
左除一丈五尺右址騎崙分水又川風坳下土一處上址山
頂及騰華土下址坑左址兼萬土右址騰球土又墳堝馬鞍
坳下土一處上址徽聲土下址坑左右水歸土及騰貴土又
菴塲裏菜土連及磜墩一處上址獻猷土下址磜下大溪左
址孔玉土及墳堝坑右址水口衆蓄山又屋對門第子堝口
土一處上左址獻謨土下址坑右址孔玉土又社側墩土一
處上址顯梓土下址溪左址芳馨土右址社下蓄山及龍塘

㉕

池大小拾口半及埕坪放靛坪灰湖來去水圳又下蓬房屋
一所上下両重上堂塗堂直出西邊房屋一邊連及過巷西
邊廂房一間下重正堂一半厫房一間及過巷又及天井前
後餘坪各一半連及東邊墈下房屋一間猪欄糞湖又上屋
房屋一所及猪欄餘地上手柴舍在內上址宅後釘石下址
靛塘水溝左址大路右址芳馨及自巳老屋又上角茅厠菜
園土一處又對門灰舍碓舍屋一間又餘面上茅厠一間又
宅後芳馨烟舍背土一處上左右址孔玉土下址芳馨烟舍
巳上山屋池塘係尭林名下承買管業

洪字號
一閹分獻猷各下山塲屋宇池塘菜園開列於左
一土名護仙坑小土名竹子塢青山尾口併脚土一處上址頂、
下址坑左址尭林土右址芳馨騰球土又對門墩土一處上
址頂下址坑左址孔玉土右址芳馨分水及孔玉土又竹子
口塢併脚土一處上左址孔玉土下址坑右址孔欽土又口
上菜園土一處上址垠下址坑左址孔玉土右址芳馨土又
菴塲裏菜園土一處又下蓬屋對門菜園土三處又房屋一
所宅後餘山門前餘坪基址猪欄灰舍茅厠柴舍俱係獻猷
各下承買管業

一閹分獻猷胞弟獻鴻名下山場屋宇菜園池塘開列於左

一土名護仙坑小土名梅子塢作坑子土一處上址騰球德寬

土下址坑及騰球土左址分水及德濟土右址水歸土及獻

謨土又竹子塢菜園土一處又菴場裏菜園土一處又下蓬

對門菜園土上下二處又房屋一所宅後餘山門前餘坪基

地豬欄灰舍茅厠柴舍俱係獻鴻名下承買管業

宿字號

一閹分獻猷胞弟獻謨名下山場及閹分發元名下山塲屋宇

發元無銀兌價歸與獻謨頂買今將二項山場屋宇開列於

左

一土名護仙坑下蓬對門墩垠山土上址山頂下址大溪及孔

欽土左址垠外茶梓一行在內又及芳馨土右址箬子塌乍

塌及騰華巨蘭芳馨孔玉尭林土又梅子塌下高塌右側土

一處上址孔玉土下址溪左址德廣土右址巨蘭土又梅子

塌乍坑子土一處上址山頂下址獻洪土左右水歸土又合

頸裏坳子土一處上址頂下址顯梓土左右水歸土山內自

壟墳塋又合頸口左邊土一處上址山頂下址坑及溪左右

水歸土又右邊土二處上址顯梓土下址溪左址水歸土及

坑右址顯梓土又謝家塌水口伯公壇對門土一處上左右

水歸土下址坑又牛塲裏土一處上址頂下址騰球土左址
德寬土右址顯梓土又房屋一所上下兩重餘坪基地茅厠
碓舍雜屋又連及宅後山一處其山上址山頂下自屋左址
德廣土及自山右址芳馨土又對門老菜園二處又竹予堝
口菜園一處又菴塲裏菜園一處又畜山裡菜園三處巳上
山塲屋宇俱係獻謨名下承買管業
一鬮分獻猷献鴻獻謨兄弟三人衆山開列於左
一下蓬老屋背堝墩垠土連及大路嶺上蓄山墩垠山土共一
處上址德廣若書土下址大路及尭林芳馨屋左址騰球土
右址孔玉芳馨土此山係孔欽獻猷癸元三人平分其獻猷

所分一股與弟獻鴻獻謨三人又平分其發元所分一股係獻謨一人承買又下蓬老屋上片溪墈上茅廁一間又下蓬門前塘子塲二口靛池二口塘基兄弟未分塘池獻猷一人所造藍坪灰湖干池圳路又上蓬對門堨土一處連及作堨併脚上址山頂下址勝栢巨蘭土左址分水及勝栢騰貴土右址水歸土又田子裏土一處上址山頂下址溪左址垠分水右址巨蘭土又溪背荒田連及墈土併脚上左址巨珍土下址溪右址孔玉土又菴塲裏連及墈垠土上址山頂下址水口衆山及尭林孔玉土及坑左址墳堨口君書土及坑右址孔玉芳馨土又竹子堨口大路面上山一處上址頂下址

路左址芳馨土右址分水又竹子塆作坑口荒田土一處上
址山頂下址坑左右址尭林土又及作坑口右邊垠墩連及
自埜墳山一處上址山頂下址坑左址作坑子及芳馨土右
址芳馨土及竹子塥坑又正塥尾苧麻塥土一塥上址山頂
下址坑左右水歸土又對門併腳土一處上址山頂下址坑
左右址孔王及芳馨土又包塥左邊垠上生坐墳山一處上
址三丈下址一丈五尺左右各址一丈八尺又大塥裏坳子
土一處四址水歸土
已上山土除爲母親名下使用日後作爲蒸嘗
又長坑陰塥左邊墩上墳山一處上址離墳二丈下址離墳

一丈左右離墳各一丈又橋子頭中垻止墳山一處上址離
墳二丈下址離墳一丈左右離墳各一丈此墳山二處俱係
孔欽獻猷發元三房衆管

荒字號

一衆買山後除將契內各人分受外公衆存有山土六處何永
和貼入銀十五兩正幫與衆人三面親手收入當付挽契中
資用訖其衆存山土六處衆人分與永和父子照依分関永
遠管業今將土名界址開列於左

一土名護仙坑合頸裏土一塥上址山頂及若蕻土分水下址

護仙坑祭土合衆分圖　十七

溝左址水歸坰右址巨藺顗梓土分水又連堝脚下土一處
上址自土下址坑左址騎崙分水及勝栢坳子土右址騎崙
分水及顯梓土又本土脚下坑背連及十二處上址傍尾顯
梓土下址坑左址顯梓土右址獻謨土分水又本土對面坑
背土一處上左右址顯梓土下址坑又深坑裏高旗上山土
一處上址山頂下左右址孔玉土分水又干頭堝頂上坳子
土一處上右連自土下址孔玉土左址若謨土又大堝裡下
石堝土一堝上址德廣土下址田左右址顯梓土分水并及
塘子靛池水圳又大堝裡房屋一所餘坪基地牛欄猪欄灰
舍一併在內已上山屋俱係經衆分與永和父子永照分関

晋業

月字號

一闔分若謨名下山場屋宇池塘菜園開列於左

一土名護仙坑小土名干頭堝連及併脚土一堝上址山頂及
菻萬巨蘭土下址巨蘭土左址騎崙分水及孔玉勝栢土右
址巨蘭土騎崙分水歸堝又堝下左側并脚土一處上址孔
玉土下址勝栢陽溝墈上左址勝栢土右址坑又長坑陰堝
土一堝上址山頂下址騰球土左右水歸堝又左邊作堝土
一堝上址發元土下址自土左右水歸堝又坪堝脚下併脚

護山坑禁山合墨分闗

土一處上址山頂下址坑左址騰貴土右址騰球土又到角
裹口上荒田土一處上址勝蘭土下址顯梓土左址坑右址
顯梓土又坪堝子併脚土一處上址山頂下址坑左址騰球
土右址自土又坪堝土一堝上址騰貴土下址坑左右水歸
堝又陰堝嶇堝子土一堝上址山頂下址顯梓土左右址顯
梓土又大垻上墩土一處上址頂及孔玉騰華土下址勝蘭
土及坑左址騰華及自土右址孔玉土其山內自楚墳塋又
到角裹併脚土一處上址自土下址坑左址勝蘭土右址孔
玉土又川風坳垻上坳子土三處四址水歸土又石堝子併
及荒田共一處上址山頂及發元土下址坑左址發元土右

址騰貴土及水歸塌山內自塋墳坐又大併脚土一處上址山頂下址坑左右址騰球土又對面坑背土一處上址山頂下址坑左址勝蘭土右址騰球土又下手長併脚土一處上址山頂下址坑左右址孔玉土又長坑口磜上土三處連及墩垠土上址山頂下址坑左址孔玉土及騰貴土右址顯梓土又對面土一處上左址孔玉土下址坑右址騰貴土又長坑口大菜園一處上址兼萬土下址坑左址顯梓土右址兼萬又出來菜園土一處上左右址兼萬下址溪又石園子土一處上址顯梓山下址坑左址若書右址勝栢又路下菜園土一處上址路下左址坑右址德廣土又菴場裏下手中石

嘴土一處上址高石崖下址溪左址青山墩右址孔玉土及
坑及本屋後上片中垠山土一處上址山頂下址墳及自己
茅厠左址顯梓塥邊直上右址若書塥邊土及上片墩垠土
一處上址頂下左址騰貴土右址顯梓土山内自墊墳塋及
宅後下片垠上菜園土四處及烟蓬一間及房屋一所計八
間及碓舍灰舍猪欄餘坪在内及宅後蓄山一處上址落
脚横路下址本宅左址若書右址騰球池塘大小六口灰湖
藍坪來去圳路俱係若謨名下承買管業

一鬮分若書名下山塲屋宇菜園開列於左

一土名護仙坑小土名牛塲裏土一處上址顯梓土下址騰球

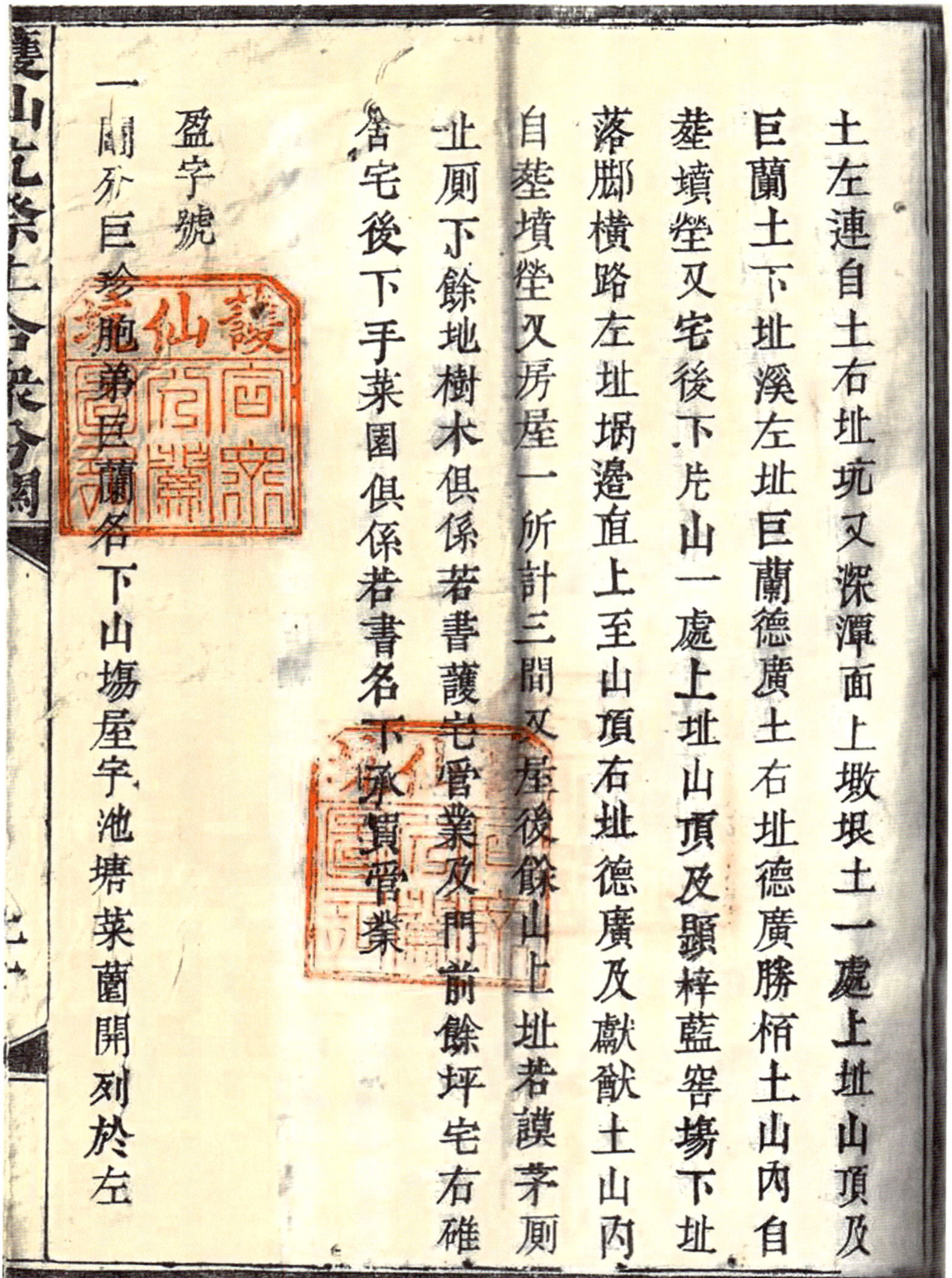

土左連自土右址坑又深潭面上墩垻土一處上址山頂及
巨蘭土下址溪左址巨蘭德廣土右址德廣勝栢土山內自
塟墳塋及宅後下坾山一處上址山頂及顯梓藍窖塲下址
落脚横路左址堨邊直上至山頂右址德廣及獻猷土山內
自塟墳塋及房屋一所計三間及屋後餘山上址若謨茅厠
址厠下餘地樹木俱係若書護宅管業及門前餘坪宅右碓
舍宅後下手菜園俱係若書名下承買管業

盈字號

一閹分巨珍胞弟巨蘭名下山塲屋宇池塘菜園開列於左

㊴

一土名護仙坑小土名梅子堝口上二坑合口起連及打磚湖
土一處又苧蔴劈土一處又苧蔴堝土一處又箸子堝土一
處又黃泥堝土一處又長併脚土一處又坑背土一處又干
頭堝土一處山土相連共處上址山頂分水下址坑左址山
頂及孔玉若謨勝栢水歸土右址山頂騎崙分水及勝栢及
顯梓田子裏土爲界山內自整墳坐又長併脚坑背嶺聲之
墩土一處任從巨蘭父子永遠取傍又泉水堀土一處上址
孔玉發元土下址坑左址獻猷土右址溝背勝栢土又梅子
堝口上垻子裏土一處上址兼萬山下址溪左右址騰球土
又棕樹劈土一處上址山頂下址溪左址騰球土右址德廣

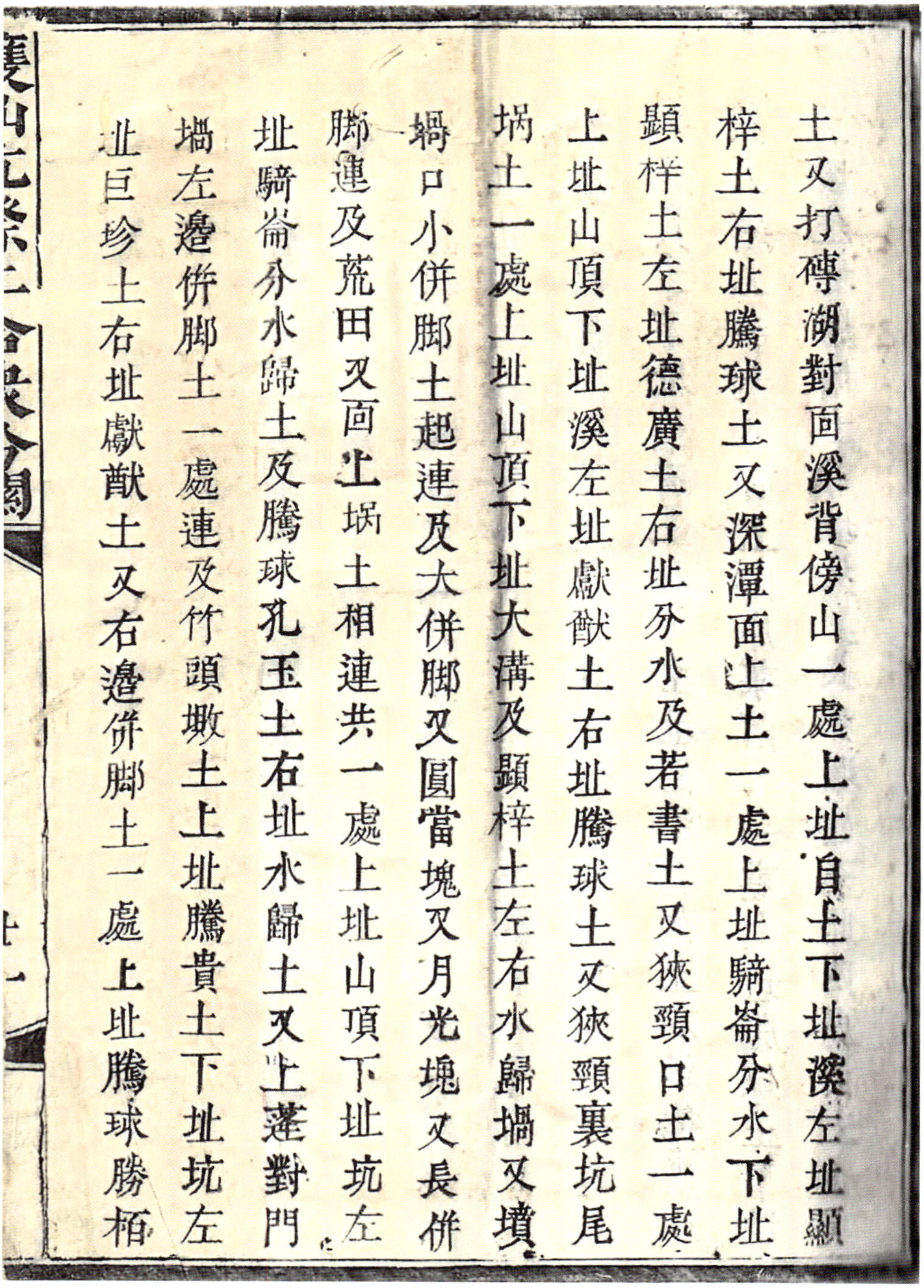

土又打磚湖對面溪背傍山一處上址自土下址溪左址顯
梓土右址騰球土又深潭面上土一處上址騎崙分水下址
顯梓土左址德廣土右址分水及若書土又狹頸口土一處
上址山頂下址溪左址獻猷土右址騰球土又狹頸裏坑尾
坍土一處上址山頂下址大溝及顯梓土左右水歸墹又墳
堝口小併腳土起連及大併腳又圓當塊又月光塊又長併
腳連及荒田又面上坍土相連共一處上址山頂下址坑左
址騎崙分水歸土及騰球孔玉土右址水歸土又上蓬對門
墹左邊併腳土一處連及竹頭墩土上址騰貴土下址坑左
址巨珍土右址獻猷土又右邊併腳土一處上址騰球勝栢

卅一

土下址坑左址勝栢土右址顯梓土又下蓬對門箬子堨土
一處上址騰華土下址勝栢土左址獻謨土振勷右址水歸
土又梅子堨苧蔴堨房屋一所餘坪基地雜屋池塘等項俱
係巨蘭承買管業
又長坑墩土一處上址山頂下址坑及騰貴土左址顯梓土
右址孔玉土又對門堨子土一處上址嶺聲土下址溪左址
兼萬半墩傍土右址顯梓蓄山又學堂對門菜園土一處上
址騰貴土下址德濟土及坑左址德濟兼萬土右址德廣土
又上蓬上手大溪面上陽片菜園土一處上址騰球土下址
大溪左址勝栢土右址坑其長坑墩起至此四處山土俱與

兄巨珍各半管業

昃字號

一鬮分勝松胞弟勝楷名下山場屋宇池塘菜薗開列於左

一土名護仙坑小土名墳堝尾竹卷堝土一處上址騰貴土下址顯梓土左址水歸土右址顯梓土又上蓬對門坑裏左邊土一處上址顯梓土及路下址坑左址德濟及騰貴土右址德濟土又坑背土一處上左址顯梓土下址坑右址顯梓德濟土又對門堝土一堝上址顯梓土下址坑左址獻猷土右址巨蘭土又堝子右邊墩土一處上址騎崙分水下址巨蘭

土左址顯梓土右址騰球土又上蓮上手大溪陽片菜薗土
二處上址德廣騰球土下址溪左址勝桂土右址巨珍土又
長坑口中石嘴萊土二處上左右址兼萬土下址溪又坑背
土一處上左址顯梓土下址坑右址若書土又內裏併脚土
一處上址顯梓騰貴土下址坑左址若謨顯梓土右址騰貴
土又長坑蕨土塥土一處上下址孔玉土左右水歸塥及孔
玉土又川風坳嶇坰子土一處上左右水歸坰下址兼萬土
又大�上平土一處四址水歸土又左邊大垠上�子土一
處四址水歸土又長坑孔玉石坰子尾大垠上平土一處上
下水歸土左址孔玉土右址嶶聲土又梅子坰乍坑子陰塥

土連及二處上址頂下址坑左址分水及孔玉土右址水歸
堝又陰堝右邊坳子土一處四址水歸土山內自𡎺墳塋又
對面土一處連及茶子墩土上址山頂及孔玉土下址坑左
址巨珍土右址孔玉土又泉水堀對面併脚土一處上址一
丈五尺至嶶聲土下址坑左址嶶聲土右址德廣土又干頭
堝左邊山土一處上址山頂下址坑左址孔玉發元巨蘭土
右址孔玉若謨巨蘭土又深潭面上土一處上址德廣土下
右址巨珍土左址若書土又本土左邊傍尾土一處上左址
若書土下連自土右址德廣土又田子裏墩垠土一處四址
孔玉土又深坑口併脚連及堝土三處上址德廣土下址坑

廿三

㊺

左址孔玉土水歸堨右址垠水歸堨又深坑内裏併脚連及
堨土三塊上址騰球土下址坑左右址孔玉土水歸堨又牛
塲裏土一處上址山頂下左址尭林土右址顯梓土又合頸
裡坳子平土一處四址水歸土又梅子堨房屋一所餘坪基
地猪椆碓舍灰舍柴舍茅厠池塘數口圳路俱係勝梧名下
承買管業

辰字號

一鬮分陳公元名下四男兼萬得買屋宇靛池塘山塲菜土等
項開載於后

一土名護仙坑小土名梅子坵陽片內節山土一處中坵子對
面下手小垠起連楊梅併脚及一路併脚進至桐樹瀝連及
蓬子背土一大塥又連桐樹瀝下高坵土一坵以上等處山
場荒熟相連共處上止山頂下止坑及伯公壇嘴左止伯公
壇中垠騎崙分水至頂及水歸桐樹瀝其半垠茶頭塥右邊
有臣珍名下山土一八塅除土早又秀東方北奈處上下
高塥左邊小垠騎崙分水上至自山又牛角塥土一坵上址
山頂下止若謨塥腦振墈左連蓬子背坵尾山右止若謨山
小垠分水又蓬子背右邊垠背坳土一處上右止孔玉山下
址德廣兄上高坵傍尾小牛墩止左連蓬子背山又梅子坵

口連及長坑口山土一大垠併及茱土相連共一處上址顯
梓兄長坑磜堝傍尾及嶶聲兄梅子堝陰堝傍尾下址水歸
梅子堝止溪及騰球巨蘭山及梅子堝口溪弦大路又下址
水歸長坑止若謨山及溪又及長坑口大路及勝栢土左址
顯梓兄長坑磜堝傍山及騰球山右址梅子堝騰球併脚傍
山直上至垠又長坑尾穿風坳山土一處一大堝左右各一
乍堝又堝脚下連併脚土一塊又連乍堝土下節土一節以
上山土荒熟相連共處上址坳與昔竹坑分水及勝栢土下
址孔玉尭林山左址垠分水及勝栢山又及若謨坳土右址
垠分水及上左右水歸堝又對門竹頭山土一墩與社屋後

山相連上址埧邊騰貴山土下址路及本山腳墈及顯梓兄山及騰貴山又及社屋後山振墈左址顯梓兄山挖溝直上右址巨珍山挖溝直上又德廣兄屋對門山一處上址嶶聲兄對門墹子傍尾及埧下址崩崗及德濟兄菜土又連自菜土左址德濟兄山窖石直上及騰球山冶址巨珍及嶶聲兄對門墹子傍山半墈止又學堂左邊埧上藍窖場二隻又學堂對面墈上菜土一處上左址騰貴山下址高墈右址巨珍菜土及自砌石墻又學堂門前菜土一處上址學堂坪墈下右址水溝左址騰球菜土窖石又自屋門前溪背菜土一處上址騰球菜土及德濟兄山腳下址溪左址顯梓兄菜土窖

右右連自山又下蓬上手大路下靛池塘一處計靛塘四口靛池二口併及藍坪灰湖干池轉水湖及起水堰來去水圳起靛坪藍葉石灰瓦屋一間等項相連共處上址大路下址溪左址孔玉菜土右址堯林菜土及獻畝灰舍又靛塘對面溪背山一處上右止芳馨山下址溪左址垠分水又上蓬房屋一所上下两重與顯梓兄各得一邊上下廳堂中出西邊房屋一邊又門前東邊橫屋一間與顯梓兄各半又西邊相連巨珍房屋伊屋內東邊廂房一間連及上巷又及伊屋內天井三股之一股又宅後餘山照顯梓兄閑內界止并及門前餘坪基地餘地與顯梓兄各半又及德廣兄門前左邊

碓舍一間連及荒屋坪一處上址騰華門前坪塆下址陳左
址路右連碓舍亦與顯梓兄各半又門前餘坪塆下東邊豬
欄一間連及糞湖一半又門前上手溪背顯梓兄山脚下灰
舍一間又茅厠一間又門前溪背柴舍一間連及堆柴坪上
下共處又騰貴門前塆下溝背又柴舍一間又梅子塆口深
潭面上一塆上左右址分水及水歸塆下址勝楫山此山土
與顯梓兄各半內除梅子塆尾巖壁兄各下上高塆土一塆
上左右止水歸塆下址本塆脚振塆以上山塲屋宇雜屋菜
土靛池塘等項俱係兼萬承買管業

對字號

一鬮分騰球名下山場屋宇池塘菜園等項開列於左

一土名護仙坑小土名長坑㘭下塅上址騰華堯林獻猷土下址坑及若謨土左右水歸塅又土名張北塅上址山頂下址溝左右水歸塅又土名平塌上下址若謨土左右水歸塌山內自壟墳塋又上併腳對門傍山土一處上址山頂左右址顯梓土及勝蘭土又路會荒田面上傍山一處上址山頂下址田左右址若謨土又下大併腳一處上址墳山下址坑左址發元土右址若謨土又坑背土一處上址山頂下址坑左址若謨土右址孔玉土又長坑口墩一處上下右址兼萬土

左址顯梓土又牛坳裏併脚土一處上址頂分水下址坑右址騰華土右址顯梓土又左邊併脚土二處上址顯梓土下址坑左址若書土右址騰華土又大堝裏田面上土一處上址山頂下址田及獻猷土左址獻猷土右址垠分水及顯梓土又坑背眼鏡塊土一處上左址若謨土下址坑右址田又合頸裏併脚土一處上址巨珍土下址溪左址孔玉土右址巨珍土山内自塋墳坐又溪背墩上土一處上址顯梓土下址溪左址巨蘭土右址騰華土又梅子堝乍坑子尾陰堝土一處上址山頂下址溝及獻洪土左右水歸堝及德寛土又嶇堝子脚下併脚土一處上址頂下址坑左址獻洪土右址

孔玉土又陰堝嶇堝子土一處上址頂下止德濟土左右水
歸土又梅子堝口併腳土一處上垻頂下址溪左止兼萬土
右止嶽聲土又梅子堝口荒田一處連及山土上址山頂及
巨蘭土下址溪左址巨蘭土右址巨蘭土及德廣土又田對
面墩土一處上右址兼萬山下址溪左址巨蘭土又口上大
路面上墩土一處上右址兼萬山下址溪左址巨蘭土又深
坑裏堝坳土一處上址竹子堝孔玉土下址勝栢土左右水
歸堝又下坳子土一處上址孔玉土下址堯林土左右水歸
土山內自壟墳塋又屋背堝土一堝上址山頂下址騰貴土
左右水歸土又蓬背堝今堝子一處上址山頂下址坑左右

水歸坜又竹子坜青山尾土一坜上址山頂下址坑左右水
歸土又乍坑子尾土一處上址孔玉土下址坑左右水歸土
又青山墩埧上墩土上下兩處上址分水左下址芳馨土右
址巨蘭孔玉土又上邊墳堝大埧上山一處上址分水左右
下址巨蘭土又對門坜墩土一處上址分水下址巨蘭及顯
梓土左址勝栢土右址兼萬及德濟土又蓮背坜墩上藍窖
二隻又學堂左邊埧上及學堂門前菜園土一處上下址勘
左址勝栢土右址兼萬土釘石又對門菜土一處上址德濟
山腳勘及顯梓菜土勘下址勘及兼萬菜土左址勘及顯梓
柴舍右址德濟山土又門前龍塘兩口龍池一口併及千池

灰湖藍坪來去水圳又下蓬莿塘靛池三口併干池灰湖藍坪圳路又房屋一所及宅後右側山一處上左址若謨山下址溪墈右址獻猷衆山并及餘坪基地猪椆灰舍柴舍茅厠一併俱係騰球名下承買管業

又長坑大併脚坳子上秀光公墳山一處上址山項下址墳前餘址及騰球土左右址若謨及騰球土又牛塲裏墳山一處上址獻猷土下左址田右址德寛土此二處墳山俱係騰球兄弟柴管

校录

护仙坑磜上合众分关

立分关帖人陈、何、邱三姓人等，情因乾隆五十五年众买邓斗孙安鄉十三都护仙坑山场，俱系共契书写，契内二十一名承买，乃价银各有多少，山土各有阔狭。况契内只写四大界，其一切小土名繁多，悉未开载。今将各人买受之山，编立分关十五本，俱系刻字刷成，并无一字添减涂注。各执一本，永照分关管业，共相和好，不得越关侵占。凡共关契之人，倘有移来换去之处，俱于关内注明，任从照依批注字样经管。为此公立关书，一样十五本，三面交挂护仙坑合众图记，编立字号，各执一本，永远为据。

乾隆五十七年壬子岁十月小春之吉合众公立

一、众买管山场水口蓄山、社官蓄山、学堂基地余坪、公众取土及路会荒田等处开列于左。

一、磜上水口左边蓄山一处，上址往庵场里横路，下址磜下大溪，左址庵场里小垠分水及尧林土，右址孔玉、芳馨灰舍。又右边水磜口蓄山一处，上址大路，下址磜下大溪，左址磜上孔玉靛塘，右址小垠分水。又社官蓄山一处，上址显梓、兼万山脚振墈，下址溪，左址尧林土，右址若信、显梓土。又社下对门桥头路边长蓄树山一处，上址大路，下址大溪，左址大树边湾角，右址孔玉菜园土。又学堂房屋一所计三间，上址胜兰屋墈，下址菜园，左址胜兰土，右址坑及胜兰墈。又坟埚埂上墩上众取沅蓝种土十五个，任众取土。又土名大埚里廷辉山内荒田一处，又牛场口廷辉山内荒田一处，又土名长坑若和兄弟山内荒田一处，此三处之田系路会经管。

一、比日公立分关十五本，编立“天地元黄、宇宙洪荒、日月盈昃、辰宿列”十五字。

其陈、何、邱三姓原日合买邓姓山场印契壹纸，公举交与陈公元之子兼万收存，日后子孙永远不得遗失。（道光拾五年闰六月十二日批明，此契兼万经众交出清楚，嗣后议定三姓轮流收存，另立领契字执据，永不得执此关论。陈、何、邱三姓同场批据。）

天　字　号

一、阄分胜兰名下山场屋宇、菜园池塘开列于左。

一、土名护仙坑，小土名长坑，上石埚土一埚，上址山顶，下址坑，左址显梓、发元土，右址水归埚。又到角里父坟山一处，上下除护坟包坟穿心四丈，左除一丈五尺，右址显梓山分水。又上手左边并脚土一处，上左右址若谟土，下址坑。又长坑高旗上土一处，上址大垠分水，下左右俱址腾华土。又房屋一所。又宅后蓄山及菜园，上址显梓土墈横过，下连自宅及学堂及坑，左址德济、德广土，右址小垠分水及腾贵土，并及猪栏、灰舍、茅厕余坪。又上蓬社对面靛池塘大小五口，蓝坪灰湖来去水圳，俱系胜兰名下承买管业。

一、阄分胜桂名下山场菜园开列于左。

一、土名护仙坑，小土名坟坞，湖土里面上土一坞，上址山顶分水，下址孔玉湖土，左址分水归坞，右址垠分水及腾贵、腾兰土。又右边石垠土一处，上右下三址孔玉土，左址自土。又长坑口大溪面上阳片菜园土一处，上址德广土，下址大溪，左址腾华土，右址胜柏土。又坟坞牛角坞右边垠上坟山一处，葬坟一穴，上址二丈，下址二丈，左右址坞沟，除为护坟。

已上山土俱系胜桂名下承买管业，此山土付与胜兰耕作，每年租息钱六百文，存为洗捡安葬祭扫之费。

地　字　号

一、阄分孔钦名下山场屋宇菜园开列于左。

一、土名护仙坑，小土名梅子坞，乍坑口茶梓墩山土一处，上址山顶，下址坑，左址胜柏土，右址巨珍土，山内自葬坟茔。又深坑里大垠上坳子土，上下连及二处，上址山顶，下左右址孔玉土。又下坳子土一处，上下右址孔玉土，左址显梓土。又竹子坞头对面土一处，上右址孔玉土，下址坑，左址献猷土。又口上菜园土一处，上址路，下址坑，左址献鸿土，右址孔玉土。又房屋一所，猪栏、灰舍、茅厕。又长坑岭确下垄面上坟山一处，上址离坟五丈，下址离坟三丈，左右离坟三丈，四址公元山为界。又长坑到角里坟山一处，上址离坟四丈，下址离坟三丈，左址胜兰父坟，右址离坟二丈。已上俱系孔钦名下承买管业。又宅后余山、门前余坪基地柴舍，亦系此阄内管业。又下蓬老屋背墩垠坞土连及大路墈上蓄山墩山土共一处，上址德广、若书土，下址大路及芳馨、尧林屋，左址腾球土，右址孔玉、芳馨土，此山土共一处，系孔钦、献猷、发元三人未分，发元一股献谟名下顶买，献猷名下一股与弟献鸿、献谟三人又平分。

又长坑阴坞左边墩上坟山一处，上址离坟二丈，下址离坟一丈，左右离坟一丈。又硚子头中垠上坟山一处，上址离坟二丈，下址离坟一丈，左右离坟一丈。此坟山二处俱系孔钦、献猷、发元三房众管。

一、阄分公元名下山场开列于左。

一、土名护仙坑长坑岭，小土名麻土坞，又土名上坞，又土名顿土坞，又土名焦头坞，又土名竹坞，又土名下坞，又土名对门垄、对门墩，坳上、中垠及屋后松树垠等处，上址七都分水，下址水口伯公坛，左右水归长坑岭为界。其界内有尧林山二处、腾华山一处、芳馨山一处、德宽山四处，又土名路下墩面上及大坞里、合颈里、合颈口、麻土坞垠等处山场，俱系公元名下承买管业。

元 字 号

一、阄分显梓名下山场屋宇靛塘池菜园等项开列于左。

一、土名护仙坑，小土名大塌里，塌尾土四塌，四址水归塌。又下连并脚土三块，上址顶，下址田及坑，左址坑，右址芳馨土。又土对门平土连及墩上土一处，三址水归土，下址坑。又圣窖板连及瓦刀块土三处，上址山顶，下址坑，左址德广土，右址尧林土。又大石边土一处，上址顶，下址田，左右水归土。又大塌口土三处，上址山顶，下址田，左右水归土。又牛场口垠上土一处，上址山顶，下右址若谟土，左址胜柏土。又牛场里土二处，上址顶，下址若书、德宽土，左址献猷土，右址腾华土。又合颈里土一塌，上址巨兰土，下址坑，左右水归塌及献谟坳子。又合颈口土一塌，上址山顶，下址坑，左址献谟土分水，右址永和土。又深坑里土一塌，上址顶，下址坑，左右水归土。又高旗上土一处，连及右边墩上，上址顶，下址孔玉土，左址水归土，右址本塌外墩孔玉土。又田子里并脚土四块，连及麻土塌，上址山顶，下址溪，左址巨兰土，右址孔玉新屋边骑崙分水。又田子里对门荷包块土一处，上址巨兰土，下址溪，左址孔玉土，右址巨兰傍土。又长坑磜塌土一塌，上址顶，下址溪，左址水归土及若谟土，右址腾球、兼万、若谟土。又长坑岖塌子起连及并脚，又连及阴塌，又连荒田共一处，上址顶，下址溪，左址分水归塌及尧林、若谟、孔钦山，右址胜兰及腾球傍土。又胜兰石塌子左边墩上土一墩，上址顶，下右址胜兰土，左址腾球傍土。又长坑尾阴塌土一塌及乍塌，上址顶，下址腾贵土，左右水归塌及若谟土。又长坑磜下叶子土一处。又长坑口松杉蓄山一大垠，下连菜土数处，并及灰舍、茅厕，上址山顶及巨珍、徽声土，下址大溪及巨珍灰舍、柴舍、茅厕兼万灰舍、茅厕，左址巨珍塌土，右址长坑水溪及若书、胜柏、若谟土。又梅子塌平塌土一塌，上左右水归塌，下址坑。又学堂背土一处，上址顶，下址胜兰土，左址德济土，右址腾贵土。又社对门墩上蓝窖场二处，上址窖上一丈，下址墈。又若谟烟舍背蓝窖土一处，上址顶，下址烟舍，左址若谟蓝窖，右连自土。又社后竹山一墩，上顶，下址社后山脚，左址芳馨土，右址兼万土挖沟。又对门松竹山一处，上址兼万土，下左址腾贵土，右址路。又对门杉树山一墩连并脚，上址德济、腾球土，下址胜柏土，左址巨兰土，右址德济、胜柏土。又对门上节土一塌，上址顶，下址胜柏土，左右水归塌。又坟塌土一塌，上址若书土，下址坑，左址分水直下至塌口腾贵山，右址水归塌。又坟塌牛角塌连及乍塌杉树墩又连并脚相连土三处，上址山顶，下址坑，左址胜柏、孔玉土，右址孔玉、胜柏土。又宅后山一处，上址若谟高墈整，下址山脚下平地众土，左址德济土窖石，右址若谟垠山。又屋对门菜园三处，柴舍一间、茅厕一间、打柴坪一个。又下蓬门前靛塘靛池十四口并及灰湖、蓝坪、放靛坪、靛圳、水圳、石灰舍一间。又塘对门蓝叶瓦屋一间，前后余地。又学堂左边茶子坪一处，又上蓬瓦屋两重，与满弟逢堂各一边，余得东边。又门前余坪基地猪椆。又门外东边横屋一间。又碓舍一间，左连基地一处，上址腾华坪墈，下址大溪，左址路，右址碓舍。又宅后平土一处，上址自山，下址自宅，左址德济土，右址若书土二，各护宅不得损害。又深潭面上土一处，三址水归土，下址胜柏土，自门前余坪起至此与满弟平分管业。已上之业俱系显梓承买管业。

日 字 号

一、阄分公元次男徽声名下山土靛塘开列于左。

一、土名护仙坑，小土名梅子坞，杉树墩起，连及阴坞，又连并脚，此并脚面上许巨兰挖傍取土。又连及月光块，又连中坞子，又连并脚，又连水打沥、茅头坞，相连共一处，上址山顶分水，下址溪，左址腾球土，右址平坞分水，其月光块上手胜柏有土一块，德广有傍土一处。又梅子坞尾上高坞土一坞，三址水归坞，下址本坞脚。又长坑马鞍坳土一处，形如马鞍攀。过坟坞其长坑一边，左右水归坞，下址孔玉土，其坟坞一边，左右水归土，下址尧林土。又对门坞子土一坞，上址顶，下址巨珍土，左址傍面兼万土，右址水归坞。又下蓬门首靛塘一口，蓝坪、灰湖、圳路俱系徽声名下承买管业。

黄 字 号

一，阄分腾贵名下山场屋宇池塘菜园开列于左。

一、土名护仙坑，小土名长坑，尾阴坞包坞土一处，上址显梓土，下址若谟土，左址水归土，右址塝山及显梓、腾华土。又坳下坞、脚下坞卷土一处，上下址若谟土，左址山顶及若谟土，右址坑。又磜坞土一坞，上址山顶及芳馨坳子土，下址坑，左右水归坞。又本坞侧垠土一处，上左连自土，下右址孔玉土。又蕨蓬场对面荒田连及山土共一处，上右址孔玉土，下址坑，左址若谟土。又长坑磜土路下土一处，上右址孔玉土，左址坑，下址显梓土。又长坑磜下荒田连石垠并脚土共一处，上右址巨珍土，下址坑，左址显梓、胜柏土。又深坑坞土一处，上下址孔玉土，左右水归坞。又蓬背坞土一坞连及并脚土，上址腾球土高整，下址坑，左址水归土及显梓、胜兰土，右址水归土山内自葬坟茔。又本土脚下右边并脚土二处，连及菜园土，上址腾球土，下址德济土，左连自土，右址若谟、显梓、德广、巨珍、兼万土。界内腾球老蓝窖二只，腾华老蓝窖二只。又自宅后垠顶上茶梓松竹山一墩，上址顶，下址垠边及巨珍、巨兰、兼万土，左址芳馨土，右址献猷土，山内自葬坟茔。又坟坞石垠墩土一处，上下左址孔玉土，右址显梓土，山内自葬坟茔。又房屋一所，宅后余山菜土，门前余坪基地，菜土、灰舍、茅厕、碓舍、猪栏，上址显梓土，下址坑及显梓土，左址兼万土及社官蓄山，右址德济、胜柏土及坑。又下蓬门前靛塘二口、池一口，干池、灰湖、蓝坪、来去圳路。又坟坞尾小土名龙船坞、又�坞子、又黄坭坞、又靴脚坞、又湖土里并脚、又坟坞半坑左边并脚、又口上石窖共土十七处，其界四址水归土。已上山土俱系腾贵名下承买管业。

又长坑大并脚坳子上秀光公坟山一处，上址山顶，下址坟前余地及腾球土，左址若谟土，右址若谟及腾球土。又牛场里坟山一处，上址献谟土，下左址田、右址德宽土，此二处俱系腾球兄弟众管。

一、阄分腾华名下山场屋宇菜园开列于左。

一、土名护仙坑，小土名长坑，尾阴坰乍坰土，上址胜兰土，下址若谟土，左址水归土，右址若谟土。又穿风坳小坳土一处，四址水归土。又左侧坳子土一处，四址水归土，山内自葬坟茔。又牛场里土一坰，上址山顶连及顶上坪土一块，下址腾球土及坑左右水归土。又坰侧坳子土一处，上左连自土，下右址腾球土，山内自葬坟茔。又长坑岭宅后并脚土一处，上址顶，下址尧林土，左址垠分水，右址直沟及尧林土。又合颈口土二处，上址显梓土，下址溪，左址腾球土，右址献谟土。又深潭面上菜园茶头共土一处，上址德广土，下址溪，左址巨珍土，右址胜桂土。又长坑口菜园一处，上左址德广土，下址坑，右址胜柏土。又学堂右边老蓝窖二只，上址若谟土，下左右址腾贵上窖内，自葬坟茔。又宅后菜土一处，上址德济土，下连自屋，左右址德广土。又房屋一所，门前余坪基地址显梓、兼万界及猪栏、碓舍，俱系腾华承买管业。

又秀光公长坑坟山一处，牛场里坟山一处，界址照依腾贵阄内载明，俱系腾球兄弟众管。

宇 字 号

一、阄分巨珍名下山场屋宇池塘菜园开列于左。

一、土名护仙坑，小土名梅子坰，尾阴片乍坑子口上起，连及青山墩及靴脚坰上下阴坰及乍坰，又上高坰、又下包坰、又龙船坰、又岖坰子、又茶头坰、又伯公背，山土相连共一处，上址山顶分水，下址右边伯公坛嘴，下及坑，左址骑崙分水至乍坑口及孔钦山，右址伯公坛中垠骑崙分水至顶，其半垠茶头坰右边墩土一小块，四址钉石为界。又乍坑口土一处，上址山顶分水，下址坑，左址孔玉土，右址胜柏土。又大坪山土一处，连下坰，又连山下并脚土二处，又食茶土、又木梓土、又杉树土，上址山顶，下址溪及献猷土，左址腾球、孔玉、显梓土，右址孔玉土，山内自葬坟茔外，又葬有丙应坟一棺，四址离坟五尺，不得开垦，任从挂扫。又大坰里口上土一处，上左址若谟土，下址溪，右址显梓土及溪。又土名蕨土坰山土一处，又连及左边土一处，上址山顶，下址溪，左址德广、胜柏土，右址分水及腾华土。又学堂对门上菜园土一处，上址腾贵土，下址自土，左址兼万土，右址德广土。又对门竹头墩土一处，上址垠边腾贵土，下址路，左址兼万土挖沟，右址巨兰土挖沟。又屋宇上下两重计九间，余坪天井基地猪栏，其东边厢房一间，连及上巷并及天井，三股之一股兼万名下一股管业。又上手溪边碓舍屋一间，又溪背灰舍屋一间、茅厕一间，又柴舍一间，又上蓬门前靛塘三口靛池一口，及灰湖、干池、蓝坪、来去水圳，已上俱系巨珍名下承买管业。

又对门坰土一处，上址徽声土，下址坑，左址半墩及兼万土，右址本土沟及显梓蓄山。又长坑茶梓墩山土一处，上址山顶，下址坑及腾贵土，左址显梓土，右址孔玉山。又蓬背坰水口大溪面上阳片菜园土一处，上址腾球土，下址溪，左址胜柏土，右址坑。又学堂对面菜园土一处，上址自土，下左址德济土及坑，右址德广土及路，其对门坰子起，此山土四处俱系与弟巨兰各半。

宙 字 号

一、阄分邱尧林名下得买山场屋宇池塘菜园坟茔开列于左。

一、土名护仙坑，小土名竹子坞，口并脚连及菜园石垠共土一处，上址山顶，下址坑，左芳馨土，右址献猷土。又坑背并脚土一处，上址孔玉土，下址坑，左右址芳馨土。又乍坑子灯盏湖坟山墩土共一处，上址山顶分水，下址坑，左址献猷土，右址芳馨土。又乍坑尾土三块，相连共一处，上址山顶，下址坑，左址芳馨土，右址腾球土。又圣窖板土一处，上址山顶，下址坑，左右水归土。又连及茶头垠土一处并及荒田在内，上右址自土，下址坑，左址芳馨土。又圣窖板对门并脚及荒田墩土共一处，上址山顶，下址坑，左址芳馨土，右址献猷土。又正坞尾山土相连三坞，上址山顶水归坞，下址坑，左址献土，右址孔玉土，山内自葬坟茔。又干云坞土一处，上址孔玉土，下址芳馨土，左右水归土。又大坞尾连及山土四块，上址山顶分水，下址坑，左址显梓土，右址中垠及德济土。又对面垠土一处，上址德济土，下址坑，左址德济及自己土，右址显梓土，山内自葬坟茔。又牛场里土一处，上址水归土及显梓、胜柏土，下址坑，左址显梓土，右址若谟土。又长坑岭宅后山土一处，上址顶，下址芳馨土，左址显梓土，右址腾华土。又并脚土一处，上址骑畲，下址沟，左址腾华土，右址显梓土及田。又对门墩土一处，上址顶，下址沟，左址显梓土，右址腾华土。又长坑到角里土一处，上址顶，下址坑，左址孔玉土直沟，右址显梓及若谟田山，内胜兰父坟一穴，上下包坟，川心除四丈，左除一丈五尺，右址骑畲分水。又川风坳下土一处，上址山顶及腾华土，下址坑，左址兼万土，右址腾球土。又坟坞马鞍坳下土一处，上址徽声土，下址坑，左右水归土及腾贵土。又庵场里菜土连及磜墩一处，上址献猷土，下址磜下大溪，左址孔玉土及坟坞坑，右址水口众蓄山。又屋对门箬子坞口土一处，上左址献谟土，下址坑，右址孔玉土。又社侧墩土一处，上址显梓土，下址溪，左址芳馨土，右址社下蓄山。又靛塘池大小拾口半，及蓝坪放靛坪灰湖来去水圳。又下蓬房屋一所，上下两重，上堂逢堂直出，西边房屋一边连及过巷西边厢房一间，下重正堂一半，厫房一间及过巷，又及天井前后余坪各一半，连及东边㔶下房屋一间，猪栏粪湖。又上屋房屋一所，及猪栏余地上手柴舍在内，上址宅后钉石，下址靛塘水沟，左址大路，右址芳馨及自己老屋。又上角茅厕菜园土一处，又对门灰舍、碓舍屋一间，又磜面上茅厕一间，又宅后芳馨烟舍背土一处土，左右址孔玉土，下址芳馨烟舍。已上山屋池塘系尧林名下承买管业。

洪 字 号

一、阄分献猷名下山场屋宇池塘菜园开列于左。

一、土名护仙坑，小土名竹子坞，青山尾口并脚土一处，上址顶，下址坑，左址尧林土，右址芳馨、腾球土。又对门墩土一处，上址顶，下址坑，左址孔玉土，右址芳馨分水及孔玉土。又竹子口坞并脚土一处，上左址孔玉土，下址坑，右址孔钦土。又口上菜园土一处，上址垠，下址坑，左址孔玉土。右址芳馨土。又庵场里菜园土一处，又下蓬屋对门菜园土三处，又房屋一所，宅后余山、门前余坪基地、猪栏、灰舍、茅厕、柴舍，俱系献猷名下承买管业。

一、阄分献猷胞弟献鸿名下山场屋宇菜园池塘开列于左。

一、土名护仙坑，小土名梅子坜，乍坑子土一处，上址腾球、德宽土，下址坑及腾球土，左址分水及德济土，右址水归土及献谟土。又竹子坜菜园土一处，又庵场里菜园土一处，又下蓬对门菜园土上下二处，又房屋一所，宅后余山门前余坪基地、猪栏、灰舍、茅厕、柴舍，俱系献鸿名下承买管业。

宿字号

一、阄分献猷胞弟献谟名下山场及阄分发元名下山场屋宇，发元无银兑价，归与献谟顶买，今将二项山场屋宇开列于左。

一、土名护仙坑下蓬对门墈垠山土，上址山顶，下址大溪及孔钦土，左址垠外茶梓一行在内，又及芳馨土，右址箬子坜、乍坜及腾华、巨兰、芳馨、孔玉、尧林土。又梅子坜下高坜右侧土一处，上址孔玉土，下址溪，左址德广土，右址巨兰土。又梅子坜乍坑子土一处，上址山顶，下址献洪土，左右水归土。又合颈里坳子土一处，上址顶，下址显梓土，左右水归土，山内自葬坟茔。又合颈口左边土一处，上址山顶，下址坑及溪，左右水归土。又右边土二处，上址显梓土，下址溪，左址水归土及坑，右址显梓土。又谢家坜水口伯公坛对门土一处，上左右水归土，下址坑。又牛场里土一处，上址顶，下址腾球土，左址德宽土，右址显梓土。又房屋一所，上下两重，余坪基地、茅厕、碓舍、杂屋。又连及宅后山一处，其山上址山顶，下自屋，左址德广土及自山，右址芳馨土。又对门老菜园二处，又竹子坜口菜园一处，又庵场里菜园一处，又蓄山里菜园三处。已上山场屋宇俱系献谟名下承买管业。

一、阄分献猷、献鸿、献谟兄弟三人众山开列于左。

一、下蓬老屋背坜墈垠土连及大路墈上蓄山墈垠山土共一处，上址德广、若书土，下址大路及尧林、芳馨屋，左址腾球土，右址孔玉、芳馨土，此山系孔钦、献猷、发元三人平分。其献猷所分一股，与弟献鸿、献谟三人又平分。其发元所分一股，系献谟一人承买。又下蓬老屋上片溪墈上茅厕一间，又下蓬门前塘子场二口、靛池二口，塘基兄弟未分，塘池献猷一人所造，蓝坪、灰湖、干池、圳路。又上蓬对门坜土一处连及乍坜并脚，上址山顶，下址胜柏、巨兰土，左址分水及胜柏、腾贵土，右址水归土。又田子里土一处，上址山顶，下址溪，左址垠分水，右址巨兰土。又溪背荒田连及墈土并脚上，左址巨珍土，下址溪，右址孔玉土。又庵场里连及墈垠土，上址山顶，下址水口众山及尧林、孔玉土及坑。左址坟坜口若书土及坑，右址孔玉、芳馨土。又竹子坜口大路面上山一处，上址顶，下址路，左址芳馨土，右址分水。又竹子坜乍坑口荒田土一处，上址山顶，下址坑，左右址尧林土，又及乍坑口右边垠墈连及自葬坟山一处，上址山顶，下址坑，左址乍坑子及芳馨土，右址芳馨土及竹子坜坑。又正坞尾苎麻坞土一坞，上址山顶，下址坑，左右水归土。又对门并脚土一处，上址山顶，下址坑，左右址孔玉及芳馨土。又包坞左边垠上生茔坟山一处，上址三丈，下址一丈五尺左右，各址一丈八尺。又大坞里坳子土一处，四址水归土。

已上山土除为母亲名下使用日后作为烝尝。

又长坑阴坞左边墈上坟山一处，上址离坟二丈，下址离坟一丈，左右离坟各一丈。又硚子头中垠上坟山一处，上址离坟二丈，下址离坟一丈，左右离坟各一丈。此坟山二处俱系孔钦、献猷、发元三房众管。

荒 字 号

一、众买山后，除将契内各人分受外，公众存有山土六处，何永和贴入银十五两正帮与，众人三面亲手收入，当付税契中资用讫。其众存山土六处，众人分与永和父子照依分关永远管业，今将土名界址开列于左。

一、土名护仙坑合颈里土一坞，上址山顶及若谟土分水，下址沟，左址水归坞，右址巨兰、显梓土分水。又连坞脚下土一处，上址自土，下址坑，左址骑崙分水及胜柏坳子土，右址骑崙分水及显梓土。又本土脚下坑背连及土二处，上址傍尾显梓土，下址坑，左显梓土，右址猷谟土分水。又本土对面坑背土一处，上左右址显梓土，下址坑。又深坑里高旗上山土一处，上址山顶，下左右址孔玉土分水。又干头坞顶上坳子土一处，上右连自土，下址孔玉土，左址若谟土。又大坞里下石坞土一坞，上址德广土，下址田，左右址显梓土分水并及塘子靛池、水圳。又大坞里房屋一所，余坪基地、牛栏、猪椆、灰舍一并在内。已上山屋俱系经众分与永和父子永照分关管业。

月 字 号

一、阄分若谟名下山场屋宇池塘菜园开列于左。

一、土名护仙坑，小土名干头坞，连及并脚土一坞，上址山顶及兼万、巨兰土，下址巨兰土，左址骑崙分水及孔玉、胜柏土，右址巨兰土，骑崙分水归坞下。左侧并脚土一处，上址孔玉土，下址胜柏阳沟墈上，左址胜柏土，右址坑。又长坑阴坞土一坞，上址山顶，下址腾球土，左右水归坞。又左边乍坞土一坞，上址发元土，下址自土，左右水归坞。又坪坞脚下并脚土一处，上址山顶，下址坑，左址腾贵土，右址腾球土。又到角里口上荒田土一处，上址胜兰土，下址显梓土，左址坑，右址显梓土。又坪坞子并脚土一处，上址山顶，下址坑，左址腾球土，右址自土。又坪坞土一坞，上址腾贵土，下址坑，左右水归坞。又阴坞�坞子土一坞，上址山顶，下址显梓土，左右址显梓土。又大垠上墈土一处，上址顶及孔玉、腾华土，下址胜兰土及坑，左址腾华及自土，右址孔玉土，其山内自葬坟茔。又到角里并脚土一处，上址自土，下址坑，左址胜兰土，右址孔玉土。又川风坳垠上坳子土三处，四址水归土。又石坞子并及荒田共一处，上址山顶及发元土，下址坑，左址发元土，右址腾贵土及水归塆，山内自葬坟茔。又大并脚土一处，上址山顶，下址坑，左右址腾球土。又对面坑背土一处，上址山顶，下址坑，左址胜兰土，右址腾球土。又下手长并脚土一处，上址山顶，下址坑，左右址孔玉土。又长坑口礤上土三处，连及墩垠土，上址山顶，下址坑，左址孔玉土及腾贵土，右址显梓土。又对面土一处，上左址孔玉土，下址坑，右址腾贵土。又长坑口大菜园一处，上址兼万土，下址坑，左址显梓土，右址兼万。又出来菜园土一处，上左右址兼万，下址溪。又石园子土一处，上址显梓山，下址坑，左址若书，右址胜柏。又路下菜园土一处，上址路，下左址坑，右址德广土。又庵场里下手中石墩土一处，上址高石崖，下址溪，左址青山墩，右址孔玉土及坑。又本屋后上片中垠山土一处，上址山顶，下址坟及自己茅厕，左址显梓塆边直上，右址若书塆边土。又上片墩垠土一处，上址顶，下左址腾贵土，右址显梓土，山内自葬坟茔。又宅后下片垠上菜园土四处及烟蓬一间，又房屋一所计八间，及碓舍、灰舍、猪栏、余坪在内。又及宅后蓄山一处，上址落脚横路，下址本宅，左址若书，右址腾球，池塘大小六口，灰湖、蓝坪、来去圳路，俱系若谟名下承买管业。

一、阄分若书名下山场屋宇菜园开列于左。

一、土名护仙坑，小土名牛场里，土一处，上址显梓土，下址腾球土，左连自土，右址坑。又深潭面上墩垠土一处，上址山顶及巨兰土，下址溪，左址巨兰、德广土，右址德广、胜柏土，山内自葬坟茔。又宅后下片山一处，上址山顶及显梓蓝窖场，下址落脚横路，左址塆边直上至山顶，右址德广及献猷土，山内自葬坟茔。又房屋一所计三间，又屋后余山，上址若谟茅厕止，厕下余地树木俱系若书护宅管业，及门前余坪宅右碓舍宅后下手菜园，俱系若书名下承买管业。

盈字号

一、阄分巨珍胞弟巨兰名下山场屋宇池塘菜园开列于左。

一、土名护仙坑，小土名梅子塆，口上二坑合口起，连及打砖湖土一处，又苎麻劈土一处，又苎麻塆土一处，又箬子塆土一处，又黄沤塆土一处，又长并脚土一处，又坑背土一处，又干头塆土一处，山土相连共处，上址山顶分水，下址坑，左址山顶及孔玉、若谟、胜柏水归土，右址山顶骑崙分水及胜柏及显梓田子里土为界，山内自葬坟茔。又长并脚坑背徽声之墩土一处，任从巨兰父子永远取傍。又泉水堀土一处，上址孔玉、发元土，下址坑，左址献猷土，右址沟背胜柏土。又梅子塆口上坝子里土一处，上址兼万山，下址溪，左右址腾球土。又棕树劈土一处，上址山顶，下址溪，左址腾球土，右址德广土。又打砖湖对面溪背傍山一处，上址自土，下址溪，左址显梓土，右址腾球土。又深潭面上土一处，上址骑崙水，下址显梓土，左址德广土，右址分水及若书土。又狭颈口土一处，上址山顶，下址溪，左址献猷土，右址腾球土。又狭颈里坑尾塆土一处，上址山顶，下址大沟及显梓土，左右水归塆。又坟塆口小并脚土起，连及大并脚，又圆当块、又月光块、又长并脚连及荒田、又面上塆土相连共一处，上址山顶，下址坑，左址骑崙分水归土及腾球、孔玉土，右址水归土。又上蓬对门坷左边并脚土一处，连及竹头墩土，上址腾贵土，下址坑，左址巨珍土，右址献猷土。又右边并脚土一处，上址腾球、胜柏土，下址坑，左址胜柏土，右址显梓土。又下蓬对门箬子坷土一处，上址腾华土，下址胜柏土，左址献谟土振墈，右址水归土。又梅子坷苧麻坷房屋一所，余坪基地、杂屋、池塘等项俱系巨兰承买管业。

又长坑墩土一处，上址山顶，下址坑，及腾贵土，左址显梓土，右址孔玉土。又对门坷子土一处，上址徽声土，下址溪，左址兼万半墩傍土，右址显梓蓄山。又学堂对门菜园土一处，上址腾贵土，下址德济土及坑，左址德济、兼万土，右址德广土。又上蓬上手大溪面上阳片菜园土一处，上址腾球土，下址大溪，左址胜柏土，右址坑。其长坑墩起至此四处山土，俱与兄巨珍各半管业。

昃 字 号

一、阄分胜松胞弟胜柏名下山场屋宇池塘菜园开列于左。

一、土名护仙坑，小土名坟坷，尾竹卷坷土一处，上址腾贵土，下址显梓土，左址水归土，右址显梓土。又上蓬对门坑里左边土一处，上址显梓土及路，下址坑，左址德济及腾贵土，右址德济土。又坑背土一处，上左址显梓土，下址坑，右址显梓、德济土。又对门坷土一坷，上址显梓土，下址坑，左址献猷土，右址巨兰土。又坷子右边墩土一处，上址骑崙分水，下址巨兰土，左址显梓土，右址腾球土。又上蓬手大溪阳片菜园土二处，上址德广、腾球土，下址溪，左址胜桂土，右址巨珍土。又长坑口中石嘴菜土二处，上左右址兼万土，下址溪。又坑背土一处，上址显梓土，下址坑，右址若书土。又内里并脚土一处，上址显梓、腾贵土，下址坑，左址若谟、显梓土，右址腾贵土。又长坑蕨土坷土一处，上下址孔玉土，左右水归坷及孔玉土。又川风坳岖埚子土一处，上左右水归坷，下址兼万土。又大坳上平土一处，四址水归土。又左边大垠上坳子土一处，四址水归土。又长坑孔玉石坷子尾大垠上平土一处，上下水归土，左址孔玉土，右址徽声土。又梅子坷乍坑子阴坷土连及二处，上址顶，下址坑，左址分水及孔玉土，右址水归坷。又阴坷右边坳子土一处，四址水归土，山内自葬坟茔。又对面土一处连及茶子墩土，上址山顶及孔玉土，下址坑，左址巨珍土，右址孔玉土。又泉水堀对面并脚土一处，上址一丈五尺至徽声土，下址坑，左址徽声土，右址德广土。又干头坷左边山土一处，上址山顶，下址坑，左址孔玉、发元、巨兰土，右址孔玉、若谟、巨兰土。又深潭面上土一处，上址德广土，下右址巨珍土，左址若书土。又本土左边傍尾土一处，上左址若书土，下连自土，右址德广土。又田子里墩垠土一处，四址孔玉土。又深坑口并脚连及坷土三处，上址德广土，下址坑，左址孔玉土水归坷，右址垠水归坷。又深坑内里并脚连及坷土三块，上址腾球土，下址坑，左右址孔玉土水归坷。又牛场里土一处，上址山顶，下左址尧林土，右址显梓土。又合颈里坳子平土一处，四址水归土。又梅子坷房屋一所，余坪基地、猪栏、碓舍、灰舍、柴舍、茅厕、池塘数口、圳路，俱系胜柏名下承买管业。

辰　字　号

一、阄分陈公元名下四男兼万得买屋宇靛池塘山场菜土等项开载于后。

一、土名护仙坑，小土名梅子塥，阳片内节山土一处，中塥子对面下手小垠起连杨梅并脚及一路并脚进至椆树沥连及蓬子背土一大塥，又连椆树沥下高塥土一塥，以上等处山场，荒熟相连共处，上止山顶，下止坑及伯公坛嘴，左址伯公坛嘴中垠骑崙分水至顶及水归椆树沥，其半垠茶头塥右边有巨珍名下山土一小块，四址窖石为界，右址德广兄上下高塥左边小垠骑崙分水上至自山。又牛角塥土一塥，上址山顶，下止若谟塥脑振墈，左连蓬子背塥尾山，右址若谟山小垠分水。又蓬子背右边垠背坳土一处，上右址孔玉山，下址德广兄上高塥傍尾小半墩止，左连蓬子背山。又梅子塥口连及长坑口山土一大垠，并及菜土相连共一处，上址显梓兄长坑磜塥傍尾及徽声兄梅子塥阴塥傍尾，下址水归梅子塥止溪及腾球、巨兰山及梅子塥口溪弦大路，又下址水归长坑止若谟山及溪，又及长坑口大路及胜柏土，左址显梓兄长坑磜塥傍山及腾球山，右址梅子塥腾球并脚傍山直上至垠。又长坑尾穿风坳山土一处一大塥，左右各一乍塥。又塥脚下连并脚土一块，又连乍塥土下节土一节，以上山土荒熟相连共处，上址坳与若竹坑分水及胜柏土，下址孔玉、尧林山，左址垠分水及胜柏山，又及若谟坳土，右址垠分水及上左右水归塥。又对门竹头山土一墩与社屋后山相连，上址垠边腾贵山土，下址路及本山脚墈及显梓兄山及腾贵山，又及社屋后山振墈，左址显梓兄山挖沟直上，右址巨珍山挖沟直上。又德广兄屋对门山一处，上址徽声兄对门塥子傍尾及垠，下址崩岗及德济兄菜土，又连自菜土，左址德济兄山，窖石直上及腾球山，右址巨珍及徽声兄对门塥子傍山半墩止。又学堂左边垠上蓝窖场二只。又学堂对面墈上菜土一处，上左址腾贵山，下址高墈，右址巨珍菜土及自砌石墙。又学堂门前菜土一处，上址学堂坪墈下，右址水沟，左址腾球菜土窖石。又自屋门前溪背菜土一处，上址腾球菜土及德济兄山脚，下址溪，左址显梓兄菜土窖石，右连自山。又下蓬上手大路下靛池塘一处，计靛塘四口、靛池二口，并及蓝坪、灰湖、干池、转水湖及起水堰、来去水圳、起靛坪、蓝叶石灰瓦屋一间等项相连共处，上址大路，下址溪，左址孔玉菜土，右址尧林菜土及献猷灰舍。又靛塘对面溪背山一处，上右址芳馨山，下址溪，左址垠分水。又上蓬房屋一所，上下两重，与显梓兄各得一边，上下厅逢堂中出，西边房屋一边，又门前东边横屋一间，与显梓兄各半。又西边相连巨珍房屋，伊屋内东边厢房一间，连及上巷又及伊屋内天井三股之一股，又宅后余山，照显梓兄关内界止并及门前余坪基地余地与显梓兄各半。又及德广兄门前左边碓舍一间，连及荒屋坪一处，上址腾华门前坪墈，下址溪，左址路，右连碓舍，亦与显梓兄各半。又门前余坪墈下东边猪栏一间，连及粪湖一半，又门前上手溪背显梓兄山脚下灰舍一间，又茅厕一间，又门前溪背柴舍一间，连及堆柴坪上下共处。又腾贵门前墈下沟背，又柴舍一间，又梅子塥口深潭面土一塥，上左右址分水及水归塥，下址胜柏山，此山土与显梓兄各半，内除梅子塥尾徽声兄名下上高塥土一塥，上左右止水归塥，下址本塥脚振墈。以上山场屋宇杂屋菜土靛池塘等项，俱系兼万承买管业。

列字号

一、阄分腾球名下山场屋宇池塘菜园等项开列于左。

一、土名护仙坑，小土名长坑，坳下坞，上址腾华、尧林、献猷土，下址坑及若谟土，左右水归坞。又土名张北坞，上址山顶，下址沟，左右水归坞。又土名平坞，上下址若谟土，左右水归坞，山内自葬坟茔。又上并脚对门傍山土一处，上址山顶，左右址显梓土及胜兰土。又路会荒田面上傍山一处，上址山顶，下址田。左右址若谟土。又下大并脚一处，上址坟山，下址坑，左址发元土，右址若谟土。又坑背土一处，上址山顶，下址坑，左址若谟土，右址孔玉土。又长坑口墩一处，上下右址兼万土，左址显梓土。又牛场里并脚土一处，上址顶分水，下址坑，左址腾华土，右址显梓土。又左边并脚土二处，上址显梓土，下址坑，左址若书土，右址腾华土。又大坞里田面上土一处，上址山顶，下址田及献猷土，左址献猷土，右址垠分水及显梓土。又坑背眼镜块土一处，上左址若谟土，下址坑，右址田。又合颈里并脚土一处，上址巨珍土，下址溪，左址孔玉土，右址巨珍土，山内自葬坟茔。又溪北墩上土一处，上址显梓土，下址溪，左址巨兰土，右址腾华土。又梅子坞乍坑子尾阴坞土一处，上址山顶，下址沟及献洪土，左右水归坞及德宽土。又岖坞子脚下并脚土一处，上址顶，下址坑，左址献洪土，右址孔玉土。又阴坞岖坞子土一处，上址顶，下止德济土，左右水归土。又梅子坞口并脚土一处，上垠顶，下址溪，左止兼万土，右止徽声土。又梅子坞口荒田一处连及山土，上址山顶及巨兰土，下址溪，左址巨兰土及德广土。又田对面墩上土一处，上右址兼万山，下址溪，左址巨兰土。又口上大路面上墩土一处，上右址兼万山，下址溪，左址巨兰土。又深坑里坞坳土一处，上址竹子坞孔玉土，下址胜柏土，左右水归坞。又下坳子土一处，上址孔玉土，下址尧林土，左右水归土，山内自葬坟茔。又屋背坞土一坞，上址山顶，下址腾贵土，左右水归土。又蓬背坞乍坞子一处，上址山顶，下址坑，左右水归坞。又竹子坞青山尾土一坞，上址山顶，下址坑，左右水归土。又乍坑子尾土一处，上址孔玉土，下址坑，左右水归土。又青山墩垠上墩土上下两处，上址分水，左下址芳馨土，右址巨兰、孔玉土。又上边坟坞大垠上山一处，上址分水，左右下址巨兰土。又对门坞墩土一处，上址分水，下址巨兰及显梓土，左址胜柏土，右址兼万及德济土。又蓬背坞墩上蓝窖二只，又学堂左边垠上及学堂门前菜园土一处，上下址塝，左址胜柏土，右址兼万土钉石。又对门菜土一处，上址德济山脚塝及显梓菜土塝，下址塝及兼万菜土，左址塝及显梓柴舍，右址德济山土。又门前靛塘两口、靛池一口，并及干池、灰湖、蓝坪、来去水圳，又下蓬靛塘、靛池三口并干池、灰湖、蓝坪、圳路。又房屋一所，又宅后右侧山一处，上左址若谟山，下址溪塝，右址献猷众山，并及余坪基地、猪栏、灰舍、柴舍、茅厕，一并俱系腾球名下承买管业。

又长坑大并脚墩子上秀光公坟山一处，上址山顶，下址坟前余地及腾球土，左右址若谟及腾球土。又牛场里坟山一处，上址献猷土，下左址田，右址德宽土。此二处坟山俱系腾球兄弟众管。

《分关》后空白页陈克修田土交易手写契据

何奎庄兄弟售土给陈克修契据

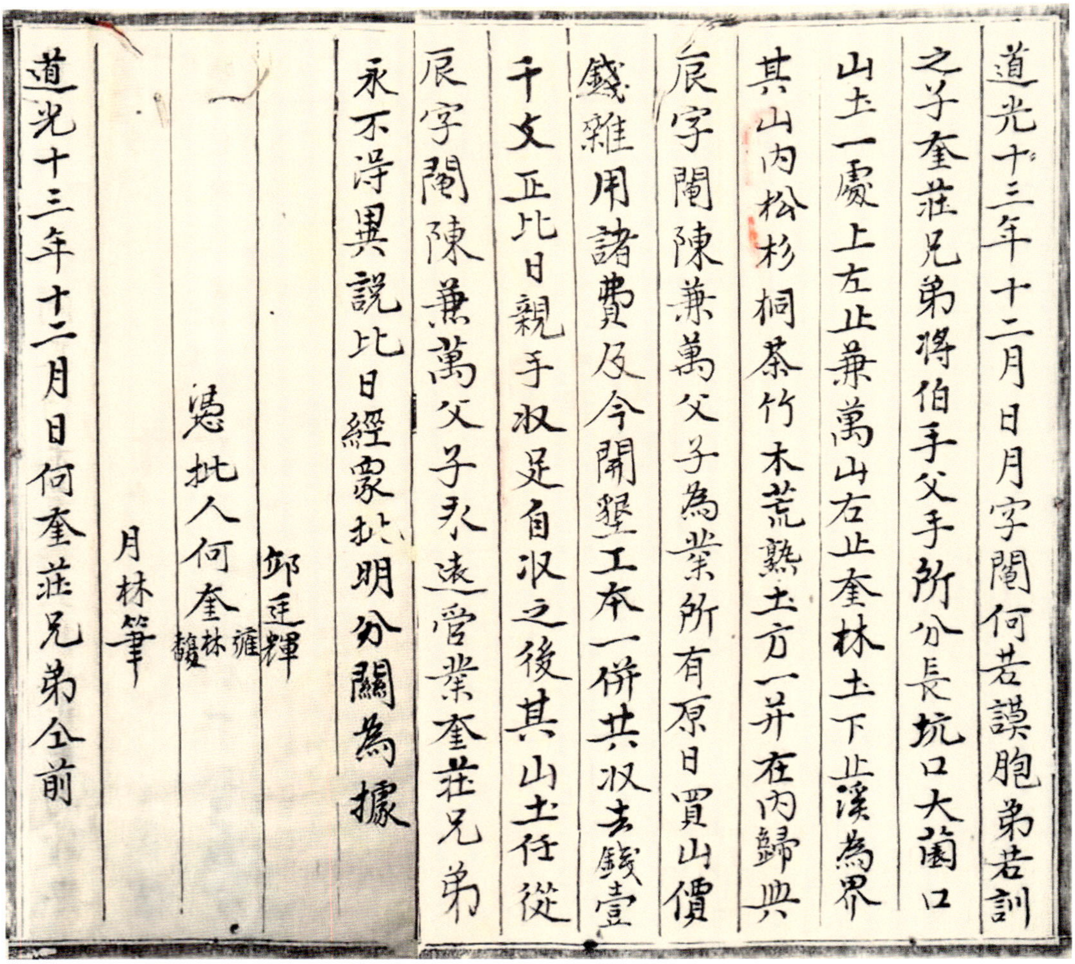

道光十三年十二月日月字閣何若謨胞弟若訓
之子奎莊兄弟將伯手父手所分長坑口大菌口
山土一處上左止兼萬山右止奎林土下止溪為界
其山內松杉桐茶竹木荒熟土方一并在內歸與
辰字閣陳兼萬父子為業所有原日買山價
錢雜用諸費及今開墾工本一併共收去錢壹
千文正比日親手收足自收之後其山土任從
辰字閣陳兼萬父子永遠管業奎莊兄弟
永不得異說比日經眾批明分關為據
鄧廷輝
憑批人何奎林 璀 馥
月林筆
道光十三年十二月日何奎莊兄弟仝前

校录

道光十三年十二月日，月字阄何若谟胞弟若训之子奎庄兄弟将伯手父手所分长坑口大园口山土一处，上左止兼万山，右止奎林土，下止溪为界，其山内松杉桐茶竹木荒熟土方一并在内，归与辰字阄陈兼万父子为业，所有原日买山价钱杂用诸费及今开垦工本一并共收去钱壹千文正，比日亲手收足。自收之后其山土任从辰字阄陈兼万父子永远管业，奎庄兄弟永不得异说，比日经众批明分关为据。

凭批人：何奎林、何奎雍、何奎馥、邱廷辉

何月林笔

道光十三年十二月日何奎庄兄弟同前

何若林、若显兄弟售土给陈克修契据

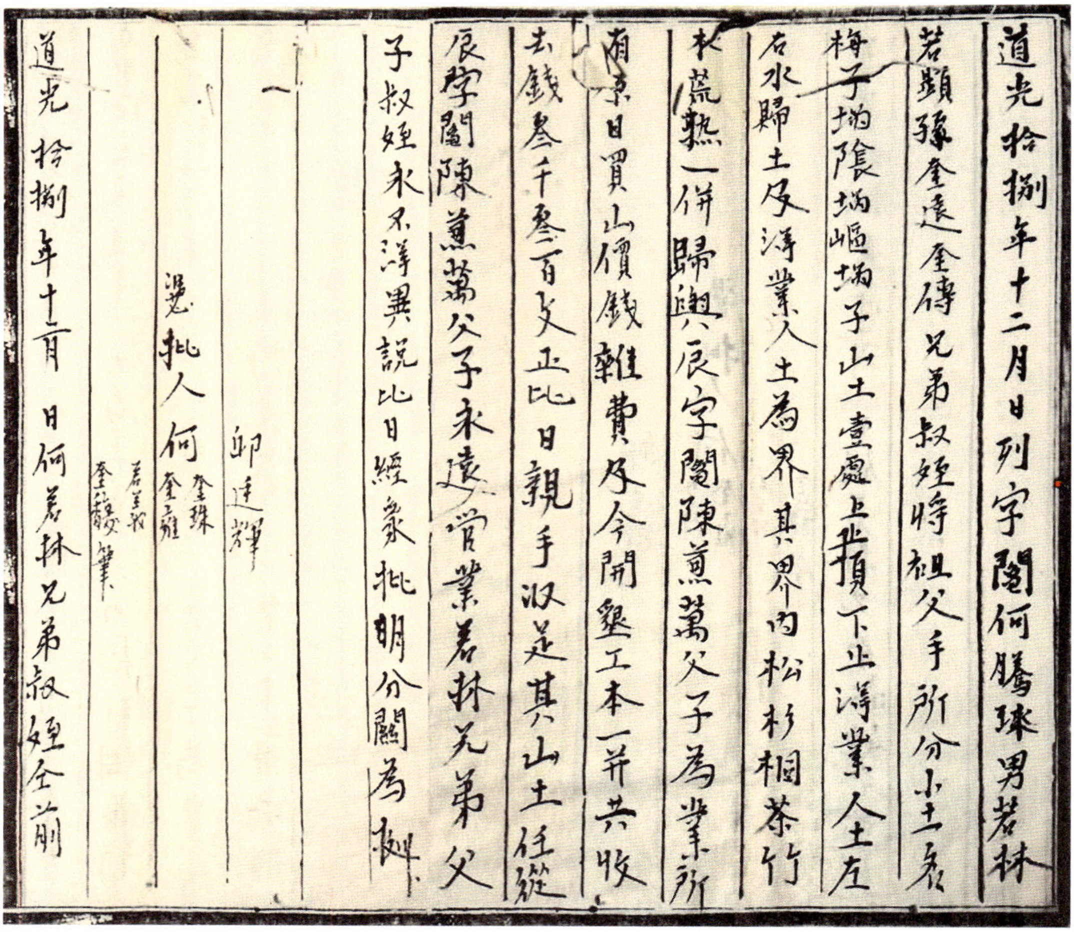

道光拾捌年十二月日列字閣何騰球男若林
若顯孫奎遠奎傳兄弟叔姪將祖父手所分小土名
梅子坳陰堝嶇堝子山土壹處上止頂下止得業人土左
右水歸土及得業人土為界其界內松杉桐茶竹
木荒熟一併歸與辰字閣陳兼萬父子為業所
有原日買山價錢雜費及今開墾工本一并共收
去錢叁千叁百文正比日親手收足其山土任從
辰字閣陳兼萬父子永遠管業若林兄弟父
子叔姪永不得異說比日經眾批明分關為據

一 邱廷輝

憑批人何奎珠 奎雍 若義

奎馥筆

道光拾捌年十二月日何若林兄弟叔姪仝前

校录

道光拾捌年十二月日，列字阁何腾球男若林、若显，孙奎远、奎传兄弟叔侄将祖、父手所分小土名梅子坳阴埚岖埚子山土壹处，上止顶，下止得业人土，左右水归土及得业人土为界，其界内松杉桐茶竹木荒熟一并归与辰字阁陈兼万父子为业，所有原日买山价钱杂费及今开垦工本一并共收去钱叁千叁百文正，比日亲手收足。其山土任从辰字阁陈兼万父子永远管业，若林兄弟父子叔侄永不得异说，比日经众批明分关为据。

凭批人：何奎珠、何奎雍、何若义、邱廷辉

何奎馥笔

道光拾捌年十二月日何若林兄弟叔侄同前

何月明兄弟售土给陈克修契据

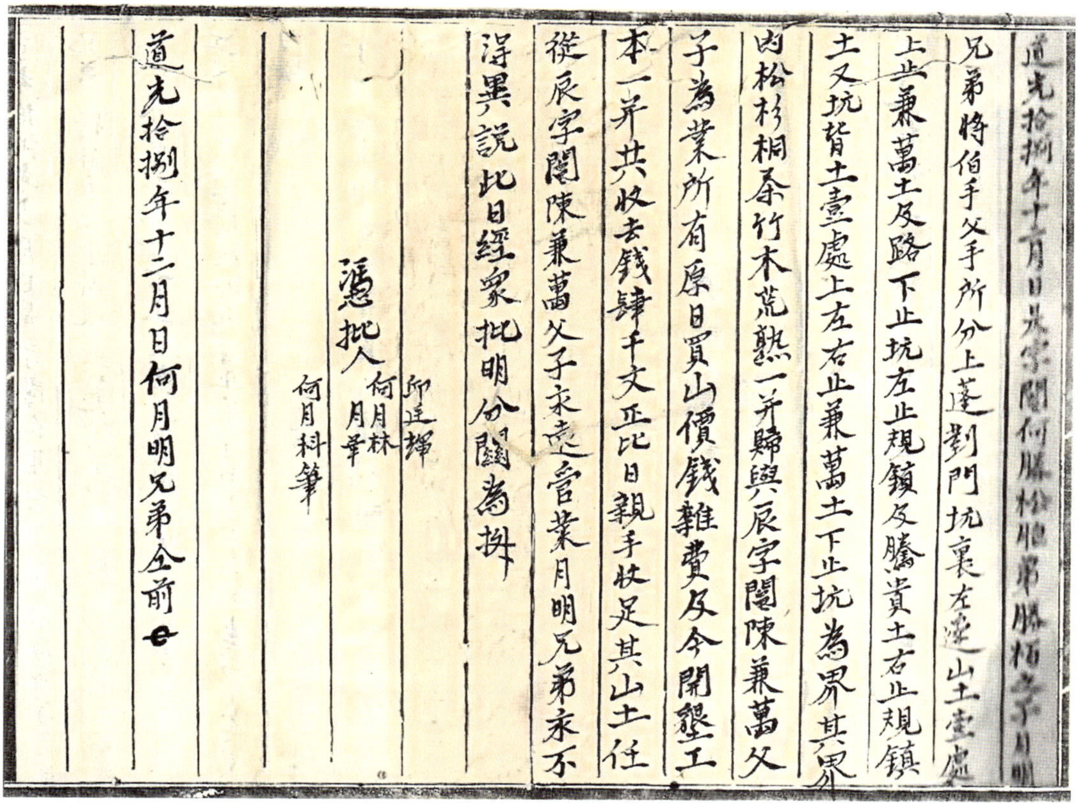

校录

道光拾捌年十二月日，炅字阄何胜松胞弟胜柏之子月明兄弟将伯手父手所分上蓬对门坑里左边山土壹处，上止兼万土及路，下止坑，左止规镇及腾贵土，右止规镇土，又坑背土壹处，上左右止兼万土，下止坑为界，其界内松杉、桐茶、竹木荒熟一并归与辰字阄陈兼万父子为业，所有原日买山价钱杂费及今开垦工本一并共收去钱肆千文正，比日亲手收足。其山土任从辰字阄陈兼万父子永远管业，月明兄弟永不得异说，此日经众批明分关为据。

凭批人：何月林、何月华、邱廷辉

何月科笔

道光拾捌年十二月日何月明兄弟同前

何奎馥叔侄售靛塘给陈克修契据

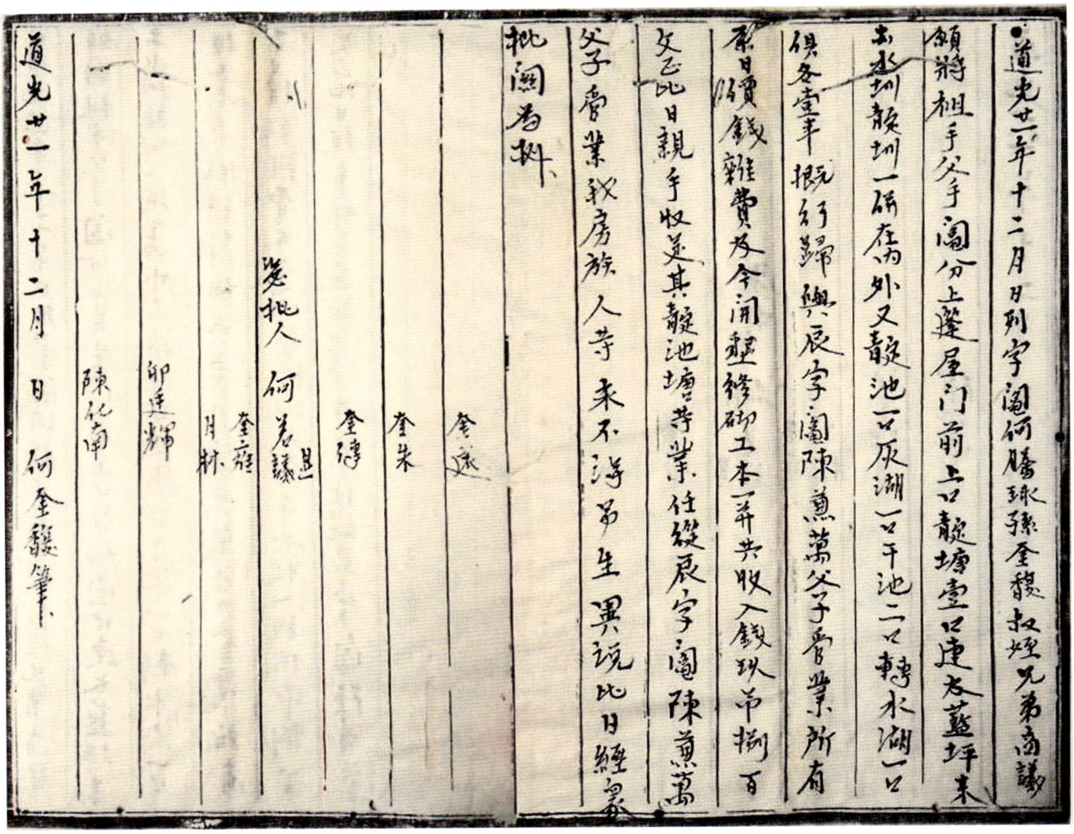

校录

道光廿一年十二月日，列字阄何腾球孙奎馥叔侄兄弟商议，愿将祖手父手阄分上篷屋门前上口靛塘壹口，连及蓝坪来去水圳靛圳一并在内，外又靛池一口、灰湖一口、干池二口、转水湖一口俱各壹半，概行归与辰字阄陈兼万父子管业，所有原日价钱杂费及今开垦修砌工本一并共收入钱玖吊捌百文正，比日亲手收足。其靛池塘等业任从辰字阄陈兼万父子管业，我房族人永不得另生异说，比日经众批关为据。

凭批人：何若显、何若议、何奎远、何奎朱、何奎传、何奎雍、何月林、邱廷辉、陈化南

道光廿一年十二月日何奎馥笔

何奎雍兄弟售土给陈克修契据

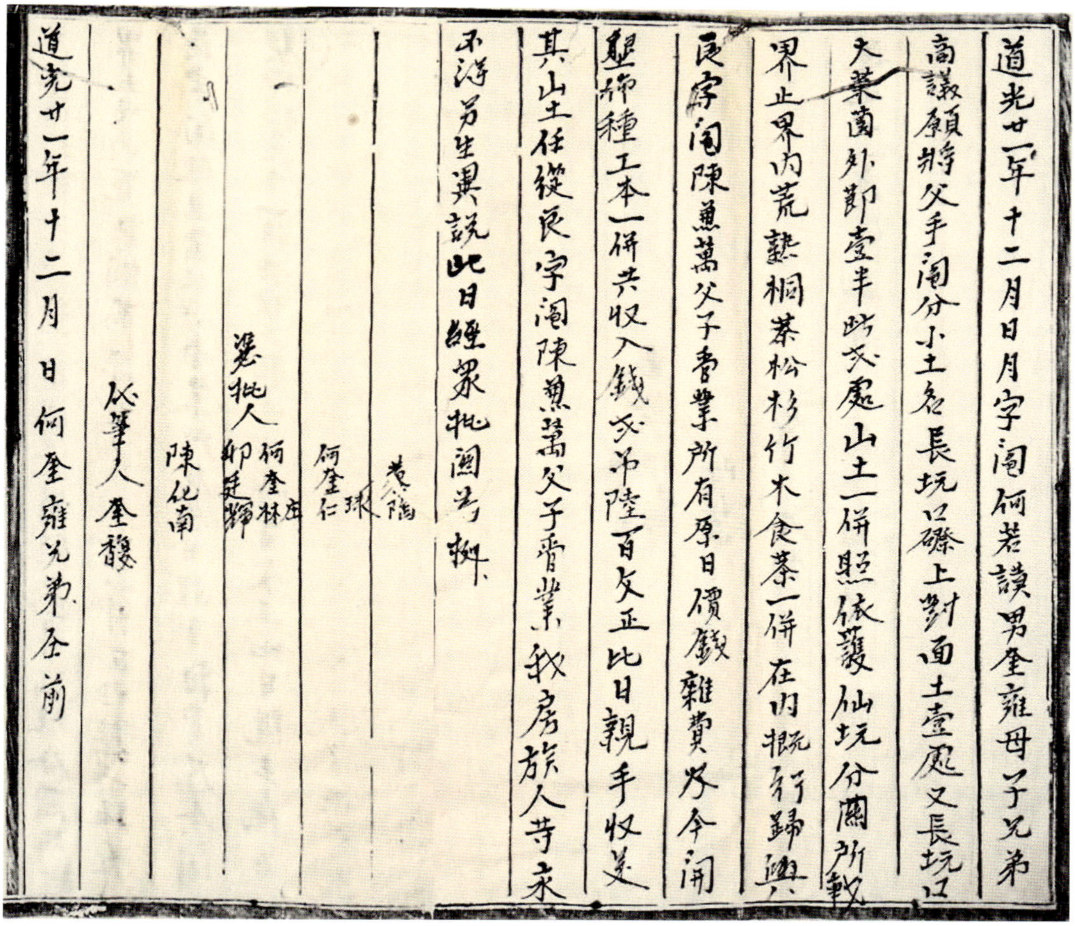

校录

道光廿一年十二月日，月字阄何若谟男奎雍母子兄弟商议，愿将父手阄分小土名长坑口礤上对面土壹处，又长坑口大菜园外节壹半，此式处山土一并照依《护仙坑分关》所载界址，界内荒熟桐茶松杉竹木食茶一并在内，概行归与辰字阄陈兼万父子管业，所有原日价钱杂费及今开垦布种工本一并共收入钱式吊陆百文正，比日亲手收足。其山土任从辰字阄陈兼万父子管业，我房族人等永不得另生异说，此日经众批关为据。

凭批人：何奎庄、何慕陶、何奎球、何奎林、何奎仁、邱廷辉、陈化南

代笔人：奎馥

道光廿一年十二月日何奎雍兄弟同前

陈规铢售土给陈规鈖契据

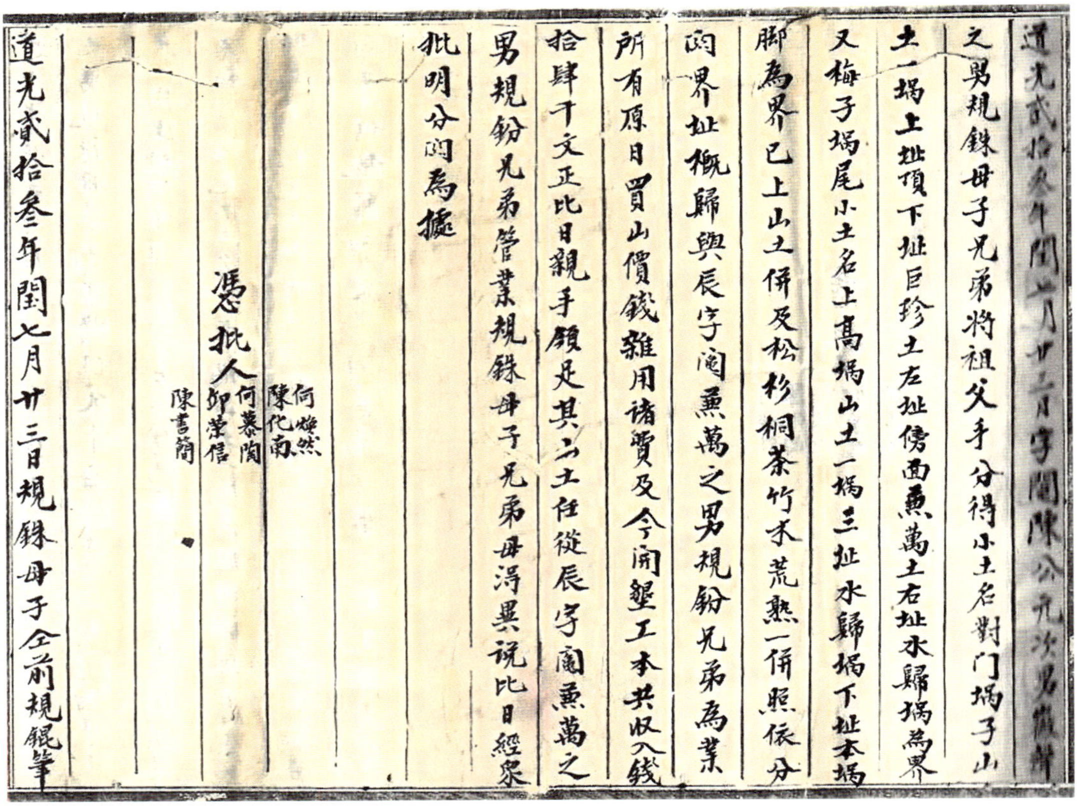

校录

道光贰拾叁年闰七月廿三，日字阁陈公元次男徽声之男规铢母子兄弟将祖父手分得小土名对门埚子山土一埚，上址顶，下址巨珍土，左址傍面兼万土，右址水归埚为界。又梅子埚尾小土名上高埚山土一埚，三址水归埚，下址本埚脚为界，已上山土并及松杉桐茶竹木荒熟一并照依《分关》界址概归与辰字阁兼万之男规鈖兄弟为业，所有原日买山价钱杂用诸费及今开垦工本共收入钱拾肆千文正，比日亲手领足。其山土任从辰字阁兼万之男规鈖兄弟管业，规铢母子兄弟毋得异说，比日经众批明分关为据。

凭批人：何慕陶、邱荣信、陈化南、陈书简、何焕然

道光贰拾叁年闰七月廿三日规铢母子同前，规锟笔

陈规锡售土给何月恭契据

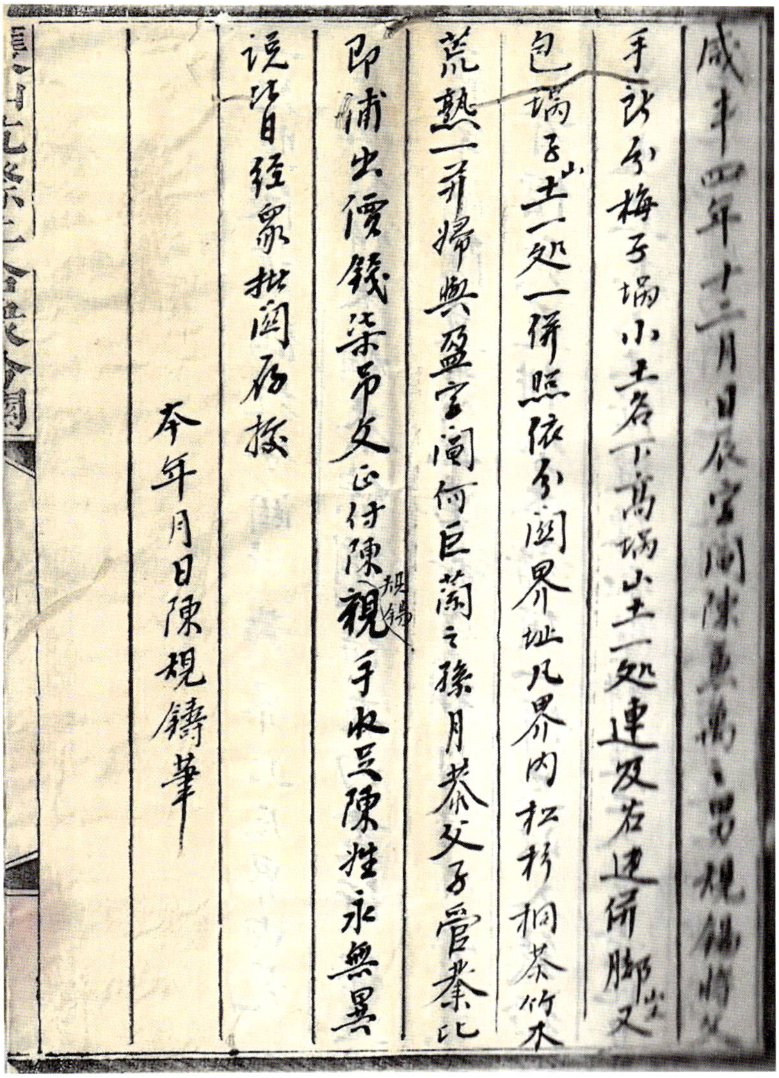

校 录

咸丰四年十二月日辰字阄陈兼万之男规锡将父手所分梅子塥小土名下高塥山土一处，连及右边并脚山土，又包塥子山土一处，一并照依《分关》界址，凡界内松杉桐茶竹木荒熟一并归与盈字阄何巨兰之孙月恭父子管业，比即补出价钱柒吊文正，付陈规锡亲手收足。陈姓永无异说，皆经众批关存据。

本年月日陈规铸笔

何奎瑚兄弟售土给陈和璧契据

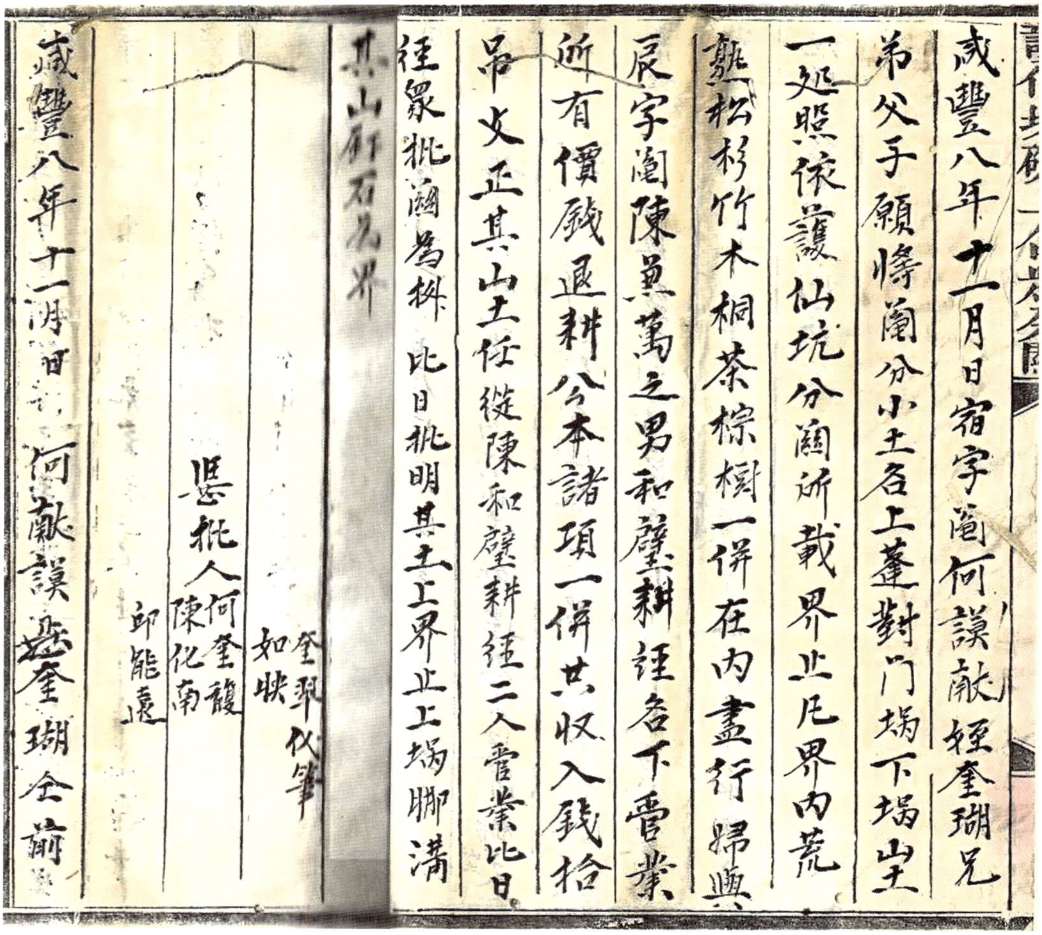

校录

咸丰八年十一月日，宿字阄何谟献侄奎瑚兄弟父子愿将阄分小土名上蓬对门埚下山土一处，照依《护仙坑分关》所载界址，凡界内荒熟松杉竹木桐茶棕树一并在内，尽行归与辰字阄陈兼万之男和璧、耕经名下管业，所有价钱退耕公本诸项，一并共收入钱拾吊文正。其山土任从陈和璧、耕经二人管业，比日经众批关为据。比日批明其土上界止上埚脚沟，其山钉石为界。

凭批人：何奎馥、陈化南、何如映、邱能远

何奎翠代笔

咸丰八年十一月日何献谟、奎瑚同前

陈规锡售土给何招沐契据

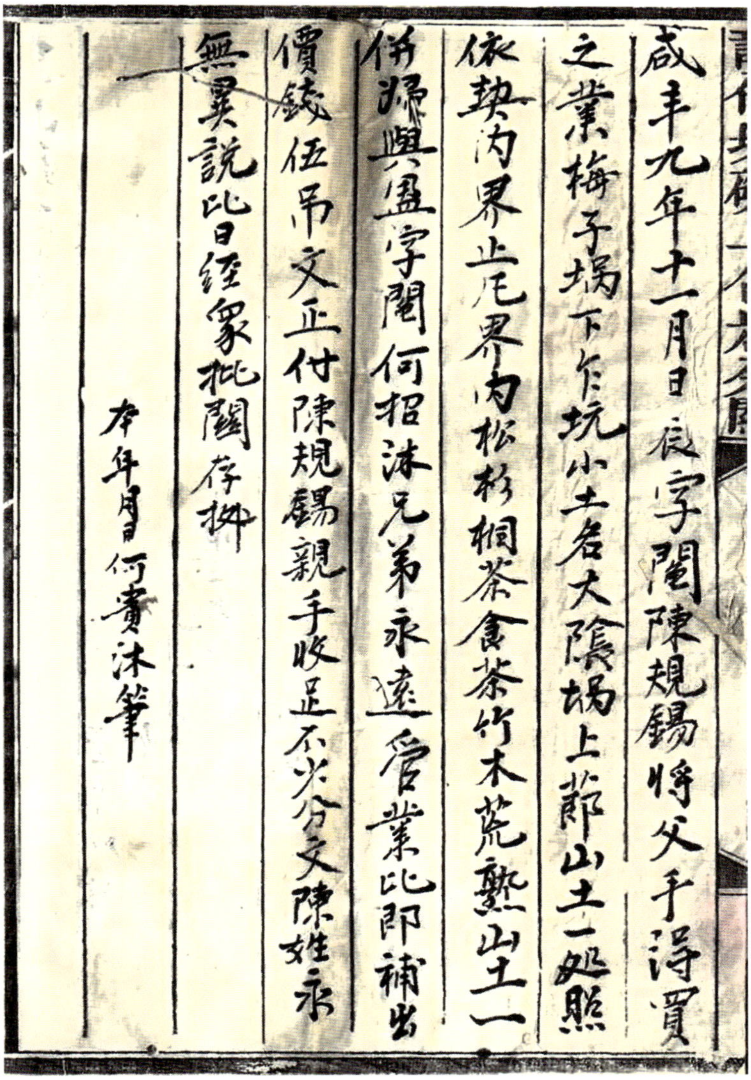
咸丰九年十一月日辰字閹陳規錫將父手得買
之業梅子塆下乍坑小土名大陰塆上節山土一處照
依契內界止界內松杉桐茶食茶竹木荒熟山土一
并歸與盈字閹何招沐兄弟永遠管業比即補出
價錢伍吊文正付陳規錫親手收足不少分文陳姓永
無異說比日經衆批關存據
本年月日何賓沐筆

校 录

咸丰九年十一月日辰字阄陈规锡将父手得买之业梅子塆下乍坑小土名大阴塆上节山土一处，照依契内界止，界内松杉桐茶食茶竹木荒熟山土一并归与盈字阄何招沐兄弟永远管业，比即补出价钱伍吊文正，付陈规锡亲手收足，不少分文。陈姓永无异说，比日经众批关存据。

本年月日何宾沐笔

陈典谟售土给何月简契据

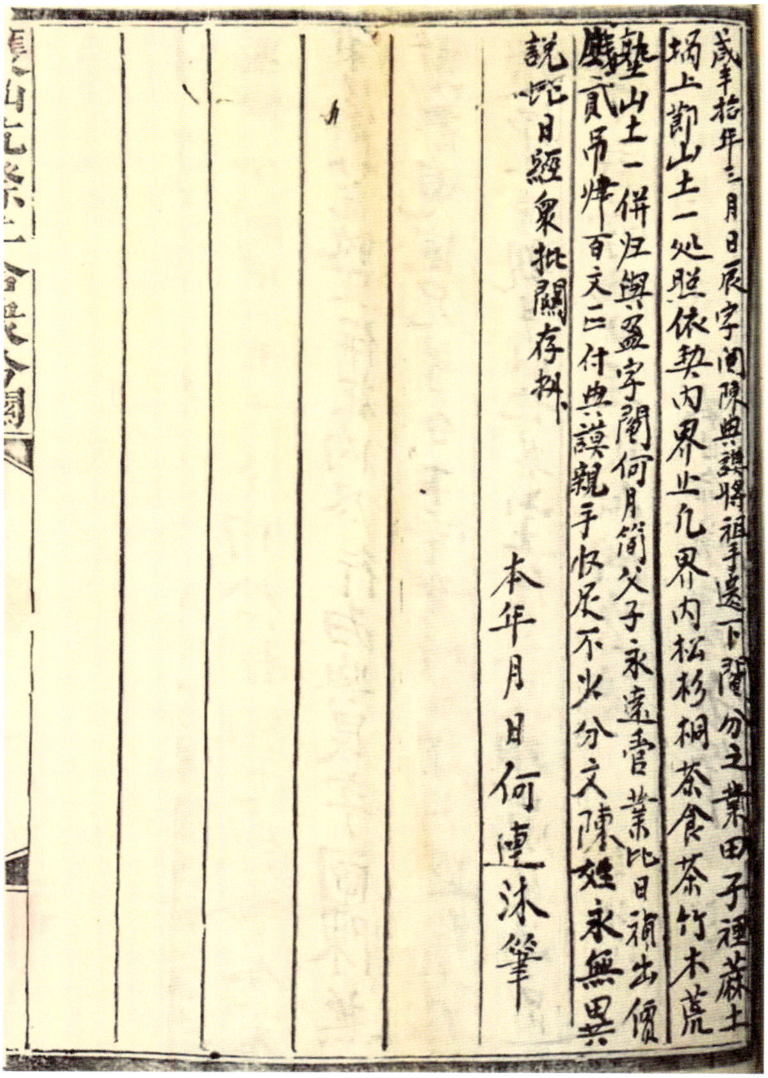

咸丰拾年三月日辰字阄陳典謨將祖手遗下阄分之業田子裡麻土
塥上節山土一处照依契内界止凡界内松杉桐茶食茶竹木荒
塾山土一併归與盈字閣何月简父子永遠管業比日補出價
錢貳吊肆百文正付典謨親手收足不少分文陳姓永無異
說比日經衆批關存據
本年月日何連沐筆

校录

咸丰拾年三月日，辰字阄陈典谟将祖手遗下阄分之业田子里麻土塥上节山土一处，照依契内界止，凡界内松杉桐茶食茶竹木荒塾山土，一并归与盈字阄何月简父子永远管业，比日补出价钱贰吊肆百文正，付典谟亲手收足，不少分文。陈姓永无异说，比日经众批关存据。

本年月日何连沐笔

何阁能兄弟售土给陈观岚契据

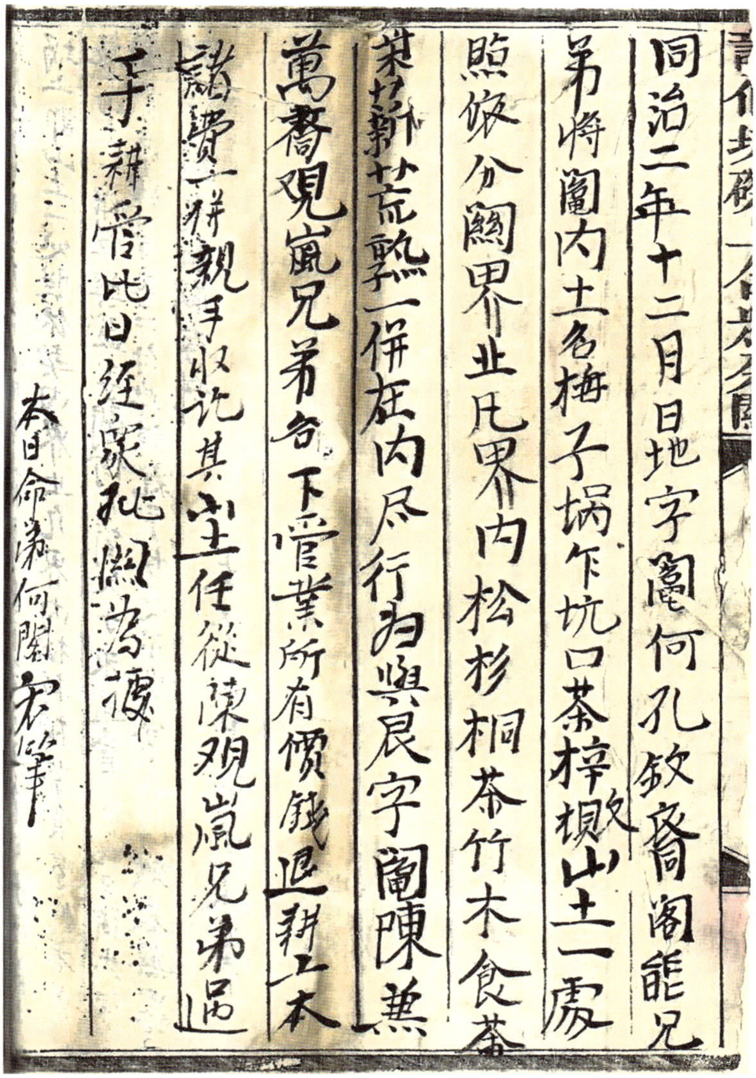

校录

同治二年十二月日，地字阁何孔钦裔阁能兄弟将阁内土名梅子埚乍坑口茶梓墩山土一处，照依《分关》界址，凡界内松杉桐茶竹木食茶薪荒熟一并在内，尽行归与辰字阁陈兼万裔观岚兄弟名下管业，所有价钱退耕工本诸费，一并亲手收讫。其山土任从陈观岚兄弟过手耕管，比日经众批关为据。

本日命弟何阁宏笔

何如玉售土给陈和璧契据

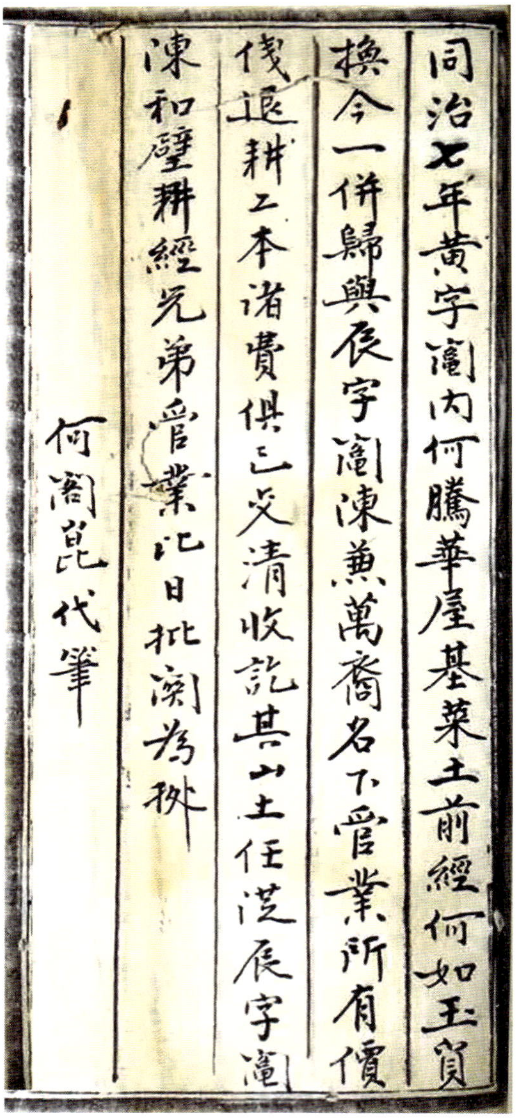
同治七年黃字閹內何騰華屋基菜土前經何如玉貿
換今一併歸與辰字閹陳兼萬裔名下管業所有價
錢退耕工本諸費俱已交清收訖其山土任從辰字閹
陳和璧耕經兄弟管業比日批閹為據
何閣昆代筆

校录

同治七年黄字阄内何腾华屋基菜土，前经何如玉贸换，今一并归与辰字阄陈兼万裔名下管业，所有价钱退耕工本诸费俱已交清收讫。其山土任从辰字阄陈和璧、耕经兄弟管业，比日批关为据。

何阁昆代笔

何兼沐售土给陈规铸契据

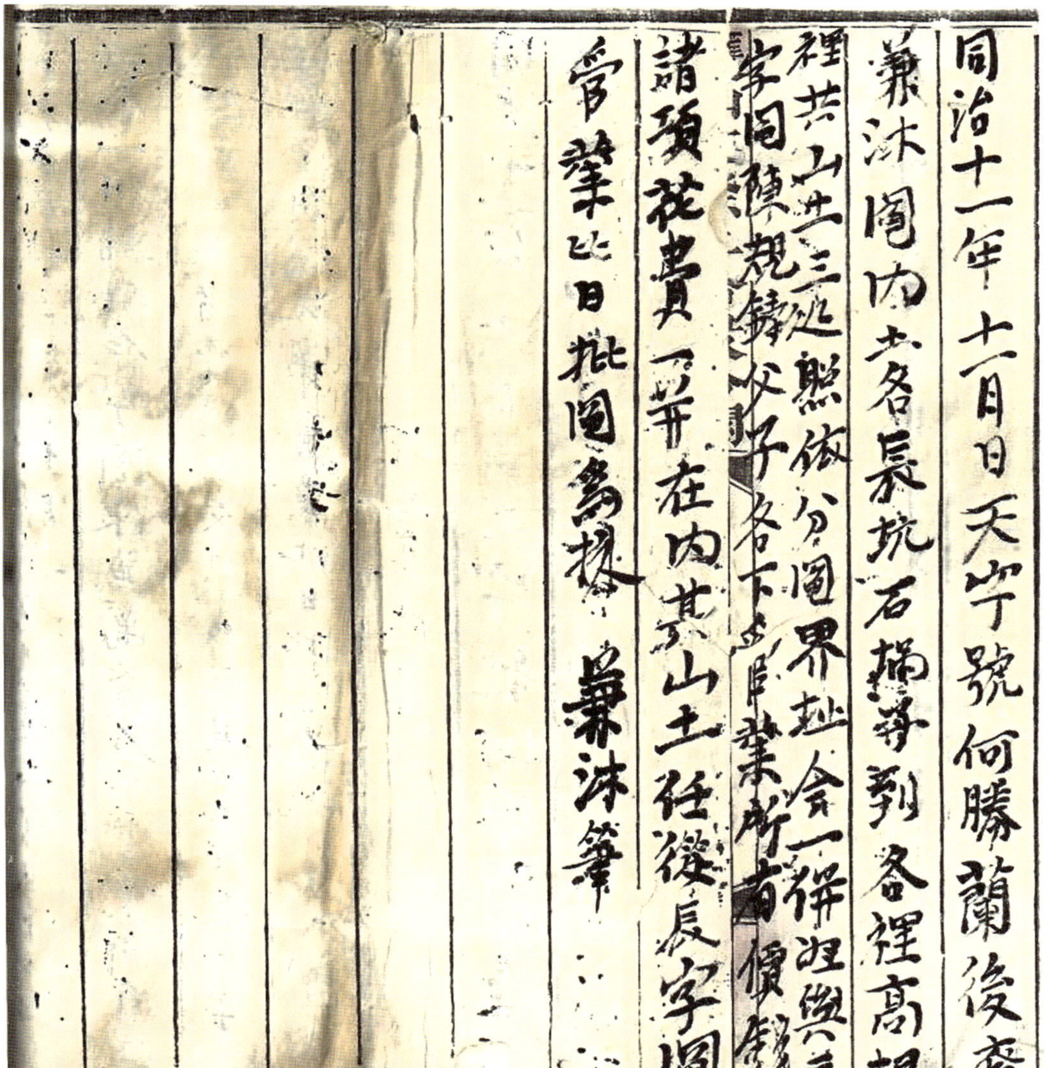

校录

同治十一年十一月日，天字号何胜兰后裔兼沐阄内土名长坑石埚子到各里高垠里共山土三处，照依分阄界址，今一并归与辰字阄陈规铸父子名下管业，所有价钱诸项花费一并在内，其山土任从辰字阄管业。比日批关为据。

兼沐笔

竹堠陈家四房分关

分关小引

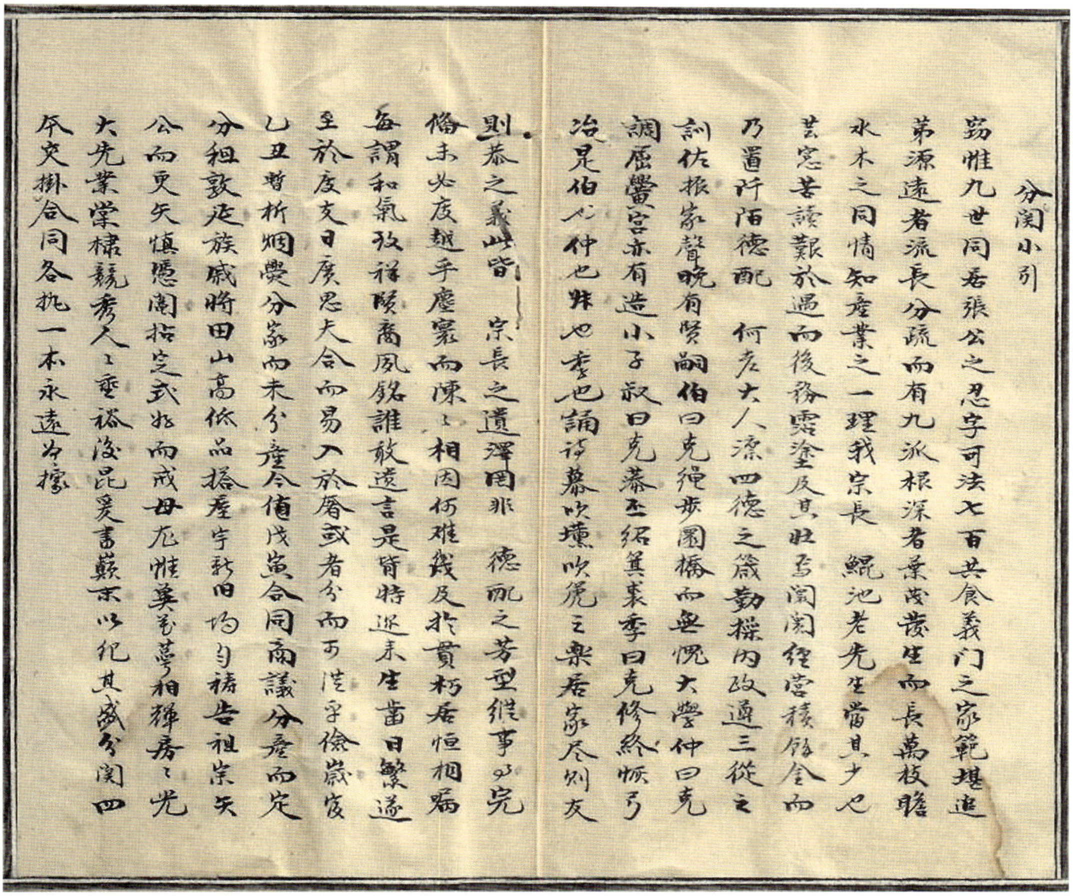
分鬮小引

竊惟九世同居張公之忍字可法七百共食義门之家範堪追
第源遠者流長分疏而有九派根深者葉茂發生而長萬枝聯
水木之同情知産業之一理我宗長　鯤池老先生當其少也
甚窘苦讀艱於遇而後務營塗及其壯焉闡閱經營積餘金而
乃置阡陌德配　何老大人凜四德之箴勤操內政遵三從之
訓佐振家聲晚有賢嗣伯曰克繩步闈橋而無愧大學仲曰克
綱歷黌宮亦有造小子叔曰克蕃丕紹箕裘季曰克修終恢弓
冶是伯也仲也叔也季也誦詩慕吹壎吹篪之樂居家尽則友
則恭之義此皆　宗長之遺澤固非　德配之芳型繼事以完
倫未必度越乎塵寰而凜凜相因何難幾及於貫朽居恒相竊
每謂和氣致祥睽高風銘誰敢違言是皆特逆未生當日繁遜
至於度支日廣思大合而易入於屠或者分而可濟乎餘歲次
乙丑暫析烟爨分家而未分產今值戊寅合同商議分產而定
分祖敦延族戚將田山高低品搭產宇新旧均匀禱告祖宗矢
公而更矢慎憑鬮指定式四而成毋反惟冀花蕚相輝房房光
大先業棠棣競秀人人垂裕後昆爰書蘇示以紀其盛分鬮四
本交掛合同各執一本永遠為據

《分关》正文

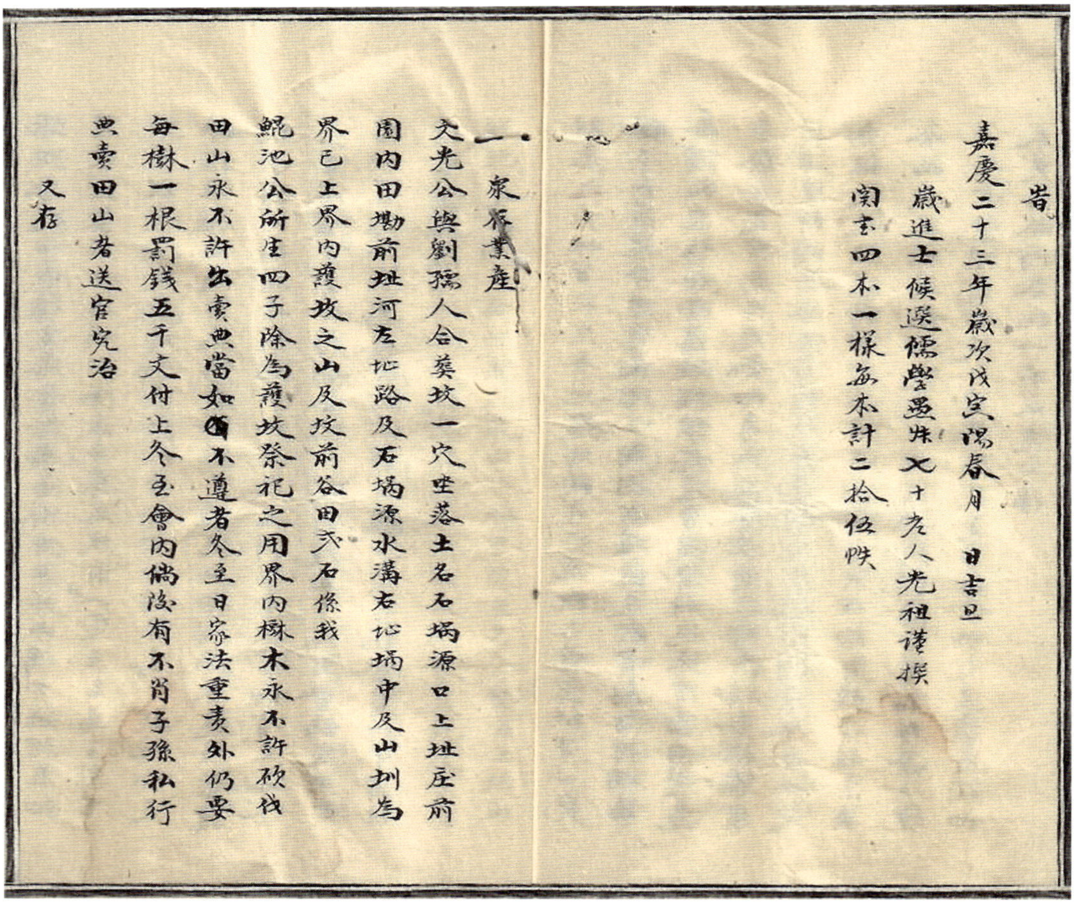

皆

嘉慶二十三年歲次戊寅陽春月　日吉旦

歲進士候選儒學愚侏七十老人光祖謹撰

闔書四本一樣每本計二拾伍帙

一、衆存業產

文光公與劉孺人合葬坟一穴坐落土名石墹源口上址庄前園內田墈前址河左坵路及石墹源水滿右坵墹中及山圳為界已上界內護坟之山及坟前谷田弍石係我鯤池公所生四子除為護坟祭祀之用界內樹木永不許砍伐田山永不許出賣典當如有不遵者冬至日家法重责外仍要每樹一根罰錢五千文付上冬至會內倘後有不肖子孫私行典賣田山者送官究治

又存

①

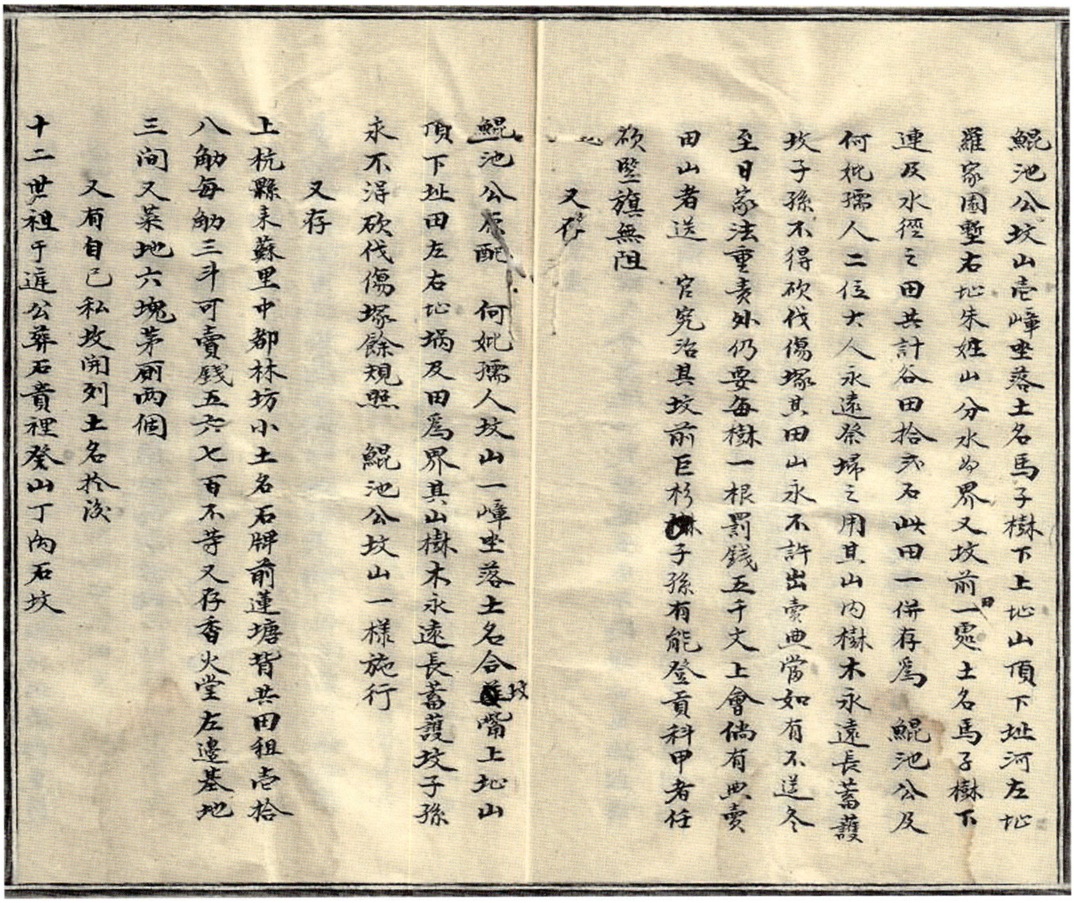

鯤池公坟山壹峰坐落土名馬子樹下上址山頂下址河左址羅家園墾右址朱姓山分水爲界又坟前一田處土名馬子樹下連及水徑之田共計谷田拾弍石此田一併存爲鯤池公及何妣孺人二位大人永遠祭掃之用其山內樹木永遠長蓄護坟子孫不得砍伐傷塚其田山永不許出賣典當如有不遵冬至日家法重責外仍要每樹一根罰錢五千文上會倘有典賣田山者送　官究治其坟前巨杉樹子孫有能登貢科甲者任砍竪旗無阻

又存

鯤池公原配　何妣孺人坟山一峰坐落土名合坟嘴上址山頂下址田左右址墹及田爲界其山樹木永遠長蓄護坟子孫永不得砍伐傷塚餘規照　鯤池公坟山一樣施行

又存

上杭縣來蘇里中都林坊小土名石牌前蓮塘背共田租壹拾八觔每觔三斗可賣錢五六七百不等又存香火堂左邊基地三間又菜地六塊茅廁兩個

又有自己私坟開列土名於後

十二世祖于蓮公葬石背裡癸山丁向石坟

②

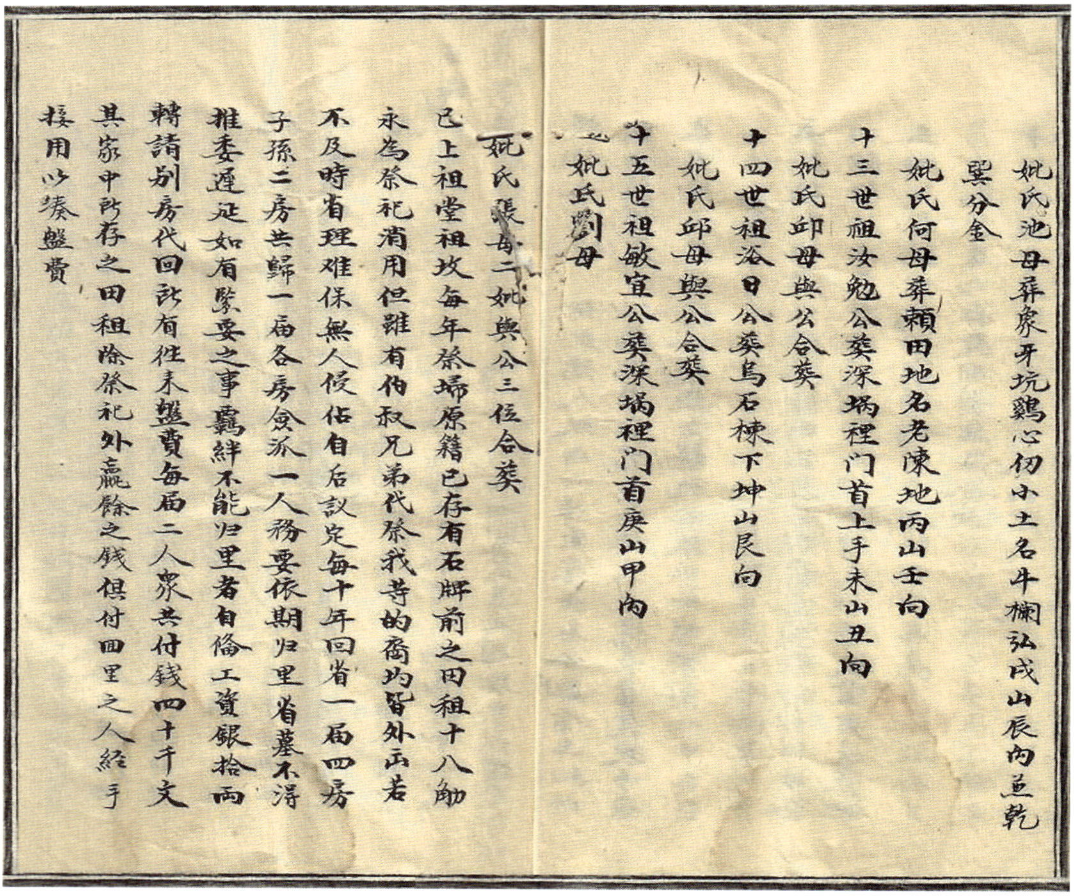

妣氏池母葬象牙坑鷄心仞小土名牛欄弘戌山辰向兼乾
巽分金
妣氏何母葬賴田地名老陳地丙山壬向
十三世祖汝勉公葬深塥裡门首上手未山丑向
妣氏邱母與公合葬
十四世祖浴日公葬烏石棟下坤山艮向
妣氏邱母與公合葬
十五世祖敏宜公葬深塥裡门首庚山甲向
妣氏劉母
妣氏張母二妣與公三位合葬
已上祖堂祖考每年祭埽原籍已存有石脚前之田租十八觔
永為祭祀消用但雖有伯叔兄弟代祭我等的裔均留外亞若
不及時省理难保無人侵佔自后議定每十年回省一届四房
子孫二房共歸一届各房僉派一人務要依期归里省墓不得
推委遲延如有緊要之事羈絆不能归里者自倫工資銀拾兩
轉請别房代回許有往來盤費每届二人衆共付钱四十千文
其家中所存之田租除祭祀外羸餘之钱俱付回里之人経手
接用以湊盤費

③

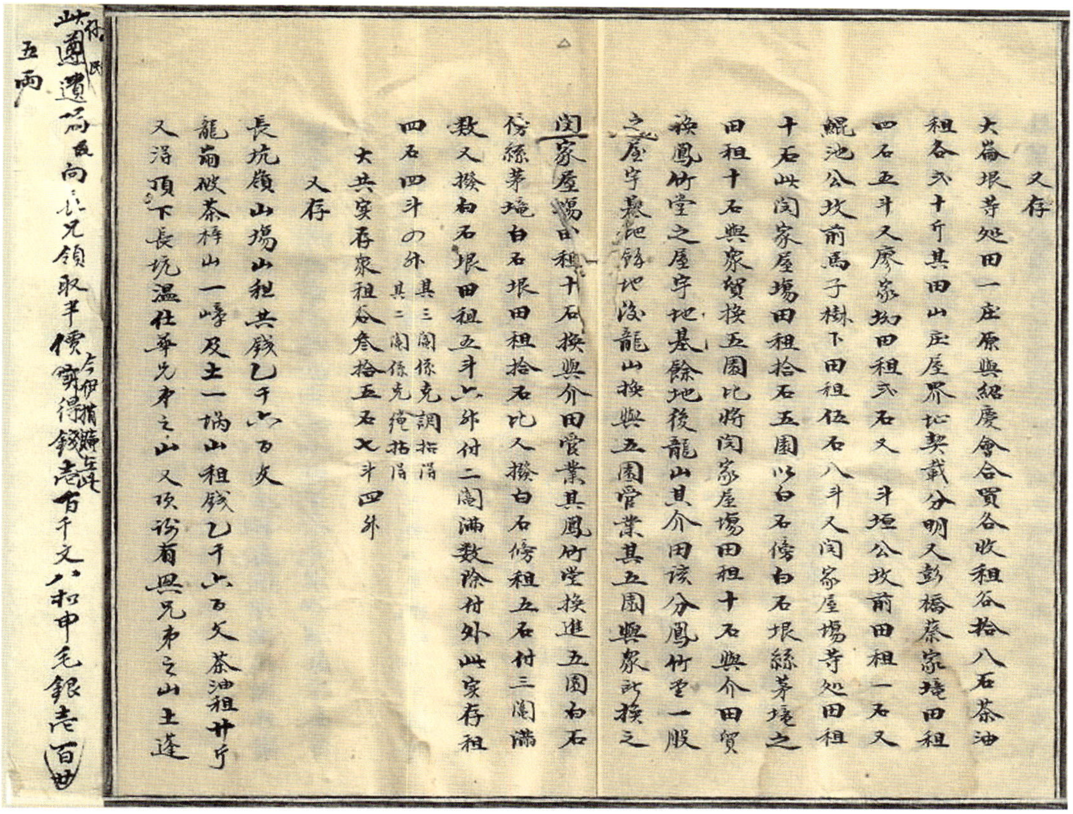
又存
大嶺根寺処田一庄原與紹慶會合買各收租谷拾八石茶油
租各弍十斤其田山庄屋界址契載分明又彭橋蔡家墇田租
四石五斗又廖家坳田租弍石又　斗垣公坟前田租一石又
鯤池公坟前禹子樹下田租伍石八斗又閔家屋場寺処田租
十石此閔家屋場田租拾石五園以白石傍白石根絲茅墇之
田租十石與家賀換五園比將閔家屋場田租十石與介田賀
換鳳竹堂之屋宇地基餘地後龍山其介田該分鳳竹堂一股
之屋宇基地餘地後龍山換與五園管業其五園與家賀換之
閔家屋場田租十石換與介田管業其鳳竹堂換進五園白石
傍絲茅墇白石根田租拾石比又撥白石傍租五石付三閣滿
數又撥白石根田租五斗六外付二閣滿數除付外此家存租
四石四斗の外　其三閣係充調拾谷　其二閣係充缮拾谷
大共實存家租谷叁拾五石七斗四外
又存
長坑嶺山場山租共錢乙千六百文
龍崗破茶梓山一嶂及土一塊山租錢乙千六百文茶油租廿斤
又滑頂下長坑溫仕華兄弟之山又坎裕有興兄弟之山土逢
此園遺留向長兄領取半價實得錢壹百千文八扣申毛銀壹百卅五兩

④

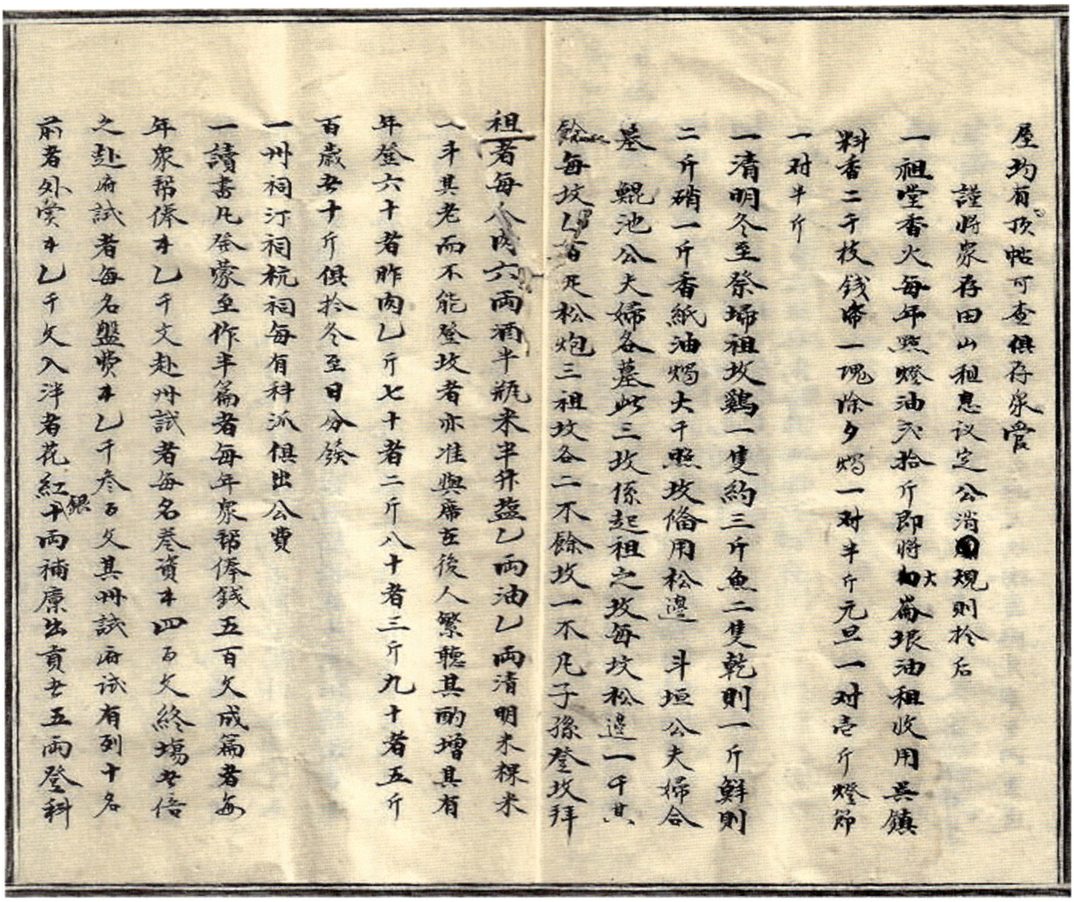

歷功有抄帖可查俱存衆嘗
謹將家存田山租息议定公消[illegible]規則於后
一祖堂香火每年點燈油弍拾斤即將大萹琅油租收用吳鎮
料香二千枝錢帋一塊除夕燭一對半斤元旦一對壹斤燈節
一對半斤
一清明冬至祭埽祖坟鷄一隻約三斤魚二隻乾則一斤鮮則
二斤硝一斤香紙油燭大千照坟倫用松邊　斗垣公夫婦合
墓　鯤池公夫婦各墓此三坟係起祖之坟每坟松邊一千其
餘以每坟乙百　足松炮三祖坟各二不餘坟一不凡子孫登坟拜
祖者每人肉六兩酒半瓶米半升盤乙兩油乙兩清明米粿米
一升其老而不能登坟者亦准與席至後人繁熾其酌增其有
年登六十者胙肉乙斤七十者二斤八十者三斤九十者五斤
百歲者十斤俱於冬至日分發
一州祠汀祠杭祠每有科派俱出公費
一讀書凡登蒙至作半篇者每年衆帮俸錢五百文成篇者每
年衆帮俸本乙千文赴州試者每名卷資本四百文終塲者倍
之赴府試者每名盤费本乙千叁百文其州試府試有到十名
前者外賞本乙千文入泮者花紅銀十兩補廪出貢者五兩登科

⑤

甲者三十兩祖堂旗匾衆辦武場者俱各叄一（三分）
已上衆存田山租息公收公用四房輪流辦理每房經管一年
於冬至日將進出數目三面算明上手交下除開消外若有羸
餘銀錢公擇另當外人子孫永不得領借另立公簿四本三面
一樣註明但各房務擇公平誠實之人方許經理以公濟公不
得藉公肥己如有此情查出加倍公罰倘有不遵家規不習正
業恃強滋事與衆等不相合者永遠不得經管如敢恃強爭管
公同禀究

再將田畝品搭分作四股

長房克純惪閣拈得
上竹瑕灣粟大屋場鳳竹堂門首大坵田一坵又大坵下田一
坵又河弦田一處又大坵右側塘子田一坵又西源口田一處
俱衆將換謝光斗之田其換帖係克調出名又柿樹下田一坵
得買王啟周之田又大坵向上檀坵連及菜園共田一處已上
之田共租十四石柒斗四升與二房克調平分各得租七石三
斗七升南山熊頭嘴茶梓塝尾田租八石係得買勝元一契之
田南山德玲庄田租弍十五石與二房克調平分各得租十弍
石五斗係得買德玲一契之田契內庄屋一所與二房克調四

⑥

房克修三股平分管業歐家腦梨樹下連縣茅墥及河墈子又
包山田屋又茶頭坑右邊逢漈直上又泉水塥田一處得買文
禮之契共租弍拾一石伯公坑坟前且夫墥共田租五拾五石
係得買賴泮溪一契之田山屋長坑嶺牛場東路下墈謝家屋
背田租九石係得買德濟兄一契之田又長坑嶺门首上中二
處田租弍五石得買謝世錦之田與上石墥共契歐家腦得買文
禮兄弟屋一所作租三石與二房克調四房克修三股平分
管業白石垠田租五斗六升已上田批分与長房管業
二房克獨憑閹拈得
上竹墈漈裏大屋場鳳竹堂门首大坵田一坵又大坵下田一
坵又河弦田一處又大坵右側塘子坵田一坵又西源口田一
處俱系得換謝光斗兄弟之田其換帖係克調一人出名又梓
樹下田一坵得買王啟周之田又大坵面上壇坵連及菜園共
田一處已上之田共租山十四石七斗四升與長兄克繩平分
各得租七石叁斗七升又南山水桐塥田租六石儘得買德明
一契之田山又南山德珍屋牛塘灣茶梓墥苛處田租弍十五
石與長兄克繩平分各得租十弍石五斗係得買德珍一契之
田契內屋一所與長房克繩四房克修三股經分管業歐家

⑦

腦右壢坑田租八石係得買尚甲叔一契之田歐家腦長墱田租
乙十弍石係得買世泰兄弟一契之田又歐家腦庄屋（得買文礼）右手垠
田一大坵并田墈下菜園共租乙石塘源墘田租の石得買佳
通衆田蔓坳梅家樹下田租三石得買堯西川之田下洞中庄
北山嘴張源坑寺突田租四十一石五斗係得買石又新兄弟
一契之田又搭陳墱裡对门山一処歸此田内護庄其山得買
王國榮之（兄弟）山與闵家屋場并坵墈上之山共契杉樹墹彭源羅
仙崙牛崙王家庄路下坵对门墩坑子結寺処田租乙十七石
併王家鉴庄屋一所得買温必川一契之田與鳳竹丞之屋共
契歐家腦白石傍田租五石係得買尚癸珠一契之田又得買
文禮歐家腦庄屋一所作租三石與長房克絕四房克修三股
平分管業竹墈長墹墱油源墱口及社壇右手三處之田共租
弍石弍斗已上田畝今與二房管業
三房克藻憑阄拈得
下竹墈上頭田租弍十五石得買鄒俊英一契之田與聖塘腦
山塲共契遅禾墱田宅墹田租乙十一石係得買王鴻英一契
之田田宅中墹田租三石係得買鍾清文一契之田菜源口聖
塘腦田租八石係得買賴德興一契之田護仙源大墹裡併庄

⑧

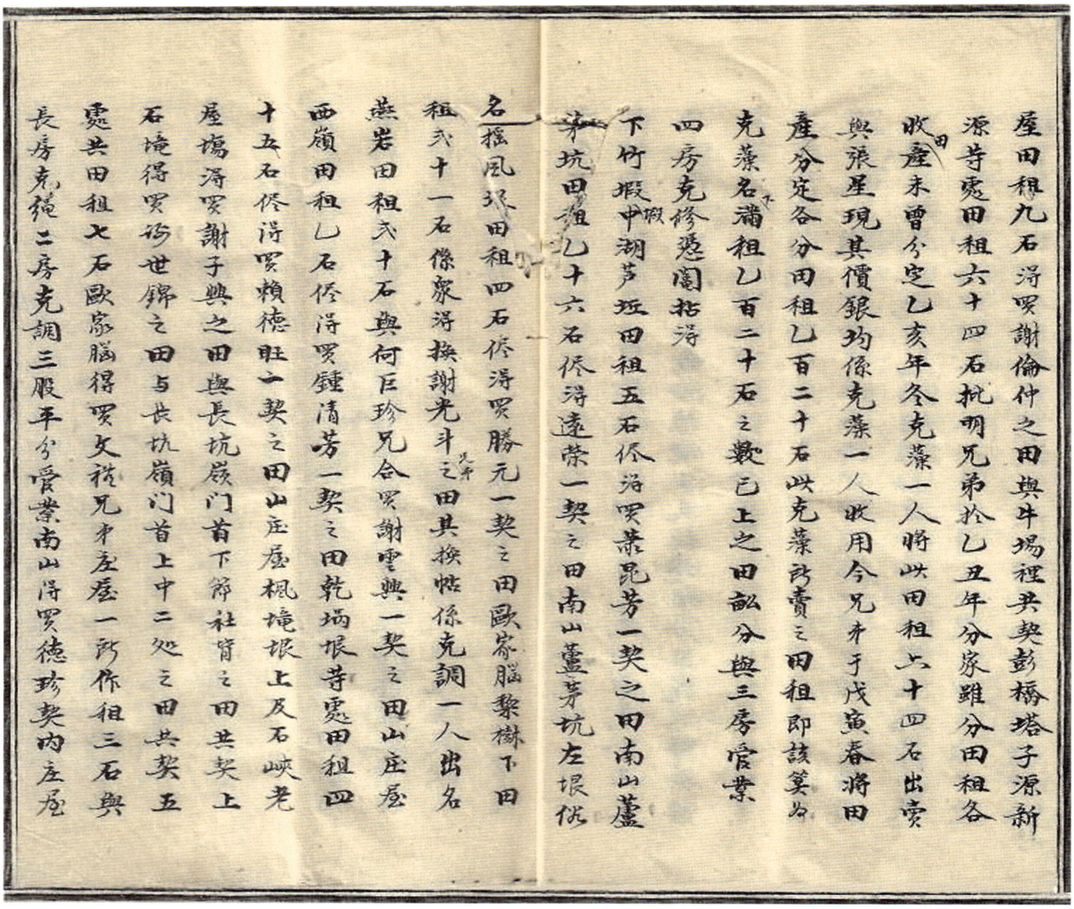
屋田租九石将买謝倫仲之田與牛埸裡共契彭橋塔子源新
源寺窯田租六十四石批明兄弟於乙丑年分家雖分田租各
收田産未曾分定乙亥年冬克藻一人將此田租六十四石出賣
與張屋現其價銀均係克藻一人收用今兄弟于戊寅春將田
産分定各分田租乙百二十石此克藻所賣之田租即該筭為
克藻名補租乙百二十石之數已上之田畝分與三房管業
四房克修遷閣拈得
下竹蝦中湖芦坵田租五石係将买葉昆芳一契之田南山蘆
茅坑田租乙十六石係将遠榮一契之田南山蘆茅坑左垠低
名摇風坑田租四石係将买勝元一契之田歐家脳黎樹下田
租弍十一石係家将换謝光斗之田其换帖係克調一人出名
燕岩田租弍十石與何巨珍兄合买謝雲與一契之田山庄屋
西嶺田租乙石係将买鍾清芳一契之田乾塅垠寺窯田租四
十五石係将买賴德旺一契之田山庄屋楓墥垠上及石峡老
屋塲将买謝子與之田與長坑嵗门首下節社背之田共契上
石墥得买彷世錦之田与长坑嶺门首上中二处之田共契五
窯共田租七石歐家脳得买文禮兄弟庄屋一所作租三石與
長房克德二房克調三股平分管業南山得买德珍契内庄屋

⑨

一議當与長房二房三股均管已上田畝分與四房管業
父母年邁弟輩幼穉一切教讀婚配悉兄佐理調停經營家
事甚費心力一絲一粒出入無私不唯守成且多添置今奉
母遺囑命特酬長兄劬勞田租共五拾石弟等咸悅
謹將劬勞田租開列于后
書山源楊家墇台頭共田租叁拾五石得買王啟周之田與馬
子樹下共契歐家腦柳樹墹（墹）庄屋後门首連及柳樹墇社前共
田租四石五斗得買佳通兄弟之田與塘源撤寺处共契歐家
壠茶頭坑田租四石左邊逢溝直上其上左圳山右圳溝下址
長房自買田爲界係得買文禮兄弟之田與包山共契彭橋塔
子源新源田租十石下洞石山田租六石五斗批明兄弟于乙
丑年分家雖分田租各收田産未曾分定充繩于乙亥冬將新
源田租十石賣与張星現將西山田租六石五斗賣与周六書
二處田價俱係充繩一人收用今兄弟於戊寅春將田産分定
原奉 母命長房劬勞田租五十石此二处之田充繩一人出
賣此租即該算為充繩攤五十石之數其書山源左邊山與油
源墇分水直上至塘坳為界歸與長房護田已上田山俱係長
房充繩管業

⑩

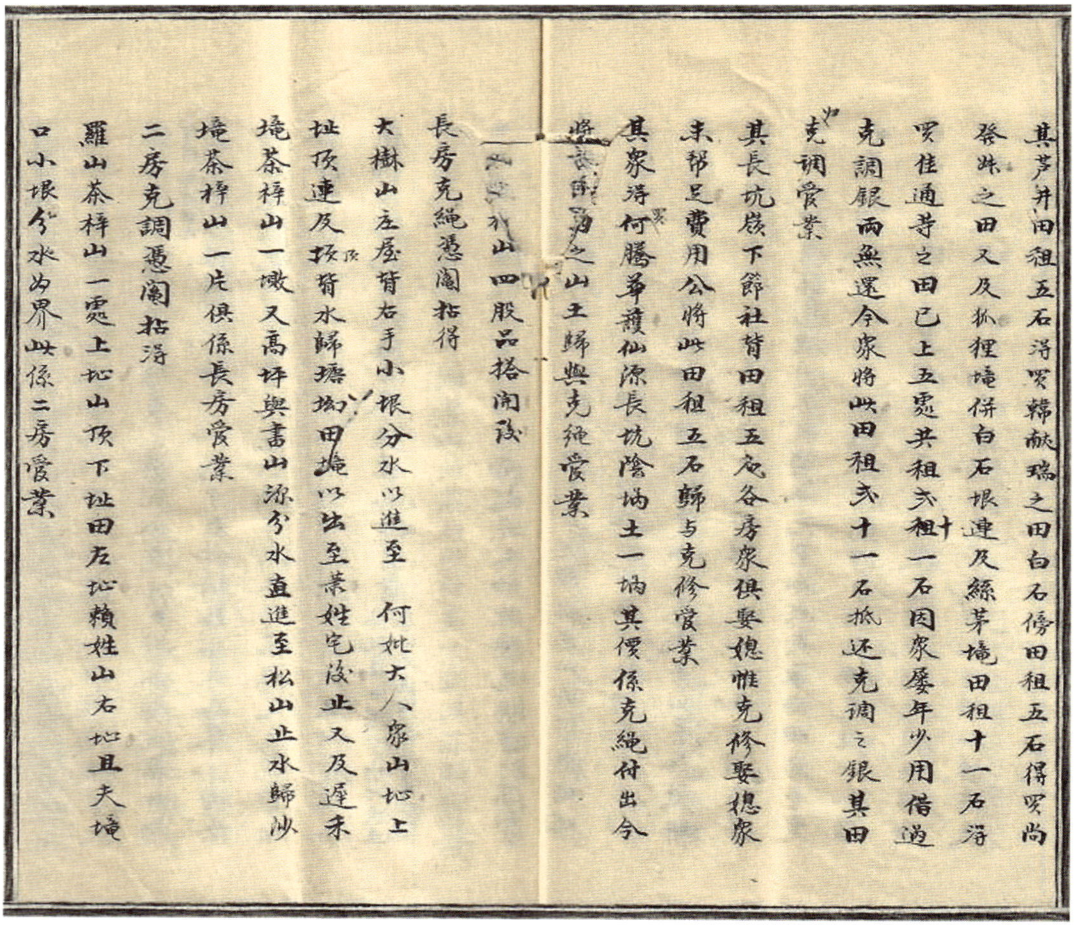
其茅幷田租五石得買歸献瑞之田白石傍田租五石得買尚
登灿之田又及狐狸墘併白石根連及絲茅墘田租十一石得
買佳通寺之田已上五處共租六十一石因家屡年少用借過
克調銀兩無還今衆將此田租弍十一石抵还克調之銀其田
如克調管業
其長坑嶺下錦社背田租五石各房衆俱要媳帷克修要媳衆
未帮足費用公將此田租五石歸与克修管業
其衆得何騰華護仙源長坑陰埆土一埆其價係克絕付出今
[illegible]山之山土歸與克絕管業
一[illegible]山四股品搭閹段
長房克繩憑閹拈得
大樹山庄屋背右手小垠分水以進至　何姓大人家山坵上
址頂連及頂背水歸塘坳田墘以出至葉姓宅後止又及遅禾
墘茶梓山一墩又高坪與書山源分水直進至松山止水歸沙
墘茶梓山一片俱係長房管業
二房克調憑閹拈得
羅山茶梓山一處上坵山頂下址田左坵賴姓山右坵且夫墘
口小垠分水為界此係二房管業

⑪

三房充蓁憑閹拈得
大樹山庄屋门首石垠分水以出下抵廟背及油源塆墈并及
彭源田抵岆廟背山内有　伯父公逵公夫婦合葬坟在山内
又有規納坟在内
其坟脳上址顶下抵田左抵碢中右抵騎崙分水為界〻内除
為永遠護坟不得出賣其龍脉正中亦不得掘傷又及界背源
茶梓山一處上抵騎崙分水下抵址田及路左抵張姓山右址路
係楊家塆尾右垠路為界俱係三房管業 外批其右垠分水以進至家山止俱归長房管業
四房充修憑閹拈得
立岆契屋後垠背水歸井碢趙連及油源塆尾與書山源分
止 茶𡋯〻塆坳連及龟形茶梓山一垠又及書山源田塆右邊
與高坪騎崙分水〻歸書山源茶梓山壱處又彭源茶梓山連及
垠背杉樹碢茶梓山一處又土地坪蔡姓门首茶梓山一處俱
係四房管業
柴山四股品搭閹后
長房充繩憑閹拈得
聖塘脳自卿姓坟逢中分水直上至大垠分水至顶右抵張姓
山為界水歸蔡源口出山一片又彭源松山一處外〻茶梓山
止又崖碢口鳳嘴山一面上抵脳顶下抵本山脚分溝及田左

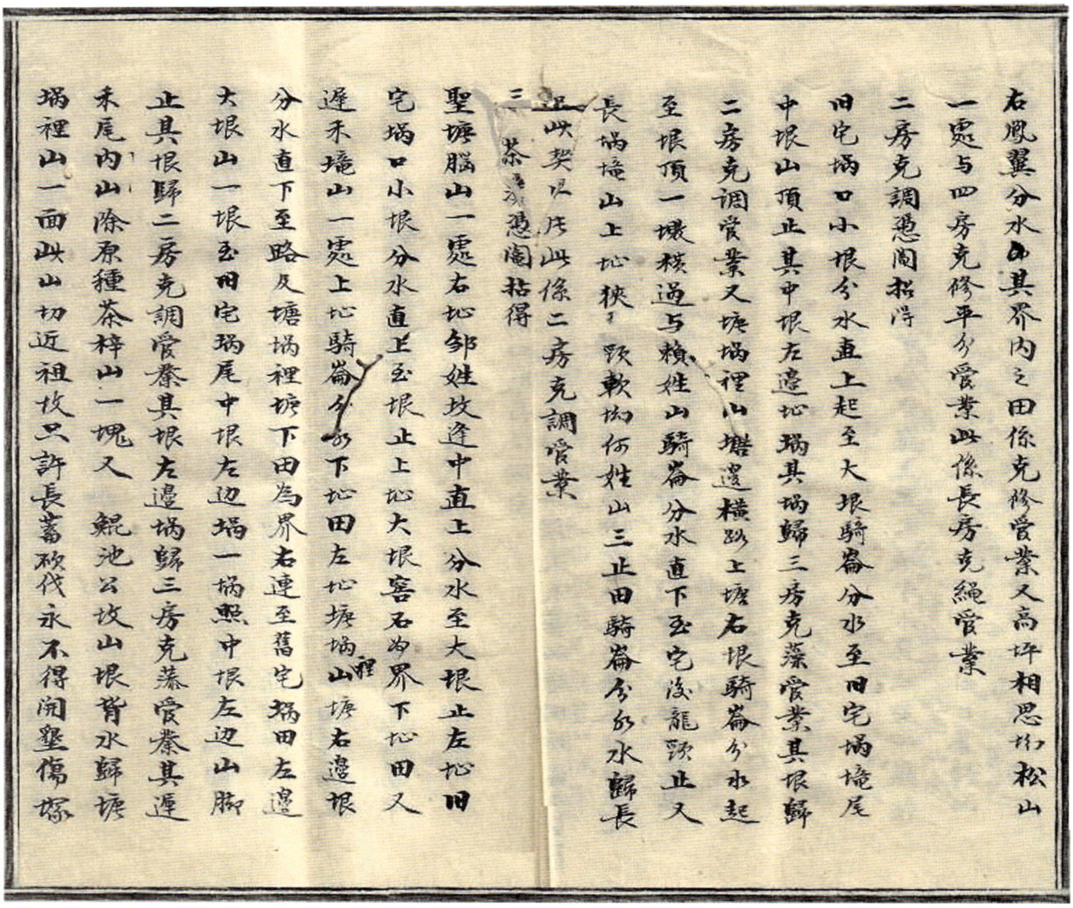
右鳳翼分水与其界内之田係克脩管業又高坪相思坳松山
一處与四房克脩平分管業此條長房克繩管業
二房克調憑閹拈得
田宅塅口小垠分水直上起至大垠騎崙分水至田宅塅墘尾
中垠山頂止其中垠左邊𡊨塅其塅歸三房克藻管業其垠歸
二房克調管業又塘塅裡山塍邊橫路上塘右垠騎崙分水起
至垠頂一壢横過与賴姓山騎崙分水直下至宅後龍頸止又
長塅墘山上𡊨挟々頸軟坳何姓山三止田騎崙分分水歸長
此契又存此係二房克調管業
三茶[illegible]憑閹拈得
聖塘腦山一處右𡊨鄒姓坟逢中直上分水至大垠止左𡊨田
宅塅口小垠分水直上至垠止上𡊨大垠磍石為界下𡊨田又
遅禾墘山一處上𡊨騎崙分分下𡊨田左𡊨塘塅裡山塘右邊垠
分水直下至路及塘塅裡塘下田為界右連至舊宅塅田左邊
大垠山一垠至田宅塅尾中垠左边塅一塅熙中垠左边山脚
止其垠歸二房克調管業其垠左邊塅歸三房克藻管業其遅
禾尾内山除原種茶梓山一塊又 鯤池公坟山垠背水歸塘
塅裡山一面此山切近祖坟只許長蓄秋代永不得開壟傷塚

⑬

出赤外人又下社背山一處又長塥壋山上止狹歐軟坳何姓
山三丘田騎崙分水分歸油源壋山一片此係三房克蒸管業
四房克修憑閹拈得
潘壋山弍契菜源壋內得買苑姓山一契閔家屋塥井坵向上
之山連及垠背滑買王姓山與陳壋裡山共契又株裡山一處
內丘何姓山外丘鳳形腦頂鷹翼分水為界又高坪桐思祊松
紫山一處與長房克繩平分管業又葉姓宅後山一處騎崙分
分水歸右边直進至 何妣大人故山止此係四房管業
一 紫分寸等處山場四股品搭閹后
長[illegible]憑閹拈得
玫前左屋後龍垠分水直上至伯公坑小垠分水其水歸棃樹
下玫前之山俱在此山閹內又窯蓬垠山一垠又崩壋山一垠又
歐家腦门前塥下右边竹山一處滑買佳通姝姪之山此係長房
管業
二房克調覓閹拈得
泉水塥山一處上止眉上小頂下丘大横路左丘四方土分水
右止葉姓山直上至田側小垠分水直上至眉頂又白石垠山
一片騎崙分水直上至田水歸白石傍山一片又栗椿下牛汏

湖山一處上止大横路下止田左止田右止崩崗又歐家腦
门首蔺下左边竹山一處左連克修毋山右止連輝竹山以釘石
為界得買文禮兄弟与左屋共契此係二房管業
三房克藩憑鬮拈得
坟前左屋後龍垠分水直上至伯公坑小垠分水直上至頂王
姓山分水為界其水歸伯公拋并且夫墻之山俱歸此鬮内又
歐家腦门首蔺下中間竹山一處得買文裕文飞山與高棟腦
共契此係三房管業
四大房契克憑鬮拈得
一山一坵上連高棟腦下止大横路左右水歸坜及路下
茶梓又及高棟腦上節山一處上止山頂下止泉水坜眉頂分
水直下至莊姓田止左止温桂山至四方土右止景桂山又白
石山一片騎崙分水直上連及茶頭坑小垠分水止水歸茶頭
坑山一片又柳樹坜莊後茶梓山一處又歐家腦門首蔺下左
边竹山一處右止塘背水溝右連克調竹山釘石為界得買文
礼兄弟与左屋共契此係四房管業
已上各處山場四房議定三十年以前不拘何鬮之山俱任四
房扦葬離坟上下三丈左右弍丈不得開墾傷塚出賣倘要出

⑮

任
賣丈尺之内每坟補艮三两於阄内註明批其永遠護坟營葬
再各處山塲有相連四房之田地俱要田面上除三丈付田營
葬有坟之山則又以護坟之丈尺為定
謹將鳳竹堂房屋俱基地餘地後龍山至龍頸止左边頼姓
山右址張姓山俱作四股均分
長房克繩一股分授基地屋宇餘地雜屋及後龍山又貼入三
房克藻分授基地屋宇餘地雜屋及後龍山寺一股除香火堂
外其餘概行歸与長房管業長房當即補出艮一百二十五两
付三房收訖
二房克諷一股分授基地屋宇餘地雜屋及後龍山又貼入四
房克修分授基地屋宇餘地雜屋及後龍山寺一股除香火堂
外其餘概行歸与二房管業二房當即補出下竹塅阄字爲號
寺貢田租乙十石付四房領收訖
三房克藻一股所分授基地屋宇餘地雜屋及後龍山寺除香
火堂外其餘概歸與長房克繩管業長房當即補出艮乙百二
十五两付與三房收領以為另行置屋之費
四房克修一股所分授基地屋宇餘地雜屋及後龍山寺除香
火堂外其餘概行永歸二房克諷管業二房當即補出阄字爲

⑯

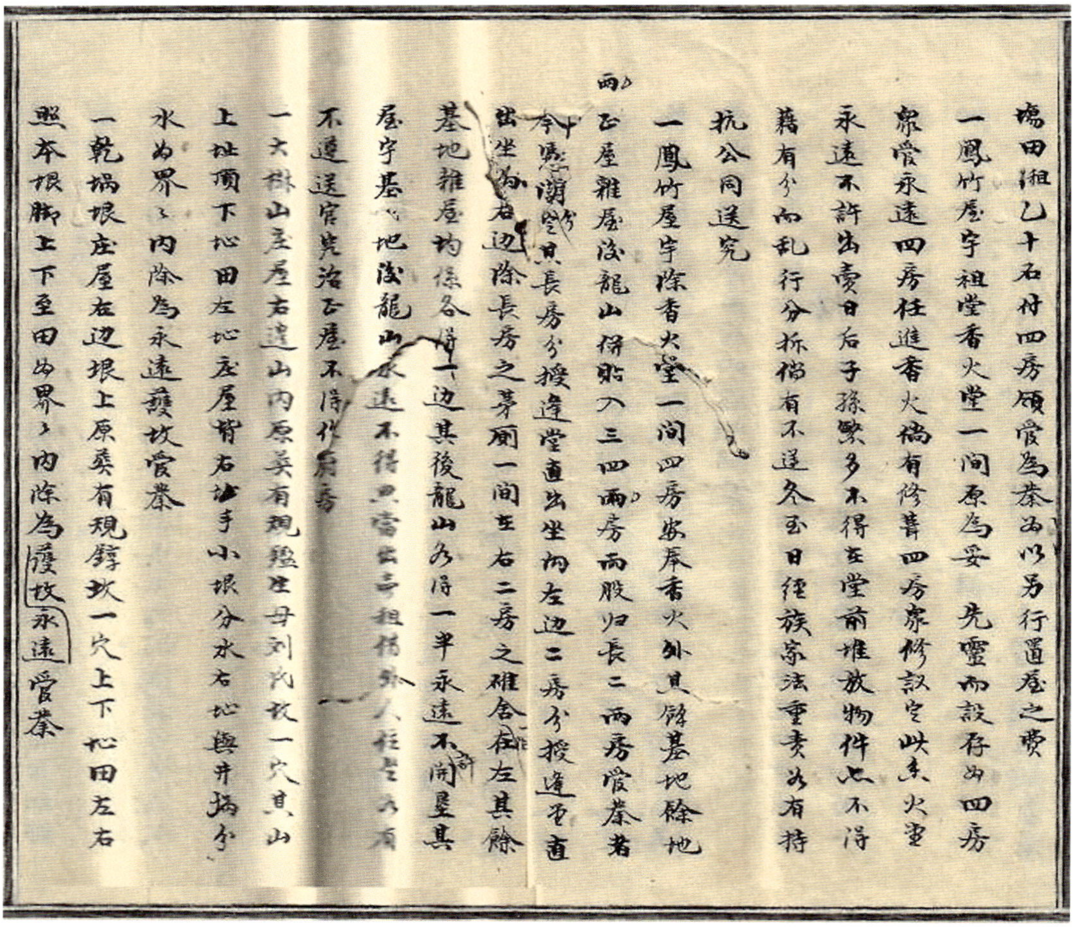

塢田租乙十石付四房輪管為蒸，以另行置產之費
一鳳竹屋宇祖堂香火堂一間，原為妥 先靈而設，存為四房
衆管，永遠四房任進香火。倘有修葺，四房衆修。叙定此係火堂
永遠不許出賣。日后子孫繁多，不得在堂前堆放物件，亦不得
藉有分而亂行分析。倘有不遵，各至日經族家法重責，如有持
抗公同送究
一鳳竹屋宇除香火堂一間四房管奉香火外，其餘基地餘地
及屋雜屋後龍山，併貼入三四兩房，兩股歸長二兩房管業者
今懸湖堂，其長房分授達堂直出坐內左边，二房分授達堂直
出坐為右边，除長房之茅廁一間在右，二房之碓舍在左，其餘
基地雜屋均係各得一边，其後龍山各得一半，永遠不開墾。其
屋宇基地、後龍山永遠不得典賣出与祖侄外人，往後如有
不遵，送官究治。其屋不得作廁房
一大樹山在屋右邊，山內原葬有規甕，生母劉氏坟一穴，其山
上址頂，下址田，左址在屋背，右址手小垠分水，右址與井壠分
水為界，〻內除為永遠護坟管業
一乾塢垠，在屋右边，垠上原葬有規鋒坟一穴，上下址田，左右
址本垠腳，上下至田為界，〻內除為護坟永遠管業

⑰

一乾塆垠庄屋左边僧田塝上原葬有楷細坟一穴上下坵田
左右離坟弍（各除）丈除出永遠護坟嘗棊
一各處細坟上下左右離坟各除一丈不得掘傷閙星其丈尺
内永为護坟嘗業
　再將護仙源山塲屋宇池塘等棊品搭四股閹后
長房克繩憑閹拈得
大塆裡门■及牛塲種狹頸口对门杉樹垠山一処龍池一口
菜園一股房屋長房与三房克綦上下堂左边共一半雜屋一
半長房又貼入三房之山土田子裡土四塊又長坑岴塆子土
一塆添長房舒门前龍塘一口又房屋雜屋菜園与長房平分者
一併歸長房嘗棊長房當即補出錢玖拾千文付與三房收訖
二房克詞憑閹拈得
梅子塆口荒土起及杉蔸壁庄直進去水打濕止又及上高塆
塆土一塆水歸塆为界龍塘一口菜園一股房屋二房與四房
克修上下堂右边共一半雜屋一半二房又貼入三房之山土
对门塆土一塆長坑馬鞍塝土一塆一併俱归二房嘗棊二房
當即補出本叁十六千文付三房收訖二房之房屋雜屋菜園
與四房平分者一併歸与四房嘗棊四房當即補出本叁十千

⑱

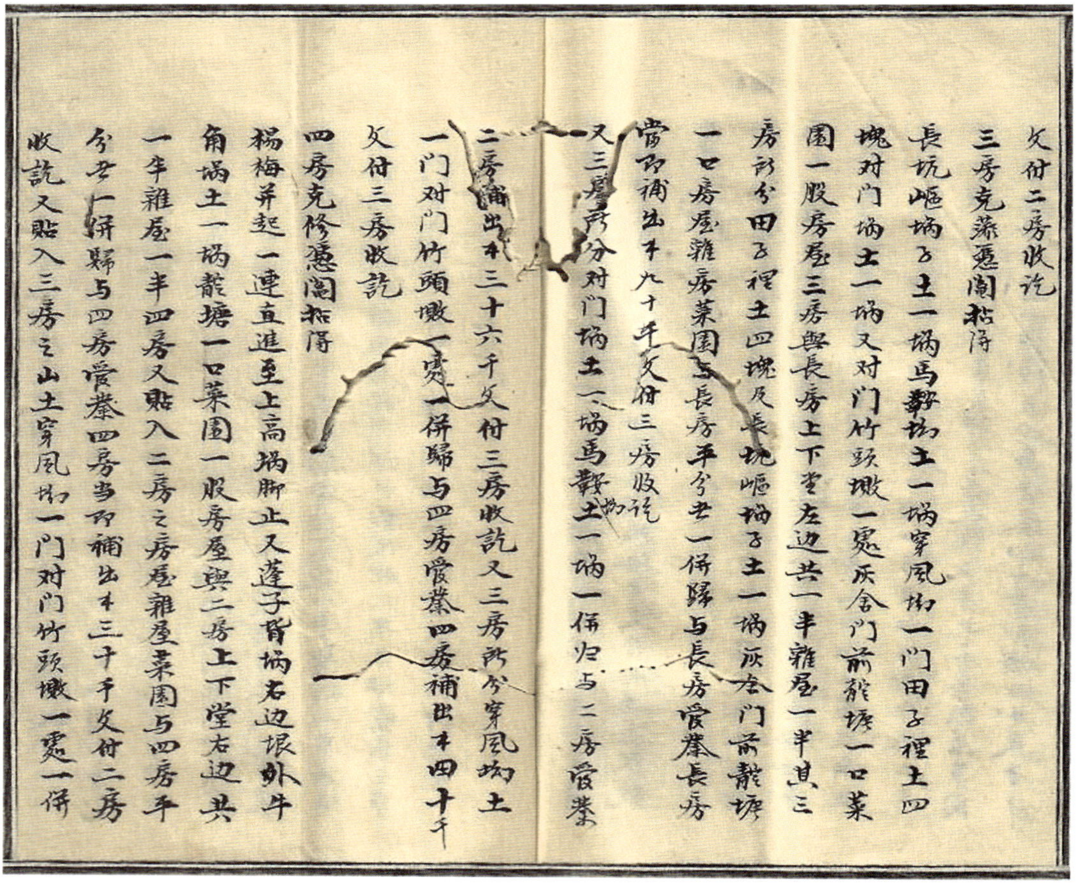
又付二房收讫
三房克蕃惪阁拈得
長坑岴墈子土一墈馬鞍坳土一墈穿風坳一门田子裡土四
塊对门墈土一墈又对门竹头墩一處灰舍门前龍塘一口菜
園一股房屋三房與長房上下堂左边共一半雜屋一半其三
房所分田子裡土四塊及長坑岴墈子土一墈灰舍门前龍塘
一口房屋雜房菜園与長房平分共一併歸与長房管業長房
當即補出本九十千又付三房收讫
又三房所分对门墈土一墈馬鞍坳土一墈一併归与二房管業
二房補出本三十六千又付三房收訖又三房所分穿風坳土
一门对门竹頭墩一處一併歸与四房管業四房補出本四十千
又付三房收訖
四房克修惪阁拈得
楊梅并起一連直進至上高墈脚止又蓬子背墈右边垠外牛
角墈土一墈龍塘一口菜園一股房屋與二房上下堂右边共
一半雜屋一半四房又貼入二房之房屋雜屋菜園与四房平
分共一併歸与四房管業四房當即補出本三十千又付二房
收訖又貼入三房之山土穿風坳一门对门竹頭墩一處一併

⑲

歸與四房管業四房当即補出本四十千文付三房收訖

比日議定衆共存有租谷三十五石七斗四升目今因三房克蕃家計畧艱衆將零租五石七斗四升撥与克蕃收管十年十年之内克蕃積有嬴餘其租仍歸衆收倘無嬴餘永付管業

一議四房閣分田山無論：某房拈管之業倘有他人混爭界址水圳沙湖陂堰等事其理論費用衆出一半自辦一半不得推諉以四房子孫倘有横行滋事欺陵他人者不涉堂衆之事

一議鳳竹堂門首茶坵田一坵切近　祖堂永遠不許出賣

一議光樑山衆庄屋除爲衆做學堂

舜收　佳通

聯芳　顯崇

聯貴　德新

族光祖筆

顯贊　規鍠

德濟　世春

顯圖　緒章

在場

⑳

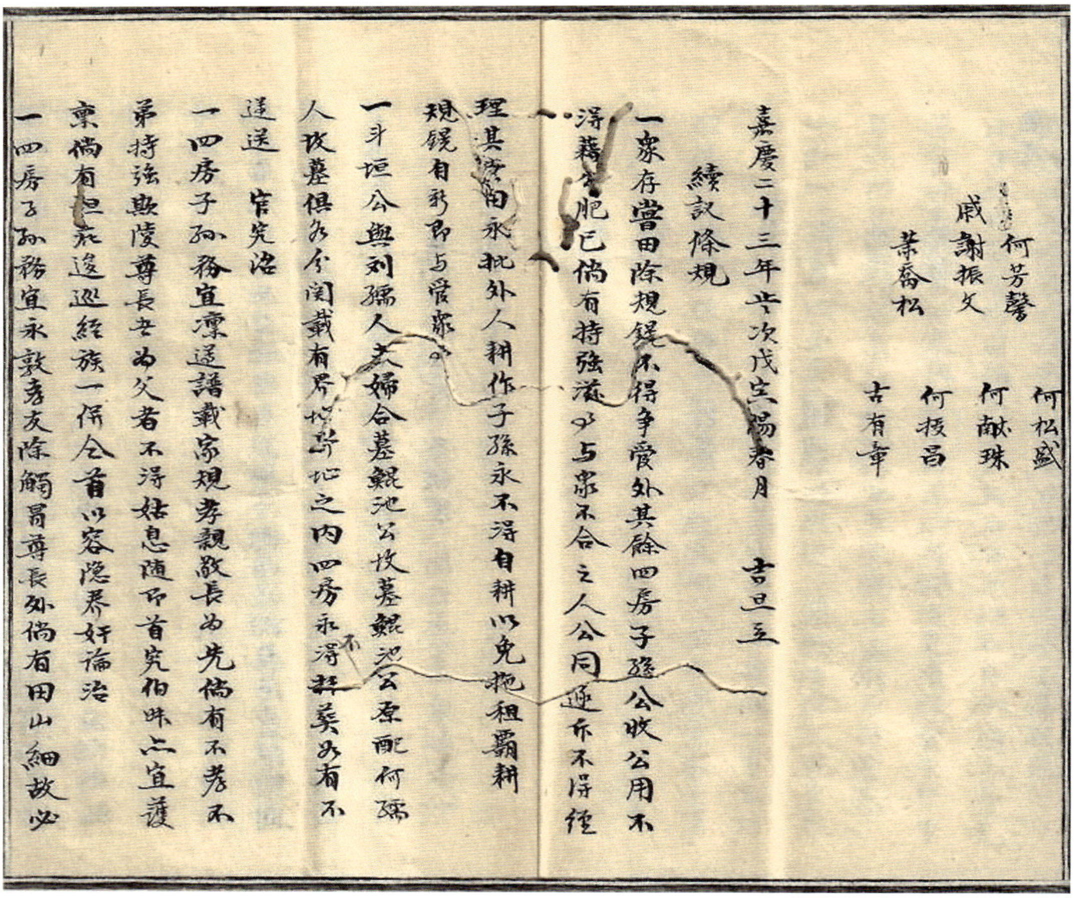

何芳馨　何松盛
戚謝振文　何献珠
茅喬松　何授昌
古有章

嘉慶二十三年岁次戊寅陽春月　吉旦立

續訂條規

一衆存嘗田條規錢不得爭賣外其餘四房子孫公收公用不得藉宗肥己倘有持強違者与衆不合之人公同逐而不得徑理其揆由永批外人耕作子孫永不得自耕以免拖租霸耕規錢自行召与管衆者

一斗垣公與刘孺人夫婦合墓鯉池公坟墓鯉池公原配何孺人坟墓俱各分闻載有界址之内四房永不得耕葬如有不遵送官究治

一四房子孫務宜遵遵譜載家規孝親敬長為先倘有不孝不弟持強欺陵尊長者為父者不得姑息隨即首究伯叔亦宜護稟倘有恒而違逆經族一保仝首以容隱察奸論治

一四房子孫務宜永敦孝友除觸冒尊長外倘有田山細故必

㉑

須先請族長叙明理釋不得遽行興訟如有不遵□責以家法
一四房闗内之産俱係祖父所遺倘有移换变通俱在闗内註
明為定不得藉端混論
一生監有志覌光应鄉試文場者每届帮助盤中弍千四百文
倘得名魁虎榜及新進生員三年之内必須回籍者基除欵期
常费外衆另帮欵祖盤费中二十千文以為先人光寵次回臧
半至举人应試会者衆帮盤费中弍十四千文
在塲族戚公宗　光祖筆
道光十年五月初十日四房同堂　公立
道光廿年五月十五日兄弟四人復經族戚向議公立
一克調名下分授鳳城堂屋宇并貼入滿房屋宇一股共屋一
半坐向右边除　祖堂一間外今自愿一概歸与滿房克修住
坐管業將原换闗家屋塲田租十石收轉外又收止滿房補出
屋宇中乙百千文其屋宇餘地基地正屋雜房及后龍山与長
房平分者照闗任聽滿房永遠管業内除羊棧塆口外節青龍
嘴山一面上抵騎崙分水下抵本山脚左抵長房山窖石右抵
伯公壇左边小垠窖石為界四界之内水歸王宗左右手之山
除為克調護王宗左之屋議定只許永遠長蓄除克調培補外

不得開土開窖剝削草皮亦不得典換貿賣外人如有典賣情
事只許內 鯤池公之子孫承受
一間家屋田(場)租乙十石昔年置買之時原作為建屋之所已費
多心費價今克調歸與滿房克修管業作價本乙百弍十千文
比付克調收訖其田任聽永遠管業倘要變賣務係 鯤池公
之子孫承買只許照原價本乙百弍十千文買稔不得爭多減
少如 鯤池公之子孫能買不得向外人貪價倘家不能買稔
方許向外出賣但此田分授之時原係原管建屋之所因克調
與克修貿換屋宇致克調將白石傍白石垠之田租乙十石典與
家貿換(換)賣務係 鯤池公子孫買稔之款
一鳳竹堂香火置一間各房子孫永遠遵守不賣亦不得強佔
鯤池公之子孫勸買強拆等事倘有不遵遂 官究治其餘屋
宇均係四股分授雖昔母親不得變賣倘有別徙許向本家有
餘者領取半價日後照原價取贖不得措執等論後二三兩房
因本命與鳳竹堂之龍山砂水不合往坐以致二三兩房自願
另建屋宇其二房克調之屋宇一股概歸滿房克修永遠住坐
管業滿房補二房屋宇本乙百千文滿房已分之屋亦作本乙
百千文添建横屋用去本乙百五十千文共本三百五十千文

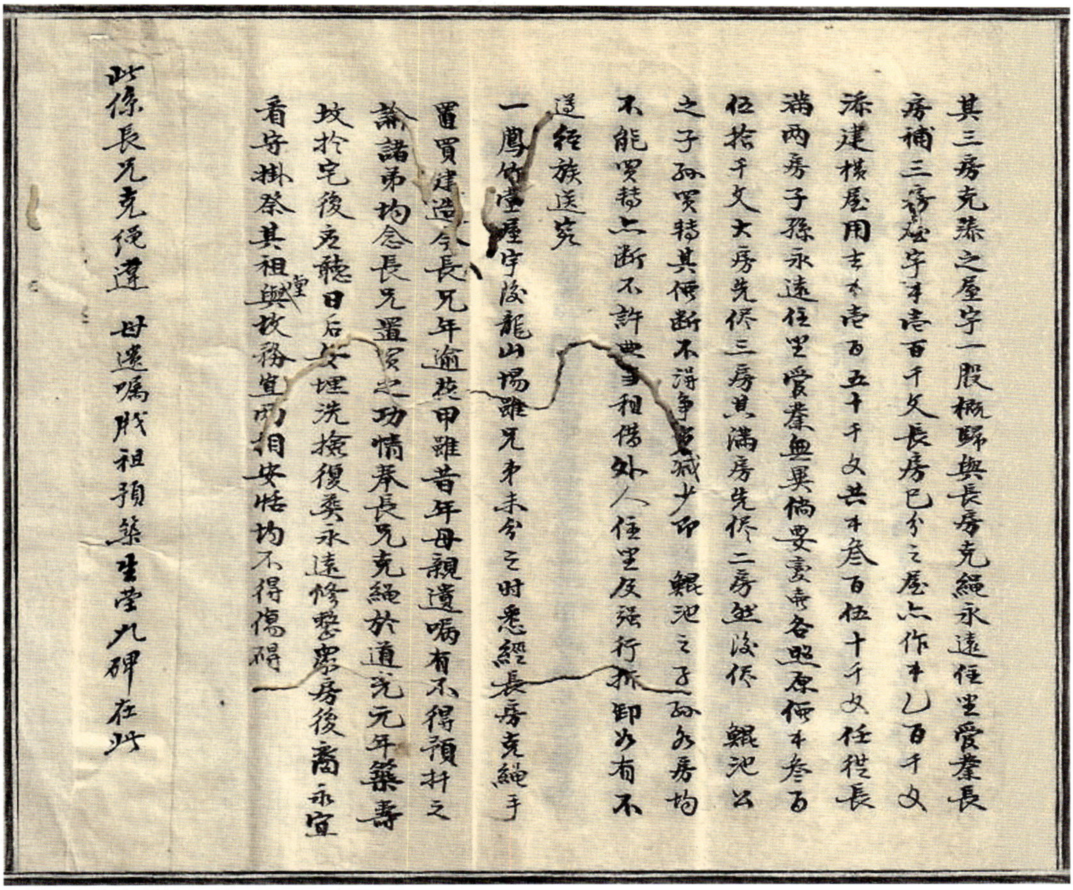

其三房克恭之屋宇一股概歸與長房克繩永遠住坐管業長
房補三房屋宇洋壹百千文長房已分之屋乚作本乙百千文
添建樓屋用去本壹百五十千文共本叁百伍十千文任從長
滿兩房子孫永遠住坐管業無異倘要賣者各照原價本叁百
伍拾千文大房先儘三房其滿房先儘二房並後儘 鯤池公
之子孫買持其價斷不得爭減少印 鯤池之子孫各房均
不能買持亡斷不許典與相傳外人住坐及强行拆卸如有不
遵經族送究
一鳳竹堂屋宇後龍山場雖兄弟未分之时悉經長房克繩手
置買建造今長兄年逾花甲雖昔年母親遺囑有不得預扦之
諭諸弟均念長兄置買之功情奉長兄克繩於道光元年築壽
坟於宅後應聽日后安埋洗撿復葬永遠修整帶房後裔永宜
看守掛祭其祖堂與坟務宜兩相安恬均不得傷碍
此係長兄克繩遵 母遺囑將祖預築生塋九碑在此

㉔

校 录

竹埚陈家四房《分关》

分关小引

窃惟九世同居，张公之忍字可法；七百共食，义门之家范堪追。第源远者流长，分疏而有九派；根深者叶茂，发生而长万枝。瞻水木之同情，知产业之一理。我宗长鲲池老先生，当其少也，芸窗苦读，艰于一遇而后务沾涂；及其壮焉，阛阓经营，积余金而乃置阡陌。德配何老大人，凛四德之箴，勤操内政；遵三从之训，佐振家声。晚有贤嗣：伯曰克绳，步圜桥而无愧大学；仲曰克调，屈黉宫亦有造小子；叔曰克藻，丕绍箕裘；季曰克修，终恢弓冶。是伯也仲也叔也季也，诵诗慕吹埙吹篪之乐，居家尽则友则恭之义。此皆宗长之遗泽，罔非德配之芳型。纵事事完备，未必度越乎尘寰；而陈陈相因，何难几及于贯朽。居恒相嘱，每谓和气致祥；贤裔夙铭，谁敢遗言是背。特迩来生齿日繁，遂至于度支日广，思夫合而易入于奢，或者分而可从乎俭。岁当乙丑，暂析烟爨分家，而未分产；今值戊寅，合同商议分产，而定分租。敦延族戚，将田山高低品搭，屋宇新旧均匀。祷告祖宗，矢公而更矢慎；凭阄拈定，式好而戒毋尤。惟冀花萼相辉，房房光大先业；棠棣竞秀，人人垂裕后昆。爰书巅末，以纪其盛。分关四本，交挂合同，各执一本，永远为据。

时嘉庆二十三年岁次戊寅阳春月日　吉旦，岁进士候选儒学，愚叔七十老人光祖谨撰关书，四本一样，每本计二拾伍帙。

众存业产

文光公与刘孺人合坟一穴，坐落土名石埚源口，上址庄前园内田塝，前址河左塝路及石埚源水沟，右址埚中及山圳为界。已上界内护坟之山及坟前谷田弍石，系我鲲池公所生四子除为护坟祭祀之用，界内树木永不许砍伐，田山永不许出卖典当。如不遵者，冬至日家法重责外，仍要每树一根罚钱五千文，付上冬至会内。倘后有不肖子孙，私行典卖田山者，送官究治。

又 存

鲲池公坟山壹嶂，坐落土名马子树下。上址山顶，下址河，左址罗家园堑，右址朱姓山分水为界。又坟前田一处，土名马子树下，连及水径之田，共计谷田拾弍石。此田一并存为鲲池公及何妣孺人二位大人永远祭扫之用。其山内树木，永远长蓄护坟，子孙不得砍伐伤冢。其田山永不许出卖典当，如有不遵，冬至日家法重责外，仍要每树一根罚钱五千文上会。倘有典卖田山者，送官究治。其坟前巨杉，子孙有能登贡科甲者，任砍竖旗无阻。

又　存

鲲池公原配何妣孺人坟山壹嶂，坐落土名合坟嘴。上址山顶，下址田，左右址埚及田为界。其山树木永远长蓄护坟，子孙永不得砍伐伤冢。余规照鲲池公坟山一样施行。

又　存

上杭县来苏里中都林坊小土名石牌前莲塘背，共田租壹拾八觔，每觔三斗，可卖钱五六七百不等。又存香火堂左边基地三间，又菜地六块，茅厕两个，又有自己私坟，开列土名于后：

十二世祖于庭公葬石贵里癸山丁向，石坟；妣氏池母葬象牙坑鸡心仞小土名牛栏弦戌山辰向兼乾巽分金；妣氏何母葬赖田，地名老陈地，丙山壬向。

十三世祖汝勉公葬深埚里门首上手未山丑向；妣氏邱母与公合葬。

十四世祖浴日公葬乌石栋下坤山艮向，妣氏邱母与公合葬。

十五世祖敏宜公葬深埚里门首庚山甲向；妣氏刘母、妣氏张母二妣与公三位合葬。

已上祖堂祖坟每年祭扫，原籍已存有石牌前之田租十八觔，永为祭祀消用。但虽有伯叔兄弟代祭，我等的裔均皆外出，若不及时省理，难保无人侵占。自后议定每十年回省一届，四房子孙，二房共归一届。各房佥派一人，务要依期归里省墓，不得推委迟延。如有紧要之事羁绊不能归里者，自备工资银拾两，转请别房代回。所有往来盘费，每届二人众共付钱四十千文。其家中所存之田租，除祭祀外，赢余之钱，俱付回里之人经手接用，以凑盘费。

又　存

大崙垠等处田一庄，原与绍庆会合买，各收租谷拾八石，茶油租各式十斤。其田山庄屋界址，契载分明。又彭桥蔡家垅田租四石五斗，又廖家坳田租式石，又斗垣公坟前田租一石，又鲲池公坟前马子树下田租伍石八斗，又闵家屋场等处田租十石。此闵家屋场租拾石，五园以白石傍、白石垠、丝茅垅之田租十三石与众贸换，五园比将闵家屋场田租十石与介田贸换。凤竹堂之屋宇地基余地后龙山，其介田该分凤竹堂一股之屋宇基地余地龙山，换与五园管业。其五园与众所换之闵家屋场田租十石，换与介田管业。其凤竹堂换进五园白石傍、丝茅垅、白石垠田租拾石，比又拨白石傍租五石，付阄三满数。又拨白石垠田租五斗六升，付二阄满数。除付外，此实存租四石四斗四升(其三阄系克调拈得，其二阄系克绳拈得)。大共实存众谷叁拾五石七斗四升。

又　存

长坑岭山场山租共钱乙千六百文，龙崩破茶梓山一嶂及土一埚，山租钱乙千六百文，茶油租廿斤。又得顶下长坑温仕华兄弟之山，又顶谢有兴兄弟之山土蓬屋，均有顶帖可查，俱存众管。

谨将众存田山租息议定公消规则于后：

一、祖堂香火，每年点灯油弍拾斤，即将大畬垠油租收用，吴镇料香二千枝，钱币一块，除夕烛一对半斤，元旦一对壹斤，灯节一对半斤；

一、清明冬至祭扫祖坟，鸡一只约三斤，鱼二只，干则一斤，鲜则二斤，硝一斤，香纸油烛火千，照坟备用松边。斗垣公夫妇合墓、鲲池公夫妇各墓，此三坟系起祖之坟，每坟松边一千，余每坟乙百足。松炮三祖坟各二不，余坟一不。凡子孙登坟拜祖者，每人肉六两，酒半瓶，米半升，盐乙两，油乙两，清明米粿米一斗。其老而不能登坟者，亦准与席，在后人繁，听其酌增。其有年登六十者，胙肉乙斤，七十者二斤，八十者三斤，九十者五斤，百岁者十斤。俱于冬至日分发。

一、州祠、汀祠、杭祠，每有科派，俱出公费。

一、读书凡发蒙至作半篇者，每年帮俸钱五百文，成篇者每年众帮俸钱乙千文。赴州试者，每名卷资钱四百文，终场者倍之。赴府试者，每名盘费钱乙千叁百文。其州试、府试有列十名前者，外赏钱乙千文。入泮者花红银十两，补廪出贡者五两。登科甲者三十两，祖堂旗匾众办。武场者俱各三分赏一。

已上众存田山租息，公收公用，四房轮流办理，每房经管一年，于冬至日将进出数目三面算明。上手交下，除开消外若有赢余银钱，公择另当，外人子孙永不得领借。另立公簿四本，三面一样注明。但各房务择公平诚实之人，方许经理。以公济公，不得藉公肥已。如有此情，查出加倍公罚。倘有不遵家规，不习正业，恃强滋事，与众等不相合者，永远不得经管。如敢特强争管，公同禀究。

再将田亩品搭分作四股

长房克绳凭阄拈得：

上竹墩湾里大屋场凤竹堂门首大坵田一坵，又大坵下田一坵，又河弦田一处，又大坵右侧塘子田一坵，又西源口田一处。俱众得换谢光斗之田，其换帖系克调一人出名。又柞树下田一坵，得买王启周之田。又大坵面上檀坵连及菜园，共田一处。已上之田，共租十四石柒斗四升，与二房克调平分，各得租七石三斗七升。南山焦头埚茶梓垅尾田租八石，侭得买胜元一契之田，南山德珍庄田租弍十五石，与二房克调平分，各得租十弍石五斗。侭得买德珍一契之田，契内庄屋一所，与二房克调四房克修三股平分管业。欧家脑梨树下连丝茅垅及河墩子，又包山田屋，又茶头坑右边逢沟直上，又泉水埚田一处，得买文礼之契，共租弍拾一石。伯公坑坟前且夫垅，共田租五拾五石，侭得买赖泮溪一契之田山屋。长坑岭牛场里路下地墩谢得家屋背，田租九石，侭得买德济兄一契之田。又长坑岭门首上中二处田租五石，得买谢世锦之田，与上石垅共契。欧家脑得买文礼兄弟庄屋一所，作租三石，与二房克调、四房克修三股平分管业。白石垠田租五斗六升。已上田亩分与长房管业。

二房克调凭阄拈得：

上竹塅湾里大屋场凤竹堂门首大坵田一坵，又大坵下面一坵，又河弦田一处，又大坵右侧塘子坵田一坵，又西源口田一处，俱众得换谢光斗兄弟之田，其换帖系克调一人出名。又柞树下田一坵，得买王启周之田。又大坵面上檀坵连及菜园共田一处。已上之田共租乙十四石七斗四升，与长兄克绳平分，各得租七石叁斗七升。又南山水桐坝田租六石，俛得买德明一契之田山。又南山德珍庄、牛塘湾茶梓垅等处田租式十五石，与长兄克绳平分，各得租十式石五斗，俛得买德珍一契之田。契内庄屋一所，与长房克绳、四房克修三股经分管业。欧家脑石璧坑田租八石，俛得买尚甲叔一契之田。欧家脑长垅田租乙十式石，俛得买世泰兄弟一契之田。又欧家脑得买文礼庄屋右手垠田一大坵，并田塝下菜园，共租乙石。塘源墩田租四石，得买佳通众田。蔓思坳梅家树下田租三石，得买尧西川之田。下洞中庄北山嘴张源坑等处田租四十一石五斗，俛得买石又新兄弟一契之田。又搭陈垅里对门山一处，归此田内护庄。其山得买王国荣兄弟之山，与闵家屋场井坵塝上之山共契。杉树坝、彭源、罗山、牵牛崙、王家庄路下坵对门墩坑子弦田租乙十七石，王家庄屋一所，得买温如川一契之田，与凤竹堂之屋共契。欧家脑白石傍田租五石，俛得买尚发叔一契之田。又得买文礼欧家脑庄屋一所，作租三石，与长房克绳、四房克修三股平分管业。竹塅长坝垅、油源垅口及社坛右手三处之田，共租式石式斗。已上田亩分与二房管业。

三房克藻凭阄拈得：

下竹塅塅头田租式十五石，得买邹俊英一契之田，与圣塘脑山场共契。迟禾垅旧宅坝田租乙十一石，俛得买王鸿英一契之田。旧宅中坝田租三石，俛得买钟清文一契之田。菜源口、圣塘脑田租八石，俛得买赖德兴一契之田。护仙源大坝里并庄屋田租九石，得买谢伦仲之田，与牛场里共契。彭桥塔子源、新源等处田租六十四石。批明兄弟于乙丑年分家，虽分田租，各收田产，未曾分定。乙亥年冬克藻一人将此田租六十四石出卖与张星现，其价银均系克藻一人收用。今兄弟于戊寅春将田产分定，各分田租乙百二十石。此克藻所卖之田租，即该算于克藻名下，满租乙百二十石之数。已上之田亩分与三房管业。

四房克修凭阄拈得：

下竹塅塅中湖芦坵田租五石，俛得买萧昆芳一契之田。南山芦茅坑田租乙十六石，俛得买远荣一契之田。南山芦茅坑左垠俗名摇风垠田租四石，俛得买胜元一契之田。欧家脑梨树下田租式十一石，系众得换谢光斗兄弟之田，其换帖系克调一人出名。燕岩田租式十石，与何巨珍兄合买谢云兴一契之田山庄屋。西岭田租乙石，俛得买钟清芳一契之田。

干堝垠等处田租四十五石，侭得买赖德旺一契之田山庄屋。枫垅垠上及石峡老屋场，得买谢子兴之田，与长坑岭门首下节社背之田共契。上石垅得买谢世锦之田，与长坑岭门首上中二处之田共契。五处共田租七石。欧家脑得买文礼兄弟庄屋一所，作租三石，与长房克绳、二房克调三股平分管业。南山得买德珍契内庄屋一所，亦与长房二房三股均管。已上田亩分与四房管业。

父母年迈，弟辈幼稚，一切教读婚配，悉兄佐理调停，经营家事，甚费心力。一丝一粒，出入无私，不唯守成，且多添置。今奉母遗嘱，命特酬长兄劬劳田租共五拾石，弟等咸悦。谨将劬劳田租开列于后：

书山源杨家垅台头共田租式拾五石，得买王启周之田，与马子树下共契。欧家脑柳树堝庄屋并门首连及柳树垅社前，共田租四石五斗，得买佳通兄弟之田，与塘源墩等处共契。欧家脑茶头坑田租四石，左边逢沟直上。其上左址山，右址沟，下址长房自买田为界，系得买文礼兄弟之田，与包山共契。彭桥塔子源、新源田租十石，下洞石山田租六石五斗，批明兄弟于乙丑年分家，虽分田租，各收田产，未曾分定。克绳于乙亥冬将新源田租十石卖与张星现，将石山田租六石五斗卖与周六书。二处田价，俱系克绳一人收用。今兄弟于戊寅春将田产分定，原奉母命，长房劬劳田租五十石。此二处之田，克绳一人出卖，此租即该算克绳满五十石之数。其书山源左边山与油源垅分水直上至塘坳为界，归与长房护田。已上田山俱系长房克绳管业。

其芦井田租五石，得买韩献瑞之田。白石傍田租五石，得买尚发叔之田。又及狐狸垅并白石垠连及丝茅垅田租十一石，得买佳通等之田。已上五处共租式十一石，因众屡年少用，借过克调银两无还。今众将田租式十一石抵还克调之银，其田归克调管业。

其长坑岭下节社背田租五石，各房众俱娶媳，惟克修娶媳众未帮费用，公将田租五石归与克修管业。

其众得买何腾华护仙源长坑阴堝土一堝，其价系克绳付出。今将契之山土归与克绳管业。

茶梓山四股品搭开后

长房克绳凭阄拈得：

大树山庄屋背右手小垠分水以进，至何姚大人众山址，上址顶连及顶背水归塘坳田垅以出，至萧姓宅后止。又及迟禾垅茶梓山一墩，又高坪与书山源分水直进至松山止水归沙垅茶梓山一片，俱系长房管业。

二房克调凭阄拈得：

罗山茶梓山一处，上址山顶，下址田，左址赖姓山，右址且夫垅口小垠分水为界。此系二房管业。

三房克藻凭阄拈得：

大树山庄屋门首石垠分水以出，下址庙背及油源垅墩，并及彭源田址，此庙背山内有伯父公远公夫妇合葬坟在山内，又有规钠坟在内。其坟脑上址顶，下址田，左址埚中，右址骑崙分水为界。界内除永远护坟，不得出卖，其龙脉正中，亦不得掘伤。又及界背源茶梓山一处，上址骑崙分水，下址田及路，左址张姓山，右址路，系杨家垅尾右垠路为界，俱系三房管业（外批：其石垠分水以进，至众山止，俱归长房管业）。

四房克修凭阄拈得：

大树山庄屋后垠背水归井埚，连及油源垅尾，与书山源分水直上至塘坳，连及龟形茶梓山一垠，又及书山源田垅右边与高坪骑崙分水，水归书山源茶梓山壹处。又彭源茶梓山连及垠背杉树埚茶梓山一处，又土地坪萧姓门首茶梓山一处，俱系四房管业。

柴山四股品搭开后

长房克绳凭阄拈得：

圣塘脑自邹姓坟逢中分水直上，至大垠分水至顶，右址张姓山为界，水归菜源口出，山一片。又彭源松山一处，外址茶梓山止。又崖埚口凤嘴山一面，上址脑顶，下址本山脚沟及田，左右凤翼分水。其界内之田系克修管业。又高坪相思坳松山一处，与四房克修平分管业。此系长房克绳管业。

二房克调凭拈得：

旧宅埚口小垠分水直上，起至大垠骑崙分水至旧宅埚垅尾中垠山顶止。其中垠左边址埚，其埚归三房克藻管业。其垠归二房克调管业。又塘埚里山塘边横路上塘右垠骑崙分水起，至垠顶一墩横过，与赖姓山骑崙分水直下至宅龙颈止。又长埚垅山上址狭颈软坳何姓山，三止田骑崙分水归长埚垅一片，此系二房克调管业。

三房克藻凭阄拈得：

圣塘脑山一处右址邹姓坟逢中直上，分水至大垠止。左址旧宅埚口小垠，分水直上至垠止，上址大垠窑石为界，下址田。又迟禾垅山一处，上址骑崙分水，下址田，左址塘埚里山塘右边垠，分水直下至路，及塘埚里塘下田为界。右连至旧宅埚田左边大垠山一垠，至旧宅埚尾中垠左边埚一埚，照中垠左边山脚止。其垠归二房克调管业。其垠左边埚归三房克藻管业。其迟禾尾内山，除原种茶梓山一块，又鲲池公坟山垠背水归塘埚里山一面，此山切近祖坟，只许长蓄砍伐，永不得开垦伤冢，出卖外人。又下社背山一处，又长埚垅山上止狭颈软坳何姓山，三址田骑崙分水，水归油源垅山一片，系三房克藻管业。

四房克修凭拈得：

潘垅山弍契，菜源垅内得范姓山一契，闵家屋场并圻面上之山连及垠背，得买王姓山，与陈垅里山共契。又株里山一处，内址何姓山，外址凤形脑凤翼分水为界。又高坪相思坳松柴山一处，与长房克绳平分管业。又萧姓宅后山一处，骑崙分水归右边直进，至何妣大人坟山止，系四房管业。

□垄山□等处山场四股品搭开后

长房克绳凭阄拈得：

坟前庄屋后龙垠分水直上，至伯公坑小垠分水，其水归梨树下坟前之山，俱在此阄内。又窑蓬垠山一垠，又崩垅山一垠，又欧家脑门前埚下右边竹山一处，得买佳通叔侄之山，系长房管业。

二房克调凭阄拈得：

泉水埚山一处，上止眉上小顶，下址大横路，左址四方土分水，右止叶姓山直上，至田侧小垠分水直上至眉顶。又白石垠山一片，骑崙分水直上至田，水归白石傍山一片。又栗桩下牛汶湖山一处，上止大横路，下址田，左止田，右止崩岗。又欧家脑门首园下左边竹山一处，左连克修山，右止连辉竹山，以钉石为界，得买文礼兄弟与庄屋共契。此系二房管业。

三房克藻凭阄拈得：

坟前庄屋后龙垠，分水直上至伯公坑小垠，分水直上至顶王姓山分水为界。其水归伯公坑。并且夫垅之山，俱归此阄内。又欧家脑门首园下中间竹山一处，得买文裕父子山，与高楝脑共契。此系三房管业。

四房克修凭阄拈得：

四方土山一埚，上连高楝脑，下止大横路，左右水归埚及路下茶梓。又及高楝脑上节山一处，上止山顶，下止泉水埚眉顶，分水直下至庄姓田止，左止温姓山至四方土，右址叶姓山。又白石垠山一片，骑崙分水直上，连及茶头坑小垠分水止，水归茶头坑山一片。又柳树埚庄后茶梓山一处，又欧家脑门首园下左边竹山一处，左止塘背水沟，右连克调竹山，钉石为界，得买文礼兄弟与庄屋共契。此系四房管业。

已上各处山场，四房议定三十年以前，不拘何阄之山，俱任四房扦葬，离坟上下三丈、左右弍丈，不得开垦伤冢出卖。倘要出卖，丈尺之内每坟补银三两，于关内注明，任其永远护坟管业。

再各山场有相连四房之田者，俱要田面上除三丈付田管业。有坟之山，则又以护坟之丈尺为定。

谨将凤竹堂房屋基地余地后龙山至龙颈止，左址赖姓山，右址张姓山，俱作四股均分。

长房克绳一股，分授基地屋宇余地杂屋及后龙山，又贴入三房克藻分授基地屋宇余地杂屋及后龙山等一股，除香火堂外，其余概行归与长房管业。长房当补出银一百二十五两付三房领讫。

二房克调一股，分授基地屋宇余地杂屋及后龙山，又贴入四房克修分授基地屋宇余地杂屋及龙山等一股，除香火堂外，其余概行归与二房管业。二房当即补出下竹墩闵家屋场等处田租乙十石，付四房领讫。

三房克藻一股，所分授基地屋宇余地杂屋及后龙山等，除香火堂外，其余概归与长房克绳管业，长房当即补出银乙百二十五两付与三房收领，以为另行置屋之费。

四房克修一股，所分授基地屋宇余地杂屋及后龙山等，除香火堂外，其余概行永归与二房克调管业。二房当即补出闵家屋场田租乙十石，付四房领管为业，以另行置屋之费。

一凤竹屋宇祖堂香火堂一间，原为妥先灵而设存，为四房众管。永远四房任进香火，倘有修葺，四房众修议定。此香火堂永远不许出卖，日后子孙繁多，不得在堂前堆放物件。亦不得藉有分而乱行分拆。倘有不遵，冬至日经族家法重责，如有持抗，公同送究。

一凤竹屋宇除香火堂一间四房安奉香火外，其余基地余地正屋杂屋龙山，并贴入三四两房两股归长二两房管业者，今凭阄分定，其长房分授逢堂直出，坐向左边。二房分授，逢堂直出，坐向右边。除长房之茅厕一间在右，二房之舍一间在左，其余基地杂屋，均系各得一边。其后龙山各得一半，永远不许开垦。其屋宇基地后龙山，永远不得典当出卖租借外人住坐。如有不遵，送官究治。正屋不得作厨房。

一大树山庄屋右边山内，原葬有规鉴生母刘氏坟一穴。其山上址顶，下址田，左址庄屋背，右手小埌分水，右址与井埚分水为界。界内除为永远护坟管业。

一乾埚垠庄屋右边垠上，原葬有规鐔坟一穴。上下址田，左右照本垠脚上，下至田为界。界内除为永远护坟管业。

一乾埚垠庄屋左边僧田墈上，原葬有楷泗坟一穴。上下址田，左右离坟各除弍丈，除为永远护坟管业。

一各处幼坟，上下左右离坟各除一丈，不得掘伤开垦。其丈尺内永为护坟管业。

再将护仙源山场屋宇池塘等业品搭四股开后

长房克绳凭阄拈得：

大埚里一门及牛场里狭颈口对门杉树垠山一处，靛池一口，菜园一股。房屋长房与三房克藻上下堂左边共一半，杂屋一半，长房又贴入三房之山土田子里土四块。又长坑岖埚子土一埚，又灰舍门前靛塘一口，又房屋杂屋菜园与长房平分者，一并归长房管业。长房当即补出钱玖拾千文付与三房收讫。

二房克调凭阄拈得：

梅子埚口荒埚及杉树劈阴片直进，至水打沥止。又及上高埚土一埚，水归埚为界。靛塘一口，菜园一股。房屋二房与四房克修上下堂右边共一半，杂屋一半。二房贴入三房之山土对门埚土一埚，长坑马鞍坳土一埚，一并俱归二房管业。二房当即补出钱叁十六千文付三房收讫。二房之房屋杂屋菜园与四房平分者，一并归与四房管业。四房当即补出钱叁十千文付二房收讫。

三房克藻凭阄拈得：

长坑岖埚子土一埚，马鞍坳土一埚，穿风坳一门田子里土四块，对门埚土一埚。又对门竹头墩一处。灰舍门前靛塘一口，菜园一股。房屋三房与长房上下堂左边共一半，杂屋一半。其三房所分田子里土四块，及长坑岖埚子土一埚，灰舍门前靛塘一口房屋杂房菜园与长房平分者，一并归与长房管业。长房当即补出钱九十千文付三房收讫。

又三房所分对门埚土一埚，马鞍坳土一埚，一并归与二房管业。二房补出钱三十六千文付三房收讫。又三房所分穿风坳土一门对门竹头墩一处，一并归与四房管业。四房补出钱四十千文，付三房收讫。

四房克修凭阄拈得：

杨梅并起一连直进，至上高埚脚止，又蓬子背埚右边垠外牛角埚土一埚，靛塘一口，菜园一股。房屋与二房上下堂右边共一半，杂屋一半。四房又贴入二房之房屋杂屋菜园与四房平分者，一并归与四房管业。四房当即补出钱三十千文，付二房收讫。又贴入三房之山土，穿风坳一门对门竹头墩一处，一并归与四房管业。四房当即补出钱四十千文，付三房收讫。

比日议定，众共存有租谷三十五石七斗四升，目今因三房克藻家计略艰，众将零租五石七斗四升拨与克藻收管十年。十年之内，克藻积有赢余，其租仍归众收。倘无赢余，永付管业。

一、议四房阄分田山，无论某房拈管之业，倘有他人混争界址、水圳、沙湖、陂堰等事，其理论费用众帮一半，自办一半，不得推诿。如四房子孙或有横行滋事欺陵他人者，不涉堂众之事。

一、议凤竹堂门首大垢田一垢，切近祖堂，永远不许出卖。

一、议大树山庄屋除为众做学堂。

族光祖笔 联贵 显赞 联芳 德济 舜牧 显图 德新 规锽 显宗 世春 佳通 绣章

在场：戚谢振文 何芳馨 萧乔松 何献珠 何拔昌 何松盛 古有章

嘉庆二十三年岁次戊寅阳春月 吉旦立

续议条规

一、众存尝田除规鍱不得争管外，其余四房子孙公收公用，不得藉公肥己。倘有持强滋事，与众不合之人，公同逐斥，不得经理。其尝田永批外人耕作，子孙永不得自耕，以免拖租霸耕。规鍱自新，即与管众事。

一、斗垣公与刘孺人夫妇合墓，鲲池公坟墓，鲲池公原配何孺人坟墓，俱各分关，载有界址。界址之内，四房永不得扦葬。如有不遵，送官究治。

一、四房子孙，务宜凛遵谱载家规，孝亲敬长为先。倘有不孝不弟，持强欺陵尊长者，为父者不得姑息，随即首究。伯叔亦宜护禀。倘有袒庇逡巡，经族一并同首，以容隐养奸论治。

一、四房子孙务宜永敦孝友，除触冒尊长外，倘有田山细故，必须先请族长叙明理释，不得遽行兴讼。如有不遵，责以家法。

一、四房关内之业，俱系祖父所遗。倘有移换变通，俱在关内注明为定，不得藉端混论。

一、生监有志观光应乡试文场者，每届帮助钱弍千四百文。倘得名魁虎捞，及新进生员，三年之内，必须回籍省墓。除额期常费外，众另帮敬祖盘费钱二十千文，以为先人光宠。次回减半。至举人应会试者，众帮盘费钱弍十四千文。

在场族戚同前 光祖笔

道光二年五月初十日四房同堂公立

道光四年五月十五日兄弟四人复经族戚面议公立

一、克调名下分授凤竹堂屋宇并贴入满房屋宇一股，共屋一半，坐向右边，除祖堂一间外，自愿一概归与满房克修住坐管业。将原换闵家屋场田租十石收转外，又收入满房补出屋宇钱乙百千文。其屋宇余地基地正屋杂屋及后龙山，与长房平分者，照关内任听满房永远管业。内除羊栈埚口外节青龙嘴山一面，上址骑崙分水，下址本山脚，左址长房山窖石，右址伯公坛左边小埌窖石为界。四界之内，水归王家庄右手之山，除为克调护王家庄之屋，议定只许永远长蓄，除克调培补外，不得开土开窖刬削草皮，亦不得典换贸卖外人。如有典卖情事，只许向鲲池公之子孙承受。

一、闵家屋场田租乙十石，昔年置买之时，原作为建屋之所，已费多心贵价。今克调归与满房克修管业，作价钱乙百弍十千文，比付克调收讫。其田任听永远管业。倘要变卖，务俘鲲池公之子孙承买，只许照原价钱乙百弍十千文买转，不得争多减少。如鲲池公之子孙能买，不得向外人贪价。倘实不能买转，方许向外出卖。但此田分授之时，原除众管建屋之所，因克调与克修贸换屋宇，故克调将白石傍、白石垠之田租乙十石与众贸换，故有务俘鲲池公子孙买转之议。

一、凤竹堂香火堂一间，各房子孙永远遵守不卖，亦不得强向鲲池公之子孙勒买强拆等事。倘有不遵，送官究治。其余屋宇均四股分授，虽昔母亲遗嘱"不得变卖，倘有别徙，许向本家有余者领取半价。日后照原价取赎，不得措执"等谕，后二三两房因本命与凤竹堂之龙山砂水不合住坐，以致二三两房自愿另建屋宇。其二房克调之屋宇一股，概归满房克修永远住坐管业。满房补二房屋宇钱乙百千文。满房已分之屋，亦作钱乙百千文添建横屋，用去钱乙百五十千文，共钱三百五十千文。其三房克藻之屋宇一股，概归与长房克绳永远住坐管业。长房补三房屋宇钱壹百千文。长房已分之屋，作钱乙百千文添建横屋，用去钱壹百五十千文，共钱叁百伍十千文，任从长、满两房子孙永远住坐管业无异。倘要变卖，各照原价钱叁百伍拾千文。大房先俘三房，其满房先俘二房。然后俘鲲池公之子孙买转，其价断不得争多减少。即鲲池公之子孙各房均不能买转，亦断不许典当、租借外人住坐，及强行拆卸。如有不遵，经族送究。

一、凤竹堂屋宇后龙山场，虽兄弟未分之时，悉经长房克绳手置买建造。今长兄年逾花甲，虽昔年母亲遗嘱，有不得预扦之谕，诸弟均念长兄置买之功，情奉长兄克绳于道光元年筑寿坟于宅后，应听日后安埋洗捡复葬，永远修整。众房后裔永宜看守挂祭。其祖堂与坟，务宜两相安恬，均不得伤碍。

竹塅陈家山场田土交易契据

嘉庆十六年何献扬售靛塘、靛坪给陈克绳、陈克修兄弟契据

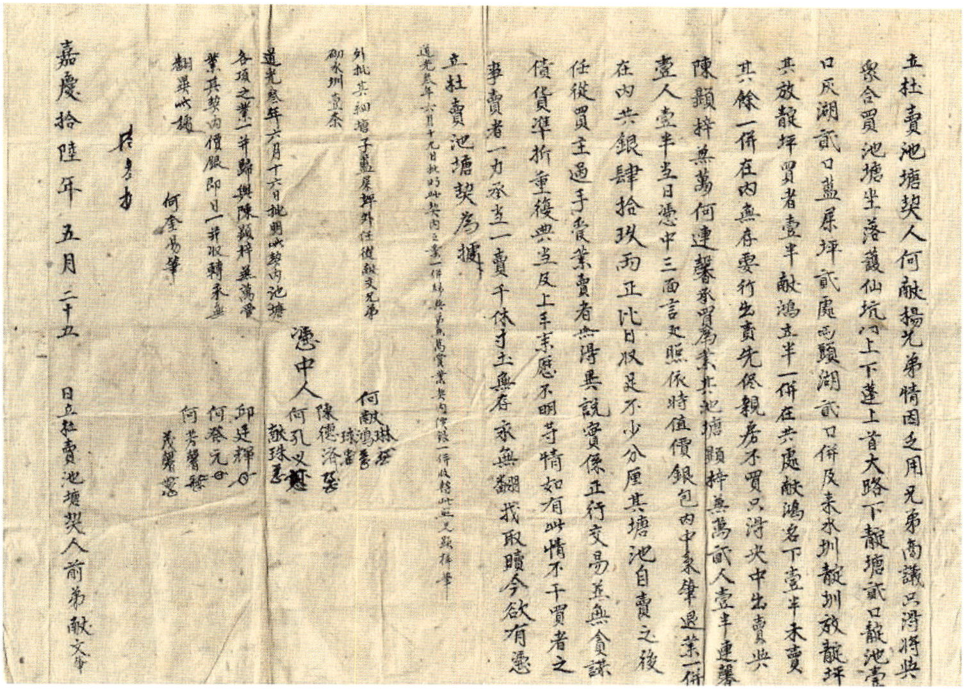

校录

立杜卖池塘契人何献扬兄弟，情因乏用，兄弟商议，只得将与众合买池塘，坐落护仙坑内上下蓬上首大路下靛塘贰口、靛池壹口、灰湖贰口、蓝屎坪贰处、马头湖贰口，并及来水圳、靛圳、放靛坪。其放靛坪买者壹半，献鸿壹半，一并在共处献鸿名下，一半未卖，其余一并在内无存。要行出卖，先侭亲房，不买，只得央中出卖与陈显梓、兼万、何连馨承买为业。其池塘显梓、兼万二人壹半，连馨一人一半。当日凭中三面言定，照依时值价银包内中秉笔退业一并在内，共银肆十九两正。比日收足，不少分厘。其塘池自卖之后，任从买主过手受业，卖者无得异说。实系正行交易，并无贪谋债货准折重复典当及上手来历不明等情。如有比倩，不干买者之事，卖者一力承当。一卖千休，寸土无存，永无翻找取赎。今欲

有凭，立杜卖池塘契为据。

道光三年六月十九日批明：此契内之业一并归典弟兼万受业。契内价银一并收转。此照，兄显梓笔。

外批：其细塘子蓝屎坪外，任从献文兄弟砌水圳壹条。

道光三年六月十六日批明：此契内池塘各项之业，一并归与陈显梓、兼万受业，其契内价银即日一并收转，永无翻异。此据。何奎易笔。

凭中人：陈德济、邱廷辉、何孔义、何献珠、何献琳、何献鸿、何献球、何发元、何芳馨、何茂馨

嘉庆十六年五月二十五　日立杜卖池塘契人前弟献文笔

嘉庆十六年陈德广售田土给堂弟陈克修契据

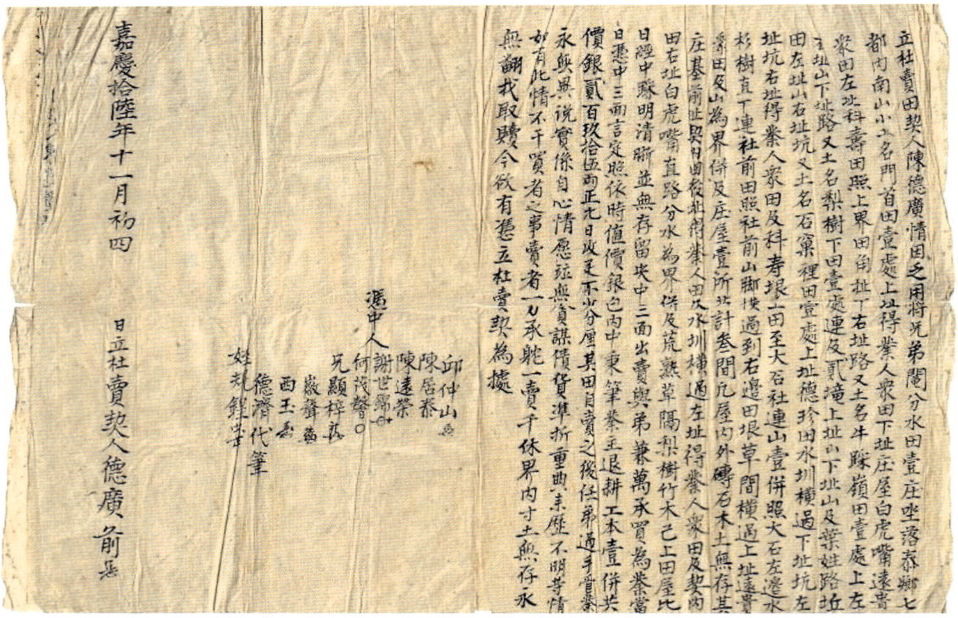

校录

立杜卖田契人陈德广，情因乏用，将兄弟阄分水田一庄，坐落泰乡七都内南山小土名门首田壹处，上址得业人众田，下址庄屋白虎嘴远贵众田，左址科寿田照上界田角扯下，右址路。又土名牛踩岭田壹处，上左右址山，下址路。又土名梨树下田一处，连及二垄，上址山，下址山及叶姓路坵田，左址山，右址坑。又土名石窠里田一处，上址德珍田水圳横过，下址坑，左址坑，右址得业人众田，及科寿垠上田至大石社，连山壹并照大石左边水杉树直下连社前田，照社前山脚横过到右边田垠草间横过，上址远贵众田及山为界，并及庄屋一所，共计三间，凡屋内外砖石木

土无存，其庄基前址契内田，后址得业人田及水圳横过，左址得业人众田及契内田，右址白虎嘴直路分水为界，并及荒熟草隔梨树竹木。已上田屋比日经中踩明清晰，并无存留，央中三面出卖与弟兼万承买为业，当日凭中三面言定，照依时值价银包内中秉笔业主退耕工本，壹并共价银贰百玖十伍两正。比日收足，不少分厘。其田自卖之后，任弟过手受业，永无异说，实系自心情愿，并无贪谋债货准折重典来历不明等情。如有此情，不干买者之事，卖者一力承担。一卖千休，界内寸土无存，永无翻找取赎。今欲有凭，立杜卖契为据。

凭中人：谢世锦、何茂馨、兄显梓、徽声、西玉、陈远荣、陈居泰　邱仲山　侄规鍠　兄德济代笔

嘉庆十六年十一月初四　日立杜卖契人德广前（画押）

嘉庆十七年何松干售屋给陈克修契据

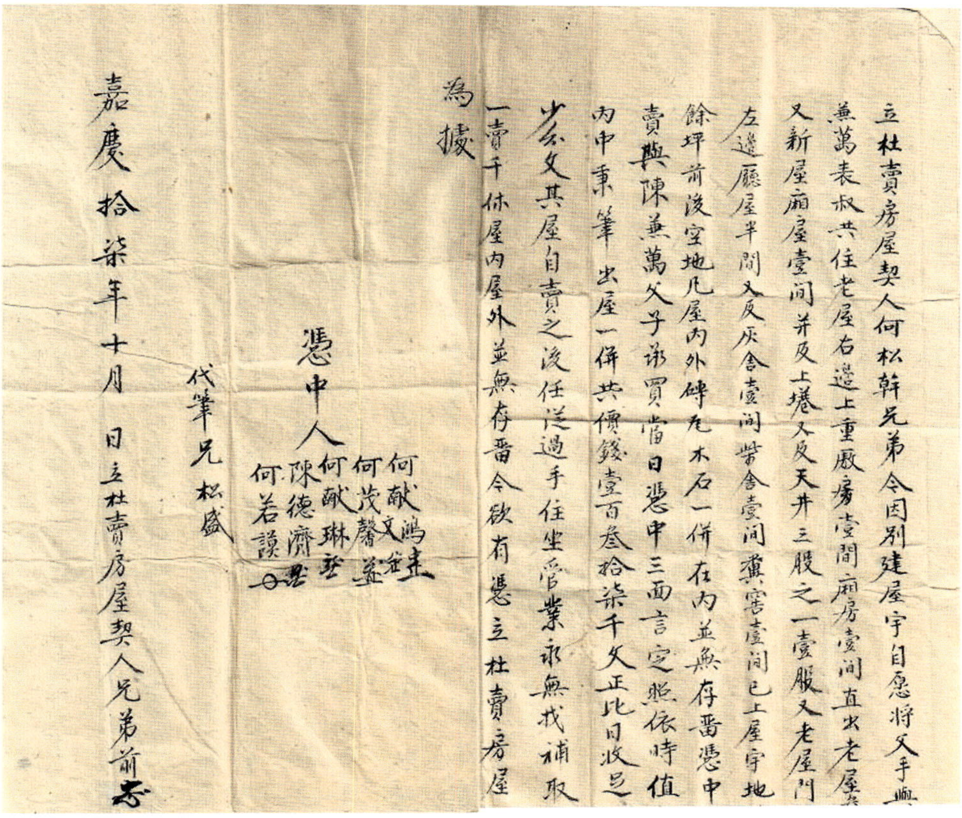

立杜賣房屋契人何松幹兄弟今因別建屋宇自愿将父手與
兼萬表叔共住老屋右邊上重廒房壹間廂房壹間直出老屋
又新屋廂屋壹間并及上巷又及天井三股之一壹股又老屋門
左邊廳屋半間又及灰舍壹間柴舍壹間糞窖壹間已上屋宇地
餘坪前後空地凡屋內外磚瓦木石一併在內並無存留憑中
賣與陳兼萬父子承買當日憑中三面言定照依時值
內中秉筆出屋一併共價錢壹百叁拾柒千文正比日收足
少文其屋自賣之後任從過手任坐管業永無找補取
一賣千休屋內屋外並無存留今欲有憑立杜賣房屋
為據

憑中人 何猷鴻 何茂馨 何猷琳 陳德濟 何若謨

代筆兄松盛

嘉慶拾柒年十月　日立杜賣房屋契人兄弟前

校录

立杜卖房屋契人何松干兄弟，今因别建屋宇，自愿将父手与陈兼万表叔共住老屋右边上重廒房一间、厢房一间，直出老屋三间。又新屋厢屋一间，并及上巷又及天井三股之壹

股，又老屋门前左边厅屋半间，又及灰舍壹间、柴舍壹间、粪窖壹间。已上屋宇地余坪前后空地，凡屋内外砖瓦木石一并在内，并无存留，凭中卖与陈兼万父子承买。当日凭中三面言定，照依时值包内中秉笔出屋，一并共价钱壹百三拾柒千文正，比日收足，不少分文。其屋自卖之后，任从过手住坐管业，永无找补取赎。一卖千休，屋内屋外并无存留。今欲有凭，立杜卖房屋契为据。

凭中人：何献琳、陈德济、何茂馨、何若谟、何献鸿、何献文

兄松盛代笔

嘉庆十七年十月　日立杜卖房屋契人兄弟前（画押）

嘉庆十九年何胜柏售山场给陈克绳、克修契据

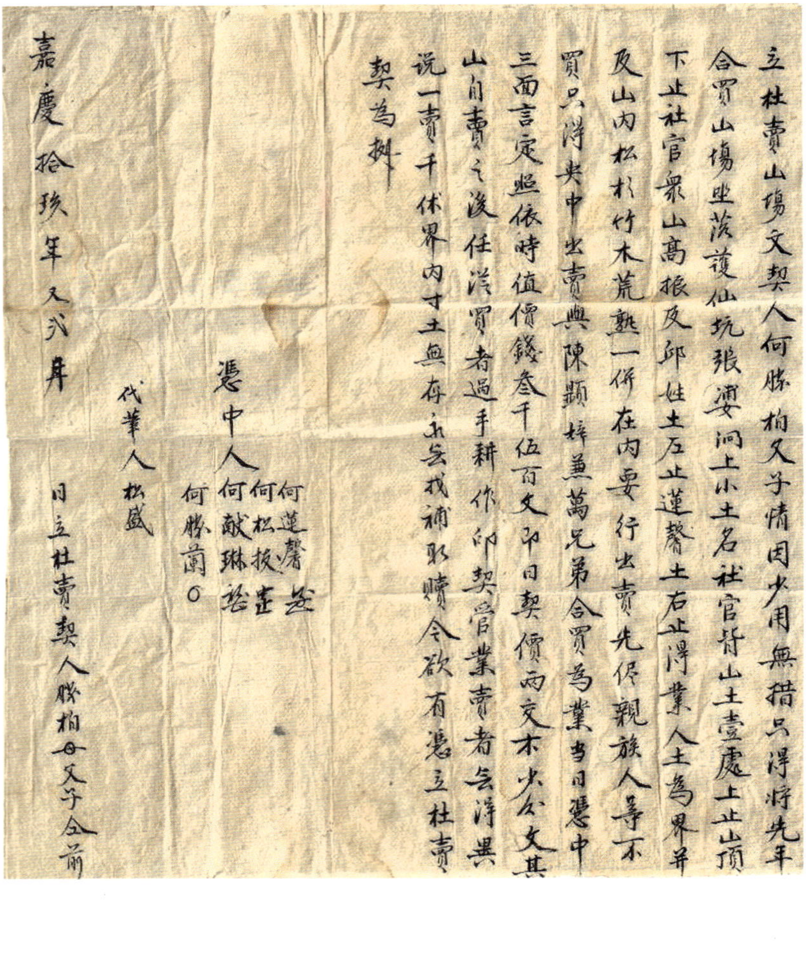

立杜賣山場文契人何勝柏父子情因少用無措只得將先年
合買山場坐落護仙坑張婆洞上小土名社官背山土壹處上止山頂
下止社官衆山高根及邱姓土左止蓮馨土右止得業人土為界并
及山内松杉竹木荒熟一併在内要行出賣先侭親族人等不
買只得央中出賣與陳顯梓兼萬兄弟合買為業当日憑中
三面言定照依時值價錢叁千伍百文正即日契價兩交不少分文其
山自賣之後任從買者過手耕作印契管業賣者無得異
說一賣千休界内寸土無存永無找補取贖今欲有憑立杜賣
契為據

憑中人　何蓮馨　何松投　何獻琳　何勝蘭〇

代筆人　松盛

嘉慶拾玖年又弍月　日立杜賣契人勝柏母父子仝前

校录

立杜卖山场文契内何胜柏父子，情因少用无措，只得将先年合买山场，坐落护仙坑张

溇洞上小土名社官背山土壹处，上止山顶，下止社官众山高振及邱姓土，左止莲馨土，右止得业人土为界，并及山内松杉竹木荒熟一并在内，要行出卖，先侭亲族人等，不买，只得央中出卖与陈显梓、兼万兄弟合买为业。当日凭中三面言定，照依时值价钱叁千伍百文，即日契价两交，不少分文。其山自卖之后，任从买者过手耕作，印契管业，卖者无得异说。一卖千休，界内寸土无存，永无找补取赎。今欲有凭，立杜卖契为据。

凭中人：何松拔、何献琳、何莲馨、何胜兰

代笔人松盛

嘉庆十九年又弍月　日立杜卖契人胜柏父子仝前

道光四年谢元亮售山场给陈克修契据

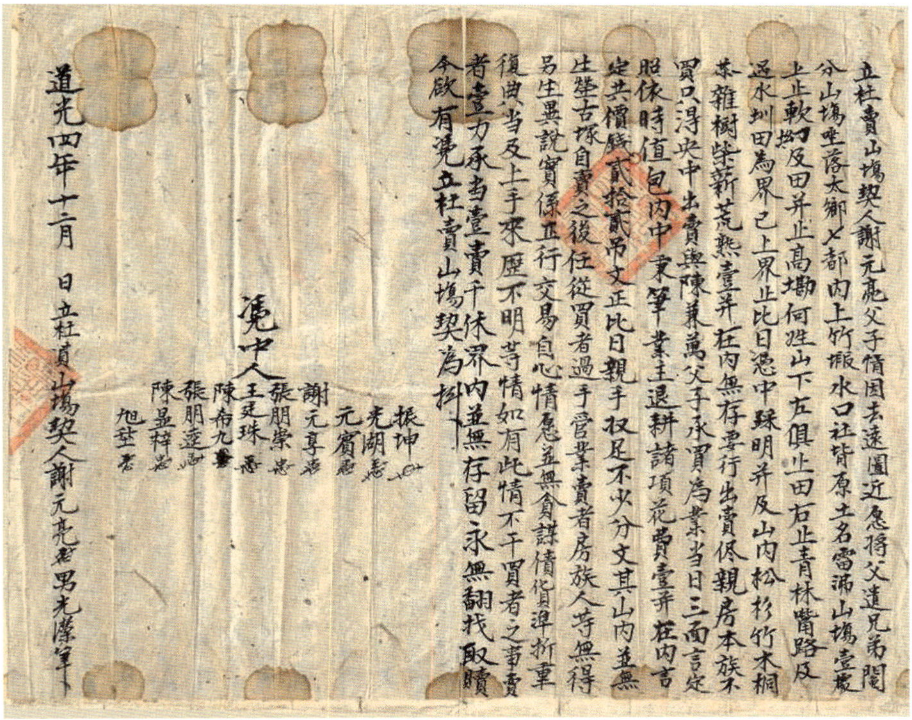

立杜賣山塲契人謝元亮父子情因去遠圖近愿將父遺兄弟鬮
分山塲坐落太鄉七都內上竹坳水口社背原土名雷沸山塲壹處
上止軟坳及田并止高墈何姓山下左俱止田右止青林嘴路及
過水圳田為界已上界址比日憑中踩明并及山內松杉竹木桐
茶雜樹柴薪荒熟壹并在內無存要行出賣侭親房本族不
買只得央中出賣與陳兼萬父子承買為業當日三面言定
照依時值包內中秉筆業主退耕諸項花費壹并在內言
定共價錢貳拾貳吊文正比日親手收足不少分文其山內並無
生塋古塚自賣之後任從買者過手管業賣者房族人等無得
另生異說實係正行交易自心情愿並無貪謀債貨準折重
復典當及上手來歷不明等情如有此情不干買者之事賣
者壹力承當壹賣千休界內並無存留永無翻找取贖
今欲有憑立杜賣山塲契為据

憑中人 謝振坤 光湖 元賓 元亨 張朋崇 王廷珠 陳布九 張朋遠 陳显梓 旭登

道光四年十一月　日立杜賣山塲契人謝元亮 男光滐筆

校录

立杜卖山场契人谢元亮父子，情因去远图近，愿将父遗兄弟阄分山场，坐落太乡七都内上竹墩水口社背原土名雷沸山场壹处，上止软坳及田，并止高墈何姓山下，左俱止田，右止青林嘴路及过水圳田为界。已上界址比日凭中踩明，并及山内松杉竹木桐茶柴薪荒熟壹并在内无存。要行出卖，侭亲房本族，不买，只得央中出卖与陈兼万父子承买为业。当日三面言定，照依时值，包内中秉笔业主退耕诸项花费一并在内言定，共价钱贰拾贰吊文正。比日收足，不少分文。其山内并无生茔古冢。自卖之后，任从买者过手管业，卖者房族人等无得另生异说。实系正行交易，自心情愿，并无贪谋债货准折重复典当及上手来历不明等情。如有此情，不干买者之事，卖者一力承当。一卖千休，界内并无存留，永无翻找取赎。今欲有凭，立杜卖山场契为据。

凭中人：王廷珠、张朋崇、陈希九、谢元享、张朋逵、谢元宾、陈显梓、谢光湖、陈旭升、谢振坤

道光四年十二月　日立杜卖山场契人谢元亮男光藻笔

道光十三年陈规镇典屋给陈克修契据

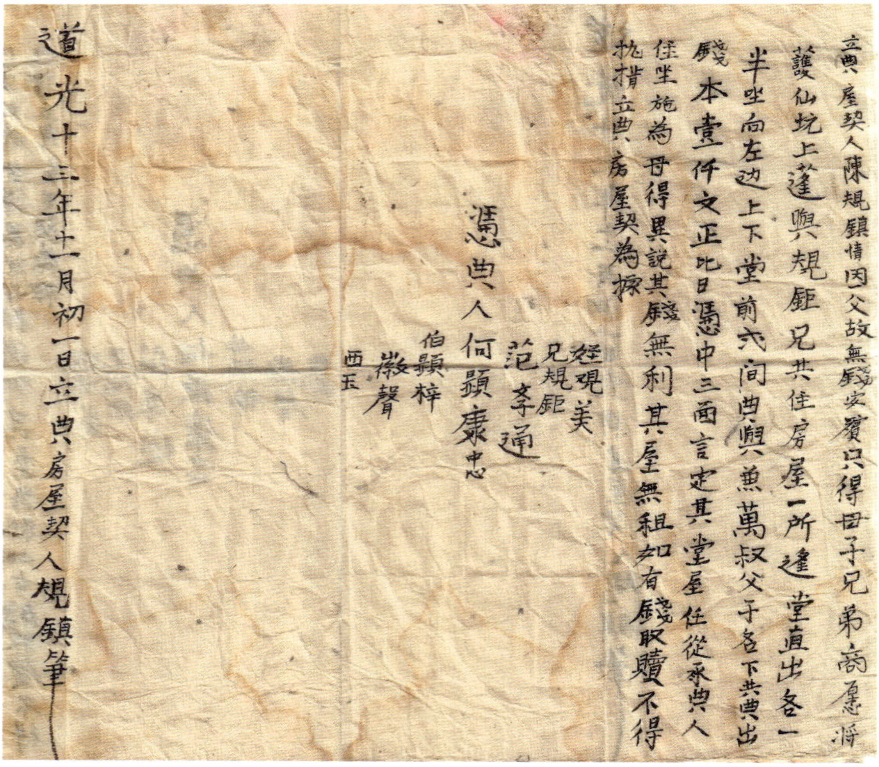

校录

立典屋契人陈规镇，情因父故，无钱安殡，只得母子兄弟商愿，将护仙坑上蓬与规钜兄共住房屋一所，逢堂直出各一半，坐向左边上下堂前二间，典与兼万叔父子名下，共典出钱本一千文正。比日凭中三面言定，其堂屋任从承典人住坐施为，毋得异说。其钱无利，其屋无租。如有钱取赎，不得执措，立典房屋契为据。

凭典人：何显康、伯显梓、徽声、西玉、兄归钜、侄观美、范学通

道光十三月十一月初一日立典房屋契人规镇笔

道光十三年陈规镇典屋给陈克修契据

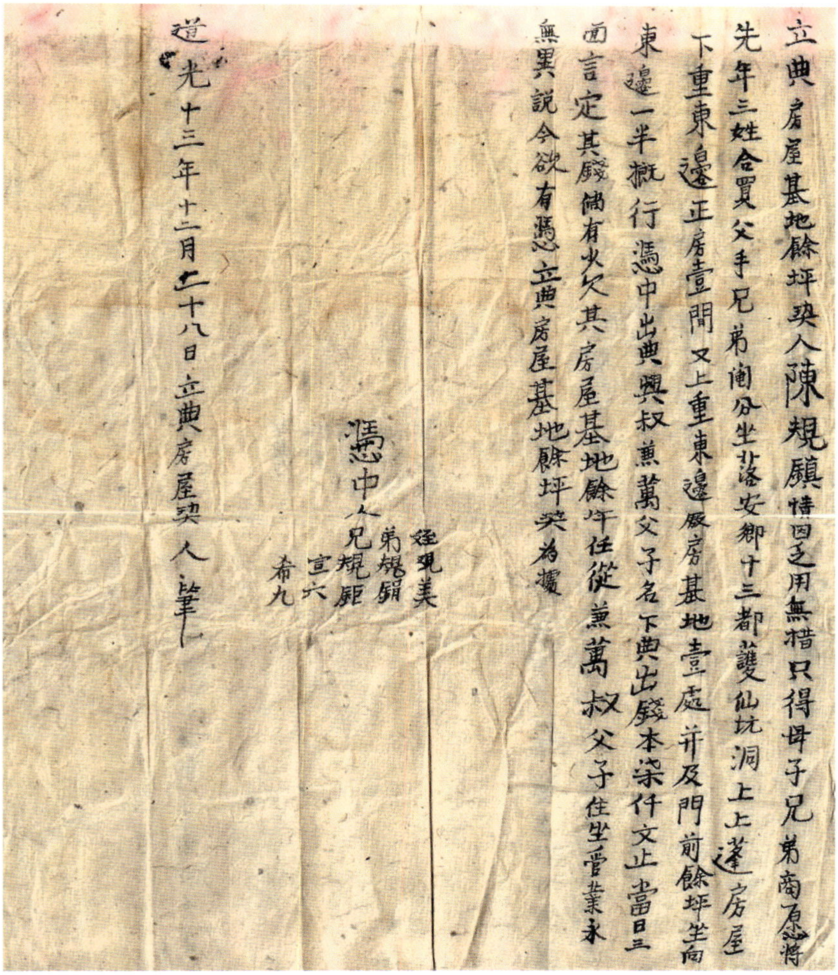
立典房屋基地餘坪契人陳規鎮情因乏用無措只得母子兄弟商愿將先年三姓合買父手兄弟閹分坐落安鄉十三都護仙坑洞上上蓬房屋下重東邊正房壹間又上重東邊廒房基地壹處并及門前餘坪坐向東邊一半概行憑中出典與叔兼萬父子名下典出錢本柒仟文正當日三面言定其錢倘有少欠其房屋基地餘坪任從兼萬叔父子住坐管業永無異說今欲有憑立典房屋基地餘坪契為據

憑中人 兄規鉅 宣六 希九 弟規鋗 姪觀美

道光十三年十二月二十八日立典房屋契人筆

校录

立典房屋基地余坪契人陈规镇，情因乏用无措，只得母子兄弟商愿，将先年三姓合买父手兄弟阄分坐落安乡十三都护仙坑洞上上蓬房屋下重东边正房一间，又上重东边廒房基地一处，并及门前余坪，坐向东边一半，概行凭中出典与叔兼万父子名下，典出钱本柒千文正。当日三面言定，其钱倘有少欠，其房屋基地余坪任从兼万叔父子住坐管业，永无异说。今欲有凭，立典房屋基地余坪契为据。

凭中人：兄规钜、宣六、希九、弟规鋗、侄观美

道光十三年十二月二十八日立典房屋契人笔

道光二十六年陈和璧售山场给张文华契据

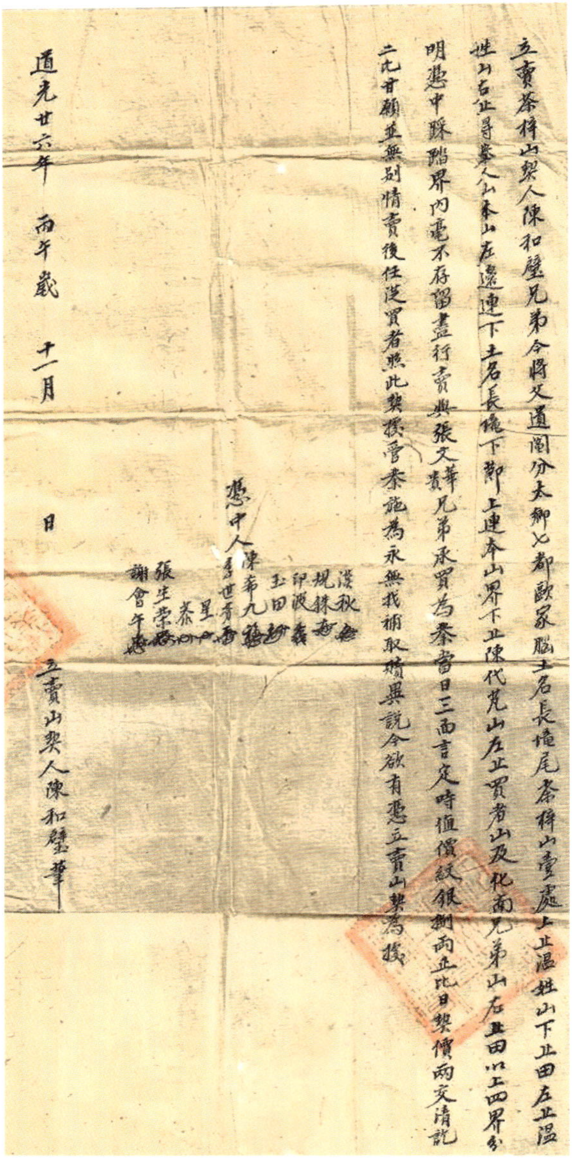

校录

立卖茶梓山契人陈和璧兄弟，今将父遗阄分太乡七都欧家脑土名长垄尾茶梓山一处，上止温姓山，下止田，左止温姓山，右止得业人山本山，左边连下土名长垄下节，上连本山界，下止陈代芃山，左止买者山及化南兄弟山，右止田。以上四界分明，凭中踩踏，界内毫不存留，尽行卖与张文华、文贵兄弟承买为业。当日三面言定，时值价纹银捌两正。比日契价两交清讫，二比甘愿，并无别情。卖后任从买者照此契据管业施为，永无找补取赎异说。今欲有凭，立卖山契为据。

凭中人：陈希九、陈玉田、陈印波、陈规铢、陈汉秋、李世芬、李世星、李世恭、张生荣、谢会午

道光廿六年丙午岁十一月　日　立卖山契人陈和璧笔

道光二十八年陈规镐卖山场给张文华契据

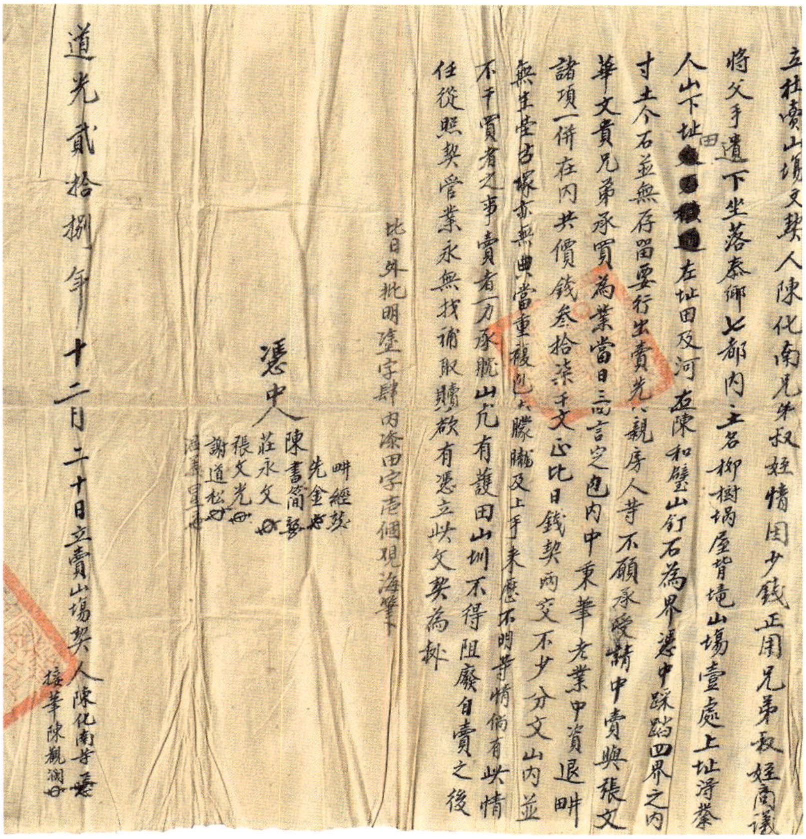

校录

立杜卖山场文契人陈化南兄弟叔侄，情因少钱正用，兄弟叔侄商议，将父手遗下坐落泰乡七都内土名柳树埚屋背垄山场一处，上址得业人山，下址田，左址及河，右址陈和壁山钉石为界，凭中踩踏四界之内寸土个石，并无存留。要行出卖，先侭亲房人等，不愿承受，请中卖与张文华、文贵兄弟承买为业。当日三面言定，包内中秉笔老业中资退耕诸项一并在内，共价钱叁十柒千文正。比日钱契两交，不少分文。山内并无生茔古塚，亦无典当重

复包卖朦胧及上手来历不明等情。倘有此情，不干买者之事，卖者一力承担。山内凡有护田山圳不得阻废，自卖之后，任从照契管业，永无找补取赎。今欲有凭，立此文契为据。

比日外批明：涂字肆个内添田字壹个。观海笔

凭中人：陈书简、陈先金、陈耕经、庄永文、张文光、谢道松、温义星

道光二十八年十二月二十日立卖山场契人陈化南等（画押）

接笔陈观澜

张文华买陈规镐山场完税契尾

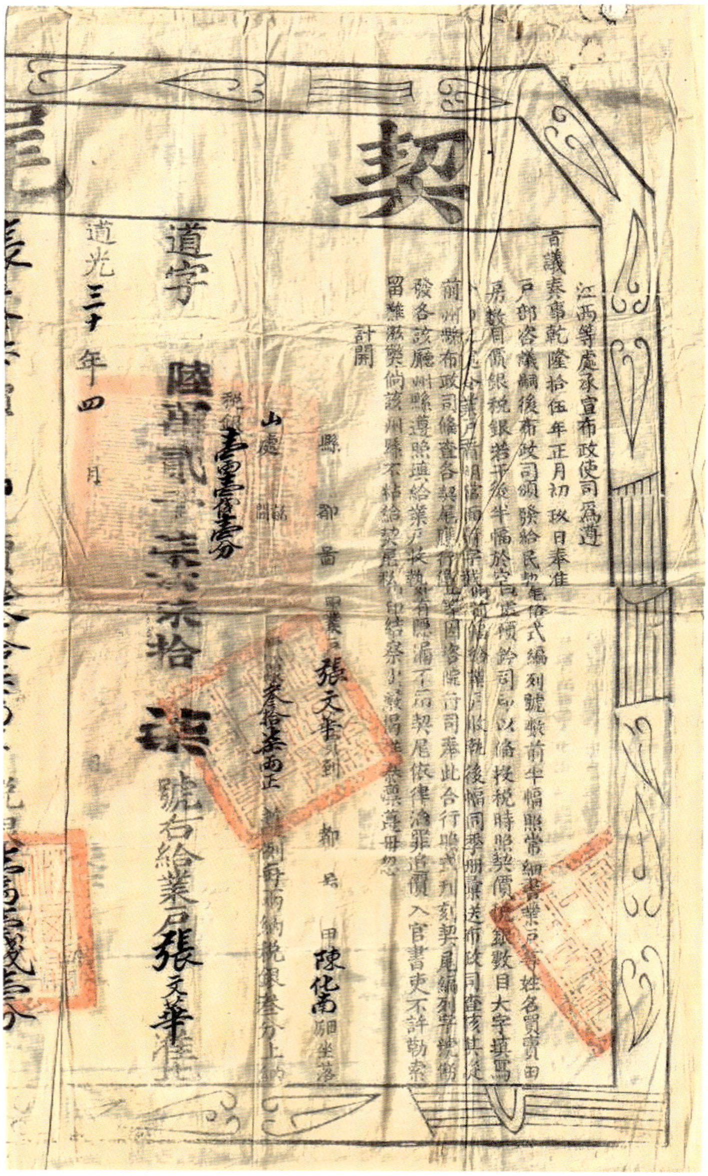

道光二十九年张文华买陈规铢山场完税契尾

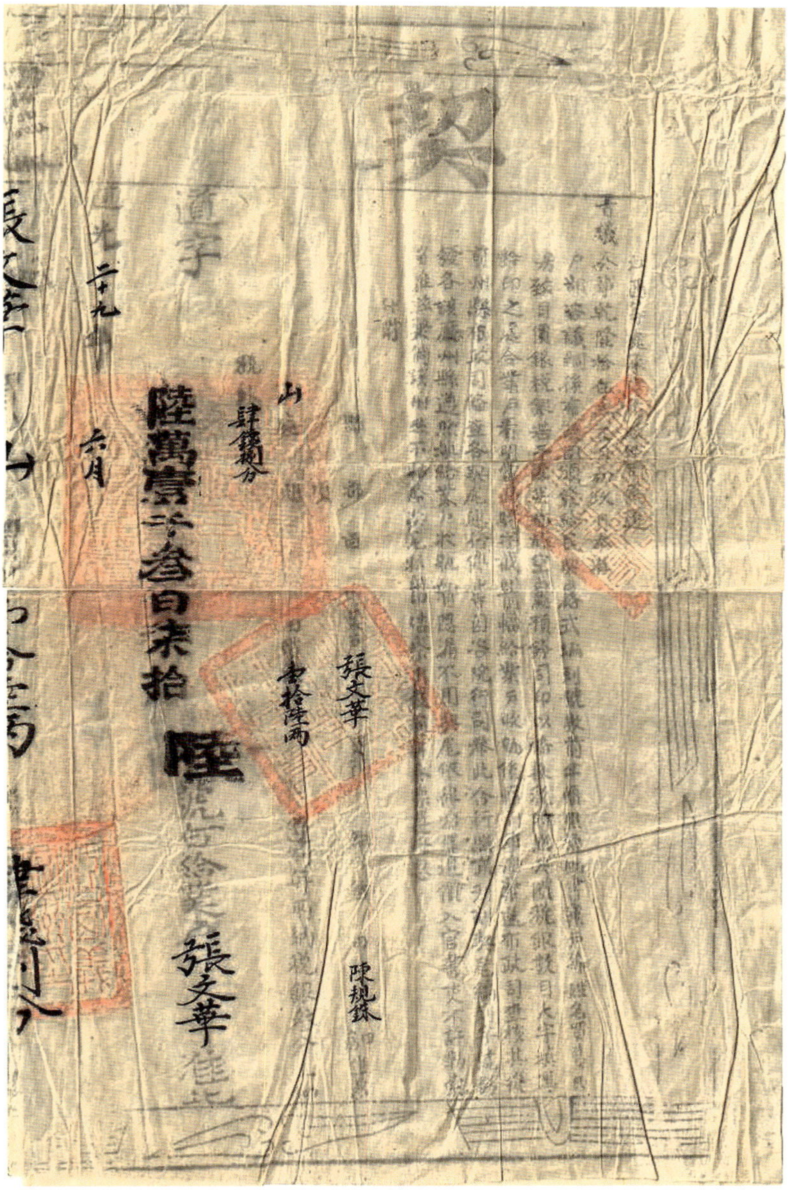

道光二十九年张文华买陈和璧山场完税契尾

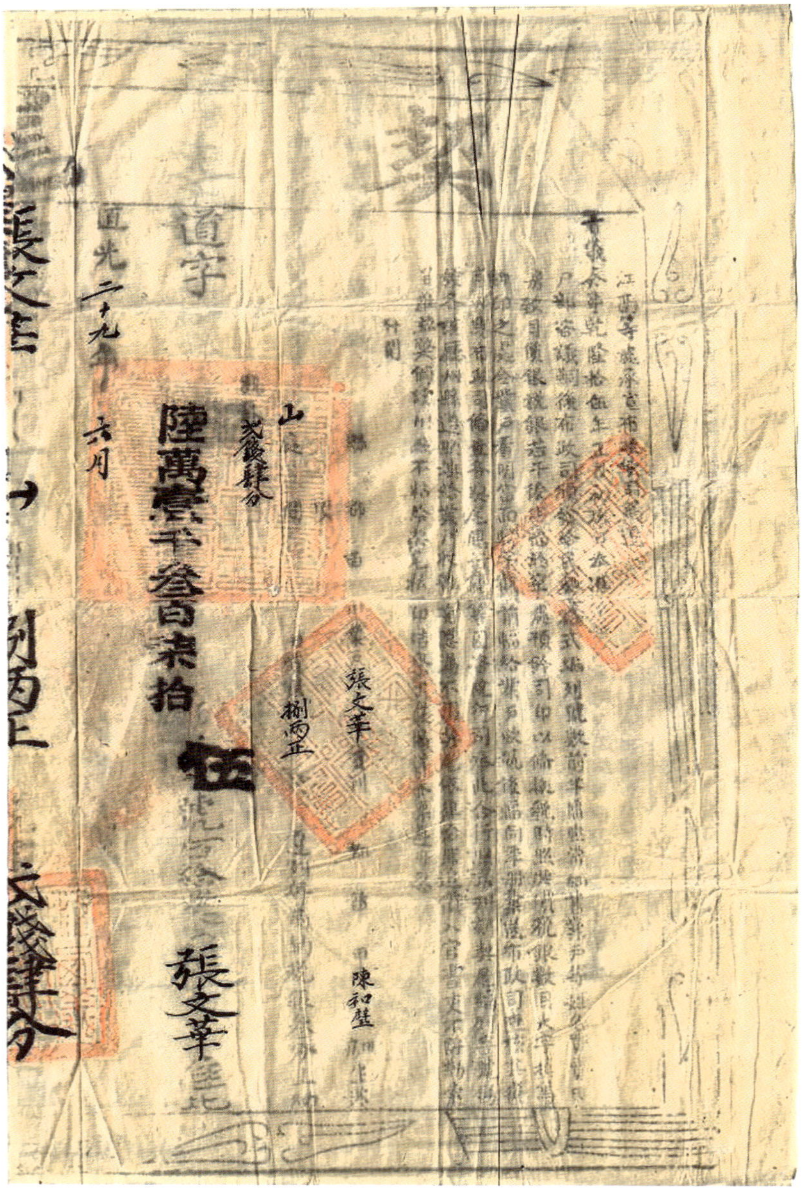

咸丰九年何王氏售土给陈规镕契据

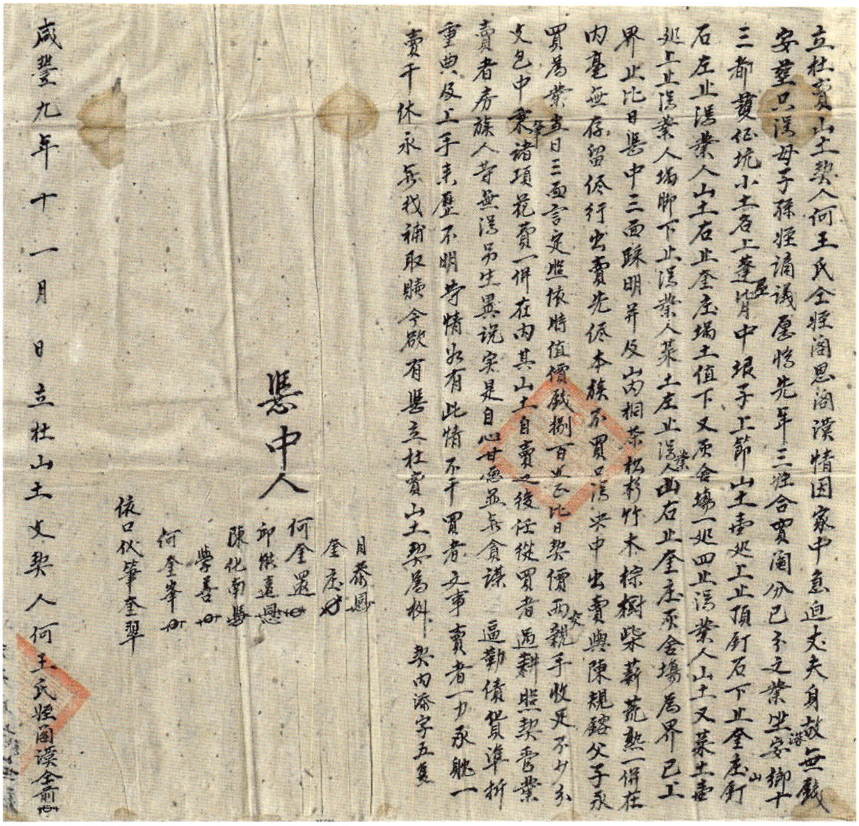

校录

立杜卖山土契人何王氏仝侄阁思、阁汉，情因家中急迫，丈夫身故，无钱安葬，只得母子孙侄商议，愿将先年三姓合买阄分己分之业，坐落安乡十三都护仙坑小土名上逢屋背中埌子上节山土一处，上止顶钉石，下止奎庄山钉石，左止得业人山土，右止奎庄垴土值下。又灰舍场一处，四止得业人山土，又菜土一处，上止得业人垴脚，下止得业人菜土，左止得业人山，右止奎庄灰舍场为界。已上界止，比日凭中三面踩明，并及山内桐茶松杉竹木棕树柴薪荒熟一并在内，毫无存留，尽行出卖。先侭本族，不买，只得央中出卖与陈规镕父子承买为业。当日三面言定，照依时值价钱捌百文正。比日契价两交亲手收足，不少分文，包中秉笔诸项花费一并在内。其山土自卖之后，任从买者过耕照契管业，卖者房族人等无得另生异说，实是自心甘愿，并无贪谋逼勒债货准折重典及上手来历不明等情。如有此情，不干买者之事，卖者一力承担。一卖千休，永无找补取赎。今欲有凭，立杜卖山土为据。契内添字五复。

凭中人：何奎还、何奎庄、何月恭、邱能远、陈化南、陈学善、何奎峰

依口代笔何奎翠

咸丰九年十一月　日立杜山土文契人何王氏侄阁汉同前（画押）

陈规镕买何王氏土完税契尾

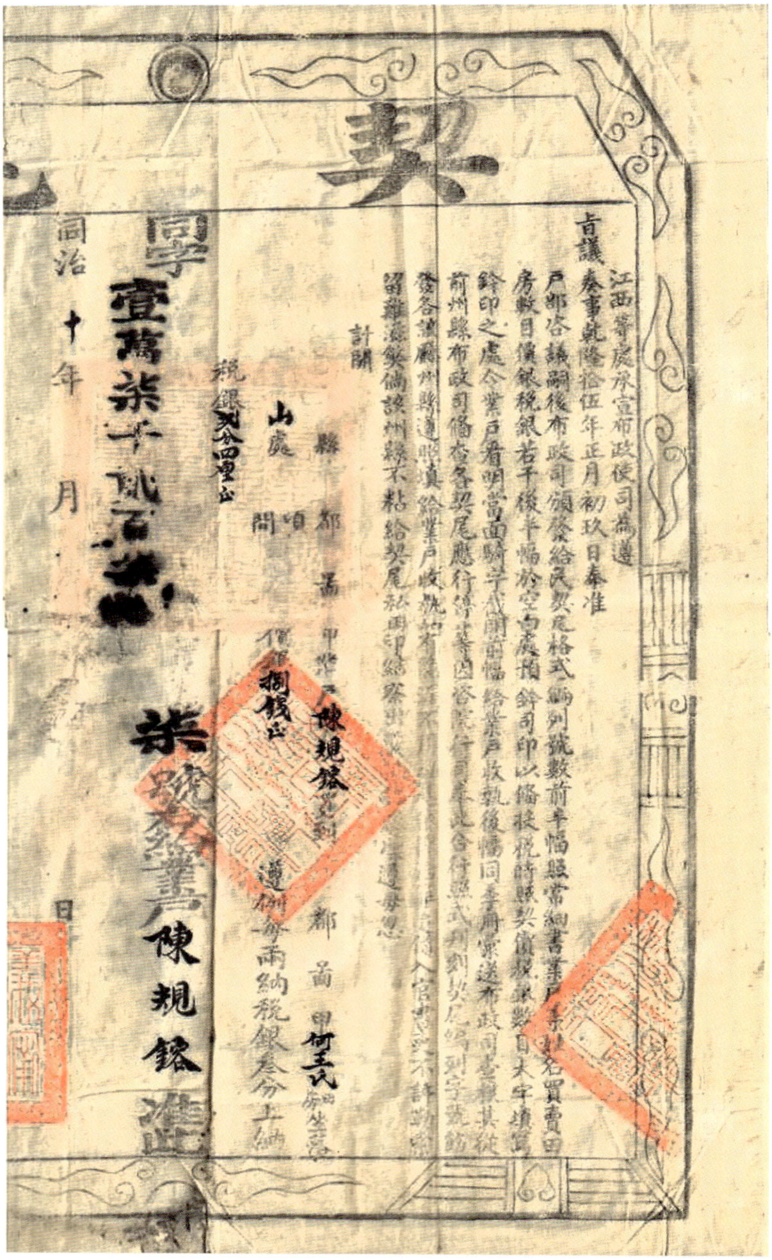

契

江西等處承宣布政使司為遵

旨議奏事乾隆拾伍年正月初玖日奉准

戶部咨議嗣後布政司頒發給民契尾格式編列號數前半幅照常細書業戶等名買賣田

房數目價銀稅銀若干後半幅於空白處預鈐司印以備投稅時將契價稅銀數目大字填寫

鈐印之處令業戶看明當面騎字截開前幅給業戶收執後幅同季冊彙送布政司查核其從

前州縣布政司備查各契尾應行停止[illegible]合行照式刊刻契尾編列字號鈐

發各屬州縣遵照填給業戶收執如有[illegible]入官[illegible]不許[illegible]

留難滋弊倘該州縣不粘給契尾私用印結察出[illegible]遵毋忽

計開

縣　都　圖　甲業戶陳規鎔　買到　都　圖　甲何王氏　名下

山處　間　價銀捌錢正　遵例每兩納稅銀叁分上納

稅銀貳分四厘正

學壹萬柒千貳百[illegible]

柒號　給業戶陳規鎔　準此

同治十年　月　日

同治九年萧德恭售土给陈和璧契据

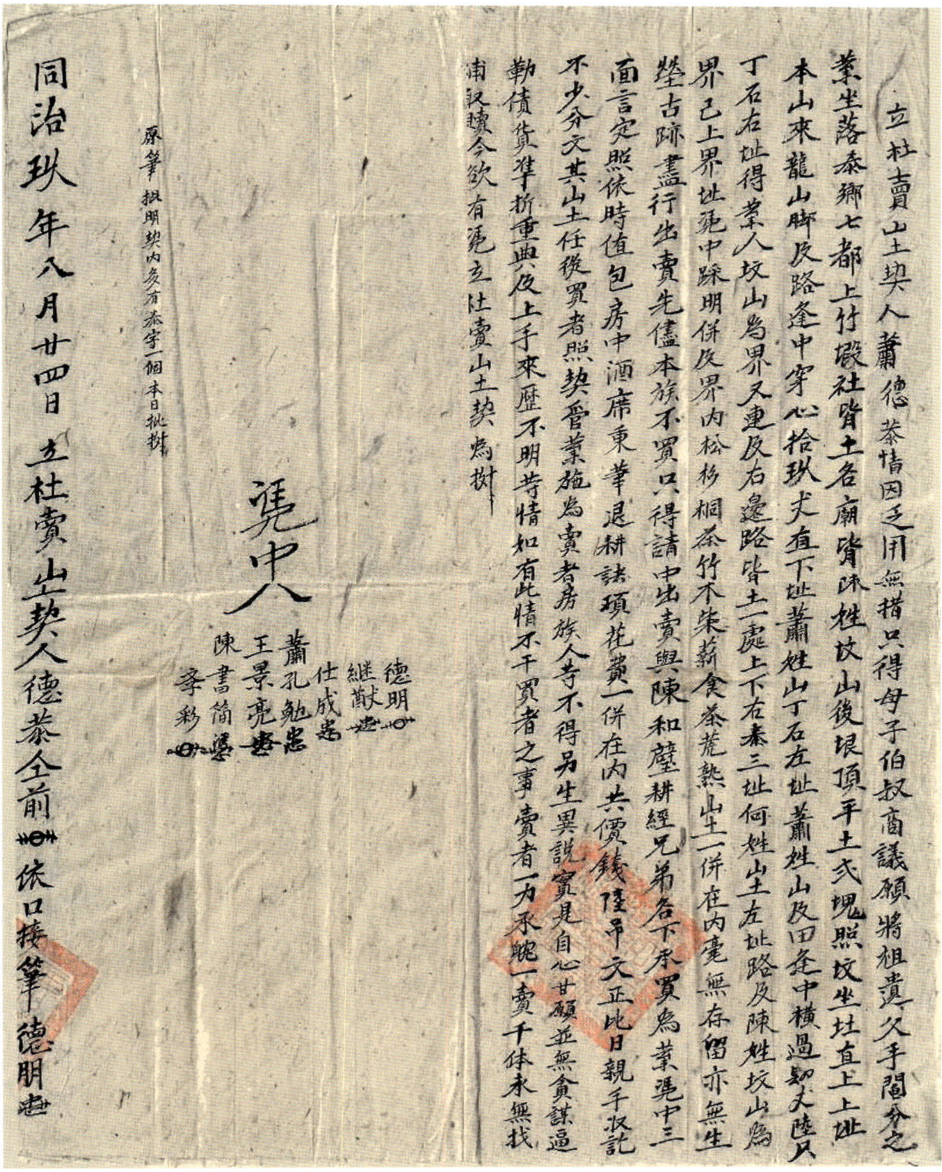
立杜賣山土契人蕭德恭情因乏用無措只得母子伯叔商議願將祖遺父手閹分之業坐落泰鄉七都上竹塅社背土名廟背陳姓坟山後垠頂平土弍塊照坟坐北直上上址本山來龍山脚及路逢中穿心拾玖丈直下址蕭姓山丁石左址蕭姓山及田逢中橫過肆丈陸尺丁石右址得業人坟山為界又連及右邊路背土一處上下右未三址何姓山土左址路及陳姓坟山為界已上界址憑中踩明併及界內松杉桐茶竹木柴薪食茶荒熟山土一併在內毫無存留亦無生塋古跡盡行出賣先儘本族不買只得請中出賣與陳和璧耕經兄弟名下承買為業憑中三面言定照依時值包房中酒席東筆退耕誌項花費一併在內共價錢陸吊文正比日親手收訖不少分文其山土任從買者照契管業施為賣者房族人等不得另生異說實是自心甘願並無貪謀逼勒債貨準折重典及上手來歷不明等情如有此情不干買者之事賣者一力承躭一賣千休永無找補找續今欲有憑立杜賣山土契為據

原筆批明契內多有泰字一個本日批據

憑中人 德明 繼猷 仕成 蕭孔勉 王景亮 陳書簡 孝彬

同治玖年八月廿四日 立杜賣山土契人德恭仝前 依口接筆德明

校录

立杜卖山土契人萧德恭，情因乏用无措，只得母子伯叔商议，愿将祖遗父手阄分之业，坐落泰乡七都上竹塅社背土名庙背陈姓坟山后垠顶平土弍块，照坟坐北直上，上址本山来龙山脚及路，逢中穿心十九丈直，下址萧姓山钉石，左址萧姓山及田，逢中横过四丈六尺丁石，右址得业人坟山为界。又连及右边路背土一处，上下右三址何姓山土，左址路及陈姓坟山为界。已上界址凭中踩明，并及界内松杉桐茶竹木柴薪食茶荒熟山土一并在内，毫无存留，亦无生茔古迹，尽行出卖。先侭本族，不买，只得请中出卖与陈和璧、耕经兄弟名下承买为业，凭中三面言定，照依时值包房中酒席秉笔退耕诸项花费一并在内，共价钱陆吊文正，比日亲手收讫，不少分文。其山土任从买者照契管业施为，卖者房族人等不得另生异说。实是自心甘愿，并无贪谋逼勒债货准折重典及上手来历不明等情。如有此情，不干买者之事，卖者一力承担。一卖千休，永无找补取赎。今欲有凭，立杜卖山土契为据。

凭中人：萧孔勉、萧仕成、萧继猷、萧德明、王景亮、陈书简、陈学彩

原笔批明：契内多有"泰"字一个，本日批据。

同治九年八月廿四日立杜卖山契人德恭仝前（画押）　依口接笔萧德朋（画押）

萧德恭收据

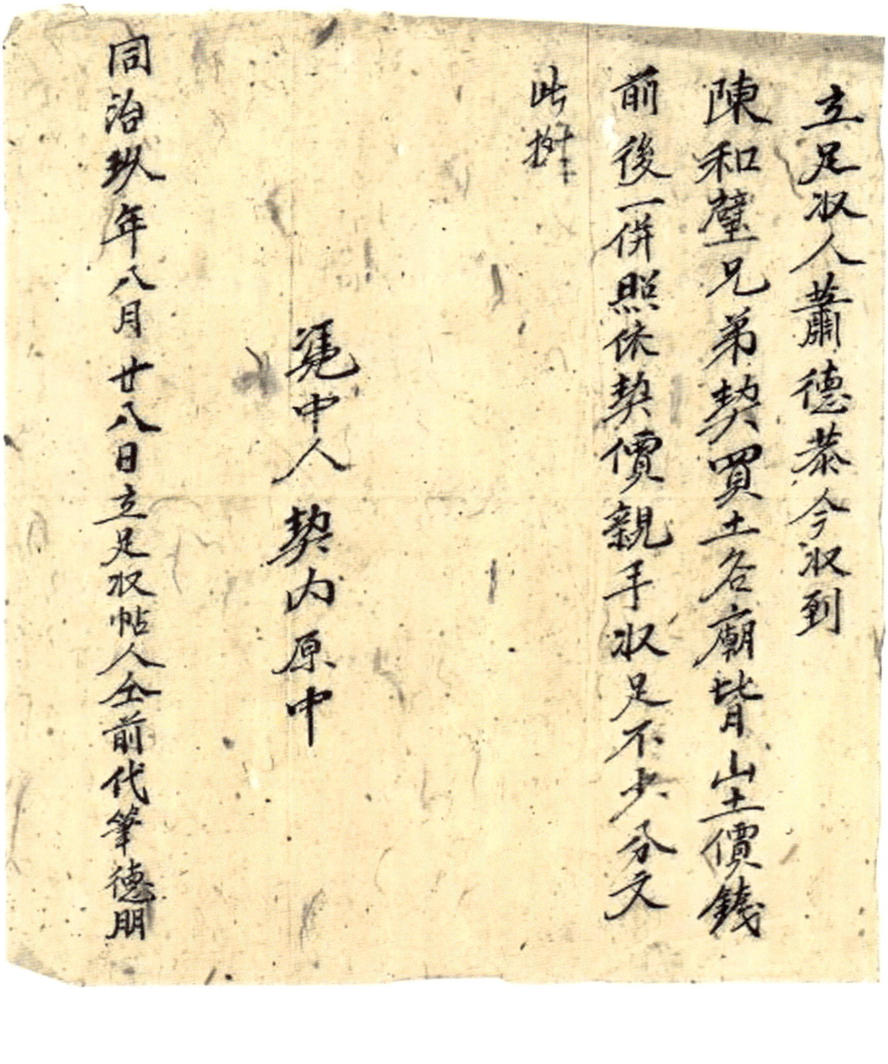
立足收人蕭德恭今收到
陳和璧兄弟契買土名廟背山土價錢
前後一併照依契價親手收足不少分文
此據
憑中人 契內原中
同治玖年八月廿八日立足收帖人仝前代筆德朋

同治八年陈克修买谢元亮田完税契尾

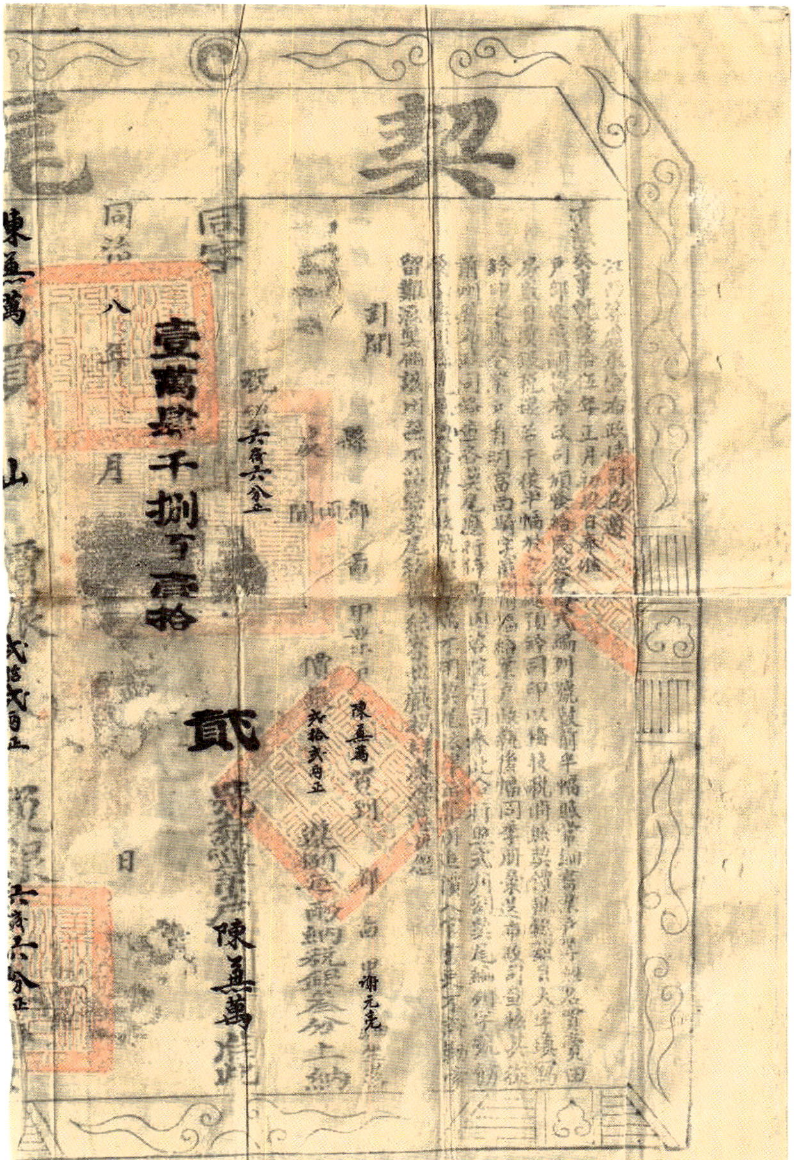

同治十年陈和璧买萧德恭土完税契尾

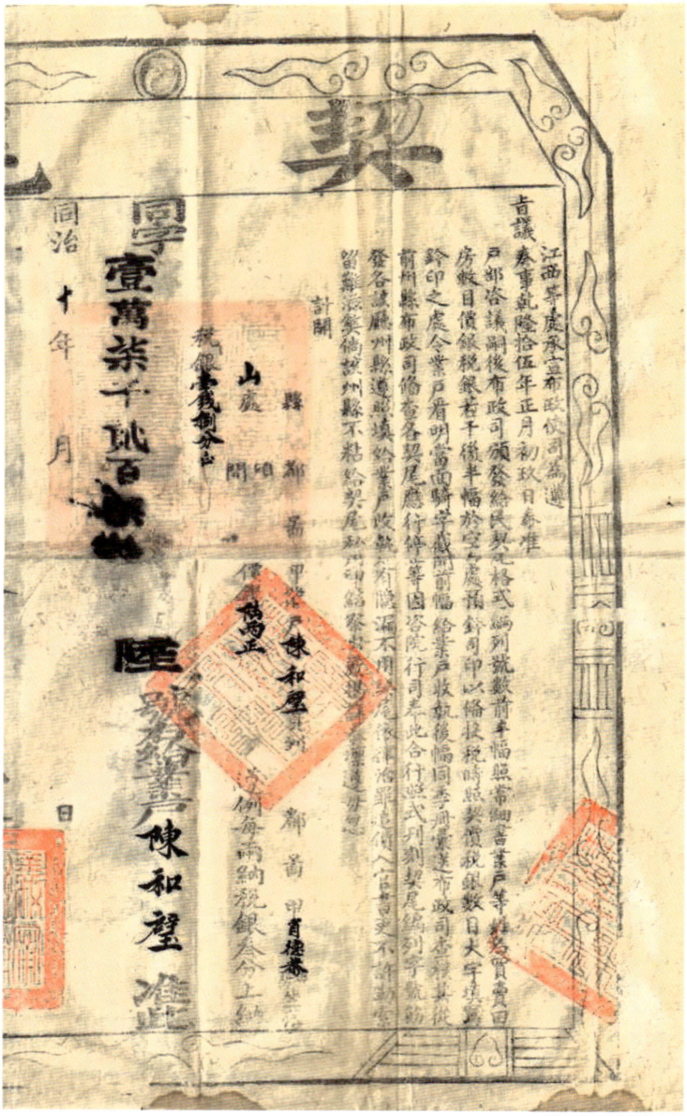

校录

江西等处承宣布政使司，为遵旨议奉事：乾隆十五年正月初九日，奉准户部咨议，嗣后布政司颁发给民契尾格式，编列号数。前半幅照常细书业户等姓名，买卖田房数目，价银税银若干；后半幅于空白处预钤司印，以备投税时照契价税银数目大字填写钤印之处，令业户看明，当面骑字截开前幅，给业户收执。后幅同季册汇送布政司查校。其后前州县布政司备查各契尾应行停止等因，咨院行司奉此合行，照式刊刻契尾，编列字号，饬发各该厅州县遵照，填给业户收执。如有隐漏、不用契尾，依律治罪，追价入官。书吏不许勒索留难滋弊。倘该州县不粘给契尾，私用印结，察出严揭详参，凛遵毋忽。

计开

县 都 图 甲 业户 陈和璧买到都 图 甲肖德恭，坐落 山处间

价银陆两正，尊例每两纳税银叁分，上纳税银壹钱捌分正。

同字壹万柒千贰百陆号，右给业户 陈和璧 准此

同治十年 月 日

光绪九年陈夕佳买谢学槐田土完税契尾

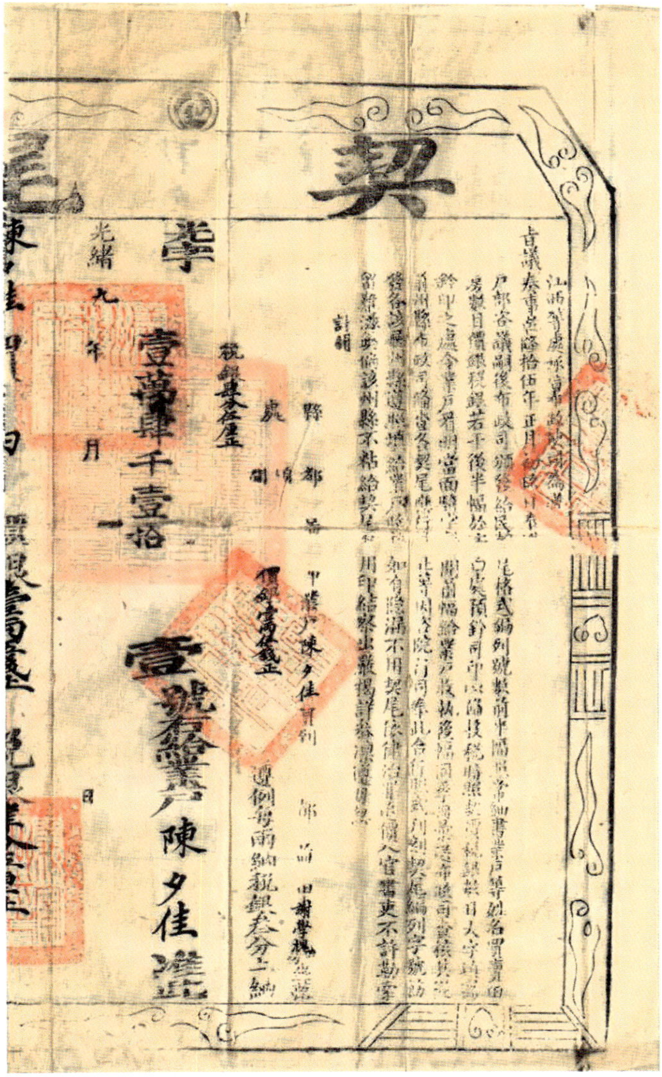

道光二十年陈观礼领条

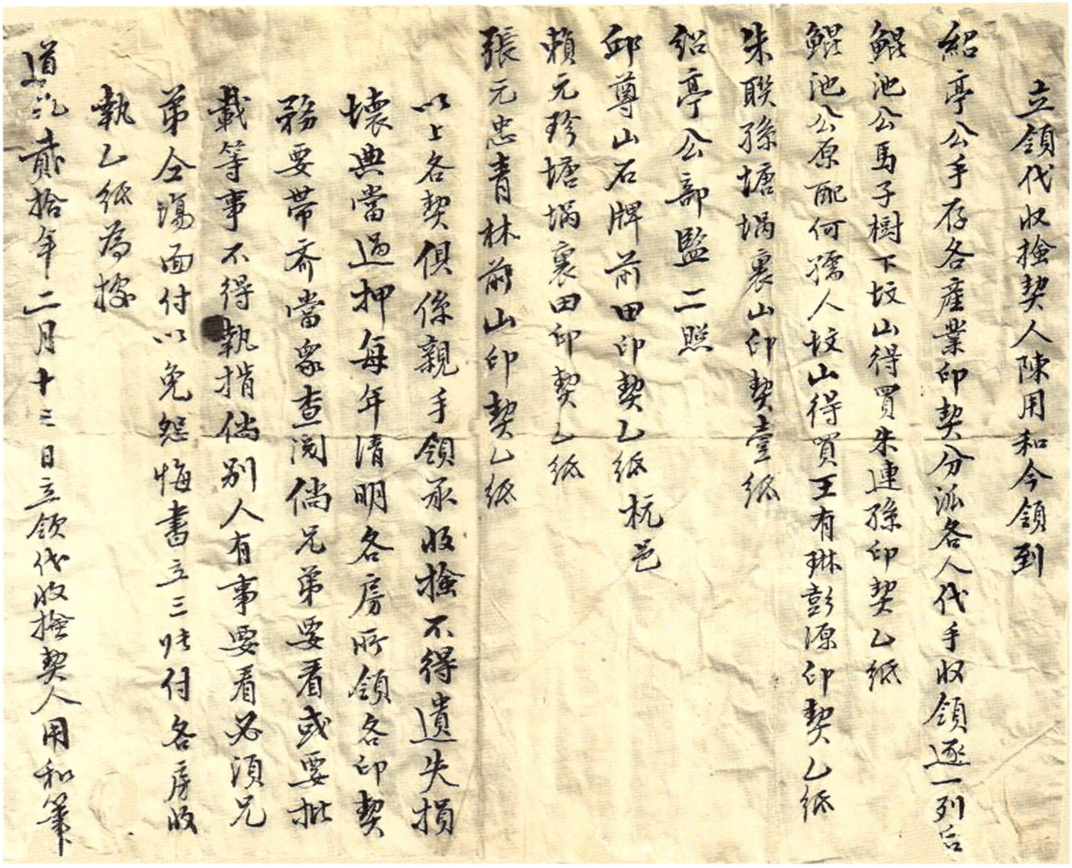
立領代收檢契人陳用和今領到
紹亭公手存各產業印契分派各人代手收領逐一列后
鯤池公馬子樹下坟山得買朱連孫印契乙紙
鯤池公原配何孺人坟山得買王有琳彭源印契乙紙
朱連孫塘埚裏山印契壹紙
紹亭公部監二照
邱尊山石牌前田印契乙紙杭邑
賴元珍塘埚裏田印契乙紙
張元忠青林前山印契乙紙
以上各契俱係親手領承收檢不得遺失損
壞典當過押每年清明各房所領各印契
務要帶齊當衆查閱倘兄弟要看或要批
載等事不得執揹倘別人有事要看兄須兄
弟全場面付以免經悔書立三帖付各房收
執乙紙為據
道光貳拾年二月十三日立領代收檢契人用和筆

校录

立领代收捡契人陈用和今领到绍亭公手存各产业印契，分派各人代手收领，逐一列后：

鲲池公马子树下坟山得买朱连孙印契乙纸；

鲲池公原配何孺人坟山得买何有琳彭源印契乙纸；

朱连孙塘埚里山印契乙纸；

绍亭公部监二照；

邱尊山石牌前天印契乙纸杭邑；

赖元珍塘埚里田印契乙纸；

张元忠青林前山印契乙纸。

以上各契俱系亲手领承收捡，不得遗失损坏典当过押。每年清明各房所领各印契务要带齐，当众查阅。倘兄弟要看或要批载等事，不得执措。倘别人有事要看，必须兄弟同场面付，以免怨悔。书立三张，付各房收执乙纸为据。

道光贰拾年二月十三日领代收捡契人用和笔

道光二十三年陈规镐契据

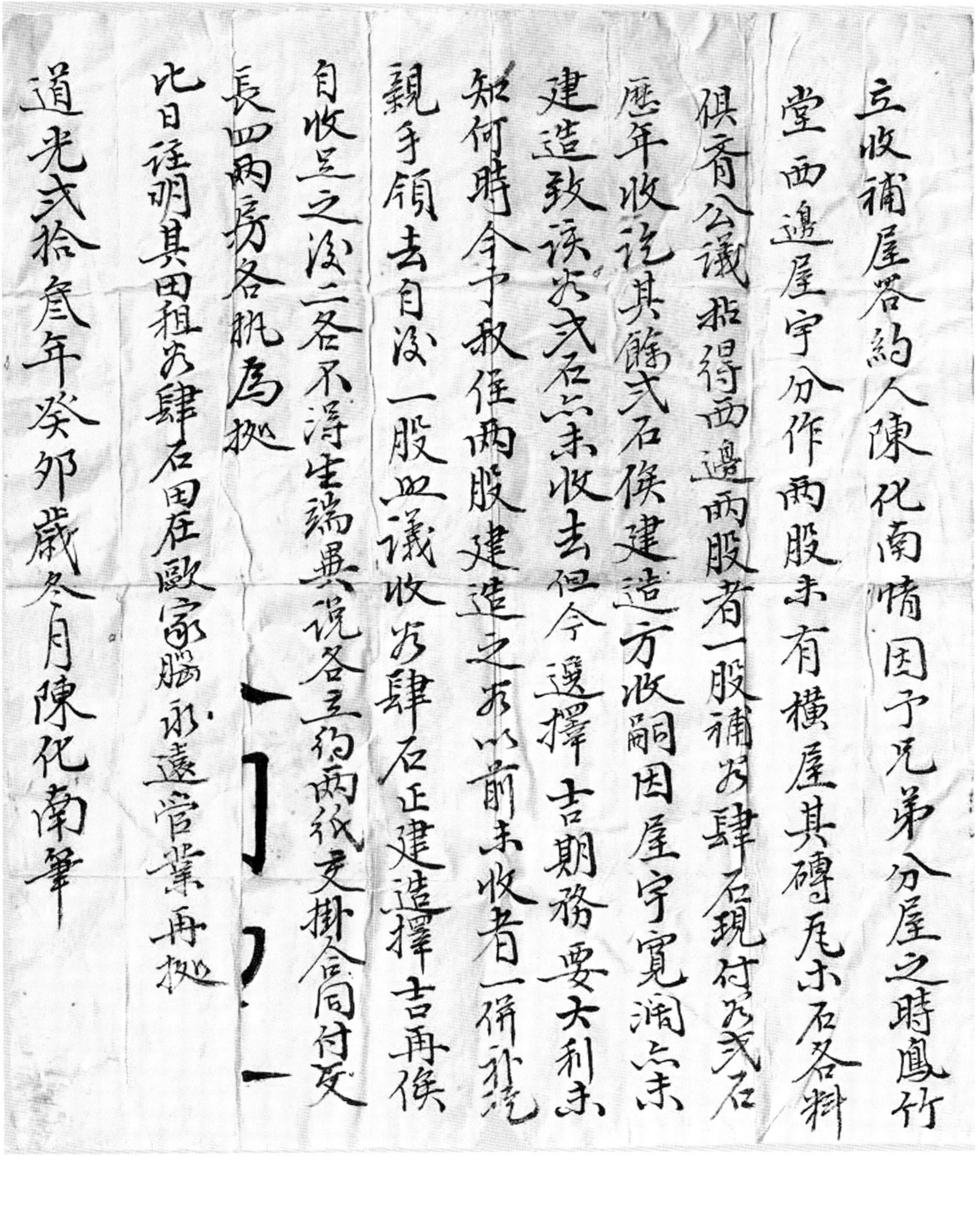
立收補屋器約人陳化南情因予兄弟分屋之時凰竹
堂西邊屋宇分作兩股未有橫屋其磚瓦木石各料
俱有公議指得西邊兩股者一股補艮肆石現付艮貳石
歷年收訖其餘貳石俟建造方收嗣因屋宇寬潤未
建造致該艮貳石未收去但今選擇吉期務要大利未
知何時今予叔侄兩股建造之前以前未收者一併補訖
親手領去自後一股照議收艮肆石正建造擇吉再俟
自收足之後二各不得生端異說各立約兩紙交掛合同付交
長四兩房各執為據
此日註明其田租艮肆石田在歐家腦永遠管業再據
道光貳拾叁年癸卯歲冬月陳化南筆

校录

立收补屋谷约人陈化南，情因予兄弟分屋之时，风竹堂西边屋宇分作两股，未有横屋。其砖瓦木石各料俱齐，公议拈得西边两股者，一股补谷肆石，现付谷式石，历年收讫。其余式石，俟建造方收。嗣因屋宇宽阔，亦未建造，致该谷式石亦未收去。但今选择吉期，务要大利，未知何时。今予叔侄两股建造之谷，以前未收者，一并补讫，亲手领去。自后一股照议收谷肆石正。建造择吉，再俟自收足之后，二各不得生端异说。各立约两纸，交挂合同付长四两房，各执为据。

比日注明：其田租谷肆石，田在欧家脑，永远管业再据。

道光贰拾叁年癸卯岁冬月陈化南笔

同治二年《梯云书院志》

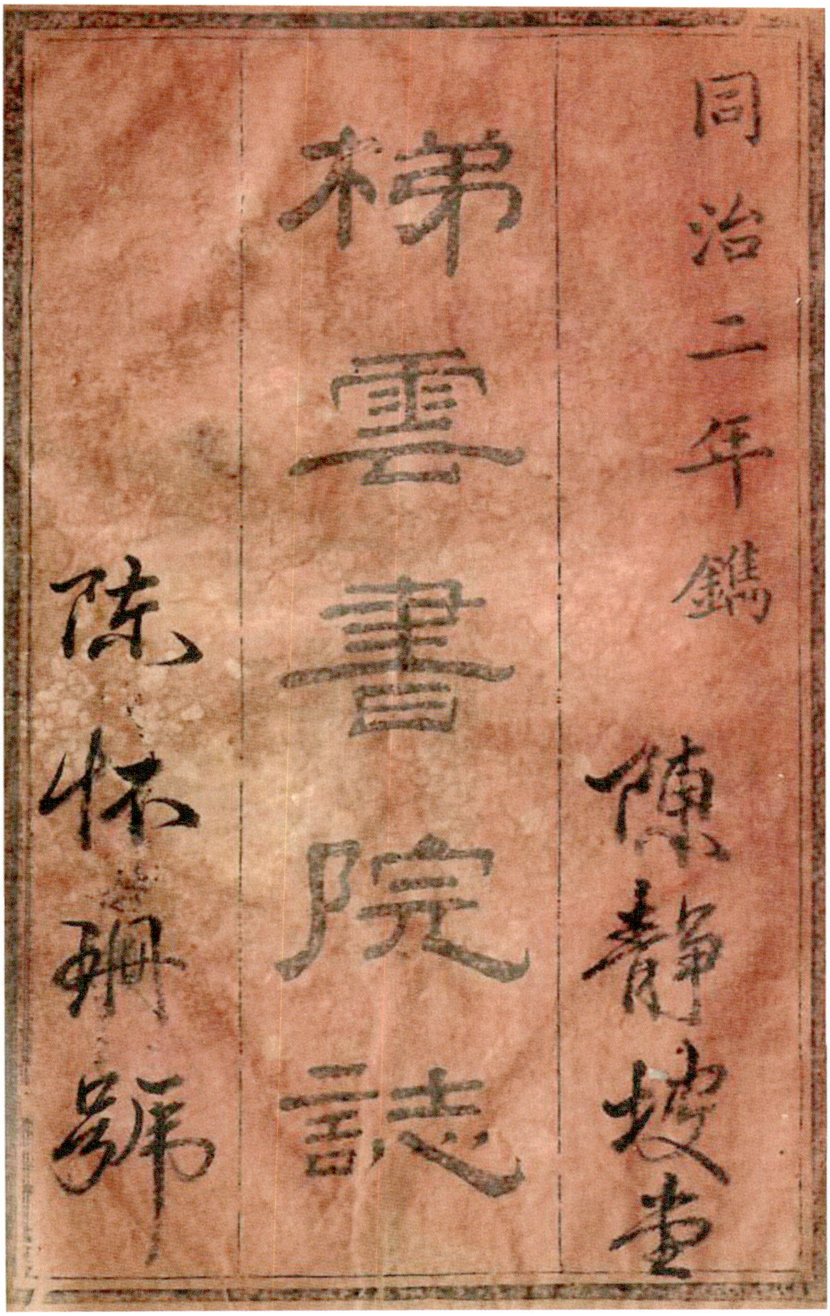

同治二年鐫

陳静坡書

梯雲書院誌

陸怀珊歸

同治二年首修“书院部复”

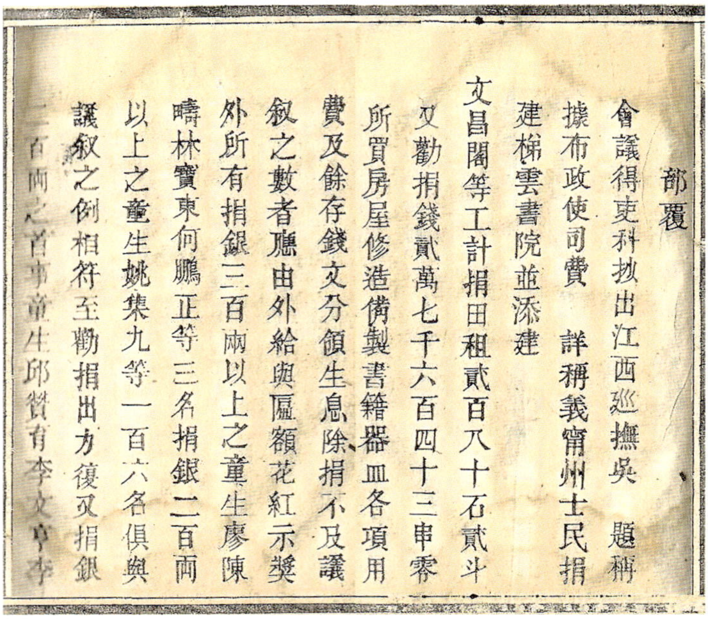

部覆
會議得吏科抄出江西巡撫吳 題稱
據布政使司覆 詳稱義甯州士民捐
建梯雲書院並添建
文昌閣等工計捐田租貳百八十石貳斗
又勸捐錢貳萬七千六百四十三串零
所買房屋修造備製書籍器皿各項用
費及餘存錢文分領生息除捐不及議
敘之數者應由外給與匾額花紅示獎
外所有捐銀三百兩以上之童生廖陳
疇林寶東何鵬正等三名捐銀二百兩
以上之童生姚集九等一百六名俱與
議敘之例相符至勸捐出力復又捐銀
二百兩之首事童生邱贊育李文亨李

①

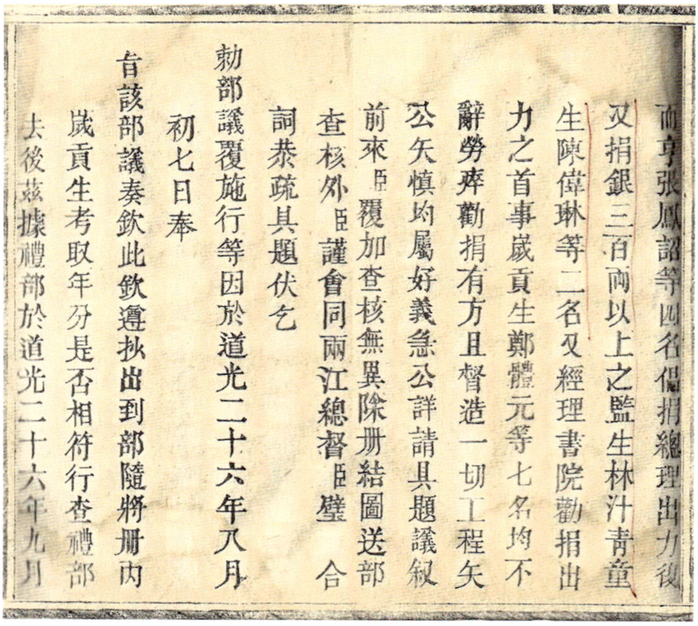

爾亨張鳳詔等四名俱捐總理出力後
又捐銀三百兩以上之監生林汁青童
生陳偉琳等二名又經理書院勸捐出
力之首事歲貢生鄭體元等七名均不
辭勞瘁勸捐有方且督造一切工程矢
公矢慎均屬好義急公詳請具題議敘
前來臣覆加查核無異除册結圖送部
查核外臣謹會同兩江總督臣璧 合
詞恭疏具題伏乞
勅部議覆施行等因於道光二十六年八月
初七日奉
旨該部議奏欽此欽遵抄出到部隨將册內
歲貢生考取年分是否相符行查禮部
去後茲據禮部於道光二十六年九月

②

十六日查覆相符前來查定例議敘職銜項戴人員題准後行知該督撫即造具三代履歷年貌清册並飭令地方官出具切實印結備文請領吏部填寫執照封發督撫轉給該員收執遇有開捐事例准其照捐職人員之例一體報捐等語今江西義甯州紳民捐建書院添修

文昌閣等工該撫題請議敘欽奉

諭旨該部議奏應將册開未經捐銀僅係董事出力之歲貢生鄭體元給予紀録二次捐銀三百兩以上之童生廖陳疇林寶東何鵬止陳偉琳監生林汁青等各給予八品頂戴至陳偉琳林汁青均係

③

董事出力再各給予紀録二次捐銀二伯兩以上之童生姚集九何玉章賴文炳鍾以德邱保初邱保臣林其駿賴衢魏滌清朱輝南余步崙何逢辰李見青郭遇清郭士豪郭大猷郭步亨郭景高朱英粲朱臨川賴如翼洪彬郁黃吉雲鄭中藻朱理之黃韻清郭邦基鍾純鍾成張成基鍾以和邱賛郁李文亨李而亨張鳳詔民人鄭之陽朱詰訓朱煌章管臣東張於斯余步梯何顯忠馮律和張藻春李榮亨李溥亨何貞祥賴應鳳黃奏壎黃裕成全國貞邱霞輝胡鳳儀鍾克成邱福善邱鴻量郭汝恬邱其元藍田青賴兆中張立基羅鳳沼羅秀峯

④

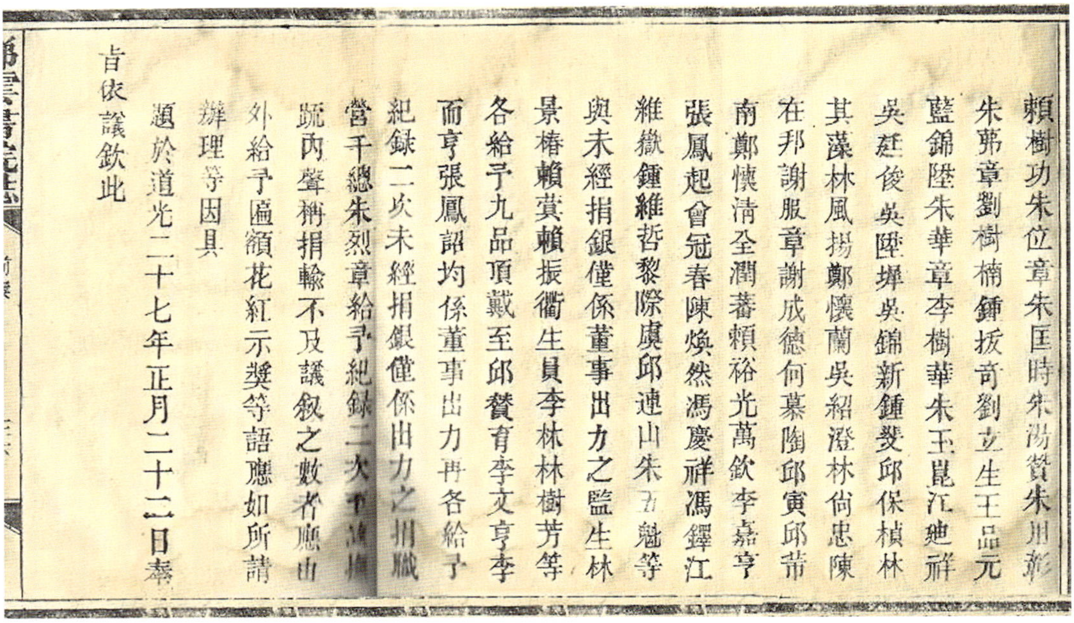
賴樹功朱位章朱匡時朱湯賛朱用彬
朱第章劉樹楠鍾拔奇劉立生王品元
藍錦陞朱華章李樹華朱玉崑江廸祥
吳廷俊吳陞墀吳錦新鍾燮邱保楨林
其藻林鳳揚鄭懷蘭吳紹澄林尙忠陳
在邦謝服章謝成德何慕陶邱寅邱芾
南鄭懷清全潤蕃賴裕光萬欽李嘉亨
張鳳起曾冠春陳煥然馮慶祥馮鐸江
維嶽鍾維哲黎際虞邱連山朱玉魁等
與未經捐銀僅係董事出力之監生林
景椿賴蓂賴振衢生員李林林樹芳等
各給予九品頂戴至邱贊育李文亨李
而亨張鳳詔均係董事出力再各給予
紀録二次未經捐銀僅係出力之捐職
營千總朱烈章給予紀録二次查該撫
疏內聲稱捐輸不及議叙之數者應由
外給予匾額花紅示奨等語應如所請
辦理等因具
題於道光二十七年正月二十二日奉
旨依議欽此

⑤

校录

部　　复

会议得吏科抄出江西巡抚吴　题称，据布政使司费　详称：义宁州士民捐建梯云书院，并添建文昌阁等工，计捐田租贰百八十石贰斗，又劝捐钱二万七千六佰四十三串零。所买房屋修造备制书籍器皿各项用费及余存钱文分领生息，除捐不及议叙之数者应由外给与匾额花红示奖外，所有捐银三百两以上之童生廖陈畴、林宝东、何鹏正等三名，捐银二百两以上之童生姚集九等一百六名，俱与议叙之例相符。至劝捐出力复又捐银二百两之首事童生邱赞育、李文亨、李而亨、张凤诏等四名，倡捐总理出力复又捐银三百两以上之监生林汁青、童生陈伟琳等二名，又经理书院劝捐出力之首事岁贡生郑体元等七名，均不辞劳瘁，劝捐有方，且督造一切工程矢公矢慎，均属好义急公，详请具题议叙前来。臣覆加查核无异，除册结图送部查核外，臣谨会同两江总督臣璧合词恭疏具题，伏乞敕部议覆施行等因，于道光二十六年八月初七日奉旨该部议奏，钦此。钦遵抄出到部，随将册内岁贡生考取年分是否相符行查礼部去后。兹据礼部于道光二十六年九月十六日查覆相符，前来查定例议叙职衔顶戴人员题准后行，知该督抚即造具三代履历年貌清册，并饬令地方官出具切实印结备文，请领吏部填写执照，封发督抚，转给该员收执。遇有开捐事例，准其照捐职人员之例一体报捐等语。今江西义宁州绅民捐建书院添修文昌阁等工，该抚题请议叙钦奉谕旨该部议奏，应将册开未经捐银仅系董事出力之岁贡生郑体元给予纪录二次，捐银三百两以上之童生廖陈畴、林宝东、何鹏正、陈伟琳、监生林汁青等各给予八品顶戴。至陈伟琳、林汁青均系董事出力，再各给予纪录二次。捐银二佰两以上之童生姚集九、何玉章、赖文炳、钟以德、邱保初、邱保臣、林其骏、赖衢、魏潆清、朱辉南、余步嵛、何逢辰、李见青、郭遇清、郭士豪、郭大猷、郭步亨、郭景高、朱英粲、朱临川、赖如翼、洪彬郁、黄吉云、郑中藻、朱理之、黄韵清、郭邦基、钟纯、钟成张、钟成基、钟以和、邱赞郁、李文亨、李而亨、张凤诏，民人郑之阳、朱诒训、朱煌章、管臣东、张于斯、余步梯、何显忠、冯律和、张藻春、李荣亨、李溥亨、何贞祥、赖应凤、黄奏壎、黄裕成、全国贞、邱霞辉、胡凤仪、钟克成、邱福善、邱鸿量、郭汝恬、邱其元、蓝田青、赖允中、张立基、罗凤沼、罗秀峰、赖树功、朱位章、朱匡时、朱汤赞、朱用彰、朱芾章、刘树楠、钟拔奇、刘立生、王品元、蓝锦升、朱华章、李树华、朱玉昆、江迪祥、吴廷俊、吴升墀、吴锦新、钟斐、邱保贞、林其藻、林风扬、郑怀兰、吴绍澄、林尚忠、陈在邦、谢服章、谢成德、何慕陶、邱寅、邱芾南、郑怀清、全润蕃、赖裕光、万钦、李嘉亨、张凤起、曾冠春、陈焕然、冯庆祥、冯铎江、冯维岳、钟维哲、黎际虞、邱连山、朱五魁等与未经捐银仅系董事出力之监生林景椿、赖蓂、赖振衢，生员李林、林树芳等各给予九品顶戴，至邱赞育、李文亨、李而亨、张凤诏均系董事出力，再各给予纪录二次，未经捐银仅系出力之捐职营千总朱烈章给予纪录二次。至该抚疏内声称捐输不及议叙之数者应由外给予匾额花红示奖等语，应如所请办理等因，具题于道光二十七年正月二十二日，奉旨依议，钦此。

山口义学部复

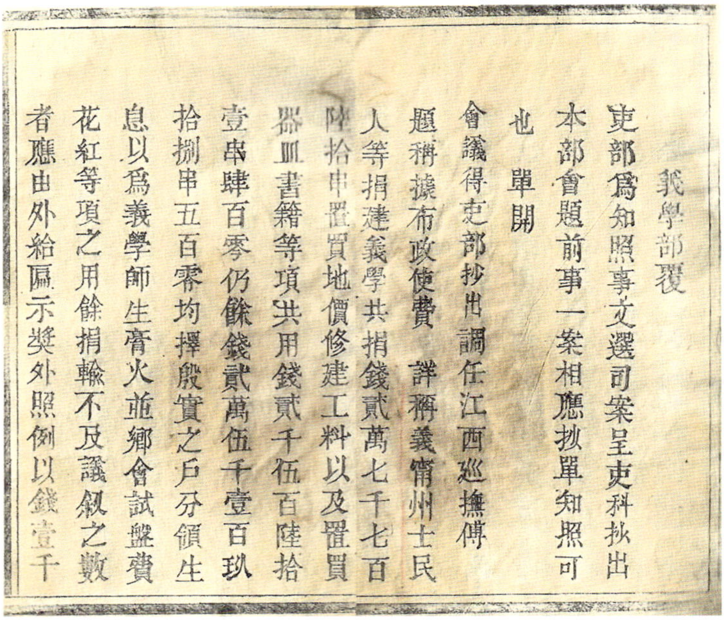

義學部覆

吏部爲知照事文選司案呈吏科抄出本部會題前事一案相應抄單知照可也 單開

會議得吏部抄出調任江西巡撫傅題稱據布政使費 詳稱義甯州士民人等捐建義學共捐錢貳萬七千七百陸拾串置買地價修建工料以及置買器皿書籍等項共用錢貳千伍百陸拾壹串肆百零仍餘錢貳萬伍千壹百玖拾捌串五百零均擇殷實之戶分領生息以爲義學師生膏火並鄉會試盤費花紅等項之用餘捐輸不及議叙之數者應由外給匾示奬外照例以錢壹千

①

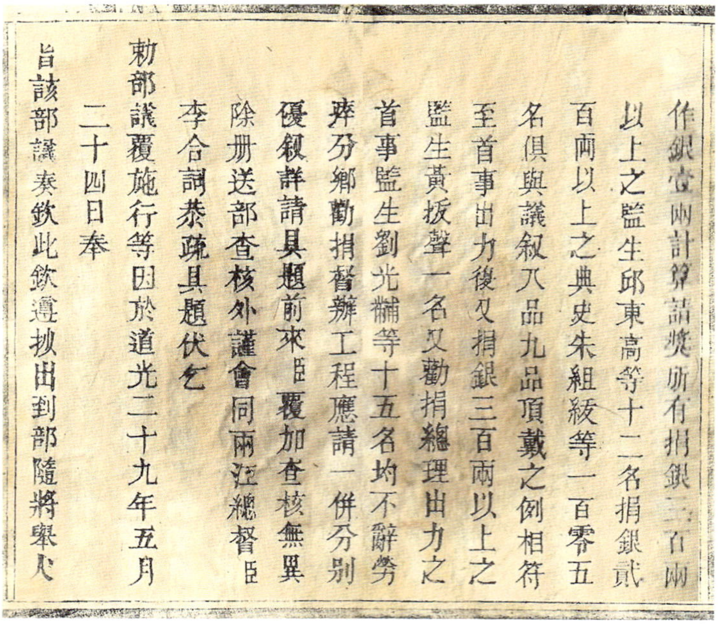

作銀壹兩計算請奬所有捐銀三百兩以上之監生邱東高等十二名捐銀貳百兩以上之典史朱組紱等一百零五名俱與議叙八品九品頂戴之例相符至首事出力後又捐銀三百兩以上之監生黃拔聲一名又勸捐總理出力之首事監生劉光黼等十五名均不辭勞瘁分鄉勸捐督辦工程應請一併分別優叙詳請具題前來臣覆加查核無異除册送部查核外謹會同兩江總督臣李合詞恭疏具題伏乞

勅部議覆施行等因於道光二十九年五月二十四日奉

旨該部議奏欽此欽遵抄出到部隨將舉人

②

中式科分各次捐職人員所捐職銜是
否相符行查禮戶二部茲據禮戶二部
陸續查覆前來查定例云云今江西義
甯州紳民捐輸義學經費該撫題請議
敘欽奉
諭旨該部議奏應將冊開未經捐銀僅係董
事出力之議叙九品頂戴鍾以德馮鐸
朱繩賴萁舉人鍾遇辰議叙八品頂戴
林汁青陳偉琳等各給予紀録二次捐
銀三百兩以上之監生邱東高曾寶森
曾承化邱平階邱文運賴冠珠邱世榮
黃拔聲係董事出力再給予紀録二次
捐銀三百兩以上之典史朱組紱俊秀
黃燦文黃在湾黃雅清温鳳書卓然吳

③

國鈞吳杜芬賴鳳翔賴吉光俞寶光曲
中鳳陳步陞陳徵悠曾省吾林又棠葉
萬菁葉樹菁黃鍾奏張殿賡張寶臨張
鳳臨邱棨三古明德鍾有章朱秉瀛朱
秉堃朱組純賴寶崑賴自攀鍾騰輝陳
定衡陳樹年黃聯馨朱奕昌林向榮賴
以醇賴拔英林淑暉張立中劉如鑑朱
組絢賴梟成劉樹杺謝清謝錫恩藍如
玉李樹森林輝蟾鍾醉經余向早鍾山
玉林克輝劉如埴藍光大朱昭贊邱觀
光吳體乾張韶琴譚尚鎬民人賴叙倫
魏殿魁温遇亨謝鳴崗曾旭光黃曰舒
黃日昇朱臣愚藍中萃鍾鼎新葉鳳林
王化平王道平林敬聰林建春鍾恩雄

④

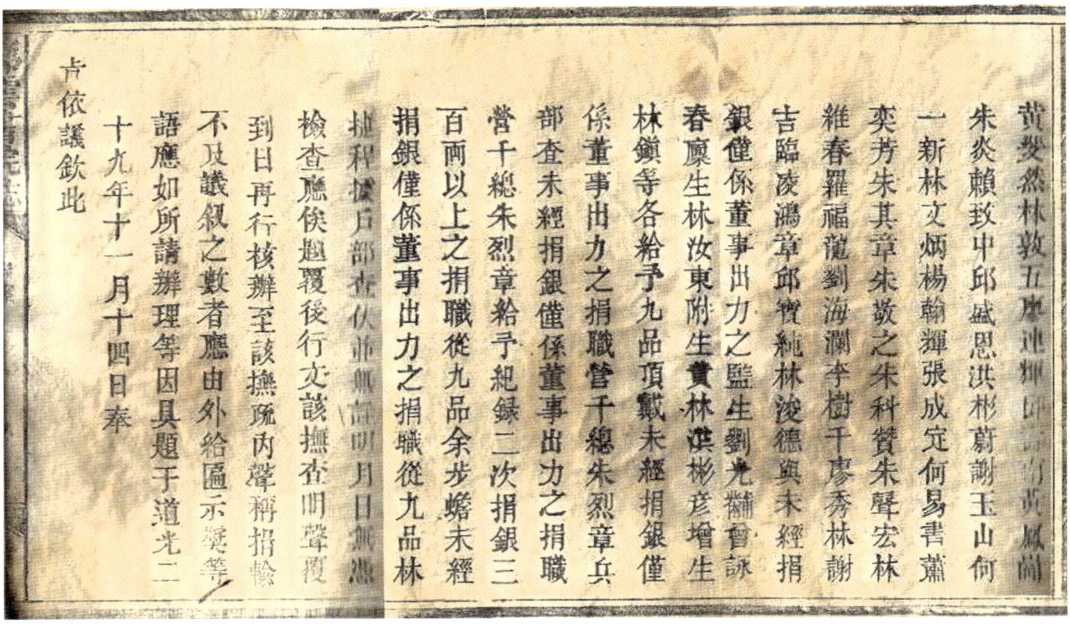
黄燮烈林敦五廖連輝邱[illegible]黄鳳崗
朱炎賴致中邱盛恩洪彬蔚謝玉山何
一新林文炳楊翰輝張成定何易書蕭
奕芳朱其章朱敬之朱科贊朱聲宏林
維春羅福龍劉海瀾李樹千廖秀林謝
吉臨凌鴻章邱寶純林浚德與未經捐
銀僅係董事出力之監生劉光黼曾詠
春廪生林汝東附生黄林淇彬彦增生
林鎮等各給予九品頂戴未經捐銀僅
係董事出力之捐職管千總朱烈章兵
部查未經捐銀僅係董事出力之捐職
營千總朱烈章給予紀録二次捐銀三
百兩以上之捐職從九品余步蟾未經
捐銀僅係董事出力之捐職從九品林
[illegible]科據户部查[illegible]並無[illegible]月日無[illegible]
檢查應俟趨覆後行文該撫查明聲覆
到日再行核辦至該撫疏內聲稱捐輸
不及議叙之數者應由外給匾示獎等
語應如所請辦理等因具題于道光二
十九年十一月十四日奉
旨依議欽此

⑤

校 录

义 学 部 复

吏部为知照事，文选司案呈，吏科抄出本部会题前事一案，相应抄单知照可也。单开会议得吏部抄出调任江西巡抚傅　题称，据布政使费　详称：义宁州士民人等捐建义学，共捐钱贰万七千七百陸拾串，置买地价、修建工料以及置买器皿书籍等项，共用钱贰千伍百陸拾壹串肆百零，仍余钱贰万伍千壹百玖拾捌串五百零，均择殷实之户分领生息，以为义学师生膏火，并乡会试盘费花红等项之用。余捐输不及议叙之数者应由外给匾示奖外，照例以钱壹千作银壹两计算，请奖所有捐银三百两以上之监生邱东高等十二名，捐银贰百两以上之典史朱组绂等一百零五名，俱与议叙八品九品顶戴之例相符。至首事出力后又捐银三百两以上之监生黄拔声一名，又劝捐总理出力之首事监生刘光黼等十五名，均不辞劳瘁，分乡劝捐，督办工程，应请一并分别优叙，详请具题前来。臣覆加查核无异，除册送部查核外，谨会同两江总督臣李合词恭疏具题，伏乞敕部议覆施行等因，于道光二十九年五月二十四日奉旨该部议奏钦此。钦遵抄出到部，随将举人中式科分各次捐职人员所捐职衔是否相符行查礼户二部。兹据礼户二部陆续查覆前来查定例云云，今江西义宁州绅民捐输义学经费该抚题请议叙钦奉谕旨该部议奏，应将册开未经捐银仅系董事出力之议叙九品顶戴钟以德、冯铎、朱绳、赖寞，举人钟遇辰议叙八品顶戴，林汁青、陈伟琳等各给予记录二次。捐银三百两以上之监生邱东高、曾宝森、曾承化、邱平阶、邱文运、赖冠珠、邱世荣、黄拔声系董事出力，再给予纪录二次。捐银三百两以上之典史朱组绂、俊秀黄灿文、黄在清、黄雅清、温凤书、温卓然、吴国钧、吴桂芬、赖凤翔、赖吉光、曾宝光、蓝中凤、陈步升、陈征悠、曾省吾、林又棠、叶万菁、叶树菁、黄钟奏、张殿赓、张宝临、张凤临、邱荣三、古明德、钟有章、朱秉瀛、朱秉堃、朱组纯、赖宝昆、赖自攀、钟腾辉、陈定衡、陈树年、黄联馨、朱奕昌、林向荣、赖以醇、赖拔英、林淑晖、张立中、刘如鉴、朱组绚、赖集成、刘树纯、谢清、谢锡恩、蓝如玉、李树森、林辉蟾、钟醉经、余向早、钟山玉、林克辉、刘如坦、蓝光大、朱昭赞、邱观光、吴体乾、张韶琴、谭尚镐，民人赖叙伦、魏殿魁、温遇亨、谢鸣岗、曾旭光、黄日舒、黄日升、朱臣愚、蓝中萃、钟鼎新、叶凤林、王化平、王道平、林敬聪、林建春、钟恩雄、黄斐然、林敦五、廖连辉、邱寿南、黄凤岗、朱炎赖、赖致中、邱盛恩、洪彬蔚、谢玉山、何一新、林文炳、杨翰辉、张成定、何易书、萧奕芳、朱其章、朱敬之、朱科赞、朱声宏、林维春、罗福龙、刘海澜、李树千、廖秀林、谢吉临、凌鸿章、邱宝纯、林浚德与未经捐银仅系董事出力之监生刘光黼、曾咏春，廪生林汝东，附生黄林、洪彬彦，增生林镇等各给予九品顶戴。未经捐银仅系董事出力之捐职营千总朱烈章，兵部查未经捐银仅系董事出力之捐职营千总朱烈章给予纪录二次。捐银三百两以上之捐职从九品余步蟾、未经捐银仅系董事出力之捐职从九品林捷程，据户部查伏，并无注明月日，无凭检查，应俟题覆后行文该抚查明，声覆到日再行核办。至该抚疏内声称捐输不及议叙之数者应由外给匾示奖等语应如所请办理等因，具题于道光二十九年十一月十四日奉旨依议，钦此。

陈伟琳（子润）配祀禄位

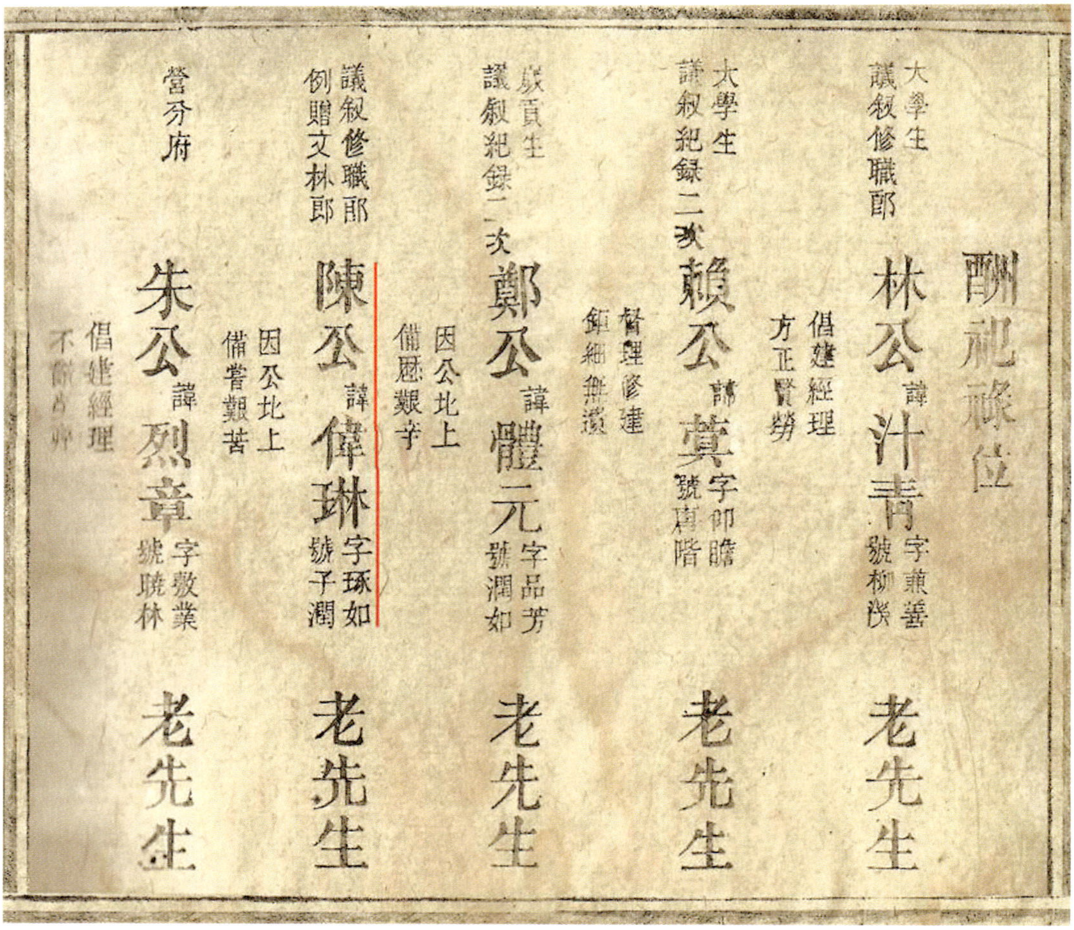

酬祀祿位

大學生 議叙修職郎 林公諱汁青 字兼善 號柳溪 老先生

倡建經理 方正賢勞

大學生 議叙紀録二次 賴公諱奠 字卯瞻 號真階 老先生

督理修建 鉅細無遺

歲貢生 議叙紀録二次 鄭公諱體元 字品芳 號潤如 老先生

因公北上 備歷艱辛

議叙修職郎 例贈文林郎 陳公諱偉琳 字琢如 號子潤 老先生

因公北上 備嘗艱苦

營分府 朱公諱烈章 字敷業 號曉林 老先生

倡建經理 不辭[illegible]瘁

陈克绳(显梓)后裔捐款

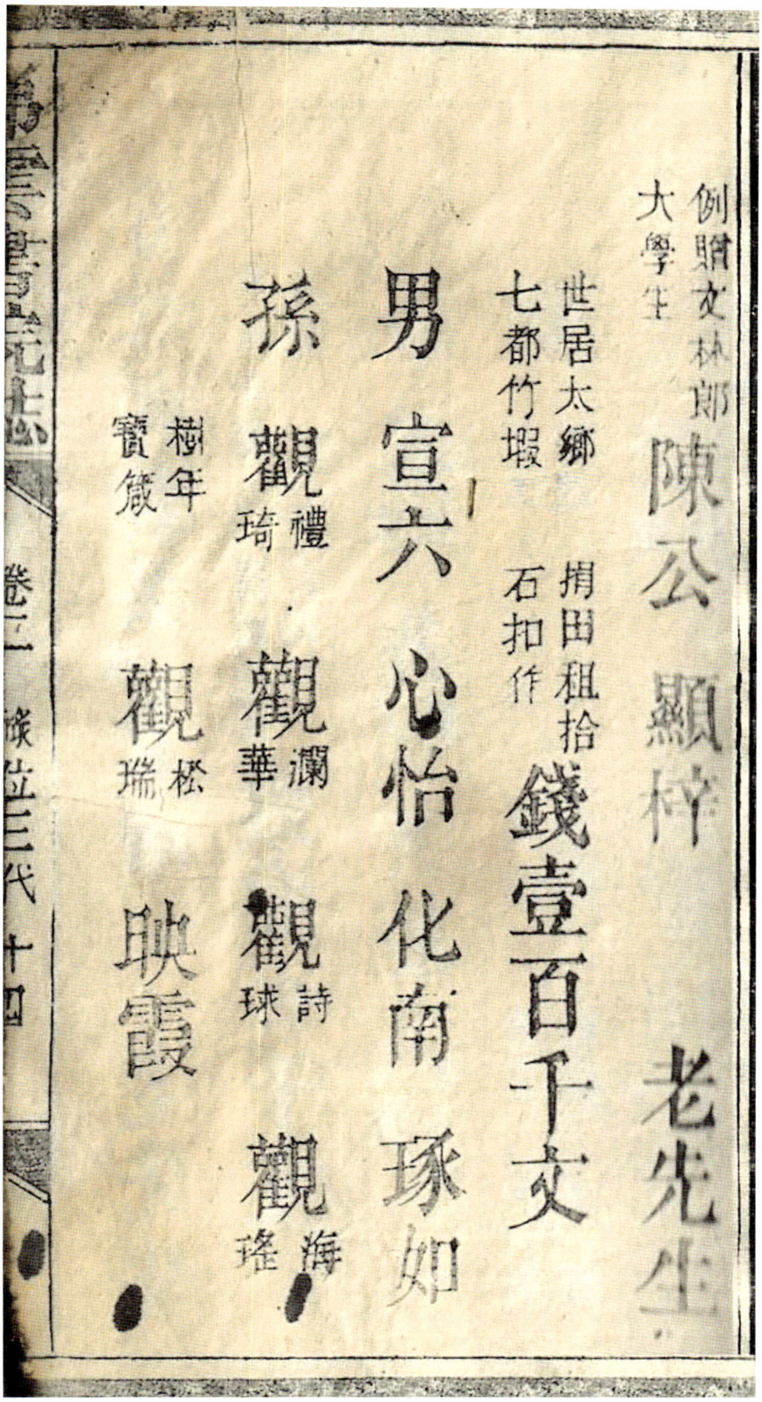
例贈文林郎陳公顯梓老先生
大學生
世居太鄉七都竹塅
捐田租拾石扣作錢壹百千文
男 宣六 心怡 化南 琢如
孫 觀禮琦 觀瀾華 觀詩球 觀海瑤
樹年 寳箴 觀松瑞 映霞

梯雲書院志 卷三 族位三代 十四

光绪十八年重修《梯云书院志》

光緒十八年重脩

梯雲書院誌

聚文齋梓

梯云书院记

梯雲書院記

咸豐乙卯之歲粤賊陷我州城而城中梯雲書院燬寇既平諸君子乃仍其舊址而重構之資用不給載輯載賡又數歲始復其故爰籍其歲出歲入之經與其所損益者續為之志而舊記闕如走書來武昌以屬寶箴顧念昔者先君子實與始事小子不敏其何敢辭溯惟當道光之季肇興茲役其名之者州刺史桂林蔣公啟敭也自學校廢士不知所以為教有宋諸儒輩出所至與其徒相聚講習承學者衆於是築齋舍闢講堂號曰書院以居之因其講學之地與其所師事者之人而名之其在吾江西者若鹿洞鵞湖象山與濂溪紫陽之屬是也今刺史蔣公與吾鄉曩時

①

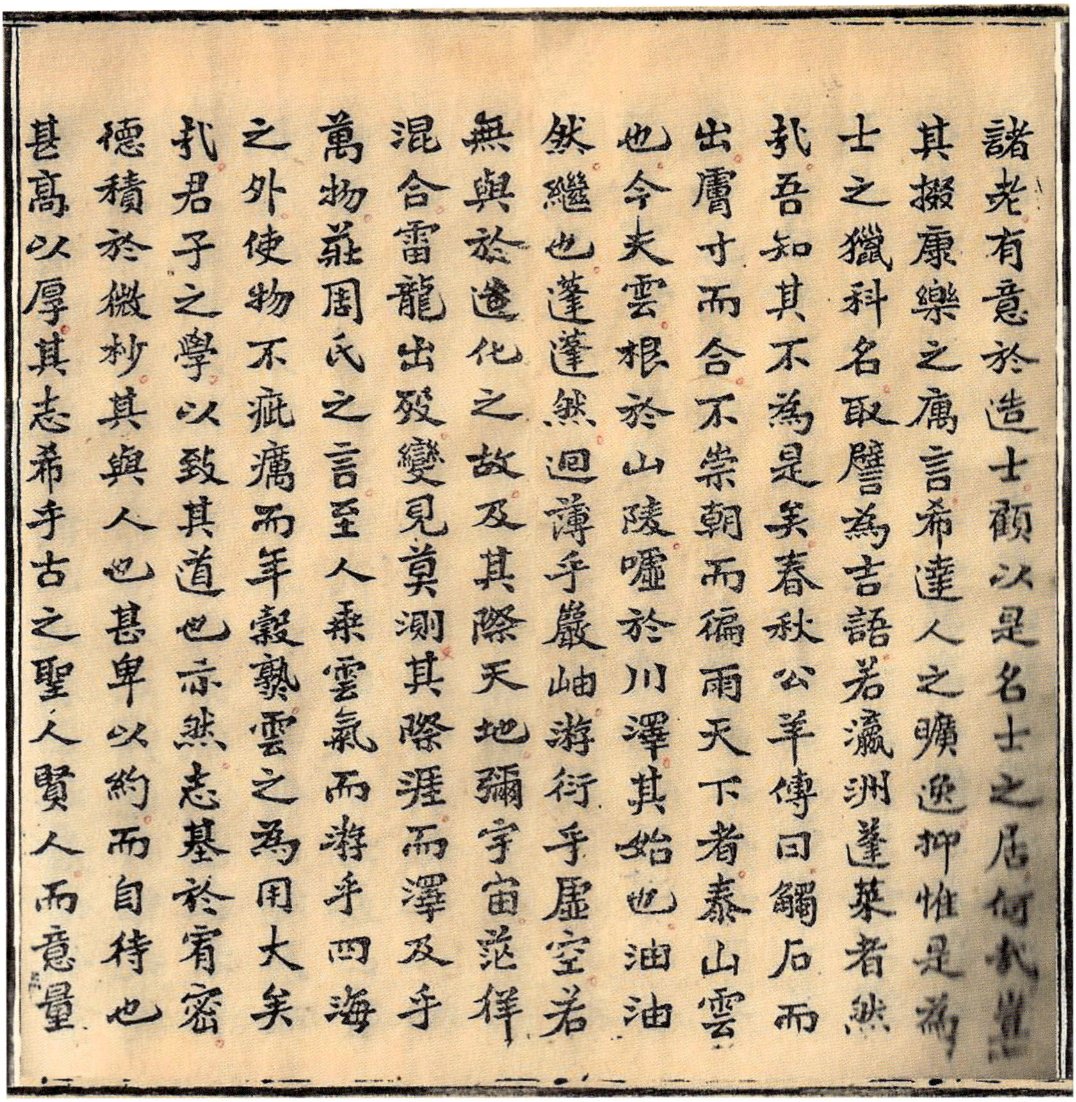
諸老有意於造士顧以是名士之居何哉豈其擬康樂之厲言希達人之曠逸抑惟是為士之獵科名取譬為吉語若瀛洲蓬萊者然哉吾知其不為是矣春秋公羊傳曰觸石而出膚寸而合不崇朝而徧雨天下者泰山雲也今夫雲根於山陵噓於川澤其始也油油然繼也蓬蓬然迴薄乎巖岫游衍乎虛空若無與於造化之故及其際天地彌宇宙泛徉混合雷龍出發變見莫測其際涯而澤及乎萬物莊周氏之言至人乘雲氣而游乎四海之外使物不疵癘而年穀熟雲之為用大矣哉君子之學以致其道也亦然志基於宥密德積於微杪其與人也甚卑以約而自待也甚高以厚其志希乎古之聖人賢人而意量

②

周乎天下其視流俗庳猥隘陋一室之士遇
逐然苟於富貴利達者若臨千仞之峯而俯
瞰邱垤也若翱翔霄漢之上屬目夫卉木昆
蟲而無覩也古之人志氣塞天地精誠貫日
月其素所自待者與庳猥隘陋之見介乎其
中而攖乎其外故能爾矣宋王沂公及第歸
荅慶者曰曾平生之志不在温飽是故為時
名臣超越乎流俗科名之士若霄壤之相遠
也山谷黄先生吾州之賢者也蘇文忠薦之
於朝曰瑰瑋之文妙絶當世孝友之行追配
古人又曰獸立萬物之表御風騎氣以與造
物者游嗚呼今去先生之居不啻咫尺士生
其鄉可以知所嚮矣然則曩時長者所以命
名之義若曰士苟不卑於自待而累級循序

③

以漸造於高明之域學之既成不囿於施爲
霖雨光日月可也斯梯雲之指與寶藏不敝
少而失學長而無所成今垂老矣竊願吾黨
俊彥洎吾子弟之從事於斯者思有以荅曩
時長者造就之懷與相許與之厚抗心希古
而以此爲上達之階梯不其幸夫謹譯其意
而爲之記

誥授資政大夫二品銜湖北按察使陳寶箴譔

④

校 录

梯云书院记

咸丰乙卯之岁，粤贼陷我州城，而城中梯云书院毁。寇既平，诸君子乃仍其旧址而重构之。资用不给，载辑载赓，又数岁，始复其故。爰籍其岁出岁入之经，与其所损益者，续为之志，而旧记阙如，走书来武昌以属宝箴。顾念昔者先君子实与始事，小子不敏，其何敢辞。

溯惟当道光之季，肇兴兹役，其名之者，州刺史桂林蒋公启敭也。自学校废，士不知所以为教。有宋诸儒辈出，所至与其徒相聚讲习，承学者众，于是筑斋舍，辟讲堂，号曰书院以居之，因其讲学之地与其所师事者之人而名之。其在吾江西者，若鹿洞、鹅湖、象山与濂溪、紫阳之属是也。今刺史蒋公与吾乡曩时诸老有意于造士，顾以是名士之居，何哉？岂其掇康乐之寓言，希达人之旷逸？抑惟是为士之猎科名，取譬为吉语，若瀛洲蓬莱者然哉？吾知其不为是矣。《春秋公羊传》曰："触石而出，肤寸而合，不崇朝而遍雨天下者，泰山云也。"今夫云根于山陵，嘘于川泽。其始也，油油然；继也蓬蓬然。迴薄乎岩岫，游衍乎虚空，若无与于造化之故。及其际天地，弥宇宙，茫徉混合，雷龙出殁变见，莫测其际涯而泽及乎万物。"庄周氏之言，"至人乘云气而游乎四海之外，使物不疵疠而年谷熟"，云之为用大矣哉！君子之学以致，其道也亦然。志基于宥密，德积于微杪。其与人也甚卑以约，而自待也甚高与厚；其志希乎古之圣人贤人，而意量周乎天下；其视流俗庳猥隘陋，一室之士逐逐然。苟于富贵利达者，若临千仞之峰，而俯瞰邱垤也。若翱翔霄汉之上，属目夫卉木昆虫而无睹也。古之人志气塞天地，精诚贯日月，其素所自待者无庳猥隘陋之见，介乎其中而撄乎其外，故能尔矣。宋王溯公及第，归答庆者曰："曾平生之志，不在温饱。"是故为时名臣，超越乎流俗科名之士，若霄壤之相远也。

山谷黄先生，吾州之贤者也，苏文忠荐之于朝曰"瑰伟之文，妙绝当世；孝友之行，追配古人"。又曰"独立万物之表，御风骑气以与造物者游"。呜呼！今去先生之居，不啻咫尺，士生其乡，可以知所向矣。然则曩时长者所以命名之义，若曰士苟不卑于自待，而累级循序以渐进于高明之域，学之既成，不匮于施为霖雨，光日月可也，斯梯云之指欤？

宝箴不敏，少而失学，长而无所成，今垂老矣。窃愿吾党俊彦洎吾子弟之从事于斯者，思有以答曩时长者造就之怀，与相许与之厚，抗心希古，而以此为上达之阶梯，不其幸夫！谨译其意而为之记。

诰授资政大夫、二品衔、湖北按察使陈宝箴撰

陈伟琳、陈克调、陈克藻、陈克修后裔捐款

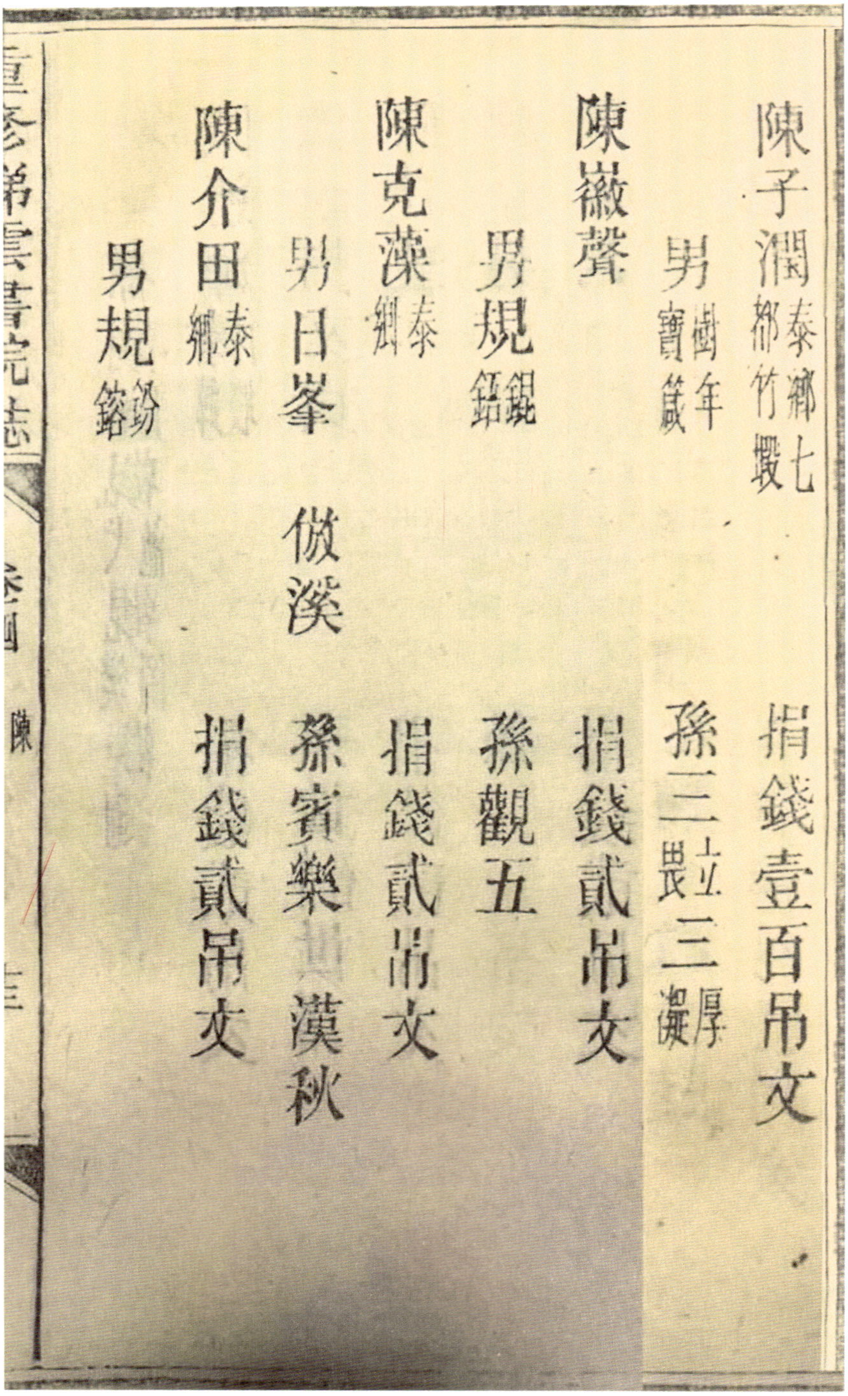

陳子潤泰鄉七都竹墩　捐錢壹百吊文

男樹年寶箴　孫三立畏三厚凝

陳嶶聲　捐錢貳吊文

男規錕鋙　孫觀五

陳克藻泰鄉　捐錢貳吊文

男日峯　傚溪　孫賓樂　漢秋

陳介田泰鄉　捐錢貳吊文

男規玢鎔

云记宾兴志

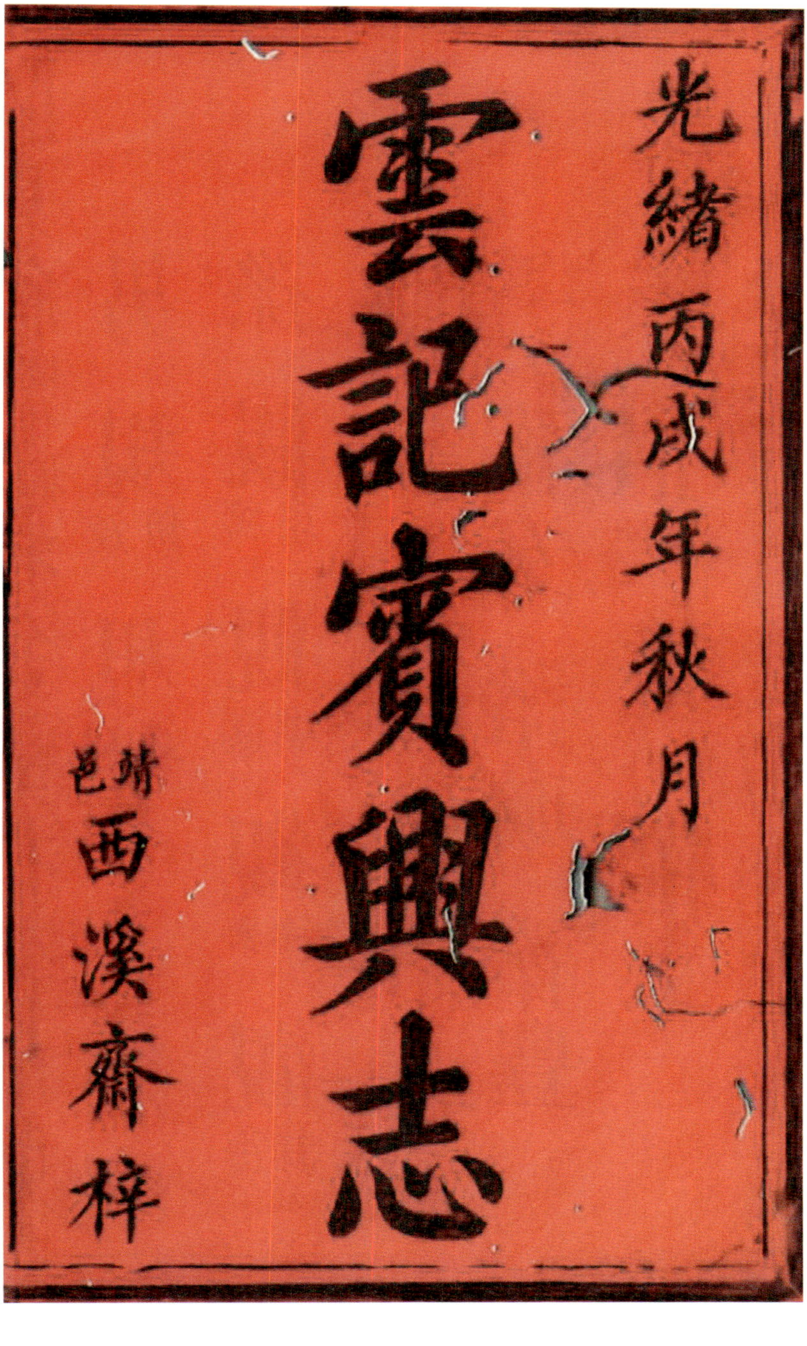

光緒丙戌年秋月

雲記賓興志

靖邑西溪齋梓

陈克绳（显梓）后裔捐款

陳克繩世居泰鄉竹塅捐錢貳拾伍吊文

男　規鏡鈁　規鎬鋐

孫　觀禮環　觀瀾瑚　觀善琦　觀海詩

陳光祖世居安鄉雙溪捐錢貳拾伍吊文

男　裕安　裕璇　裕豐

孫　惟河漢　惟濟治　惟濱泳

曾學雯世居安鄉長茅捐錢貳拾伍吊文

陈克修后裔捐款

陳克修世居安鄉䕶仙坑捐錢拾貳吊文

男 規鈖 規鎔 規錫 規鑄 規錀

孫 觀嵐 觀嶧 觀圖 觀燮

潘尚質世居安鄉黃土橋捐錢拾貳吊文

男 岐鳳 岐凰

孫 洪仁 洪逵 洪學 洪光

陈克绳(显梓)享祀牌位

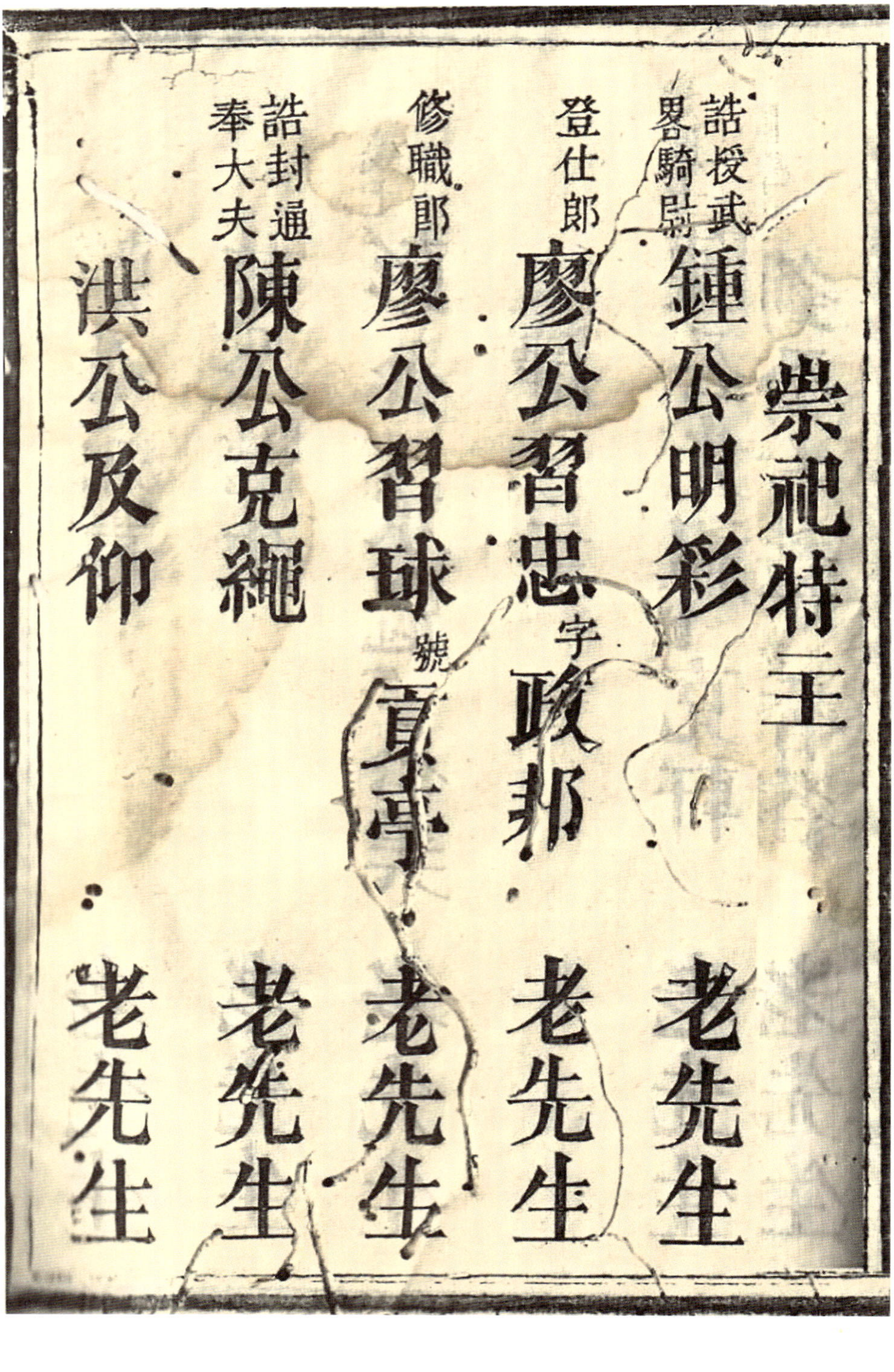
崇祀特王
誥授武畧騎尉鍾公明彩老先生
登仕郎廖公習忠字政邦老先生
修職郎廖公習球號貢亭老先生
誥封通奉大夫陳公克繩老先生
洪公及仰老先生

陈伟琳(子润)配祀禄位

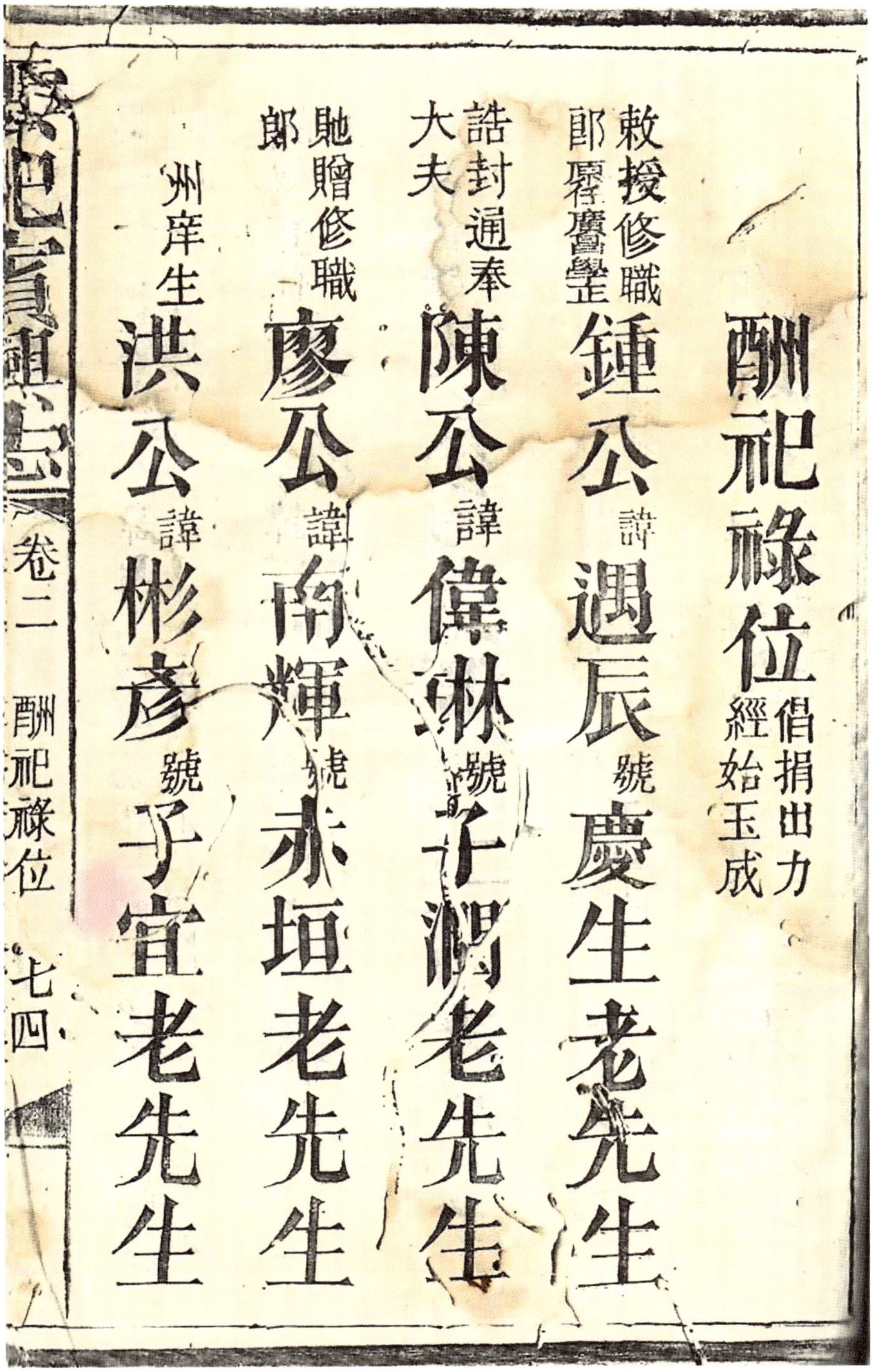

酬祀祿位 倡捐出力 經始玉成

敕授修職郎署寧學 鍾公諱遇辰號慶生老先生

誥封通奉大夫 陳公諱偉林號子潤老先生

貤贈修職郎 廖公諱南輝號赤垣老先生

州庠生 洪公諱彬彥號子宜老先生

卷二 酬祀祿位 七四

义宁考棚志

光緒十二年續刊

創建考棚志

怀远都首事名单

周獻忱 戴東明 胡惠棠 胡[illegible]成 胡向春

曹韶清 丁容川 楊善遠

懷遠都首事

陳耀前 溫建屏 盧旺亭 陳顯梓 邱克昂

邱淵春 張淑玉 羅仕遇 朱正本 張聲聞

何顯信 邱萬槐 鍾光維 黃宏標 盧旭華

溫亨如 邱瑜英 涂星國 邱昌貴 藍立經

葉榮貴 賴日輝 盧克先 淩行琮 楊光斗

蕭志壁 李振球 林開祥 馬有祥 劉拔興

黃永澍 邱材英 邱爲增 鍾德超 張景仰

陈伟琳（子润）后裔捐款

[illegible]懷遠都捐數

陳子潤　林紹端　朱樸亭　邱重光

鍾聲振　李元俊

以上各捐錢五拾吊文

羅璞亭　捐錢貳拾[illegible]吊文

林銓公　林伯卿　姚文彩　姚啟岷

姚叩岐　謝仕彩　溫敬玉　江亦公

曾標錫　馮乾亭　韓世藩　林承泉

懷遠都樂助　廿二

泰交书院志

光緒三十二年丙午秋月

泰交書院志

松風閣梓

陈鲲池后裔捐款

誥贈光祿大夫陳公鯤池老先生

捐王費錢壹百吊文

男 徵聲 顯梓 克藻 介田

心怡 規錕 日峯

孫宣六 琢如 倣溪

化南 規鋙 規鈖

規鑅

世居七都竹塅

陈伟琳(子润)后裔捐款

誥贈光祿大夫陳公子潤 老先生

捐主費錢伍拾吊文

男 樹年 畏

寶箴 厚

孫 三立 燮

世居七都竹塅

梯云宾兴志

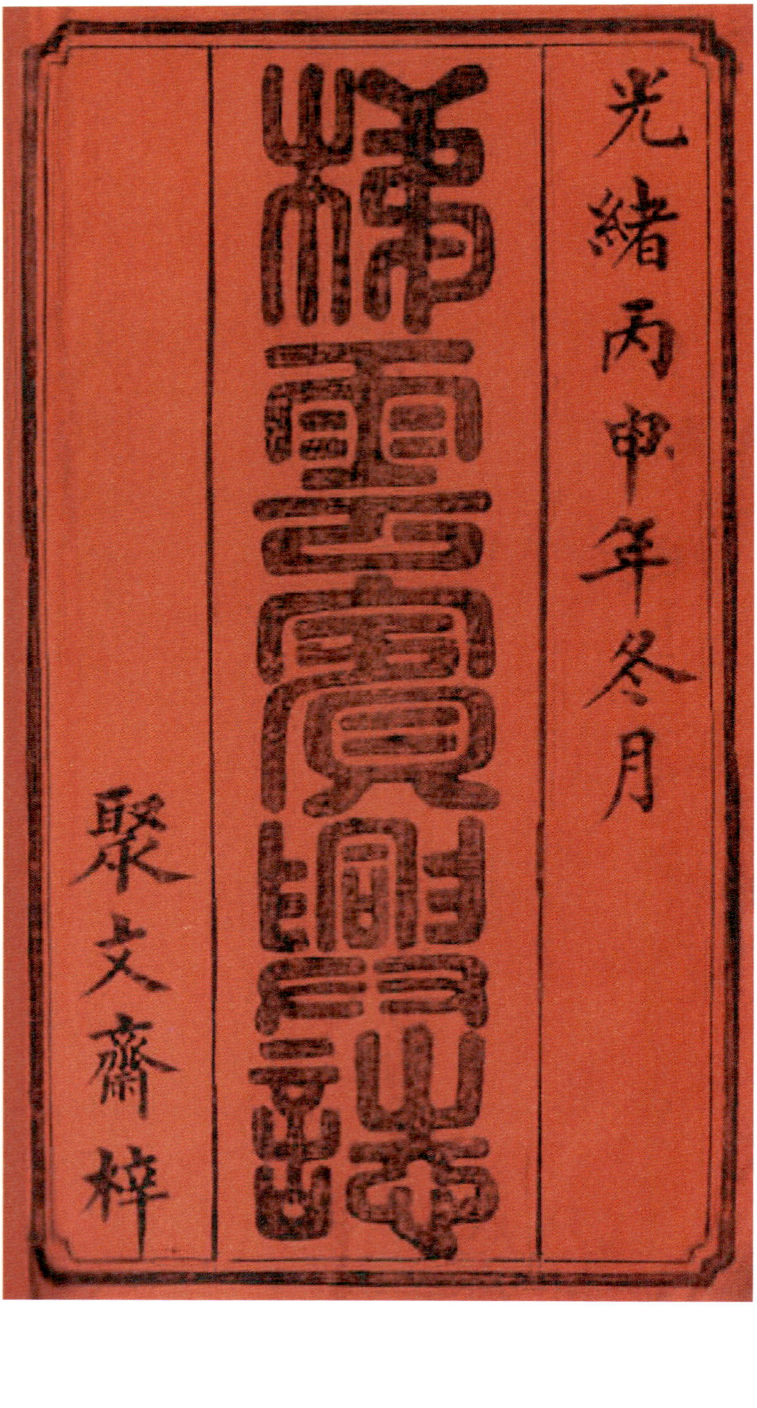

光緒丙申年冬月

梯雲賓興錄

聚文齋梓

陈宝箴酬祀禄位

酬祀祿位

邑侯 黄公菊秋 老夫子

邑侯 張公玉珊 老夫子

頭品頂戴兵部侍郎兼都察院右副都御史
巡撫湖南等處地方節制鎮協提督軍務兼
理糧餉 陳公寶箴號右銘 老先生

勅授文林郎鄉進士候選教諭 何公秉元號鈞堂 老先生

勅授文林郎鄉進士揀選知縣 楊公春華號柳池 老先生

陈鲲池后裔捐款

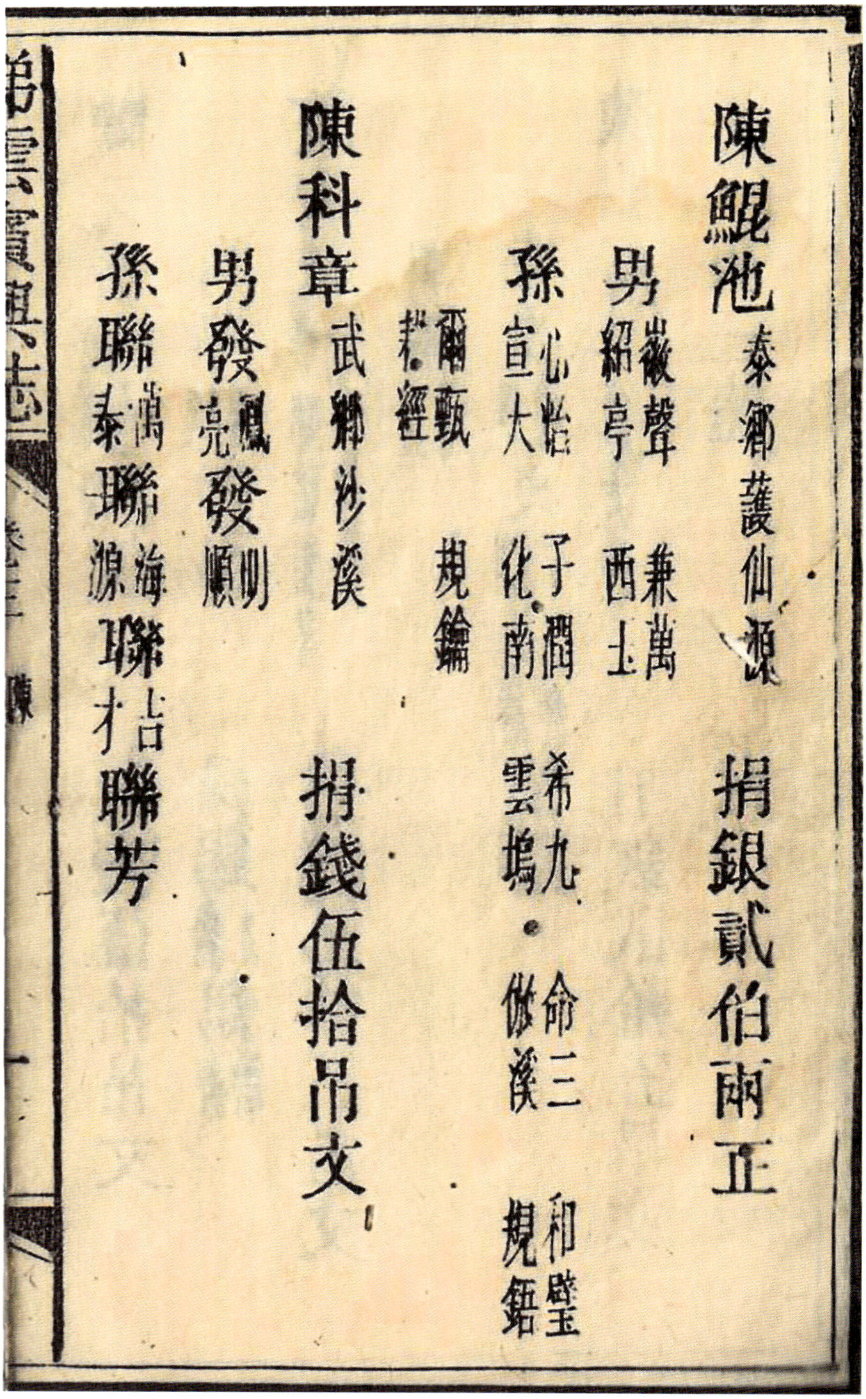

陳鯤池　秦鄉護仙源　捐銀貳伯兩正

男　徽聲　紹亭　兼萬　西圡

孫　心怡　宣大　子潤　化南　希九　雲塢　命三　傚溪　和璧　規鋙

爾甄　耔經　規鑰

陳科章　武鄉沙溪　捐錢伍拾吊文

男　發鳳亮發明順

孫　聯鴻秦聯海源聯吉才聯芳

陈鲲池享祀牌位

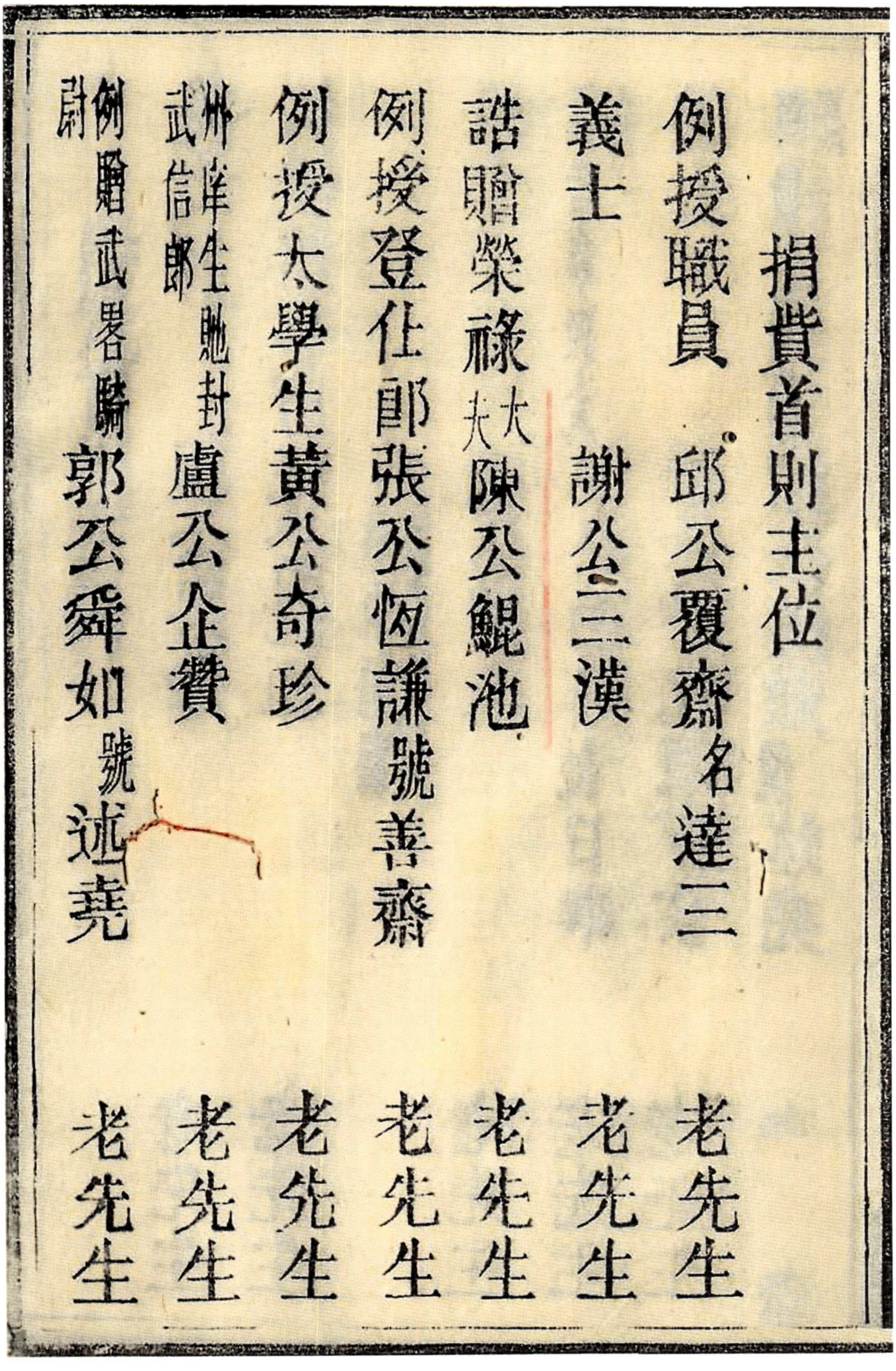

捐貲首則主位

例授職員 邱公覆齋名達三 老先生

義士 謝公三漢 老先生

誥贈榮祿大夫陳公鯤池 老先生

例授登仕郎張公恆謙號善齋 老先生

例授太學生黃公奇珍 老先生

州庠生貤封武信郎盧公企贊 老先生

例贈武畧騎尉郭公舜如號述堯 老先生

陈克绳（显梓）享祀牌位

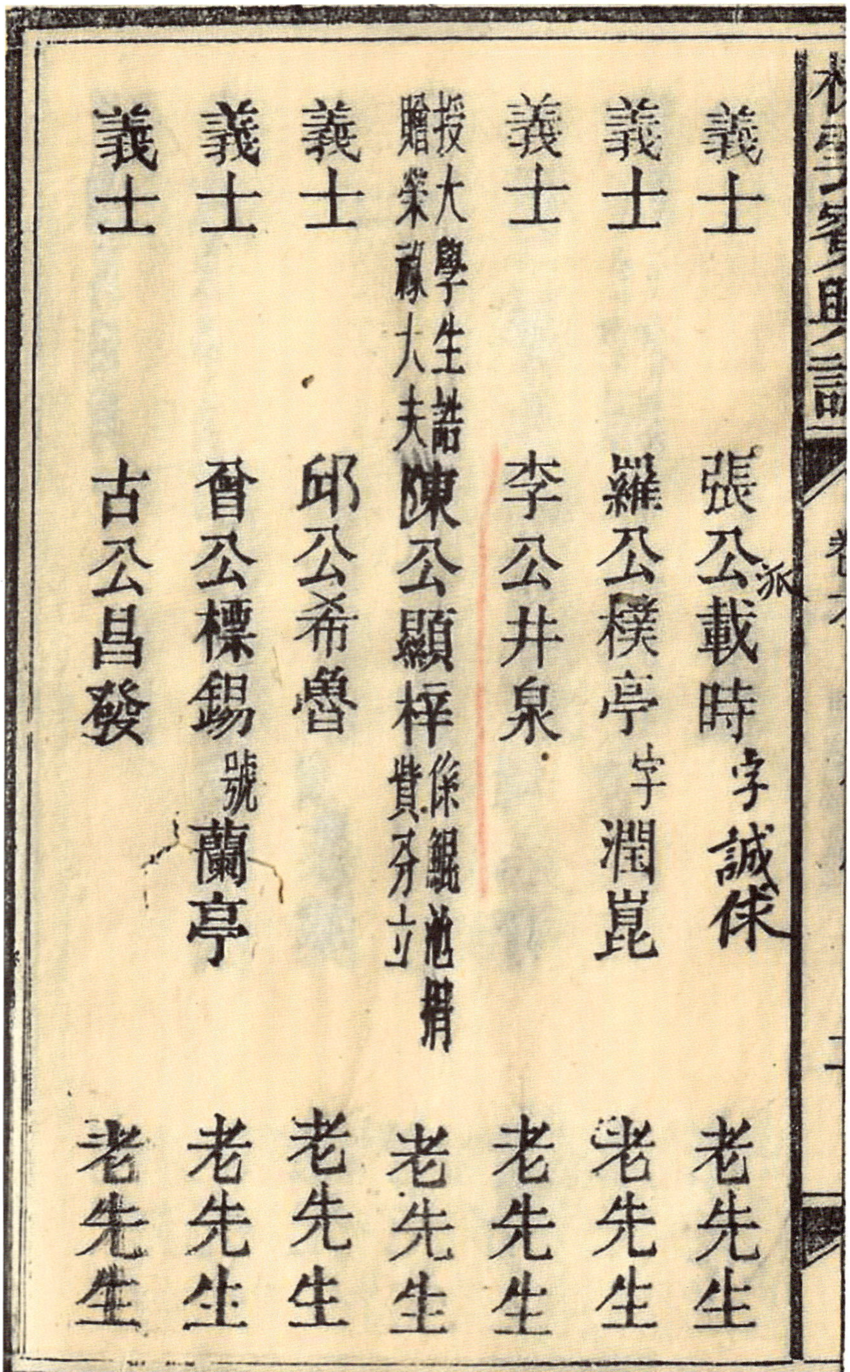

義士張公載時字誠俅老先生

義士羅公樸亭字潤崑老先生

義士李公井泉老先生

授大學生誥贈榮祿大夫陳公顯梓係繩池胄貫務立老先生

義士邱公希魯老先生

義士曾公標錫號蘭亭老先生

義士古公昌發老先生

陈伟琳(子润)享祀牌位

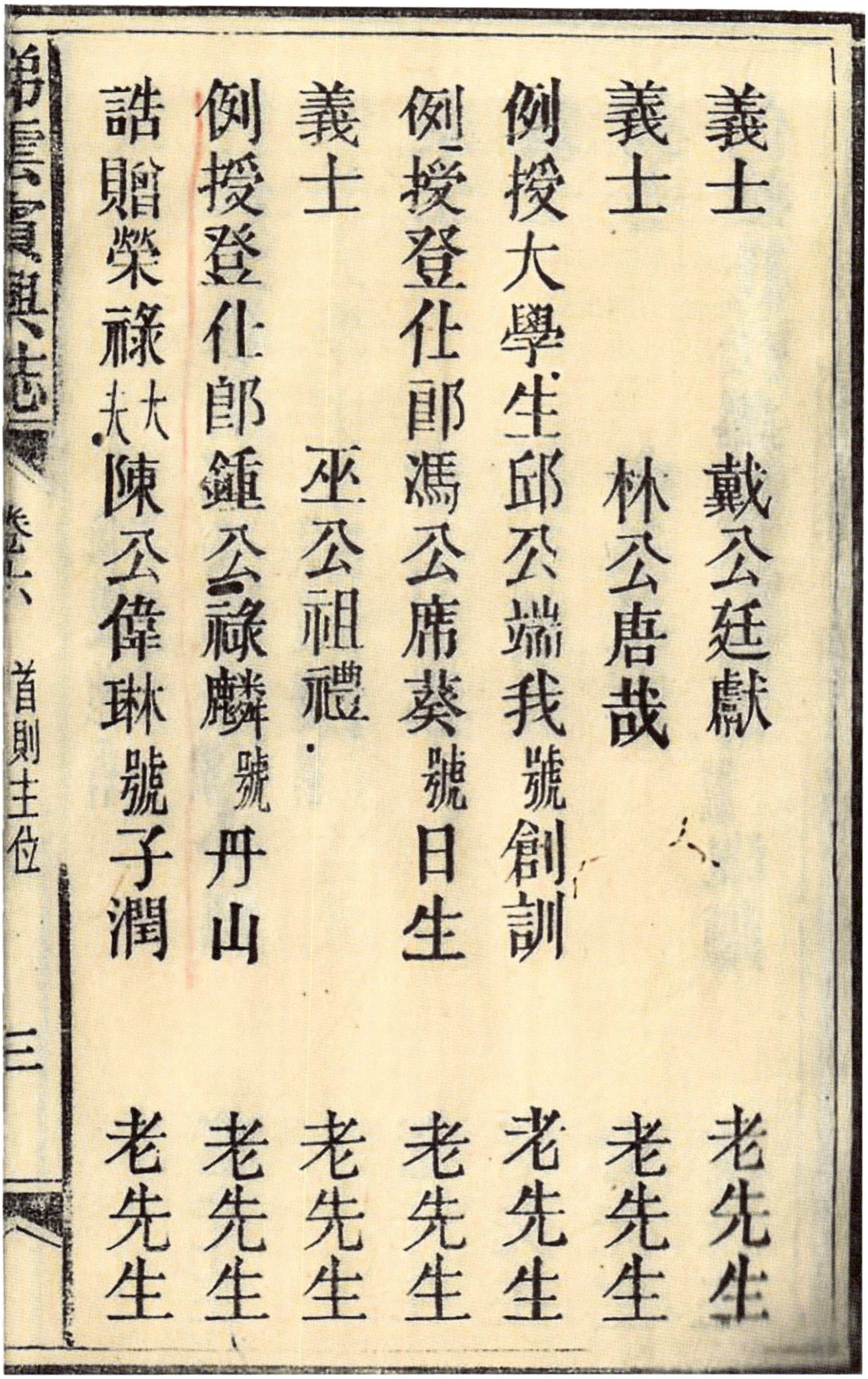

義士戴公廷獻老先生

義士林公唐哉老先生

例授大學生邱公端我號創訓老先生

例授登仕郎馮公席葵號日生老先生

義士巫公祖禮老先生

例授登仕郎鍾公祿麟號丹山老先生

誥贈榮祿大夫陳公偉琳號子潤老先生

梯雲賓興志 卷六 首則主位 三

华国堂志

陈鲲池后裔捐款

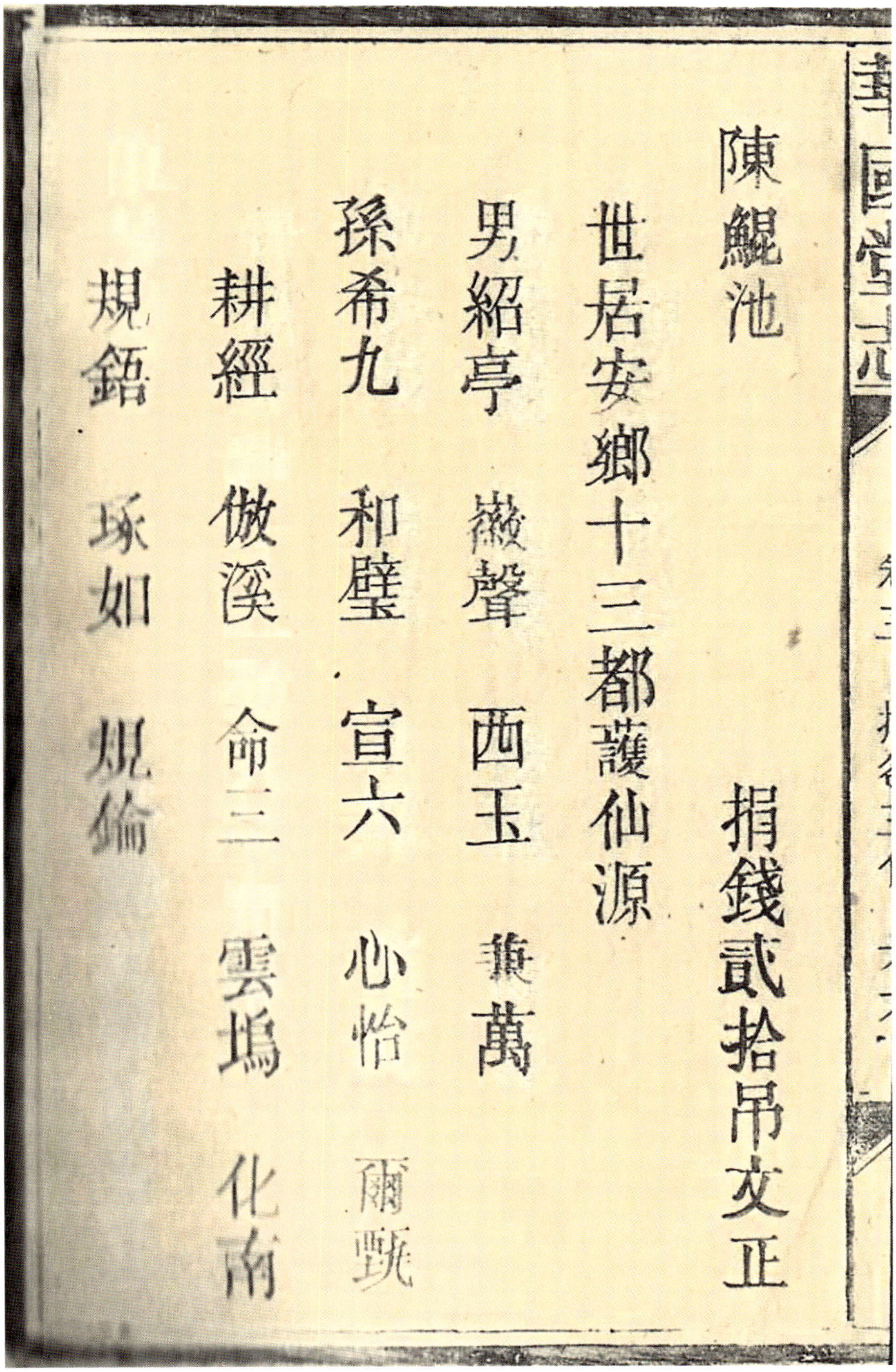

陳鯤池　捐錢貳拾吊文正
世居安鄉十三都護仙源
男紹亭　繖聲　西玉　集萬
孫希九　和璧　宣六　心怡　爾甄
耕經　傚溪　命三　雲塢　化南
規鋙　琢如　規倫

陈克绳(显梓、绍亭)后裔捐款

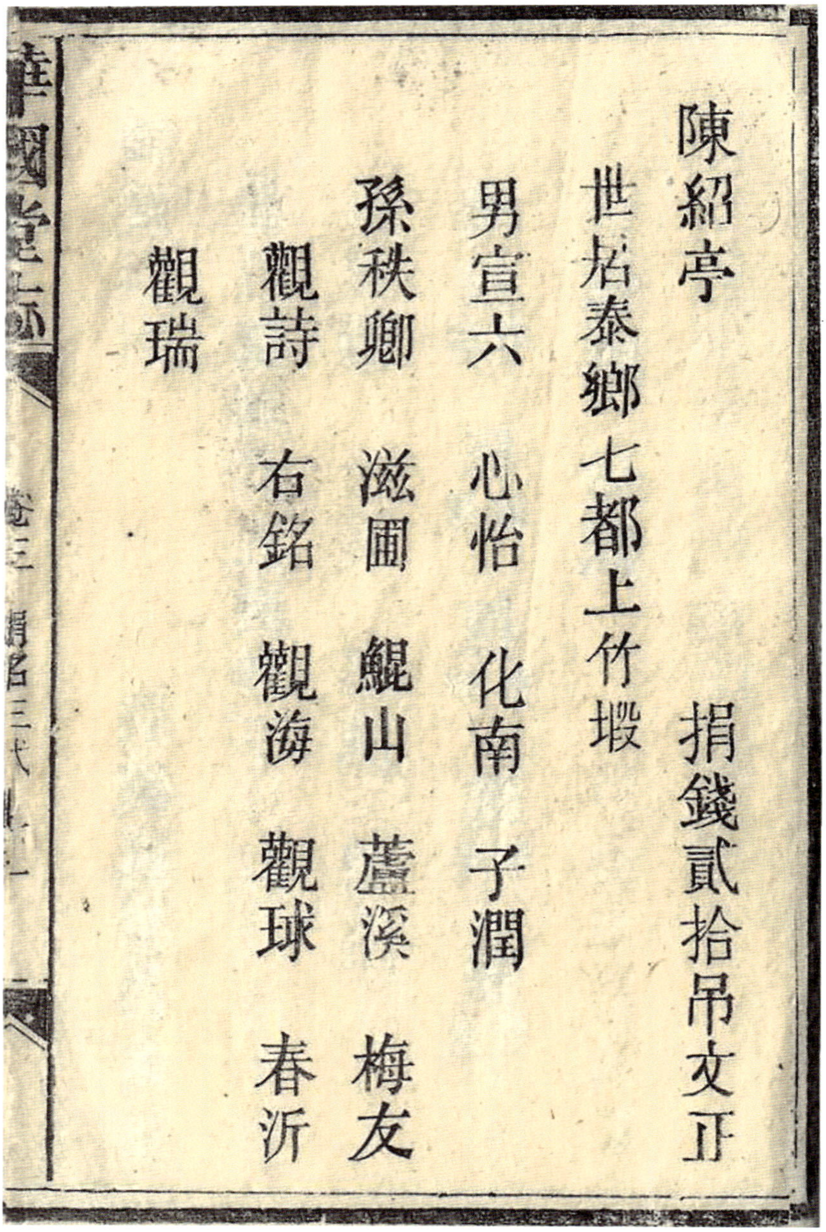

陳紹亭　　捐錢貳拾吊文正

世居泰鄉七都上竹塅

男宣六　心怡　化南　子潤

孫秩卿　滋圃　鯤山　蘆溪　梅友

觀詩　右銘　觀海　觀球　春沂

觀瑞

華國堂志　卷三　捐名三代

按语：咸丰九年(1859)，义宁怀远都四都二图集资创办漕粮收缴兼宾兴机构，在州城东门购置一栋一进三重的院落，起名“华国堂”。竹塅陈家四房以陈鲲池名义捐名三代银二十两。长房复以陈克绳名义捐名三代银二十两。

怀远都生员名册

陈观礼中秀才时间、题目

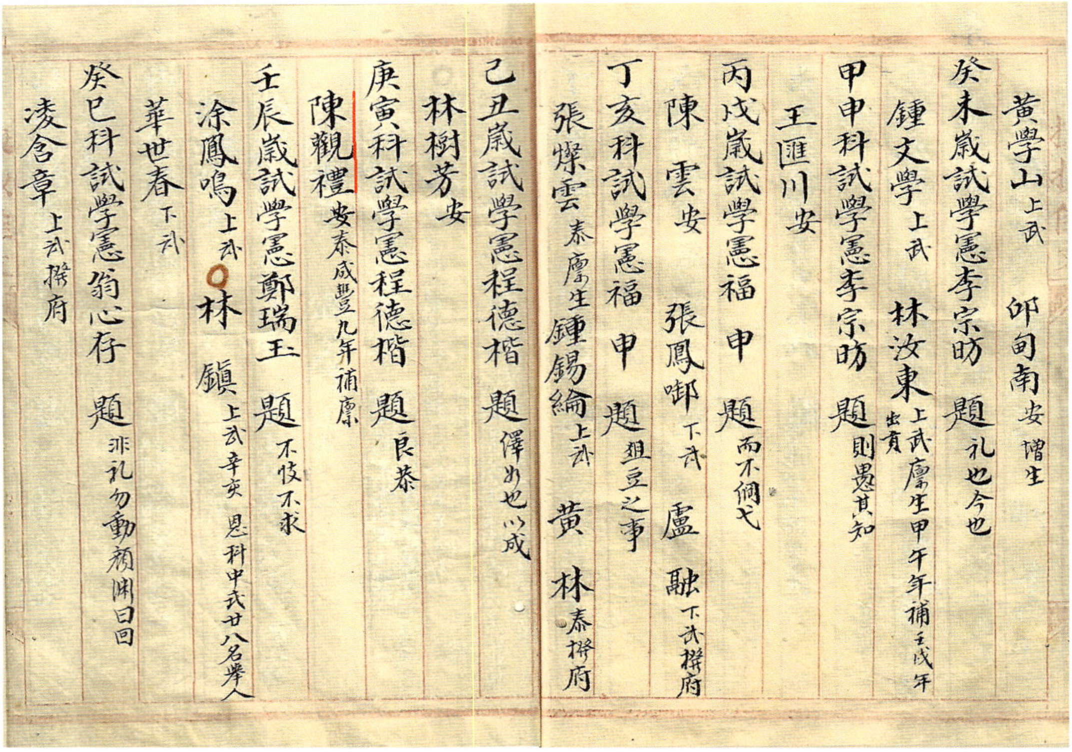
黃學山 上武　卯甸南 安 增生
癸未歲試學憲李宗昉 題 礼也今也
鍾文學 上武　林汝東 上武廩生甲午年補 壬戌年出貢
甲申科試學憲李宗昉 題 則思其知
王匯川 安
丙戌歲試學憲福 申 題 而不佩乜
陳雲 安　張鳳啣 下武　盧融 下武撥府
丁亥科試學憲福 申 題 俎豆之事
張燦雲 泰廩生　鍾錫綸 上武　黃林 泰撥府
己丑歲試學憲程德楷 題 擇爲也以成
林樹芳 安
庚寅科試學憲程德楷 題 良恭
陳觀禮 安泰咸豐九年補廩
壬辰歲試學憲鄭瑞玉 題 不忮不求
涂鳳鳴 上武　林鎮 上武辛亥恩科中式廿八名舉人
華世春 下武
癸巳科試學憲翁心存 題 非礼勿動顔淵曰回
凌含章 上武撥府

陈宝箴中秀才时间、题目

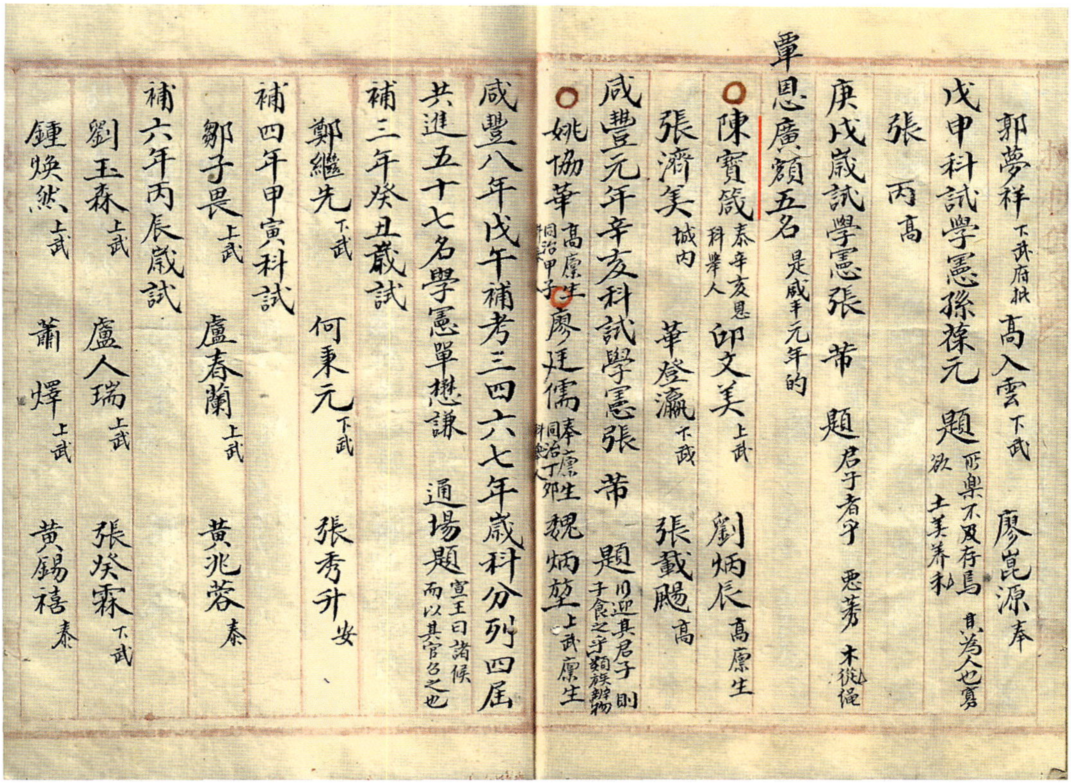

郭夢祥 下武府批 高入雲 下武 廖崑源 奉
戊申科試學憲孫葆元 題 所樂不及存焉 其為人也寡欲 士美莠私
張 丙 高
庚戌歲試學憲張 芾 題 君子者乎 惡莠 未從儀
覃恩廣額五名 是咸豐元年的
陳寶箴 奉辛亥恩科舉人 卯文美 上武 劉炳辰 高廪生
張濟美 城内 華登瀛 下武 張載颺 高
咸豐元年辛亥科試學憲張 芾 題 月迎其君子 則子食之守類族辨物
姚協華 高廪生 同治甲子科舉人 廖廷儒 奉廪生 同治丁卯科舉人 魏炳堃 上武廪生
咸豐八年戊午補考三四六七年歲科分列四屆
共進五十七名學憲單懋謙 通場題 宣王曰諸侯而以其官名之也
補三年癸丑歲試
鄭繼先 下武 何秉元 下武 張秀升 安
補四年甲寅科試
鄒子畏 上武 盧春蘭 上武 黄兆蓉 奉
補六年丙辰歲試
劉玉森 上武 盧人瑞 上武 張癸霖 下武
鍾焕然 上武 蕭 燡 上武 黄錫禧 奉

陈三略(绩熙)中秀才时间、题目

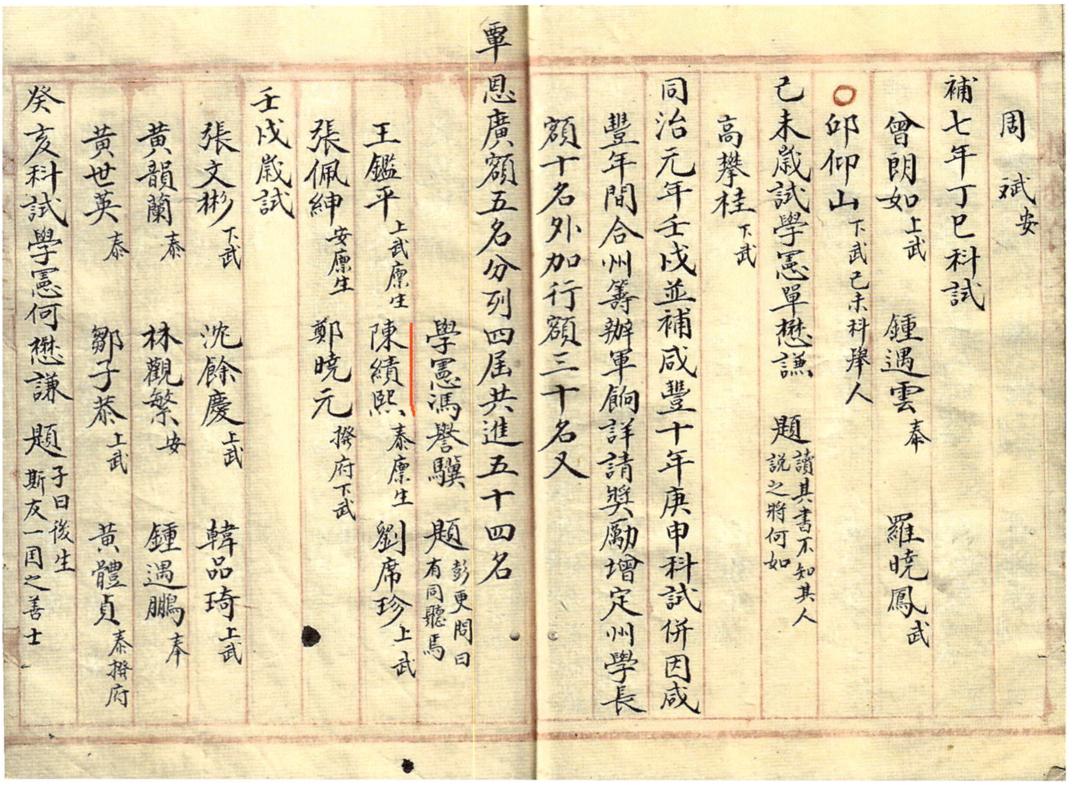

周　斌安

補七年丁巳科試

曾朗如 上武　鍾遇雲 奉　羅曉鳳 武

邱仰山 下武乙未科舉人

乙未歲試學憲單懋謙　題 讀其書不知其人 說之將何如

高攀桂 下武

同治元年壬戌並補咸豐十年庚申科試併因咸

豐年間合州籌辦軍餉詳請獎勵增定州學長

額十名外加行額三十名又

覃恩廣額五名分列四屆共進五十四名

學憲馮譽驥　題 彭更問曰 有同驄馬

王鑑平 上武廩生　陳績熙 泰廩生　劉席珍 上武

張佩紳 安廩生　鄭曉元 撥府下武

壬戌歲試

張文彬 下武　沈餘慶 上武　韓品琦 上武

黃韻蘭 泰　林觀繁 安　鍾遇鵬 奉

黃世英 泰　鄒子恭 上武　黃體貞 泰撥府

癸亥科試學憲何懋謙　題 子曰後生 斯友一國之善士

按语:《怀远都生员名册》(书名代拟),系陈宝箴故里桃里乡一位读书人叶绍京(梅臣)抄录。内容有:一、清顺治九年《卧碑》生员纪律条文;二、南昌府学及下属州县新进生员、廪生、挨贡增广名额。三、从清雍正八年至同治八年义宁怀远都新进生员、廪生、贡生共计 226 人的姓名、乡里,岁试、科试试题,学政姓名,其中竹塅陈家四人,即陈观礼、陈宝箴、陈三略、陈观瑶(子浩);四、道光十一年朝廷颁布的贡监生捐纳京官、外官文武职级的价码数额。以第三部分最有文献价值。

陈观璠（子浩）中秀才时间、题目

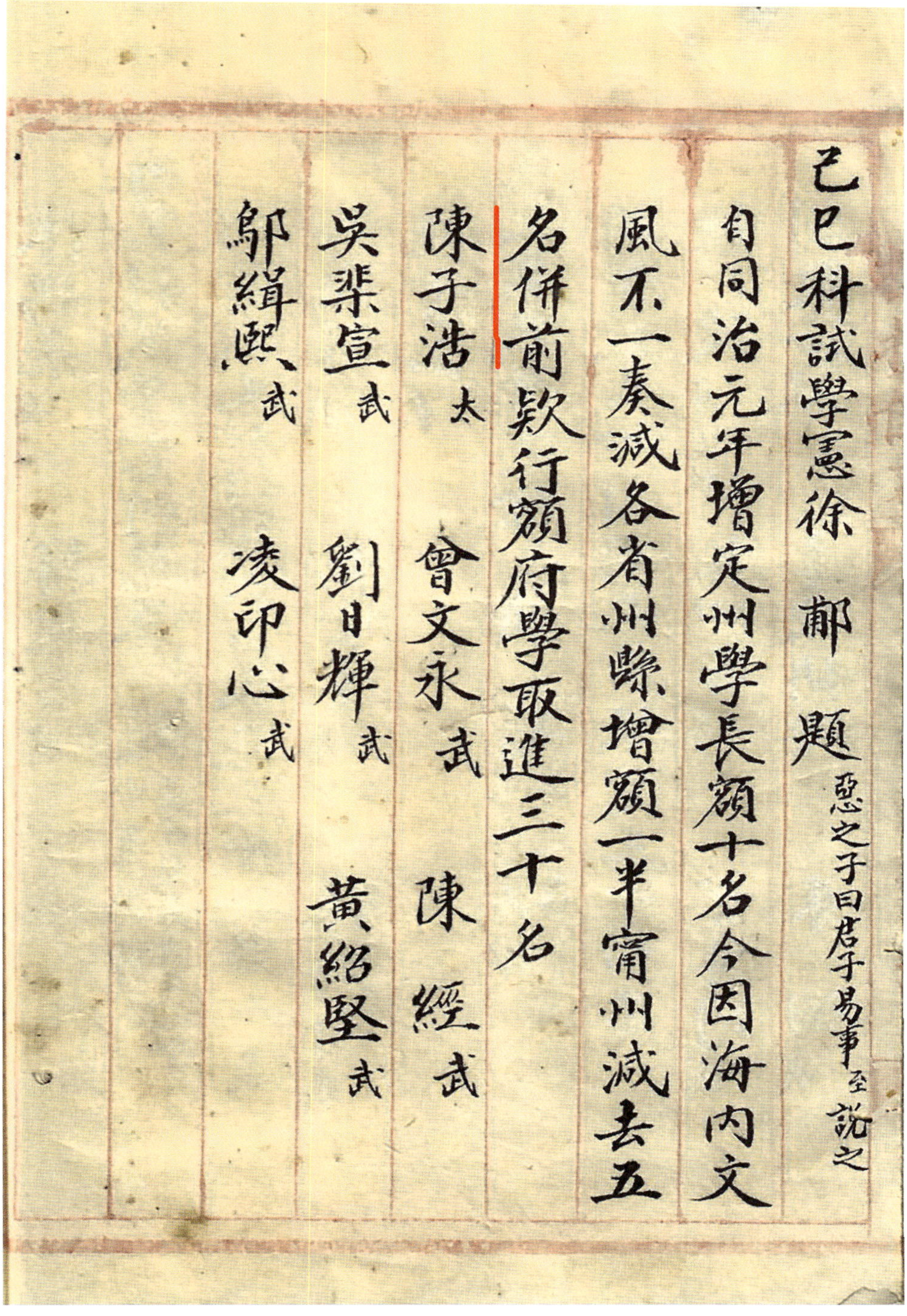
己巳科試學憲徐　郁　題惡之子曰君子易事至說之
自同治元年增定州學長額十名今因海內文
風不一奏減各省州縣增額一半甯州減去五
名併前欵行額府學取進三十名
陳子浩 太　曾文永 武　陳　經 武
吳渠宣 武　劉日輝 武　黃紹堅 武
鄔緝熙 武　凌印心 武

陈宝箴乡试朱卷册

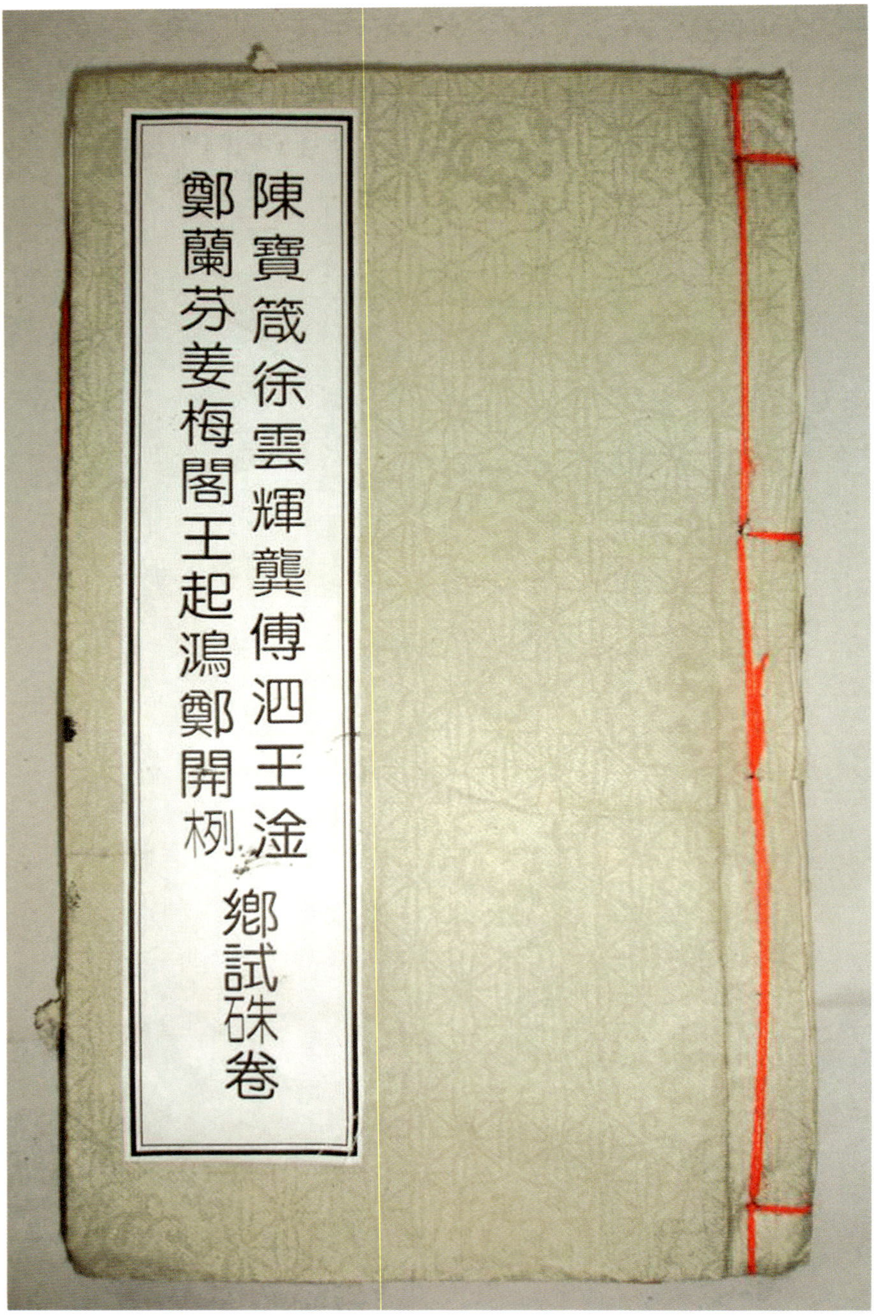
陳寶箴徐雲輝龔傳泗王淦
鄭蘭芬姜梅閣王起鴻鄭開栵
鄉試硃卷

陈宝箴乡试朱卷册

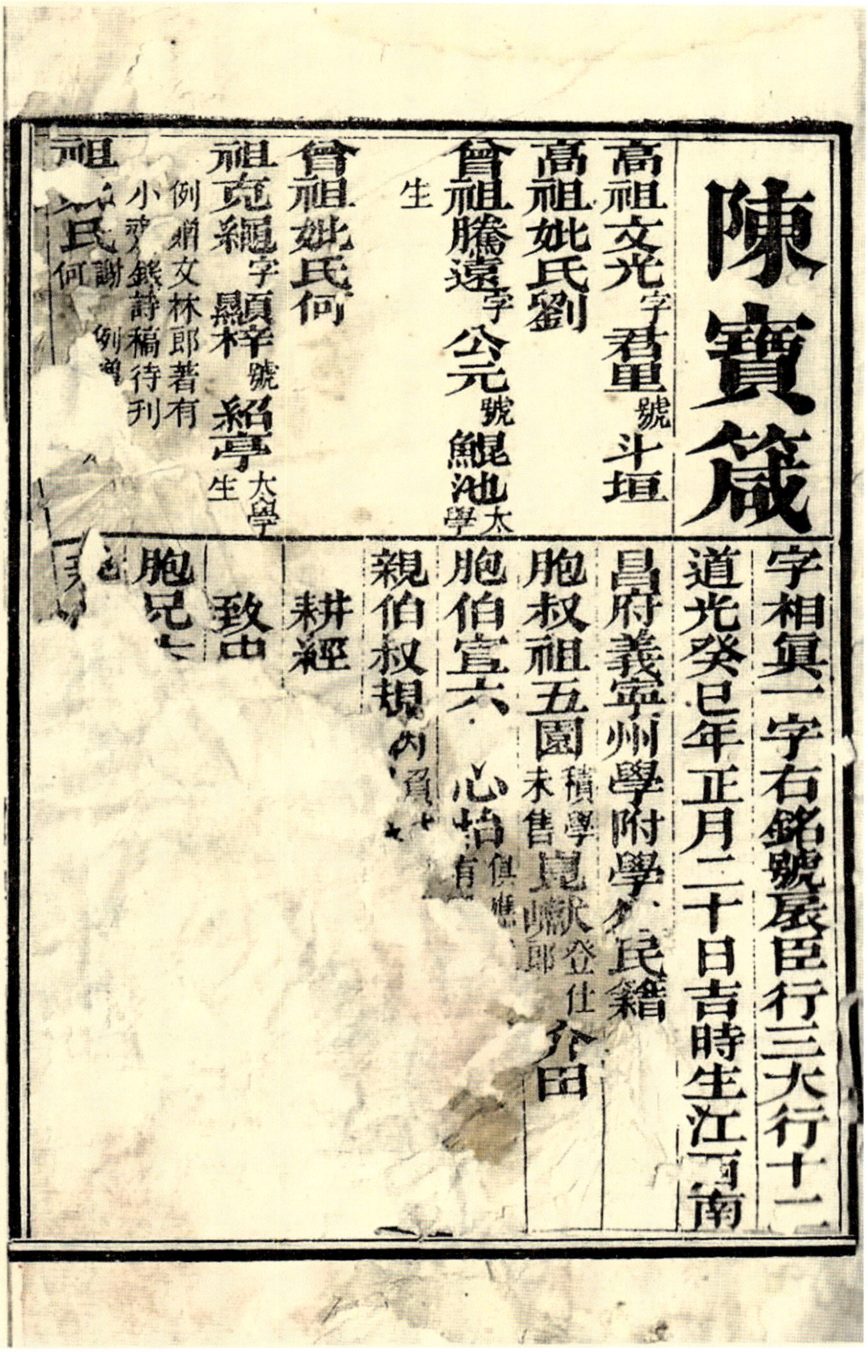

陳寶箴

字相眞一字右銘號展臣行三大行十二

道光癸巳年正月二十日吉時生江西南

昌府義寧州學附學生民籍

高祖文先 字君量 號斗垣

高祖妣氏劉

曾祖騰遠 字公先 號鯤池 太學生

曾祖妣氏何

祖克繩 字顯梓 號紹亭 太學生 例贈文林郎著有小[illegible]詩稿待刊

祖妣氏何謝 例贈[illegible]

胞叔祖五園 積學未售[illegible]登仕郎 介田

胞伯宣六 心怡 [illegible]

親伯叔規內[illegible]

耕經

致詔

胞兄[illegible]

[illegible]

父書琳 字琢如 號之潤 候選分縣 例封文林郎 著有北遊吟草待刊

母氏李 例封孺人

外祖李臺山 登仕郎

外祖妣氏凌 張

岳父黃心圃 太學生 武畧騎尉 例封

岳母氏謝 李 例贈孺人

業師

邱達春老夫子

球 瑤 松 海 璠 應試有聲

親姪 成塾 現應童試 杰 庠 歐 亯 [illegible]

垣 俱業儒

舅父李芳園 應試有聲 [illegible]晙 家熱

姑丈何棣康 謝交[illegible] [illegible] 部[illegible]

照 黃自張 太學生

內兄弟黃正禧 應試有聲 迎禧 呈禧 癸卯科舉人即補營分府

騰禧 己酉科舉人候補營分府 錫禧 屢試前矛 燮禧

平禧 芹禧 鴻禧 延禧 俱業儒

姊丈周福耆 蕭德修 謝繹綱

②

周應時老夫子

親兄蘆溪老夫子

親兄秩卿老夫子 州增生歲科屢試超等

鄭蹈雲老夫子 州庠生屢科呈薦

鍾慶生老夫子 甲辰舉人揀選知縣

蕭方臯老夫子 辛卯舉人大挑候選教諭

顏韶九老夫子 丙午舉人揀選知縣

受知師

州牧葉枚生老夫子 梯雲書院月課

采沐栽培

內室黃氏

子

女

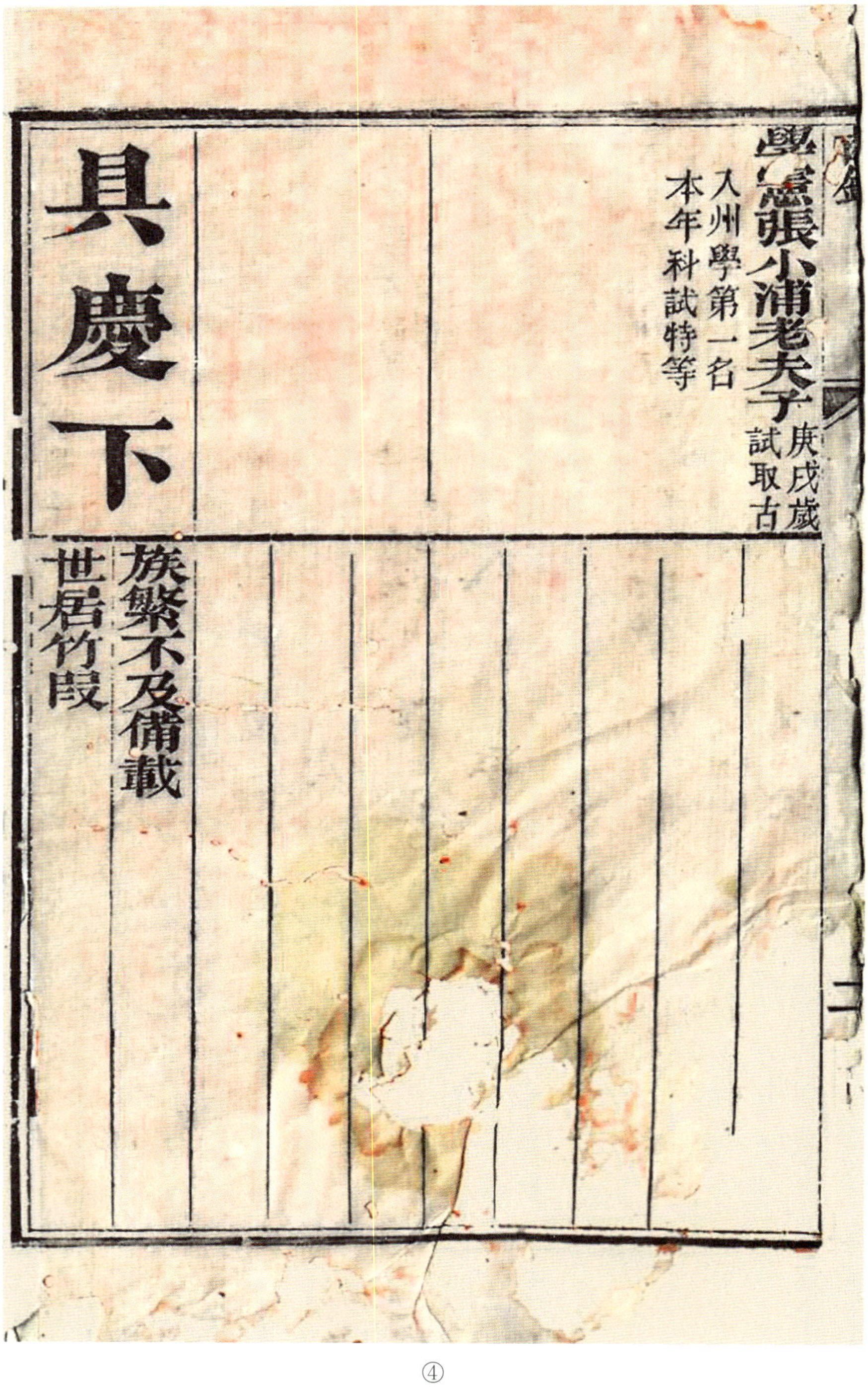
學憲張小浦老夫子庚戌歲試取古入州學第一名本年科試特等

具慶下

族繁不及備載

世居竹段

④

江西鄉試硃卷　咸豐辛亥　恩科

中式第一百十三名舉人陳寶箴南昌府義寧州附學生民籍

同考試官試用知縣夏　閱　薦

大主考翰林院編修纂修國史館協修實錄館　龔　批　取

又批　思力精銳

大主考日講起居注官詹事府詹事南書房行走　沈　批　中

又批　風骨高騫

本房總批

統閱三場皆歸一律詩文俊爽理析牛毛經策淹通談傾鹿角揭曉來謁知生傳經世業驚座家聲傳就髫齡駒齒已著龍文之目庠遊弱冠鳳翎早生燕翼之輝去年泮沼芹香既交輝乎棣萼此日蟾宮桂折更附驥於竹林從兹紅杏聯簪丹墀摛藻於生有厚望焉

拈情字串合筆意高超思力沉著

勁氣直達辟易千人

反掔通靈全神俱振

淸思雋旨淡遠有神

信近於義言可復也恭近於禮遠恥辱也

陳寶箴

平其情以應物信與恭可無弊也夫義禮人情之準也信恭本乎此斯言行庶無弊乎且人有情而各用其情即用其情而各宜近乎情也顧有時慷慨以任其情而情爲猝動之情則非其本情矣有時曲抑以將其情而情爲過致之情則越乎人情矣情無以制亦無以節於是自變其情自咎其情而究不自謹其不近乎情則吾願以義禮爲斯人進不然信與恭固皆情之所發也而往往遠於義禮者何哉平日無精義之學則偶爾之感奮非躁即疎故當一諾相承非不足徵磊落而一經有識之推求若有不樂觀乎其

自是名家風味

細筋入骨如秋鷹

蜻蜓點水香象渡河

語經百鍊木入三分

思精而入筆銳而出

先而亟欲觀乎其後者則情未可遽遁也夙昔無明禮之功則僞爾之周旋不諂即瀆故當大廷折節非不足著謙光而一經旁覯之擬議若有不難於爲施而反若難於爲受者則情殊難自適也然則欲言之可復與恥辱之遠也是非近義近禮不爲功懼吾言之難踐而然諾不以假人此亦寔情之難訓所貴乎義者謂不輕於信乃以重其信也一日此義畢生即止此義不必指天日以明情而準義爲衡則期許之眞有以得其幽獨之慊裁度之密足以勝其意氣之粗所以義所難任斯感激皆平義所宜堅將畏葸悉化也而言何不可復焉慮人世之多猜而簡夷因而玩世此亦矯

⑧

鍊字鍊意得多矣　崇

精實處少許勝人多許

反覆互勘題無剩義文有餘音

情之過深所貴乎禮者謂不紊其恭乃以肅其恭也以禮處己即以禮處人不必假繁縟以飾情而奉禮爲歸則親厚所形周而不鄰於比樂易所至和而不涉於同所以禮值其隆矜持非以自苦禮值其殺坦率非以爲驕也而恥辱何不可遠焉此其故輕於信者不知也壹於信者亦不知而惟義之與比者知之嘗見小信之王自負不欺而急遽相期遂至遷就依違之兩窒背之既負乎初心全之又非其本願君臣朋友之間必有中情變遷者矣念明信之有歸其可無精義之學哉此其故外於恭者不知也足於恭者亦不知而惟禮以制心者知之嘗見謙恭之儒自鳴善下而逢迎相

沉鬱頓挫
理足神完

尚遂至脅肩諂笑之徒勞循之既莫泯其慚反之益以增吾過往
來酬酢之際將有兩情莫洽者矣念温恭之有則其可無明禮之
功哉信恭者其知之

本房加批

情字亦題所應有難得其筆意幽折清剛是說理之樸實能得
五家宗泒者

梯雲掌院顏韶九老夫子評

淡宕夷猶清剛雋上次跟孝字不脫不粘有典有則三亦筆歌
墨舞與會淋漓詩清麗

⑩

圓轉如環

勁氣直達

不粘孝講全神活現

氣息深穩

德爲聖人

陳寶箴

論大孝而徵諸德人已獨成爲聖矣夫孝者德之首也極之卽爲聖人舜孝之大何如哉且自德爲庸德而古聖人之以孝成其德者誠無俟求之高遠索之隱怪矣蓋德之表見不僅在於一家而孝之充周實足徵其全量孝既大而德莫與京德既隆斯孝無以尙爲人倫之至卽立人道之極非天下之至聖其孰能與於斯吾言舜之大孝蓋先有見於其德矣負罪引慝號泣獨著於田間以是知深山之中其闇修有獨至也完性眞於萬善一木一石皆爲祗礪之全神烝乂克諧明揚上達於帝座以是知有鰥在下其過

不脫孝講脈絡清眞

印泥劃沙夭矯不羣

磬徹鈴圓

熟於抑揚之筆故出語耐人尋味

化自有眞也觀底豫於盈庭得親順親遂爲古今之絕詣德至矣
德爲聖人弗可及也巳聖人無異人之事所自勵者百行之原耳
顧孝之德本順舜則由逆而至於順夫境順而心無少逆與境逆
而心無弗順其爲孝果孰難而孰易即其爲德果孰全而孰偏乎
試思夔夔載見頑嚚亦鑒其誠源源而來傲弟彌欽其愛迫至一
室著太和之象五十猶孺慕之誠則其德之源流可想也聖人亦
人類之同所獨樂者名教之地耳顧孝之德甚常舜則遇變而歸
於常夫遇常而情不使變與遇變而情如處常其爲孝果孰優而
孰絀即其爲德果孰安而孰勉乎蓋其濬哲積中生知非由乎人

⑫

推原題蘊尤得全相

議論名通壯麗儒雅

力温恭著美安行實本於性成觀於浚井焚廩之得免烈風雷雨之弗迷則其德之本末具見也窮蟬以降世為庶人即令有子克家亦足振興夫世緒然而聖人之以德成其孝者獨見其大焉重華稱協帝直將歸美於世德之幽光是使天下知有聖子亦即使天下知有聖父也夫側陋未揚氏族詎通於帝而贊揚克孝者必從瞽子而溯厥由來則推其德之所孚覺星輝雲爛皆足增門第之光允若以前難為人子即令吉占幹蠱詎能盡滌乎前愆然而聖人之以德成其孝者獨見其至焉齊栗著眞誠直將挽回夫頑嚚之意志是使後世以聖人奉其身并欲使後世以聖人奉其親

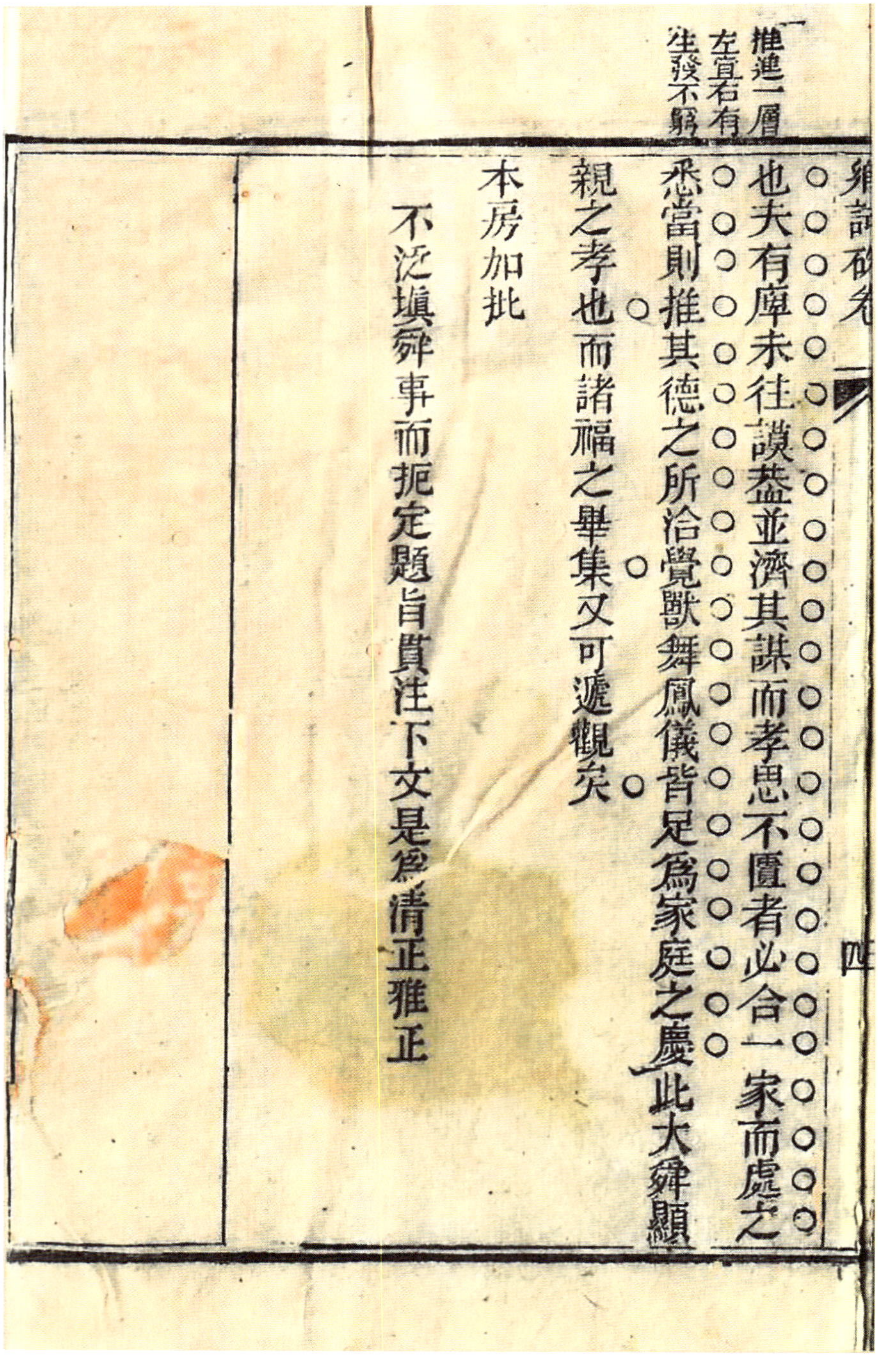

推進一層
左宜右有
生發不窮

也夫有庳未往讙蓋並濟其謀而孝思不匱者必合一家而處之
悉當則推其德之所洽覺獸舞鳳儀皆足爲家庭之慶此大舜顯
親之孝也而諸福之畢集又可遞覩矣

本房加批
不泛填舜事而扼定題旨貫注下文是爲清正雅正

⑭

天門下馬氣如虹

使筆如劍直中題肎

觀上以力服人句典重而氣古

○○○詩云自西自東自南自北無思不服此之謂也

陳寶箴

德之服人者深繹詩言而恍然矣夫合四方而思服誠何如也心悅之謂雅詩不已云然哉且王者出而四方之版宇擴爲四方之聲教通焉即四方之人心亦莫不繫屬焉此非特有宰制駕馭之權也葢一人握感孚之本其與天下相見以悃誠而天下遂無不各輸其悃誠然後知同好同惡之原實統乎作君作師之理篇章具在夫固可揚摧陳也有聲之詩吾得而觀其所謂矣是詩也何謂也其非謂牧野陳師之盛萃虎賁者三千孟津變伐之威會諸

岩

顧視清高思力沉毅直是俯視一切

二比陽開陰闔氣局渾成

忽作提振雍容華貴采烈興高

侯者八百其謂武王能廣文王之聲大文王之德以成此一統也
自西自東自南自北無思不服此無他德之所及者遠心之所悅
者誠也非此之謂而奚謂哉蓋以思之難也父不能得之於子兄
不能得之於弟况九重之宵旰豈能入閭閻之寤寐而探其微故
一言所自覺其梯航可得而通者其性情不可得而强也而以思
之易也天下不啻其一家中國不啻其一人彼億兆之歸心早已
自宸衷之建極而操其券故一言所自覺其徧德無不被之區者
其媚茲無或匿之隱也於斯時也遐邇一體中外禔福皇風遐暢
民氣敦龐夫然後撫是詩而流連起嘆曰所謂心悅而誠服者其

起勢英挺
卓犖不羣

一唱三嘆
有餘音

針對戰國
霸術恰是
亞聖胸襟

在斯乎其在斯乎以德服人者何多讓焉且夫今之制約從而尚連横者豈復有人心哉以覘王者不矜震疊之威而草野彌切尊親之戴者其嚮背爲何如也夫深宮爲起化之地而非化所竟之地至推之東西南北而皆準則盡人罔弗率俾矣信如詩言統五方之剛柔燥濕而共慶夫咏仁蹈德之休不顯文謨丕承武烈直合東西南北而共喻以天也豈非德之彌綸而無外哉今之闢土地而開阡陌者又豈復行仁義哉以覘王者振鐘鼓於辟雍而混車書於蠻貊者其感應爲孰神也夫法術爲輔治之具而非治所出之具至驗之無思而不服則眾志罔不從風矣信如詩言合四

頌揚得體

海之霜露舟車而悉被以棫樸菁莪之澤以覲耿光以揚大烈直並東西南北而相感以誠也豈非德之盈量以相償哉夫惟聖天子鼎命維新乾元資始澤沛熙春歡臚函夏所由上暢九垓而下泝八埏者猗歟盛哉

鄭

本房加批

思字服字力透紙背而議論開張詞藻洊秀自是有書有筆之文

⑱

賦得光風霽月　得周字五言八韻　陳寶箴

灑落標高品濂溪望重周光儀風可挹霽色月長留扇奉情

應承杯邀句好酬雲舒千里月雨過一庭秋爽籟初鳴鐸清

輝合倚樓吹開塵世垢照澈大江流窗印機全暢池蓮影欲

浮薪傳欣遠紹對景證前修

本房加批

志和音雅

手抄本（一）

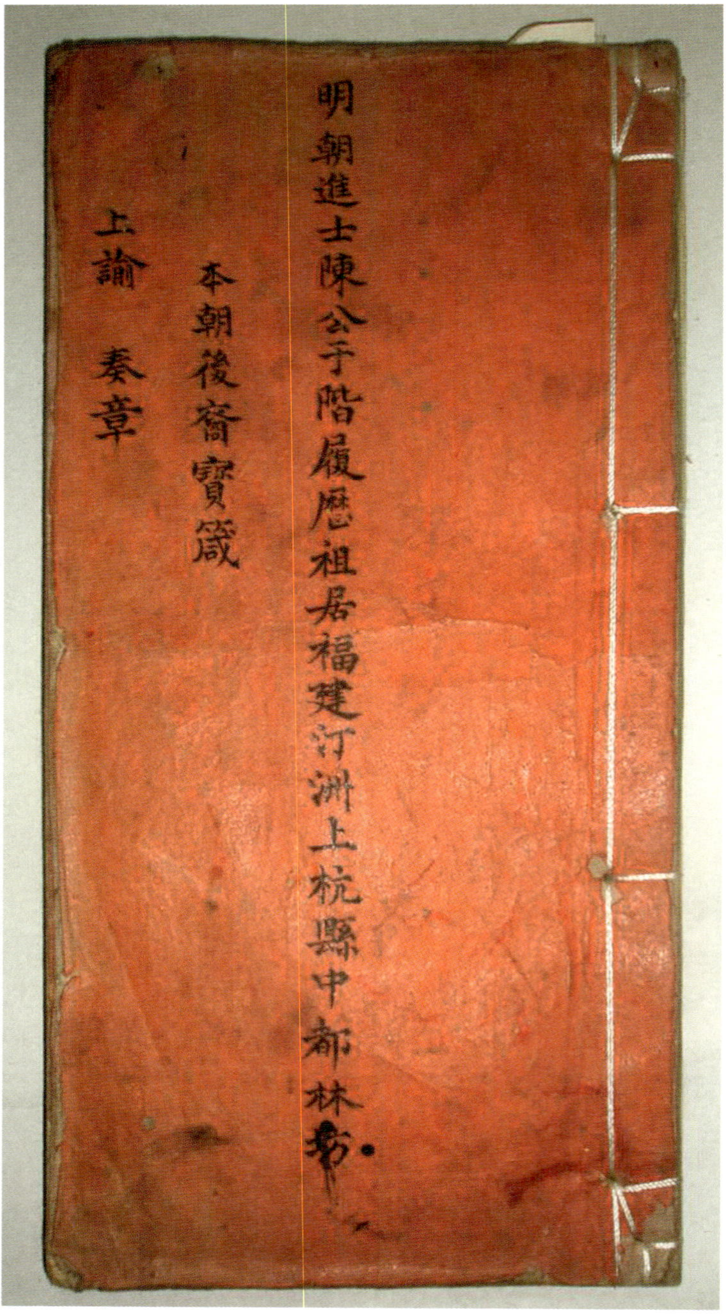
明朝進士陳公于階履歷祖居福建汀洲上杭縣中都林
本朝後裔寶箴
上諭 奏章

李太夫人讣告

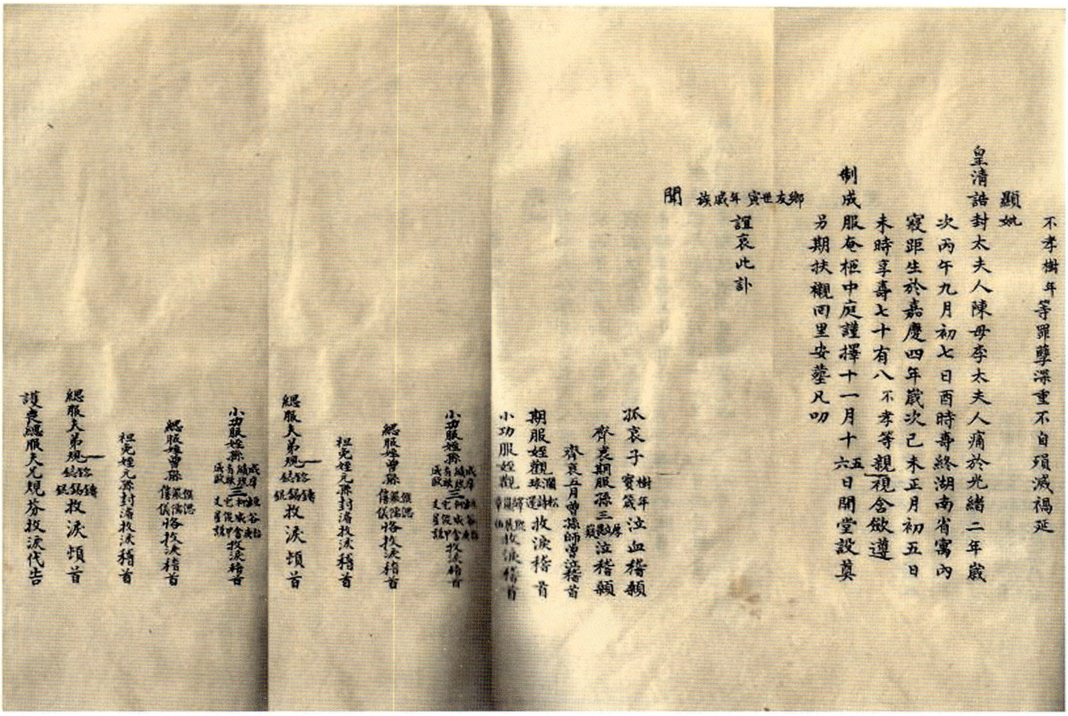

不孝樹年等罪孽深重不自殞滅禍延
顯妣
皇清誥封太夫人陳母李太夫人痛於光緒二年歲
次丙午九月初七日酉時壽終湖南省寓內
寢距生於嘉慶四年歲次己未正月初五日
未時享壽七十有八不孝等親視含斂遵
制成服奄柩中庭謹擇十一月十五/六日開堂設奠
另期扶櫬回里安葬凡叨
鄉友世寅年戚族
謹哀此訃
聞

孤哀子樹年 寶箴 泣血稽顙
齊衰期服孫三 泣稽顙
齊衰五月曾孫師曾 泣稽首
期服姪觀瀾 拭淚稽首
小功服姪觀 拭淚稽首
小功服姪孫三 拭淚稽首
緦服姪曾孫 拭淚稽首
袒免姪元孫封濤拭淚稽首
緦服夫弟規 拭淚頓首
小功服姪孫三 拭淚稽首
緦服姪曾孫 拭淚稽首
袒免姪元孫封濤拭淚稽首
緦服夫弟規 拭淚頓首
護喪緦服夫兄規芬拭淚代告

李太夫人行状

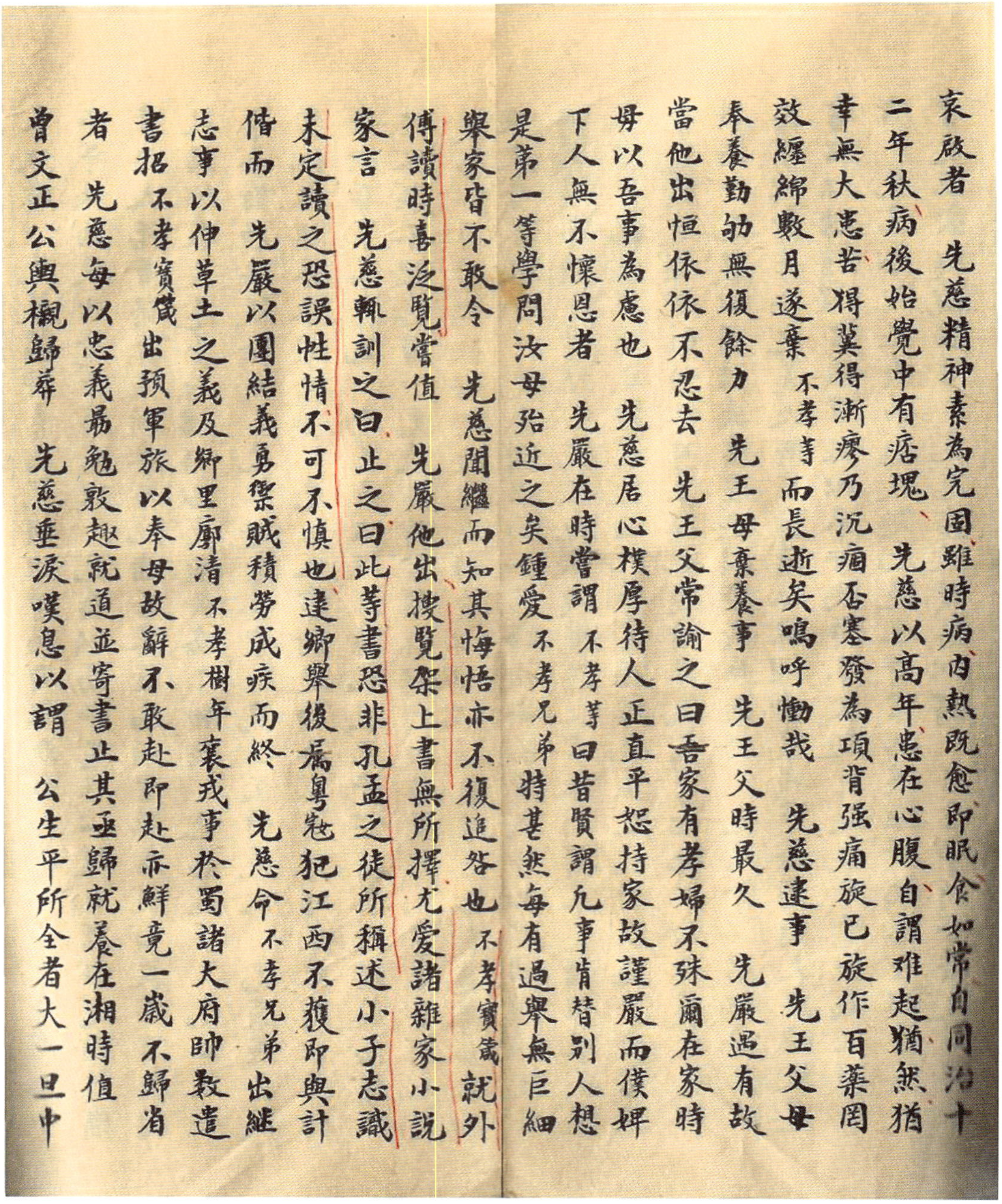
哀啟者　先慈精神素為完固雖時病內熱既愈即眠食如常自同治十
二年秋病後始覺中有痞塊　先慈以高年患在心腹自謂難起猶然猶
幸無大患苦得冀得漸瘳乃沉痼否塞發為項背强痛旋已旋作百藥罔
效纏綿數月遂棄不孝等而長逝矣嗚呼慟哉　先慈逮事　先王父母
奉養勤劬無復餘力　先王母棄養事　先王父時最久　先嚴遇有故
當他出恒依依不忍去　先王父常諭之曰吾家有孝婦不殊爾在家時
毋以吾事為慮也　先慈居心樸厚待人正直平恕持家謹嚴而僕婢
下人無不懷恩者　先嚴在時嘗謂不孝等曰昔賢謂凡事肯替別人想
是第一等學問汝母殆近之矣鍾愛不孝兄弟特甚然每有過舉無巨細
舉家皆不敢令　先慈聞繼而知其悔悟亦不復追咎也不孝寶箴就外
傅讀時喜泛覽嘗值　先嚴他出搜覽架上書無所擇尤愛諸雜家小說
家言　先慈輒訓之曰止之曰此等書恐非孔孟之徒所稱述小子志識
未定讀之恐誤性情不可不慎也逮鄉舉後屬粵寇犯江西不獲即與計
偕而　先嚴以團結義勇禦賊積勞成疾而終　先慈命不孝兄弟出繼
志事以伸草土之義及鄉里廓清不孝樹年襄戎事於蜀諸大府師數遣
書招不孝寶箴出預軍旅以奉母故辭不敢赴即赴亦鮮竟一歲不歸省
者　先慈每以忠義勗勉敦趣就道並寄書止其亟歸就養在湘時值
曾文正公輿櫬歸葬　先慈垂淚嘆息以謂　公生平所全者大一旦中

①

外失此蓋臣關係甚鉅數日為之不懌
穆宗毅皇帝升遐哭泣涕零不勝其慼率家人素服如禮蓋性情有獨至者
先外大父家故吾鄉舊族戚鄙問遺頗競華盛　先慈惟期達意而止嘗
曰凡事當為可繼若務求豐腆後將有以菲廢禮者而情誼反疎矣故家
之中人之產而　先慈內主中饋儉而有制卒歲無稱貸之累而能酌所
餘以周窮困事涉　祖先塋墓祭祀必誠必盡生平不苟言笑不喜聽音
樂被紈綺屬七旬壽辰時不孝等擬為致客稱慶弗許因命廢觴飲所費
出甌里中社倉積粟平糶至今賴之自同治十一年迎養來湘每歲壽日
同鄉知好擬為稱觴皆命不孝等敬謝而以百金市綿衣散給會城寒丐
歲以為常今年正月壽日值在辰沅道署猶命寄費卹無告堂請為代給
焉初不孝寶箴權辰沅道事奉母之任目擊民苗生計窘絀稍求所以補
救之者而人滿艱食轉運尤難沱江之水繞城下以達辰谿沿流為巨石
梗塞舟楫不通桂林　陳文恭公撫湘時謀為疏鑿甫具役以遷任去功
遂輟不孝寶箴欲踵其事而計費非萬餘緡錢不可謀悉以在官所入給
工猶慮不足　先慈聞而欣然命刻意節縮日用酬應諸費以成之遂亟
糾工疏鑿七閱月而成沿流百餘里梗阻頓開舟楫直達城下實非　先
慈之壹意銳志不及此工粗竣會當解任仍獲留數百金為疏濬之費比
將還會城　先慈喜曰吾去此愈於十萬騎鶴遠矣不意方返湘中而疾
日加劇騎鶴之言竟成凶讖嗚呼慟哉臨終之日神明不亂正席起坐如
平時不孝樹年寶箴暨諸孫曾孫等親視含殮慟惟侍奉無狀罪孽深重
呼天搶地百死莫贖徒以靈櫬未歸窀穸未就不得不苟延殘喘匍匐終
事苦塊昏迷覼縷絮述語無倫次伏乞
矜鑒

棘人陳樹年寶箴泣血稽顙

校录

陈母李太夫人讣告

不孝树年等罪孽深重，不自殒灭，祸延显妣。皇清诰封太夫人陈母李太夫人，痛于光绪二年岁次丙午九月初七日酉时，寿终湖南省寓内寝，距生于嘉庆四年岁次己未正月初五日未时，享寿七十有八。不孝等亲视含敛，遵制成服，奄柩中庭，谨择十一月十五、十六日开堂设奠，另期扶榇回里安葬。凡叨寅谊、年谊、世谊、戚谊、友谊、族谊、乡谊，哀此讣闻。

孤哀子树年、宝箴泣血稽颡，齐衰期服孙三立、三畏、三厚、三嶷泣稽颡，齐衰五月曾孙师曾泣稽首，期服侄观澜、观球、观诗、观松、观还抆泪稽首，小功服侄观岚、观绎、观章、观展、观熙、观伍抆泪稽首，小功服侄孙绩熙、有谟、成庠、成欧、三柳、三宅、三垣、三爻、三威、三俊、三谷、三星、三畲、三庚、三甲、三台、三谦抆泪稽首，缌服侄曾孙俨恪、僎恪、僖恪、儒恪、偲恪、仪恪抆泪稽首，袒免侄元孙封濬抆泪稽首，缌服夫弟规镕、规铦、规锡、规铸、规锟抆泪顿首，护丧缌服夫兄规芬抆泪代告。

陈母李太夫人行状

哀启者：

先慈精神素为完固，虽时病内热，既愈，即眠食如常。自同治十二年秋病后，始觉中有痞块，先慈以高年患在心腹，自谓难起，然犹幸无大患苦，冀得渐瘳。乃沉痼否塞，发为项背强痛，旋已旋作，百药罔效，缠绵数月，遂弃不孝等而长逝矣。呜呼恸哉！

先慈逮事先王父母，奉养勤劬，无复余力。先王母弃养，事先王父时最久。先严遇有故，当他出，恒依依不忍去，先王父常谕之曰："吾家有孝妇，不殊尔在家时，毋以吾事为虑也。"先慈居心朴厚，待人正直平恕，持家故谨严，而仆婢、下人无不怀恩者。先严在时，尝谓不孝等曰："昔贤谓凡事肯替别人想，是第一等学问，汝母殆近之矣。"钟爱不孝兄弟等特甚；然每有过举，无巨细，举家皆不敢令先慈闻。继而知其悔悟，亦不复追咎也。不孝宝箴就外傅读时喜泛览，尝值先严他出，搜览架上书，无所择，尤爱诸杂家、小说家言。先慈辄训止之，曰："此等书恐非孔孟之徒所称述，小子志识未定，读之恐误性情，不可不慎也。"逮乡举后，属粤寇犯江西，不获即与计偕，而先严以团结义勇御贼，积劳成疾而终，先慈命不孝兄弟出继志事，以伸草土之义。及乡里廓清，不孝树年襄戎事于蜀。诸大府帅数遣书招不孝宝箴出预军旅，以奉母故，辞不敢赴；即赴，亦鲜竟一岁不归省者。先慈每以忠义勖勉，敦趣就道，并寄书止其亟归。

就养在湘时，值曾文正公舆榇归葬，先慈垂泪叹息，以谓公生平所全者大，一旦中外失此荩臣，关系甚巨，数日为之不怿。穆宗毅皇帝升遐，哭泣涕零，不胜其蹙，率家人素服如礼,盖性情有独至者。

先外大父家,故吾乡旧族,戚党问遗,颇竞华盛,先慈惟期达意而止,尝曰:“凡事当为可继,若务求丰腆,后将有以菲废礼者,而情谊反疏矣。”故家乏中人之产,而先慈内主中馈,俭而有制,卒岁无称贷之累,而能酌所余以周穷困。事涉祖先茔墓,祭祀必诚必尽。

生平不苟言笑,不喜听音乐,被纨绮。属七旬寿辰时,不孝等拟为致客称庆,弗许,因命度觞饮所费,出创里中社仓,积粟平粜,至今赖之。自同治十一年迎养来湘,每岁寿日,同乡、知好拟为称觞,皆命不孝等敬谢,而以百金市絮衣,散给会城寒丐,岁以为常。今年正月寿日,值在辰沅道署,犹命寄赀恤无告,堂请为代给焉。

初,不孝宝箴权辰沅道事,奉母之任。目击民苗生计窘绌,稍求所以补救之者,而人满艰食,转运尤难。沱江之水绕城下,以达辰鼎,沿流为巨石梗塞,舟楫不通。桂林陈文恭公抚湘时,谋为疏凿,甫兴役,以迁任去,功遂辍。不孝宝箴欲踵其事,而计赀非万余缗钱不可,谋悉以在官所入给工,犹虑不足。先慈闻而欣然,命刻意节缩日用酬应诸费以成之。遂亟纠工疏凿,七阅月而成,沿流百余里梗阻顿开,舟楫直达城下,实非先慈之壹意锐志不及此。工粗竣,会当解任,仍获留数百金为疏瀹之费。比将还会城,先慈喜曰:“吾去此,愈于十万骑鹤远矣。”不意方返湘中,而疾日加剧,“骑鹤”之言竟成凶谶。呜呼恸哉!临终之日,神明不乱,正席起坐如平时。不孝树年、宝箴暨诸孙、曾孙等亲视含敛。恸惟侍奉无状,罪孽深重,呼天抢地,百死莫赎。徒以灵榇未归,窀穸未就,不得不苟延残喘,匍匐终事。苫块昏迷,觍缕絮述,语无伦次,伏乞矜鉴。

棘人陈树年、陈宝箴泣血稽颡

按:关于宝箴母亲李太夫人的家族情况不详,其本人事略,亦仅有此篇《行状》。光绪五年宝箴兄弟营造母亲墓茔时请郭嵩焘、李元度撰墓志铭,即根据这篇《行状》改写。另参阅本书第287—288页《李太夫人墓志铭》。

陈宝箴自述履历

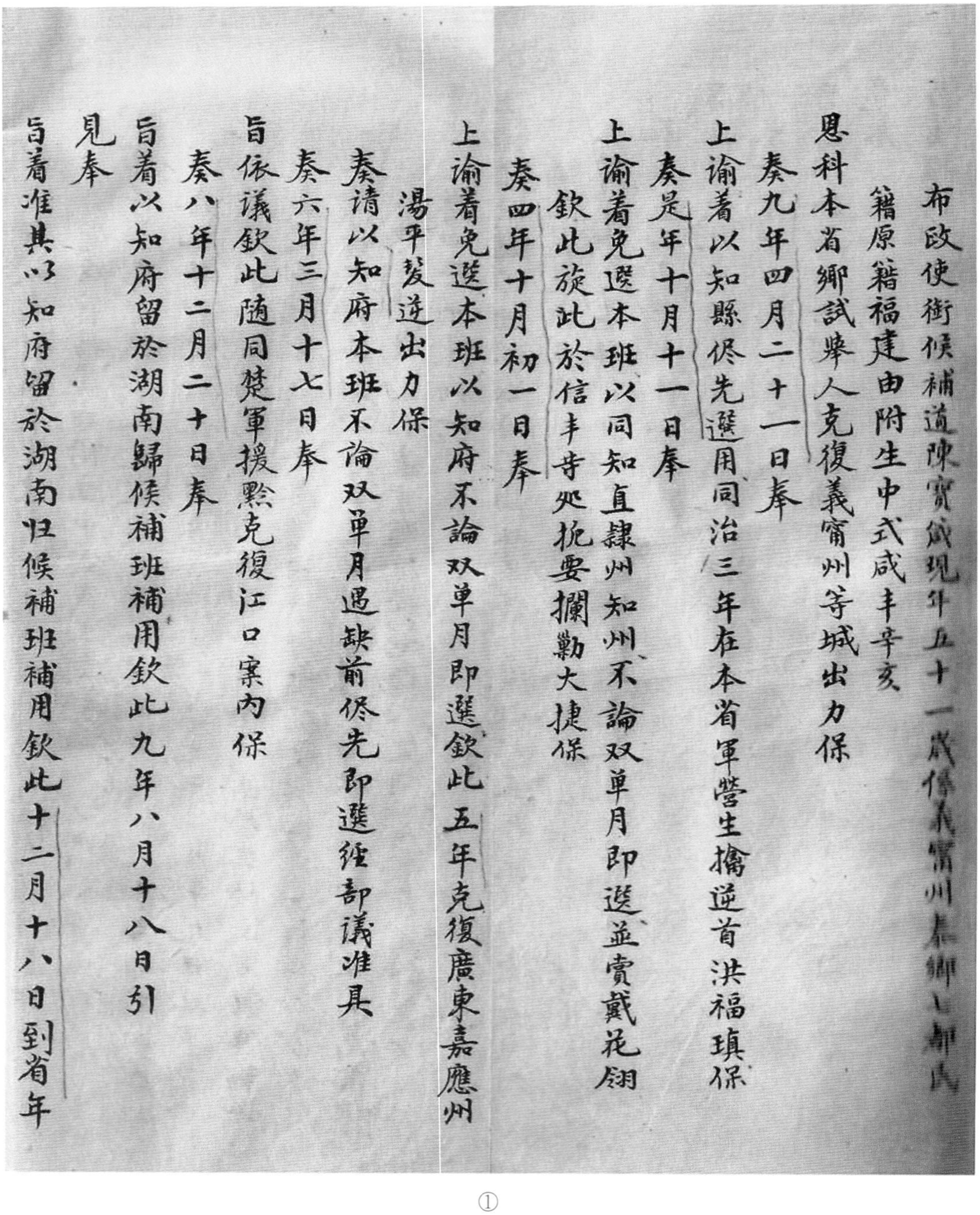

布政使銜候補道陳寳箴現年五十一歲係義甯州泰鄉七都民
籍原籍福建由附生中式咸丰辛亥
恩科本省鄉試舉人克復義甯州等城出力保
奏九年四月二十一日奉
上諭着以知縣儘先選用同治三年在本省軍營生擒逆首洪福瑱保
奏是年十月十一日奉
上諭着免選本班以同知直隸州知州不論双单月即選並賞戴花翎
欽此旋此於信丰寺処扼要攔勦大捷保
奏四年十月初一日奉
上諭着免選本班以知府不論双单月即選欽此五年克復廣東嘉應州
湯平髮逆出力保
奏請以知府本班不論双单月遇缺前儘先即選經部議准具
奏六年三月十七日奉
旨依議欽此隨同楚軍援黔克復江口案内保
奏八年十二月二十日奉
旨着以知府留於湖南歸候補班補用欽此九年八月十八日引
見奉
旨着准其以知府留於湖南归候補班補用欽此十二月十八日到省年

①

滿甄別以繁缺知府留南補用辦理援黔軍務攻破賊巢苗疆平定
同治十一年五月十二日奉
旨着免補本免以道員留省補用並加鹽運使銜欽此期滿甄別以繁缺
道員留南補用委署辰沅永靖道光緒元年二月十九日接事三年
四月十五日卸事回省親母李氏迎養来南於光緒二年九月初七
日在湖南省寓病故係屬親子例應丁憂當經出具親供由長沙縣
報明在案南省並經手未完事件例應請咨回籍守制蒙湖南撫憲
王　給發咨文交家主承領於光緒三年四月十五日到籍守制所
領咨文呈請轉繳並邀族鄰出具甘結禀請轉詳報明　尚前州轉
詳在案自丁憂之日起扣至四年十二月初一日止不計閏二十七
個月服滿業將丁憂起服復緣由先後報明轉詳各在案又先於同
治十二三等年督辦衡永郴桂土匪擒斬渠魁地方安定光緒三年
六月彙案保
奏七月十八日奉
上諭着俟服闋後賞加布政使銜欽此今於光緒五年二月親身在籍循
例呈請給咨送部引
見

②

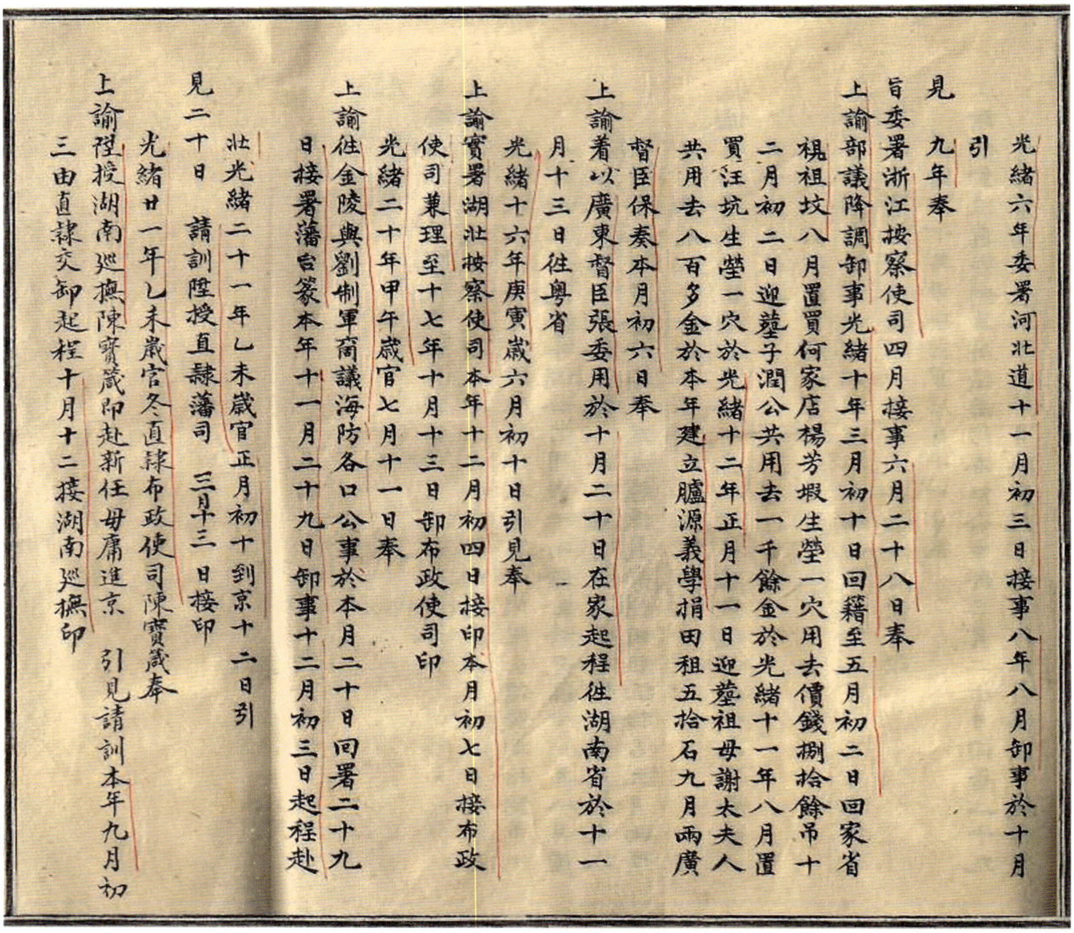
光緒六年委署河北道十一月初三日接事八年八月卸事於十月
引
見 九年奉
旨委署浙江按察使司四月接事六月二十八日奉
上諭部議降調卸事光緒十年三月初十日回籍至五月初二日回家省
視祖坟八月置買何家店楊芳塅生塋一穴用去價錢捌拾餘吊十
二月初二日迎葬子潤公共用去一千餘金於光緒十一年八月置
買汪坑生塋一穴於光緒十二年正月十一日迎葬祖母謝太夫人
共用去八百多金於本年建立臚源義學捐田租五拾石九月兩廣
督臣保奏本月初六日奉
上諭着以廣東督臣張委用於十月二十日在家起程往湖南省於十一
月十三日往粵省
光緒十六年庚寅歲六月初十日引見奉
上諭實署湖北按察使司本年十二月初四日接印本月初七日接布政
使司兼理至十七年十月十三日卸布政使司印
光緒二十年甲午歲官七月十一日奉
上諭往金陵與劉制軍商議海防各口公事於本月二十日回署二十九
日接署藩台篆本年十一月二十九日卸事十二月初三日起程赴
壯光緒二十一年乙未歲官正月初十到京十二日引
見二十日 請訓陞授直隸藩司 三月十三日接印
光緒廿一年乙未歲官冬直隸布政使司陳寶箴奉
上諭陞授湖南巡撫陳寶箴即赴新任毋庸進京 引見請訓本年九月初
三由直隸交卸起程十月十二接湖南巡撫印

③

陈三立赴京会试手续

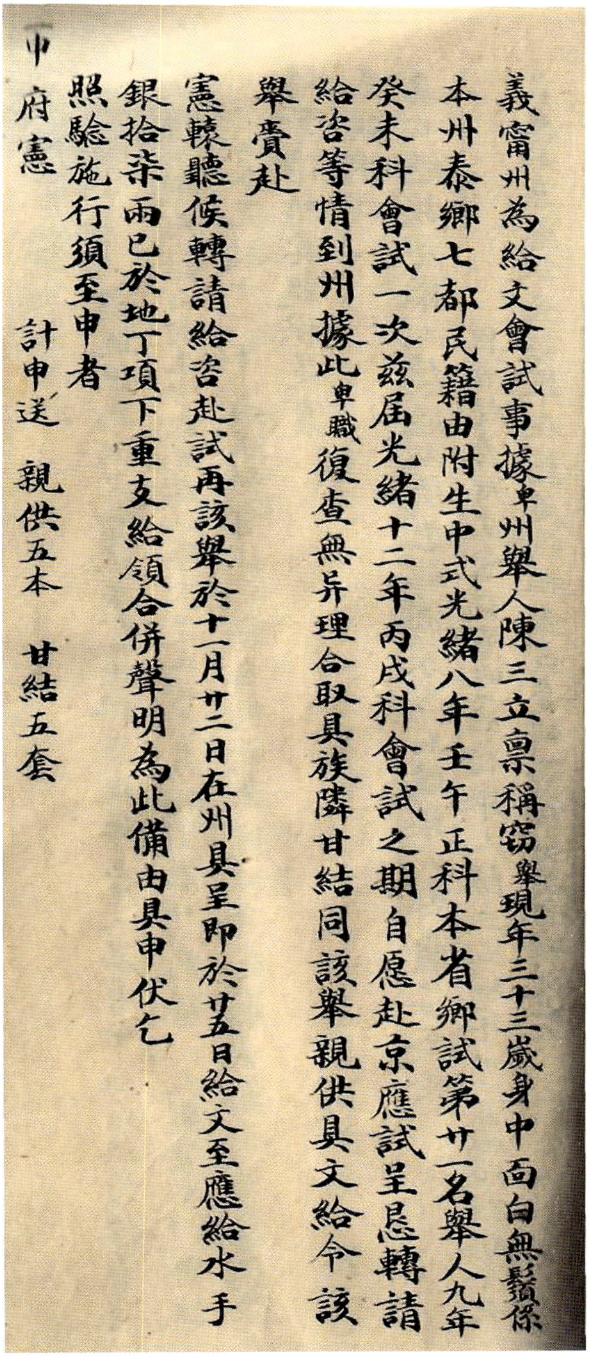
義甯州為給文會試事據卑州舉人陳三立稟稱竊舉現年三十三歲身中面白無鬚係
本州泰鄉七都民籍由附生中式光緒八年壬午正科本省鄉試第廿一名舉人九年
癸未科會試一次茲屆光緒十二年丙戌科會試之期自愿赴京應試呈懇轉請
給咨等情到州據此卑職復查無异理合取具族鄰甘結同該舉親供具文給令該
舉賫赴
憲轅聽候轉請給咨赴試再該舉於十一月廿二日在州具呈即於廿五日給文至應給水手
銀拾柒兩已於地丁項下重支給領合併聲明為此備由具申伏乞
照驗施行須至申者
計申送 親供五本 甘結五套
申
府憲

①

具親供舉人陳三立今於

與親供為起文會試事實供得舉現年三十三歲身中面白無鬚係義甯泰鄉七都民籍由附生中式光緒八年壬午正科本省鄉試第廿一名舉人九年癸未科會試一次茲屆光緒十二年丙戌科會試之期自愿赴京應試舉在籍並無抗粮匿喪違碍等情所具親供是實

一呈親供式

具甘結族房舉人陳經左隣教職涂家杰右隣舉人鄭蘭芬今於

與甘結為起文會試事實結得舉人陳三立現年卅三歲照親供全云自愿赴京應試查該舉在籍並無抗粮匿喪違碍等情合具甘結是實

②

一呈甘結式

南昌府義甯州為給發印照事令給舉人陳三立前赴

布政使司轅門請領光緒十二年丙戌科會試咨文一角批一張該舉聽候示領之

期親賫赴轅當堂將照呈驗領給查銷須至印照者

右照給舉人陳三立准此

一呈印照式

州正堂陳全銜為給發　護票事茲有本　州舉人陳三立帶同火

夫轎夫赴京會試凡遇城門關卡驗票放行須至護票者

右票給舉人陳三立准此

護票式

光緒　十一年　十一月　二十三日　呈

③

手抄本（二）

陈克绳（显梓、绍亭）诗作四首

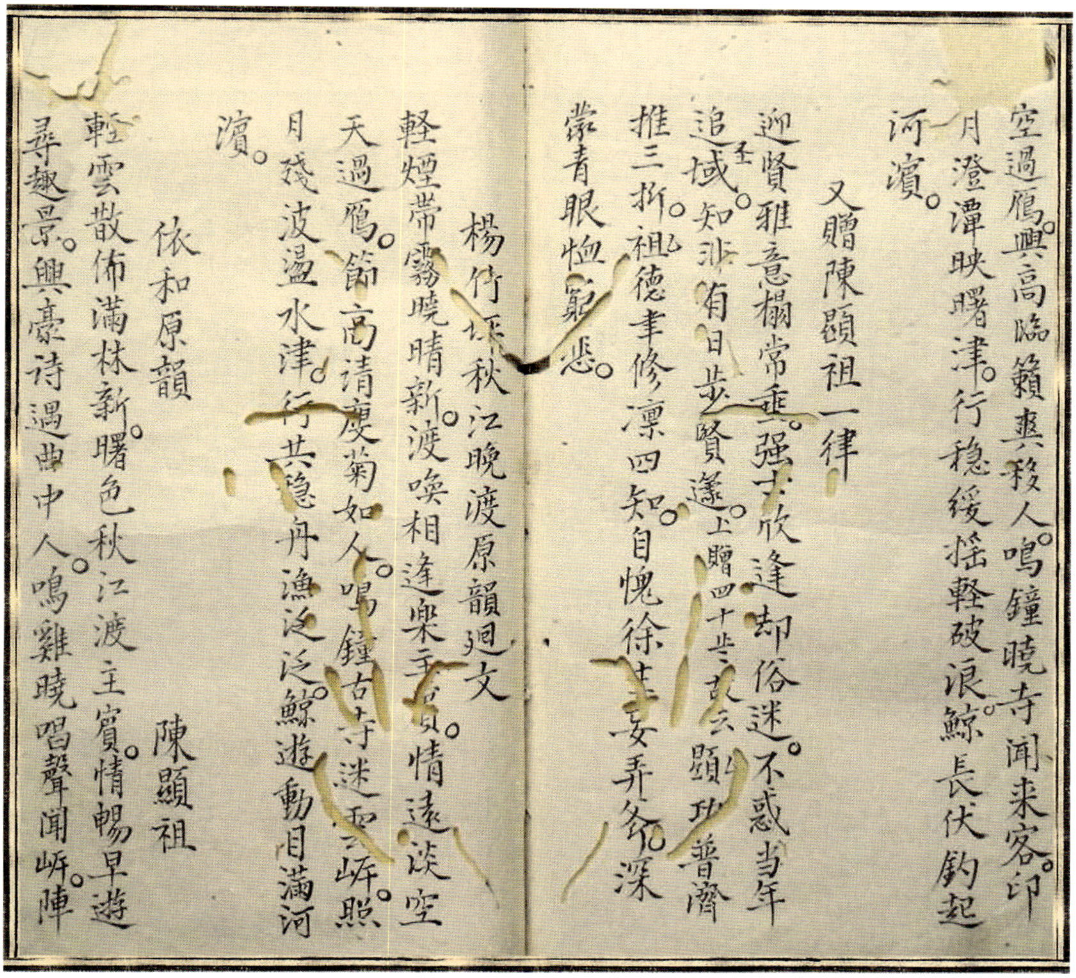

空過鴈。興高臨籟興移人。鳴鐘曉寺闻来客。印月澄潭映曙津。行穩緩搖輕破浪。鯨長伏鈞起河濱。

又贈陳顒祖一律

迎賢雅意榻常垂。強士欣逢却俗迷。不惑当年追域。壬知非有日步賢蹊。上贈四十岁古云顒仍功普濟推三折。祖德聿修凜四知。自愧徐生妄弄斧深蒙青眼恤窮悲。

楊竹坪秋江晚渡原韻迴文

輕煙帶霧曉晴新。渡喚相逢樂主賓。情遠淡空天過鴈。節高清瘦菊如人。鳴鐘古寺迷雲岫。照月殘波溫水津。行共穩舟漁泛泛。鯨遊動目滿河濱。

依和原韻　陳顒祖

輕雲散佈滿林新。曙色秋江渡主賓。情暢早遊尋趣景。興豪詩遇曲中人。鳴雞曉唱聲闻峙。陣

①

鴈橫排影照津。行傍晚舟漁韻響。鯨鵬鼓浪躍南濱。

和鍾省齋遇雪阻行原韻　陳顯祖

風迴雪舞正寒天。雪映文光射碧巔。幸得新詩聯粉壁。高談經濟已忘眠。

念切怡怡欲植荊。知心今日定推兄。雄才特議相逢晚。分首東南西繫情。

酬鍾省齋因公過勞　陳顯祖

不憚崎嶇道路艱。車塵馬跡水和山。滿天白雪光前路。一點公心著笑顏。清句奇逢大手筆。裁詩定有古輸班。一朝德澤同仁視。修水長流續釣灣

鍾省齋因公過訪遇雪阻行原韻

疑是桃源別有天。叅天修竹拂雲巔。堠名竹堠故云無端瑞雪狂風舞。多少長途客未眠。

②

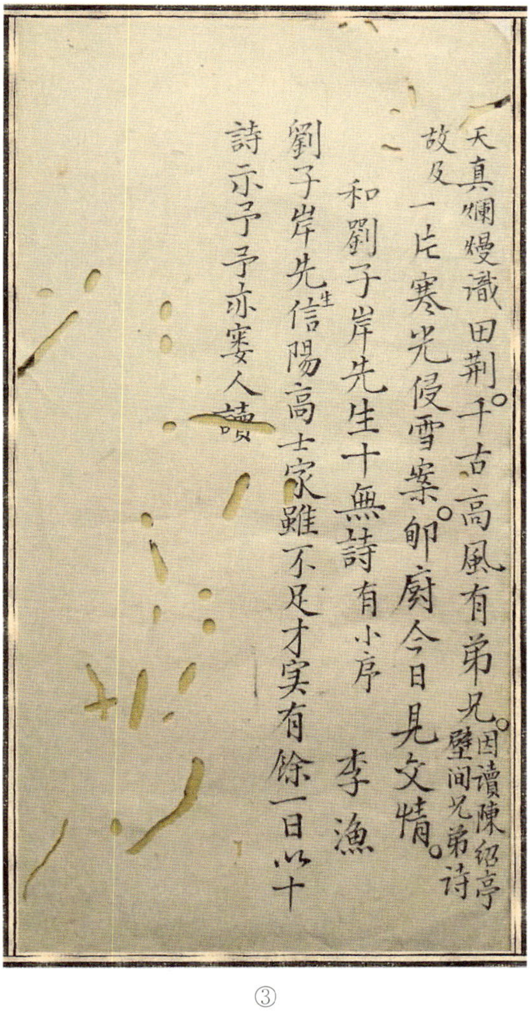
天真爛熳識田荊。千古高風有弟兄。因讀陳紹亭壁间兄弟詩故及
一片寒光侵雪案。卿廚今日見文情。

和劉子岸先生十無詩　有小序　李漁

劉子岸先生信陽高士家雖不足才实有餘一日以十詩示予予亦宴人讀

③

义宁州志

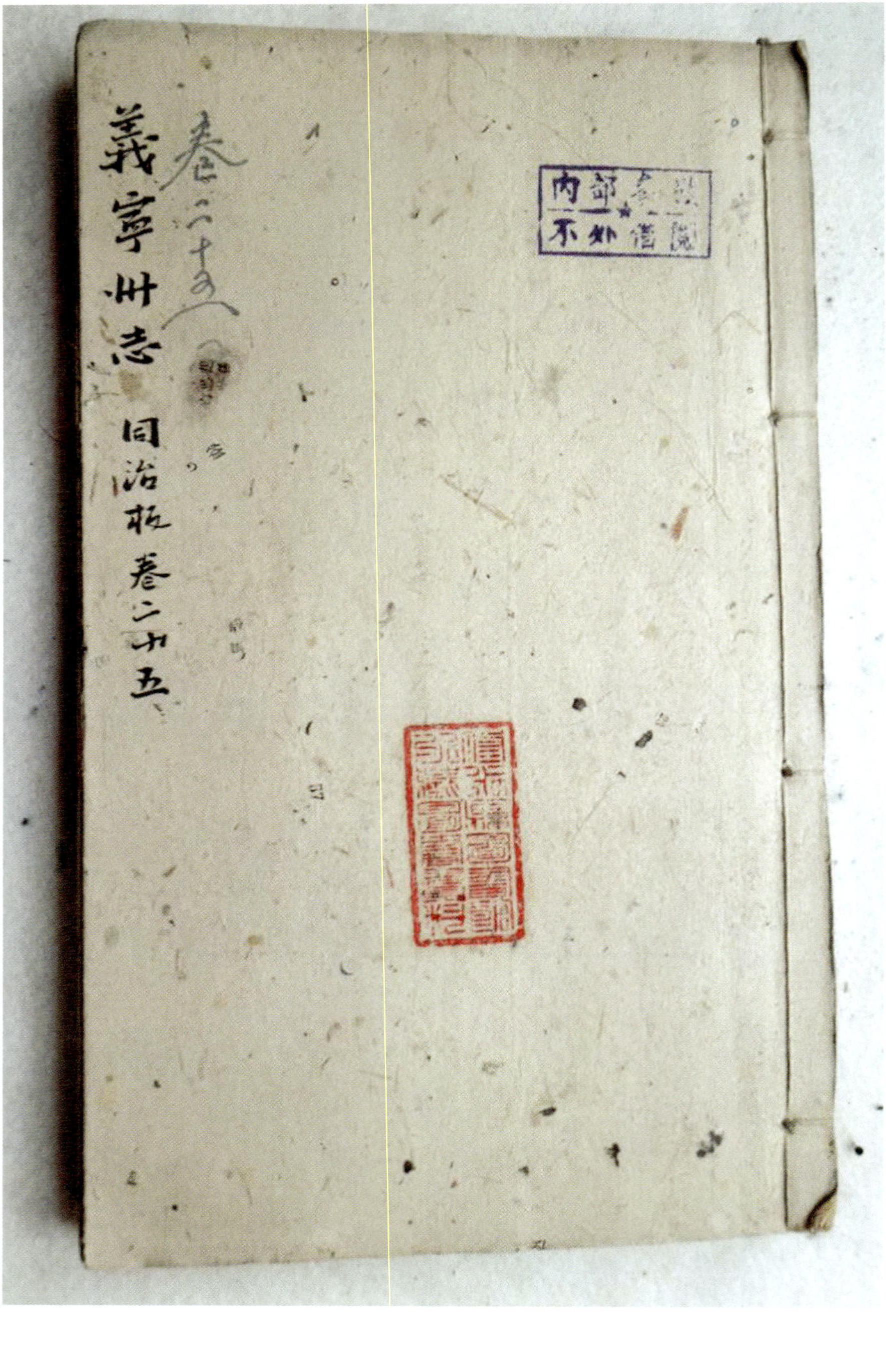

陈克绳、陈伟琳事略

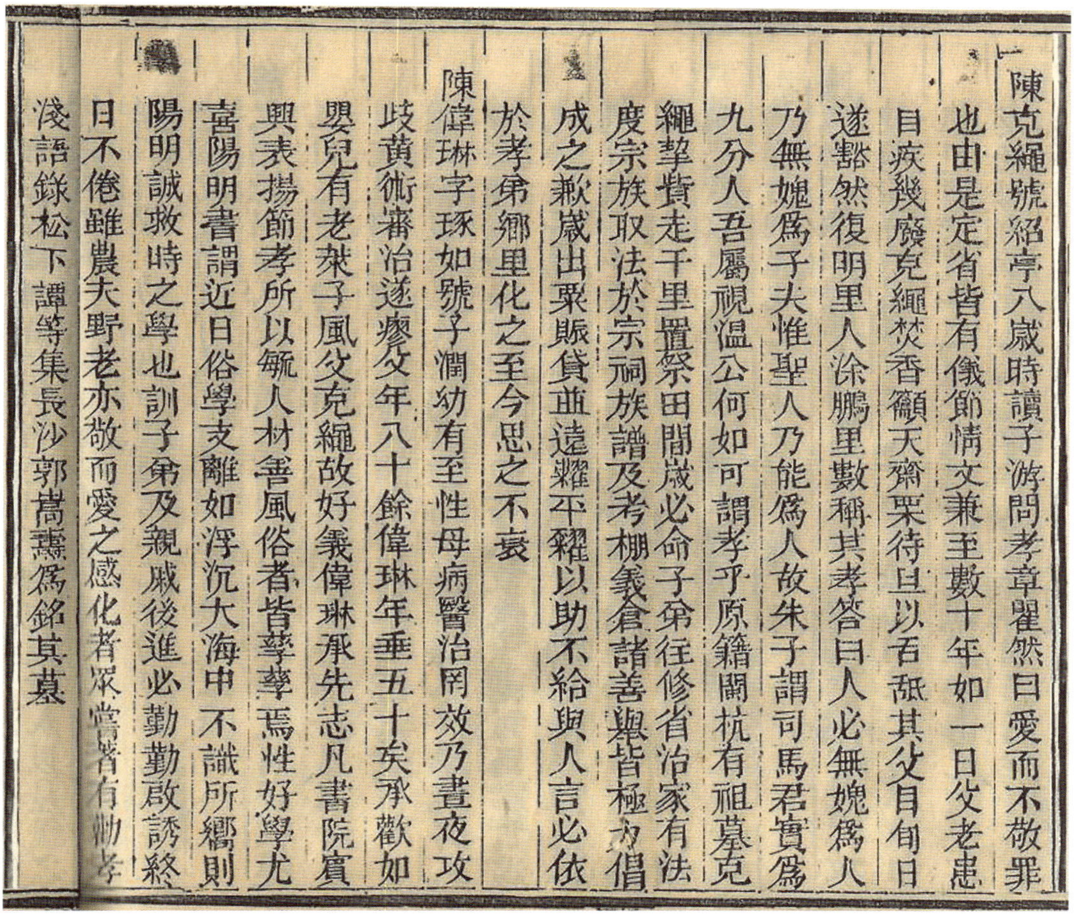

陳克繩號紹亭八歲時讀子游問孝章瞿然曰愛而不敬罪也由是定省皆有儀節情文兼至數十年如一日父老患目疾幾廢克繩焚香籲天齋栗待旦以舌舐其父目旬日遂豁然復明里人涂鵬里數稱其孝答曰人必無媿為人乃無媿為子夫惟聖人乃能為人故朱子謂司馬君實為九分人吾屬視溫公何如可謂孝乎原籍閩杭有祖墓克繩挈貲走千里置祭田間歲必命子弟往修省治家有法度宗族取法於宗祠族譜及考棚義倉諸善舉皆極力倡成之歉歲出粟賑貸並遠糴平糶以助不給與人言必依於孝弟鄉里化之至今思之不衰

陳偉琳字琢如號子潤幼有至性母病醫治罔效乃晝夜攻歧黃術審治遂瘳父年八十餘偉琳年垂五十矣承歡如嬰兒有老萊子風父克繩故好義偉琳承先志凡書院賓興表揚節孝所以毓人材善風俗者皆孳孳焉性好學尤喜陽明書謂近日俗學支離如浮沉大海中不識所嚮則陽明誠救時之學也訓子弟及親戚後進必勤勤啟誘終日不倦雖農夫野老亦敬而愛之感化者眾嘗著有勸孝淺語錄松下譚等集長沙郭嵩燾為銘其墓

按：录自《义宁州志》卷二十五《人物志・孝友》，同治十二年(1873)版，见江苏古籍出版社 1996 年影印本，第 417 页。

校录

陈克绳号绍亭。八岁时读子游问孝章，瞿然曰："爱而不敬，罪也。"由是定省有仪节，情文兼至，数十年如一日。父老，患目疾，几废。克绳焚香吁天，斋粟待旦，以舌舐其父目，旬日遂豁然复明。里人涂鹏里数称其孝，答曰："人必无愧为人，乃无愧为子。夫惟圣人乃能为人，故朱子谓司马君实为九分人，吾属视温公何如，可谓孝乎?"原籍闽杭，有祖墓。克绳挈赀走千里，置祭田间，间岁必命子弟往修省。治家有法度，宗族取法于宗祠族谱。及考棚、义仓诸善举，皆极力倡成之。歉岁出粟赈贷，并远粜平籴，以助不给。与人言必依于孝弟，乡里化之，至今思之不衰。

陈伟琳字琢如，号子润。幼有至性，母病，医治无效，乃昼夜攻岐黄术，审治遂瘳。父年八十余，伟琳年垂五十矣，承欢如婴儿，有老莱子风。父克绳故好义，伟琳承先志，凡书院、宾兴，表扬节孝，所以育人材、善风俗者，皆孳孳焉。性好学，尤喜阳明书，谓近日俗学支离，如浮沉大海中，不识所向，则阳明诚救时之学也。训子弟及亲戚后进，必勤勤启诱，终日不倦，虽农夫野老，亦敬而爱之，感化者众。尝著有《劝孝浅语录》《松下谭》等集。长沙郭嵩焘为铭其墓。

陈宝箴中举记载

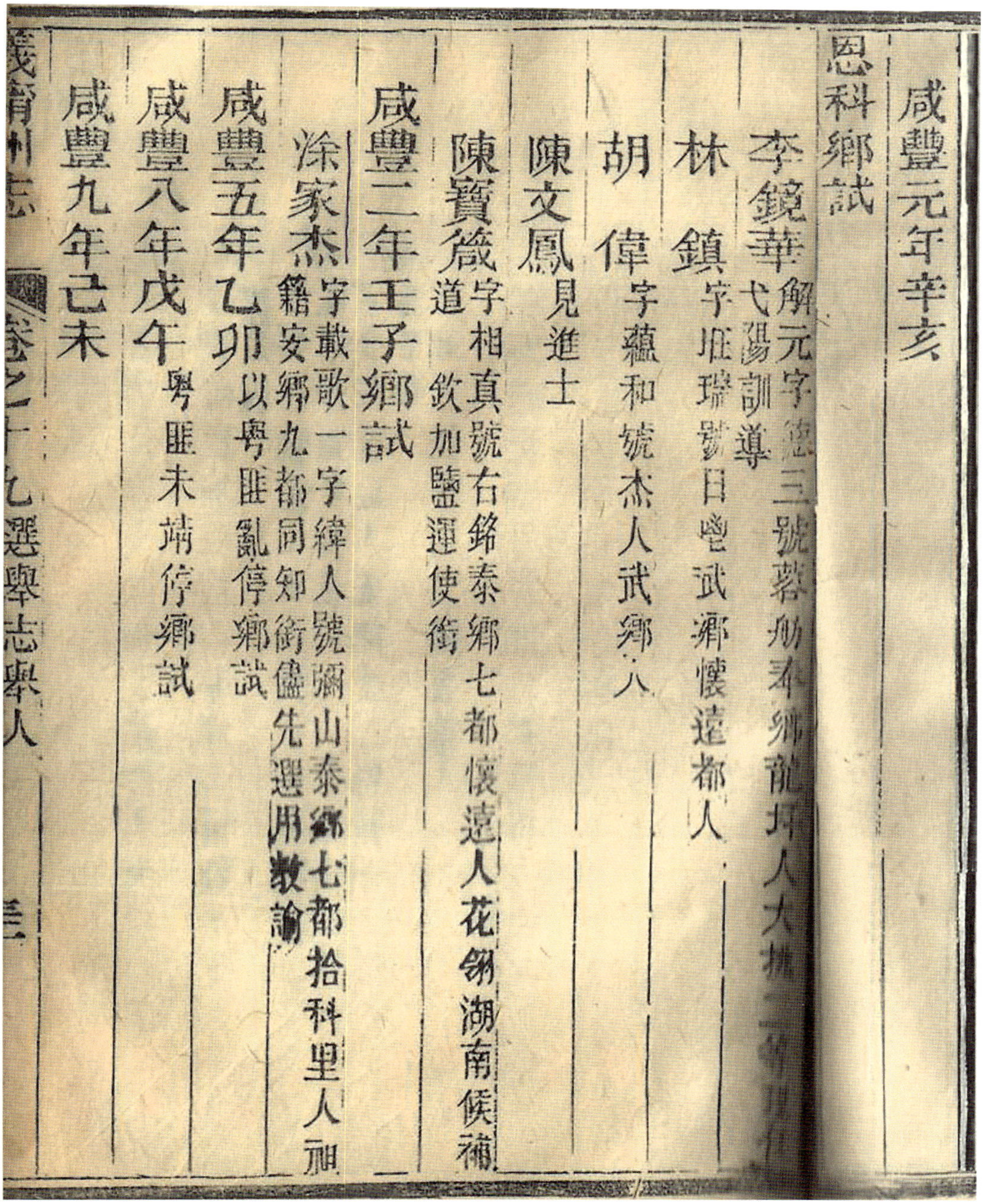

咸豐元年辛亥

恩科鄉試

李鏡華 解元字溶三號蓉舫泰鄉龍坪人大挑[illegible]弋陽訓導

林鎮 字雁璿號日昌武鄉懷遠都人

胡偉 字蘊和號杰人武鄉八

陳文鳳 見進士

陳寶箴 字相真號右銘泰鄉七都懷遠人花翎湖南候補道欽加鹽運使銜

咸豐二年壬子鄉試

涂家杰 字載歌一字緯人號彌山泰鄉七都拾科里人祖籍安鄉九都同知銜儘先選用教諭

咸豐五年乙卯 以粤匪亂停鄉試

咸豐八年戊午 粤匪未靖停鄉試

咸豐九年己未

義寧州志 卷之十九 選舉志舉人

按：录自《义宁州志》卷十九《选举志·举人》，见江苏古籍出版社 1996 年影印本，第 275 页。

实 物 遗 存

护仙坑古石桥

护仙坑古社坛

护仙坑下蓬邱姓屋场石磡

护仙坑下蓬邱姓屋场安装护栏石板

护仙坑上蓬陈姓屋场州府所立“禁碑”

上竹塅水口(远景)

上竹塅水口（近景）

陈家大屋(凤竹堂)

(陈芦根 摄)

陈克藻故宅

三峡河路功德碑

重修三峡河路功德碑引言

（黄本修拓）

①

修复三峡河路功德碑引言

②

校录

重修三峡河路功德碑引言

三峡河路乃安泰通衢，往来者众。昔年村内诸君捐金修砌，行人感颂康庄，已属坚固，乃今春涨连绵，复又冲损，步履维艰。爰集村众商议重修，乃签首事劝捐乐助。各皆欣喜解囊，共襄义举，请工伐石，不日成之。爰将乐助首事芳名镌之碑，永垂不朽。

八十老人陈克绳显梓甫谨述

谨将芳名开列于左：

首事：陈五园、张有球、温仁恭、何焕然、王廷琛

陈绍亭：弍千六百文；何芳馨：壹仟文；谢会午：八百文；韩廷干：八百文；张毓全：六百文；韩东明：六百文；何占吉：五百文；陈规铢：五百文；王鸿英：五百文；温奉山：四百文；张贵英：四百文；张代忠：四百文；温义和：三百文；谢延端：三百文；韩烈显：三百文；戴享荣：三百文；曾成冬：二百文；古志□：二百文；李奉璋：二百文；赖德贤：二百文；陈佳通：二百文；赖沧海：二百文；陈文贞：二百文；何清洪：二百文；张文芳：二百文；钟明光：二百文；温昌发：二百文；陈□□：壹百文；张德江：壹百文。

道光十九年冬月　吉日立

修复三峡河路功德碑引言

《阴骘文》曰：修数百年崎岖之路，造千万人来往之桥。垂训谆谆，可法可效。泰乡七都竹塅境内有三峡河路，乃往来通衢，洪水冲毁，行人举步趑趄者久之。或告村居长者，曷不念行远自迩之训乎？此路正介塅中，圮而不修，虽有远图，非善谋也。乃商诸村众，皆游移不果。越数年，丁亥秋，幸有何棣华、韩逢春、陈琢如、谢光潮数君子乃复倡修，谋诸众，咸乐从襄事。请工伐石，易低深为平坦，旬日告竣。谨将乐助芳名刻之石，以为乐善诸君子劝。

岁进士候选儒学克轩陈光祖耀前氏拜撰

谨将乐助芳名列后

陈显梓：二千八百文；谢光潮：二千八百文；何棣华：二千八百文

韩逢春：二千一百文；陈兼万：一千文；韩毓德：七百文；何奎易：六百文；陈五园、曾成东、何焕然、谢光琥，各四百文；张贵英、赖元濒、张有球，各三百二十文；李凤璋、陈玉田，二百四十文；古有章、温奉山，二百文；赖元芳，谢延端：一百六十文；赖元瑞，一百文。

皇清道光七年岁次丁亥中浣之吉立

陈文光夫妇合墓

陈鲲池夫妇合墓

陈克绳墓

陈克绳夫人谢氏墓址

按：谢太夫人墓的坟头墓碑初毁于 20 世纪 50 年代大集体时期，残存坟包与两尊小石狮彻底毁于 2011 年修水县城大扩张时期。

陈克绳侧室何孺人墓

校录

陈母何孺人墓志铭[①]

孺人姓何氏，乡耆毓龙公少女，太学生绍亭先生荆室。性贞静，荆钗布裙，内则夙娴。生平懿行难悉数，谨述其大略数端。其孝顺翁姑也，从无不如意之事；其和睦妯娌也，自少至老并无愠色；其爱惜子孙也，均属一体，毫无二意；其待亲邻也，敬老怜幼，惜孤怜贫；其治家也以法；其居心有容。以故芳声美誉，啧啧人口，称道者有素矣。长孙观礼弱冠采芹始完婚配，戚友贺者咸曰："孺人阴德所致。"报施不爽，理应靡穷，夫何倏尔西归，子孙抱恨。兹当卜葬，谨志。其生于乾隆壬午年八月十四日午时，兹于道光癸巳年正月二十九卯时殁。葬太乡七都菜源口巽山干向己亥分金。但望窀穸后孙曾辈奋志芸窗，异日紫诰连翩，焚黄式墓，则孺人之食报正无穷矣。

时光绪戊戌年四月十二日未时复葬大仑垠巳山亥向，兼丙壬分金

① 按：此文系从何孺人墓碑抄录。

道光十三年仲春吉旦，赐进士出身，翰林院加一级讱庵程焕采拜题

男

规

铉、镜、钫、镐

媳

李、张、谢、钟、刘氏

孙

观

善、宗、瑚、诗、华、礼、琦、澜、球、瑶、海

孙媳

潘氏

同立

（女……………………略）

陈克调夫妇合墓

陈克藻夫妇合墓

陈克修墓

陈规鈁墓

陈规镜墓

校 录

陈公醒吾墓志铭[①]

兄讳规镜，字心怡，醒吾号也。生而聪颖，勤学，业经书子史。每有所阅，即记诵不忘。少绩学，应童子试，累夺前茅，师友咸以大器目之。而居心常歉然也。益励志芸窗，寝馈古文大家，研穷日久，学益博，业益精。乃遇艰，莫展所学，退而训子侄及生徒。春风化雨，而教无倦怠。讲习之暇，兼业岐黄，视辄见效。扶危济急，活人为心，乡邻沐其惠，无不颂其心之仁，感其德之厚。盖其处己接物之间，忠厚发乎至性，和气蔼于同人，所谓劳谦君子，其殆有终吉欤？无何玉楼名记，大故遽膺，夺锦鸿才，乘化归尽。嗟乎天乎！士生斯世，屈

① 按：陈规镜生平事略，陈氏宗谱未登录其传略与墓志铭，仅在同治二年三修谱卷首《记略》列其条目（见本书第141页）。此《墓志铭》系从其墓碑抄录。

而不伸者，岂时运不济耶？记年四十有六，乾隆丙午十二月初八日生，道光辛卯年八月二十八日寅时殁。葬泰乡七都上竹塅石埚塬凤嘴丁山癸向午子分金。迄今光仪虽渺，手泽犹存，见其文，诵其诗，阅其翰墨，犹令人喟叹深惜，第口口芝兰挺秀，丹桂敷荣，异日书香远绍，光大门闾，所以利及后嗣者必有于泉壤矣。

道光十四年仲夏赐进士出身、例授文林郎、拣选知县、治香世馨顿首拜撰

陈伟琳(子润)墓址

陈伟琳坟山界石

按：陈伟琳墓的坟头墓碑毁于 20 世纪 50 年代大集体时期，90 年代两次被盗。

陈伟琳夫人李氏墓址

按：湘东平江县与义宁州接壤，平江长寿街金坪里是陈家三处墓群之一（另两处是义宁竹塅、南昌西山），计李太夫人墓（当地人称“陈道台墓”）、陈树年墓、三立原配罗孺人墓、三立殇子同亮墓、陈三畏墓。墓俱毁于20世纪50年代大集体时期，只遗墓址。祭田九十四亩，1949年后归公。庄屋两栋，一栋空置，保存完好；一栋由看墓人后裔拆旧建新，留存半边。李太夫人墓址俗称风水地“猪拱盆”，占地一亩，当年风水树甚多。（本书编者2005年寒假、暑假两次前往调查记录）

郭嵩焘撰李太夫人墓碑后半段

平江县金坪里陈家庄屋

陈观瑞墓

校录

陈观瑞墓志铭[①]

仲兄名观瑞，小字长复，生三岁，以痘殇，吾父母念之，未尝不恻然也。咸丰戊午，吾母命以宝箴次子三畏为之嗣，盖去吾父殁五年矣。始葬七都石仓埂，伯兄以形家言，改葬于泰乡七都上竹煅石埚源，小地名梓树埚，穴立丁山癸向兼午子分金。时同治五年秋八月朔有三日巳时也。

同怀季弟宝箴谨志

① 按：此《墓志铭》系从陈观瑞墓碑抄录。

陈金龄墓(陈宝箴次女)

校录

陈金龄墓碑文①

二十一世陈闺女金龄之墓

□□□□□□□□□□生，咸丰辛酉年七月十六日申时死，岂不悲□□□□□□□□□崩塌。今年夏吾父游宦楚南，时命工伐石，属□□□□□□□□□七都上竹墩大崙垠（埂）庄屋左侧立乙山辛向卯酉分金，择同治□□十月二十二日午时下殡，谨将年月以志于石而铭之：

日□游□兮秋叶荒凉，星揆轸翼兮四野分张。山谷有灵兮□□□□□□□□□铭焉永臧，

同怀兄陈竹生谨撰

兄三立、三畏、三厚仝弟三嶷　　立

附　陈三立《季妹圹志铭》

季妹金龄殁于咸丰十一年七月某日，年才三岁，而余九岁，弟三畏六岁也。妹生而端好，机敏绝人。父与兄外归，施施迎于门，而乃奔告祖母："父归矣，兄归矣。"母病，守床隅，终夜不肯寐。群儿嬉，惊祖母、母寝，常呵止之。其殁也，得厉疾，以医弗良，遂不救。殁不顷，余父惧余兄弟暴哀，引之他室，再宿而还。母强欢颜以待，问妹，则曰："为长姑负去，经三年在而后得归，后慎勿问，问则有神击妹，妹痛即不瘳。"于是余兄弟不敢复问妹。每出归，则门外闻母哭声。既数年，余将试于州学，始知妹已死。悲夫！妹厝晴卜垄，寻移葬于长崙艮。其年曰某，月在某，日维某。圹左有悬泉，音如鸣球，葬未几而泉涸，或曰妹之为灵也。铭曰：封之隆隆兮，魂之媞兮，魂之媞媞兮，山空雨冥而哭于斯兮。

（陈三立《散原精舍诗文集》下册，第793页，上海古籍出版社2003年版）

---

① 按：此文系从陈金龄墓碑抄录。

陈宝箴举人石

陈三立举人匾

钦命大主考日讲起居注官翰林院□调学士□为翰林院编修黄

文　元

□□□□□□□

中式第二十一名举人陈三立

陈三立进士礅

陈三厚“思补轩”匾

陈三厚闲章印文

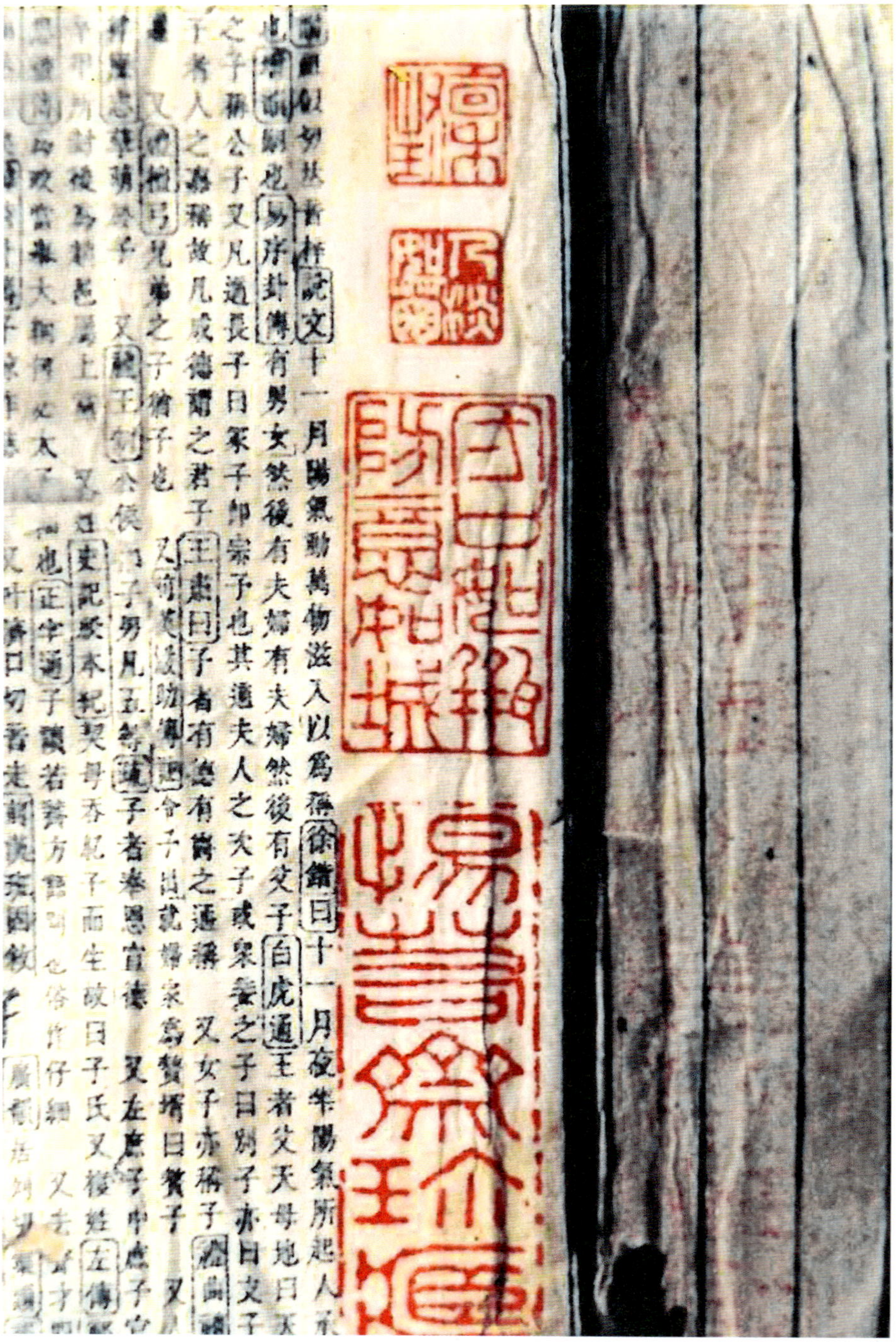

①

②

陈三厚斗笔

光远祠前重

陈门五杰广场

（陈芦根 摄）

下　编

从客家棚民到文化世家
——陈寅恪家族简史

刘经富

引　言

在20世纪八九十年代的“国学热”中，被发掘出来的学术大师与其家族受到知识分子的广泛关注，如曾国藩、翁同龢、梁启超、陈寅恪、俞平伯、周一良、钱锺书等家族。三十多年来，文化学术界发表、出版这方面的文章、书刊不胜枚举，业已成为一个新的学术领域，其中陈寅恪及其家族尤其令人瞩目，有“义宁陈氏文化世家”之誉。

清同治初年（1861—1863），陈寅恪祖父陈宝箴以举人身份游两江总督曾国藩戎幕，后入湘军名将席宝田军效力，得以军功保举知县，从此踏上仕途，累擢至湖南巡抚。陈宝箴长子陈三立，前清进士，“维新四公子”之一，清末民初“同光体”诗派代表。陈三立长子陈衡恪，近代大画家；三子陈寅恪，现代史学大师；次子陈隆恪、三子陈方恪，著名诗人；五子陈登恪，武汉大学外文系、中文系教授，文学院代院长。陈衡恪次子陈封怀，著名植物学家。可谓四代清华，世其家声。我国著名学者吴宓教授称义宁陈氏为“文化贵族”。

“义宁陈氏”（义宁即今江西修水县）作为一个文化世家受到世人的关注与崇敬，是以“陈寅恪热”为先导的。20世纪八九十年代，文化学术界兴起了持续甚久的“陈寅恪热”，成为一个独特的文化现象，并由学术殿堂的小众话题转向大众话题，纪念和研究都出现过繁荣的局面，相关研究被誉为“陈学”。人们对陈寅恪传奇性的经历表现出强烈的兴趣，并由此发现这位“学术大师”原来拥有一个文化底蕴深厚的家族。学界前沿贡献了一批陈寅恪史学、思想、人格与其家世渊源关系的文章。1990年，傅璇琮发表《陈寅恪思想的几点探讨》①一文，用义宁陈氏的家学渊源来解释陈寅恪的文化观和政治理念；1993年，刘梦溪发表《陈寅恪的家国旧情与兴亡遗恨》②一文，用义宁陈氏家世资料来解读刚刚出版的《陈寅恪诗集》；1995年，葛兆光发表《世家考》③一文，从新发现的义宁陈氏家世资料生发开去，阐述昔日文化世家的道德精神和文化传统。

但此时学界对陈寅恪家族史仍知之甚少，个中原因是义宁陈氏出自客家棚民。客家

① 《清华大学学报》1990年第2期。
② 《光明日报》，1993年9月11日。
③ 葛兆光《考槃在涧》，辽宁教育出版社1996年版，第59—67页。

人的资料属于乡土文献，地方公共图书馆藏量不多。远在大城市的学者要旷日持久地深入到乡野山区搜集一个家族的文献资料非常困难。

20世纪八十年代后，史学界开始流行“区域史”（含区域社会史、区域经济史、区域文化史）理论。这种理论主张跨学科研究历史，不追求宏大叙事，而是眼光向下，注重地方性知识，重视个案分析研究。与传统的史学相比，“区域史”研究有两点不同：一是大大扩展了史料的范围，传统史学弃之不顾的乡土文献如宗谱、契约、档案、账本、宗教科仪文书以及口述资料都在搜集研究之列，每件事物都是证据；二是革新了研究方法，强调历史学与社会史、人类学的亲缘关系，注重田野调查。在大传统、小传统等理论观点的大框架下，观照、分析民间社会的基本组成细胞——村落、家族、小区。

在这股学术风气的影响下，学术界多次掀起研究客家文化的热潮，客家研究机构不断涌现，学术研讨会连连召开。到九十年代中期，江西地方文史工作者开始融入区域文化学术潮流。1995年，修水县政协文史委利用县志办、文管所、陈氏后裔提供的资料编印了《一门四杰——陈宝箴、陈三立、陈衡恪、陈寅恪史料》一书，首次披露了义宁陈氏的客家棚民背景。1999年，修水县“客家人联谊会”编印了《客家人在修水》一书，进一步提供了义宁陈氏客家背景信息。1997年起至今，笔者作为《一门四杰》《客家人在修水》的编委之一，利用地利优势，艰难辛苦、多个渠道收集到一批陈寅恪家族稀见史料（宗谱、祠志、碑刻、契据、朱卷、分家文书和修水客家棚民的入籍名册、里甲图册、书院志、宾兴志、生员名册等），并对这批乡土文献进行了初步研读，就陈寅恪家族的客家渊源、家族组织、经济、科举等方面撰写、发表多篇论文，拉近了陈寅恪家族史与史学科研的距离。

回顾八九十年代以来的陈寅恪研究，可以看出学界对其家族史的研究相对滞后，到九十年代末才起步，虽然取得了很大进展，但从学术的角度来看，尚未进入史学科研的层面。文学性移情颂扬多，“史”的规范、内涵不足。下一步如果由文入史，从整理文献材料、梳理基本史实做起，进而分析揭示义宁陈氏发展历程的性质、特征、主线脉络，形成有较高史料价值的数据汇编，有助于把陈寅恪家史家世从地方文史数据和文学传记园地提升到史学科研的层面，就史论史，引导作为文化现象的“陈寅恪热”转入冷静理性的学术研究轨道，以形成“热烈纪念、冷静研究”的互动局面。为达此目标，笔者广泛收集资料，并加入个人研究，汇成《陈寅恪家族史文献收集、整理与研究》，于2015年成功申报国家社科基金一般项目，结项时撰写了这篇具有导读性质的陈寅恪家族简史。《简史》从大量生动、繁复的原始材料和历史现象中，归纳推导出陈氏家族发展蕃衍的基点和线索脉络。以“耕读门风、累世书香、代代办学、人才辈出”作为贯穿这个家族六七代人二百余年历程的主线脉络，以“客家棚民、耕读人家、文化世家”三个阶段作为涵盖这个家族族史的结构框架，展示这个家族的源流、经济、科举、教育、文化等方面的历史进程与精神风貌。

第一章 客家棚民，艰苦创业

义宁陈氏从草根上升为世家的原动力，源于其客家棚民背景。与其它名门望族相比，义宁陈氏由客家棚民跻身耕读人家再上升到文化世家的艰苦奋斗史较为独特。由于社会地位低下，生存环境恶劣，客家人的刻苦耐劳精神尤其坚韧持久。正是这个基点，铸就了义宁陈氏艰苦卓绝、坚韧不拔的家族性格和勤耕苦读、崇文重教的优美门风。这股不屈服于环境、命运的顽强生命力，像一条潜在的河流，给这个家族注入了强大的精神动力，推动着几代家族成员承传不息，执着向前。

客家人是汉族这个大家庭中一个独特的民系，有自己的方言、风俗、文化传承，主要聚居在闽西、粤东、赣南毗邻地区。"棚民"是从明代中后期开始出现在我国南方山区的特殊移民群体。就南方数省范围而言，凡在山区搭棚栖止进行经济活动的民众往往被地方官府视为棚民，《清史稿·食货志》指出："棚民之称，起于江西、浙江、福建三省。各山县内，向有民人搭棚居住，艺麻种箐，开炉煽铁，造纸制菇为业。"[①]但就赣西北数县而言，"棚民"以客家移民为主体，则无疑义。

从魏晋南北朝开始，客家先民有五次大迁徙。前四次均从中原向南方迁徙，第五次则从闽西、粤东、赣南向北回迁。在江西，回迁的路线终止于最北边的义宁州。[②]

一 义宁州客家棚民的特殊称谓——怀远人

义宁州[③]位于赣西北边陲，与湖南、湖北毗邻。它是江西省幅员最大的县（义宁州为散州，相当于现在的县级市），总面积6052平方公里。县境四周大山环绕，境内群山起伏。边界与境内海拔1000米以上的大山有80余座之多。绵亘西北部的幕阜山脉与东南部的九岭山脉呈合抱之势，构成一个封闭的硕大盆地。江西五大河流之一的修河从这里发源，形成一条发育完整的山区河谷地带。这一片幅员六千多平方公里的广袤山地，吸引着客家人纷纷向这里迁徙，留下近二十万客家人后裔。

客家人迁入义宁州最早时间尚难确考，大约在明末清初，已有少量的客家人迁入，大量迁入则始于康熙朝。清朝初年，反清势力占据了义宁州山区很长时间，直至康熙十六年（1677），才把这些反清势力镇压下去。连年战乱，加上自然灾害，使义宁州生产凋敝，人口锐减，田土荒芜。康熙十七年，政局稍稳，义宁州知州班衣锦奉旨向闽、广、赣南等地发出招垦告示，于是福建省的上杭、长汀、武平、宁化；广东省的长乐、兴宁、平远、大埔、镇平、和平、龙川、程乡；赣南的会昌、崇义、安远、兴国、龙南、定南等近二十个县份的客家人，扶老

---

① 《清史稿》卷一二〇，中华书局1976年影印本，第13册，第3483页。
② 古进《客家人》第2章《迁徙、散布》，中国三峡出版社1994年版，第36—49页。
③ 清嘉庆三年（1798）赐"义"字前称"宁州"，民国元年（1912）分为修水、铜鼓两县。

携幼，成批迁来义宁州开山垦荒，搭棚（篷）栖止，以闽西上杭县人数最多（以后亲朋好友辗转相邀，雍正、乾隆、嘉庆年间又陆续迁来不少）。至康熙末年，迁入义宁州的客家人已经居住立业五六十年，人口逾万，但一直解决不了户口问题。按照当时的规定，居住二十年以上，拥有产业、庐墓、亲戚的外乡人，都可以申请入籍。雍正二年（1724），朝廷颁布“棚民保甲法”，规定“江西、浙江、福建三省棚民……已置产业并愿入籍者，俱编入土著，一体当差”。① 根据这个规定，许多地区的棚民都顺利地拿到了“绿卡”，只有赣西北的袁州（今宜春地区）、义宁州的棚民因本地人的层层阻挠，入籍问题迟迟不能解决，不得不采取另立都图和给予科举另额的形式，折衷了结。义宁州的土著阻挠尤其激烈，发展到围攻州衙，殴打驱逐赴州城考试的客籍童生。知州刘世豪坚持正义，不断向上级呈文说明情况。雍正三年七月，朝廷终于允准义宁州的客家人另立都图，作为“附籍”：“耕山者概编保甲，有产者另立都图，以怀远为名，隐寓招携之义，其秀者令为义学，课习五年，俱得一体考试，卷面注怀远字样……”②

怀远都的建立，是中国封建社会长期怀柔政策的产物。我国历史上有怀、安、绥、靖等字的行政建置一般都含有安抚怀柔之意，如安西都护府、绥远省、怀柔县、安远县、怀集县等地。用怀远直接名县的有三个：安徽怀远县、广西怀远县（1914 年改名三江县）、陕西怀远县（1914 年改名横山县）。而比县一级更小的怀柔性质的行政建置则比较少见，义宁州怀远都的存在，为我们提供了一个封建社会广泛运用怀柔归化政策的实例，具有客家人入籍问题个案研究的价值。③

1930 年，陈寅恪的学生罗香林撰写了一篇研究客家人族源的论文（这篇长文后经修改成书，成为我国客家学的开山著作）请老师批改。陈寅恪向罗香林讲述了老家怀远人的情况，罗香林一一写进书中，使修水怀远人在《客家源流考》一书中屡见称引。“修水之有客家，是根据吾师寅恪先生的讲述推知的，他的上代是从福建的上杭过去的，本属客家系统，这些从闽粤迁去的客家人，多数以耕读为业。因为生性耐劳，勤于读书，所以考秀才的时候，本地人往往以学额被客家学子多分了去，便出而纷争，甚至阻挡客家学子入场应考，后来由封疆大吏请准朝廷，另设‘怀远’学额，专给客家人应考，与原来的学额无关，这才把纷争平息，陈师一家，自他高祖至他父亲都是由‘怀远籍’入学，逐级考获各种高科的。怀远妇女不缠足，故只能与本处客家通婚，而不与本地人通婚”。④ 这段话是“怀远人”这个名称见于客家学术著作的最早记录。这种特殊的社会现象虽然早已成为历史，但由此派

---

① 《清文献通考》卷一九《户口考》，商务印书馆 1936 年合装本，第 1 册，第 5027 页。

② 《义宁州志》卷十二《食货志・户口》，同治十二年版。

③ 详见梁洪生《从异民到怀远——以“怀远文献”为重心考察宁州移民要求入籍事件》，载《历史人类学学刊》第 1 卷，中山大学历史人类学研究中心 2003 年编印，第 29—66 页。

④ 罗香林《回忆陈寅恪先生》，载《陈寅恪印象》，学林出版社 1997 年版，第 53—68 页。

生出来的一个专有称谓——“怀远人”，仍将存在一段时间。[①]

二 陈氏迁宁始祖陈鲲池及其书香遗脉

雍正十二年(1734)前后，陈寅恪的六世祖陈鲲池(名公元，字腾远，号鲲池)从福建上杭来苏中都林坊迁义宁州，落脚在义宁州东南眉毛山区(属修水县)一处名为护仙坑(又称护仙塬，俗称乌石坑)的山岭，为陈氏家族迁宁始祖。

陈鲲池的族源出自我国著名的大家族——江州义门陈氏。北宋仁宗嘉祐七年(1062)，义门陈氏奉旨分庄，有进士曰魁公者，携眷九十七人，自江州徙汀州，为入闽之始祖。魁公生五子：崑、崙、嵩、岳、峰，兄弟同居福建宁化之石壁寨葛藤坳陈德村，传十二世，复由闽播迁，散处粤东、江右、楚南诸郡县。峰公十二世孙曰中兴，中兴生子十八，后裔称十八郎公。其中十一郎公字扶桑，由宁化迁广东潮州，再迁福建杭邑之来苏乡中都林坊。后裔遂尊十一郎公为杭邑一世祖。扶桑公再传十七世即为陈鲲池。

陈鲲池在护仙坑站稳脚跟后，其兄公远、弟公升亦相继迁来护仙坑。三兄弟与先来的何姓兄弟一起耕山种蓝，各自成家创业，繁衍生息。陈鲲池迟至乾隆十年(1745)三十五岁才与何姓姑娘成亲，家业稍充裕稳定后，于乾隆十八年(1753)回原籍迎母亲来护仙坑恭养。何氏连生七女后连生四男，即克绳、克调、克藻、克修。

陈鲲池的先世家族曾一度科甲显荣。五世祖陈于庭(1566—1610)，明万历癸卯科副榜，《陈于庭传》说他“年三十八始中副车……年四十淡意名场，穷年闭户，日以著述为事。间与二三知己寻名山大川，登临游览，吟诗作赋，酬唱往来，或戏池鱼、种名花，优游自适，以乐其天性”。陈于庭之弟陈于阶，明崇祯科进士，其子孙多有监生、廪生、庠生。陈于庭长子陈汝勉，次子陈梦说，亦为副贡生，再传二代至陈鲲池之父陈文光，耕读之家的脉息始终没有断绝。陈之驹《文光先生夫妇墓志铭》：“族叔文光大人所谓安贫乐道，承先裕后之较著者。先世业诗书，多上达。高祖于庭公兄弟，掇巍科，登仕版，绵绵继继，奕叶流芳……公性敏好学，诸子百家书罔不搜览，年未冠，处贫窭，耽读于家之‘淡然轩’，以古人功名事业相期许，德配刘孺人挑灯佐读，纺声书声相唱和于五夜鸡鸣时……”陈文光曾聘教馆，屡荐西席，陈鲲池少年时代随父在教馆读书。陈克绳兄弟《大人行略》：“先祖文光公家无担石之蓄，手不失卷，缙绅先生延先祖于西席，严君随馆诵读，一月一次归省萱帏……先世业诗书，多上达，然自太高祖于庭公伯仲举于乡成进士以来，虽青衿代有而科甲未续，已越数世，严君力继之，艰于遇，未伸其志，弱冠弃举子业……年跻七十，循例入太学，继先世科甲家声。乾隆庚戌恭遇覃恩予八品职衔。”由于竹墩陈氏具有这样一个科甲显荣的家世背景，迁宁始祖陈鲲池少时得以接触“举子业”，因而陈鲲池的个人素质就比单纯因生计

---

① 详见拙文《义宁陈氏家史述略》，载中山大学 1999 年陈寅恪学术讨论会论文集《陈寅恪与二十世纪中国学术》，浙江人民出版社 2000 年版，第 511—531 页。

窘困而来义宁州谋生的客家移民要高出一筹，这种读书人的素质毫无疑问地会影响并传承至下一代克字辈。

三　一个特殊的客家棚民群体——护仙坑姻亲族群

护仙坑是义宁州东南方一座大山——眉毛山众多埚沟中的其中一条。它海拔约700多米，长十余里，山岭夹峙，山谷幽深，阴冷潮湿，人迹罕至。

这样一座地无三尺平，不被本地土著乡民看重的陡峭山涧，却成为三姓客家移民迁徙落脚的第一站。在陈鲲池迁入之前，已有何姓约于康熙五十年代迁入，约乾隆三四十年代，又有邱姓迁入。三姓的原籍都是福建上杭县来苏里中都乡。上杭县的客家人向义宁州移民的活动持续了很多年，后迁出者也许是受回原籍办事、探亲的先迁出者的介绍、鼓动，跟随先迁出者一同来到义宁州。

三姓人到护仙坑后，随着人口的增长，原本荒僻的山谷出现了一个人类学概念的"集群"。集群里的成员在迁入之前已是姻亲的基础上又继续联姻。三姓之间维持了四五代人的姻亲关系，形成了你中有我、我中有你的"篱笆亲"，父系（血亲）、母系（姻亲）都有盘根错节的双重亲属称谓，简单的父子、兄弟关系发展为复杂的甥舅、翁婿、姑表、姨表、连襟等人际关系，人类学称之为"以婚姻关系为中介联结起来的宗族集群"。他们的家产、土地也犬牙交错，组成了类似于血缘家族性质的集体组织。从人的数量上看，何姓占的比重大，陈、邱两姓落后，但陈姓的人口素质要高于何、邱。陈鲲池本人少年时曾随做塾师的父亲读过书，他的四个儿子陈克绳、克调、克藻、克修虽然出生在贫瘠的护仙坑，但都到山下几十里远的怀远人教馆发蒙读书习举业。因此，陈家是护仙坑对外联系和公共事务的"发言人"。

四　一次独特的分家析产和两个传说

客家移民落脚义宁州的第一站大多是深山老林。他们先搭蓬（棚）栖止，待小有积蓄，再盖土木结构民居。延续数代后，有能力的人家，再向地理环境更好的山下盆地（塅）迁移，陈家也是如此。陈鲲池父子在护仙坑艰苦劳作了六十年，家境稍宽裕之后，即向邻近的竹塅迁居。乾隆五十七年（1792），陈家在竹塅盖起了一栋砖瓦屋，取名"凤竹堂"（俗称"陈家大屋"），陈克绳、克调、克藻奉父母顺利迁居，陈克修仍留守护仙坑原有宅第"崇福堂"。就在这一年，陈、何、邱三姓这个特殊的大家庭进行了一次分家析产，这或许缘于陈家要借此契机对迁徙的第一站几十年历程做一次总结，又或许何、邱两姓有明确产权的要求。

这是一次形式独特的产权界定，它兼有合业形式的明确产权和家庭内部产权分配的性质。明清时期，民间有一种比较少见的"合业"产权形式，即由同姓或异性的多户业主合买一宗产业，共有一纸印契，内部再另立"分契合同"，载明每个业主所分得之田土山场名、税亩和租额。从形式上看，护仙坑这次产权界定基本属于“合业分契合同”性质，但具体内容上却有所变化。它不仅将合买山场细分四界，而且借划定山场界址的契机，将三姓几十年内创置的产业和业主家庭内部的产权也进行了一揽子划分界定，兼顾了亲情、利益、集体、个人之间的复杂关系。

这次分家析产，按“天地元黄宇宙洪荒日月盈昃辰宿列”十五字编立排印十五本《护仙坑磜上合众分关》(以下简称《分关》)。幸运的是，其中的一本得以保存下来，为口述数据与文献数据相印证、还原历史事实真相提供了珍贵的证据材料。笔者为解读这份孤本文献，曾五次翻山越岭深入护仙坑，获得了不少可以左证《分关》传说的实物材料。在一处叫关门洞的山埂上，发现一块倒仆的大石碑，字迹已经漫漶不清，但仍可以依稀认出大致内容，时间为道光七年(1827)。这是一块民间常见的修路功德碑，是一次以居住在山内的怀远人为主，联合山下的山主共同捐款修路公益活动的纪念。护仙坑只有一条弯弯曲曲的羊肠小道，是山里通往山外的唯一通道，维护小路畅通是护仙坑人的一件大事，在《分关》里即有公益组织“路会”字样。

从关门洞沿着陡峭的小路再往上走三四里，就进入了《分关》所说的“磜上”(“磜”与“寨”音同义同)。这一段是护仙坑稍微开阔的地方，坡度也相对和缓。进入磜上，村寨的气息扑面而来。这里有三处屋场，“下蓬”“上蓬”“梅子坜”(这三处地名《分关》中多次出现)，每只屋场相隔大约一两里。“下蓬”是邱姓的屋场，房屋早已倾圮，只剩墙脚石磡。据说邱姓后来人丁不旺，终至于绝户。“上蓬”是陈姓、何姓的屋场，曾有一栋土木结构的屋宇，已于上世纪六十年代倒塌。从墙脚、大门呈现的面积和陈氏宗谱上的“崇福堂”屋图来看，这栋屋宇应是当年护仙坑的标志性建筑。屋宇大门前竖立着两块署名义宁州知府孙的“封禁碑”，内容为严禁无赖棍徒进山盗砍桐茶松杉竹木。《分关》中所说的学堂遗址也在“上蓬”(这所学堂始创办于何时已难确考，查望洋所撰《陈克绳墓碣铭》中提到“(先生)建仙塬书屋，拨立租田为膏火应试卷资，兼助烝尝祭祀。”《分关》亦提到“学堂房屋一所计三间”，规定“水口蓄山、社官蓄山、学堂基地余坪”不予分割，仍属集体资产。实地考察，可以推断“上蓬”是护仙坑的活动中心。“梅子坜”是何姓的另一处屋场，现存并排两栋土木结构民居，据说原先的面积比现在大得多，何氏后裔步陈家后尘，于道光、宣统年间迁居山下竹塅。(属泰乡七都)

《分关》中记录的大小屋场共有 21 处，其中何姓 15 处，陈姓 3 处，邱姓 3 处。三姓都拥有一处一进两重的天井式民居大屋场。从栖身茅棚到天井民居，是一个不小的提升。推测其发展程序，先是互相帮助搭大棚，后来各自有了积蓄，又互相帮助盖起土木结构的屋场。以后各姓又分出小家庭，再择地盖小屋。

护仙坑山高坡陡，陈、何、邱三姓迁来后，只开发出少量的水田，大量的耕作用地是熟土，种植红薯和蔬菜。《分关》中共计熟土 299 块，大约二三百亩。每块面积不大，这从“月光块”“荷包块”“灯盏窝”“圣珓板”之类的形象称谓可以看得出来。如果没有经济作物做支撑，客家移民不可能在护仙坑长久坚持下去。

《分关》中记录的种蓝生产设施，计有大小靛池 62 口，干池 6 口，灰湖 11 口，灰舍 5 间，蓝坪 12 处，蓝窖 10 个。几乎每一字号里都有“靛池”“蓝坪”“蓝窖”“干池”“石灰舍”“灰湖”“靛圳”“转水湖”“起水堰”“靛圳”的划分，在公共部分也有“沤蓝种土 15 个，任众取土”的划定。通过这些名词术语，我们可以约略知道把蓝草制成蓝靛这种染料的工艺过程。种蓝要有特殊的“种土”，蓝叶要放在池塘浸泡，加石灰发酵，还要不断地换水，还要曝晒，然后入窖储存。护仙坑的种蓝业，从陈、何迁入时到乾隆五十七年，至少维持了七十年。护仙坑早年间还有一个地名叫“蓝蓬里”，即由此得名。

笔者在做田野调查时，何姓后裔提供了一个久远的传说。他们的先祖当年是陈、何、邱三姓从原籍福建上杭中都结伴迁移义宁州，在漫长的路途中，互相照顾，结下了深厚的友谊。落脚护仙坑后，面对艰苦环境，三家人同甘共苦、同居共爨三十年才分家，并立有分关文书为据。

笔者在没有获得《分关》之前，对这个田园牧歌式的民间传说半信半疑。后来认真阅读《分关》，并与实地调查相印证，觉得这个传说并非空穴来风。在陈克修分得的“辰字号”与何巨珍分得的“宇字号”《分关》中，均有东西向厢房、过巷、天井两家共有的表述，在笔者收集到的陈家契据中，亦有嘉庆十七年(1812)何松干售老屋给表叔陈克修契子，因此“同居共爨三十年才分家”的美谈当是发生在陈、何两姓之间。与陈何两姓迁入的时间亦相吻合(邱姓后于陈何三十余年才迁入)。这个美好的传说经过近二百年的层累迭加，踵事增华，把三件原本不相连属的往事连成一线。它的细节虽然经不起考证推敲，但形成故事传说的背景事实却不虚妄，有它合理的内核。

陈姓后裔亦提供了一个故事传说。说是当年公元、公远、公升三兄弟迁来护仙坑后，种蓝种发了，做了大屋，老二公元(鲲池)自告奋勇回上杭老家迎养双亲。时父亡母瞎，公元就手提父亲骸骨、背负老母走了几千里回来。老二有孝心，德行好，后人就旺发。老大、老三不孝，有报应，就绝代了(公远传续三代绝户，公升传续四代绝户)。陈氏宗谱上的陈公元(鲲池)传略记载他于乾隆十八年(1753)回原籍迎母，未言其母目盲。他父亲文光公的骸骨则是嘉庆十六年(1801)由他三子克藻长途跋涉回原籍带回竹塅安葬的。过去民间广泛流传着孝敬盲母的故事，携带父母骸骨远道迁徙的传说则以客家移民居多。乡民受这类教化故事的影响，移来解释兄弟之间截然不同的结局现状。这个传说与前一个传说一样，故事有原型，但不必坐实其细节。按照法国汉学家社会学派创始人葛兰言“这个故事未必存在，而用笔写这件事之人的心理确实存在”的观点，百姓的“历史记忆”表达的常常是他们对现实生活的理解，而不在于历史事实本身。

在笔者走过的修水、铜鼓县客家人早期遗址中，护仙坑具有典型的田野调查价值。它有保存相对完好的原始环境，有印证客家人棚民历史称谓的地名，有乡民口述传说，有第一手文献资料。更独特的是，它不是客家人一家一姓的第一站，而是三个姓氏成员的最早落脚点。他们通过同乡、姻亲关系，组成了一个紧密的地缘群体，一同开荒，互耕互助。自己组织生产，自己绩麻织布，自办学堂教育。其生活方式套用了宗族组织的功能，生产关系则开了后世合作社、生产队集体主义的先河。在解决温饱之后，即耕读并举。一束薪火，辗转生烧，终于从大山沟里走出去一个日后闻名于世的文化世家——陈寅恪家族，这是护仙坑最吸引人的地方。①

乾隆五十七年，陈家从山高路陡的护仙坑向山下地理环境更为优越的竹塅（海拔三百多米）迁移，从最底层的棚民过渡到耕读人家，社会地位上升了一个层次，开启了一个新的发展时期。

第二章　耕读传家，作育人才

“耕读传家”曾经是中国传统社会中，小康农家追求维护的理想境界和社会秩序。棚民一旦解决了温饱问题，就会迅速融入“朴者耕，秀者读”的风俗中，“耕”是家族的经济基础，“读”是子弟的晋身之阶。家族的领导者希望通过“耕读”把子弟培养成绅士，使自己的家族上升为“世家”，陈家走的正是这样一条耕读并举的道路，创造了一个从草根家族上升到世家的成功范例。如果陈家小富之后，一味追求家业兴旺物质富庶，家族的兴盛就有可能昙花一现。耕作不废课读，“读”的分量不断加强，代代办学，累世书香，是陈氏家族人文蔚起并传之久远的一个关键环节，成为贯串陈氏家史全局的一条主线。抓住了这条主线，就能找到这个家族传承不息的精神源头，理清其日后之所以能够成为文化世家的因果关系。

一　竹塅陈家四房的迅速崛起

陈鲲池落脚义宁州时，土客矛盾最激烈的时期已经过去，社会为后到的客家移民提供了较为平稳的生存空间。与先来的其他客家家族相比，陈家的崛起非常迅速。人口数量、人口素质、家道小康、家族在公共社会活动中所起的重要作用、子弟在科举上的成功等几个方面反映出一个家族的兴旺气象。

按照修水地名的一般说法，“塅”是望眼开阔的山间盆地。它有山有水，有田有土。柴方水便，阡陌交通。考古成果表明，河流谷地、山间盆地最适合人类栖居。如果一个姓（单姓村）或几个姓（多姓村）的家族能够获得这样一方乐土，就可以休养生息，繁衍发展，形成一个相对独立的经济、文化圈。日本学者上田信据此写成《传统中国：盆地、宗族所见之明清时代》一书。在修水这个大山区，能到“塅”里居住、耕作，是山里人所向往的。陈家是修水怀远人从山上往山下最早迁居的家族之一。对于一个棚民家庭，这一步跨出去很不

① 详见拙文《一个客家移民群体的社会经济关系》，载《中国经济史研究》2012 年第 4 期。

容易。竹塅因为陈氏家族日后成名，也地因人胜，在修水众多的“塅”中名声鹊起。

乾隆五十七年(1792)，陈鲲池的长子陈克绳操持主办，在竹塅盖起了一栋砖瓦屋。鲲池公取名“凤竹堂”(俗称“陈家大屋”)，请修水怀远陈姓著名文人陈光祖撰《凤竹堂记》。凤竹堂一进两重，中有天井，左右有厢房，属于修水民间常见的宗祠、大屋形式，历经二百余年风雨，至今仍基本完好。与修水本地聚居几百年的望族所建的深宅大院相比，凤竹堂稍嫌俭朴。但如果我们了解了至今流传的棚民家族因盖砖瓦屋遭到本地人阻拦而斗智斗勇的故事传说，就会对这些砖瓦屋另眼相看。从棚(蓬)到土巴屋再到砖瓦屋，不仅是建筑材料的进步、建筑规模的扩大，还附着更深一层的文化内涵和社会意义。有了大屋，门第的观念就有了载体，按伦理秩序规范家族成员的行为就有了坐标，按士绅标准举办各种仪式就有了场所。换句话说，大屋是底层社会蝶变为耕读人家的外在表现形态。

陈家顺利二次迁居，无疑给家族注入了新鲜活力。陈氏家族从此进入了持续稳定发展的快车道。凤竹堂落成的当年，陈、何、邱三姓对护仙坑的山林屋场进行了登记配搭，正式明确产权。嘉庆二十三年(1818)，陈家再次拆分田山屋场。此时陈氏家族的经济、人口都有了一定的规模，陈鲲池的四个儿子克绳、克调、克藻、克修(称“竹塅四房”)开始自立门户。以凤竹堂的落成为标志，陈氏家族第二代就完成了从棚民到耕读之家的转变，克字辈四兄弟已进入义宁州文人士绅的圈子。

陈克绳(1760—1841)，字显梓，号绍亭。早年业儒，屡试不利。四十二岁时循例捐纳监生，参加乡试未取录(陈家曾存有克绳公部、监二照，后失。过去民间有的宾兴组织规定，捐纳贡监者必须持有部监二照才能得到补助)。他从此绝意仕进，退隐林泉，与州、府文人士绅唱和往来。晚年曾与南昌府书香世家程赞采(进士)、程焕采(进士)兄弟交游。程焕采曾为陈克绳写《传》，并为其侧室何氏撰墓志铭。今存其诗作四首，吉金片羽，弥足珍贵。

陈家迅速从棚民上升到耕读之家，陈克绳功不可没。他对家族发展的贡献，主要体现在两件大事上。一是盖起了陈家大屋“凤竹堂”；二是不遗余力作育人才，为子弟的科举成功倾注了大量心血。每遇试期，陈克绳必亲自带领弟、子、侄赴州治及省垣应试、观摩。早在护仙坑时，陈克绳就创办了仙塬书屋，拨立田租定膏火卷资。嘉庆二十三年，陈克绳年近花甲，主持了四房分家析产。在十栋庄屋中划拨出其中一栋作为家塾用房。又在《分关》文书中专就子弟科举议定奖励条款，为子弟科举成功提供了制度上的保障。

陈克调(1765—1840)，字旭升，号五园，雅号竹筠居士。监生。早年从学于义宁州怀远陈姓最早获得贡生功名的陈光祖。他在四兄弟中文人风雅气息最为浓厚，将自己的宅第命名为“竹筠居”，所撰《竹筠居自序》，颇具风致。又自题自写照：“我从田间来，尔在书房坐。观者齐相见，说道尔像我。我学孝悌慈，升堂由也果。有义有信交，无谄无骄可。诵读经史书，半生不敢惰。屡挫文场锋，困顿如许伙。尔与我周旋，动容中礼么？噫嘻尔我，我惟爱尔丈夫我丈夫，尔毋学尔为尔我为我。”光绪二十五年(1899)，陈克调的后代为其迁葬时，陈宝箴写了墓志铭，谓其“所为诗文多质厚近古，童时州郡有声……”

陈克藻(1771—1853)，字西玉，号崑巘，例授修职郎。早年与兄克调师从陈光祖、陈光缙。《陈克藻传》说“先生性聪颖，勤读书，贯通淹博，具远大志，数奇不获售……慷慨有气节，不以功名得失为计……一时士君子，往往略车笠之嫌，欢与把臂，晋接无俗客……术效计然，南游闽楚，北走燕赵，揽胜寻幽，题咏写怀，别有佳致”。

陈克修(1776—1842)，字兼万，号介田。亦为监生。其传略说他“幼警敏，言笑不苟，有成人风。张明经采仪见见而奇之，娶以长女，通葭莩之好。先生读书明大义，敬养以亲亲，笃爱以长长。比闾族党之间，谦尊有光，皆以长者称，性仁厚，慕善乐施”。

克字辈四兄弟都以继承先世读书进取的门风祖德为职志，一直念念不忘祖先带给他们的荣耀光华。嘉庆十六年(1801)，陈家从上杭迁出已七十年，仍然委帕克藻远道跋涉回原籍，为于庭公、汝勉公、敏宜公三代重修坟茔，并将祖父文光公的骨殖带回修水，厚葬竹塅。这里面既有客家人素重木本水源的因素，同时也包含着敬仰先世科甲显荣的成分。

克字辈四兄弟都受过诗书礼乐的化育熏陶，已经具备了昔日乡绅处士的个人条件，在义宁州的士绅圈子里已有声名，其中以长兄克绳的名气最大。四房人口也以长房最多，以后陈氏家族的人才、人物也主要出在克绳这一房。[①]

二　陈家四房分家析产的重要性与耕读模式的确立

清嘉庆二十三年(1818)，竹塅陈家四房分家析产，抄写四份《分关》(明清以来民间称分家文书为分关、关书、阄书)，内容可分为四部分：1. 序言；2. 公共经费的管理、支出；3. 各房拈阄所分得田山、屋场细目；4. 凭中人、鉴证人名录。

客家人似乎更注重祖堂、祖墓的公共维护和子弟科举的成功，深刻地反映出家族制度时代敬祖收族和耕读传家的治家理念。因而这份《分关》最有价值的内容为第二部分“公共经费的管理、支出”。笔者特摘录部分原文，并加按语解释：

> 清明冬至祭扫祖坟，鸡一只约三斤，鱼二只，干则一斤，鲜则二斤，硝一斤，香纸油烛火千，照坟备用松边……子孙登坟拜祖者，每人肉六两，酒半瓶，米半升，盐乙两，油乙两，清明米粿米一斗。其老而不能登坟者，亦准与席。其有年登六十者，胙肉乙斤，七十者二斤，八十者三斤，九十者五斤，百岁者十斤，俱于冬至日分发。

按：上述条款折射出我国古代独特的人伦主义精神。规定清明、冬至扫墓的聚餐费用由集体、小家庭两方面负担。冬至颁发胙肉，则全由集体支出。数额不等，从六十岁到百岁依次递增。既继承了尊老敬贤的良风美俗，也体现了家族组织的人情温暖。

> 鲲池公坟山壹嶂，坟前田一坵，连及水口之田，共计谷田拾式石，一并存为鲲池公及何妣孺人二位大人永远祭扫之用。其田山永不许出卖典当，其山内树木，永远长蓄

---

① 详见拙文《从义宁州客家陈姓宗谱祠志看陈宝箴家族史》，载《南昌大学学报》2003年第2期。

护坟，子孙不得砍伐伤冢。如有不遵，冬至日家法重责外，仍要每树一根罚钱五千文上会。其坟前巨杉，子孙有能登贡科甲者，任砍竖旗无阻。

按：风水保护和子弟科举，是昔日宗族的两件大事。祖坟的山林树木神圣不可侵犯，唯有子弟科举成功竖旗杆时可以破例砍伐。陈家培育子弟的决心之大，在这一条款中充分体现出来。

读书凡发蒙至作半篇者，每年众帮俸钱五百文，成篇者每年众帮俸钱乙千文。赴州试者，每名卷资钱四百文，终场者倍之。赴府试者，每名盘费钱乙千三百文，其州试府试有列十名前者，外赏钱乙千文。入泮者花红银十两，补廪出贡者五两。登科甲者三十两，祖堂旗匾众办……生监有志观光应乡试文场者，每届说明钱弍千四文。倘得名魁虎搒，及新进生员，三年之内，必须回藉省墓。除常费外，众另帮敬祖盘费钱弍十千文，以为先人光宠。至举人应会试者，众帮盘费钱弍十四千文。

按：此项条款涉及全族公益事业中支出费用最大的一项——子弟科举。中国宗族组织普遍都从族田内分出学田（书灯田），鼓励子弟投身科举，获取功名，跻身士绅阶层。但竹塅陈家在分家时专就科举支出费用出作出安排，有着特殊意义。克字辈四兄弟都曾习举业，第三代规字辈习举业者七人，但两代均艰于一遇。因此，陈家在分家时对子弟读书加大了支持、奖励的力度，表明全族经过两三代的积累已具备支撑子弟参加科举各项费用的经济实力，亦表明耕读模式在这个家族已经固定确立，“读”的分量在加强。

由于典章文物制度的差异，笔者对这两条“赏规”尚不能透彻把握。例如发蒙至“半篇”“成篇”是什么程度？数额不等的盘钱相当于现代币制的多少？但这并不能妨碍后人理解前人对子弟科举成功的殷切期盼和良苦用心。嘉、道之际，陈家子弟“业儒”“习举子业”者明显增多。透过历史的烟云，我们仿佛可以看到竹塅当年一派朴者耕、秀者读，彬彬然弦歌户诵的动人景象。

这次分家的主体内容是《分关》的第二部分“各房拈阄所分得田山、屋场细目”，从这部分内容中我们可以分析梳理判断陈家的人口规模、经济总量、生产要素。

乾隆五十七年陈、何、邱三姓分家析产时，陈家连创业人陈鲲池在内，其产业共分五股。在陈鲲池去世之前，陈家一直是同劳作、共甘苦，吃“大锅饭”，显示出传统家族具有的集体主义性质。乾隆六十年(1795)，陈鲲池去世，嘉庆十年(1805)，陈家开始分灶吃饭。嘉庆十五年，陈鲲池夫人何氏去世，二十三年(1818)，陈家正式分家析产，聘请师长陈光祖（嘉庆九年岁贡生）主持并书写《分关》。时长房陈克绳 59 岁，有子四、媳四，孙七、孙女五。二房陈克调 54 岁，有子二、媳一，孙二。三房陈克藻 48 岁，有子四、媳一，孙一。幼房陈克修 43 岁，有子四、媳一。从人口统计来看，四房人口已达 50 人左右，且各房中又产生了小家庭，分家析产势在必行。资产按田租、屋场、山场、熟土拼搭分割。

田租分割：分家时共计田租 617 石（担），分成四股，每股以 120 石为准，在此基础上略微浮动。其中长房陈克绳分得 170 石（补 50 石劬劳费）。二房陈克调分得 144 石（补助

24 石)。三房陈克藻分得 120 石。幼房陈克修分得 127 石(补助 7 石)。另有族产田租 56 石,茶油租 40 觔,山租钱 3200 文。

屋场分割:竹塅祖屋凤竹堂及护仙坑祖屋崇福堂四股平分,二房陈克调、三房陈克藻愿意另行建屋,让出自己的一股给长房陈克绳与幼房陈克修。长房、幼房补偿二房、三房建房款。庄屋十所,九所用来分产,一所用来做家族学堂。

山场、熟土分割:山场按茶山、柴山两大类搭配平分;熟土按菜园、薯土以及其它经济作物土三大类搭配平分。因地形、位置犬牙交错,难以将四股具体资料细列。

由于对《分关》中记载的稻田、熟土、山场、屋宇逐一进行复原统计颇为困难,加上古今币制、计量单位的差异,很难准确地估算出竹塅陈家分家时经济总量达到了什么程度。如果以"收租一千石以上为大地主,一百石以上、一千石以下为中等地主,一百石以下为小地主"为标准,则陈家分家时为中等地主水平,分家后每房为小地主水平。但客家人多居住在山区,山多田少。如果以陈家拥有的山林面积来补充稻田的不足,其分家时全部资产应接近于大地主水平,分家后每房接近中等地主水平。从《分关》详细记载的田土、山场坐落地点来看,有些田土、山场与竹塅相距十几里远,来去要翻山越岭,可见陈家的土地山林范围很广。

或者将石数折合成田亩,按每亩平均出产三石计算,陈家分家时约共有 224 亩稻田,分家后每房平均 56 亩。在修水这样处在万山之中的山区,拥有 50 亩稻田以上的人家已是一个不小的地主了。1951 年修水县土改时,拥有 30 亩左右的人家一般都划为地主。陈家有两户划为地主,即长房陈克绳的后人陈清恪(实为陈宝箴侄子陈三厚的管家),幼房陈克修的后人陈文恪。

第二次分家为竹塅陈家的发展带来了契机,使家族呈现出新的面貌。在活动范围上,长房陈克绳在凤竹堂居住,二房陈克调、三房陈克藻在凤竹堂附近各建宅第,四房陈克修仍留守护仙坑宅第"崇福堂",形成了以凤竹堂为中心的家族活动圈。在社会地位上,嘉、道、咸、同时期,陈家处于全州怀远陈姓的中心位置,是公益事业的主要组织者。最大的成果是耕读模式、作育人才的成功。分家九年后,在浓厚的书香氛围中,第四代子弟中的优秀成员终于脱颖而出,获得秀才、举人的功名,陈家数代孜孜以求的理想终于圆梦。[①]

三 陈氏子弟在科举上的成功

(一) 第三代代表人物

陈规钫(1786—1840),字宣六,号宫谱。太学生。陈克绳长子。晏自翘《宫谱先生夫妇传》:"少读书聪颖犹人,特勤甚。长习举子业,辄宵分忘寝,屡试不售,退而设教家塾……课长子观礼读,自句读至操觚,阅九寒暑。通经史,为文有程度,越六年补弟子员……"

① 详见拙文《陈宝箴家族分家文书解析》,载《中国社会经济史研究》2012 年第 1 期。

陈规镜（1786—1831），字心怡，号醒吾。陈克绳次子。《陈规镜墓志铭》："业经书子史，每有所阅即记诵不忘。少绩学，应童子试，累夺前茅，师友咸以大器目之，而居心常歉然也。益励志芸窗……学益博，业益精，乃遇艰，莫展所学，退而训子侄及生徒。春风化雨而教无倦怠，讲习暇兼业岐黄……"可惜盛年即殁。其子陈观澜，例授修职郎，候选分县。观澜之孙陈荣恪，为恪字辈的代表人物之一。

陈规镐（1794—1870），字化南，号沐轩。陈克绳三子。因办团练功，军功旌奖八品顶带。长子观琦从军有功，赏七品顶带；三子观瑶，从军有功，赏戴蓝翎，候选县正堂；六子观璠，州庠生（秀才），候选分县。

陈规鋐（1798—1854），讳伟琳，字琢如，号子润。陈克绳幼子。陈宝箴之父。早年习举业，后因母病，弃举业而究心灵素之书。陈规鋐虽然困顿场屋，未获得科举功名，但颇有学养气度和办事能力，后来成为一方绅士。他一生做了三件大事：接替父亲陈克绳全州怀远陈姓的族长地位，管理宗族事务；创办怀远人自己的书院梯云书院；办团练。尤以创办梯云书院名垂后世。道光二十四年（1844），义宁州的怀远士绅发起创办书院活动，陈规鋐是首事之一。他承担了大量事务，并捐银 320 两，捐银数额名列前五。道光二十八年又以长子陈树年名义续捐银 300 两给梯云书院分校山口义学。道光二十八年九月，知州叶济英、教喻廖秋岚借怀远都创办书院、义学热情高涨的契机，掀起在州城创办全州总宾兴、各乡再自办宾兴活动。怀远都创办光记宾兴会、云记宾兴会。陈伟琳参与劝捐事务，并以父亲克绳公名义捐名三代银 25 两给云记宾兴会。发起创办书院之初，陈规鋐在首事中名次靠后，因他只有童生的身份。随着时间的推移和自己办事能力的不断展示，陈规鋐的地位越来越高。同治二年（1863）梯云书院重修，设崇祀堂，祀奉二十六位首创、重修书院和倡修《梯云书院志》有功人员的长生禄位，陈规鋐名列第四。

（二）第四代代表人物

陈观礼（1809—1871），字用和，号秩卿。陈规钫长子。少年时曾在父亲的辅导下苦学九年，于道光七年（1827）十九岁时入州学，两年后岁试、科试优秀，得补廪生。陈观礼是陈氏家族中第一个取得生员资格的人。以后数次参加乡试未中，遂在家塾任教。咸丰初年离开竹塅到邻乡设塾授徒，成为义宁州知名度较高的塾师。他有了科举功名后，成为义宁州怀远人社会活动、公益事业的领头人之一，参与了梯云书院的劝捐、怀远人入籍文献资料的整理、刊布。其子孙亦承继了他苦读成才的家风。

陈宝箴（1831—1900），派观善，字相真，号右铭。陈伟琳次子。生而英毅，少年时曾受学于堂兄陈观礼、陈观澜。道光三十年（1850）二十岁时入州学。这一年参加江西学政主持的岁试，答卷受到学政张芾（小浦）的赞赏。龚浦庆《师竹斋笔记》卷二"四觉草堂"条："同州陈右铭中丞，家世孝友，为乡党所推。中丞幼既倜傥，弱冠应童试，考题为藏器于身赋押而字官韵一联云：'纵然身便终藏，任人可矣；或者才求不器，俟我乎而。'宗师张小浦芾击节叹赏，批以抱负不凡，决为大器。"次年以附生资格参加咸丰元年辛亥（1851）恩科乡试中式，是义宁州这一科五个举人之一。[1]

时至今日，我们已能清楚地看出陈宝箴中举对他的家族和他本人具有多么重大的意义。在民间社会，家族中出了一位举人是全族的一件大事，特别是对于有棚民背景的家族而言，它对提升全族的社会地位所起的作用不可小视。在他中举之前，陈家已有四代十多个文童名落孙山的痛苦记忆。陈宝箴的成功，使陈家彻底摆脱了文运不利的阴影。

（三）第五代代表人物

陈三略（1835—1887），讳绩熙，字成塾，号耘恕。陈观礼长子。同治元年（1862）中秀才，当年岁试因成绩优秀补廪食饩。光绪四年（1878）以平苗有功，赏加同知衔，北上引见，分发湖南候补。光绪八年，署理嘉禾县正堂。陈三略虽然辈分比陈宝箴小一辈，年龄、经历、出身却相仿。五十二岁卒于任上，九个儿子有六个未回乡，是陈氏家族走出竹塅的另一支人才。

陈三立（1853—1937），字伯严，雅号散原。同治十年（1871）入州学，光绪八年（1882）中举，光绪十五年（1889）中进士，签分吏部考功司。

至此，陈氏子弟从道光七年（1827）陈观礼首开记录入州学，到咸丰元年（1851）陈宝箴中举，同治元年（1862）陈三略入州学，同治八年陈观璠入州学，约同、光之交陈观礼四子陈三爻入州学，光绪十五年（1889）陈三立中进士，光绪十九年陈观礼孙子陈俟恪入州学，产生了五个秀才（其中两个廪生）、一个举人、一个进士。嘉庆二十三年《分关》中奖励条规列举的“入泮”“补廪出贡”“科甲”（举人、进士）竟然被陈氏子弟全部实现。

四　陈家在拟制构建怀远陈姓宗族活动中的地位与贡献

客家人迁入义宁州，分散在深山老林耕作生息，不少移民在两三代后又不得不返迁原籍。除生存条件极为艰难外，没有及时立族联宗、形成合力以应对国家政权与周边社会的压力也是一个重要原因。陈鲲池三兄弟落脚在海拔 700 多米的穷山狭谷，如果不依托姻亲族群力量，一样难以为继。到第二代已有四房成员时，即在当时民间广泛存在的家族制度影响下，积极参与建立宗族组织，为凝聚全族力量，整合资源，人伦教化，及今后的繁衍壮大，提供了制度上的依据和保障。

宗族形成的最初原点是“血缘关系”，比照“血缘关系”的结构原则，将没有“血缘关系”的同姓组合成一个同姓组织，社会学、人类学称之为“拟制宗族”。据统计，义宁州的怀远人有 102 个姓氏、近千个开基祖。他们同姓却不同宗，但他们互认本家，联宗合流，建立起区别于本地同姓的宗族组织。

“怀远人”宗族的拟制重建有一个较长的磨合时期。他们来自不同地区，族源复杂，且迁入义宁州后居住地极为分散。要把这些来源不一、距离遥远、互不相识的各家各户串联

---

① 详见拙文《陈宝箴乡试朱卷册的文献价值》，本书第 1008—1014 页。

起来，建立一个新的宗族联合体，其难度可以想见。但一旦构建成功，便有很强的稳定性、凝固性，与本地同姓绝不相混。如怀远陈姓迁来义宁州之前，本地就已有五支陈姓宗族（称“本地陈”），加上后来拟制重建成功的怀远陈姓，就有六个陈姓宗族，他们各自建祠修谱，自成体系。

义宁州怀远陈姓从清嘉庆年间开始联宗建祠修谱，至1943年，共修通谱六届（今缺嘉庆首修谱）。竹塅陈家是全州客家陈姓的核心，历届宗谱的文谱（谱有“文谱”“丁谱”之分。“文谱”指卷首、卷尾，内容有序、跋、封赐、家规、人物传记、屋图、坟图、艺文等；“丁谱”即各支世系，成员的辈分世次、生庚名号、简历）部分，其家族成员的序跋、封赐、人物传记、屋图、坟图等材料最全，篇幅最多。祠堂志亦如此，登载竹塅陈家的材料颇多。今存五届宗谱的文谱与世系册，搭起了陈寅恪家族的家史框架，粗线条地勾勒出其发展前进的线索脉络，为我们提供了这个家族的族源、明末以后的真实世系线索、迁义宁州后的人口数量变化、人物事迹经历等历史信息。

建祠为了敬祖，修谱为了收族，旧时建祠修谱往往前后交错进行，义宁州怀远陈姓从嘉庆十九年（1814）到光绪八年，共纂修四届祠志，竹塅陈家亦为祠志修纂的主力，祠志上的祀丁名录、捐款名录可与宗谱世系册的成员数量、字号相互印证补充，修建祠堂的捐款数额、次数、办理祠堂事务的轮值管理可以反映这个家族作为宗族核心的实力。（见本书第548—748页图片）

义宁州怀远陈姓最早迁入的一批是在康熙二十六年至四十四年间（1687—1705），到嘉庆初年，已有一百余年四五代的历程。此时义宁州怀远陈姓已经产生了几个有影响的“阡陌交通，屋舍俨然”的屋场，拥有了最早的一批“家族”，如竹塅陈克绳家族，双溪陈光祖家族，令公洞陈文凤家族，以及其它几个人丁较为兴旺、族内已有习举业者的家族。其中以竹塅陈家的经济能力、群体文化水平为最。

嘉庆十九年（1814），怀远陈姓首修宗谱，主修是最早获得科举功名的读书人陈光祖。他是嘉庆九年（1804）的岁贡生，是陈宝箴祖辈、父辈和陈宝箴自己的老师。由于嘉庆谱始终没有找到，因而也就无法知晓竹塅陈家参加第一届谱的情况。但参照旧时建祠、修谱这两件宗族上的大事往往先后交错进行的惯例，以及竹塅陈家与陈光祖的关系，可以推知陈克绳兄弟应是这一届谱局的重要成员。

道光二年（1822），竹塅陈家主导了第二届联宗修谱，至道光八年完成，共印大型谱式五十八部。这次修谱，竹塅陈家投入了大量的人力物力。陈克绳任督修，主修是陈克修和陈规鍠（陈克藻长子），两人各写了一篇序。

咸丰元年（1851），对于竹塅陈家和义宁州怀远陈姓来说，都是一个值得纪念的重要年份。这一年恩科乡试，义宁州共录取5位，而怀远陈姓一次就高中陈宝箴和陈文凤（今铜鼓县人）两个举人。怀远陈姓欢欣鼓舞，藉此喜庆，敦促陈文凤、陈宝箴主修大成宗谱。因太平军战事的影响，延至同治二年秋，谱才修成。

与一修谱、二修谱相比，同治三修谱规模宏大，支脉繁多。陈义宁州外，邻县武宁、奉新、万载、分宜、浏阳，甚至原迁出地福建的上杭、顺昌，陕西的洵阳（从闽广迁义宁州再迁洵阳的陈姓）也派人远道前来上谱。同治谱共印 120 部，可谓场面空前，它标志着义宁州怀远陈姓宗族的成熟与完善。以宗族成员科举成功为契机编纂大成宗谱，符合明清以来宗族发育成长的一般规律。

同治谱在义宁州陈姓族史上具有重大意义。它理清了过去各支各自为政时混乱的世次，大大增强了怀远陈姓的凝聚力。以后光绪谱、民九谱、民三十二谱，甚至 1994 谱都未超出同治谱的范围与体例。同治谱颁布了“三恪封虞后，良家重海邦，凤飞占远耀，振彩复西江”的谱派，规定从始祖十八郎公下延至第 21 世，一律按新谱派取名。这就是日后闻名于世的陈三立、陈衡恪、陈寅恪、陈封怀公孙三代得名的来历。现今修水、铜鼓的各支怀远陈姓世次走得快的已到了家字辈，走得慢的还未到 21 世。竹塅陈家的陈三略生于道光十五年(1835)，而现在修水尚有三四十岁的“三”字辈，时间跨度为 130 余年。谱派的权威性，它在敬祖收族方面的力量确实不可低估。

光绪二十年(1894)，距同治初年修谱已满三十年，义宁州怀远陈姓续修第四届宗谱。时陈文凤已从福建致仕回乡（他于同治四年中进士后出任福建松溪县、安溪县知县），但年事已高。陈宝箴在湖北任按察使。其子陈三立已于四年前中进士，遂以陈三立挂名主修。竹塅陈家入谱局的还有陈观岚、观伍、观华、三厚。

清末民初，义宁州的怀远陈姓宗族发生了很大变化。光绪二十四年(1898)八月，陈宝箴、陈三立父子被革职。二十六年六月，陈宝箴在南昌西山去世。陈文凤则已于光绪二十三年冬去世。宗族中失去两大精神支柱，元气大伤。民国二年(1912)，撤消义宁州，分立修水县和铜鼓县。这更大大削弱了宗族内部的凝聚力，整齐统一的局面开始解体。民国九年，修水续修第五届宗谱，陈三立撰序。民国三十二年，修水续修第六届宗谱，陈三立次子陈隆恪挂名主修。铜鼓则于民国十年续修第五届宗谱，由陈文凤的后裔主持谱局。

以上我们将竹塅陈家在全州怀远陈姓修谱活动中所起的作用做了简要的叙述分析，从中可以看出名门显族在宗族中的作用与地位，也可以看出昔日宗族组织的表现形态和族众的旺族意识。所谓宗族，说到底其实就是由一个或几个有实力的家族组成的社会单位。这里面的辩证关系是，这些重要家族为拟制构建联宗组织作出了贡献，自己也从中获益，借助属于制度层面的强宗大族稳固强化了自己的小支。①

第三章　书香一脉　文化托命

与其他著名世家旺族相比，“义宁陈氏”不以权势、豪富名世，只有书香一脉，传承不

① 详见拙文《江西修水客家陈姓“拟制宗族”的个案分析》，本书第 992—1000 页。

绝，其中陈宝箴、陈三立父子起了重要作用。

一 陈宝箴走出山外登上政治舞台，开启了义宁陈氏发展史的一个新阶段

在陈氏家族发展史上，陈宝箴是关键人物。他往上承继了父祖养成的兴教办学的门风祖德；往下开启了义宁陈氏文化世家的先河。

陈宝箴一生对兴教办学倾注了大量心血。同治元年(1862)秋，陈宝箴在祖居凤竹堂后五六里远的“四觉埚”建了一栋读书楼，名“四觉草堂”，请举人李复和廪生黄韵兰课其子陈三立、三畏和族邻子弟。同治二年，梯云书院重修，再次向怀远人劝捐，陈宝箴以祖父陈克绳(显梓)名义捐银100两，为八名捐款最多者之一。光绪六年(1880)，陈宝箴署河南省河北道，创办了“致用精舍”，花鉅资建造校舍，购置、刻印典籍。光绪九年，义宁州修复考棚，陈宝箴以父亲陈伟琳(子润)名义捐银50两。光绪十年陈宝箴回乡，捐资在凤竹堂对面的山坳建家塾，取名“义学”，供本姓和旁姓子弟读书。又购书两千卷捐给梯云书院，弥补了梯云书院原有藏书因太平军攻占州城而全部被烧毁的缺憾。光绪十八年，义宁泰乡土客合建泰交书院，陈宝箴以曾祖陈鲲池名义捐银100两，又以父亲陈伟琳名义捐银50两。光绪十八年，梯云书院重修《梯云书院志》，陈宝箴撰《梯云书院记》，并以父亲陈伟琳名义捐银100两。光绪十九年，梯云书院因经费短绌，怀远都士绅呈请州府晓谕劝捐，宝箴以祖父陈鲲池名义捐银200两。陈宝箴对教育事业一如既往的关注赢得了州人的崇敬，梯云书院宾兴崇祀禄位，陈宝箴牌位列在两位州尊之后。光绪二十三年，陈宝箴在湖南巡抚任上设立时务学堂，任熊希龄为总理，聘梁启超为中文总教习，致力于培养学通中外的新人才。至此，我们可以看出陈家由创办家塾走向资助、兴办更大规模书院、学堂的渊源脉络。

陈宝箴本有卓越文才，青年时期曾有志于文学，因国事蜩螗，遂投笔从戎，步入仕途。

他之所以能够获得曾国藩、席宝田、沈葆桢、刘坤一、王文韶、郭嵩焘、张之洞、荣禄等名公大臣的青睐赏识，除了人品忠悬、办事干练外，他具有超越侪辈的文才，也是一个重要原因。

同治八年(1869)四月间，陈宝箴将自己写的一册古文寄呈曾国藩评阅，曾国藩复函：“阁下志节嶙峋，器识宏达，又能虚怀取善，兼揽众长。……大著粗读一过，骏快激昂，有陈同甫、叶水心诸人之风……”之后曾国藩写了一大段关于文章流变脉络、当世文章名家渊源、作文甘苦、须注意之处的论说。曾国藩虽然没有专写评语，但他的回复可以视同于评语。① 同治九年、十年，陈宝箴再将这册古文呈送曾国藩幕僚张裕钊、方宗诚、孙衣言、龙文彬和湘阴郭嵩焘点评，陈宝箴文名因此大振。

陈宝箴的诗作也达到了相当高的水平。他曾写诗数百首，今仅存四十余首。从这些

---

① 《曾国藩全集·书信》，岳麓书社1989年版，第30册，第7245页。

劫后余存中可以看出，他的诗作的主体风格远承汉魏，近继以黄庭坚为代表的“江西诗派”。[①] 诗风沉郁苍古，简质遒劲，一派大家气象，几首重要作品置之晚清诗坛最顶尖的诗作中也毫不逊色，为陈三立排奡、奥衍、内敛诗风面貌做了铺垫，反映出义宁陈氏在诗歌创作上的薪火相传。

同治九年(1870)，陈宝箴以候补知府就官湖南，遂挈眷定居长沙。陈氏家族最优秀的一支从此走出山外，奔向更广阔的天地。在晚清政要谱系中，陈宝箴虽然不是最上层的核心人物，但他出自“棚民”农家，崛起于阡陌之中，一步一个脚印，由作幕入官，从候补知县、候补知府、候补道员到实职道台、按察使、布政使、巡抚，成为封疆大吏，领导了湖南新政，在晚清政治舞台上扮演了重要角色。陈宝箴、陈三立父子凭借家族数代积累的英锐之气，际会时代风云，广交天下英才，盱衡时局国是，吏能廉洁及气节文章颇负重名于当世，政声人品得到朝野名流的高度评价。陈氏家族遂从耕读人家一跃而成为中国近世几个著名的世家显第之一，迎来了义宁陈氏发展史的又一个新阶段。

二　陈三立的诗坛盟主地位，加快了义宁陈氏上升为文化世家的进程

陈三立是中国近代诗歌史上一位举足轻重的人物，他是“同光体”的主要代表。“同光体”是盛行于清末民初的一个诗歌流派，以学宋诗为主，提倡学人之诗与诗人之诗合一。

“同光体”兴起的年代，正是内忧外患，社会矛盾日益尖锐，晚清时局急转直下的时期。“同光体”诗人在时代精神感召下，早年大都投入了维新变法运动。政治上要求改良与艺术上学宋诗，在“同光体”诗人身上得到了统一。

陈三立具有强烈的改革思想和民族气节。他一生政治上最辉煌、最值得称颂的一件事，便是在湖南辅助父亲推行新政。梁启超曾说：“陈伯严吏部，义宁抚军之公子也。与谭浏阳(嗣同)齐名，有两公子之目。义宁(指陈宝箴)湘中治绩多其所赞画。”[②]

光绪二十三年(1897)德国侵占我国胶州湾后，列强分割之论大起，亡国亡种的危机四伏。陈氏父子在湖南总结历史，效行西法，营一隅而为天下倡。内河小轮船、矿务、铁路、时务学堂、武备学堂、保卫局、南学会，皆次第举办，使湖南成为全国推行新政最有实绩和最有朝气的省份。光绪二十四年(1898)“戊戌政变”后，顽固派得势，诛杀维新党人。陈宝箴因应光绪帝诏保举“戊戌六君子”中的刘光弟、杨锐，以招引奸邪罪名，父子均被革职，放归故里，永不叙用。光绪二十六年(1900)旧历 6 月 26 日，陈宝箴在南昌西山崝庐郁郁以终。

戊戌维新运动的失败和父亲的猝逝，使陈三立的心灵受到极大创伤。他从此“凭栏一片风云气，来作神州袖手人”，一心肆力于诗，并自号“散原”。虽然他此前已写了不少诗且

---

① 闵定庆《试论陈宝箴诗歌创作的宗宋倾向》，载 2012 年 6 月《新国学》第 9 辑。

② 梁启超《饮冰室诗话》，中华书局 1998 年版，第 10 页。

早有诗名，但“义宁公子”的声名比他的诗名更有世俗的魅力，只有当他“吟坛闲却功名手”时，他才真正由“义宁公子”向“散原老人”的人生境界过渡。光绪三十年（1904）五月，清廷赦免戊戌党人，革职者开复原官，陈三立未予理会。他没有继续入仕，以延续家族的高贵地位，而秉持文化遗民身份，以诗文寓世道，显气节。20世纪二十年代，陈三立已确立了“同光体”领袖的地位。1926年，汪辟疆教授撰《光宣诗坛点将录》，在章士钊主办的《甲寅》周刊上连续刊出，陈三立被尊为“都头领及时雨宋江”，享有“吏部诗名满海内”之誉。

20世纪八九十年代，随着陈学研究的纵横开掘，人们对散原老人的崇敬与日俱增。人们惊异地发现，比起今日文化界无人不晓的陈寅恪来，七八十年前其父散原老人享有更高的知名度。他的一生经历了咸丰、同治、光绪、宣统、民国等时期，几乎与中国近代史相始终。一生出处进退，可圈可点，其中三件事影响最大：一是“清末公子”的得名；二是近现代诗坛的盟主地位；三是晚年的爱国情操。这是他一生行述的核心。

几十年来，我国的学者文人发表了众多的“陈三立传略”性质的文章，从不同角度为我们提供了了解、认识散原老人生平性格的视角。其中最耐人寻味的是今人钱文忠《神州袖手人甲子祭》、佛学大师欧阳竟无的《散原居士事略》。

《神州袖手人甲子祭》是钱文忠为新出的标点本《散原精舍文集》所作的序言。文章以散原老人在义宁陈氏家族中所处的承先启后的位置立论，认为近代以还，“名父之子”已经不多见，“名子之父”则更寥寥，更不用说二者兼于一身了。这需要有数代清华的家世条件，而且每代都必须至少在立功、立德、立言的一个方面有足以彪炳千秋的成就。这个前提条件难度极大，但散原老人足以当之。他不仅是名父之子，也是名子之父。而且由于他本人享有大名，比“名父之子”和“名子之父”更进一境，是“名父之名子”、“名子之名父”。此论尖新独特，慧眼独具。钱文忠仅用了一个支点，就托起了一个三代承风的百年家族。这是世人继“清末公子”之后，奉献给散原老人的又一个具有特定涵义的专有名词。

《散原居士事略》虽只有八百余字，却留下了一段被后世学人击节的人物月旦评。文章发端起兴，开篇不凡：“改革发源于湘，散原实主之。散原发愤不食死，倭奴实致之。得志则改革致太平，不得志则忧郁发愤而一寄于诗，乃至于丧命。彻终彻始，纯洁之质，古之性情肝胆中人。发于政不得以政治称，寓于诗而亦不可以诗人概也。”①这段话确实是知音之言，它甩开了散原老人生平事略的许多细节，直接揭示人物性格命运的最本质之处。

1909年，陈三立的诗弟子胡朝梁写诗赞扬“陈家兄弟文章伯，佳句流传江海间”。自1906年散原老人陈三立开始在报刊上发表诗作后，首先跟进的是长子衡恪，接着是四子方恪，接着是次子隆恪（三子寅恪与五子登恪时在国外留学）。陈氏父子的名字频频在报刊上出现，有时父子诗文刊载在同一天报纸的副刊或同一期杂志上。十余年间，陈氏父子的名声大噪。世传散原诸子均能诗在这里得到了印证。近三十年来，随着学界“陈研”的

① 《欧阳竟无集》，社会科学出版社1995年版，第202页。

深入和《陈寅恪诗集》、陈三立《散原精舍诗文集》、《陈宝箴集》、陈隆恪《同照阁诗钞》、《陈衡恪诗文集》、《陈方恪诗词集》的出版传播，人们对义宁陈氏这个书香之家的认识不断加深。

三 大都市里的耕读遗风——陈家在南京的家塾教育

中国历史上世家大族所办的家塾、书院不胜枚举。绵延至清末民初，这种“大夫无恙时，刻意教子弟”的传统，仍然是家族教育的主流，这从义宁陈氏依靠家塾培养子弟聘请名师言传身教的举措中，可以感受到洙泗弦歌、风乎舞雩的书香气息。

戊戌变法失败后，陈三立携家定居南京，为子弟感受新学风气、汇入东南青年纷纷留学的时代潮流创造了条件。他先自己创办新旧结合的家塾，三年后再将家塾并入南京近代第一所新式小学“思益学堂”，并让出自己的屋宇作为校舍。

从仙塬书屋到四觉草堂到竹墩义学再到南京家塾，陈氏家族自办教育已有一百二十余年历史。与陈家以往的家塾相比，思益小学既继承了“欲兴人才，必自学始”（陈伟琳语）的家族遗风，又开近世家塾中西合璧新式教育风气。其时中国正面临着巨变，科举制度即将解体，中西体用已成为社会思潮的主流，以声光电化为标志的新学已涌入国门。当此中西文化碰撞消长时刻，陈三立以预流的胸襟识见，开放的视野心态，先在家塾中开设新学课程，继又鼓励子弟出洋，为子弟知识转型迈出了重要的一步。据陈封怀回忆，陈氏家塾和思益学堂的课程以传统的经史为主，又设历史、舆地、算学、格致、体操、音乐、图画，并开了女童入校的先例。学生有陈家子弟，亲戚俞家、喻家子弟，还有茅以升、茅以南兄弟，宗白华、周叔弢等。此时陈三立的八个子女除长子陈衡恪已成家未入家塾读书外，次子陈隆恪、三子陈寅恪、四子陈方恪、五子陈登恪、长女陈康晦、次女陈新午、三女陈安醴都曾在家塾和思益学堂读经诵史，习书学画，打下了深厚的文史根基。教师则有柳诒征、陶逊、王伯沆、周印昆、萧稚泉等，都是学问一流的名师。由陈鲲池奠基的耕读传家、作育人才的门风祖德，中经陈宝箴、陈三立的弘扬光大，到第六代恪字辈达到了高峰。

四 第六代得风气之先，纷纷放洋留学

清末民初，读书人不仅要承继旧学，还要研习西来的新学，学贯中西、华洋兼采，一时蔚为风尚。层次较高的士大夫家庭得风气之先，送子弟放洋留学成为潮流。陈宝箴、陈三立父子领导湖南新政时，即决定子弟不从事科举，不习时文，转向西学。光绪二十一年，谭嗣同《上欧阳中鹄书》：“近颇令弟侄辈从事洋务。昨晤陈伯严，亦云已令子弟改业西学。”[1]在清末民初新旧相容的教育背景下，陈氏子弟挟家学渊源，在家塾中初步领略了新学后，进一步留洋深造。陈氏家族有八个子弟先后留学，即陈衡恪、陈隆恪、陈寅恪、陈荣

---

① 《谭嗣同全集》，中华书局 1981 年版，第 168 页。

恪、陈伊恪、陈登恪、陈衡恪长子陈封可、次子陈封怀。

陈衡恪(1876—1923)，字师曾，雅号槐堂。陈三立长子。1901年入上海一家名为“圣塞威学堂”的法国教会学校读书(“圣塞威”即St.Xavier之音译，一般称为圣芳济学堂，在上海虹口区南浔路，上海法国天主教耶稣会于1874年创办)。1902年2月，衡恪兄弟的舅父俞明震受两江总督刘坤一委派，到日本视察学务，兼送22名陆师学堂毕业生和6名陆师学堂附设矿务铁路学堂学生到日本留学。陈衡恪以“文案”身份随团赴日，八个月后，获得江宁官费留学生名额，《北洋政府教育部档案·陈衡恪登记表》：“……前清光绪二十八年十一月，前南洋大臣魏派遣日本留学……”先在东京弘文学院补习日语，1906年毕业，再入东京高等师范学校习博物科，1909年夏归国。

陈覃恪(1881—1956)，字陟夫。陈三立弟陈三畏之子。曾赴日本早稻田学校留学，时间不长即辍学回国。

陈隆恪(1888—1956)，字彦和。陈三立次子。1904年夏，考取官费留日，入东京庆应义塾大学学习。1908年8月，升入东京庆应义塾大学理财科。1911年，入东京帝国大学学习。1912年夏，学成归国。1924年冬，任职江西财政厅；1927年，任南浔铁路局局长；1928年，任汉口电讯局主任；1931年，任九江税局主任；继又任江西财政厅科长、秘书；1936年，任粤、闽、桂、黔四省统税局顾问。抗战期间，任江西省政府财政厅专员。抗战胜利后，任南昌邮政储蓄汇业局副理。1948年秋，调南京总局任秘书。1951年，隆恪由知交李一平转圜，经齐燕铭介绍，任上海文管会顾问，与沪上名流徐森玉、夏敬观、汪旭初、江翊云、陈病树等诗酒文会，唱和往还。综观隆恪的一生，虽然未从事文化、教育事业，但精神气质仍然未脱书香子弟、传统读书人的藩篱。

陈寅恪(1890—1969)，字彦恭。陈三立三子。1902年2月，时年13岁的陈寅恪，即随长兄陈衡恪赴日读书，就读“东京巢鸭弘中学”，次年回国。1904年考取官费，就读东京巢鸭弘文学院高中部，在日本两年半。1909年秋到1911年秋，在德国柏林大学学习语言文学，在德国两年。1911年秋留学瑞士苏黎世大学，学习语言文学，在瑞士半年。1913年秋到1914年秋，留学法国巴黎高等政治学校，学习社会经济部课程，在巴黎一年。1918年11月到1921年8月，在美国哈佛大学，学习梵文、巴利文、西腊文等，在美国将近三年。1921年9月到1925年5月，再到柏林大学，在研究院学习梵文及其它东方语文，在德国三年半。1925年春，受聘为清华学校国学研究院导师，从德国归国。

这样，陈寅恪从13岁到36岁，其中除去在国内的读书、任职、筹措留学经费、养病的时间，负笈海外的时间为十八个年份，实足十三年，在留学生中可谓经验丰富。他是不是中国近代放洋留学年头最多者尚难确定，但绝对是时间最长者之一。二十四年中，从留学到回国工作准备经费到再留学，同辈人都娶妻生子，陈寅恪不理会这些，三十九岁才结婚成家。他追求学问、献身学术的精神确为常人所不及。

在陈氏子弟中，陈寅恪尤为优秀独特。其留洋时间之长，所居学府之多，所学语种之广，师友评价之高，同辈中很少有人能出其右。吴宓教授曾认为陈寅恪是全中国最博学之人。程千帆先生对陈寅恪先生的博学深有体会，说“陈寅恪那一辈传统学术基础厚实，像冰山一样，基础在水底下，浮出水面的才一点点。自己这一辈不能同寅恪先生比。寅老是特定环境下成长起来的。他读过很多大学，跟过很多大师，学了许多种语言，但始终不要学位，这是我们今天做不到的。还有家学渊源，散原老人的学问文章不用说了，后来中央大学中文系最受人尊敬的老教授王伯沆就是陈家的塾师。这么好的启蒙老师上哪找去”。① 这段话中“寅老是特定环境下成长起来的”一句值得注意。正是这种在清末民初还不是太难得到的“特定环境”，成就了一位学贯中西的学术大师。

陈方恪(1891—1966)，字彦通。陈三立四子。陈三立五个儿子中，唯方恪未放洋留学，但他也进过新学堂。幼年与兄长一起在长沙家塾和南京思益小学读书，1907 年入上海教会学校震旦学院就读，并随着名教育家、复旦公学创办者马相伯(1840—1939)学习法文和拉丁文，1910 年毕业。1914 年经梁启超介绍，入中华书局任杂志部主任；1916 年春，又经梁启超介绍，到北京任财政部秘书。1930 年秋，无锡国学专修馆分校聘请他讲授诗词，1931 年秋，任上海正风文学院教授、教务长。1950 年，在国立南京图书馆工作。

陈登恪(1897—1974)，字彦上。陈三立五子。幼年在南京家塾和思益小学堂读书，1913 年入上海震旦学院，后转入北京大学文学院学习。1919 年毕业，赴法国巴黎留学。1925 年回国，在南京东南大学任法语教授、中文系教授。1928 年，闻一多任武汉大学文学院院长，聘登恪到武大外文系、中文系任教，解放后曾代理武大文学院院长。

陈荣恪(1881—1922)，字新成(莘成)。陈三垣之子。生于修水故里。至今尚不清楚他是如何走出山外的，其父陈三垣在陈宝箴任湖北任按察使、湖南巡抚时做亲随，或与此有关。

荣恪于光绪二十九年癸卯(1903)赴日留学。他在留日期间，曾参加过军国民教育会的活动，并加入同盟会，是同盟会创会时最早的四名江西籍会员之一。1907 年参与促请黄兴归国创立同盟分会活动。1909 年江西共进会成立时，荣恪是首批申请加入者，并任文牍之职。1915 年底到 1916 年初，荣恪曾在《中华学生界》第一卷第十一期和第二卷第二期上连载《修学指南——节译日本优等学生用功法》，可见他的日文水平不低。② 荣恪在日本留学八年，1911 年回国。历任江西全省禁烟公所所长，二道口厘金局长，北京烟酒银行文书主任，北京商业银行文书主任。夫人是辛亥志士刘道一之姊。

陈伊恪(1881—1929)，字莘夫。陈三略之子。生于长沙。1900 年考入湖北自强学堂，1902 年转南洋陆师学堂，1905 年考入南京三江师范学堂。1907 年由江西巡抚部院咨

① 《程千帆沈祖棻学记》，贵州人民出版社 1997 年版，第 99 页。

② 海默、肖澜《略说陈荣誉事迹》，载《宁德师专学报》2009 年第 2 期。

调送日本留学。先入大阪高等预备学校，复入东京中央大学法律专科修业。1911 年回国。回国后历任江西公立法政学校任教师并日文翻译、莲花县知事、外交部江西交涉署外政科科长、省立第五中学监学、沪海道尹公署庶务长。

陈封可(1896—1971)，字夷简。陈衡恪长子。1917 年留学日本，后又留学德国。回国后曾任北洋政府国务院外交部秘书。1924 年后，任中国驻德国汉堡领事，教育总署编审会编辑。解放后任对外贸易学院(即"对外经济贸易大学"前身)德语副教授，国家建委德语翻译。

由于家庭艺术氛围的熏陶，陈封可对于书法和绘画，很早就"小荷初露尖尖角"，受到长辈的嘉许，尤其擅长山水。弘一大师李叔同 1920 年在介绍陈师曾的小传中曾说："子封可，亦善画，能篆刻。"《郑孝胥日记》1929 年 8 月 26 日记："陈封可来。伯严之孙，师曾之子。亦能画，在京画会。"他与当时的艺坛名家交往很深，如齐白石、黄宾虹、徐悲鸿等，收藏了不少名人字画，可惜"文革"中被抄没。

陈封怀(1900—1993)，字时雅。陈衡恪次子。1922 年至 1924 年在金陵大学农学系读书，1925 年至 1926 年转入东南大学农学院农科读书。1927 年至 1929 年，先后在上海吴淞中国公学、沈阳文华中学任教。1929 年至 1930 年在清华大学任助教。1930 年至 1934 年，在北平静生生物调查所任研究员。1934 年，以优异成绩考取公费留学，赴英国爱丁堡皇家植物园学习。1936 年归国后，即赴庐山森林植物园任副主任兼技师。

清末民初，传统的文史家学随着科举制度的消亡而逐渐转向新学。只是封怀这一辈的科技人才比后来新教育体制下培养出来的科技人才仍然承继了较多的文史知识。封怀的文史学养虽然比不上几位叔叔，那是"术业有专功"的缘故，但在同辈的科学家中，陈封怀亦不落人后，业余颇喜作诗绘画。在他身上，仍然附着家族文化传统还没有完全断裂的文化机制。

五　三代承风铸精魂，文化托命生死以

20 世纪二三十年代，散原老人陈三立已然确立了文坛泰斗的地位。陈衡恪诗书画印已卓然名世；陈寅恪、陈登恪执教上庠；陈隆恪、陈方恪赋诗填词，崭露头角。而陈寅恪凭借广博的域外语文知识，新颖的西方学术理念，深厚的国学基础，继王国维、陈垣之后脱颖而出，显露出引领潮流的史学大师气象。可谓名父名子，先后辉映，不仅在书香学问上一脉相承，而且在思想性格上也积淀形成了"独立特行"的性格特征和以中国文化为寄托的精神血脉。

1943 年，吴宗慈起草《陈三立传略》，述及陈三立诸子。胡先骕与吴宗慈讨论《传略》的写法，认为衡恪、方恪、登恪皆能文，而寅恪尤淹贯古今学问，号称大儒，宜特为标出。同年，吴宓撰《读〈散原精舍诗〉笔记》，赞扬陈氏"一家三世，为中国近世模范人家……父子秉清纯之门风，学问识解，惟取其上，所谓文化贵族。降及衡恪、寅恪一辈，犹然如此，诚所谓

君子之泽也……故义宁陈氏一门，实握世运之机轴，含时代之消息，而为中国文化与学术德教所托命者也”。[①] 评价之高，解识之深，至今难出其右。

陈宝箴生当华夏文明危机空前深重的时代，“内感民族文化之衰颓，外受世界思潮之激荡”，投身于晚清变法维新的时代潮流，领导了湖南新政改革，为湖南近代化的全方位开启甚至对整个中国近代化进程的推进作出了重要贡献。他对中国文化、政治制度的走向有着深切的体认思考，多次表示过“中学为体”的观点。光绪二十三年闰三月，湖南绅士吴熙上书宝箴，信中说“儒者立言要自有体”，宝箴批点“甚是、甚是”。七月间在《时务学堂招考示》中论说：“查泰西各学，均有精微，而取彼之长，辅我之短，必以中学为根本。惟所贵者不在务博贪多，而在修身致用。”这是中学为体、西学为用的简练表述。既认定中学的根本性价值，又承认“西学有精微”，应“取彼之长”补“我之短”。这种对中西文化的态度，与曾国藩、郭嵩焘、张之洞等所倡导的“中学为体、西学为用”思潮是相感相通的。

陈三立的中体西用思想，与陈宝箴完全一致。他在戊戌变法后无意于政治学术，一心肆力于诗，徘徊于新旧之间。他悲怀传统文化已是“劫灰”之余，道统德教已经“王泽竭，教化衰，俗流失”，在诗文中对新学质疑批评不辍，对当时全盘西化、毁灭中国文化的主流舆论至为痛愤，严词痛斥。

1904 年，陈三立《感春五首》第二首：“巍巍孔尼圣，人类信弗叛。劫为万世师，名实反乖谩。起孔在今兹，旧说且点窜。摭彼体合论，差协时中赞。吾欲衷百家，一以公例贯。与之无町畦，万派益输灌。”这段话语明确表示，孔子学说代表人类基本价值；在当前，中国应当以孔子学说为本位，折衷吸收百家万派之学说，而不分中西，不分新旧。

1911 年，与陈三立遗民心态、价值取向相同的缪荃孙撰《丁修甫中丞传》，表彰丁修甫志节操守，结尾引陈三立言论：“吾友陈伯严吏部曾言曰：举世欲破三纲，吾欲加兄弟纲益之，以为治家之法。”

1920 年，陈三立撰《南昌东湖六忠祠记》，申说“吾国新进学子，驰观域外，不深察其终始，猥猎一二不根肤说，盛倡于纲纪陵夷、士气萎靡之后，以忠为戒，以死其君为妄，溃名教之大防，绝彝常之系统，势不至人心尽死，导而成蜉游之群，奴虏之国不止。为祸之烈，尚忍言哉”。同年，他为老家新修宗谱撰序，从“一姓一族亦可推知保种保国”生发开去，疾呼“不变其所当变，与变其所不当变，其害皆不可胜言”。其中学、西学及中西会通的思想见识，标志着近代中国中体西用思想的思想深度。其托命中国文化的人文关怀，自然会对其子女产生不可磨灭的影响。[②]

陈衡恪比二十世纪初叶的“洋化”文人更有国学根柢，后又留学东洋八年，相较于保守的“国粹”派文人，他又是开明的现代文化人。这种身世阅历，决定了他的文化思想与艺术

① 《国学研究》第 1 卷，北京大学出版社 1993 年版。
② 邓小军《陈三立的政治思想》，载《原道》第 5 辑，贵州人民出版社 1998 年版。

观念的兼容并蓄与立足民族本位的特殊性质。所以他在"五四"新文化运动强大的"西化"思潮中，能够独抒己见，撰写《文人画之价值》《中国画是进步的》论文，反驳否定传统文人画的观点，抵制民族虚无主义的论调，捍卫民族艺术的尊严和传统文人画的价值。针对当时文化界领军人物蔑视中国画，崇拜西洋画，主张全盘西化的思潮，他力排众议，强调中国画是进步的，驳斥全盘西化的极端主张。

陈寅恪在祖、父、兄的基础上，以史学家的眼光识见，对中西文化碰撞融合的思考达到了更高的层面，提出了"中国文化本位论"的重要命题。1931 年，他在《冯友兰中国哲学史下册审查报告》中立论："窃疑中国自今日以后，即使能忠实输入北美或东欧之思想，其结局当亦等于玄奘唯识之学，在吾国思想史上，既不能居最高之地位，且亦终归于歇绝者。其真能于思想上自成体系，有所创获者，必须一方面吸收输入外来之学说，一方面不忘本来民族之地位。此二种相反而适相成之态度，乃道教之真精神，新儒家之旧途径，而二千年来吾民族与他民族思想接触史之所昭示者也。"①论者谓寅恪这段话是中国近现代学者对待外来文化态度最精彩的论述。其中心意思是传统儒家文化不能一成不变，但也不能极快地大面积地加以破坏和抛弃。中国本位文化可以也应该接受外来文化，但外来文化不能取代中国本位文化，必须"一方面吸收外来之学说，一方面不忘本来民族之地位"，从而创造出适应时代的本民族新文化。

"中国文化本位论"是陈寅恪文化观的基石和出发点。近代以来，在西方文化的冲击下，中国传统文化确实面临着总体危机，在器物、制度、观念、价值等多个层面，均受到世界上占主导地位的西方文化体系的影响。当此中西方文化大碰撞之际，一部分深受中国传统文化浸润又喝过洋墨水的知识分子陷入了两难困境：一方面，出于对自己民族文化的挚爱，不愿看到它式微和消亡，不愿让西方文化取代之；另一方面，作为时代的清醒者，他们也发现中国传统文化确实存在弱点。换句话说，他们既不愿做全面继承传统文化的"国粹派"，也不愿做全面抛弃传统文化的"全盘西化派"。于是，他们便选择了第三条道路：既要维护中国传统文化的内核和民族性，又能实现其蜕变与飞跃，以适应现代社会需要的文化重建。为此，第三条道路的代表学衡派提出"昌明国粹，融化新知"的口号。这种文化视角与那些"要彻底摧毁、清算旧世界"者或"抱残守缺"者，都有着本质的区别。比起"要彻底摧毁、清算旧世界"者，它多了一种文化意义上的宽容；比起"抱残守缺"者，又多了一种放眼看世界的视野。

"五四"运动以后，关于中国新文化的建设问题，基本上是全盘西化论和激进主义观点占主导地位，突出中西文化之"异"，抑中扬西，以激烈的变革来实现以"西"为主的文化体系。对于外来文化基本上不加识别地全盘接受，几乎所有外来文化的拥护者都是以外来文化的价值设定来重新审视评估中国传统文化和社会问题的。知识界的主流人物纷纷将

① 陈寅恪《金明馆丛稿二编》，三联书店 2001 年版，第 282 页。

中国传统文化视为万恶之源，齐声呼唤万众一心，以摧枯拉朽之势彻底毁灭传统文化。陈寅恪却与“新潮流”保持着距离，在他看来，各民族文化个性不同，可以互相吸收改造，但决不能简单地彼此互换。中国传统文化固然有缺陷，但西方文化也不是十全十美，在输入时不可不慎重。中国文化历经几千年的发展，自有其独立的价值，早已和无数代中国人的生活融为一体，不能为了吸收外来文化的优点而抛弃本民族文化的主体。一个真正具有中国色彩的人，与中国的传统文化是分不开的。另一方面，外来文化以强力入侵之后，中国传统文化早已发生重大变化，今后也不得不继续在变中求生存、求发展，但无论怎样变，中国文化的主体终究不能抛弃。否则，民族与国家都将失去独立与尊严，而“变”也就显得毫无意义。①

中国文化能够绵延不绝靠的是一脉相承，在紧要关头，承传中国文化精髓的大儒也就那么一两个。如果我们承认中国几千年文化确实存在着这么一个奇特现象的话，那么在当代的大学者中，自觉承传中国文化命脉的，只有陈寅恪可以作为代表。“纵览陈寅恪的一生，充溢着一种博大的中国传统文化的情怀。它不仅使陈寅恪的生命过程从始至终弥漫着一种文化意绪，还因为陈寅恪文化生命的巨大魅力，使经受了二十世纪数次社会重大变革的当世中国知识分子在以理性回首这一段文化历史进程时，不得不重新审视中国学人之‘根’原有的位置。中国传统文化在二十世纪因了陈寅恪的存在，增添了一段十分感人的传奇”。② 他不遗余力地阐述弘扬民族精神，呼唤大师巨匠勇于担当师道尊严、学统兴废。他对中华文化的忠贞不二，可与世上最虔诚的宗教徒相媲美。1927 年王国维自沉昆明湖后，陈寅恪撰写挽诗，在诗前小序申论：“凡一种文化值衰落之时，为此文化所化之人，必感苦痛。其表现此文化程度愈宏，则其所受之苦痛亦愈甚。”此成为陈寅恪的名言之一，可作为陈寅恪一生心魂所系、文化托命的人格写照。③

结　　语

文化世家在中国的大量涌现，始于南朝，当时自上而下重视文学的社会风气盛行，使得文学才能的高低成为衡量士人才学的标准。而各家族内部世代相传的文化积累和视文学为家学的自我意识，又为文化家族获得了形成、发展、延续的可能与动机。南朝的家族是一个个由血缘关系联结而成的特殊共同体，每个家族形成的时代、地域、过程不同，决定了各自不同的家风、家学的内涵。但却有共同的追求与目标，钱穆归纳为“当时门第传统共同理想所希望于门第中人，上自贤父兄，下至佳子弟，不外两大要目：一则希望其能具孝友之内行，一则希望其能有经籍文史学业之修养。此两种希望，并合成为当时共同之家

---

① 张求会《义宁陈氏的文化保守主义情结》，载《寻根》2001 年第 5 期。

② 陆键东《陈寅恪的最后二十年》增订本，三联书店 2013 年版，第 491 页。

③ 参阅刘梦溪《陈寅恪论稿·陈寅恪学术思想的精神义谛》，生活书店 2018 年版，第 109—147 页。

教。其前一项之表现则成为家风,后一项之表现,则成为家学”。①

近百年来,在文史研究中采用家族视角并取得丰硕成果的近现代学者,当以陈寅恪最有创见。论者谓陈寅恪治史,非常看重历史人物的家世、地域、人际关系、婚姻关系,他之所以关注名门望族在历史变迁之际所特有的保存、传承文化的作用和家世背景、家学渊源对一个人的影响,是出于自身之体验。对此陈寅恪有很深刻的论述:“治魏晋南北朝思想史,而不究其家世信仰问题,则其所立恐不免皮相……盖研究当时士大夫之言行出处者,必须以详知其家世之亲族联系及其宗教信仰为先决条件。”②“夫士族之特点既在其门风之优美,不同于凡庶,而优美之门风实基于学业之因袭。故士族家世相传之学业乃与当时之政治社会有极重要之影响。”③“东汉以后学术文化,其重心不在政治中心之首都,而分散于各地之名都大邑。是以地方之大族盛门乃为学术文化之所寄托。中原经五胡之乱,而学术文化尚能保持不坠者,固由地方大族之力,而汉族之学术文化变为地方化及家门化矣。故论学术,衹有家学之可言,而学术文化与大族盛门常不可分离也。”④陈寅恪对世家巨族情有独钟,不是文化上的停滞和保守,而是出于对中国传统文化的深刻理解以及对中西文化的平行研究,是一种被各种激进言论所淹没和遮蔽了的文化洞见。

家族是一个不可忽视的文化传承链条,也是一种基因,是文化的生命与活力所在。在传统社会,家族是文化传承的重要载体,也是学术建构的一个重要单元。历史学家何炳棣在《读史阅世六十年》一书第一章就写“家世与父教”。其中提到家族在培育人才上的“良性循环”:越是自己本房或本支经济或文化条件较好,读书上进的子弟越容易受到族内重视与资助。“族的主要目的在制造成功者”。

按照古人“三代承风,方为世家”的说法,一个家族必须三代薪火相传、每代都崛起了有影响的人物,文化底蕴悠久深厚,才称得上“世家”。“义宁陈氏”从陈宝箴、陈三立到陈衡恪、陈寅恪,恰好符合这个条件,可谓一门儒素,绵延不绝。值得我们下力气研究分析其崛起、兴衰的内部外部原因,开掘其家族史蕴含的价值意义,以区域社会史的视角来观照这个家族的生成发展史,通过具体的研究来表达对耕读门风、书香传家的深刻理解。

二百多年来,陈氏家族从客家棚民上升到耕读之家再上升到文化世家,这三个阶段既互相联系不可分割又各有独立的内涵特征。如果把陈氏家族史比作一条河流的话,那么江西故里是上游,湖南是中游,南京是下游,现在上游这一段的研究已略有成果,中、下游两段的研究必将跟进。其难点在于陈宝箴、陈三立父子经历复杂,关涉近代史上许多重大政治事件和人物,有待发覆之处甚多。相信随着相关历史文献材料的挖掘,更重要的是学

---

① 钱穆《中国学术思想史论丛》,台湾东大图书公司 1977 年版,第 171 页。

② 陈寅恪《陶渊明之思想与清谈之关系》,载《金明馆丛稿初编》,三联书店 2001 年版,第 224、227 页。

③ 陈寅恪《唐代政治史述论稿》,三联书店 2001 年版,第 260 页。

④ 陈寅恪《崔浩与寇谦之》,载《金明馆丛稿初编》,第 147 页。

术思潮的转型，陈氏家族的后期家史研究将会取得进展突破。对于与湖南新政、戊戌变法命运息息相关的陈家来说，晚清数十年间的往事既是国史也是家史。当一切妨碍对这个家族作出客观公允评价的时代因素都已不复存在时，这个文化世家就可以作为基层的政治细胞去见证整个国家和民族在特定历史时期的变动形态。它的荣辱升沉，文运兴衰，就可以放在一个比较明朗的大背景下，为家族制度的研究提供参照。①

2018 年 7、8 月酷热时撰于南昌大学廉租房寓舍

① 详见拙文《从陈寅恪研究到义宁陈氏文化世家研究——二十五年来陈学的回顾与思考》，载《南昌大学学报》2007 年第 3 期。

义宁州怀远陈姓拟制宗族的个案分析

——以陈姓宗谱为基本史料

刘经富

明末清初，连年战乱，地处赣西北的义宁州（1912 年分为修水、铜鼓二县）生产凋敝，人口锐减，田土荒芜。清康熙十七年（1678），政局稍稳，知州奉旨向闽、广、赣（南）发出招帖，于是闽、广、赣（南）四十多个州县的客家人扶老携幼，负耒而至，开山垦荒，搭棚栖止，史称“棚民”。以后亲朋好友辗转相邀，雍正、乾隆年间又迁来不少。

康熙末年，迁入义宁州的棚民人口已逾万，但一直入不了籍。雍正三年（1725），官府为解决激烈的土客矛盾，正式设立“怀远都”，作为“附籍”。义宁州的客家移民，从此被称为“怀远人”。

嘉庆年间，“怀远人”迁入义宁州已一百余年，各姓人口大量增加，并且崛起了具有科举功名（庠生、廪生、贡生、举人）的乡绅，联宗建祠修谱、重建宗族一时蔚成风气。到道光年间，各姓建祠修谱已经普及，即使是人数很少的古、冯、连、卓、缪等姓，也都纂修了宗谱。从此，义宁州的同姓宗族，就有了本地、怀远之分。

宗族形成的最初原点是“血缘关系”，比照“血缘关系”的结构原则，将没有“血缘关系”的同姓组合成一个同姓组织，社会学、人类学称之为“拟制宗族”。据统计，义宁州的怀远人有 102 个姓氏、近千个开基祖。他们同姓却不同宗，但他们互认本家，联宗合流，建立起区别于本地同姓的宗族组织。

“怀远人”宗族的拟制重建有一个较长的磨合时期。他们来自不同地区，族源复杂，如黄姓最早形成的 28 户家庭，18 户来自广东七县，6 户来自福建三县，4 户来自赣南四县，且迁入义宁州后居住地极为分散。要把这些来源不一、距离遥远、互不相识的各家各户串联起来，建立一个新的宗族联合体，其难度可以想见。但一旦构建成功，便有很强的稳定性、凝固性，祠堂、宗谱自成体系，与本地同姓绝不相混。

通过查阅、研究“怀远人”百姓宗谱和实地考察几十栋祠堂，可以归纳出拟制重建一个宗族的主要程序和要素是：在硬件方面，必须拥有几个有经济实力、有文化话语权力的家族；修建宗祠，作为族众归属的标志性建筑与宗族活动中心；编修宗谱，作为宗族内身份认同、人口统计的依据。在软件即文化建设方面，必须理清纷繁复杂的分支脉络关系，统一在一个共同的祖先名下；构思、颁布新的行辈用字（修水民间称“派号”），以确定尊卑秩序，问名知辈。这个文化建设在纂修宗谱的过程中会同步配套完成。

一 从小家户到“房”到“族”

客家人迁入义宁州，或是一小户或是几兄弟甚至单身一人，分散在深山老林耕作生息，所以初期没有形成像本地人那样绵延不绝的单姓或主姓血缘村落，也没有“房”的称谓。只有在三四代以后，才渐渐形成屋场村落。屋场是最底层社会的“棚民”跻身编户齐民的外在表现形态。正是这些具有“族”的外延与内涵的乡村屋场，成为整合、凝聚、构建移民圈子里同姓宗族的主要力量，在建祠修谱等构建宗族的活动中，起到了重要作用。

陈姓是闽、粤、台三省的大姓，在闽、台排名第一。① 唐文宗大和六年(832)，有南陈后裔陈伯宣之孙陈旺迁居江西江州德安县太平乡，成为历史上著名的义门陈氏开基祖。北宋仁宗嘉祐七年(1062)，义门陈氏奉旨分庄，有进士陈魁，挈眷徙福建汀州，成为客家陈姓的始祖。魁公生育五子：崑、崙、嵩、岳、峰，后人称“五山”。峰公传十二世有中兴公，生子十八，称十八郎。在康、雍、乾时期闽、广、赣(南)客家人向赣西北迁徙的移民潮中，十八郎后裔、嵩公后裔接踵而至，散布于义宁州和与义宁州接壤的万载、奉新、浏阳诸县山区。

义宁州怀远陈姓最早迁入的一批是康熙二十六年至四十四(1687—1705)年间，到嘉庆初年，已有一百余年四五代的历程。经过艰苦漫长的原始积累，陈姓已经产生了一些“阡陌交通，屋舍俨然”的屋场，拥有了最早的一批“家族”。按照过去建祠修谱的惯例，某个家族能够在文谱②上登录较多的人物传记和屋图、坟图以及在祠堂的神主牌位较多，一般都是较有实力的家族。现以陈氏宗谱、祠志材料和田野调查为依据，选择比较兴旺的屋场来做说明，并以居住地作为这个家族的称谓。这些屋场到现在还在居住使用，仍是十里八乡同姓宗亲的中心联络点。

双溪陈家：雍正四年(1726)，陈健岩随其叔从江西泰和县迁入义宁州安乡十四都双溪创业定居，属十郎公支裔。“公世居吉安泰和云廷乡……幼年时，其叔挈至义宁州。年十一，就外傅读。十九辍儒业医，经营略裕……晚年家益厚，置产业房屋，立祀田……岁戊寅，其长嗣君克轩游泮，戊戌复饩食。已亥其三嗣君丙垣又游泮焉。于是公乃畅然而喜曰‘此差可慰吾志矣’”。③ 陈健岩生子四：光祖、光庭、光缙、光弼(称“双溪四房”)；光字辈生裕字辈 15 人；裕字辈生惟字辈 23 人。乾隆三十五年(1770)，陈健岩长子陈光祖中秀才，乾隆四十三年补廪，嘉庆八年出贡。他是义宁州怀远陈姓第一个拥有科举功名的人。陈健岩次子陈光缙，乾隆四十三年(1778)秀才，后曾就学白鹿洞书院。两兄弟开馆授徒，在义宁州怀远人中一度颇有影响，是陈宝箴叔祖的启蒙老师。陈光祖发脉的书香传承了四代：次子裕璇习举业，因院试失利，遂不再应试，转为塾师。长孙惟汉，秀才。惟汉长子懋

---

① 陈支平《福建族谱》，福建人民出版社 1996 年版，第 130、325、239、121 页。

② 谱有“文谱”“丁谱”之分。“文谱”指卷首、卷尾，内容有序、跋、封赐、家规、人物传记、屋图、坟图、艺文等；“丁谱”即各支世系，成员的辈分世次、生庚名号、简历。

③ 吴凤鸣《健岩先生传》，载义宁怀远陈氏同治二年(1863)三修《陈氏合修宗谱》卷首。

栋，廪生；次子懋根，附贡生。[1]

竹塅陈家：约雍正十二年(1734)左右，陈鲲池(陈寅恪六世祖)从福建汀州府上杭县来苏中都迁入义宁州泰乡七都竹塅里创业定居，属十一郎公支裔。“公先世居闽省汀杭之来苏乡，尊甫斗垣公耽读，能文章，乡先辈咸器之，延为子弟师。公髫年随侍就读……斗垣公即世，境益穷，乃弃举子业，奉母客游豫章，至义宁，爰卜居焉，其时年方及冠……公年逾七十，循例入大学。家境益厚，督耕外，课读维勤，食指以百计。回忆自汀来义宁，无尺寸凭借，数十年间，遂能有此……”[2]陈鲲池生子四：克绳、克调、克藻、克修(称“竹塅四房”)；克字辈生规字辈 20 人；规字辈生观字辈 37 人；观字辈生三字辈 53 人。与先来义宁州的其他怀远家族相比，竹塅陈家的崛起相当迅速。第二代克字辈就完成了从棚民到耕读之家的转变，第三、四代子弟中已有多人习举业，人文蔚起，产生了五个秀才、一个举人，崛起了陈宝箴(陈寅恪祖父)这位杰出的人物。[3] 竹塅陈家在义宁州怀远陈姓建祠修谱活动中起到了核心作用。

令公洞陈家：约康熙四五十年间(1701—1711)，陈伯焕从广东兴宁县迁入义宁州崇乡二十一都令公洞(今属铜鼓县)创业定居，属十四郎公支裔。“公生兴宁石马，庭训最严……康熙时，度庾岭，下章贡，游义宁……披荆斩棘，以勤俭起家，创令公洞田庐，聚族于斯”。[4] 陈伯焕生子四：友义、友声、友德、友信(称“令公洞四房”)；友字辈生祚字辈 10 人；祚字辈生俊字辈 19 人；俊字辈生文字辈 34 人。陈伯焕早年做过塾师。其孙陈俊瑛习举业，两应童试未售，遂开馆授徒。到第四代，这一粒书香种子终于开花结果。陈俊瑛长子陈文凤于道光二十一年入州学，咸丰元年中举，与陈宝箴同为义宁州怀远陈姓两个最早的举人。[5] 在义宁州怀远陈姓中，令公洞陈家与竹塅陈家是全族的两大支柱，只是令公洞陈家崛起比竹塅陈家稍晚。

新庄里陈家：乾隆四十九年(1784)，陈运生兄弟三人奉母从广东平远县迁入义宁州安乡十三都新庄里创业定居，属十郎公支裔。“公生于粤……少失怙，幸母氏马冰霜矢志持家，于乾隆丁丑之春挈公兄弟自粤跋涉来义宁。力穑事，与二兄胼手胝足无暇时，遂小阜，创田舍……”[6]陈运生生子四：良虎、良凤、良豹、良缘(称“新庄里四房”)；良字辈生光字辈 19 人；光字辈生裕字辈 37 人；裕字辈生惟字辈 36 人。裕字辈陈裕镗为秀才。[7]

莺源陈家：康熙四十年(1701)，陈尚林从广东平远县迁入义宁州奉乡十五都莺源创业定居，属十郎公支裔。“公世居粤东平远，幼务耕稼，长营商贾。当国初时，粤多故，公为

---

① 义宁怀远陈氏民国三十二年(1943)六修《义门陈氏宗谱》卷十三。
② 黄文棨《大学生鲲池年伯墓志铭》，见本书第 60 页。
③ 义宁怀远陈氏民国六修《义门陈氏宗谱》卷十一。
④ 陈文凤《伯焕公墓志铭》，载义宁怀远陈氏同治三修《陈氏合修宗谱》卷首。
⑤ 义宁怀远陈氏光绪二十年(1894)四修《义门陈氏宗谱谱》卷二十。
⑥ 陈光祖《运生公传》，载义宁怀远陈氏同治三修《陈氏合修宗谱》卷首。
⑦ 义宁怀远陈氏民国六修《义门陈氏宗谱》卷十二。

子孙计，相厥攸居，胥宇义宁，于奉乡之莺源购田园，扩栋宇，是为迁义宁始祖……”①陈尚林生子二：南典、南金；南字辈生良字辈 9 人；良字辈生魁字辈 24 人；魁字辈生瑞字辈 58 人。②

杨坑陈家：雍正六年（1728），陈凤依携次弟从福建汀州府上杭县来苏里迁入义宁州武乡二十九都杨坑创业定居，属四郎公支裔。“缅吾祖凤依老大人时当壮年，不甘固守方隅，有怀迁移之念，于雍正戊申携次叔由闽而来义宁……艰苦备尝，兴家立业，迩来垂余祖荫。公之孙十八人，曾元百有余，亦可谓枝繁叶茂、瓜绵瓞庆者矣……”③陈凤依生子三：启元、启光、启霄（称“杨坑三房”）；启字辈生永字辈 18 人；永字辈生达字辈 81 人，达字辈生庆字辈 167 人。庆字辈陈庆华为秀才。④

从以上几个家族的简略介绍中，我们可以看出某个客家移民间关远道而来，备尝困苦之后，得以组建一个家庭，再扩大到一个家族的大致情况。当一个家庭的子孙繁衍到三四代后，“房”就产生了。如邱化飞于康熙三十五年（1696）从福建上杭县迁入，到第三代就扩展为邱佑明等七兄弟的“七房”；郭崇章于康熙四十七年（1708）从赣南安远县迁来，到第三代就扩展为郭家宗等八兄弟的“八房”。“房的形成是一个历史过程。由于房是相对于父亲而言的一个概念，所以房存在的首要条件就是祖先要有几个儿子，有几个儿子就分成几房，每代都是如此。所以，分房实则是分家。宗族的发展过程就是每一代不断分家析产的过程”。⑤“房”不仅是家族内部长幼亲疏的标志，也是经济利益、社会活动的基本管理单位。“房”实际是“族”的雏形，相对于原来的“族”它是“房”，相对于后来的“房”它又是“族”。作为外来移民，如果家庭内部房份发育成熟，上升为族，立祖堂、修家谱、办蒸尝就会提上议事日程，如杨坑陈家于嘉庆六年（1801）自编了一本家谱，新庄里陈家于嘉庆四年创办了蒸尝会。

二　在“族”的基础上联宗

从乾隆四十六年（1781）起，双溪陈家、竹塅陈家、新庄里陈家即开始牵头筹划在州城修建怀远陈姓祠堂。周折二十余载，至嘉庆八年（1803），终于经始落成，取名“光远堂”，与本地陈姓建于州城的三座祠堂后先辉映。嘉庆十三年（1808）修成第一届《光远堂祠志》。道光十八年（1838）扩建光远堂，续修第二届《光远堂祠志》。咸丰十一年，两次重修被太平军焚毁的祠堂。同治五年（1866），续修第三届《光远堂祠志》。光绪八年（1882），续修第四届《光远堂祠志》。嘉庆年间州城总祠的建成和祠堂活动的正常开展，为以后联宗修谱提

① 钟遇辰《陈尚林公传》，载义宁怀远陈氏同治三修《陈氏合修宗谱》卷首。
② 义宁怀远陈氏民国六修《义门陈氏宗谱》卷十二。
③ 《凤依公传》，载义宁怀远陈氏道光二修《陈氏宗谱》卷首。
④ 义宁怀远陈氏民国六修《义门陈氏宗谱》卷十八。
⑤ 刘大可《闽西武北的村落文化》，香港客家国际学会，2002 年，第 37 页。

供了重要的保障。

建祠为了敬祖，修谱为了收族，旧时建祠修谱往往前后交错进行，义宁州怀远陈姓也不例外。“陈氏为颍川旧族，散处天下。吾族属等由闽粤迁江右义宁州各乡。发源于闽粤，衍庆于义宁。非不欲合千里于同堂，会一族而辑谱，唯是为世也远，为支也繁，其势有不可旦夕而联者，乃合建宗祠，进祖主，崇祀事。诸后裔每岁冬祭毕，会议修谱帙者再三”。① 从嘉庆十九年(1814)到民国三十二年(1943)，义宁州怀远陈姓共纂修六届宗谱。四届祠志和六届宗谱，为后人留下了翔实的族史文献资料，生动地展示了这个宗族从家到族到宗“滚雪球”式构建的全过程。

嘉庆十九年，义宁州怀远陈姓首次联宗修谱(距怀远陈姓最早迁入的时间已有一百二十余年)。主持联络、编修事务的是属十郎公支裔的双溪陈家。惜嘉庆谱始终没有找到，所以一修谱的具体情况暂付阙如。仅从同治二年三修谱的序言中得知这次联宗的范围较小，只有属于十八郎公系统的三四支。

道光二年(1822)，竹塅陈家再次联宗修谱。陈宝箴的祖、父辈投入了大量的人力、物力，主修、监修、分理等均由竹塅陈家担任，至道光八年完成。竹塅陈家属十一郎公支裔，故所联络的宗亲仍以十八郎公系统为主，计四郎、五郎、七郎、十郎、十一郎、十二郎、十三郎、十六郎、十七郎支裔，旁及峰公名下的贽公一支，共十支，范围主要在峰公之内。二修谱以十八郎公为一世祖，颁布新派行“观成端正士，守善定超群。缙笏盈庭盛，声华继懋勋”。从十八郎公下延至二十世按新派号取名，这就是陈宝箴谱名“观善”的来历，但这次颁行的派行用字只使用了“观”字，即被下一届更大规模联宗修谱所颁行的派行用字代替。

咸丰元年(1851)恩科乡试，义宁州共录取五位，其中怀远陈姓占了两位，即陈文凤、陈宝箴。怀远陈姓欢欣鼓舞，敦促陈文凤、陈宝箴领头纂修大成宗谱(通谱)，积聚多年的能量终于借科举成功的喜庆契机释放出来。咸丰五年春成立谱局，因太平军战事影响，至同治二年，通谱得以告竣。

同治通谱在义宁州怀远陈姓族史上具有重大意义。它规模宏大、支系繁多，除义宁州外，邻县武宁、奉新、万载、宜丰、浏阳、陕西的洵阳(从闽广迁义宁州再迁洵阳的陈姓)，甚至原籍福建上杭、顺昌的宗亲也派人远道前来上谱，可谓场面空前。这标志着一个区别于本地陈姓的又一个陈姓宗族的确立与成熟，以后光绪谱、民九谱、民三十二谱，都基本沿袭了同治谱的范围和体例。“吾义宁与武宁、奉新、万载、浏阳接壤，国初时招徕安辑，十八郎公裔接踵而至者累累，迄今二百余年……咸丰辛亥文凤与宝箴同举于乡，诸宗老谆谆以编纂大同宗谱属……遂遍访我十八公之裔，得十六支，而贽公等支裔亦皆闻风景附，共成令典……”②

同治谱吸纳的分支仍以峰公名下十八郎公系统为主，共有十六支(缺十五郎公、十八郎

① 陈克调《联辑陈氏宗谱序》，见本书第12页。
② 陈文凤《陈氏合修宗谱序》，见本书第103页。

公支裔)；峰公名下贽公支；嵩公名下万三郎支、万五郎支、三六郎支、梅山公支。另有三支没有世系联系的小族作为附修，共二十四支。突破了峰公支裔的范围，但也带来了各支世次、行派难以统一的困难。而合修大成宗谱首先要解决统一世次行派的问题，因为联宗合族的重要目标就是要形成一个新的世系，“合万人于一家，统百世于一人”，集合在一个共同祖先的旗帜下。主修陈文凤颇欲统一世次，从十八郎公上溯到峰公之孙肇基公(旧谱载肇基公曾官宁化，遂定居宁化陈德村)，以肇基公为一世祖，但遭到谱局其他成员反对，只得保持原状。“谱者所以序昭穆、辨尊卑也，其要莫先于定世次立行派。陈氏世次满公居先，其继有以寔公为一世者，有以旺公为一世者。宁化陈德村之后，始以肇基公为一世，递传至中兴公十八子，子姓繁衍，转迁各属他省，所至成族，遂又各宗为分迁之始祖。前谱皆以十八郎为一世，而行派则各不相谋，以未经合修故也。此次合修，司编校者又以世系不可更易，遂仍按各支谱来稿世系付梓……他年合修，宜遵闽粤旧谱，仍尊肇基公为一世，方足以统贯诸支”。[①] 虽然确立一世祖、统一世次的目标没有实现，但同治谱颁布了“三恪封虞后，良家重海邦。凤飞占远耀，振采复西江”二十辈新派号，规定从十八郎公下延至二十一世，一律按新派号取名。新行派的确立颁布，是联宗成功的标志之一，也是同治谱的最大成果。

光绪二十年，义宁州怀远陈姓续修第四届宗谱。光绪谱承同治谱规模盛大的余绪，它所吸纳的分支比同治谱还要多。除同治谱原有的二十四大支外，又增加了一些理不清世系联系的十余支小族，共三十多支。主修陈文凤坚持认为，如果各支都以自己的一世祖来排世次，则同治谱颁布的新派号将失去意义。既然全州怀远陈姓以峰公、嵩公支裔为主体，则宜尊峰公、嵩公之父魁公为一世，世次从十八郎公起的二十一世延长到三十四世。从三十四世起，按新派号“三恪封虞后……”取名。至于附修的各支，世次一时难以向魁公系统靠拢，则任其按自立私派取名。这个新旧并用、类似于“双轨制”的决定，得到了谱局的认可。对此，陈宝箴、陈文凤在谱的序跋中说明：“今追溯旧谱，自满公传至吾宗旺公，盖七十有五世，皆远有端绪可寻。旺公著籍江州，即所称义门陈氏也。传十世至宋进士曰魁公者，实始挈眷九十七人，自江州徙汀州，为入闽之始迁祖。魁公子五人，传十一世，乃复由闽播迁散处粤东江右楚南诸郡县，遂各以近代迁祖起一世。吾义宁之宗十八郎公之后居多，则魁公第五子峰公裔也……于是参稽族属远近，整其纷而理其绪，一奉魁公义门初迁为始祖，各详世次。”[②]“兹偕编校诸君沿流溯源：梅山与万三郎皆嵩公裔，贽公与十八郎皆峰公裔，嵩、峰二公则宋进士魁公之子也。魁以义门分庄，挈眷入闽，今进第一世，正合先贤所谓‘初迁为始祖’，盖准诸《朱子宗图》遗意也。”[③]

由于魁公得以确定为一世祖，而魁公出自南方陈姓著名的郡望“义门”，因此这次合修通谱的谱名正式定为“义门陈氏宗谱”(此前的道光谱谱名为“陈氏宗谱”，同治谱的谱名为

---

① 陈文凤《新定行派引》，见本书第 147 页。

② 陈宝箴《义门陈氏宗谱叙》，见本书第 255 页。

③ 陈文凤《义门陈氏宗谱跋》，见本书第 262 页。

“陈氏合修宗谱”)，这表明经过义宁州怀远陈姓的上层士绅八十多年四次联族修谱，本族的归属与族史的追寻，最后尘埃落定。

民国九年(1920)，修水、铜鼓两县怀远陈姓续修第五届宗谱。五届谱从支系到体例，与上届谱相比，无大的变化。它的成果是吸纳了不属于魁公系统的西向陈家、黄石源陈家入谱。西向陈家历来与黄石源陈家合修宗谱，这两个家族的世系是“存道裔泰和庄濂江房”。得名缘由是北宋仁宗嘉祐七年(1062)，义门陈氏奉旨分庄时，陈承壹房分在江西泰和县，为泰和庄始祖。承壹公传十四世有存道公，在江西安远县任训导，卒于任上。其子遂定居安远上濂村(因位于濂江上游而得名)，奉存道公为一世祖。也就是说这两支本不是闽、广、赣(南)的客家移民，但迁入义宁州的时间与客家移民同步，且与怀远人同落脚在山区，所以他们在入籍时亦纳入了“怀远都”的行政建制。因为与怀远人长期在一起生活、活动，他们在语言、习俗与怀远人一体同化了。

这两个家族于康熙年间从安远县迁入后，曾多次参加原籍的修谱。同治元年(1862)才脱离原籍，自己独立修谱，光绪十七年(1891)续修。两次修谱均以西向陈家举人陈茂萱为主要组织者。陈茂萱去世后，西向陈家、黄石源陈家终于放弃了独立修谱，依附了全州怀远陈姓的联宗修谱，与其他一些不属于魁公的支系作为附修放在全谱的最后。

民国三十二年(1943)，怀远陈姓续修第六届宗谱。主修陈三崑认为不论十八郎公系统尊魁公为一世，还是附修的各支以本族的开基祖为一世，追根溯源，其实都是受姓始祖满公的苗裔。于是谱局决定以满公为一世祖，世次从魁公起世的三十四世延长到一百一十七世。“民国壬午夏，族人同发敬宗收族之心，议将谱牒重修……凡义门诸宗，虽山川远隔，莫不闻风景附，持稿来局。各谱稿所编为一世者，皆始宋进士魁公……于时合修子姓固多出自魁公之后。然梅山郎、万三郎皆嵩公裔，贽公与十八郎皆峰公裔，嵩峰二公即魁公之子也。魁公以义门分庄挈眷入闽，为迁闽始祖，故进为第一世，以合先贤所谓初迁为始祖之义。此系清光绪甲午文凤先生所校正也。殊不知以迁祖为宗，有善有不善……其在魁公以下之子姓固可以联合，若在魁公以上之子姓犹难统系。兹改受姓大始祖满公为第一世，盖以吾陈氏举古今遍寰球无一非满公苗裔也。遵满公为一世，则合五洲同姓而修一大成，亦非不可能之事”。[①] 这就彻底解决了魁公系统的世次与不属于魁公系统的附修小支世次不合的矛盾，参加合修的所有支系都统一在受姓始祖满公名下。

三 结语和启示

对于在义宁州已经定居了五六百年的本地宗族来说，他们经过长期积累，早已走完从小到大、扩族联宗的程序。其宗族的构建过程已淹没在历史的长河中，寻找其族史形成的轨迹已颇为困难。而后来的客家移民构建宗族的时间与现在距离较短，保留下来的屋场

---

① 陈三崑《重修宗谱序》，见本书第 450 页。

村落、祖茔、祠堂、宗谱为我们留下了复原他们从家扩大到族、从族扩大到宗的脉络、细节，提供了拟制宗族层累叠加构建的“样本”，使我们可以从中归纳联宗的过程与特点。

（一）联宗的过程与古史辨派“层累地造成古史”理论暗合

我国各民族相传之上古史，如筑塔积薪，大都有逐层增建的过程。时间越后，虚构成分越多。陈寅恪论证关于蒙古民族起源的旧史有一个层累向上创造的过程，实与胡适、顾颉刚等“层累地造成的中国古史”之说有暗合之处。“古史辨派”认为中国传说的古史系统，不是自古就有的，而是由不同的时代“层累式地造成的”。时代愈后，传说的古史时期愈长，例如，周代人心目中最古的圣贤是禹，到了孔子时代出现了尧舜，到了战国时代又出现了黄帝、神农，到了秦代又出现了“三皇”，到了汉代以后则出现了“盘古”。

义宁州怀远陈姓宗族构建的过程，与“层累地造成的中国古史”这一民族历史演进规律竟有暗合之处。首先，从时间上看，时代越后，族史就越向前延伸。嘉道时期，这个宗族的族史上限仅追溯到明朝；咸光时期，上限追溯到北宋；民国时期，上限追溯到西周。其次，从一世祖的确定来看，一世祖越古老，传说的成分就越多。嘉道时期，确定十八郎公为一世祖；咸光时期，则延伸到分庄迁闽的魁公为一世祖；民国时期，更延伸到天下陈姓受姓之始祖胡满公为一世祖。用数字组成的“郎”名称呼自己的祖先，是客家的传统习惯，是明朝以前口述族史的遗存，已经注入了传说的因素。魁公作为客家陈姓的始祖，其入闽时间、原因和身份，也有多种说法，但缺乏足够的文献材料予以考证落实。而作为虞舜之后的天下陈姓的始祖胡满公，半人半神的成分比十八郎公、魁公更为浓厚。再次，从范围上看，联宗的地域越广、圈子越大，吸纳的支系就越多。嘉道时期联族修谱，只吸纳与本族居住地较近、有世系联系的近亲旁支；咸光时期，进一步吸纳与本族同源但血缘关系已经遥远的全州境内的远亲支系；民国时期，更扩大到吸纳全州境内的所有客家移民同姓家族，世系关联让位于移民背景联系。

上述三点，前两点是因为第三点促成的。只要参加合修的支系越来越多，原有的族史不足以涵盖所有支系的世次，族内的文士乡绅就必定会寻找上限更古老的一世祖，重新构建族史。横向的圈子越大，纵向的长度就越长，世次就越多。各个不同支系、房派的族人聚合在一起，多个具有血缘关系的家族就会扩张为泛血缘关系的拟制宗族。

这种不纠缠全族的一世祖与自己这一支的世系是否连得上的联族修谱，与浙江平阳县的陈氏联宗修谱极为相似。根据钱杭先生的研究，平阳县陈氏在联宗过程中也遭遇了各族世次不齐、与受姓始祖满公之后的世次难以衔接的困扰，但他们最终实现了把全县陈姓扩张为同一姓氏的联盟组织目标。研究者对此作了一个很好的总结：“经过陈氏族人精心整理追溯的平阳陈姓各宗族的宗亲源流，虽然仍不能提供自皇祖以下能与各派高祖直系衔接的任何证据，但互相之间主要的历史联系应该说已经建立起来了……它使各陈姓宗族的成员知道他们共同拥有一笔丰厚的文化资源，把现在的陈姓人们与这个古老姓氏的历史联系了起来。至于这个为各族所一致认同的历史是否符合真实的情况，似无必要再给予过多的注意。为了实际需要，陈氏各族不在乎全部细节的真实与否，而是大胆地跨越了历史世系的界限，成功地把几十个世系独立、居住分散的同姓宗族联合成一个观念上的整体，在遥远的共同祖先的旗帜下，实现了观念形态上的联合。"①

（二）拟制宗族的内部结构更能反映"差序格局"

"差序格局"概念是费孝通先生提出的，旨在描述依据血缘差序划分亲疏远近的社会关系格局。如同水面上的涟漪一般，由己身为中心，向外一圈一圈延伸开去，按与中心距离的远近来划分亲疏。②

如上所述，义宁州怀远陈姓宗族构建过程是以其迁义宁州后发展起来的血缘家族为原点，向外扩展到明代十八郎公系统的圈子，再扩展到宋代魁公系统的圈子，再扩展到天下陈姓受姓始祖满公的圈子。这样，义宁州怀远陈姓宗族内部就出现了由小到大的四个系统圈子。从这个宗族静止的宗谱材料来考证分辨这四个系统圈子的亲疏远近并不困难，可是在日常生活中，要分辩来源不同的支派系统却不容易。由于义宁州怀远人的迁徙不是同一时间的群体行为，而是分期分批的不同家庭、个人的个体行为，所以与本地聚居几百年的一村一姓相比，怀远人各姓聚居地内部成员的来源非常散乱，成员之间的血缘关系参差复杂。某个村的同姓怀远人在本地人或学者专家看来应是一个血缘家族，但深入进去却发现其实并不如此。以陈宝箴家族所在地——竹塅村为例：由于陈宝箴家族闻名于世，土改时又有非陈宝箴家族的怀远陈姓贫农分到陈宝箴家族的故居——陈家大屋居住。他们派号相同，都讲怀远话，不少慕名而来的人以为居住在陈家大屋和这个村的怀远陈姓都是陈宝箴这个大家族的后裔。事实上这个村的怀远陈姓分别从赣南、广东平远县、福建上杭县迁入，分属峰公名下的五郎公、十郎公、十一郎公支裔。他们虽然同住一村甚至在一个屋檐下，却要与几十里外的五郎公、十郎公、十一郎公后裔共一本世系册。笔者最初调查陈宝箴家族史时，对这种同在一村却不在一本世系册上的关系也很困惑，在几进几出位于深山的竹塅村，反复查阅比对宗谱材料后才解开这个谜团。而乡民们自己却非常清楚，他们用形象生动的词汇来反映乡土社会"差序格局"的亲疏远近。凡共一个迁义宁开基祖的后裔谓之"共一炉香"；凡十八郎公支裔谓之"共一篼姜"；超出十八郎公支裔系统则谓之"共祠堂"。"一炉香"指在同一个祖堂灵牌前祭祀开基祖；"一篼姜"从姜的根系茂盛这一植物现象，引申出同根生发之意；"共祠堂"则表示共一个始祖关系。正是这朴素直观的意念表述，一纵一横之间，判别着以"血缘关系"为基点的亲疏远近，维系着家与族、族与宗梯系结构的运转延续，也折射出传统宗族层累叠加构建过程的历史信息。

原载《江西社会科学》2012 年第 11 期，本次收录有增改

---

① 钱杭《血缘与地缘之间——中国历史上的联宗与联宗组织》，上海社会科学出版社 2001 年版，第 306 页。

② 费孝通《乡土中国》，三联书店 1985 年版，第 21—28 页。

义宁州客家陈姓祠堂“光远祠”研究

刘经富

宗谱、祠堂是一个宗族外在的标志符号。建祠和修谱，是宗族维系内在血缘关系、凝聚宗族力量的重要方式和手段。建祠为了敬祖，修谱为了收族，旧时建祠修谱往往前后交错进行。义宁州怀远陈姓从嘉庆十九年(1814)到民国三十二年(1943)，共纂修六届宗谱和五届祠谱，为后人留下了翔实的族史文献资料，生动地展示了这个宗族二百余年的历史进程。

幸运的是，由于笔者多年的努力，也许是运气好，已经找到了五届宗谱(缺嘉庆首修宗谱)和四届祠志。尽管有网外珊瑚，但这已经很难得了。现以四届祠志为基本材料对这个宗族的祠堂“光远堂”进行探讨研究。

一　祠堂的创办、组织者

中国传统政治结构分为中央集权和地方自治两个层面，费孝通先生谓之为“双轨制”体系。由于中国幅员辽阔，在如此巨大的空间内，王权无法通过直接派遣官吏的方式进行统一管理，正式官僚行政机构只能下放到县这一级，县以下听任民间自治。士绅阶层便成为王权(衙门)与地方利益的中层阶级，对民间自治具有支配作用。像修谱建祠这样的宗族活动，其组织运作自然是本族内部绅士的专利，修水民间称他们为“家门头子”。

具体到义宁州“怀远人”，由于他们的外来移民身份，各姓绅士的崛起产生有一个漫长的发育积累时期，因此，他们的建祠修谱活动最初是以“屋场”为特征来发起完成的。

客家人迁入义宁州，或是一小户或是几兄弟甚至单身一人，分散在深山老林耕作生息，所以初期没有形成像本地人那样绵延不绝的单姓或主姓血缘村落。只有在三四代以后，才渐渐形成屋场。屋场是最底层社会的“棚民”跻身编户齐民的外在表现形态。正是这些具有“族”的外延与内涵的乡村屋场，成为整合、凝聚、构建移民圈子里同姓宗族的主要力量，在建祠修谱等构建宗族的活动中，起到了重要作用。

义宁州怀远陈姓最早迁入的一批是康熙二十六年到四十四(1687—1705)年间，到嘉庆初年，已有一百余年四五代的历程。经过艰苦漫长的原始积累，陈姓已经产生了一些“阡陌交通，屋舍俨然”的屋场，拥有了最早的一批“家族”。按照过去建祠修谱的惯例，能够在文谱(谱分丁谱、文谱，文谱即谱头子)上登录较多的人物传记和屋图、坟图以及在祠堂神主牌位较多的某个家族，一般都是较有实力的家族。现以陈姓宗谱、祠志材料和田野调查为依据，确定比较兴旺的屋场，并以居住地作为这个家族的称谓，他们是竹塅陈家、双溪陈家、新庄里陈家、令公洞陈家。

从乾隆四十六年(1781)起,双溪陈家、竹塅陈家、新庄里陈家的代表人物陈光祖、陈克绳、陈运生和陈仲裔(陈仲裔本人是最早发起人之一,可惜其家庭不旺发,无优秀后嗣承继)即开始牵头筹划在州城修建怀远陈姓祠堂。周折二十余载,至嘉庆八年(1803),终于经始落成,起名“光远堂”。嘉庆十三年修成第一届《光远堂祠谱》(“亦称祠志”)。

道光十八年(1838),陈克绳以八旬高龄,再次操办光远堂扩建事宜,并主持纂修第二届《祠谱》。他在《重修陈氏祠志序》里说:“余今年已八旬,一切诸事,愿付族长绣章、应衡及吾儿琢如(陈宝箴之父)共相代理。”

咸丰元年(1851),对于义宁州怀远陈姓,是一个值得纪念的重要年份。这一年恩科乡试,义宁州共录取 5 位,而怀远陈姓一次就高中陈宝箴和陈文凤(令公洞陈家)两个举人。咸丰五年,太平军攻入义宁州城,房屋遭焚毁。咸丰九年,陈文凤和陈宝箴发起修复。咸丰十一年,太平军再次攻入义宁州城,祠堂再次受损,陈文凤于当年主持修复。同治五年,陈文凤和陈宝箴主持续修了第三届《祠谱》。

光绪五年,陈文凤和陈宝箴发起大修祠堂。光绪八年,陈文凤主持续修第四届《祠志》。

从宗谱上的谱局成员名单和祠谱上的首士名单可以看出,在修谱和建祠堂以及祠堂的日常维持上,上述所介绍的几个屋场在物力人力上贡献最多,是公共事务的组织者,但也是最大的受益者。如在《祠志》上,他们的祖宗牌位位置最前,名额最多。

二　祠堂日常事务的运作与管理

明清时期的“祠堂”是从先秦时期的“宗庙”和唐宋时期的“家庙”发展而来的。除了帝王仍袭用宗庙的名称外,其他各阶层的祭祖场所都称为“祠堂”。因此,祠堂最本质的功能就是祭祖。由此派生出其他功能,如为本族读书人中秀才、补廪出贡、中举颁发花红奖励。召集本族的士绅到祠堂聚集,讨论、决定关于本族的一些重大事务。为进城办事的宗亲和参加县试、乡试的童生提供住宿,类似一个设在州城的接待站。但祠堂更大的一个功能是强宗望族的文化象征。在清代,家族制度最发达的江南、东南地区,几乎无无谱之人,无无祠之族。祠堂为族众的社会身份地位提供了保障,犹如解放后的“单位”,没有单位的人是最可怜者。在过去,一个没有祠堂归属的人,就会疏离在主流体制之外。对于弱势的外来移民怀远人,祠堂更为重要。

祠堂的功能这么多,这个机构的日常事务是怎样维持的?经费从何而来?有些什么制度、条例?我们可以依据怀远陈姓编刻的四届《祠谱》,以时间为线索进行梳理分析。

(一)乾隆四十六年到嘉庆十三年。嘉庆七年,怀远陈姓购买一个贪腐官员退赔的民房改作祠堂,经费来自两方面:一是从乾隆四十六年(1781)到嘉庆七年(1802)三十年间的丁粮捐款,每丁捐银叁钱,每粮壹石捐银叁两;二是神主牌位费,规定中主拾贰两,正主叁两陸钱，旁主叁两，共收 1985 两。从嘉庆七年到十二年，共用银 1920 两。其中购房用银 793 两，购房后改建，八到十二年五次祭祖，其他杂费，用银 1127 两，余下 65 两。祠堂建立后，成立了一个专门筹集祭祖费用的“烝尝会”，规定每人一股，每股凑银二两。凡入会者，祭祖时可以到祠堂入席。共有 128 人入会，收银 256 两。此外，嘉庆九年到十二年又陆续新收神主牌位银、新丁银、祠堂房屋出租银 535 两。这样，到嘉庆十三年修祠谱结算时，尚有 856 两存银，用以放息增值。

在乾隆四十六年到嘉庆七年漫长的筹备、劝捐、登记活动中，最早发起建祠的几个领头人陈光祖、陈仲裔、陈克绳、陈运生及其家族发挥了极大凝聚支撑作用，尤以陈克绳家族最为突出。陈克绳为总拍板决策人，陈克调、陈克藻、陈克修均为劝捐首士，三兄弟是所有分片活动、登记首士中收银数额最多者，因此竹塅陈家获得奖励的神主牌位也最多，并在祠谱丁粮费统计这一章节中插入陈鲲池的墓志铭，以彰显竹塅陈家所做的贡献和其家族的地位与实力。

（二）嘉庆十四年（1809）到道光十八年（1838）。在这三十年里，国家太平，地方无事，光远祠的事务没有太大的变化，有序运转，并有所发展。原族长之一陈运生已于道光元年去世，由长子陈绣章（良虎）接任；陈光祖于道光十五年去世，由次子陈应衡接任；陈克绳已届高年，由四子陈琢如（陈宝箴之父）接任。

除原有的“烝尝会”外，又成立了“丁会”“厘会”“六睦季”。“丁会”规定，新添一丁，必须向祠堂报丁，交钱一百文。二修《祠谱》记载报丁数 564 人。“厘会”规定，凡置买产业，不拘多少，每两抽银一分。这几个季、会，都分别购买了本族和别姓的田山，作为固定族产“尝田”，出租经营，共计租谷 397 石。“六睦季”是一个什么名目的季会组织，因祠志上没有引言之类的说明，暂不知其详。

这一时期，有 13 户新进祠堂，交神主牌位费和入股“烝尝会”94 两。

祠堂建立后，至道光十七年，全族所盼望的科举发达、功名兴盛没有如愿而至，风水先生建议改变大门朝向。又逢以前不愿出售的祠堂后面刘氏、涂氏的空地同意交易。于是公议在族内捐款，将此次筹集捐款事务命名为“绵远季”，成立了专门的班子，确定各乡首士负责到各家各户上门筹款，共筹得 286.5 两。加上新丁季出资 28.85 两，厘头季出资 27.8 两，六睦季出资 9.85 两，共计 353 两，作为此两项事务的开销。

鉴于祠内公用浩繁，入不敷出，道光十八年十月祭祖时，公议以后全族分成三批承办祭祖事宜，每个轮次 44 人，来祠祭祖赴席。这样就减少了祭祖人数，降低了规模，节省了费用。

（三）道光十九年（1839）到同治五年（1866）。在这二十七年中，道光朝的十一年尚属安乂，对祠堂进行过一次修缮。咸丰朝的十一年间，义宁州沸反盈天，大灾大难。由于义宁州地理位置重要，实为赣西北门户，因此从咸丰三年到六年，义宁州团练配合官军与太平军进行拉锯式的争夺战，大小战斗近百次。太平军于咸丰五年和十一年两次攻入州城，房屋街铺损失惨重。义宁州州城的祠堂、庙宇，不少是同治年间修复重建的。

咸丰五年，族长陈琢如去世，其族长名分由他的次子陈宝箴接替。陈良虎年事已高(同治二年83岁去世)，其族长名分由他的次子陈宿梧(健邦)接替。此时，令公洞陈家由原先的活跃分子走到了族长的前台，陈文凤与陈宝箴成为全族的一二号人物。

咸丰五年祠堂被毁，咸丰十年陈文凤、陈宿梧领头修复(时陈宝箴在京师会试，曾来信商谈修复祠堂事务)。不料咸丰十一年夏，城垣复陷，前功尽弃，于本年再次修复。

咸丰十年、十一年两次修复祠堂，组成了以陈璇堂、陈文凤叔侄，陈良虎、陈宿梧父子，陈观礼(陈宝箴堂兄)、陈树年(陈宝箴亲兄)、陈宝箴为核心成员的领导班子，维修经费由三方面凑成，以新进祠堂方式交神主牌位费和入股"烝尝会"共909.61两，收咸丰十、十一两年租谷折钱277.45两，捐款102两，共集资1289.6两，全部作为修复祠堂的开销。

七年之中，一个分散居住在山乡僻壤的宗族，遭受两次打击，给祠堂带来严重的经济危机，使得祠堂不得不改弦易张，改变管理模式。早在道光十八年，公议以后分三轮祭祖，但经费仍然不足，停祭久矣。于是公议将三轮改为四轮，将全州分成四个地区，轮值办理祭祖事宜。成立"合敬同爱"四个烝尝会，每会再分派股份(竹塅陈家是"同"字号首士，在58个股份中占10股)。祭祀期间，祠堂拨给30两伙食费，不足部分，由各会自己承担。四个地区每年轮流办理祭祀，四会轮满，若各乡之烝会租息有余钱，则全州合祭一次。若不敷用，则停会席，只四个地区的首士来祠堂祭祖，收租结账。这样，五年一个轮回。其非值年之会，止许首士三人及绅耆生童整肃衣冠来祠助祭，余者照轮赴席，不得混越。

此外，对以前祠堂规定的科举奖励也予以削减。因以前生童不过数人，而丁粮两费，每岁进项，故可维持。以后生童日多，增加了十倍，于是决定奖励减半给发，州府道卷资路费，岁考之年发一半。科试之年，凡卷资路费一概停发。

(四)同治六年(1867)到光绪八年(1882)。咸丰末年、同治元年间光远祠修复后，同治四年，陈文凤高中进士，激发了族众入祠和关心祠堂的热情，上交的神主牌位费和烝尝会入股以及祠堂用费的结余已达五百余两。但因为陈文凤赴福建安溪县任职，陈宝箴追随席宝田转战江西、湖南、贵州，同治九年以候补知府身份到长沙候补。祠堂事务管理比较混乱，祠堂经费入不敷出，祠务停滞，族众颇为不满。同治十二年，陈文凤因丁母忧回里，从此未再出仕，遂着力整顿祠堂管理。

光绪二年，为解决祠堂每年十月十二日傍晚至十四日早晨祭祖食宿和平时首士、宗亲来祠无钱接待的问题，成立了一个名为"有耀堂"的季会。至光绪七年冬，共有80人认股(以陈文凤家族、陈宝箴家族领头，陈宝箴家族认股者有陈观礼、陈观澜、陈观琦、陈宝箴、陈观岚、陈规鈖、陈三略)，重建了祠门东被太平军焚毁的屋址三间，并作为铺面出租，购买了水田叁坵，每年租谷玖石伍斗，除每年上交祠堂一吊外，其余岁入租钱，无论多寡，作为接待治席之用。

光绪五年，陈宝箴从长沙回乡探亲，在祠堂住了一个多月，与陈文凤共商修缮祠堂计划。两人各捐 100 两作为倡导，族众踊跃捐款，共达 900 余两，又对祠堂建筑进行了一次大修，第二年竣工。堂寝廊庑，两厢重门，主座香儿，悉易其旧而新之，并增辟左右旁龛，用栖新主。祠貌焕然一新，倍增壮丽。恰巧祠堂大修落成时，传来陈宝箴荣授河南河北道道台实职，结束了长达十六年的候补生涯的捷报，合祠喜跃，同声称贺，认为是祖宗默佑之兆。

（五）光绪九年（1883）到民国二十六年（1937）。清末民初，义宁州的怀远陈姓宗族发生了很大变化。光绪二十三年冬，陈文凤去世。二十四年（1898）八月，陈宝箴、陈三立父子被革职。二十六年六月，陈宝箴在南昌西山去世。宗族中失去两大精神支柱，元气大伤。民国二年（1912），撤消义宁州，分立修水县和铜鼓县。这更大大削弱了宗族内部的凝聚力，大一统的局面开始解体。民国九、十年间，修水、铜鼓的怀远陈姓分别续修第五届宗谱。陈三立在修水民九谱序文（时陈三立一家寓居南京）中感叹“国步已改，四海沸扰。文凤先生所居之铜鼓已别为县，遂用小宗别为谱。他支族隶浏阳、万载诸县，亦格兵祸不及与，以视前四修时优游太平，不可同年而语矣”。

祠堂也随之出现了分化。光绪三十年（1904），由陈文凤儿孙辈主持，在铜鼓县城建成怀远人陈姓祠堂，名“聚星堂”，民国十三年修成《聚星堂祠志》。而修水县城的光远祠，却因没有核心人物和家族主持祠务，呈现出衰败状态。民国时期竹塅陈家、双溪陈家已产生不出具有管理宗族公共事务能力的乡绅，已从宗族中心退到边缘。民国三十二年，修水怀远陈姓续修第六届宗谱，主修陈三崑在序文中提到：“况前丁丑岁复修主志时，已将县城祠堂主牌原订世次概行废除，一律改遵满公为一世。宗谱世系当与主志相符，主志既改，谱亦不得不随而改之。”根据这段话，可知 1937 年曾经修订过一次祠志。可惜第五届祠志始终没有发现。笔者怀疑第五届《祠志》没有印刷颁发给族内宗亲，因第一、二、三、四届《祠志》宗亲都有收藏，文物贩子也收购过，惟独时间最近的第五届《祠志》杳无踪迹。但“言有易，言无难”，还须等等看。由于第五届祠志没有找到，因此光远祠在宗族解体前的最后一程是如何走过的，只好暂付阙如，不过我们仍可以从铜鼓 1924 年修的《祠志》中得其大概。

三　祠堂管理所反映出来的问题

由于祠堂是宗族的活动场所和办事机构，属于民间公益组织性质，其经费主要来自于族内富户和宗亲的捐献，粮、丁抽费，神主牌位费、少量的固定族产等几项，获得资金渠道有限，所以管好钱、用好钱是个大问题。一般来说，工程项目的经费目标明确，专事专办，工程款容易管理结算。祠堂长期的事务开销则较难管理，祭祖和科举奖励费用尤为捉襟见肘。

（一）祭祖。光远堂祠规规定，每年的十月十三日举行祭祖大典。凡参加祭祖活动者，概于十二晚至十四早止，祠堂提供五餐的饮食，其中十三日晚餐为宴席（祭毕而燕）。参加活动的人员为轮值来祠赴席之人，三修《祠志》记载四年轮值，每一轮有资格赴席者

68 人。其他三轮每轮可来两个首士共 6 人。应试文童和已经是秀才的生员、监生（来祠书写对联祝文，派作执事），具体人数难以统计，姑且以 10 人计。就是说一次祭祖大典有 80 多人要公费吃喝五餐（20 世纪八十年代前，修水、铜鼓无早点之说，早饭与昼饭、夜饭一样要煮饭，菜则多用干菜、腌菜）。嘉庆九年合祭用银 72 两；十年用银 83 两；十一年用银 97 两；十二年用银 83 两，零星杂用银 15 两。改成轮值祭祖后，祠堂每次补贴 30 两，其余自负盈亏，虽然减少了人数，估计也得用 50 到 60 两。笔者收藏的义宁州其他几个姓的祠堂志也有分开轮值祭祖的记载，看来分开轮值祭祖是当时祠堂普遍采用的方法，同时也说明合祭带来的大吃大喝、铺张浪费，是困扰祠堂这种公众组织的普遍性的难题。

（二）分胙。奖赏章程规定：主祭者胙肉三斤，外羊肉二斤；通赞二人胙肉各二斤，外羊肉各一斤；执事四人兼读祝嘏宣戒各胙肉二斤；若生监文童除执事四人外人数有多，则读祝读嘏宣戒临时编派胙肉亦每人二斤；七十者胙肉二斤；八十者胙肉三斤；九十者胙肉五斤；百岁者胙肉十斤，外羊肉二斤；生监贡生各胙肉二斤；举人胙肉五斤；进士胙肉六斤；翰林胙肉十斤。以上胙肉，俱要来祠与祭者方许经发，未与祭者免。惟九十与百岁及举人进士或在京或出仕，则不在此论。凡胙肉每斤代钱六十文。

按：分胙即分发猪肉、羊肉。这么多祭祖人员按角色分配胙肉，加上祭祖时聚会的酒宴食材，是一个很大的数量，这要杀多只猪、羊或买许多斤猪肉、羊肉，且每年一次，对祠堂来说是一笔很大的开销，笔者怀疑这只是一个写在纸上的具有象征意味的美好愿望，并未真正实行过。

（三）科举奖励。奖赏章程规定：入泮赏花红钱 10 两；补廪 4 两；武泮 2 两；出贡 3 两；桅匾祠办；举人副元 10 两；武榜 5 两；进士 20 两；武进士 10 两；翰林 30 两；鼎甲 60 两；主事中书 30 两；赴乡试者给盘费钱 2.88 两；赴会试者给盘费钱 12.8 两。文童至州在祠应试，发卷赀钱肆百文，终场者倍之。至应府试到祠谒祖，另给盘费钱 1.28 两。喜报至祠，应给喜礼，首事经办。

按：秀才补廪、举人以上的功名不常有，开销不大。文武入泮和到州、府考试则年年都有，应是一笔不小的开销。制定的条例、奖励的数额是否都能保持政策的连续性？是否能长期维持？都是难以搞清楚的问题。

四　余论

如前所述，祠堂的最主要功能是祭祀本族祖先，同时兼具议事、执法、赈济、教育、文化等功能。由于祠堂具有神圣而不可动摇的地位，从而引申出“祠堂宗族”一说。近年有学者考查宗族制度的历史脉络，把它大致分为三个大的发展阶段：春秋以前的宗法式家族；魏晋至唐代的世家大族式宗族；明代后期至清代、民国的祠堂宗族。祠堂宗族以祠堂、族产、谱牒为三大标志。

1949 年后，所谓“族产”已无踪迹可寻，谱牒则保留至今，但已失去聚集族人、强宗旺族的功能，而赋予了更多的文化怀旧、风俗传承含义。祠堂或被房管所收缴，或被学校、粮站占用，或公家单位占用办公。

义宁州治（今修水县城）曾经祠宇林立，牌楼高耸，有的姓氏在州城拥有几栋祠堂，如周姓有8栋祠堂。义宁州治的祠堂之所以特别多，主要有两个原因：一是同一个姓有本地与怀远之分，虽然同姓，但不共谱，不共祠堂，因此每一姓至少有两栋祠堂；二是义宁州地域广阔，有六千多平方公里，是江西省面积最大的县，联宗建祠到任何一个乡都路途辽远，只有集中在州城建祠。到20世纪八十年代，尚有祠堂130多栋。

令人痛心的是，这一大批可以作为江南民居建筑代表的天井式祠堂逃过了“文化大革命”浩劫，却倒在近年的城市大扩张和土地财政劫难中。现存不到20栋破败的祠堂也奄奄待毙，撑不了多久。虽然祠堂随着家族制度的解体而失去了往日的辉煌，但它凝聚了古建筑的精华，具有极高的文物价值。建国后光远祠和所有祠堂一样被视为无主产业被公有，解放初期县总工会在这里办过职工扫盲夜校，“文革”初期被街道办占有，“文革”后期被县委党校占去后重，前重辟为县房管所的居民住宅。笔者1964年上三年级时因学校校舍基建，借用“光远祠”做教室，在此读书一学期。

陈光远祠，这栋有着二百多年历史的古建筑现在还顽强瑟缩在修水县城中心地带的水泥丛林中（本地陈姓的三栋祠堂已荡然无存），已经没有多少人知道这里曾经是陈寅恪的祖上频繁出入之地。也许明年，或许后年，它就会被“强拆”，为疯狂的房地产做贡献。陆象山说“学者一人抵挡不住流俗”，只有在它消失前尽力抢救与它有关的文献资料。

原载嘉应学院《客家研究辑刊》2019年第1期

陈宝箴乡试朱卷册的文献价值[①]

刘经富

陈宝箴(1831—1900),江西义宁州(今修水县)人。清咸丰元年辛亥(1851)恩科举人。同治九年(1868)以知府发湖南候补。此后历任浙江按察使、湖北按察使、直隶布政使、湖南巡抚。

陈宝箴于道光三十年庚戌(1850)二十岁时中秀才。次年以附生资格参加恩科乡试中式,是义宁州这一科五个举人之一。

关于陈宝箴中举的情况,以前只在《陈氏宗谱》和《义宁州志·选举志》里有简略的记载。幸运的是,近年在陈宝箴故里发现了两本陈宝箴乡试朱卷册,使我们得以了解陈宝箴早年的科举应试经历。

陈宝箴乡试朱卷册,纸本木刻,高 26 厘米,宽 15 厘米,封面封底为黄纸,共 18 页。分为前幅、后幅两大部分。前幅包括自述、家族成员名录、受业师、受知师名录;后幅包括考官评语、八股文三篇、试帖诗一篇。装帧、格式与我收藏的其他举人朱卷册相同。扉页有云龙图案,中间长方形方框内刻"恩科乡试"四字,其他举人朱卷册无此页。兹照录如次:

一、自述:陈宝箴,字相真,一字右铭,号扆臣。行三,大行十二。道光癸巳年正月二十日吉时生。江西南昌府义宁州学附学生,民籍。

二、家族成员名录:1. 上栏:高祖文光,字君里,号斗垣;高祖妣氏刘。曾祖腾远,字公元,号鲲池,太学生;曾祖妣氏何。祖克绳,字显梓,号绍亭,太学生,例赠文林郎,著有《小斋录诗稿》,待刊;祖妣氏谢、何例赠孺人。父伟琳,字琢如,号子润,候选分县,著有《北游吟草》,待刊;母氏李,外祖李群山,登仕郎;外祖妣氏凌、张。岳父黄心园,太学生,例封武略骑尉;岳母氏谢、李,例赠孺人。2. 下栏:胞叔祖五园,积学未售;崑巘,登仕郎;介田;胞伯宣六、心怡,俱应试有声;化南;亲伯叔日峰、和璧,应试有声;卜三、耕经、书简、尔甄、韵金、命三、致中、先金、建山;胞兄六殷,候选左堂;典诒;亲兄观礼,州增生,岁科屡试超等;琦、澜,应试有声;球、瑶、松、海、璠,应试有声;亲侄成塾,现应童试;杰、庠、欧、序、柳、垣,俱业儒。舅父(略)。姑丈(略)。内兄弟(略)。姊丈(略)。内室黄氏。

三、师长名录(上栏):1. 受业师:邱达春老夫子;周应时老夫子;亲兄观澜老夫子;亲兄观礼老夫子;郑踏云老夫子,州庠生,屡科呈荐;钟庆生老夫子,甲辰举人,拣选知县;萧

---

① 参见本书第 886—905 页《陈宝箴乡试朱卷册》图片。

方泉老夫子，辛卯举人，大挑候选教谕；颜韶九老夫子，丙午举人，拣选知县。2. 受知师：州牧叶枚生老夫子，梯云书院月课，深沐栽培；学宪张小浦老夫子，庚戌岁试取古，入州学第一名，本年科试特等。

四、朱卷：中式第一百十三名举人陈宝箴，南昌府义宁州附学生，民籍。

同考官试用知县夏阅　　荐

大主考翰林院编修实录馆纂修国史馆协修龚批　　取　又批　　思力精锐

大主考日讲起居注官詹事府詹事南书房行走沈批　中　又批　　风骨高骞

本房总批：统阅三场，皆归一律。诗文俊爽，理析牛毛。经策淹通，谈倾鹿角。揭晓来谒，知生传经世业，惊座家声。傅就髫龄，驹齿已著龙文之目；庠游弱冠，凤翎早生燕翼之辉。去年泮沼芹香，既交辉乎棣萼；此日蟾宫桂折，更附骥于竹林。从兹红杏联簪，丹墀摛藻，于生有厚望焉。

信近于义，言可复也；恭近于礼，远耻辱也

破题：平其情以应物，信与恭可无弊也。

承题：夫义礼，人情之准也。信恭本乎此，斯言行庶无弊乎？

起讲：且人有情而各用其情，即用其情而各宜近乎情也。顾有时慷慨以任其情，而情为猝动之情，则非其本情矣；有时曲抑以将其情，而情为过致之情，则越乎人情矣。情无以制，亦无以节，于是自变其情，自咎其情，而究不自谨其不近乎情，则吾愿以义礼为斯人进。不然，信与恭固皆情之所发也，而往往违于义礼者，何哉？

起股：平日无精义之学，则偶尔之感奋，非躁即疏。故当一诺相承，非不足征磊落，而一经有识之推求，若有不乐观乎其先而亟欲观乎其后者，则情未可遽通也。

夙昔无明礼之功，则偶尔之周旋，不谄即渎。故当大廷折节，非不足著谦光，而一经旁观之拟议，若有不难于为施而反若难于为受者，则情殊难自适也。

过接：然则欲言之可复，与耻辱之远也，是非近义近礼不为功。

中股：惧吾言之难践，而然诺不以假人，此亦冥情之难训。所贵乎义者，谓不轻于信乃以重其信也。一日此义，毕生即止此义，不必指天日以明情。而准义为衡，则期许之真，有以得其幽独之慊，裁度之密，足以胜其意气之粗。所以义所难任，斯感激皆平；义所宜坚，将畏葸悉化也。而言何不可复焉？

虑人世之多猜，而简夷因而玩世。此亦矫情之过深。所贵乎礼者，谓不亵其恭乃以肃其恭也。以礼处己即以礼处人，不必假繁缛以饰情。而奉礼为归，则亲厚所形，周而不邻于比，乐易所至，和而不涉于同。所以礼值其隆，矜持非以自苦；礼值其杀，坦率非以为骄也。而耻辱何不可远焉？

后股：此其故轻于信者不知也，壹于信者亦不知，而惟义之与比者知之。尝见小信之士，自负不欺而急遽相期，遂至迁就依违之两窒。背之既负乎初心，全之又非其本愿，

君臣朋友之间，必有中情变迁者矣。念明信之有归，其可无精义之学哉！

此其故外于恭者不知也，足于恭者亦不知，而惟礼以制心者知之。尝见谦恭之儒，自鸣善下而逢迎相尚，遂至协肩谄笑之徒劳。循之既莫泯其惭，反之益以增吾过，往来酬酢之际，将有两情莫洽者矣。念温恭之有则，其可无明礼之功哉？

收结：信恭者其知之。（注：原稿不分段落，现段落为笔者据八股文格式所分，仅供参考。）

本房加批：情字亦题所应有，难得其笔意幽折清刚，是说理之朴实，能得五家宗派者。

梯云掌院颜韶九老夫子评：淡宕夷由，清刚隽上。次跟孝字，不脱不粘，有典有则。三亦笔歌墨舞，兴会淋漓。诗清丽。

德为圣人

破题：论大孝而征诸德，人已独成为圣矣。

承题：夫孝者，德之首也，极之即为圣人。舜孝之大何如哉？

起讲：且自德为庸德，而古圣人之以孝成其德者，诚无俟求之高远，索之隐怪矣。盖德之表见，不仅在于一家；而孝之充周，实足征其全量。孝既大，而德莫与京；德既隆，斯孝无以尚。为人伦之至，即立人道之极，非天下之至圣，其孰能与于斯？

起股：吾言舜之大孝，盖先有见于其德矣。负罪引慝，号泣独著于田间。以是知深山之中，其阇修有独至也。

完性真于万善，一木一石，皆为砥砺之全神。烝乂克谐，明扬上达于帝座。以是知有鳏在下，其过化自有真也。

过接：观底豫于盈庭，得亲顺亲，遂为古今之绝诣，德至矣！德为圣人弗可及也已。

中股：圣人无异人之事，所自励者，百行之原耳。顾孝之德本顺，舜则由逆而至于顺。夫境顺而心无少逆，与境逆而心无弗顺，其为孝果孰难而孰易？即其为德果孰全而孰偏乎？试思夔夔载见，顽嚚亦鉴其诚；源源而来，傲弟弥钦其爱。迨至一室著太和之象，五十犹孺慕之诚，则其德之源流可想也。

圣人亦人类之同，所独乐者，名教之地耳。顾孝之德甚常，舜则遇变而归于常。夫遇常而情不使变，与遇变而情如处常，其为孝果孰优而孰绌？即其为德果孰安而孰勉乎？盖其浚哲积中，生知非由乎人力；温恭著美，安行实本于性成。观于浚井焚廪之得免，烈风雷雨之弗迷，则其德之本末具见也。

后股：穷蝉以降，世为庶人，即令有子克家，亦足振兴夫世绪。然而圣人之以德成其孝者，独见其大焉。重华称协帝，直将归美于世德之幽光，是使天下知有圣子，亦即使天下知有圣父也。夫侧陋未扬，氏族讵通于帝，而赞扬克孝者，必从瞽子而溯其由来。则推其德之所孚，觉星辉云烂，皆足增门第之光。

允若以前，难为人子，即令吉占干蛊，讵能尽涤乎前愆？然而圣人之以德成其孝者，独见其至焉。斋栗著真诚，直将挽回夫顽嚚之意志，是使后世以圣人奉其身，并欲使后世以圣人奉其亲也。夫有庳未往，谟盖并济其谋，而孝思不匮者，必合一家而处之悉当。则推其德之所洽，觉兽舞凤仪，皆足为家庭之庆。

收结：此大舜显亲之孝也，而诸福之毕集，又可递观矣。

本房加批：不泛填舜事，而扼定题旨，贯注下文，是为清正雅正。

诗云“自西自东，自南自北，无思不服”，此之谓也

破题：德之服人者深，绎诗言而恍然矣。

承题：夫合四方而思服，诚何如也？心悦之谓，雅诗不已云然哉？

起讲：且王者出而四方之版宇扩焉，四方之声教通焉，即四方之人心亦莫不系属焉，此非恃有宰制驾驭之权也。盖一人握感孚之本，其与天下相见以悃诚，而天下遂无不各输其悃诚，然后知同好同恶之原，实统乎作君作师之理。篇章具在，夫固可扬摧陈也。有声之诗，吾得而观其所谓矣。

入题：是诗也，何谓也？

起股：其非谓牧野陈师之盛，萃虎贲者三千；孟津燮伐之威，会诸侯者八百。其谓武王能广文王之声，大文王之德，以成此一统也。

自西自东自南自北无思不服，此无他，德之所及者远，心之所悦者诚也。非此之谓而奚谓哉？

中股：盖以思之难也，父不能得之于子，兄不能得之于弟。况九重之宵旰，岂能入闾阎之寤寐而探其微。故一言所自觉，其梯航可得而通者，其性情不可得而强也。

而以思之易也，天下不啻其一家，中国不啻其一人。彼亿兆之归心，早已自宸衷之建极而操其券。故一言所自觉，其遍德无不被之区者，其媚兹无或匿之隐也。

过接：于斯时也，遐迩一体，中外禔福，皇风遐畅，民气敦庞。夫然后抚是诗而流连起叹，曰所谓心悦而诚服者，其在斯乎！其在斯乎！以德服人者，何多让焉。

后股：且夫今之朝约纵而暮连横者，岂复有人心哉？以视王者不矜震叠之威，而草野弥切尊亲之戴者，其向背为何如也？夫深宫为起化之地，而非化所竟之地，至推之东西南北而皆准，则尽人罔弗率俾矣。信如诗言，统五方之刚柔燥湿，而共庆夫咏仁蹈德之休，丕显文谟，丕承武烈，直合东西南北而共喻以天也，岂非德之弥纶而无外哉？

今之辟土地而开阡陌者，又岂复行仁义哉？以视王者振钟鼓于辟雍，而混车书于蛮貊者，其感应为孰神也？夫法术为辅治之具，而非治所出之具，至验之无思而不服，则众志罔不从风矣。信如诗言，合四海之霜露舟车，而悉被以棫朴菁莪之泽，以觐耿光，以扬大烈，直并东西南北而相感以诚也，岂非德之盈量以相偿哉？

收结：夫惟圣天子鼎命维新，乾元资始，泽沛熙春，欢胪函夏。所由上畅九垓而下溯八埏者，猗欤盛哉！

本房加批：思字服字力透纸背，而议论开张，词藻深秀，自是有书有笔之文。

（注：三篇八股文的天头还有不少点评，不一一列出）

赋得光风霁月得周字五言八韵

洒落标高品，濂溪望重周。光仪风可挹，霁色月长留。扇奉情应永，杯邀句好酬。云舒千里目，雨过一庭秋。爽籁初鸣铎，清辉合倚楼。吹开尘世垢，照澈大江流。窗草机全畅，池莲影欲浮。薪传欣远绍，对景证前修。

本房加批：志和音雅。

清代的乡试、会试卷子，应试者在放榜后可以领回，把自己的受业、应试情况和家族成员的名号、身份、功绩与试卷合在一起刻印成小册子分送文友亲朋，向师尊纳贽行礼。这就是我们今天在文物市场上还能经常看到家刻本朱卷（以乡试为多）的原因。朱卷履历中所记载的，不仅有应试者本人的传记资料，还有其家族的世系史料，可与宗谱相互发明补充。如果是著名历史人物的朱卷册，则其文献史料价值更高。

陈宝箴乡试朱卷册提供了以下新的史料和信息：

一、“自述”中所述名号、生年与《陈氏宗谱》有所不同。（一）《陈氏宗谱》载：宝箴，谱名观善，字相真，号右铭。显示陈宝箴早年名号有两套：一套名观善，字相真，“观”与“相”、“善”与“真”互文见义；一套名宝箴，字右铭，“箴”与“铭”互文见义，古有“左箴右铭”之说。从“自述”中可知陈宝箴早年还有一个“扆臣”的字号。朱卷册内夹有“陈宝箴印”“扆臣”篆文印蜕两枚，可证陈宝箴早年还用过宝箴、扆臣的名号，也就是说他曾有三套名号，后来他固定用宝箴、右铭的名号。清人的“号”即“表字”之意，不同于“东坡居士”“山谷道人”之类的雅号；（二）《陈氏宗谱》《清代官员履历档案全编・陈宝箴》等材料均显示他的生年是道光十一年辛卯（1831），而朱卷册“自述”的生年是道光十三年癸巳（1833），小了两岁，他填的是“官年”。“官年”是在应试者中通行的一种约定俗成的惯例，肇始于宋代，一直延续到清末科举制度被废除为止。朱卷“履历”所记生年一般比实际生年要小，是应试者虚报的一个生庚年份。①

二、在受业师名录中，有两名是陈宝箴的堂兄。一为陈观礼，《陈氏宗谱》记载他于道光七年（1827）中秀才，道光九年岁试补廪。他是陈家第一个取得生员资格的人，此后数次参加乡试未中。一为陈观澜，《陈氏宗谱》记载他为“例授修职郎、候选分县”。虽“应试有声”（即参加过县试、府试），但终未能中秀才。在“家族成员”中，陈宝箴列举的七个从侄“俱业儒”，可证陈家内部设有私塾。陈氏家族从一个有客家“棚民”背景的家族上升为耕

---

① 参阅郗志群《封建科举、职官中的“官年”——从杨守敬的举人朱卷谈起》，《历史研究》2003年第4期，第154—157页；徐一士《古代士人的“官年”与“实年”》，《凌霄一士随笔》，山西古籍出版社1997年版，第2册，第530—532页；孔学《宋代官员的“官年”与“实年”》，《文史知识》2004年第1期，第80—83页。

读之家，产生了五个秀才（陈观礼、陈观璠、陈三略、陈三acknowledge、陈傒恪），一个举人（陈宝箴），一个进士（陈三立），是非常大的跨越。受知师两名，一为州牧叶济英，下注："梯云书院月课，深沐栽培。"可证陈宝箴曾在梯云书院读过书。梯云书院是义宁州客家人的书院，创办于道光二十四年，招收客家子弟入学。一为学宪张小浦，下注："庚戌岁试取古，入州学第一名，本年科试特等。""州学第一名"即州案首。"取古"大约与院试第一场（称"经古场"）有关。按修水优贡龚浦庆撰《师竹斋笔记》卷二有《四觉草堂》（陈宝箴早年在故里的读书楼）条云："同州陈右铭……弱冠应童试，考古题为'藏器于身'。赋押而字官韵一联云，'纵然身便终藏，任人可矣；或者才求不器，俟我乎而'。宗师张小浦先生击节叹赏，批以'抱负不凡，决为大器'。明年遂领乡荐……"[①]"取古"可能即是这段笔记中所说的受到学政张小浦激赏的"考古题"。

清代科举规制，习举业的童生须经县、府、院三级考试合格才能取得生员资格（俗称秀才）。院试为各省学政主持的考试。学政到任第一年为岁考，先考老秀才，再考县、府试已合格的童生，录取的新生称附生。第二年为科考，为送乡试的预考。成绩一、二等及三等前十名即取得参加乡试资格。陈宝箴头年岁试为"州学第一名"，次年科试成绩为"特等"，接着乡试又中式，说明他两年三试都很顺利。

三、试卷前面陈宝箴自述中举的名次是113名，这也是朱卷册提供的新资料。江西这一科正榜录取124名，[②]陈宝箴名次已靠后，不过能榜上有名对陈宝箴本人和他的家族意义都非同小可。在他中举之前，陈家已有四代习举业的子弟名落孙山的痛苦记忆。陈宝箴的成功，使陈家彻底摆脱了文运不利的阴影。

四、试卷前面所列同考官（即荐卷房师）、主考姓氏，根据钱维福《清秘述闻续》卷六所载咸丰辛亥恩科乡试江西主考名录，[③]知主考为沈兆霖、龚实莲。但《清秘述闻》不载各省乡试十八房同考官名录，故陈宝箴试卷中出现的"本房总批""本房加批"为何人，一时无从查考。幸在陈宝箴故里又发现《咸丰辛亥恩科江西乡试同年齿录》，书前列举主考和同考官姓名，得知陈宝箴的荐卷房师为"试用知县夏燮"。夏燮（1800—1875），安徽当涂人。道光元年辛巳（1821）中举。咸丰十年（1860）十月入曾国藩幕府，继为江西巡抚沈葆桢幕僚。其后在江西历任吉安、永宁、宜黄等县知县。著有《中西纪事》《明通鉴》。[④]

五、陈宝箴应试所撰八股文、试帖诗是目前搜集到的他的最早文字（2005年中华书局出版的《陈宝箴集》未收录，属佚文）。结合师长评语和天头点评，可以藉此分析青年陈宝

---

① 修水龚浦庆《师竹斋笔记》卷二，龚氏家刻本，民国九年（1920）刻印。
② 《咸丰辛亥恩科江西乡试同年齿录》，木刻本一册，约清同治九、十年间（1870、1871）刻印。
③ 钱维福《清秘述闻续》，收入《清秘述闻三种》，中华书局，1982年。
④ 关于夏燮的生平与学术，见张守常《夏燮的"临城司训"及其他》一文，载《学林漫录》14集，中华书局1999年版，第228—237页。

箴的文字学识水平和八股文功力。且江西这一科124名举人中以陈宝箴的官阶、影响最大，其他举人当年所刻朱卷册迄今尚未发现。① 因此，陈宝箴朱卷册作为这一科举人的代表性文献，得以存留天壤间，值得我们珍视，并对其中所蕴含的价值进一步考索、研究。

原载《中国典籍与文化》2011年第3期

① 现只找到江西这一科中式者16人的试卷，见江宁顾逊之《咸丰辛亥恩科直省乡墨鸿裁》，木刻本三册，清咸丰元年(1850)仲冬刻印。

陈宝箴履历单解读①

刘经富

陈宝箴(1831—1900),谱名观善,字相真,号右铭。江西义宁州(今江西修水县)人。清咸丰元年辛亥恩科举人。同治九年(1870),以知府发湖南候补。此后历任河南河北道道台、浙江按察使、湖北按察使、直隶布政使、湖南巡抚。《清史稿》卷四六四立《陈宝箴传》。

清代制度,凡文武官员升迁调补时,例由吏部(或军机处)、兵部奏请引见,并附呈该官员的履历单。履历单记录了该官员的籍贯、身世、功名、经历,是研究清代人物的第一手资料。②

一

现存陈宝箴第一份履历单,抄录在陈宝箴故里宗亲保存的一本《手抄本》上。时在光绪五年(1879)二月,为赏加布政使衔,循例呈请吏部引见事:

布政使衔候补道陈宝箴,现年五十一岁,系义宁州泰乡七都民籍,原籍福建。由附生中式咸丰辛亥恩科本省乡试举人。克复义宁州等城出力,保奏,九年四月二十一日奉上谕着以知县侭先选用。同治三年在本省军营生擒逆首洪福瑱,保奏,是年十月十一日奉上谕着免选本班,以同知直隶州知州,不论双单月即选,并赏戴花翎,钦此。旋于信丰等处扼要拦剿大捷,保奏,四年十月初一日奉上谕着免选本班,以知府不论双单月即选,钦此。五年克复广东嘉应州,荡平发逆出力,保奏,请以知府本班不论双单月遇缺前尽先即选,经部议准具奏。六年三月十七日奉旨依议,钦此。随同楚军援黔,克复江口,案内保奏。八年十二月二十日奉旨着以知府留于湖南归候补班补用,钦此。九年八月十八日引见,奉旨着准其以知府留于湖南归候补班补用,钦此。十二月十八日到省,年满甄别,以繁缺知府留南补用,办理援黔军务,攻破贼巢,苗疆平定。同治十一年五月十二日奉旨着免补本,以道员留省补用,并加盐运使衔,钦此。期满甄别,以繁缺道员留南补用,委署辰沅永靖道,光绪元年二月十九日接事,(三)〔二〕年四月十五日卸事。回省亲母李氏,迎养来南,于光绪二年九月初七日在湖南省寓病故,系属亲子,例应丁忧。当经出具亲供,由长沙县报明在案南省,并经手未定事件,

---

① 参见本书第912—914页陈宝箴履历单图片。

② 参阅秦国经《清代官员履历档案全编·序》,载《中华文史论丛》第56辑,上海古籍出版社1998年版。

例应请咨回籍守制。蒙湖南抚宪王给发咨文，交家主承领，于光绪三年四月十五日到籍守制。所领咨文呈请转缴，并邀族邻出具甘结，禀请转详报明，尚前州转详在案。自丁忧之日起，扣至四年十二月初一日止，不计闰二十七个月。服满，业将丁忧起服，复缘由先后报明转详各在案，又先于同治十二三等年督办衡永等属土匪，擒斩渠魁，地方安定，光绪三年六月汇案，保奏。七月十八日奉上谕着俟服阕后赏加布政使衔，钦此。今于光绪五年二月亲身在籍，循例呈请给咨送部引见。

第二份履历单，见华东师范大学出版社1997年版《清代官员履历档案全编》第五册(以下简称《全编》)。时在光绪十五年(1889)六月，为补授湖北按察使，循例呈请吏部引见事。光绪五年前的履历表述，与第一份履历单大致相同，但增加了光绪六年四月到十五年六月的履历。由于第四份履历单亦有光绪六年后的内容，故第二份、第三份履历单全文此处不予引录。

第三份履历单，见《全编》第六册。时在光绪二十年(1894)十二月，为补授直隶布政使，循例呈请吏部引见事。内容上增加了光绪十六年十月到二十年十二月履历。

第四份履历单，亦出自《手抄本》。时在光绪二十一年(1895)十月，为升任湖南巡抚事：

光绪六年委署河北道，十一月初三日接事，八年八月卸事，于十月引见。九年奉旨委署浙江按察使司，四月接事，六月二十八日奉上谕部议降调卸事。光绪十年三月初十日回籍，至五月初二日回家省视祖坟。八月置买何家店杨芳塅生茔一穴，用去价钱捌拾余吊。十二月初二日迎葬子润公，共用去一千余金。于光绪十一年八月置买汪坑生茔一穴，于光绪十二年正月十一日迎葬祖母谢太夫人，共用去八百多金。于本年建立胪源义学，捐田租五拾石。九月两广督臣保奏，本月初六日奉上谕着以广东督臣张委用，于十月二十日在家起程，往湖南省，于十一月十三日往粤省。光绪十六年庚寅岁六月初十日引见，奉上谕实署湖北按察使司，本年十二月初四日接印，本月初七日接布政使司兼理，至十七年十月十三日卸布政使司印。光绪二十年甲午岁，官。七月十一日奉上谕往金陵与刘制军商议海防各口公事，于本月二十日回署，二十九日接署藩台篆。本年十一月二十九日卸事，十二月初三日起程赴北。光绪二十一年乙未岁，官。正月初十到京，十二日引见，二十日请训，升授直隶藩司。三月十三日接印。光绪廿一年乙未岁，官。冬，直隶布政使司陈宝箴奉谕升湖南巡抚，陈宝箴即赴新任，毋庸进京引见请训。本年九月初三由直隶交卸起程，十月十二接湖南巡抚印。

按：《手抄本》上的两份履历单由两人抄写，一为行书，一为楷书。在第四份履历单中，抄写者略去了光绪五年前的内容，接抄光绪六年到光绪廿一年陈宝箴升任湖南巡抚前的经历。

保存在《手抄本》上的第一份、第四份履历单，所述经历比《全编》收录的第二份、第三份履历单更为详细，细节内容更多，为我们了解陈宝箴的生平经历留下了非常珍贵鲜活的原始材料。在月份日期上,《手抄本》上的履历单也比《全编》上的履历单更为准确,可作为日记看。如光绪二年九月陈母李太夫人逝世,陈宝箴按例守制。第一份履历单详细罗列守制须办理的手续和守制时间。光绪九年,陈宝箴因会审王树汶案受牵连降级,在家赋闲一年。第四份履历单详叙赋闲期间在老家所办事项及其费用数目。又如陈宝箴在湖北任按察使期间,两次代理布政使,以前关于陈宝箴生平履历的传记对此均语焉不详。陈宝箴之子陈三立所撰的《先抚君行状》,也只述及父亲曾两次代理布政使,但没有具体月份日期。第四份履历单述及陈宝箴光绪十六年十二月初四日接湖北按察使印,三天后代理布政使,至十七年十月十三日卸布政使司印,还任按察使本职。光绪二十年七月二十九日再次代理布政使,本年十一月二十九日因调任直隶布政使卸事。结合《邸抄》和《光绪朝朱批奏折》保存的陈宝箴两份《谢委署湖北布政使折》,可以帮助我们彻底搞清陈宝箴两次代理湖北布政使的因由、时间。

根据上面两点比较,笔者推测手抄本上的第一份、第四份履历单,是陈宝箴呈报吏部引见材料的自留底稿,而《全编》上的第二份、第三份履历单,则是吏部在呈报人提供履历材料基础上的删节定稿。第一份、第四份履历单的定稿,吏部(或军机处)没有保存下来,故《全编》没有收录,幸好《手抄本》保存了底稿。四份履历单前后衔接,完整地记述了陈宝箴从咸丰元年中举后到升任湖南巡抚的所有官职、时间。

二

陈宝箴履历单,其中以记述陈宝箴早年经历价值最大,但解读也最困难。陈宝箴一生经历复杂,转折甚多,特别是从咸丰元年(1851)中举后到光绪元年(1875)委署湖南辰永沅靖兵备道前这二十五年间的仕途经历最为错综复杂。其原因主要有两点:一是当时陈宝箴的行踪不定,在故里与山外之间进进出出,空间转换频繁;二是在漫长的候补期内,对人生道路的选择、机会的寻找颇多变化,呈现出不稳定状态。而此前关于陈宝箴生平履历的传记材料,多着眼于传主的出处大节,具体细节则疏略带过。这些传记材料作为历史人物生平概述则可,若依据它们来考证行年事略则远远不够。必须用履历单记述的经历与传记材料和陈宝箴自己的文章信札来印证,三者综合起来融通连接,钩稽弥合,才能使陈宝箴这二十余年的行年事略脉络清晰,一气贯注。

陈宝箴于咸丰元年恩科乡试中举,时年二十一岁。嗣后因太平军在江西战事的影响,咸丰二年、三年、六年三次会试之期,他都没有赴京师参加会试。咸丰四年春,太平军攻扰州境,陈宝箴父亲陈伟琳筹办团练与太平军作战,陈宝箴兄弟踊跃加入。由于义宁州地理位置重要,实为赣西北门户,因此从咸丰三年到六年,义宁州团练配合官军与太平军进行拉锯式的争夺战。大小战斗近百次,两次克复州城,并攻克邻县城池。曾国藩对义宁州团练的实效极为赞赏,曾在奏疏中说"天下团练并皆有虚名而鲜有实效,惟江西之义宁,湖南之平江,办团确有成效。以本地之捐款,练本地之壮丁,屡与粤贼奋战,歼毙贼匪甚多,故该二州县为贼深恨亦甚畏也”。[①] 义宁州战场形势的重要、战斗的激烈和兴办民团的实绩，使义宁州的士民多次得到朝廷的议叙嘉奖，不少团练骨干从这里走上仕途。年轻时在家乡的几年军旅岁月，是陈宝箴日后政治军事生涯的起点。

对这段经历，第一份履历单的表述是“由附生中式咸丰辛亥恩科本省乡试举人。克复义宁州等城出力，保奏，九年四月二十一日奉上谕着以知县侭先选用”。由于没有找到当时江西巡抚陈启迈、文俊《义宁保举案》的原件，我们暂不知这次保奏的全面情况。现只知陈宝箴的同州乡试同年陈文凤，保举的职位是“以教谕侭先选用”。另一位邻县（武宁）乡试同年罗亨奎，保举的职位是“即补知县”。

咸丰七八年后，义宁州以及邻县已无大战，各县举子纷纷公车北上，参加咸丰九年己未正科、咸丰十年庚申恩科会试。咸丰八年，陈宝箴与罗亨奎结伴北上应试，两试落第。虽然金榜题名的热望破灭，但陈宝箴留京期间，广交四方英才，尤与易佩绅（笏山）交谊最笃，与罗亨奎一起，并有“三君子”之誉。三人会试既不第，遂决定放弃下一科（同治元年壬戌科）会试，昂然出都，投笔从戎。咸丰十一年，易、罗赴湖南受巡抚骆秉章檄，招募兵勇，号“果健营”，驻防湘西来凤、龙山一带，与太平军石达开部作战。陈宝箴先回故里省母，旋赴湖南与易、罗会合。骆秉章移督四川，易、罗率“果健营”跟随。陈宝箴仍回乡奉母。易佩绅后来官至江苏布政使，罗亨奎官至四川雅州知府。

同治元年至二年秋，陈宝箴在故里有两件事可记：一是与陈文凤主修义宁州客家陈姓的大成宗谱；二是盖了一栋书塾，名“四觉草堂”，请武宁秀才李复课读子弟，并与李复的业师汪瀚结交。汪瀚字澄溪，武宁县人，咸丰九年己未科举人。中举后投效曾国藩，掌管厘务。保举江苏补用知县，因丁父忧回籍守制。

同治二年（1863）八月，陈宝箴出山投席宝田帐下，参加了安徽青阳解围战役。被保举免补本班，以直隶州知州留于安徽补用。[②] 这是陈宝箴第二次因军功保举，而履历单未提及。但陈宝箴三年后在故里所撰《陈光远祠三修〈祠志〉序》，落款“诰授中宪大夫，赏戴花翎安徽补用知府，裔孙陈宝箴”，可以印证。

同治二年十一月，陈宝箴到安庆拜见曾国藩。时曾国藩任两江总督，并以钦差大臣督办江南军务。曾国藩待陈宝箴为上宾，称为“海内奇士”。但陈宝箴不欲躬亲文牍，在曾幕居留月余，即返回江西，仍入席宝田“精毅营”戎幕，参加实际作战。陈宝箴在席军中出谋划策，屡立战功，两次叙功保奏。同治三年九月，席宝田采纳陈宝箴的建议，在江西石城县击败太平天国幼王洪福瑱的队伍。时任江西巡抚的沈葆桢上奏《席军生擒首逆折》（同治三年十月初三日）：“……拟请开复记名按察使席宝田应如何优加恩奖之处，出自宸裁。蓝

---

① 《义宁州志》卷十四《武备志》。引自《中国地方志集成》江西府县志辑《同治义宁州志》，江苏古籍出版社 1996 年影印本，第 213 页。

② 曾国藩同治三年九月《续保上年青阳解围出力员弁折》，载《曾国藩全集》第 7 册《奏稿》，岳麓书社 1987 年版，第 4419 页。

翎同知衔即选知县谢兰阶,侭先选用知县陈宝箴,可否免选本班?均以同知直隶州知州,不论双单月即选,并赏戴花翎……谨奏。"①十月十一日,同治帝谕内阁:"……以江西官军生擒首逆洪福瑱,赏记名按察使席宝田黄马褂……余加衔升叙有差。"②

同治四年八月,清军在江西信丰县与太平军汪海洋部激战,汪军遁走粤东嘉应州。席宝田部与其他部队追击会剿太平军。同治五年元月,汪海洋部败亡,太平天国覆灭,江西巡抚刘坤一上奏《席军两次出力并案请奖折》(同治五年三月二十八日)保举有功将士。四个月后又呈《查明劳绩人员请照原案给奖片》(同治五年七月二十八日):"……又即选同知直隶州知州陈宝箴,经臣前于湘军追杀窜贼随折保奏案内请免选本班,以知府不论双单月即选,亦均钦奉谕旨。嗣经吏部奏驳:'各项劳绩保举,除攻克城池、斩擒要逆,其余不准免选本班,并加候补班次……'兹据总局司道查复……陈宝箴随同精毅营扼贼于广东之东石,江境之铁石口,督队鏖战,两获大胜。或杀或降,四万有奇。其间擒斩头目约数十名,均非寻常劳绩可比,确有具报打仗原禀可查。前保考语务求简约,以免烦渎,未能详悉,致奉部驳。然细核各该员战绩,实系斩擒要逆,攻克城池,与免选本班并加候补班次章程相符……仰恳天恩俯准,仍照原保……陈宝箴免选本班,以知府不论双单月即选。敕部注册,以昭激劝。理合附片陈明,伏乞圣鉴训示,谨奏。"③

对于陈宝箴同治三年到五年的经历,陈宝箴的传记材料历来记载比较完整,可与履历单相印证。但随后三年的行踪,却需要借助陈宝箴的文章、信札来补充。

同治五年,东南各省大局已靖,陈宝箴于本年元月离开军营,回到家乡平居约两年。一度计划经商,未果。又拟赴京参加同治七年会试,因病未成行。这段时间,他参与了打击义宁州教徒倡乱的行动,参与义宁州客家陈姓宗族的一些事务。同治六年冬还去过一次湖南,与席宝田聚会。总的来看,这两年是陈宝箴比较低落的时期。但陈宝箴的声名在山外已然鹊起,已进入名公巨卿的视野。

同治五年八月,曾国藩批示义宁州厘卡委员朱宽成禀公暇得与陈守宝箴李生复等读书论古藉资切劘等情:"该员在卡照常办事,又得陈守、李生等读书论古,问学日新,至以为慰。兰生幽径,不以无人而不芳,本无所待于外,而德无久孤之理;玉无终閟之辉,亦会有赏音也。"④朱宽成是安徽泾县人,附贡生。同治二年来义宁州掌厘务(十一年补义宁州同知),与陈宝箴结交。同治五年十月,曾国藩在致刘坤一(时任江西巡抚)的信中云:"……承示物色陈守,学识并茂,余则慎所许可。右铭曾来安庆,接见多次,信为有用之才。武宁、义宁共有数人,志行优异,惜汪君遽逝,罗令被劾,右铭气类日孤,此外罕闻佳士。"⑤刘

① 《沈文肃公政书》卷三《奏折》,《近代中国史料丛刊·正编》,台湾文海出版社1967年版,第103页。

② 《清实录》第47册,中华书局1987年影印本,第606页。

③ 《刘坤一遗集》第1册《奏疏》卷三,中华书局1959年版,第90页。

④ 《曾国藩全集》第13册《批牍》,岳麓书社1987年版,第407页。

⑤ 《曾国藩全集》第28册《书信》,第6005页。

坤一回复："……晚生自惭谫陋，未敢言培植士人。然自抵任以来，亦尝留心物色，无奈见闻不广，目前尚觉寥寥。惟有义宁举人、已保知府陈宝箴，品学尚优，胆识亦茂，虽间有不自检束之处，终不失为豪杰一流。以外殊难许可。"①同治六年九月，曾国藩又在复朱宽成信中云："义宁地稍僻陋，文报罕通，似无以扩充闻见，全赖师友砥砺，振发志气。阁下既与陈右铭互相渐摩，则旁近当有闻风景附者。汪澄溪与其弟子李复先后徂谢，善类日孤，令人叹惋。"②（同治三年年底，汪瀚丁忧服除后暴逝于赴曾帅府召途中。同治五年秋，李复赴金陵入曾国藩幕，不料几个月后竟因病赍志以殁。）

约同治七年春，陈宝箴再度出山，往金陵就曾国藩幕。本年八月，曾国藩奉命调任直隶总督。陈宝箴欲就官邻省，以便养母，未随曾国藩北上，而到湖南，随同湖南援黔部队赴贵州与侗族农民军作战。本年十二月，楚军攻克江口屯，陈宝箴以军功保奏。同治八年十二月二十日奉旨着以知府留于湖南归候补班补用。至此，陈宝箴基本实现了"就官邻省，以便养母"的意愿。早在咸丰十年秋，陈宝箴赴京会试不第留京期间，曾致函内兄黄鸿九，函中有"向者亟亟一官，不过亲老家贫，为禄养计耳。故筮仕之拜，必以楚南北为准，便迎养也"③之语。

同治十年，湖南巡抚刘昆接受布政使王文韶的建议，派遣陈宝箴到席宝田军辅佐军务（同治六年十月，已回乡的席宝田复受命率旧部专办肃清苗乱军务），二人再度合作。至同治十一年，将苗军全部击溃，苗疆肃清。十一年六月十四日同治帝谕军机大臣："王文韶奏援黔官军扫除窜匪，苗疆肃清，并分军设防，抚恤降众各折片……所有擒斩首逆，尤为出力各员，着王文韶先行酌保数人，以示鼓励……王文韶现派各军分段设防，并拨银两分别抚恤，实能力顾大局。着即令道员陈宝箴会同分防各营及该地方官体察情形，妥筹办理。"④事后，陈宝箴又一次以军功保奏，以道员留省补用，并赏加盐运使衔。

同治五年到同治九年这五年间，陈三立所撰《先府君行状》是这样记述的："席公假还籍已前为府君叙功，累保知府，府君不顾也。久之复就曾文正公，江南宾僚益盛，游咏无虚日。曾公移督直隶，府君至是亦欲就官邻省，便养母，遂入觐，以知府发湖南候补。"⑤这段话提供了陈宝箴第二次入曾国藩幕的依据，但却省略了在故里平居两年和赴贵州平侗乱事略。前者可以依据陈宝箴的文章信札予以补充；后者依据履历单予以补充。履历单还提供了进京引见和"以知府发湖南候补"的具体时间，可与《先府君行状》的记述相印证。

三

根据陈宝箴的传记材料和文章信札，虽然可以帮助理顺贯通陈宝箴履历单上记述的

---

① 《刘坤一遗集》第 4 册《书牍》卷三，第 1649 页。
② 《曾国藩全集》第 28 册《书信》，第 6435 页。
③ 汪叔子、张求会编《陈宝箴集》下册，中华书局 2003 年版，第 1816 页。
④ 《清实录》第 51 册，中华书局 1987 年影印本，第 425—426 页。
⑤ 陈三立《散原精舍诗文集》下册，上海古籍出版社 2003 年版，第 845 页。

早年事略，但仅仅做到这一点还是不够的。还必须对履历单蕴含的清代官制予以解析，才能彻底读懂弄通陈宝箴从一个举人荐升擢拔为封疆大吏的时运际会，国家、地方互动的体制内外原因，最大限度地接近历史真相。笔者不揣谫陋，略申管见，诚心引玉，希望精通清代官制的专家把陈宝箴履历单作为个案材料予以释读。

（一）出身以进士为贵。陈宝箴一共获得七次军功保奏（履历单记载六次），官阶从候补知县晋升到候补知府、候补道员并赏加布政使衔。有人认为《清史稿·陈宝箴传》记述他为席宝田出谋划策歼灭洪福瑱而荐升府道，是微讽传主"以保案为功业"。① 咸同军兴，保案踵起。陈宝箴以举人出身，且非高门巨族，没有家庭背景可以奥援，而在仕途上取得成功，最终跻身为封疆大吏，既是个人才干的表现，也是"时势造英雄"使然。他与举人出身的左宗棠一样，都是咸同之际在风起云涌的疆场上崛起的那一批人物中的佼佼者。

但从进士、举人入仕的职位比较来看，左宗棠、陈宝箴以团练起家，卒致通显，终属个案特例，不可以为常则典要。清末朱寿彭曾比较道光到光绪末甲科、乙科官至一二品人员甚详，举人所占比例比进士少得多。② 即以知县而言，据乾隆十年（1745）《缙绅全书》，当时全国知县中进士占 44.6%、举人占 22.3%。③ 咸丰元年辛亥恩科江西乡试正榜共取录 124 名，后有 21 名考取进士。至同治末年，未考取进士的 121 名举人中，得知府二，道员一（陈宝箴），知县六（大挑四），绝大多数为训导、教谕。已考取的 21 名进士中，知府一，知县十三，余者为编修、主事。④ 清代科举出身以进士为贵，其任职分配有保障，起步就是正处级。外放州县班次亦优先安排，俗称"老虎班"。事实证明，文人入仕，仍以获得进士功名为最佳途径。陈宝箴咸丰十年秋致内兄黄鸿九函中已宣称不再应科举，但同治七年不得不改变初衷准备参加会试，以应对现实，原因即在于此。

（二）"署理"是"实任"的前奏。从咸丰九年（1859）以知县俟先选用，到光绪元年（1875）前以道员留湖南补用，陈宝箴度过了十七年的候补岁月。

清代的各种官职均有定额编制。在任官员如亡故、告病、休致、丁忧、终养、参革等，便出现了缺额，称为"出缺"，其相应的官职则称为"缺"。有资格的人，按出身、资历等分为"班"，依次排序，候选补"缺"入仕。

制度设计虽好，但"缺"少"员"多，始终是一对尖锐的矛盾。咸同时期，因巨大的军饷开销，朝廷"劝捐"（京官最高可捐到郎中，外官最高可捐到道员）。但实缺有限，而捐官者大增，使正常铨选秩序更为混乱。同治八年（1869），江苏巡抚丁日昌上《条陈力戒因循疏》云："即如江苏一省言之，道员可由外补之缺，不过二三员；府、州、县、同（知）、通（判）可由

---

① 刘体仁《异辞录》"陈宝箴享誉"条，山西古籍出版社 1996 年版，第 43 页。

② 朱寿彭《安乐康平室随笔》"历科榜运"条，中华书局 1982 年版，第 207—214 页。

③ 张研《清代候选官员得官初步——读〈望凫行馆宦粤日记〉之一》，载《清史研究》2008 年第 2 期，第 88—96 页。

④ 据《咸丰元年辛亥恩科江西乡试同年录》，约刻于同治十二三年间。

外补缺，亦不过十余员，而候补道约有六七十人，候补同、通、州、县约有一千余人。夫以千余人补数十员之缺，固已遥遥无期，即循资按格而求署事，亦非十数年补能得一年。”①光绪四年（1878），各项捐官花样一律停止，但积重难返，光绪六年四月，御史邬纯嘏奏：“国家选补州县，于正途本属优异。自军兴以来，识时务者由武功得官，拥厚资者因纳粟入仕，以致科甲州县候补无期。”②陈宝箴的好友陈蓝州，早年为了得到湖北房山县缺，捐了“花样”才如愿。③“军兴以来，奏调人员往往不次骤迁”，④奏调人员大都是参加幕府的人，这就造成了官吏升迁的捷径，于是希望做幕宾的更多了……许多著名人物由幕府变成高级官吏，如胡林翼、左宗棠、刘蓉等。⑤

陈宝箴同治五年因克复广东嘉应州，荡平发逆保奏，奉旨以知府遇缺即选，但何时有“缺”可补仍无法意料。陈宝箴家境并不富裕，无钱入赀加捐，年龄也到了三十五六岁，家累甚重。这就是他同治五年归里准备经商的原因。同治五年二月，他在《致席宝田函》中云：“……弟贾事已有端绪，可借此作上海之游，一领岛夷风味。不充名士，真作利徒，形迹较混浊，心事实光明也。士农工商，异流同源，不过曰‘混饭吃’……从此公垂钟鼎之名，我躬负贩之业，行自伤也！然得为盛世市井之臣，输厘助饷，以效愚忠，又自慰也。”⑥同治七年夏初，又在《致席宝田函》中云：“去冬归自湘中，大病两月，计偕之行，遂已不果，岂作刘蕡亦有命也？维思朝廷苟不以言为讳，何必射策金门始行其志？若无诱言启谏之风，即贾、董复出，亦悠悠耳。俯仰身世，不复为憾。”⑦

光绪元年署理湖南辰永沅靖兵备道为结束这种胶着状态带来契机。第一份履历单记述陈宝箴于“同治十一年五月期满甄别，以繁缺道员留南补用”。清代官制，以官员所掌握政务的紧要和繁简程度，划分为“冲、繁、疲、难”四缺。“繁缺”即重要岗位，而地方督、抚享有“繁缺”的任命权。一般先“署任”（代理），以此作为“实任”的过渡，半年后没有大的过错，再报吏部，改为“实任”。因此，候补道要获得实职，与督、抚的推毂转圜有极大关系。此时湖南巡抚是王文韶。王于同治十年十月由布政使升任巡抚，对陈宝箴在平侗抚苗中的才干已有深刻印象。同治十一年八月十四日，王在日记中写道：“接右铭来牍，详陈苗疆善后章程，即有见地，亦肯担当，心窃伟之……”⑧胡思敬《戊戌履霜录》：“陈宝箴……初以

---

① 张研《清代候选官员得官初步——读〈望凫行馆宦粤日记〉之一》，载《清史研究》2008年第2期，第88—96页。

② 《光绪朝东华录》第1册，中华书局1958年版，1984年重印本，第915页。

③ 周采泉《漫谈“捐班”与“候补”》，载《学林漫录》第12集，中华书局1987年版。

④ 自咸丰十一年给事中何璟奏疏，载《清史稿·列传》卷五四《何璟传》。

⑤ 郑天挺《清代的幕府》，载《中国社会科学》1980年第6期，第127—147页。

⑥ 《陈宝箴集》下册，中华书局2005年版，第1628页。

⑦ 《陈宝箴集》下册，中华书局2005年版，第1810页。

⑧ 《王文韶日记》上册，中华书局1989年版，第333页。

举人从席宝田治军，叙功保知府。王文韶巡抚湖南，甚倚重之，一切章奏皆出其手。”[①]据第一份履历单，知陈宝箴由候补道代理湖南辰永沅靖兵备道职务，时间是光绪元年二月十九日到二年四月十五日，在治所——今湖南湘西凤凰县只有一年零两个月。光绪二年四月卸任还长沙后，已“声称藉甚，大臣交论荐”，[②]担任“实职”已为期不远了。

（三）超授的荣耀。《清史稿·陈宝箴传》对陈宝箴早年经历是这样记述的：“少负志节，时文皆有法度，为曾国藩所器。以举人随父伟琳治乡团，御粤寇。已而走湖南，参易佩绅戎幕，军来凤龙山间。石达开来犯军，饥疲，走永顺募粮，粮至不绝，守益坚。寇稍稍引去。宝箴之江西，为席宝田画策，歼寇洪福瑱。事宁，叙知府，超授河北道。”对传主十余年的候补经历，一笔带过，而凸显传主授任实职，谓之“超授”。

第一份履历单记述，陈宝箴因“同治十二三等年督办衡永等属土匪，擒斩渠魁，地方安定，光绪三年六月汇案，保奏。七月十八日奉上谕：“着俟服阕后赏加布政使衔，钦此。”第二份履历单接续记述：“（光绪）五年七月赴部引见，九月到省。六年四月十七日奉旨补授河南河北道。”据此可知，陈宝箴于光绪五年在丁忧服除后已获“布政使衔”（从二品），而道员为正四品。光绪五年七月赴京引见，补授河南河北道。《清史稿》谓之“超授”，不为无因。陈宝箴经过多年打拼，终于拥有属于自己的平台，道员的身份与“道”的行政实职得以吻合。时陈宝箴已虚龄五十二岁。

与“超授”的说法可以相互印证的，是陈宝箴、陈三立父子师朋戚友数量繁多的赠序贺诗，笔者已搜集到赠序五篇，贺诗七题十首。特别是郭嵩焘，独撰两序三诗。他先写《送陈右铭赴任河北道序》，有云：“光绪庚辰之春，诏求人才，大臣多以其名应。于是特命分巡河北……任重而位尊，名高而眷深。”[③]嗣又撰《陈右铭观察赠别诗序》，有云：“嵩焘既前为序以赠观察之行，而导楚人之思，张君笠臣又相率为诗歌褒美，敷陈赓飏而推大之。嵩焘亦为诗以附诸君之后。”[④]推求句意，似当时还有一本湖南友朋为陈宝箴送行诗的专集。喜讯传到故里，义宁州的客家陈姓合族欢庆。光绪五年，陈宝箴曾回乡一次，与乡试同年陈文凤倡议扩建宗祠，两人率先捐银壹百吊。第二年工程竣工时，恰好传来陈宝箴荣授河南河北道的喜报，于是宗亲同声称贺，认为这是祖宗默佑之兆。[⑤] 按说陈宝箴此后升任按察使、布政使、巡抚，职位都比道台高，但再也没有出现像这次一样的喜庆场面，说明结束候补，担任实职，意义非同小可。

光绪六年正月二十一日，诏谕各直省将军督抚及曾任统兵大臣彭玉麟、杨岳斌加意访

---

① 胡思敬《戊戌履霜录》卷四《党人传·陈宝箴》，《近代中国史料丛刊·正编》第445册，台湾文海出版社1970年版，第1687—1689页。

② 陈三立《先府君行状》，《散原精舍诗文集》下册，上海古籍出版社2003年版，第849页。

③ 《郭嵩焘诗文集》，岳麓书社1984年版，第257—258页。

④ 《郭嵩焘诗文集》，岳麓书社1984年版，第72页。

⑤ 陈文凤《四修宗祠记》，见本书第687页。

求保荐人才。彭玉麟三月底巡阅长江至荆州时得知告谕。五月初一日，彭玉麟上奏，保举文职十六名，武职十七名，[①]文职第四名为“湖南候补道陈宝箴”。[②] 彭玉麟保举时，尚不知陈宝箴已于四月十七日奉旨补授河南河北道，这一天的《申报》已刊出授任人员名单。不过这后到的名臣保荐，也从侧面反映出陈宝箴在政界的影响。

清代官制，咸、同期间有所调整变化。可以军功保举知县，以军功超擢知府、道员，道员升按察使，按察使升布政使，布政使升巡抚。陈宝箴的从政历程，非常符合这一升迁路线。记录在履历单上的官制术语、事由期限，简简单单，质朴少文，其实一句话浓缩多年奋斗，一个词寓示一次转折。背后隐含着动态的经历过程，承载着人生甘苦、宦海升沉。陈宝箴的六孙陈寅恪晚年撰《寒柳堂记梦稿》，谓“吾家素寒贱……先祖仅中乙科，以家贫养亲，不得已而就末职。其仕清朝，不甚通显，中更挫跌，罢废八稔。年过六十，始得湖南小省。在位不逾三载，竟获严谴”。[③] 吊古伤怀，语意沉重。总的说来，陈宝箴在晚清政要谱系中，不是最上层的核心人物，未曾飞黄腾达，膺寄中枢要津。但他出自客家人“棚民”之家，崛起于阡陌之中，一步一个脚印，由作幕入仕，从候补知县、候补知府、候补道员到实职道台、按察使、布政使，官拜湖南巡抚，跻身封疆大吏，领导了湖南新政，在晚清政治舞台上扮演了重要角色，自当青史留名。

原载《清史研究》2012 年第 1 期

---

① 《彭刚直公奏稿》，《近代中国史料丛刊·正编》第 33 册，台湾文海出版社 1967 年版，第 72 页。
② 《郭嵩焘日记》第 4 册，岳麓书社 1983 年出版，第 74 页。
③ 陈寅恪《寒柳堂集》，上海古籍出版社 1980 年版，第 167—168 页。

陈三立赴京会试的重要文献解读

刘经富

陈三立(1853—1937),字伯严,号散原,江西义宁州(今江西修水县)人。他于同治十年辛未(1871)19岁中秀才后,于同治十二年癸酉(1873)、光绪元年乙亥(1875)、光绪五年己卯(1879)、光绪八年壬午(1882)四次参加乡试,光绪八年中式第21名举人。此后,曾三次赴京考进士。

在陈氏故里,保存着陈三立三次考进士的文物、文献资料,按发现时间的先后排列为:陈氏故居大门前至今矗立着一对"进士礅"(又称"旗杆礅"),礅上有一行阴刻文字:光绪己丑年主政陈三立;光绪二十年陈氏四修《宗谱》"陈三立条"载明"清同治十年辛未入州学,光绪壬午科举人,丙戌科进士";光绪十一年十一月义宁州府为陈三立赴省布政使司领取明年赴京会试咨文的呈文抄件。呈文中有"光绪九年癸未科会试一次"之语,可证陈三立第一次赴京考进士为光绪九年,因乡试的次年即会试之期,凡新科举人均有资格参加。

兹将关于陈三立第二次赴京会试的重要文献照录如次:①

义宁州为给文会试事。据卑州举人陈三立禀称,窃举现年三十三岁,身中面白无须,系本州泰乡七都民籍,由附生中式光绪八年壬午正科,本省乡试第廿一名举人,九年癸未科会试一次。兹届光绪十二年丙戌科会试之期,自愿赴京应试,呈恳转请给咨等情到州。据此,卑职复查无异,理合取具族邻甘结,同该举亲供,具文给令该举赍赴宪辕,听候转请给咨赴试。再该举于十一月廿二日在州具呈,即于廿五日给文,至应给水手银拾柒两,已于地丁项下重支给领,合并声明,为此备由具申,伏乞照验施行。须至申者申府宪,计申送亲供五本、甘结五套。

具亲供举人陈三立今于　　　与亲供为起文会试事,实供得举现年三十三岁,身中面白无须,系义宁泰乡七都民籍,由附生中式光绪八年壬午正科,本省乡试第廿一名举人,九年癸未科会试一次。兹届光绪十二年丙戌科会试之期,自愿赴京应试。举在籍并无抗粮匿丧违碍等情,所具亲供是实。

呈亲供式

---

① 参见本书第915—917页图片。

具甘结族房举人陈经、左邻教职涂家杰、右邻举人郑兰芬今于　　　与甘结为起文会试事，实结得举人陈三立，现年卅三岁，照亲供全云自愿赴京应试。查该举在籍并无抗粮匿丧违碍等情，合具甘结是实。

呈甘结式

南昌府义宁州为给发印照事，令给举人陈三立前赴布政使司辕门，请领光绪十二年丙戌科会试咨文一角，批一张。该举听候示领之期，亲赍赴辕，当堂将照呈验领给查销，须至印照者。

呈印照式　　　　　　　　　　　　右照给举人陈三立准此

州正堂陈全衔为给发　　护票事，兹有本州举人陈三立带同火夫轿夫赴京会试，凡遇城门关卡验票放行，须至护票者。

右票给举人陈三立准此

护票式

光绪十一年十一月二十三日

这批文献共五件：第一件是义宁州呈南昌府文，介绍陈三立到府办理相关手续。清代会试规定，举人参加会试，须先由本人提出申请，经审查合格，由省布政司发给咨文，赴礼部投递，称为“起送”。并按路途远近，给予路费，自数两至一二十两不等，由各州县就近发给。从义宁州呈南昌府文中知义宁州路费定额是17两，何故称为“水手银”，待考；第二件是义宁州呈南昌府文的附件，即陈三立的亲供（申请）。中有“身中面白无须”之语，乃旧时套语，即使“面黑有须”也要写成“身中面白无须”，连故宫的腰牌也要注明“面白无须”。江南陆师学堂发给鲁迅的《执照》亦称：“学生周树人，现年十九岁，身中面白无须，浙江省绍兴府会稽人，今考得一等第三名”；第三件也是义宁州呈文的附件，即担保书，担保者为三位举人。陈经（1844—1896），光绪元年中举。陈经与陈三立同为义宁州客家人，客家人与本地人不认宗，单独建祠修谱，另立一宗族；涂家杰（1818—1892），与陈家同乡同里，咸丰二年中举，光绪三年授江西浮梁县教谕；郑兰芬（1846—?），同治六年中举，所居地距陈家不远。关于担保，过去只知童生报名应县、府、院试，必须由本县一位廪生担保其身家清白，曰认保；再由县学学官派一位廪生，查看属实，曰派保。[①] 这份文献可证举人报名会试也需要担保，且需要三位同乡举人担保，并推知生员参加乡试也可能需履行担保这道程序；第四件是南昌府发给陈三立的印照，介绍陈三立到省布政司领取咨文；第五件是义宁州府为陈三立赴京会试开的护票。护票是出差、旅游或运输货物的通行凭证。“州正堂陈”即陈鼒，光绪十年至十六年任义

① 刘禺生《清代之科举》，《世载堂杂忆》，辽宁教育出版社1997年版，第4页。

宁州知州。举人赴京会试是否一定要自带伙夫、轿夫，尚无其他材料可证，可能各人根据自己的经济条件而定。

陈三立的家族有着源远流长的科举书香传统，是义宁州客家人著名的耕读之家，注重培养子弟，作育人才，曾在《分关》文书中专就子弟科举议定："读书凡发蒙至半篇者，每年众帮俸钱五百文，成篇者每年众帮俸钱乙千文；赴州试者每名卷资钱四百文，终场者倍之；赴府试者每名盘费乙千叁百文；其州试府试有列前十名者外赏钱乙千文；入泮者花红银十两；补廪出贡者五两；登科甲者三十两，祖堂旗匾众办……举人应会试者，众帮盘费贰十四千文。"咸丰元年辛亥(1851)，陈宝箴不负厚望，乡试中式，成为陈家的第一个举人。咸丰八年戊午，陈宝箴赴京参加九年己未科、十年庚申恩科会试，两试不第。因此，家族期盼的名登金榜就落在陈三立肩上。启程前夕，父亲陈宝箴从长沙回故里(《郭嵩焘日记》光绪十一年十一月初四记："晚诣陈右铭谈，始知右铭已定明日回江西。")为儿子送行，办理诸如担保、川资、伙夫、轿夫事项。

但陈三立第二次赴京会试仍不顺利，虽会试中式成贡士，但因担心书法不合程式放弃了复试，未能进入殿试，下一科补殿试始成进士。按旧时民间习俗，贡士亦可称进士，这就是自上世纪八十年代"陈寅恪热"兴起后，关于陈三立中进士的时间，产生了光绪十二年丙戌科进士和光绪十五年己丑科进士两说的原因，笔者另有专文论证这种习俗，兹不赘。而陈三立光绪九年已会试一次过去未闻此说，尽管陈三立在他的文章中早已透露出线索，如"余始逐试于南昌，得交君，俱少年耳。越三岁，同乡举，同计偕("计偕"是举人赴京会试的代词)居京师"(《文学士遗诗序》)。① "光绪壬午秋，与君同列乡试举人，朋聚于南昌。自后七八岁，每计偕必与君俱，留京师数月，或逾岁"(《刘镐仲文集序》)。② 但直到这五件文献的发现，这些材料才豁然成为佐证。这五件文献还可以考证陈三立第二次赴京会试的时间。马卫中、张修龄《陈三立年谱》"光绪十一年乙酉条"谓："十月，文廷式由江南入都，三立当亦此前后赴京会试。曾广钧《乙酉十月赠文道希孝廉将由江南入畿辅》：'此来健者不可得，纷纷余子徒千百。龙阳易生工属文，义宁陈兄有奇策。'"③文献中的第一件和第五件可证陈三立赴京在十一月二十三日后，十二月初到京。《郑孝胥日记》光绪十一年(1885)十二月初七(阳历 1886 年 1 月 11 日)记："芸阁固邀至义胜居饮，同席十一人：二陈伯严、次亮、二张昆仲、华、乔、毛、方、文、季直及余也。"④

这五件文献的价值不言而喻，除可以考证陈三立的科举经历外，还可以为清代科举提供生动的第一手材料。关于清代的科举制度与规定，已经出版的著作多介绍大的方面，涉及基层和民间的具体做法，则语焉不详，常使学者专家感到困扰。这五件文献使

---

① 陈三立《散原精舍诗文集》下册，上海古籍出版社 2003 年版，第 1066 页。
② 陈三立《散原精舍诗文集》下册，上海古籍出版社 2003 年版，第 886 页。
③ 马卫中、张修龄《近代诗论丛》，安徽文艺出版社 1995 年版，第 189 页。
④ 劳祖德整理《郑孝胥日记》第 1 册，中华书局 1993 年版，第 85 页。

我们得知举人亲供和县府呈文的行文格式和具体内容、赴京会试须办的具体手续。虽是抄件，但也弥足珍贵，特别是第三件担保书和第五件护票这两道手续，为诸家著作所不载。

原载《文献》2007年第3期

科举制度在民间的生动演绎
——义宁陈氏故里的举人石、进士礅

刘经富

丰子恺先生写过一篇《中举人》的文章，回忆他的父亲丰鐄参加科举考试事。丰鐄科举功名一直不顺，从27岁起参加乡试，连考三届，到36岁时，才考取光绪朝最后一科举人。丰母是个好强的人，虽垂垂老妪，常请医吃药，还是放不下一桩心事。当地风俗，凡中举者须到祖坟前立旗杆石，竖起旗杆来。中了举人，不但活着的族人体面，连死了的祖宗也荣耀。老太太对人说"坟上不立旗杆，我是不去的"。丰鐄中举不久，母亲已病危，丰鐄连忙到祖坟上立旗杆。母亲弥留之际犹问："坟上旗杆立好了吗？"丰鐄答："立好了。"老太太含笑而逝。

我们要感谢丰子恺，他为我们留下了一篇昔日读书人科举成功后如何光宗耀祖的生动材料。也为后人研究旗杆石的来源、功用、演变提供了一条线索。在我的家乡——江西修水县（清代为义宁州），旗杆石是立在宗祠前或祖堂前的。它与高高悬挂在大厅上的烫金大匾一起成为主人身份、地位的象征物。在浙东、徽州和粤东的广大乡村，也有不少在宗祠、书院前立旗杆的实例，并有实物遗存。而在福建客家人聚居的地方，宗庙前立的是性质相似的"石旗杆"，以激励家族子弟成才扬名。本族习举业者，若考取进士，便请名匠制作"石旗杆"，在旗杆上凿上姓名、功绩和生平，并雕刻龙、凤、禽兽等吉祥物。后来扩展到考取秀才举人也为其立石旗杆。只是底座不一样，有四角、六角、八角的区别。

我知道民间有举人石是在十多年前，最初看到的是陈宝箴中举立的旗杆石。由于陈宝箴的名气大，我原以为旗杆石不是一般人所能拥有的，这增加了旗杆石的神秘感。后来我提起行囊下乡搞田野调查，发现民间残存的旗杆石竟那么多。它们有的竖立在破败的祠堂前；有的倒仆在小沟上；有的平放在池塘边。成为过沟的桥面、洗衣的石板。这种景象与当年立旗杆的初衷形成了巨大的反差，为先人始料所不及。

在我所走过的村落中，印象最深的是郭城的旗杆石。这里曾经是一个非常兴盛的农耕与商业相结合的市镇，这从它的得名可以看得出来，过去有个说法"千丁为郭，千烟为城"。从现存的民居、戏台、店铺和深宅大院的熊氏宗祠，不难想象郭城当年的规模。屋檐下，沟圳边，随处可见倒仆的旗杆石。查《义宁州志・选举志》，知郭城熊姓曾出过两个举人，七个贡生。与郭城隔河相望，两里之遥的何家大屋，有十对旗杆石。据说大屋共住24户人家，一个村民小组，可见此屋之大，可惜毁于1998年的那场大山洪。我请两位何姓老人用茅刀砍清蒿草，十对旗杆石露出了真身。五对高，五对矮，前后两排。带路的老人说，高的是文举，矮的是武举，因武举俗称半个举人。我没能找到《何氏宗谱》，查清这十对旗杆石主人所得功名的具体名目、时间、字号，带路的老农已说不清自己的家族史。不过，从这一前一后整齐排列的旗杆石，可以想见这里当年宅第巍然、旗杆簇立的场面，是何等气派与辉煌。

清代科举制度规定，新科举人，顺天由礼部、各省由布政司颁给牌坊银二十两（亦称旗匾银）及顶带衣帽匾额……各省有做匾额致送者，而银两衣帽则名存实亡矣（商衍鎏《清代科举考试述录》，三联书店1958年版，第83页）。举人牌坊未尝一见（进士牌坊在徽州尚有两处实物遗存，见王振忠《徽州》，三联书店2000年版，第71、78页），旗匾则广泛流行。可能因为牌坊工程浩大，而旗匾则较容易办理。虽然后来银两衣帽名存实亡，但民间对科举功名的奖励长盛不衰，从家族到宗族到地方上都乐此不疲。我所阅读过的书院志、宾兴志、季会文书几乎都有对科举功名进行奖励的赏规、章程。有一部《聚奎书院志》留下了这样的记载：“登文榜者给旗匾钱肆拾千文；登会榜者给旗匾钱捌拾吊文，会元加钱肆拾吊文，武进士减半；点鼎甲者给旗匾钱二百拾吊文；点词林者给旗匾钱壹百陆拾吊文；主事给旗匾钱壹百吊文；中书给旗匾钱捌拾吊文；即用知县给旗匾钱陆拾吊文；武鼎甲给旗匾钱壹拾吊文；点花翎侍卫给旗匾钱捌拾吊文；蓝翎侍卫给旗匾钱叁拾千文。”（武榜的奖励恰是文榜的一半，这证明了民间“武举是半个举人”的说法）另有一部《文昌宫志》则说：“贡举科甲上匾竖旗，各从其愿。”

从以上引录的材料中，我们可以感知昔日民间对竖旗悬匾的热望。的确，一个家族，一个地方，有没有旗杆石，旗杆石的多寡，可以折射出这个家族这个地方的兴衰荣枯、实力人气。在强宗著姓、累世书香的地方，多一对或少一对旗杆石都不影响这个地方的名声。而在人文贫弱的地方，旗杆石为地方增光添彩的作用就会凸显出来，它往往与某位举人故居一起，成为当地一带的标志性建筑。义宁州怀远（客家）塾师陈光祖的旗杆石和故居就是典型的例子。

陈光祖是嘉庆九年（1804）岁贡生，是义宁州怀远陈姓获得科举功名的第一人，又是陈宝箴叔祖的启蒙老师，乡人称之为岁进士。传说陈光祖的故居是族人为他赴京考试归来接风，集全族之财力人力，在他回来的前几天赶做起来的。传说未必可信，不过这栋大屋至今仍然是这一带最大的建筑倒是事实。故居为两进三横式格局，大门前立旗杆石，旗杆石前为泮池。这在当时当地可算得上标准的文化设施了。与那些“庭院深深深几许”、三进九横或一进五重的大型宅第相比，陈光祖的故居和科举位次都上不了档次，但当我们了解了义宁州客家早期发展史，对其故居和功名所蕴含的历史沧桑当有更深的感受。

义宁州的客家人称怀远人，得名于义宁州一个特殊的行政建置“怀远都”。建立“怀远都”的动因亦与科举有关。1930年，罗香林先生写了一篇《客家源流考》的论文，请陈寅恪师批改，寅恪先生向罗香林讲授了义宁州怀远人的情况。罗香林一一写进文章中。1970

年，罗香林在《回忆陈寅恪师》一文中重提往事："修水之有客家是根据吾师陈寅恪先生的讲授推知的。他的上代是从福建上杭过来的，属客家系统。这些从闽粤迁去的客家人，多数以耕读为业。因为生性耐劳，勤于读书，所以考秀才的时候本地人往往以学额被客家学子多分了去，便出而纷争，甚至阻挡客家学子入学考试。后来由封疆大吏请准朝廷，另设'怀远'学额，专给客家人应考，与原来的学额无关，这才把纷争平息。"虽然到了陈宝箴应考的年代，这个规定早已打破，土、客学子可以一体考试，土、客士绅文人已在一个共同的文化圈子里陶熔煦育，但"怀远人"的称谓却从此流传下来。

修水现存的旗杆石到底有多少？难以作出全面系统的摸底统计。一般说来，过去凡有科举功名的人，都会按礼制上匾竖旗。有清一代，义宁州共产生了15个文进士（含光绪朝），10个武进士，123个文举，260多个贡生，163个武举（同治十二年版《义宁州志·选举志》）。这还是同治以前的，尚有光绪朝的因州志失修而无法知晓。一二百年前，义宁州各姓的宗祠、祖堂、书院前该有多少旗杆石，见出义宁州一度人文蔚起，斋斋皇皇。在这股尊文重教的大潮中，义宁州深厚的人文土壤，培育了许多科甲联芳的门第，进而推出了一个书香世家——陈宝箴家族。这个家族因产生了陈宝箴、陈三立、陈衡恪、陈寅恪四位杰出的人物而被世人瞩目，吴宓教授称义宁陈氏为"文化贵族"。近几年来，随着"陈寅恪热"的兴起，到陈氏故里瞻仰游览的人越来越多，陈宝箴的"举人石"，陈三立的"进士礅"，也愈发受到人们的关注。这两个前朝遗物和陈氏父子故居"陈家大屋"，对宣扬"义宁陈氏文化世家"起到了极大的佐证作用。

陈宝箴科举成功绝非偶然。他是义宁州读书人奋发向上的整体心态和陈家几代人形成的耕读门风托举的结果。

陈宝箴的家族有着源远流长的科举书香传统。他的七世祖陈于庭，明万历癸卯科乡试副榜，其弟陈于阶，崇祯戊辰科进士。陈于阶的子孙，多有贡生、廪生、庠生。陈于庭的次子陈梦说亦为副贡生。再传三世到陈宝箴的曾祖陈鲲池，耕读之家的脉息始终没有断绝。陈鲲池的父亲陈文光是个塾师，陈鲲池少时随父亲在教馆读书习举业。这种诗礼传家的家世背景和读书人的素质毫无疑问会影响传承到下一代。雍正末年，陈鲲池从福建上杭迁义宁州，他的四个儿子（即陈宝箴的祖父辈）都以继承读书进取的清纯门风为职志，一直念念不忘祖先留给他们的荣耀光华。

嘉庆二十三年（1818），陈宝箴的祖父四兄弟分家析产，在分关文书中议定："读书凡发蒙至半篇者，每年众帮俸钱五百文，成篇者每年众帮俸钱乙千文；赴州试者每名卷资钱四百文，终场者倍之；赴府试者每名盘费钱乙千叁百文；其州试府试有列前十名者外赏钱乙千文；入泮者花红银十两；补廪出贡者五两；登科甲者三十两，祖堂旗匾众办。""鲲池公坟山内树木永远长蓄护坟，子孙不得砍伐伤冢。其田山永不许出卖典当，如有不遵者，冬至日家法重责外，仍要每树一根罚钱五千文上会，倘有典卖田山者，送官究治。其坟前巨杉，子孙有能登贡科甲者，任其砍伐竖旗无阻。"

这是我所见到的唯一的一份有奖励科举功名内容的分关文书，一百八十年后，我们在读这两段文字时，犹觉回肠荡气，感受到字里行间跳动的脉搏。祖坟的山林树木神圣不可侵犯，唯有子弟科举成功在祖堂前竖旗杆可以破例砍伐。陈家培育子弟的决心与气势，在这件事上充分体现出来。三十多年后，这个家族中的佳弟子陈宝箴不负众望，继堂兄陈观礼获廪贡生功名后脱颖而出，崛起于阡陌之中。他于咸丰元年(1851)辛亥恩科乡试中举，名次是 113 名，成为义宁州这一科五个举人之一，时年 21 岁。我们不知道陈家当年是否真的在祖坟山上砍下两棵又直又长的大杉树作旗杆以告慰先人，在修水这个山区，又长又直的大杉树不难寻觅。只是用祖坟前的古树来做举人旗杆有着特殊的象征意义。总之，陈家大屋场上多了一道风景，同治二年义宁州客家陈姓修谱，陈家的屋图比上届谱的屋图增加了旗杆石的图样。陈宝箴中举时，他的一位叔祖还健在，宗谱上说他“年八旬，从孙举于乡，闻之甚喜，语之曰，吾家先世以科甲显，吾兄弟四人甚望此，今诸昆皆物故，吾老矣，犹及见之，亦差强人意。虽然，科第重人耶？抑人重科第耶？愿益勉之，吾所期尔曹者尚不在此也”。气度、识见超迈乡间绅学名士。

咸丰八年戊午(1858)，陈宝箴赴京参加庚申科会试不第，留京城苦读二年，没能再登甲科。他的六孙陈寅恪晚年所写的《寒柳堂记梦》稿中说，“吾家素寒贱”“先祖仅中乙科”，但陈宝箴的崛起却为陈氏家族的进一步发展壮大打下了扎实的根基，家族期盼的名登金榜终由他的长子陈三立实现。

光绪八年(1882)，陈三立 29 岁时在南昌应乡试中式，成为江西壬午科第 21 名举人，以后又三次赴京参加会试，于光绪十五年(1889)己丑科获隽，列三甲第 45 名，是义宁州清代十五名进士之一，以主事分吏部考功司行走。

陈三立雁塔题名给家族带来了巨大的荣耀，陈家大屋前从此留下两个“进士礅”(又称“旗杆礅”)。光绪二十一年四修宗谱，陈家的屋图亦相应增加了一对“进士礅”的图样。现存陈三立“进士礅”长、宽各 1.36 米，高 1.26 米，中间的孔洞直径 27 厘米。墩的正面有一行石刻：“光绪己丑年主政陈三立。”这行石刻是陈三立系己丑进士说有力的支撑。

据当地的一位老者说，老家为陈三立竖旗杆时，他曾回乡一次(时陈宝箴一家定居长沙已十多年)。此说虽没有直接的文字材料可以证明，但前面提到的《分关》文书中有这样一条规定：“名魁虎榜者及新进生员，三年之内必须回籍省墓。除定期常额外，众帮敬祖盘费钱二千文，以为先人光宠。”面对先人的遗训和族众的期待，进士陈三立恐怕是不好拒绝回乡的。

中国的科举制度实行了上千年，在漫长的历史进程中，这一“官学一体”的制度随着朝代时势的变化而名目繁多，已成为典章文物制度研究的一个重要门类，专门之学。我们这一代读新书的人，所知有限。特别是一些民间规矩，更是一头雾水。在当日或许用不着多费笔墨，给后人留下记载，人人都明白。时代背景一变，连专家也难考证了。就说竖旗杆这码事吧，也不过百把年的功夫，我们就无法彻底弄清楚。其来源，据说是远古“华表”的遗存。传说尧舜时代,在交通要道竖立雕刻精美的柱子,作为识别道路的标记,称之为“华表”。后来,“华表”被皇宫帝城所独占,民间则演变为旗杆。明代以后,士人科举中第,家门前可以树高杆大旗,旗子用红绫制成,上书金色大字(熊万年《中国科举百态》,东方出版中心 1997 年版,第 138 页)。说白了,旗杆是过去民间提高身份、地位的一种“礼制”。至于这种“礼制”为何又被科举所独占?不得而知。虽然昔日科举制度影响民间社会至巨,但乡间仍难获致与旗杆石有关的文献材料,这是一个被遗忘的角落。它与今日乡间草野偶然一见的石缸、石臼、石碾一起成为“石器时代”的余晖残照,总有一天会消失殆尽,只有名人的旗杆石,才有可能得到文物部门的关注、保护,向后人诉说着一方人文和昔日荣光。

从 1997 年起,笔者到陈氏故里的次数逐渐增多。每去一次,都有新的发现和感触。站在陈家大屋的屋场上,凝视陈宝箴的举人石和陈三立的进士礅,觉得自己找到了这个文化世家精神上的源头与脉络。这两个凝聚着陈家几代心血的鸿宝重器,是这样的厚实稳当,有着“纪念碑”一样的气魄。我的思绪飘向远方,想起至今屹立在京城国子监的明清进士题名碑,想起陈三立的后人 1990 年初在进士碑林寻找先祖名字的情景,进而想起那块陈寅恪撰文,屹立在清华园一角的《海宁王静安先生纪念碑》和那碑文上的结束语“与天壤而同久,共三光而永光”。

原载《东方文化》2003 年第 2 期

陈门五杰碑文

刘经富

陈宝箴(1831—1900),字右铭,晚号四觉老人。修水桃里竹塅村人。清咸丰元年辛亥科举人。同治初年,往安庆谒曾国藩,被称为“海内奇士”。同治九年,以知府发湖南候补。此后历任湖北按察使、浙江湖察使、直隶布政使。光绪二十一年任湖南巡抚。

1895—1898年,陈宝箴慨然以湖南开化为己任。率按察使黄遵宪、学政江标、时务学堂总教习梁启超、候补知府谭嗣同等锐意推行新政,以挽救中国被列强瓜分的厄运。湖南维新风气因此大开,成为全国最有生气、推行新政最有实绩的省份。

1898年9月,“戊戌变法”失败。陈宝箴因保举“戊戌六君子”中的杨锐、刘光第,被革职回乡。同年冬,陈宝箴挈眷返里,在南昌西山下筑“崝庐”隐居。1900年7月22日郁郁以终。《清史稿·列传》立《陈宝箴传》,有《陈宝箴集》传世。

陈三立(1853—1937),字伯严,号散原。陈宝箴之子。光绪八年壬午科举人。光绪十五年己丑科进士,授吏部主事。

1895—1898年,陈三立在湖南辅佐其父推行新政。在整顿吏治、革新文化教育、罗致维新人才等方面多所赞划,赢得了极高的社会声誉,与谭嗣同等人一起被称为“维新四公子”。

“戊戌变法”失败,陈三立与其父一同被革职。从此一心肆力于诗,取得了巨大成就。他是清末民初“同光体”诗派的代表人物,享有“吏部诗名满海内”之誉。

1933年秋,陈三立从庐山定居北平。1937年7月“卢沟桥事变”,8月平、津沦陷。时陈三立已卧床不起,他忧愤国难,于9月弃世。1945年11月,江西省政府决定将赣西北临时中学改名散原中学,以纪念先贤,表彰忠烈,激励民族气节。有《散原精舍诗》《散原精舍文集》传世。

陈衡恪(1876—1923),字师曾,号槐堂、朽者。陈三立长子。1902年春赴日本留学,1909年夏归国。归国后,先后在江苏南通师范、湖南第一师范、北京高等师范、北京美术专科学校从事美术教育。

陈衡恪诗书画印兼善多能,才华横溢,绘画、篆刻曾得吴昌硕指授,在金石书画界享有崇高声誉。曾建议、鼓励齐白石衰年变法。是吴昌硕之后,齐白石之前承先启后的著名书画大家。

陈衡恪性行纯笃,人品高洁,与鲁迅、杨怀中、齐白石、李叔同、徐悲鸿交谊深厚。有《陈师曾先生遗诗》《陈师曾先生遗墨》《陈师曾印谱》《中国绘画史》《中国文人画之研究》传世。

陈寅恪(1890—1969),字彦恭。陈三立三子。早年留学日本及欧美。先后就读于美国哈佛大学、瑞士苏黎世大学、法国巴黎高等政治学校和德国柏林大学。1925 年受聘清华学校国学研究院导师,回国任教。后任清华大学、西南联合大学、香港大学、广西大学、燕京大学、岭南大学教授,中研院史语所研究员、中研院院士。1949 年后,任中山大学教授、中央文史馆副馆长、中科院哲学社科学部学部委员。

陈寅恪是我国现代史学界的一代宗师。他学识渊博,精通历史学、古典文学和佛学等。通晓十余种外语,尤精于梵文、突厥文、西夏文等古文字的研究。他关于魏晋南北朝史、隋唐史、蒙古史、唐代和清初文学、佛教典籍的学术成就,为国内外学术界所推崇、研究,被誉为"义宁之学"。

陈寅恪尊崇气节,贬斥势利,其"独立之精神,自由之思想",举世钦仰,世称"义宁精神"。有《陈寅恪集》传世。

陈封怀(1900—1993),字时雅。陈衡恪次子。1922 年,就读于金陵大学农科。1927 年,毕业于东南大学生物系。1934—1936 年,留学英国爱丁堡植物园。归国后,历任庐山植物园主任,中正大学园艺系教授,南京中山植物园、武汉植物园、华南植物园主任,华南植物研究所所长。我国植物园创始人之一,为我国的植物园建设事业作出了杰出的贡献。1981 年,当选为第九届国际植物园协会常务委员。著《中国植物志·报春花卷》,获 1993 年度中国科学院自然科学一等奖。

原载 2001 年 12 月 16 日《修水报》

按:2002 年 5 月,修水县政府在县城建成"义宁陈氏五杰广场"(简称"五杰广场")。在原四杰陈宝箴、陈三立、陈衡恪、陈寅恪基础上,增加陈衡恪次子、我国著名植物学家陈封怀生平事迹。这比 1994 年修水政协编印《一门四杰——陈宝箴、陈三立、陈衡恪、陈寅恪史料》资料集又进了一步,"陈门五杰"称谓从此名成义立。

与二十世纪八九十年代山外蓬蓬勃勃的"陈寅恪热"相比,故乡的纪念虽然慢了半拍,但毕竟还是来了。1979 年,修订本新《辞海》为"陈宝箴、陈三立、陈衡恪、陈寅恪"分立条目。由于《辞海》的权威性,一家三代四人上《辞海》成为美谈,开了《中国大百科全书》《世界名人词典》为他们分立条目的先河。在世界范围内,一家祖孙三代四人同上《世界名人词典》的现象亦属罕见。如果说《辞海》为陈宝箴、陈三立、陈衡恪、陈寅恪列举条目成就了一个特例的话,那么,"五杰广场"是故乡人民为陈氏家族创立的第二个特例。全国以一个家族成员命名的文化广场,迄今似无第二家。在修水,只有黄庭坚家族和陈宝箴家族能够承受得起如此重典。

哲人已矣,典型犹存。乡邦遗献,俎豆素馨。庄严亮丽的"五杰广场",是修水人民为义宁陈氏文化世家树起的一座丰碑!

陈寅恪“恪”字读音与其家族史的关系

刘经富

一、陈寅恪名字及“恪”字辈的由来

陈寅恪(1890—1969),江西修水县人。清雍正末年,陈寅恪的六世祖陈鲲池从福建上杭县来苏里中都乡琳坊村迁江西南昌府义宁州(1912年分为修水、铜鼓两县)泰乡七都竹塅村。

一百多年后,迁入义宁州的怀远人(修水、铜鼓客家人的特殊称谓)开始联宗建祠修谱。咸丰元年(1851)恩科乡试,陈文凤和陈宝箴(陈寅恪祖父)中举。怀远陈姓欢欣鼓舞,借此喜庆,敦促陈文凤、陈宝箴编纂“合修宗谱”(通谱)。因受太平军战事影响,通谱延宕至同治二年秋季才修成。

同治通谱在义宁州怀远陈姓族史上具有重大意义,它理清了过去一百多年来各支自定的混乱世次。在此基础上,陈文凤、陈宝箴制定了“三恪封虞后,良家重海邦。凤飞占远耀,振采复西江”的行辈用字(修水民间称之为“派号”)。规定从开基祖下延到二十一世,一律按通谱派号起名,废止以前各支自定的私派。需要特别指出的是,为了使“三恪封虞后”的新派号顺利推行,陈宝箴家族将二十一世已成年子弟的原名都改成“三”字。如陈宝箴堂侄“陈成塾”时已三十岁,仍按新谱派改名“三略”,陈宝箴长子陈三立时已十一岁,已按私派起名“成牧”,亦改名“三立”,可见陈宝箴作为宗族核心人物推行通谱派号决心之大。

“三恪封虞后”典出我国古代的一项礼制(见《左传·襄公二十五年》)。古代新王朝为巩固统治,对前朝贵胄后裔赐予封地,以示尊礼。周武王灭商得天下后,封夏、商之后于杞、宋,封虞舜之后妫满于陈丰氏部落故地宛丘(今河南东部、安徽西部一带),并将长女太姬嫁给妫满,建立陈国,“以备三恪”,其子孙后代遂以国为姓。因此,陈文凤、陈宝箴制定的“三恪封虞后”派号概括了陈氏受姓的尊荣和史源,寓含慎终追远之意,也昭示着“恪”字形、音、义与“客”字同源相通。《孔丛子·答问》:“王曰:‘周存二代,别有三恪,其事云何?’答曰:‘封夏、殷之后,以为二代,绍虞帝嗣备为三恪。恪,敬也,礼之如宾客也。’”明焦竑《焦氏笔乘·古字有通用假借用》条:“‘三恪’,恪当读如客,恪、客古通用。”清吴大澂《古籀汇编》卷十据周朝的窓鼎考证“窓(恪)”为“客”字的异体,三恪即三客,即以客礼待虞舜、夏、商子孙后裔之意(“三恪”礼制一直延续到唐代,参见《辞源》"三恪"条)。修水另有一个陈寅恪起字"敬宾",准确地阐释了"恪""客"二字音同义近的互训关系。

光绪十六年庚寅(1890)五月十七日寅时,陈宝箴的六孙在长沙降生。因生在寅年寅时,故名寅恪。陈宝箴有八个孙子:老大衡恪(师曾)、老二殇、老三同亮殇、老四覃恪(陟夫)、老五隆恪(彦和)、老六寅恪(彦恭)、老七方恪(彦通)、老八登恪(彦上)。按"恪"字本义为"恭敬"。《诗·商颂·那》:"温恭朝夕,执事有恪。"故"恭""恪"二字常常对文互义。东晋十六国的前燕名将慕容恪,字玄恭。"寅"字亦有恭敬之义,《尚书·皋陶谟》:"同寅协恭,和衷哉。"此即陈寅恪长辈为其取字"彦恭"的经义出处。

在陈寅恪故里修水县,怀远陈姓自通谱派号颁行后,著录在宗谱上的恪字辈有 960 余人,其中陈宝箴家族的恪字辈有 60 人。在这近千人的恪字辈中,曾有 6 个"陈寅恪"(据修水怀远陈姓民国三十二年[1943]六修谱)。今修水恪字辈用"恪"字起名者尚有近二百人(如果加上邻县铜鼓、奉新,还不止此数)。

"文化大革命"以后,民间已不时兴按谱派起名。陈文凤、陈宝箴制定的二十辈派号到"良"字辈后基本歇绝。因此,"三恪封虞后"五辈派号的通行,就成为这个客家宗族从几十个分散家族构建凝聚为一个大族、望族的历史记忆。陈寅恪兄弟作为"恪"字辈的翘楚,他们的名字已成为这个宗族重要的文化遗产,其名字的读音与这个宗族"三恪封虞后"派号的涵义紧密相连。

二、北京话"恪"字两读现象

"恪"字的正字为"愙",从宋《广韵》到清《康熙字典》、光绪十六年《考证字汇》都只有一个反切,宕摄开口一等字,折合成现代语音即 kè(克)音。但民国初年以后的字典"恪"字却增加了一个 què(确)的又读音:

商务印书馆 1912 版《新字典》:恪,苦各切。读如却。(第 2 册,第 118 页)

商务 1915 版《辞源》:恪,可赫切。亦读如却。(上册,心部,六画,第 21 页)

商务 1937 版《国语辞典》:恪(愙)㈠ㄎㄜ科,㈡ㄑㄩㄝ缺。(删节本第 394、599 页)

商务 1948 版《国音字典》:恪,ㄎㄜ。(又)ㄑㄩㄝ。(第 99 页)

人民教育 1953 版《新华字典》:恪ㄑㄩㄝ ㄎㄜ(又)。(第 412 页)

商务 1957 版《新华字典》:恪ㄑㄩㄝquè ㄎㄜkè(正)。(第 285 页)

可见北京话"恪"字两读现象由来已久,1953 版《新华字典》甚至把"ㄎㄜ(克)"标为又读音。1965 年第 2 期《中国语文》发表周定一《对〈审音表〉的体会》一文,说"'恪守'的'恪'有 què、kè 两读,北京比较通行的是 què,合乎北京语音一般演变规律……"

"恪"字在北京话里有两读,与"腭化"有关。约从明代开始,北方语系中舌根音 g、k、h 的细音(包含齐齿呼 i、撮口呼 ü 的音节)向舌面音 j、q、x 转变。也就是说古音本没有舌面音 j、q、x,今音中一部分读 j、q、x 声母的字是从古音 g、k、h 声母中分化出来的。语言学界把这种发声部位的前移称为"腭化"。如"卡"字既念 kǎ,又念 qiǎ,"壳"字既念 ké,又念 qiào,"客"字既念 kè,又念 qiě。(徐世荣《北京土语词典》,北京出版社,1990 年,第 326 页)"恪"的本字为"愙"(北宋时简化为"恪"),"客"有两读,用"客"做声旁的"愙"自然也会有两读。也有专家从文读、白读的角度来分析北京话"恪"字两读现象,认为"恪"字文读为 kè,白读增加了介音 ü,从而腭化为 què。"恪"字又读音 què(确)的流行与民国初年的南方识字读本用常用字"确"标注"恪"字的读音也有一定关系。"恪""确"二字在南方方言区均念入声 ko 或 ka,至今如此(1980 年香港中文大学出版社出版的《李氏中文字典》即用"课"注"恪"的国音 kè,同时用"确"注"恪"的粤音 ko),学习官话的南方人用"确"的官话音 què 来类比切换"恪"的读音。

陈寅恪曾在清华大学工作多年。北平的文人和清华、北大的师生称呼他的名字有念 kè(克)的,有念 què(确)的,以后念 què(确)者逐渐增多。但陈寅恪对别人念 què(确)成风并不认同,曾对同事毕树棠和学生石泉说过"我的名字念 kè(克)"。

三、纠正两种错误的说法

1. 陈寅恪老家方言客家话念 què(确)说

1996 年 12 月 25 日《团结报》发表董开荣《"恪"字读音》一文,援引陈寅恪某位弟子的说法:"陈师先祖由闽入赣,落户义宁,属客家系统。客家人习惯将'恪'读 què(确)。义宁陈氏一直保持客家传统,故陈氏昆仲名中的'恪'字均读 què(确)。友人及学生即约定俗成随之。因'恪'读 què(确)系客家习惯,故诸工具书不载 què(确)音。"(1997 年第 4 期《文史知识》转载了这段文字)其实这是一个纯属子虚乌有的学术硬伤,此说一出,影响极大,误导匪浅。

按此说虽然从方言旧读的角度来解决《现代汉语词典》《新华词典》"恪"字不载 què(确)音,而陈寅恪家人、部分弟子念 què(确)的困惑,却没有将注意力放在北京方言旧读和 1959 年以后字典不载 què(确)音的原因上,而转从陈寅恪老家方言去寻找解释、发掘证据。后来热衷于传播此说的人既没有用考据实证的精神方法,带着问题深入到陈寅恪故里或其他客家方言区做一次田野调查,也不向研究方言学、音韵学的专家请教,就坚信陈寅恪老家方言客家话念 què(确)。人云亦云、集体无意识地制造了一个"美丽的错误"。对照科学理性精神和严谨笃实的学风,不能不说是一个遗憾。

客家话没有 què(确)这样的音节(无"圆唇撮口呼 ü"),且比较完整地保留了古入声。"恪"字古音为入声铎韵,故修水客家话(怀远话)和本地话均念"恪"字为入声 ko,类似于普通话"贺""鹤"字的发音。笔者二十余年来在修水、铜鼓乡间搜集陈寅恪家族史料,遇到的恪字辈,上至八十老人,下至七八岁孩童,无一例念 què(确)。他们背诵谱派诗"三恪封虞后,良家重海邦……"时也从不将"恪"念成 què(确)。

2. 陈寅恪本人念 què(确)说

2001 年新世界出版社所出《思想的魅力——在北大听讲座》第 3 辑张岂之《百年中国史学回顾》有这么一句:“‘恪’为什么念 què(确)呢?陈先生自己讲我这个字念 què(确),所以就念 què(确)了(笑声)。”如果作者能举出陈寅恪讲这句话的原始出处,当增加可信度,然而至今没有发现可以证明陈寅恪何时何地讲过这种话的文献材料。

而可以证明陈寅恪自己不会念 què(确)的文献材料和理由却比较多。

首先,陈寅恪本人从青年到老年,从未将自己的名字读音写成 què(确)。

① 1921 到 1922 年,陈寅恪在美国哈佛大学和德国柏林大学留学时,给哈佛大学老师兰曼的三张贺卡(生日、圣诞)和两封信,署名均为 Yin koh Tschen。(林伟《哈佛大学所藏陈寅恪留学档案》,未刊稿,贺卡和信函均有图片)

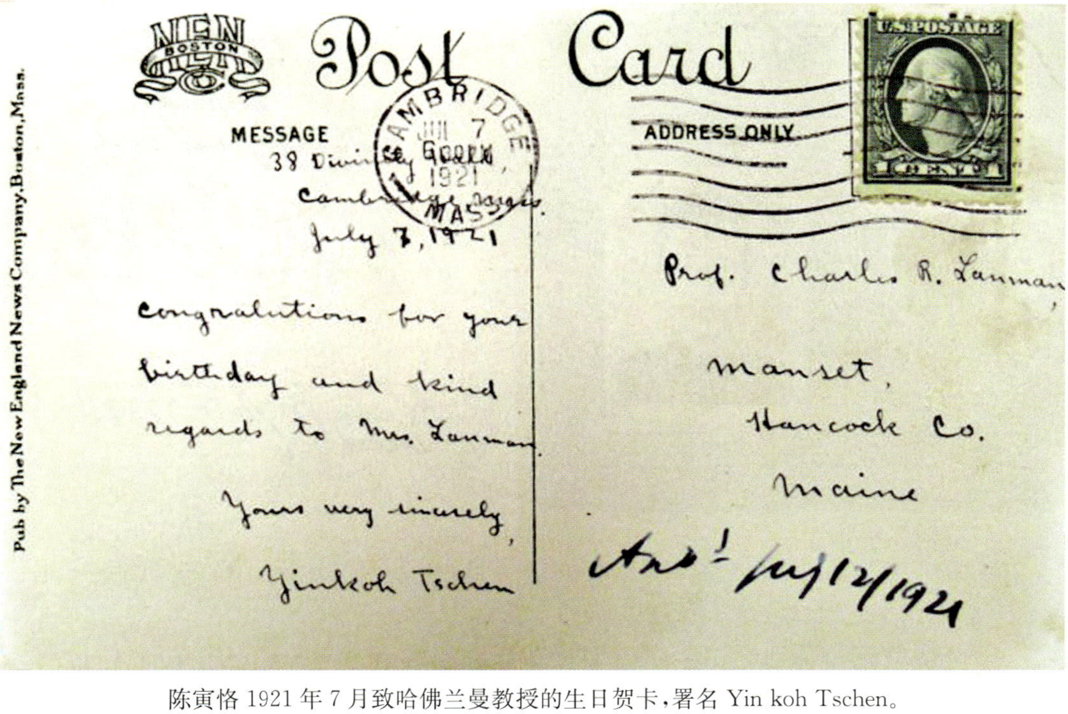

陈寅恪 1921 年 7 月致哈佛兰曼教授的生日贺卡,署名 Yin koh Tschen。

② 1924 年,赵元任亲见陈寅恪署名为 Yin ko Tschen。(赵元任、杨步伟《忆寅恪》,俞大维等《谈陈寅恪》,台湾传记文学出版社 1970 年版,第 26 页)

③ 1925 年,陈寅恪在柏林大学肄业证上署名为 TSChen Yin Koh。(出处与旁证资料②同)

④ 1931 年,陈寅恪致钢和泰的亲笔信署名为 Yin Koh Tschen。(陈流求等《也同欢乐也同愁》,三联书店 2010 年版,第 69 页)

⑤ 1936 年和 1937 年，陈寅恪在哈佛《亚洲学报》发表两篇英文论文，署名为 Tschen Yin koh 和 Ch'en Yin k'o。（杨君实《陈寅恪先生的两篇英文论文》，《追忆陈寅恪》，社会科学文献出版社 1999 年版，第 359 页）

⑥ 1940 年 5 月，陈寅恪致牛津大学的英文信署名为 Tschen Yin Koh。（《陈寅恪集·书信集》，三联书店 2001 年版，第 222 页）

⑦ 1945 年秋，陈寅恪在赴英国的护照上署名为 Chen Yin Ke 和 Yin ko Chen。（郭长城《陈寅恪抗日时期文物编年事辑》，《陈寅恪研究——新材料与新问题》，九州出版社 2014 年版，第 52 页）

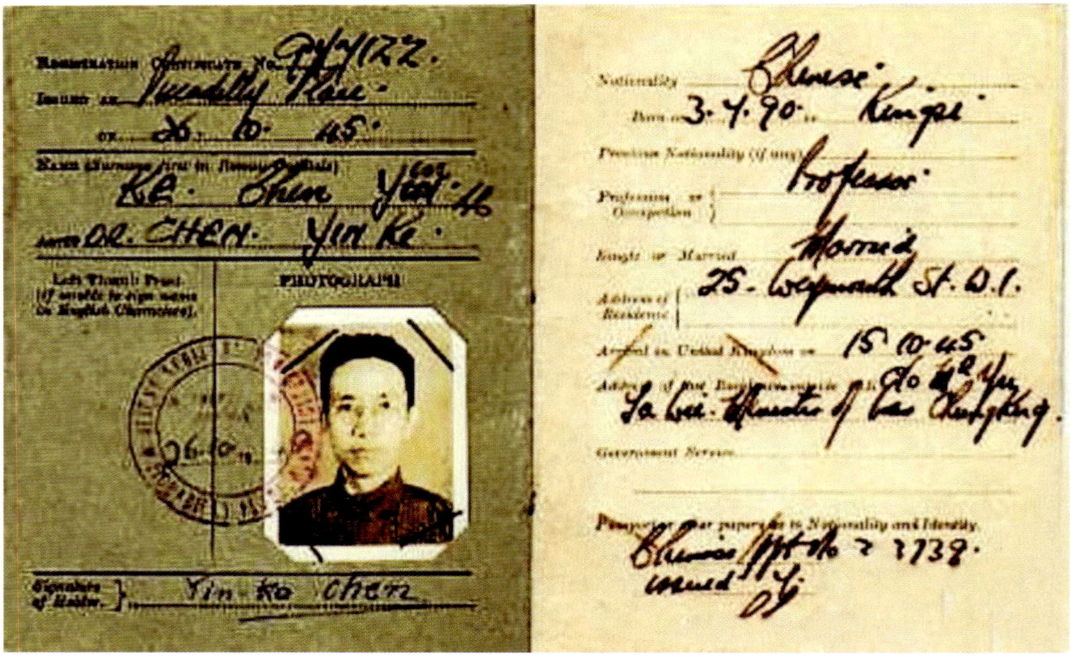

⑧ 1946 年 3 月，陈寅恪写给傅斯年的信署名为 Chen Yin Ke。（《陈寅恪集·书信集》，三联书店 2001 年版，第 119 页）

⑨ 1956 年，陈寅恪在中山大学《本校专家调查表》上署名为 Yin Koh Tschen 和 Chen Yin Ke。（王川《历史学者陈寅恪姓名"恪"之读音》，《东方文化》2003 年第 6 期）

旁证资料：

① 哈佛大学陈寅恪成绩单标音为 Yin koh Tschen（林伟《哈佛大学所藏陈寅恪留学档案》）；1926 年校友名录陈寅恪标音为 chen yin koh（陈流求等《也同欢乐也同愁》，第 34 页）。

② 1921 年 11 月和 1922 年 10 月，柏林大学新生登记册上陈寅恪标音为 TSChen Yin Koh。（刘桂生《陈寅恪、傅斯年留德学籍材料之劫余残件》，《北大史学》第 4 辑 1997 年

8月）

③ 1938年10月4日，中国中英文化协会主席杭立武在为陈寅恪申请剑桥中文教授事致英国“大学中国委员会”秘书的信中，指出“他自己喜欢用的姓名的罗马拼音是‘Tchen Yin koh’；在提供的陈寅恪个人材料中，杭立武再次注明“陈寅恪先生比较喜欢他名字的罗马拼音作 Tchen Yin Koh”。（程美宝《陈寅恪与牛津大学》，《历史研究》2000年第2期）

④ 1941年，清华大学校长梅贻琦给清华驻香港的陈寅恪弟子邵循正写了一封英文信，请他就地敦促在港的陈寅恪返校复课，信中提醒邵循正注意陈寅恪名字要标音为 Yin ko Chen。（黄延复《陈寅恪先生怎样念自己的名字》，《中华读书报》2006年11月22日）

⑤ 1944年，陈寅恪当选英国学术院通讯院士，院士名单标音为 Yin Koh china。（陈怀宇《在西方发现陈寅恪》，北京师范大学出版社2013年版，第68、137、137、143、151页）

⑥ 1946年，陈寅恪在英国治疗眼疾，医生的诊断书标音为 yin ke chen。（陈流求等《也同欢乐也同愁》，第205页）

⑦ 1948年国立中央研究院院士名录陈寅恪的名字标音为 Chen Yin-k'o。

⑧ 从1930年到1948年，陈寅恪在当时权威刊物《史语所集刊》上共发表29篇文章，每期目录的题目、姓名翻译陈寅恪均标音为 Yin Koh Tschen 或 Tschen Yin Koh 或 Tschen Yin-k'o。（《历史语言研究所集刊》，中华书局1987年影印本）

其次，从陈氏兄弟的口音构成、家族背景来分析，陈寅恪也不会将自己的名字念成北方口音的 què（确）。

① 陈氏兄弟在长沙生长，自会讲长沙话（长沙话土语“恪”字不念 què），但客家话也与生俱来地融入他们的记忆中。客家人素重木本水源，恪守“宁可抛荒，不可抛腔”的祖训，无论迁到何处，必以母语传家。陈氏兄弟姊妹幼年与祖父母和宗亲、姻亲朝夕相处，在乡情浓烈的语言环境中，自会濡染熟悉客家话。1989年冬，隆恪女儿陈小从回乡祭祖，将修水之行情况写信告诉姑父俞大维（陈寅恪妹夫）。时俞大维已年逾九十，回信犹问“老家的族人还讲客家话吗”，可见客家话在他们那一辈印象之深。

② 1919年，日本田原天南《清末民初官绅人名录》陈衡恪条“恪”字标音为 k'o。1955年，陈方恪在户口登记时用注音字母标音“恪 ㄎㄜ（克）”。1956年，陈寅恪在《本校专家调查表》上用外文标音“恪 Koh”。陈寅恪曾对同事和学生说过“我的名字念 kè（克）”，陈方恪亦曾对学生说过自己的名字应念 ko。这不可能是巧合，说明陈氏兄弟对自己名字读音的态度是一致的。

③ 与陈寅恪有血缘关系的从兄弟有60人之多，其中儒恪、储恪、伊恪、荣恪、齐恪亦走出山外发展，与衡恪兄弟多有接触。他们在修水老家长大，自会讲客家话，不会将自己

的名字念成 què(确)。寅恪不会标新立异,脱离兄弟们自幼形成的读音习惯。

④ 更大的背景是陈宝箴参与制定的“三恪封虞后……”派号对凝聚宗族起到了巨大作用。寅恪对祖父素所敬重,不会在自己名字的读音上违逆先祖的意愿,从全族宗亲整齐划一的读音中剥离出来,把自己名字的读音弄得形只影单。

四、结论

综上所述,陈寅恪的“恪”字之所以有两读,根子乃在北京方音旧读上。所谓“陈寅恪老家方言客家话念 què(确)”“陈寅恪本人念 què(确)”的说法,既严重背离事实真相,也不符合“凭材料说话”的学术规范。至于民国时期北平流行念 què(确)是否就能成为今天人们仍可以念 què(确)的理由,则受到来自现代汉语规范的挑战。

谈现代汉语规范问题,首先要分清普通话与北京话的概念。普通话虽然以北京话的语音系统为标准,但并不是把北京话一切读音全部照搬,北京话并不等于普通话。从1956 年开始,中科院普通话审音委员会对北京话的方音土语进行了多次审订,分三批公布了《普通话异读词审音表初稿》,“恪”字的又读音 què(确)在第一批中就被废止了(商务印书馆 1959 版《新华字典》“恪”字不再保留 què 音)。1985 年 12 月,国家语委、国家教委、广电部联合正式公布《普通话异读词审音表》,正式确定“恪”字“统读”为 kè(克),即“此字不论用于任何词语中只读 kè(克)音”“人名如近代学者陈寅恪”(《国家语言文字政策法规汇编》,语文出版社,1996 年,第 121、136 页;徐世荣《〈普通话异读词审音表〉释例》,语文出版社,1997 年,第 118 页)。

陈寅恪的名字究竟怎么念,不能不考虑“恪”是陈氏宗族的一个辈分,众多的恪字辈成员都不将自己的派号念成 què(确)这个客观历史事实。既然 960 个恪字辈 959 个不念 què(确),与陈寅恪有血缘关系的 60 个恪字辈 59 个不念 què(确),6 个陈寅恪 5 个不念 què(确),那么,根据逻辑常识推理,这个同根共源的陈寅恪也不应念 què(确)。说到底,关于陈寅恪名字的读音,最有发言权的是“恪”字辈成员。判别的基本标志是,“三恪封虞后”的谱派意义已经规定了只能念“三恪 kè(克)”不能念“三恪 què(确)”,“què(确)”这个出自北平方言的异读音不能准确地承载传达以客礼相待虞舜、夏、商后裔的经文本义,与陈寅恪名、字中蕴含的“恪恭”意义关联亦不紧密。

二十世纪八九十年代文化学术界兴起“陈寅恪热”时,学界对陈寅恪的家族史还没有太多的了解认识,陈寅恪名字的读音与他的家族一样,蒙上了一层神秘的面纱。走在学界前沿的陈门弟子,疏于考证,将老师家人按北平方音念 què(确)误以为老师老家客家话念 què(确)而坚信不疑,并要求自己的学生必须念 què(确)以示尊重,遂使单纯的语言学问题变得神秘复杂。如今陈寅恪的家族史业已明朗,其名字的读音不再神秘。他是陈氏故里众多恪字辈的一员,他们根据祖辈传下来的派号读音念自己的名字“恪”为入声 ko 而不是 què(确)。北方语系已无入声,古入声 ko 已转变为去声 kè(克)。人们理应尊重谱派创制人和姓名拥有者的意愿，以求是证实的严谨学风正本清源、拨乱反正，使用规范读音 kè（克）称呼陈寅恪先生及其昆仲的名讳。

原载《文史知识》2009 年第 6 期，本次收录略有增改

陈寅恪故里的"恪"字辈怎样念自己的名字

后　　记

我从二十世纪八十年代初开始关注乡贤陈宝箴、陈三立、陈衡恪、陈寅恪及其家族史，零零星星收集了一些资料。到 1997 年初，才正式把收集陈家资料作为一个专题而专事专办。起因是山外的“陈寅恪热”轰轰烈烈，许多掌握了文化话语权的专家学者、媒体从业人员谈陈寅恪的学术、思想、人格头头是道，涉及其家世、家史则捉襟见肘，在我们看来显而易见的事，他们却费劲求证，又不肯屈驾来陈氏故里做一次田野调查，因此发愿利用自己拥有的地利优势，填补学界这个空缺。又因读《陈寅恪的最后二十年》而热血沸腾，觉得在“陈寅恪热”的大合唱中，应该有老家文化人的声音，遂立志彻底走文道。为把业务爱好与本职工作统一起来，使写作、搜集资料有正当理由，向县里提出从审计局调文化局，县领导亦予以理解支持。

这样，从 1997 年初我开始了有目的、有意识的搜集资料之旅。每遇双休日、“五一”、国庆长假，即提包下乡，修水县境内怀远人陈姓村落基本都到过，后来扩展到铜鼓县。客家人大都居住在山区，所以这项工作进行得非常艰苦，经常独自一人打着手电筒在乡间小路上赶路。有一年秋冬交替之际，我推算错了日头下山的时间，太阳提前下山了，结果我在海拔上千米高的半山腰摸黑疾行一个多小时才到我要去的屋场。当时极为恐惧，也知道世上没有鬼神，山里也没有凶猛野兽，但那种大山沉沉、万籁俱寂氛围对人心灵的挤压，可以让人的自信力崩溃。到山区做田野调查，有时还要冒着生命危险。有一次为寻找陈宝箴父亲陈伟琳墓，我从一处两三米高的崖礅上仰面跌入刺蓬冬茅窝里。其坟山由于近在城郊，已被征收为工业园用地，如果下面的施工单位烧山扩地，后果不堪设想。另一次翻山越岭深入山高路陡的陈家早期生存地护仙坑，下一个陡坡时几个踉跄俯摔至五六米深的山涧，眼镜片破碎，脸上血流不止。万幸眼镜碎片没有刺入眼球，否则一只眼将失明，又如果没有同伴及时止血，也难以走下山。所得照片资料，刊登在书上平平常常，背后却有许多艰难曲折。

至于陈宝箴故里——桃里乡竹塅村，则去过 N 次。到 2002 年 8 月调南昌大学工作前，五年多下来，获得的修水怀远人与陈家的乡土文献也有些规模了。资料获得的途径主要依靠两个方面：一是如上所述自己下乡搜集；二是从文物贩子手里购买。说到文物市场，其实八十年代就有地下暗流了，到九十年代中期才公开营业。社会上不搞收藏的人，还真不知道自己身边有许多下岗工人、农村闲散人员在做着这门营生，我也是 1997 年一个偶然的机会，才晓得修水、铜鼓有这么一支队伍。他们跟我说，如果早认识他们十年，你要的怀远人乡土文献可以装满一辆中四轮。离开修水后，亦不断回去下乡，与文物贩子联系，续有弋获。但事后也发现有几件重要资料没守住，被窜到修水、铜鼓的外省文物贩子捷足先登了。

写作上，1999 年曾选定陈氏家族史和陈家与庐山两个题目，后决定先把陈家与庐山上的事写出来。当时陈小从老人极力支持，她是陈家与庐山的重要见证人，提供了大量材料与信息。到 2001 年初书稿写成出版，取名《陈三立一家与庐山》(2004 年修改再版，改书名为《义宁陈氏与庐山》)。现在想来，幸亏当时自己没有动手写陈氏家族史，估计写出来也是一本从现象到现象，文学性揄扬炒作多、史学性考证分析少的书，虽然掌握了一些文献材料，但以当时自己的驾驭能力，还是吃不透、煮不烂，达不到学术的层面。即写陈家与庐山的这本书，现在看来，尚有修改、完善的余地。

屈指算来，自己在研陈这条路上已经走过二十个年头，其中的甜酸苦辣，都值得回味。尤其是前五年上山下乡搜集资料、田野调查，那么多人与事，奇遇、欣喜、遗憾、经验，对人性、社会问题的触发思考，对乡村、城市“两张皮”现象的现实体验，汇聚起来，足可以成就一本书。收集到的这批关于义宁州(1912 年分为修水县、铜鼓县)怀远人与陈家的乡土文献(宗谱、祠志、契约、手钞本、朱卷、分家文书、契据、碑刻、入籍清册、里甲图册、书院志、宾兴志、文昌宫志等)，每一种背后都有故事。若要鸣谢，那将是一长串名单，只得铭记心中。唯这次结题，我指导的硕士研究生卢冰冰，承担了所有扫描图片的截图、后期制作、编辑排版成书稿的任务，解决了工作中一个最烦难的问题，特表谢忱!

二十年来，中国的城镇化、“文化搭台，经贸唱戏”风起云涌，修水、铜鼓也不能免俗，迅速融入这股时代潮流中。传统村落的大面积残破，人口大量迁徙到镇里、县里的各个新建小区，省道、国道、高速公路的迅速建设，交通网络的改变，现代工业力量的无远弗届，使得搜集资料、田野调查越来越困难。可是做历史学、文化人类学意义的田野调查，却要寻找到研究对象最原生态的东西，尽量贴近乡土社会情境，努力回到历史现场。我庆幸自己抢在原生态改变之前，完成了资料搜集、田野调查工作，为从学术上做一个总结准备了条件。

陈宝箴故里竹塅村的大环境也发生了很大变化。来自交通部门“村村通公路”的项目计划使得两条水泥公路从北、西两个方向穿越而过；高山移民平添了许多农家新户；之后的新农村建设要求不能有泥巴屋，统一设计为新建两层楼房，已然成为一个集市，多栋新楼房的矗起使得陈家大屋的高度在视觉上变矮，失去了往日巍峨高大的气势。

2013 年，陈家大屋由原县级文物保护单位升格为国家文物保护单位。2016 年，修水县政府开始打造“陈宝箴故居”旅游项目。在修缮、包装陈家大屋这个大文物和附属景点建设的过程中，没有坚持“修旧如旧”“原状陈列”的原则，抵制省主管部门业务干部不懂乡土建筑、风水民俗的陈家大屋维修方案和天价报酬的国内某设计所用大城市公园建设模式设计附属景点的方案，堕入“有一种破坏叫建设”的悖论之中。

我也经常思考这些问题产生的原因，作为一个普通文史科研人员，感到无奈、孱弱、痛苦。从现实需要的角度，农民要融入世代盼望的城里人的生活方式，没有新式楼房讨不到媳妇；地方官员要上位的政绩；设计所要加快周转、多多获得横向项目资金。可是我们面对的是客家人在深山老林辛苦劳作、休养生息的“活化石”，现代化的元素越少越好，田园风光、原始风貌越多越好，原生态的环境和历史风土内涵是古村落的灵魂。然而在“城市包围乡村”的社会大背景中，文物工作的规律、原则显然处于下风，拱手相让。从二十世纪九十年代中期起，县里就没有未雨绸缪，守住这块净土，忽略了“文物以及周边环境不可再生”的特殊性，给日后整改恢复增加了折腾的成本。

在这种复杂、胶着的势态下，严谨诚实的学者专家只有一条路，那就是坚守学术良心，多做研究，少凑热闹，远离“文化搭台，经贸唱戏”。秉承乾嘉考据学风和“史料派”学术理念，尽力搜集第一手文献资料，予以严实细致的分析解读，告知世人历史真相。这是我致力的方向与前行的动力。

2018年8月刘经富写于陋室高温汗渍中

本课题项目于2018年11月初呈交结项最终成果书稿。今年4月初结题，5月初收到结项证书，内附五位匿名评审专家鉴定意见。五位专家对本课题的价值、意义一致予以肯定。认为课题负责人发挥地利优势，多年来不辞劳苦甚至冒着危险从事田野调查和资料搜集，体现出严谨扎实、求真求是的学术精神，值得予以高度的赞赏与钦敬！该成果为陈寅恪家族史原始文献资料集，在海内外第一次对陈寅恪家族史资料予以系统的收集与整理，填补了一项空白。收录的宗谱、祠志、契约、朱卷、分家文书、碑刻、书院志、宾兴志、秀才举人名册和作者拍摄的实物照片均属稀见乡土文献，具有很高的史料价值。整理方面，可以看出作者具有深厚的古典文献阅读整理功力，文献释读准确，标点恰当。研究方面，作者撰写了数万字的《从客家棚民到文化世家——陈寅恪家族简史》（下称《简史》），既对陈氏家族从福建迁徙江西义宁州山区后发展崛起的主线脉络、阶段层次进行了清晰梳理，又一一介绍了这个家族六代的代表人物。《简史》特别留意陈氏家族从科举时代的耕读门风到西学东渐背景下子弟留洋求学追求新知的与时俱进，在“数千年未有之大变局”中对于中国文化的本位立场与情怀。此外，收入书中的《江西修水县客家陈姓拟制宗族的个案分析》《义宁州客家陈姓祠堂“光远祠”研究》《陈寅恪“恪”字读音与其家族史的关系》也颇有分量。后一文以陈氏宗族同治二年合修谱中“三恪封虞后”行辈用字出典为依据，结合陈寅恪本人在书信、肄业证、护照、履历表、论文上的签名标音等材料，令人信服地阐述了“恪”字的正确读音。文献资料和《简史》以及收入书中的论文从史学的角度，比较系统、清晰地展示了义宁陈氏的家族史。这是作者对“陈学”研究的重大贡献。相信该成果的出版将有力地推动义宁陈氏家族研究的深入进行。该研究成果从家族、村落的微观研究，透视几百年间中国社会历史发展的宏观趋势，不仅对义宁陈氏研究有意义，对中国社会史、阶层流动、移民史、文化史、地方史都具有重要参考价值，是一项优秀的科研成果。

我这是第一次获得国家社科基金项目，也是第一次接触结项的相关程序手续，不知结题后管理部门会转来匿名评审专家的鉴定意见。最初只想能顺利结题，以利下一个课题的申报。收到评审专家的鉴定意见后，有点喜出望外，为最终成果书稿得到他们的认可、赞许而感奋激励，对他们指出的问题也为之汗颜自疚。综合起来，专家指出的问题主要是两个方面：

一是文字校勘上颇多讹、脱、衍、倒，电脑繁简字转换软件出现的纰漏，一字异形，总目录的标题与正文题目不统一、注释体例不一致，等等。产生这些问题的原因，客观上是这一批数量庞大的文献资料，有的是多年前因写作解读某份文献已将它释读打字，有的是这次才释读打字。原文献为竖行繁体，须打成横排简体，两者之间不对接，帮我打字的人（内人、学生）难免出错。主观上还是自己太自信，事实上自己的文章书稿非同行审读校阅不可，如果是水平高超的校对专家，能从字缝里抠出问题来。幸运的是我遇见了承接拙书稿出版任务的陈丽娟编辑，伊看稿、校勘可谓心细如发、铁笔犀利，应了那句“敲锣卖糖，各有一行”的老话，令我佩服。

评审专家提出的另一个问题是相对于丰富的文献资料，研究的分量略显不足。关于这一点，我自己在整理、汇总最终成果书稿时也意识到了。按我历年所写关于陈氏家族史的解读申论文章不少于30万字，但不能全部收进书稿中。一因有些重要文章的观点、材料已经在《简史》中使用了，再安排到相关文献的后面已不合适。二被结项时管理部门要查重，重复率太高将退回吓到了。敝校社科处用查重软件查核我的最终成果书稿，引用文献复制比16%，本人已发表文章复制比5.4%，得到社科处干部的称许。现书稿正在紧锣密鼓编辑校对之中，再把这部分缺席的研究文字收进去将会对书稿伤筋动骨，越搞越乱，只好一仍其旧。

我对陈寅恪家族史这个课题研究的总体思路是第一步先对已搜集到的文献史料进行一次全面的梳理，汇编出版，开放给学界使用，引导作为文化现象的“陈寅恪热”转入冷静理性的史学科研轨道，形成“热烈纪念、冷静研究”的局面。下一步在《简史》已经归纳升华出陈氏家族史的主线脉络和阶段转折的基础上，再写一部专著。尽最大努力展示这个文化世家的底蕴，探讨家族制度在近代大变局中的变化转型趋势，勾勒我国民间社会文化教育、作育人才的运行轨迹，揭示陈寅恪的家世背景与其学术思想人格的渊源轨迹，破解蕴藏在其家史家世深处的文化基因密码。这对我来说既是一项必须完成的任务，也是一个需要面对的挑战。

今年元月我回乡冒雪进桃里竹塅，回来后凑句成诗以抒怀明志，特缀于书末。诗不必佳，但可表明我对陈氏家族研究的志趣心迹。

戊戌岁腊冒雪进竹塅咏怀五首

岁晏遣怀归，入山觅鸿迹。骤雪挟风雨，寒潮袭衣袂。莽莽东南山，深渺引奔逸。

峰岭迎蔽亏，埆塬展岑寂。野旷牛羊稀，路静游队息。畦畛浮峦雾，垄亩蒸地气。
冬蔬茂圃园，熏腊香檐壁。客至鸡犬喧，鸣爆传四域。村醪热腹胸，乡味罗筵席。
群言祖泽深，文物当护惜。揖别两依依，苞苴争赠馈。臂助仅涓埃，琚报增惶愧。
幽谷访耄鳏，拥絮犹眠憩。扶贫奉些微，疚心仍惴惴。忍见生民艰，慷慨思五噫。

高峻护仙坑，曲折羊肠路。阴晦匿魈魑，雾瘴摧人畜。土著敝帚珍，聊作柴山护。
闽客陈何邱，远来贫落户。岩薮凭刀耕，蓬荜蔽霜露。共爨同苦甘，互助联姻旧。
蓝靛劳寒暑，桐茶理荒熟。父子手脚胼，岁入赢积贮。开基构堂庑，辟莽营庠塾。
灯火映丛林，书声响穷谷。骎骎一甲子，析产颁遗嘱。公益永不分，默佑子孙足。
社队开先河，后人实学步。史迹隐幽深，探秘心潮逐。

立足初安稳，二度勤播迁。盆地如甕盎，形势近桃源。依山起栋宇，轮奂壮莽塬。
矫然崛门第，礼仪准缙绅。四房崭头角，雍穆屹乡尊。物产日以丰，子嗣日以兴。
分爨不伤情，赏规科第先。耕读蔚门风，弦诵影翩翩。脱颖佳子弟，折桂喜骈连。
巉巉举人石，岿岿进士礅。重器旺祖宅，文星耀宗禋。名胜传不虚，人文美山川。

阡陌流金地，往来二十载。风俗年年亲，人事历历在。世家隐讳时，声名昧山外。
旷代义宁师，破空惊学界。渊源华彩第，家世相映带。家史仍杳茫，乡晚为采汰。
文献汇尺缣，史料巨细爱。寻碑披棘荆，访贤遍村寨。研探穷三昧，撰述聊一快。
族衍三百年，源流始归派。世胄传承清，寸心愈仰戴。

向晚出山林，忆海犹回荡。清史潜钩沉，世家负讪谤。肃肃右铭公，推挽维新浪。
热血恸乍冰，精魂励士壮。骯髒散原翁，佐父清湘畔。劫后痛余生，凭栏风云瞰。
诸恪家祭伤，新学率士倡。寅恪为白眉，天才轶奔放。东西海波航，大道敏求探。
独立自由心，学魂与颉颃。文化托命人，翼道罹巨创。念此三世厄，邑子有余怆。
故土镌祖痕，守望契贞谅。

2019 年 7 月刘经富补记于南昌大学货币化住房改革后廉租房寓舍